# 寶節面誌

# 보절면지

## 뿌리와 결의가 숨어있는 보절이야기

보절면지 편찬위원회 지음

## 발간사

천황봉天皇峰은 보절의 대명사입니다. 보절을 말하다 보면 천황봉이 반드시 화제가 되기 때문입니다. 그뿐이 아닙니다. 눈을 뜨면 천황봉이 보이고 고향을 떠나 있어도 눈을 감으면 천황봉이 보입니다. 이렇게 보절寶節 사람들의 가슴속에는 늘 천황봉이 자리하고 있습니다.

또한 천황봉은 보절인의 신앙입니다. 삶이 피곤하면 천황봉을 바라보며 피로를 풀고, 어려운 일이 닥치면 보절 사람들은 천황봉을 바라보며 해결할 방법을 궁리합니다.

천황봉은 보절인의 젖줄이기도 합니다. 태어나자마자 우리는 천황봉에서 흘러내린 물로 몸을 씻고 탯줄을 자릅니다. 우리가 맨 처음 마신 물도 천황봉이 만들어 낸 것이며 이 물로 농사지은 곡식을 먹습니다. 말하자면 천황봉을 통해 우리는 섭생하며 살림을 꾸리고 터전을 가꿉니다. 개인은 물론 이웃과의 관계 또한 그 원천이 천황봉에서 비롯되었다 할 수 있을 것입니다. 저는 늘 천황봉의 보절에 애틋한 모정을 느끼며 감사한 마음으로 살아왔습니다. 그러나 보절에 대해 아는 것은 너무 부족하다고 느껴왔습니다. 자연스럽게 보절에 대한 전체적인 이해에 갈급할 수밖에 없었습니다.

아마도 그런 다급한 마음이 《보절면지寶節面誌》를 꿈꾸게 했는지도 모르겠습니다. 가끔 다른 면의 면지面誌를 접할 때면 더욱 간절한 마음이 들었습니다. 하지만 말에는 재주가 있어도 글에는 재주가 없어 엄두를 내지 못하던 차에 마침 오수고등학교 교장으로 퇴직하고 귀향한 이현기 후배에게 사정하고 조르기도 하여 2015년 말에 의기투합에 이르렀습니다. 2016년부터 후원금 모금은 제가 하기로 하고 집필은 이현기 교장이 맡기로 하여 면지 발간의 대장정이 본격화 되었습니다.

많은 분의 후원에 감사드립니다. 개인적으로 1만 원 낸 할머니들의 후원금은 거금 못지않은 기금 마련의 동력이 되었습니다. 더불어 출향인사들의 아낌없는 후원금 출연과 고향에 살고 계신 분들의 십시일반十匙一飯 또한 큰 힘이 되었습니다. 몇몇 문중의 도움도 컸습니다.

지면을 통하여 진심으로 감사하다는 인사를 드립니다. 집필에 오랜 시간 고생을 한 이현기 교장, 대표집필자 서울대학교 안재원 교수, 편집에 참여하여 20~30회 이상 고향 답사로 고생한 편집팀에게 감사의 말씀을 드립니다.

비로소 완성된 보절면지지만 부족한 부분도 있을 것이라 생각합니다. 조심스럽게나마 저는 이 한 권의 책이 '보절 발전의 뿌리가 되고 나아가 새로운 보절을 꿈꾸는 계기가 될 것'이라 믿어 의심치 않습니다. 비록 보절의 인구가 줄어들고 경제적 기반이 열악하여 안타까운 마음 감출 수 없지만 이 책에서 조상들의 충, 효, 예, 지의 정신을 확인하고 교훈으로 삼아간다면 우리 모두 정신적으로 풍요로움을 누릴 수 있는 '마음의 부자'가 될 것이기 때문입니다.

앞으로 우리 보절인은 가슴 속에 늘 간직하고 있는 어머니같고, 때로는 아버지 같은 천황봉과 《보절면지》를 함께 품으면서 보절을 왜 사랑해야 하고 어떻게 보절을 사랑할 것인가를 고민했으면 합니다. 그런 마음들이 이어질 때 새 시대의 변화와 발전이 이루어질 것입니다.

이 책이 완성되기까지 참여하신 모든 분 참으로 수고하셨고 거듭 감사드립니다.

2020년 10월
보절면지 발간위원장 안한수

## 향토 교과서를 꿈꾸며

내 고향 보절은 동쪽으로 만행지맥萬行支脈이 있어, 태고太古 이래 이 땅을 터전으로 살아가는 사람들 모두를 보듬어 주었으며 그 주봉은 우뚝 솟아 정기精氣를 이룬 천황봉이다. 선사시대를 거쳐 백제시대 거사물현의 중심지 역할을 할 수 있었던 것도 천황봉이 있고 성산과 계룡산이 있어 평파平波와 내川가 발달하였기 때문이었을 것이다.

퇴직 후 머물 곳을 궁리하다가 수구초심이라! 부모형제와 함께 어린 시절을 보낸 고향에서 유유자적하고자 내려왔다.
그러나 미천한 나에게 그런 줄을 모르는 고향 분들이 이런저런 일들을 맡긴다. 그중 하나가 《보절면지寶節面誌》집필이다. 나로서는 어려운 작업의 시작이었으며 5년여 동안의 힘든 여정이었다. 더구나 이 기간 중 마을에서는 노인회 총무로 지금까지도 일하고 있으며 대종중의 총무와 보절면발전협의회장까지 맡으면서 많은 시간을 뺏겼다.
작년에는 발전협의회장을 수행하면서 '농림축산식품부'의 40억 원 규모 '보절면기초생활거점사업'을 따내면서 시간을 쪼개야만 했고 금년부터 본격적으로 추진되고 있는 이 사업의 추진위원장을 맡게 되어 책임은 가중되고 이에 따라 많은 시간을 이 사업에 투자하고 있다.

물론 이러한 일들은 모두 타의반, 자의반으로 시작되었다.
그러나 다행히 도움과 격려를 아끼지 않는 분들이 있었다. 안한수, 유광종, 안재격, 윤명한 등 대선배님, 박흥근, 허관 전 면장님, 표나지 않게 도와주신 계월 김현국, 강대열 선배님, 문화원 김현식 사무국장님, 재경향우회 안방수, 박남홍 회장님, 좋은 자료를 제공하여 준 진목의 소가광 선배님, 그리고 각 마을 편찬위원님들과 유국렬 이장협의회장님을 비롯한 각 마을 이장님, 보절면민 여러분 모두가 나에게는 면지를 출간하는 데 동료이자 스승이었다. 또한 서울대학교 인문학연구원 안재원 교수를 비롯한 김하광, 양영철, 박문수, 양미선, 최미숙 그리고 논형출판사 소재두 대표, 우성희 등 모두의 아낌없는 참여에 힘입어 면지面誌가 완성되었음을 밝히며 지면을 통해 진심으로 감사 말씀을 드린다. 특히 대표 집필을 마다하지 않고 참여해준 안재원 교수의 노고에 진심으로 감사를 드린다.

한편 나에게 보절면지의 작업은 큰 의미가 있었다. 마을을 다니며 많은 사람을 만나면서 보절인의 순수함과 고결한 정신을 배웠고 그동안

몰랐던 고향의 역사를 알아가는 희열을 맛보았기 때문이다. 또한 면지를 만들어가는 과정은 출향한 보절인과 고향에 살고있는 사람들을 잇는 소통의 창구나 다름 없었다. 여기에 대단한 의미가 있다고 본다. 더욱 감사한 것은 보절의 역사 속에 백제시대의 거사물현이 있었고 이를 증명할 문헌과 성터를 비롯한 유물·유적지를 찾아낸 점이다. 안재원 교수의 공功이 참으로 크다 할 것이다.

끝으로《보절면지》가 독자들의 기대에 부응하지 못하고 충실하지 못한 점을 밝혀두고자 한다. 필자가 성실하지도 치밀하지도 못한 탓에 '보절의 모든 것'을 담아내는 데는 한계가 있었다. 때문에 이 책의 출간을 앞두고 두렵기도 하다. 하지만 '완벽이 부족함만 못 하다'는 말이 있다. 독자의 혜량이 있으시길 간절히 바랄 뿐이다.
아! 잊을 뻔했다. 묵묵히 지켜봐 주면서 건강을 챙겨준 아내에게 고맙다는 말을 전한다.
'고향으로 내려와 살기를 잘했구나.' 요즈음 드는 생각이다. 조금은 건방진 생각일까?

2020년 10월
보절면지 편찬위원장 이현기

# 축사

오랜 수집과 조사 끝에 완성된《보절면지》의 발간을 진심으로
축하드립니다.

최근 지역의 정체성을 찾고자 마을에서 기록화 사업을 추진하는 경향이
늘고 있습니다.《보절면지》발간도 그 일환에서 출발, 면민의 자긍심과
애향심을 높이고 지역 문화개발을 위한 연구 자료로 활용하기 위한
목적으로 지난 2015년부터 면지 편찬추진위원회를 통해 추진돼온
것으로 압니다.

보절면지 발간은 마을의 역사와 전통과 뿌리를 찾기 위한 보절면의
숙원사업이자 모두의 소망이었을 것입니다. 그러한 염원을 반영하듯
면지에는 보절면의 태생부터 인물, 39개 성씨 조사, 교육, 명소와 명물,
현황까지 보절면에 대한 세세한 역사와 정보 등이 총망라되어 있습니다.
마을의 유구한 역사를 기록하는 것은 내가 태어나 자란 곳, 죽어서 뼈를
묻을 우리 마을의 역사와 뿌리를 제대로 아는 것으로 우리 자신을 아는
동시에 후세들에게 자긍심을 심어주는 또 다른 선물이기도 합니다.

그런 만큼 이번 면지 발간이 마을의 과거를 돌아보고 현재를 조명함으로
후세들에게 마을의 생생한 변천사와 문화, 업적을 알리는 토대가
되길 희망합니다. 나아가 마을의 번영을 위한 미래지침서가 되기를
소망합니다.

다시 한번 애써주신 모든 분에게 축하 말씀을 드리며, 끝으로 본 책자를
발간하기까지 각고의 노력을 아끼지 않으신 발간 추진위원님들을 비롯해
보절면민 여러분께 진심으로 감사 말씀을 전합니다.

2020년 10월
남원시장 이환주

# 축사

《보절면지》의 발간을 진심으로 축하드립니다.

이로써 마디마디마다 보배가 숨어있는 터에 또 하나의 보배가
더해졌습니다. 무릇 정신은 글로 표현되고, 글은 기록으로 남습니다.
기록으로 남은 선대의 얼과 넋은 이제 우리의 정체성을 만들어냅니다.
실록과 승정원일기와 같은 세계적으로 유례없는 기록문화가 조선왕조
500년이라는 희귀한 역사를 만들었으며 우리 민족을 형성했습니다. 저
역시 남원의 정체성은 정신문화에서 찾아야 한다고 강조하면서 용성지를
넘어 그것을 확인할 기록에 갈증을 느껴오던 차에 이렇게 귀한 면지를
접하게 되니, 마치 지음知音을 만난 것처럼 반갑기 그지없습니다.

보절면지 발간은 시간적으로 다시 오지 않을 시대에 대한 헌정이자
다가올 시대를 예비하는 한 매듭일 것입니다. 공간적으로는 곳곳에
흩어진 디아스포라 보절면민을 묶어내는 정신적 뿌리로 작용할 것입니다.
현장중심·문헌중심 연구와 상향식 연구의 모범으로 향토사연구에
기여할 바 크다는 점은 말할 나위 없습니다. 실로 큰일을 해내셨다 아니할
수 없습니다.

이제 보절면민이 보절인으로서 공동의 정신문화를 확인하고 보절의
정체성을 되찾는 여정이 시작된 셈입니다. 천황봉, 계룡산, 성산으로
이어진 아늑한 품에서 둥지를 틀었던 거사물居斯物 사람들이 실크로드의
끝자락에서 불교문화를 받아들이고, 조선 유학을 꽃피우며, 이 나라
독립운동의 횃불을 들고 전쟁의 포화 속에서도 혼불을 지켜가면서
오늘의 보절이 탄생했습니다. 이제 보절면민뿐만 아니라 남원시민들도
보절면지를 등대 삼아 긍지를 가지고 새로운 역사歷史를 가꾸어나갈 것을
믿어 의심치 않습니다.

끝으로 참고문헌이나 자료가 불충분함에도 불구하고 각처에
산재된 문헌과 유적을 체계적으로 조사연구하신 안한수 보절면지
발간위원장님과 이현기 편찬위원장님의 노고에 다시 한번 감사드리며,
뜻과 힘을 모아 더없이 훌륭한 역사役事를 일구신 면민 여러분께 경의를
표합니다.

2020년 10월
남원시의회 의장 양희재

발간을 축하하며

지역에 사는 사람들의 자발적 참여로 보절면의 지리와 역사, 정치, 경제, 자연환경 등을 담은《보절면지》를 발간하게 됨을 진심으로 축하드립니다. 보절면은 남원시 최북단에 위치하여 만행산 천황봉을 주산으로 오랜 역사를 자랑하는 보배로운 땅입니다.

보절은 천황봉의 줄기를 따라 마디마디 보배로운 땅을 의미한다고 할 수 있습니다. 그뿐만 아니라 천황봉의 12평파 줄기가 마치 파도치듯 물결을 이루며 황벌과 사촌의 넓은 평야를 이루는데 이는 분지 속에 큰 호수처럼 잔잔함이 사람이 살기 좋은 터전을 이루고 있다 하겠습니다.

특히 9개리 40여 개 마을을 삶의 터전으로 삼고 살아온 보절 사람들의 삶의 이야기와 마을의 정착사를 집필하는 데 오랜 시간 동안 조사를 하였고 보절의 역사적 뿌리를 찾기 위해 학문적 깊이가 느껴지는 노력을 기울여 온 바 그 발자취가 훗날 역사적 기록물로 남을 것입니다.

보절면지 발간에 면민들의 소중한 뜻을 모아 앞장서신 안한수 보절면지 발간위원장님과 어려운 환경에서도 각 마을을 돌며 마을사를 정리해 오신 이현기 편찬위원장님, 그리고 고향을 떠나 있지만 애향심으로 역사적 가치를 담아내기 위해 갖은 노력을 기울여 온 서울대학교 안재원 교수님을 비롯한 향우 여러분의 노고에 감사드립니다.

끝으로 이번 면지 발간이 보절인의 긍지를 심고 자긍심을 높이는 데 크게 기여할 것으로 생각되며 역사적, 문화적 바탕 위에 우뚝 솟은 천황봉의 기상이 충·효·열·예의 기풍으로 대대손손 이어지길 기원합니다.

2020년 10월
남원문화원장 김주완

2020년 1월 8일 보절면장으로 부임한 저는 보절면과 이웃한 사매면
풍촌마을에서 태어나고 성장했습니다. 예로부터 사매, 덕과, 보절은
북삼개면으로 불렸고, 한 고을이라고 생각했습니다. 그래서 보절은
고향과도 같은 곳입니다. 청소년기에는 아버지와 마을 어르신들로부터
'보절은 양반동네'라는 이야기를 듣곤 했습니다.

어느 날 보절면지 발간추진위원회에서 보절면지 발간을 준비해오고
있다는 이야기를 들었습니다. 신분을 구분하는 말로써 '양반'이라는
말이 지금 시대에는 어울리지 않지만 보절에는 우리가 알지 못하는 다른
역사가 있을 것이라는 생각이 스쳐 지나갔습니다.

산 좋고, 물 좋고, 인심 좋은 보절면!

보절면지를 발간하게 된 것을 진심으로 축하드립니다. 그동안 보절면지
발간을 위해 노력하신 안한수 발간위원장님과 이현기 편찬위원장님을
비롯한 관계자 여러분께 감사를 드립니다.

'역사를 잊은 민족에게는 미래가 없다'라는 말이 있습니다. 역사의
중요성을 강조한 말입니다. 그동안 보절면의 귀중한 역사가 여기저기
흩어져 있었고, 묻혀 있었습니다. 더 많은 세월이 지나고 나면 선조들의
아름다운 역사가 완전히 잊혀져 버릴 수도 있습니다. 보절면의 역사가
잊혀지기 전에 책으로 발간된 것은 정말 훌륭한 일이며, 자랑스럽고
역사에 길이 남을 큰 업적입니다.

보절면지가 발간되어 선조들의 자랑스러운 역사를 쉽게 접하고
배울 수 있게 되었습니다. 보절면을 공부하고자 하는 사람들에게
길라잡이 역할을 할 것입니다. 특히 면민이 보절의 역사를 앎으로써
보절면민으로서 긍지와 자부심을 갖게 될 것입니다. 온고이지신의
마음으로 우리의 삶을 개척하고 행복을 만들어 가는 데도 큰 도움이 될
것입니다. 선조들의 자랑스럽고 훌륭한 삶을 통해 보절면의 큰 발전과
면민들의 큰 행복이 있기를 기원합니다. 감사합니다.

2020년 10월
보절면장 김전형

만행산 천황봉 날개 아래 보절의 역사와 문화를 탐구探究, 상고祥考하면서
보절의 교육사, 씨족 공동체의 특징과 정착사, 말, 노래, 명소, 근현대
종합현황, 그림지도 등을 편찬編纂하기 위해 각고의 노력과 헌신을 다한
집필진 모두에게 감사의 말씀을 드립니다.

생각하기 나름인바, 한국의 중심은 호남이요, 호남의 중심은 남원이며,
남원의 중심은 보절입니다. 그래서 '보절'이라는 이름은 거룩하고
숭고하며 자랑스럽고 축복입니다. 만행산 천황봉 줄기 아래에서 태어난
우리 모두는 집안 간이며, 형제자매요, 동생 동근본同生 同根本입니다.
족보族譜가 어느 한 가문에게 일체감과 소속감을 부여한다면,
《보절면지》는 보절인들을 하나로 결속結束하면서 더욱더 자랑스럽게
생각하도록 하는 훌륭한 매개체媒介體가 될 것으로 확신합니다.

보절면지는 대기만성大器晩成이었기에, 너무나 아름답고, 아기자기하며,
거실 중앙에 꽂아 놓고 싶은 자랑스러운 책, 역사서입니다. 40개의
마을里와 洞, 골짜기와 들, 정자와 저수지, 돌담과 바위 속에 숨어있는
아름답고 유서 깊은 이야기들을 채록採錄하는 데 협조해주신 마을
어르신들과 면지 집필진 모두에게 다시 한번 감사의 글을 올립니다.

2020년 10월
남원시 보절면 발전협의회 회장 양기성

# 축사

반갑습니다. 국회의원 이용호입니다.

보절의 역사와 문화, 보절 사람들의 발자취를 오롯이 담아낸《보절면지 : 보배와 절의가 숨어 있는 보절 이야기》발간을 진심으로 축하드립니다. 유익하고 내실 있는 책자를 만들기 위해 노고를 아끼지 않으신 《보절면지》편찬위원회 모든 관계자 여러분께 깊이 감사드립니다.

보절은 제 고향입니다. 여유 없이 바쁜 생활을 이어가다가도 문득 어린 시절 고향 풍경이 떠오르면 가슴 한 편이 따뜻해지고는 합니다. 함께 뛰놀던 친구들, 참 넓게만 느껴졌던 학교 운동장, 저녁밥 짓는 고소한 냄새……. 고향은 사람에게 뿌리와 같은 곳입니다. 제게 보절이 그렇습니다.

'이불변응만변以不變應萬變', 백범 김구 선생의 유묵입니다. "내 속의 변하지 않는 것으로 만 가지 변화에 대응하라"는 이 짧은 글귀는, 무서운 속도로 뒤바뀌는 세상 속에서 우리가 마음에 새겨야 할 경구인 것 같습니다. 모든 것이 변해도 우리가 끝끝내 지키고 후대에 전해야 할 것, 바로 우리의 '뿌리'입니다.

보절이 품은 역사·문화유산을 지키고, 그 가치를 알리는 데 힘써주시는 분들이 계셔서 든든하고 감사합니다. 저 역시 이를 위해 국회에서 여러분과 함께 노력하겠습니다. 또 보절면민께서 자부심을 느낄 수 있도록 열심히 일하겠습니다.

이 책을 펼쳐주신 독자 여러분과 보절을 사랑하는 모든 분들의 앞날에 언제나 건강과 행복이 함께 하기를 기원합니다. 감사합니다.

2020년 10월

국회의원 이용호

# 목차

地 : 땅을 뜻하며 보절 이야기에서는 천황봉과 보절의 역사를 가리킨다 .

## 제 1 장

# 역사 속의 만행산과 천황봉

만행산萬行山은 보절寶節을 품고 있는 산이다. 보절 사람이라면, 누구나 아침에 일어나서 제일 먼저 보는 산이다. 날이 맑든 흐리든, 눈이 오든 비가 오든, 들에 가든 학교에 가든, 달이 뜨든 해가 뜨든, 달이 지든 해가 지든, 언제나 함께 집을 나갔다가 함께 집으로 돌아오는 산이다. 그 자리에서 우뚝 솟아 넓게 날개를 펴고 한결같은 사랑으로 보절을 지켜주고 이어주는 산이다. 고향을 떠난 사람도 언제나 한결같이 맞아주고 품어주는 산이다. 보절 사람을 하나로 묶어주는 산이다.

우뚝 솟아 날개를 펴고
보절을 지켜주는 만행산 천황봉

**1**

**고지도에 나타난 만행산**

1903년에 필사된 〈조선산도〉서울역사박물관 소장에 따르면, 천황봉은 천황지맥 만행산의 주봉으로 백두대간의 한 줄기인 장수 팔공산에서 시작되어 금지면 두물머리에서 끝난다.

다음의 지도는 백두대간이 멀리서는 황초령, 묘향산, 비백산, 금강산, 설악산, 태백산, 속리산, 소백산의 줄기를 타고 내려와 팔공산으로 이어지고 다시 지리산으로 내려오고 있음을 보여준다. 아쉽게도 팔공산을 이어받은 만행산이 지도에는 누락되어 있다. 하지만 만행지맥의 근원은 백두대간白頭大幹으로 백두산 병사

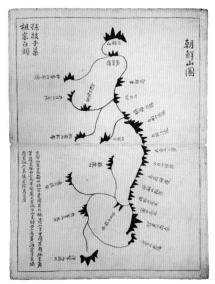

1903년 〈조선산도〉

봉에서 비롯된다. 백두대간은 백두산을 기점으로 길게 뻗어 내려오다가 약 1,470km 지리산 천왕봉에서 궤櫃를 이루며 마친다. 백두대간의 영취산靈鷲山, 1,076m 경남 함양에서 분기分岐한 금남호남정맥의 팔공산八公山, 1,151m은 마령재에서 다시 성수지맥과 천황지맥으로 분기한다. 여암 신경준旅菴 申景濬, 1712~1782의 《산경표山經表》에 따르면, 만행산은 무주 덕유산德裕山과 장수 팔공산八公山을 이어받아 보현산普賢山으로 표기되어 있다. 보현산은 다시 백공산百工山과 교룡산蛟龍山과 풍악산楓岳山으로 그 줄기를 이어간다.² 따라서 만행산은 무주 덕유산과 장수 팔공산을 이어받아 백두대간의 한 허리를 차지하고 있는 산임이 분명하다. 적어도 만행산 줄기 아래 터를 잡고 사는 사람들은 보절의 만행산이 백두대간의 한 줄기를 차지하고 있다는 사실을 익히 알고 있을 것이다.

지맥의 관점에서 보면, 만행산이 지리산으로 바로 연결된 것은 아니다. 만행산은 덕유산에서 뻗어나와 팔공산과 만행산으로 이어지고, 만행산은 다시 백공산과 교룡산을 거쳐 풍악산으로 이어져 금지면 두물머리에서 끝나기 때문이다. 이와 같은 지맥을 고려해서 위의 〈조선산도〉에 만행산을 보충해서 표기하면, 다음과 같다.

보충표기한 지도는 만행산이 덕유산에서 흘러 내려오는 백두대간의 한 줄기임을 분명하게 보여준다. 하지만 만행산은 백두대간의 줄기에 있는 중요한 산이었음에도 제대로 조명을 받지 못했다. 사정이야 어찌 되었든 아무런 불평 불만 없이 천황봉은 지금까지 백두대간을 조용히 지켜온 봉우리 중 하나다. 만행산 천황봉은 그 맥통脈通으로 따지면 결코 작은 산이 아니다. 그 근본을 따져 거슬러 올라가면 가까이는 백두산을 부모로 삼고 있고, 멀리는 곤륜연간崑崙連幹을 할아버지로 삼고 있는 산이기 때문

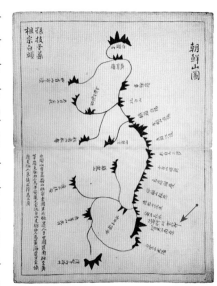

〈조선산도〉에 만행산을 보충하여 표기했다.

이다. 위의 〈조선산도〉 왼쪽에 쓰여 있는 글의 내용은 다음과 같다.

가지로 뻗고 잎으로 나 있는 산들은 백두산을 조종으로 삼는다. 백두산은 곤륜산으로부터 뻗어 나와 조선의 조종이 되고, 그 북맥은 돌아서 중국으로 들어간다. 그 남맥은 황초령에 이르러서 지맥은 서쪽으로 들어가 평안도가 된다. 또 비백산에 이르러서 지맥은 서쪽으로 들어가 황해도가 된다. 또 철령에 이르러 지맥은 경기도에 들어가고 정간은 삼남이 된다.

孫枝子葉 祖宗白頭. 白頭山自崑崙山 祖宗東國 其北脈還入于中國 其南脈至黃

草嶺 支脈西入爲平安道 又至比白山 支脈西入爲黃海道 又至鐵嶺 支脈入京畿
正幹爲三南.[3]

1700년대 후반에 만들어진 고지도첩 〈천하산천맥락
도天下山川脈絡圖〉[4]영남대 박물관 소장는 이를 잘 보여준다.

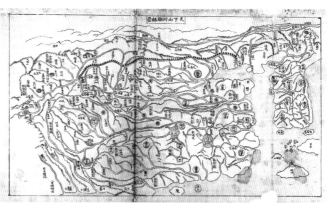

1700년대 후반 〈천하산천맥락도〉.
백두산의 뿌리가 곤륜산임을 알 수 있다.

**고문헌에 나타난 만행산**[5]

〈조선산도〉와 〈천하산천맥락도〉에 따르면
백두산의 뿌리는 곤륜산이다. 곤륜산은 통
상 유라시아 대륙의 머리인 히말라야산을
가리킨다. '히말라야'라는 이름은 라틴어 '이마부스
imavus'라는 말에서 유래했으며, '하얀 머리'를 뜻한다.[6]
'곤륜崑崙'이라는 이름도 지금은 중국어지만 사실은 중국
의 서쪽 지역에서 흘러들어온 외래어였다. 서양 학자들의 주장에 따르면 스키타
이인의 말인 Chorsarus라는 이름에서 유래했다고 한다.[7] 사실 '곤륜'이라는 이름
이 작게 보면 히말라야 산맥을 가리키지만, 크게 보면 유라시아Eurasia 대륙의 척
추를 이루는 큰 산들을 가리키는 이름이다. 서쪽으로 멀리 몽블랑Mont Blanc, 알프
스Mons Alpus, 카우카수스Mons Caucasus, 히말라야Mons imavus, 백두산白頭山도 모두
만년설이 쌓인, '하얀 머리 산'이라는 뜻이기 때문이다. 몽블랑에서 백두산까지
이르는 하얀 머리 산들을 하나의 대맥으로 묶어 보면, 유라시아 대륙에서 백두산
이 어디에 위치하고 있는지가 분명하게 드러난다. 소위 '하얀 머리 산들崑崙連幹'
의 가장 동쪽을 지키는 산이 백두산이다. 백두산은 위로는 만주의 소흥안령小興安
嶺과 대흥안령大興安嶺으로 이어져 알타이Altai 산맥을 타고 내려와 히말라야 산맥
으로 이어지고, 아래로는 묘향산, 금강산, 설악산, 소백산, 속리산, 덕유산을 거쳐
지리산으로 이어진다. 백두대간의 줄기에서 덕유산과 팔공산을 이어받은 만행산
은 지리산을 맞바라보는 위치에 서 있다. 1752년초간본 1699년에 간행된《용성지》
는 이를 이렇게 전하고 있다.

만행산은 덕유산을 뿌리로 삼고, 장수 수분원에 이르러 물이 두 줄기로 갈라
지는데, 한 줄기는 지리산으로 이어지고, 다른 한줄기는 만행산으로 이어져서
아래로 흘러 백공산에 이른다.
萬行山根自德裕山 至長水水分院 分作二枝 一流作智異一枝 分作萬行下爲百
工山[8]

만행산은 북으로는 장수 팔공산八公山, 1151m으로 이어지고, 남으로는 풍악산
楓岳山, 600m과 교룡산蛟龍山으로 이어진다. 아래로는 계룡산鷄龍山, 391m과 성산城山,
410m이다. 오늘날 성산은 산성이 있다는 뜻에서 성산城山으로 불리고 있지만 가장
오래된 이름은 거령산이다. 만행산은 남원의 사매면 춘향터널이 나 있는 뒷밤재

에서 오수까지 약 100리40km에 걸쳐 날개를 펼치고 있다. 그 모양새는 마치 학鶴이 날개를 펴고 하늘로 날아오르는 형태를 취한다. 이처럼 학의 모양을 한 산의 자태는 예사롭지 않은데, 특히 100여 리에 걸쳐 학의 날개를 펴고 비상하는 산의 자태를 살필 수 있는 곳이 만행산이다. 특히 오수에서 남원으로 내려가는 기차를 타고 가다가 왼쪽으로 머리를 돌리면 약 10분 정도에 걸쳐 학이 하늘로 날아오르는 듯한 만행산의 아름다운 자태와 위용을 살필 수 있다.

'만행산'이라는 명칭은 문헌상《신증동국여지승람新增東國興地勝覽》1530년에 처음 등장한다. 남원군 산동면에 위치한 승련사勝蓮寺, 창건연대 고려 중기로 추정를 소개하는 대목에서 만행산"舊志勝蓮寺在萬行山"이라는 명칭을 분명히 볼 수 있다.9 구지舊志《동국여지승람東國興地勝覽》1481년에 기록된 것으로 보아 '만행산'이라는 명칭은 최소한 조선 초기부터 사용되었을 것이다. 목은牧隱 이색李穡, 1328~1396년이 1364년에 지은《승련사기勝蓮寺記》에 의하면, 이 절의 옛 이름은 금강사金剛寺였고 홍혜弘慧 국사가 이곳에서 불도를 닦았다. 이어서 졸암拙庵 선사, 각운覺雲 선사가 이곳에서 불사를 돌보았다. 남원 지리지인《용성지》에는 '만행산'이 두 번 등장한다"새로운 책에 귀정사는 만행산에 있다[新增歸政寺在萬行山]"; "풍곡사는 만행산에 있다[風谷寺在萬行山]". 이런 사실을 놓고 볼 때 만행산이 불교의 역사에서 매우 중요한 산이었음이 분명하다. 이는《용성지》에 전해지는 만행산과 관련된 불교 사찰의 수와 사찰을 소개하는 내용과 규모가 남원에 소재하는 지리산과 연관된 사찰의 수와 소개 내용에 결코 부족하지 않고 오히려 더 자세하다는 점에서 쉽게 확인된다.

| 만행산과 천황봉의 유래 | 1972년에 조성교가 편집한《남원군지》에 따르면, 만행산은 백제 무령왕武寧王 15년515년에 현오국사玄悟國師가 창건한 귀정사歸政寺의 본래 이름인 '만행사萬行寺'에서 유래했다. 최근 고고학의 유적 조사 발굴과 이 지역 일대에 대한 역사연구에 따르면, 만행사가 위치한 만행산 동쪽 지역인 산동면 일대는 원래는 가야에 속했고 기남국이 있었던 곳이었다. 하지만 고구려의 남진 정책과 함께 백제도 남진 정책을 추진하였다. 백제의 무령왕이 소위 남진 정책을 추진하였고 만행산 너머에 있던 기남국을

백제의 영토로 복속시켰는데 이 과정에서, 혹은 이를 기념하기 위해서, 혹은 이 지역을 안정적으로 지배하기 위해서 귀정사를 창건했을 것으로 추정된다. 가야의 하위 읍성 국가인 기남국이 백제에 복속된 시기는 늦어도 4세기 말에서 5세기 초로 추정된다. 다만 백제 무령왕이 귀정사를 방문했는지에 대한 기록은 없다. 하지만 1971년 부여 송산리에 발굴된 무령왕릉에서 나온 옥으로 된 목걸이의 재질 분석에 따르면,10 무령왕릉 목걸이의 옥의 석질은 장수군 일대의 지역에 나오는 석질과 같았다. 이는 무령왕 시대에 이미 장수군 일대와 천황봉 동쪽의 지역인 산동면과 아영면과 운봉면까지 백제의 지배를 받은 지역임을 알 수 있는 중요한 역사적 증거다. 이런 사실을 놓고 볼 때, 귀정사가 백제의 무령왕 시기에 창건된 것은 분명하다. 그런데 어느 시기엔가 만행사의 이름이 귀정사로 바뀌게 된다. 이에 대해 전해 내려오는 사연은 이렇다. 만행사가 창건된 후 어느 때에 왕이 여기에서 수도하던 고승의 설법을 듣고자 방문했는데, 설법에 감동해서 사흘 동안 절에 머물다가 "왕궁으로 돌아갔다는"歸政 데서 유래한다. 왕이 절에 머물다 돌아간 후에 절과 그 주변의 명칭도 많이 바뀌게 되었다. 만행산의 주봉은 천황봉으로 불리었고, 천황봉의 남쪽 봉우리는 태자봉太子峰, 북쪽 봉우리는 승상봉丞相峰, 상소 남대문로南大門路, 둔병치屯兵峙로 불리게 되었다. 현재 상사봉相思峰으로 알려진 바위의 이름도 원래는 상소봉上疏峰이었을 가능성이 있다. 이상의 사실을 놓고 볼 때, 현재 널리 사용되는 '만행산'과 '천황봉'의 유래는 귀정사의 본래 이름인 만행사에서 유래되었을 것이다. '만행산'이라는 지명은 남원시 도통동에 위치한 선원사禪院寺의 역사에서도 등장한다.

> 선원사는 신라新羅 헌강왕憲康王 원년 875년 도선국사道詵國師가 창건하였다. 도선국사는 남원南原의 지세가 객산으로 힘이 센 교룡산蛟龍山을 누르고 주산主山으로 힘이 약한 백공산百工山을 복돋아야 남원이 번창할 수 있는 곳이라 판단하고, 백공산의 모체는 천황봉天皇峰 밑 만행산萬行山 줄기이므로 만행산의 힘을 빌어 교룡산의 힘을 누르고자 백공산 날줄기 끝에 선원사를 창건하였다 한다.

인용은 선원사의 안내표지에서 가져온 것이다. 이는《용성지》에 근거를 두고 작성된 것이다.《용성지》는 백공산을 이렇게 소개한다.

백공산은 부의 동쪽 8리에 있다. 읍 터의 주산으로 삼고 있으며, 산의 형승은 지극히 작다.[舊志]百工山 在府東八里 爲邑基主山 山形至小.[11]

백공산의 경우처럼,《용성지》에는 만행산에 뿌리를 둔 산과 이 산에 위치한 사찰이 있다. 산으로는 천사봉天使峯, 계룡산鷄龍山, 시라산時羅山, 풍악산楓岳山, 노적봉露積峯, 향로봉香爐峯, 월계산月溪山 등을 찾을 수 있고, 사찰로는 승련사勝蓮寺, 성남사城南寺, 풍곡사風谷寺, 난계사蘭溪寺, 고산암高山菴, 수도암修道菴, 두타암頭陀菴, 호성암虎成菴 등을 들 수 있다.《용성지》에 기록된 산의 갈래를 정리하면 이 산이 두 개의 큰 산에 뿌리를 두고 있다는 점이 흥미롭다. 하나는 지리산이고 다른 하나는 만행산이다. 남원의 동쪽과 남쪽 지역에 있는 산은 거의 지리산에 뿌리를 두었지만, 남원의 북쪽과 서쪽에서 발원해서 남원 읍내를 지나 금지면으로 이어지는 산은 모두 만행산에 뿌리를 두고 있다.《용성지》에 이에 대해서 명시적인 언급은 없지만, 책의 여기저기에 산재하여 기록된 산의 뿌리를 거슬러 올라가면 만행산을 만나게 된다. 이런 사실들을 종합할 때, 지리산이 삼남三南의 대간大幹이라면 만행산은 남원南原의 대간大幹이다.

천황봉 동쪽의 산동면에서 남원을 가로지르는 요천을 따라 만행산의 줄기를 따라가다 보면, 앞에서 언급했듯이 만행산이 장수의 팔공산과 임실의 성수산과 헤어져, 북쪽 거령산으로 이어져 성남과 성북을 감싸고 내황과 외황을 품으면서 작소를 지나 창말에서 끝난다. 남쪽으로는 날개를 안으로 품고 계룡산으로 내려오면서 서치, 괴양, 만동, 산수굴과 자포실을 지나 섬멀을 넘어 서도의 향로봉 노적봉으로 이어지다가, 다시 춘향고개인 밤재를 타고 백공산과 교룡산을 지나 풍악산과 시라산으로 이어져 금지면과 대강면이 만나는 지역에 합수되는 섬진강 본류의 머리 물에 조용히 발을 담그면서 끝난다. 이를 거리로 재어본다면, 못잡아도 160킬로미터400리로 펼쳐진 큰 산이다. 만행산 천황봉의 12날개에서 흘러내린 물이 용동, 도촌, 다산, 신흥, 금계, 진기, 괴양, 서치, 만동을 감싸고 도는 섬진강의 최상류 지류를 통해서 율천에 모인 물이 오수천과 삼계석문三磎石門에서 합수되어 순창 적성을 돈 후 대강으로 흘러서 남원 요천에서 내려오는 물과 금지 두물머리에서 만나 섬진강의 본류를 형성하는데, 마침 그곳에 발을 담구고 있는 만행산 천황봉과 마지막 인사를 나눈다. 천황봉에서 시작한 물길은 여기까지 대략 400리에 이른다. 따라서 만행산 천황봉은 남원의 중심 줄기이고 대간에 해당하는 큰 산이다.

남원의 동쪽과 남쪽 지역에 있는 산은 거의 지리산에 뿌리를 두었지만, 남원의 북쪽과 서쪽에서 발원해서 남원 읍내를 지나 금지면으로 이어지는 산은 모두 만행산에 뿌리를 두고 있다.

천황봉의 명칭과 관련하여, 혹자는 이 이름이 일제 강점기에 일본 천황을 높이기 위해서 천왕봉을 천황봉으로 고친 것이라고 주장한다. 하지만 이 주장은 근거가 없다. 천황봉이라는 명칭이 일제 강점기 이전에 사용된 여러 증거들을 곳곳에서 확인할 수 있기 때문이다. 그 증거는 다음과 같다.

오른쪽의 지도는 1871년에 출판된 《호남읍지湖南邑誌》〈남원부지도南原府地圖〉에서 끌어온 것으로, 지도에는 "天皇峯천황봉, 寶玄坊보현방, 高節坊고절방"이 분명하기 표기되어 있다. 물론, "天王峯천왕봉"이라는 산명이 1872년에 제작된 《남원부南原府》에 나타나기도 한다. 그러나 '천왕봉'의 명칭과 관련해서는 지도 제작자에게 약간의 착오

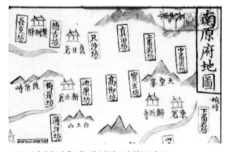

1871년 《호남읍지》에 실린 〈남원부지도〉

가 있었던 것으로 추정된다. 물론 이 지도가 조선 말기에 제작되었다는 점을 감안하면 "皇황"자를 "王왕"로 겸손하게 고쳤을 가능성이 있다. 하지만 "天王峯"으로 표기된 지도는 1872년에 제작된 《남원부》 이외에 다른 지도는 없고, 天皇峰천황봉으로 표기된 지도들을 많이 찾을 수 있었기 때문이다. 그 한 사례를 제시하면 다음과 같다.

왼쪽의 지도도 1871년에 출판된 《호남읍지湖南邑誌》〈오수역지도獒樹驛地圖〉에서 인용한 것이다. 지도는 우뚝 솟아 있는 "天皇峯"을 명시적으로 보여준다. 지도는 아울러 천황봉이 남원에서 오수에 이르는 큰 산임을 잘 보여준다. 천황봉은 1896년에 출판된 《전라북도각군읍지全羅北道各郡邑誌》에도 분명하게 표기되어 있는데, 다음과 같다.

1871년 《호남읍지》의 〈오수역지도〉. 오른쪽 중간에 "天皇峯"이라고 표기되어 있다.

"天皇峰천황봉, 萬行山만행산, 鷄龍山계룡산, 寶玄보현, 高節고절, 葛峙갈치" 등의 지명들이 지도에 표기되어 있다. 이와 같은 자료들은 '천황봉'이라는 명칭이 일제 강점기 때에 이른바 '창산개명創山改名'된 이름이 아니라 아주 오래된 산명이었음을

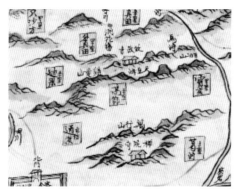

1896년에 출판된 《전라북도각군읍지》에 천황봉이 분명하게 표기되어 있다.

보여준다. 천황봉이 일제 강점기에 만들어진 이름이 아니라는 것을 입증하는 증거는 만동에서 살았던 매헌 소산복梅軒 蘇山福, 1556~1620년의 시다.

| 天皇晚雲 | 천황봉의 저녁 구름 |
|---|---|

| 斗峯高押天 | 머리봉이 높이 솟아 하늘에 뻗쳐 있는데, |
|---|---|
| 日晚雲猶冪 | 날 저문 구름은 오히려 덮여 있네. |
| 無心自去來 | 무심하게 스스로 오고 갈 뿐, |
| 不礙眞容碧 | 푸른 참모습을 방해하지 않네.[12] |

매헌이 노래하는 "머리봉斗峯"은 천황봉을 가리킨다. 시의 제목에 명시적으로 천황이라고 밝히고 있기 때문이다. 두봉이 천황봉임을 보여주는 또 다른 방증은 〈천황봉의 저녁 구름〉에 이어지는 다음의 시가 천황봉에서 줄기를 타고 내려오는 계룡산을 노래하는 시이기 때문이다.

| 鷄龍落照 | 계룡산의 낙조 |
|---|---|

| 山光向夕佳 | 산 색깔 저녁이 되어 아름다운데, |
|---|---|
| 返照增濃翠 | 석양빛에 짙푸름을 더하는구나. |
| 不覺到黃昏 | 황혼에 이른 줄 알지 못하고, |
| 悠悠成獨睡 | 유유히 홀로 잠이 들었다네. |

〈천황봉의 저녁 구름〉과 〈계룡산의 낙조〉가 하나는 매헌이 자신의 사랑이나 마루에서 바라본 천황봉의 구름이고, 다른 하나는 계룡산에 물드는 떨어지는 해라는 점에서 천황봉이라는 지명이 통용된 시기가 적어도 일제 강점기는 아니라는 사실을 알 수 있다. 매헌이 1556년에 태어나서 1620년에 죽은 것을 고려하면 천황봉은 조선시대에도 불렸던 산명이다. 따라서 천황봉이냐 천왕봉이냐의 논쟁은 매헌의 시로 판가름이 났다고 보아야 할 것이다.

| 만행산의<br>다른 이름들 | 기록에 따르면 만행산에는 여러 다른 이름들이 있었다. 그 중 한 사례는 《용성지》에 전하는 마행산馬行山이라는 이름이다. 아래의 인용에서 그 이름을 찾을 수 있다. |
|---|---|

옛날 책에는 보현사寶玄寺가 마행산에 있다. 새로운 책에 [보현사에는] 법당, 시왕전, 나한전, 정루, 승당, 선당, 서상실, 약사전, 문수전, 만월당, 조사전이 있다. 원나라 인종 5년1318년 여흥군 민지가 왕의 명을 받고서 정리한 기록이 있으며, 조선 세조 원년1455년에 허가를 받았다는 사실을 증명하는 도첩이 있다. 만항스님송광사 제10대 주지 혜감국사, 1249~1319년이 원나라에서 큰 스님이 되어 병오년1306년에 와서 인종 원년1314년에 창건하였다. 꿈에서 만항은 게偈를 얻었고, 점을 쳐서 얻은 땅에 도착하여 맑은 물이 흐르는 계곡에 띠를 엮어 암자

를 짓고 평생을 분수에 맞추어 지내었으나 꿈에 본 절에는 도달하지 못했다. 임신년1692년에 처능 스님이 선방을 고칠 때에 집이 훼손되었는데, 상량문에 대원년 무신년1308년 7월 20일에 중창되었다고 하였다. 지금이 임신년1692년 이므로 무신년1308년은 이미 393년이 지났으므로, '중창'이라고 한 것은 기이한 일이다. … [보현사]에 속하는 암자는 셋이 있다. 남암과 동암과 상대암이다. 남암과 동암은 청류동에 있으며 돌에 새겨진 글이 뚜렷하다. 상대암은 일명 '비금암'이라고 한다. 전하는 말에 의하면 옛날에 여기에서 금이 나왔고, 비류라는 샘이 가운데에 있었기 때문이라고 한다. 성남사는 보현사의 본사이나 지금은 없어졌다. 안불암은 지금은 없어졌다.[13]

舊志寶玄寺在馬行山 新增 法堂 十王殿 羅漢殿 正樓 僧堂 禪堂 西上室 藥師殿 文殊殿 滿月堂 祖師殿 有元朝延祐五年戊午 麗興君閔漬奉教撰記 又有我世祖 朝成化元年度牒 和尙萬恒 元大德 丙午來住 延祐元年癸丑創此寺 其夢中得偈 云 卜地臨清澗 茅茨結小庵 生涯隨分足 夢不到加藍 壬申僧處能 重修禪堂時 毁其宇棟上 書曰 至大元年戊申七月二十日重創云 今之壬申之於至大 戊申已 至三百九十三年 而又重創其亦異哉 (...)屬庵三 南庵 東庵 清流洞石刻宛然 上 臺庵 一名飛金庵 諺傳古時有生金 飛游泉中 故名 城南寺卽寶玄本寺 今廢 安 佛庵今廢.

보현사에 대한 《용성지》의 기록은 《신증동국여지승람》에서 인용된 것이다. 따라서 마행산이라는 산명은 구지舊志, 즉《신증동국여지승람》에서 기록된 것으로 보인다. 사정이 이와 같다면 마행산이라는 명칭도 만행산에 못지않게 오래된 이름일 가능성이 높다. 이와 관련해서 만행산으로 흐르는 물과 지리산으로 흐르는 물이 갈라지는 수분원水分院 근처의 고개 이름이 '마치馬峙'라는 점과 마치가 진안의 마이산馬耳山과 연결된 고개라는 점을 고려한다면, 마이산의 몸체에 해당하는 산이 마행산일 가능성도 높다. 또한 성북 들판에 '말무덤馬塚'이 있었는데 경지정리 때 없어졌다고 한다. 보절면 성북마을에 사는 사람들이 전하는 이야기로는, "말의 무덤이라기보다는 삼한시대 왕족이었던 마馬씨 세력이 이곳에서 부족을 이루며 살았을 때 '부족장의 무덤'이 아니었을 것"이라 추정하고, 주변 지명 가운데 '봉화재'가 있는 것으로 보아 만행산이 이 일대에서는 마행산으로 불렸을 가능성이 높다. 하지만 "馬行山"이라 표기된 지도는 아직 발견하지 못했다. 만행산은 또한 보현산으로 불리기도 했다. 어떤 지도에는 보현산과 만행산이 동시에 나오기도 한다.

왼쪽 지도는 1777년에서 1787년에 제작된 《해동여지도海東輿地圖》 에서 가져온 것이다. 1861년에 고산자古山子 김정호金正浩, 1804~1864년가 만든 《대동여지도大東輿地圖》에도 만행산은 보현산普賢山이라는 산명으로 표기되어 있다.

1777~1778년《해동여지도》

'보현산'은 고산자 김정호가 1849년에 만든 〈동여도東輿圖〉에도 등장하고, 1849년에 제작된 작자 미상의 〈대동방여전도大東方輿全圖〉에도 등장한다. 이와 같은 사정을 놓고 볼 때 만행산을 보현산으로 불렀을 가능성이 있다. 이 산명은 보현방 혹은 보현사의 명칭에서 유래한 것으로 추정된다. 이를 뒷받침해주는 사료는 《용성지》이다. 《용성지》는 천황봉을 다른 이름으로 '보현봉寶玄峯'이라 부른다고 전하고 있기 때문이다. 아래와 같다.

만행산이 보현산으로 표기된 〈대동여지도〉

> 천왕봉은 일명 보현봉이고 보현방에 있으며 산봉우리가 구름 위로 치솟아 있다. 봉우리의 위와 아래를 다 아울러 천왕봉, 보현봉이라고 통칭한다.[14]
> 天王峯一名寶玄峯在寶玄坊聳出雲霄峯之上下通稱

《용성지》에 표기된 천왕봉이라는 이름은 앞에서 설명했듯이 겸양의 태도가 반영된 것 같다. 아무튼 인용에서 눈길을 끄는 대목은 천황봉의 산봉우리가 구름 위로 치솟아 있다는 장면이고, 아울러 천황봉이 만행산을 아우르는 주봉이라는 사실이 명시되어 있다는 점이다.

산이 크다 보니 산은 만행산, 마행산, 보현산 등의 여러 이름으로 불렸고, 봉우리가 높다 보니 봉은 천황봉, 천왕봉, 보현봉 등의 여러 이름을 가지게 되었음이 분명하다. 지금에 와서 산과 봉을 어떤 명칭으로 부를지 혼란을 피하기 위해 지금 범용되는 만행산과 천황봉이라는 산명이면 충분하다고 본다. 적어도 조선시대에 보절 사람들이 '천황'이라는 산명을 사용했다는 것은 분명하기 때문이다. 그 증인 가운데에 한 사람이 소산복이다. 결정적으로 매헌의 증언을 확인해 주는 증거를 제시하겠다.

> "남원부南原府 천황봉天皇峯 아래의 평탄한 언덕땅이 움푹하게 주저 앉았다고 관찰사道臣가 장문狀聞하였다.[15]"
> "南原府 天皇峯下平坡地陷, 道臣狀聞"

세계 고지도 속의 남원과 보절

장문은 전라도 관찰사 박필명朴弼明, 1658년~1716년이 1708년숙종 34년 무자 6월 29일갑자에 숙종에게 올린 일종의 보고문이다. 박필명은 천황봉 아래 고장아마도 보절의 땅이 움푹 꺼져버린 사건, 혹은 움푹 주저앉아 땅이 평평하게 펼쳐져 있다는 것을 숙종에게 보고한다. 여기서 '남원부 천황봉'이라는 말이 분명하게 나오므로 이 천황봉은 보절 사람들이 불렀고 지금도 부르고 있는 '천황봉'임이 확실하다. 결론적으로 보절의 천황봉은 천황봉이지, 천왕봉이 결코 아니다. 천황봉의 이름을 분명하게 찾은 김에 잠시 한숨을 돌리고 고개를 들어서 휴전선과 한반도의 경계를 넘어 유라시아 대륙을 둘러 볼 것을 제안한다. 이 지도는 한국을 Corai라는 국명으로 서양 세계에 소개하는 것으로 예수회 신부가 1593년에 그린 〈유라시아 지도Mappa Eurasiae〉[16]다.

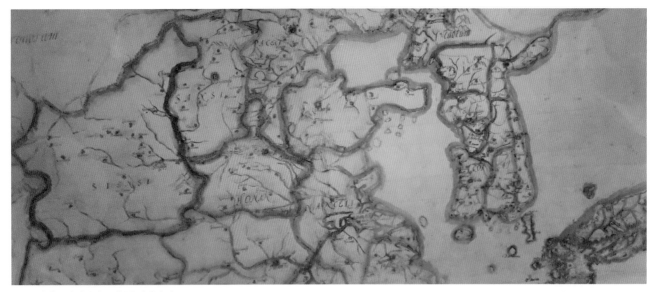

1593년 예수회 신부가 그린 〈유라시아 지도〉. 지도에 남원이 표기되어 있다.

| 희당 안재직 천황봉을 노래하다 |

이 지도에는 남원도 〈Namhwon〉이라는 이름으로 소개되어 있다. 이는 남원을 서양 세계에 알려주는 최초의 지도일 것이다. 보절도 이 지도를 통해서, 비록 지명이 명시되지는 않았지만 남원을 통해 전 세계에 처음 소개되었다고 할 수 있다. 만행산과 천황봉이 백두대간을 타고 백두산으로 이어져 있고, 산과 봉은 다시 백두산에서 만주를 거쳐 알타이 산으로 뻗어 내려가서 히말라야 산을 만나고, 여기에서 멈추지 않고 계속 나아가 코카서스 산과 알프스 산으로 이어져 있는 모습을 마음속으로 이 지도에 그려볼 것을 제안한다. 한반도의 백두대간과 유라시아의 곤륜연간의 큰 줄기에서 겸손하지만 아름답고, 조용하지만 담대한 학의 모습으로 하늘로 날아오르는 만행산과 천황봉의 모습이 눈에 선명하게 들어올 것이다. 천황봉의 이런 모습을 희당喜堂 안재직安在稷, 1900~1961년은 이렇게 묘사한다.

登天皇峯　　　천황봉에 올라

穹窿拔地鎭南鄕　　하늘이 땅을 뽑아 남쪽 고을을 누르니,

眼底群巒自下牀　　눈 아래 뭇 산은 절로 평상보다 낮아졌네.

猿飮終愁聯臂短　　원숭이 마시면서도 끝내 근심하니 비단가를 연상하고,[17]

鳳飛應許覽輝長　　봉황이 날아 화답하는 곳에 광채가 깊을 볼 수 있네.

賦台寓興孫非隱　　누대에서 시를 지어 흥을 부치니 손등은 은자가 아니고,[18]

登華示教韓豈狂　　화자강에 올라 가르침을 보이니 한강이 어찌 미쳤으랴?[19][20]

多賴孤菴能答效　　외로운 암자에 많이 힘입어 공로에 보답하고,[21]

六時鍾鼓爇心香　　육시를 알리는 종과 북소리에 마음의 향을 불사르네.[22]

1 《지리산권 고지도선집》, 최원석·구진성 편, 경상대학교 경남문화원, 브레인, 220쪽(이하《고지도》로 약칭).

2 《산경표(山經表)》, 신경준 지음, 박용수 해설, 푸른산 출판사, 1990년, 80쪽.

3 《고지도》, 220쪽.

4 《고지도》, 218쪽.

5 백두대간이라는 말을 처음 사용한 사람은 여암(旅菴) 신경준(申景濬, 1712~1781)이다. 백두대간은 성호(星湖) 이익(李瀷, 1681~1763)의 "백두정간(白頭正幹)"(《성호사설(星湖僿說)》 제1권 천지문(天地門))을 바탕으로 신경준이 처음 사용한 개념(《산경표(山經表)》)이다.

6 플리니우스, 《자연학》제6권: IUNGUNTUR INTER SE IMAVUS, HEMODUS, PAROPANISUS, CAUCASUS... 참조, PLINY. NATURAL HISTORY. TRANS. H. RACKHAM. HARVARD: LOEB CLASSICAL LIBRARY. 2006(1942).

7 플리니우스, 《자연학》제7권: SCYTHAE IPSI PERSAS CHORSAROS ET CAUCASUM MONTEM CROCASIM, HOC EST NIVE CANDIDUM. 참조, 상게서.

8 《용성지(龍城誌)》, 이도·최여천 찬수, 송휘도 간행, 우순필·양성래 교정, 오병무·박기정, 임채용·최병운 번역, 남원문화원, 1995, 35쪽(이하《용성지》로 약칭).

9 민족문화추진회, 新增東國輿地勝覽, 민족문화추진회 편, V.1-7, 1971.

10 이에 대한 자문을 해 주신 서울대학교 국사학과 권오영 교수에게 진심의 감사의 마음을 표한다.

11 《용성지》, 30쪽.

12 《매헌집》.

13 《용성지》, 165~166쪽.

14 《용성지》, 38쪽.

15 《숙종실록》.

16 이 지도는 예수회의 로마 고문서 도서관에 소장되어 있다.

17 비단가(臂短歌): 욕심이 많은 속세의 사람들의 팔이 긴 것을 풍자함. 원감국사(圓鑑國師)의 '비단가'가 전한다.

18 손등(孫登): 삼국(三國)시대 위(魏)의 사람. 독신으로 북산(北山)의 토굴 속에서 살며 일생《주역(周易)》을 즐겨 읽고 일현금(一絃琴)을 타면서 세상에 바라는 것이 없었다.《晉書 九十四 隱逸傳》

19 화자강(華子岡): 당나라 시인 왕유(王維)의 별장이 있는 망천(輞川) 주변에 위치한 곳으로서, 왕유가 수시로 찾아가 놀던 곳이다. 경치가 좋은 곳을 가리킨다.

20 한강(韓康): 후한(後漢) 때의 은사(隱士)로 자는 백휴(伯休)이며 경조(京兆) 패릉(霸陵) 사람이다. 그는 일찍이 명산(名山)을 유람하면서 약(藥)을 캐다가 장안(長安)의 시중(市中)에 가져다 팔았는데, 30여 년간 값을 두 가지로 불러 본 적이 없었다. 한번은 한 여자가 한강에게 약을 사러 왔다가 약값을 깎아 주지 않는 것을 불쾌하게 여겨 말하기를 "공이 바로 한백휴입니까, 그래서 값을 두 가지로 하지 않습니까?(公是韓伯休邪 乃不二價乎)" 하였다. 한강이 속으로 탄식하기를 "나는 이름을 피하려고 했는데, 지금 하찮은 여인들까지 내가 있다는 것을 다 알고 있으니, 약을 팔아서 무엇하랴.(我欲避名 今區區女子皆知有我 何用藥爲)" 하고는, 마침내 패릉의 산중에 들어가 은거하면서 조정에서 연달아 징소(徵召)했으나 끝내 나가지 않았다.《後漢書 卷83 逸民列傳 韓康》

21 육시(六時): 불가(佛家)에서 1주야를 여섯으로 나눈 시각으로 그 명칭은 신조(晨朝)·일중(日中)·일몰(日沒)·초야(初夜)·중야(中夜)·후야(後夜)로, 절에서는 종을 울려서 이 여섯 시각을 알렸던 것이다.

22 안재직,《희당집(喜堂集)》, 편찬 안홍선, 1984, 亨 四十六 쪽(이하《희당집》으로 약칭).

## 제 2 장

# 역사 속의 보절 : 보절의 탄생

용성지에 나<br>타난 보절

보절의 고대 역사를 추적하기 위해서는 먼저 남원의 고대 역사를 살펴볼 필요가 있다. 남원의 역사와 지리를 기록한 《용성지》는 남원의 고대 역사를 다음과 같이 전하고 있다.

구지舊志본 부本府는 백제百濟 시대 고룡군古龍郡으로 후한後漢 건안建安 연간 196~220년에 대방군帶方郡이라 하였다가 조위曹魏 때에는 남대방군南帶方郡이라 하였으며, 그 뒤 당唐 나라 고종高宗이 소정방蘇定方을 보내 백제를 멸망시킬 때에 검교檢校[1] 유인궤劉仁軌에게 대방주帶方州 자사刺史를 명하였다. 신라新羅 문무왕文武王이 이 땅남원을 신라에 병합하였으며, 신문왕神文王 4년甲申, 684년에 이르러 이 곳에 소경小京을 두었다. 경덕왕景德王에 이르러 지금의 이름남원으로 바꾸고, 이에 남원소경南原小京이라 하였다. 고려高麗 태조太祖 23년庚子, 940년에 이르러 부府로 바꾸었으며, 충선왕忠宣王 2년에는 다시 대방군으로 하였다가 그 뒤 남원군南原郡으로 바꾸었다. 공민왕恭愍王 9년에 이르러 다시 부로 승격하였다. 본 조本朝에 들어와 태종 13년 전례前例에 따라 도호부都護府로 바꾸었으며, 세조世祖 때에 이르러 처음으로 진鎭을 두었다.[2]

舊志 本百濟古龍郡 後漢建安中爲帶方郡 曹魏時爲南帶方郡 後唐高宗 遣蘇定方 滅百濟 詔劉仁軌檢校 帶方州刺史 未幾新羅文武王並其地 神文王四年置小京 景德王改今名(イ) 乃爲小京 高麗太祖二十三年 改爲府 忠宣王二年 復爲帶方郡 後改爲南原郡 恭愍王九年 復陞爲府 本朝太宗十三年 例改都護府.

인용은 조선시대 초기까지 남원 역사를 간결하게 전하고 있다. 이에 따르면, 보절 지역은 처음에는 백제 고룡군에, 나중에는 대방군에 속했다가 백제가 멸망한 이후에는 대방주에, 그 다음에는 남원소경으로 편입되어 현재에 이르렀다. 그런데 《용성지》에서 말하는 '구지舊志'는 《신증동국여지승람新增東國輿地勝覽》을 가리킨다. 흥미로운 사실은 《신증동국여지승람》이 정인지 등이 편찬한 《고려사高麗史》를 대부분 재인용한 것이라는 점이다. 그런데 《고려사》에 소개되는 남원에 대한 기록은 대개 《삼국사기》를 재인용한 것이다. 따라서 보절의 역사를 추적하기 위해서는 시간을 거슬러 《용성지》에서 《신증동국여지승람》으로, 《신증동국여지승람》에서 《고려사》로, 《고려사》에서 《삼국사기》로 거꾸로 올라가야 한다. 예컨대, 아래의 내용은 《용성지》가 《고려사》에 정리된 내용을 인용한 《신증동국여지승람》을 바탕으로 만들어진 저술임을 확인할 수 있다.

남원부南原府는 본래 백제百濟의 고룡군古龍郡으로, 후한後漢 건안建安 연간 196~220에 대방군帶方郡이 되었다. 조위曹魏 때는 남대방군南帶方郡이 되었다. 신라新羅가 백제를 병합하자, 당唐 고종高宗이 유인궤劉仁軌에게 조서詔書를 내려 검교대방주자사檢校帶方州刺史로 삼았다. 신문왕神文王 4년684년에 소경小京을 두었으며, 경덕왕景德王 16년757년에 남원소경南原小京으로 고쳤다. 태조太祖 23년940년에 부府로 고쳤다. 충선왕忠宣王 2년1310년에 다시 대방군이 되었다가, 뒤에 남원군南原郡으로 고쳤다. 공민왕恭愍王 9년1360년에 승격시켜 부府가 되었다. 별호別號는 용성龍城이다. 지리산智異山【지리地理라고도 하고, 두류頭流라고도 하며, 방장方丈이라고도 한다. 신라에서 남악南嶽으로 삼아 중사中祀에 올렸으며, 고려高麗에서 그대로 이어받았다.】이 있다. 순자진鶉子津이 있다. 속군屬郡이 2개, 속현屬縣이 7개이다.

南原府本百濟古龍郡, 後漢建安中, 爲帶方郡. 曹魏時, 爲南帶方郡. 新羅幷百濟, 唐高宗, 詔劉仁軌, 檢校帶方州刺史. 神文王四年, 置小京, 景德王十六年, 改南原小京. 太祖二十三年, 改爲府. 忠宣王二年, 復爲帶方郡, 後改爲南原郡. 恭愍王九年, 陞爲府. 別號龍城. 有智異山【一云地理, 一云頭流, 一云方丈. 新羅爲南嶽, 躋中祀, 高麗仍之】. 有鶉子津. 屬郡二, 縣七.

《용성지》의 내용은 거의 《고려사》에서 재인용된 것이다. 특기할 만한 것은 《고려사》에는 《용성지》에 소개되지 않는 남원에 대한 정보들이 추가로 기록되어 있다는 점이다. 하나는 남원의 옛 이름이 용성이라는 것이고, 다른 하나는 남원부의 속현이 7개라는 사실이다. 보절은 남원의 일곱 속현 중의 하나였다.[3] 고려시대 당시 보절의 지명은 '거령居寧'이었고, 백제시대의 지명은 '거사물居斯勿'이었다.

보절의 역사를 추적하기 위해 시간을 거슬러 올라가다 보면 《용성지》나 기존의 책이 전하지 않는 새로운 면모가 드러난다. 이제 본격적으로 보절의 역사 여행을 시작하겠다. 여행을 시작하기 전에 이해를 돕는 차원에서 그 추적 방법을 소개하고자 한다. 보절 지역에 전해져 내려오는 이야기와 그와 연관된 지명이 많이 등장하는데, 이 지명들은 역사적인 사건을 지명 뒤에 숨기고 있다. 이 지명에 《삼국사기》와 《고려사》에 파편적으로 남아 있는 문장을 보충해서 잃어버렸거나 잊힌 보절의 역사를 다시 살려내는 방식으로 이야기를 전개해 나갈 것이다. 이렇게 보절의 지명과 이야기, 역사서를 바탕으로 다시 살려낸 보절의 역사는 먼 옛날이야기가 아니라 실재한 사건이었음을 고고학적 유물을 통해 확증하는 방식으로 논의해 나갈 것이다.

<table>
<tr><td>선사시대의<br>보절: 성혈</td></tr>
</table>

선사시대의 보절 역사는 청동기 시대로 거슬러 올라간다. 이를 입증해주는 유물이 보절에서 발견된다. 바위에 구멍을 내어 별자리를 표시한 성혈이다. 보절의 여러 성혈 중에서 가장 인상적인 것은 사촌에 있는 성혈이다.

이 성혈에 눈길이 가는 이유는 크게 네 가지이다. 우선, 여러 개의 성혈이 한 곳에 모여 있고 그 중심에는 봉분이 있으며, 봉분 위에는 하늘에 뭔가를 알리는 것으로 보이는 큰 돌이 있고, 봉분의 북쪽 부분에 해당하는 자리에 커다란 성혈이 있

사촌마을의 성혈

을 것으로 추정되는 고인돌 바위 위로 봉분이 조성되었다는 점이다. 다음으로, 봉분을 중심으로 성혈들이 동그랗게 둘러 서 있는데, 이를 통해 이곳이 신령스러운 공간이었음을 알 수 있다. 이 공간은 지름이 10m는 족히 넘는 것으로 보아 상당히 큰 규모의 성소였을 가능성이 크다. 이어서, 이 성혈의 정상에 놓인 돌이 정확하게 천황봉을 향해 놓여있다는 점이다. 마지막으로, 마을 사람들이 지금도 이곳을 신성하게 여겨 해마다 봉분 안에 돼지머리를 넣어 놓고 제사를 지낸다는 점이다. 마을 사람들은 성혈 주변에 돌담을 쌓아서 이곳을 지키고 있다.

학자들의 연구에 따르면 바위에 새겨진 구멍을 뜻하는 성혈은 고인돌이나 자연 암반에 새기는 경우가 많다. 사촌의 성혈도 고인돌에 새긴 것과 자연 암석에 새긴 것이다. 일명 '알구멍', '알터', '알미', '알뇌' 등으로 불리는 성혈의 다른 이름은 성혈의 특징을 그대로 전한다. 보절의 성혈에도 구멍들이 특정 질서에 맞춰 새겨져 있다. 이는 아마도 하늘의 별자리를 묘사한 것으로 보인다. 이 별자리가 현대 천문학에서 말하는 하늘의 성좌와 일치하는지는 당장 확인하기 어렵다. 다른 지역에서 발견되는 성혈의 사례들을 유추해 본다면, 사촌의 성혈도 하늘의 기상과 천문 관찰을 위해 새겨졌을 것이다.

이 성혈이 정확하게 천황봉을 향해 놓여있는 점을 염두에 두고 보면 신앙적인 성격을 띠고 있음을 알 수 있다. 이는 이곳에 모인 성혈의 형태가 알 모양의 구멍이라는 점에서 확인된다. 비교신화학적으로 혹은 인류학적으로 바위에 새긴 홈구멍은 '태양' 혹은 '여성의 성기'를 상징하기 때문이다. 이는 일종의 '모방신앙 imitative magic으로 원시 종교의 한 형태에 해당한다. 즉 구멍은 여성의 성기를 상징하고 이 구멍에 돌이나 나무로 마찰을 가하는 행위는 성행위를 상징하는 의식이며 이를 통해 생명의 탄생과 생산의 번영을 기원하는 의례ritus가 성혈에서 치러졌다. 성혈은 생명의 증식과 풍요와 번영을 상징하는 장치였고 이는 이곳에서

마을 사람들이 매년 제사를 지내는 전통으로 살아있다.

이 성혈이 언제 새겨졌는지 지금 상태로서는 형태와 규모를 놓고 볼 때, 그리고 다른 지역에서 발견되는 고인돌과 성혈들의 연대 추정 방식을 따르면 청동기 시대로 비정할 수 있다. 따라서 사촌의 성혈은 사람들이 보절에 들어와 정착하고 살기 시작한 시기가 늦어도 청동기 시대라는 사실을 입증해주는 중요한 유적이다.

**역사시대의 보절: 말무덤**

역사 시대 보절의 출발점은 엄밀하게는 마한시대에서 그 연원을 찾아야 한다. 하지만 마한시대에 대한 문헌 기록은 발견하기 어렵고, 일부 유적을 통해 그 흔적을 추적해야 한다. 전북 동부 지역의 연구를 집중적으로 수행하고 있는 연구자 곽장근은 마한시대의 보절 지역에 대해 다음과 같은 의견을 제시한다.

> 섬진강 유역은 일찍부터 농경문화가 발달했고, 섬진강 내륙수로를 이용하여 문물교류도 활발하게 이뤄졌다. 전북 남원시와 순창군을 중심으로 섬진강 중류 지역에서 마한의 지배층 무덤으로 밝혀진 40기의 말무덤이 조사됐다. 현지 주민들이 말무덤으로 부르는 것은 남원시 대강면 방산리, 보절면 도룡리에서 7기 내외와 순창군 적성면 고원리에서 7기 내외, 남원 방산리에서 섬진강을 건너 서남쪽으로 6km 가량 떨어진 전남 곡성군 옥과면 주산리에 7기 내외의 몰무덤이 있었다고 한다. 마한 중심지가 섬진강 내륙수로를 따라 그 부근에 자리하고 있었음을 알 수 있다. 마한의 중심지는 모두 충적지가 발달한 곳에 위치하여 농경문화에 경제적인 기반을 두었던 것 같다.[6]

곽장근에 의하면 늦어도 5세기 이전에 보절에 정착하여 세력을 유지하며 살던 집단은 마한에 속했거나 연고를 둔 사람들이었다. 흥미로운 점은 소위 '말무덤'으로 추정되는 돌무덤이 도룡리 이외에도 사촌과 다산, 신흥과 은천 등 보절의 여러 마을에 있다는 것이다. 이 가운데 상당수는 경지정리를 하면서 사라져 버렸지만 일부 돌탑들이 아직도 남아 있다는 점을 지적해둔다. 이에 대한 엄밀한 현장 조사가 필요하다. 마한과 관련된 보절의 역사와 관련하여 만행산의 옛날

지명 가운데 하나가 마행산이라는 점을 제1장에서 이미 언급했다. 곽장근은 마한의 지배 세력이 매장된 말무덤의 뜻을 다음과 같이 해석한다.

> 말이 馬의 뜻으로 보고, 말은 머리 혹은 크다 뜻으로 우두머리에게 붙여진 관형사로 파악하여 그 피장자는 마한의 지배자를 의미한다.[7]

'말무덤'을 '우두머리'의 무덤으로 보는 곽장근의 해석은 무덤의 규모로 볼 때 말무덤의 피장자들이 마한의 지배 세력이었을 가능성이 높기 때문에 설득력이 있다. 하지만 '馬'가 '머리' 혹은 '크다'라는 의미로 직접 연결되지는 않으나 말이 우두머리를 상징하는 뜻으로 이어질 수는 있다. 예컨대 서양의 그리스 신화에서 말은 '힘'을 상징하기 때문이다. 말은 원천적으로는 '초원의 힘'을 뜻했다. 나중에는 민족 이동을 하면서 바다의 신이 된 '포세이돈Poseidon'을 상징하는 동물로 자리잡는다. Poseidon이라는 이름은 그리스어로 말을 뜻하는 hippos에서 유래했다. 영어 'possible'이나 'potentiality' 등의 단어는 hippos에서 유래한 것들이다. 말이 힘을 상징하는 신화는 그리스 로마 신화에서만 고유하게 발견되는 것은 아니다. 철기 시대 이후에 민족 대이동이 일어났고 이때 중앙아시아 지역에서 유럽 지역으로 많은 민족이 이주하였다. 이 시기에 그리스 로마 신화도 함께 이동하면서 조금씩 변형된 것이라는 점을 고려한다면, 동쪽으로도 민족 이동이 이루어졌다고 볼 수 있다. 그렇다면 중앙아시아 일대에도 말이 힘을 상징하는 신화가 함께 전해졌을 가능성이 크다. 어쩌면 말이 가지고 있는 상징적인 힘에 대한 기억이 '마한'이라는 이름에도 남아 있을지도 모르겠다. 앞서 언급했듯이, 만행산의 옛 산명이 마행산馬行山이었다는 점은 중요하다. 마행산이라는 이름은 마이산과 마치라는 인근 지역의 산 이름과 산 고개의 지명과 연결되어 있기 때문이다. 마행산, 마치, 마이산이라는 이름은 모두 흥미롭게도 말馬과 관련이 있는 지명이다. 이는 어쩌면 마한의 역사와 관련이 있을 것이다. 사정이 이와 같다면, 만행산의 가장 오래 된 이름은 마행산이었을 가능성도 커진다. 또 다른 이유에서 발음상의 유사함 때문에 마행산에서 만행산으로 명칭이 바뀌었을 가능성도 있고, 아니면 그야말로 불교의 교리를 반영하는 이름으로

만행산이 마행산을 대신했을 가능성도 있다.

**보절에서 확인되는 가야의 흔적**

보절은 마한 권역의 동남쪽 경계를 이루는 백두대간의 산간 지대에 위치하고 있다. 주지하다시피 백두대간은 한반도를 동-서로 나누는 큰 줄기이다. 보절은 그 양쪽을 연결하는 요충지로서의 성격을 지닌 셈이다. 따라서 보절은 6세기 이후 백제와 신라의 갈등 관계 속에서 백제가 동쪽으로 넘어가기 위해, 또 신라가 서쪽으로 넘어가기 위해 반드시 거쳐야만 하는 거점이었다. 이렇게 백두대간 양쪽을 연결하는 요충지로서 보절의 성격은 역사 문헌이 전하는 6세기 이전부터 고고학 유물을 통해 확인된다.

475년, 백제는 한강 유역을 고구려에 빼앗기고 남쪽으로 천도하고 나서야 비로소 호남 지역에 직접적인 지배력을 행사할 수 있었다. 그전까지 영산강 유역은 대형 옹관고분으로 대표되는 독자적인 문화권을 이루었던 것으로 나타난다. 그렇지만 보절이 위치한 호남 동부 지역은 서부 평야 지대인 영산강 유역보다는 백두대간 바로 너머에 위치한 경남 서부 지역과의 문화적 동질성을 보인다. 오늘날 보절에 세거하는 성씨 중에는 경남 서부에서 만행산을 넘어온 이들이 적지 않다. 경남 서부 지역으로부터의 인적·물적 교류가 이미 이때부터 이루어졌다는 사실을 알 수 있다.

호남 동부 지역에서 확인되는 경남 서부 지역의 문화요소는 당시 백두대간 바로 너머에 자리 잡고 있었던 가야 제국諸國들인 아라가야, 소가야, 대가야와 관련된다. 경남 동부의 김해 지역을 중심으로 발전한 금관가야의 영향은 미미한 편이다. 가장 먼저 4세기 말~5세기 전반에 걸쳐 함안을 중심으로 확산된 아라가야 양식 토기가 호남 동부 지역에서 확인된다 진주·고성을 중심으로 확산된 소가야 양식을 거쳐, 고령을 중심으로 확산된 대가야 양식 토기가 백제 문화요소가 정착되는 6세기 중엽까지 확인된다.[8]

산수동에서 확인된 토기 두 점은 이러한 양상을 잘 보여주는 증거다. 오른쪽에 있는 토기는 수평하게 벌어진 입 부분이 특징인 수평구연장경호로, 소가야 양식의 대표적인 기종이다. 왼쪽의 토기는 전형적인 가야 양식은 아니지만 세로로 길쭉한 구멍이 난 대각과 목 부분에 들어간 물결무늬가 대가야의 영향을 받았음을 입증해 준다. 이 유물들은 정식 발굴조사를 거치지 않고 수습된 유물이기 때문에 발굴조사를 통해 이러한 유물이 추가적으로 확인될 가능성도 배제할 수 없다.

고고학적 유물이 잘 보여주듯이, 보절은 역사 문헌을 통해 접근 가능한 시절보다 훨씬 이전부터 마한의 동남쪽 끝에 위치하여 서부 경남과 연결되는 요충지였다. 보절은 6세기 백제의 직접 지배가 이루어지고 난 뒤에도 백두대간 양쪽을 연결하는 거점으로서 역사 문헌에 등장하게 된다.

보절은 6세기 이후 백제와 신라의 갈등 관계 속에서 백제가 동쪽으로 넘어가기 위해, 또 신라가 서쪽으로 넘어가기 위해 반드시 거쳐야만 하는 거점이었다.

산수동에서 확인된 토기 두 점

## 역사 문헌의 보절

보절 역사가 문헌에 포착되기 시작하는 것은 서기 6세기부터다. 6세기는 이른바 고구려, 백제, 신라가 본격적으로 대결을 벌이기 시작한 시기였다. 기원전 37년에 건국한 고구려는 5세기 초부터 한반도에 대한 백제의 지배력을 흔들기 시작한다. 장수왕이 수도를 국내성에서 평양으로 옮기고 남진 정책을 본격적으로 추진하는데, 475년에 장수왕은 백제로 쳐들어와 한강 주변의 위례성을 공격하고 개로왕을 살해한다. 이에 백제는 한강 유역에 대한 지배권을 상실하고 지금의 공주로 천도한다. 이와 같은 압박에 맞서기 위해 백제는 신라와 동맹 관계를 맺음으로써 고구려의 남진 정책을 저지하려는 시도한다. 나제 동맹을 통해서 백제는 백제의 방식으로, 신라는 신라의 방식으로 각자 내부 정비를 시도하였다. 박혁거세를 시조로 삼는 진한 사로국이 3세기 이후 영남 지역 일대를 통합하고, 503년 지증왕 때에 왕호를 채택하고, 국호를 신라로 정하였다. 바로 이 시기에 신라는 소국 연합체에서 왕국의 모습을 갖추게 되었다. 아울러 이 시기에 백제도 웅진으로 천도하면서 중흥의 발판을 마련하였다.

이 과정에서 고구려의 위협에 맞서기 위해서 신라와 백제는 상호 우호적인 관계를 유지하였다. 두 나라의 관계는 적어도 신라의 진흥왕 초기까지는 우호적이었다. 584년진흥왕 9년에 고구려가 백제의 독산성을 침입했을 때 신라가 원군을 파견하여 격파해 주었기 때문이다. 하지만 백제가 웅진으로 천도하고 난 이후 웅진을 중심으로 국토를 재정비하고, 이를 바탕으로 백제 역시 마한이 지배하던 지역으로 남하 정책을 추진하였다. 이러는 과정에서 백제와 신라의 우호 관계는 적대 관계로 변하기 시작한다. 바로 이 시기에 보절도 역사의 무대에 본격적으로 등장한다. 결론적으로, 보절의 역사가 6세기에 역사의 무대에 등장하게 된 사연은 바로 이와 같은 한반도의 정세 변화와 직결되어 있다. 이제부터 본격적으로 역사 문헌에 등장하는 보절의 역사를 유적과 유물을 중심으로 살펴보도록 하겠다.

## 보절의 옛 이름: 거사물

'거사물居斯勿!' 보절 일대의 지역을 지칭하는 백제시대의 이름이었다. 이 이름은 김부식金富軾, 1075~1151년이 1145년에 완성한 《삼국사기》 제36권 잡지 제5편에 나온다.

> 청웅현은 본래 백제의 거사물현이었는데, 경덕왕이 이름을 고쳤다. 지금은 거령현이라고 부른다.
>
> 靑雄縣 本百濟居斯勿縣 景德王改名 今巨寧縣

김부식의 기록을 정인지鄭麟趾, 1396~1478년도 그대로 계승하여 보절 일대의 지역을 거사물이라 지칭한다. 그가 1454년에 출간한 《고려사》제57권에 따르면, 오늘날 보절에 속한 지역의 옛 지명은 백제 때에는 거사물居斯勿이었고, 통일 신라 때에는 청웅靑雄이었고, 고려 때에는 거령居寧이었다.

> 거령현居寧縣, 거居는 한때 거巨로 쓰임은 본래 백제의 거사물현居斯勿縣이었고, 신라 경덕왕 때에 청웅靑雄으로 고쳐서 임실군 관할에 속하는 현으로 두었다. 고려에 와서 지금 이름으로 다시 고쳐서 지금에 본남원부에 속하게 했다.
>
> 居寧縣(居一作巨) 本百濟居斯勿縣 新羅景德王改今明靑雄爲任實郡領縣 高麗再今名來屬

정인지는 김부식이 《삼국사기》에 기록한 '거居'가 '거巨'로 잘못 기록되었다고 지적하면서 '거사물居斯勿'이라는 본래 지명을 근거로 '거巨'를 '거居'로 바로 잡은 것으로 추정된다. 이처럼 고려 초기의 《삼국사기》와 조선 초기의 《고려사》에 보절 일대의 지역을 백제시대에는 '거사물'이라 불렀다고 명시된 것을 봤을 때 보절의 가장 오랜 지명은 '거사물'이 분명하다. 즉 김부식과 정인지에 따르면, 보절 일대의 지명은 백제 때에는 거사물, 통일 신라 때에는 청웅, 고려시대에는 거령이었다.

백제시대의 이름인 '거사물'은 곰과 관련이 깊은 이름이다. 이는 통일 신라 때의 한자 이름이 '청웅'이라는 지명에서 확인된다. '居斯勿거사물'은 'ㄱㅅ물'의 이두 표기로 추정된다. 즉, '居'는 'ㄱ'의 이두 표기일 가능성이 높다. 'ㄱ'는 한국어 혹은 백제 고어 굼와 연관이 있으며, 굼은 '신神'을 뜻하는 말이다. 일본어 '가미かみ'가 신神을 뜻한다는 점을 고려하면, 굼이 신과 연관이 있다고 추정할 수 있다. 따라서 거사물의 'ㄱ'도 신神을 가리키는 표기일 가능성이 있다. '거居'가 나중에 곰을 가리키는 한자 '웅熊'으로 바뀌었다는 점이 이를 잘 보여준다. 원시 종교에서 동물은 신을 상징하는 토템의 대상

이었고, 곰도 마찬가지였다. 백제의 수도 웅진熊津이 '곰나루'의 한자식 지명이라는 점을 참고하면, '거사물'과 '청웅'의 관계도 분명해진다. '거居'는 곰과 관련이 있다.

문제는 '斯勿사물'이다. '斯사'는 ㅅ반치음 ㅿ의 이두 표기로 '나뭇잎'의 'ㅅ'처럼 소유를 가리키는 소유격 표지였을 것이다. 居斯勿의 '勿물'은 몰의 이두 표기였을 것이다. 몰은 무술반치음 ㅿ이 줄어든 표기로 마을, 동네를 가리키는 말이었을 것이다. 몰이 동네 지명으로 살아남아 많이 쓰인다는 것이 이를 방증한다. 예를 들면 황벌을 '범멀' 혹은 도촌을 '섬말멀', 비촌을 '창말멀'이라 부른다. 참고로 고어에서 '볼벌'은 넓은 읍성city을 가리키는 지명인데, 몰말은 벌보다는 규모가 작은 마을town을 가리킨다. 예를 들어 '비사벌전주'과 '서라벌경주'은 도읍지를 가리키는 지명이었다. 이런 점을 고려한다면 '거사물'은 '신이 사는 마을' 혹은 '곰을 신으로 모시는 마을'을 뜻하는 이름이었다고 할 수 있다. 다른 한편으로 '사물斯勿'이 하나의 낱말로 '검푸름'을 뜻하는 말이었을 가능성도 있다. 앞에서 언급한 '청웅靑雄'의 '청'이 '사물'에 대응하기 때문이다. 그런 맥락에서 '거사물'은 '푸른 신' 혹은 '검푸른 곰'을 뜻하는 이름일 수도 있다.

| 시인 소재호<br>의 노래 | 원시 종교를 연구하는 신화학에서 하늘에 있는 신을 '푸른 신'이라 부르는 사례가 흔하다. 남원 |

의 향토학자들에 따르면 '청웅靑雄'은 '푸른색으로 된 군복을 입은 젊은 병사'를 지칭한다고 한다. 이것도 청웅을 설명해주는 한 가지 가능성이 된다. 이상의 진술을 종합했을 때 '거사물'이 신성한 땅이라는 점은 명백해진다. 거사물이 신성한 땅인 이유는 이곳이 천황봉의 보호를 받는 곳이기 때문일지도 모르겠다. 다음은 시인 소재호의 노래다.

### 천황봉天皇峰을 우러르며

남원 보절에 발목을 담근 천황봉
자고로 우리네 깃발이었지요
우리의 긍지와 희망을 펄럭이던

구사九死가 일생一生이 되던
생명의 터전이며

다 모여서 생동하며 심장이 펄펄 끓었지요

우리네 어머니 산이었지요
조선의 성지, 복福을 내림받던
신령한 복지卜地이었지요

천황봉만 바라보면 눈물납니다
천황봉을 생각만 해도 눈물이 흐릅니다
태어나서 죽을 때까지
우리의 목숨 줄이요, 정신 줄이었지요.

옛날에 한 많던 시절
천황봉은 한 맺힌 산이었지요
가난이 뼛골에 사무칠 때
어둑어둑 시린 눈발 시야에 비낄 때
그냥 눈물 글썽이며 바라보노라면
슬픔이 잦아지던 어머니 품이었지요

우리의 고향에 천 년 만 년을
천황봉이 버티고 있다는 것은
이 땅에 뿌리 서리어 천세를 누려 갈
우리의 만복이지요

참으로 신기합니다
천황봉이 예언하면 나라가 번창하고
천황을 사람들이 등지면 벌 받는다는
전설은 전설로, 설화는 설화로 파다합니다
천황봉은 수많은 산맥을 거느리며
조선의 정신 줄임을
우리는 소스라치게 깨닫습니다
그리고 천황봉을 우러르며
신앙처럼 받들어야 한다는 것을 [9]

소재호 시인은 거사물이 신성한 땅이라고 읊었다. 살펴본 바와 같이, 신성한 땅인 보절 일대의 지역이 '거사물'로 불렸던 것도 분명하다. 이를 뒷받침해주는 증거로 《삼국사기》의 거사물과 관련된 기록을 제시하겠다. 이에 따르면, 거사물은 거물居勿로 불렸다. 《삼국사기》〈신라본기〉 제6권 '문무왕' 편에는 나오는 기록이다. 거사물과 관련된 부분만 뽑아 소개하면 다음과 같다.

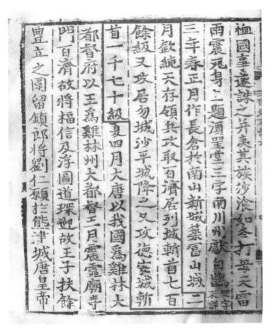

《삼국사기》 '신라본기' 제6권 "문무왕" 편

[문무왕 3년 봄 이월에] 흠순 천존은 군사에게 명령을 내려 백제의 거열성을 공격하여 차지하고 700여 명을 참수했다. 다시 거물성과 사평성을 공격하고, 다시 덕안성을 공격하여 1070명의 목을 베었다.
二月 欽純天存令兵 取百濟居烈城 斬首七百餘級 又攻居勿城 沙平城 又攻德安城, 斬首一千七十級

**삼국사기 속 보절: 백제의 복국운동** 660년 7월 12일에 백제는 나당 연합군에게 사비성오늘날 부여을 포위당했고, 7월 18일에 의자왕이 항복하여 멸망하고 만다. 한 나라가 6일 만에 완전하게 정복된다는 것은 얼른 납득이 가지 않는다. 아닌 게 아니라 백제의 저항 세력은 백제 복국復國을 위해 다시 똘똘 뭉친다. 이 세력은 660년 7월부터 663년 9월 주류성오늘날 부안 함락 때까지 신라와 당나라의 연합 군대에 맞서서 싸운다. 이를 학계에서는 '백제의 부흥 운동'이라 부른다.[10] 당나라 군대가 고구려를 공격하기 위해 660년 9월 3일에 철군하자, 백제의 부흥 운동이 본격적으로 전개된다. 학계에서는 이 운동이 전개된 지역을 이른바 '남방제성南方諸城' 혹은 '남반사성南畔四城'이라 부른다. 위의 인용에서 언급

된 '거열성, 거물성, 사평성, 덕안성'이 바로 남반사성이었다. 거열성은 지금의 경상남도 거창 지역, 사평성은 전라북도 임실군 신평면,[11] 덕안성은 충청남도 논산과 연무 일대의 지역을 가리킨다.[12] 거물성은 오늘날 보절면 일대다. 백제의 부흥 운동 혹은 복국 전쟁을 주도한 인물은 복신福信, ?~663년, 도침道琛, ?~661년, 풍왕豊王, 흑치상치630~689년 등이었다. 이하에서는 '백제의 부흥 운동'이라는 용어 대신 '백제의 복국 전쟁復國戰爭'이라 하겠다. '부흥'을 영어로 하면 'renaissance' 정도의 의미인데, 이는 엄밀하게 따지면 백제의 패망 이후에 벌어진 전투와 전쟁의 양상에 어울리지 않는 개념이기 때문이다. '부흥'이라는 용어는 기본적으로 아주 오랜 기간 잊힌 역사와 문화 등의 옛날 전통을 되살리는 것이다. 그러나 백제의 부흥 운동은 이런 종류의 복구나 재건 등의 개념으로 설명될 수 있는 것이 아니라 나라를 되찾으려는 노력의 일환이었고, 그 방식은 전쟁이었다. 백제 복국 전쟁을 주도한 인물은 백제 무왕의 조카였던 복신이다. 도침은 불교 승려로서 외교를 통해 백제의 복국 운동을 주도하였다가 복신에 의해 죽임을 당하였다. 복신이 그를 죽인 이유는 그가 당나라와 외교를 통해 백제의 복국을 시도하려 했기 때문이었을 것이다. 풍왕은 의자왕의 다섯째 아들로 일본에 있다가 백제의 복국을 위해 고국으로 돌아온 백제의 '마지막 왕'이라 할 수 있다. 흑치상치는 백제의 복권 세력이 전쟁에 패하자 당나라로 투항하였다. 이 전쟁을 김부식은 《삼국사기》에서 이렇게 묘사한다.

무왕의 조카 복신福信은 일찍이 군사를 거느리는 장수였는데, 이때 중 도침道琛을 데리고 주류성周留城을 거점으로 반란을 일으켜서, 전 임금의 아들로서 왜국에 인질로 있던 부여풍扶餘風을 맞아서 왕으로 추대하였다. … 도침은 영군장군領軍將軍이라고 스스로 칭하고, 복신은 상잠장군霜岑將軍이라고 스스로 칭하고, 무리들을 불러 모으니, 그 기세가 날로 커졌다. 유인궤에게 고하게 하여 이르기를, '듣기로는 대당이 신라와 서약하기를 백제인은 노소를 묻지 않고 모두 죽이고, 그 연후에 우리 나라를 신라에게 주기로 하였다 한다. 어찌 싸우다 죽는 것이 그런 죽임을 당하는 것과 같으랴! 그러므로 모여서 스스로 고수固守할 따름이다'라고 하였다. 유인궤

는 글을 지어, 화복禍福을 구진具陳하고 사람을 보내 이들을 타일렀다. 도침 등은 무리를 믿고 교거驕倨하였다. … 이윽고 복신이 도침을 죽이고, 그 무리[13]를 아우르니, 부여풍은 이를 금할 수 없었고 단지 제사祭事를 주재할 따름이었다. 복신 등은 진현성眞峴城이 강을 내려다보고, 높고 험하여 요충지로서 적당하였으므로, 병사를 더해 그곳을 지켰다. … 유인원이 아뢰기를 병사를 늘릴 것을 청하니, 치주淄州·청주靑州·내주萊州·해주海州의 병사 칠천 명을 보내었다. 이때, 복신은 이미 전권專權하고 있었고, 부여풍과 차츰 서로 시기하였다. 복신은 병이 났다 말하고 굴실窟室에 누워 부여풍이 병문안하기를 기다려, 그를 붙잡아 죽이려 하였으나, 부여풍이 이를 알고, 친신親信하는 자들을 거느리고 복신을 엄습하여 죽이고, 고구려·왜국에 사신을 보내 군대를 보내줄 것을 빌어, 이로써 당병을 막았으나, 손인사孫仁師가 도중에 이를 맞이하여 격파하였다. '… 주류성周留城은 백제의 소굴이어서 무리가 모여 있으므로, 만약 이를 이기면 여러 성들이 스스로 항복할 것이오.'라고 하였다. 이때, … 백강 입구에서 왜인을 만나, 네 번 싸워 모두 이기고, 그들의 배 사백 척을 불사르니 연기와 불꽃이 하늘에 밝게 비치고, 해수海水가 붉어졌다. … 황제는 부여융을 웅진도독熊津都督으로 삼아 귀국하게 하였고, 신라의 옛 원한을 평화롭게 하고, 버려진 사람들을 초환招還하였다. … 그 땅은 이미 신라·발해·말갈로 나뉜 바가 되니, 나라의 계통이 마침내 끊어졌다.[13]

663년 3월에 왜국은 백제에 구원군을 파견한다. 663년 6월에 풍왕이 복신을 살해한다. 663년 8월에 백촌강에서 일본과 백제 연합군과 나당 연합군 간의 대전투가 벌어진다.

《삼국사기》에 나오는 '백제 복국 전쟁'을 다시 정리하면 다음과 같다. 660년 7월에 백제는 패망한다. 하지만 660년 8월에 복신 등이 임존성충남 예산에서 복국을 위해서 군사를 일으킨다. 661년에는 백제 복국 세력은 2월에는 사비성충남 부여을 공격하고, 3월에는 주류성전북 부안을 주요 거점으로 삼는다. 662년 3월에 풍왕이 일본에서 돌아온다. 662년 12월에 백제 복국군은 장기전을 위해 오늘날 부안의 주류성에서 오늘날 김제 지역에 있던 피성避城 혹은 壁城으로 거점을 옮긴다. 663년 3월에 왜국은 백제에 구원군을 파견한다. 663년 6월에 풍왕이 복신을 살해한다. 663년 8월에 백촌강오늘날 전북 군산 일대에서 일본과 백제 연합군과 나당 연합군 간의 대전투가 벌어진다. 663년 9월에 주류성이 함락되고, 663년 10월에 임존성이 함락된다.[14]

이상의 내용을 바탕으로 《삼국사기》에 등장하는 거물성의 역사를 재구성하면 다음과 같다. 백제가 패망한 후 백제의 복국 전쟁이 660년부터 663년에 걸쳐서 일어나자, 신라의 문무왕은 662년에 김유신의 동생인 김흠순을 지휘관으로 보내 남반사성인 거열성, 거물성, 사평성, 덕안성을 공격하였다. 김부식은 김흠순의 공격으로 백제의 복국 전쟁에 참전한 군인 1070여명이 죽임을 당했다고 기록한다. 주목해야 할 점은 두 가지다. 하나는 김흠순 부대의 진격 행로고, 다른 하나는 김흠순이 참수했다는 백제 군인의 수다. 전자와 관련해서는 신라에서 백제로 이어지는 행로가 오늘날 거창의 거열성에서 보절의 거물성으로 이어졌다는 점이 중요하다. 백제 복국 세력의 주둔지는 김제의 피성벽성과 부안의 주류성이었다. 신라에서 이곳으로 진격할 때 가장 빠르게 접근할 수 있는 행로는 거창의 거열성과 보절의 거물성을 거쳐 임실의 사평성으로 이어지는 길이었기 때문이다. 이는 또한 거물성이 백제의 중요한 군사 읍성이라는 점을 보여주기에 중요하다.

후자와 관련해서 주목할 대목은 김부식이 거열성에서 700여 명, 거물성과 사평성과 덕안성에서 1070명을 참수했다고 기록한 점이다. 김부식의 기록을 놓고 추정하건대, 백제 복국 군대의 수는 아무리 적게 잡아도 2000명을 웃돌았을 것이다. 적어도 죽음을 피해 도망친 병사의 수를 고려한다면, 그 수는 족히 3000명은 넘었을 것이다. 거물성, 사평성, 덕안성에서 죽임을 당한 백제 군인의 수가 1070명이라는 기록을 놓고 볼 때, 최소한 300명 정도가 보절의 거물성에서 죽었을 것이다. 어쩌면 거물성 전투에서 전사한 백제 군인의 수는 300명보다 훨씬 더 될 것이다. 거물성에 머물렀던 백제 군인들은 김흠순의 공격을 피해서 우선 거물성을 떠나 사평성으로 갔다가, 사평성이 무너지자 덕안성으로 도망쳤을 것이다. 이들 가운데 일부는 김제의 피성으로 도망갔을 것이다. 일부는 663년 8월에 백촌강 전투에서 전사하고, 그 가운데서 살아남은 몇몇은 10월에 함락된 부안의 주류성에서 최후를 맞이했을 것이다. 그 중에 일부는 일본으로 건너갔거나 고구려로 도망갔을 것이다. 물론 전쟁 포로로 당나라에 끌려간 사람도 있을 것이다.

《삼국사기》는 백촌강 전투에서 일본과 백제의 연합군이 네 번의 전투에서 패배했다고 전한다. 이 전투에서 패배한 이들 가운데 백제 복국의 상층부에 속했던 이들은 어쩌면 일본으로 피난을 떠나고, 남은 사람들 대부분은 백제의 일반 하층 병사들이었을 것이다. 이들 중에는 거물성 사람들, 즉 보절 사람도 상당수였을 것이다. 거물성, 사평성, 덕안성에 죽임을 당한 군인들 1070명이 거열성에서 패배하고 거물성으로 내몰린 것인지, 아니면 처음부터 거물성에 주둔한 거물성, 사평성, 덕안성에 주둔했던 병사들을 모두 합친 것인지 확인할 길이 없다. 하지만 이들 가운데 상당수가 거물성 일대에서 최후를 마감한 백제의 병사들일 것이다. 이들은 마지막까지 백제를 지키다 장렬하게 전사한 군인들이었다. 1070! 이 숫자도 어쩌면 백제 복국 전쟁을 상징하는 숫자다. 이런 의미에서 거사물에서 전사한 이들을 기억할 필요가 있을 것이다.

또한 이들을 사지로 몰았던 전쟁의 성격도 제대로 규명해야 한다. 사람들은 이 전쟁을 신라와 백제 사이에서 벌어진 싸움으로 간주한다. 하지만 이 전쟁은 신라와 백제 양국만의 싸움이 아니었다. 최근 연구에 따르면 백제의 복국 전쟁이 단순하게 일종의 '레지스탕스'식의 저항 운동은 아니었다.[15] 중국의 연구자들과 일본의 연구자들은, 예컨대 백제와 일본의 연합군과 신라와 당나라 연합군이 맞붙은 백촌강 전투를 중국당나라의 대제국주의와 일본왜국의 소제국주의의 충돌이며, 이 충돌에서 일본이 패배했던 싸움으로 평가한다. 이런 의미에서 어쩌면 백제의 복국 전쟁은 한중일 삼국 간에 벌어진 제1차 동아시아 전쟁이었을 것이다. 이와 관련해서, 거물성이 백제 복국 세력의 핵심적인 거점이었다는 점을 굳이 강조할 필

김부식은 김흠순의 공격으로 백제의 복국 전쟁에 참여했던 군인들 1070여명이 죽임을 당했다고 기록한다.

요는 없다. 다만 나당 연합군의 협공에 몰려 최후의 결전을 치르고 처절하게 죽임을 당한 1070여 명의 작은 영웅들 가운데에 많은 수가 묻힌 곳이 거물성이라는 점을 강조하고자 한다.

**보절의 성**
**城: 거물성**

300이든 1070이든 백제를 지키려 한 마지막 군인들이 잠든 거물성이 과연 어디인지에 대해서, '백제의 부흥 운동'을 전문적으로 연구하는 김병남은 거물성을 '전북 남원, 장수 접경의 거사물성'이라 지목한다.[16] 이는 물론 정확한 언표다. 하지만 그곳의 정확한 지명은 전북 남원군 보절면이다. 문헌 기록에서 거물성이 어디인지 추적해 보면, 백제의 지명 가운데 거물에 가장 가까운 지명이 거사물성이고, 사실 거사물이라는 지명은 《삼국사기》와 《고려사》에 보절 일대의 지역 이외의 다른 곳에서는 발견되지 않는 지명이기 때문이다. 거물은 거사물로 추정된다. 소유격 'ㅅ'을 표기하는 거사물의 '사'는 '거물'이라는 이름에서 빠진 것으로 보인다. 참고로 거령산 일대에는 백제시대에 축성된 것으로 보이는 성벽이 지금도 남아 있고, 산성 주변의 지역을 성남, 성북으로 부르며, 성북 일대의 계월 주변에 봉화재와 같은 지명도 남아 있다. 내황, 외황, 성남, 성북, 사촌, 용동 일대에는 거물성으로 추정되는 옛날 성벽과 성터의 흔적이 그대로 남아 있다. 백제시대에 축성된 거물성의 규모가 어느 정도였는지 잘 보여주는 흔적이다. 거물성은 적어도 1000여 명이 머물 수 있는 정도로 큰 성이었다.

거물성은 언제 축성되었을까? 이는 백제의 남진南進 역사에서 해명된다. 백제는 고구려와 충돌하는 과정에서 위례성에서 공주로 천도하였고, 신라와 충돌하는 과정에서 공주에서 부여로 수도를 옮겼다. 거물성과 관련해서는 600년에서 641년에 걸쳐 백제를 통치한 무왕이 백제의 수도를 부여에서 익산으로 옮기려고 시도했다는 점이 중요하다. 무왕이 익산으로 천도하려고 했던 시도와 관련해서는 왕권을 강화하기 위함이라는 주장 등이 제안되었지만, 백제와 신라 사이에 있었던 군사적인 긴장과 충돌도 크게 한몫 거들었다. 익산이 호남평야의 중심에 있었고, 호남평야는 경제적으로 백제를 떠받들어 주던 기반이었다. 무왕은 실제로 익산으로 천도하기 위해 익산의 왕궁리에 궁성을 쌓고 왕궁을 세웠는데, 이는 최근 왕궁리 미륵사지 바로 옆에서 발굴된 궁성과 왕궁의 유적을 통해서 입증되었다.

수도를 옮기게 되면 궁성과 왕실의 건축만 중요한 것이 아니다. 군사적으로 수도를 수비하기 위한 외곽 지역의 군사적 요충지의 정비도 함께 이뤄진다. 거물성은 백제의 수도가 부여에서 익산으로 천도될 때를 대비하여 축성되었을 것으로 비정된다. 신라의 군대가 백제를 공격할 때, 백제의 수도인 익산으로 진격하기 위해서는 지리산 위쪽에 있는 함양과 운봉을 넘고 산동을 거쳐 천황봉의 구라치와 남대문로를 통해서 보절의 거물성을 지난 후 다시 보절의 복삼치를 넘어 오수와 신평으로 나가면 곧바로 전주와 익산으로 쳐들어갈 수가 있었기 때문이다. 이와 같은 지리적인 위치 때문에 백제의 수도가 익산으로 천도하게 될 경우 거물성은 군사적으로 신라를 막아야 하는 군사적 요충지로 부각될 수밖에 없다. 앞에서 소개했듯이, 이는 복신이 백제의 복국 전쟁을 전개하며 부안의 주류성과 김제의 피성을 주둔지로 삼았을 때, 김흠순이 백제의 복국 군대를 정벌하기 위해서 신라에서 백제로 이동했던 진격 노선에 거물성이 포함되어 있다는 사실에서 쉽게 해명된다.

물론 거물성은 무왕 이전에 축성되었을 가능성도 있다. 백제의 무령왕 때에 천황봉에 귀정사가 지어졌다는 점을 고려하면, 거물성은 아무리 늦게 잡아도 6세기 초반에 축성되었을 것이다. 귀정사에 머무르면서 불법을 듣고 감탄했다는 백제의 왕은 아마도 위덕왕威德王, 525~598년이었을 것이다. 백제가 차지하고 있던 가야의 옛 영토를 회복하기 위해 561년에 신라를 공격한 이가 위덕왕이었기 때문이다. 최근 가야 유적이 장수와 남원에서 많이 발굴되고 있는데, 위덕왕이 다시 찾으려 한 지역이 다름 아닌 장수와 남원 지역이었을 것이다. 이 점을 고려하면 위덕왕이 찾으려고 했던 가야의 옛 지역은 보절이 포함된 장수와 남원 일대였다. 다음은 김부식의 말이다.

[위덕왕] 8년561년 가을 7월에 군사를 보내 신라의 변경을 쳤다. 앞으로 나아간 신라군이 승리하니 죽은 자가 1000여 명이었다.
八年 秋七月 遣兵侵掠新羅邊境 羅兵出擊敗之 死者一千餘人[17]

김부식이 말하는 '신라의 변경' 지역이 보절이라는 점을 고려하면, 위덕왕이 귀정사를 찾아와 3일 동안 법문을 듣고 감탄했다는 이야기가 어느 정도 해명이 된다. 위덕왕이 귀정사를 방문한 것은 물론 불법을 듣기 위함도 한 사유였겠지만, 사실은 신라에게 빼앗긴 영토를 수복하기 위한 전쟁 준비 차원이었을 것이다. 단지 불법을 듣기 위해서라면, 위덕왕이 굳이 왕자와 신하들과 대규모의 군대를 이끌고 귀정사를 방문할 필요가 없다. 고승을 부여로 초청하면 되었기 때문이다. 만행산에 펼쳐져 있는 봉우리의 이름은 지금까지도 위덕왕의 방문을 기억하고 있다. 천황봉, 태자봉, 승상봉, 제림평帝臨坪 등이 그 이름이다.

이 가운데에서 제림평이 중요하다. 제림평은 보절 섶골에 있다. '제림평'은 '황제가 내려온 뜰'이라는 뜻이다. 이 지명은 앞에서 《삼국사기》에서 인용한 561년에 백제와 신라 사이에 벌어진 국경전쟁과 연관이 깊다. 이는 아영의 아막성과 운봉의 모산성을 두고서 벌어진 국경 전쟁이었다. 백제의 위덕왕은 신라를 공격하기 위한 주력 부대를 귀정사에 배치했을 것이고, 거물성에는 후방을 받쳐주는 보급 부대를 배치했을 가능성이 크다. 561년에 운봉과 아영 지역에서 벌어진 전투에 위덕왕이 직접 참여했을 가능성은 작고, 휘하의 장수를 파견하여 전투를 치르게 했을 가능성이 크다. 이와 같은 정황을 고려한다면, 위덕왕이 이 전투를 이끌기 위해 머문 곳은 섶골의 제림평이었을 것이다. 물론 귀정사도 위덕왕이 머물렀을 곳일 가능성이 있다. 하지만 귀정사가 천황봉 너머에 있기 때문에 운봉의 모산성과 아영의 아막성이 함락되면 신라의 군대가 곧장 들이닥칠 수 있는 곳이었다. 따라서 위덕왕은 천황봉이라는 자연 방어벽이 있는 보절의 거물성에 머물렀을 것이다.

물론 귀정사의 유래에 대한 이야기에서 추정할 수 있듯이 거물성을 축성할 때 위덕왕이 귀정사에 한동안 머무른 것은 분명한 사실이지만, 561년에 치른 전쟁 기간에는 거물성에 머물렀을 것이다. 위덕왕이 거물성 안에서 본진을 설치한 곳이 섶골의 제림평이었을 것이다. 제림평은 천황봉과 태자봉작은 천황봉 사이의 천황치라는 고개가 있고 바딧절금계 뒤 남대문재로 이어지는 전진로에 위치해 있으며, 유사시에는 회군로로 오늘날 신흥, 은촌, 황벌, 혹은 용동, 도촌, 사촌, 성

시로 이어지는 길을 이용해서 성산에 축성된 거령산성으로 철수할 수 있는 지역에 위치한다. 오늘날까지 제림평이라는 지명이 남아 있고 '제帝너머'라는 지명이 남아 있으며, 천황봉, 태자봉, 남대문재, 둔병치 등의 지명이 그대로 사용되고 있는 것을 보면, 위덕왕이 561년에 보절의 거물성에 머물렀음은 분명한 역사적인 사실이다. 역사에서 '만약'이라는 말처럼 허망한 말은 없지만 만약 위덕왕이 561년에 신라와 벌인 전쟁에서 승리했다면, 귀정사에서 3일 동안 불법을 들었다는 이야기 대신에 전투에서 승리했다는 이야기가 전승되었을 것이다. 이와 같은 역사적인 사실을 놓고 추정하면, 거물성은 위덕왕 때 본격적으로 축성되었을 것 같다. 이를 방증해주는 유적을 제시하면 아래의 사진과 같다.

거령산의 정상에 있는 성벽

위의 사진은 거물성이 있는 성산, 즉 '거령산'의 정상에 있는 성벽이다. 거물성은 성곽이 둘려 있는 모양으로 볼 때 전형적인 테뫼식 산성이다. 성벽은 백제시대에 축성되었고 나중에 통일 신라 시기에 개보수되었을 가능성이 크다. 거물성이 이 시기에 보축補築되었던 이유는 후백제의 등장에서 해명된다. 견훤甄萱, 재위 892~935년이 완산주를 도읍지로 삼고 후백제900~936년를 건국하였는데, 이때 후백제가 신라로 진격하기 위해서는 거물성을 통과해서 가는 길이 가장 빠른 지름길이었고 직선로였기 때문이다. 그렇지 않으면 지리산을 돌아서 남쪽으로 우회해야 했다. 하지만 이 진격로는 전력 손실은 물론 시간 소비도

심했다. 전주에서 출발하여 임실을 거쳐서 성산의 복삼치(伏三峙)를 넘으면 바로 운봉으로 나갈 수 있는 구라치와 남대문재로 이어지는데, 이곳을 지나면 곧바로 신라의 경계로 진입할 수 있었다. 이런 전략적인 이유에서 거물성은 통일 신라에게는 군사적으로 매우 중요한 요충지가 될 수밖에 없다. 이것이 거물성이 정성스럽게 돌로 다시 보축하게 된 이유였을 것이다. 이 시기의 거사물의 명칭은 청웅으로 불렸다. 하지만 거물성은 백제의 위덕왕 시기보다 더 이른 시기에 축성되었고, 돌로 축성되었다. 거물성이 위치한 거령산과 거령산의 주산인 만행산과 천황봉이 남원 화강암대의 중심 지역이었기 때문이다. 주변에 돌이 넘쳐나는 지역이었기 때문에 굳이 판축을 통한 토성을 쌓을 이유가 전혀 없다. 오른쪽의 사진은 백제 양식의 산성 일부분을 보여준다.

거물성 부근의 산성돌

이와 관련해서 거물성이 백제시대에 축성된 산성임을 보여주는 결정적인 유물을 제시하면 다음과 같다.

백제 문양의 기와

이 기와는 거물성의 망루가 있었던 지역에서 수습했다. 이 기와의 제작 방식과 제작 기법이 한성 백제시대의 기와와 동일하다는 점에서, 이 기와는 아무리 늦어도 6세기에 제작된 것으로 추정된다.[20] 제작 기법의 관점에서만 보면 더 이른 시기로 추정할 수 있지만, 한성 백제시대에 통용되었던 제작

기술이 그대로 전승되었을 것이다. 중요한 사실은 기와에 글자로 추정되는 표기가 있는데, 이는 '郡西'로 읽힌다. 기와에 새겨지는 글자들이 대개는 제작 시기, 제작 장소, 건물 이름, 제작자의 이름, 기와가 사용될 장소 등을 표시하는 것이라는 점을 감안하면 기와의 표면에 찍힌 '郡西'는 성의 서쪽을 가리키는 지역을 뜻한다.[21] 사실, 이 기와는 성의 서쪽에 위치한 곳에서 발견된다. 거물성의 '郡東' 지역이 있었음이 분명한데, 이 지역은 성산의 동쪽 끝인 안누른대일 가능성이 있다. 이를 입증해주는 곳이 바로 거물성의 외곽 지역으로 추정되는 안누른대의 안쪽에 있는 옛 마을의 터이다. 아래의 사진은 하늘에서 바라본 모습이다.[22]

드론 사진이 보여주듯이 이 공간은 전형적인 성읍 내지를 갖추고 있다. 다음은 성읍의 남쪽에서 북쪽을 바라보면서 찍은 외곽 마을 모습이다. 산들이 둥근 원의 모양으로 성읍을 감싸고 있음을 확인할 수 있다.

복삼치고개

위의 복삼치고개 사진에서 볼 수 있듯이 산으로 동그랗게 둘러싸여 있는 작은 분지가 펼쳐져 있다. 이곳은 지형적으로 성남에 있는 남한산성의 내부 모습과 매우 흡사하다. 산으로 둘러싸인 공간 구조 안에 아늑하게 자리 잡은 분지는 전형적인 작은 성읍을 그대로 가지고 있다. 망루가 있었

던 곳으로 추정되는 장소에는 지금은 농사용으로 작은 방죽이 하나 지어져 있다. 이 방죽의 뚝에서 보면 놀랍게도 구라재, 남대문로, 산동면, 운봉과 지리산이 한눈에 선명하게 들어온다. 아래와 같다.

거물성의 외곽마을로 추정되는 분지

위의 사진은 이곳이 신라 지역에서 넘어오는 군대의 동향과 이동을 관측하기에 최적의 장소였음을 알 수 있다. 흥미롭게도 이 공간은 안에서 밖을 살필 수 있으나, 밖에서는 안을 살필 수 없다. 왼쪽 사진을 보면 출입구가 위치했을 것으로 추정되는 자리에 느티나무가 서 있다. 성읍으로 추정되는 공간의 출입구를 만들기 위해서 산을 잘라낸 모습을 살필 수 있다. 작은 야산이 중간에서 급격하게 끊긴 모습은 이곳이 성문을 만들기 위해서 잘라낸 인위적인 공간임을 알 수 있다. 이와 같은 공간 구조는 거물성의 군동郡東 지역이 바로 이곳이었고, 산으로 둘러싸인 내부 구조는 이곳이 전형적인 성읍이었음을 암시한다. 이를 입증해 주는 결정적인 증거를 제시하면, 아래와 같다.

옛 마을의 입구

**23**

사진 안에 있는 돌은 일반적인 자연석이 아니다. 성벽을 쌓기 위해서 정교하게 다듬어진 산성석山城石들이다. 오른쪽에 있는 결석은 돌과 돌을 물어넣기 위해서 걸쇠 자리를 만들어 놓았는데, 거물성의 서쪽인 군서 지역의 산성에서 발견되는 결석과 비교하면 이것들이 인공적으로 조성된 산성석임을 알 수 있다.

이상의 산성 유물은 이곳에 산성과 관련된 시설이 있었으며, 이 시설은 거물성을 방어하기 위해서 구축된 것임을 증명해준다. 안타까운 점은 성읍의 위쪽에 만들어져 있는 방죽을 만드는 과정에서 산성석으로 보이는 돌이 산사태와 흙이 흘러내림을 막기 위해서 방죽 안을 두르는 둘레돌로 사용되어 버렸다는 점이다. 이는 아래의 사진에서 확인할 수 있다.

오른쪽 사진은 거물성의 망루대가 있었을 것으로 추정되는 방죽의 뚝방에서 산성석들을 발견하는 순간을 담은 것이다. 사진 안에 포착된 이 산성석은 안누른대가 산성과 연관된 시설이 있었음을 증언해준다. 안누른대가 성읍이었음은 분명한데, 다음의 항공 사진으로 이를 확인할 수 있다.

거물성의 망루대로 추정되는 장소

하늘에서 본 옛 마을의 터

사진의 위쪽에 있는 작은 방죽을 따라 올라가면 바로 복삼치고개가 나온다. 이 고개만 넘으면 곧바로 덕과면 덕우리가 나오고, 덕우리에서 지사를 거쳐서 오수로 이어진다. 그렇다면, 안누른대의 성읍을 쌓을 때 사용되었던 산성석은 어디에서 왔을까? 안누른대 마을의 이강룡 어른에 따르면 안누른대의 안쪽에는 아주 옛날 마을이었던 분투골이 있는데, 분투골을 넘어가면 할미바위가 있다.

**축성을 위한 채석의 증거** 이 바위는 실제로 보면 사진과는 달리 매우 큰 규모의 암석이다. 할미바위는 얼핏 보기에는 자연 암석으로 보이지만, 사실은 역사 유물이다. 물론 할미바위는 미학적으로도 아주 독특한 아름다움을 지녔다. 동서남북 사면四面의 모습이 각기 다르다. 그중에서 북면이 가장 우아하고 사랑스럽다. 만행산의 큰 줄기인 사촌과 안평동 뒷산의 정상에 있는 바람바위, 일명 '할배바위'를 바라보고 있는 모습이기 때문이다. 어쨌든 할미바위가 지금의 모습을 갖추게 된 것은 지금으로부터 1500여 년 전 즈음에 거물성을 조성하는 과정에서 축성과 건축에 필요한 석재와 산성석을 자르고 깎아낸 결과다. 이와 관련해

할미바위

할미바위

서, 산성이 있는 곳에는 할미바위가 많이 있다는 점을 지적하고자 한다. '할미바위가 바위를 던져서 산성을 쌓았다'는 이야기도 함께 전해지고 있는데, 용인의 '할미산성'은 아예 '할미'라는 이름을 그대로 간직하고 있다. '할매'바위에서 만들어진 산성석들은 현재 거물성의 돌로 사용되었다. 이 돌들을 다 모아보면, 할미바위의 원래 모습이 나올 것이다. 작게 잡아도 30m는 족히 되었을 것이다. 왼쪽의 사진은 할미바위의 모습이다.

할미바위는 외황마을의 뒷산에 위치한다. 이 뒷산에는 거물성을 축성할 때 사용되었던 산성석을 채석하고 채광하던 대규모 채석장이 있다. 다음 사진은 외황마을에서 찾은 백제시대 채석장의 흔적이다.

백제시대 채석장의 흔적

이 채석장은 산성 축성 과정을 설명해줄 유적지로, 이 지역 일대에 대한 엄밀한 지표조사가 시급하다. 산성과 채석지가 함께 보존되어 있다는 점에서 중요하기 때문이다. 산에 있는 바위와 돌도 그 자체로 소중한 역사임을 증명하는 사료이기 때문이다. 채석장 일대에 정밀한 지표조사를 신속히 새행하여 이를 보존하고 잘 가꾸어 산성 체험장으로 활용하는 것도 이 채석장을 살리는 한 방법이 될 것이다.

다음으로 할배바위를 소개하겠다. 주변의 마을 사람들은 이 바위를 '바람바위'라고 부른다. 실제로 이 바위를 중심으로 계곡은 언제나 강한 바람이 분다. 여름에는 피서지로 이곳만큼 좋은 곳은 없다. 농작물의 작황에도 직접적으로 영향을 끼칠 정도로 바람이 세게 분다. 그래서 한때 마을 청년 수십 명이 이 바위를 쪼개어 부수려고 시도할 정도였다. 하지만 바위를 부수려고 하는 순간에 하늘에서 천둥과 번개가 내리쳐서 그냥 내려왔다는 전설이 사촌마을에 전해진다. 또한 이 바위는 '바람바위'라는 이름값을 단단히 했다고 한다. 할배바위가 하도 바람을 피워서 할미바위가 집에서 내쫓아 버리는 바람에 이곳으로 피신해서 머물게 되었다고도 한다. 하지만 서로 못 잊어 날마다 마주 바라보고 있다는 말도 전해진다.

지금은 소나무들이 크게 자라나서 할미바위와 할배 바위가 서로를 바라볼 수 없다. 이 바위들이 서로 얼굴이라도 볼 수 있게 주변 나무들을 정리해 줄 필요가 있을 것이다. 바위들이 워낙 크고 웅장하다 보니, 이런저런 이야기와 전설이 만들어졌다. 역사적으로 보면, 할미바위처럼 할배바위도 자연 암석이 아니라 역사 유물이다. 할배바위의 현재 모습 역시 산성을 축성할 때 산성석을 만드는 과정에서 형성된 것이기 때문이다. 할배바위의 원래 모습은 사진에 나오는 것이 아니었다. 그 크기는 현재 남아 있는 바람바위의 최소한 다섯 배, 최대한 열 배가 넘는 매우 큰 바위였을 것이다. 측면의 사진에서 소나무 잔가지 인근의 넓은 터가 잘리고 깎여 나가기 전 바람바위 몸체가 있던 자리였다.이 자리를 기준으로 사라진 몸체를 추정해 보건대 지금 남아 있는 바람 바위는 최소로 잡아도 전체의 5분의 1에 지나지 않는다. 아래의 사진은 바람 바위의 정상 부분의 모습이다.

바람바위

바람바위의 상단

바람바위의 옆모습

위 사진을 통해 바람바위의 정상 부분을 인공적으로 잘라냈음을 알 수 있다. 천황봉에서 작은 천황봉으로 이어지는 산 날개와 나란히 잘려진 정방형의 네모 모양과 바로 그 앞과 그 아래의 작은 네모 모양은 모두 정과 끌로 잘라낸 흔적이다.[24]

한편, 다음 사진도 전형적인 채석의 흔적을 보여준다. 오른쪽 사진에서 확인할 수 있듯이 바람바위는 부분적으로 잘라낸 흔적이 있지만 바위의 오른쪽 가장자리에 있는 테두리는 자연적인 모습을 유지하고 있다. 하지만 왼쪽의 면은 인위적으로 잘라낸 자리이다. 자연적인 풍화 작용으로 인해서 바위가 갈라져 쪼개어졌다면, 앞부분의 바위 덩어리가 그 앞에 혹은 멀지 않은 지역에 있어야 한다. 이와 관련해서, 흥미로운 점은 바람바위 한가운데에 '바람구멍'이 나 있다는 사실이다.

바람구멍은 인위적으로 만들어졌다고 추정된다. 다음의 사진에서 확인할 수 있듯이, 정과 끌로 산성석을 떼어내고 남은 흔적이 그대로 있다. 이 바람구멍에 얼굴을 대고 바람을 맞으면 1년 더위가 다 가신다고 한다. 실제로 여기에서 불어오는 바람은 냉장고 문을 열었을 때 흘러나오는 냉기보다 더 시원하고 더 청량하다고 느낄 정도다. 바람구멍에서 흘러나오는 바람도 시원하고 좋지만, 바람구멍이 중요한 이유는 위에서 소개한 바람바위의 정상 부분과 마찬가지로 바람

바람바위의 바람구멍

바위가 어떻게 쪼개어지고 잘리었는지 보여주는 역사적인 증거이기 때문이다. 오른쪽의 사진에서 확인할 수 있듯이 일직선으로 잘려서 지금 없어진 왼쪽의 바위 부분은 중심에 구멍을 내서서 산성석을 떼어내는 방식으로 채석되었을 것이다. 아래의 사진에서는 채석되고 남은 바람 바위의 또 다른 모습을 볼 수 있다.

왼쪽 사진의 하단 부분도 바위다. 사진은 바위가 어떻게 쪼개지고, 잘게 잘리며 깎여 나갔는지 여실히 보여준다. 이런 점에서 바람바위는 산성 축성의 과정을 살필 수 있는 중요한 사료로, 한국의 산성과 특히 백제 산성의 축성 과정을 밝혀줄 소중한 유물로 활용될 것이다. 이렇게 쪼개어지고 분석된 부분이 모두 산성을 짓는 데 활용되었다. 바람바위 주변에는 산성을 축성할 때 쓰인 산성석들이 산 전체에 흩어져 있다. 더 정확하게 말하면, 산성석들이 널려 있다는 표현이 맞을 것이다. 다음의 사진에서 바람바위에서 잘려져서 만들어진 어느 산성석의 모습을 볼 수 있다.

백제 연구 전문가인 서울대 국사학과 권오영 교수에 따르면, 이런 돌들은 전형적인 백제식 산성석이다. 이 산성석은 바람바위에서 채석되었을 것이다. 이 돌은 그냥 자연석이 아니다. 사람의 손길이 닿은 돌들이다. 이 돌로 인해 할미바위와 할배바위를 자연과 문명의 만남을 담고 있는 역사 조각 바위로 볼 수 있다. 어쩌면 이 바위들은 생존을 위한 인간의 삶의 방식인 문명에 의해서 뜯긴 자연의 모습을 담고 있는 흔적이기도 하다. 혹은 거사물 지역에 살았던 사람들의 생명과 생존

사진 속의 인물은 천황봉을 6시간 동안 해메고 고생했던 보사노바 회원들과 길을 안내해준 정한수 님이다.

바람바위에서 잘려져 만들어진 산성석

을 지켜주기 위해서 자신의 몸을 내어 준 바위의 사랑과 희생의 상징으로 볼 수도 있다. 웅장하지만 슬픈 이야기를, 시원하지만 뜨거운 열정과 희생의 역사를 간직한 바위가 바람바위이고 할미바위이다. 다시 말해 이 바위들은 문명과 자연의 만나는 순간과 장면을 고스란히 간직하고 있는 역사 유물이자 자연 명품으로, 우리에게 숭고함을 느끼게 해준다. 이 바위들을 지금의 모습으로 남긴 백제의 젊은 청년들의 뜨거운 격정과 서글픈 희생이 서려 있기 때문이다. 한편으로 이런 숭고한 뜻을 기리고, 다른 한편으로 바람바위와 할미바위의 역사성을 살려주는 의미에서 이 바위들에게 1070바위라는 별칭을 부여하는 것을 제안한다. 이 바위들이야말로 1500여 년 전에 거사물에서 벌어졌던 역사의 살아있는 증거이기 때문이다. 이런 의미에서 거물성에서 백제의 복국을 위해서 치열하게 싸우다가 전사한 백제의 젊은 영혼들을 위로하는 기념비를 세운다면 바람바위와 할미바위를 작은 조각으로 만들어 한 자리에 모아서 부부로 맺어주는 장면을 연출하는 것도 상징적인 의미가 있겠다.

앞에서 언급했듯이, 바람바위 주변에는 산성석이 널려 있고 그 위로는 산날과 산등을 타고 산성이 길게 축성되어 있다. 중요한 점은 이 산성이 산줄기를 타고 만행산 천황봉 정상까지 이어져 있다는 사실이다. 오른쪽의 사진에서 보현사에서 천황봉으로 이어지는 산줄기에 세워진 산성의 모습을 볼 수 있다.

산줄기에 세워진 산성

천황봉으로 올라가는 등산로를 따라서 이런 모양으로 축성된 산성이 길게 이어져 있다. 편의상 이 길의 이름을 산성길이라고 부르겠다. 이 산성길을 따라서 올라가다 보면, 중간중간에 전망이 좋은 지점이 나온다. 이런 곳에는 예전에 건물이 세워졌을 것으로 보이는 흔적을 찾을 수 있는 공터가 있다. 이런 공터는 망루대로 사용되었거나 군대의 막사로 사용될 가능성이 큰 곳으로 산성길 중간중간에 자주 발견된다. 오른쪽의 사진은 망루대나 막사가 세워졌을 것으로 추정되는 공터의 모습이다. 여기에서 건물의 받침대로 사용된 돌을 발견할 수 있었다.

망루대 혹은 막사가 있었을 것으로 추정되는 공터

천황봉 정상

천황봉의 성
돌 채석 증거 산성길을 따라서 올라가다 보면 마침내 산의 정상에 도달하게 된다. 뜻밖에도 천황봉은 역사적으로 놀라운 흔적을 보여준다. 그 흔적은 위의 사진에서 볼 수 있다. 이 사진은 하늘에서 바라본 천황봉 정상의 모습이다. 이 모습을 옆에서 보면, 산봉우리의 정상이, 마치 제사 지낼 때 사과의 윗면을 깎아 놓듯이, 평평하게 잘려 있다. 봉우리의 원래 모습이 높은 암석이었으나 산성석의 채석을 위해서 잘려 없어진 모습을, 즉 이 봉우리에서 채석된 돌이 아래와 옆으로 이어지는 산성로와 산성을 축성할 때 사용되었음을 알 수 있다.

왼쪽의 사진 속에 서 있는 '만행산 천황봉' 비문 아래로 깎여 있는 바위가 바로 그 흔적이다. 이 바위는 전체가 하나의 통바위로 그 깊이가 어느 정도인지는 짐작할 수 없으나, 천황봉 정상의 바위 부분을 통해 가늠해보면 그 규모가 엄청나게 컸을 것이다. 천황봉 정상에 깔려 있는 나무 데크 안 부분에 보이는 바위에는 모두 정과 끌로 깎고 자른 흔적이 있다. 즉 바람바위처럼 천황봉 정상에 있는 바위의 모습은 지금과 달리 북한산 인수봉이나 관악산 연주암처럼 위로 우뚝 솟아오른 자연 암석 봉우리였을 것이다. 원래 솟아 있던 봉우리가 어느 높이였는지는 알 수 없지만 상당히

사진 속의 인물은 거령산에서 천황봉으로 이어지는 산성을 발굴할 때 함께 참여한 보절중학교 '보사노바' 회원들이다.

높고 큰 바위였음은 분명하다. 이와 관련하여 천황봉에서 아래로 길게 이어지는 산성석이 천황봉 정상에서 자르고 깎아서 만들어졌다는 점을 참작할 필요가 있다. 산성석은 무게가 나가기 때문에 작업의 편의상 아래에서 위로 들고 나르는 것보다는 위에서 아래로 내려보낸다. 이를 고려한다면 천황봉으로 이어지는 산성을 축성할 때 천황봉의 정상에 있는 봉우리를 깎아서 산성석을 만들었을 가능성이 크다. 위의 사진에서 확인할 수 있듯이 천황봉 정상에 있는 바위의 흔적이 이를 증명해주는 중요한 사료다.[25]

**군사적 요충지, 천황봉** 천황봉의 정상에 올라서서 사방을 둘러보면 이곳이 군사적으로 매우 중요한 지역임을 실감할 수 있다. 멀리 북으로는 덕유산, 남으로는 지리산, 동으로는 영취산, 서로는 모악산을 관찰할 수 있으며 가까이 위쪽으로는 팔공산과 성수산, 아래로는 남원의 교룡산과 광양의 백운산이 한눈에 들어오고, 섬진강 줄기도 선명하게 살필 수 있기 때문이다. 군사적인 관점에서 이런 조건을 갖춘 관측지는 없을 것이다. 다음의 사진은 동서남북 네 방향으로 줄기를 펼치고 있는 만행산 천황봉의 모습을 하늘에서 바라본 것이다.

만행산 천황봉의 동서남북

사진은 백제가 이곳을 매우 중요한 군사 요충지로 삼을 수밖에 없었음을 잘 보여준다. 모든 지역을 한자리에서 살필 수 있고, 특히 신라 쪽에서 넘어오는 군대의 이동을 관측하기에 천혜의 조건을 갖춘 곳이기 때문이다. 또한 거령산의 거물성과도 봉화와 같은 수단을 쓰지 않고도 직접 연락할 수 있는 곳이 바로 천황봉 정상이다. 다음은 천황봉에서 거물성을 바라본 모습을 담은 항공 사진이다.

천황봉에서 바라본 거령산

왼쪽 사진은 거사물현청이 있었던 곳으로 추정되는 안누른대 복삼치에서 천황봉이 일직선으로 연결되어 있음을 보여준다. 거사물성의 당시 규모와 모습을 가늠케 해주는 소중한 사진이다.[26]

결론적으로 산성과 산성을 축성하면서 남겨놓은 바위들의 흔적과 천황봉의 지리 조건은 거물성이 산성 형태가 분명하게 남아 있는 거령산에 있었던 것이 아니라 천황봉 전체에 걸쳐서 축성되었음을 분명하게 보여준다. 현재 남아 있는 산성과 산성석의 흔적들을 놓고 볼 때, 백제시대 당시 거물성의 모습과 규모는 아래와 같았을 것이다.

<table>
<tr><td>거물성의 특징 및 중요성</td></tr>
</table>

사진에 표시해 두었듯이, 거령산에 있는 산성은 테뫼식으로 축성되었다. 천황봉 일대에도 산성과 관련된 돌로 쌓아진 시설들이 산재해 있다. 이에 대한 지표조사가

시급함을 강조하고자 한다. 위 지도에서 선으로 표시된 곳을 따라 연속적으로 성벽이 이어져 있었던 것은 아니다. 보절은 만행산, 계룡산, 거령산으로 둘러싸인 분지이기 때문에 굳이 방어를 위해 전체를 성벽으로 둘러칠 필요가 없기 때문이다. 만행산에서 산발적으로 확인되는 산성의 흔적은 방어에 취약한 일부 지점에 대한 보강 차원에서 이루어졌던 것으로 보이며, 나머지 대부분은 자연 지형을 활용하여 방어선을 구축했을 것이다. 위 지도에 표시된 포곡식 산성은 실제 산성이

라기보다는 자연지형을 이용한 방어선 정도의 의미로 이해해주었으면 한다. 참고로 사진에서 두 갈래의 붉은색 화살표로 표기한 경로가 신라가 백제를 공격할 때 진군한 행로였다.

한 쪽은 상소바위 북쪽에 있는 안불치고개이다. 안불치는 신라군이 넘어오기 좋은 고개로서 군사적으로 중요한 요충지이다. 보현사에서 천황봉으로, 그리고 보현사-상사바위-안불치로 이어지는 삼각지대가 형성되는데, 이곳을 방어하는 성채 혹은 망루가 세워졌다. 아래의 사진은 이를 보여주는 증거이다.

안불치고개에 있는 축성의 흔적

다른 하나는 귀정사로 넘어가는 남대문로와 구라재이다. 남대문재는 호복동에서 남대문재로 올라가면 천황봉에서 구라재에 이르는 구간 사이에 있는데, 아래의 사진은 호복동에서 남대문재로 올라가는 계곡 길에 축성된 산성과 관련된 것으로 보이는 돌축이다.

남대문재의 축성 흔적

어린시절 호복동과 남대문재를 수없이 넘나든 소재기의 답사 안내 모습

남대문재에 올라 남대문로를 타고 남쪽으로 내려오다 보면, 얼마 가지 않아서 천황봉에서 구라재까지 이어지는 산등을 타고 축성된 인공 시설물의 흔적을 발견할 수 있다. 오른쪽 사진과 같다.

사진에서 확인할 수 있듯이 산등의 양면으로 돌로 쌓은 길이 만들어져 있다. 산등은 천황봉에서 구라재로 이어지는 산성로山城路로 이용되었다. 이 산성로의 이름을 남대문로라고 부르는 이유가 여기에서 해명된다. 남대문로 끝의 구라재에 이르러 남쪽으로 방향을 틀어 산동면 귀정사 방향으로 내려가다 보면 산성석 무더기를 볼 수 있는데, 이 돌 무더기들은 일정하게 잘라낸 것들로 구라재에서 귀정사로 이어지는 산성이 아주 정성스럽게 축성되었으며 이 지역에서 신라와 백제의 전투가 가장 치열하게 벌어졌음을 짐작하게 해준다. 아래의 사진은 귀정사 뒤쪽에 있는 지역에서 발견된 돌무더기의 모습이다.

위의 사진은 귀정사에서 구라재로 이어지는 지역에서 발견되는 산성석 무더기의 모습인데, 이 지역에 대한 발굴과 복구가 시급함을 시사한다. 현재는 칡넝쿨과 으름나무 줄기로 덮여 있어 사람이 다닐 수가 없고 산성석들은 으름나무 줄기를 이불삼아 누워 잠자고 있다.

흥미로운 점은 귀정사 일대가 옆으로는 대개 계곡을 끼고 길게 축성되었고, 산 아래로는 개울과 하천을 끼고 축성되었다는 것이다. 아래의 사진은 이를 잘 보여준다.

하천에 축성된 산성

이렇게 천황봉을 기점으로 계곡을 따라, 그 아래에 만들

어진 하천을 따라서 축성되었는데, 이에 대한 지표조사가 시급하다. 참고로 아래의 사진은 천황봉에서 관측되는 남원 시내와 섬진강 줄기의 모습을 담고 있다. 천황봉에서 갈라져 흘러내려 간 물들이 보절에서 출발하여 오수를 거쳐 순창을 돌아서 대강을 지나 금지면 두물머리에서 남원 산동과 남원을 거쳐 흘러내려 오는 물과 합수合水하는 모습을 살필 수 있다. 이쯤 되면 보절에 거사물현이 세워지고, 거물성이 있어야 할 근거를 더 찾아야 할 필요가 없다. 만행산과 천황봉이 가장 확실한 증거 사료이기 때문이다. 거물성이 이런 규모의 산성이고, 역사적으로 남반사성이 핵심 거점으로 백제 역사의 마지막을 장식했던 산성이었다면, 거물성에 대한 고고학적 발굴 조사와 거물성에 대한 역사적인 조명은 필수적이고 시급한 일이다. 참고로 백제의 남반사성 가운데에 한 곳이었던 거창의 거열산성은 경상남도와 거창군의 관심과 지원을 바탕으로 2020년 9월에 국가 사적으로 지정받을 예정이다.[27]

거창 거열성

신라 역사의 관점에서 거열성이 군사적 요충지였음은 분명하다. 하지만 앞에서도 밝혔듯이 《삼국사기》에 따르면 거열성은 백제의 의자왕 시절에는 백제의 남반 사성 가운데 한 곳이었다. 물론 거물성이든 거열성이든, 이 두 산성은 소중한 국가 사료이기에 거물성과 거열성을 비교하는 것이 우스운 일이지만, 위의 사진을 통해서 확인할 수 있듯이 거물성과 거열성이 규모에 있어서 큰 차이가 있다는 점에서 거물성도 국가 사적 지정을 받을 충분한 자격을 갖춘 사적지이다. 또한 거물성을 조성하면서 발전한 석공 기술의 발전 과정을 살필 수 있는 산성석과 석불들이 만행산 줄기를 따라서 조각되었다는 점도 거물성이 소중한 역사의 현장임을 보여준다. 단적으로 바람바위와 할미바위를 그 결정적인 증거로 제시할 수 있다. 이 바위들은 유적지로 지정을 받기에 충분한 자격을 갖췄다. 이런 이유에서 거물성이 문헌이든 유물이든 사료의 부족으로 연구의 사각지대에 놓인 백제 역사를 조명하는 데에 매우 중요한 사적지임은 두말할 나위 없다.

산성 전문가 심광주 박사의 현장답사

특히 거령산에 있는 테뫼식 산성은 그 보존 상태가 양호하고 학술적·경관적으로 높은 가치가 있음이 확인되어 국가 사적지가 되기에 충분한 자격을 갖추고 있다. 국가 사적 후보지로서 거물성이 지닌 자격과 가치는 다음과 같다.[28]

첫째, 산성 축조 기법의 변천사를 비교할 수 있는 결정적인 기준을 제공해준다. 백제식 축성 기법아래 사진 참조, 좌측과 통일 신라식 축성 기법아래 사진 참조, 우측이 함께 확인되는 흔치 않은 유적이라는 점에서 뛰어난 학술적 가치를 지닌다.

둘째, 거령산에 있는 테뫼식 산성은 원형이 80% 이상 보존되어 있다. 이 정도로 보존 비율이 높은 산성은 매우 드물다.

셋째, 거령산의 테뫼식 산성은 총 둘레가 인근 합미성의 2배를 넘는다. 또한 당시 치소治所였던 거사물 현청이 위치한 자리로 추정된다. 이 정도 규모는 백제 5방성에 속하는 산성이라 하기에 손색이 없다. 현장답사를 하면서 김성태 님이 거물성의 외곽을 GPS에 기록하였는데, 총 길이 1.2km로 원형이 거의 보존되어 있음을 확인할 수 있었다.

넷째, 거창 거열성은 신라가 쌓은 산성이지만 거물성은 백제 산성이 80%이고 20%가 통일 신라 때에 축성한 것이다. 또한 보절 지역이 400여 년 동안 백제와 신라의 접경지였다는 점에서 학계의 비상한 관심을 끌고 있다. 따라서 거열성에 비해 비교 연구 가치가 높다고 할 만하다.

다섯째, 삼국사기에 나오는 산성으로서 역사문헌과 고고학적 유적을 직접 연결시켜 볼 수 있고 이를 통해 삼국 통일 전쟁의 일면을 새롭게 조명해준다. 전국 3000여 개의 산성 가운데 이러한 특징을 갖춘 장소는 70여 곳에 불과하다. 또한 거물성은 백제 복국전쟁의 발원지이며 이 전쟁은 왜국과 당나라가 참전한 국제 전쟁으로 이어진다.

여섯째, 경관과 관광의 관점에서 거물성은 입지 조건이 탁월하다. 대략 70도 각도로 내려가는 산성의 축성 축대를 제대로 복원하고 그 둘레를 따라 데크 시설과 야간 조명을 설치하는 한편 산성 아래의 나무를 정리한다면, 절벽 위에 입지한 산성의 경관을 연출할 수 있다. 이는 관광객의 발길이 끊이지 않는 스코틀랜드 에든버러 성의 경관과 매우 유사하며 잘만 가꾼다면 거물성 또한 이에 버금가는 탁월한 관광지가 될 수 있음을 시사해준다. 거령산의 산성처럼 원형이 잘 보존되어 있고 탁월한 입지 조건을 갖춘 산성은 매우 드

거물성 외곽의 둘레는 1.2km이다.

물다. 따라서 주변 둘레의 경관을 헤치는 태양광 발전 시설과 같은 난개발은 산성의 문화재적 가치와 관광 상품성을 심각하게 떨어뜨린다.

거물성과 같은 규모의 산성은 산 주변과 산 아래의 평지 지역에 대한 체계적인 발굴 조사가 시급하다. 거물성만 단독으로 존성할 수 없고 인근에 관련 부대 시설과 마을이 형성되었을 가능성이 매우 높기 때문이다. 장수 지역과는 달리 남원 지역은 기초적인 조사 하나도 이뤄진 적이 없다. 약간의 표본 조사가 시행되었을 뿐이다. 현장을 직접 답사한 전문가들은 거물성에 대한 기초 조사가 없고, 학계에도 보고되지 않았다는 것이 거의 기적에 가까운 정도라고까지 말한다.

| 거물성의 |
|---|
| 유물 |

그렇다면 백제 역사를 조명하는 데 거물성이 매우 중요한 사적지임을 증명해주는 사료들을 세부적으로 살펴볼 필요가 있을 것이다. 이와 관련해서 거령산의 거물성에서 수습한 백제시대 유물을 소개하겠다. 먼저 백제시대의 기와다.

흥미롭게도 이 기와에는 도장이 찍혀 있다. 아쉽게도 많이 짓눌려서 모양을 알아보기 어렵지만 바깥에 두른 큰 원 안에 둥그렇게 새겨진 작은 연꽃 문양은 익산의 미륵사지와 왕궁리 유적에서 발굴되는 수부명기와首府銘瓦의 모양과 유사하다. '수부首府'라는 말은 왕이 머무는 곳을 뜻한다는 점과 기와가 백제시대에는 특별하고 중요한 곳에서만 사용된다는 점을 고려할 때 왕궁리에 발견되는 수부인장首府印章과 같은 인장이 새겨진 토기가 발견된다는 사실은 거물성이 백제의 군사 요충지였음을 방증한다. 또한 인장이 찍힌 기와와 더불어 발견된 토기와 기와는 매우 높은 수준의 기술을 보여준다.

이는 왼쪽 사진에 제시한 기와의 안면에 나타나는 포목의 흔적에서 확인할 수 있다. 거물성에서 출토된 기와 중에는 기와의 표면에 다양한 문양이 새겨져 있는데, 이는 이것들이 높은 수준의 기술자들에 의해 제작되었음을 암시한다. 이런 사실을 통해 거물성 안에 세워진 건축물이 미학적으로나 건축학적으로 잘 지어졌고 정치적으로 상당히 중요한 공간이었음을 추정할 수 있다. 이는 또한 거물성의 경제 규모가 매우 컸음도 짐작하게 해준다. 이와 관련해서 아래의 토기는 거물성과 거사물현의 경제 규모가 어느 정도였는지 방증해준다.

앞서 살펴보았듯이 대가야의 영향이 확인되는 이 토기에는 산, 강, 구름과 같은 자연물을 상징하는 문양이 새겨져 있다. 이 문양은 토기의 실용적인 목적을 넘어서 종교적이고 예술적인 이념을 반영하는 상징인데, 이는 결론적으로 거물성과 거사물현의 문화 수준이 매우 높았음을 방증한다.

거물성에서 출토된 토기의 제작 방식과 토기에 새겨진 모양을 관찰해보면, 거물성의 서쪽에서 발견되는 기와와 토기는 대개 6세기에서 7세기에 제작되었는데, 이 가운데에 일부는 시기적으로 1세기에서 3세기에, 일부는 4세기에서 5세기 사이에 제작된 것으로 추정되는 토기도 발견된다는 점이 흥미롭다. 이해를 돕기 위해 이것들을 사진으로 제시하면 다음과 같다.

왼쪽의 적색 토기는 적갈색 연질토기로 시기적으로 이른 2세기에서 4세기 사이에 제작된 것이다. 이와 같은 모양의 토기는 원삼국 시대에 많이 제작되었다. 이를 놓고 볼 때, 아주 이른 시기에, 즉 2세기에서 4세기 사이에 거물성이 중요한 공간으로 여겨졌고 유사시에는 군사적인 요충지였을 가능성이 있음을 암시한다. 오른쪽의 흑청색 경질 토기는 백제시대에 제작된 것으로, 그 시기는 4세기에서 6세기일 것으로 추정된다. 이는 아주 이르게 보면 4세기, 아무리 늦어도 6세기에는 백제가 보절 지역을 차지하였음을 보여준다.

이상의 내용을 종합하여 거물성의 축성 시기를 추정하면, 마한 시대인 1세기에서 3세기로 거슬러 올라갈 수 있다. 하지만 군사적인 관점에서 산성으로 볼 수 있는 공간으로 조성된 시기는 6세기 정도로 추정된다. 아래의 사진에 제시된 토기가 이 추정에 힘을 실어주는 증거다.

**보절의 공방 존재 가능성**이 토기의 옆면을 보면 토기를 굽는 화력이 미치지 못한 부분이 드러나 있다. 토기를 구운 온도는 대략 1000도 내외로 추정된다. 제작 시기를 비정해 보면 이 토기는 아무리 늦게 잡아도 6세기 이전이다.[29] 이와 같은 유적과 유물 증거에 기초해서 이상의 논의를 종합하면 거물성이 성산, 즉 거령산에 축성된 시기는 6세기 중엽 혹은 그 이전이었다. 이와 관련해서 1000도 내외에 토기를 구울 수 있다는 점은 이곳에서 청동기나 철기를 다루어서 농기구나 무기를 제작할 수 있음을 방증해준다. 최근에 연구에 따르면, 전북 동부 지역 일대에서 고대 제철 유적지가 많이 발굴되고 있다.[30] 남원군 덕동리 하점골, 남원 고기리, 남원 화수리 옥계동, 남원 대상리, 장리 계곡, 장수 비룡리, 장수 명덕리 대적골, 장수 양악리 토옥동, 무구 삼고리 구천동 계곡, 무주 삼공리 월음령 계곡, 무주 삼거리, 진안 대양리, 완주 신월리, 임실 신덕리, 순창 학선리 등을 들 수 있다. 이 중 남원 대상리는 만행산 천황봉 너머에 있는 지역이다. 그렇다면 거물성 주변에도 농기구와 무기를 제작한 대장간이 있었을 것이다. 아쉽게도 보절에는 고대의 제철 유적이 발견되지 않았다. 보절에서 제철유적지 후보로는 사촌의 사기점 터와 고슬고개에 있는 오대장간이 유력하다. 이와 같은 물산 조건은 거물성이 거령산에 축성될 수밖에 없었음을 알 수 있다. 또한 거물성의 입지조건과 관련해서, 거물성이 있는 성산의 정상에 올라가서 사방을 둘러보면 멀리서는 지리산 노고단이 한 눈에 들어오고, 운봉에서 산동을 거쳐 보절

로 들어오는 모든 움직임을 정확하게 관측할 수 있다. 거령산 정상에서 주변 사방을 둘러보면 보절, 사매, 덕과, 오수, 지사, 산서 등의 6개 면도 한눈에 포착된다. 이와 같은 입지 조건은 거령산에 거물성이 축성될 수밖에 없었음을 잘 설명해준다.

거물성을 축성할 때 자재와 재료는 어디에서 왔을까? 특히 거물성에서 발견되는 기와와 토기는 어디에서 제작되었을까? 아마도 사촌의 위쪽에 있는 사기점에서 제작되었고, 점결창粘結倉에 보관되었을 것이다. 1999년에 전주대학교 역사문화연구소가 조사하여 정리한 보고서에 따르면, 사기점은 14세기 전후에 세워진 것으로 추정되며 발굴 당시 다량의 깨진 자기 조각이 발견되었다.[31] 하지만 사기점의 입점 시기는 14세기보다 훨씬 이전으로 올라간다. 위에서 언급했듯이, 거령산에 위치한 거물성에서 발견된 토기와 기와를 결정적인 증거로 제시할 수 있기 때문이다. 사기점에 가보면 지금도 옛날에 제작된 토기와 기와 유물이 수습된다. 실제 현장을 방문하여 사기점 터를 조사하였지만 아쉽게도 오랜 세월의 무게로 백제시대의 유물은 발견하지 못하였다. 하지만 고려시대 말에 제작된 것으로 추정되는 청자 두 점을 수습할 수 있었다. 그 중 하나가 다음과 같다.

이 청자는 숙련된 도예공에 의해 제작된 것이다. 이를 놓고 볼 때, 사촌에 있는 사기점은 고려시대에도 운영되었을 것이고, 거슬러 올라가면 백제시대에 전성기를 구가했을 것이다. 사기점 터가 지금은 잡목과 풀로 덮여 있어서 그 옛날의 모습을 보여주고 있지 않지만, 본격적인 발굴을 한다면 그 옛날의 영광을 드러내줄 것이라고 확신한다. 참고로, 사기점에서 거물성까지는 직선 거리로 2km 내외다.

점토의 형성:
구 거사물
호수

점결창의 이름에서 알 수 있듯이 점토는, 즉 진흙은 어떻게 형성되었을까? 최근에 보절 일대의 지질을 조사한 성춘자와 한윤희에 따르면, 만행산 천황봉과 보절의 지형과 지질은 다음과 같다.

선-캄브리아Pre-Cambrian, 45억~5억년 전 시대기 편마암을 기반암으로 천황산의 동북부 사면은 경사가 급박하고 험준한 산지 지형이 이어지는 반면, 남원 화강암이 관입된 서남부 사면은 경사가 완만한 산록완사면지형, 구릉성침식지, 개석곡지 등 화강암 침식지형이 발달되어 있다. 특히 천황산의 서사면의 남원시 보절 일대에는 길이 약 4~5km, 폭 7~8km 되는 선상지 지형이 발달되어[33] 있다. 완사면 지형은 하천 침식에 의해서 선상침식을 받아 도처에 구릉성 침식지형과 개석곡지開析谷地로[34] 해체되고 개석곡지가 배후산지까지 깊숙이 진전되어 충적층을 형성하고 있다. 따라서 보절면의 산록완사면은 상당한 범위의 개석곡지와 구릉성 침식지형이 교대되는 관계로 파랑상의 기복성 완사면 형태를 띤다. 특히 보절면 사촌리에 대규모로 발달한 선상지는 개석곡지가 넓어지면서 배후산지의 곡구로부터 공급되는 퇴적물이 선상으로 퇴적된 결과이다.[35]

사기점과 점결창의 주변에 형성된 점토층은 천황산 서사면 산록완사면부의 화강암 풍화층, 화강암이 심층풍화를 받은 적황색의 풍화층이 하천에 의해 개석을 받아 대부분이 해체되고 외연부나 중앙부에 잔존하는 고립구릉지가 축산단지나 개간지로 이용되고 있다. 아마도 개석된 풍화층 위에 엷게 피복되어 있는 선상지성 퇴적지층일 것이다.[36] 사촌에는 '점논'이라는 뜰이 있는데, 이곳은 진흙이 많이 형성된 곳이다. 사기점 터로 추정되는 곳의 배후를 살펴보면, 이곳에 점토층이 형성되었을 가능성이 크다. 특히 사기점 터의 서북쪽에는 급벽이 형성되어 있는데, 이는 자연적으로 형성된 것은 아니고 이는 사기점에서 토기나 기와를 만들기 위해서 점토층을 퍼오는 과정에서 무너져서 생겨난 것으로 추정된다. 이와 같은 점토층의 형성과 보절의 지질 형성과 관련해서, '아주 옛날에 천황봉에서부터 임실 삼계면의 성문 안까지가 모두 하나의 커다란 호수였다는 이야기'가 마을 사람들의 입에 회자되고 있다. 이는 보절 지역이 멀고도 아주[37] 먼 옛날에 큰 호수였던 시대에 대한 기억이 구전되었을 것이다. 흥미로운 점은 보절 일대의 논이나 하천을 삽으로 파보면 땅 표면으로부터 1m도 안 되는 지층에서 양질의 모래가 많이 나온다는 사실이다. 최근까지도 시묘동에서 모래를 채굴하였다. 그렇다면 보절 지역은 호수였고, 사촌의 점토층은 그 물이 서서히 빠지면서 퇴적 및 충적되었다고 추측할 수 있다. 만약 보절 일대가 큰 호수였다면, 그 시기는 언제쯤이었을까? 보절에 살았던 사람들의 입에서 입으로 전해져 내려오는 큰 호수는 어쩌면 기원전 1만 800년 전에 시작해서 기원전 9600년 갑자기 끝난 빙하기에 형성된 얼음이 녹아 형성된 소위 대홍수 시대에 만들어졌을지도 모른다. 기원전 9600년 이후에 시작된 지구 온난화로 지구의 온도는 기원전 7000년을 기점으로 급상승해 정상으로 치솟았다가 기원전 6200년에 아래로 떨어진다. 그 이후의 지구의 기후는 인[38]간이 살기에 적합한 안정적인 상태를 유지하여 현재에 이르고 있다. 물론, 지구 기후의 이런 안정성은 인간이 만들어 놓은 문명에 의해서 새로운 위기에 처해 있지만, 아무튼 이때부터 지구에는 농경이 시작되고 종족 이주가 일어났으며 큰 강을 중심으로 도시 문명이 꽃을 피우기 시작했다.

지구의 기후 변화를 놓고 볼 때 보절이 호수였다면 그 시기는 아마도 빙하기 이후인 9600년에서 6200년에서 사이로 추정된다. 이때 형성된 호수는 만행산으로 이어지는 산을 둘레로 삼아서 멀리는 삼계면 성문 안에 이르는 지역을 아우를 정도로 컸을 것이다. 그러다가 기후가 안정화되면서 유입되는 수량의 부족으로 호수의 물이 서서히 줄어들었거나, 어쩌면 마을 사람들의 전언에 따라서 삼계면 성문 안에 있던 산둑이 무너져 호수의 물이 일시에 빠져나갔을 것이다. 어느 쪽의 이야기가 맞든 보절에 호수가 있었던 것으로 추정될 뿐 아니라 상당히 오랜 기간에 걸쳐 있었을 것으로 보인다. 이를 뒷받침해주는 증거는 다음과 같다. 바위가 부서져 흙이 되는 데에는 많은 시간이 걸린다. 1cm의 흙이 만들어지려면 200년이 걸리는데 사기점의 진흙과 '점논'의 점토층의 두께가 작게는 10cm에서 크게는 1m가 넘게 피복층이 형성되어 있다. 이는 호수의 물이 시간대별로 증발했음을 암시한다. 물론 점토층의 피복층이 큰 경우는 일시적으로 진흙이 충적되었을 가능성이 크지만, 이는 사촌의 점토층이 최소한

2000년이 넘는 시간에 걸쳐서 충적된 것임을 알 수 있다.

물이 가장 많이 찼을 때의 호수의 표면은 만행산 천황봉의 용동 마을과 보현사의 옛터까지 이르렀을 것이다. 이 경우 거령산은 섬이었을 것이며, 어쩌면 '섬말'의 이름도 여기에서 유래했을지도 모르겠다. 지구의 기후가 안정적으로 변하자 호수의 표면은 조금씩 아래로 내려가 지금 사촌마을이 있는 곳까지 내려갔을 것이고, 호수의 표면이 사촌마을을 덮고 있던 시기가 아주 오랫동안 이어졌을 것이다. 보절에 사람들이 들어와서 정착했다면 아마도 이 시기부터일 것이다. 그 시기를 추정하자면 빠르게 잡으면 지금으로부터 4000년 전으로 거슬러 올라갈 수 있고, 늦추어 잡아도 1000년 전에는 사람들이 호숫가에 정착해서 살았을 것으로 보인다. 보절 일대에는 청동기 시대에 제작된 것으로 보이는 고인돌과 그 돌에 새겨진 성혈이 많이 발견된다는 점을 지적하고자 한다. 원시 시대의 주거지가 대부분 호숫가에 형성된다는 점을 놓고 볼 때, 보절의 마을들에서 발견되는 성혈 바위들은 보절 일대가 호수였던 시기에 호숫가 주변으로 마을들이 형성되었음을 보여주는 소중한 증거라 할 만하다. 그러던 중에 씨족이 부족으로 커지고, 부족이 종족으로 성장해서 원시 읍성 국가를 형성했는데, 보절은 마한 세력이 차지한 지역이었고 나중에 왕국 국가인 백제의 동진으로 백제의 영토로 포함되었을 것이다. 아마도 마한이나 백제시대까지 보절 일대에 호수가 어느 정도 남아 있었을 가능성이 크다.

그러다가 호수가 사라졌을 것이다. 물론 호수의 물이 어느 날 갑자기 사라졌을 가능성도 있지만, 호수의 물은 오랜 기간에 걸쳐 증발했을 가능성이 크다. 사촌의 논이 일정 간격을 두고 계단식으로 형성되어 있고, 그 띠가 규칙적인 지형을 보인다. 들판이 계단식으로 형성되었다는 것은 호수의 물이 일정 기간을 두고 서서히 줄어들었음을 나타내는 증거다. 남원의 도요지 조사에 따르면, 보절에는 사촌의 사기점 이외에도 도룡리 용동, 신파리 섶골, 서치리 서당골, 괴양리 회산에 도요지가 있었다.[39] 이곳에 도요지가 세워질 수 있었던 결정적인 요인은 이 지역에 점토층이 존재했기 때문이었다. 용동, 섶골, 회산의 점토층은 호수의 수면이 장기간에 걸쳐서 하강하면서 퇴적시킨 진흙 띠이고 점토가 집중적으로 퇴적되어 형성된 지층이라는 사실이 흥미롭다.

사촌의 사기점과 마찬가지로 용동, 섶골, 서당골, 회산에

서 발견되는 점토층은 이렇게 호수의 변화를 통해 선사 시대의 보절의 역사를 확인할 수 있어서 중요하다. 한편 역사 시대로 들어가면, 여기에 퇴적된 점토가 역사와 문명을 만드는 재료로 활용된다. 이쯤 되면, 보절 일대에 있었던 호수에 이름을 붙여주어도 좋겠다. 마땅히 떠오르는 것은 없지만 그럼에도 그 이름을 불러준다면, 이 지역의 가장 오래된 지명인 '거사물'을 따서 '거사물 호수'라 명명했으면 한다. 앞에서 밝혔듯이 '거사물'이 신성한 땅 혹은 신령이 깃든 마을을 뜻하는 이름이고, 거사물 호수가 그 이름에 걸맞게 신령스런 용이 살기에 충분한 크기와 규모를 지닌 자연 공간이었기 때문이다. 남원 보절면 용동에서 임실 삼계면 성문안까지 물이 차 있었다면, 이 호수의 규모가 결코 작은 것은 아니다. 선사 시대의 이런 자연 역사 때문이었을까? 용동마을의 이름도 어쩌면 저 선사 시대의 전설을 머금고 있는 지명일지도 모르겠다. 그렇다면 용평제龍平堤 호수의 이름도 우연의 산물은 아닐 것이다. 어쨌든 용평제가 '거사물' 호수의 후손인 것은 사실이기 때문이다. 지금의 용평제 위에 있던 천황봉의 바위가 부서져 흙이 되고 거사물 호수의 물결 운동을 통해서 산기슭이 밀려 퇴적하는 과정에서 진흙이 되어 점토층으로 변형되기까지는 적어도 수천 년이 걸렸을 것이다. 천황봉 아래에서 소위 '남원화강암'이 형성되는 시기까지 포함한다면, 진흙이 만들어지기까지는 수억 년의 세월이 걸렸을지도 모른다. 이렇게 형성된 점토층에서 생성된 진흙이 토기와 기와로 구워져 문명의 옷을 입고 역사의 무대 위로 올려졌다.

**백제에서 보절의 중요성**

결론적으로 거령산에 발견되는 토기와 기와, 거물성을 둘러싼 성벽은 거물성의 역사적인 실재를 증명하는 결정적인 증거다. 그렇다면, 거물성 일대를 관장하는 거사물 현청도 거령산 주변의 지역에 설치되었을 것이다. 앞에서 언급했듯이 위덕왕이 신라와의 전쟁을 준비하는 시간을 고려한다면 거사물 현청은 그 1년 전인 560년에, 아니 더 이전에 설치되었을 것이다. 남원에 소경이 설치된 해는 684년이었다. 남원이라는 지명도 이때 생겨난 이름이었다. 그렇다면 보절의 거물성이 남원산성보다 아무리 짧게 잡아도 120여 년 이전에 축성되었고, 여기에 세워진 거사물 현청은 이 지역 일대를 관장하는 행정 중심지였을 것이다. 적어도 역사의 무대에 거사물이 남원보다

더 이른 시기에 등장한다는 것은 분명한 사실이기 때문이다. 사실이 이와 같다면, 남원의 역사를 기록할 때 이 문제를 적극적으로 재고해야 하며, 거물성의 역사를 남원의 역사에 제대로 반영해야 한다.

적어도 보절 역사가 남원 역사의 첫 장면에 등장해야 함은 확실하다. 어쩌면 첫 페이지를 차지할 수도 있을 것이다. 보절이 거물성이라는 이름으로 역사의 무대에 본격적으로 등장하는 것도 561년부터라는 점이 분명한 사실이기 때문이다. 앞에서 상술했듯이《삼국사기》가 그 증거이다. 거물성도 위덕왕이 신라와 벌인 영토 회복 정책과 백제 무왕의 남진 정책의 일환으로 조성된 군사적인 도시였다. 위덕왕과 그의 아들 무왕이 정비하고 구축한 남반사성이 백제의 복국 군대의 핵심 거점으로 활용되었다는 사실이 그 방증이다. 남반사성의 핵심 거점 중 한 곳이 거물성이었기 때문이다. 김흠순의 부대가 거열성을 치자 백제의 복국 군대는 거물성으로 후퇴하고, 거물성에서 맞서 싸우다가 다시 사평성과 덕안성으로 후퇴했다는 기록이 그 증거다. 백제사 연구자들의 조언에 따르면 의자왕 시절에 백제는 경상도 합천까지 지배했다. 백제가 지리산 너머로 동진한 이유는 세 가지로 추정된다. 먼저, 백제의 중심인 부여에서 왜국으로 갈 때 서해 항해가 위험했기 때문에 남해를 이용해 일본으로 가는 길을 개척했다고 한다.[40] 다음으로 영산강 유역을 중심으로 세력을 구축한 마한 연맹체가 강력했기 때문에, 서해 항로를 피해서 섬진강을 이용하려는 전략적인 이유도 한몫 거들었던 것을 것이다.[41] 마지막으로 전북 동부 지역과 지리산 일대가 철광석이 많아 군사적, 경제적으로 중요한 지역이었기 때문이었다.[42] 만행산 천황봉 너머에 있는 산동면 대상리도 제철 유적이 발견되는 중요 지역이다. 보절 옆의 산서와 번암도 마찬가지다. 이와 같은 국제 정세와 지리적 조건으로 인해 백제와 신라, 가야가 남원을 두고, 특히 보절을 중심으로 치열하게 경쟁하고 싸울 수밖에 없었다. 이것이 백제의 관점에서 볼 때 국제적인 갈등과 긴장의 최전선에 위치한 보절을 역사의 무대로 끌어올린 결정적인 이유였다. 이와 같은 지리적인 조건과 역사적인 맥락에 처해 있었기에 백제의 비장한 최후를 지켜봐야만 했던 지역이 보절이었다. 1070명의 병사들이 백제를 지키기 위해서 처절하게 전투를 벌인 곳이 거물성이었기 때문이다. 이런 의미에서 1070이라는 숫자는 보절의 옛 지명인 거사물 혹은 거물성을 상징하는 숫자일 것이다. 보절 동네 '사랭이', '황벌', 혹은 '성시'가 백제의 마지막을 지킨 곳이었다. 거물성이 백제 복국 운동의 주요 거점이었던 남반사성 가운데에 한 곳이었기 때문이다.

| 고려시대의 보절: 거령 | 고려시대의 지명인 '거령'도 '거사물'을 그대로 이어받은 지명이다. '사물'이 '영寧'으로 대체되었을 뿐이다. '영'의 뜻과 관련해서는 이어서 자세하게 해명하겠다. '거령'은 보절면에 위치한 내황과 외황 |

마을 뒤에 있는 성산의 이름으로 그대로 남아 있다는 점을 강조하고자 한다. 성산의 중턱에 위치한 경포耕圃 안병윤安秉允, 1884~1945년의 비碑에서 '거령산'이라는 산명을 읽을 수 있다. 다음과 같다.

안병윤의 비에서 '거령산'이라는 산명을 읽을 수 있다.

로 전국의 행정 단위가 개편되던 시기에 통일 신라의 '청웅' 지명이 고려 때 '거령'으로 바뀌었다. 만약 내황마을이 백제시대에 거사물현의 성읍이었다면 통일 신라시대에는 아마도 임실군 청웅면이 성읍일 가능성도 있다. 고려시대에 지사면 영천寧川 지역으로 거령현의 행정 관청이 옮겨졌을 가능성도 배제할 수 없다. 이에 대해서는 보다 엄밀한 조사가 필요하다.

**거령현청 후보지로서의 보절**　먼저, 현청의 위치 문제는 당시의 국경 개념으로 접근해야 한다. 백제 입장에서 볼 때, 백제의 국경은 북으로는 고구려와 맞닿아 있고 동으로는 신라와 접한다. 백제는 건국 초기에는 고구려와 전쟁을 많이 벌였지만 중기 이후에는 신라와 국경선 근처에서 전쟁을 치렀다는 사실은 이미 잘 알려져 있다. 백제의 중기 이후의 수도인 공주, 부여와 가까운 충청도 중원 지역에서 벌어진 전투에 대해서는 잘 알려져 있지만 충청 아래의 국경선에서 신라와 백제 사이에 벌어진 싸움에 대해서는 거의 알려진 바가 없다. 그러나 백제와 신라가 서로 공격할 때에, 늘 전투가 벌어지던 충청도 중원 지역을 통해서만 침략하지는 않았다. 중원 지역은 백제의 수도가 가깝기 때문에, 정예 부대가 집중적으로 방비하는 곳이었다. 이런 이유에서 신라는 백제를 공격할 때 상대적으로 방비가 약한 곳을 찾아서, 혹은 부대를 나누어서 백제의 수도였던 부여로 행군했을 가능성도 높다. 이때 신라 군대가 거쳐야 했던 지역이 보절이었을 것이다. 사정이 이와 같다면, 보절 일대의 거사물현은 그냥 예사로운 작은 동네가 아니라 국경에 위치한 요충지로서 백제를 방어하는 군사 도시였을 것이다. 이와 관련하여 흥미로운 점은 보절에 남아 있는 옛날 백제의 성벽이 동쪽인 지리산 쪽을 향해 축성되었다는 사실이다. 다시 말해 이곳이 신라의 침략을 막아낸 백제의 방어지였음을 암시한다. 거사물이 군사 요충지였음을 또 다른 방증을 제시하면 다음과 같다.

거령의 지명과 관련하여 내황 마을에 전해지는 이야기에 따르면, '고려 초 김부식이 쓴《삼국사기》에 보절면 지역은 백제의 행정구역으로 '거사물현'에 속하였고, '거사물현' 중심지는 성산에 위치하다가 임실군 지사면 영천리寧川里로 이전되었다는 기록이 남아 있다'고 하는데, 거사물현의 중심지가 성산에서 영천리로 옮겼다는 기록은 없다. 아마도 거사물의 지명이 청웅으로 바뀌었다가 고려시대에 거령으로 이름이 바뀐 것을 오해한 것으로 보인다. 하지만 앞에서 밝혔듯이, 거사물의 읍성은 내황에 있었다. 사촌과 황벌의 들판과 천황봉에서 내려오는 크고 작은 천川이 여러 개가 있는 점을 고려하면, 내황이 거사물현의 행정 중심지였음은 명확하다. 내황마을 뒤에는 옛날 마을의 터로 보이는 곳이 세 군데 있고, 내황 마을 너머에 위치한 '분투골' 주변에서 고분과 기왓장이 발견되고 있다. 앞의 사진에서 확인했듯이, 옛 마을 터의 흔적과 성곽의 유적은 내황마을이 작은 산골 마을이 아니었다는 것을 알려준다. 따라서 보절 일대에 대한 고고학자의 발굴과 연구가 시급함을 다시 한번 강조한다.

지명의 변천에는 전쟁을 비롯한 여타의 사정이 영향을 끼친다. 이 중에는 왕조의 교체도 있다. 고려 왕조의 등장으

**조선시대의 보절_이성계와 황산대첩**　백제가 패망하고 신라가 삼국을 통일한 이후에 거사물은 역사에서 잊힌 지역이 되었다. 하지만 거사물이 군사적으로 중요한 요충지로 역사의 무대에 다시 등장한다. 다름 아닌 이성계가 결정적으로 왜구를 물리친 황산 대첩에서다. 잘 알려져 있듯이, 왜구가

처음에는 해안가를 중심으로 노략질하다가 점점 강을 타고 내륙으로 올라온다. 이는 낯선 현상은 아니다. 중세에 노르웨이의 바이킹족이 유럽을 휩쓸던 모습과 흡사하다. 왜구는 서해안을 돌아 군산과 서산 지역으로 올라와서 노략질을 일삼았다. 이때 이 지역에서 활약한 사람이 최무선이다. 왜구들이 마이산에서 발원해 수분원에서 갈라지는 남강과 섬진강을 따라서 거슬러 올라오는 것에 대해서는 굳이 자세한 해명이 필요하지 않다. 이를 잘 보여주는 증인이 왜구를 피해서 보절로 이주해 온 성씨다. 진주를 본으로 하는 성씨가 특히 보절에 많은데, 진주 소씨, 진주 하씨, 진주 강씨, 진주 형씨, 하동 정씨 등이다. 이들 성씨 정착사를 살펴보면 대개 왜구를 피해 진영, 진해, 진주, 하동 등지에서 보절로 이주해 왔음을 알 수 있다.

자세한 내용은 제4장 〈보절의 성씨〉를 참조하면 된다. 이들 성씨의 이주 과정이 잘 보여주듯이 왜구는 남강과 섬진강을 따라 운봉의 황산벌까지 침략하였고, 이곳에서 이성계가 이들을 격퇴한 싸움을 황산대첩이라고 부른다. 문제는 황산대첩과 보절의 관련성이다. 안타깝게도 이성계가 황산전투를 치르면서 보절의 당시 지명인 거령에 머무르거나 지나갔다는 사실을 기록한 문헌은 아직까지 발견되지 않았다. 하지만 이성계가 거령 땅에 머물렀거나 지나갔다는 사실은 보절에 남아 있고 현재도 사용하고 있는 지명과 구전하는 옛 이야기에서 확인할 수 있다. 이성계와 그의 부대가 보절에 머물렀다면 그 이유는 둘 중 하나였을 것이다. 하나는 황산전투를 준비하기 위해서 이곳을 주둔지로 삼았거나, 다른 하나는 전투에서 대승을 거둔 뒤에 개성으로 돌아가는 길에 이곳에서 부대 정비를 위해서 머물렀을 것이다.

어느 것이 맞는지는 분명치 않다. 하지만 마을 사람들이 전하는 이야기에 따르면 후자일 가능성이 높다. 부대 정비를 위해서든 아니면 전투 준비를 위해서든 이성계와 그의 부대가 이곳에 머물렀을 법한 현장 증거는 보절에서 운봉으로 넘어가는 구라재, 참남쟁이의 '병사방터', 원방이뜰, 갑산의 '서정'이라는 우물과 약방터 등 여러 장소에서 찾을 수 있다. 전하는 이야기에 의하면 구라재는 700여 년 전 고려 말 운봉 황산 싸움에서 이성계가 왜구 장수 아지발도군軍과 일진일퇴 혈전을 하여 대승大勝을 거두고 운봉 여원치를 지나 한양으로 승전보를 울리며 회군하는 길목에 있는 고개다. 만행

지맥의 '할미성'을 지나 약산藥山으로 이어지는 준령峻嶺을 넘어 '진목정眞木亭, 참남쟁이'으로 통하는 재岵다. 전쟁으로 지친 병사들과 이성계가 안식安息을 취하던 중에 이곳에서 소라껍질로 만든 나팔을 잃어버렸다가 다시 찾았다는 전설이 있다. 이때부터 이 재를 '구할 구求, 소라 라螺' 즉 '잃어버린 소라나팔을 찾은 고개'라 하여 구라치求螺峙라 부른다. 나중에 발음이 와전되어서 '구라재'라고 변음變音되어 오늘날까지 전해져오고 있다. '구라재'는 조선시대에도 경상도 부산 포구에서 창원과 함양을 거쳐 완주에서 한양으로 가는 중요한 길목으로 지리적 요충지다. 갑산은 산이라기보다는 나지막한 구릉丘陵에 가깝다. 마을 사람들이 전하는 이야기에 따르면, 이성계는 황산대첩에서 대승을 거두었으나 부상당하고 지친 병사들을 치료해야 했다. 서젱이에 약수와 한약방이 있어 제반 여건상 적합한 장소였던 것 같다. 이곳에서 넘쳐 흐르는 약수로 부상당한 병사들을 치료하고, 지친 병사들이 휴식도 할 겸 몇 날 며칠을 쉬면서 구라치에서 찾은 나팔을 불고, 북과 장구를 치며 전승을 자축하였다고 한다. 이때 수천 명의 병사들이 벗어놓은 갑옷과 투구가 산을 이루었다 하여 갑산이라고 이름 붙여 오늘에 이르고 있다.

이곳에는, '서정瑞井이'라는 우물도 있었다. '서정이'는 지금은 '서젱이'로 불리고 있다. 서젱이는 만행산 옥녀봉 자락에서 뻗어 내린 산줄기진등, 眞嶝의 끝자락에 위치한 '생수가 넘쳐흐르는 바가지 샘'을 말한다. 전하는 말에 의하면 오랜 옛적부터 이 샘물을 먹으면 중병환자도 병이 나았고 피부병 환자도 이 물을 바르면 나았다 하여 이 샘물의 신효를 듣고 당시 경향 각지에서 수많은 환자가 찾아왔다고 한다. 이런 연유로 서젱이 옆에는 한약방이 생기게 되었고 몇백 년을 이어왔다고 한다. 그러나 최근 2,000년대에 서젱이는 경지 정리로 흔적도 없이 사라졌고 한약방도 이때 없어졌다.

갑산에는 '말몰무덤'이 있고 '오대장골'이라는 지명이 남아 있다. 말몰무덤은 전투에서 운명을 같이해 온 수많은 군마들이 이곳 갑산에서 숨을 거두게 되자 정성을 다하여 장사 지내고 묻어 주었다는 말무덤도 있었다. 갑산에 남아 있는 '오대장골'은 대장간을 부르는 지명이다. 이 지명은 당시에 오씨吳氏 성姓을 가진 명성있는 대장장이가 살고 있었다는 데서 유래했다. 이성계와 그의 부대가 이곳에서 휴식을 취하면서 병장기를 정비하던 곳으로 추정된다. 아마도 황산 대첩

에 일전일퇴를 거듭하면서 망가지고 부서진 병사들의 창과 칼을 오씨의 대장간에서 수리하고 제작했을 것이다. 이와 같이 현장에 남아 있는 증거들은 이성계와 그의 부대가 보절에 주둔했거나 한 동안 머물렀을 가능성이 높다는 것을 암시한다. 마을 사람들의 이야기는 대체로 이성계가 이곳에 머물게 된 이유를 황산 전투를 준비하는 것에 두기보다는 대승 이후에 부대 정비를 위해 이곳에 오래 머물렀다는 것에 무게 중심을 둔다. 보절 일대에 전해지는 이야기에 따르면, 이성계는 고려를 뒤집고 조선을 건국을 위해 보절에 오래 머물렀다. 이는 실제로 이성계와 우투리 장군이라는 전설로 전해진다. 제7장〈보절의 말, 노래, 이야기〉참조

이런 전설이 만들어질 정도면 이성계가 보절 일대에서 혹은 보절에서 머물렀음은 분명하다. 앞에서 살펴보았듯이, 보절은 전주 방면에서 운봉으로 넘어가려면 반드시 거칠 수밖에 없는 위치에 있기 때문이다. 이와 같은 지리적인 위치는 보절의 옛 지명인 거사물이 백제시대의 군사적인 요충지일 수밖에 없음을 다시 한 번 확인시켜준다. 군사학적인 관점에서 놓고 볼 때 이성계가 진군 행로를 남원 읍내를 거쳐서 운봉읍 황산荒山으로 잡을 이유가 전혀 없다. 전주에서 운봉으로 가는 지름길이 보절을 거치기 때문이다. 이는 백제시대에도 마찬가지였다. 이와 같은 역사적, 지리적 조건은 백제시대에 보절에 즉 거사물에 현청이 위치했을 것이라는 심증을 더욱 굳건하게 다져준다. 남원 일대가 백제의 입장에서는 전략적으로 매우 중요한 요충지였고, 신라 부대가 부여로 진격하는 중요한 노정 가운데에 하나가 경주에서 상주를 거쳐 남원으로 이어지는 통로였다. 사실, 경주에서 지리산을 돌아 더 남쪽으로 우회할 이유도 없다. 그런데 신라군이 남원을 거쳐서 부여로 진군하려면, 남원에서 운봉으로 가는 통로에 있는 연재를 넘고 산동과 보절을 거쳐 복삼재를 넘고 지사로 나가 아침재를 넘은 후 전주로 나갈 수밖에 없다. 그렇다면 안전상의 이유에서 그리고 지형적인 조건에서 현청이 위치할 수 있는 곳은 거사물 밖에 없다. 남대문로와 구라재만 넘으면 운봉의 황산이고, 위로는 천황봉이 가로막아주며 아래로는 주둔에 필요한 군량을 공급할 수 있는 들판이 있다. 그 뒤로는 다시 거물성이 있기 때문에 위급한 상황에서는 거사물이 언제든지 피할 수 있는 곳이다. 상시적으로 신라와 맞서고 있는 상황에서 현청을 산을 넘고 고개를 넘어

야 하는 오수나 지사에 두었을 가능성은 낮다. 이런 이유에서 거물성의 현청은 거사물의 내황이나 성북에 있었을 가능성이 높다. 교통상의 이유로 보면 내황에 위치했을 가능성이 크다. 여기에서 백제의 마지막 저항 세력이 거물성으로 들어와서 최후를 맞이하게 된 이유도 해명된다. 내사지성內斯只城, 충남 유성지역으로부터 당나라 군대에게 내몰렸을 때에 철수할 수 있었던 마지막 곳이 거사물이었기 때문이다. 더는 동쪽으로 철수할 수 없었음은 군이 부연할 필요가 없다.

<table>
<tr><td>전쟁과 보절</td></tr>
</table>

이상의 진술을 정리하면 보절이 가장 번성했던 전성기는 7세기였다. 앞서 이성계가 왜구와 벌인 황산 전투의 경우에서 확인할 수 있었듯이, 역사적으로 주목을 받을 만한 지역이 아님에도 나라에 큰 전쟁이 발발하면 보절이 역사의 무대에 어김없이 등장한다는 사실이 흥미롭다. 이와 관련해서 보절에서 벌어진 혹은 보절 사람들이 관련된 두 전쟁을 언급하고자 한다. 하나는 임진왜란이고 다른 하나는 최근에 벌어진 6·25 전쟁이다. 임진왜란 시기에 보절 사람들이 어떻게 의병 활동을 벌였는지는 제6장〈보절의 교육〉에서 확인할 수 있다. 6·25 전쟁 때 보절의 마을들도 직접적인 피해를 겪었다. 이런 일도 보절의 지형 조건과 직결되어 있다. 보절의 마을들은 천황봉을 중심으로 좌우로 날개가 펼쳐지듯이 남북으로 뻗은 만행산을 따라서 형성되어 있다. 이와 같은 지형적 특성 때문에 1950년 9월 15일에 맥아더 장군이 주도한 인천 상륙 작전으로 말미암아 북쪽으로 올라가는 통로가 끊긴 인민군은 지리산으로 도망쳤다. 북쪽에서 지리산으로 내려오든, 다시 지리산에서 출발하여 덕유산을 거쳐서 태백산맥을 타고 북쪽으로 올라가든, 이때 인민군들이 선택할 수밖에 없었던 길은 바로 천황봉을 중심으로 양쪽으로 펼쳐진 만행산의 날갯길이었다. 이런 이유에서 6·25 전쟁 기간에, 소위 '인공시절'의 보절은 낮에는 국군이, 밤에는 인민군이 지배하는 세상이었다. 천황봉 아래에 바로 붙어 있는 11개의 마을은 이때 모두 불타버렸다. 보절초등학교와 보절면 지서도 이때 전소되었다. 이에 대해서는 제3장〈보절의 마을〉에서 보절에서 벌어진 6·25 전쟁이 남긴 참상과 흔적을 살필 수 있을 것이다. 이처럼 보절이 전쟁의 직접적인 피해를 입을 수밖에 없었던 이유는 다른 무엇보다도 지리적인 조건 때문이다. 천황봉은 남에서 북

으로 보면 지리산의 초입에 서 있는 큰 산이고, 북에서 남으로 보면 지리산으로 들어가는 입구에 서 있는 큰 산이었기 때문이다. 천황봉의 이와 같은 지리적 조건이 나라에 전쟁과 같은 큰 사건이 발생하면 어김없이 보절을 역사의 무대에 소환하였던 이유였다. 제6장 〈보절의 교육〉에서 확인할 수 있듯이, 보절 사람들의 충절이 드러날 수밖에 없었던 이유도 이와 같은 지리 조건 때문이었다. 이쯤에서 천황봉은 전쟁이 터지게 되면, 백두대간이 어떤 모습으로 역사의 무대에 등장하는지 잘 보여주는 사례라는 점을 강조하고자 한다. 그러니까 전쟁이 발발하게 되면, 백두대간은 때로는 전장戰場으로, 때로는 행군로로, 때로는 피난길로 이용되면서 대한민국의 산이 하나의 혈맥임을 드러낸다. 아군이든, 적군이든, 당장은 서로 싸우지만 근본적으로는 백두대간의 보호를 받고 살아야 하는 사람들을 살리고 지켜주기 위해서다. 이 대목에서 여암 신경준이 《산경표》에서 처음 제안한 '백두대간'이라는 용어를 단지 풍수지리의 관점에서 뿐만이 아니라 역사지리의 관점에서도 중요하다는 점을 강조하고자 한다. 거사물, 거령, 보절과 천황봉의 관계에서 볼 수 있듯이, 백두대간은 각각의 산 아래에서 살고 있는 사람들과 함께 역사에 등장하기 때문이다. 백두대간이 한국에서 벌어진 전쟁에서 어떻게 등장하고 어떻게 활용되었는지 조사와 연구가 시급하다.

**보절의 이름 변천사**

천황봉의 이와 같은 지리적 조건을 짊어져야 했던 거사물도 역사의 변동을 받아들인다. 거사물에 위치했던 현청은 다시 군사적인 이유와 행정적인 이유에서 거령산 너머의 임실 지역으로 옮겼을 가능성이 크다. 백제를 합병한 신라가 전라도 일대를 통제하기 위해서는 임실의 지사나 오수가 전주 방향으로 나가는 길목에 있고, 이 지역 일대를 통제하기에 유리한 지역에 관청을 두는 것이 상식적이다. 현의 이름이 거사물에서 청웅으로 바뀐 것도 여기에서 해명된다. 어쩌면 현청도 아마도 청웅으로 옮겨졌을 것이다. 임실군에는 청웅면이 있는데, 청웅이라는 지명도 이런 역사적인 변동과 관련이 있는지는 엄밀한 문헌 고증이 요청된다. 이렇게 해서 거사물 지역은 통일 신라 때에는 청웅으로 불렸다. 흥미롭게도, 청웅이라는 지명은 당나라 군대의 백제 침략과 함께 한자 지명도 본격적으로 사용되기 시작했음을 알려주는 사례다. 고려가 후삼국을 통일하고

전국을 개성 중심으로 재편하는데, 이때 거사물 지역은 옛날 이름을 찾아서 거령으로 불리게 되었다. 거령이라는 이름은 아마도 거사물에서 '거'와 영천의 '영'을 합쳐서 만든 이름이다. 그런데 거령현에서 영천을 떼어내고 나면, 성산 너머의 거사물만 남는다. 따라서 거사물은 지금의 보절 일대 지역일 수밖에 없다. 영천은 거령의 흔적을 그대로 간직하고 있는 천명이다. 《용성지》는 거령천은 '거령현의 개현介峴에서 출발하여 오수역의 동남쪽에 이르러 임실현의 평당원천坪當院川으로 합해져 남쪽으로 순창군의 적성진赤城津으로 들어간다'고 전한다.[43] '복삼치'는 내황에서 영천으로 이어지는 길에 있는 고개다. 보절에서 지사를 거쳐 오수로 가는 교통로는 오늘날의 지방도로 721호선이 놓인 길이 아니라, 내황마을에 있는 복삼치 고개로 이어지는 길이었을 것이다. 복삼치 고개가 교통로로 이용되던 시기에 고개를 넘어가는 길목에 위치한 '누른대' 마을도 크게 번성했을 것이다.

한편, '거령'은 또 다른 이름을 가지고 있었다. 《용성지》는 '거령현의 별호가 영성寧城이고, 남원부의 동북쪽 50리에 있다'고 전한다. 다음은 이에 관련된 고산자古山子 김정호金正浩의 보고이다.

> 옛날 읍성인 거령은 [남원]으로터 동북쪽 50리에 있고, 본래는 백제의 거사물이었다. 신라 경덕왕 16년에 이름을 청웅으로 고치고 임실군 관할에 속하는 현으로 두었다. 고려 태조 23년에 거령현으로 개명하였고, 현종 9년에 남원부 관찰에 두었다. 읍성의 이름은 영성이었다.
> 古邑居寧東北五十里 本百濟居斯勿 新羅景德王十六年 改靑雄爲任實郡領縣 高麗太祖二十三年改居寧 顯宗九年來屬 邑號寧城

김정호의 기록은 거령현에 속하는 보절 지역의 이름이 무엇이었는지 추측할 수 있게 해준다. 그것은 다름 아닌 '영성寧城'이었다. '영성'의 이름은 이 성산 아래 동네를 지금도 '성남' 혹은 '성시'라고 부르고 있다는 데에서 쉽게 확인된다. 1861년에 김정호가 제작한 《대동여지도大東輿地圖》에도 '거령'이라고 명시되어 있다.

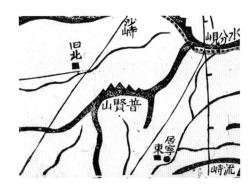

지도에 보현산, 즉 만행산 너머의 지역을 동거령이라 표기한 것으로 봐서 보현산 서쪽의 지역은 서거령이었을 것이다. 서거령은 '사치沙峙'라는 이름에서 오늘날 장수군 사치재를 말한다. 거령이 이 지역의 옛날 이름이었음은 김정호가 1834년에 제작한《청구도靑邱圖》에서 확인할 수 있다.

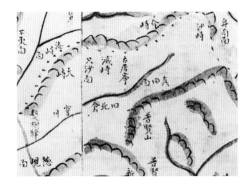

지도는 임실군 지사면에서 사치를 거쳐 보현산 일대의 지역을 '옛날의 거령古居寧'이라 명시한다. 이런 사실로부터 보절 일대의 지역이 백제시대에 거사물, 통일 신라시대에는 청웅, 고려시대에는 거령으로 불렸던 것이 분명하다. 영천서원寧川書院이 위치한 '영천'이라는 이름 역시 이 지역 일대가 거령으로 불렸음을 알리는 중요한 방증이다. 따라서 보현방에 속하는 사촌에서 황벌에 이르는 지역, 혹은 확장해서 고절방에 이르는 지역의 명칭은 적어도 고려시대에는 '영성寧城'이었다.

**조선시대의 보절: 보현방, 입석방, 고절방**

《고려사》지리지가 세종 때에 지어진 것이라는 점을 고려하면 '거령현'이라는 명칭이 조선 초기까지는 보절 일대를 지칭하는 이름으로 사용된 것이 확실하다. 1752년초간 1692에 출간된《용성지》에 '거령폐현居寧廢縣'이라는 표현이 나온다. '거령폐현'에 대한《용성지》의 문장이 실은《신증동국여지

승람新增東國輿地勝覽》을 재인용한 것이라는 점을 보면 거령현이 행정적으로 현의 지위를 상실하고 그 일대를 부르는 지명이 보현방과 입석방으로 바뀐 시기는 아무리 늦게 잡아도 1481년에서 1530년 사이로 볼 수 있다. 그 근거는 다음의 사실에서 해명된다.《동국여지승람東國輿地勝覽》은 명明나라《대명일통지大明一統志》가 1462년에 수입되자, 성종 노사신·양성지·강희맹에게 이것을 참고하여 세종 연간에 제작된《신찬팔도지리지》를 바탕으로 한 지리서로, 1481년성종 12년에 50권으로 완성되었다. 이 지리서는 다시 연산군 5년에 개수改修를 거쳐 1530년중종 25년에 이행李荇 등이 증보판으로 출판하는데, 이것이《신증동국여지승람》이다. 따라서 '보현방'과 '입석방'이라는 지명은 빠르면 성종 12년인 1481년, 늦으면 중종 25년인 1530년에 역사 무대에 처음 등장하여 보절 일대를 지칭하는 이름이었을 것이다. 역사 사료에서 '거령'이라는 명칭 대신 보현과 고절이 행정 지명으로 분명하게 명시적으로 등장하는 것은 1757년에서 1765년에 제작된《여지도서輿地圖書》이다. 1871년에 제작된《남원부지도南原府地圖》는 천황봉 아래에 고절방과 보현방을 병기하였는데, 아래와 같다.

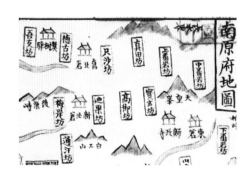

지도에서 보현방이 눈길을 먼저 사로잡는다.《용성지》는 보현방을 이렇게 묘사한다.

> 천왕봉은 일명 보현봉이고 보현방에 있다. 산 봉우리가 구름 위로 치솟아 있다. 봉우리의 위와 아래를 다 아울러 만행산이라고 부른다.[44]
> 天王峯一名寶玄峯 在寶玄坊聳出雲霄 峯之上下通稱

《용성지》는 천황봉과 만행산이 보현봉과 보현산으로 불리었고, '보현'이라는 이름이 천황봉의 보호를 받는 아래 지

역 이름으로 보현방으로도 사용되었음을 알 수 있다. 그렇다면 보현방이라는 지명은 보현봉과 보현사라는 산명과 절명에서 유래했을 가능성이 높다. 이와 관련해서, '보현'이라는 이름이 지명으로 사용되었음을 입증해주는 또 다른 사례는 용이 하늘로 올라가는 형상의 용등폭포龍燈瀑布의 이름으로 보현폭포가 사용되었다는 점이다.

> 보현폭포는 보현사에 있다. 마을 입구가 그 아래에 있다. 또한 용추라는 연못이 있고 소나무 숲 사이로 정자가 있어서 사람들이 여유롭게 노는 곳이다.[寶賢瀑布在寶賢寺 洞口其下 又有龍湫湫上 有松亭遊人所]

1872년에 제작된《남원읍지》는 보현방에 속하는 동네들을 상세하게 소개한다. 지도는 道村도촌, 沙村사촌, 城南성남, 侍墓洞시묘동, 島村도촌, 扉村비촌, 三槐亭삼괴정을 정확하게 소개한다. 보절의 여러 동네가 표시되고 지명이 표기된 역사자료는 이 지도가 처음일 것이다.

고절방의<br>유래 위의 지도에도 고절방高節坊이 분명하게 표기되었지만 고절방에 대한 기록은 안타깝게도 많지 않다. 그 이유는 아마도 이곳의 지명이 중간에 개명되었기 때문이었을 것으로 추정된다. 고절방의 본래 이름은 입석방이었다. 쌍송雙松 안극충安克忠은 황주 연천 현감에서 물러난 후 남원 입석방으로 내려와 살았다. 매헌梅軒 소산복蘇山福, 1556~1620년이 지은《매헌집梅軒集》에 따르면 안극충은 입석방에 살면서, 취옹醉翁 민여주閔汝住, 해서海西 오정길吳廷吉, 백졸百拙 김선金宣, 송탄松灘 이점李漸, 매담梅潭 안창국安昌國, 활계活溪 이대유李大㽕, 재간在澗 김화金화, 성만星灣 최행崔荇, 뇌계磊溪 양명원梁明遠 등 제현諸賢과 시문詩文으로 교류하고 학문을 연마하였다. 그러던 어느 날 난

데없이 화적들이 쳐들어와 재물을 내놓으라고 위협하였다. 이에 안극충이 의연하게 대처하자 화적들이 화를 내며 큰 칼을 휘둘러 안극충을 죽이려 들었는데, 그의 아내 언양김씨彦陽 金氏가 재빨리 몸을 날려 남편 안극충 대신에 칼을 맞고 죽었다. 남편을 대신하여 죽은 안극충의 처 김씨의 절개에 감동한 화적들은 마음을 고쳐먹고 물러가 안극충은 목숨을 건질 수 있었다. 이런 사실이 마을에 전해지자 사람들은 안극충의 아내 김씨의 높은 절개에 감동하여 그 절개를 기리기 위해 마을의 명칭을 입석방立石坊에서 고절방으로 고쳐 부르게 되었다고 한다.《용성지》는 이렇게 전한다.

> [언양] 김씨는 좌랑佐郎 안극충의 아내이다. 화적들이 집에 들어와 흉도로 남편 극충을 위협하니, 김씨는 두 팔로 남편을 가리고 그 칼에 죽었고, 극충은 온전하게 살아남을 수 있었다. 이 일로 천계 4년인조 2년, 1624년에 정려가 세워졌다.[45]
>
> 金氏佐郎安克忠之妻 火賊卒入其家 凶刀及于克忠 金以身翼 蔽仍致死 克忠得全 天啓四年事 閭旌閭

지봉芝峯 이수광李睟光, 1563~1629년은 쌍송 안극충에 위하는 〈쌍송정십영, 위안이신작雙松亭十詠 爲安而藎作〉이라는 시를 지었다. 열 번째 시其十는 안극충의 처 김씨를 연상케 하는 노래이다.

> 雨濕芙蓉渚　연꽃이 피어있는 연못가가 비에 젖어 있네.
> 幅巾自來去　복건을 둘러쓰고 홀로 찾아왔네.
> 中有採菱人　연못에서 마름을 따는 여인이 있건만.
> 花深不知處　꽃이 깊어서 어디에 있는지 모르겠네.[46]

보절의 탄생 연못 속 여인이 안극충의 처 김씨일지도 모르겠다. 입석방을 고절방으로 바꾼 여인이 언양 김씨였다는 점이 분명하며 정려가 세워진 해가 인조 2년이었다는 점을 놓고 볼 때 고절이라는 지명은 늦어도 1624년에는 사용되고 있었다는 것만큼은 확실하다.

'거사물'에서 '청웅'으로, '청웅'에서 '거령'으로, '거령'에서 '보현방'과 '입석방'으로 불리게 된 지역을 보절이라는 이름으로 통합하여 부르게 된 것은 최근의 일이다. 1897년

조선 8도가 13개도로 개편되고, 방坊이 면面으로 바뀐다. 남원군 보현면에는 중현, 파동, 신흥, 내황, 외황, 벌촌, 도촌, 용동, 영양, 사촌, 성시리, 시묘동 등 13개 동네가 속했다. 면청은 벌촌에 위치해 있었다. 고절면에는 갈치, 서당, 신촌, 개양, 양촌, 음촌, 회산, 진목, 내동, 신기, 금계, 호복, 다산 등 13개 동네가 속했으며, 면청은 서당에 위치해 있었다. 1914년에 보현면과 고절면이 합쳐져서 보절면이 탄생하였다. 이때에 덕과면의 도촌과 은천 마을도 보절면으로 통합되었다. 이렇게 통합된 보절면은 다시 28개의 마을을 서치, 괴양, 진기, 금다, 신파, 황벌, 도룡, 사촌, 성시 등 9개 리로 개편하였고, 면청도 처음에는 황벌에 위치했지만 1930년에 보현과 고절의 중간 지역인 신파리로 옮겼다. 이 개편은 현재에도 그대로 유지되고 있다. 결론적으로, '보절면'은 1914년 4월 1일에 보현방과 고절방이 합쳐져서 탄생한 지명이다. 그 이전에는 '보절'이라는 이름 자체가 없었다. 앞에서 상세하게 각종 지리지와 지도를 살펴보았지만, 보절은 아직 탄생하지 않았던 고장이었다. 하지만 보절은 마침내 보현과 고절이 합쳐져서 탄생했다. 보절의 탄생을 희당喜堂 안재직安在稷, 1900~1961년은 이렇게 축하한다.

◆보절면청 상량문◆

상고하건대, 백성을 가까이하여 다스림에 어찌 구첨具瞻[47]의 위의威儀가 없으리오마는, 경계를 나누고 관직을 설치하니 참으로 방면方面의 책임이 있다. 서적에서 옛것을 고증하면 당주黨州[48]에 서로 비교할 수 있다. 이정里程의 알맞음을 취하고 다시 겸하여 산수山水를 모았으니, 진실로 때에 따라 제도를 만들면 비록 고쳐 짓더라도 그 어찌 불만스럽겠는가?

땅은 거북점이 따를 만큼 적합하고 재물은 힘을 모을 만큼 풍부한 우리 보절寶節은 들판이 트이고 산이 둘러싸여 옛날부터 이름난 지역으로 일컬어졌다. 일은 적고 풍속은 순박하여 아직도 태고太古의 요순시대를 추구한다. 땅은 농사짓기를 즐길 만큼 이로워 곳곳에 뽕나무와 삼이 아홉 지역 사방 십 리에 심어졌고, 사람은 신령한 기운으로 말미암아 걸출하고 집마다 글을 읽어 모든 사람이 입으로 육분六分[49]을 헤아린다.

연혁沿革이 일정치 않음으로 인하여 간고幹蠱[50]의 고뇌를 잉태함이 많고, 관사官舍가 누추할 뿐만 아니라 또한 괴롭게도 위치가 한구석에 치우쳐져 있다. 깊숙이 생각하고 몇 번이나 중가中家의 재산을 안타깝게 여겼으며, 결단하여 용맹하게 나가 마침내 동인同人의 지모에 문의하였다.

좌실左室과 중당中堂, 침실과 부엌과 뒷간과 목욕간이 각각 차례대로 벌려져 있으며, 들보를 올려 얹고 서까래를 내려 드리워 비바람과 좀과 쥐를 영원히 없애고 우뚝 서 있다. 민전緡錢[51] 이만 냥을 대개 일에 앞서 내어 궁하지 아니하였으며, 공사 90일에 마치 사물이 있어 서로 돕는 듯하였다.

이에 연기와 구름은 광채를 더하고 풀과 나무는 기이함을 드러내어 마땅히 다시 새롭게 시행할 것을 생각하니, 어찌 오로지 보고 듣는 아름다움을 위해서 겠는가? 억지로 벽을 다니려는 것은 바로 하는 일의 이루기 어려움을 비유한 것인데, 문을 열어 놓은 듯 밝으니 어찌 실정實情을 살펴 달성하지 못함을 걱정 하겠는가?

나무는 먹줄을 따라 곧고 옥玉은 돌을 받아들여 다듬어졌다. 이에 장석匠石이[52] 다듬은 들보를 들어 올리고 감히 장로張老가 잘 송축한 일로 돕는다.[53]

| 兒郎偉抛梁東 | 아랑위[54] 들보를 동쪽으로 돌리니 |
|---|---|
| 山高上與白雲通 | 산이 높아 위는 흰 구름과 통하네 |
| 願言蓄泄時無失 | 원컨대 물을 비축하고 흘려보냄에 때를 잃지 말지니 |
| 善治從來在歲豐 | 잘 다스림은 예로부터 풍년에 있다네. |

| 抛樑西 | 들보를 서쪽으로 돌리니 |
|---|---|
| 桑麻經雨綠初齊 | 뽕과 삼이 비를 맞아 막 가지런히 푸르구나 |
| 鄒傳五畝論王道 | 추전에서[55] 다섯 이랑으로 왕도를 논하였으니 |
| 好賽蠶神少婦閨 | 젊은 부인은 규방에서 잠신에게 고사드리는 것 좋아하네. |

| 抛樑南 | 들보를 남쪽으로 돌리니 |
|---|---|
| 新波密邇錦溪涵 | 신파리는 금계리와 아주 가까워 잠겼네. |
| 決渠白地能成雨 | 맨땅에 도랑을 트자 비가 내린 듯하니 |
| 擊壤歌中哺可含 | 「격양가」를 부르며 배불리 먹을 수 있네. |

| 抛樑北 | 들보를 북쪽으로 돌리니 |
|---|---|
| 喬木筏邨如舊國 | 벌촌리에 교목이 있어 오래된 나라와 같구나 |
| 封內不須遠近論 | 국내에 모름지기 멀고 가까움을 따질 것 없이 |
| 前塗勉進蠶桑力 | 장래에 누에치기는 일에 힘써 나아가라 |

| 抛樑上 | 들보를 위쪽으로 돌리니 |
|---|---|
| 雲霓何故勞人望 | 구름과 무지개는 어찌하여 애써 사람을 기다리게 하는가 |
| 枯能興勃病因蘇 | 메마른 땅에서 싹이 돋아 병이 이 때문에 나았으니 |
| 早賜甘霖溝恤漲 | 일찍 단비를 내려주어 도랑물이 불었구나. |

| 抛樑下 | 들보를 아래쪽에 돌리니 |
|---|---|
| 粳稻千町勤土化 | 벼를 심은 천 정보町步에[56] 부지런히 토화하네. |
| 燕雀亦知大廈成 | 제비와 참새도 큰집이 완성된 것을 알아 |

雙雙賀語飛來乍　　짝지어 축하 말 건네며 막 날아오는구나.

삼가 바라옵건대 상량한 뒤에 대나무처럼 더부룩하고 소나무처럼 무성하며,[57] 새가 날개를 편 듯하고 꿩이 날아오르는 듯하리라.[58] 벼슬과 학문은 백성과 사직을 맡긴 임무이니 어찌 각각 힘쓰지 않으리오? 동료들이여 형제의 우의를 지키고 서로 도모하려 하지 말지어다. 넓고 또한 새롭지만 어찌 다만 현산峴山의 기문記文[59]보다 아름답겠는가? 뒤이어 지붕을 해 인다면 거의 황주黃州의 죽루竹樓[60]보다 썩지 않을 것이다.

## 寶節面廳上樑文

詳夫近民聽治。郡無具瞻之儀。分疆設官。實有方面之責。圖籍證古。可相參於黨州。道里取中。更兼會於山水。苟隨時以爲制。雖改作其奚嫌。地愜龜從。財羨鳩力。惟我寶節。野開山抱。夙著稱於名區。事簡風淳。尙追蹤於太古。地利樂於耕鑿。處處桑麻九區方十里。人傑由於炳靈。家家絃誦萬口計六分。因沿革之不常。多幹蠱之胎惱。不徒廨宇之湫溢。又病位置之僻隅。淵然長思。幾惜中家之產。決爾勇往。遂詢同人之謀。左室中堂。寢庖圍涸。各得序而森羅。上棟下宇。風雨蟲鼠。永攸除而屹立。緡用二萬。蓋出先事而不窮。功告九旬。怳若有物而相助。於是。煙雲增彩。草木呈奇。當念發施之更新。豈顓眺聽之爲美。强欲行躄。是喻作事之難成。明如開門。何患察情而不達。木從繩直。玉受石攻。茲扛匠石之修樑。敢贊張老之善頌。兒郎偉拋樑東。山高上與白雲通。願言蓄洩時無失。善治從來在歲豐。拋樑西。桑麻經雨綠初齊。鄒傳五畝論王道。好賽靈神少婦閨。拋樑南。新波密邇錦溪涵。決渠白地能成雨。擊壤歌中哺可含。拋樑北。喬木筏邨如舊國。封內不須遠近論。前塗勉進蠶桑力。拋樑上。雲覽何故勞人望。枯能興勃病因蘇。早賜甘霖溝恤漲。拋樑下。稉稻千町勤土化。燕雀亦知大廈成。雙雙賀語飛來乍。伏願上樑之後。竹苞松茂。鳥革翬飛。[62]仕學寄民社之任。盍各勉矣。僚友守兄弟之誼。無相猶哉。廣而又新。奚獨美於峴山之記。嗣而能茸。庶不朽於黃州之樓.[63]

「상량문」은 보절을 중국의 여느 지역에 못지않게 아름답고 풍요로운 고장이라고 자랑하고 있다. 이 자랑이 빈말이 아님은, 아홉 리가 하나가 되어 탄생한 보절이 한 몸으로 성장하는 모습을 묘사한 안재직의 노래에서 분명하게 확인된다. 다음과 같다.

　보절면 관민을 대신하여
　병풍에 경죽헌 안병용 공의 업적을 기리며 짓다
　代寶節官民屛頌鏡竹軒安公秉鎔業績之作

書峙砂防工事　　　서치리의 사방댐 공사 [64]

田墾川開水澤滋　　밭이 개간되고 시내가 개설되며 연못이 윤택하니

一防沙弊百般宜　　한 번에 모래의 폐해를 막아 모든 것이 마땅하네.

昔時童禿今岑蔚　　옛날의 민둥산이 지금은 울창해졌으니

不沫餘芬草木知　　선생이 남긴 덕행을 초목이 알겠구나.

槐陽共濟組合　　　괴양리 공제 조합 [65]

同井相扶三代規　　정전井田을 같이하면 서로 돕는 것이 삼대의 규약인데

永導奚但十年期　　영원히 인도할 것이지 어찌 십 년만을 기약하는가?

頓忘剜肉醫瘡苦　　문득 살 도려내는 걸 잊고 부스럼의 고통을 고쳤으니

莫使夷中浪作詩　　섭이중으로 하여금 부질없이 시를 짓게 하지 말라. [66]

眞基振興部落　　　진기리는 진흥 부락

振風興俗此爲倡　　풍속을 진흥시켜 이렇게 창도하였으니

焚溺曾施普度航　　도탄에 빠진 것을 베풀어 널리 제도하였네.

隱暎桑麻茅脊潤　　은은히 뽕나무와 삼에 비추고 띳집의 등마루가 윤택한데

百家鷄犬自徜徉　　집마다 닭과 개가 절로 노니네.

錦茶面有山林　　　금다리 앞의 산림 [67]

優可勝材劣可燃　　재목으로 쓸 것은 넉넉하고 땔감 나무는 적으니

千章鬱鬱碧參天　　천 그루 나무 울창하여 푸른빛이 하늘을 찌르네.

如今利用知源否　　지금처럼 이롭게 쓰이는 근원을 알까?

爲是明幾早得權　　이렇게 기미에 밝았기에 일찍 권리를 얻었네.

新波官署建築　　　신파리에 관청을 짓다

行政相資軌法成　　행정을 서로 도와 법도를 이루었는데

就中先務育群英　　그중에 먼저 힘쓴 것은 뭇 영재를 교육한 것이라.

告功第次民無與　　준공을 고하는 차례에 백성이 참여하지 않으니

慶抃還同燕賀情　　경하하고 박수 치는 것이 연하의 정과 같네. [68]

黃筏機業組合　　　황벌리 기업 조합 [69] [70]

婦懶無須絡緯呼　　아낙네 게으르다고 베짱이를 부를 필요 없으니

同紅巧拙易成模　　길쌈질과 똑같아 익숙하건 서룰건 쉽게 모양을 이루네.

願將機業機中錦　　장차 기계로 짜는 베를 속의 비단에

繡出環區耕織圖　　우리나라의 밭 갈고 길쌈하는 그림 수놓길 바라네.

道龍水利組合　　　도룡리의 수리 조합

民忘其勞在率先　　백성이 그 수고로움을 잊음은 솔선수범에 있는데

虹堤驚看鶩從天[71]　언홍제에서 놀라 바라보니 하늘로부터 말 타고 오네.

富公活命鄭渠利[72][73]　부공은 목숨을 살리려 정거를 이롭게 하였으니

肯讓千秋獨美前　　천추를 양보한들 아름다움을 독차지하려고 하겠는가?


沙村綿桑集團　　사촌리의 목화와 뽕나무 집단

木綿如雪桑如烟　　목화는 눈과 같고 뽕나무는 아지랑이와 같으니

犖确千疇繡壤遷　　천 이랑의 자갈밭에 수놓은 땅을 옮긴 듯하네.

蔀屋不惟老衣帛　　오두막의 노인이 비단을 입었을 뿐만 아니니

聲光一省客筇聯　　명성을 한번 살핌에 나그네 지팡이가 연달아 이어지네.


城侍道路交通　　성시리의 도로를 개통하다

破荒從此錯蹄輪　　거친 길을 닦은 뒤로부터 말과 수레가 뒤섞이니

南北頌聲載路新　　남북의 칭송 소리가 새 도로에 가득하네.

矢直砥平追所履　　화살처럼 곧고 숫돌처럼 평평하게 실천한 바를 추억하니

滿腔利物總由仁　　가슴 가득한 이로운 물건은 모두 사랑에서 비롯되었네.


官民一同紀念　　관민 모두가 기념하다

九里丹青十幅屛　　9리의 단청과 10폭의 병풍

敢云芳績七分形　　감히 꽃다운 공적과 초상화 모형이라 말할 수 있네.

同心聊表公堂祝　　마음을 같이 하여 애오라지 공당에 축하를 표하고

萬壽稱觥耀福星[74][75]　만수무강의 술잔을 드니 복성이 빛나네.


　　이 노래는 보절의 탄생과 성장에 큰 공로를 세운 경죽헌鏡竹軒 안병용安秉鎔의 업적을 기리는 시다. 안병용은 1910년부터 1936년까지 보절 면장을 역임하면서 보절의 현재 모습을 만든 기획자이자 실천가였다. 시는 보절의 현재 모습이 어떻게 만들어졌는지 묘사하는데, 서치에서 성시리로 이어지는 신작로, 서치리의 방죽, 금다리의 산림조성, 신파리에 보절면청 괴양리에 공제조합, 도룡리에 수리조합 등이 이 시기에 만들어졌다. 보충하자면 서치에서 성시까지 이르는 신작로 위쪽인 천황봉 방향으로 서당골방죽, 호복동방죽, 안래산방죽, 신흥방죽, 똘촌방죽이 이 시기에 만들어졌고, 그 사이에 논과 밭이 정리되었으며, 아울러 뽕밭도 만들어졌으며, 그 뽕밭 옆으로 사촌, 황벌, 파동, 신흥 등지에 누에를 치는 잠실蠶室들이 지어졌다. 보절의 청년들이 남원, 전주, 서울 등지로 나아가 공부해서 나라의 꽃심들로 자라날 수 있었던 것 역시 이 시기에 만들어진 방죽들과 정리된 논밭과 새로 조성된 뽕밭 덕분이었다. 천황봉이 자신이 내려보낸 물을 지켜주는 다섯 방죽과 남에서 북으로 뻗은 신작로를 내려 보게 된 것도 바로 이때부터다. 이 신작로는 남원식정에서 출발하여 갈치고개를 넘어 불무고개에서 잠시 쉬었다가 차

독고개를 넘고 고실고개에 이른다. 다시 주장고개를 지나 후유고개원래는 희우喜雨에서 잠시 '휴우'하고 한숨을 돌리고 길을 나서 범실고개를 넘으면 산서면 봉서리까지 이어지는 구불구불, 오르락내리락 옛날 길 40리를 반듯하게 펴서 만든 길이다. 이것이 남원에서 산서로 이어지는 지금의 지방도 721호선의 바탕이 되었다. 결론적으로, 다섯 방죽과 신작로는 보절과 보절 사람들을 하나의 생활 공동체community로 만들어 주었다고 할 수 있다. 물론 이 일은 어찌 보면 면장 안병용 혼자만의 힘으로는 가능하지 않았을 것이고 보절 사람들이 하나가 되어 서로 협력하고 협동했기 때문에 가능했을 것이다. 안병용이 면장으로 재직하던 시기인 1922년에 보절 소학교 논의를 시작하여 1923년 9월 1일에 개교하였다. 학교는 보절과 보절 사람들을 하나의 생활 공동체로 묶어주는 중요한 제도라는 점에서, '거령', '보현', '고절'이 아니라 '보절', '보절 사람'이라는 정체성identity도 바로 이 시기부터 형성되었다고 할 수 있다.

## 미주

1   남원문화원에서 1995년에 출판한《용성지》의 번역에는 '敎'로 표기되어 있다.《용성지》의 본문은 깨어져 있어, 판독이 어렵다. 하지만《고려사》에는 '校'로 표기되어 있다. 이에 따라서《고려사》를 근거로 '校'로 표기한다.

2   《고려사》, 21쪽, 원문은 561쪽.

3   장계, 적성, 거령, 구고, 장수, 운봉, 구례가 7개의 속현에 속했다.

4   논문에는 '보룡리'로 되어 있으나 이 글에서는 '도룡리'로 교정하였다.

5   논문에는 '몰무덤'으로 되어 있으나 '말무덤'이 올바른 표기일 것이다.

6   곽장근,〈전북 동부지역의 제철유적 현황과 그 시론〉,《건지인문학》27집, 2020. 23~52쪽.

7   곽장근, 위의 논문, 35쪽.

8   이동희,《전남 동부지역 복합사회 형성과정의 고고학적 연구》, 성균관대학교 박사학위논문, 2005, 178~232쪽.

9   이 시는 보절면지의 출판을 축하하기 위해서 시인 소재호가 지은 것이다.

10   김병남,〈부흥백제국의 피성 천도와 배경과 결과〉,《백제학보》27호, 2019, 5-26쪽.

11   혹자는 사평성을 순천으로 비정하기도 한다. 참조, 김근영,〈백제의 논산 지역과 동방성〉,《한국고대사연구》90호, 2018, 45~83쪽. 김병남은 위의 논문에서 임실군 신평면으로 제안한다.

12   김근영, 위의 논문, 45~83쪽.

13   《삼국사기》,〈백제본기〉, 제6권 의자왕편 660~ 662년.

14   이재석,〈백촌강 전투의 史的 의의〉, 한국민족문화 57, 2015, 145~174쪽.

15   이재석, 위의 논문.

16   김병남, 위의 논문.

17   《삼국사기》,〈본기〉27권 위덕왕.

18   권오영 외,〈삼국 시대 성곽축조 기술에 반영된 겨레 과학기술 원리〉, 국립중앙과학관, 2012.

19   견훤왕은 처음에는 자신을 왕으로 지칭하지 않았고, 900년에 이르러 국호를 후백제라 칭하고 자신을 왕으로 호칭하였다.

20   이 기와가 한성 백제의 양식으로 제작되었으며, 그 제작 시기가 아무리 늦어도 6세기일 것이라고 판정해준 서울대 권오영 교수에게 진심으로 감사드린다.

21   이 글자들이 "郡西'일 가능성이 있다고 조심스럽게 판독을 해준 인하대학교 중국어문연구소의 염정삼 교수에게 진심으로 감사드린다.

22   이 사진을 제공해 준 보절중학교 12회 염철주 선생님께 진심으로 감사드린다.

23   이 돌을 찾아 준 보절중학교 9회 박문수 선생님께 감사드린다.

24   이 흔적을 찾아내기 위해서 소나무 위로 올라가 위험을 무릅쓰고 사진을 촬영해준 보절중학교 9회 김성태 님과 바람바위가 있는 곳까지 낫으로 길을 내어주고 찾아주신 돌촌 마을의 정한수 님께도 감사의 마음을 표한다.

25   이 자리를 빌려 힘들고 어려운 산행과 발굴 여행에 참여하여 사진을 촬영해주고, 곳곳에 남아 있는 산성의 흔적을 찾아준 보사노바 회원들에게 감사의 뜻을 표한다. 특히, 사진을 제공해준 최미숙 보절중학교 총동문회 홍보국장님에게 진심으로 감사드린다.

26   소중한 사진 자료를 제공해준 보절중학교 12회 염철주 동문에게 진심으로 감사를 드린다.

27   참고. HTTPS://NEWS.V.DAUM.NET/V/20200720142101390. 2020년 7월 24일.

28   거물성 현장을 직접 답사하고 이와 같은 의견을 주신 LH토지주택박물관 심광주 관장님께 진심으로 감사드린다.

29   이 토기의 제작 방식이 백제의 그것이며, 그 제작 시기를 마찬가지로 늦어도 6세기 이전으로 판정

해준 서울대 고고학과 김종일 교수에게 진심으로 감사드린다.

30  곽장근, 위의 논문, 23~52쪽.

31  이상균, 박현수, 정지욱, 《남원 도요지 지표조사 보고서》, 〈남원지역의 도요지: 보절면 사촌리 사기점〉, 47~48쪽.

32  선캄브리아기는 지구의 탄생부터 현재까지의 시기를 구분할 때 구분에서 가장 처음에 나오는 기간으로 지금으로부터 약 46억 년 전부터 5.42억 년 전(기원전 46억 년~기원전 5억 4200만 년)까지에 해당하는 기간이다. 전체 지구 나이의 약 88.2%의 비율을 선 캄브리아 시대가 차지하고 있다.

33  선상지(扇狀地, ALLUVIAL FANS)는 강에 의해 운반된 자갈이나 모래가 퇴적되어 만들어진 부채 모양의 지형이다. 유속이 느려지면서 물에 의해 운반되는 고체 물질은 가라앉고, 점점 부채 모양의 지형이 만들어진다. 대부분 거친 자갈층이어서 물이 땅 표면으로 흐르지 못하고 지하로 스며들기 쉽다. 선상지가 시작되는 부분에서는 물이 땅 표면으로 흐르지만, 가운데 부분에서는 땅 속으로 흐른다. 선상지가 끝나는 곳은 땅 속으로 흐르던 물이 솟아올라(용천) 땅 표면으로 하천이 흐른다. 이러한 특성 때문에 선상지가 시작되는 부분(선정)과 끝나는 부분(선단)에서는 물이 많이 필요한 벼농사를 주로 짓고 선상지의 가운데 부분(선앙)에서는 밭농사를 주로 짓는다. 신기 조산대 주변이나 건조 지역의 단층대 사면에 주로 발달한다.

34  하천의 침식 작용을 받아 평지에 골짜기가 파이는 현상을 말한다. 지금은 수몰되었지만, 예전의 용등폭포가 전형적인 개석곡지 현상으로 생겨난 폭포이다.

35  성춘자·한윤희, 《남원·임실 지역의 지형경관》, 1999, 22쪽.(HTTP://WEBBOOK.ME.GO.KR/DLI-FILE/PDF).

36  성춘자·한윤희, 위의 보고서, 47쪽.

37  이 전설을 전해준 덕과면 덕우리 이장 신병용 선생에게 감사의 뜻을 표한다.

38  《빙하 이후: 수렵채집에서 농경으로》, 스티븐 마이든 지음, 성춘택 옮김, 사회평론아카데미, 2019, 28~38쪽.

39  송현수, 《남원도요지 실태조사에 관한 연구: 만복사지 도요지를 중심으로》, 서남대학교 대학원 석사논문, 2017.

40  이에 대해서는 계명대학교의 박성현 교수가 소중한 자문을 주었다. 이에 대해서 감사의 뜻을 표한다.

41  박해현, 〈박해현의 다시 쓰는 전라도 고대사: 14. 고유의 정체성을 확립한 마한 남부 연맹과 백제〉 上, 《무등일보》, 2018년 2월 13일 컬럼.

42  곽장근, 위의 논문.

43  《용성지》, 39쪽.

44  《용성지》, 38쪽.

45  《용성지》, 257쪽.

46  《지봉집(芝峯集)》.

47  구첨(具瞻): 모두가 쳐다보는 자리라는 뜻으로, 재상(宰相)을 뜻한다..

48  당주(黨州): 행정단위로, 당(黨)은 500가(家), 주(州)는 2500가(家)를 말한다.

49  육분(六分): 여섯 가지 직분(職分)/… 즉 임금〔君〕·신하〔臣〕·부모〔父〕·자식〔子〕·남편〔夫〕·아내〔婦〕 등 각자가 마땅히 해야 할 본분을 말한다.

50  간고(幹蠱): 간부지고(幹父之蠱)의 준말로, 아들이 아버지를 계승하여 이루지 못한 사업을 완수함을 말한다. 《주역(周易)》 〈고괘(蠱卦)〉에, '초육(初六)은 아버지의 일을 주관함이니, 자식이 있으면 돌아간 아버지가 허물이 없게 된다' 하였다.

51  민전(緡錢): 꿰미에 꿴 엽전.

52 장석(匠石): 초(楚)나라의 손재주가 뛰어난 장인의 이름으로, 훌륭한 목수를 의미한다.《장자》〈서무귀(徐无鬼)〉에 "영(郢) 땅의 어떤 사람이 코끝에 백토(白土)를 파리 날개처럼 묻혀 놓고 장석(匠石)을 시켜 그것을 깎아내게 하였다. 장석이 바람을 일으키며 도끼를 마음대로 휘둘러 백토를 다 깎아내었는데도 코를 다치게 하지 않았고, 그 사람 역시 조금도 동요하지 않고 그대로 서 있었다.'라고 하였다.

53 장로(張老)가 잘 송축한 일: 춘추시대 진(晉)나라 헌문자(獻文子)가 주택을 신축하여 준공하자 대부들이 가서 축하하였는데, 이때 장로가 말하기를 '규모가 크고 화려하여 아름답도다. 제사 때에도 여기에서 음악을 연주하고, 상사 때에도 여기에서 곡읍을 하고, 연회 때에도 여기에서 국빈과 종족을 모아 즐기리로다'라고 하니, 헌문자가 장로의 말을 되풀이하여 그렇게 되기를 바란다면서 두 번 절하고 머리를 조아리자, 군자들이 축사와 답사를 잘했다고 칭찬한 고사가 전한다.

54 아랑위(兒郎偉): 대들보를 올릴 때 여러 사람이 힘을 모아 '어영차' 하는 소리를 나타내는 의성어이다. 일설에 젊은 사람을 뜻하는 아랑(兒郎)의 복수형으로, 상량문에서 도목수(都木手)가 장인(匠人)들을 싸잡아 부를 때 상투적으로 쓰는 표현이라고도 한다.

55 추전(鄒傳):《맹자(孟子)》의 별칭이다. 맹자가 추(鄒) 땅 사람이기 때문에 이렇게 부른다.

56 토화(土化): 토지의 질을 개량시킴.

57 대나무처럼…무성하며:《시경(詩經)》소아(小雅) 사간편(斯干篇)에, '대나무처럼 더부룩하고 소나무처럼 무성하다[如竹苞矣 如松茂矣]'라 하였는데, 장수를 축원하는 의미를 담고 있다.

58 새가…듯하리라:《시경》소아(小雅) 사간(斯干)에 '조혁휘비(鳥革翬飛)'라는 말이 나온다. 공중에 우뚝 선 건물의 모양은 마치 새가 깜짝 놀라서 날개를 펴는 듯하고, 화려하게 장식된 추녀는 마치 꿩이 날아오르는 것 같다는 뜻으로, 웅장하고 화려한 건축물을 비유하는 말이다.

59 현산(峴山)의 기문(記文): 진나라 때 양호가 양양(襄陽)을 다스리면서 항상 인정(仁政)을 베풀었기에 그가 죽자 백성들이 사모하는 마음으로 현산(峴山)에 비석을 세웠는데, 그 비석을 보는 사람들이 모두 눈물을 흘렸다 하여 타루비(墮淚碑)라고 불렸다.

60 황주(黃州)의 죽루(竹樓): 송(宋) 나라 왕우칭(王禹偁)이 황주 지사(黃州知事)가 되어 그곳 성첩(城堞)의 퇴락을 보고 위에 주청하여 개수하고 죽루(竹樓)를 짓고서 〈황주죽루기(黃州竹樓記)〉를 지었다.

61 邞(나): 那의 이형자.

62 翬: 원문에는 '翬(훈)'으로 표기되어 있는데, '翬(휘)'의 오자이다.

63 《희당집》, 貞 四十三 쪽.

64 서치리(書峙里): 보절면 면소재지에서 남쪽 방향으로 4㎞ 지점에 위치한 마을로, 동쪽은 산동면, 서쪽은 사매면, 남쪽은 남원시 갈치동, 북쪽은 괴양리와 인접하고 있다.

65 괴양리(槐陽里): 보절면 면소재지에서 남쪽으로 3.5㎞ 떨어져 있고 보절면의 계룡산 줄기를 타고 내려온 산 아래에 위치하며 개신마을, 양촌마을, 음촌마을로 구성되어 있다.

66 섭이중으로…마라: 섭이중(聶夷中)은 당나라 하동(河東) 사람으로 농가의 간난신고를 핍진하게 표현한 시를 주로 썼다. 그가 지은 상전가(傷田家) 시에 "이월에 새 고치실을 미리 팔고 오월이면 새 곡식 미리 팔아서, 우선 눈앞의 부스럼은 고치지만 도리어 심장의 살을 도려내누나. 나는 바라건대 우리 임금님 마음이 밝게 비추는 촛불로 변화하사, 화려한 잔치 자리를 비추지 말고 사방에 유랑할 집들을 두루 비춰 줬으면.[二月賣新絲 五月糶新穀 醫得眼前瘡 剜却心頭肉 我願君王心 化作光明燭 不照綺羅筵 徧照逃亡屋]'이라고 하였다.

67 금다리(錦茶里): 보절면 면소재지에서 남동 방향 2㎞ 지점에 위치하고 있으며, 남쪽으로는 신기와 연접한다.

68 연하(燕賀):《회남자(淮南子)》〈설림훈(說林訓)〉에 "목욕할 채비가 갖추어지면 이들이 서로 슬퍼하고, 큰 집이 이루어지면 제비와 참새들이 서로 축하한다.[湯沐具而蟣蝨相弔 大厦成而燕雀

相賀]'라고 한 데서 온 말로, 본디 제비와 참새가 사람의 집을 자기들의 깃들 곳으로 삼아 서로 축하한다는 뜻에서, 흔히 남이 새로 집을 지은 것을 축하하는 말로 쓰이며, 또는 일반적인 축하의 뜻으로도 쓰인다.

69  황벌리(黃筏里): 보절면 소재지에서 북쪽 방향 2㎞ 지점에 위치하며, 서쪽으로 남원시 덕과면과 경계를 이루고 있다.

70  기업(機業): 틀을 써서 피륙을 짜는 사업.

71  언홍제(偃虹堤): 동정호(洞庭湖)에 쌓은 방조제(防潮堤)의 이름인데, 송(宋) 나라 구양수(歐陽脩)의 '언홍제기(偃虹隄記)'가 전해진다.

72  부공(富公): 북송의 명재상인 부필(富弼, 1004~1083년)을 말한다.

73  정거(鄭渠): 도랑을 말함. 전국 시대 한(韓) 나라의 수공(水工) 정국(鄭國)이 진(秦) 나라를 위하여 경수(涇水)를 파서 중산(中山)에서 서쪽으로 호구(瓠口)까지 도랑을 내어 농지에 물을 대었으므로 이렇게 칭하는 것이다.

74  《희당집》, 元 六十三 쪽.

75  복성(福星): 원래는 목성(木星)이 세성(歲星)으로서 복을 주관한다고 하여 목성의 대칭으로 쓰임.

제 3장 보절의 마을

水 : 물과 천을 뜻하며 물이 있는 곳에 마을이 들어서므로 보절 이야기에서는 마을 이야기를 아우른다 .

●
●

마디마디에서 울려 퍼지는
소리를 하나로 모아서
전하는 바람의 노래가
들려오면 바람이 전하는
'보절'이라는 제목의 교향곡을
듣게 될 것이다..

보절! 보절은 새로이 만들어진 지명이다. 사람들은 '보절'을 새롭게 해석하고 가슴에 품기 시작했다. 천황봉에서 흘러나온 물길이 적시는 12평파坪波가 굽이쳐 펼쳐진 들판의 마디마디節에 달아놓은 보배寶가 '보절'이라고 말이다. 그 보배는 천황봉의 마디마디로부터 흘러내려 와서 거사물 들판을 굽이쳐 돌아가는 물길마다 자리 잡은 마을들이다. 천황봉의 마디마디를 가르는 물길은 사촌의 '앞깔창과 뒷깔창', 시묘동의 '새길천', 용동과 황벌의 '도룡천', 신동의 '신동천', 신흥의 '신흥천', 다산의 '다산천', 진기의 '진기천', 갑산들의 '갑산천', 금계의 '모종천', 괴양의 '괴양천'과 '도척굴천', 음촌의 '음촌천', 서당의 '구라천', 성시의 '성낙천', 외황의 '장구멍천', 내황의 '복삼천', 문줄골의 '문줄천', 양선의 '양선천', 산수동에 발원하는 '자포실천', 쟁기날골의 '쟁기날천', 양촌의 '개양천', 개신의 '개신천' 등이다. 이 물길이 천황봉의 보배인 마을을 키워주는 젓줄이자 지켜주는 방패이다. 물길 따라 마을이 생기고 커져서 생겨난 보배는 보절면의 관할 아래에서 9개의 리로 편성된 마을 40여 개이다. 서치리, 괴양리, 진기리, 금다리, 신파리, 황벌리, 도룡리, 사촌리, 성시리가 보배들의 작은 이름인데, 이 보배들을 한 번 구경해 보기를 권한다. 천황봉의 마디마디에 펼쳐져 있는 보배로운 마을에 숨어 있는 곳의 작은 지명은 이 나라 이 강토 대한민국의 방방곡곡 구석구석에 있는 작은 계곡, 가느다란 길, 얕은 도랑, 조그만 바위, 넓은 들판도 모두 제 이름을 가지고 있었고, 작은 곳에도 삶의 흔적이 배어 있음을 잘 보여준다. 그 이름이 그냥 이름으로만 있는 것이 아니고 자기 나름의 독자적인 공간을 가지고 있음을 확인할 수 있다. 작은 도랑 하나도 옆 도랑과는 다른 의미의 세계를 가지고 있고, 이렇게 나뉜 공간은 각기 자기만의 경계와 자기만의 숨결을 가지고 있다는 점도 느낄 수 있다. 찾아가 보면 느낄 것이다. 마디마디에 제 이름을 가지고 있는 공간은 고유의 온도와 촉감과 향기와 색깔과 소리를 가지고 있음을 말이다. 혹시나 느끼지 못하겠다면, 그 공간의 내력을 전하는 이름에서 실마리를 얻어도 좋다. 사람들이 괜히 그런 이름을 붙인 것이 아니기 때문이다. 몸을 풀고 마음을 열고, 맡아보고 들어보고, 만져보며 살펴보면 각자의 공간에서 옛사람들의 흔적을 느낄 것이다. 어려서 그곳에서 놀다가 혹은 학교에 가기 위해 늘 지나가다 뭔가를 느꼈지만 그게 무엇인지는 몰랐을, 하지만 분명히 느꼈던 몸의 기억도 불러낼 것이다. 그러다가 문득 내 몸에 보절이 알알이 배겨 있고, 내가 보절이라는 사실을 알아차릴 것이다. 더 욕심을 낸다면, 마디마디를 아울러서 전체로 느껴볼 것을 권한다. 마디마디에서

울려 퍼지는 소리를 하나로 모아서 전하는 바람의 노래가 들려오면 바람이 전하는 '보절'이라는 제목의 교향곡을 듣게 될 것이다. 마디마디에서 퍼져 나오는 색깔과 빛깔의 향연도 '보절' 교향곡에 못지않다. 봄이든 가을이든, 눈물이 나도록 아름답고 포근한, 때로는 서글프고 그리운 보절의 풍경을 가슴에 담게 될 것이다. 이런 느낌이 각자이지만 때로는 함께하는 보절의 마디마디가 만들어내는 인상이다. 그 인상을 누구나 하나쯤은 가지고 있다. 이런 의미에서 보절은 하나가 아니고 수백 적어도 수천, 아니 수만이다. 우리를 때로는 가슴 시리게 하고 때로는 가슴 설레게 하는 이런 보절을 꿋꿋이 지키는 사람들이 있다. 또한 아주 멀리 나라 밖에서 보절을 찾아와 보배로운 마을을 지키고 있는 사람들이 있다. 보절을 지켜주는 그들에게 감사의 마음을 한 번쯤은 가져주길 권한다.

역사적으로 보절의 마을을 현재의 모습으로 만든 결정적인 계기는 6·25 전쟁과 새마을 운동이었다. 이 장에서는 새마을 운동이 보절의 마을을 어떻게 바꾸어 놓았는지 소개하고, 이어서 6·25 전쟁이 남긴 슬픈 역사와 참상을 이야기하겠다. 6·25 전쟁을 통해서 보절이 어떻게 미국의 영향권 아래에 들어갔는지 살필 수 있을 것이다. 새마을 운동과 관련해서는 당시의 기억과 추억을 불러오는 데 도움이 될 수 있는 사진 자료를 함께 실어 두었다. 마을의 옛날 모습을 담고 있는 사진과 지금의 사진을 비교해보는 것도 소소한 즐거움이 될 것이다. 아울러 마을의 옛날 사진 속에 담겨 있는 얼굴이 누구인지 추적해보는 것도 잔잔한 재미를 줄 것이다. 사진은 보절의 변화 과정에 대해서 많은 이야기를 해준다. 1970년대에 본격적으로 시행된 '새마을 운동'으로 초가집이 기와집으로 바뀌고, 마을길이 넓어지고, '또랑'이 하천으로 커지며, 버스가 처음 다니고, 전기가 들어오면서 텔레비전이 들어오자 서울의 풍속과 유행이 함께 흘러들어오는 모습도 살필 수 있을 것이다. 전통 혼례식이 신식 '웨딩wedding' 방식으로 바뀌는 장면도 눈길을 끌 것이다. 아울러 보절을 벗어나 가까이는 남원의 광한루로 멀리는 여수 오동도로 놀러가서 찍은 사진은 보절에 경제적인 여유가 생겼음을 보여주는데, 특히 보절의 여인들이 보절을 벗어나 멀리 가기 시작한 것도 이때부터라는 점을 알려준다. 그럼에도 보절 사람들이 전통을 지키는 일에는 보수적이라는 점도 파악할 수 있

다. 하얀 한복을 단아하게 차려입은 보절의 여인들을 담은 사진을 꼭 찾아보길 바란다.[1]

아쉽게도 보배와 절의가 숨어 있는 보절의 마을들은 난개발로 몸살을 앓고 있다. 물론 현지 마을에 살고 있는 사람들의 경제적인 기대를 무시할 수는 없지만, 산 높고 물 맑은 청정지역 보절 마을의 지속 가능한 발전을 위해서는 무분별한 개발은 지양해야 한다. 특히 만행산과 거령산과 계룡산의 산기슭 전체가 태양광 시설로 둘러싸이고 있는데, 이는 여러 면에서 문제가 많다. 우선 산의 나무를 무분별하게 벌목함으로써 산 아래의 저수지와 논이 그 기능을 상실하고 있다. 다음으로, 산과 마을의 풍광을 심하게 해치고 있다. 이어서 태양광의 판넬을 세척하는 화학제가 농약보다 해로운 물질을 포함하고 있어서 주민의 건강을 위협한다. 마지막으로, 태양광 시설 아래에 있는 조상의 산소가 무너지고 있고, 시설 위에 있는 산소도 무분별한 태양광 시설의 난립으로 말미암아 흘러내리는 중이다. 물론 태양광 시설의 설치를 근본적으로 반대하는 것은 아니다. 하지만 지나친 난개발은 앞에서 열거한 문제점을 일으킨다. 결정적으로 보절의 산과 마을에 설치된 태양광에서 발생하는 이익이 보절의 주민에게 환원되거나 분배되는 것도 결코 아니다. 모두 외지 사람들의 몫으로 돌아가는 것도 큰 문제이다. 지대의 소유권은 그들에게 있지만, 태양광을 통해서 만드는 전기는 보절의 중요한 자원인 물과 바람, 보절을 비추는 햇빛으로 만들어지기 때문이다. 물과 바람과 햇빛은 보절의 것임을 분명하게 주장하는 바이다. 이런 이유에서 태양광 시설은 보절에 사는 사람들과 협의와 동의 아래 하에 설치되어야 한다. 지수화풍은 만인의 공유재이기 때문이다. 땅 자체를 지대 소유주가 만든 것은 결코 아니라는 점을 분명하게 밝혀둔다. 결론적으로 보절의 개발은 일차적으로 지속 가능한 것이 되어야 하고 장기적인 관점을 최우선으로 고려해야 한다. 보절 마을에 사는 사람의 가장 기본적인 삶의 바탕은 농사이다. 그런데 옛날이나 지금이나 만사의 근원인 농사를 망치는 태양광 시설을 산 아래, 그것도 보절과 남원의 성스러운 산이자 주요 대간인 만행산과 거령산에 무분별하게 설치하는 것은 그만두어야 한다.

# 1. 서치리<sup>書峙里</sup>

서치리는 1914년 행정구역을 개편할 때에 서당<sup>書堂</sup>마을과 갈치<sup>葛峙</sup>마을을 합쳤다. 서치리라는 지명은 서당<sup>書堂</sup>에서 '서<sup>書</sup>'와 갈치<sup>葛峙</sup>에서 '치<sup>峙</sup>'를 한 글자씩 합쳐 생겨났다. 서당과 갈치 일대의 지역은 본래 고절면에 속한 지역이었으나, 두 마을이 서치리로 통합되면서 보절면에 편입되었다. 1995년 1월 1일 남원시·군이 통합되어 남원시 보절면 서치리가 되었다. 갈치마을은 부흥<sup>復興</sup>으로 개칭하였다. 현재 서치리에는 '서당'과 '부흥' 등 2개 마을이 있다. 서치리는 보절의 남부지역에 위치하며 만행지맥의 약산<sup>藥山</sup>을 배경으로 하고 있다.

## 1_1. 칡뿌리 효자의 전설에서 유래된 갈치마을 부흥

부흥은 보절면 소재지<sup>상신마을</sup>로부터 남쪽방향 4km 지점에 위치한다. 부흥은 남원시 식정동 갈치삼거리에서 지방도 721호선<sup>보절~산서, 보산로</sup>을 따라 남원시 갈치동의 하갈치, 중갈치, 상갈치 앞을 지나 갈치고개를 넘어오면 만나게 되는 보절면의 첫 동네이다. 부흥마을 앞에 있는 오래된 소나무 숲과 고인의 묘<sup>墓</sup>가 어우러져서 마을을 찾는 사람의 눈길을 사로잡는다. 마을 뒤의 '매봉'과 '두우봉<sup>頭牛峰</sup>'은 약산<sup>藥山</sup>의 정상에서 서진하며 마을을 감싸 안아, 마을을 찾는 사람을 포근하게 품어준다. 두우봉 서쪽 기슭에는 '복치혈<sup>伏雉血</sup>' 명당과 '사두혈<sup>蛇頭血</sup>'이 있다. 복숭아 과수원과 마을이 자리를 잡고 있다. 매봉과 두우봉 골짜기 사이에 쇠도둑골이 있고, 그 아래에는 옹기점 터가 있었다. '두우봉'은 남진하면서 남원시 갈치동 '하갈치', '중갈치', '상갈치' 세 마을의 배산<sup>背山</sup>인 '청룡산<sup>靑龍山</sup>'을 이루고 '청룡산' 너머 동쪽사면 산동면에는 고찰<sup>古刹</sup> '백련암'과 '청룡사<sup>靑龍寺</sup>'가 있다. 또한 '두우봉'은 서진하여 한 갈래는 천마산<sup>天馬山, 일명 고산봉古山峰</sup>으로 분기하며 남원의 주산<sup>主山</sup>인 백공산<sup>白工山</sup>과 객산<sup>客山</sup>인 교룡산<sup>蛟龍山</sup>으로 이어진다. 다른 한 갈래는 보절 쪽으로 서진하다가 북쪽으로 틀면서 '에끼재<sup>肩峙</sup>'와 '체기산', '호인치', '정고개재'를 거쳐 계룡산으로 이어진다. 다시 계룡산의 날은 사매면과 경계를 이루면서 땅재와 머개고개을 거쳐 사매면<sup>巳梅面</sup> 오신리<sup>梧新里</sup>에서 마감한다.

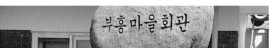

부흥마을 사람들

마을 북쪽으로는 서당마을로 넘어가는 '목넘이들'에서 서쪽으로 길게 뻗어 마을의 안산<sup>案山</sup>을 이루며 마을 뒤에는 '벽무간', '작살들', '다래방들' 등의 농경지가 있다. 남쪽으로는 도로에 인접한 목재소가 위치하며, 그 뒤로는 채석장이 개발되고 있다. 마을 앞동산의 회관과 정자가 소나무 숲과 어우러져 경관이 수려하며 마을 앞 도로가의 묘동은 계족혈<sup>鷄足血</sup> 명당으로 마을이 온통 명당 터이다. 마을 앞 도로 건너편에는 '칠송들'이 전개되어 있고 광주 안씨 열녀·효자비각이 있어 예스럽다. 고을 원님이 이곳을 다녀간 뒤 안씨 형제가 기념으

하늘에서 바라 본 부흥마을

로 심었다는 일곱 그루의 소나무에서 비롯된 '칠송정'은 해방 이후 벌목으로 소나무가 없어져 아쉬움을 남긴다. 옛날에는 '칠송들' 위로 정씨鄭氏들이 사는 마을과 주막이 있었다는데, 해방 이후에 없어진 듯하다고 마을 이장은 기억을 더듬는다. 체기산遞箕山 북서쪽에 위치한 '에끼재'는 마을 앞 도로가 개통되기 전까지는 관로官路 역할을 하였으며 주로 보절 남부사람들이 5일만에 서는 남원장南原場을 다니던 교통로였고 보절 유림儒林은 물론 장수군 산서면, 임실군 지사면 유림이 남원향교를 출입하던 교통로로서도 큰 역할을 하였다.

앞서 말한대로 부흥은 원래 '갈치'라 불렸던 마을이다. '갈치'라는 이름의 유래는 이렇다. 지금으로부터 1680년경에 가난한 선비 한 사람이 늙은 부모를 모시고 이곳에 처음 터를 잡아 살았다고 한다. 집안이 너무 가난하여 깊은 산골에서 나무 뿌리와 산나물로 생계를 지탱하고 지냈다. 눈이 내린 추운 겨울에도 매일 칡 뿌리를 캐서 늙은 부모님을 봉양하고 살았다. 이곳을 다스리는 원님이 가난한 선비의 효심을 가상하게 여겨 하루는 친히 찾아와 부모 봉양에 대한 효행을 표창하고 상을 후하게 내렸다. 원님이 다녀간 곳에 '대원곡큰 원터골'과 '소원곡작은 원터골'이란 지명이 생겼고 신선이 춤을 춘다는 무수막골이 그 아래쪽에 있다. 여기에서 마을 이름도 칡 갈葛과 고개 치峙를 합하여 '갈치'라 불리게 되었고, 원님이 다녀간 곳을 '대원각大院閣'이라 부르게 되었다 한다.

마을 이름이 '갈치'에서 '부흥'으로 바뀌게 된 유래는 다음과 같다. 이 마을은 경지 면적이 인구에 비하여 적고 대부분 천수답이어서 흉년이 자주 들고 마을 전체가 가난에서 벗어나기 힘들었다고 한다. 마침 1897년조선 말 행정 구역이 변경되면서 마을의 어른 이병의李秉義가 주민들에게 '빈곤으로부터 벗어나야 된다'는 희망과 의지를 갖게 하기 위하여 마을 이름을 '다시 부復, 일어날 흥興', 즉 '부흥復

興'이라고 고쳐 부르자고 제안하여 그 이후부터 마을 이름이 갈치에서 부흥으로 바뀌게 되었다고 이창선 편집위원은 설명한다. 그러나 지금도 민간에서는 '부흥'과 '갈치'를 함께 사용한다.

1970년대를 기점으로 부흥마을의 모습은 크게 변화한다. 1970년 이전에는 주거가 대부분 초가집으로 가난한 산간벽촌이었던 이 마을은 새마을 사업으로 농로 개설 200m, 전 가옥 지붕개량, 담장 개량 2300m, 간이 급수 시설 40호, 양어장 1개소, 공동 창고 및 마을 회관이 각각 1동씩 완공되었다. 1976년 전기 가설이 준공되었으며 1979년 전화가 설치되어 복지 농촌으로 변모하게 되었다. 최근에는 과수재배와 축산업이 이루어지고 있으며 마을 앞뒤 석산石山에 채석장採石場이 개발되어 4개의 토석채취업체가 마을권에 있어 농가소득에 기여하였다. 하지만 환경문제와 경관이 크게 훼손되고 있어 주민들과 면민들은 안타까워하고 있다.

이러한 급격한 마을의 변화에 관계없이 언제나 묵묵하게 마을을 지켜주는 노거수老巨樹인 왕버들이 있다. 부흥마을 앞 도로변에 위치하며 수령은 약 300년이다.

부흥마을의 왕버들

그뿐만 아니라, 부흥마을 사람들의 배꼽인 우물이 여전히 보존되어 있다. 오른쪽의 사진은 현재의 우물 모습을 보여준다. 부흥 노인회관에서 안쪽 골목을 따라 약 100m 올라가면 우측에 윗뜸샘이 있다. 사각형 샘으로 깊이는 190cm, 너비는 가로 97cm, 세로 92cm로 지표면에서 약 150cm 깊이로 굴착하였으며 바닥은 암반이고 밑바닥에서부터 사각형 콘크리트 구조로 되어 있다. 수위는 140cm, 수온은 15℃

이다. 아랫뜸샘은 부흥마을 입구 바로 좌측에서 약 25m 정도 떨어진 논 사이에 있다. 깊이는 137cm, 너비는 가로 91cm, 세로 95cm이며 수위는 86cm, 수온은 16℃이다. 지표면에서 약 1.2m 깊이로 굴착하였는데 밑바닥에서부터 사각 콘크리트 구조이다.

윗뜸샘과 아랫뜸샘

끝으로 부흥을 이루고 있는 여러 지역의 이름과 들을 소개하면 다음과 같다.

**갈치**葛峙 남원시 갈치동과 보절면의 경계가 되는 고개. 칡이 많다하여 붙여진 고개 이름이며 원래는 보절면 부흥에서 남원시 상갈치, 중갈치, 하갈치로 이어지는 긴 고개였을 것으로 보인다.
**에끼재** 어깨재가 변음된 듯하다. 한문으로는 견치肩峙라 하는데 '견'자가 '어깨 견肩'자이기 때문이다. 어깨재의 어원은 알 길이 없다.
**책여산**冊如山 마을 앞 상봉上峰으로, 형상이 책冊과 같다如 하여 붙여진 듯하다. 그러나 체기산遞箕山이라고도 한다. 개양마을 한 촌노는 체기산과 계룡산을 설명하면서 '체기遞箕'는 '갈마들 체遞'와 '키칭이 기箕'로 '키칭이질하다'는 뜻으로, '체기산'은

'키질'할 때 모이를 먹으려고 계룡산의 닭계룡, 鷄龍이 목을 빼는 형국이라고 설명한다.

**관로**官路 에끼재로 넘어가는 길을 말하며 예전에 국가에서 관리하는 간선길을 이르던 말이다. 이 길로 문서 전달 및 관리의 부임이 이루어졌다.

**갈치삼거리** 전라남도 신안군 임자면에서 울산광역시 남구에 이르는 일반국도를 일명 신안~울산선국도 24호선이라 한다. 전라북도 남원시를 지나며 대강면 풍산리와 인월면 성산리 사이에 있다. 남원시 식정갈치삼거리에서 보산로지방도 721호선가 분기된다. 보산로는 일명 장남선長南線이며 보절에서 산서로 이어진다.

**두우봉** 마을 뒤 상봉이다. 소머리 형상으로 풍수지리적 지명인 듯하다.

**황등** 두우봉 능선

**대원곡**大阮谷 '큰 원터골'이라고도 하며 황등 아래에 위치한다.

**소원곡**小阮谷 '작은 원터골'이라고도 하며 황등 아래에 위치한다.

**기와골등** 갈치고개 몬당에서 보절쪽으로 25m 왼쪽 날등을 말하며, 기와 굽는 막이 있었는지는 분명치 않다. 도로 건너편에 목재소가 있다.

**무수막골** 갈치고개 몬당 서쪽 골짜기로 들어가보면 제법 깊다.

**송장날등** 마을 앞 거산 채석장으로 가는 오르막길 왼쪽 날등이며, 일부가 길路이 되었다.

**문**門**바위** 마을 건너 체기산 자락에 있는 바위

**저승바위** 마을 건너 체기산 자락에 있는 바위

**노구**老狗**바위** 마을 건너 체기산 자락 아래 길가에 위치하며 늙은 개가 앉아 있는 모습이다. 높이가 5~6m 되는 우람한 바위이다.

**칠송정**칠송들 마을 앞 도로 건너 옛날 원님이 다녀간 후 광주 안씨 일곱 형제가 심었다고 전하는 소나무 숲이다.

**정문등** 마을 앞 도로 건너 열녀효자비가 있는 칠송정 야산이다.

**각담들** 마을 앞 다리 건너 버드나무 아래에서 괴양 쪽의 들

**안산들** 마을 앞 안산 쪽으로 있는 들

**황사정골들** 목넘이들 아래 들. 파평 윤씨坡平 尹氏 재실이 있다.

**목넘이** 작살들 아래에서 황사정으로 넘어가는 고개

**목넘이들** 목넘이 고개 너머 들

**작살미들** 벽무간 아래 들

**다래망골들** 마을 위 골짝에 있는 논다랭이

**벽무간들** 두우봉 아래에 위치한 골짝의 들

**얼음바위** 마을 뒤에 있으며 서당마을에서 잘 보인다.

## 1_2. 육형제나무의 애틋한 전설이 서린 우애로운 마을 서당書堂

갈치 고개를 넘어 부흥마을을 지나면 서당마을이 눈에 들어온다. 동네 초입부터 마을 이름이 '서당'이라서 그런지 어릴 적 뛰어놀던 추억이 떠올라 마음이 설레는 곳이다. 아름드리 여섯 그루의 여섯 형제 정자나무가 서로 어우러져 하늘을 향해 치솟고 서로 얽힌 나무뿌리는 억겁의 세월을 견디며 마치 한 뿌리처럼 우애를 다진다. 정자 앞으로 실개천이 흐르는 길을 걷다보면 문득 생각나는 시 한 구절이 있다. '넓은 벌 동쪽 끝으로 옛이야기 지줄대는 실개천이 휘돌아 나가고 얼룩빼기 황소가 해설피 금빛 게으른 울음을 우는 곳.' 정지용 시인의 〈향수〉의 무대가 그려지는 곳, 바로 서당마을이다.

서당은 보절 소재지에서 남쪽 방향으로 3.5km지역에 위치하며 '약산藥山, 해발448m'이 마을의 배산背山이 된다. 약산의 '큰골' 쪽으로 '매골, 제석골'이 위치하며, '큰골' 남쪽 6부 능선에 '얼음바위氷岩'가 있는 '얼음바윗골'이 있다. 얼음바윗골에서 흐르는 물을 '빙암천氷岩川'이라 한다. 그 근처에는 50여 명이 함께 유희를 할 정도로 널따란 '덕석 바위'가 있다. 이 바위에서는 서당에서 개최하는 시회詩會와 야유회가 열렸다. 이와 관련된 이야기가 서당마을에 전해진다. 이 바위는 가뭄이 극심할 때면 마을에서 기우제를 지내는 제단으로 이용되었다. 이런 이유에서, 이 바위는 서당마을의 없어서는 안 될 쉼터이자 중요한 공간이었다. 덕석바위 밑으로는 '말바위'가 있다. 말바위를 타면 '선비가 될 수 있다는 전설 때문에 선비가 되고자 하는 학동들이 이 바위에서 '바위타기 놀이'를 하였다고 전해진다. 마을 남쪽으로 관음사觀音寺라는 절이 있으며 절 위쪽 '점店골'에는 옛날 옹기를 굽는 터가 남아 있다. 마을 북쪽은 괴양리와 접해 있고 서당 사람들이 주로 이용하던 교통로가 괴양으로 이어진다.

서당마을의 유래는 이렇다. 이 마을은 청동기 유물돌도끼 등이 발견된 것으로 보아 아득한 옛날부터 마을이 있었던 것으로 추정된다. 고려시대에는 유柳씨가 세거지世居地를 이루어 살다가 무슨 이유인지는 모르나 일족 전체가 홀연히 떠났다는 전설이 있는데, 이곳을 떠나면서 유씨 6형제가 마을 앞에 여섯 그루의 정자나무를 다시 돌아올 기약의 표징으로 심었다고 한다. 서당은 고려 말 공민왕 때에 진주 방면에서 호족으로 이름이 난 진주 소씨晉州 蘇氏 일가 삼형제가 왜구의 침략과 노략질을 피해 북쪽으로 유랑하다가 덕과면 만도리

하늘에서 바라본 서당마을

안동네에 터를 잡아 정착했다. 형제 가운데에 한 명이 현재의 서당마을에 터를 잡아 후손들이 번창하여 소씨 집성촌이 형성되었다. 그 후에 양씨, 유씨, 김씨 등 씨족이 들어와 1990년대에는 50여 호가 마을을 이루었다. 남원이 48방이던 구한말까지 고절방 방청坊廳이 서당마을에 소재하였고, 그래서 서당은 보절 남부의 중심지 역할을 하였다. 마을의 이름은 한학을 가르치던 서당이 있었다는 데에서 유래했다. 통상 '서당' 혹은 '서당골'이라고 불렸다.

서당마을이 지금의 모습을 갖추기 시작한 것은 1930년대 말부터이다. 서당마을은 지리적으로 높은 지대에 위치하여 상습적으로 한해旱害를 당하는 지역인데, 1944년 식량증산 정책의 일환으로 마을 뒤에 저수지가 만들어짐으로써 가뭄을 극복하였고, 윤택한 마을이 되기 시작하였다.

한편, 해방 이후 정부의 산림녹화 사업에 힘입어 산림이 울창해지고 살기 좋은 마을이 되었다. 서당 저수지의 터는 저수지를 막기 전에는 남원 양씨의 세거지였다. 저수지 공사가 시작되면서 이들이 음촌과 서당마을로 이주하였다. 1972년부터 실시된 새마을 사업으로 마을 안길이 정비되고 교량도 건설되면서 교통이 편리해졌다. 초가집 87동이 기와집으로 바뀌고, 전기가 들어오고 상수도가 설치되어 도시 못지않은 농촌 생활이 가능해졌다고 한다. 1960년대 말 남장선남원~장수간, 지방도 721호선의 개통으로 정기 버스가 운행되면서 천 년의 숙원을 풀었다. 이 시기에는 마을 주민의 의식 변화가 이루어지면서 양잠, 엽연초와 약초 등의 특용 작물이 재배되고 야산지대를 개간하여 유실수를 심어 농외소득을 올리는 등 마을이 활기를 띠게 되

서당골 저수지 아래의 논에서 모내기 지원활동을 하는 보절중 학생들

었다. 지금도 마을에는 양잠 기구가 보존되어 있다. 옛날에는 농악대가 운영되었는데 지금은 중단되었다며 주민들은 아쉬워한다.

서당이 오래된 마을이다 보니 전해져 내려오는 이야기도 많다. 몇 가지를 소개하면 다음과 같다.

### ◈ '비룡등천 飛龍登天' 명당 이야기 ◈

약산에서 마을 쪽으로 뻗어 내린 능선이 마치 용이 하늘로 올라가는 형국으로 이곳에 '용머리' 명당이 있어 장차 마을에 큰 인물이 나올 것이라는 전설이 있다. 그러나 일제 강점기에 일본인들이 동네 뒤 저수지를 막으면서 이 동네 큰 인물이 나오지 못하도록 '용머리 날'을 끊어 버렸다고 한다. 그 뒤 마을 사람들은 이 날을 잇기 위하여 나무를 심고 흙을 쌓는 등 노력을 하였다 하니 후손들의 성취를 바라는 마음 이해할 만 하다.

### ◈ '가마솥 명당' 이야기 ◈

마을 뒤쪽으로 가마를 걸었던 '이맛돌'과 가마솥 모형의 지형이 있는데 이곳 명당은 마을의 형성과 관계가 있을 듯하다.

### ◈ '약산 藥山과 명당마을' 이야기 ◈

이 산은 다른 곳에 비하여 단방약과 한약재로 쓰이는 약초가 유달리 많아 약산 藥山이라 부르게 된 것이라고 주민들은 말한다. 실제로 이 산에서 산삼을 캐먹고 혈기를 돋우었다는 이야기가 전해지고 있다. 마을사람들은 약산 藥山을 북현무 北玄武, 마을 뒷동산을 좌청룡 左青龍, 앞 동산을 우백호 右白虎, 가운데 심어진 정자나무가 남주작 南朱雀으로 마을이 명당에 자리를 잡아 이 동네에 언젠가 큰 인물이 나올 것이라는 이야기가 구전 口傳되고 있다고 말한다.

### ◈ '정자나무 육형제나무' 이야기 ◈

원래 서당마을은 고려시대 유씨 柳가 세거지를 이루어 살았다고 한다. 그런데 언젠가 유씨 일족 전체가 홀연히 떠났다는 전설이 있다. 왜 떠났는지 정확히 전해오는 이야기는 없으나, 임진왜란이 일어나자 난을 피하여 떠났

다는 이야기도 있고 동네에 괴질 怪疾이 돌아 마을을 떠났다는 이야기가 있는 등 설왕설래 說往說來하였다. 전술한 바와 같이 유씨 일족이 떠나면서 유씨 여섯 형제가 다시 돌아올 것을 약속하며 느티나무 여섯 그루를 표목 標木으로 심었다는 전설을 증명하듯이 뿌리를 보면 마치 한 나무인 듯 얽혀 있다. 이는 유씨 형제의 의 義좋음을 표현한 것이 아닌가 싶다. 동네 사람들은 이 나무를 육형제 나무라 부르고 있으며 최근 정자가 세워져 그 시원함을 더하고 있다.

### ◈ '덕석바위와 기우제' 이야기 ◈

이 마을에서는 기우제를 지낼 때 덕석바위에 돼지의 피를 바른다고 한다. 그 이유는 우신 雨神이 돼지피를 좋아하기 때문이란다. 이 행사는 1990년대까지 가뭄 때면 어김없이 행하여졌으나, 동화댐의 관개수로가 설치되어 상습적인 한해 旱害가 극복되자 기우제 행사도 사라지게 되었다고 한다.

### ◈ '얼음바위 빙암氷岩, 일명 집시랑 바위' 이야기 ◈

마을에서 약 1km 지점의 약산 매봉 8부 능선에 마치 옛날 초가집 집시랑처럼 보이는 바위가 있어 오랜 옛날부터 주민들은 마을을 지키는 수호신으로 여겼다. 또한 이 바위는 겨울에 얼음으로 덮이게 되는데 음력 3월까지도 녹지 않는다 하여 얼음바위라고도 불렀다. 얼음바위가 드러나야 동네가 흥하게 되는데 오늘날 숲이 우거져 바위가 보이지 않는다고 마을 어른들은 안타까워한다.

### ◈ 땅꼬마 버스 운전사 소태윤 이야기 ◈

남원에서 현재 시내버스를 운전하면서 고향을 지키는 소태윤의 이야기다. 소태윤은 키가 작아도 아주 작다. 키가 작은 덕에 남원의 유명 인사가 되었는데, 적어도 남원시에서 소태윤을 모르면 간첩일 거라는 소리가 있을 정도다. 그런데 소태윤이 유명한 것은 단지 키가 작아서 때문만은 아니다. 어느 시골이든 마찬가지이겠지만 마을에 사는 사람들은 대부분이 노인 어른들이다. 이 어른들이 읍내에 장를 보러 가게 되면 시내버스를 많이 이용하게 된다. 아무래도 노인들이지라 발걸음이 늦을 수밖에 없다. 게다가 읍내에 장이 서면 농사를 지은 고추나 깻잎 같은 채소를 이거나 지고 나가니, 버스를 타려면 걸음이 더욱 늦을 수밖에 없다. 머리에 짐 보따리를 이고 오는 마을 할머니들이 손짓을 하며 종종 걸음으로 버스를 잡으려고 오는 모습을 보면, 소태윤은 버스를 일부러 천천히 운전하는데, 짐이 큰 경우는 버스를 세워놓고 짐을 받아다가 버스에 실어주고 출발한다. 이에 고마운 할머니들이 검정 비닐 주머니에 깻잎이나 고추를 담아 운전석에 놓고 내린다고 한다. 얼마나 많이들 주고 갔는지 소태윤의 부인이 고추 좀 가져오지 말라고 성화까지 부릴 정도라고 한다. 단지 보절 어른들만 모시는 게 아니라고 한다. 시내버스가 다니는 남원 전체를 그렇게 다닌다고 한다. 늙으신 노부모를 남원에 모신 사람들은 어쩌면 소태윤에게 고맙다는 말을 해야 할 것이다.

보절의 효자 소태윤

소태윤이 지키고 있는 서당 마을에는 여기저기에 재밌는 지역들이 숨어 있는데, 그 지명을 소개하면 다음과 같다.

**약산**藥山, 해발 448m 만행지맥에서 기봉한 산으로 서당마을과 부흥마을의 배산背山이다.

**큰골** 약산에서 제일 큰 골짝

**독적골** 약산 남쪽의 골짝

**거치실** 약산 북쪽의 골짝

**매골** 매봉 아래 골짝

**제석골** 큰골 북쪽에 있는 골짝

**얼음바위** 얼음이 봄이 되어도 녹지 않는다 하여 붙여진 바위 이름. 큰골 남쪽 6부 능선에 위치하며 한자로 빙암氷岩이라 한다.

**빙암천**氷岩川 빙암에서 내려오는 큰골 도랑

**덕석바위** 빙암골 아래에 있는 반석盤石으로 마을사람의 이용이 많았다고 한다.

**말바위** 덕석바위 아래에 위치한다.

**점골** 관음사 위 골짝을 '점골'이라 하는데 옹기를 굽는 '옹구점'이 있어 '점골'이라 불렸다.

**각담들** 육형제 나무와 괴양천 사이의 들

**가봉들** 마을 뒤 북쪽 가마솥명당 아래쪽으로 전개된 들

**집앞들** 마을 앞에 있는 들

**참삼골들** 찬샘골寒泉골에서 비롯된 이름으로 동네 남쪽에 위치하며 여름에도 물이 차가워서 땀띠에 효과가 있다.

**웃멀동산** 마을 위 저수지 남쪽에 위치하며 소머리를 닮았다 하여 '소머리 동산'이라고도 한다.

**구러들** 마을 남쪽에 있는 들이며 구러소구시들은 소머리 동산과 관계가 있다고 한다.

**외야등뜰** 소등에 해당되는 듯하며 관음사 서남쪽에 위치한 들

**재들** 말바위와 서당제 아래에 위치하며 재들에는 신선들이 말 타고 와서 바둑을 두고 갔다는 바둑명당이 있다고 하나 아직까지 지관이 찾아내지 못하고 있다고 하며 이 명당을 찾아 묘를 쓰면 부귀영화를 누릴 수 있다는 전설이 있다.

**살구쟁이** 외야등 위, 관음사 남쪽 들을 말하며 오랜 옛날부터 이곳에 행화낙지杏花落地 명당이 있다고 하여 붙여진 지명이다. 주민들은 관음사가 오늘날 융성한 것을 보면 이 절터가 행화낙지 명당일 수 있다고 입을 모은다.

**황등재** 약산에 있으며 고개의 형국이 황소등 같다 하여 붙여진 이름이다. 이 고개는 서당마을 사람들이 산동면 요천으로 넘어 다녔던 고개라고 한다. 산동 목동 사람들도 고개 너머 골짜기 전체를 황등골이라 부른 것을 보면 옛날에는 고개 사이를 두고 양쪽 마을의 교류가 있었던 것 같다.

**용소**龍沼 마을 위에 있었던 깊은 못. 일제 강점기에 서당 저수지를 막으면서 없어졌다.

## 2. 괴양리槐陽里

괴양리는 원래 남원군 고절면高節面 지역으로 1914년 행정구역 통폐합 때 삼괴정三槐亭, 신촌新村, 개양리開陽里, 회산리回山里, 양촌리陽村里, 음촌리陰村里를 병합하여 삼괴정三槐亭의 '괴槐'와 양촌陽村의 '양陽'을 한 글자씩 따내 괴양리라 하고 보절면에 편입되었다. 1995년 1월1일 남원시·군이 통합되면서 남원시 보절면 괴양리가 되었다. 원래 수백 년 된 괴목나무홰나무과 세 그루가 있어 삼괴정이라 하였으나 지금은 양촌 앞에 한 그루만 남아 있다. 회산마을은 산업화의 물살에 1990년대 말 사라지고 터만 남았다. 현재 괴양리에는 개양開陽, 신촌新村, 양촌陽村, 음촌陰村 등 4개 마을이 있다. 음촌은 만행산 약산藥山의 '지네날'을 배경으로 하고 신촌, 개양, 양촌은 계룡산을 배경으로 하고 있다. 아래의 사진은 이를 잘 보여준다.

삼괴정 앞 괴목나무

### 2_1. 빈터에 다시 세운 마을 '개양開陽, 갱이'

개양마을은 면 소재지상신마을에서 남쪽 방향으로 지방도 721호선남원~산서을 따라 3.5km 지점에서 오른쪽으로 약 200m 지점에 위치한다. 마을 뒷산이 삼동굿의 배경이 되는 계룡산이 있다. 계룡산 정상에서 남쪽으로 9부 능선에 홍관계암紅冠鷄岩이 계룡의 닭벼슬처럼 보이며 이곳에서 남쪽으로 사매면 여의터로 넘어가

는 정고개재가 있다. 정고개재에서 다시 남쪽으로 '체기산'을 기봉起峰하다가 옛날 남원읍내로 통하던 에끼재肩峙, 어깨재로 이어지며 다시 국도 721호선이 지나는 '갈치고개'에 이른다. 계룡산 북서쪽으로는 8부능선에서 시작되어 만도리 산수동 뒤로하여 사매면 '구터'로 넘어가는 땅재가 있어 보절중학교가 생기기 전 용북중학교의 통학로로 이용되었었다.

마을 뒤 정고개 쪽으로 성적굴이 있고 그 위로 서리밭굴이 있으며 인근의 가능굴에는 광주 안씨 묘동墓洞이 있다. 마을 앞 동쪽으로 '자래방촌들'과 괴양천 건너 음촌마을 뒤 '지네날' 능선과 서당골 뒤 '약산'이 보인다. 마을 남쪽으로 신촌마을이 위치하며 또한 '매동골', '물망굴들'이 펼쳐진다. 북쪽으로 '가능굴들'이 있다.

원래 마을은 동네 위 '빈터'에 자리 잡고 있었는데 약 500년 전 백중날 아침, 뜻밖의 폭우가 쏟아져 마을이 침수되면서 사라지고, 오랜 후 본 마을이 형성되면서 '갱이更里'라고 불렀다고 한다. '다시'갱更, '마을 리里' 즉 '다시 세운 마을'이라는 뜻일 것이다. 이후 햇볕이 드는 마을이란 의미의 '개양開陽'이라 고쳐 부르게 되었다고 한다.

하늘에서 바라본 개양마을

개양마을은 임진왜란이 끝나고 1610년경 광주 안씨安氏가 처음 자리를 잡은 후 조선 중기 진주 형씨邢氏 후손이 들어왔고 김해 김씨金氏, 밀양 박씨朴氏, 함평 노씨魯氏, 청송 심씨沈氏, 창녕 조씨曺氏, 양천 허씨許씨, 홍주 송씨宋氏 후손들이 차례로 들어와 세거하였다.

개양이 현재 모습을 갖춘 것은 1930년대에 개양과 신촌을 이은 진입로를 조성하면서부터다. 1970년대에는 새마을 운동으로 25평의 슬라브 회관을 준공하고, 3.5ha의 한해旱害 상습지를 과수원 단지로 개발하였다. 1976년 전기시설이 완료되고 아울러 간이 상수도 2개소, 창고 20평 건립, 마을 안길 750m와 담장개량, 지붕개량 및 전화가설 등 농촌 근대화를 이루었다. 개양마을은 구릉성산지로서 밭이 많은 편이고 주업은 농업이며 약간의 밭작물과 약재를 재배하고 있다. 이런 변화의 와중에도, 개양의 역사를 지켜주는 이야기가 있다. 다음과 같다.

◈ 정고개재情高峙 ◈

개신에서 사매면 여의터와 고산골로 넘어가는 고개이며 이는 오랜 옛날부터 보절 남부와 사매면 동쪽 마을과의 학문교류는 물론 그에 따른 혼사 등 교류가 활발하였다. 이때 이 고개는 활발하게 이용되었다. 고개 이름은 말타는 신랑과 가마를 타는 신부가 고개 초입에서 내려 함께 걸어 고개를 넘는 과정에서 '정情이 높아高진다' 하여 '정고개재' 또는 '정재'라 하였다고 한다.

◈ 연자방골제비골과 바랑굴 ◈

성절이 세워진 배경으로 마치 제비집 모양의 골짝이 있어 연자방燕子房골이라 하고, 절터 위로 중이 시주 받는 바랑 형태의 골짝이 있어 이를 바랑굴이라 한다. 신도信徒가 운집할 것이라는 기대감과 먹을 양식이 풍부할 것이라는 풍수지리에서 '성절'이 세워졌을 것으로 마을 사람들은 이야기한다.

◈ 땅재棠峙 ◈

양촌 뒤로 하여 계룡산을 넘어가는 고개로 덕과면 만도리 산수동 뒤쪽을 거쳐 고개를 넘으면 사매면 구터마을이 나온다. 이곳은 토질이 박하고 수목이 자라지 못하여 흙이 붉게 드러나 당재棠峙라 부른 것이 '땅재'가 되었다고 한다. 땅재는 오랜 옛날부터 보절 남부지역과 사매면 대신리, 관풍리 등 동부지역 마을 사이에 혼사 등 활발한 교류가 이루어진 고개로 유명하다. 해방 이후 사매면 용북중학교가 설립되면서 괴양리, 서치리 중학생들의 통학로로 이용되기도 하였다.

◈ 자라방자래방촌들 유물산포지 ◈

전북대박물관에서 발간한 남원문화유적분포지도에 개양마을회관 남쪽 또랑 건너 '자라방들'로 뻗어 내린 계룡산 능선 중 하나인 유등능선에서 삼국시대 유물이 수습되었다고 한다. 현재는 능선 일부에 축사가 들어서 있고 자라방들에는 대형 창고가 들어서 있다.

개양마을에는 위에 소개한 곳 이외에도 가볼 만한 여러 곳이 숨어 있는데, 그 지명을 소개하면 다음과 같다.

**홍관계암**紅冠鷄岩 마을 뒷산에 바위가 붉은색을 띄고 마치 닭 벼슬 모양을 갖춘 바위가 있다. 이를 홍관계암이라 하며 마을 뒷산을 계룡산이라고 하게 된 결정적 근거라고 할 수 있다. 지금은 숲으로 우거져 자세히 보아야 계암을 찾을 수 있다.

**성적굴**원래는 성절굴 정확한 절 이름은 알려지고 있지 않으나 마을 위 계룡산 자락에 조선 후기까지도 절이 있었다고 한다. 지금도 이곳에는 기와 조각과 주추柱礎 등이 발견되어 절터의 흔적이 남아있다. 지명으로 '성적굴'이라 불리나 원래는 '성절'에서 유래되었다고 촌노는 설명한다.

**유등**油登 마을 회관 전방 100m에 위치한 동산. 동산의 모양이 옛날 재래식 기름 짜는 틀의 형상처럼 생겼다 하여 붙여진 이름이다.

**송장날** 송장날 남쪽의 낮은 산으로 계룡산 자락이다.

**자래방촌들** 송장날 아래 들녘

**말바위**馬岩 마을 뒤 계룡산 자락에 위치하며 어느 장군이 말을 달리던 곳이라는 전설을 증명하듯 지금도 말발자국이 암석에 선명하게 찍혀있다.

**서리밭굴**霜岩洞, 서리바위골 성적골 위에 위치하며 이곳은 6월에 백화싸리꽃가 군락을 이루어 만개하면 마치 늦가을 서리가 내린 것 같다 하여 주민들이 상암동霜岩洞이라 부른데서 연유한다.

**가능굴** 서리밭굴 아래에 위치하며 세곡細谷이라고도 부른다. 또한 그곳에는 광주 안씨 묘동墓洞이 있다.

**매동들** 마을 남쪽에 있는 들

**배바위** 마을 뒷산에 배船처럼 생긴 바위

**물망골** 배바위 아래를 물망굴이라 한다. 물망굴은 시원한 물이 마르지 않고 흐르며 마을의 식수로 사용하였다고 한다. 또한 약효가 있다는 소문을 들은 나병 환자들이 목욕을 하였다는 이야기가 있으나 확인된 바는 없으며 약효가 있는 물이라는 마을사람들의 믿음은 지금도 확실하다.

**사창고개** 개양에서 '진복골'과 '정문들'로 넘어가는 작은 고개

**사창들** 사창고개 날망마루의 작은 들을 말하며 그곳은 조선시대 사창社倉이 있어 붙여진 이름이다.

개양마을 사람들

## 2_2. 쟁기날 명당의 신촌新村, 샛멀

신촌은 보절면 소재지로부터 남쪽방향 4km 지점에 위치하고 있다. 마을의 남서쪽에 체기산과 계룡산 사이에 밤나무골과 곰나무골이 있으며 이곳에는 사매면 관풍리로 연결되는 '정고개재'가 위치한다. 또한 마을에서 300여m 떨어진 곰나무골에는 사철 마르지 않는 '공동샘곰나무골샘'이 있어 마을사람들은 모두 이곳 샘을 이용하여 식수를 해결하였으며 큰 인물을 배출한다는 이 샘에 대한 믿음이 대단하였다고 한다. 마을 북쪽은 계룡산에서 낮게 뻗어 내려 힘센 농부가 쟁기질하는 형국의 '쟁기날'이 마을의 배산을 이루며 북풍설한을 막아준다. 마을 남쪽으로는 '동네앞들' 건너 '모과낭굴' 너머로 남원시 사매면 '여시터'가 위치한다. 마을 동쪽으로 한해旱害가 없는 문전옥답 '장구배미들'이 보산로남원~산서와 접해 있다.

신촌은 지금으로부터 300여 년 전 파평 윤씨尹氏가 자리 잡은 마을이다. 이후 손孫이 적어 독자로 내려오다가 31세손 '각용覺溶'이 삼형제를 두면서 자손이 번성하게 되었다. 본래 마을은 토지가 적고 그나마 대부분 '녹두밭 운정머리' 즉, 천수답天水畓으로 농업으로는 희망이 없는 마을이었다. 그러나 마을의 변화가 오기 시작한 것은 고손高孫 '명한明漢'이 1950년 6·25전쟁이 일어나던 해 6월 27일 입대하여 중공군과 접전 중 '하느님의 구원으로' 목숨을 구하면서 시작되었다. 제대 후 명한은 독실한 신앙생활을 하면서 마을의 현실을 직시하고 '마을이 새롭게 일어나야 한다'며 마을 이름을 '새마을새말'이라 정하고 구역예배를 다니면서 집안사람들에게 '우리도 잘 살고 싶으면 체통을 버리고 장사를 합시다'라고 설득하였다. 이때부터 마을사람들은 희망을 가지게 되었고, 천수답에 채소를 가꾸고 잡곡을 생산하여 남원시장에 내다 파는 획기적인 생활의 변화가 시작되었다.

신식 약혼사진은 급격한 생활의 변화를 잘 보여준다.

점차 마을은 경제적인 여유가 생기게 되어 자녀들을 대도시로 유학보낼 수 있었다. 이후 후손들은 장로 10명, 목사 3명, 사회적으로는 소설가 1명, 박사 12명, 교수 4명, 중·고등교장 2명, 육군준장 1명 등을 배출하였다. 이렇게 후손들의 사회적 활동이 활발해지면서 더욱 자신감을 가지는 마을로 변하게 된다. 그야말로 '새마을'이 된 것이다. 이러한 마을의 변화와 축복은 후손들이 기독교의 복음을 믿고 열심히 살아왔기 때문이라고 장로가 된 명한은 그의 저서 《천명天命》에서 술회한다. 1960년대 행정구역이 개편될 때 '새마을'을 한자로 '신촌新村'으로 고쳐 오늘에 이르고 있다. 윤명한은 1960년대 말 신촌의 모습을 이렇게 회고한다.

새마을새말의 풍경을 그리워하다.

새마을은 당시 호청수 25호, 인구 120명, 타성이 4~5가구였다. 여명이 밝아오면 낭자한 아낙네와 긴 댕기머리의 처녀들이 물동이를 이고 왕복 700여m의 곰나무골샘공동샘을 오가는 긴 행렬이 장관이었다. 주민은 대부분 소농이며 목수, 미장이, 장사하는 사람! 직업도 다양하다. 농번기가 되면 품앗이며 천수답 서종이며 진땀을 흘린다. 설날과 추석명절, 생일, 제사 날이면 마을사람 모두를 청하여 한 식구가 된다. '두태太도 분식分食'이라고 빈곤한 생활을 하지만 네집 내집 할 것 없이 대접하기에 바쁘다. 설 명절에는 노소老小없이 또는 끼리끼리 잣치기, 연날리기, 제기차기, 널뛰기, 땅뺏기놀이 등등 다양하게 재미있게 즐긴다. 특히 우리 큰집 사랑을 잊지 못한다. 큰집 사랑방에는 정고개를 넘어오신 학송鶴松-성복형님의 시사時事와 교양 등 구수한 이야기가 꽃을 피우고 옆방에서는 새끼 꼬고 가마니 짜며 덕석과 짚신을 만드느라 시끌벅적하다.

아! 아!

이러한 추억이 가득한 내 고장 대가족 씨족사회와 농경사회의 모습은 점차 사라지고 황하黃河의 신神 하백河伯이 황하보다 넓은 바다를 보고 놀라듯이~, 핵가족화와 산업화의 물결 속으로, 하나 둘 모두 밖으로 도시로 나아가 한편 놀라며 꽃을 활짝 피웠다. 그러나 내 고향 새마을새말은 10여 명의 인구로 황성옛터처럼 쓸쓸하기만 하다.

'오백년 도읍지를 필마匹馬로 돌아드니 태평연월太平烟月이 꿈이런가 하노라.'

아!

2016년 2월 5일 글쓴이 윤명한

윤명한의 회고대로, 번성하였던 이 마을도 산업화 이후 젊은이들이 고향을 떠나고, 전성기의 주역인 노인들이 주로 마을을 지키고 있다. 전해지는 이야기는 다음과 같다.

◈ '쟁기날' 이야기 ◈

마을 뒷산은 계룡산에서 마을 뒤로 뻗어내려 북풍설한을 막아주는 배산背山으로 풍수설에 의하면 이 날의 첫머리가 마치 논밭을 가는 '쟁기'의 손잡이와 같고 날 끝이 '보습날'의 형태를 갖춘 '쟁기날'이라 하여 농경사회에서 부의 상징인 '쟁기'가 이 마을을 감싸줌으로 언젠가 부촌富村을 이룰 것이라 했다.

◈ 정고개재 이야기 ◈

새말 마을 학생들은 보절중학교가 설립되기 이전에는 고절초등학교를 졸업하고 대부분 용북중학교로 진학하였다. 그러나 보절에서 용북중학교까지 거리는 대부분 4~6km가 되는 먼 거리였다. 하지만 신촌새말에서 정고개재를 넘으면 2km 정도의 거리 밖에 되지 않아 이 마을 학생들은 '정고개재'를 넘으면서 '곰나무골' 샘물로 목을 축이며 샘의 전설과 함께 향학열을 불태웠으리라. 따라서 정고개재는 이 마을 총생叢生들의 활발한 사회진출에 기여한 잊지 못할 학문의 통로였다. 지금은 곰나무골 샘가에 마을을 수호한다는 '믿음의 소나무' 두 그루가 있어 단을 쌓고 입비立碑를 하였다.

◈ 개犬박사 이야기 ◈

☞ 제5장〈보절의 인물〉참조

지금도 신촌보다는 새말 또는 샛멀이라고 불리는 이 마을도 크고 작은 여러 곳을 거느리고 있는데, 그 지명을 열거하면 아래와 같다.

**밤나무골** 마을 서편 정고개재 골짝. 지금도 밤나무가 많다.

**곰나무골** 밤나무골 위에 있는 골짝

**곰나무골샘** 마을 서편 정고개재 가는 길 초입 곰나무골에 위치하며 물맛이 좋아 마을사람 모두가 사용하였다. 이 샘은 지금도 깨끗이 관리하고 있으며 샘 옆에 소나무가 두 그루가 있어 비碑를 세워 샘과 함께 신성시하고 있다.

**쟁기날** 마을 뒷산의 혈이 '쟁기날'이다.

**동네앞들** 마을 앞 들녘

**모과낭굴** 동네 앞들 너머 골짝에 있는 들. 옛날 커다란 모과나무가 있어 붙여진 지명인 듯하다.

**장구배미**들 마을 동쪽에 위치하며 파평 윤씨 종손가의 문전옥답門前沃畓이다. 물이 풍부하여 '장구배미'라 하였다고 전한다.

**양지골** 뒷동산 모퉁이에 있는 들녘으로 양지바르다. 구전에 의하면 주씨朱氏 성을 가진 부자가 살았다고 전하며 지금도 옛날 기와가 출토된다.

**쇠독굴** 정고개 몬당 밑 골짝을 쇠독굴이라 한다. 이는 소도둑이 소를 잡아먹었던 곳이라 하여 붙여진 이름이다.

**보탁골** 쇠독굴 아래에 위치하며 소도둑이 쇠독굴에서 소를 잡아 볶아 먹었던 곳이라 하여 붙여진 이름이라 전한다.

**여시터** 옛날에는 여시여우 이야기가 많았다. 모과낭굴 남쪽에 위치한 여시터는 여우가 살았던 곳일 것이라 전한다. '여시골'이라고도 한다.

## 2_3. 삼동굿의 민속놀이로 유명한 상구쟁이 마을 양촌陽村

양촌마을은 보절면 소재지에서 남쪽 방향으로 3.3km 지점 옛 고절초교를 끼고 도는 '불무고개' 너머에 있다. 지방도 721호선이 마을 앞을 통과한다. 마을 앞 도로가에 입석 2기와 비석 2기가 세워진 마을이라 하여 '선독골'이라 부른다. 마을 이름이 예스럽고 정겹다. 서쪽에 솟아있는 계룡산 정상 북쪽으로 땅재 쪽에서 뻗은 날이 마을 뒤에서 '사람 인人'으로 갈라져 마을을 보호하는 수맥을 이룬다고 주민들은 설명한다. 이 수맥마루가 '뒷골 몬당'이다. 마을 북쪽 골목에는 삼동굿 때 제사지내는 샘이 있고, 회관 옆으로 하여 오르는 골목은 뒷골 몬당을 거쳐 사창社倉고개로 연결된다. 괴양천이 마을 앞을 흐르면서 음촌교 건너 음촌마을과 경계를 이룬다. 도로를 따라 북쪽에는 1998년 2월 27일 폐교된 고절초등학교가 있으며 학교 동쪽으로 못골안이고 서쪽으로 지방도 721호선 상의 불무고개다. 마을 남쪽으로는 오른쪽에 개양마을 입구가 있고, 10m 정도가면 왼쪽에 서당마을의 입구가 되는 서치교가 있다. 마을 앞 괴양천 건너 '음촌 앞들'은 왼쪽으로 '광

하늘에서 바라본 양촌마을

주들'과 연결된다. 다시 '광주들' 왼쪽은 거치실, 오른쪽은 '독적골'로 이어진다. 입석立石거리 기준 북쪽으로 100m의 정문들에서 왼쪽 방향으로 도루메와 회산을 거쳐 덕과면 안동네로 가는 길이다. 계룡산 북쪽 회산마을 앞 '장태봉' 날에는 3정승 6판서가 나온다는 '영계욕진靈鷄浴塵' 명당이 있다고 전한다. 괴양천과 갑산천이 만나는 지점에는 '도깨비보'가 있어 인근 논농사의 관개에 기여하였다.

'삼괴정'보다는 '상구쟁이'로 더 알려진 양촌마을은 지금으로부터 약 1600년경 광주 안씨, 은진 송씨恩津宋氏, 언양 김씨가 계룡산맥을 따라 지금의 양촌마을에 정착하여 현재에 이르고 있다. 마을 앞에 남북으로 흐르는 냇가괴양천의 3곳에 큰 괴목槐木 세 그루가 있어 이로 인해 마을 이름을 삼괴정三槐亭이라 부르게 되었다. 나중에는 마을 방향에 따라 '양지편', '음지편', '개양' 등으로 나누어 부르기도 하였다. '양지편'은 구한말 고절면 삼괴정 지역으로 민간에서는 '선독골', '양지편' 또는 '상구쟁이'라 불렀다. '상구쟁이'도 '삼괴정'의 순음화 현상으로 '상구쟁이'가 된듯하다. '선독골'도 마을 앞 도로가에 4개의 비석이 나란히 서 있어서 붙여진 이름이다. 지금도 나이가 든 사람들이나 외부에서는 양촌보다는 '선독골' 또는 '상구쟁이'라고 해야 쉽게 알아듣는다. 1970년 행정구역 분리로 인하여 이곳을 양촌이라 하였다.

마을의 유래와 관련된 이야기는 이렇다. 좌랑 안극충은 원래 경기도 광주에 살았다. 임진왜란이 끝나고 광해군이 외교문제와 당쟁으로 정치적 어려움을 겪던 시기에 중앙정치가 어지러워지자 정변이 있을 것을 예측한 모친이 '난국의 정치를 피하여 농촌 야인으로 살아야 자손이 유지되고 번성한다'고 간곡히 당부하였다. 그 말씀에 따라 안극충은 벼슬을 그만두고 현재 폐교된 고절초교 옆 '못골안池洞'으로 이사를 하였다고 한다. 하지만 뜻밖에 산적의 침입으로 언양 김씨彦陽金氏 부인이 피살당하자 이후 못골안에서 양촌으로 이사를 한 것으로 알려져 있다. 지금도 못골안 위 아래로 '광주들'과 '하남들' 등의 지명이 있는데 이는 광주 안씨가 이곳으

1970년대에 건립된 마을회관

로 이사 오면서 경기도 광주에 있는 전답을 팔아 이곳에 마련한 들에 고향에 대한 의미를 부여하고자 '광주들', 경기도 하남河南에 있는 들을 팔아 마련한 이곳의 들을 '하남들'이라 하였으며 음촌마을의 뒷산인 지네날 너머의 '도척굴들'도 광주 안씨 옛 고향의 지명에서 유래하였다고 전한다. 또한 양촌마을 북쪽으로 '정문들'은 안극충의 처 언양 김씨 정문이 있어 붙여진 들 이름이며 현재는 정문이 부흥 앞 칠송정으로 옮겨졌다. 들 이름에서 보듯이 당시 안극충의 부富를 짐작 할 수 있으며 후손들은 대대로 남원향교를 출입하면서 인근 유림儒林의 숙소를 제공하는 등 교류가 활발하였다. 하지만 벼슬에 나가지 말라는 조상의 유지遺志를 받들어 벼슬보다는 한약연구와 약종상藥種商 등을 가업으로 하여 내려왔다. 오늘날 광주 안씨 문중이 한의사와 양의사 등을 많이 배출한 이유가 되겠다. 또한 안씨 문중에서는 언양 김씨 부인의 열녀 표창 이후 조선조 특히 영조 때에 열부烈婦의 표창을 받은 사람이 많았던 것도 결코 우연은 아니다.

양촌마을은 보절면 남부에 위치한 비옥한 옥토로 행정을 비롯하여 여러 측면으로 중요한 지역이었다. 1960년대에는 남부일대 비료 및 양곡 창고가 건립되어 보절 남부의 농산물 보관에 기여하였고, 1970년대 새마을 사업 이후 마을회관 건립, 소화전 정비, 지붕개량, 전화 사업을 완료하였으며 지방 도로변에 접하여 교통이 편리하게 되었다.

양촌마을의 '삼동굿'은 자손의 입신양명과 풍년을 기원

하는 오랜 민속 농악 놀이로 유명하다. 백중절에 양촌, 음촌, 개양 등 3개 마을이 합동으로 실시하며 대통령 표창 이후 보절면의 중요 행사로 자리 잡았다. 마을 앞에는 광주 안씨 세거비와 언양 김씨 열녀비 등 4개의 비가 서 있어 선독골의 연원이 되었으며, 마을 앞 도로 건너에는 정자나무가 있고 그 옆에는 방아실이 있었는데 최근에 철거되었다. 또한 도로 안쪽으로 회관과 마을정자가 있으며 도로 건너에 삼동굿 시연 장소가 설치되어 있으며 그 옆에는 평안교회가 있다. 양촌 마을에도 많은 이야기가 전해진다.

### ◈고절방高節坊과 세 열녀비烈女碑◈

언양 김씨 부인은 명종 18년에 부사 김건의 딸로 태어나 좌랑 안극충의 처가 되었는데 어느 날 화적의 무리가 집안에 침입하여 남편을 죽이려 하니 김씨 부인이 화적의 칼을 대신 받고 죽었다. 이를 안 조정에서는 그 넋을 위로하고 명복을 비니 현재에는 마을 앞에 열녀문과 비가 남아있다. 이곳은 원래 남원 48방 중 '입석방立石坊'이었는데 김씨 부인의 높은 절개를 기리기 위하여 '고절방高節坊'으로 고쳐 부른 것이다. 또 이 마을에는 조선시대 김규석의 처 영광 류씨 열녀비와 언양 김갑경의 처 경주 김씨 열녀비가 있다. 특히 영광 류씨는 계룡산 너머 사매면 오신리에서 시집을 왔으며 '삼종지예三從之禮'의 법도와 남편 병환에 단지斷指를 한 것으로 비문에 적혀 있다. 마을 앞에는 이들의 공적을 찬양하기 위하여 왼쪽부터 언양 김씨 열녀의 선독立石과 비석, 영광 류씨 열녀의 선독과 비석 등 4기가 도로가에 나란히 서 있다.

### ◈삼동굿 이야기◈

☞ 제8장〈보절의 명소와 명물〉참조

### ◈양촌 마을의 '똥개' 이야기◈

똥개라고 하니 유명한 오수견을 생각하는 사람도 있을 것이다. 개가 아니고 사람이야기다. 어떻게 보면, 개가 개과천선해서 사람이 된 이야기다. 이름이 '동근'이다. 박동근이 '똥개'라는 별명을 얻은 것은 영어가 보절을 찾아오면서부터다. 중학교에서 학생들이 영어를 처음 배우면서 제일 먼저 배우는 단어 가운데 하나가 'dog'이다. 그냥 보절에서는 '도그'라고 발음했는데, '동근'이 이름에서 받침 'ㅇ'과 'ㄴ'을 떼면 '도그'가 되는데, 여기에서 '똥개'라는 별명이 유래했다. 이 별명은 '국제화'를 거친 글로벌 네임Global name인 셈이다. 그래서인지 아무리 친구들이 '똥개'라고 놀려도 성질 한 번 안내고 늘 웃는다. 속으로는 참으로 고운 인성을 가진 친구다. 하지만 본인도 인정하듯이 박동근은 공부하고는 애초부터 멀었고, 대신에 운동을 잘 했다. 축구도 잘하고, 못하는 운동이 없었다. 물론 싸움도 잘 했다. 이것이 발단이 되어 박동근은 고등학교로 진학하면서 한 주먹, 그냥 동네 양아치가 아니라 소위 '달건'이 급으로 성

박동근의 군대시절 모습

장하여 주먹 생활을 어려서부터 하였다. 그래서 부모, 특히 어머니 가슴이 '숯검뎅이'가 되었다고 한다. 그러던 중에 어머니가 돌아가시면서 아들의 눈을 보고 끔쩍끔쩍하시면서 손을 붙잡았는데, '인자 이렇게 살아서는 안 되겠다'는 생각이 번쩍 들었다고 한다. 그 길로 곧장 건달 세계를 벗어나는 삶을 살게 되었다. 물론 건달 세계를 벗어날 때에 치러야 하는 의식도 치렀다고 한다. 어머니 손에 남아 있는 마지막 온기 하나의 힘이 이렇게 무서운 것이다. 똥개를 사람으로 만드는 개과천선의 힘을 지녔기 때문이다. 박동근은 현재 인천에 소재한 '대진메탈'의 공장장으로 재직중이고, 여느 보절 사람이 그렇듯이 열심히 살고 있다. 그냥 사는 것이 아니라 아주 잘 살고 있다. 아무도 안 맡으려고 하는 중학교 동창회 회장도 척 맡아서 동창회를 잘 이끌고 있다. 아무리 '똥개'라는 소리를 들어도 그냥 웃으면서 말이다.

양촌마을에는 삼동굿 때 제사지내는 샘이 있다. 양촌마을에 있는 두 샘 중 큰샘이다. 큰샘은 농협 창고에서 양촌큰샘골길을 따라 90m 정도 올라가면 좌측에 위치한다. 이 샘의 깊이는 195cm, 너비는 가로세로 140cm, 수위는 140cm로 수량이 풍부하고 수온은 14℃로 매우 차며 물이 맑고 투명해 바닥까지 보이는 숫물이다. 지표면에서 약 1.9m 깊이로 굴착하였는데 바닥은 마사토이며 밑바닥에서부터 1단의 잡석을 쌓고 그 위는 사각 콘크리트를 타설하였다. 지상부는 장방형의 화강석을 다듬어 정사각형의 고지를 짜 얹었다.

뒷골샘

뒷골샘은 마을회관 옆 좌측 길을 따라 80m 즈음 올라가 우측 골목으로 꺾어 20m 전방 양촌뒷골길 14 - 4번지 앞쪽에 위치한다. 이 샘의 깊이는 490cm, 지름 91cm, 수위 402cm, 수온은 15℃이다. 지표면에서 약 4m 깊이로 굴착하고 밑바닥에서부터 공돌쌓기를 하였으며 상단에는 원형 콘크리트관을 설치하였다.

양촌마을에는 세경재언양 김씨 정착조를 추모하는 재실, 땅재 아래 쟁기난골, 언양 김씨 열녀비, 영광 류씨 열녀비, 경주 김씨 열녀비, 칠송정 광주 안씨 사우祠宇가 위치하는데, 이외에도 가볼 만한 곳이 많다.

**선독골** 마을 앞 길가에 세워진 4개의 비석에 연유된 마을 이름. 한자로는 입석방立石坊이 되며 입석방은 원래 고절방高節坊의 전前 이름으로 남원48방 중 하나였다.
**뒷골몬당** 마을 뒤를 감싸는 '사람 인人'자 모양의 언덕으로 마을을 수호한다.

큰 샘. 삼동굿과 관계가 깊다.

양촌마을 사람들

**불무고개** 고절초등학교 옆 보산로지방도 721호선에 있다.

**땅재** 양촌을 뒤로 하여 계룡산을 넘어 사매면으로 가는 고개. 덕과면 만도리 산수동 뒤쪽을 거쳐 고개를 넘으면 사매면 구터가 나온다.

**광주들** 광주 안씨 정착조 안극충이 이곳에 정착하면서 경기도 광주의 전답을 팔아 마련한 들이라 하여 붙여진 이름이다. 고절초등학교 위로 있다.

**하남들** 이는 안극충이 경기도 하남의 전답 대신 마련하였다 하여 붙여진 이름으로 정문들 건너를 말한다. '하남들'에서 '비안날' 하남고개를 넘으면 진기리 솜들과 서젱이들로 연결된다.

**하남고개** '하남들'에서 '불무날'을 넘어 '솜들'로 넘어가는 낮은 고개로 농로이다.

**정문들** 양촌마을 북쪽에 위치한 들 이름으로, 원래 이곳에 광주 안공 극충 언양 김씨 부인의 정려가 있어 붙여진 이름이지만 지금은 정려가 부흥마을 앞 칠송정으로 옮겨졌다.

**진복골** 정문들 서쪽에 있는 들이며 계룡산 아래에서 정문들로 이어진다.

**쟁기난골**長堅谷 '진복골' 서쪽의 골짜기 들을 말하며 이곳에는 언양 김씨 대종중 재실 세경재世敬齋가 있다.

**득적굴** 쟁기난골 서쪽의 골짝 들. 초입에 공적비가 있으며 20여m 들어가면 언양 김씨 재실이 있다. 죽독골이라고도 한다.

**도깨비보** 괴양천과 갑산천이 합수하는 지점에 있는 보洑. 이곳의 널따란 바위가 있다.

**도루메** '쟁기난골' 서쪽골짜기 들을 말하며 이곳 첫 들머리에는 5~6가구의 작은 마을이 있었으며 '도루메'는 이 마을 이름

이기도 하다. '도루메'는 '산모퉁이를 돌아간다'에서 나온 듯하다. 언양김씨 소종중 재실이 있다.

**회산**回山 '도루메' 모퉁이를 돌면 나오는 마을이며 1960년경 산사태 이후 주민들이 시나브로 떠나더니 마을이 없어졌다. 입구에 최근에 지은 집 한 채가 있다. '회산도 산山모퉁이를 돈다回' 하여 붙여진 듯하다. 일설에 따르면 원래 산에 마을이 생겼다가 다시 마을이 없어지고 도로 산이 된다 하여 도로뫼 또는 회산이란 마을 이름이 생겼다고 한다.

**저메**점**모퉁이** '도루메'와 '회산'마을을 돌아 들어가는 모퉁이를 말하며, 옛날 이곳에 옹기를 굽는 옹기점이 있어 붙여진 이름이다.

**장태봉**峰 괴양리 저메회산마을 앞산이다. 이 산을 '계룡鷄龍이 잠자는 장태'라 하여 붙여진 이름이며, 삼동굿 가사에도 나오는 이름이다.

## 2_4. 우국충절이 서린 선장각璿章閣이 있는 마을 음촌陰村

음촌마을은 보절면 소재지에서 남쪽 방향으로 지방도 721 호선을 따라 불무고개에 위치한 고절초등학교 자리를 지나 3.4km 지점에 마을이 위치한다. 양촌마을과 마주보는 마을이다. 양촌 앞 삼동굿 행사장을 끼고 음촌교를 건너면 시원하게 보이는 정자나무 밑으로 마을 정자가 손님을 반긴다. 전형적인 배산임수의 마을로서 마을 뒤 동쪽은 만행산의 한 줄기인 약산藥山에서 뻗어내린 지네날지네血, 진등날이 마을을 감싸준다.

마을에서 선장각을 끼고 솔터고개를 넘어가면 도척굴들

하늘에서 바라본 음촌마을

이 전개된다. 동네 앞으로 펼쳐진 '가장모랭이들<sup>가장들</sup>' 앞으로 괴양천<sup>월천</sup>이 남에서 북으로 흐르며 음촌교<sup>陰村橋</sup>를 건너면 양촌마을이다. 이웃 서당마을은 가장들 농작로가 이어준다. 마을 북쪽은 1998년에 폐교된 고절초등학교가 있으며 학교 동쪽에 못골안<sup>池洞</sup>은 조선후기 광주 안씨 극충의 집터가 있어 '고절방' 명칭의 역사를 증명하듯 지금도 기왓장이 출토된다. 못골안 앞들이 '광주들'인데 들 서쪽 도로 건너편이 '하남들'이다. 또한 광주들 동쪽으로 왼쪽은 '거치실'로 이어지고 오른쪽은 '도척굴들<sup>都尺들</sup>'로 이어진다. '도척들' 위에는 '음촌제' 저수지가 있어 한해<sup>旱害</sup> 극복에 이바지한다. 마을 입구에는 400여 년 된 느티나무와 모정이 잘 어우러져 있어 여름철 시원함을 금방 느낄 수 있다. 정자나무 밑에는 연자방아의 밑돌, 윗돌이 잘 보존되어 있고 장정들의 품앗이 자격을 결정하는 '들독'이 2개가 있다. 마을 바로 뒤에는 남원 양씨<sup>南原 梁氏</sup>의 재실과 함께 효자를 칭송하는 어사필<sup>御使筆</sup>이 보존된 선장각이 있다. 마을 남쪽 능선은 괴양리 산 1번지로 '채빙골<sup>採氷골</sup>'이라 하는데 이곳은 냉장고가 없던 옛날에 얼음을 채취하고 저장하였던 곳으로 주민에 의하면 눈이 올 때 제일 늦게 녹고 추웠던 곳이라고 한다.

음촌마을의 유래는 이렇다. 음촌마을의 정착연대는 정확히 알 수는 없으나 양촌마을과 거의 같은 시기에 형성되었을 것으로 보인다. 지금으로부터 약 400여 년 전 경기도 광주 안씨 극충이 광주에서 벼슬을 그만두고 지금의 음촌마을 '못골안'에 정착하였으며 그 후 언양 김씨, 남원 양씨, 은진 송씨가 차례로 정착하여 현재의 음촌 마을을 이루었다. 음촌 마을의 명칭은 본래 구한말 남원군 고절방 삼괴정<sup>상구쟁이</sup> 지역으로 마을 방향에 따라 양지편은 오전에 햇볕을 받고 음지편은 오후에 햇빛을 받기 때문에 '양지편', '음지편'으로 구분하여 불리면서 '음지편'을 한자로 표기하여 '음촌'이라 하였다.

음촌교 개통식

음촌마을의 변화 과정은 다음과 같다. 음촌은 중산간 평야지대해발 150m로 마을 앞에 있는 괴양천 주변의 농경지에서 쌀과 보리 중심의 농사를 지었다. 최근에는 양파, 인삼 등 원예농업이 활발히 이루어지고 있다. 1996년 서치지구 경지정리 사업이 이루어지면서 기계농이 이루어지고 있다. 마을 앞 괴양천에 교량이 없어 지방도 721호선으로 연결이 어려웠다. 또한 진입로를 내기 위한 토지매입에도 어려움이 따랐다. 그러나 지주가 마을을 위하여 진입로 부지를 희사하고 마을이장이 주도하여 시멘트와 철근 등을 지원 받아 남녀노소가 총동원되어 1973년 준공되었다. 이렇게 하여 가설된 음촌교와 진입로는 획기적인 마을의 변화를 가져오는 계기가 되었다고 당시 이장은 회고한다.

1958년 설립된 고절초등학교는 인근 마을에 활기를 주었으나 산업화로 인한 이촌향도의 현상으로 인구가 급격히 줄어 1998년에 폐교되고 건물만 남아 있다. 사람들이 떠나 한적해졌지만, 음촌마을은 다른 마을에 못지않게 재미있는 이야기를 가슴에 품고 있다.

연자방아

◈연자방아◈

가축을 이용하여 곡식의 껍질을 벗기는 방아로서 옛날에는 물레방아 다음으로 우수한 방아 종류다. 디딜방아는 동네마다 거의 있었지만 연자방아는 부잣집이나 단합이 잘되는 마을에 설치되는 흔치 않는 것이었다.

◈들독◈

옛날에는 마을마다 직경 50㎝, 무게 80㎏ 정도 되는 돌을 마을 어귀에 놓고 여러 가지 놀이를 하였다고 한다. 이 돌을 '들독'이라고 하며 들독은 농경사회의 필수물이자 상징이기도 하다. 주로 보름날백중절 이루어지는 놀이로 총각이 들독을 어깨 너머로 넘기면 어른의 품삯과 품앗이를 인정받는다. 이 마을 입구 정자나무 밑에 들독 두 개가 연자방아와 함께 보존되어 있다. 이 마을에서는 주로 여름에 시원한 나무그늘 밑에서 들독넘기기가 행하여졌다고 한다.

### ◈선장각璿章閣◈

양진번梁震藩 농암 선생聾菴先生의 우국충절을 찬양하여 숙종, 영조, 정조 등 세 임금이 내린 어제전교御製傳教 및 어시 세 편御詩三片을 보존한 곳이다. 원래는 봉현절의사蓬峴節義祠에 봉안되었으나, 고종 때 서원철폐령書院撤廢令으로 폐원되고, 1893년 이곳에 선장각을 세우고 보존하게 되었다. 농암 선생은 1588년선조 21년 에 태어나 광해군 때에 사마시司馬試에 급제하여 사헌부지평司憲府持平에 이르렀다. 49세1636년에 병자호란이 일어나자 호남지방의 의병을 이끌고 남한산성을 향해 과천果川까지 진격하였으나 인조가 항복하였다는 비보를 접하고 통곡하며 귀향하여 16일 절곡絶穀하고 순절殉節하였다. 선장각에는 어사필이 보존되었다.

### ◈음촌의 '메리' 이야기◈

"아부지, 장끼에요! 장끼! 장끼가 있어요!" "아따..거참! 요렇게 큰 놈을 또 어디서 물고 왔다냐?" 음촌마을 뒷산 아래 꼭대기집에서 흘러나오는 소리다. 그 집은 이른 아침부터 소란했다. 그 집 개가 장끼를 물어오는 날에는 늘 있는 일이었다. 그 집 개가 겨울에 장끼를 사냥해오기 시작한 것은 키우기 시작한 지 3년이 지난 후부터였다고 한다. 그때부터 그 집 개는 겨울철만 되면 주인에게 장끼를 물어다주기 위해 새벽마다 눈밭을 헤치며 사냥을 다녔다. 식구 모두가 잠든 이른 새벽에 나가 사냥을 하고, 자신이 물어온 사냥감을 마루 밑에 넣어두고는 아침까지 지쳐 쓰러져 잠을 잔다고 한다. 그토록 영험한 개 이름은 '메리'였는데, 그 당시 개 이름은 거의 다 '메리'였다. 음촌마을 꼭대기집 개 '메리'는 겨울철만 되면 주인을 위해 날짐승을 사냥하러 다니느라 바빴다. 그러다 보니 겨울철만 되면 그 집 식구들은 아침에 눈을 뜨자마자 습관적으로 마루 밑부터 들여다보았다. 그러다 묵직한 장끼를 발견하는 날이면 그야말로 복권에라도 당첨된 듯 온 식구가 다 신이 났다고 한다. 장끼가 들어온 날에는 음식 잘하기로 소문난 아주머니가 구수한 꿩국을 끓여 이웃들을 초대하여 잔치를 벌였다. 알록달록 화려하고 예쁜 장끼 털은 박제했다. 속에 지푸라기를 채워 넣어 마루 벽에 걸어놓으면 제법 태가 났다고 한다.

그 집 개가 애초부터 그렇게 대단한 개는 아니었다고 한다. 오히려 처음에는 다른 집 개들보다 훨씬 '몬냉이'였다고 한다. 그 동네에 셰퍼드 잡종 개가 있었는데, 동네 사람들은 그 개를 그냥 '쎄파트'라고 불렀다. 어느 해 그 '쎄파트'가 새끼를 낳았는데 실하고 건강한 놈들은 미리 다 팔려나가 버리고, 못나디 못난 강아지 한 마리만 남았다. 주인은 그 강아지를 차마 버리지도 어쩌지도 못하고 데리고 있었는데 꼭대기 집 아주머니가 가여운 마음이 들어 그 '몬냉이'를 데려다가 키웠다고 한다. 어차피 데려가 봤자 죽을 게 뻔하니 데려가지 말라는 주인의 만류에도 아주머니는 기꺼이 데려다 키웠다는 것이다. 처음에 몬냉이 강아지를 본 아주머니 집 식구들은 하나같이 고개를 내저었다고 한다. 삐쩍 마른 데다 눈에는 눈곱이 덕지덕지 붙어있고, 윤기 하나 없이 듬성듬성 나 있는 털은 볼품 없었으며, 어미젖도 제대로 못 얻어 먹었는지 걸음도 제대로 못 걸을 정도였다.

"아따, 신양떡은 뭣하러 저런걸 데꼬 와서 기른당가? 참말로 이해가 안 가네?" 동네 사람들조차도 그 집 개의 존재를 못마땅하게 생각할 정도였다. 그럼에도 아주머니는 강아지한테 사람 먹는 따뜻한 밥을 먹여가며 측은지심으로 정성껏 돌봤다고 한다. 아주머니 정성을 알았는지 몬냉이 개는 하루하루 건강하게 잘 자라주었고 삐쩍 마른 몸에는 살이 붙기 시작했으며, 듬성듬성 보기 싫던 털도 윤기 나고 풍성해지면서 훤칠하고 멋진 개가 되었다고 한다. 식구들은 이름을 '메리'라고 지어주었고, '메리'는 자신을 정성껏 돌봐준 아주머니 마음에 보답이라도 하듯 한시도 아주머니 곁을 떠나지 않았다고 한다. 들에 갈 때도, 마실을 나갈 때도, 어디를 가더라도 항상 아주머니 곁에 붙어 다녔다. 아주머니가 들에 나가 달이 중천에 뜰 때까지 일을 할 때도 메리는 주인 곁을 뱅뱅 돌며 단단히 보초를 섰다. 집에서 멀리 떨어진 깊은 산속에 논과 밭이 있었던 터라 한번 일을 시작하면 해가 넘어갈 때까지 늦도록 일하기 일쑤였는데, 든든한 보초병 덕에 아주머니는 달이 중천에 뜰 때까지도 마음 놓고 일을 할 수 있었다. 일을 다 마치고 집으로 돌아가는 길에도 앞장서서 주인을 호위하니 아주머니는 세상 무서울 게 없었다고 한다. 그러다 보니 식구들에게 메리는 없어서는 안 될 너무나 소중한 한 가족이 되었다고 한다. 메리는 또한 동네 꼬맹이들의 사랑을 듬뿍 받았는데, 귀가 정말 밝아서 아이들이 학교를 파하고 집으로 돌아올 때면 동구 밖 저 멀리까지 마중을 나갔다고 한다.

"얘들아, 메리다." "에이, 우리집 똥개는 또 뭐한다냐? 주인이 오든 말든 관심도 없고…." "메리가 우리집 개라면 얼매나 좋으까이?" 동네 꼬맹이들은 하나같이 영특한 메리의 존재를 부러워했다. 산 아래 꼭대기 집 아주머니 집은 늘 동네 아이들의 아지트였는데, 그곳에는 메리가 있고, 인심 좋기로 소문난 아주머니가 있었으니 아이들은 그 집을 생쥐새끼들마냥 제 맘대로 들락거렸다고 한다.

"참말로, 신양떡네 개는 어찌 그리 영리항가 몰러?" "긍개 말여 어디 영리하다 뿐잉가? 엥간한 말은 다 알아듣자녀? 아, 우리가 얘기할 때 빤히 쳐다보는 거 봐! 말귀를 다 알아먹는 것 같아 갖고 말을 함부로 못하것당게? 긍개 말여 고것이 긍개로 웬만한 사람보다 낫당게?" 사람들은 메리가 다 알아듣는 것 같아서 말을 조심하게 된다고 말하곤 했단다.

그렇게 10여 년이 넘는 동안 아주머니 가족들에게 큰 기쁨을 주던 메리도 세월을 이기지는 못했다. 사람이 늙으면 머리카락이 하얘지듯, 개도 늙으면 털이 하얘진다는 것을 알게 되었단다. "아부지, 메리가 늙은 거대요?" "글쎄, 십 년도 넘게 살았응게. 아, 사람으로 치자믄 족히 칠십은 넘었을 거여." 자매는 메리가 많이 늙었다는 아부지 말에 서글퍼졌단다. 어느 날 갑자기 식구들 곁을 떠나버릴지도 모른다는 생각이 들었기 때문이다. 메리는 전에 비해 몸놀림도 둔해지고, 모든 면에서 노쇠한 모습이 역력했으며, 겨울철에도 더이상 사냥을 하는 일은 없었다고 한다. 전에 비해 누워서 지내는 날이 더 많아졌고, 눈에 총기도 점점 사라져가고 있었다.

그러던 어느 겨울날, 그 날은 눈이 정말 징하게도 많이 내리는 날이었단다. 밤새 내린 눈은 어른 무릎만큼이나 쌓였는데도 그칠 줄을 몰랐고, 정말 그러다 세상이 눈 속에 폭 파묻혀 버릴 정도였단다. 개가 늙어서 더이상 사냥하지 못한다는 것을 알면서도, 자매는 여전히 아침에 일어나면 마루 밑부터 살펴보았다고 한다. 그날, 무심코 마루 밑을 들여다본 자매는 깜짝 놀라 소리를 질렀다고 한다. 그곳에는 뜻밖에도 알록달록 커다란 장끼 한 마리가 놓여 있었던 것이다. 여태껏 본 것 중에 가장 커 보이는 놈이었다고 한다.

"아부지, 일로 와봐요! 장끼에요! 장끼가 있다니까요!" 딸래미들 놀라는 소리에 온 식구가 뜰방에 모였고, 마루 밑을 들여다 본 가족들은 정말 아무런 말도 할 수 없었다고 한다. 그토록 추운 날, 늙은 몸을 이끌고 주인을 위해 온 산을 헤집고 다녔을 늙은 개에 대한 고마움과 미안함으로 식구들은 아무 말도 하지 못했다. 그저 눈과 땀으로 범벅이 된 늙은 개의 몸을 하염없이 쓰다듬기만 할 뿐…. 그날 아침 아주머니는 메리에게 더욱 정성껏 아침밥을 차려주었지만 메리는 끝내 그 밥을 먹지 못했다고 한다. 그것이 아주머니 식구들을 위한 메리의 마지막 사냥이었고, 그날 이후로 메리는 영영 깨어나지 못했다.

음촌마을 꼭대기 집 식구들은 말한다. 지금도 메리의 모습이 눈에 선하다고, 특별히 눈이 많이 내리는 날이면 메리에 대한 그리움은 더 하다고. 마을 사람들에게 특별한 기쁨을 안겨주었던 음촌마을의 충직한 개, 메리! 오래전 그 개는 비록 그들 곁을 떠났어도, 아직도 어딘가에서 마을 사람들을 지켜주고 있을 것만 같다고 그들은 말한다.

### ◈삼박골◈

"사람 살려요!" "사람 살려!" "사람이 죽어간딩게요!" "아이고! 아이고!" 삼박골 방죽에서 울려 퍼지는 절박한 아낙네 목소리다. 삼박골은 음촌마을 저 너머의 깊은 골짝 이름이다. 마을 뒷산을 훌쩍 넘으면 독적골이라는 편평한 들판이 나오고, 냇가 딸린 산 아래 좁은 길을 따라 한참을 걸어 올라가다 보면 병풍처럼 둘러쳐진 삼박골 방죽 둑이 먼저 보인다. 방죽 위에는 삼삼오오 크고 작은 밭뙈기가 눈에 띄는데 그곳에서는 콩도 심고, 고추나 미영목화, 고구마, 뽕나무, 잎담배도 심었다. 깊은 골짝 삼박골에서 밭을 지어먹고 살던 음지편 아주머니는 그날도 어김없이 흰 수건을 머리에 질끈 둘러매고 부랴부랴 밭을 매고 있었다. 때는 6월 말이어서 땡볕 아래 단단하게 굳은 땅을 호미로 파는 일은 그리 녹록지가 않았다. 얼굴에 땀은 비 오듯 쏟아지고 끈으로 단단히 묶은 허리가 끊어질 듯 아파서, 아낙은 잠시 호미질을 멈추고 고개를 들어 무심코 방죽 쪽을 바라보았다. 순간 밭 아래 방죽에서 심상찮은 일이 벌어졌음을 알게 되었다. 방죽 물속에는 한 아이가 빠져서 허우적거리고 있었고 방죽 둑에는 열두세 살 남짓의 사내 녀석 둘이서 앙앙 울면서 펄쩍펄쩍 뛰며 발만 동동거리고 있었던 것이다. 순간 너무 놀란 아주머니는 들고 있던 호미마저 던져버리고는 곧장 밭 아래 방죽으로 내달려갔다. 방죽 둑에 도착할 무렵, 물속에서 허우적대던 아이는 급기야 물속으로 가라앉아버려서 더이상 보이지도 않게 되었고, 기겁을 한 아주머니는 "사람 살려!" "사람 살려!"를 목이 터져라 외쳐댔다고 한다. 때마침 방죽 아래서 논을 매던 허우대 좋은 양지편 어느 집 청

년이 한걸음에 달려와 방죽 안으로 경중경중 뛰어들어가 물에 빠진 아이를 건져내었다. 물에서 건져낸 아이를 방죽 둑 위에 눕혀놓으니, 물에 빠진 아이가 물을 얼마나 마셨는지 배는 복어마냥 불룩했고, 숨은 쉬는지 안 쉬는지 알 수조차 없었다고 한다. 허우대좋은 청년은 아이를 손 빠르게 옆으로 눕혀 들이마신 물을 다 토해내게 했고, 심폐소생술과 인공호흡을 하여 가까스로 아이를 살려냈다고 한다. 천만다행으로 운 좋게 살아남은 그 아이는 무탈하게 잘 자라 지금은 이쁜 색시 만나 자식을 셋씩이나 낳고 잘살고 있다고 한다. 어쨌거나 그 일이 있은 후, 삼박골 방죽은 종종 기적같이 살아난 사내아이의 이야기 밭이 되었다고 한다. 물에 빠진 동생을 보고 울고불고 발만 동동 구르던 열두살 소년은 그 당시 양촌마을 신작로에 살던 양봉댁네 둘째 아들 송광한이었고, 구사일생으로 죽다 살아난 아이는 그의 두 살 아래 동생 송성한이었으며, 밭매던 호미 내던져버리고 내달려간 아낙은 음촌마을 최성권의 어머니였다고 한다. 음지편음촌에는 삼박골 방죽보다 훨씬 작은 '독적골' 방죽이 하나 더 있었고, 양지편양촌에는 '쟁기난골' 방죽이 있었다. 마을마다 방죽에 얽힌 이야기들은 참으로 기이하고 다채롭다. 자칫 큰 사고로 남았을 뻔한 삼박골 방죽의 이야기가 해피엔딩으로 마무리된 것은 참으로 다행스런 일이다.

삼박골 방죽은 괴양리에서 가장 큰 방죽이다. 방죽 아래서부터 방죽 너머 위쪽 산까지를 '삼박골'이라 부른다. '삼박골'은 마을에서 멀리 떨어진 깊은 산골이어서 예전에는 사람보다는 산짐승들에게 더 친숙한 곳이었다. 숲 안쪽에는 산꼭대기로부터 흘러 내려오는 작고 아담한 계곡이 있었고, 계곡 중턱에는 작은 폭포도 있었다. 폭포 아래 납작한 돌 밑에는 작은 생명체들이 서식하고 있었는데 그것은 바로 가재였다. 물이 너무 깨끗하다 보니 다슬기는 볼 수가 없었다. 가재를 잡아다가 아궁이 불에 구워 먹으면 구수한 그 맛은 평생 잊을 수가 없다. 돌 밑 가재들은 짓궂은 사내아이들에게 들키지 않으려고 몸을 필사적으로 숨기기 바쁘고, 늘 배가 고팠던 그 시절 아이들은 돌 밑에 숨은 가재들을 절대 놓칠 리가 없다. 가재와 아이들과의 팽팽한 신경전

에서 아이들은 절대 지는 법이 없었다.

삼박골 계곡에 가재들이 살았다면 깊은 산 속에는 늑대들이 살았다. 삼박골에서 논이나 밭을 지어먹던 음, 양지편 사람들 입에서는 꼬리가 길고 눈매가 날카로운 회색 털 늑대를 봤다는 말이 종종 흘러나왔다. 해가 서산으로 넘어갈 때까지 일을 하다 보면 낮 동안 산속에 숨어있던 늑대들이 어슬렁어슬렁 산 아래로 걸어 내려온다고 한다. 늑대는 개와 비슷하게 생겼는데 다른 점은 꼬리가 좀 더 길고 땅 아래로 축 늘어져 있다고들 말한다. 아닌 게 아니라 삼박골 산속 여기저기에서는 연회색 늑대 똥이 유독 많았다. 밭일을 하던 농부들은 해가진 뒤 컴컴해지면 산속에서 어슬렁어슬렁 내려오는 늑대를 보기라도 할라치면 손에 든 연장이고 뭐고 다 팽개쳐버리고 정신없이 내달았다고 한다. 놀란 심장은 사정없이 쿵쾅대고 땅을 딛는 발은 이미 내 발이 아니요, 정신 또한 내 정신이 아니었다고 한다. 아무래도 삼박골 늑대가 귀신보다 더 무서웠던 모양이다.

삼박골 계곡에는 가재가 살고, 깊은 산속에는 늑대가 살았다면 방죽은 그야말로 뱀들의 소굴이었다. 방죽 둑을 지나는 사람들이 뱀을 보지 않고 지난 적은 단 하루도 없을 정도였으며, 그곳에는 주로 꽃뱀이나 살모사, 물자수가 많았다고 한다. 삼박골 방죽이 초여름 뱀들의 서식지였다면 한여름에는 우렁이가 넘쳐났다고 한다. 계속되는 가뭄으로 방죽 물이 말라버려 바닥을 보이면, 새까만 우렁이들만 남게 되는데, 사람들은 그때 비닐 푸대를 가지고 가서 황소 눈 만한 우렁이를 한 푸대씩 주워왔다고 한다.

삼박골 방죽은 음촌, 양촌마을의 농사를 위한 젖줄 역할을 톡톡히 했다. 마을 사람들의 소중한 삶의 장소였던 그곳. 지금은 산 아래까지 차가 들어갈 만큼 길이 닦이고 넓혀졌다. 고요하기만 했던 숲과 계곡의 모습도 많이 변해버렸다. 하기야 예전 것들 중 사람 손이 닿지 않은 곳이 얼마나 있으랴?

부모 손을 잡고 논밭을 따라다니던 철모르는 어린 자식들은 어느새 그때의 부모 나이를 훌쩍 뛰어 넘어버렸다. 살모사, 꽃뱀, 물자수, 우렁이, 가재랑 늑대도 살고 있었던, 아는 사람은 알고 모르는 사람은 모르는 그곳.

그곳에서 노닐던 새와 산짐승은 모두 어디론가 사라졌지만 골짜기를 뛰놀던 아이들 가슴 안에는 모든 것이 영원히 남아있을 것이다.

삼박골 위의 저수지

음촌마을회관 앞에는 수령이 약 250년 된 느티나무가 아래편의 탁산정과 조화를 이룬다. 백중날 삼동굿놀이가 이루어지면 농악놀이와 함께 이곳에서 당산제가 이루어진다.

음촌마을회관 앞 느티나무

음촌마을에는 양씨 재실과 샘이 3개가 있다. 샘은 남쪽, 중앙, 북쪽 골목에 있다. 마을에서 사용했던 우물은 3개가 있었으나 지금은 사용하지 않고 화재 방지용으로 뚜껑을 만들어 덮어 보존하고 있다. 그 밖에도 가볼 만한 곳들을 숨겨두고 있는데, 다음과 같다.

**지네날**혈 약산에서 마을을 감싸며 뻗어 내린 날. 마을에서는 진등이라고도 부른다.

**월천**月川 옛날에는 마을 앞 괴양천을 월천이라 하였다고 한다.

**가장모랭이들** 마을 앞들 남쪽에 위치하며 '가장들'이라고도 한다. 이 들녘 농로를 거쳐 서당골까지 연결된다.

**솔터**고개 선장각 뒤 소나무 숲이 우거진 곳으로 진등을 넘으면 독적골이다.

**못골안** 고절초등학교 위로 돌아가면 못골이다. 광주 안씨 정착조 안극충의 저택이 있었다. 못골을 한자로 지당池洞이라 부르기도 한다.

**거치실** 독적굴에 왼쪽으로 인접한 들녘

**독적굴** 도척골都尺골이라고도 하며 진등지네날 너머 들녘을 말한다. 이 지명도 안극충 현감이 이곳에 내려와 경기도 광주에 있는 고향의 지명을 붙여 지은 것이며 못골안, 거치실의 지명 연유도 같다고 한다.

**광주廣州들** 못골池洞 아래의 들녘

**하남河南들** 광주들 보산로지방도 721호선 건너 서쪽의 늘

**음촌제** 도척굴 위에 있는 저수지

**채빙골採氷골** 괴양리 산1번지로 마을 남쪽으로 음지편에 있던 지명이다. 조선시대에 얼음을 채취하여 보관하였던 곳으로 주민에 의하면 이곳은 눈이 가장 늦게 녹고 추웠기 때문인 것으로 설명한다.

음촌마을의 샘

아래의 사진은 마을 사람들이 전국을 무대로 멀리 38선부터 제주도까지 단체로 여행을 떠난 모습들을 담고 있다.

마을 사람들의 38선 방문

마을 사람들의 제주도 여행

마을 사람들의 독립기념관 탐방

## 3. 진기리 眞基里

원래 남원군 고절면 진기리 지역으로 1914년 행정구역 통폐합 때 진목리眞木里 와 내동內洞, 신기리新基里, 금계리錦溪里 각 일부를 병합하여 진목眞木에서 진眞, 신 기新基에서 기基를 한 글자씩 따서 진기리라 하고 보절면에 편입되었다. 진기리 는 칠성七星골의 민가와 갑산甲山의 민가를 포함한다. 1995년 1월 1일 남원시·군 이 통합되어 남원시 보절면 진기리가 되었다. 진목은 만행산맥 옥녀봉에서 뻗어 내린 진등을 배산으로 큰 동네를 형성하고 있으며 신기는 만행산 범바재 아래 공 시뫼와 함께 마을을 이룬다. 또한 내동은 만행지맥의 '윗뜰산' 아래 '왼골몬당'과 '진기제내동방죽' 밑으로 자리한다.

### 3_1. 구라재求螺峙의 전설이 함께하는 안골 내동內洞

내동마을은 보절면 남부에 위치하고 보절면 사무소에서는 남동쪽 방향으로 약 3.3km 지점에 위치하며 군도 19호선 순환도로진목~다산~제림평~용평에서 약 300m 에 마을입구가 있다. 마을 동쪽으로는 만행지맥의 '윗뜰산'있으며 그 아래 '왼골 몬당'과 '싸리봉안'이 있고 그 아래에 진기제가 있다. 진기제 남쪽으로는 10여 년 전에 개발되던 폐 채석장이 있다. 마을 서쪽으로는 옛 어른들이 마을의 기가 빠져 나가는 것을 억제하기 위하여 조성한 '조탑거리'가 있고 지금도 10여 그루의 소 나무와 함께 비석이 옛날을 말해주고 있다. 또한 마을 입구에서 구라재로 가는 길 에 '주막거리'라는 지명이 남아 있어 옛날 '구라재'가 산동면, 운봉면, 경상도 일 부지역과 호남, 호서, 한양을 잇는 주요 교통로였음을 짐작케 한다. 조탑거리 아 래로 '시암거리'라는 지명도 있는데 이는 이성계 장군과 관계가 있는 듯하다. 남 쪽으로는 만행산 남쪽 '풍곡재'에서 뻗어 내린 '할미성' 서쪽으로 '구라 방죽'과

진기리 전경

하늘에서 바라본 내동마을

'구라들'이 있으며 이 곳 북쪽으로 광주 안씨 세천비와 재실이 있다. 북쪽으로 안산인 '떼짝골몬당날'이 신기마을과 경계를 이루며 가로 놓여 있으며 1970년대까지만 하여도 신기마을로 넘어가는 고개가 있었다고 한다. 고개로는 위로부터 '물방골길', '떼짝골모퉁이구령목'가 있다. 내동마을과 신기마을은 단양 우씨禹氏들의 집성촌으로 예부터 잦은 왕래가 있었기 때문에 자연스럽게 만들어진 고개일 것이다. '가운데길'고개는 오늘날 '떼짝골모퉁이'가 농작로 포장이 이루어지면서 사용되지 않는다. 마을 위 '제방길'을 넘으면 '공심뫼'마을이다. 마을은 '내동천'과 '동네앞들'을 사이에 두고 '양지뜸'과 '음지뜸'으로 구분하여 불린다.

내동마을의 유래는 이렇다. 지금으로부터 약 400여 년 전에 단양 우씨 일가가 경상도 방면에서 임진왜란으로 왜구의 만행을 피해 방황하다가 북쪽으로 올라가던 중 지형이 매우 아늑하고 사방이 산으로 쌓여 외세의 침입이 어렵다는 점에 착안하여 터를 잡고 번창하여 우씨 단일씨족으로 마을을 이루어 40여 호가 살아왔다. 지금은 점차 타지방으로 이거하고 우씨 25호와 김씨 등이 들어와 30여 호의 촌락을 이루고 있다. 구한말까지는 고절방에 속했으며 마을이 안쪽에 있다 하여 '안골'이라 불렸다. 1914년 행정구역 개편으로 고절방과 보현방을 합하여 보절면이 되면서 진기리에 편입되었다. 1970년대에 다시 행정구역 분리로 인하여 안골을 한자로 표기하여 내동內洞으로 부르게 되었다.

내동마을은 특히 6·25전쟁으로 인해 피해를 많이 보았다. 1950년 6·25 한국전쟁이 일어나면서 보절면도 인공人共 치하로 들어가게 되었다. 인천상륙작전으로 남한 지역이 수복되면서 순창 회문산에서 활동하던 빨치산 일부가 퇴로가 막히면서 보절면 만행산으로 이동하여 보현사에 본부를 두고 활약한다. 이후 지리산 '남부군'을 토벌한 11사단이 만행산의 산동면 쪽에서 공격하여 만행산 주둔

빨치산을 토벌하고 뒤이어 들어온 국군이 빨치산 잔당의 소탕과 근거를 없앤다는 명분으로 만행산 아래 마을을 대부분 전소시켜 버렸다. 이 때 내동마을도 전체가 불탔다. 마을 사람들은 인근 동네에서 곁방살이를 하면서 마을을 다시 복원하였다. 하지만 이때 겪은 경제적 어려움 때문에 자녀들의 학업을 중단시킬 수밖에 없는 뼈아픈 고난의 역사가 남아있다고 주민들은 회상한다. 내동마을은 깊은 골짜기에 위치하기 때문에 농경지가 협소하고 천수답이 대부분이어서 생계가 어려웠다. 70년대 새마을 사업이 이루어지면서 전 주민이 단결하여 저수지 2개소를 설치하여 농경지 개답 및 수리시설·농토 개설 등 소득 증대에 역점을 두어 도내 최우수 새마을로 인정받았으며, 소하천 정비 및 가정권 사업 등은 주민들의 협동심과 단결력이 담긴 본보기가 되었다. 1977년도에는 전기, 1979년도에는 전화가 가설되었다. 내동 마을은 산악지대해발 300m에 위치하기 때문에 1960년대 마을 윗들 천수답을 개발하여 마을 공동으로 왜성 사과나무를 심어 과수 단지를 조성하였다. 하지만 경험 부족으로 실패하였다. 특산물로는 송이버섯 등이 유명하였다. 그러나 2005년 산불로 송이의 자생원인 소나무가 거의 전소되어 지금은 송이로 인한 농가소득이 전무한 상태이며 대신 고사리가 무성해져 봄이 되면 원근遠近에서 고사리 채취를 위하여 많은 사람들이 모여든다. 1990년대 경지정리와 동화댐 수로가 생겨 대부분 수리안전답이 되면서 농업의 획기적인 변화가 오게 된다. 2008년부터는 '구라들'을 중심으로 '유기농쌀 재배단지'를 조성하여 FTA자유무역협정에 의한 쌀 개방을 극복하면서 농가 수익을 창출하고 있다.

천황봉의 깊은 품속에 숨어 있는 내동마을은 그 이름대로 눈길을 끄는 이야기를 품고 있다.

◈구라치求螺峙, 구리재, 구라재◈

고려 말 1380년 9월우왕 6년에 왜구의 '아지발도'군이 진포에서 패한 왜구와 합세하여 가는 곳마다 약탈과 방화, 살인을 저질렀으며, 미곡을 빼앗고 고려인을 포로로 잡아 노예로 팔아넘기기도 했다. 이때 이성계 장군이 운봉 황산에 진을 친 '아지발도'군을 치기 위하여 내동마을과 진목마을 사이와 산동면 목동으로 넘어가는 고개에서 진을 치고 '할미성'을 구축하였다. 그러나 소라고동소라

로 만든 나팔을 잃어 버렸다가 산동면 목동으로 넘어가는 고개에서 찾았다고 한다. 이 고개에서 잃어버린 소라고동을 구했다고 하여 '구할 구求', '소라 라螺'하여 '소라고동을 구求한 고개'라는 뜻으로 '구라치'라 부르게 되었다고 한다. 구라재는 이성계군의 진군로인지 개선로인지 이견이 있으나 여원치 주지암에서 승리를 위한 기도를 하였다는 것을 보면 진군로가 아닐까 생각되나 전설은 전설이다.

◈시암거리와 병사방터변서방터◈

조탑거리 아래로 '시암거리'가 있으며 그 아래 '병사방터'가 있다. 두 지명은 연관성이 있다고 주민들은 말한다. 하나의 이야기는 이성계 부대가 주둔하면서 식수를 얻기 위해 파 놓은 샘이라는 것이고, 또 하나의 이야기는 병사방터가 아니라 변서방터이며 이 샘도 변서방 댁에서 파놓은 샘이라는 것이다. 하지만 구라재 전설과의 연관성으로 볼 때 전자에 가깝지 않을까 생각된다. 마을에 상수도가 들어오기 전에는 마을 사람 대부분이 이 샘물을 먹었다고 한다.

◈조탑거리◈

마을의 기가 빠져나가는 것을 억제하기 위하여 옛 어른들이 조성한 '조탑거리'가 마을 입구에 있으며 지금도 10여 그루의 소나무와 비석이 있다. 이 조탑거리를 관리하기 위한 계契가 운영되고 있다.

◈할미성합미성◈

이성계 장군이 왜군을 치기 위하여 쌓은 성이라 하며 지금도 그 흔적이 남아 있으나 미미하다. 이곳은 구라치 양쪽을 조망할 수 있다. 하지만 남원지역이 삼국시대 백제와 신라의 치열한 전쟁터라고 한다면 성의 기원은 훨씬 더 이전으로 보아야 할 것이다.

내동마을에는 감모재感慕齋, 김일손, 김해 김씨, 보절면 진기리 내동 입구, 영수재永守齋 우안택. 단양 우씨, 보절면 진기리 진목 위뜸, 경모재敬慕齋, 안극충, 광주 안씨, 보절면 진기리 구라치 등의 재실과 신기마을 출신의 우종옥禹鐘玉의 공적비, 우제삼禹濟三의 공적비가 있다.

정자나무 두 그루

그리고 정자나무가 있는데 느티나무로 수령은 약 300년이다. 회관 위 정자나무 두 그루가 수백 년 마을을 지키고 있다. 원래는 세 그루였는데 한 그루는 동네아이들이 정자나무 구멍에 불장난을 하여 타버렸고 이후 고사하고 말았다.

이외에도 가볼만 한 곳이 많다.

**윗뜰산** 마을 동쪽 만행지맥의 한 부분

**왼골몬당** 윗뜰산 왼쪽에 위치

**싸리봉안** 왼골몬당 남쪽으로 쌀봉이라고도 하며 10여 년 전 채석장이 있었다.

**조탑거리** 마을 입구에 마을의 기를 수호하기 위하여 세웠다 하며 지금은 비석이 있다.

**구라재峙** 산동면 목동으로 넘어가는 고개로 고려말 이성계 장군 설화가 있다.

**합미성** 구라재 왼쪽에 있는 성으로 이성계 장군이 쌓은 성이라고 전한다. 하지만 백제시대부터 있던 성터이며 할미성이라고도 부른다.

**풍곡風谷재** 내동에서 산동면 풍곡으로 넘어가는 고개로 지금은 길을 찾기 어렵다.

**떼짝골몬당날** 내동마을과 신기마을의 경계를 이루는 날

**물망골길** 신기에서 '공심뫼'로 넘어가는 윗길로 진기제 제방쪽에 위치한다. '제방길'이라고도 한다.

**가운데길** 떼짝골몬당날 가운데 고갯길로 신기로 넘어간다. 옛날에는 가장 많이 이용하였으나 지금은 사용하지 않는다.

**떼짝골모퉁이** 떼짝골날 끝머리로 지금은 농로포장이 되어 있다.

**양지뜸, 음지뜸** 내동마을 가운데로 흐르는 진기천을 경계로 회관 쪽을 음지뜸, 건너편을 양지뜸으로 구분한다.

**구라들** 구라재 오르는 길 왼쪽으로 펼쳐진 들. 지금은 친환경쌀 재배단지로 지자체에서 유기농재배단지로 인증하였다.

**주막거리** 진목 위 구리재 초입에 위치하며 옛날 재를 넘나드는 사람이 많았을 때 성행했던 주막으로 술도 팔고 숙박도 하였다고 전한다.

**병사방터** 이성계 장군의 군부대가 진을 쳤다는 곳으로 구리재 초입에 있다.

**시암거리** 병사방터 가까이 위치하며 최근까지 마을의 식수로 사용하였다고 한다.

내동마을 사람들

하늘에서 바라본 신기마을

### 3_2. 천연기념물 느티나무에 당산제를 지내는 마을 신기新基, 새터

신기마을은 보절면 소재지에서 남쪽 방향으로 약 3.3km 지점에 위치하며 지방도 721도로에서 군도 19호선진목~다산을 따라 400m쯤 올라가면 신기마을 입구가 있다. 마을 동쪽으로 천황봉 남부능선에 있는 '범바재산동면 배실로 넘어가는 고개'가 있으며 범바재에서 내려온 날이 마감되는 곳에 '공시메'공심뫼마을이 있다. '공시메'를 윗동네, '새터'를 아랫동네라고 부르지만 두 마을을 통칭하여 신기라고 한다. 윗동네와 아랫동네 사이에 단양 우씨 정려가 있다. 마을 서쪽으로는 '새터 앞들'이 넓게 전개되며 진목마을로 이어진다. 마을 북쪽으로 '활정제'고개를 넘어 '바딧절금계마을'이 있고 진목 뒤 '구러들'로 넘어가는 '몽롱고개'가 있다. '몽롱고개'는 70년대까지 신기, 내동 아이들이 고절초등학교를 다니던 등굣길 초입이었다. 마을 남쪽으로는 회관 앞에 천연기념물제281호로 지정된 느티나무가 마을의 역사를 말해 주고 있으며 그 옆에 단양 우씨 열녀문이 있다. 또한 마을 앞으로 하천재공천 건너에 '앞당산 날'이 가로 놓여 있다. 이 날脈은 신기마을의 안산이기도 하다. '앞당산'은 '떼짝골'이라고도 부르며 여기에는 동족 단양 우씨들이 세거를 이루는 '내동마을'로 넘어가는 고개가 세 곳이 있다. 맨 위에 있는 고개를 '물방아골', 가운데를 '떼짝골', 아래에 '모레이 모퉁이'라 부른다. 옛날 가장 이용이 많았던 '떼짝골고개'는 거의 폐쇄되고 지금은 농

작로가 된 '모레이 모퉁이'를 주로 사용한다.

신기마을의 유래는 다음과 같다. 신기는 비교적 넓은 들 가운데 터를 잡고 있는 마을이다. 1600년대에 임진왜란의 혼란기에 단양 우씨가 경상도에서 이동해 오던 중 외부로부터 잘 발견되지 않는 이 마을에 터를 잡게 되어 점차 자손이 번창하여 단일씨족 우씨의 집성촌이 형성되어 널리 알려졌다. 마을이 세워질 때 소득과 발전을 '새 터전' 위에서 닦는다 하여 '새터'라 불렸으며, 이후 행정구역 명칭을 한자표기로 고치면서 '새로울 신新', '터 기基'에서 신기新基마을로 고쳐 부르고 있다. 하지만 민간에서는 지금도 이 마을을 '새터'라고 부른 이가 많다. 공시메는 공심뫼공심산가 순화되어 부르게 된 것 같다.

신기마을의 변화 과정은 다음과 같다. 신기마을도 옆 마을 내동마을과 마찬가지로 1950년 6·25 전쟁으로 마을이 전소되었다. 그 후에 모든 주택을 다시 지었으며, 1970년대 새마을 사업으로 회관 1동, 창고 1동, 소하천 정비, 이웃 마을 간의 도로개설과 전기·전화가설로 농촌 문화생활을 할 수 있게 되었다. 1944년 저수시설로 신기제가 이룩됨으로써 마을 앞들이 수리안전답으로 조성되어 비옥한 농경지에서 쌀과 보리가 증산된다. 1980년대 마을 위 범바재와 안자골, 부딱골에 채석이 이루어지면서 이 마을 석공들의 노임소득을 향상시킨 적이 있다. 또한 위·아래 마을은 전통적으로

6·25 직후 신기마을의 결혼식 축하사진.
왼쪽 사진은 관터댁의 딸 결혼기념 사진이고,
오른쪽 사진은 우명수씨의 결혼기념 사진이다.

품앗이, 두레, 당산제 등 행사를 함께 하였으며 지금도 회관을 같이 이용하는 등 유달리 화합이 잘되는 것이 마을의 자랑이다.

마을 앞 노거수 정자나무<sup>향나무</sup>는 주민들의 좋은 휴식처가 되고 있다. 신기마을에는 천연기념물 제281호인 느티나무가 있다. 그 자태가 아름다운 이 느티나무는 600년이 된 나무로 높이 약 20m, 흉고 둘레 7.8m이다. 가지는 동서로 25m, 남북으로 26m로 넓게 퍼져 있다. 사방이 원형으로 고루 퍼져서 수형이 아름답고 수세樹勢가 양호하다. 단양 우씨가 처음 이 마을에 들어올 때 심은 것이라고 전해진다. 조선 세조 때 우공이라는 무관이 있었는데, 기골이 장대하고 힘이 세어 그를 무서워하지 않는 사람이 없었다고 한다. 어린 시절에 뒷산에 올라가서 아름드리나무를 맨손으로 뽑아 어깨에 메고 와서 마을에 심어 놓고 '이 나무를 잘 보호하라. 그렇지 않으면 그냥 두지 않겠다'는 말을 하고 떠났다. 그 뒤 우공은 세조 때 함경도에서 일어난 이시애의 난을 평정하는 데 큰 공을 세워 적개공신 3등에 책록되었으며, 후에는 경상좌도수군절도사를 지냈다. 후손들은 그의 말대로 나무를 잘 보호하고 따로 사당을 지어 한식날에 추모제를 지내왔다. 또한 천연기념물 정자나무 아래에서는 지금도 마을 사람들과 보절면발전협의회가 주관하여 보절농악단의 농악과 함께 정월 초삿날에 당산제를 지낸다.

신기마을에는 느티나무가 가장 유명하지만, 반송도 오랜 시간 신기마을 사람들을 지켜주고 있다.

신기마을 사람들의 배꼽 역할을 한 우물도 남아 있다. 남원시 보절면 진기리 신기마을회관 뒤 단양 우씨 종가인 우성희 씨 집 아래채에 있는 우물로 건물 안에 있는 원형 우물이다. 이 우물의 깊이는 600cm, 수위 250cm, 수온은 16℃로 지금도 허드렛물로 이용하고 있다. 지표면에서 약 5.5m 깊이

신기마을 느티나무(천연기념물 281호)

신기마을 반송

신기마을의 우물. 우성희 씨 집 아래채에 있다.

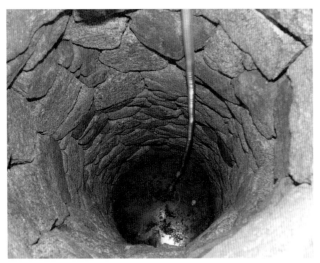

지금도 허드렛물로 이용된다.

로 굴착하였는데 바닥은 마사토이며 밑바닥에서부터 원형으로 공돌쌓기를 하였다. 지상부에는 연자방아 돌 중앙에 지름 76cm의 구멍을 뚫어 우물 위에 얹어 놓았는데 이 석재의 높이는 43cm, 두께 20cm, 바깥지름은 114cm이다. 마을회관 앞에도 큰 우물이 있었으나 마을길을 확장하면서 메워 버렸다고 한다. 외관은 과거에 비해서 많이 변했지만 그 속을 흐르는 물은 신기마을 사람들을 이어주던 그 물임에 틀림없을 것이다.

이외에도 신기마을에는 재미있는 곳들이 많다.

**공시메** 옥녀봉 뒤 남대문재에서 내려온 능선 줄기가 마을 뒷산에서 마감되는데 이를 '공심'이라 부르고 동네 이름을 '공시메'라 부른다. '공시메'의 어원은 '공심'과 '뫼山'가 합쳐져 '공심뫼', 순화된 발음으로 '공시뫼', '공시메'가 된 듯하다. 어원을 아는 이가 없어 매우 아쉽다.

**물망골** 내동 위 진목제 제방에서 공시메로 넘어가는 고개. 옛날 물레방아가 있어 붙여진 이름이다.

**떼작골** 참새를 한자로 '작雀'이라 하는데 아마 마을 인근 들이 넓어 '앞당산떼짝골'에 참새 떼가 많아 참새들이 사는 동네라는 의미로 붙여진 듯하다.

**모레이 모퉁이** '떼짝골' 아래쪽 끝머리에 위치한 모퉁이 길

**자그네실** 진목에서 신흥으로 가는 방향에서 몽롱고개 넘어서 왼쪽 지역 건방죽이 있는 지역

**빗가리** 몽롱고개와 자그네실 사이의 경사지역

**몽롱고개** 활정제에서 진목마을 뒤로 하여 구렁목들로 넘어가는 고개이다. 남부에 고절초등학교 설립 전까지 신기마을과 내동마을의 초등학생들이 보절초등학교를 다니던 통학로였다. 이때 사람들의 추억의 고개이다.

**활정제** 새터 입구에서 바딧절로 넘어가는 고개

**범바재** 옛날 머슴들이 범을 잡았다는 전설에 의하여 붙여진 듯하다는 마을 사람들의 설명이 있으나, 범바재 못가서 단양 우씨 종산宗山인 호산虎山이 있는데 호산에는 넓적한 큰 바위가 있고 이곳은 호랑이가 똥을 싸는 곳이라 하여 '호랑이바위'라 부른다. 아무래도 호산과 범바재 그리고 호랑이바위는 연관성이 있는 듯하다.

**호골** 범바재 아래 호산이 있는 골짝

**안자골** 범바재 남쪽에 있는 골짝

**부딱골** 안자골 남쪽 골짝

**쇠똥굴**물 공시메와 내동마을 사이의 골짝으로 아무리 극심한 가뭄에도 물이 마르지 않아 논농사에 도움을 주었다고 한다. 일제 강점 때 저수지신기제를 막을 때 쇠똥굴물을 가뭄에는 신기제로 흐르게 하고 평상시에는 내동마을 앞으로 흐르게 하자고 두 마을이 약속하였다 하니 이 또한 미담이 아닐 수 없다.

**바깥양재** 공심에 가옥 위쪽으로 밭이 펼쳐져 있는 지역

**사지모레이/사짓모탱이** 신기마을 입구에서 진목마을 방향으로 2백미터 정도 내려가다 보면 왼쪽으로 도로가 휘어지는 왼쪽 언덕진 부분

신기마을 사람들

**선들** 진목마을에서 신기마을로 3백미터 정도 다다랐을때 왼쪽에 마을묘지용 산과 오른쪽 하천 사이의 좁다란 들판

**땅고개** 공심에 다다르기 전에 오른쪽 '앞 당산'을 넘어가는 고개

### 3_3. 마을 화목의 상징 양진정養眞亭이 있는 [참나무정] 마을 진목眞木

만행산맥의 옥녀봉 날脈이 내려오면서 세 갈래로 갈라지는데 가운데 날이 '고깔弁谷날' 또는 진등眞嶝, 장등長嶝이라고도 부른다. 진목마을은 고깔날을 따라 양지쪽으로 마을이 길게 형성되었다. 마을은 보절면 소재지상신마을에서는 남쪽 방향으로 약 3km 지점에 있다. 지방도 721호선을 따라 갑산을 지나 차독고개를 넘으면 마을표석 왼쪽으로 200m 정도의 거리에 있는 동네 첫 들머리인 비락정지에서 마을이 시작된다. 마을은 '아랫뜸', '가운데뜸', '새뜸', '갱변뜸' 4개로 구분하여 부른다. 마을 앞에는 '앞들집앞들'이 넓게 있어 바라만 보아도 풍요롭고 지방도 721호선 아래 '솜들'과 '서젱이들'로 이어진다. 고깔날 뒤로는 햇들방죽 아래 '햇들'과 '구러들'이 있으며 북쪽 능선 고실고개 너머에 '안까래들' '원방이들'이 갑산 '앞들'로 이어진다. 진목마을 앞뒤의 '들'은 주로 이 마을 사람들의 몽리답蒙利畓이다. 따라서 괴양마을과 함께 면내에서도 풍족한 부자마을로서 큰 마을을 이루었다. 마을 동쪽의 '비까리들' 위로는 '변서방터 들'이 신기마을, 내동마을과 인접하여 위치하며 마을 서쪽으로는 꼬깔날이 '비락정지飛落停地, 일명 벼락정제'에서 마감한다. 마을 앞 '진기천'에는 '요강바위'가 있으며 매년 요강바위를 묻어준다는 전설이 있다. 진기천 건너에는 진양재眞養齋가 있고 구라재에서 뻗어온 비안날은 마을의 안산이며 그 너머가 괴양마을이다.

진목마을의 유래는 이렇다. 이 마을은 오랜 옛날부터 영호남嶺湖南과 경향京鄕을 잇는 교통로 상에 있어 가옥 몇 호가 동네를 이루며 통행인의 쉼터가 되어 왔다고 전하고 있다. 원래 마을 이름은 진터陣基였다고 한다. 이는 1397년고려 우왕 5

하늘에서 본 진목마을

년에 황산대첩의 명장 이성계가 이곳 구라치, 성적골, 합미성, 동막동에 진을 쳤다 하여 붙여진 것 같다고 전해진다. 현재의 마을 이름인 진목은 마을 당산堂山에 참나무로 지은 정자가 있어서 참나무정亭, 또는 '참남정'이 '참남쟁이'로 불렸으나 지명을 한자로 바꾸면서 진목이라 하였다. 구한말까지 고절방에 속하였으며 오랫동안 진기리에 속하다가 1959년 분리되어 진목마을이라 하는데 민간에서는 지금도 참나무정 또는 참남쟁이라 부른다. 진목마을은 1530년조선 중종 초기경 진주 형씨晉州 邢氏가 터를 잡아 마을이 형성되었으며 1640년경에 언양 김씨, 진주 소씨, 남원 양씨, 1710년경 청주 한씨, 남양 방씨, 풍천 노씨 1880년경 전주 이씨, 단양 우씨, 함안 조씨, 삭녕 최씨, 순흥 안씨, 광주 안씨 등이 입주하여 마을을 이끌어왔다. 형세적 효자정려비邢世績 孝子旌閭碑가 웃뜸 당산 주령에 있으며 1755년에 세운 어필각御筆閣이 있다. 한편 임진왜란 때 왜적을 물리친 김천일金千鎰의 후손과, 진주晉州 소권蘇權의 후손, 진주晉州 형세적의 후손, 단양 우씨, 은진 송씨, 청주 한씨 등 6성의 종각宗閣이 있어 씨족들 간의 화목이 잘 이루어지고 있다. 진목마을은 1990년대까지만 하여도 당산을 중심으로 상·하촌을 합해 112호에 달하여 면내에서도 사촌마을과 함께 큰 마을을 이루었으며 지금은 면내에서 인구가 가장 많은 마을이다.

진목마을은 아래와 같은 노력을 통해서 오늘의 모습을 갖추게 되었다. 새마을 사업이 시작되면서 마을 앞 진입로 폭 7m, 길이 1000m의 넓은 길에 도수로를 직강 공사하고, 50평의 양곡 창고와 회관 1동, 구판장 2동이 있었으며, 1977년도에 전화 사업을 완료하고, 1979년도에 전화 가설 28대와 상수도 사업 등으로 문화 농촌의 면모를 갖추게 되었다. 다음은 1970년대 새마을 사업이 한창일 때 보여주는 사진으로, 사진의 주인공은 故 조용현 씨다. 키우던 소를 내다 팔기 전에 기념으로 찍은 것으로 당시 소 한 마리 가격은 250만 원에서 300만 원을 웃돌았다.

진목마을의 현재 주업은 벼농사 위주의 농업이며 최근에 시설재배와 축산을 통한 농외소득이 급진적으로 늘어나고 있다. 진목마을 칠성골은 1970년대 과수단지가 이루어지더니 지금은 춘향 오디 가공 공장<sup>양경철</sup>이 운영되고 있어 서울의 유명 백화점에 납품하는 등 남원시의 유망 사업으로 부상하고 있다. 또한 칠성골은 1990년대 석재단지가 들어왔으나 마을의 소득과는 무관하며 최근 부지의 용도 변경이 이루어지고 있어 또 다른 변화를 예고한다. 이후 레미콘 공장이 칠성골 입구에 세워지면서 면내 교통이 번잡하다.

조용현 씨가 키우던 소를 내다 팔기 전에 기념으로 찍은 사진

한편 진목마을은 다른 지역에 비하여 개화된 문명을 일찍이 받아들여 대학 졸업생을 면내에서 가장 많이 배출하는 등 교육 수준이 높은 편이다. 이에 따라 마을 청년들은 마을의 발전과 친목을 도모하는 '진흥회'를 조직하여 활기찬 마을을 유지하고 있다. 마을의 '웃뜸'에는 정미소, 이발소, 주막, 상점이 있었으나 동네 인구가 급감하면서 대부분 사라지고 지금은 떡방앗간이 있어 면내 사람들의 이용이 활발하다. '갱변뜸'에는 2000년대에 보건진료소가 건립되어 보절면 남부지역 주민들의 건강관리에 힘쓰고 있다. 종교시설로는 진기교회가 있어 50여 명의 신도들이 이용하고 있다.

진기 마을에는 저존재著存齋, 형상, 진주 형씨 재실 보절면 진기리 아랫뜸, 영수재永守齋, 우안택, 단양 우씨, 보절면 진기리 진목, 경모재敬慕齋, 언양 김씨, 보절면 진기리 아랫뜸, 오암재鏊岩齋, 소대첨, 진주 소씨, 보절면 진기리 아랫뜸, 취정재聚精齋, 청주 한씨, 보절면 진기리 위뜸, 은진 송씨 재실비안고개, 함양 오씨 재실 등의 여러 재실이 있다. 비석으로는 차독고개 왼쪽으로 풍양 조씨<sup>남양 방씨</sup> 처열녀비와 갑산에 함양 오씨 열녀비, 그리고 형세적 효자정려비가 있다.

효자각 옆의 소나무

효자각 뒤에는 수령이 약 300년으로 추정되는 소나무가 있다. 지상 1.5m 부근에서 두 갈래로 나뉘어 자란 이 소나무는 수형이 매우 아름다웠다. 2012년 8월 태풍 볼라벤Bolaven이 몰고 온 강풍으로 여러 개의 가지가 찢어져 아쉬움을 자아낸다.

효자각 옆에는 소나무 뿐만 아니라 수령이 약 200년으로 추정되는 팽나무도 있다. 이처럼 형세적 효자각 주변으로는 노거수들이 있어 형세적의 효행을 칭송하는 듯하다.

진목마을에 있는 정자로는 양진정養眞亭이 있다. 마을 앞

효자각 옆의 팽나무

진목마을의 우물. 지금은 사용하지 않는다.

진기천 건너 진기리 산 124-1번지 '토둔내'에 있는 정자로, 1950년 건립되었다. 2001년 2월에 본동本洞 양진계 계원의 후손인 한상수가 《양진정 연혁기》를 자세하게 집필하여 비문을 세웠다.

한편 진목마을 우물은 남원시 보절면 진기리 진목마을 회관에서 우측 길을 따라 약 90m 직진한 후 좌측 길로 약 50m 전방에 위치한다. 이 우물의 깊이는 370cm이며 지름이 93cm인 원형 콘크리트로 되어 있다. 지표면에서 약 3.3m 깊이로 굴착하였는데 바닥에 폐자재들이 쌓여있어 깊이는 지금보다 더 깊었을 것으로 보인다. 밑바닥에서부터 막돌을 원형으로 쌓아올리고 지상부는 원형 콘크리트관을 설치하였다. 더이상 사용되지 않지만 그 모습이 남아 있다.

이밖에도 진목에는 가볼 만한 곳이 많다.

**아랫뜸** 마을회관 아래

**가운데뜸** 형세적 효자비와 마을회관 사이

**새뜸** 형세적 효자비 위. 윗뜸이라고도 한다.

**갱변뜸** 마을 위 진기천 변 동네

**고깔날** 마을 뒤 동산으로 진등, 장등으로도 부른다.

**비까리들** 마을 위 들녘으로 군도 19호선과 접한다.

**변서방들** 비까리들 위 변서방 터에 위치한 들녘

**햇들** 고깔날 뒤 햇들방죽 아래 들녘

**구러들** 햇들 아래 들녘으로 비락정지까지 이어진다.

**회골** 구러들 위 들녘

**안까래들** 고실고개 넘어 들녘의 위로 있는 들녘

**원방이들** 안까래들 아래 들녘으로 지방도 721호선까지 이어진다. 이성계 군의 본군本軍, 元軍이 머물렀던 곳이라 하여 '원방元坊'이라 하고 후에 이 들을 '원방이들'이라 하였다고 전한다.

**윗목너머** 마을 가운데뜸 뒤 고깔날을 넘어 안까리들로 가는 고개

**아랫목너머** 아랫뜸 뒤로 하여 꼬깔날을 넘어 안까리들로 가는 고개

**갑산들** 갑산 앞들을 말하며 원방이들과 도로를 경계로 구분된다.

**양해방죽** 마을 위에 있던 방죽으로 지금은 메워지고 없다.

**독보** 마을 앞들에 있는 보洑

**앞들** 독보 주변의 들

**가운데고지** 앞들과 촌전앞들 사이의 논

**촌전앞들** 마을 아래 물레방아거리 앞 들

**물레방아거리** 물레방아 부근의 논

**솜들** 도로 아래 들녘으로 기묘년1938년 구라재 수파水破로 모래 사장이 되었는데 당시 그 모습이 마치 하얀 솜을 깔아놓은 것처럼 보였다 하여 붙여진 이름이라고 한다.

**마분馬墳고개** 고슬고개에서 만동마을로 넘어가는 고개로 이곳에 이성계 장군의 전설과 관련된 마분이 있어 붙여진 이름이다.

**도리동산** 솜들 가운데 있는 둥그런 산으로 소나무 숲이지만 마치 커다란 옛날 무덤처럼 보인다. 지금은 토지주가 동산을 없애고 농지로 만들고 있다.

**서젱이들** 서정 앞 들녘

**서젱이瑞井** 연중 샘솟는 물이 약효가 뛰어나다 하여 붙여진 샘 이름.

**요강바위** 마을 앞 '진기천'에 있는 바위가 요강처럼 생겼다 하여 요강바위라 한다. 전설에 의하면 이 바위 때문에 동네 젊은 여자들이 바람이 난다고 전한다. 따라서 동네에서는 매년 이 바위를 묻어줘야 마을 여자들이 바람나지 않는다고 하여 매년 이 바위를 묻어 주었다 한다.

**자래밭등** 진기천에 깊은 '소沼'가 있었다고 하며 그 '소'가 있었던 자리를 지금 '자래밭등'이라고 하여 전해져 온다. 이곳은 근대까지만 하여도 동네 목욕탕으로 사용되었다 하며 낮에는 남자, 밤에는 여자들이 사용했다고 한다.

**반답들** 자라밭등에서 나오는 생수로 농사를 지었다고 한다.

**비안고개** 마을 건너 은진 송씨宋氏 재실 아래쪽에 있는 고개로 진목마을에서 괴양리로 넘어가는 고개이다. 지방도 721호선이 개통되기 전에 주로 사용한 고개로 큰 고갯길이었다.

**거치실고개** 자래밭등에서 괴양리 거치실로 넘어가는 고개.

**동매기** 구라재 오르는 길 오른쪽 골짝으로 주민들 말에 의하면 동쪽이 막혔다 하여 붙여진 이름. '동막동'이라고도 부른다.

**성적골** 동매기골 끝에서 조금 오르면 넓은 평전 같은 골짝이 있다.

**말몰무덤** 이성계 장군의 황산대첩에서 부상당한 말을 묻었다는 무덤.

**오대장골** 대장간이 있었으며 오씨吳氏 성을 가진 대장장이가 이성계 군대의 무기를 수리하였다고 전해진다.

**변卞서방터** 시기는 정확하지 않으나 이곳에 변씨卞氏 성을 가진 부자가 살았다고 전하며 이 터에서는 최근까지 옛 기왓장이 발견되었다. 터 옆에는 '시암거리'라는 샘이 있는데 변씨 일족이 사용하였을 것이라고 전한다. 아무리 가물어도 이 샘은 물이 마르지 않으며 물맛도 아주 좋다고 한다. 주민에 따라 '병사방兵士坊 터'라고도 하는데 이는 이성계군의 황산대첩시 병사들이 진을 치고 있었던 곳을 '병사방터'라 하였기 때문이다. 내동마을과 사이에 '시암거리'가 있는데 병사들이 이용하였던 샘이라고 전한다.

**비락정지飛落停地** 만행산맥 약산 북쪽에서 마을 앞으로 길게 뻗어 내린 능선은 마을의 안산이다. 이 능선은 풍수설에 의하면 기러기 세 마리가 나는 형국으로 제1안봉第1雁峰, 제2안봉第2雁峰, 제3안봉第3雁峰으로 나누어 부른다. 마을 한복판에서 괴양리 삼괴정 쪽으로 가는 직선길을 화살이라 하여 안봉雁峰을 향하여 활을 쏘면 기러기가 적중되어 떨어지는 곳을 비락정지라 한다. 이곳을 '벼락정지'라고도 하며 고깔날 끝머리라 하여 '고깔미尾'라고도 한다. '비락정지'와 '벼락정지' 중 어떻게 부르든 이곳의 지명은 진목 사람들의 공유된 추억일 것이다. 이곳에는 근대까지 당산이 있어 당산제를 지냈다 한다.

**차독고개** 지방도 721호선 도로 상에 위치하며 진목에서 갑산으로 넘어가는 고개이다. 이는 차독차돌, 석영石英이 많은 고개라 하여 붙여진 이름이다.

**병풍바위골** 구라재 방죽 위에 있는 골짝. 땔감화목으로 난방을 하던 옛날, 진기리 사람들의 초로樵路 길이다. 산동면 목동 사람들이 이 길을 막았는데 이때 초로 싸움이 이루어졌다고 한다.

**쇠도독골** 광주 안씨 재실과 병풍바위 사이에 있는 협곡. 옛날 쇠도둑들이 소를 잡아먹던 곳이라 하여 붙여진 골짝 이름으로 낮에도 혼자 가기는 섬뜩하니 무서운 골짝이라고 전한다.

**홍시골** 쇠도독골 부근에 있는 골짜기

진목마을 사람들

## 4. 금다리 錦茶里

금다리는 본래 남원군 고절면 지역으로 1914년 행정구역통합 때 호복리虎伏里와 금계리錦溪里, 신기리新基里, 다산리茶山里 일부와 보현면寶玄面 신흥리新興里 일부를 병합하여 금계錦溪의 금錦과 다산茶山의 다茶를 한 글자씩 따서 금다리라 하고 보절면에 편입되었다. 1995년 1월 1일 남원시·군이 통합되어 남원시 보절면 금다리가 되었다. 현재 금다리에는 금계錦溪, 호복동虎伏洞, 다산茶山 등 세 마을이 있다. 금계는 만행산맥 옥녀봉 아래 풍수설에 의한 옥녀직금玉女織錦의 형국에 위치하며 호복동은 만행산 용날과 옴벵이골 아래에 평파를 이룬 몬당뜸사리봉고개에 위치한다. 다산은 태자봉작은 천황봉 능선의 번덕을 배산으로 하여 위치한다. 금다리 세 마을은 1980년대 남부순환도로가 개설되면서 교통이 편리해졌다.

### 4_1. 옥녀직금玉女織錦의 명당에 터 잡은 금계錦溪 마을바딧절

금계마을은 보절면 소재지에서 남쪽 방향 약 3km 지점에 위치하며 다산마을과 신기마을 사이에 위치한다. 이 마을은 해발 280m에 위치하며 주변 산세가 수려하기 그지없다. 마을 동쪽이 만행산의 능선으로 '옴뱅이' 골짜기에서 귀정사歸政寺로 넘어가는 '남대문재'가 있고, 이 마을의 으뜸가는 이야기 소재인 옥녀봉587m이 있다. '옥녀봉玉女峰'은 중앙으로 '도장골', 왼쪽으로 '가는골', 오른쪽으로 '성적골' 골짜기를 이루며 그 아래로 '옥녀직금'의 명당 터가 있다. 도장골에는 쌍송정雙松亭이라는 정자가 있었다고 전하지만 지금은 흔적을 찾기 어렵다. 명당에 대한 설명을 간단히 하면 '옥녀봉587m' 아래로 베를 짜는 것과 관련되는 '꾸리바위'

하늘에서 바라본 금계마을

와 '북봉'이 있고 다시 그 아래로 '옥녀소沼'와 '기름그릇샘'이 있으며, 동네 북쪽으로 '베맨지봉', 남쪽으로 '돌것봉'이 있다. 동네도 '웃멀'과 '아랫멀'로 구분되는데 지금도 '웃멀', '아랫멀' 사이에는 5~6마지기 정도의 논이 있지만 예부터 가옥을 짓지 않았다고 한다. 이유는 이곳은 옥녀가 베를 짤 때 북이 나르고 '바디치는' 곳에 해당되는 지역이라 이곳에 집을 지으면 집이 넘어간다는 풍수지리의 속설이 있었기 때문이다. 서쪽으로는 군도 19호선 도로 건너 '동네앞들'이 펼쳐 있고 '새터앞들'로 연결되면서 진목마을 배산이 되는 '진등眞登'으로 이어진다. 남쪽 언덕배기에는 정월보름에 당산제를 지내고 망우리望月이, 달집태우기를 하던 당산이 있어 지금도 그 옆에는 가옥이 몇 채 있다. 그 위로 '홍총洪塚'이라 불리는 분묘군墳墓群이 있는데 오랜 옛날 이 마을에 살다가 떠난 홍씨洪氏들의 묘지일 것이라고 전해온다. '홍총'과 '들것봉' 사이에 1940년에 축조된 신기제 저수지가 있다. '들것봉'은 신기마을 '공심뫼'로 이어지며 그 아래로 펼쳐진 들이 '재들'이다. 북쪽으로 군도 19호선을 따라가면 '봉고개' 너머에 호복동 '몬당뜸'이 나오며 이 길로 더 가면 군 사격장 정문이 있는 '다메고개'를 지나 다산마을에 이른다.

금계의 유래는 이렇다. 전설에 의하면 약 300여 년 전 괴양리 양촌의 광주 안씨 문중에서 효행이 지극한 사람이 있었다. 아버지가 돌아가시자 그는 명당자리를 찾아 주위 산천을 두루 살피다가 이 금계마을 뒷산에 영구靈柩를 운반하여 무덤을 만들고 그 옆에 움막을 지어 10년 동안을 시묘살이를 하였다. 그래도 아버지를 남겨둔 채 떠나갈 수 없는 효심으로 모든 가족을 데리고 이곳으로 이사해 왔다. 이것이 이 마을이 생기게 된 첫 동기이며 그 후로 수원 백씨白氏와 장수 황씨黃氏가 들어와 지금까지 그 후손들이 주로 살고 있다. 옥녀봉 아래에 자리를 잡은 금계마을은 풍수설에 의하면 옥녀가 베를 짠다는 직금織錦의 명당이 있다. 그래서 마을 이름을 베 짜는 데 필요한 바디와 같다 하여 '바딧절'이라고 불렀으며 한때 한자로 '바디 성筬'과 '마을 촌村'을 합하여 '성촌筬村'이라 부르기도 하였다. 마을 안에 우물을 파지 못하고, 마을로부터 1km 밖에서 식수를 떠오는 불편이 따랐다고 한다. 바딧절은 고절방에 속하였으며 1970년대에 금계마을로 분리되었으나 법정리는 금다리에 속한다.

금계는 1950년대 이 마을도 빨치산 근거지가 될 수 있다며 국군들이 모든 가옥을 전소시켰기 때문에 수복과 더불어 주택을 복구할 때에는 농가를 많이 개량하였다. 1970년대에 새마을지도자 백갑선과 자치회장 백병두 등의 헌신적 노력과 마을 주민들의 적극적인 협조로 새마을 사업 전국 제1의 모범 마을로 선정되어 대통령 표창을 받은 바 있다. 주산물은 쌀과 보리 위주의 농업이었으나 새마을 사업 이후 안길, 진입로, 전기시설, 공동우물 등을 개발하고 회관건립, 농로확장 등으로 괄목할 만큼 발전했다.

현재는 미꾸라지 양식장, 오미자 재배 등 부업의 확장으로 농외소득이 늘어나 이제는 면내에서도 가장 잘 사는 문화농촌이 되었다. 이름이 곱고 맑은 금계에는 전해지는 이야기도 아름답고 재미있다.

옥녀봉 아래에 자리를 잡은 금계마을은 풍수설에 의하면 옥녀가 베를 짠다는 직금의 명당이 있다. 그래서 마을 이름을 베 짜는 데 필요한 바디와 같다 하여 '바딧절'이라고 불렀다

1976년 새마을 운동 때 마을길을 넓히는 공사 현장

### ◈당산제와 농기세배農旗歲拜◈

매년 정월 대보름에 커다란 농기農旗를 마을 앞 당산에 세우고 망우리 행사와 함께 당산제를 지냈다고 한다. 또한 마을 사람들은 농기에 세배를 하면서 풍년을 기원하였다고 한다. 농기는 세월이 흘러 보존되지 못했다고 한다.

### ◈수원 백씨水原 白氏 양대兩大 진사進士의 마을◈

조선말 진사가 두 명이 있는 면내 유일한 마을로서 수원 백씨 문중은 물론 이 마을의 긍지가 되었다고 한다.

### ◈옥녀玉女를 짝사랑한 승려와 부처 이야기◈

이 마을 전설의 주인공인 옥녀옥녀봉를 짝사랑한 주인공은 만행산 시루봉바리봉과 신흥사신흥마을 위에 있었다는 절 돌부처였다고 한다. 시루봉은 승려가 바리를 등에 짊어진 형국의 산으로 바리봉으로 불리기도 하는데 마치 승려바리봉가 옥녀옥녀봉를 뒤돌아보는 형국으로 옥녀가 부끄러워하였다는 이야기가 있고, 신흥사 돌부처는 밤낮없이 옥녀를 바라보는 형국으로 옥녀의 마음이 편하지 않았을 것이라는 이야기도 있다. 때문에 이 마을 청장년들이 어느 날 신흥사 돌부처를 혼을 냈다고 하는데 이때 돌부처가 두 동강이 났다고 한다. 신흥사는 언젠가 사라지고 없지만 두 동강난 부처는 근년에 복원하였다.

금계 사람들을 이어주던 탯줄과도 같은 우물 중 하나가 아직까지 남아 있다. 남금계마을 승강장에서 금계길을 따라 약 400m를 올라가다 길이 끝나는 좌측에 위치한다. 큰샘의 깊이는 144cm, 수위 116cm, 수온은 15℃이며 지표면에서 약 1.2m 깊이로 굴착하였는데 바닥은 암석이고 밑바닥에서부터 2단으로 공돌쌓기를 하고 그 위로 넓은 석재를 가공한 판석을 설치하였다. 판석 한 변의 길이는 170cm, 폭 40cm, 두께 25cm 내외이며 뒤쪽 석재는 귀틀을 짜고 좌우와 앞쪽의 석재는 일자형이며 뒤쪽에서부터 앞쪽까지 3단으로 층급을 두어 설치하였으며 앞쪽 석재 상단에 홈을 내어 수구를 설치하였다.

금계마을의 샘

금계마을의 노거수

우물뿐만 아니라, 금계마을에는 수령이 약 600년인 느티나무가 아직까지 우뚝 서서 금계 사람들을 지켜주고 있다. 정월 대보름이면 당산의 느티나무에 농기를 세우고 풍년을 기원하며 마을의 안녕과 무병장수를 염원하는 당산제를 오랫동안 지내왔으나 지금은 지내지 않는다. 보호수로 지정되어 현재는 나라의 보호를 받고 있다.

금계에는 황씨 재실과 장흥고공 택주부인長興高公宅桂夫人, 김해김씨성심화효행기적비金海金氏誠心華孝行紀蹟碑가 있다. 천황봉 골짜기 사이로 아름다운 전설이 내려오는 금계에는 사람들을 유혹하는 곱고 귀여운 지명이 많이 있다.

**옥녀봉** 만행산맥에 위치하며 금계마을 뒷산을 말한다.

**바딧절** 금계마을의 원래 이름. 윗뜸과 아래뜸 사이에 '바디'가 지나간다 하여 붙여진 마을 이름이다. 하지만 '절'과 '바디'와 합해진 것을 보면 오랜 옛날에는 마을이 절터였을지도 모른다.

**남대문재** 산동면 귀정사로 넘어가는 고개. 호복동 윗뜸에서 옴벵이골을 거쳐 옥녀봉 뒤 산마루 고개를 말한다.

**쌍송정** 도장골 아래에 있었다는 정자. 지금은 흔적을 찾기 어렵다.

**꾸리바위** 베를 짤 때 실꾸리처럼 생긴 바위. 도장골 아래에 있다.

**북봉** 베를 짤 때 날줄이 되는 실꾸리를 담는 그릇. 꾸리바위 가까이 있는 동산이다.

**옥녀소**沼 꾸리바위와 옥봉 아래에 위치한 연못으로 옥녀가 목욕하던 곳

**베맨지봉** 옥녀가 짠 베를 풀질하기 위해 매어 놓은 곳이라 하여 붙여진 이름. 마을 북쪽의 낮은 능선이다.

**들것봉** 베를 짤 때 날줄의 교차를 위하여 오른발을 들었다 내렸다 하는데 마치 옥녀가 발을 들었을 때 모습과 같다 하여 붙여진 지명이다.

**홍총**洪塚**무덤군** 마을 남쪽으로 신기제 가는 길가에 있었다. 지금은 저수지를 막으면서 많이 훼손되었다.

**웃멀** 마을에는 베틀에서 바디를 당기는 범위의 지역이 있는데 그 윗동네를 웃멀이라 부른다.

**아랫멀** 마을에는 베틀에서 바디를 당기는 범위의 지역이 있는데 그 아랫동네를 아랫멀이라 부른다.

**동네앞들** 마을 앞들

**옴벵이골** 호복동과 금계마을 사이의 골짝

**도장골** 옥녀봉 가운데 골짝

**가는골** 옥녀봉 북쪽 골짝

**성적골** 옥녀봉 남쪽 골짝

**봉고개** 마을에서 호복동으로 넘어가는 고개

금계마을 사람들

## 4_2. 용龍날과 호랑이 명당에 자리잡은 마을 호복동虎伏洞

호랑이가 누워 있다는 호복동은 보절면사무소에서 동남쪽으로 약 3km 지점 군도 19호선진목~다산·용평이 지나는 고개마루에 위치한다. 이 고개마루를 '몬당뜸' 이라고 부르나 이 마을 사람들은 '싸리봉고개'라고도 부른다. 마을은 군도 19호선을 경계로 '위뜸'과 '아래뜸', 그리고 '개울가'로 구분된다. 마을 동쪽은 용날옴벵이골 왼쪽 능선이 힘차게 내려오면서 평파坪坡를 이룬다. 서쪽으로 금계저수지가 있고 저수지 위에 정자가 있으며 아래로 '안가래들'과 이어서 '원방이들'이 넓게 전개된다. 남쪽으로 군도를 따라 500m쯤 가면 금계마을이 나온다. 북쪽으로는 군도 19호선을 따라가면 다뫼고개가 나오고 장자울모퉁이를 지나 다뫼사거리가 나온다. 마을 동쪽 '옴벵이골' 마루턱이 산동면 대상리 '귀정사'로 넘어가는 '남대문재'이다.

호복동의 유래는 다음과 같다. 사실 마을의 역사가 짧고 마을의 규모도 적어 행정구역상 다산마을에 포함되어 왔다. 호복동은 덕과면 만동마을안동네의 정착조인 매헌梅軒 소산복蘇山福 9세손광택의 둘째 주영周永이 조선 말 마을 북쪽의 맑은 개울가에 터를 잡아 소씨 일가가 이루어졌다. 이들은 학문이 높아 유유자적하며 인근 유림과 친교를 하며 지냈으며 인근 학동의 접장接長생활을 하였다고 전한다. 이후 고개 길 아래에도 소씨 일가와 방씨가 마을을 이루고, 길 위에는 소씨, 양씨, 박씨, 최씨가 터를 잡아 마을이 이루어진다. 현재 길 위로 정착조 시제를 지내기 위한 소씨 재실이 최근에 가수 소명본명 명호의 부친 소공의 주선으로 지어졌다.

호복동은 마을이 해발고도 250m 이상의 몬당에 위치하므로 논농사보다는 밭농사 위주의 농업이 이루어졌으며 그나마 경작지가 적은 편이다. 남대문재를

하늘에서 바라본 호복동

넘어가는 초입 마을로 경관이 수려하고 마을 앞 전망이 뛰어나다. 마을 아래 세워진 정자가 저수지의 풍치風致에 격을 높이며 마을도 융성하였으나 이촌향도의 거센 바람에 마을의 인구가 줄면서 옛 멋은 사라지고 정자만 외로이 저수지를 바라보고 있다. 하지만 주민들은 마을의 쇠락을 염려하면서도 모든 게 친환경적이고 경관이 좋아 귀농귀촌의 1번지라고 자랑한다.

호복동은 이곳의 지형이 만행산 호랑이가 먹이를 찾아 엎드린 형국이라 하여 '범 호虎', '엎드릴 복伏'하여 호복동虎伏洞이라 하였으며 호랑이와 관련된 이야기가 많이 있다.

### ◈ 소병일周永의 次子 공적비 ◈

성품이 다정다감한 소공은 개울가에 살면서 사랑방을 개방하여 지나가는 과객들의 숙식을 제공하는 등 덕행을 베풀어 칭송이 자자했다. 이에 과객들은 소공의 덕행을 기리기 위하여 인근 바위거리에 공적비를 세웠다. 이후 정자가 지어졌지만 세월이 흐르면서 관리가 부실하여 없어졌고 공적비도 소牛가 머리로 들이받아 부러져 버렸다고 한다. 이후에 공적비는 마을사람들이 다시 세웠지만 정자는 끝내 복원되지 못하였다고 한다.

### ◈ 백白부자 이야기 ◈

인근 마을에 가난하지만 착한 백씨白氏가 살고 있었는데, 어느 날 도승道僧이 백씨 집에 머물며 백씨의 신세를 갚기 위해 명당자리를 잡아주면서 자손의 발복發福을 재물과 출세 중에 하나만 택하라고 하였다. 백씨는 가난에 찌든 생활이 너무 힘들어 재물을 택했고 도승은 명당을 잡아 주면서 묏자리 옆 호수의 물이 마르지 않도록 하라고 당부하면서 떠났다고 한다. 이 명당이 호목虎目명당이다. 이리하여 만석을 이룬 백부자는 어느 날, 몽리답 관리를 위하여 저수지를 막게 되었는데 이때 새로 막은 저수지 아래 호수의 물이 마르고 호목이 저수지 물에 잠기면서 살림이 기울기 시작하였다고 하는 설화가 있다. 아닌 게 아니라 호랑이 눈이 가렸으니 먹이를 구하기 어렵겠다. 하지만 설화일 뿐이고 이 저수지는 '안가래들' 몽리답 지주들의 자금으로 일본인 건설업자들이 막았다고 촌노들은 기억을 더듬어 주었다.

### ◈ 용호상박龍虎相搏과 싸리봉고개 ◈

'사리봉고개'가 '싸리봉고개'로 불린 듯하다. 호복동은 호랑이가 엎드려 먹이를 노려보고 있는 형국이기도 하지만 용이 사리고 있는 형국이기도 하다. 즉 시루봉과 남대문재 사이의 용날이 동네로 내려와 마치 용이 몬당고개를 중심으로 또아리를 틀고 있는 형국이라 하여 사리봉고개라 주민들은 설명하면서 싸리나무가 많아서 붙여진 이름이 아니라고 설명을 덧붙인다. 이렇게 보면 호복동 마을은 용호상박 천혜의 명당이 아닌가 생각된다.

### ◈ 남대문재 ◈

남대문재는 보절, 덕과 사람들이 옥녀봉 뒤쪽으로 하여 귀정사를 다녔던 고개다. 귀정사는 산동면 사람들보다도 보절 사람들이 자주 찾는 기복사찰祈福寺刹이 아니었던가 생각된다. 왜냐하면 보절면 사람들이 산동면 쪽 사람들 보다는 천황봉에 대한 명산 개념이 훨씬 크기 때문이다. 그럴 수밖에 없는 것은 산동면 쪽에서 바라본 만행산 얼굴보다 보절, 사매, 덕과, 오수 쪽에서 본 만행산의 얼굴이 훨씬 잘 생겼다. 또한 고려시대 국교는 불교이고 조선시대는 유교사회라 할지라도 민간에서는 불교를 숭상하였다.

이러한 연유로 보절뿐 아니라 오수를 비롯한 인근의 많은 주민들이 사월초파일에는 물론 집안의 대소사가 있을 때 남대문재를 넘어 이 절을 찾았을 것으로 본다.

호복동도 대한민국의 산하에 있는 고개, 여울, 모퉁이가 모두 제 이름을 지니고 있음을 보여준다.

**몬당뜸** 마을이 고개 몬당의 위아래에 위치하기 때문에 옛날부터 마을을 몬당뜸이라고도 하였다.

**싸리봉고개** 몬당뜸 고갯마루를 싸리봉고개라고도 부른다.

**장자울** 호복동에서 다산가는 길 중간쯤 길가에 있다. 옛날부터 작은 마을이 있었으며 이곳에 장자長者, 큰 부자가 날 것이라는 풍수지리에서 유래된 듯하다.

**장자울모퉁이** 호복동에서 다산가는 길가 모퉁이.

## 4_3. 쌍둥이 조탑造塔의 효험이 지키는 마을 다산茶山

이름이 맑고 따뜻한 다산마을은 보절면 소재지에서 동남쪽으로 약 2km 지점에 위치한다. 마을 앞 군도 19호선진목~다산-용평은 서쪽 소재지로 연결되고 남쪽으로 호복동을 거쳐 금계, 신기, 진목마을로 이어지며 북쪽으로 용평, 사촌으로 연결된다. 다산이란 마을 이름에 나타나듯이 겨울에도 다른 지역에 비하여 따뜻하고 포근한 마을이다. 마을 동쪽의 '태자봉작은 천황봉' 날은 서쪽으로 뻗어 내리면서 번덕을 이루며 마을을 경계로 윗번덕과 아랫번덕으로 구분한다. 아랫번덕은 다시 세 개의 날로 나뉘는데 짚으실 골짝 북쪽으로 뻗은 날은 강지매모퉁이에서 마감되고, 가운데 날은 중고개를 거쳐 상신마을 배산을 이루며 보절초등학교와 보절농협으로 진행하여 검내미에서 마감한다. 가장굴 남쪽 날은 남원축협의 축사 아래에서 벌동산이들을 펼치면서 보절교회와 주장고개를 거쳐 보절중학교 아래 번덕에서 마감된다. 마을 뒤쪽의 아랫 번덕을 마을 사람들은 '뒷번덕'이라 부른다. 이곳은 넓다란 평원을 이루기 때문에 60년대 동양제사공장에서 '치잠용 상전稚蠶用桑田'으로 개발하였으나 양잠업이 사양길로 접어들면서 각종 잡곡을 생산하는 밭으로 이용되다가 2014년 약 1만여 평의 부지에 태양광발전소가 설치되었다. 태양광발전소 아래 3만여 평의 부지에는 남원축협에서 운영하는 축사가 있으나 운영난을 겪는지 한산하다. 또한 태양광발전소 위로는 용정암 가는 길이 북쪽으로 있고 또한 중당골을 거쳐 태자봉으로 올라가는 등산길이 동쪽으로 있다. 마을 앞 냇가 건너 '감남골'이 있으며 동네 앞 '말랑들' 아래로 '솔배기들'이다. 마을 앞 다산천은 안래산 방죽으로 흘러든다. 다산천을 경계로 남쪽을 음지들이라 하고 북쪽을 양지들이라 한다. 안래산雁來山 남쪽으로 풍양 조씨 재실이 있으며 재실 앞들

하늘에서 본 다산마을

보절 이야기

용정암

을 '안래산앞들'이라고 한다. 다산마을 남동쪽의 다산방죽은 2007년 축조된 용평제龍湖의 물을 받아 저장하며, 이 물은 말랑들, 솔배기들, 음지들, 양지들을 수리안전답이 되게 하였다.

다산의 유래는 다음과 같다. 지금으로부터 약 400여 년 전 조선시대 중엽에 풍천 임씨豊川 任氏 일가가 임진왜란을 피하여 방황하다가 천황봉 산 아래 터가 넓고 땅이 기름져 이곳을 피난지로 정착하여 살게 된 것이 마을의 시초가 되었다고 한다. 그로부터 150년 후 전주 이씨, 언양 김씨, 서산 유씨가 들어와 오늘에 이르며 임씨들은 중현마을로 이거하였고 한때 20여 성씨가 살던 마을에 지금은 김씨, 유씨, 이씨, 강씨, 오씨, 정씨, 배씨, 마씨, 양씨 등이 살고 있다. 1961년도에 난민 정착 사업으로 무주택자를 모아 마을 뒤에 정책농원을 마련, 25호를 이주시켰는데 이후 마을은 70여 호의 큰 마을을 이루었다. 만행산 태자봉 날이 서쪽으로 내려오면서 평파를 이룬 번덕을 배산으로 한 이 마을은 표고標高에 비해 기후가 온화하여 예부터 차茶나무 숲이 있었다고 하며 이 때문에 마을을 '다뫼'라 하였고 한자로 표기하면서 '차 다茶', '뫼 산山'하여 다산茶山이 되었다.

다산은 이렇게 변해 왔다. 이 마을은 만행산의 중당골 아래 준산간지역에 위치하고 있어 옛날부터 발전성이 희박하였으나 1960년대 초에 소재지로부터 진입로를 개설하여 차량이 마을까지 왕래하게 되고, 이어서 1961년도 취로사업으로 다뫼, 바딧절, 새터 간의 도로개설이 변화의 실마리가 된다. 보절면 숙원사업이었던 다산~용평 간 도로가 2015년 개통되어 진기~다산~용평으로 이어지는 도로의 중간거점으로서 마을의 새로운 변화가 예고된다. 마을의 특징은 해발 909m의 천황봉 아래 위치한 산촌마을로서 동풍동부새이 강하여 전답 작물에 피해가 많다. 1950년대 다산제 저수지가 만들어져 가뭄극복에 일부 도움이 되었으나 들이 넓어 가뭄이 심할 때에는 그 피해를 극복하기가 어려웠다. 2007년 용평제가 막아짐으로써 '말랑들'을 비롯한 '벌뜰', '안래산앞들' 등 다산 주변의 전답

1950년 다산마을을 가꾼 동네 새댁들이 결혼식에서 찍은 단체사진이다.

이 모두 수리안전답이 되어 다산마을의 획기적인 변화를 가져왔다.

가뭄의 피해를 아예 피해갈 순 없었지만 다산마을 곳곳에 있는 우물은 사람들에게 큰 힘이 되어 주었다. 다산마을에는 3개의 샘과 우물이 있는데 첫 번째 아랫샘은 마을회관을 지나 좌측 길로 60m 떨어진 곳에 위치하고 있다. 샘의 깊이는 410cm, 수량 200cm, 수온은 18℃이며 지표면에서 3.7m 깊이로 굴착하고 바닥은 흙이며 밑바닥에서부터 막돌 쌓기를 하고 지상부는 사각 콘크리트 구조이다.

두 번째 개인샘은 마을회관에서 직진하여 90m 올라가 좌측 길로 꺾어 다산길 26번지 서상덕 씨 집 장독대 옆에 위치한다. 샘의 깊이는 80cm, 가로 120cm, 세로 90cm, 수위 53cm, 수온은 16℃이며 바닥은 암석과 흙이며 밑바닥에서부터 사각으로 막돌 쌓기를 하고 지상부는 콘크리트 블록을 쌓았다.

윗샘은 첫 번째 샘에서 다산길을 따라 위쪽, 다산길 43번지 앞의 소나무 숲속에 있는 우물이다. 깊이 720cm, 지름 116cm이며 지표면에서 약 7m 깊이로 굴착하고 밑바닥에서부터 막돌 쌓기를 했고 지상부는 원형 콘크리트관을 설치하였다. 지하수와 농업용수 개발로 몇 년 전부터 물이 줄어들기 시작하여 지금은 우물바닥이 드러나 있다.

다산마을 아랫샘

서상덕 씨 집 장독대 옆 우물

다산마을의 윗샘. 우물바닥이 드러나 있다.

또한 오디뽕나무 재배가 재개되어 오디의 소득농업도 활발하다. 마을 뒤 번덕은 대부분의 주민이 타지로 이주하면서 5가구만 남았다. 밭으로 이용되었던 동네 아래의 있는 평지에는 대부분 태양광발전소가 설치되었다. 보절십이경寶節十二景의 하나인 마을 아래 '다산송림茶山松林'의 터에는 옛 모습을 찾으려는 노력으로 소나무를 심고 정자를 세웠다. 도로 건너에는 음식점으로 '우리가든'이 있어 면내뿐 아니라 남원 시내에서도 찾는 이가 많다.

다산 송림에 가만히 앉아서 천황봉의 바람을 쐬다 보면, 천황봉이 다산마을에 대해서 전해주는 이야기가 들릴 것이다.

다산송림 터에 심어진 소나무

### ◈ 쌍둥이 '조탑造塔'과 위친계爲親契 ◈

마을 입구 양 옆에는 마을 수호를 상징하는 탑 2기가 오래전부터 있었다. 이 탑이 세워진 이유를 마을 사람들은 '괴질이나 액운이 마을에 들어올 수 없게 하여 동네 사람들에게 심리적 안정을 주고, 이곳을 통과하는 사람들도 괴질이나 액운을 털어버리고 들어와야 동티가 나지 않는다는 주술적 의미로 조상님들이 세웠다'고 말한다. 조탑의 축조 시기는 아마 동네 조성 시기와 비슷할 것으로 보인다. 이 마을 청년들은 일찍이 '다산 위친계'를 조직하여 운영이 활발하며 지금도 애경사가 있을 때에는 객지에 나가 있는 계원들까지 빠지지 않고 참석하여 기쁨을 보태고 슬픔을 나눈다. 여러 성씨가 모여 살면서도 화목한 마을을 이루고 살아가는 것을 보면 마을의 수호탑인 조탑의 조화가 아닌가 싶다. 조탑에 얽힌 이야기도 있다. 신작로군도를 내면서 조탑이 무너졌는데 오랫동안 방치하였다고 한다. 이 무렵 마을에 아주머니 한 분이 병에 걸려 사경을 헤매는데 백약이 무효하였다. 다급한 가족들은 점쟁이를 불러 점을 치니 마을 입구의 조탑이 무너져 난 병이라는 점괘를 내놓았다. 이에 마을 사람들은 협심하여 조탑을 다시 쌓았는데 아주머니의 병이 씻은 듯이 나아 오랫동안 장수하여 80여 세까지 살았다고 한다. 조탑의 개축으로 효험을 실제 경험한 마을 사람들은 이후 조탑에 대한 신심이 더욱 두터워지고 신성시 하게 되었다고 한다.

쌍둥이 조탑

### ◈ 개미가 없는 '숲거리' 이야기 ◈

마을 입구에는 한때 보절팔경寶節八景 중 하나인 다산송림이 있어 유명하였다. 그 아래는 여름으로 시원한 송림 아래 자연석이 놓여 있어 오가는 사람들의 휴식처로 제공되었으며 경관이 아름다워 찾는 이들도 많았다. 마을 사람들은 이곳을 '숲거리'라 하였다. 송림 아래 넓적한 자연석은 언젠가 사라지고 없지만 지금도 왕래하는 객들의 휴식처가 되고 있다. 전설에 의하면 이곳을 지나던 도사가 그늘 밑에 쉬다가 깜빡 잠이 들었는데 개미들이 하도 귀찮게 굴자 도술을 부려 개미를 멸종시켰다고 한다. 이후부터 숲거리에 개미가 없어졌다는 전설이 내려왔다. 그러나 다산송림의 명성은 홍수와 무관심으로 옛 모습을 찾아보기는 어렵다. 옛날 유명세를 복원하기 위해 마을 사람들이 마을 진입로 4~500m 구간에 벚꽃나무를 심고 숲거리에 소나무를 심는 등 노력하고 있다.

### ◈ 회화나무홰나무 ◈

마을회관 앞에 수백 년 된 회화나무는 총생들이 잘되기를 바라는 마음으로 심어졌다. 중국이 원산지인 회화나무는 중국인도 상서로운 나무로 생각하여 매우 귀하게 여기고, 또한 회화나무를 문 앞에 심어두면 잡귀신의 접근을 막아 그 집안이나 마을이 내내 평안할 수 있다고 알려져 있다. 옛 선비들은 이사를 가면 마을 입구에 먼저 회화나무를 심어 '학문을 게을리하지 않는 선비가 사는 곳'임을 만천하에 천명했는데, 이 회화나무는 후손과 후생들에게 이렇듯 귀중한 회화나무를 일찍이 조상들이 심은 뜻을 전하고 있다.

◈다뫼에서 어린 시절을 보냈던 소녀 혜순의 이야기◈

김혜순은 다뫼에서 태어나 보절초등학교와 보절 중학교를 다녔다. 중학교를 다닐 때의 일이다. 학교 배구부에 가입하여 배구 연습을 하다보면 항상 어스름하게 어둠이 깔릴 쯤에야 집에 갈 수 있었다. 지금이야 도로 포장이 되어서 차가 다니지만 당시에는 소재지에 있는 중학교에서 다뫼까지 걸어가는 것이 어린 소녀의 마음에 보통 일이 아니었다. 돌 자갈밭 길을 걸어야 하고, 신흥 방죽을 지나 중고개를 넘어서 한참을 걸어야 천황봉을 머리에 이고 있는 마을에 도착하기 때문이다. 다뫼로 가는 길은 꼬불꼬불하고 오르락내리락해서 밤중에 산길을 가다보면 어른도 헛것을 보기 일쑤다. 그도 그럴 것이 다뫼로 올라가는 산길은 명당이라고 해서 묘가 많았다. 아무리 낮이라 해도 혼자 가면 무서운 길이라 어린 소녀 혼자 가는 게 쉽지 않았다. 하루는 여느 때처럼 학교에 가려고 묘지가 있는 산길을 내려가는데 마침 묘를 이장하는 날이었다. 아침부터 묘를 파는 광경을 보았는데 그 자체로 무서웠다. 그래서였을까, 해질녘 어스름한 저녁에 배구를 마치고 다뫼로 올라가는 길은 평소보다 더 무서웠다. 아니나 다를까 멀리서 귀신같은 하얀 형체가 눈에 띄더란다. 등골이 오싹해져서 시선을 앞으로만 고정하고 그 길을 도망쳤다. 땀이 비 오듯이 흘렀다. 그것도 모르고 앞만 보고 내달렸다. 오르막인 줄도 모르고 달렸다. 간신히 집에 도착했다. 엄마한테 하소연하고 싶었다. 그날은 하필 모내기를 하는 날이었다. 엄마는 일꾼들 저녁 차려주느라 겁에 질린 어린 딸은 안중에도 두지 않았다. 심부름만 잔뜩 시켰다. 어린 소녀는 심부름을 하느라 이리저리 바삐 뛰다 보니 무서운 생각은 싹 가시고 말았다. 그래서일까, 무서우면 뛰는 게 상책이라는 생각을 지금도 하고 있어서 보절 사람들이 일요일

아침에 모여서 한강을 뛰는 모임인 천황봉 마라톤 클럽 '천마클'에 열심히 참여하고 있다. 아무튼, 언제 그랬냐 싶게 무섭다는 생각을 떨치고 그날 밤은 잠을 푹 잘 수가 있었다. 그런데 아침에 일어나서 다시 산을 올라 학교로 가다보니 전날 본 하얀 형체가 다시 보였다. 그 하얀 형체가 그냥 헛것이 아니고 진짜배기 형체였다. 가까이 가서 자세히 보니 '산불조심'이라고 쓰인 입간판이었다. '산불조심'이라는 입간판이 천황봉을 지키는 근대화 귀신이었던 시절의 이야기다.

다산에도 이곳에서 살던 옛사람들의 숨결을 타고 불렸던 예쁘고 소박한 땅의 이름이 많다.

**중당골** 왜 중당골이라고 하는지는 알바가 없다. 중당골은 화목火木이 유일한 땔감이고 초목을 썩혀서 거름을 하던 시절 수많은 나무꾼이 다니던 골짝이다. 천황봉 등산길이기도 하며 중간에 정자나무 숲과 숨겨진 폭포는 경관이 수려하고 여름에는 보기만 하여도 시원할 정도이다. 이곳 등산로는 시청에서도 수차례 거리를 측정하는 등 관심을 가지고 있어 조만간 개발될 수도 있다.

**소타쟁이들** 들이 마치 소를 탄 형국을 닮았다 하여 '소타쟁이'라고 하였다. 이곳에서 금다리 1번지가 시작되며 일부러 경지 정리를 하지 않았다는 이장의 설명이 따른다.

**개방죽** 소타쟁이들에 있는 방죽

**구석**소구시**굴** 소牛가 있으면 소구시가 있어야 한다.

**감남들** 소타쟁이와 구석굴 사이에 어른 팔로 세 발이나 된 아름드리 똘감나무가 있어 붙여진 이름이다. 70여 년 전 정월 대보름에 횃불놀이를 하면서 이 나무의 고목 구멍에 장난으로 횃불을 넣어 불에 타서 죽었다고 한다.

**외야뿔날들** 다산제 북쪽의 들. 소뿔과 관계가 있는 듯하다.

**가마밭골**개매밭골 구석골과 외야뿔날 안쪽으로 옴방한 터를 말하며 소구시가 있으면 가마솥이 있어야 한다.

**밤고개** 초군들이 젬평전으로 넘어가는 고개

**젬평전** 밤고개 너머에 있는 평전

**밭골** 문박골

**우牛터골** 젬평전 위로 올라가면 사격장 위에 있는 골짝을 우터골이라 한다. 소가 있으면 외양간이 있으니 아마 우牛터는 외양

간을 가리키는 지명일 것이다.

**벌동산이** 넓고 평평한 땅이 마을보다 높아 '벌'과 '동산'을 합하여 붙여진 이름이다.

**안래산**雁來山 벌동산이들에서 기러기가 내려앉은 모습으로 기봉한 산을 말한다.

**장자울모퉁이** 다산사거리에서 군도 19호선을 따라 남쪽으로 약 300m쯤 호복동 가는 길목 모퉁이를 가리키는 이름이다. 이곳에 2~3가구의 농가가 있었는데 지금은 진씨 1가구만 살고 있다. 원래 이곳은 풍수와 전설에 의하면 장자長者가 발복할 터라고 하여 장자울이라 부르고 이곳 모퉁이를 장자울모퉁이라 하였다고 전한다.

**통해골** 장자울모퉁이 남쪽 들

**깐치밭골** 시루봉 아래로 위치한 골짝이

**황산평전** 깐치밭골 아래의 널따란 평지

**사격장 내 우**牛**터골의 고분군**古墳群**과 사기점 터** 사격장 위 우터골에는 고분군이 있었으며 시루봉 북쪽으로 1970년대를 전후하여 옛날 그릇들이 발견되어 외지인들이 자주 찾았다고 하며 군부대 사격장 내에 사기점 터가 있어 사기그릇 깨진 것이 발견되었다고 전한다. 하지만 지금은 이 지역들이 군부대 사격장으로 통제되어 확인하기가 쉽지 않다고 주민들은 말한다.

**임산**林山 나주 임씨의 선산이었으며, 다산마을을 위쪽으로 있는 산

**임장군 묘** 임산낮은 평전에 있는 묘이며, '林將軍 墓'라는 단아한 비석이 있다. 주변 절개지에서 토기편이 수없이 발견된다.

**토기** 절개지에서 토기편이 수없이 발견된다.

**숯골** 임산에 숯을 굽던 골짜기가 있었다. 이곳은 40여년전 밤나무 단지가 조성되었다.

# 5. 신파리新波里

본래 남원군 보현면 지역으로 1914년 행정구역통폐합 때 중현리中峴里, 신동리新洞里, 신흥리新興里, 파동리波洞里와 남원시 적과면迪果面 도촌리島村里가 일부 병합하여 신흥新興의 신新과 파동波洞의 파波를 한 글자씩 따서 신파리라 하여 보절면에 편입되었다. 1995년 1월 1일 남원시·군이 통합되어 남원시 보절면 신파리가 되었다. 현재 신파리에는 신동薪洞, 중현中峴, 하신下新, 상신上新, 파동波洞 등 5개 마을이 있다. 신동은 태자봉 날이 내려오다가 궁둥이를 내민 성뫼간 아래 용정암 밑으로 오래된 마을이며 중현은 신동으로 넘어가는 고개와 신파제 사이에 위치하며 신흥은 소재지 마을로 아랫뜸하신과 윗뜸상신으로 나뉜다. 파동은 신동천을 사이에 두고 음지편과 양지편에 동네가 형성되어 있다. 신파리는 보절면의 중간지역에 위치하며 1930년 9월 황벌리 벌촌에 있던 면사무소를 신파리 상신마을로 옮겨와 상신이 면소재지가 되었다.

하늘에서 본 신파리

## 5_1. 보절면 소재지 마을 상신上新

상신마을윗뜸은 보절면사무소가 있는 마을로서 보절면의 중앙에 위치한다. 동쪽으로 만행산 천황봉의 남서쪽 태자봉 줄기가 서진하면서 '다산 번덕'을 이루며, 다산 번덕은 다시 신파제를 사이에 두고 두 갈래로 나뉘어 북쪽 날은 중현마을을 지나 500m 서진하여 본 마을을 이루면서 보건소, 면사무소, 중대본부, 파출소, 보절초등학교, 보절농업협동조합 등을 앉히고 '검내미들黑雲坪'에서 마감된다. 남쪽 날은 안래산 위아래로 '벌동산들'을 이루어 보절중학교를 지나 '석새미들'에서 마감된다. 풍수지리설에 의하면 만행산 천황봉과 태자봉에서 시작되어 보절농업협동조합을 거쳐 '검내미들'에서 마감되는 날을 '나룡귀소懶龍歸沼' 길지라 하는데, 이는 1930년 황벌리에서 면사무소가 본 마을로 옮겨오면서 보절면 행정 및 교육, 치안, 통신의 중심지가 된 것도 우연은 아닌 듯하다. 따라서 '나룡귀소'의 날에 명당이 있다는 풍수지리 때문인지 중현마을로부터 본 마을신흥의 뒷산에 이르는 약 500m 구간에는 자손들의 번성을 위하여 쓰인 묘지가 수없이 많다. 마을 서쪽 검내미들은 파동마을에서 시작되는 '동자들' 끝과 하신마을 아래 '마실 아래들' 끝의 사이에 위치하며 검내미들 서쪽으로는 '신동천동재들 또랑'이 흐르고 1970년대 덕과면과 경계를 이루는 군도 14호선의 교량으로서 '덕보교德寶橋'가 가설되었다. 한편 '북농 번덕 날'이 서진하면서 세 개의 날로 나뉘며 그 중 맨 남쪽 날은 파동마을 '양지뜸'의 배산을 이루며 '희우치후유고개'를 지나 '꽃밭정이 모퉁이'에서 검내미들을 감싸면서 마감된다. 남쪽으로는 순흥 안씨의 집성촌이었던 하신마을아랫뜸이 본 마을과 한동네처럼 이어져 있으며, 북동쪽으로 파동마을이 뒷동산을 경계로 그 너머에 위치한다. 북쪽으로는 파동마을에서 이어진 '동자들'

하늘에서 바라본 상신마을

이 신동천동자들 또랑 바로 건너에서 펼쳐진다. 또한 남장선남원~산서 넘어가는 희우 치고개가 있어 황벌리 은천마을과 경계를 이룬다.

상신마을의 유래는 다음과 같다. 마을은 전주 이씨全州 李氏 낙재공파樂齋公派 일족이 터 잡고 살아온 지 300여 년이 되었다. 이곳에 처음 터를 잡아 온 사람은 사마시司馬試에 급제하여 영릉참봉寧陵參奉을 지낸 낙재樂齋 이여재李如梓이다. 그가 이 마을에 온 것이 1717년숙종 43년경이다. 낙재공은 세종대왕의 아들 영해군寧海君 당塘의 8대손으로 학문과 덕행이 남달라서 세상 사람들이 남주부자南州夫子, 남쪽 지방에서 덕행이 공자를 닮았다는 뜻라 하였으며 시산군詩山君 문민공文愍公을 주벽主壁으로 모신 매계서원梅溪書院, 사매면 소재에 배향配享되었다. 1936년 황벌리에서 면사무소가 옮겨오면서 보절면 행정 및 교육, 치안, 통신의 중심지가 되었다. 상신마을의 명칭인 신흥新興은 조선 초기까지 신흥사新興寺란 절이 마을 위에 있었는데 이에 연유하여 붙여진 이름이다. 일설에는 이 마을 정착조定着祖인 전주 이씨 낙재공 여재가 마을을 이루면서 '옛 신라의 고기古記를 신기新起한다'라는 큰 뜻을 품었다 하는데, 여기에 연유하여 마을 이름이 '새롭게 일어난다新起'에서 한자로 '새신新'과 '일어날 기起'를 동의자同意字인 '일어날 흥興'으로 바꾸어 '신흥新興'으로 불려졌다는 설도 있다. 지금도 마을 동편 위에는 신흥사의 유적으로 고려 양식백제양식으로도 추정인 듯한 2.5m 정도의 마애석불상이 현존하며 근방에서 옛 토와土瓦 조각이 발견되고 있다.

상신마을의 변화는 다음과 같다. 상신마을이 신흥이라고 널리 알려졌지만 동네 안에서는 지형적으로 위쪽에 위치한 '윗뜸'과 아래쪽에 위치한 '아랫뜸'으로 구분하여 불려졌다. 윗뜸은 전주 이씨, 아랫뜸은 순흥 안씨가 집성촌을 이뤄 계계승승繼繼承承하였으며, 일제 식민통치 기간인 1920년대부터 행정 분리로 웃뜸을 상

1970년대 초반 보절면사무소 진입로의 모습

보절에 최초로 생겨난 사진관.
보절중학교 입구에 있었다.

신上新, 아래뜸을 하신下新이라 하여 오늘에 이르렀다. 이 마을은 본 면의 중앙에 위치하고 중심지이기 때문에 1922년 보절보통학교가 개교되었고, 1936년 황벌리에 있던 면사무소가 이 마을로 옮겨오면서 행정, 교육, 치안, 통신, 금융 및 각종 서비스업의 중심지가 되었다.

1950년대까지만 해도 교통이 불편하여 각종 생활용품의 구입을 오수장12km, 산서장동고지장 13km, 남원장읍내장 16km 등 먼 거리를 걸어서 가거나 달구지를 이용하였다. 면 내 북부는 산서장을 주로 이용하였고, 남부는 남원장을 주로 이용하여 면 소재지인 신흥보다는 가까운 거리에서 장보기를 하였다. 따라서 이 시기에는 조선 후기부터 왕성하였던 보부상들의 내왕이 활발하다가 1960년대 남장선남원~장수 버스 노선이 개통되면서 비로소 교통이 편리하게 되었으며 행정과 민원에도 불편이 없는 마을이 되었다. 마을이 보절면 소재지인 관계로 각종 서비스업이 다른 동네에 비하여 발전하였다. '주조장'은 면소재지가 되면서 황벌에서 하신으로 옮겨오게 되고 1950년대 상신마을로 옮기고 주인이 바뀌어 신장개업을 하였다. 당시 면내 가장 큰 기업인 주조장은 정부의 밀주 단속과 미국 원조 밀가루 지원 사업에 힘입어 융성하였다. 또한 '주막'이라 하여 술과 음식을 파는 곳이 3~4개가 있어 영업이 활발하였으며 한때 기생을 두고 운영하는 술집도 있었다. 그러나 밀주의 단속이 느슨해지며 한편으로 대기업이 주류산업을 장악하고, 다른 한편으로 교통의 발달

로 유통업의 변화까지 더해져서 1990년대 말부터 주조장도 급격한 사양길을 걷다가 없어지고 말았다. 사진관도 생겨 보절의 풍경과 보절 사람들의 이야기가 본격적으로 사진에 담겨지기 시작했다.

상점도 2~3개가 있어 잡화와 문구 등을 팔았다. 당시 1000여 명이 넘는 학생들이 이 상점을 이용하였다. 현재는 1960년대 버스정류소와 겸업으로 시작하였던 상점이 유일하게 남아있지만 교통의 발달과 인구의 감소, 농협 하나로마트의 개장 등으로 영업의 활기가 떨어진 채 명맥을 유지한다. 여관 등은 없었지만 면 소재지로서 관공서가 있어 공무원들의 숙식을 제공하는 하숙집이 성행하였으나 1980년대부터 전주 직행버스의 운행과 승용차 시대가 도래하여 하숙집도 사라지게 되었다. 미곡도정은 1950년대까지 발동기를 가지고 동네를 순회하던 이동업자에 의하여 이루어졌으나 1960년대 이후 하신마을에 정미소가 생기면서 이동업자의 미곡도정도 사라졌다. 상신마을은 본격적으로 조사가 필요한 흥미로운 이야기의 고장인데, 아래와 같다.

◈ 삼효려三孝閭와 재실 ◈

마을 중앙에 세 효자의 정려인 삼효려가 있다. 전주 이씨 낙재공 이여재의 손자 이가철李可哲, 증손 이행권李行權, 이시권李是權 세 효자는 삼숙질간으로 효심이 대단하여 이들에 대하여 1893년고종 43년에 고종의 명정命旌, 정려를 세우라는

명령을 받은 뒤 28년만인 1921년에 세운 것이다. 삼효려에는 [孝子 贈 通訓大夫 司憲府監察 全州 李可哲之 閭], [孝子 贈 朝奉大夫 童蒙敎官 全州 李行權之 閭], [孝子 贈 朝奉大夫 童蒙敎官 全州 李是權之 閭] 등 세 개의 편액이 걸려 있어 삼효려라고 한다. 삼효려의 안쪽에 낙재공 종중 재실이 있다.

### ◈ 6·25와 이씨 재실과 안씨 재실 ◈

1950년 한국전쟁으로 북한군이 후퇴하면서 보절면 도룡리 용등지역에 보현사를 근거지로 한 빨치산이 주둔하면서 그해 12월에 면사무소, 보절지서, 보절초등학교 건물을 전소시킨 바 있다. 이에 학교의 정상수업이 어려워지자 학교 측은 본교의 수업은 전주 이씨 재실에서 하였으며 황벌에는 분교를 두어 수업을 하였다. 마을 위에 있는 안씨 재실은 분재소<sup>현 파출소</sup>로 사용되었다.

### ◈ 신흥사新興寺 유흔遺痕과 석불石佛 ◈

상신마을 위에는 절터가 있고 석불이 있다. 절터에 세워진 석불로 보아 시대를 가늠하기는 어려우나 도룡리 용동에 고려 충숙왕 때 건립된 보현사의 말사末寺가 만행산 하에 10여 군데 있었다는 구전에 의하면 신흥사도 고려 말에 있었던 보현사의 말사로 볼 수 있다 하겠다. 석불은 1970년대까지만 하여도 두 토막으로 윗부분이 땅에 떨어져 있었으나 지자체에서 복원하였다. 최근까지도 이곳에서 옛날 토와土瓦가 발견되었다. 그러나 신흥이라는 마을 이름이 전주 이씨와 순흥 안씨가 이 곳에 세거하기 시작하면서 불려진 지명이므로 이곳에 있었던 사찰이 신흥사가 아니라, 다른 이름의 사찰일 가능성이 크다. 용성지에 따르면, 보현사가 성남사의 말사로 기록되어 있는 것으로 보아 신흥사가 있었던 곳의 사찰은 성남사일 가능성이 크다. ☞ 제1장《역사 속의 만행산과 천황봉》참조

### ◈ 신흥사 석불이 두 동강 난 이야기 ◈

신흥사의 석불은 만행산 옥녀봉을 바라보고 있다. 옛날부터 옥녀봉 아래 옥녀직금玉女織錦 명당이 있다고 전해진다. 이곳에 세워진 마을이 바딧절茷村, 錦溪이며 지금도 바딧절에는 옥녀가 베를 짠다 하여 베맨지, 꾸리바위 등 베틀과 관련된 지명이 남아 있다. 구전에 의하면 옥녀가 베를 짤 때면 신흥사 석불이 옥녀를 바라보기 때문에 옥녀가 부끄러워 베를 짜는 데 지장이 생기고 매년 이 동네 젊은 사람이 한 명씩 이유 없이 죽었다고 한다. 동네 사람들은 이 원인이 모두 신흥사 석불의 조화라 여기고 있었다. 참을 만큼 참았던 이 마을 청장년들이 하루는 떼로 신흥사로 몰려가 부처에게 '부처의 신분으로 옥녀를 훔쳐보고 매년 마을사람이 죽도록 하는데 그럴 수는 없다'고 크게 꾸짖고 두 동강 냈다고 한다. 이후 바딧절은 마을이 평안해지고 명당의 효험效驗으로 마을이 번성하였다고 한다. 이 석불입석은 허리 부분이 동강났는데 이대로 오랜 세월 방치되어 있었다. 지자체에서는 2000년대 초에 동강 난 부분을 올려 세우고 특수 공법으로 땜질을 하였으며 입구에 안내 이정표를 세웠다.

### ◈ 보절 교육계의 큰손인 이경재 이야기 ◈

상신에 사는 이경재는 자녀가 일곱이다. 하루는 어떻게 해서 자식을 일곱이나 낳게 되었냐고 물었더니, 하는 말이 '밤에 헐 일이 있간디' 하면서 웃고 만다. 참으로 우문현답이다. 우리네 부모들도 그렇게 자식을 일곱여덟 낳은 것이다. 그렇게 해서 태어난 사람들이 보절 사람들이다. 지금은 어린 아이가 보석인 시절인지라 보절의 보석은 이경재네 집에 다 있다. 이경재는 농사를 짓고 산다. 자식이 많아서인지 농사도 크게 짓는다고 한다. 물론 기계의 덕을 보지만 농사일이란 것이 원래 손이 많이 가는지라 아이들 돌볼 시간이 없다고 한다. 이경재 내외가 밤낮으로 논일과 밭일에 매달려야 하니 별다른 도리가 없다. 그래도 아이들은 건강하게 알아서들 모두 잘 큰다고 한다. 큰 애가 작은 애를 봐주고, 작은 애가 갓난아이와 놀아주면서 말이다. 생각해보면, 보절 사람들도 다 그렇게 컸다. 한번은 이경재가 우스갯소리로 재미있는 말을 한 적이 있다. '아니 보절중학교 교장이 인사를 안 와! 용북중학교로 학교를 보내버려야겄네' 하는 것이었다. 그것이 무슨 소리냐고 묻자, 이경재의 자식들이 학교를 안 가면 교실이 비고 수업을 진행할 수가 없다는 것이다. 농촌 학교의 안타까운 모습을 그대로 보여주는 사례이지만, 거꾸로 이경재의 자식들이 보절초등학교와 보절중학교를 유지하게 해주고 있다는 것을 알 수 있다. 보절 사람들은 이를 고맙게 여기고 있다. 모교가 폐교되는 것을 막아주고 있기 때문이다. 이쯤 되면, 이경재가 보절 교육계의 큰손임은 누가 봐도 분명하다. 아래의 사진은 이경재 가족을 담은 모습이다.

신흥마을 소나무

신파교에서 찍은 사진. 비포장도로였던 후유고개의 옛 모습이 보인다.

상신 마을에서 가 볼 만한 곳은 다음과 같다.

**신흥마을 소나무** 신파리 신흥마을 초등학교 정문 앞 삼거리에 도로변에 위치하며 수령은 약 400년이다. 전체적으로 수세가 사방으로 고르게 발달하여 우산을 펼친 듯 수형이 아름다워 보절면 소재지의 상징수로 사랑받고 있다. 고사의 징조가 보이기도 하였다. 2015년 남원시청의 노력으로 외과수술과 내과수술 등 치료를 받은 뒤 생기를 회복하였다. 이 소나무는 보절 역사의 산 증인이며 보절인들의 추억 속에 살아 숨 쉬고 있다.

**웃뜸** 신흥을 위·아래뜸으로 구분하여 불렀다. 웃뜸은 전주 이씨 집성촌이고 아랫뜸은 순흥 안씨 집성촌이다. 지금은 상신, 하신으로 구분한다.

**검내미** 검은내黑川에서 연유되었다. 옛날에는 천황봉에 산불이 흔했는데 산불로 탄 검은 재가 동자천신동천으로 내려와 이곳 내川와 토양을 일 년 내내 검게 하였다 하여 붙여졌다.

**모실아래** 초등학교 앞 들녘을 말하며, 초등학교가 건립되기 이전부터 마을아래 위치하여 붙여진 지명이다.

**동자들** 천황봉의 산불로 인한 검은 재가 흘러들어 붙여진 듯하다. 즉 '동쪽의 재들'이 '동자들'로 변형된 듯하다.

**주장밭** 주조장 옆에 있는 밭이라 하여 붙여진 지명이다. 지금은 게이트볼장과 노인회관이 자리 잡고 있다.

**솔배기** 상신마을 아래 풍경이 아름답던 소나무 숲을 말하며 지금은 없어졌다.

**뒷동산** 상신마을 뒷산

**탕건宕巾바우** 상신마을 위 신흥사 입구의 바위들이 탕건宕巾처럼 생겼다 하여 붙여진 이름으로 탄금바위, 탕금바우는 잘못

변형된 지명이다.

**종대** 전주 이씨 재실의 다른 명칭으로 지명과 위치로서 역할을 하였다.

**후유고개** 마을에서 시무내은천로 넘어가는 고개이며 고개 너머에 일가가 살고 있었고 전답이 있어 자주 왕래하였다. 원래는 '비가 오니 기쁘다'에서 연유된 희우치喜雨峙이다.

**번데기** 동자들 북쪽으로 능선의 언덕. 지금은 논이지만 옛날에는 상신과 파동마을 사람들이 주로 밭으로 이용하였다.

**덕보교德寶橋** 검내미의 신동천을 건너는 다리. 보절과 덕과면의 경계에 놓여져 붙여진 이름이다.

**나룡귀소懶龍歸沼** 날 풍수적 지명으로 만행산의 용龍 날이 마을 뒤로 하여 검내미에서 마감된다. 마을의 터가 바로 이날이라고 한다.

상신마을 사람들

하늘에서 바라본 하신마을

## 5_2. 갈마음수<sup>渴馬飲水</sup>의 대명당지 하신<sup>下新</sup>마을

하신<sup>下新</sup>, 아랫뜸마을은 상신<sup>上新</sup>, 윗뜸마을과 함께 신흥<sup>新興</sup>이라 하며 보절면 중앙에
위치한다. 아래의 사진은 하늘에서 바라본 현재의 모습이다.

순흥 안씨 여<sup>輿</sup>가 갈마지기들 아래 실개천에 정착한 지 300여 년이 되었으며
이후 후손들은 이곳에 집성촌을 이루며 번성하였다. 마을의 지형적 근원은 만행
산맥 태자봉이다. 태자봉 날<sup>脈</sup>은 서쪽으로 뻗어 내리면서 다산 번덕을 이루고, 이
날은 다시 중현<sup>중고개</sup>마을의 '가장굴'에서 나뉜다. 가장굴을 기준으로 왼쪽 날은
중고개를 지나 상신마을과 보절면사무소, 보절초등학교, 보절농협, 검내미들에
서 마감된다. 오른쪽 날은 벌동산의 평전<sup>平田</sup>을 이루며 내려오다가 보절교회, 주
장고개<sup>바우배기</sup>, 보절중학교를 거쳐 석새미<sup>石砂米, 石三坪</sup>에서 마감된다. 1931년에
이 두 날 사이를 가로막아 축조된 저수지가 신파제<sup>新波堤</sup>이다. 신파제가 완성되었
을 때 감격을 안재직은 이렇게 노래한다.

新波竹枝曲十章　　신파리 죽지곡<sup>2</sup> 십장

| | |
|---|---|
| 新波堤上水如烟 | 신파 제방 위는 물이 연기가 깔린 듯, |
| 新波堤下草芊芊 | 신파 제방 아래는 풀이 더부룩하도다. |
| 逢人盡說踏靑去 | 만나는 사람마다 다 답청하러 간다 하니 |
| 又是江南二月天 | 또 강남의 꽃피는 이월 하늘이로구나. |
| 春水如藍染恨靑 | 쪽빛 같은 봄물은 정한을 파랗게 물들이고, |
| 草連裙色喚愁生 | 치마 색처럼 덮인 풀은 시름을 불러일으키네. |

| | |
|---|---|
| 片時行樂還嗟老 | 잠깐 재밌게 놀다가 도리어 늙음을 탄식하고, |
| 剩見人間倚伏情 | 다시금 인간 세상사 의복[3]의 이치를 생각하네. |
| 樂二亭中酒海深 | 요이정[4] 안에 주해[5]가 깊은지라 |
| 明珠贏得屬知音 | 명주를 가득 얻듯 지음이 모였네. |
| 黃河甲乙評難定 | 황하의 우열은 평가하기 어려운 법, |
| 總是東南箭與金 | 모두 동남의 죽전과 금 술병[6]이로세. |
| 玉女峯頭花正濃 | 옥녀봉 정상에 꽃이 마침 붉게 피었나니, |
| 娉婷臨水若爲容 | 고운 자태를 물에 비추어 얼굴을 꾸몄구나. |
| 高塘成賦知何日 | 높은 연못에서 시를 짓는 날이 언제쯤이런가? |
| 殢雨尤雲夢裏蹤 | 운우의 즐거움을 꿈속에서나마 좇아보련다. |
| 畫船簫鼓見燈翻 | 화선에 풍악 소리 울리고 등불이 펄럭거려 |
| 不覺東邊月破昏 | 동편의 달이 어둠을 깨뜨리는 줄 몰랐네. |
| 勝地佳娃堪譬得 | 경치 좋은 곳은 미녀에 비유할 만하니, |
| 江山解使客迷魂 | 강산이 나그네의 넋을 잃게 하였구나. |
| 蓼川佳味銀一秤 | 요천[7]의 아름다운 맛은 첫째로 꼽는 은빛[8]이요, |
| 方丈靈根玉九莖 | 지리산의 신령한 뿌리는 아홉 줄기의 옥[9]이로다. |
| 魚是進供芝服食 | 물고기는 진상하고 지초는 약제로 복용하니, |
| 海東異產天下名 | 해동의 특산물로 천하에 이름을 떨쳤어라. |
| 早起蠶眠大麥黃 | 누에 잠에서 일찍 깨고 보리 누렇게 익을 때, |
| 月中結伴採柔桑 | 달밤에 짝을 지어 연한 뽕잎을 따러 갔었지. |
| 心忙手敏畏人識 | 남이 알까 봐 맘은 바쁘고 손은 민첩했는데, |
| 還被戴勝驚一場 | 돌아오다 대승[10]과 마주쳐 한바탕 놀랐다오. |
| 巢燕雙飛刺水秧 | 둥우리의 제비는 쌍으로 날아 물못자리를 찌르는 듯, |
| 澤鴻翻影散金穰 | 못의 기러기는 그림자 번득이니 누런 짚이 흩어지네. |
| 終年努力誰知否 | 일 년 내내의 노력을 누가 알아주리오? |
| 蟋蟀驚聽在我堂 | 귀뚜라미가 내 집안에서 듣고 놀라는구나. |
| 鄭國渠成水利初 | 정국이 도랑을 이룸은 수리시설의 시초[11]요, |
| 蘇公堤作更推餘 | 소공이 제방을 만듦은 또 미뤄 남음[12]이 있네. |
| 采風他日吾鄉里 | 다른 날 풍요를 채집할 땐 우리 고향일 것이니, |
| 故事應同百世譽 | 고사는 응당 백세로록 칭송하는 일과 같으리라. |
| 百頃黃雲千尺波 | 백 이랑의 누런 구름에 일천 자의 물결[13], |
| 樂生耕織幾人家 | 삶을 즐겨 밭 갈고 길쌈하는 집 몇이런가? |
| 江山如此無文藻 | 강산은 이와 같은데 문장이 없으니, |
| 合把豳風入雅歌 | 빈풍[14]에 합치하여 고아한 노래에 끼리[15]라. |

하신은 신파제 아래에 위치한 갈마음수의 명당이 있어 붙여진 '갈마지기' 아래에 위치한다. 마을 가운데 실개천 옆에는 예스러운 바가지 샘이 하나 있었는데,

신파제와 중현마을

물맛이 좋아 구한말까지만 하여도 아랫뜸과 윗뜸 사람들의 식수로 크게 활용되었다. 1990년대까지도 사용되던 이 샘은 농약의 범람과 축사의 오염 등으로 이용할 수 없게 되었으며 언젠가 흔적도 없이 사라졌다. 마을 아래 지방도 721호선 건너에는 1960년대 초에 세워진 신흥정미소가 있으며 그 아래 '마실 아래들'가 덕과면과 경계가 되는 신동천까지 펼쳐진다. 마을 북쪽으로는 면사무소와 상신마을이 해발고도 7~8m 높이에 위치한다. 마을 남쪽으로 갈마지기들은 상전桑田으로 이용되다가 1990년대 농기계 센타와 농약사가 자리를 잡았고, 주장고개와 바우배기 안쪽으로 문구점과 보절약방, 원불교가 있다.

　하신이 마을로 제 모습을 드러낸 것은 통정대부로 오위장을 역임한 순흥 안씨 여가 이 마을에 정착하면서부터다. 안여는 기묘명현己卯名賢 사재당思齋當 안처순安處順, 1492~1534년의 후손으로 안극량安克良의 아들이다. 1717년 상신마을 정착조 사마시司馬試 생원 전주 이씨 여재如宰의 손서孫壻가 된 안여가 분가하여 이곳에 정착한 이후 후손들에 의하여 집성촌을 이루게 되었다. 1717년 상신, 하신 마을에 이씨, 안씨가 입주하기 훨씬 이전에 오씨吳氏들이 살았다는 이야기가 있지만 확인하기는 어렵다. 마을 이름을 신흥이라 한 것은 마을 동편에 고려시대의 '신흥사新興寺'라는 사찰이 있었기 때문이라고 전하며, 조선시대 초기쯤 사찰은 없어지고 그 유지遺地와 석상입불이 남아 있을 뿐이다. 이씨와 안씨들이 집성촌을 이루면서 대상臺上과 대하臺下로 마을이 구분되었다. 대하를 아랫뜸하신, 대상을 윗뜸상신으로 부르기도 하였다. 구한말에 보현방을 신흥리라 하였는데 1914년 행정구역 개편

사진 배경에 기와집이 이어져 있다.

때 신흥, 파동, 중현, 신동, 그리고 적과면 도촌 일부 등을 통합하여 신파리로 법정리 단위가 되었다가 1960년대에는 행정수행 편의상 상신, 하신으로 공식화되었다. 신흥천을 따라서 서쪽으로 뻗어 있는 기와집들은 위풍과 위엄을 갖춘 한옥 마을을 형성하였다. 고샅길을 따라서 이어지는 담들에 위치한 '기와집'들은 옛날 반가班家의 법도에 따라서 지어진 가옥들이다. 지금은 1990년대 이후 슬라브집과 벽돌집이 곳곳에 건축되어 예스럽지는 않다. 몇몇 기와집은 아직도 그 자태를 자랑한다.

하신마을은 1914년 이후 보절면의 공공기관 유치로 변모하게 되었다. 1970년대에 새마을 사업으로 하천의 직강공사가 완료되었으며, 교량 가설 3개, 마을 창고 50평 등을 건립하여 새 농촌건설에 이바지하였다. 또한 1960년대 보절약방이 생겼고 이후 원불교, 신흥교회, 보절중학교, 정미소, 이발소, 정류소, 농기구센터, 중학교 앞 상점, 농약사 등이 생기면서 마을의 모습이 크게 변화되었다. 지방도 721호선장남선이 마을 앞을 관통하고 있으며, 인접한 상신 마을에는 면사무소, 파출소, 보절초등학교, 농협 등이 위치한다. 1960년대 이후 정착조 안여의 후손들은 각지에서 두각을 나타내면서 거의 이거하였다. 하지만 그들은 선산과 토지를 보전하며 '마음은 고향에 있다'고 말한다. 그들의 조상에 대한 이야기는 하신마을에 그대로 남아 있다. 대표적으로 장원급제한 효자 병택秉澤의 이야기와 저수지 면장 병용秉鎔의 이야기를 들 수 있다 ☞ 제6장〈보절의 인물〉참조. 하신 마을을 둘러싼 작은 지명은 다음과 같다.

보절의 역사와 마을의 크고 작은 사건을 기억하고 있는 팽나무

**대하**臺下 하신마을의 옛 이름으로 순흥 안씨가 집성촌을 이루고 살았다.

**대상**臺上 상신마을의 옛 이름으로 주로 전주 이씨가 살고 있다.

**아랫뜸** 신흥을 윗뜸과 아랫뜸으로 구분하여 불렀다.

**태자봉**太子峰 천황봉 동쪽에 기봉한 산으로 '작은 천황봉'이라고도 부른다. 태자봉은 천황봉의 유래에서 비롯된 이름이다.

**벌동산** 마을 위 갈마지기들 남쪽 평파의 들녘

**주장고개** 보절중학교 입구와 보절교회 사이의 고개

**석새미**들 보절중학교 앞 냇가다산천 건너에 있는 들녘으로 옛날 한

팽나무거리에서 놀던 신흥과 이웃마을 아이들

해를 자주 입어 모를 심지 못한 때가 많아 삼 년에 한번이나 농사를 지어 쌀을 얻을 수 있는 곳이라 하여 붙여졌다. 한자로 '삼'을 '석 삼三'이라 한 데서 그 어원을 찾을 수 있을 것이다.

**팽나무거리** 이 나무는 350여 년의 식령을 가진 마을의 어른 나무이다. 지금은 마을 길을 넓히는 공사로 좁아진 신흥천을 지키고 있다. 팽나무 아래로는 아름드리 밤나무들이 늘어서 있었다. 하지만 이 밤나무도 모두 마을 길을 공사하는 중에 모두 베어져서 사라지고 없다. 아무튼 이 팽나무는 보절에 전기가 들어오고 이를 따라서 텔레비전이 들어왔으며, 이로 말미암아 아이들이 놀이 방식도 바뀌었음을 기억하는 나무이기에 중요하다. 보절에 전기가 들어 온 것은 1970년대 초반이고, 이때 세워진 전봇대를 따라서 전기줄이 늘어지고, 이 전기줄을 따라서 '금성' 텔레비전도 함께 들어온다. 칼과 활을 만들어 놀던 아이들은 이제《서부소년 차돌이》,《마린 보이》등의 만화 프로그램을 보기 시작했고, 새총과 산총을 만들어 산으로 사냥을 가곤 했다. 이 시기에《타잔》이라는 주말 드라마 시리즈가 크게 유행했다.《타잔》을 보고서 아이들은 산에 가서 칡넝쿨을 잘라 '사내끼'로 엮어서 팽나무와 밤나무에 가지에 걸어 놓고서 신흥천 양쪽 뚝방을 넘나드는 '타잔줄타기' 놀이를 개발하였다. 멀리 새로 놓은 다리를 돌아서 건너는 것보다 빨리 '또랑'을 건널 수 있어서 타잔줄이 걸린 팽나무는 언제나 인기있던 놀이터였다. 그렇게 놀던 중에 진짜 타잔 흉내를 낸 아이도 있었다. 이름은 안대선이다. 지금도 그렇지만 겁이 없고 배짱이 좋은 아이였다. 나뭇가지에서 타잔줄을 잡는다고 뛰는 바람에 나무에서 떨어져 팔이 부러졌다. 몇 달 동안 '기부스'를 하고 학교를 다닌 사건을 팽나무는 아직도 기억하고 있을 것이다.

**바우배기** 주장고개 서쪽 언덕에 고인돌이 있어 이곳을 바우배기라 하고 고인돌 옆에는 정자가 있다.

바우배기 고인돌과 성혈

하신마을 사람들

### 5_3. 명나라 배가 양곡을 싣고 파도를 헤치며 들어오는 형국의 대명당지 파동波洞마을

파동마을은 보절면 소재지인 상신 마을의 동북쪽에 가깝게 위치하며 면사무소에 서는 약 0.9km 거리에 있다. 마을 동쪽에는 만행산의 주봉인 천황봉해발 906m과 태자봉해발 850m이 보이며 마을로부터 동쪽 0.6km 지점에는 섶골마을이 있다. 파동과 섶골마을 사이에는 중고개 방죽지푸실 방죽이 있고 그 아래에 '지푸실들'과 양 지쪽으로 '건바우들'이 있다. '건바우들' 북쪽으로 도랑 건너를 '양지들'이라 한다. 또한 이 '들'의 사이로 2015년 천황봉 순환도로진기~용평가 개통되면서 파동에서 섶골로 이어지는 도로와 교차되는 사거리가 확장되어 이곳의 발전이 기대된다. 이 사거리제림평사거리에서 북쪽으로 용평가는 길 100m 지점에 빼골수동, 秀洞이란 동네가 있었는데 지금은 마을의 흔적은 없고 팻바라기반려견화장터가 있다. 마을 서쪽으로는 '동자평童子坪-들'에 수백여 두락의 논이 마을의 문전옥답으로 펼쳐져 있다. 북쪽으로는 태자봉에서 뻗어 내린 줄기가 '원통이산용호정 남쪽 뒤편'을 이루고 다시 원통이산에서 급경사를 이루며 내려와 광활한 '북농번덕'을 펼친다. 지대가 높은 북농번덕은 서진하면서 세 개의 날로 나뉘는데 맨 남쪽 날은 '양지뜸'의 배산을 이루면서 긴 세월 주로 밭으로 이용되다가 2000년대 초 경지정리사업이 진행되면서 대부분 논으로 변하였다. 한편 이 날은 계속 서진하면서 '시무내들'과 '꽃밭정이' 모퉁이 사이에서 마감한다. 마을 앞 내를 경계로 북쪽에 마을을 '음지뜸', 남쪽마을을 '양지뜸'이라 부른다. '음지뜸'에서 이 날 번덕을 넘으면 모리골모리굴이며 논으로 이용되었다. 마을 남쪽으로는 '나룡귀소懶龍歸沼'의 날이 음지뜸의 배산을 이루며, 이 날 너머가 면소재지인 신흥이다. 음지뜸 뒤로 '청룡고개'가 있어 근래까지도 신흥으로 넘어가는 고개로 많이 이용되었다고 한다. 하지만 남장선남원~산서에서 섶골까지 시내버스가 개통되어 청룡고개는 농로로 사용된다.

파동마을의 유래는 이렇다. 파동은 천황봉의 줄기를 따라 12평파에 대명당이 있다는 풍수지리설에 의거하여 약 400년 전에 흥덕 장씨가 터를 잡아 마을을 이루었고 그 후에 흥덕 장씨가 쇠퇴하고 다시 홍주 이씨가 흥창하는 등 시대의 흐름에 따라 마을의 흥망이 거듭되었으며 조선 중기 청송 심씨와 경주 김씨가 마을의 주축을 이루어 오다가 이조 말경에 남원 양씨가 정착하였고 이후 순흥 안씨가 정착하여 오늘에 이르고 있다. 파동은 풍수지리적으로 마을을 감싸고 있는 양쪽 산을 파도라 하고 마을 가운데 있는 왕릉처럼 보이는 동산을 배가 닿는 부두라 하여 명明나라 배가 양곡을 싣고 파도를 헤치며 들어오는 형국이기 때문에 물류가 풍요한 부자마을의 대 명당지라 한다. 본 마을은 옛 이름을 '바작골'이라고 부르기도 하였는데 이는 동네 지형이 마치 '지게 바작'처럼 생겨 짐을 많이 담을 수 있다고 하여 붙여졌던 것으로 보인다. 실제 면내에서도 부유한 마

효자문

을로 알려진 것도 이와 같은 풍수지리적 지형과 동네 지형의 모습에 관계가 있어 보인다. 조선말 행정구역으로 남원 48방 중 보현방의 '파작동' 또는 '파적굴'로 불리다가 1914년 행정구역 통폐합 때 파동리가 되었다. 약 200여 년 전 양씨 선조 우주의 효행으로 조선 철종 때 교지를 내려 이 마을에 효자문이 세워졌고 양대 진사가 나왔다 하며 현재도 효자, 효부가 많기로 유명하다.

이 마을에서 태어나 청장년시절을 살다가 타향으로 이주한 한 분은 이 마을의 유래에 대해서 이렇게 제보한다. '음지뜸' 맨 윗집 앞에 작은 밭이 자기 밭인데 현재까지 매도하지 않은 이유는 어린 시절에 그 밭을 갈다가 청동기시대의 돌칼이 발견되고 '무시구덩이'를 파다가 '돌 귀걸이' 등을 발견하였기 때문이라며 돌칼과 귀걸이는 이사를 다니는 과정에서 잃어버렸다는 것이다.

만약 이 제보가 사실이라면, 파동마을에 청동기인들이 살았다는 증거가 된다. 이미 고인돌에 의해 확인된 보절 지역의 청동기인의 삶터에 대한 고고학의 발굴이 이뤄져야 할 것이다. 유물들부터 모아야 한다. 파동의 유래와 관련해서 또 다른 제보가 들어왔는데, 이에 따르면, '텃골'과 '음지뜸' 위의 '묘동'을 지형적으로 분석하여 보면 원래 마을 터가 '동뫼' 위였을 것으로 보이며 이는 '홈도로리보' 북쪽으로 '안텃골'과 보洑 건너 '지푸실들'에 마을이 있었다고 한다.

파동마을은 1930년대 이전의 교통은 퍽 불편하였으나 장남선 지방도로가 개통되고 마을까지 도로가 확장되고 이후 섶골까지 왕래되는 시내버스가 마을 앞을 통과함으로써

교통이 편리해졌다. 1972년도에는 새마을 운동의 일환으로 마을 진입로 1km를 확장하였고, 1974년에 전기가 들어오고 이어서 환경 개선사업으로 마을길과 담장이 개량되었으며, 1978년도에는 전화 시설이 이루어지면서 문화생활을 하게 되었다.

1980년대 이후부터는 북쪽 '번덕'에서 과수농업과 조경수의 재배, '동자들'의 비닐하우스재배 등이 이루어지면서 농업의 획기적인 변화가 이루어지고 있다. 이러한 획기적인 변화도 파동마을에 숨어 있는 이야기를 덮을 수는 없었는데, 다음과 같다.

◈소죽교◈

동네 가운데로 흐르는 '파동천'의 북쪽을 '양지뜸'이라 하고 남쪽을 '음지뜸'이라 한다. '소죽교'는 두 동네를 이어주는 교량이다. 옛날에는 징검다리로 되어 있었으나 2000년대에 차량이 다닐 정도의 교량이 가설되었다. 이곳에 마을 수호신의 상징으로 새기러기를 깎아 세운 '솟대'가 있어서 이곳을 '소죽솟대거리'라 불렀고 마을 사람들은 솟대가 있는 곳에 가설된 교량이라 하여 옛날 지명을 살리려는 마음으로 소죽교라 명명하였다.

◈동뫼◈

음지뜸 동편으로 왕릉처럼 보이는 동산을 '동뫼'라 부른다. 옛날부터 정월 대보름날 '달맞이 불놀이望月이, 망오리'를 하던 곳이며 동네 아이들의 놀이터로 이용되기도 한 곳이다. 동뫼란 이름은 한자로 동산洞山으로 여길 수 있지만 '동쪽의 묘'로도 해석할 수 있다. 후자로 해석한다면 동뫼의 형상이 범상치 않아 오랜 옛날 어떤 부족 세력가의 무덤묘동, 메똥일 수도 있을 것이다.

당시 주택개량 등에 사용되는 블록을 만드는 모습

### ◈점모퉁이◈

음지뜸은 가호 수가 많아 웃뜸과 아랫뜸으로 나뉘어 부른다. 동쪽을 웃뜸, 서쪽을 아랫뜸이라 부른다. 웃뜸 동쪽에는 당산나무가 있고 이곳을 점모퉁이라고 부른다.

### ◈주춤바우가 있는 방마고개◈

파동마을 웃뜸에서 '신파제'와 '갈마지기'들로 넘어가는 고개를 '방마고개'라 한다. 지금도 이곳에서는 옛날 기와가 발견되어 이곳이 옛날 전성기를 이루며 살았던 홍주 이씨의 세거지였음을 방증하여 준다. '방마고개' 명칭도 고개 이름에서 보듯이 '말을 방목하던 곳' 또는 '말을 매어 풀을 뜯게 하던 곳'의 의미가 있다. 이곳에는 '주춤바우'가 있는데 '말이 고개를 넘다가 힘들어서 주춤거렸던 곳'이라는 데서 유래하였다며 이 마을 편찬위원은 옛 어른에게 들었다고 설명한다. 2017년 농로포장이 되었지만 지형은 변하지 않았다.

### ◈홈도리보堡◈

파동마을에서 점모퉁이를 돌아 섶골마을 가는 길로 약 150m 정도 올라가면 왼편으로 흐르는 파동천에 있는 '보'를 '홈도리보'라 한다. 이 보는 자연적 조건과 인공적 홈통을 이용하여 옛날부터 조상들이 '동자들'에 논농사를 위한 관개시설로 설치하였다. 이 물을 이용한 물레방아가 1960년대까지 마을 가운데 위치하여 방아를 찧었다. 장남제의 관개시설 사업 이후 지금은 사용되고 있지 않지만 우리 조상들의 애환과 슬기를 엿볼 수 있는 곳이다. 지금은 홈도리보가 있던 곳에 청송 심씨의 납골당이 깨끗하게 단장되어 있다.

### ◈텃골과 홍주 이씨◈

동뫼 위쪽, 용평으로 넘어 가는 길을 '텃골길'이라 한다. 주민들은 이곳에서 옛날 토화가 발견되는 것을 보면 근방에 큰 마을이 있었을 것이라고 말한다. 음지뜸 동편에 오래된 묘동墓洞과 쓰러진 문인석文人石 등이 해방 이후까지도 있었는데 묘동의 깨진 석물에 새겨진 홍주 이씨의 흔적을 보면 텃골과 음지뜸 묘동이 관련이 있다고 주민은 말한다.

파동마을은 이 나라 이 강토 대한민국의 방방곡곡 구석구석에 있는 작은 계곡, 가느다란 길, 얕은 도랑, 조그만 바위, 넓은 들판도 모두 제 이름을 가지고 있으며 각각 삶의 흔적이 배어 있음을 잘 보여준다.

**소나무** 활짝 편 듯한 자태의 아름드리 소나무이다. 오랜 시간 동안 파동 사람들을 지켜주고 있다.

**지푸실 방죽** 중고개 방죽이라고도 하며 골이 깊다 하여 지푸실이라 불렸던 곳에 방죽을 막았다. 한자로는 심곡제深谷堤이다.

**건바우들** 짚으실 방죽 아래 들녘

**양지뜰** 건바우들과 접해 있다.

**우물** 파동마을회관을 지나 좌측으로 다리를 건너 80m를 가면 세 갈래 길이 나오는데 우측으로 진입하여 길이 끝나는 좌측에 위치하고 있다. 샘의 깊이는 144cm, 수위는 125cm로 수량이 풍부하고 수온은 17℃로 물색이 맑고 투명해 밑바닥까지 훤히 보이는 숫물이다. 지표면에서 약 1.2m 깊이로 굴착하였는

데 바닥은 암반이고 밑바닥에서부터 사각 콘크리트 구조이다. 파동마을은 양지뜸과 음지뜸으로 나뉘는데 해가 잘 들고 따뜻한 양지쪽에 있다 하여 양지샘이라 하며 수도가 보급되기 전까지만 해도 마을 사람들의 주 식수원이었다.

**제림평사거리** 마을 위 파동~섶골 길과 다산~용평 길이 교차되는 사거리로 2016년에 다산~용평 간 도로공사가 완공되면서 교차로의 모습을 갖추었다.

**동자평** 마을 아래로 지방도 721호선까지의 들녘. 동자들, 동재들로 부르기도 한다.

**음지뜸** 파동은 음지뜸과 양지뜸으로 나뉘는데 마을 앞 도랑신기천을 경계로 남쪽을 음지뜸이라 한다.

**양지뜸** 음지뜸 건너가 양지뜸이다.

**모리골** 음지뜸 너머 골짝

**청룡고개** 음지뜸에서 하신마을 위 갈마지기로 넘어가는 고개. 음지뜸 사람들의 농로이자 면소재지로 나가는 길

**바작골** 파동마을의 옛 이름으로 마을의 지형이 지게바작발처럼 생겼다 하여 붙여진 이름

**파작동** 파도가 밀려오는 모습에서 붙여진 이름으로 파동이란 마을 이름이 비롯된 지명이다. 파적굴이라고도 불렸다.

**텃골** 동뫼 모퉁이에서 용평으로 넘어가는 골짝을 말한다.

**동뫼** 음지뜸 동쪽 위로 고분처럼 보이는 커다란 동산

**안텃골** 지푸실들을 안텃골이라고도 한다. 지푸실들이 현재는 논이지만 지금도 안텃골이라고 부르는 사람들이 있다. 이는 옛날에는 마을이 있었다는 이야기가 될 것이다.

**납상골** 텃골길 동편 건너 야산은 옛날 공동묘지 터가 있었는데 이곳을 납상골이라 불렀다. 1950대 이전까지만 하여도 이곳에는 아장兒葬이 많았다고 전한다.

**주막터** '텃골가는 길'이 곧 '텃골길'이며 옛날 '주막터'라는 지명이 있었는데 지적도에는 지금도 대지垈地로 되어 있다고 한다. 지금은 '주막터'에 청송 심씨의 납골당이 있다.

보절면 최장수 어르신인 양해근(103세), 김옥순(102세) 부부. 평생 파동에서 살아온 보절의 산증인들이다.

### 5_4. 친환경 농업으로 기지개를 펴는 중현中峴마을

중현마을은 태자봉에서 시작되어 상신마을에 위치한 보절농업협동조합 아래 '검내미들'에서 마감되는 '나룡귀소懶龍歸沼'날 중간쯤에 위치한다. 마을 아래 서쪽으로 신파제가 있고 그 아래 '갈마지기들' 밑으로 면소재지가 있는 신흥마을이다. 중현에서 신흥까지는 약 500m 거리이다. 마을 위 동쪽으로 '다산번덕'이 넓게 펼쳐져 있고 그 번덕 남쪽 아래가 다산마을이다. 북쪽으로 1940년대 막아진 '심곡제深谷堤, 지푸실방죽'가 있으며 그 아래 '건바우들'과 '양지뜰', '빼골秀洞' 등이 있고 '강지매모퉁이'를 돌아 1km 지점에 섶골신동마을이 있다. 남으로는 신파제를 끼고 '가장굴모퉁이'를 돌아나가면 지방도 721호선을 왕복하는 간이버스정류장이 나오면서 '다산번덕'과 연결된 '벌동산들'이 펼쳐진다.

중현은 300여 년 전 나주 임씨羅州 林氏가 명당을 찾아 중현과 다산마을에 정착하면서 각각 마을을 이루었으나 이후 다산의 임씨들이 중현으로 대부분 이주하였다 한다. 지금도 이를 증명하듯 다산마을 위로 '임산林山'이 있고 낮은 평전平田 남쪽으로 '임장군 묘'가 있다. 이후 유씨, 김씨, 이씨, 신씨, 박씨 등이 들어와 마을을 이루었다. 마을의 터가 명당자리라는 믿음 때문인지 오랜 옛날부터 나주 임씨를 비롯한 6개성 40여 호가 모여 살았다. 지금으로부터 약 300년 전 한 도승이 천황봉의 명당을 찾아다니다가 섶골로 넘어가는 고개 마루에서 허기진 몸을 추스르지 못해 사망하였다는 전설이 있다. 이에 따라 마을 이름이 '고개에서 중僧이 죽은 마을'에서 '중고개僧峴'라 하였다고 하나 와전된 것이 아닌가 한다. 1960년대 행정구역이 분리되면서 '중고개'를 '중현'으로 고쳐 부르게 되었다.

중현마을은 1960년대 산업화 이후 이 마을 젊은이들의 도시진출이 진행되면서 급속하게 인구가 줄었다. 임씨, 신씨 등은 거의 마을을 떠나고 없으며 유입되

하늘에서 본 중현마을

는 인구가 거의 없어 앞으로 마을의 변화를 예측하기가 어렵다.

1980년대 마을 위로 남원축협의 대규모 축사가 들어섰으며 과수원이 개발되면서 양질의 배가 생산되어 한때 일본으로 수출하며 활기를 보였고 친환경 오미자와 오디 등을 생산하여 인터넷 판매를 하면서 서울을 비롯 전국적인 고객을 확보하는 등 기지개를 펴고 있다. 중고개마을로 부르든 중현마을로 부르든, 이 마을도 땅이 자기 정체성을 주장하는 이름을 가지고 있다.

1990년 초반에 중현마을에 살았던 진점남 씨의 남편이 추수하는 장면이다.

**지푸실방죽** 골짝이 깊어 '짚은 골짝', '짚으실 골짝'에서 연유되어 이곳 방죽을 지푸실방죽이라 한다. 한자로 심곡제深谷堤라고도 한다.

**건바우들** 짚으실방죽 아래 들녘

**양지뜰** 건바우들과 접해 있다.

**강지매모퉁이** 짚으실방죽에서 섶골로 돌아가는 모퉁이

**중고개** 마을에서 짚으실 방죽으로 넘어가는 고개. 옛날에는 고개가 있었으나 지금은 고개를 낮추어 형태가 없다.

**다산번덕** 마을 동쪽 위로 넓게 펼쳐진 들녘으로 옛날에는 상전桑田을 비롯한 밭으로 이용하였으나 2010년 이후 태양광 발전소가 들어와 있다.

**가장굴모퉁이** 마을에서 벌동산 쪽으로 100m쯤 모퉁이를 돌면 나오는 골짝을 가장굴이라 하는데 이 모퉁이를 가장굴모퉁이라 한다.

**안래산** 벌동산에 있는 낮으막한 동산

**벌동산** 안래산 북쪽의 들녘으로 동산과 들벌을 합쳐 붙여진 이름

**바우배기** 마을 아래 길가 바위 앞 논배미

중현마을 사람들의 나들이

### 5_5. 누에 섶 명당의 마을 섶골마을 신동薪洞

신동마을은 보절면소재지에서 동쪽 천황봉 방향으로 약 3km 지점에 위치하는 산촌이다. 태자봉에서 내려온 능선이 북쪽의 큰골, 남쪽의 중당골 사이로 빠져 나오면서 괴睡를 이루는데 이를 '셍메간' 이라 한다. 셍메간은 북쪽으로 북농번덕을 크게 이루며 황벌리 은천마을, 신파리 후유고개희우치, 덕과면 신양리 꽃밭정이 등으로 여러 지맥을 형성하며 달리고, 일맥은 남농번덕 아래 중현마을을 거쳐 면소재지인 신흥마을의 보절농협에 다다른다. 신동마을은 북농번덕 날과 남농번덕 날 사이로 또 하나의 날을 형성하는데 이 날은 동네 밑에서 마감된다. 이 날의 북쪽이 섶골이며 남쪽으로 고개를 넘으면 제너머 동네가 있다. '섶골'을 '석골'이라

섶골마을과 제림평

하지만 원래는 '섶골'이다. 남쪽 '제너머 동네'는 섶골과 행정구역상 같은 마을이며 실제 한 마을처럼 생활권이 형성되었다. 섶골의 북쪽으로 용평들과 용동마을이 있고 서쪽 아래는 파동과 중신으로 나아가는 길이다. 제너머 앞들을 제림평이라 부른다. 제림평 위에는 용정암이라는 불교사찰이 있다. 용정암 남쪽 언덕마루가 남농번덕 마을이며 이 마을은 행정상 다산의 한 마을이다.

신동마을의 유래는 이런 사연을 가지고 있다. 약 350년 전 진주 강씨<sup>晉州 姜氏</sup>가 천황봉 명산 아래 명당 터를 잡아 정착한 곳이 신동마을이다. 이후 배씨와 오씨, 박씨 등이 들어와 한때는 큰 마을을 이루었다고 한다. 마을의 풍수지리적 형국이 누에 섶<sup>薪</sup>의 형국이라 처음에는 '섶골', '신골<sup>薪골</sup>' 등으로 불러왔으나 한자로 표기하면서 신동이라 고쳐 부르게 되었다. 그러나 이곳 신동마을의 앞에 있는 '누에명당'에 묘를 쓰고 석물을 한 후 마을에 괴변이 많아 묘를 다른 곳으로 옮겼다고 전한다. 오늘날에도 보통 '석골' 또는 '섶골'로 부른다.

섶골은 구한말까지 보현방에 속하였으며 마을이 천황봉 아래 심곡<sup>深谷</sup>에 위치하여 피난 터로 알려져 구한말 한때는 진주 강씨<sup>晉州 姜氏</sup>, 해주 오씨<sup>海州 吳氏</sup>, 달성 배씨<sup>達城 裵氏</sup>, 밀양 박씨<sup>密陽 朴氏</sup> 등이 70여 세대의 큰 마을을 이루었으나 문명의 발달과 시대의 흐름으로 흥망이 있었고, 특히 한국전쟁으로 빨치산의 근거지가 된다고 하여 국군이 마을을 전소시키는 등 어려움을 겪었다. 1970년도 새마을 사업으로 간이도로 15km를 신설하고 마을 회관 1동을 건립했으며 1975년 자력으로 전기사업을 추진하여 40호 모두 전기를 쓰게 되었고, 100% 지붕개량 등 한때 복지농촌을 이룩하였으나 이촌향도의 현상은 이 마을도 가만두지 않았다. 그럼에도 땅은 동네를 둘러싼 지역의 이름으로 옛날의 흔적을 전하고 있다.

**제림평**帝臨坪 '제너머' 마을 앞 들을 제림평이라 한다. 이 지명을 한자를 풀어보면 '황제가 내려온 들'이란 뜻이다. 어찌 이 골짝에 황제가 왔겠는가? 그러나 답은 역사에서 찾을 수 있겠다. ☞ 제2장〈역사 속의 보절〉참조.

**제들** 제림평 위 들을 '제들'이라 하는데, 이는 제림평의 '제'가 '임금 제帝'이듯이 '제들'의 '제帝'도 이와 관련지어 생각할 수 있다.

**제들방죽** '제들'에 있는 농업용 방죽

**생메간** 태자봉에서 내려온 능선이 북쪽으로 큰골, 남쪽으로 중당골 사이로 빠져 나오면서 동네에서 보면 마치 정삼각형 모양을 이루는데 이곳 지명이 '생메간'이다. 왜 생메간이라는 지명이 붙었는지는 알기 어려우나 '성城 혹은 뫼뫼'라 하여 아득한 옛날 누군가의 묘동과 관계가 있는 듯하다.

**빼골** 지금의 '제림평사거리'에서 북농번덕으로 오르면 조그만 동네가 있었는데 이곳을 '빼골'이라고 불렀다. 그 연유는 주위에서 인가가 보이지 않아 '난리에 빼놓은 마을'이라 하여 붙여진 이름이라고 전한다. 지금은 동네는 없어지고 반려견장례식장인 '펫바라기'가 들어와 있다.

**강지매모퉁이** 마을에서 지푸실방죽으로 돌아가는 모퉁이로 중현마을 가는 길

**용정암** 제림평 위쪽에 있는 불교사찰로 1930년대에 임실 삼계면으로 시집간 여인이 남편과 사별 후 세운 절이라고 전한다. 해방 이후에도 2명의 비구니가 있었으며 1960년대 말에 대웅전이 신축되면서 사찰의 면모를 갖추기 시작했다. 지주스님이 사망한 이후에는 남자 승려가 운영하여 오고 있다. 초등학교 저학년의 소풍지로 보절의 많은 사람들에게 추억의 한 자락이 되는 곳이다. 지금은 다산 번덕길로 차량이 다니는 길이나 있다.

**펫바라기** 2010년 초에 세워진 빼골에 있는 '개犬 화장터'로 납골당까지 있어 애견들이 전국 각지에서 찾아온다. 전국에서 '펫바라기'는 2곳 밖에 없다고 한다.

**우물** 파동 신동길을 따라가다 마을 승강장 지나 오르막길로 30m를 가면 좌측 빈집의 마당에 있다. 우물의 깊이는 1140cm, 지름 73cm, 수위 60cm, 수온은 16℃이다. 지표면에서 10m 깊이로 굴착하고 밑바닥에서부터 막돌로 10m를 쌓은 후 지표면에 원형 콘크리트관을 설치하였다. 한사람이 들어갈 정도로 좁은 공간을 일직선으로 10m를 파 내려가 쌓아 올렸는데 남원에 조사된 우물 가운데 깊이가 가장 깊고 막돌을 원형으로 쌓은 기술력 또한 매우 뛰어나다.

신동마을 우물은 현재 조사된 우물 중 가장 깊고 기술력도 뛰어나다.

## 6. 황벌리黃筏里

황벌은 본래 남원군 보현면 지역으로 1914년 행정구역 통폐합 때 내황리內黃里, 외황리外黃里, 벌촌리筏村里와 적과면迪果面 은천리隱川里 각 일부를 병합하여 내황內黃의 황黃과 벌촌筏村의 벌筏을 한 글자씩 따서 황벌리라 하여 보절면에 편입되었고 벌촌에 면사무소를 두었다. 1995년 1월 1일 남원시·군이 통합되어 남원시 보

하늘에서 바라본 황벌리

절면 황벌리가 되었다. 현재 황벌리에는 내황內黃, 외황外黃, 벌촌筏村, 은천隱川 등 4개 마을이 있다. 내황은 성산지맥의 복산치재 넘어가는 길목에 위치하며 외황은 성산지맥의 어옹수조漁翁垂釣의 날 아래에 자리하고 있다. 벌촌은 칠상동과 보현사 위 큰골을 수원으로 하는 도룡천을 끼고 위치하며 지방도 721호선이 관통한다. 은천은 원래 시무내로 어원은 숨은내이며 소재지에서 희우치후유고개를 넘으면 만나는 첫 동네다. 벌촌범말에 있던 면사무소는 1930년 9월 신파리 상신마을로 옮겨갔다.

## 6_1. 지주설망蜘宙設網의 명당터 내황內黃 마을

'안누른데'라 불리는 내황마을은 보절면 소재지에서 서북쪽으로 약 2km 떨어진 퉁시봉 아래에 위치하나 성산에서 뻗은 '도롭봉' 능선이 가려 마을이 전혀 보이지 않는 천혜의 피난지답다. 황벌리 RPC정미소에서 100m쯤에서 도로 왼편으로 마을로 들어가는 입구에 '내황 1km, 외황 0.2km'라는 이정표가 있다. 농작로 수준의 도로를 따라 도롭봉 모퉁이를 한참 돌아 가다보면 마을 앞들과 동네가 신비스러울 정도로 정겹게 다가온다. 동네 뒤 퉁시봉과 복삼치 능선은 덕과면 덕우리와 면계面界를 이루고 있고 동쪽으로 도롭봉 능선을 경계로 하여 외황마을과 경계를 이룬다. 남쪽으로는 문줄 능선을 따라 덕과면 신양리와 면계를 이루고 있다. 북쪽으로 성산소맥의 성산城山, 410m이 있으며 정상에 장수 황씨黃氏 묘가 오랜 옛날부터 있어 황산黃山이라고 부르기도 한다. 성산 북쪽으로 내려가면 유서 깊은 성터 유흔遺痕과 성산절실명은 영월암이 있다.

　내황의 유래는 이렇다. 마을은 도롭봉이라 부르는 마을 앞산이 풍수지리설에 의하면 거미가 먹이를 잡기 위해 거미줄을 치고 있는 모양의 '지주설망蜘蛛設網'이라 부르는 유명한 명당에 위치한다. 원래의 마을 이름인 '누른대'는 이 명당과 관계가 깊다. '거미가 거미줄을 늘인 데', 이를 줄여 마을 이름을 '늘인데'라 부르던 것이 오랜 세월을 거치면서 '누른대'라고 부르게 된 것이다. 그러나 남원시 고죽동을 '누른대'라 하는데 보절면의 '누른대'와는 의미가 전혀 다르다. 남원시 고죽동의 '누른대'는 유자광 출생과 관련이 깊다. '유자광이 출생할 때 마을 뒤 천마산天馬山 정기를 받고 태어나면서 마을 주변의 대나무가 말라죽었다'는 전설이 있다. 따라서 이후 유자광이 태어난 마을을 대나무가 누렇게 마른 마을 즉 '누른대'라고 불렸는데 한자로 표기되면서 '누를 황黃', '대 죽竹'하여 황죽리黃竹里 또는 '마를 고槁', '대 죽竹'하여 고죽동槁竹洞, 후에 古竹洞으로 변화된 듯으로 불렸다. 하지만 보절면 '누른대'는 거미가 거미줄을 '늘인 데곳'라는 지역을 가리키는 지역명사이고, 남원시 '누른대'는 잎이 말라 누렇게 된 대나무라는 '누른대'를 가리키는 물질명사이다. '늘인 데'가 변해서 '누른대'가 된 이 마을을 '안누른대'와 '바깥누른대'로 나누어 부르다가 행정구역이 개편되면서 도롭봉 안쪽 마을을 '누를 황黃'자를 넣어 '내황', '바깥 누른대'를 '외황'이라 부르게 되었다.

하늘에서 바라본 내황마을

내황은 1960년대 말 지방도 721호선이 개통되면서 엄청난 변화가 일어났다. 버스가 시간표에 따라 다녔기 때문이다. 버스가 다니기 전까지 보절 중부지역 사람들은 남원보다 가까운 '오수장'을 이용하였는데, 오수장을 가는 가장 빠른 길은 풍수지리에서 '꿩 3마리가 엎디어 있다'는 '복삼치伏三雉재'였다. 풍수지리에서 '좌청룡 우백호左靑龍 右白虎'에 '서출동유수西出 東流水'하면 명당이라는 말이 있는데, 전해오는 이야기에 의하면 '성산 남쪽 서출동유수지역에 일만명의 피난처'가 있다고 전해진다. 바로 '안누른대內黃'마을의 형국이 서쪽에서 동쪽으로 물이 흘러 '서출동유수'한다. 마을 뒤에는 '퉁시봉'이 우뚝 솟아있고 마을 왼쪽 황산에서 뻗어 내린 도롭봉이 마을 앞까지 감아 돌며 오른쪽으로는 '모실동산' 능선과 '문줄' 능선이 뻗어내려 와 마을이 외지에서 바라볼 때 전혀 보이지 않아 천혜의 피난처라 할 수 있다. 외적의 침략이 유달리 많았던 우리나라 역사이고 보면 이곳에 일찍이 마을이 형성된 것은 당연하다 하겠다.

마을 사람들이 전하는 이야기는 다음과 같다.

'내황은 또한 고려 초 김부식이 쓴《삼국사기》에 의하면 보절면 지역은 백제 행정구역으로 '거사물현'에 속하였다고 한다. 거사물현 중심지는 성산에 위치하다가 임실군 지사면 영천리寧川里로 이전되었다는 이야기가 전해 내려온다. 따라서 거사물현의 중심지가 초기 성산에 있을 때나 영천으로 옮긴 후에도 복삼치재는 거사물현의 중심지인 성산이나 지사면 영천 그리고 보절 지역을 잇는 활발한 교통로였을 것으로 추정할 수 있다. 복삼치재가 활발한 교통로로 이용되던 시기에 '누른대'마을은 고개를 넘는 길목에 위치하여 번성하였을 것으로 보인다. 이는 마을 뒤 세 곳의 옛 마을터와 동네 건너 분투골을 중심으로 주변 곳곳에서 고분과 기왓장이 발견된 것을 보면 기록으로는 알 수 없는 마을의 역사가 아득한 옛날부터 있었을 것으로 추정된다.

마을 사람들이 전하는 이야기 가운데에 '고려 초 김부식이 쓴《삼국사기》에 의하면 보절면 지역은 백제 행정구역으로 거사물현에 속했다'는 주장은 맞다. 하지만 '거사물현 중심지는 성산에 위치하다가 임실군 지사면 영천리로 이전되었다'는 기록은 찾을 수 없었다. 아마도 거사물의 지명이 청웅으로 바뀌었다가 청웅에서 고려시대에 거령으로 이름이 바뀐 것을 오해한 것으로 보인다. 하지만 내황이 거사물의 읍성이었을 가능성은 충분히 높다. 고고학자의 발굴과 연구가 시급하다. 마을 뒤에 있는 복삼치고개도 거물성의 성읍이 있었던 거사물성에서 지사면 영천을 잇는 활발한 교통로였을 가능성도 높다. 복삼치고개가 활발한 교통로로 이용되던

시기에 누른대마을도 고개를 넘는 길목에 위치하여 번성하였을 것으로 추정된다.

문헌 기록에 의한 씨족 정착 연대는 정확히 알 수 없으나 맨 처음 강화 노씨魯氏가 임진왜란 때 이곳저곳 헤매다가 천혜의 피난처로 알려진 이곳에 정착하여 살았다고 한다. 강화 노씨가 살았던 주택 상량上樑 기록에 '도광 5년1825년, 순조 25년'으로 쓰여 있는 것을 보면 강화 노씨가 이곳에 세거지를 이룬 것은 조선 후기 영·정조 시기인 듯하다. 씨족 정착사를 보면 62대손 강화 노씨 죽근竹根 익휘가 덕과면 용정마을에서 이주하였고 전주 최씨崔氏 탄竱이 임실군 옥산마을에서 이주하였으며 전주 이씨 원칠元七이 순창에서 이주하여 1990년대까지는 50여 호의 큰 마을이 형성되었다. 그러나 이촌향도 현상에 따라 모두 마을을 떠나고 2017년 현재 강화 노씨가 12대, 전주 최씨 11대, 전주 이씨가 4대째 살고 있다.

마을의 집들이 비어가고 있고, 일부 집은 안타깝게도 무너지고 있다.

안누른대는 본래 산간벽지에 위치하는 마을로 산이 헐벗어 비만 오면 산사태가 빈번하였는데 1950년대 사방 공사로 현재는 산림녹화가 잘 이루어져 있으며 1970년대에는 새마을 사업의 실시로 현재 전 농가의 지붕을 기와로 개량하였다. 이 시기에 전기사업과 전화시설을 갖추고 회관 준공까지 마쳤다. 이후 폭 5m, 연장 1.5km의 농로를 개설하였고 1990년대 경지정리 사업과 관개수로 사업으로 기계농업이 이루어지면서 복지 농촌의 면모를 갖추게 되었다. 1960년대 이후 연초 재배와 누에치기養蠶를 많이 하면서 한때 농가 소득에 크게 기여하였다. 최근에는 전답에 의한 농업과 축산업을 하고 있다. 마을 숙원사업이었던 지방도 721호선에서 마을까지 진입로2차선확장공사가 2019년에 시작되었다.

안누른대는 이곳이 거사물현의 읍성일 가능성을 보여주는 이야기를 전한다.

### ◈ '복삼치' 명당 ◈

성산 주변은 예부터 명당자리가 많았
던 곳으로 풍수설에 의하면 마을 뒤에
는 꿩 세 마리가 엎디어 있는 복삼치 명
당이 있다하여 고개 이름을 복삼치재
라 부르게 되었다. 이 재는 덕과면과 경
계를 이루고 있으며 지금은 산림이 우
거져 통행이 불가능하다. 사진은 옛 백
제 거물성의 군대가 주둔했던 곳으로
추정되는 지역의 모습이고 사진의 가
장 안쪽의 낮은 고개가 복삼치이다.

### ◈ 황산黃山이 곧 성산 ◈

원래 이 산은 성산이었다. 황산이라 부르는 것은 이 산 소유가 황씨 문중이며
황씨 조상 묘가 실제 정상 가까이에 있다하여 황산으로 불린 듯하나 기록에
서나 지도에는 '성산城山'으로 표기하고 있다.

### ◈ 풍수로 본 지주설망蜘蛛設網 ◈

지주설망의 뜻이 도롭봉의 '거미가 먹이를 잡기 위해 거미줄을 치고 있는 형
국'이다. 이는 거미가 먹을 것이 많은 곳에만 거미줄을 치므로 이 명당에 묘를
쓰거나 마을을 이루면 살기가 풍족하다는 의미일 것이다. 또한 덕과면과 경
계를 이루는 능선을 한자로 '모기 문蚊'과 거미줄을 합하여 '문줄'이라 한 것을
보면 '도롭봉의 거미가 모기를 잡기 위하여 거미줄을 늘인 데 중의 하나가 문
줄이다'라고 설명된다.

### ◈ 내황 삼형제 바위와 홈구멍 ◈

삼형제 바위는 마을회관 앞을 지나 좌측 내황길을 따라 200m쯤 더 가면 좌측
계곡 옆으로 당산 부근에 있다. 바위가 세 조각으로 나뉘어져 삼형제바위라
부른다. 이 바위에는 바위 윗면에 6개, 맨 아래쪽 바위에 6개 총 12개의 홈구
멍이 확인되며, 홈구멍의 지름은 4~11㎝, 깊이는 0.3~7㎝ 정도로 고대인들의
별자리인 듯하다.

내황 삼형제 바위와 홈구멍

### ◈ 옛 마을 터와 당산제 터 ◈

마을을 끼고 왼쪽으로 5~6분 걸어서 돌아가면 오랜 옛날 마을 터가 나온다.
편찬위원 노인화 씨의 말에 의하면 이곳에 아득한 옛날 마을이 있었다는 이
야기가 이 마을에서 구전으로 전해져 왔으며 최근까지도 기왓장이 출토되었
다고 한다. 세 개의 마을 터 흔적이 있다며 노인화 씨는 노구를 이끌고 필자

일행을 안내하였으며 그 유흔遺痕을 어렵게 찾을 수 있었다. 하지만 겨우 식별할 수 있었으나 일반인이 거주하는 마을 터라기보다는 백제시대 산성의 군인들이나 그 가족들이 이룬 마을의 유흔일 것이라는 생각이 들었다. 또한 이곳 당산나무 터는 옛날 세 개 마을의 중심에 있었으며 당산나무는 해방 이후 언제가 없어졌다고 설명한다. 구전에 의하면 이곳 터에서 당산제 굿놀이가 성대히 이루어졌다고 전하여 내려오는데, 이는 옛날부터 거사물현의 군인들과 가족들이 벌였던 대축제였던 것 같다.

안누른대에는 성산의 내력을 잘 알고 있을 작은 고개의 지명이 남아 있다.

**노거수** 느티나무이다. 이 나무야말로 안누른대 역사의 진정한 산증인이다.

**도롭봉** '지주설망'의 거미혈에 있는 산으로 '거무봉'이라고도 한다.

**황산** 성산소맥 제1봉으로 오수, 지사, 산서, 덕과, 보절지역 등의 조망이 유리하다.

**복삼치재** 성산소맥의 황산과 퉁시봉 사이의 고개. 보절면 내황에서 덕과면 덕우리로 넘어간다.

**퉁시봉** 내황마을 뒷산으로 해발 약 250m가 되며 성산소맥의 일부이다. 이 산에서 뻗은 모실동산과 문줄능선이 내황마을을 감싸준다.

안누른대 느티나무

**모실동산** 마을 앞으로 뻗은 동산

**문줄날**능선 퉁시봉에서 뻗은 능선으로 마을을 서쪽에서 남쪽으로 감싼다. '문줄'에서 '문'은 한자로 '모기 문蚊'자이다.

**분투골** 마을 북동쪽 건너 동네로 내황과 한 마을이다.

**솔개고개** 분투동에서 외황마을 쪽에 있는 '솔개들'로 넘어가는 고개가 있다.

**우물** 내황 사람들에게 소중한 물을 공급해주었던 우물의 현재 모습이다. 총 세 개의 샘이 있는데 첫 번째 샘은 내황마을회관을 지나 우측 길을 따라 30m쯤 올라가면 노규천 씨 집 마당에 위치하고 있다. 샘의 깊이는 210cm, 지름 90cm, 수위 70cm, 수온은 18℃이며 지표면에서 1.7m 깊이로 굴착한 다음 밑바닥에서부터 막돌을 원형으로 쌓고 상단에 원형 콘크리트관을 설치하였다. 물색이 맑고 투명한 숫물이며 지금도 모터로 물을 끌어 올려 식수와 허드렛물로 사용하고 있다.

두 번째 샘은 마을회관을 지나 위쪽으로 290m쯤 올라가 내황길 188번지 앞쪽에 위치하고 있다. 이 샘의 깊이는 105cm, 지름 100cm, 수위 80cm, 수온은 16℃이며 지표면에서 1.5m 깊이로 굴착하고 밑바닥에서부

내황마을 첫 번째 샘

내황마을 두 번째 샘

내황마을 세 번째 샘

터 막돌을 원형으로 쌓아 올렸다. 좌우와 뒤쪽을 막돌로 쌓고
위쪽에 넓은 판석을 놓았다.

세 번째 샘은 마을회관 가기 전 우측 길로 70m쯤 떨어진
내황길 148 - 5번지 앞에 있다. 샘의 깊이는 80cm, 지름
110cm, 수위 50cm, 수온은 17℃이며 물색이 희뿌연 암물이
다. 지표면에서 약 60cm 깊이로 굴착하였는데 바닥은 흙과
암석이며 밑바닥에서부터 원형 콘크리트관을 설치하였다.

내황마을 사람들

## 6_2. 어옹수조漁翁垂釣 명당 터 외황外黃마을

외황마을은 보절면 소재지의 북부에 위치한다. 벌촌마을 앞 '지리산RPC미곡종합
처리장공장'에서 북으로 지방도 721호선을 따라 20m 정도 가면 왼쪽으로 황산해
발500m을 배경으로 아담한 마을이 보인다. 이정표에는 '외황 0.2km, 내황 1km'
라고 쓰여 있다. 1970년대에 가설된 외황교를 건너 10m쯤에서 오른쪽으로 마을
진입로와 함께 마을이 위치한다. 마을은 북쪽 성산 말용 저수지 아래에 위치하며
북동쪽으로는 장수 팔공산, 만행산 12평파, 남동으로 지리산 능선이 보이고 가까
이로는 마을'앞들'과 대천大川, 큰또랑 건너 '벌촌들'이 시원하게 바라보인다. 1960
년대 '남장선'도로가 개통되어 버스가 다니기 전까지만 하여도 복삼치재를 넘는
길목 마을로서 활기가 있었다.

외황의 유래는 이렇다. 마을 뒤 도롭봉이라 불리는 산줄기가 있는데, 도롭봉
너머 마을을 '안 누른대', 도롭봉 바깥 마을을 '바깥 누른대', 즉 한자로 표기하여

벌촌에서 바라본 외황마을.
마을 뒤편의 거령산이 아름답다.

최강록의 부친과 느티나무

'안 누른대'를 '내황', '바깥 누른대'를 '외황'이라 부른다. 풍수지리설에 의하면 도롭봉에는 거미가 먹이를 잡기 위해 거미줄을 치고 있는 모양의 지주설망이라 부르는 유명한 명당이 있다고 한다. 여기에 연유하여 처음에 '거미가 거미줄을 늘인 데' 즉 이것을 줄여 '늘인데'라 부르던 것이 '누른대'라 부르게 된 것이다. 최초의 씨족 정착연대는 정확하지 못하나 고가古家의 상량에 기록된 바에 의하면 '도광 10년'으로 되어 있음을 보아 1830년 훨씬 이전부터 마을이 있었던 것으로 추정되고, 씨족으로는 전주 최씨가 처음 정착하였으나 후에 이동하고 200여 년 전부터 다양한 성씨들이 모여 살았다. 지금은 김, 이, 박, 안 씨들이 정착하여 현재까지 마을을 이루고 있다. 어옹漁翁이 성산의 삿갓바위에서 마을 앞을 흐르는 냇가에 낚싯대를 드리우고 낚시하는 형국의 '어옹수조漁翁垂釣'혈의 명당에 최씨가 터를 잡고 부자로 잘 살았다는 전설이 있다. 그러나 어느 날 시주하러 온 대사가 있었는데 오히려 벌을 주어 쫓아버리자 화가 난 대사는 뒷산의 맥을 끊어 낚시줄이 끊어지게 하고 마을 앞에 큰 물방아를 놓도록 권하여 고기들이 놀라 도망가게 하였다고 한다. 이후 '어옹수조'혈의 명당바람이 힘을 잃게 되어 최씨 가문이 망하게 되었다는 전설을 마을 어른인 최강록 부친은 이야기해주며, 직접 삿갓바위할미바위와 띠바위, 톳바위를 안내하며 어옹수조혈이 확실함을 설명한다. 측면 사진은 올해 84세인 최강록의 부친이 50년 전에 오수장에서 산 묘목을 자전거에 싣고 와서 심은 느티나무가 자란 현재의 모습이다. 이 느티나무가 500년 뒤에 바깥 누른대를 지켜주는 당산나무가 될 것이라고 어른은 귀뜸해준다.

1970년대에 이르러서는 마을이장 중심으로 산림녹화 사업을 전개하여 고질적인 홍수를 예방하였으며, 전 마을의 지붕개량과 전기가설을 마치고 회관과 가정 가꾸기로 농촌환경복지를 마친 마을이다. 외황은 쉬면서 놀기에 참 좋은 마을이다. 마을의 뒷동산은 아이들이 놀기에 좋을 뿐만 아니라 어른들도 쉬기 좋은 곳으로 다른 마을에서는 좀처럼 찾아보기 어려운 장소이다. 마을보다 적당한 높이의 동산으로 곳곳의 소나무가 각기 특이한 모습으로 동산의 정취를 더하며 주변의 잔디나 석별마사토은 비온 뒤에도 신발에 흙이 달라붙지 않는다. 또한 마을 어른들은 시골스럽고 자그마한 정자를 동산 위에 만들어 놓고 뒤로는 성산의 시원한 바람을 불러

마을 뒷동산의 고인돌 톳바위와 정자

들이고 앞으로는 만행산 지혜의 능선을 바라보면서
여름철 김매기의 노곤함도 풀었을 것이다. 어른들이
없는 틈에 병정놀이며 숨박꼭질과 명절 분위기에
젖은 아이들끼리의 놀이도 이 동산에서 이루어졌다.

외황마을 사람들

또한 외황은 학문을 숭상하는 마을이기도 했다.
마을 어른들은 총생들의 교육을 위하여 조선말부터
서당을 운영하였다. 어려운 가계에 모두 힘들었지
만 서당을 차리고 훈장을 모셔오고 자식들을 서당
에 보내는 아름다운 풍속이 지금도 동네의 자랑으
로 남아 있다. 겨울에는 사랑방에서 여름에는 뒷동산 정자에서 글소리가 그치지
않았으니 그럴 만도 하겠다. 외황마을 아이들이 뛰고 놀았던 곳의 지명이 잘 전해
지고 있는데 다음과 같다.

**솔개** 거미혈<sup>지주설망</sup>의 바깥쪽으로 위치한 논배미 들을 솔개들이라 한다. 마을 왼쪽에
위치한다.

**솔개** 저수지 외황의 솔개들에 물을 대는 방죽. 산석굴 방죽이라고도 부른다.

**방장골** 인근 마을뿐만 아니라 먼 동네에서도 구들장 놓는 돌로 많이 가져다 썼을 정도
로 납작하고 큰 돌이 많은 황산의 골짜기이다.

**장군목** 솔개들 아래에 위치한 들을 말한다.

**연계들** 마을 앞 길 건너 들

**장구목고개** 거미혈에 위치하며 내황 분투골에서 솔개를 연결
하는 고개이다.

**어은골** 마을 위 냇가에 물고기가 숨어 있다고 하여 붙여진 지명

**도롭뽕** 주민들은 '도롭뽕'이란 거미와 동의어라고 말한다.

**톳바위와 홈구멍** 마을 뒤 동산에 어옹수조혈의 톳바위가 있다.
바위의 길이는 2.2m, 폭 1.8m, 두께 55㎝ 내외이며 홈구멍이 세
개 있다. 홈구멍의 지름은 4~7㎝, 깊이 0.2~2.5㎝로 바위 남쪽
방향 윗면에 있다. 청동기시대의 고인돌인 듯하다.

톳바위와 홈구멍

## 6_3. 정겨운 돌담마을 벌촌<sup>筏村</sup>

벌촌마을은 면사무소에서 북쪽 방향으로 지방도 721호선을 따라 1.5km 지점 황
벌교<sup>黃筏橋</sup> 건너에 위치한다. 도로 오른편 마을과 왼편의 작은 마을이 합하여 한
동네를 이룬다. 마을회관을 중심으로 동쪽을 상벌<sup>上筏</sup>, 서쪽을 하벌<sup>下筏</sup>로 구분한
다. 마을 북쪽의 '뒷들'에 있는 비름날<sup>비안날</sup>은 사촌 마을과 경계를 이룬다. 풍수설
에 의하면 마을이 '떼배'형이므로 마을 남쪽에 소나무 숲을 가꾸어 배가 떠내려가
지 못하도록 하였을 것이라 전하고 있다. 마을 남쪽으로 흐르는 도룡천은 대천<sup>大</sup>
<sup>川, 지도상 표기는 栗川</sup>과 마을 아래<sup>서쪽</sup>에서 합류하여 은천보<sup>隱川洑, 시무내 보</sup>를 이룬다.

하늘에서 바라본 벌촌

한때 벌촌이 번성했던 지역임을 보여준다.

1966년 벌촌마을회관 복구공사 기념사진

은천보 위아래로 이 물에 의한 물레방아가 1960년대 초까지 있었다. 마을 남쪽의 황벌교 건너는 은천<sup>시무내</sup>마을이다. 마을 동쪽의 도촌<sup>道村</sup>마을과의 경계에는 '천황봉권역개발'사업이 이루어지면서 '방문자 센터'가 2층으로 건립되어 숙박시설과 전시실, 문화전수관 등이 갖추어져 있으며 이곳을 찾는 이들에게 천황봉 등반 안내와 보절면 역사, 문화 등을 소개하고 이와 연계한 체험활동도 실시하고 있다.

마을의 유래는 이렇다. 고려 말 최영<sup>崔瑩</sup> 장군의 후손들이 망국의 슬픔을 안고 이성계의 조선 개국을 피하여 남하하던 도중 산세가 수려하고 전야<sup>田野</sup>가 비옥한 이곳에 터를 잡고 숨어 살게 되었다. 그 후에 풍천 노씨 정엽이 조선 중엽 임진왜란을 피하여 이곳에 이거, 자손이 번성하게 되고 이후 밀양 박씨가 이주하였다고 한다. 일제 강점기에는 흥덕 장씨와 전주 이씨가 이주하였다. 이조 중엽에 '명감도사'라고 하는 사람이 이 고장을 지나면서 마을의 지형이 '떼배'형으로 생겼다고 하여 뗏말<sup>뗏마을, 뗏몰</sup>이라 불러오던 것이 '뗑말'로 불리다가 '범말'이 되었다고 한다. 한자로 표기하면서 '떼 벌<sup>筏</sup>'과 '마을 촌<sup>村</sup>'을 합쳐 '벌촌<sup>筏村</sup>'이라 하였다. 벌촌은 조선 후기 보현방의 소재지였다. 방청<sup>坊廳</sup>은 지금의 마을회관 터에 위치했었다. 이곳은 보절면청<sup>면사무소</sup>으로 사용되었다. 면청은 나중에 신흥으로 옮겨졌다. 옛 주재소<sup>駐在所</sup> 자리는 현 회관 앞집<sup>현주인 장경술 씨</sup>이었다. 1970년대까지 130여 호의 큰 마을을 이루었으나 이촌향도의 현상으로 인구가 크게 감소하였다.

범멀<sup>벌촌</sup>은 1914년대 초까지 면 사무소가 위치하여 주조장 등 다수의 상점과 주막 등 소읍<sup>小邑</sup>처럼 활기를 띠었으며, 2~3년에 1회 정도 난장<sup>亂場</sup>이 열릴 정도로 보절의 행정과 문화를 선도하며 번성하였던 곳이다.

벌촌은 논보다 밭이 많은 곳으로 1938년 '도촌제똘촌 방죽'를 막으면서 마을 '뒷들'이 한해旱害를 극복하는 수리안전답으로 변하게 되었다. 주민들은 1960년부터 1980년대까지 뽕나무 단지를 조성하여 가난을 벗어나는 계기를 만들었고 1960년대 말에 지방도 721호선이 개통되고 1974년에 전기가 들어오면서 주거환경이 크게 개선됨에 따라 문화마을을 이루게 되었다. 오른쪽의 사진은 이렇게 개통된 신작로 덕분에 동네

마을 사람들의 내장사 여행

인근에서 매년 하던 화전놀이를 대신하여 마을 사람들이 단체로 정읍 내장사로 놀러 간 모습을 담고 있다. 이 사진은 또한 벌촌마을이 경제적으로 풍요로운 지역으로 바뀌고 있음을 잘 보여준다.

2009년 '천황봉권 방문자 센터'가 설립되어 이 마을의 또 다른 변화를 만들어 가고 있다.

[천황봉 방문자센터]

**설립연도** 2009년

**대상마을** 도촌, 벌촌, 용평, 안평, 사촌 등 5개 마을

**추진위원** 초대위원장정대수1명, 위원5개 마을 이장

**시설**

1층-영화관람실회의실 겸용. 체험학습관

2층-숙박시설20~30인기준 1박2일 25만~30만 원

※ 취사시설 완비

**안내**

| | 주제 | 내 용 | |
|---|---|---|---|
| 1 | 볼거리 | 마을 돌담길, 천황봉, 용평계곡, 추어마을, 보현사, 용호제, 용호정, 바람바위, 상사바위 | |
| 2 | 체험거리 | 산나물 채취, 농산물수확, 물놀이, 미꾸라지 잡기, 오디 따기, 생강차·떡 만들기, 북아트 공예, 남원부채 만들기, 곤충표본 체험 | |
| 3 | 먹거리 | 추어탕, 까먹돼지 구이, 백반, 닭볶음탕, 백숙 등 각종 특별 주문 요리 가능 | |
| 4 | 살거리 | 남원참미, 고구마, 시래기, 각종 콩·잡곡, 고추 등 이 고장 특산물 | |
| 5 | 전시관 | 곤충 표본 ※ (주) 신기한 곤충나라 제공 ( 대표 : 박근배 ) | |
| 6 | 교육 | 장구난타 평생학습교육 | 평생학습 장구난타 기초 교육 운영 | 20 명 |
| | | 영어 기초회화 | 주민대상 영어 기초회화 교실 운영 | 20 명 |
| | | 무료 한자교실 운영 | 주민대상 한자 무료교실 운영 | 20 명 |
| | | 풍물교실 | 평생학습 풍물교실 운영 | 20 명 |

'천황봉 방문자센터'에 많은 사람들이 찾게 되어 범멀이 옛날의 명성을 되찾길 기원한다. 한때 난장이 열릴 정도로 번성했던 범멀에 전해지는 이야기가 없다면 오히려 이상할 것이다. 벌촌에 전해지는 이야기는 다음과 같다.

### ◈ 보절지역의 난장亂場 '반송읍내' ◈

☞ 제8장〈보절의 명소와 명물〉참조

### ◈ 효자 박만석의 '빙고氷庫' ◈

조선 말기 고종 조에 이 마을에 사는 참봉 박만석은 생활이 빈곤함에도 겨울에 부모님께 죽순을 구해다 드리고, 마을 앞산에 굴을 뚫고 '빙고氷庫'를 만들어 얼음을 저장하여 여름철에도 시원한 물을 드리는 등 극진히 봉양하였다. 부모가 사경에 헤맬 때는 손가락 세 개를 참혈斬血하여 병을 회복시키는 등 효성이 지극하였으며, 그가 세상을 뜬 뒤 조정에서는 박만석에게 가선대부 참판 겸 동지의금부사를 증직하였고 효자 정문旌門을 세우게 하였다. 정문은 마을 앞 보산로 옆에 있다. 아들 영구永龜도 효행이 뛰어나 가선대부 참판 겸 동지의금부사를 증직받았다.

### ◈ 사주쟁이 이덕행 이야기 ◈

역학과 유학에 능한 이덕행은 이 마을에 1980년대 후반까지 생존하면서 인근은 물론 원근에까지 알려졌으며 특히 사주학에 능하였다. 오늘날도 그렇지만 그때 당시만 하여도 가정에서 통과의례가 있으면 택일을 매우 중요시 하였으며 가정의 액운이 있을 때는 사주를 보고, 일 년 신수를 보는 것이 상례였다. 고인이 되었지만 생존 시에 문전성시를 이루었다는 마을 사람들의 이야기에 의하면 많은 사람들에게 인정받은 철학가라 하겠다. 또한 농사학에도 밝았다고 전한다. 사주를 잘 본다 하여 '사주쟁이'란 별호가 붙었지만 사실은 천문지리에 밝은 학자라 함이 옳을 것이다.

### ◈ 마을의 자랑 '농기農旗' 이야기 ◈

해방 이후 보절초등학교의 운동회는 보절지역의 가장 큰 축제의 하나였다. 학생 수도 1000여 명이나 되었을 뿐만 아니라 학부형, 지역주민, 장사꾼, 가설 음식점, 구경꾼 등 학교운동장에 운집한 인파가 수천 명이 되었다. 학생들은 청군, 백군으로 나누어 각종 경기를 하였으며, 마을 대항 경기는 더욱 치열하였다. 경기에서 승리한 마을에 농기를 상품으로 1년 기한으로 주었는데 황벌리는 3년 연승을 하는 등 기세가 대단하였다고 마을 사람들은 회상한다. 그 농기가 보존되어 지금은 삼동굿 놀이의 농기로 사용하고 있는데 과연 그 크기도 대단하다.

### ◈ 벌촌마을 느티나무1 ◈

아름드리 느티나무들이 수백 년 동안 벌촌마을을 지켜오고 있다. 두 노거수의 수령은 약 350년 정도이다. 한 그루는 벌촌마을회관 위쪽 한유정 옆, 중앙 도로변에 위치한다. 태풍 볼라벤의 강풍으로 가지가 부러져 목질부가 심하게 드러나 있다. 수고에 비하여 수세가 약하며 수형 또한 불안정하다. 이곳은 마을의 당산으로 매년 정월 대보름이면 당산제를 지냈다고 하며, 지금도 나무 아래 제단으로 사용된 청동기 유물로 보이는 판석板石이 놓여 있다.

◈벌촌마을 느티나무2◈

이 느티나무는 마을 뒤쪽에 위치한다. 수령은 약 350년
으로 지금도 정월이면 마을 사람들이 소원을 빌기도 한
다고 한다.

◈명씨 바위와 들독◈

마을 당산나무 아래 정자한유정, 閑遊亭 출입구에 있는 넓
은 판석바위는 가로 2.08m, 폭 1.06m, 두께 26㎝이며 마
을 사람들 이야기에 의하면 오래전부터 청동기 유물인
고인돌과 함께 있었으나 고인돌은 밭을 일구는 과정에
서 없어졌다고 한다. 바위에는 세 개의 홈구멍이 일직선
으로 배치되어 있고 나머지 홈구멍은 불규칙적으로 여
러 곳에 파져 있다. 마을 부녀자들이 목화를 심을 때까
지만 해도 이 홈구멍을 이용하여 목화씨명씨로 기름을
짰다고 전한다. 그래서 마을 사람들은 이 바위를 '명씨
바위'라 부르고 있다. 또한 명씨바위 근방에 들독 1기가
있으며 높이는 36㎝, 둘레 1.5m로 원래는 3기가 있었는
데 2기는 언젠가 없어졌다고 한다.

지금은 천황봉 방문자센터가 있는 범말에는 둘러 볼 만
한 곳이 많다.

**옛날 면청과 주재소 터** 보현방과 고절방이 합하여 보절면이 되
면서 범멀은 면소재지가 되었고, 보절면청은 지금의 마을회관
터에 있었으며 주재소오늘날 파출소는 면청 앞에 있었는데 지금
은 민가가 들어서 있다.

**은천보** 은천 아래에 위치한 보洑, 관개와 물레방아의 수원이 되
었다.

**비금날** 도촌과 사촌의 넓은 평야 가운데 있는 비안날飛雁날을
범멀에서는 비금날이라 부른다.

**물레방아 1개, 디딜방아 2개** 이 마을에 있었던 전통 방앗간인
데 지금은 흔적이 없어 아쉽다.

**황벌교회** 보절 지역에서 가장 역사가 깊은 교회가 있다.

**뒷들** 마을 북쪽의 넓은 들

**우물** 벌촌마을 사람들의 배꼽인 우물의 현재 모습이다. 남원
시 보절면 황벌리 벌촌마을 미곡종합처리장 앞 골목길을 따라
약 110m 들어가 우측집 아래채 옆에 있다. 이 우물의 깊이는
370cm, 수위 140cm, 수온은 18℃이며 지표면에서 약 3m 깊
이로 굴착하고 밑바닥에서부터 원형으로 공돌쌓기를 하고 상

단에 원형 콘크리트관을 설치하였다. 우물이 집안에 위치한 것으로 보아 공동우물보다 개인우물로 보이며 바닥에 원형의 작은 틀이 설치되어 있고 잡석으로 바닥을 채운 것으로 보아 우물의 깊이는 지금보다 더 깊었을 것으로 보인다.

**지리산 RPC**Rice Processing Complex**공장** RPC공장은 벼를 수확한 후 건조, 저장, 도정, 검사, 판매 등의 모든 제반과정을 개별농가 단위가 아닌 대단위 자동화과정으로 일괄처리하는 시설을 말한다. 이는 농촌 노동력 절감, 미곡손실의 감소, 비용절감, 미질 향상 및 유통구조를 개선하는 데 목적이 있다. 보절의 지리산 RPC공장은 보절우체국과 통일주체국민회의 대의원을 역임한 파동 출신 양우식 씨가 1998년 12월에 설립하여 운영하다가 꿈을 이루지 못하고 타계하였다. 현재는 위길숙 대표가 운영하고 있으며 벼 수매 저장능력은 약 3700톤 정도나 되어 지역사회 발전에 기여가 크다.

벌촌마을 사람들

### 6_4. 선돌과 고인돌의 마을 은천隱川-숨은내, 시무내

은천마을은 보절면 면사무소에서 북쪽 방향으로 남장선남원~장수간 지방도 721호선을 따라 1km 지점에 있다. 남쪽으로 후유고개 능선은 소재지 마을인 신흥과 경계를 이루며 북쪽으로는 도룡천이 범멀과 경계를 이룬다. 서쪽으로는 대천큰또랑 바로 건너 '발뫼'마을과 한 동네를 이룬다. 발뫼마을을 끼고 왼쪽 길을 따라 모퉁이를 돌면 지주설망의 풍수지리와 관련된 문줄골이다. 마을 동쪽으로는 '불무골'이 있고 번덕으로 '북농'마을이다. 마을 앞 남서쪽으로 면내에서 가장 한해旱害가 적었다는 '시무내들'이 있으며 마을 위 '불무골들'과 '모리골들'이 동네 앞에서 합해져 제법 큰 들을 이룬다. 예부터 '모리골 십리 골짝'이란 말이 있고 '모리골은 안개만 끼어도 물이 흐른다'고 하여 가뭄에도 물이 마르지 않아, 아무리 가물어도 '모리골과 시무내들'은 모리골에서 흐르는 물로 논농사를 지을 수 있었다고 한다. 옛날에는 흉년이 거듭되면 볍씨을 구하기가 매우 힘들었는데 보절 지역의 볍씨는 대부분 모리골들에서 생산된 나락으로 해결되었다고 한다. 그래서 '모리골과

하늘에서 바라본 은천마을

시무내들'은 남원 조산의 '가방들', 산동 부절의 '한들'과 함께 남원의 3대 상답上畓으로 알려져 논값도 다른 곳보다 비싸다.

시무내마을의 유래는 이렇다. 시무내는 태자봉에서 시작된 날맥,脈은 평파坪坡, 번덕를 이루며 내려오다가 불무골 북쪽 날은 도룡천을 따라 은천마을을 감싸 돈다. 이 날은 언뜻 드러나 보이지는 않으나 곳곳에 바위가 박혀 있으며 마을에 있는 입석선돌 2기도 이 날 위에 있다. 이에 따라 이 날을 '숨은 날'이라 한다. 여름철 호우가 쏟아지면 만행산의 '너적골'과 '큰골', '칠상동' 등 아흔아홉골에서 내려온 물은 용등에서 집수되어 쏟아지는데 그 물길이 어마어마하였다. 이때 수마가 된 물길을 숨은날이 막아주어 마을을 수호한다 하여 '도룡천 홍수로부터 숨어있는 동네', '숨은 동네'가 '숨은 네'되었던 것이 와전되어 '숨은내', '시무내'가 된 듯하다고 마을 주민은 말한다. 일설에는 사방이 도룡천, 모리골천 등 하천이 휘감아 흐르고 그 안에 마을이 있어 마치 마을이 하천 가운데 숨어있는 형상이라 하여 '숨은내' 즉 한자로 '숨을 은隱', '내 천川' 즉 은천隱川이라 하였다고도 한다. 이 마을에 있는 선돌이라든가 시무내들 가운데 있던 여러 개의 고인돌, 그리고 2000년대 경리정리를 하면서 발굴된 널찍한 바위 등은 청동기시대 유적으로 오랜 옛날부터 이곳에 촌락이 형성되고 농경 생활이 이루어졌음을 알 수 있다. 시무내는 진주 소씨 일

가가 임진란을 피해 이곳의 토지가 비옥하고 물의 이용이 편리한 점을 착안하여 이조 중엽에 터를 잡아 소씨가 40여 호의 단일 촌락을 이루며 자손이 번창하였다. 이후에 김씨, 이씨, 박씨 등이 들어와 같이 살게 되었다. 시무내와 대천율천을 사이에 둔 동네가 '발뫼'이다. 예부터 시무내와는 같은 마을이다. '발뫼'는 '바작지게에 얹어 짐을 싣는 데 쓰는 소쿠리 모양의 물건'의 방언 '발'에서 유래된 듯하다. 풍수지리적으로 동네 뒷산이 마치 '지게 바작'처럼 생겼다 하여 동네 이름이 발뫼가 되었다고 마을 사람들은 믿고 있다. 어떤 이는 동네가 지형적으로 바작 모양이라고 말하기도 한다. 이에 따라 지게 '발'에 짐을 싣듯이 언젠가 부자가 된다는 전설이 오래전부터 전해내려 오면서 마을 사람들의 신념이 되었다고 한다. 이러한 속설 때문인지 근래에 출향한 이 마을 출신들 중 부를 이룬 이가 많다.

시무내도 세월의 요구를 받아들여 많이 변하였다. 남장선 지방도에 인접한 마을로 사방이 하천과 들로 둘러싸여 미곡생산에 적합한 부촌이었던 시무내는 1990년대에는 주산물이 미곡이며 특작물로 엽연초, 양잠, 후기작, 단무지 재배 등으로 높은 소득이 이루어졌다. 2000년대에 들어서면서 축산농가가 늘어나고 양파 등 원예작물의 재배면적의 증가는 마을의 모습을 크게 변화시켰다.

발뫼마을

◈보절의 마지막 전통혼례식◈

은천마을의 소재이, 황영미 부부를 소개한다. 이 부부는 1986년 11월 30일 보절의 마지막 전통혼례식으로 부부의 연을 맺어 다섯 남매를 낳아 다복한 가정을 이루고, 자제들도 사회에 기여하는 동량으로 키워냈다. 특히 부모를 잘 모셔 전라북도 전북노인복지효문화연구원에서 효부상도 받았다. 현재 소재이는 보절면발전협회 재무를 맡고, 황영미는 기초생활거점육성사업 주민위원회의 사무장으로 지역사회의 발전에 기여하고 있다. 가화만사성의 전범이라 할 만하다. 사진은 부부가 1986년 전통혼례식을 올리는 모습이다.

동네 이름처럼 시무내에는 감추어져 있는 명물과 지명이 많다.

**마을입구의 버드나무와 고인돌** 수백 년 된 버드나무가 마을 입구 신작로 왼편으로 서있다. 한때 고사 직전에 있었으나 끈질긴 생명력과 면사무소의 보호 관리로 회생되었으며 오랜 세월 마을의 표목標木이 되었다. 또한 시무내들에서 일하는 농부의 땀을 식혀주고 지나가는 나그네의 쉼터가 되기도 하였다. 최근 청동기시대 고인돌 덮개로 보이는 널찍한 돌이 버드나무 밑에 놓여져 있는데 이는 최근 시무내들 경지정리를 하면서 발굴되었다고 한다.

**선돌**石柱 예로부터 전해오는 전설에 의하면 은천마을은 어느 땐가는 물에 잠기게 된다는 도사의 예언 때문에 이를 대비하기 위해 만들었다는 높이 3~4m의 석주가 마을 뒤에 있다. 하지만 이 석주는 청동기 시대 배를 매는 시설이었을 것이라는 설도 있고 경계석이었을 것이라고는 하나 지금은 확인하기 어렵다.

**물레방아** 대천大川, 율천의 물을 이용한 물레방아가 은천마을 위와 아래에 있었으나 기계식 발동기의 보급으로 사양길을 걷다가 지금은 흔적조차 찾기 어렵다. 이 물레방아실에서는 각종 곡식뿐 아니라 고추방아, 밀가루방아, 명타기 등이 이루어졌다 하니 그 규모의 크기를 알 만하다.

**강도근 선조묘와 황새고개** 마을 입구 오른쪽으로 길가에 정겨운 자그마한 묘가 있다. 비석이 없어 누구의 묘인지 나타나 있지 않다. 이 묘는 우렁이 명당으로 동편에 황새날이 있는데 이 황새가 먹이감으로 우렁이를 노린다고 전한다. 황새날에는 번덕으로 오르는 고개가 있으며 이를 황새고개라고 부른다.

**대천**大川 원래 보절에서는 율천栗川을 대천이라 불렀다. 시무내에서는 '발미큰또랑'이라고도 부른다.

**고인돌과 말무덤** 원래 시무내들 가운데쯤에 고인돌이 세 개 있었는데 경지정리하면서 논둑으로 묻혀 몸체 일부만 보인다. 성혈이 있는 것으로 보아 고인돌임은 확실하나 학술적 조사가 필요하다. 시무내들을 '바우배기들'이라고 부르는 것도 이 고인돌 때문이다. 은천마을 입구 신작로 가장자리의 버드나무 밑에 있는 고인돌 1기와 함께 총 4기가 있다. 경지정리 사업으로 원래의 위치에 있지 않아 안타깝다. 고인돌 주변에는 청동기시대에 마을을 이끌었던 추장의 무덤으로 추정되는 말무덤이 있다.

**발뫼** 은천 서북쪽 대천 건너 마을을 발뫼라고 하며 옛날부터 은천과는 한마을이다. 흔히 발매라고 부른다. 소씨 재실이 있었던 지역에 집들이 생기면서 동네가 형성되었다. 이곳은 발뫼명당이 있던 곳이다.

**발뫼명당 '부정**釜鼎' '가마 부釜', '솥 정鼎'하여 부정釜鼎인데 두 글자 모두 밥 짓는 가마와 솥을 의미하는 것으로, 이 명당에 진주 소씨 정착조의 아들인 광정공光鼎公과 장수 황씨를 합장하였다. '정鼎'은 '발'이 3개 달린 솥을 의미하기 때문에 아마 동네 이름 '발뫼'도 여기에서 유래된 것이 아닌가 생각된다. 본문에서 설명한 '바작'이 되었든 '가마솥'이 되었든 부자로 발복한다는 뜻이 담겨 있다 할 수 있다.

**여시바우모퉁이** 발뫼에서 문줄로 가는 길목의 모퉁이바위로 굴이 있다.

**지주설망**蜘蛛設網 내황과 외황의 경계에 있는 거미명당으로 '거미줄을 늘인다'라는 뜻이 있다.

**문줄골** 발뫼 남쪽의 골짝. 거미줄을 한자로 '문蚊줄'이라 한다.

**북농**北農 은천마을 동쪽 번덕에 난민촌으로 형성되었던 마을이다. 지금은 마을이 없어지고 축사와 논으로 개발되었다.

**불무골** 마을 동쪽으로 있는 골짝 들녘으로 불무명당이 있다고 전한다. 불무는 풀무의 방언으로 대장간에서 불을 피울 때 바람을 일으키는 기구이다.

**모로굴** 시무내들 동쪽으로 깊숙한 들

**은천이라고 쓰인 선돌** 선사시대부터 있었던 선돌에 은천이라고 쓰여 있었는데 세월이 흐르면서 마모가 되자 다시 보수하여 유지하고 있으며, 은천마을의 지명과 관계가 있는 듯하다.

**시무내들** 마을 앞 문전옥답을 시무내들이라고 한다.

**바우배기** 마을 사람들은 시무내들을 이렇게 부른다. 몇 개의 고인돌이 있기 때문이다.

**황새고개** 북농 번덕으로 오르는 고개. 파동으로 연결된 길

**우렁이명당** 마을 어귀에 있는 묘. 도로 건너에 수백 년 된 버드나무와 고인돌이 있다.

**숭꼬지** 시무내들에 있는 우물. 식수와 관개로 사용하였다.

**앞시암** 버드나무 옆에 있는 샘으로 동네 주민 거의가 식수로 사용한다.

**마굴** 모로굴 밑에 골짝

**조탑거리** 불무골 아래 벌촌 쪽으로 샘이 있던 부근을 조탑이 있었다 하여 붙여졌다. 마을의 역사와 함께한 이 마을의 공동샘으로 물맛이 좋았다고 마을사람들은 추억을 말하고 있다.

**꽃밭정이** 작소에서 신흥으로 가는 왼쪽 산 아래를 말하며 이곳에는 해방 전까지도 가옥이 세 채가 있었으며 주막과 짚신을 만들어 파는 곳이 있었다고 한다.

**아랫 시무내** 해방 전까지 시무내들 아래와 꽃밭정이 사이 냇가 쪽으로 작은 마을이 있었는데 아랫 시무내라 하였다.

**장터거리** 아랫 시무내와 꽃밭정이 근방에 장터거리가 있었다 하나 지금은 확인하기 어렵다.

은천이라고 쓰인 선돌

은천마을 사람들

도촌마을 뒤로 비안들이 펼쳐져 있다.

## 7. 도룡리 道龍里

물이 맑은 도룡리는 본래 남원군 보현면 지역으로 1914년 행정구역 통폐합 때 도촌리道村里, 용동리龍洞里, 영양리永養里, 사촌리沙村里의 각 일부가 병합되어 도촌道村의 도道와 용동龍洞의 용龍을 한 글자씩 따서 도룡리라 하여 보절면에 편입되었다. 1995년 1월 1일 남원시·군이 통합되어 남원시 보절면 도룡리가 되었다. 현재는 도룡리에 도촌道村, 용동龍洞, 안평安坪 등 세 마을이 있다. 도촌은 벌촌마을 윗마을로서 동네 안으로 수로가 유입되어 채소를 씻고 빨래를 하는 등 유용하게 이용되고 있으며 용동은 용평제 공사로 매몰된 용등폭포龍登瀑布가 있어서 붙여진 마을이며 또한 추어鰍魚마을의 중심 마을이다. 또한 안평은 바람바위가 있는 '바람날' 아래에 위치한 아늑한 마을이다. 2015년 보절면 순환도로가 완성되면서 파동 위 제림평사거리에서 걸고개사거리까지의 도로 양편으로 넓게 펼쳐진 번덕들판은 보절면의 새로운 변화를 예고한다. 도룡리는 보절을 대표하는 명물과 명소가 많은 고장이다. 용호, 용호정, 보현사, 상사바위, 걸고개, 느티나무, 돌담길, 추어공원 등이 몰려있는 곳이다.

### 7_1. '똘촌'이라 불리는 '도촌道村'

도촌은 보절면 소재지로부터 북쪽 방향 2.5km 지점에 위치한다. 황벌교 동쪽으로 보현사 가는 길을 따라 300~400m 올라가면 마을회관이 나온다. 마을 동쪽으로 만행산 천황봉이 위치하고 도촌제道村堤, 똘촌방죽가 위치하며 서쪽으로는 벌촌마을이다. 마을 앞에는 시내가 흐른다. 마을 사람들은 아주 옛날부터 마을 뒤뜰 전답에 관개용수로 사용하기 위하여 이 물을 마을 안으로 끌어들였다. 마을을 관통하며 흐르는 맑은 이 물은 동네 아낙네들이 채소를 씻고 빨래를 하는 장소이자 마을의 정보를 교환하고 수다를 떨며 스트레스를 푸는 장소로서 이 동네로 시집오는 처녀들이 '이 또랑을 보고 시집왔다'고 할 정도로 동네의 명물이었다. 바람바위風岩가 있는 바람날은 산서면 마치馬峙에서 시작되어 보절면 깃대봉에서 마감되는데, 바람날 서쪽 사면으로는 면내에서 제일 널따란 평파바람들가 전개되며, 평파 가운데 낮은 능선은 기러기가 내려앉은 듯하여 '비안飛雁날'이라 한다. 비안날은 사촌마을과 자연적 경계를 이루며 비안날 안쪽 '뒤뜰'은 도촌마을의 배산이 되고 마을 앞으로 도룡천이 흐른다. 남쪽 마을 앞 번덕날은 마을의 안산이며 그 안쪽을 '쑥뱅이골'이라고 부르며 마을 바로 앞 내 건너를 '서당골'이라 한다. 마을 서쪽은 벌촌 마을로 이어진다. 비안날 양지에 해방 이후 '학동鶴洞'이라 하여 7~8호의 이씨, 강씨, 양씨 등이 부富를 이루며 살았는데 언젠가 하나둘씩 이사를 하면서 지금은 마을이 없어지고 마을 터는 전답으로 변하였다. 1970년대까지만 하여도 마을 뒷산에서 옛날 돈이 출토되었다는 주민의 말에 의하면 학동마을 이전 오랜 옛날부터 마을이 있었을 것으로 보인다.

도촌은 지금으로부터 약 600여 년 전고려 말엽 지금의 경상도 함양 방면에 살다가 도촌마을에 정착한 정탄丁坦이 왜구의 빈번한 노략질을 피해 그 세력이 미치지 않는 곳을 찾아 안식처를 구하기 위하여 북상하던 도중 산수가 수려하고 토지가 광활한 점에 착안하여 이곳에 정착하게 된 것이 시초이다. 그로부터 300여 년 후 남원 양씨와 박씨가 동시에 이거하여 3성이 70여 호의 큰 마을을 이루고 살게 되었다. 조선말 이병혁李秉爀, 자 明穫, 호 晦史은 본관이 광주廣州이고 고종 때 벼슬에 나아가 통정대부에 이르렀으며, 인근에서는 이한림李翰林이라 하여 우대하여 불렀고 도룡리 535번지에 거주하였다.

도촌의 원래 이름은 '똘촌'이었다. 천황봉 계곡에서 흘러내린 물이 큰 하천또랑을 이루고, 항상 맑은 물이 흘러서 오가는 길손의 마음속까지 시원하게 해주었다고 한다. 여기에서 똘촌이라 부르던 것이 와전되어 어느덧 도촌으로 변하고, 한문으로 표기하게 되면서 도촌道村으로 확정되었다. 민간에서는 지금도 똘촌을 애용하고 있다. 이 마을에 오래 살아온 정대수 씨에 의하면 마을이 형성되던 시기에 '뒤뜰'에 관개

수로로서 똘또랑, 川이 마을 안을 통과하였다고 한다. 이 똘이 마을 안을 일 년 내내 흐르면서 마을 사람은 물론 오고가는 길손들의 마음속까지 시원하게 해줄 뿐 아니라 식수는 물론 맑은 물에 채소를 씻고 빨래터로 이용하는 등 생활용수로도 이용하였다고 한다. 따라서 똘촌이라는 마을 이름은 마을 앞에 흐르는 '똘천'에서 기원하였다고 보기보다는 마을 안을 흐르는 똘에서 기원하였을 것이다. 지금도 이 똘에는 2개의 빨래터가 있으며 이 똘을 기준으로 마을을 '앞뜸', '뒷뜸', 그리고 동네 앞 하천 건너를 '물건너서당골'라고 구분하여 부른다.

똘촌은 1960년대 시작된 새마을 사업은 1970년대에 더욱 활발히 진행되면서부터 지금의 모습을 갖추기 시작했다. 당시 전라북도 도지사 이정우는 말단 행정 조직을 개편하여 보절면 법정 9개 리에 명예 이장과 사무직 참사參事, 마을별 자치회장을 두었다. 도룡리는 행정의 효율을 위해 도촌, 북농정착농원, 월평정착농원, 용동, 안평 등 5개 자연 마을로 재편되었다. 마을마다 지붕개량, 담장개량, 농로신설, 마을안길 확장, 용수로개설 사업 등이 활발히 진행되었다. 당시 리의 참사에는 정대수丁大秀씨가 임명되었다. 일제 강점기 초기에 도촌에는 보절면청이 있었다. 면청은 6·25 전쟁을 겪으면서 개인 소유의 집이 되었다. 마을회관이 없었으므로, 개인 소유로 된 이 집도룡리 543번지을 매수하여 마을업무를 처리하였다. 마을회관은 1970년대 도룡리 552번지에 터를 마련하고 새마을 사업으로 시멘트블럭 집을 건축하였으며 1980년대에 다시 정부보조 사업으로 재건되어 현재에 이르고 있다.

똘촌은 1970년대에 지붕개량 30여 동, 안길확장 1.5km,

새마을 운동이 본격화되기 이전 도촌마을의 모습

농사철이 본격적으로 시작하기 전에 단합을 위하여
동네 사람들은 화전놀이를 즐겼다.

故鄕逢友　　　고향에서 벗들을 만남

三二離鄕七二來　　　삼이이향칠이래
村名依舊路新開　　　촌명의구로신개
少時血氣盛親友　　　소시혈기성친우
今至凋顔鬂毛衰　　　금지조안빈모쇠
洞內家庭餘有樂　　　동내가정여유락
門中古老去無哀　　　문중고로거무애
數逢會坐分談笑　　　수봉회좌분담소
彼此相爭勸酒杯　　　피차상쟁권주배

서른 둘에 고향을 떠나 일흔 둘에 오니
마을 이름은 의구한데 길은 새로 열었네
젊었을 때 혈기가 왕성했던 친한 벗들
지금 이르러 주름진 얼굴에 귀밑털이 쇠했구나
동내 가정마다 나눔이 있어 즐거웁고
집안에는 옛날 늙은이들이 가고 없으니 슬프고나
여럿이 만나 모여 앉아 이야기와 웃음을 나누며
저쪽과 이쪽이 서로 다투어 술잔을 권하네

2009년 2월 2일

농로개설 1.5km, 용수로개설 0.7km, 담장개량 0.6km 등이
이루어졌다. 1975년 마을 앞 도촌교를 건설하였다가 1990
년 재시공하였으며 1995년에 국고사업으로 시행된 도촌지
구 경지정리 사업으로 지금의 모습을 갖추게 되었다. 2009
년에는 농어촌종합개발 사업으로 도촌, 벌촌, 용평, 도촌, 안
평, 사촌 등 5개 마을에 5개년 계획으로 49억 원의 자금을 투
입하여 각 마을 이장이 추진위원이 되고 추진위원장에 정대
수씨를 선정하여 방문자센터와 마을회관 리모델링, 마을쉼
터, 소득사업신설 등을 차질 없이 완료하였다. 이와 같은 사
업으로 맑은 물이 흐르고 경관이 수려한 본 마을은 복지농
촌의 모습을 갖추게 되었으나 마을 인구의 격감이 아쉽다.
아래의 사진은 도촌마을이 한창 번창했을 때의 모습을 짐
작하게 해준다. 이 사진은 농사철이 본격적으로 시작하기
이전에 단합을 위하여 동네 사람들이 화전놀이를 즐겼던
모습을 담고 있는데, 이 모습은 마을의 현재 모습과는 대비
되어 더 안타까움을 자아낸다.

사람이 줄어도 이야기는 사라지지 않는다. 고향을 그리
워하는 똘촌마을 사람들이 고향에 대해서 많은 이야기를 남
기고 있기 때문이다. 아래의 시는 고향을 그리워하는 청해
정대용 시인이 똘촌을 찾아와서 고향을 이야기하는 장면을
읊고 있다.

고향을 떠나 있어도 언제나 찾아오는 마을에는 많은 이
야기가 전해지는데, 먼저, '당산무덤말무덤과 고인돌'을 소개
하겠다. 도촌마을 동쪽 바로 위에는 범상치 않은 조그마한
무덤과 무덤에서 5m 거리 오른쪽 길 건너에는 폭 2m, 길이
3m 정도의 고인돌이 있다. 동네 사람들은 이 무덤을 '말무

도촌마을의 성혈

덤'이라 하고 신성하게 여겨 매년 당산제를 지낸다. 말무덤 옆 고인돌에는 성혈이 9개 있으며 이곳 지배 세력인 군장의 묘였을 것으로 보인다. 이 성혈은 말무덤과도 관계가 있을 듯하다. 농작로가 나기 전까지만 하여도 고인돌과 말무덤 사이의 길을 마을의 주령主嶺이라 하여 상여가 지나가는 것을 통제하였을 정도로 신성시하였으며 1950년대까지도 이곳에서 마을의 수호와 염원, 액막이를 위한 당산제가 이루어졌다고 전한다. 이후 도로확장 및 농로개설 등으로 당산의 신성했던 의미가 퇴색되어가는 아쉬움이 있다.

이어서 자라 바위와 뱀 바위 이야기를 빼놓을 수가 없다. 마을 앞으로 흐르고 있는 도룡천 위로 올라가 보면, 그 형상이 꼭 자라와 뱀 모양을 하고 있는 바위를 쉽게 찾을 수 있다. 자라가 냇가의 물을 마시려고 목을 내밀고 있으며, 뱀이 긴 몸을 또아리를 튼 형상으로 머리는 자라를 향해 있는 모습을 하고 있다. 이는 뱀이 자라알을 먹기 위해 자라를 공격하는 형상이라고 한다. 이곳에 명당소명당이 있다는 전설 때문인지 주변에 몇 개의 묘가 있다. 오늘날 근방에 다리가 놓이면서 자라바위가 사라져버려 아쉽기 그지없다. '정씨나무'라 부르는 정자나무도 지나가는 사람들을 붙잡는다. 전해 오는 바로는 처음 마을에 정착하게 된 정씨丁氏, 박씨朴氏, 양씨楊氏 3성의 조상들은 서로 협동과 단결을 상징하고 마을의 무사안녕을 기원하기 위하여 각기 정자나무를 한 그루씩 심었다고 한다. 이후 세 성씨의 자손들은 나무의 성장처럼 자라면서 번창하여 공동체 생활을 오랜 세월 해왔다고 한다. 또한 마을 사람들은 이 나무가 잘 자라고 못 자람에 따라 풍년과 흉년이 좌우된다고 여길 정도로 신성시하였다고 한다. 그러다

도촌마을 느티나무(정씨나무)

가 언젠가 박씨 나무가 죽자 박씨 자손은 쇠퇴하여 어디론가 이거하였고 1950년대에 홍수로 양씨 나무가 유실되자 양씨도 마을을 떠나게 되었다고 한다. 지금은 정씨나무만 남아서인지 주로 정씨丁氏 자손이 남아 있다고 하는데 이들은 지금 40여 호의 대 씨족 마을을 이루고 있다. 똘촌 마을의 원래 이름이 장동將洞이었다는 이야기도 놓쳐서는 안 될 것이다. 장동교將洞橋 초입 바위에 장동이라고 새겨진 금석문이 있는데, 언제, 누가 새긴 것인지는 전한 바 없으나 마을 사람들은 도촌마을의 옛 이름일 것이라고 한다. 이는 장동의 장將에서 보듯이 어떤 장군의 이야기와 관련이 있지 않을까 생각된다. 마침 마을 이장인 정대문丁大文씨가 구전이라며 그럴듯한 이야기를 들려준다. 이를 옮긴다.

'아랫마을인 벌촌과 경계에 말무덤몰무덤 전설이 있는데, 옛날 이 마을에 살고 있는 장수가 있어 매일 말을 타고 무예를 열심히 닦았다고 한다. 달리는 말의 속도가 화살과 같아 하루는 자신이 쏜 화살과 시합을 하였는데, 성산城山에서 활을 쏘아 자신이 탄 말이 화살보다 빨리 도착할 것이라는 자신감을 가지고 한 시합이었다. 장수는 성에서 힘껏 화살을 쏘아 올리고 말을 달려 마을에 도착하여 보니 화살이 보이지 않는다. 이에 말의 속도가 화살보다 늦은 것으로 생각한 장수는 그만 화를 내며 '이렇게 느린 말은 나에게는 쓸모가 없노라'하며 차고 있던 칼을 빼어 애마의 목을 쳐버렸다. 이때 '쉬~잉'하며 화살이 떨어진 것이 아닌가! 놀란 장수는 화살을 확인해 보니 자신이 성산에서 쏘아 올린 화살이었다. 아, 어쩌랴. 장수는 비통한 마음을 금할 길이 없었다.'

이런 사연을 지닌 무덤이 말몰무덤에 대한 이야기는 여기까지다. 그렇다면 마을 옛 이름 장동은 장수가 살았던 마을이라 하여 붙여졌을 것이라 추론할 수 있으며 금석문으로 남긴 장동과도 무관하지 않을 것으로 보인다. 도촌마을에는 돌로 새긴 비문과 들러 볼 만한 곳이 많다.

**망향대**望鄉臺 마을 앞 뱀바위에 새겨진 글씨로 회사晦史 이한림李翰林이 자신이 태어난 덕과면 만동당시는 적과방을 그리며 새겼을 것이라고 후손들은 입을 모은다.

**회사**晦史 마을 앞 뱀바위에 새겨진 글씨로 이 마을에 살던 이한림의 호號이다. 한림벼슬은 조선시대 예문관검열의 별칭이다. 한림이 자신의 호를 회사라 하였다면, 회사에서 회晦는 '그믐, 음력에서 한 달의 맨끝날, 밤, 어둠' 등을 나타내는 회의문자이고, 사史는 '사관, 문필에 종사하는 사람'이란 의미의 회의문자로 조선 말 망국의 마지막 사관史官, 또는 마지막 문필文筆에 종사한 사람, 즉 자신을 비유한 표현이다. 회사란 호를 지어 시대의 암울함과 망국의 슬픔을 달래며 마을 앞 바위에 새기지 않았을까 생각된다.

**만고**晚皐 만고의 금석문은 자라바위 쪽 바위에 새겨져 회사의 금석문과 마주하고 있다. 만고는 이한림의 아들 양래洋來의 호이다. 돌아가신 아버지를 그리워하는 아들 만고가 이곳에 자신의 호를 새겨 아버지인 회사와 낮은 곳에서 늘 마주 대하는 마음으로 새겼을 것으로 보인다.

**장동**將洞 장동교將洞橋 초입 바위에 새겨진 금석문으로 회사공 이병혁晦史公 李秉爀의 묘비문에 회사공이 신축년1901년 이 마을에 이거할 당시의 마을 이름이 장동이었음이 증명되는 내용이 있어 도촌의 옛 이름은 장동임을 알 수 있다.

**도촌마을 느티나무** 도촌마을회관 앞 도룡천 건너에 위치한 느티나무로 수령은 약 400년이다. 옛날에는 이 나무 아래에서 마을 위 말무덤과 함께 당산제를 지냈으나 지금은 지내지 않는다고 한다.

**똘촌** 도촌마을을 외지에서 부르는 이름. 똘이 있는 마을이라는 뜻이다.

**앞뜸** 마을 남동쪽 하천 쪽을 마을 앞이라 하여 앞뜸이라 한다.

**뒷뜸** 마을 북서쪽 뒤를 마을 뒤라 하여 뒷뜸이라 부른다.

**메물죽 방죽** 1938년 축조된 도촌제를 똘촌방죽 또는 메물죽 방죽이라 한다. 계속된 흉년으로 주민들이 메물죽을 먹으면서 쌓았다 하여 이렇게 부른다고 전한다.

**당산** 말무덤과 고인돌이 있는 곳으로 정기삼 공적비가 바로 옆에 있다.

**고모**顧母**뎅이**고모깰, 꼬모깰 **들** 장동교 건너의 도촌제 아래의 들녘을 말한다.

**고모뎅이 능선** 꼬모깰 남쪽 능선이 풍수지리에 의하면 엄마소가 송아지를 사랑의 눈으로 돌아보는 형국이라고 한다. 고모顧母에서 고顧는 '돌아본다'는 뜻이고 모母는 '어미'를 의미한다.

**장동교**將洞橋 고모뎅이고모깰, 꼬모깰들녘의 농사를 짓기 위하여 놓은 다리

**비안**飛雁**날** 마을 뒤 평파 가운데 기러기가 내려앉은 형국의 산으로 사촌마을과 경계를 이룬다. 또한 비금飛禽날, 비름날이라고 부르기도 한다.

**비안들** 비안날 주변의 광활한 들녘.

**뒷들** 마을 뒤 들녘

**안들뜰** 마을 뒤 윗들을 안뜰이라 부르기도 한다.

**학동**鶴洞 비안날 아래 양지쪽으로 마을이 있었다.

**쑥뱅이골** 마을 앞 번덕 너머 골짝이 들녘

**서당골** 마을 건너 골짝으로 '물건너'라고도 한다.

도촌마을 사람들

하늘에서 바라본 안평마을

## 7_2. 배장군 전설을 간직한 연화부수蓮花浮水의 명당 안평安平

안평마을은 보절면 소재지상신마을에서 북동쪽으로 약 4km 지점에 위치한다. '풍암날' 아래 안평마을은 풍수적으로 '연화부수'형을 보여 주듯 아늑하고 평화롭다. '풍암날風岩, 바람바위'은 장수군 산서면 봉서리 상서산에서 시작하여 칠상동 정상에서 만행산맥과 풍암날로 분기된다. 만행산맥은 남진하여 큰재를 지나 상사바위와 천황봉으로 이어지며 풍암날은 남서쪽으로 돌아 '풍암바람바위'을 등에 업고 두텁고 길게 뻗어 '깃대봉'을 세운다. 깃대봉 아래로 가골 골짝을 이루고 이곳에 '배장군 묘'의 전설을 남기고 '걸고개'에서 하천도룡천을 만난다. 풍암날의 서쪽 사면 아래에 연화부수의 지형을 만들어 안평동 마을을 앉히고 도촌마을과 사촌마을 사이로 터를 벌리며 '평사낙안坪沙落雁'의 광활한 평파坪坡를 이룬다. 이를 '만행산 12평파 제2용맥'이라 한다. 보절 사람들은 옛날부터 봄철만 되면 바람이 매우 심하여 피해를 입지 않는 해가 거의 없었다. 사람들은 바람이 세게 부는 이유가 풍암날에 높이 20m, 너비 10m의 커다란 바위가 조화를 부려 바람을 일으키기 때문이라고 언제부터인가 자연스레 믿게 되었다. 이러한 연유로 이 바위를 바람바위라 하고, 한자로 '바람 풍風', '바위 암岩'에서 '풍암風岩'의 이름을 얻게 된 것이다. 한편 '바람바위'를 '영감바위' 또는 '투구바위'라고도 한

다. 마을 앞으로 도로가 있으며 아래쪽으로 사촌 마을이 위치하고, 위로 올라가면 안평사거리에서 좌측으로 용동 마을의 초입인 '걸고개'가 있다.

안평마을의 유래는 이렇다. 조선 중엽 이 마을에 장군이 나온다는 명당을 찾아 정착한 배씨裵氏 일가가 조상묘를 안치하고 살았는데, 그 후 양쪽 팔에 날개가 돋쳐 있는 남자아이를 낳으니 이에 너무 놀란 부모가 묘를 파헤치자 이 아이가 죽어 버렸다고 한다. 곧바로 배씨 일가는 이 마을을 떠나 버렸다고 한다. 이후 순창에 살고 있는 김해 김씨 후손들이 이 소식을 듣고 본 마을에 정착하여 현재까지 이어오고 있으며, 그 후 박씨朴氏와 정씨鄭氏가 이주하여 동네를 이루어 왔다. 김해 김씨 성재誠齋라는 분이 1864년 터를 잡아 집을 지으면서 마을이름을 '안평동安平洞'이라 하였다. 마을 뒤편 높은 산이 병풍처럼 우뚝 솟아 동네를 감싸고 앞에는 넓은 들판이 있기 때문에 마음이 평안하다 하여 붙여진 이름이라고 한다. 1914년 한때 '영양리永養里'라 하였고 1940년대에는 사촌리에 행정을 포함시킨 때도 있었으며, 1950년대에는 도룡리에 합쳐졌다가 1960년대 분리와 더불어 다시 안평으로 불리며 현재에 이르고 있다.

안평마을은 재해 상습지역으로 천수답이 많았지만 1960년대에 용동폭포에서 '마을앞들'까지 도수로 500m

를 설치하여 수리안전답을 이루었고, 1980년대 '장남댐' 물이 넘어오면서 마을 인근의 천수답이 없어지게 되었다. 또한 1970년대 새마을 사업으로 지붕개량과 전기가설을 완료했으며, 고지대의 이점을 살려 유실수를 재배하여 각종 과일 생산으로 소득을 크게 높였고 자연 초지를 이용한 축산도 활발하였다. 현재는 추어마을 권역사업으로 용동마을과 협동으로 추어사업소를 운영하며 '추어 체험프로그램' 등 체험 학습을 하고 있다. 용평지구 우회도로가 완공되면서 마을 앞으로 시내버스가 운행되고 있다. 2015년 '천황봉순환도로'가 완공됨으로써 획기적인 마을 발전이 기대된다. 안평마을에도 가볼 만한 명소가 많다.

**칠상동**七相洞 만행지맥의 첫머리에 있으며 계곡이 깊어 경관이 수려하고 장군대좌의 명당이 있다 하고 또한 이곳에 묘를 쓰면 7정승이 나온다는 전설이 꾸준히 내려오면서 옛날부터 풍수학자들의 발길이 끊이질 않았다고 한다. 아래의 시는 청해 정대용 시인이 칠상동 아래에 모신 조상묘를 성묘하고 칠상동의 풍경을 노래한 것이다.

每上高樓景別天　매상고루경별춘
四方觀望美無邊　사방관망미무변
遠西廣野橫迷霧　원서광야횡미무
近洞人家起炊烟　근동인가기취연
綠水流聲聞瀑布　녹수유성문폭포
屛山落影喪莊筵　병산락영상장연
七相谷裡先塋在　칠상곡리선영재
歲歲尋來又結緣　세세심래우결연

매양 높은 누각에 오르니 경치가 별천지요
사방을 바라보니 아름답기 그지없구나
멀리 서쪽 넓은 들에 희미한 안개 걷히고
가까운 고을 인가에 밥 짓는 연기가 일어난다
푸른 물 흐르는 소리 폭포에서 들리고
병풍 같은 산그늘은 산장의 자리를 상쾌히 한다
칠상동 골짜기 속에 조상의 산소가 있어
해마다 찾아와 또 다시 인연을 맺는구나

1990년 7월 22일

**풍암날** 풍암바람바위이 있는 능선으로 칠상동을 서쪽으로 감싸며 용동마을 쪽으로 뻗는다.

**연화부수**蓮花浮水 '연꽃이 물 위에 떠있는 모습'이라는 뜻으로 안평동 동네 터가 연화부수의 명당자리라고 한다.

**평사낙안**坪沙落雁 기러기가 넓은 모래사장에 내려 앉는 모습

**바람바위** 풍암이라고도 하며 풍암날에 위치한다. 옛날에는 멀리서 보였는데 지금은 숲이 우거져 보이지 않는다. 영감바위라고도 한다. 이는 칠상동에서 마주 보이는 성산에 산갓바위가 있는데 이를 할미바위라고도 하여 서로 바라보고 있다는 전설이 있다.

**깃대봉** 오랜 옛날부터 깃대봉이란 지명이 있었다고도 하고, 일제 강점기에 일본인들이 측량을 하기 위하여 표준석을 박아놓고 깃대를 세웠다고 해서 깃대봉이라고 한다. 둘 다 틀린 말은 아닌 것 같다. 하지만 깃대봉 지명은 전자가 아닐까 한다.

**가골** 깃대봉 아래 골짝으로 아카시아 군락을 이룬다.

**걸고개** ☞ 용동마을 편 참조

안평마을 사람들. 2020 코로나19로 인해 마스크를 착용하고 모였다.

하늘에서 바라본 용평마을

천황봉을 배경으로 한 용평마을

### 7_3. 비룡등천飛龍登天의 마을 용평龍平

용평은 도촌마을에서 1km 정도 만행산을 향하여 올라가면 우람한 소나무 숲 사이에 '걸고개'가 있고 고개에서 10m 정도 더 내려가 자그마한 '용동교'를 건너면 바로 마을이다. 오른쪽 아래로 추어마을 체험 센터가 있다. 마을 동쪽으로 2006년 공사가 완료된 '용호龍湖'가 '용호정龍湖亭'과 잘 어우러져 면내 제1경을 이루고 있다. '용평댐'을 끼고 돌면서 천황봉 정상을 오르는 등산로 '너적골' 입구가 오른편으로 있고 댐 끝 30m 거리에는 천년고찰 '보현사'가 있다. 절 앞을 흐르는 개울을 따라 '큰골' 정상에 위치한 '쉰구부재'에 오르면 오른쪽으로 '상사바위'가 지척이다.

마을 위쪽에 '모광대묘'가 있는데 이곳이 '모택동 조상묘'라는 전설이 구전으로 내려왔다. 사람에 따라 용평댐 제방에 묻혀버렸다는 이야기도 있고 제방 아래 위치를 가리켜 이곳이라고 말하는 이도 있다. 전북일보사에서 취재 후 보도한 것으로 보면 아직도 더 검증이 필요하다. 남원에 한해旱害가 극심하면 남원부사가 기우제를 지냈던 제단이 있는 기우제터가 마을 위에 있었다는데 지금은 흔적을 찾기 어렵다. 안재직에 따르면, 기우제의 내용은 대체로 이러했을 것이다.

◆천황봉에 비 오기를 비는 축문◆

모년 모월 모일. 기운이 힘차게 모이고 형세가 연이어 감돌아 특별히 빼어난 이곳을 진산鎭山으로 삼아 드러내고 증험하여 일찍이 전하였습니다. 지금 어찌 어여쁘게 보아주지 않는 것을 근심하리라고 생각이나 했겠습니까? 춘삼월이 이르렀는데 이전에 없던 심한 가뭄으로 베틀 북은 이미 비어 있고 밭두둑 또한 황폐해졌으니, 불쌍한 우리는 곤궁하고 외로워 앞으로 장차 쓰러져 죽을 뿐입니다. 농사를 근본으로 삼았기에 시일을 늦출 수 없습니다. 올해 윤달이 지났는데도 한여름에 초승달이 드리워져 백성이 심하게 앓고 있습니다. 신께서 진실로 이를 살피시어 봉한 지역 안에서 신명神明을 오로지 하시면 가뭄 귀신의 횡포를 쉽게 다스릴 수 있고, 용의 게으름을 채찍질할 수 있을 것입니다. 어떻게 혜택을 모아야만 오래도록 권위를 빌리겠습니까? 비 내리고 햇빛 비추어 주어 일찍이 우리가 잘못되게 한 적이 없으며, 심고 거두는 것이 무엇인들 신의 은혜가 아니겠습니까? 향긋한 술통이 맑고 풍성하여 감히 근심을 호소하오니, 바람을 내리고 구름을 타서 부디 정성과 경건한 마음을 흠향하소서.

◆天皇峯祈雨祝◆

維年月日. 氣鍾扶興. 勢盤連綿. 作鎭特秀. 著驗夙傳. 何意今者. 邈不見憐. 三春抵此. 一旱絕前. 杼柚既乏. 田疇且損. 哀我窮獨. 逝將顚連. 農以爲本. 時不可延. 今歲衍閏. 仲夏垂弦. 民孔癉矣. 神實監旃. 封部之內. 神明攸專. 魃虐易誅. 龍懶可鞭. 曷屯惠澤. 久假威權. 日雨日暘. 曾莫我愆. 乃稼乃穡. 孰非神恩. 芳樽潔脤. 敢籲悶悁. 降風乘雲. 庶歆精虔.

용호정 주차장에 기우제 터가 복원되었다.

마을 입구에 있는 추어마을 표지판

안재직의 축문은 가뭄이 심한 보절의 상황을 생생하게 전해주고, 천황봉이 비를 내려주기를 간절히 바라는 사람들의 기도를 받는 신성한 산이었음을 보여준다. 남원부사가 참여할 정도였다고 하니, 천황봉은 어쩌면 보절은 물론 남원 전체의 가뭄을 해결해 주었던 중요한 산이었을 것이다. 2019년 5월 용호계契장 유광종總會에 참석한 이환주 남원시장에게 역사 깊은 보절의 기우제를 설명하면서 용호用坪堤제 제방에 묻힌 기우제터의 복원을 건의하여, 2020년 1월 용호정 주차장에 보절 주민의 오랜 숙원이었던 터의 복원이 이루어졌다. 이곳에는 제단과 함께 향촌 이강수 씨가 쓴 기우제 내력이 담긴 비석이 세워지고 또한 상기한 희당 안재직의 기우제 축문을 안내판에 소개하여 그 역사성을 분명히 했다.

마을 남쪽 널따란 번덕은 1970년대 나산봉, 김용훈 등이 개인 사비로 개발을 하여 수만 평의 전답이 생기게 되면서 보절면의 새로운 변화를 예고하고 있다. 또한 보절면 오랜 숙원 사업인 '다산~용평' 간 도로가 2015년 개통됨으로써 '용평번덕'에 대한 지자체와 민간에서의 개발에 대한 관심과 논의가 진행 중이다. 마을 아래로 추어마을이 있어 이곳에서 농사체험 및 미꾸라지 잡기 체험 등 각종 프로그램이 운영되고 있으며 사계절 이용객이 끊이지 않는다.

그 아래 계곡에는 '호암虎岩'이 있어 전설과 함께 동네 사람들의 추억의 장소로 기억되고 있다. 북쪽으로는 '바람날'이 내려오면서 '깃대봉'에서 마감되는데 마을 앞 냇물은 용평제가 만들어지면서 수량이 줄었다.

용평 마을은 역사 문헌상으로는 그 유래가 가장 오래된 고장이다. 고려 충숙왕 원년1314년 신망이 두터운 화상和尙 만

항萬恒에 의하여 '보현사'가 신축될 무렵 이미 절 입구에 마을이 있었을 것이라 미루어 추정할 수 있기 때문이다. 전래된 이야기에 의하면 그 마을 터를 '동구洞口'라고 불러왔다. 그곳 담장 터에는 수백 년 된 감나무 뿌리가 있고 옛날 기왓장 조각들이 발견되었다고 말한다. 그러나 용평댐이 착공되면서 '동구' 터가 매몰되면서 흔적조차 없이 사라졌다. 지금도 마을 주변 지하에서 옛날의 기왓장 조각이 많이 나오는 것은 보현사 전성시대에 주변 마을도 번창하였다는 것을 반증한다. 현재 마을은 지금으로부터 약 500여 년 전 임진란을 피해 각처에서 난민들이 들어와 형성되었다. 동편에 있는 폭포 이름을 '용이 등천한다' 하여 용등폭포라 하고 마을 이름도 '용등龍登'이라 하였다고 한다. 혹자는 이 마을을 비룡등천의 명당지라고 한다. 원래 있던 폭포에서 큰골까지의 지형이 마치 용이 하늘로 오르는 비룡등천의 형상이라고 말하곤 한다. 이후 사람들은 용등의 용龍에 '마을 동洞'자를 더하여 용동龍洞이라 불러 오늘날의 마을 이름이 되었다. 6·25 한국전쟁 이후 용동마을 아래에 20여 호가 모여 정책농원政策農園으로 만든 '월평月坪'이란 마을이 생겼다. 72년 행정 분리 제도로 두 마을을 합하여 용동龍洞과 월평月坪에서 한 글자씩 따와 마을 이름을 용평龍坪이라고 한 것이다. 용평마을은 앞에서 언급한 바와 같이 각지에서 모인 난민들이 피난 생활을 하면서 형성되었다. 성씨의 정착은 조선 후기 경주 김씨, 파평 윤씨, 나주 정씨, 달성 서씨, 금녕 김씨, 진주 형씨, 광주 이씨, 밀양 박씨의 순으로 진행되어 오늘에 이른다.

마을의 변천 모습은 이렇다. 농경지가 부족하고 미개발지와 함께 대부분 천수답으로 가난을 면하기 어려운 마을이었다. 더구나 6·25 한국전쟁 때 마을 위 보현사를 거점으로 빨치산의 나팔부대가 주둔하면서 이를 토벌하기 위한 국방군과 경찰이 대치하던 중, 지리산 '남부군' 토벌에 공을 세운 11사단이 산동면 쪽에서 천황봉을 넘어 공격하는 작전을 성공시킨 뒤, 후발대로 공격한 국군들이 빨치산의 근거지를 제거할 목적으로 천년고찰 보현사, '북삼개면'에서 제일 아름답던 '용포정', 빨치산 곡식 창고 역할을 했던 용동마을 가옥 53동 중 3동만을 남기고 전소시켜버렸으니 그렇지 않아도 어렵던 마을 사람들은 많은 고생을 했다고 한다. 용평마을 사람들은 서로 합심하여 마을의 어려움을 극복하였는데, 왼쪽의 사진은 용평마을 사람들의 단합된 모습을 잘 보여준

다. 또한 용포정과 보현사도 전쟁 중에
불타 없어졌으며 너적골에 있는 천황사
도 이때 전소되었다.

1980~1990년대에 이르러 새롭게
복원된 보현사, 폭포 옆 2층 용호정, 천
황봉 등산코스, 포근한 기운이 감도는
아기자기한 돌담과 돌담길, 걸고개 숲,
주위의 자연경관이 어우러져 남원시 관
광지 개발의 적지로 부상하였다. 예부터
전통적으로 잘 끓여먹던 추어탕이 알려
지면서 이 마을을 지자체에서는 '추어
마을'로 선정했다. '추어마을 방문센터'
는 체험학습의 장으로 손색이 없도록
시설이 갖추어져 있을 뿐 아니라 추어
탕의 재료가 되는 시래기를 비롯한 각
종 재료가 이곳 마을에서 친환경 재배
를 통하여 생산되고 있으며 맛있는 고
구마, 친환경 쌀 재배 등과 연계한 체험
프로그램의 만족도가 매우 높다고 상근
직원은 말한다. 이곳에서 차린 추어탕
은 그 맛이 뛰어나며 그 외에도 이 마을
에서 키우는 닭을 재료로 한 토종닭 요
리가 별미다. 용평마을은 마을 주민의
자발적 참여와 면민의 적극적인 협조를
얻어낸다면 면내에서 발전가능성이 아
주 높은 마을이다. 이른바 '6차 산업'의

용평마을 사람들의 단합된 모습

전쟁중에 전소된 이후에 새로 지어진 보현사 앞에서
보절초등학교 27회 동기모임을 담은 사진이다.

적지이기 때문이라고 한다. 옛 마을의 정감이 남아있는 돌담, 가옥과 함께 새로
짓는 가옥의 예스런 모습의 복원이 이루어지고, '추어 체험프로그램'의 다양화 및
'고향체험프로그램'의 개발, 인접 농산물의 홍보 및 판매전략 개발, 환경의 보존,
용평번덕의 전원주택지 개발, 교통의 활성화, 스토리텔링의 개발 등 거시적 관점
에서 보면 모두 이 마을의 6차 산업을 성공시킬 수 있는 훌륭한 자원이라 할 수 있
다. 하지만 출향한 주민의 고향에 대한 애착과 현지민의 개방적 사고 부족을 극복
하는 문제가 선결 과제라고 한다. 지금은 용동이 소위 6차 산업을 꿈꿀 정도로 개
화된 마을이 되었지만, 1970년대 용동은 깡촌 중의 깡촌이었다. 토끼하고 입맞
춤을 하는 곳이 용동이었다. 이런 깡촌에서 어린 시절을 보냈던 어느 소년의 착각
이 빚어낸 추억 하나를 소개한다.

◈ 그냥 순진했던 박문수의 '첫 경험' 이야기 ◈

키다리 박문수는 성북 국민학교를 다녔다. 1학년 때의 일이다. 그때도 키는 컸다. 용동은 보절에서 가장 위쪽 동네로 산촌이라 길도 좁아 달구지도 제대로 다니지 못하는 동네였다. 하물며 경운기는 꿈도 꿀 수 없었다. 측면의 사진은 1976년에 용동마을에 대동경운기가 처음 들어올 때의 모습을 담고 있다.

버스를 한 번 타려면 5리를 걸어서 황벌가게 앞까지 내려와야 했다. 당시로서는 희망 사항이었겠지만, '80년대가 되면, 용동에 빌딩이 서고, 자가용이 돌아다닐 것이다'라는 소리가 동네 사람들의 입에 돌고 돌았다. 아래의 사진은 용동마을로 시집 온 사람이 오수에 가서 포니승용차를 처음 보고 친구와 함께 기념으로 남긴 사진이다.

실제로는 용동마을에서는 승용차를 구경할 수 없었기 때문에 키다리 소년은 어린 마음에 그 말을 진짜로 믿어 버렸다. 사건의 발단은 이러했다. 아지랑이 올라오는 초봄날이었다. 저 멀리 신작로에서 하얀 버스가 한 대 올라오고 있었다. 소년은 너무도 신기하고 기분이 좋았다. 이제 우리 동네에도 버스가 온다고. 친구들과 하던 자치기를 중단하고, 긴 다리로 곧장 버스를 향해 달려갔다.

버스는 버스였다. 하지만 그만 깜짝 놀라고 마는데, 소년이 본 것은 기다렸던 버스가 아니라 삼베옷을 입은 사람들이었기 때문이었다. 슬픈 표정의 상주와 가족과 조문객들을 태운 버스가 소년이 처음 본 버스였다. 도시로 이사 간 옆 동네 어른을 고향에 모시는 장의차였다. 70년대 새마을 운동과 근대화의 환상이 한 소년을 그렇게 '허벌라게' 뛰게 만들었던 황당한 첫 경험이었다. 발바닥에 땀 나게 뛰어야 했던 첫 경험을 한 뒤에 용동에는 사람들의 말대로 6년 뒤에 신작로가 만들어지고 시내버스가 하루에 세 번 왕복했다. 용동 깡촌에서 소재지 학교로 비가 오나 눈이 오나 6km를 걸어 다녀야 했던 순진한 소년에게 시내버스가 얼마나 귀하고 반가운 것이었겠냐만, 소년에게 버스는 장의차로 보인다고 한다. 첫 경험이란 이렇게 강력한 법이다. 하얀 버스를 보면 장의차가 떠오르지만, 그 기억과 함께 꿈에도 그리운 고향도 함께 찾아온다고 전한다. 아래의 사진은 그 순진했던 키다리 소년이 아버지와 함께 찍은 어린시절 모습이다.

용평마을 사람들은 예나 지금이나 조금 '뻥'이 센 편으로 보인다. 소위 '6차 산업'의 적지가 용동이라고 확신하고 아니 자랑하기에 말이다. 하지만 박문수의 첫 경험처럼 어쩌면 지금은 황당하게 들릴 수도 있겠지만, 6년 후에 버스가 들어왔듯이, 어느 날 문득 6차 산업이 찾아올지 모를 일이다.

아닌 게 아니라 용동은 6차 산업의 후보로 손색이 없을 정도로 빼어난 명소를 가지고 있는데, 가볼 만한 곳을 소개하면 이렇다.

**동구** 보현사 앞에 있는 고려시대부터 있었던 마을

**은정재**隱亭齋 큰골의 먹뱅이골 초입에 있는 쉼터

**걸고개** 배 맨 곳 즉 용등마을이 배船형으로 배가 떠내려가지 못하게 배를 매어 걸었던 곳이라 하여 '배를 걸어둔 고개'의 줄임말 즉 '걸고개'가 되었다고 한다.

**용등폭포** 용동폭포를 말하며 저수지 공사로 없어졌다.

**용포정** 99명이 모여서 만든 용포계가 1930년대에 지은 정자이다. 6·25 전쟁 때 전소되었다.

**모택동 조상묘** 모광대묘 ☞ 제7장〈보절의 말, 노래, 이야기〉참조

**호암**虎岩 월평마을 아래 내에 있으며 여름철 피서지이다.

**청류동**淸流洞 큰재 골짝의 맑은 물이 흐르는 비경을 조상들은 그렇게 불렀다.

**유동반석**流洞盤石 큰골의 청류동에 평평하고 널따란 바위가 있어 이를 '유동반석'이라 한다. 옛 선비들이 이를 만행팔경의 하나로 여겨 사랑했다.

**원퉁이산** 용호정 남쪽 뒤편으로 너적골 남쪽날이 내려오다가 기봉한 산

**쉰구부재** 삼배재 또는 가락골재라고도 부른다. 고개 넘으면 산동면 대상리로 나아간다.

**우물** 용평마을에는 2개의 큰 우물이 있었으나 하나는 메워버리고 현재 마을회관 좌측에 하나가 남아 있다. 이 우물의 깊이는 430cm, 수위 90cm, 수온은 17℃이며 지표면에서 약 3.5m 깊이로 굴착하고 밑바닥에서부터 막돌을 원형으로 쌓았다. 본래는 지표면 아래에 있었으나 2010년경 아이들이 빠질 우려가 있어 마을개선사업으로 보수하면서 지금처럼 높아졌다.

용동마을 입구 소나무

용동마을 느티나무

하늘에서 바라본 광활한 사촌평야

## 8. 사촌리 沙村里

사촌은 본래 남원군 보현면 사촌리 지역으로 '사랭이' 또는 사촌이라 하였는데 1914년 행정구역통폐합 때 영양리 永養里, 도촌리 道村里, 사촌리 沙村里의 각 일부를 병합하여 사촌리 沙村里라 하고 보절면에 편입되었다. 1995년 1월 1일 남원시·군이 통합되어 남원시 보절면 사촌리가 되었다. 만행산의 안불치와 풍암날 서쪽사면에 자리 잡은 사촌마을은 분리된 마을 없이 통칭 사촌이라고 한다. 면내에서 제일 큰 마을을 이루고 있으며 마을 앞 광활한 '비안들'은 남원에서도 가장 큰 들 중의 하나이며 장남댐 수로의 몽리 蒙利가 되면서 남원시에서 미곡소출이 가장 많다.

### 8_1. 청동기 유적이 보존된 큰 마을 사촌 沙村

사촌은 보절면의 북부 지역에 위치한다. 만행산은 서쪽 사면에 12평파 능선을 이루는데, 그 중 첫 번째 능선인 제1용 龍의 평파에 기러기가 모래사장에 내려앉는 형국, 즉 '평사락안 坪沙落雁'형이라 하여 마을 이름을 '사락안 沙落雁', '사랑 沙浪이'로 부르다가 '사랭이'가 되었다. 그 후 행정구역을 개편하면서 한자로 사촌이라 하였다. 사랭이는 보절면사무소에서 북쪽 방향으로 남장선 도로를 따라 약 4km 지점 사촌마을 이정표에서 300m 들어가면 폐교된 성북초등학교 건물이 있고 이어서 동네 입구다. 만행산의 안불치와 풍암날의 서쪽 사면이 완만해지면서 '뒷뜰'과 '재뜰'을 이루어 마을 동쪽에 자리를 잡는다. 남쪽으로 동네 앞에는 만행산 12평파 중 첫 번째 평파로 평사낙안의 광활한 평원을 이루는데, 이 평원은 보절에서 제일 넓은 들이다. 북쪽으로 5가구가 살고 있는 조탑거리 뒷산을 '망화봉'이라 하며 '낫끝터리'까지 이어진다. 동산 사이의 도로가 연산마을 가는 길이며, 연산에서 좀 더 가면 보절면 북쪽 끝 마을인 계월이다. 마을 서쪽으로는 '솔무들'이 도로에 접한다.

사촌의 마을 유래는 이렇다. 사촌마을에는 마을 한가운데에 추장무덤인 말무덤과 성혈이 파인 고인돌이 많이 있다. 이는 사촌마을이 청동기시대에 형성된 지역임을 보여준다.

사촌마을 앞산인 거령산에는 거물성이 있는데, 이 거물성을 축성할 때 사용된 기와와 토기가 사촌마을의 위쪽에 있는 사기점과 점결창에서 제작된 것으로 보아 사촌마을은 백제시대에도 흥성했던 지역이었을 것이다.

추장무덤인 말무덤과 성혈과 고인돌

사촌마을은 지금으로부터 600여 년 전 고려 말기 장연 변씨邊氏들이 터를 잡고 살았다는 이야기가 전해진다. 변씨들이 살았다는 '조탑거리' 동남쪽 터에는 지금도 두꺼운 옛 토와조각이 발견되어 구전의 근거가 되고 있다. 그 이후 450여 년 전에 김해 김씨가 들어와 자리를 잡고 약 400여 년 전 유씨, 박씨 등이 정착하면서 지금의 사촌마을을 형성하였다.

사기점이 위치한 지역의 현재 모습

사촌의 변천은 이렇다. 1970년대 새마을 사업의 일환으로 1975년 회관을 건립하였고, 마을 양안에 하천을 정비하여 8개의 교량을 가설하게 되었으며 협소한 마을 골목길을 확장하여 사통오달四通五達 차량이 통행할 수 있도록 하였다. 1976년에는 전기가 가설되고 1978년에 전 농가의 지붕 개량이 완공되면서 문화생활권에 진입하게 되었다. 마을 앞에는 2000년대에 보건진료소가 건립되어 마을의 응급환자의 치료 및 건강관리에 힘쓰고 있다. 특히 이 마을은 남·녀 회관이 따로 있어 이용되고 있으며 마을 정자도 2개가 있어 이 마을의 규모를 짐작케 한다.

주변 농경지가 광활하여 주업으로는 쌀과 보리농사가 대대로 이어져 왔고 특산물은 없으나 최근 특용 작물보절 상추, 유연종의 재배와 축산업이 이루어지고 있다. 마을 주변은 돌과 자갈이 흔하며 바람이 세기로도 유명하다. 마을 앞 평사낙안의 광활한 들은 1984년 장남댐이 완성되면서 천수답의 오명을 벗고 수리안전답으로 남원에서도 크기가 두 번째가 되어 지금은 '보절 평야'라고 부른다. 사촌에는 넓은 들판에서 일하면서 불렀던 옛날 농요와 상여소리들이 전해진다. 옛날에 비안들에서 농사일 하면서 불렀던 농요는 구성지고 흥겨웠다. 왼쪽의 사진은 사촌마을 사람들의 단결심을 잘 보여준다.

1975년 당시 마을 이장이었던 김삼순 씨의 주도로 지어진 마을회관

용동폭포로 화전놀이 간 모습

남해대교 단체여행

구례 화엄사로 단체 여행

이 사진에서 확인할 수 있듯이 마을 사람들은 농사일을 시작하기 직전에는 화전놀이로, 농사철의 중간에는 백중잔치로, 농사일을 끝낸 후에는 전국의 명승지를 찾아 단체여행으로 마을의 단합을 도모하였다. 위의 사진들은 교통편이 좋아져 보절사람들도 보절을 벗어나 멀리 구례 화엄사와 남해대교까지 관광여행을 떠난 모습을 전하고 있는데, 이는 보절 사람들의 경제적 여건이 풍요로워졌음을 잘 보여준다. 하지만 농촌인구의 감소는 물론 농기계의 발달로 인하여 우리 민족의 아름다운 풍속인 두레나 품앗이가 사라지게 되면서 각종 농요들이 사라지고 있다. 또한 장례를 지낼 때에 상여가 나가는데 동네에서 상여를 직접 만들고 상여를 매는 것은 상부상조와 환난상휼 정신의 실천이었다. 상여를 매고 가면서 상여잡이들끼리 동작을 맞추기 위하여 구성지게 부르고, 산자와 죽은 자의 이별을 처량한 듯, 때로는 철학자의 논리를 풀어내는 듯 노래하던 상여노래는 우리 민속의 극치였다. 이 또한 장례문화의 변천에 따라 사라져 아쉽기 그지없다. 다행히 그 가락이 사촌마을에 조금 남아 있어 적어본다.

### 김매기 때 주로 부름

여러 사람이 품앗이로 작업하면서 먼저 끼 있는 한 사람이 많은 사설을 엮어서 앞소리를 '일락 ♩ 서~산에 해 떨어지~니, 월출 ♩ 동령 달 돌아오~네♬♩♪~' 메기면, 뒷소리는 여러 사람이 '아리~시고나♪~마~리여♬'라고 받으면서 일손을 맞추며 신명나게 불러 더위와 노곤함 그리고 피로를 잊는다.

### 상여노래

마을에 약 15명 단위로 위친계가 있어 계원 상사 시 10~12명이 상여를 매고 한 사람(공포잡이)이 한 손에 풍경을 흔들면서 소리를 메긴다.

〔시연 모습〕

상여를 들기 전에 상여꾼들이 '오~헤~히~ 나♬아'라고 3회 복창을 하고 난 후, 바로 이어 상여를 들어 어깨에 매고 제자리걸음 하면, 이어서 공포잡이는 '황천길 멀다드니 문턱너머 황천이네'하며 앞소리를 구성지게 메긴다. 이어 상여꾼들은 '어~하 어~아 어~이-가리~ 여~하'라고 뒷소리를 구성지게 제창을 한다. 이때 상주와 가족들은 일제히 '아이고 아이고' 하면서 곡을 하게 된다.

농요와 상여 소리는 사이 물이 많고 들이 넓어 풍요로운 고장이었음을 방증하는데, 사랭이에도 재미있는 이야기가 많이 전해져 내려온다.

◈ 서당 이야기 ◈

사랭이 마을에는 뚜렷이 나타난 기록은 없지만 조선시대에도 서당이 있었다고 한다. 이곳에 살다간 성씨들의 집터에서 지금도 흩어진 토와조각이 발견되는 것이나 넓은 들을 배경으로 큰 마을이 이루어 진 점을 고려해 볼 때 비교적 윤택한 마을이었기 때문이다. 일제강점기부터 1950년대 말까지 2개의 서당이 존재하였고, 훈장으로 산서 출신 한 선생, 사매 출신 형 선생, 본촌 출신 강대숙 선생, 소성호 선생, 이 선생 등이 활동하였다.

◈ 무당 이야기 ◈

이름을 모르는 무당이 1950년대 말까지 본촌에 거주하면서 마을 행사, 개인의 대소사, 질병의 치유 등에 참여하여 굿을 했다. 그러나 무당은 60년대 이후 이거하여 생사는 물론 후손들의 주거지도 알려진 바가 없다고 한다.

1975년 당시 사촌마을에 있었던 614부대 중대장 유광종 씨와 향토방위들의 모습

◈ 조탑造塔거리 ◈

사촌마을 입구 도로를 가로질러 흐르는 냇가에 아침에 돌탑을 쌓아 놓으면 밤에 무너져 내리고 다시 쌓아도 밤만 되면 무너져 내렸다고 한다. 왜 무너져 내리는지는 마을 사람들도 모른다고 한다. 다만 어느 날 도사가 마을 지형을 보고 '이곳에 탑을 쌓으면 마을이 부귀영화를 누릴 것'이라는 말 때문에 탑을 쌓으려 했다는 전설만이 있을 뿐이다. 그러나 지금은 큰 하천 둑을 만들어서 조탑거리의 전설을 상상하기는 어렵다.

◈ 당산제堂山祭 ◈

마을 위에 위치하며 당산과 당산나무가 있었다. 지금도 당산제를 지낸다고 한다. 사촌마을에서는 매년 정월 초사흗날 저녁에 마을 사람들이 마을 어른들을 모시고 말무덤에서 당산제를 지낸다. 당산제의 음식을 준비할 집을 음력 10월에 미리 선정한다. 정성을 다하기 위해서다. 선정된 집은 그날부터 금줄을 쳐놓고 상중인 사람과 다른 지역 사람의 출입을 금한다. 소위 부정을 타지 않도록 하기 위해서다. 상가에 다녀오거나, 상중인 사람은 스스로 그 집을 방문하지 않았다. 당산제 음식을 준비하는 집은 신성함을 유지하기 위하여 12월 31일 저녁에 깨끗이 목욕을 하고, 정월 초하루 아침부터는 당산제를 모시는 3일 저녁까지 화장실에 가는 것도 금지되었다. 신성함을 위해서 소변과 대변을 참아야 하는 고통을 감내해야 했는데, 정월 초하루 설날 전날부터는 모든 음식물 섭취를 금해야만 버텨낼 수 있었다고 한다. 이러한 고통을 감수하면서 음식을 준비해준 집에는 동네에서 몇 가마니의 쌀로 보상을 해주었다고 한다. 정월 초사흗날에 당산제를 지내고 나면, 마을 사람들은 흰밥물밥을 윗당산 나무 옆에 있는 삼굿거리에 가지런히 부어 놓는다. 마을의 주변에 있는 배고픈 귀신들을 위해서다.

안타깝게도, 마을 안에서 당산제를 모셨던 당산나무는 1970년대 화재로 없어졌다. 당산나무는 600살이 넘은 어른 나무였다. 어른 몇 사람이 팔을 펴서 잡아야 껴안을 수 있는 아름드리 초대형 나무였다. 위의 사진은 이 나무의 마지막 모습으로, 당산나무 아래에 살았던 김갑례, 김복이 자매의 사진을 통해서 어렵게 만난다.
이 어른 나무가 불에 타서 죽은 장면을 지금도 생생하게 기억하는 어느 꼬마의 이야기다. 나무가 아주 컸다고 한다. 뿌리가 여느 나무 둥치만 했는데, 추운 어느 겨울날, 사방으로 뻗어 나간 뿌리들 가운데에 어떤 것은 땅 위로 솟아 오른 것들도 있었다고 한다. 어느 추운 날에 벌어진 일이란다. 날씨가 추우니까 한 아이가 마침 땅 위로 뻗어 돌출된 큰 뿌리에 나 있었던 그 구멍에 낙엽과 지

푸라기를 넣고서 불을 피웠더란다. 불을 피우자 속이 텅 빈 엄청 크고 오래 된 고목나무인지라, 나무에 나 있는 빈 줄기를 타고 끝가지에서 연기가 모락모락 피워올라오니까 '연기난다, 연기난다!' 하면서 신기해하고 있는 중에, 사달은 벌어져 버렸더란다. 나무에서 피어오르는 연기를 본 마을 사람들이 당산 나무에 불났다고 놀라서 물동이 가지고 와서 불을 끄려고 했지만 이미 텅빈 고목 속에 불이 붙어버렸고 소용이 없었더란다. 우는 사람도 있었고, 비는 사람도 있었단다. 나무가 크다 보니 타오르는 연기도 어마어마했다고 한다. 당산나무가 하도 커서 당산나무 옆에 있던 초가집 세 채의 지붕 위에 덕석을 물에 축여서 덮어 놓을 정도였더란다. 꼬마의 말은 여기서 멈추지 않는다. '근디 갑자기 하늘에서 구랭이가 떨어지는디' 하면서 그날 사건의 클라이막스로 끌고 간다. '암튼 나무 빈 둥치에서 겨울잠을 자던 구랭이들이 더운 게로 나무 줄기를 타고 불을 피하다가 가지 위에서 떨어졌등게벼.' 하면서 이야기를 마치며 맥주잔을 입으로 당긴다. '암튼 뭔 일인지 모르것는디,' 하면서 그날 이후로 마을이 변하는 모습을 전한다. 마을에 초가지붕이 슬레이트 지붕으로 바뀐 것도 이때 이후라고 한다. 전봇대가 놓인 것도 이때 이후라고 한다. 새마을 사업이 본격적으로 시작된 것이 그 겨울이 지난 새해 봄부터라며 말을 마친다. 당산나무의 화재 사건은 어쩌면 600년 역사를 지닌 옛 마을이 새마을로 변할 수밖에 없었음을 보여주는 상징적인 사건일 것이다. 당산나무에서 살면서 마을과 마을의 집들을 지켜주던 구렁이들이 죽은 이후로 그 주위에 살던 사람들은 동네로 이사를 하거나 고향을 떠나 타향으로 이주한 사람도 있다고 한다. 당산나무 화재 사건은 어쩌면 이촌향도의 슬픈 모습을 보기 싫어서 당산나무가 스스로 선택한 일일지도 모르겠다. 당산나무는 마을과 집들을 지켜주는 곳만이 아니었기 때문이다. 당산나무는 사촌의 어린 새싹을 기르고 돌보는 교육 기관이기도 했다. 쌀쌀한 가을에는 동네 사랑방과 마루에서 서당과 비슷한 방식으로 공부를 했지만, 봄과 가을 선선할 때는 이동수업으로 당산나무 아래에서 덕석을 펴고, 어린아이들이 유치원 교육을 받았다. 신동수 회장, 유재석, 유윤순 등 마을 젊은 청년들로 이루어진

4H클럽에서 운영하는 '새싹유치원'이 있었다.

사촌에는 원래 당산나무가 세 곳에 있었다. 불타고 없어진 웃 당산이 가장 오래되고 가장 큰 할아버지 나무이고, 아랫당산이 사촌 입구에 있는 할머니 나무이고, 마을 앞에 앞당산이 있었다. 옛날부터 사랭이에는 당산나무 3개 안에 터를 잡고 살라는 말이 있었다. 마을의 규모를 더 이상 키우지 말라고 하는 선조들의 지혜가 아닐까 싶다. 웃 당산나무가 불타고, 그 자리에 새로운 어린 당산나무를 심었는데, 몇 년을 못가고 이유도 없이 계속 죽자, 큰 할아버지 당산나무에 불을 낸 아이의 부모가 상당 부분 비용을 댔고, 마을 사람들이 힘을 모아 그 자리에 정자를 지었다. 그 나무가 불타서 없어진 뒤에 사랭이 앞쪽에 있는 아랫당산할머니 나무나무도 시들시들해져서 지금은 풍성하고 넉넉한 모습이 많이 사라져 왜소한 상태로 남아 있다. 당산나무도 '사람맹이로 영감나무가 죽으니 할매 나무도 시나부로 죽어가는갑다'고 동네 사람들은 생각했다고 전해진다. 당산나무가 불탈 때 구렁이들이 나무에서 떨어져 그 주위의 민가들인 섯반양지 쪽에 사는 사람들은 밤이면 구렁이들이 마당으로, 방문 앞을 배회하여 한동안 방문을 열어놓지 못하고 잠을 잤다고 한다. 화재로 당산나무가 없어진 자리에 다시 나무를 심어 자라고 있으며 이후 마을에서는 매년 정월 초사흗날 당산제를 지낸다. 제관 7~8명을 세전歲前에 선정하여 목욕재계와 몸가짐을 바르게 하였고 상가喪家에서는 백토를 파다가 사립문에 우물 정井자로 점점이 놓아 표시하고 일반 가정에서는 황토로 표시한다고 전한다. 모든 당산제가 그렇듯이 당산무덤에 제물을 차려놓고 동민의 무병장수와 길사를 염원하고 흉사가 없기를 기원하는 내용의 마을 축제로 진행된다. 아래 사진은 앞당산나무, 윗당산나무, 아랫당산나무의 현재 모습이다.

◈삼굿거리◈

삼굿거리는 윗당산 바로 옆에 점결창 자리에 있다. 평상시에는 어른과 아이들의 놀이터이자 삼을 수확할 때는 공동작업장이 있던 곳이다. 사촌마을 사람들이 이곳을 삼굿거리라고 부른 것은 사람들이 여름에 삼을 수확하여 삼대마을 찌는 공동작업을 이곳에서 수행했기 때문이다. 삼은 보통 4월에 파종하여 한여름인 7월에 수확한다. 삼은 대개 3~4m 높이로 곧게 자란다. 그 줄기의 껍질로 삼베를 만든다. 삼을 쪄서 껍질을 벗기는데, 여기에서 나온 대를 조릅대기라고 부른다. 조릅대기는 집을 지을 때에 벽면을 채우는 소중한 재료로 사용되기도 하고, 아이들에게는 화살대로 이용되기도 한다. 이렇게 만든 삼베는 옷을 만드는 가장 필요한 재료이며, 집집마다 겨울이면 삼베를 짜는 일이 우리 어머니들의 겨울나기의 일상이었다. 집집마다 베를 짜는 소리가 경쾌하며 아름답까지 하였다. 사촌마을 사람들은 삼을 수확하는 7월이면, 공동으로 수확하거나 각자 수확한 삼을 삼굿거리로 가져온다. 그러면 마을 장정들은 미리 산에서 굵은 소나무들을 베어다 적당하게 말려놓는다. 그리고

보절 이야기

적당한 크기의 둥근 돌들을 옆 개울에서 가지고 와서 돌무더기를 만들어 놓는다. 삼굿거리 바닥에 땅을 어른 허리 정도 둥그렇게 파고 거기에 소나무 잔가지 위로 점차 굵은 소나무 장작을 얹어서 불을 크게 지핀다. 그 통나무가 거의 타서 큰 숯불이 될 즈음 둥글 넙적한 돌들을 넣고 달구어진 돌 위로 삼을 세워서 쌓는다. 꽁꽁 동여맨 다음 덕석으로 둘러서 한 번 더 동여맨다. 그런 다음에 동네 장정들은 바로 옆에 있는 개울에서 물을 양동이에 퍼다가 묶어놓은 삼위로 흠뻑 적시게 붓는다. 물은 수증기를 내뿜고 달구어진 돌에서 열이 발생하면서 삼이 쪄지게 된다. 이렇게 쪄진 삼은 우리들의 소중한 삼베로 탄생하는데, 이 과정을 일컬어 '삼굿'이라 불렀다. 여기에서 삼굿거리라는 지명이 유래했다. 마을 사람에게 삼굿은 매우 중요한 여름 행사였다. 장정들이 모여서 삼을 찌고, 음식을 장만하여 나눠 먹는 축제이기도 했다. 당산제가 사촌의 겨울 축제라면, 삼굿은 여름 축제였다.

◈ 배바위 ◈

배船모양으로 생겼으며 당산무덤 가까이에 있다. 높이 56㎝이며 둘레 70㎝이다.

◈ 감투바위 ◈

벼슬아치의 감투처럼 생겼다 하여 붙여진 이름으로 배바위 근처에 있다. 높이 65㎝이고 둘레는 740㎝ 정도의 크기이다.

◈ 바람바위風岩 ◈

칠상동 능선에 거대한 바위약 20m가 있는데 건드리면 곧 넘어질 듯 위태롭기 그지없다. 마을 사람들은 보절면 지역에 바람이 세게 부는 것은 이 바위의 조화라고 굳게 믿고 있었지만 어찌하지는 못하였다. 그러다가 200년 전 '백용노'라는 촌장이 바람을 일으키는 이 바위를 없애려고 100여 명의 장정을 동원하여 바위 가까이 오르자 청천벽력이 일고 천지를 흔드는 진동이 일어나 뜻을 이루지 못하였다는 전설이 남아 있다.

◈ 하중이 선생님, '최 선생' 이야기 ◈

선생의 이름은 최원식이고 필명은 최정주崔正柱, 1951년~이다. 최 선생의 고향은 남원 산동이고, 산동면 부절에서 살면서 작품 활동 중이다. 최 선생은 원광대학교 국어국문학과를 졸업하고 1979년 '중앙일보' 신춘문예에 희곡〈안개를 낚다〉가 당선되었으며, 1982년 '한국문학' 신인상에 중편소설〈그늘과 사슬〉이 당선되었다. 대표적인 작품으로 소설집《그늘과 사슬》,《술래의 시간》,《안개와 박쥐》, 장편소설《소설 일지매》,《황진이》,《아리랑》,《평설 춘향전》,《천애》,《명창》등과 어른들을 위한 사랑 동화《조팝꽃과 산 벚꽃의 사랑이야기》등이 있다. 최 선생이 보절 이야기에 초대된 이유는 그가 성북초등학교에서 교편을 잡았기 때문이다. 최 선생이 성북초등학교에 부임한 해는 1978년 이었고, 성북초등학교를 떠난 해는 1980년이었다. 광주 민주화운동이 일어났던 해였다. 광주의 수많은 시민이 전두환 군부 독재가 휘두른 총칼에 쓰러져 간 그 해였다. 사연인 즉 이렇다. 교사로서 최 선생의 교육 철학은 가르치는 것이 아니라 '웃어주는 것'이라고 한다. 제자 김하중이 전하는 말에 따르면, '늘 웃으며 반겨주는 최 선생이 있어서 언제나 가고 싶은 곳이 학교'였다고 한다. 그런데, 그 해 5월 광주에서 흘러 퍼진 무고한 청년과 시민의 피 흘림과 아우성은 그의 웃음도 함께 쓸고 가버렸다고 한다. 학생들에게 웃음을 주는 것을 교사의 사명으로 삼고 있던 최 선생은 '웃음을 더 이상'을 줄 수 없게 되자, 바로 학교를 사직하고 성북초등학교를 떠났다고 한다. 전두환 군사 독재 치하에서 '웃음'으로 '광주민주화운동'을 보여주었던 최 선생의 결기는 대한민국의 민주주의가 일반 국민과 민중에게 어떻게 뿌리를 내리고 있는지를 보여주는 소중한 사례일 것이다. 이 사례는 대한민국의 민주주의가 소수의 정치인들과 몇몇 유명 인사들만의 희생과 노력에서 피어난 장미가 아니라 잡초처럼 어느 시골의 들판에서 뿌리를 내린 최 선생과 그에게서 배웠지만 처음에는 아무것도 몰랐던 아이들의 가슴에서 피어난 '토끼풀' 같은 것임을 보여주기에 의미 있다. 뿌리와 뿌리가 얽히고 얽혀 있는 들꽃 같은 것이 대한민국의 민주주의이기 때문이다. 대한민국의 민주주의가 '바람에도 아니 흔들리고 가뭄에도 메마르지' 않는 것은 그 바탕에 숨은 뿌리인 최원식과 그가 웃음으로 길러낸 하중이 같은 잔뿌리들인 성북초등학교의 아이들이 있기 때문이다. 참고로 최원식은 윤영근과 함께 보절 이야기를 짓고 엮으면서 중요하게 참조하고 있는 《남원항일운동사》의 공동저자이기도 하다.

◈태국과 한국이 만나서 태어난 태한泰韓이 이야기◈

제 이름은 태한이예요. 흔한 이름 같지만 나름 사연이 있어요. 왜냐고요? 엄마가 태국 사람이고, 아빠가 한국 사람이어서, '태'자와 '한'자를 합쳐서 만든 이름이지요. 엄마 이름은 폰팁운시리 เคล็ดลับโทรศัพท์이고, 아빠 이름은 유연종이예요. 태국말을 왜 썼냐고요? 이 책이 나오면 태국에 있는 외갓집에 보낼려구요. 외할아버지와 외할머니가 이렇게 큰 책에서 어떻게 우리집 이야기를 찾겠어요. 얼른 찾아보라고 엄마 이름을 써 놓았어요. 태국 글자 처음 보는 분도 계실 거예요. 한글도 예쁘지만 태국 글자도 고와요. 아마도 보절 사람들 중에 나만큼 큰 이름도 없을 거예요. 두 나라를 합친 이름이니까요. 저는 현재 보절 사촌리에 살아요. '사촌'보다는 '사랭이'가 더 마음에 들어요. 왜냐하면 '사랭이'에는 '사랑'이 들어 있거든요. 그래서인가봐요. '사랭이'에 있는 우리집은 '사랑'이 넘치는 곳이예요. 보절에 오시면 사랭이에 한

번 들렀다 가세요. 이름만큼 예쁜 곳이니까요. 우리집에 '사랑'이 어떻게 넘치냐고요? 제가 증인이잖아요. 사랑 없이 어떻게 저 같은 예쁜 딸이 태어났겠어요. 보절중학교 1학년인 제 동생 유태희도 저보다는 못하지만 보절에서는 나름 미인이예요. 사랑 덕분이지요. 아빠말에 사랭이가 원래 사랑이 넘치는 마을이었다고 해요. 그래도 아빠가 염치는 있었나봐요. 신흥 경재 아저씨네는 애들이 일곱이잖아요. 아빠 말로는 옛날에는 마을에 사랑의 증표인 아이들이 집집마다 넘쳐났다고 그러네요. 한 집에 여섯은 기본이었대요. 믿기 어렵지만요. 우리집 이야기를 조금 해드릴게요. 우리 엄마 이야기예요. 우리 엄마는 보절에 시집와서 18년을 사셨어요. 한국말요? 엄청 잘 해요. 얼마나 잘하냐고요? 아빠가 엄마를 못 이겨요. 아빠가 엄마를 한 번도 이긴 적이 없어요. 더 할 말이 없겠지요. 하지만 우리 아빠는 우리 엄마를 진짜 사랑하고 진짜 잘 해줘요. 이유가 많아요. 불쌍한 농촌 총각을 구해주었잖아요. 그것만 있는 줄 아세요. 우리 엄마는 할머니도 잘 모셔요. 제작년에는 보절면에서 주는 효부상도 받았어요. 저는 엄마처럼 살지는 못할 것 같아요. 왜냐고요? 너무 고생을 많이 하세요. 우리를 키우느라 주중에는 비닐하우스에 가서 상추를 키우고, 주말에는 남원시 공설시장 월매야시장에서 태국 팟타이 쌀국수집을 하세요. 남원시에서 관광상품으로 야시장을 살리기 위해서 구색맞추기로 부탁해서 시작했는데, 처음에는 외갓집 나라 태국을 알리는 기회라고 생각해서 하셨대요. 하지만 저희가 '돈 먹는 하마'잖아요. 그래서 지금도 야시장에서 계속 일을 하세요. 겨울에는 야시장이 안 열려서 쉬세요. 너무나 좋아요. 4월부터 다시 가게를 연다고 하니 남원에 오시면, 꼭 한 번 들려주세요. 원조 태국 팟타이집이니까요. 솔직히 태국 음식 한번도 제대로 안 드셔 보셨잖아요. 그래야 제가 공부도 하고 운동을 계속할 수 있으니까요. 무슨 소리냐고요? 저는 이래 뵈도 보절중학교를 대표하는 배드민턴 선수예요. 작년에는 전라북도에서 개최하는 도대회에 나가서 우승도 했어요. 교장 선생님이 그러시는데, 보절중학교에서 이런 식으로 우승한 것은 개교이래 처음이래요. KBS 9시 뉴스에도 나왔어요. 말이 나온 김에 보절중학교 배드민

턴부 좀 도와주세요. 전교생이 다 선수이거든요. 앞으로 제가 보절에 살게 될지 어쩔지는 잘 모르겠어요. 어쩌면 언니 오빠들처럼 보절을 떠날 것 같아요. 아무튼 대학은 가야잖아요. 하지만 아빠가 운영하는 상추 비닐하우스를 보면 사랭이 사는 것도 좋을 것 같아요. 우리집 상추밭 이름은 '새로나'예요. 상추가 따도 따도 늘 '새로 나서' 그렇게 이름을 붙였대요. 우리집에 놀러온 아빠 친구 김하광 아저씨가 사랭이 오면 상추밭에 가끔 놀러와서 상추를 따가요. 돈을 주는지 안주는지는 모르겠어요. 하지만 괜찮아요. 상추는 늘 '새로나'니까요. 하지만 상추가 늘 새로나는 것이 좋은 건 아니예요. 아빠가 집보다는 상추밭에 있어야 하니까요. 비닐 하우스라 겨울이 없어요. 그래도 어쩌겠어요? 상추는 늘 새로나니까요. 사실 아빠가 상추밭에만 있는 것은 아니예요. 보절 일대를 후비고 다니느라 바빠요. 아빠가 가지고 있는 직함만 해도 '보절면 청년회장' 등등 아마도 지금까지 한 직함만 모아도 열 개는 넘을 거예요. 엄마가 그만 좀 하고 집 일 좀 도우라고 하면, '젊은 사람이 없는디, 어떡하냐고' 하시며 보절에 무슨 일만 있으면 나가세요. 그래서 아빠는 엄마한테 잘 해야 돼요. 아빠가 전화를 받고 나가면, 엄마는 집에 남아서 혼자 집일과 밭일을 다 하거든요. 저는 크면, 아빠같은 사람은 안 만날 거예요. 멋은 있지만, 엄마가 너무 힘드니까요. 말이 많았네요. 그냥 '사랭이' 이야기니까 '사랑'으로 들어주시면 고맙겠어요. 우리 가족이 태국에 있는 외갓집에서 찍은 사진이에요.

유태한의 가족

상추가 늘 '새로 나는' 사촌은 옛날에는 장수에서 수분원에서 갈라져 내려오는 큰물이 흘러가던 곳이었다. 큰물이 이곳을 지나갔던 흔적은 여기저기에서 찾을 수 있는데, 사촌에 가면, 이곳들은 꼭 들려보길 권한다.

**안불치** 사촌마을 동북쪽으로 '안불치골'에 있는 장수군 번암면으로 넘어가는 고개. 이곳에 폭포가 있어 여름철에는 장관을 이룬다.

**작은복치**봉 안불치 남쪽 칠상동 날망으로 마을 사람들은 작은복치伏峙라고 부르며 이곳에 헬기장이 있다. 해발 830.7m이다.

**절터양지** 안불치 오르는 길 오른쪽 평지를 말하며 이곳에 절암자이 있었다고 하며 아마 절이름이 안불암安佛庵이었을 것으로 보인다. 마을 원로의 말에 의하면 안불치가 '편안 안安', '부처 불佛' 자를 쓴다는 데서 짐작이 간다.

**병풍바위** 절터양지 남쪽으로 병풍처럼 생긴 바위

**부지정골** 병풍바위 아래 골짜기를 말한다.

**부엉바위** 병풍바위 왼쪽으로 부엉이처럼 생긴 바위를 말하며, 마을 사람들은 묘를 쓸 때 부엉바위가 보이지 않는 곳에 잡았다고 하며 오늘날도 유효하다고 한다.

**큰복치**봉 작은복치에서 동쪽으로 있는 봉우리로 해발 852.7m가 된다.

**삼밭골** 안불치 너머에 골짜기로 장수군 번암면에 속하며, 1960~1980년대 퇴비 장려운동이 절정을 이룰 때 계월, 사촌마을 사람들이 하루에 2번을 넘어 다니며 풀을 베어 날랐다하니 상상이 되지 않는다.

**조박골** 복치 너머 골짝으로 장수군 번암면에 속하며 삼밭골과 조박골의 물이 그 아래에 있는 장남댐의 수원을 이루며 자연경관이 시원하고 아름답다.

**복호**안불치폭포 안불치에 있는 폭포로 높이 15m 정도이며 3단으로 이루어져 특히 여름이면 장관을 이룬다.

**망존제** 안불치골 가는 길에 첫 번 방죽으로 마을 사람들은 안촌제라고 부른다.

**안불폭포** 안불치에 있는 폭포로 높이가 3단으로 10m 이상이다.

**안촌제** 안불치골 가는 길에 첫 번 방죽

**점촌제** 안불치고 가는 길 두 번째 방죽

**풍암**風岩**날** 바람바위 능선

**평사낙안**坪沙落雁 기러기가 내려앉는다는 바람들 가운데 있는 산

**조탑**造塔**거리** 망화봉 앞마을. 옛날에 조탑이 있었다고 전한다.

**망화봉**望火峰 조탑거리 뒷산으로 주민의 이야기에 의하면 국상을 당했을 때 유림이 서울을 향해 국궁사배鞠躬四拜를 하였던 곳이라고 한다. 그러나 지명에 화火자가 들어간 것을 보면 봉화를 올리기도 하였지 않을까 생각된다. 지금도 제단을 쌓았던 돌들이 있다.

**낫끝터리** 망화봉 끝머리. 지형의 모습이 낫의 끝처럼 생겼다 하여 붙여졌다. 그러나 어쩌면 망화봉望火峰 날脈의 끝이라 하여 '날 끝머리'가 '낫끝터리'로 변형된 듯하다.

**솔무들** 마을 아래 들녘으로 장남선 721번 도로에 접한다.

**솔무보** 인근에서 가장 큰 보洑로 솔무들의 관개수로였으며 지금은 콘크리트로 보막이가 되어 옛 모습을 상상하기는 어렵다.

**우물** 사촌마을에는 본래 집집마다 우물이 있었다고 하는데 모두 메워버리고 지금은 2개의 우물이 남아 있다. 첫 번째 우물은 박옥님 씨 집 마당에 위치하고 있으며 우물의 깊이는 360cm, 수위 120cm, 수온은 18℃이다. 지표면에서 2.8m 깊이로 굴착하고 밑바닥에서부터 막돌을 원형으로 쌓았는데 위로 올라올수록 사각으로 변형되면서 위에 장방형의 석재 4개를 설치하고 지상부는 콘크리트 구조이다.

두 번째 우물은 사촌노인회관 옆 사촌길 46번지 박정규 씨 집에 있다. 깊이는 335cm, 지름 78cm, 수위 30cm, 수온은 17℃이며 물색이 희뿌연 암물이다. 지표면에서 2.5m 깊이로 굴

사촌마을의 우물들

착하였는데 바닥에 사각으로 소나무 고지를 설치하고 그 위에 막돌을 사각으로 쌓다 중간부터는 원형으로 쌓고 지상부는 원형 콘크리트관을 설치하였다.

사촌리 사람들

보절 이야기

하늘에서 바라본 성시리

## 9. 성시리城侍里

성시는 본래 남원군 보현면 지역으로 1914년 행정구역 통폐합 때 성리, 시동리, 사촌리, 외황리의 각 일부가 병합하여 성리의 성과 시동의 시를 한 글자씩 따서 성시리라 하고 보절면에 편입되었다. 이후 1995년 1월 1일 남원시·군이 통합되어 남원시 보절면 성시리가 되었다. 성시리는 보절면 북부지역으로 지방도 721호선이 성남과 성북마을 앞을 지나 범실 고개를 거쳐 산서면 봉서리로 넘어간다. 현재 성시리에는 성남, 성북, 계월, 연산 등이 있다. 성남과 성북은 성산소맥의 영월암성산절 남쪽 사면에 위치하며 연산은 사촌마을에서 계월로 들어가는 군도郡道 변 연화봉 아래 위치한다. 남원시와 보절면 북쪽 끝 마을인 계월은 성산지맥의 사계봉을 배산으로 자리 잡은 마을이며 '구렁목고개'를 넘으면 사계방죽과 구렁목들을 지나 장수군 산서면 반곡리로 연결된다.

### 9_1. 1 둔정屯井이라는 우물이 있는 마을 계월桂月

계월은 보절면 소재지로부터 북쪽 방향 6km 지점에 위치하며 남원시 최북단 해발 215m의 오지마을이었다. 마을은 조그마한 산들이 에워싸고 있어서 외부에서는 마을이 전혀 보

이지 않아 반월성半月城을 연상케 한다. 동으로는 장수군 산서면 '마치고개'와 보절면 '안불치고개' 사이에 산서면 상서산上瑞山이 있으며 상서산과 안불치 사이의 '큰골'과 '지사댁골' 골짜기가 내려오면서 마을 위에서 벌평筏坪과 어광들魚光을 이룬다. 장수군 번암면의 장남댐 물이 넘어오기 전에는 벌평 번덕에서는 양잠이 이루어지고 어광들에서는 논농사가 이루어졌다. 북쪽으로 마을 뒷산은 사계봉社桂峰이며 백제시대에 축조된 듯한 사계산성이 있으며 오늘날 산서면과 보절면의 경계점이 된다. 이곳 사계봉 아래에 괘등掛燈 명당이 있으며 이곳에 진주 강씨의 정착조인 무안현감을 지낸 윤형 공潤亨公의 묘소가 있다. 북쪽으로는 구렁목고개 너머 구렁목들이 있으며 이 들은 장수군 산서면 반곡리와 연결된다. 남쪽으로는 마을로 들어오는 버스길이 직선으로 시원스럽다. 이 길은 수십 년간 이곳 주민의 숙원사업으로 김현국 씨 등 주민들의 협심으로 지자체와 함께 이뤄내어 새 희망을 예고하였다. 이 길은 북쪽으로는 산서면 반곡마을로 연결되며 남쪽으로는 연산마을 뒤를 지나 사촌리 소재 구성북초등학교와 연결되어 면소재지로 나아가는 관문 역할을 하면서 계월마을의 생활을 크게 변화시켰다.

계월은 서기 1592년 진주 강씨 윤형공이 무안현감으로 재임하던 중 임진왜란을 당하여 피난을 오다가 외부로부터

하늘에서 바라본 계월마을

잘 보이지 않는 본 마을에 정착하였다. 1700년대에 호조 참판을 역임한 김해 김씨金海 金氏 수훈공守勳公이 관직을 물러난 후 경기도 장단을 거쳐 옥녀타슬玉女打瑟의 묏자리를 찾아 이곳에 정착하였다. 1800년대에는 흥덕 장씨興德張氏 진열공이 장수 산서를 거쳐 역시 이곳에 머물러 현재까지 3성이 이 마을의 대종을 이루고, 이후 경주 이씨가 들어와 살고 있다. 진주 강씨 윤형 공의 아들 수희, 수호와 손자 상우, 상노 등 네 사람의 효행이 지극하여 사후에도 2대에 걸쳐 시묘살이를 한 행적이 널리 알려져 효자 정문이 세워졌으며, 마을 이름도 '모실 시侍', '무덤 묘墓'자를 넣어 '시묘동侍墓洞'이라 부르게 되었다.

시묘동이라는 지명의 유래를 보여주는 비석

1900년대에 마을 뒷산 '사계봉社桂峰'이 달 속의 계수나무 형국이라 하여 '계월桂月'로 고쳐 부르다가, 1950년대에는 성시리에 행정을 통합했으나 1970년대에 다시 분리되어 계월리로 환원하였다. 하지만 지금도 민간에서는 역사성 있는 '시묘동', '시무동' 등으로 마을 이름을 부르기도 한다.

계월마을은 보절면사무소에서 6km, 지방도로에서 2km나 떨어진 지점에 위치하여 1980년대 중반까지 보절 생활권과 연결되는 교통이 매우 불편하였다. 따라서 마을과 주민의 행정적 사무는 마을이장이 6km가 되는 보절면사무소를 왕래하며 처리하였다. 오히려 북쪽으로 인접한 장수군 산서면과 생활권을 같이 하였다. 또한 경작지 부족 등으로 생산량이 적어 가난을 벗어나기 어려웠다. 해마다 보릿고개의 시기가 오면 인접한 장수군 산서면 내 부자들에게 연줄을 대 양식을 빌리고 장리長利, 갑리甲利 또는 노동력 등으로 갚아야 하는 악순환이 계속된 마을이다. 그러나 우리나라 경제성장기인 1970년대를 맞이하여 지방도로

시묘동의 옛 모습

마을에 시내버스가 처음 들어온 날에 마을 사람들이 모여서
안전운행을 기원하는 고사를 지내고 있다..

에서 마을로 진입하는 도로가 확장되어 마을 앞까지 차량이
통행하게 되었고, 보절농협의 금융업무가 활발해지고 보절
소재지를 중심으로 한 각종 업무가 체계화되면서 계월마을
의 생활권도 보절면 내에 진입하게 되었다. 이후 1986년 4월
1일에는 시내버스가 마을을 통과하면서 마을의 변화에 속도
가 붙었다.

　한편 우리나라 섬유공업이 활기를 띠면서 정부의 양잠
육성책에 힘입어 마을 주민들은 서로 합심하여 '벌평筏坪번
덕'을 중심으로 마을 곳곳에 뽕나무를 대대적으로 작목하
여 양잠농가로서 너나 할 것 없이 성공적인 가계소득을 높이
게 되면서 가계부채를 해결하는 데 크게 힘이 되었다. 나아가
당시 '김현국' 이장을 중심으로 마을 전체가 퇴비증산에 힘써 3년 연속 퇴비증
산 우승을 하면서 이 마을의 농업에 일대 혁신을 가져왔다. 이로써 교통난 해결
과 농가소득이 획기적으로 증대되어 가난에서 탈피한 풍요로운 마을로 성장하면
서 정상적인 보절면 생활권에 합류하기에 이르렀다. 하지만 계월마을도 이촌향도
의 영향으로 지금은 마을에 빈집이 많다. 한때 60가구를 넘는 산속의 큰 마을이었
으나 지금은 10여 가구만이 동네를 지키고 있다.

새마을 운동의 흔적을 보여주는 풍채

　'안불치'는 만행지맥 북쪽 끝자락에 있는 장수군 번암면으로 넘어가는 고개
다. 동네에서 3km나 떨어진 이 고개 넘어 '삼밭골짜기'는 땔나무, 퇴비 등을 마
련하기 위한 시묘동 사람들의 또 하나의 생존의 현장이었다. '12송계12松契'의 일
원인 마을 사람들은 1980년대 정부의 퇴비증산 장려가 이루어지자 가난에서 벗
어날 수 있는 기회라 여기고 주민 전체가 합심일체가 되어 '안불치고개'를 하루
에 2회씩 넘어 다니면서 퇴비증산에 박차를 가하여 1984년보절면 내 1등, 1985년
남원군 내 1등, 1986년남원군 내 1등 면내 1등, 군내 2년 연속 1등을 수상하는 등 '하면
된다'라는 강한 의지를 가지게 되었다. 더욱이 1976년 착공되어 8년여 만에 완
공된 장수군 번암면 국포리에 있는 '장남저수지'의 풍부한 농업용수 공급과 함께
안정적 논농사가 이루어지게 되면서, 끈질긴 가난에서 벗어나 부농을 실현하는

마을이 되어 생계는 물론 자녀들에 대한 교육에도 힘써 오늘날 이 마을 자녀들은 각계에서 활발한 활동을 하고 있다. 1960~70년대까지만 하여도 가정 에너지원이 화목火木이었다. 밥을 짓는 데도, 겨울 난방에도 화목 이외에는 다른 방법이 없던 시기였다. 민초의 생명줄이나 다름없는 화목은 산에서 구한다. 그러나 민초들은 산을 소유하지 못했다. 그래서 계월을 비롯한 인근 11개 동네가 십시일반으로 쌀을 거두어 산을 매입하여 공동으로 화목을 구하는 방법을 택하였는데 그곳이 '안불치' 넘어 '삼밭골'이다. 여기에 참여한 12개 동네가 모여서 하나의 계契를 만들었다. 이것이 '12송계十二松契'이다. 동네를 열거하면 보절면寶節面 성시, 덕과면德果面 수촌, 덕촌, 목골, 산서면山西面 봉서, 사창, 월곡, 오룡, 동화, 마평, 쌍계, 방해물 등 12개 동네이다. 전체 동네가 삼밭골에서 친목회를 할 때는 인근 주조장에서 술 통개를 제공하는 등 계의 규모가 대단하였다고 한다.

계월마을의 획기적인 변화에 주민은 마을발전에 대한 사명감으로 가득하였다. 2006년 주민 김현May 씨는 마을정자 터로 마을 앞 96.5㎡약 30여 평의 대지를 희사하였고, 주민 강대열 씨는 2009년 정자가 풍마우수風魔雨水로 인하여 주민들이 휴식공간으로서 불편을 겪게 되자 사비를 털어 채양시설을 하였다. 또한 '김해 김씨 수훈공파'에서는 마을회관을 건립할 부지가 없어 곤란을 겪을 때 마을 앞 문중의 토지 265㎡약 80여 평을 선뜻 마을에 희사하였다. 마을 앞을 지나는 시도市道를 건설하는 토지매입도 주민의 자발적 협동심의 결과였으며 이로써 남원에서 산서면으로 연결되는 도로가 마을 앞을 지나게 되었다. 이 시도의 건설이 이루어짐으로써 오지의 계월마을이 보절면의 생활권으로 진입하게 되는 획기적인 변화의 계기가 되었다.

계월 사람들은 대부분의 생산물 판매와 생활 필수품 구입을 5일 만에 열리는 임실군 오수장을 이용하였다. 마을 뒤 원당고개를 돌아 산서면 봉서리 고산골 마을 앞길을 지나 한참 가면 원고개 너머가 덕과면 수산마을이다. 이곳에서 십리를 더 가야 오수장이다. 오솔길의 정취며 신발을 벗어야 건너는 도랑과 길가 오곡 잡초와 소나무 등 온갖 수목이 반기는 이 길은 5일만에 장을 보러 다니는 '낭만浪漫의 나들이 길'이었다고 마을 사람들은 옛날을 회상한다. 계월마을에 숨어 있는 아름다운 이야기를 소개하면, 다음과 같다.

◈ 어광천魚光川 이야기 ◈

연중 물이 마르지 않는 어광천은 마을 주민의 추억을 자극하는 잊지 못할 하천도랑이다. 이 도랑은 한해를 해결함은 물론 각종 물고기가 많아 마을의 영양공급원이었기 때문이다. 어광천이란 이름은 밤에 물고기 눈에서 비추는 야광夜光 때문인 것 같다고 한다. 하지만 이 도랑에 물고기가 가득하다하여 '고기 어魚', '가득할 광撗'하여 어광천이라 불렀을지도 모른다는 생각이 든다.

◈ 효자·열녀 이야기 ◈

강수희, 수호, 상우, 상노 4인의 효행이 지극하고 대를 이어 시묘살이를 하는 등 그 효성이 널리 알려지게 되자 조선 영조 때 효자 정문이 세워졌다. 정문은 마을 입구 도로변 성시리 산 82번지에 남아 있다.

◈ 강창구의 처 '김봉조' 여사 ◈

강창구의 처 김봉조 여사가 1924년 열녀로 도지사상을 받은 바 있다.

◈ '괘등掛燈' 명당 ◈

사계봉에 달이 뜰 때 마치 달이 등을 걸어 둔 것 같은 형국의 묏자리로 이곳 강씨들의 정착조인 '현감진주강공윤형지묘縣監晉州姜公潤亨之墓'가 있다.

◈ '옥녀타슬玉女打瑟' 명당 ◈

구렁목고개에 있는 옥녀가 거문고를 치고 있는 형국의 명당으로 이 마을 김씨의 정착조인 '도사한성부윤 증호조참판김공수훈지묘都事漢城府尹 贈戶曹參判金公守勳之墓'가 있고, 재실 서천재瑞泉齋가 있다.

◈ 마을 앞 둔정屯井 이야기 ◈

마을 앞에 있는 우물을 마을 사람들은 둔정屯井이라고 부른다. 우물 이름을 왜 둔정이라고 하는지는 마을 사람들도 그 연유를 잘 모르고 옛날부터 그렇게 불렸다고 한다. 하지만 한자로 풀어보면 사계산성의 군인들이 주둔하며 식수로 사용한 샘이라 둔정이라고 하였을 것 같다. 왜냐하면 마을 뒤 사계산성 안에도 우물이 있었다는 기록이 있지만 가뭄에 샘물이 달릴 경우를 대비하여 파놓은 우물일 수도 있다. 어쩌면 이 마을은 군인 가족들이 마을을 이루었을 것으로 보이며 그렇다면 이들이 사용한 우물일 수도 있다. 이 둔정의 특징은 통나무를 사용하여 '우물 정#'자로 내면을 쌓아 올리는 공법이 사용되었다는 점이다. 아래의 사진은 지금은 사용하지 않지만 잘 보존되고 있는 둔정의 현재 모습이다.

한편, 생활에 꼭 필요한 우물은 둔정 말고도 있었다. 동쪽과 서쪽에 각각 위치하여 동쪽샘과 서쪽샘으로 불렸다.

동쪽샘은 계월마을 승강장에서 장수 방향 도로를 따라 올라가다 우측으로 계월안길이란 표지판이 나오는데 그 길을 따라 100m 정도 가면 우측에 위치하고 있는 동쪽샘이다. 샘의 깊이는 210cm, 수위는 180cm로 수량이 풍부하며 수온이 15℃로 매우 차며 물색이 희뿌연 암물이다. 지표면에서 약 1.5m 깊이로 굴착하였는데 바닥은 흙과 암석이며 밑바닥에서부터 소나무 고지를 만들어 쌓고 지상부는 콘크리트 구조이다.

서쪽샘은 계월길 12-2번지로 마을회관 뒤쪽 골목 안에 위치하고 있으며 깊이는 200cm, 가로 160cm, 세로 130cm, 수위

188cm, 수온은 16℃이며 물색이 역시 희뿌연 암물이다. 지표면에서 약 1.5m 깊이로 굴착하였는데 바닥은 암반이며 밑바닥에서부터 소나무 고지를 만들어 쌓고 지상부는 콘크리트 구조이다.

샘이나 우물에 생소나무를 이용하여 고지를 짜 올리는 방식은 우리나라 전통 축조방식 중 하나로 생 소나무의 껍질을 벗기고 그대로 물 속에 담가두면 수십 년이 지나도 썩지 않고 그대로 유지된다. 이러한 축조 방식은 남원에 몇 곳 남아있지 않은 중요한 자료이다.

보절의 북쪽 경계에 위치한 계월은 천황봉과 보절의 위치를 가늠케 하는 지명을 가지고 있는데, 다음과 같다.

**마치馬峙고개** 천황지맥에서 장수군 산서면 묘복산과 상서산 사이의 산서면에서 장수군 번암면으로 넘어가는 고개

**상서산上瑞山** 만행지맥의 시작점으로 장수군 산서면에서 신성시 하는 산

**큰골** 상서산과 안불치 사이의 골짝

**상서上鼠골** 안불치 남쪽에 위치하며 풍수지리에서 쥐가 올라가는 형국이라고 한다.

**지사댁골** 상서산과 안불치 사이의 큰골 오른쪽에 위치

**벌평筏坪들** 계월마을 동쪽으로 상서산에서 시작된 평파

**구월들** 벌평들 아래에 위치

**사계봉社桂峰** 성산소맥에 기봉한 산으로 마을 뒷산이며 옛 성터 유흔이 있다. 오른쪽의 사진은 마을에서 바라본 사계봉의 모습이다.

**괘등명당** 사계봉 아래 마을 뒤쪽에 있다. 가까이 재실 계양재桂陽齋가 있다.

**구렁목고개** 마을에서 구렁목들로 넘어가는 고개. 산서면 반곡으로 이어진다.

**원당저수지** 구렁목고개 너머에 위치

**삼밭골** 안불치를 넘으면 장수군 번암면 삼밭골이다.

**장남댐** 장수군 번암면 국포리에 있는 장남댐은 지난 1976년 공사에 착공, 8년 여의 공사 끝에 준공됐다. 장수군 산서면과 남원시 보절면 일원의 상습 한해를 해결하고 안정적인 농업용수를 공급하기 위해 만들어졌다. 농어촌공사 무진장지사가 관리하는 61개 저수지 중 두 번째로 규모가 큰 장남저수지의 총 저수량은 612만 4000톤이다. 장남댐에 담수된 물은 장수군 산서면 일원과 남원시 보절면 일원의 옥토 936ha에 생명수를 공급한다.

**계월 느티나무** 오래전부터 보절의 역사를 지켜본 느티나무이다.

계월의 느티나무

### 아이들이 만든 산길과 아이들만 아는 놀이터

시묘동은 보절에서도 오지 중에 오지이다. 신작로가 나서 버스가 들어온 것이 1986년 4월 1일이었다. 버스가 들어오기 전까지 시묘동에 사는 아이들은 초등학교에 가려면 옆 동네인 연산을 거쳐 낫끝터리를 돌아 천황봉 방향을 향해서 걷고 걸어야 했다. 먼 길을 걸어야만 사랭이에 있는 성북초등학교에 도착할 수 있었다. 시묘동에서 사랭이로 가는 길이 멀고 돌아가야 했기에, 시묘동과 연산에 사는 아이들은 그 어느 누구도 이 길을 이용하지 않았다. 대신에 아이들은 사랭이에서 낫끝터리에 걸쳐 있는 산길을 가로질러 학교를 다녔다. 누가 이 길을 만든지는 아무도 모른다. 그저 선배들이 다니던 그 길을 후배들도 따라다닌 것이다. 작은 산을 넘어서 학교가 보이는 마지막 내리막길을 내려오는 것이 문제였는데, 아이들은 내리막길에서 삽으로 발을 디딜 계단을 만들어서 이를 해결했다고 한다. 여름이면 비가 와서, 혹은 아이들이 자주 밟고 다녀서 이 계단이 없어지곤 했다. 그러면 어김없이 누군가 집에서 삽 또는 괭이를 가지고 와서 산 계단을 다시 만들었다고 한다. 이렇게 산길을 만들고 고치면서 성북초등학교를 다닌 아이들이 시묘동과 연산의 아이들이었다. 이런 오지인 시묘동에 살았던 아이들은 토끼가 하늘에 발을 맞추고 늑대가 슬프게 울어대는 시묘동에서 사랭이로 이어지는 산을 넘고 작은 산길을 이용해서 학교에 다녔다. 학교를 마치고 시묘동으로 가는 길목에는 백 년은 족히 넘은 아름드리 소나무들이 학교에서 돌아오는 아이들을 기다리고 있었다고 한다. 하지만 어느샌가 그 소나무들은 길을 넓히고, 사방공사를 하는 과정에서 모두 없어졌다. 소나무 밭 아래로는 30여 기의 묘가 있는데, 이 묘역은 먼저 가신 조상들의 쉼터이기도 했지만 학교에서 돌아오다 지친 시묘동 아이들의 쉼터이자 놀이터였다. 겨울에 눈이 오면 아이들은 집에서 비료푸대를 가져와 소나무 밭에서 마을을 향해 경사져 있는 묘역을 누볐다. 시묘동 묘역의 눈썰매장에서 느낀 푸대 썰매의 승차감과 속도감은 무주와 강원도의 눈썰매장에서도 맛볼 수 없을 정도로 좋았다고 한다. 이를 전하는 사람은 눈을 깜빡이며 그 시절에 취했던 자세를 보여주면서 맥주를 한 모금 들이킨다.

계월마을 사람들

하늘에서 바라본 성남마을의 아늑한 풍경

## 9_2. 진주 하씨의 세거지였던 성남城南-성내미 마을

보절면 소재지상신마을로부터 북쪽 방향으로 지방도 721호선남원~산서을 타고 가면 3.5km 지점에서 왼쪽으로 성남마을의 입구가 있고 오른쪽으로는 사촌, 계월, 연산마을로 들어가는 이정표가 보인다. 성남마을은 동쪽 일부가 천황봉 쪽으로 시원스레 트여 있고 풍수지리에서 '소쿠리혈'답게 성산지맥에서 내려온 날로 둘러싸여 동네가 아늑하다.

마을 서쪽으로 언덕배기를 넘어 '성남골'을 지나 성남저수지에서 500m쯤 오르면 높이 15m, 길이 50m의 옛 성터가 나오며 성을 오르는 계단이 있다. 아래의 사진은 거물성의 현재 남아 있는 산성의 모습이다.

성내城內에 있는 영월사暎月寺, 성산절는 경관이 수려하여 옛날에는 보절 면내 초등학교, 중학교 학생들의 소풍지로, 성남 사람들의 초파일 연등 행사와 기복 신앙의 장소로 이용되어 왔다. 지금은 신흥 쪽에서 성산으로 오르는 길이 숲으로 우거져 오르기 어렵다. 성산절은 최근 비구니의 조계종 수도사찰修道寺利로 잘 정비되어 있다. 오늘날 성산절 가는 길은 산서면 봉서리의 입구에서 승용차로 5~6분 거리이며 오르막 중간 공터에 주차하고 오르면 운동도 되고 승려에 대한 예의도 챙길 수 있어서 좋다. 《장수군지長水郡誌》에 의하면 원래 성시마을 뒤에 있었던 암자를 170여 년 전 한 스님이 현재의 위치로 이전하였다고 하며, 신라고승 원효대사元曉大師가 이곳에 올라 토굴을 파고 한겨울을 났다는 전설이 있다. 여러 기록을 바탕으로 추론하면 영월사라는 절 이름도 성시마을 뒤에 있을 때 붙여진 듯하다. 현재 영월암성산절 위치에서는 만행산의 월출이 제대로 보이지 않기 때문이다. 마을 남서쪽으로 성산 능선에 봉화재烽火峙가 있는데 이는 이곳 주민들이 5일장인 '오수장'을 보러 다니는 고개라 하여 '장재場고개'라고도 부른다. 그러나 이 고개도 남장선남원~산서도로 개통 이후 교통이 발달하면서 숲이 우거져 지금은 통행이 어렵다. 마을 동쪽으로 장남선 도로 안쪽 가장자리에는 이 마을에 원래 살았던 진주 하씨晉州 河氏 전성기에 세워졌다는 하마비下馬碑가 옛 이야기를 들려 줄듯 말듯, 있는 듯 없는 듯 외롭게 서 있다. 동쪽 도로 건너 '솔무들' 위로 사촌마을이 있고 마을 초입에 지금은 폐교된 성북초등학교의 건물이 그대로 남아 있다. 마을 남쪽으로 동네앞들 건너 안산案山 너머 '아래성내미새터' 마을이 있었는데 지금은 가옥 3호가 있어 옛 마을의 모습을 찾기는 어렵다.

전설에 의하면 고려 중엽13세기 초에 몽고족의 계속되는 침입을 막기 위하여 전국의 각 요새에 많은 성을 쌓고 성주城主를 두어 파죽지세로 남하하는 몽고병을 저지하던 때, 성남마을 뒷산, 즉 성산에도 주위의 천연적인 지세를 이용해 몽고군의 침략에 대비하기 위하여 하河장군을 성주로 배치하고 성을 쌓게 하였다. 하장군 일족이 장기간 이곳에 머물게 되자 하씨 마을 집성촌이 이루어졌다고 전한다. 그 후 진주 하씨 집안에 장가를 든 진주 강씨晉州 姜氏가 이주하여 오랫동안 같이 살았다고 전한다. 이후 임진왜란 때 하씨 일족이 피난을 갔다가 돌아오지 않게 되자 결국 강씨의 세거지가 되어 성남·북에 1990년대 90여 호나 되는 성세盛世를 보였었다. 지금도 마을 뒤 '성남골'에는 진주 하씨 선산이 있어 다수의 묘동이 관리되고 있으며 그 후손들이 매년 시제를 지내고 있는 것을 보면 원래 이곳의 정착조 하씨 장군 전설이 근거 없는 이야기는 아닌 듯 싶다. 하지만 이곳 성은 주변 지세로 보나 역사적 기록으로 보았을 때 고려 훨씬 이전에 축조된 듯하다. 청동기시대 봄, 여름, 가을에는 주변 들녘에서 농사를 짓고 겨울에는 타 부족의 침략 대비와 함께 곡물을 보관하기 위한 성을 축조하였을 것으로 보인다. 또한 백제시대 '거사물현'의 첫 번째 중심지가 성산이었을 것으로 《남원지》, 《지사면지》 등 문헌 기록을 보면 어느 정도 근거가 있다 하겠다. 성산을 중심으로 성의 남쪽에 위치한 마을을 성남城南, 성내미이라 부르고, 성남마을 북쪽에 위치한 마을을 성북이라 하였는데 1920년대에 시묘동을 합해서 성남리城南里로 행정리를 통합했다가 1960년대 분리와 함께 다시 성남마을로 바꾸어 부르게 되었다. 그러나 일반적으로 면내에서는 성북을 '뒤에 성내미', 성남을 '가운데 성내미', 성남 앞 동네를 '아래 성내미'라고도 불렀다.

새마을 운동 이전 마을의 모습. 기와집은 이 마을이 잘 사는 동네였음을 보여준다.

새마을사업이 한창 진행되었던 1977년 지붕개량의 현장

강씨의 집성촌이었던 성내미는 이후 120여 년 전 남원시 송동면 연산리에서 박씨가 들어오고, 이후 김씨, 성씨, 정씨, 임씨, 노씨가 들어와 마을을 이루고 있다. 원래 성남골 등 주변의 들이 물가리논습답, 濕沓으로 가뭄을 타지 않아 흉년이 들지 않는 비교적 부촌富村이었다. 성남마을은 새마을 사업으로 현재의 모습을 갖추게 되었다.

한편, 성남마을 사람들은 서로 상부상조하며 어려움을 극복하였고 마을의 번영과 발전을 공동으로 합심하여 도모하였다. 다음의 기록은 성남마을에 살았던 故 강신정 씨의 집에서 제공한 것으로 성남 사람들이 마을의 큰 일을 어떻게 합의하고 처리해왔는지 잘 보여준다.

이 회의록은 1976년 8월 20일 강민석 님의 아버지가 생전에 참여했던 성남마을의 경운기의 공동구매와 공동관리를 어떻게 해야할지에 대한 회의를 기록으로 남긴 것이다. 이 회의록은 전체 의사진행 과정이 매우 투명하고 민주적으로 진행되었음을 보여준다. 이는 보절 사람들이 이미 생활민주주의에 대한 훈련이 삶

## 회 의 록

1. 회의일시 76년 8월 20일
2. 회의장소 보정면 성남마을 회관
3. 회의안건 마을공동시설 운영관리방기
4. 참석인원 강석천외 40명
5. 사회 새마을지도자 김주혁
6. 회의내용

사회 그러고 일하고 이렇게 왕림하여 주셔서 감사합니다

찬성개상 43 명중 30 명이 찬성하여 성원이 되었으므로 회의를 진행하겠습니다 회의 안건은 본서마을에 경운기 1대가 배정 되었는데 이는 전액 융자로서 이상공동으로며 마을공동시설로서 이용하게 되므로 이 경운기의 구입과 운영방법에 대하여 결의하고자 하오니 좋은 의견을 제시하여 주시기 바랍니다.

주민 강선충 먼저 정부에게하며 특별히 배려 하여 주신데 대해서 감사를 드리고 이번기회에 우리도 적극적으로 새마을사업추진으로 잘살수 있는 마을

| 결재 | 대리 | 계 | 계장 | 소장 |
|------|------|-----|------|------|
| | | | | |

이가는마을 로 협동 단결 하여야 하겠으며 그리고 경운기 구입은 마을공동으로 구입 하여 공동으로 이용 하므로서 주민 전체가 이용토록 하여야 하겠습니다.

사회 강선충 씨의 말씀에 대하여 이의 있으시면 말씀 하여 주십시요

---

주민 전체 이의 없습니다

사회 그러면 공동 구입하여 공동 이용하는 데 대하여 구체성으로 토의 하여 주시기 바랍니다

주민 강석천 경운기 구입에 대해서는 축진회회장 강선성 씨 책임 하에 구입하며 (리강 새마을회의) 마을유지가 보증을 하며 공동으로 이용 보급 하고 공동 이용 방법과 경운기 구입에 상환 방법 등은 경운기 구입 하여 이용 할때에 정하기로 하고 구입에 대하여는 축진회회장 강선성씨 책임하에 리강 새마을 지도자에게 위임하기로 결의를 동의 합니다

사회 강석천 씨 말씀에 대하여 이의 있으시면 말씀 하여 주십시요

주민 전체 이의 없습니다

사회 그러면 경운기 관리 책임자를 결정 하여야 합니다 의견을 말씀 하여 주세요

주민 강선충 축진회회장 강선성 책임하에 관리하고 공동이용 토록 하여야 하겠습니다

사회 이의 있으면 말씀 하여 주세요

주민 전체 이의 없습니다

사회 그러면 지금까지 토론에서 이출종합 하면 경운기 구입은 축진회회장 강선성 책임하에 리강 새마을 지도라 와주민의 보증으로 외상 구입하고 경운기 관리는 추진

---

회원장 책임 하에 관리하며 이용 방법과 경운기 구입비 상환에 대하여는 추후 의논 키로 한다는 종합의견 입니다 이의 있으면 말씀 하여 주십시요

주민 전체 이의 없습니다

사회 그러면 경운기 구입 및 관리에 대하여 추진회회원장 강선성 씨 책임하에 구입 관리 토록 의결 되었고 공동이용 토록 의결 되었음을 선언 합니다 이상으로 폐회 합니다

회의 의견 사항을 축속히 하고 주민을 위하여 이어 회의록을 작성하고 서명 날인 함

1976. 8. 20

새마을지도자 김 주 혁 ㊞
리장 박광 정 공 환 ㊞
축진회원장 강 선 성 ㊞
주민 강 선 충
강 선 기
조 남 흥
안 청 조
이 만 수
강 성 기
이 영 식
박 경 용
박 병 회

---

박 일 식
이 용 섭
강 대 록
이 용 만
이 석 우
강 소 식
정 이 회
정 상 기
박 병 회
윤 복 기
백 진 성
성 리 홍
정 명 래
정 환 수
박 일 용
이 용 표

소를 돌보는 박일규 씨. 경운기가 도입되기 전에 소는 농사일과 운송일에 중요한 수단이자 학자금의 주요 원천이었다.

1972년 성시 사람들의 제주도 여행. 천지연폭포 앞.

의 과정을 통해서 형성되었음을 보여주는 중요한 증거이기도 하다.

당시는 소 도난사건이 많이 벌어졌다. 소의 모습과 소의 소유자, 관리번호를 찍어놓은 사진은 소를 분실하거나 도난당했을 때, 소를 찾기 위한 증거 자료로 활용되었다. 위의 사진에서 박일규 씨의 부친이 들고 있는 '200'이라는 숫자도 이런 이유에서 붙여진 일련번호이다. 보절의 성남마을에서도 당시 소 두 마리를 도난당했다고 한다. 사진은 당시의 슬픈 사연을 담고 있지만 사진 그 자체는 옛 시절의 아련한 추억을 불러일으키는 애잔함과 옛스러움을 담고 있기에 귀한 자료이다.

또한 성남마을은 1950년대 마을에 도정공장을 세워 주곡의 유통을 개선하였고 1970년대의 새마을 사업으로 회관 1동을 건립하였으며 진입로 확장 개설로 교통의 편리를 도모 하였다.

성남마을은 전화사업을 완료함으로써 각종 문화혜택을 받으면서 복지농촌 건설에 박차를 가했다. 성남마을이 이렇게 발전할 수 있었던 것은 성남마을 사람들의 협동심 덕분이었다. 아래의 사진은 성남마을 사람들은 물론 성북마을, 계월마을 사람들도 함께 단합을 위하여 제주도로 단체관광을 떠났던 모습을 담고 있다. 당시에는 교통편이 불편하여 부부동반으로 함께 여행을 떠나는 것은 꿈도 꾸기 어려운 일이었으나, 성남마을 사람들 전체가 배를 타고 제주도까지 여행을 갔던 모습은 보절이 더 이상 외진 오지가 아닌 동네로 바뀌었음을 보여준다.

성내미에 전해져 내려오는 이야기도 재미있는데, 한 번 들어보길 권한다.

1995년 마을회관의 시공계약서이다. 이 계약서도 성남마을의 역사를 보여주는 소중한 자료이다.

### ◈'소코리 혈'과 진주 하씨晉州 河氏◈

성산에서 뻗어 내린 혈血이 동네를 감싸주는 '소코리 혈 명당'이라고 한다. 때문에 '소코리혈' 안으로 물이 흐르게 되어 고기가 많이 잡히는 형국이라 마을이 오랫동안 번성하였다고 한다. 어느 때인지 강씨 집안에서 동네 위 이 혈에 하씨 할머니의 산소를 쓰고 물길을 서쪽으로 돌렸다는 전설이 있다.

### ◈'말무덤'◈

성북 마을 '외야' 들에는 경지정리 전까지 '말무덤'이 있었다고 한다. 이 무덤은 말의 묘라고 볼 수도 있으나 성남마을에 하씨가 정착하기 전 마씨馬氏가 살았다는 편찬위원의 이야기에 근거가 있다면 이는 말의 무덤이라기보다는 삼한시대 왕족이었던 마씨 세력이 이곳에서 부족을 이루며 살았을 때 '부족장의 무덤'이었을 것이다. 지금은 경지정리 사업으로 그 흔적을 찾기 어렵다.

### ◈방패석◈

마을 입구 좌측으로 밭 가운데 마을 사람들이 풍수적인 이유에서 삼각형 모형의 입석을 세웠다. 사촌마을 뒤쪽 낮은 산망화봉 날이 창 모양으로 길게 뻗어 마치 성남마을을 향하여 공격하는 모양새 때문에 마을에 우환이 끊이지 않았다고 한다. 마을 사람들은 이 창의 공격은 방패로 막아내야 된다는 생각으로 방패처럼 생긴 큰 바위를 창끝이 바라보이는 곳을 향하여 세웠다. 이 방패석이 세워진 이후로는 마을의 우환이 없어졌다고 하니 참으로 신기한 일이다. 사촌마을에서는 이 창 모양 끝의 지명을 '낫끝터리'라고 부른다.

### ◈느티나무 숲 이야기◈

마을 입구의 숲은 다섯 그루의 느티나무로 이루어져 있다. 이 중 제일 큰 나무는 어느 노승이 이 마을에서 하루 저녁 묵고 가면서 지팡이를 꽂아 놓은 것이 싹이 나 느티나무가 되었다고 하며 언젠가부터 이곳에서 당산제를 지냈다고 한다. 노승이 심었다는 나무는 보호수로 지정되어 관리가 되고 있으며 최근에 이곳에 정자를 세우고 편액을 영락정永樂亭이라 하였다.

### ◈봉화재烽火岾◈

마을 서남쪽 해발 300m에 위치한 고개로 성남마을 주민들이 오수장을 다니던 고개 길이다. '장재'라고도 한다. 봉화재라고 하는 것으로 보아 백제 때 봉화를 올리는 곳이 아니었을까 추측한다. 사촌마을 망화봉 역시 봉화를 올렸던 곳으로 보여 신라와 백제의 분쟁지역이었던 아영과 운봉지역에서 올린 봉화가 천황봉을 거쳐 망화봉-성산의 봉화재-거사물현청군대주둔이 있는 지사면 영천으로 연결되는 봉수로 중 하나로 추정해 볼 수 있다.

### ◈대용이의 선생님 이야기◈

강대용을 가르쳤던 선생님 이야기다. 선생님의 이름은

성북초등학교에서 교사로 재직했던 강삼석姜三錫, 1949~ 이다. 그는 성시리 성남마을 출신으로 성북초등학교 제1회 졸업생이다. 모교에서 교편을 잡게 된 강삼석은 아이들에 대한 사랑과 열정이 대단했다.

먼저 아이들에 대한 강삼석의 사랑을 보여주는 이야기다. 시묘동 출신의 강대용은 언제부터 눈이 안 좋았는지 본인도 잘 몰랐다. 아주 어려서부터 시력이 좋지 않았다. 눈이 잘 보이지 않았음에도 가난했던 집안 형편 때문에, 그리고 그냥 착했던 강대용은 5학년 때까지 안경을 쓰지 않고 학교를 다녔다. 칠판에 쓰인 글씨는 흐릿하게 그림으로 보였다. 이렇게 약한 시력 때문에 강대용은 선생님들로부터 많은 오해를 샀고, 그 때문에 매를 맞는 경우도 있었다. 그러던 중에 1980년에 강삼석이 강대용의 6학년 담임선생이 되었다. 강대용의 눈이 매우 안 좋다는 것을 알게 된 강삼석은 강대용을 바로 남원 읍내로 데리고 나가 사비로 당시 유행하던 검은 뿔테안경을 맞추어 주었고, 눈이 나쁜 강대용을 언제나 교실의 가장 앞자리에 앉도록 배려해 주었다. 강대용의 안경은 지금도 고압축된 것으로, 보통 사람이 쓰게 되면 어지러울 정도인데, 안경을 벗으면서 '강삼석 선생님을 꼭 찾아뵙고, 감사의 마음을 전하고 싶다'고 하면서 눈시울을 붉힌다.

다음은 이렇게 아이들에 대한 강삼석에 대한 열정이 얼마나 대단했는지를 보여주는 이야기다. 당시는 초등학교에서 운동부를 만들어 운영하는 것이 유행이었다. 성북초등학교는 탁구부로 유명하였다. 성북초등학교의 탁구부는 남원의 군대회는 물론 전라북도의 도대회에서도 우수한 성적을 내었다. 강성호, 김하광, 김의곤, 유영복, 양병삼, 박종민, 김종학, 박종준 등이 성북초등학교 탁구부를 빛낸 주전 선수들이었다. 시골의 '코흘리개'에 불과했던 아이들을 뛰어난 탁구 선수들로 길러낸 사람이 강삼석이었다. 소위 '스파르타 방식'이 그의 훈련 방식이었다. 당시 어린 학생들은 너무도 힘들었다고 한다. 엄격한 훈련을 처음 받는 아이들에게 연습 시간은 지옥과 같았다고 한다. 하지만 그 어느 누구도 강삼석을 비난하거나 불평하지 않았다. 지금 생각해보면, 그것이 체력 단련이었다. 훈련은 엄격하게 시켰지만, 아이들을 그야말로 사랑과 열정으로 그리고 인간적으로 대해 주었기 때문이었다고 한다.

성북초 탁구부(왼쪽부터 김의곤, 유영복, 강삼석 선생, 양병삼, 김하광, 강성호)

성남은 재실로 이로재履露齋, 강호, 존성재存誠齋, 강성우, 성운재誠雲齋, 강성종가 있으며, 이밖에도 들려볼 만한 곳이 많다.

**영월암**暎月庵, 성산절 성산소맥에 위치하며 행정구역은 산서면 봉서리이다. 민가에서는 성산절로 더 알려졌으며 최근 정상 부근에서 전라문화유산연구원의 유적조사가 이루어져 그 결과가 기대된다.

**하마비**下馬碑 마을 앞 지방도 721호선 도로가에 있는 비. 보존을 위해 옮겨야 한다고 하는 사람이 많다.

**성남골** 성산절을 오르는 길목에 있는 들녘

**성낙제** 성남골에 있는 저수지

**우물** 성남마을에는 세 개의 샘이 있는데 첫 번째 큰샘은 마을회관 앞 약 40m 떨어진 논에 위치하고 있다. 샘의 깊이는 263cm, 수위는 225cm로 수량이 많고 수온은 15℃로 매우 차가우며 물색은 맑고 투명한 숫물이다. 지표면에서 약 2.5m 깊이로 굴착하였는데 바닥은 암반이며 밑바닥에서부터 사각 콘크리트 구조이다. 최근에 샘을 정비하고 기둥을 세워 아크릴 지붕을 설치하였다.

두 번째 새터샘은 의황교를 지나 좌측으로 2가구가 사는 새터, 성남길 57-11번지에 위치하고 있는 샘으로 사각형 구조이다. 깊이는 88cm, 가로 109cm, 세로 110cm, 수위 55cm, 수온은 18℃이다. 지표면에서 약 80cm 깊이로 굴착하였는데 바닥은 암반이며 밑바닥에서부터 콘크리트 구조로 추정되며 물이 빠져나가도록 앞쪽에 홈을 내어 수구를 설치했다.

적골샘은 새터에서 적골 안쪽으로 약 240m 올라가면 우측 야산 아래 위치하고 있다. 이 샘의 깊이는 85cm, 가로 60cm, 세로는 92cm이며 수온은 17℃이다. 물색이 희뿌연 암물로 가뭄에도 마르지 않고 흘러나올 정도로 수량이 풍부하다. 샘이 깊지 않고 산 쪽에서 물이 흘러나오는데 양쪽에 돌을 쌓고 위쪽에 대리석 덮개를 씌웠다.

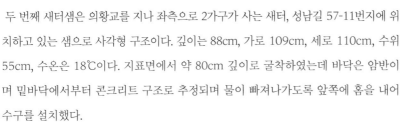

## 9_3. 백제 거물성의 북쪽에 위치한 성북城北마을

성북은 보절면 소재지상신마을로부터 북쪽 방향 3.8km에 위치하고 있으며 면내 남장선남원~산서, 지방도 721호선 도로선상에서는 북쪽 끝 마을이다. 만행산이 시작되는 상서산上鼠山에서 서쪽으로 낮게 뻗어 내린 날이 산서면과 경계를 이루며 계월마을을 북쪽으로 감싸 돌아 '사계봉'을 기봉하고 다시 범실고개지방도 721호선 보절구간 맨 북쪽 고개를 건너 성북마을 배산의 기능을 하며 성산으로 이어진다. 이는 다시 보절면 '안누른대' 뒤 황산을 두텁게 이루고 '퉁시봉'을 거쳐 양선마을의 배산을 이루며 '질기재' 모퉁이에서 마감된 듯하나 실은 '율촌밤지내'을 거쳐 '삼계석문'에 이른다. 필자는 이를 '성산날성산소맥'이라고 붙여서 설명하고자 한다. 성북

하늘에서 바라본 성북마을

마을은 북서쪽으로 '성산날'의 성산이 있으며, 성산 아래에 '분토동墳土洞'에는 진주 강씨晉州 姜氏 정착조인 업業의 묘소가 있다. 성산날에서 동쪽 방향으로 뻗은 마을 북쪽 뒷동산 너머에 '매골梅谷들'이 있어 오랜 세월 성북마을의 생계를 이끌었다. 마을 남쪽의 동네 앞들 건너 안산 너머가 성남마을로 성북마을과의 사이에는 언덕배기 고개가 있어 상호 왕래가 이루어졌다고 한다. 마을 동쪽으로 마을 입구가 있는 정미소가 지방도 721호선에 인접하고 200m쯤 북쪽으로 장수군 산서면 봉서리 고산골과 월곡으로 넘어가는 '범실고개'가 있다.

성북마을의 유래는 이렇다. 지금으로부터 400여 년 전, 강업진주 강씨 14대조이 난을 피하여 할아버지의 유골을 받들고 어린 손자를 데리고 본 면 칠상동골로 들어와 천막을 치고 동냥을 하며 어렵게 살았다고 한다. 이후 업은 도룡으로 이거하여 몽학蒙學을 하면서 손자들을 양육하였다. 그러던 중 장손인 진주 강씨 춘원春沅이 그 근본이 확실하고 인물이 남다르므로 인근 세도가勢道家 진주 하씨의 취객사위이 되면서 성북마을에 정착하게 되었다. 1800년대에는 연안 김씨延安 金氏의 후손 천열千烈이 이곳에 터를 잡았다. 그 후 이씨李氏, 양씨楊氏가 이주하여 현재에 이르고 있다. 성산을 중심으로 성의 남쪽에 위치한 마을 모두를 성남성내미마을이라 부

르는데, 마을을 위치에 따라 '뒤에 성내미', '가운데 성내미', '아래 성내미'로 구분하여 불렀다. 다시 성남마을은 1920년대에 시묘동을 합해서 성남리로 행정리를 통합해 오다가 1960년대 분리와 함께 다시 '가운데 성남'을 '성남리'라 분리하고 '뒤에 성내미'는 성남 북쪽 마을이라 하여 성북리로

거령산 정상에 위치한 거물성의 현존 모습

바꾸어 부르게 되었다. 성북이라는 마을 이름이 성산의 북쪽에 위치하기 때문에 명명된 것이라는 기록이 곳곳에 남아있다. 성산과 성북마을의 관계적 위치가 맞지 않는다는 점을 고려할 때, 누군가에 의해 오래전 잘못된 기록을 그대로 인용해 온 것이 아닌가 생각된다. 마을이 성남마을의 북쪽에 있어 성북이라 하였을 것이다.

오른쪽 사진은 1976년 새마을 사업으로 초가지붕이 기와지붕으로 개량된 성북마을의 모습이다. 이 사진은 위의 항공사진과 비교해 봤을 때, 성북마을이 지금은 몇 가구 남지 않은 작은 마을이 되었지만 예전에는 꽤 번창했던 지역임을 보여준다.

1976

1976년 새마을 사업으로 초가지붕이 지붕으로 개량되었다.

성북의 변천 과정은 이렇다. 남장선이 개통되기 전에 성북마을은 취학과 행정적인 면 이외에는 소재지와 관계가 밀접하지 못했다. 오히려 마을 뒤를 감싸 도는 성산날의 '봉화재장재, 성남재'를 넘나들며 오수장을 이용하였고, 보부상의 동네 출입에 교류를 의존하였을 것으로 본다. 마을 뒷들과 인근 발달한 구릉지에서 쌀농사와 잡곡생산이 주업이었으나, 최근에는 시설에 의한 원예작물 재배가 활발하고 축산을 하는 사람도 있다. 성북은 남장선 도로에 인접해 1950년대의 버스노선의 개통으로 교통이 편리해졌고, 1940년대부터 마을 뒤 민둥산이었던 성산에 녹화사업이 이루어져 오늘날 산림이 울창하다. 1970년대의 새마을 사업으로 보절면에서 첫 번째로 자립마을이 되었으며 소득사업에도 선두를 달리고 있는 마을이다. 또한 협동단결력이 강한 마을로 산림녹화가 잘 되어 모범이 되고 있다. 그러나 이 마을도 이촌향도의 물결에 인구가 급감하였으며 그나마 젊은 사람은 거의 없고 노인이 대부분이다. 빈집과 헐린 집이 많다. 사람들이 떠나고 난 동네를 어쩌면 이런 이야기가 지킬지도 모를 것이다.

◈ 영월암暎月庵, 성산절의 원래 절터, 성북마을 매골 ◈

매梅골들 위로 지금도 기와조각이 나온다. 구전에 의하면 오랜 옛날에 절이 있었다고 한다. 이곳이 원래 영월암의 절터가 아닌가 한다. 이유는 절 이름 영월암의 영월暎月에서 찾을 수 있을 것 같다. 영월은 '비칠 영暎', '달 월月'하여, '천황봉에서 달이 뜨면 달빛이 비추는 암자'라는 뜻일 것이며 이는 현재의 영월암 절 이름과는 어울리기 어렵다. 그렇다면 매골의 절터가 원래 영월암으로 《장수군지長水郡誌》에 수록된 신라 말의 고승 원효대사元曉大師가 성산의 양지에 토굴을 파고 한겨울을 지냈을 것이라는 설화와 170여 년 전 보절면 성시리에 있던 암자가 산서면 봉서리로 옮겨졌다는 기록으로 추론해볼 때, 이곳 매

골에 있던 암자가 현재의 위치로 이전된 것이 맞지 않을까 생각된다.

◈느티나무◈

성북을 오랜 시간 지켜온 느티나무이다.

◈'저울추' 바위와 홈구멍◈

마을 입구 우측전신주 옆에 위치한 바위로 저울추 모양을 닮아서 오랜 옛날부터 '저울추' 바위라고 전해 내려왔다고 한다. 바위의 크기는 높이 1.7m, 폭 2.4m, 두께는 1.3m 내외가 된다. 홈구멍은 동쪽 옆면에 11개, 북쪽으로 6개가 확인되며 구멍의 지름은 4~7㎝, 깊이 0.5~6㎝ 내외이다.이 바위 홈구멍의 위치로 볼 때, 바위를 현재 위치로 옮기면서 윗면이 옆면이 된 것으로 보인다. 홈구멍은 고대인들의 별자리로 보인다.

◈세계만민교회◈

1998년에 발행된《남원의 마을 유래》에 의하면 이 마을의 세계만민교회는 1994년도에 설립되었으며 신도는 15명이라고 기록되어 있다. 하지만 이 마을 원로는 여자 3명이 교회를 세우고 생활하였는데 10여 년 후 언젠가 없어졌다면서 교회로서 의미를 부여하지 않았다.

성북을 둘러싼 이름들은 다음과 같다.

**분토동** 성산 아래 위치하며 옛날 마을이 있었던 흔적으로 담장터와 주추가 발견된다.
**매골들** 성북마을 뒤 동산 너머의 들녘을 말하며 '매'들이 매골들녘에 자주 나타나 하늘을 맴돌기 때문에 이 골짜기에 매들의 서식지가 있다 하여 붙여진 이름이라고 전해진다.
**범실고개** 지방도 721호선 도로에 위치하며 보절면과 산서면의 경계가 되는 고개.

## 9_4. 1945년 해방 이후에 이루어진 마을 연산<sup>蓮山</sup>

연산은 보절면 소재지<sup>상신마을</sup>로부터 북쪽 방향 4km 지점에 위치하며 마을 뒤 연화봉<sup>蓮花峰</sup>은 풍암날의 안불치에서 성산지맥과 사촌의 망화봉 사이로 뻗어 내려온 날이 마을 뒤에서 마감된 봉우리다. 연화봉 남쪽으로 '등골 들'과 연산방죽이 있으며 북쪽으로 웃망굴과 아랫망굴에 들이 펼쳐진다. 연화봉을 배경으로 위치한 마을은 서쪽으로 넓은 들이 펼쳐지며 들 사이의 농로가 지방도 721호선으로 연결된다. 마을 뒤 도로는 남쪽으로 사촌, 북쪽으로는 계월로 연결된다.

연산은 보절면 도룡리 용동마을에 살던 면의원을 지낸 김현택 씨가 이 마을에 연꽃 명당<sup>蓮花浮水</sup>형이 있어 이곳을 택지로 삼으면 부자가 된다는 지관의 말을 굳게 믿고 1945년 해방되던 해, 이곳에 천막을 치고 기거를 하다가 이후 집을 짓고 살면서 마을이 시작되었다. 김현택 씨는 명당의 효험을 받았는지 부자가 되었다고 하며 이후 이씨, 양씨, 육씨가 들어와 살게 되면서 1960년대에는 19가구가 모여 사는 마을로 발전하였다. 마을 이름을 연꽃 명당과 관련지어 연산이라 하였다.

연산의 변천 모습은 이렇다. 연산은 해방 이후 살기 힘든 사람들이 모여 살면서 이루어진 동네로서 가난을 숙명처럼 받아들이며 살았다. 하지만 주민들은 어려운 생활 속에서도 일제강점기 때 일본인 토지를 장기 상환금을 지불하고 매입하였고, 이로써 잘 살아야 한다는 의지를 갖게 되었다. 1970년대 이장이었던 김현식 씨의 선구적 역할로 주민들은 공동체의식과 협동심을 발휘하여 보절면 내에서 새마을 사업을

최초로 시작하여 성공시키면서 가난의 굴레를 벗게 된다. 우리나라 경제성장기인 1960년대를 맞이하여 지방도로에서 계월마을로 진입하는 도로가 확장되면서 마을 뒤로 차량이 통행하게 되었고, 1986년 4월 1일에는 시내버스가 개통되었다. 지금은 김현택 씨가 살았던 곳은 터만 남아 있어 밭으로 이용되고 있다. 연산에는 '연화봉 성터'가 남아 있다. 한병옥의 〈남원지방을 중심으로 한 성곽의 추적 연구〉에 따르면 마을 뒷산 연화봉에 원삼국시대의 성이 있었다고 기술하였다. 그 근거로 정상에 성돌이 흩어져 있고 마을 담들도 이곳 성돌을 가져다 쌓았다는 것이다. 또한 귀정사의 유래나 성산의 기원에서도 그 근거가 보충되지 않을까 생각된다. 주민들은 이곳에 옛날 공동묘지가 있었다고 말한다. 연화봉과 연화부수형 명당과도 연관이 있어 마을의 터가 되었던 공동묘지가 되었던 '명당 터'임은 믿어도 될 것 같다. 다음은 연산을 이루는 작은 지역의 이름이다.

**동매시암** 마을 뒤에 있는 공동우물로 물맛이 매우 좋았다고 한다.
**연화봉**<sup>蓮花峰</sup> 마을 뒷산
**연산방죽** 등골에 있으며 등골방죽이라고도 한다.
**등골** 연화봉 남쪽 들녘
**웃망굴** 연화봉 북쪽 들녘
**아랫망굴** 웃망굴 아래에 있다.
**연화부수**<sup>蓮花浮水</sup>형 풍수지리에서 연꽃이 물 위에 떠있다는 형국의 자리

하늘에서 바라본 연산마을

◉ 덕과면 만도리와 신양리는 행정구역상 보절면은 아니다. 1750~1751년영
조 사이에 만들어진《해동지도 남원부》편을 보면 남원은 당시 48방坊으로 행
정구역이 조직되었으며, 만행지맥과 계룡소맥, 성산소맥으로 둘러싸인 우리
지역에는 보현방寶玄坊, 고절방高節坊, 적과방適果坊 등 3개 행정구역이 표기되
어 있다. 특히 만행산을 수원으로 하여 흐르는 또랑하천은 3개의 방을 이어주
어 농업사회의 특성상 하천과 토지를 매개로 하여 농사, 혼인, 친족의 이거, 학
문의 교류 등 불가분의 관계를 갖도록 하였다. 그러면서 자연스럽게 행정구역
은 다르지만 공동생활체의 개념이 형성되고 때로는 대립, 때로는 협동을 하면
서 하나의 생활권이 되었다. 오늘날도 마찬가지다. 더구나 일제 때 학교가 생
기면서 3개 방의 소년소녀들은 서로 동창, 선후배가 되어 공동생활권의 개념
이 더욱 짙어가고 있기 때문이다. 이 세 지역에서 출향한 사람들도 향우회를
조직하여 함께 활동하면서《보절면지》에 대한 관심도 함께 가진다. 따라서 필
자는 여러 인사들과 '덕과면 만도리와 신양리'를 어떻게 하여야 할지 상의한
결과, 여러 의견을 종합하여〈보절의 마을〉편 뒤에 연이어 수록하였다.
혹시 이 때문에 불편을 가진 덕과면 관계자와 주민들이 있다면 혜량惠諒하여
주시기를 진심으로 바란다. 이 뒤에 '덕과면지'가 발행된다면《보절면지》에
실린 내용을 바탕으로 더욱 훌륭한 '덕과면지'가 나오기를 빌어마지 않는다.

## 10. 덕과 만도리德果 晩島里

만도는 본래 남원의 적과면適果面 지역으로 1914년 행정구역 통폐합으로 만적리
晩迪里와 도촌리島村里, 작소리鵲巢里의 각 일부와 고절면高節面의 다산리茶山里 일부
를 병합하여 만적晩迪의 만晩과 도촌島村의 도島를 한 글자씩 따내 만도리라 하고
덕과면德果面에 편입되었다. 1995년 1월1일 남원시·군이 통합되어 남원시 덕과
면 만도리가 되었다. 만도리는 행정상으로는 덕과면에 속하였으나 현재 생활권
으로 보면 명실공히 보절에 속하는 지역이다. 단적으로 만도리에 속하는 학생들

하늘에서 바라본 만도리

은 모두 보절에 있는 초등학교와 중학교를 다녔고, 지금도 다니고 있는데, 이곳에 사는 사람들은 모두 하나같이 보절을 고향으로 여기고, 자신을 보절 사람이라고 부르기 때문이다. 이 지역에 사는 사람들의 정체성은 요즘 유행하는 학문인 '공간 지리학'의 좋은 연구 대상인데, 한편으로 자신들의 정체성을 보절 사람이라고 여기고 있고, 다른 한편으로 보절 사람들도 그들이 행정지역으로 덕과에 속한다고 해서 이들을 보절 사람이 아니라고 생각하지 않기 때문이다. 그들 자신도 그렇게 생각하고 있지만 보절 사람들도 그들을 엄연히 보절 사람들이라고 생각한다. 이런 이유에서 이 책의 제목을 《보절면지: 보배와 절의가 숨어 있는 보절 이야기》라고 붙였다. 천황봉이 내려 보내준 물을 함께 마시고 살고 있다는 점을 생각한다면 만도는 보절에서 떼어낼 수 없을 것이다. 어쨌든, 만도리에는 만동晚洞, 도촌島村, 산수동산수동, 자포실子抱谷 등이 있었으나 현재는 만동과 도촌마을이 있다. 산수동과 자포실은 행정구역상으로는 만동에 포함되었다. 엄낭엄나무고개를 경계로 만동과 도촌은 이웃하고 있다.

### 10_1. 오종문五綜門과 호암湖巖서원이 있는 도촌島村, 섬말 마을

도촌은 덕과면 소재지로부터 동남쪽으로 4km 지점에 위치하며 마을에서 동편으로 약 1km 지점에 보절면 소재지인 신흥마을이 있다. 만행산맥의 '용龍날옴벵이골 왼쪽 능선'이 호복동 몬당뜸사리봉고개을 거쳐 칠성골로 내려와 고실고개를 거쳐 도촌 마을 뒤에서 분기점을 이루는데 이를 '우牛골몬당'이라 한다. 이 몬당이 서쪽으로 엄남고개를 거쳐 만동과 경계를 이루는 호암날이며, 또 하나가 북쪽 섬말고개석새미고개쪽으로 빠지면서 충렬지려忠烈之閭에 이르는 '정문등' 능선이다. '정문등' 아래에 조선조 충신 소권蘇權의 묘가 있으며 그 아래 충렬지려가 있다. 호암날과 정문등 사이의 마을 뒤 골짝을 '우牛골'이라 한다. 마을 사람들은 만행산에서

도촌마을

호암날까지를 용날 또는 나룡귀소懶龍歸沼의 날이라 하여 진주 소씨蘇氏가 이곳에 터를 잡아 한때 300여 호가 살았다.

도촌의 마을 이름은 홍수가 나면 마을의 북서쪽의 율천과 남쪽의 괴양천 냇물이 범람하여 멀리 높은 곳에서 보면 마치 바다의 섬처럼 보인다고 하여 '섬말' 또는 '섬촌'이라 했는데 지명을 한자로 바꾸면서 '섬 도島', '마을 촌村' 하여 도촌島村이라 부르게 되었다. 도촌마을은 원래 최씨의 집성촌이었다고 한다. 이후 1424년세종 6년 31세 연沿, 행정공이 아버지를 따라 섬말에 정착하였으며 이후 최씨들이 떠나면서 진주 소씨가 집성촌을 이루었으며, 이어서 경주 정씨, 전주 이씨가 들어와 마을을 이루었다. 특히 이 마을은 임진왜란 때 의병장군 소제蘇濟가 살았던 곳으로 엄낭고개엄나무고개에 장군의 충신비각忠臣碑閣이 있다. 동네 북쪽 정문등 아래 충신 소권의 묘와 충렬지려가 있어 이 마을 소씨의 역사를 더듬어 볼 수 있다. 마을 서쪽으로 합죽거리가 있으며 호암서원湖岩書院이 있다. 이 서원은 송강 이서李舒를 비롯한 6현을 배향配享하고 있다. 엄낭고개 넘어 만동마을에는 호암시비공원湖巖詩碑公園이 궁포조대弓浦釣臺와 마주하고 있으니 당시 만동과 섬말을 중심으로 한 인근 유림의 수준과 사상을 짐작할 만하다. 충렬지려는 삼충신三忠臣 이열녀二烈女의 비각碑閣으로 오종문五綜門이라고도 한다.

섬말은 조선 중기에 300여 호의 소씨 집성촌으로 전성기를 이루었다. 그러나 조상 중에 한 분이 이괄의 난에 연루되면서 다른 곳으로 이주하였다고 하며 이후 문중이 분산되고 과거시험에 오랫동안 응시하지 못하는 등 침체기를 겪었다고 한다. 300여 호가 살았을 때 마을 앞 들녘은 마을이었으며 최근 경지정리하기 전까지도 논 가운데서 옛 기왓장과 그릇 등이 출토되어 이를 증명한다. 구한말까지는 마을 명칭과 같이 섬처럼 별로 발전하지 못하다가 1970년대부터 전 주민이 잘살아 보자는 의지로 농로개설, 교량가설, 회관건립, 창고건립 등을 마치고 1976년에 자립마을로 승격, 1981년에는 간이상수도를 완성하는 등 이제는 잘사는 마을로 탈바꿈하였다. 1997년의 가구 수는 농가 27호, 기타 6호, 도합 33호의 작은 마을로 인구는 남자 123명, 여자 124명, 도합 247명이 살고 있었으며 성씨별로는 소씨 20호, 정씨 4호, 이씨 3호, 기타 6호로 이루어져 있었다. 하지만 이촌향도의 거센 물결은 어찌할 수 없어 마을의 인구와 주택이 급격

히 줄어들고 있다. 엄낭고개 초입 오른쪽으로 오래된 주막이 1980년대까지 있었으며 주막 건너편에는 이발소임실군 신파당 이현재 씨 운영와 두부집김씨 운영이 있었다. 특히 두부집 김씨를 '고무신쟁이'라고 불렀는데 이는 두부집에서 고무신을 팔기도 하였기 때문이며 엄낭고개가 그만큼 큰길로써 왕래객이 많았음을 증명한다. 이발소도 신양리와 만도리 5개 마을에 사는 인구가 많았음을 증명한다. 마을이 크다 보니 이야기도 많고 들려야 할 곳도 많다.

◆호암서원湖岩書院 : 남원시 덕과면 도촌길 67-6◆

문간공文簡公 이서李舒를 주벽主壁으로 하여 심구령沈龜齡·안성安省·소연蘇沿·소산복蘇山福·이당李棠 등 6현賢의 위패를 모시고 있는 서원이다. 이 서원은 1789년정조 13년에 지금 있는 자리로 옮기면서 호암서원으로 이름을 바꾸었다. 1868년고종 5년 흥선대원군의 서원철폐령으로 폐쇄되었으나 1961년에 복원하였다. 서원 안에 있는 건물로 사당祠堂과 강당講堂·전사청典祀廳·외삼문外三文·고사庫舍 등이 있다. 이곳에서는 해마다 3월에 제사를 지내며, 1984년 4월 1일 전라북도 지정문화재 제55호로 지정되어 관리되고 있다.

◆행정공 소연杏亭公 蘇沿 이야기◆

도촌의 정착조인 31세 소연蘇沿, 고려 공민왕 경오생은 소후

蘇後의 둘째 아들로 학문과 효행이 뛰어나 유방백세流芳百世의 이름을 남기고 있으니 남원 문중에서 가장 추앙받는 파조이다. 그는 세종 조에 정릉참봉과 남대직장을 역임한 후 노성현감과 통정대부인 승정원 좌승지 겸 경연참찬관을 지내고 가선대부 및 이조참판 겸 동지의금부부사에 추증된다. 성리학자이기도 한 소연은 호암서원에 배향된 6현 중 1명이다. 행정杏亭이라는 호에는 재미있는 일화가 얽혀 있다. 소연이 아홉살 때에 문간공 이서文簡公 李舒, 홍주 이씨, 태조의 상신가 우연히 들렀는데 그는 연泝의 총명함을 보고, 때 마침 마당에는 살구꽃이 만발해 있는지라 살구杏를 시제로 하고 운자를 내어 준다. 연은 즉석에서 오언절구를 지어내니 다음과 같다.

'愛此杏有仁 이 살구에 씨仁 있음을 사랑하노니,
敷榮萬條春 일만 가지마다 영화로운 봄이로다.
豈特木之性,어찌 나무의 성질뿐이리오,
存養亦在人 인仁을 기르는 것은 또한 사람에게도 있거늘.

9세 소년답지 않은 연의 탁월한 시제에 탄복한 이서가 '살구 행杏'자를 따서 행정杏亭이라는 호를 지어 주니, 이것이 인연이 되어 연은 이서의 손서孫壻가 된다.

### ◈ 소제蘇濟 장군 비각碑閣 이야기 ◈

정유재란 때 진주성 싸움에서 소제 장군이 장렬히 전사하자 장군이 타던 말이 장군의 짚신을 물고 고향 엄남고개에 내려놓았다는 전설이 어린 곳이다.

### ◈ '들시암' 이야기 ◈

마을 앞에는 조선시대 관로官路이자 남원장날이면 임실 성수면과 산서면, 보절 북부 사람들이 다니던 남원장꾼 길이 있었다. 이 길은 엄낭고개로 이어지며 안동네만동앞길을 지나 점저메모퉁이와 회산도르메마을 앞으로 하여 개양괭이마을 앞 사창고개에서 내동 구리재 쪽과 에끼재 쪽으로 연결되는 큰 길이었다. 이 길 건너에 샘이 있었는데 마을 사람들은 '들시암'이라 불렀다. 이 들시암 때문에 오래된 마을 관습이 있었다. 나그네와 장꾼들이 이 길을 지나가기 전에 새벽같이 물을 길어 오거나 전날 길어오는 일이었다고 한다. 즉 아침부터 부녀자들이 이 길 건너 샘을 다니면 나그네와 남원장꾼들이 재수 없을까봐 오랫동안 이어 내려온 남을 배려하는 풍습이었다. 지금도 이러한 관습 때문에 이 마을 부녀자들은 남자들 앞이나 남자들 차량 앞을 함부로 지나는 법이 없이 항상 뒤로 다닌다며, 회관에 모여 있는 할머니들은 옛날 들시암을 회상하며 이야기한다. 이 들시암은 마을 앞 율천栗川의 제방공사 때 없어졌지만 이 관습은 마을의 미풍양속으로 오늘날까지 남아 있다.

### ◈ '섶다리'와 '띄엄다리' 이야기 ◈

섬말과 작소, 사립안 마을 앞은 보절 지역의 소하천이 합수되는 지점으로 옛날부터 마을 사람들이 섶다리 및 징검다리를 하천에 시설하였는데 비가 적게 오는 농한기에 이용하고 여름철이면 홍수로 떠내려가 버린다. 하지만 필요하기 때문에 마을 사람들은 불문율처럼 매년 가을철이면 다시 다리를 놓았다. 최근에 시멘트와 철근으로 교량을 건설하면서 이 풍습이 사라졌다.

### ◈ 작소다리 ◈

주로 농한기에 천황봉으로 땔나무를 구하기 위하여 작소마을 사람들이 작소 또랑율천을 건너 섬말 한젱이모퉁이로 건너가기 위하여 놓았던 다리이다.

### ◈ 살반사립안다리 ◈

주로 농한기에 천황봉으로 땔나무를 하기 위하여 살반 사람들이 섬말 아래쪽에 놓았던 다리이다.

### ◈ 꽃밭젱이 띄엄다리 ◈

한젱이 모퉁이를 돌아 꽃밭젱이와 신흥으로 가기 위하여 다산천에 섬말 사람들이 놓았던 징검다리이다. 뛰어서 건넌다 하여 띄엄다리라고 불렀다 한다.

### ◈ 당그래봉 띄엄다리 ◈

시무내들 아래에 있던 징검다리로 섬말사람들이 놓았던 농로용 다리이다.

섬말은 동네가 크다 보니 마을 주변을 아우르는 지역을 가리키는 예스러운 이름이 많이 전해진다.

**호암**湖岩 호암서원 뒤에 있는 바위

**우**牛**골** 마을 뒤 골짝으로 논, 밭으로 이용되고 있다.

**나룡귀소**懶龍歸沼 '게으른 용이 소沼로 돌아온다'라는 풍수적 용어이자 지명이다.

**정문**旌門**등** 오종문五旌門 뒷날을 말한다.

**한젱이모퉁이** 다산천과 율천이 합수된다 하여 합정이모퉁이가 한젱이모퉁이로 변했다고 한다.

**진안배미** 길질 안에 있는 논畓이라 하여 율천 방천둑 길 안에 있는 논배미 이름이다. 질안배미가 진안배미로 변했다 한다.

**들시암** 마을 앞들에 있는 길 너머 우물로 동네 대부분 주민들이 이용하였다.

**석새미**들 섬말고개 너머에 있는 들녘으로 옛날 가뭄이 심하여 농사를 짓기 어려워 '삼년에 한번이나 농사를 지어 쌀을 얻을 수 있는 곳'이라 하여 붙여졌다고 한다. 한자로 삼三을 '석 삼三'이라 한 데서 그 어원을 찾을 수 있을 것이다.

**섬말고개** 석새미고개라고도 하며 섬말도촌에서 보절소재지로 넘어가는 고개

**엄남고개** 섬말에서 안동네로 넘어가는 고개. 흔히 '엄낭고개'라고도 부르며 원래는 엄나무가 있어 붙여진 이름이라고 한다.

**꽃밭쟁이** 천황봉에서 바라볼 때 '검내미들' 뒷산인 '검내미' 날이 마치 꽃잎처럼 보인다 하여 붙여진 이름이다.

**검내미** 거무내미날에 마치 거미가 기어가는 모습의 지형이 있는데 이 지형을 거미같이 생겼다 하여 '거무매니다'에서 '거무매미', '거무내미'가 '검내미'로 변하여 불려졌다고 하는 풍수적 지명이다.

**학독거리** 꽃밭쟁이에 있는 지명으로 바위에 학독을 파놓고 사용한 주막이 있었다 하여 붙여진 이름. 지금은 그 학독이 땅속에 묻혀 있다고 그곳 지주가 설명한다. 학독은 곡식을 갈아 먹기 좋게 하기 위하여 독돌을 원형으로 파놓은 기구의 전라도 방언이다.

**번데기고개** 보절중학교 능선 아래에 험하지 않은 듯 험한 고개가 있었는데 안동네와 섬말 사람들이 부르는 초등생 통학로였다. 교통이 발달하며 지금은 사라지고 없다. 또한 보절중학교 능선을 번데기번덕라 부른 데서 유래되었다고 한다.

**당그래봉** 옛날 후유고개희우치 쪽으로 뻗은 단양 우씨禹氏 종중산宗山으로 곡식을 널고 모으는 '당그래' 같다 하여 붙여진 풍수적 지형. 지금도 우씨 선조 묘가 새길지방도 721호선 고갯마루에 있다.

## 10_2. 문류정門柳亭 옛 문객의 담론이 들리는 듯, 만동晚洞

만동은 덕과면 소재지인 고정리에서 동남쪽 5.4km 지점에 위치하며, 보절면 소재지인 신흥마을에서 동북쪽으로 1.5km 지점에 있다. 만행산맥의 용날원벵이골 왼쪽 능선은 호복동 몬당뜸사리봉고개을 거쳐 칠성골로 내려와 고실고개를 거쳐 만동마

만동

을 뒤로 빠지면서 '우골몬당'을 이룬다. 고실고개에서 우골
몬당까지를 '치마폭날'이라고 부르기도 한다. 우골몬당 능
선은 다시 두 갈래로 나뉘는데 하나는 '엄낭고개엄나무고개'를
거쳐 호암서원이 있는 은행정에서 마감하고, 또 하나는 섬말
도촌을 감싸며 석새미고개를 거쳐 마감되는 끝날을 '전모퉁
이'라 하는데 다산천 건너 꽃밭정이와 마주한다. 전자를 '호
암날'이라 하고, 후자를 '정문등정문능선'이라 한다. 치마폭날
은 호암날로 이어지면서 만동안동네마을을 감싼다. 마을앞 내
川 건너의 계룡소맥은 계룡산에서 서쪽으로 땅재, 산수동,
장태봉, 방아재, 자포실, 가말들과 궁포조대弓浦釣臺, 와우등
臥牛嶝으로 이어진다. 마을 안에는 1890년에 설립된 '진덕재
進德齋'라고 하는 서당이 있어 1940년까지 50여 년 간 운영
되었으며 훈장으로 저메회산 송언 김 선생, 번암 장 선생, 함
양 능석 선생이 한문을 가르쳤다고 전한다. 또한 서당은 한
자가 넘는 도리 기둥에 다섯 칸 팔작집으로 지어졌다. 당시
에 서당답書堂畓이 있었다고 하니 그 규모를 짐작할 만하다.
하지만 지금은 그 터만 남아 밭으로 이용되고 있다. 마을 위
동쪽 문류정門柳亭 위로 시곡矢谷, 살치미에는 언양 김씨金氏 재
실이 있으며 길가에는 소씨 재실이 2채가 있다. 소씨 재실
앞 '분투굴' 건너 '순산등' 아래 고개를 마을에서는 '고개너
메'라 하며 이곳에서 하천까지의 날을 '솔오레'라 한다. 솔오
레 건너 동산처럼 보이는 '몰무덤'이 있으나 그 연유는 아는

이가 없다.

마을 앞 큰길은 조선시대까지 관로官路로써 한양과 남원
읍성 및 영남을 잇는 중요한 교통로였으며, 이외에 마을의
주요 출입로는 관로 위쪽으로 '점저메모퉁이', 회산回山'도르메',
저底뫼, 저메, 원산圓山, 도르메을 지나면 삼괴정三槐亭의 양촌교에
서 지방도 721호선과 연결된다. 마을 아래쪽으로는 '궁개모
퉁이弓모퉁이'를 지나 괴양천과 율천이 합수되는 '합죽거리'
에서 만동교晩洞橋를 건너 지금의 군도 14호선으로 이어진
다. 궁개모퉁이에는 매헌공 문객들의 시를 새겨놓은 호암시
비공원湖岩詩碑公園이 있다.

만동과 도촌을 연결하는 '엄낭고개'도 관로 상에 있다.
마을 뒤 우골재牛骨岾는 보절면 소재지로 연결되는 지름길이

시비공원

며, 이 길은 보절초등학교와 보절중학교를 다니는 학생들의 통학로로 오랫동안 이용되어 왔으나 지금은 교통이 편리해져 승용차와 통학버스의 운행으로 거의 이용되지 못하고 농로로만 이용되고 있을 뿐이다. 그러나 우골재는 30대 이상의 연령층에게는 많은 추억을 간직케 한 '추억의 통학로'였을 것이다. 만동은 1400년<sup>조선 태종</sup> 진주 소씨 소석지가 처음 개척하고 정착하였는데 이때 사람들은 마을이 동쪽 천황봉과 남쪽 계룡산의 정기가 맺힌 명당자리라고 칭찬해 마지않았다. 소석지가 처음 터를 잡을 때 마을 이름을 만적晩迪이라 하였으나 1555년 홍주 이씨 이성춘이 자포실에 살다가 이웃 계룡산 아래 산수동으로 이주한 후 만적과 산수동山水洞을 합쳐 만동이라 하였다. 하지만 사람들은 마을 이름을 만동이라고 부르기보다는 안동네라고 부른다. 마을 뒤로 만행산맥의 용날이 우골능선을 이루며 마을을 감싸고 마을 앞으로 계룡소맥이 마을의 안산을 이루어 동네가 두 지맥 안에 있다 하여 안동네라 하였거나, 다산천과 괴양천이 만나는 곳 안에 있다 하여 안동네라고 설명하기도 한다. 혹은 '섬말에서 볼 때 안에 있는 동네', 즉 '안동네'라 하였을 것으로도 보인다. 산수동은 계룡산과 방아재峯 사이 아래에 위치하며 일찍이 홍주 이씨의 세거지이다. 조선 초기 홍주 이씨는 '솔오레'에서 '자포실'과 '가말들'을 몽리답으로 하여 세거를 이루었으나 문족들의 사회진출 등으로 인해 다른 고장으로 이주가 이루어지면서 지금은 5가구만 살고 있다. 하지만 지금도 산수동을 중심으로 홍주 이씨의 묘동이 곳곳에 있으며 마을 앞에는 재실이 있어 관리되고 있다. 마을 건너에 '자포실 방죽'이 있으며 그 아래가 '자포실들'이다. 자포실은 '자포실들'과 '가말들' 사이의 마을로 옛날에는 큰 마을이 있었다. 마을 이름은 옛날 이곳에 양반 부자가 살면서 고래등같은 기와집을 짓고紫 좋은 옷을 입으며袍 살았다 하여 '자포紫袍'라는 이름이 붙여졌다고 전하고 있으며 인근 '가말들'에서는 옛날 토와가 발견되었다고 한다. 지금은 2~3가구가 살고 있으며 소씨 재실이 있다.

만동의 변천 과정은 이렇다. 이 마을은 600여 년 전에 형성되었으나 완전한 마을이 형성된 때는 1700년경이다. 그 당시 80여 호의 주민들이 쌀과 보리농사를 주로 하는 원시적인 농업을 주로 해왔으나 1970년대 새마을 사업으로 농로, 소하천 등을 보수하여 가뭄에도 물 걱정 없고 농기계를

자포실의 현재 모습

1970년대 진행되었던 새마을 사업의 한 현장

단합을 위하여 덕유한으로 여행간 만동마을 사람들

이용하여 농사를 지을 수 있는 마을로 발전하였다. 양잠, 연초, 대마, 도라지 등 특용작물의 재배가 이루어지고 특히 특산물로 질이 뛰어난 삼베를 짰는데 시장에서 인기가 좋았다고 한다. 마을 앞 계룡소맥에는 송이버섯이 자생하여 농가 소득에 도움이 되고 있다. 마을의 옛 풍습으로 당산제를 성대히 지내왔으나 점차 폐지되었다. 두레가 있었으나 6·25 전쟁 이후 자취를 감추었으며, 최근 마을 중앙 조산造山에 정자를 지어 매헌공이 심었다는 버드나무와 조화를 이룬다. 1997년 당시만 하여도 총 가구수는 44호이며 농가 37호, 비농가 7호였으며 인구수는 남자 53명, 여자 55명 총 108명이었다.

성씨별로는 소씨 22가구, 신씨 6가구, 이씨 4가구 기타 12가구가 거주하였으나 이 마을도 이촌향도의 세류를 이기지 못하고 있다. 북쪽으로 군도 14호선과 남쪽으로 지방도 721호선을 연결하는 도로공사를 하면서 합수거리와 마을 앞에 다리가 놓이고 시내버스가 다니면서 마을 앞 간이정류장이 있어 교통이 편리해졌다. 만동마을에 전해 내려오는 이야기가 많다.

### ◈호암시비공원湖岩詩碑公園◈

만동마을 궁포조대 낚시터에서 궁개모퉁이 가는 길에 애국의 명신이거나 학자인 동시에 시인이었던 20인의 남원 관련 선인들의 시를 모아 돌에 새겨 세운 공원이다. 시비詩碑에 새겨진 20인과 그 시제詩題는 김화-'수용암', 소산복-'헌매', 오정길-'무진장', 최상중-'용천사', 백용성-'몽중불수기', 고경명-'청계정사', 안성-'영읍성', 소연-'행목시', 김선-'최락당', 김삼의당-'춘규사', 양성지-'광한루', 이점-'취음', 황희-'광풍루', 신흠-'등광한루', 정철-'상한사', 강희맹-'요천', 윤효손-'수모시', 노진-'범국잉득일절', 심구령-'퇴사시', 이서-'알행궁' 등으로 호암시비공원의 건립 취지문에는 '…선현들의 가르침을 본받아 인간을 사랑하고 바른길을 따라 참되게 살아온 인仁, 의義, 예禮, 지智 정신을 표상으로 삼고자…'라고 새겨져 있다. 이 공원은 2007년 12월 22일 남원문화원이 주관원장 이병채하여 전라북도와 남원시 후원으로 설립된 전국 최초의 한시漢詩공원으로 고향인들이 먼저 아끼고 보호해야 할 것이다.

### ◈궁포조대弓浦釣臺와 40대 문장 '소설 선생' 이야기◈

만동마을 앞 '가말들'과 '와우등날' 사이의 하천까지 닿아있는 능선이 마치 '목마른 말이 물을 먹는 형국'이라 하여 '갈마음수渴馬飮水의 날이라 하며 이 능선 끝머리를 궁포조대라 한다. 궁포弓浦는 갈마음수의 날이 마치 활의 모양弓 같다 하여 그 끝의 소沼와 함께 궁포라 하고 이곳의 바위를 낚시하는 자리조대, 釣臺하여 궁포조대라 하였다. 소설은 매헌梅軒 소산복 선생의 아들로 어려서부터 아예 공부를 하지 않고 성인이 되어서도 궁포조대에서 낚시로 허송세월을 보냈다고 한다. 아버지인 매헌도 어찌할 수 없어 포기를 하였다고 하니 가히 짐작할 만하다. 어느 날 인근 하인이 부고를 가지고 매헌 선생을 찾다가 낚시하는 선비가 있어 부고를 보여 주었더니 거꾸로 보는 것이다. 이를 보고 한심하게 여긴 하인은 부고를 낚아채듯 뺏어가 버렸다고 한다. 이 낚시꾼이 매헌 선생의 아들인 소설인데 이 일로 창피를 크게 느낀 후 공부를 시작하여 40대에 생원시에 합격하였다고 한다. 이리하여 세칭 40대 문장이 되었으며 인조 을해년, 52세의 고령으로 성균관 생원이 되었다는 일화가 있다.

### ◈'가야유적지 잔존지역' 지킴이 이한복 교장 이야기◈

산수동 마을 건너편 계룡산 자락 만도리 산 90번지는 가야유적지 분포지역이었다. 그러나 20년보다 훨씬 전에 도굴꾼들이 대부분 유물을 도굴해갔다. 2000년경 군산대 곽장근 교수팀에 의하여 시굴試掘조사가 이루어진 이후 '가야유적지 잔존지역'으로 지정되어 전주국립박물관에 등록되었다. 이 지역이 최근 태양광업자에게 매도되어 분양까지 이루어졌고, 업자들이 남원지자체의 허가를 얻으려는 것을 퇴직 후 고향에 내려와 살고 있는 이한복 교장이 알게 되었다. 이 교장은 바로 대전문화재청을 찾아가 '가야유적지 잔존지역' 등록을 확인하고 관계기관을 찾아다니며 태양광발전소가 이 지역에 설치되는 것이 불가함을 강하게 알려 허가를 막았다. 이 교장은 앞으로도 꾸준한 관심과 감시가 필요할 것이라고 말하며, 괴양리 쟁기난골과 회산마을에도 가야고분군이 있어 이곳들도 문화재청과 전주국립박물관에 등록되었다고 알려준다. 참으로 다행한 일이 아닐 수 없다.

### ◈ 문류정門柳亭 이야기 ◈

조선 광해조 때 매헌 소산복 선생이 은거를 위하여 지은 정자로 조선 말기의 뛰어난 건축양식의 문화재이다. 매헌 선생은 당시 유명 문객들과 이곳에서 교류하였다.

다음은 기우만이 남긴 문류정기이다.

〔문류정기門柳亭記〕

버드나무는 매헌 소공이 문 앞에 손수 심었다. 소공이 이미 헌軒 앞에 매화를 심고 이를 그대로 자호로 삼았으며, 또 시로 품평하였다.

　　　‘그대의 맵시는 희고 차가우며,
　　　그대의 품성은 맑고도 깨끗하도다.
　　　더구나 이 초당 앞에
　　　바람이 좋고 또 달이 좋음에랴.’

똑같이 손수 심었으면서도 아직 버드나무를 시로 품평하지 않고, 또 자호로 삼지 아니 했다. 버드나무가 소공에 대해서 어찌 그 원망을 품지 않겠는가? 대답했다. "그렇지 않다. 매화를 시로 품평한 것은 매화가 아니라 매화를 빌린 것으로, 시로 품평함은 자신의 고상한 마음과 뜻에서 나오는 것이다. 그러므로 자호하기에 이르렀고 매화를 과장한 것은 아니다. 문 앞의 버드나무로 말할 것 같으면 도연명 선생이 다섯 그루 버드나무를 심어 자신의 자호로 삼은 것을 배운 것이니, 나는 쓸데없는 군더더기의 말을 할 것이 없다. 도연명 선생이 이미 '어디 사람인지 알 수 없고, 또한 그 성姓자도 알 수 없다.'라고 하였으니, 버드나무에 대해 시로 품평하는 것이 어찌 그 자취를 노출하는 것이 아니겠는가?" 이에 매화와 버드나무는 서로 원망하거나 서로 봄을 다투지 않아 선생의 뛰어난 경치가 될 뿐이다. 돌아가신 뒤에도 300년

동안 문 앞을 드리운 것은 아직도 세 그루의 버드나무가 있어 홀로 옛 자취를 지니고 있었다. 자손이 차마 버드나무가 매몰될 수 없다고 생각하여 그 아래에 정자를 세우고 문장을 지어 기문으로 삼을 것을 구하기에, 내가 응낙하며 말했다. "이 정자의 글은 선생이 이미 스스로 썼다. 대개 '시골 사람이 도연명의 집을 잘못 알고 술을 싣고 찾다가 대 울타리를 그냥 지나간다'고 말한다. 훗날 비록 문장에 능한 자가 있더라도 여기에 더할 것이 없다. 정자를 세운 일의 전말로 말하자면 안락정顏樂亭에 새긴 '물을 차마 없애지 못하고 땅도 차마 황폐시키지 못한다'와 같은 부류이며, 그 실제에 나아가서는 '너의 조상을 생각하지 않겠는가? 그 덕을 닦을지어다'와 같은 부류이다. 도연명 선생이 버드나무를 심은 것을 배우는 것은 무엇 때문인가? 대개 진晉나라의 은미한 선비로 자처하여 옛 봄을 지키고자 해서이다. 오늘에 여기에 정자를 세웠으니, 이것을 늘 생각하면 될 것이다." 이런 내용으로 고하길 원하였다. 매헌공의 후손 환택과 영진이 이미 소공의 유집遺集의 서문을 청하고, 계속하여 문류정으로 기문을 지을 것을 청하였다.

숭정崇禎 기원후紀元後 오주五周 경술년, 행주 사람 기우만이 삼가 쓰다.

柳。梅軒蘇公。門前手植。公旣軒前植梅。仍以自號。且品題有詩曰。爾姿皎以寒。爾性淸以潔。況是草堂前。宜風復宜月。同其手植。而未經其品題。又不以號。柳乎。於公安得不抱其怨尤。曰。不然也。梅之品題。非梅也借梅。而品題出自家志尙。故至於號焉。而非梅之侈焉。若夫門前之柳。蓋學種先生五柳爲先生之號。余無庸架疊。先生旣不知何許人。亦不詳其姓字。則品題於柳。豈非露出其形跡乎。於是。梅與柳無相怨而相與爭春。以爲先生勝槪已矣。身後垂三百年門前。猶有三株柳。獨帶古跡。子孫不忍其埋沒。亭於其下。求爲文以記之。余應之曰。此亭。先生已自記矣。蓋曰。野人誤認陶潛宅。載酒相尋。過竹籬。後雖有能文者。莫此加焉。若其起亭始末。顏樂亭所銘。水不忍廢。地不忍荒。卽其實際。而無念爾祖。聿修厥德厥祖。所以學種先生柳者何事。蓋欲以晉微士自居。而保守舊王春。於今日。起亭於斯者。念念於此則可矣。願以是諼焉。梅軒公後孫煥澤震永。
旣謁公遺集序。繼以門柳亭請爲記。
崇禎後五周庚戌。幸州奇宇萬謹書。

### ◈궁개모퉁이 이야기◈

궁포 앞을 지나가는 모퉁이 또는 궁포와 마을에서 볼 때 '열린 곳'이라 하여 '열 개開'자가 합하여 '궁개모퉁이'라 한 것이 아닐까 생각된다.

### ◈몰무덤 이야기◈

마을 왼쪽으로 고개너메와 솔오레 사이에서 빠져나온 낮은 동산이 분묘無덤처럼 생겼는데 이 '동산 날脈이 죽었다歿'하여 '몰무덤'이라고 한다고 하나 달리 생각할 수도 있겠다. 하나는 옛날 말무덤에서 연유될 수도 있고, 또 하나는 무덤처럼 보이나 무덤이 아니라는 뜻에서 붙여졌을 법도 하다.

### ◈솔오레◈

송탄유松炭油와 관계가 있는 듯하다. 솔오레 몰무덤 사이에 옛날 홍주 이씨 성춘이 살다가 오늘날의 산수동으로 이사하였다고 한다.

### ◈보호수로 지정된 버드나무 이야기◈

400여 년 전 매헌 선생이 심었다는 버드나무이다. 남원시에서 보호수로 지정하여 관리하고 있다. 아래의 사진은 버드나무의 현재의 모습이다.

만동에도 마찬가지로 놓쳐서는 안 될 곳이 곳곳에 숨어 있는데, 지명을 아래와 같이 소개하니 한번 가볼 것을 권한다.

**우골몬당** 섬말의 위에 있는 능선 언덕배기로 안동네의 배산을 이루고 있다.

**땅재** 산수동 뒤 사매면으로 넘어가는 고개

**방아재** 산수동 뒤에 기봉한 산방아재 봉으로 민간에서는 이 산을 방아재로 부른다. 이 고개를 넘으면 사매면 '머개'마을머개고개로 이어지며 보절중학교가 생기기 전에는 용북중학교 통학로로 이용되었다.

**자포실** 만동마을 내 건너에 보이는 동네. 지금은 가옥 2채가 있다.

**자포실들** 만동마을 내 건너 들녘을 말하며 산수동 가는 길 초입에 있다.

**궁포조대**弓浦釣臺 마을 앞 시비공원 건너편 내 쪽으로 내민 곳으로 이곳 바위에서 매헌 선생의 아들이 낚시를 하였다고 전한다.

**가말들** 궁포조대 앞 들

**와우등** 궁포조대 뒤 쪽의 소가 누워 있는 형국의 능선. 능선 앞 들을 '와우들'이라 부른다.

**문류정**門柳亭 마을 위에 있으며 이곳의 소나무가 보호수로 지정되었다.

**시곡**矢谷, 살치미 문류정 위로 가면 언양 김씨 재실이 있다.

**분투골** 마을 위 소씨재실 앞들

**순산등** 마을 위 소씨 재실 건너편 능선으로 갑산과 경계를 이룬다.

**고개너메**매 순산등에 위치하며 갑산으로 넘어가는 고개

**솔오레** 순산등의 고개너메에서 하천까지의 지역을 말한다.

**몰무덤** 솔오레 앞쪽의 동산. 지명의 유래는 알 길이 없다.

**조산**造山 마을 앞 버드나무가 심어진 곳으로 매헌 선생이 초정草亭을 짓고 버드나무를 심은 데서 연유되었다. 지금은 버드나무 두 그루와 마을 정자가 있다.

**관로**管路 마을 앞길이 옛날부터 영호남嶺湖南과 경향京鄕을 잇는 길이었다.

**점**저메**모퉁이** '저메' 동네를 지나는 모퉁이 길.

**도깨비보** 괴양천과 갑산천이 합수하는 지점에 있는 보洑. 이곳에 널따란 바위가 있다.

**궁개모퉁이** 안동네에서 합죽거리로 나아가는 길모퉁이

**합죽거리** 율천과 괴양천이 만나는 호암서원 뒤를 말하며 지금은 만동교가 있어 마을 출입이 자유롭다.

**치마폭날** 고실鼓瑟고개에서 우골몬당까지의 날을 말한다. 천황봉에서 내려다 보면 이 날의 지형이 치마폭처럼 펼쳐졌다 하여 붙여졌다 한다.

신양리의 전경

## 11. 덕과 신양리<sup>德果 新陽里</sup>

성산<sup>城山, 거령산</sup>의 맥脈은 제골에서 문줄로 넘어가는 문줄고개에서 분기되어 본 맥은 양선마을과 창말의 배산을 이루며 질기재로 이어지며, 1지맥이 도촌<sup>덕과</sup>마을 쪽으로 마치 치마폭처럼 펼쳐지며 전진하여 작소마을과 비촌<sup>扉村, 사립안</sup>마을의 배산을 이룬다.

신양은 본래 남원의 적과면<sup>迪果面</sup> 지역으로 1914년 행정구역 통폐합 때 비내리<sup>扉內里</sup>, 양선리<sup>陽先里</sup>, 신촌리<sup>新村里</sup>, 오현리<sup>梧峴里</sup>, 작소리<sup>鵲巢里</sup>의 각 일부를 병합하여 신촌<sup>新村</sup>의 신<sup>新</sup>과 양선<sup>陽先</sup>의 양陽을 한 글자씩 따서 신양리라 하고 덕과면<sup>德果面</sup>에 편입되었다. 1995년 1월 1일 남원시·군이 통합되어 남원시 덕과면 신양리가 되었다.

현 행정구역상 신양리에는 작소<sup>鵲巢</sup>, 비촌, 창촌<sup>倉村, 창말</sup>, 양선<sup>陽先</sup>마을이 있다. 작소는 보절면 신파리와 신동천을 경계로 서쪽에 위치하며, 비촌은 작소 아랫마을이며 창촌은 비촌 아랫마을로 행정구역 상 비촌과 한마을로 비창<sup>扉倉</sup>이라 부른다. 양선은 비촌과 창촌마을 사이로 300m쯤 들어가 성산소맥을 배산으로 하여 위치한다.

### 11_1. 사육신<sup>死六臣</sup> 성삼문 후예들이 살았던 작소<sup>鵲巢</sup>마을

작소는 본래 남원의 적과면 작소리 지역으로 1914년 행정구역 통폐합 때 비내리, 양선리, 신촌리와 오현리, 작소리의 각 일부가 병합되어 신양리에 편입되었다. 마을 뒤 배산은 멀리서 보면 까치집처럼 보이며 이곳 능선 아래로 지어진 가

작소마을

옥들은 마을의 모습을 더욱 까치집처럼 보이게 한다.

마을 바로 앞 남쪽으로 군도郡道 14호율천~보절인 보절선은 일제강점 때 율천대천을 따라 밤두내율촌에서 보절면 소재지였던 범말까지 행정도로로 낸 길이다. 범말에는 당시 면사무소와 주재소파출소가 있었다. 마을 앞 율천작소또랑 건너가 섬말도촌이다. 마을에서 덕과 면소재지는 서쪽 5.2㎞ 지점에 위치한다. 동쪽으로 꽃밭정이 모퉁이를 돌아 덕보교德寶橋 건너에 현 보절면소재지인 신흥新興마을이다. 마을에서 불과 300m의 거리다. 마을 앞 율천을 거슬러 300m쯤에 시무내들이 전개되고 이곳에 위치한 마을이 은천隱川, 숨은내, 시무내마을이다. 마을 앞들에 10여 년 전 민물장어농장 비닐하우스동이 시설되면서 황금물결 치는 들녘의 옛 모습은 사라지고 마을의 전망 또한 답답하다. 장어농장 아래로 광주 이씨 집성촌인 사립안비내리마을이 있다. 작소는 조선조 사육신의 한 사람인 성삼문 선생의 후예가 가문의 몰락을 피하여 낙남落南하여 터를 잡은 듯하다. 창령 성씨昌寧 成氏 일가는 오랫동안 이곳에서 부를 이루며 살다가 1400년경 진주 소씨가 이주한 이후, 성씨成氏들은 장수 방면으로 이주하고 소씨가 흥성하여 오늘에 이르고 있다. 성씨들이 이곳에 살고 있을 때 그들의 부귀가 극에 달하여 주변 마을에서는 만석꾼이라 부르고 지냈는데 그들의 곡식 저장고인 노적露積 위에 까치가 집을 짓고 살았다 하여 '까치골'이라 부르다가 한문으로 '까치 작鵲'과 '집 소巢'를 합하여 작소鵲巢라 부르게 되었다고 한다.

성씨의 전성기에 이 마을에는 대궐 같은 집이 있어 근방에서 가장 호화로운 마을이었으나 성씨가 떠나고 화재로 마을이 전소된 후부터는 마을 전체가 가난하게 살았다고 한다. 하지만 근면성실한 주민들의 노력으로 많은 전답을 마련한 가옥이 늘어나고, 1972년 새마을 사업이 시작되면서 본격적인 발전이 이루어져 잘 사는 복지농촌이 이루어졌다. 작소마을은 보절면과 인접하여 생활권이 보절면이며, 학교 구역도 보절초등학교와 보절중학교에 속한다.

주민들의 말에 의하면, 작소는 현재 마을회관 뒤에 적과방迪果坊 방청坊廳이 있었다고 말한다. 소씨 부자父子, 진섭가 이곳 방장坊長을 하였으며 후에 신씨, 오씨, 이씨 등이 방장을 하였다고 전한다. 당시 적과방은 만동, 도촌, 비촌, 양선을 포함한 지역으로 들이 넓고 활기가 있었다고 하니 작소마을의 역할을 짐작할 수 있다. 작소 마을의 옛날을 추억하게 만드는 지명들이 있는데, 다음과 같다.

◈오종문 충렬각◈

충렬각은 남원시 덕과면 신양리 앞 즉 도촌교와 신양교 사이로 흐르는 율천가에 있다. 마을 사람들은 이곳을 오종문이라고 부른다. 여기에는 충신 소덕효, 충신 소권, 충신 소제, 열녀 소방윤 아내 정씨, 김연장의 아내 소씨의 정려편액 다섯 개 있으며 〈소씨충렬중수기문〉의 편액이 걸려 있다. 편액이 다섯 개가 걸려 있으니 대단한 것이라 하지 않을 수 없다. 충렬각 앞으로는 보절면 신파리에서 흘러 내려오는 물줄기와 용등폭포가 있는 보현사에서 흘러내려온 물줄기가 이곳 신양리와 도촌 사이에 있는 율천에서 만나는데 바로 그 부근에 충렬각이 자리하고 있고 또한 충렬각 앞으로는 하마비가 있었다. 하천 개보수 공사로 인해 하마비는 땅 속 어딘가에 묻혀버렸다. 충렬각 앞으로 조그마한 길이 있는데 이 길은 신양리 사람과 도촌 사람들이 보절면으로 나가는 통로가 되기도 하였다. 그래서 오고 가는 길에 이 충렬각을 보았을 것이다. 그리고 여기에 있는 하마비를 보고서 경외심을 가지지 않았나 싶다. 마을 아이들은 어렸을 때, 이 길을 다니면서 충렬각을 많이 보고 또한 여기에서 놀았던 기억이 있다. 충렬각 바로 뒤에는 충신 소권의 묘와 소공묘표가 있다. 묘 바로 앞에 묘표가 너무나 가깝게 붙어 있었다. 아래 사진은 충렬각의 현재 모습이다.

주변에 오래된 소나무들이 감싸 안은 듯이 충렬각을 지키고 있었지만, 찾는 이들이 없고 또한 관리가 제대로 되지 않아 을씨년스런 분위기를 자아내고 있었다. 충렬각 앞으로는 오래된 몇 그루의 소나무가 있었지만 어디론가 팔려나가고 없어져 두 그루만이 있었고 예전에 비해 잡초가 무성하여 더욱 착잡한 마음이 자리하고 있었다.

지금이라도 이곳을 새로 단장하고 개보수를 해야 한다. 충렬각에는 소황과 소제 형제의 행적이 기록되어 있는데, 이를 소개하면 다음과 같다.

蘇氏忠烈閭重修記

府之北三十里迪果坊有揭額棹楔卽蘇氏三忠二烈之閭也 第念遼東有三忠褒異之門而婦烈不與楊氏有五婦標節之閭而忠績無載焉 今於蘇氏家三忠二烈並蒙 天褒恩額 煌煌甚盛乎哉 以言乎忠則猗(倚)歟主簿公島夷之亂以白衣從黃武愍 立殣於晉陽 贈官蒙褒 其旁孫主簿公尤有所難焉者不幸而有弟檉檉本不淑人初與匪類宋賀者交遊也 公苦口嚴禁仍以傷情移避至戊申誘以避亂從賀入回門山意實不軌公始覰機痛哭輒止則檉乃斷裾而逃莫知所之 乃爲文哭廟仍自經人救之未果遂疾馳告官墮馬傷臂亦不克救( )焉 檉就戮公卒未免株謫高城以廢人自處結茅於三日浦巖穴間設三壇晨夕瞻拜感頌聖恩效忠酬誠經五年如一日賴本道方伯御使之探實鳴寃而金忠靖在魯 徐相國命均 相繼奏達 英宗大王嘉乃忠憐其寃 諭以大義滅親 特爲宥效甚可敬也已如非公忠蓋之積孚格神明何以得鄉人之辨白道伯之梳雪 聖上之淸晩也

噫 人之不係氣類尙矣
牛韄禽跖自古有之而芳臭之相遠殆若非兄非弟故兩大家承先啓後之業亶由彼牛與禽而 有光焉若靡一仲公晉陽家世安保其萬一也 天降陰隲其子枕湖公能世其業年九歲從父同謫朝夕拜壇之誠一如其親蒙宥後際 英廟國恤如不欲生 因山前行素 築壇 北望朝夕哭拜壇載平凉子服斬衰衣終三年不怠 自矢曰所天身後事吾當了而後下從苟全性命終十七年不食魚肉嫁女立嗣之年仍以絶粒自盡且其曾孫邦尹妻鄭氏夫喪中泣血三年頭不櫛衣不濯自夫終祥日仍終穀自盡 以言乎烈則適金氏之長女早寡而有一女無嗣矣 噫 三綱之行咸萃於門內蔚然若芝蘭松竹幷茂於一谷天之報施它可驗矣幸値 正宗大王戊申仍多士號籲自 上特下一體旌閭之 敎三間虹梁揭以忠烈 恩額 嗚呼近而詳者莫如鄉遠而公者莫如道也而 筵席之奏斷斷然無他絲綸之降蕩蕩乎無私則質諸神明而無疑俟

之百世而不惑矣於不盛哉 嘗余式閭之日有老大指門前
柳曰此蘇公舊廬址云見其數株同根而生一則朧腫拳曲
禿缺朽僵一則孤直挺特子葉孫枝獨保太古之色正如志
士經歷變故剛毅不變之氣像矣 撫事興懷慨然詠歎適公
之玄孫益源未日 吾家忠烈閭創時本無記今輯而重新之
願借文以記之書此以遺之欲使後人平生行事知所取捨
於邪正逆順中立不倚而處之也

大統餘分四戊午六月旣望日 參奉全州李行淵記<sup>28</sup>
辛丑三月 日 六世孫正燮重刊

〔소씨 충렬려중수기〕

부의 북쪽 30리 적과방에 게액과 도계가 있으니 곧 소
씨 삼충이렬의 여가 있다. 다만 생각해보건대 요동에는
삼충포의 문이 있으나 부열은 이에 참여하지 못하였
고 양씨는 오부표절의 여가 있으나 충의 공적은 실리지
않았다. 오늘날 소씨의 집안 삼충 이열에 나란히 천포
와 은액을 입었으니 황황히 심히 성하도다. 충으로 말하
면 의지함이여 주부공이 도이의 난에 백의종군으로 황
무민을 따라 진양에서 죽었고 관직을 추증하였으며 기
림을 입었다. 그의 방손 주봉공이 더욱 어려운 바가 있
었는데 불행이 아우 정이 있었으나 정은 본래 정숙하지
않은 사람이었고 처음 비류한 송하라는 사람과 교류하
였다. 공이 입이 쓰도록 엄금하였지만 곧 정분을 상하고
이피함으로써 무신년 꾀임에 이르러 난을 피하여 송하
를 따라 회문산으로 들어가니 뜻은 실상 법도에 맞지 않
았으며 공이 처음 기미를 보고 통곡하며 애도하고 멈추
게 하였지만 정은 이에 옷것을 끊고서 달아나니 가는 것
을 알지 못하였다. 이에 글을 지어 사당에 곡을 하고 인
하여 스스로 목을 매니 사람들이 그를 구하여서 이루지
못하자 마침내 빨리 말을 달려 관과에 고하려다가 말에
서 떨어져 어깨를 다치자 또한 구할 수가 없었다. 정이
죽게 되자 공은 마침내 관련됨을 면하지 못하고 고성으
로 귀양을 가서 폐인으로 스스로 처하고 삼일포에 띠집
을 짓고 암혈 사이에 삼단을 설치하고 새벽이나 저녁으

로 참배하고 성은에 감송하고 충성을 힘써 다하고 5년
이 지나도 한결같았다. 일전에 본도 방백어사가 진실을
채록하고 원망함을 푸는 것에 의지하였고 충정 김재노,
상국 김명균이 서로 계속해서 임금에게 아뢰니 영종대
황이 아름답게 여기고 그의 원통함을 가엾게 여기고 대
의멸친로 밝혀 특별히 큰 공효로 삼았으니 심히 공경할
뿐이다. 만약 공의 충신의 충적과 부격신명이 아니라면
어떻게 향인의 변백과 도백의 상소의 씻음과 성상의 맑
은 늦음을 얻었겠는가? 아! 사람의 기류에 매이지 않으
니 숭상할만도다. 사마우 환퇴 자금 도척이 예로부터
있었지만 향기로운 냄새에 서로 멀리한 것은 다못 형도
아니고 아우도 아닌 듯 하였다. 그러므로 둘 다 큰 집에
선조를 잇고 뒤를 열어주는 업이 오직 저 사마우와 자금
말미암아 빛남이 있으니 만약 일중공이 아니면 진양 가
세는 그 만의 하나만을 편안하게 지킬 것이다. 하늘은
그 아들 침호공을 내려주어 그 업을 대대로 하였으니 나
이 9세에 함께 귀양을 가서 조석으로 단에 참배하는 것
이 성실하고 한결같았으며 그 어버이가 죄에서 풀려난
후에 영조대왕의 국상에 못살 듯 하였고 국상 전에 소축
단에 가서 북쪽을 바라보고 조석으로 곡을 하며 단을 참
배하였으며 평량자를 쓰고 참최복을 입고 3년 마치는
것을 게을리하지 않았다. 열부로 말하면 김씨에게 시집
간 장녀는 일찍 과부가 되어서 딸 하나를 두고 아들식은
없었다. 스스로 맹세하며 말하기를 하늘이 몸을 낸 후의
일은 내가 마땅히 마치고 그런 후에 아래로 그럭저럭 성
명을 부지하리라 하고 마침내 17세의 나이에 어육을 먹
지 않으니 시집간 딸이 자식을 낳을 나이에 인하여 곡식
을 끊고 자진하였다. 또 그의 증손 방윤의 아내 정씨가
남편의 상중에 피를 토하듯 울고 3년간 머리에 빗질을
하지 않았으며 옷도 세탁하지 않았고 남편의 종상 때부
터 말하기를 이로 인하여 곡식을 끊고 자진하였다. 아!
삼강의 행실이 모두 문안에 모여 있으니 울연히 지란송
죽이 한 골짝에서 나란히 무성한 듯하였다. 하늘이 보답
베푼 것을 다른 것에서 증험할 수 있으니 바라건대 정종
대왕 무신년에 많은 선비들이 울부짖어 요구하니 상께
서 특별히 일체의 정려의 교칙과 삼칸의 홍량을 하사하
시었고 충렬 은액을 게시하였다.

오호라! 가깝게는 자세한 것은 고향만 같은 것이 없고 멀고도 공평한 것은 도만 같은 것이 없으나 연회의 연주가 끊어진 듯한 것은 다른 것이 없다. 임금의 조칙이 내려오니 광대하도다. 사사로움이 없으니 곧 신명에게 물어도 의심이 없고 백세를 기다려도 의혹이 없으니 융성하지 않겠는가? 일찍이 내가 예를 지내는 날에 어떤 연로하신 분이 문 앞의 버드나무를 가리키며 말하기를 이것은 소공의 옛 집터라고 말하였다. 그 몇 그루의 나무를 보니 같은 뿌리에서 나왔으나 어느 것은 옹종처럼 구부러졌고 머리 부분은 이지러지고 썩어 넘어졌고, 어느 것은 외롭게 곧고 빼어나고 특별하였으며, 자식은 잎이고 손자는 가지이니 홀로 태고의 색을 보존한 것은 바로 뜻있는 선비가 경험한 변과와 강의가 변하지 않는 기상과 같다. 여러 일을 생각하고 흥을 돋우어 개연히 읊어 탄식하니 마침 공의 현손 익원의 뢰에 말하기를,
'우리 집안의 충렬려가 창건될 때에 본래 기가 없었으나 오늘날 모아서 다시 새롭게 하니 바라건대 글을 빌려서 기록하고 이것을 써서 남겨주어 후인들에게 평소에 평생 일을 행하고 사정역순에 취사할 바를 알고 중립으로 기울지 않고 처하고자 한 것이다.'
대통여분 무오<sub>1678년</sub> 6월 15일 참봉 전주 이행연이 쓰다 신축 3월 일 6세손 정섭이 중간하다.

### ◈ 작소또랑 ◈

작소마을 앞 도랑을 센 발음으로 이렇게 부른다. 오늘과 같은 교량橋梁이 없던 1970년대 초까지 보절초등학교의 통학구역인 이 마을의 학생들은 큰비가 내려 홍수가 지면 내川를 건너지 못하여 등굣길이 막혔다. 등교를 못하여 발을 동동거리며 애를 태우는 학생과 부모의 모습을 잊을 수가 없다고 마을 사람들은 술회한다. 마을 사람들은 우기인 여름이 지나면 외나무다리섶다리를 보절 쪽으로 하나, 섬말 쪽으로 두 개를 놓았다. 이 다리들은 물론 지게 필수시대에 농로로 이용하기 위하여 개설되었겠지만 학생들의 통학 편의에도 이용되었다. 1970년대 만동교晩洞橋, 도촌교島村橋, 작소교鵲巢橋, 덕보교德寶橋가 놓이면서 도로가 더욱 정비되고 버스교통이 활발하였다.

### ◈ 따박고개 ◈

따박고개는 보절선 도로에서 작소마을 뒷길로 이어지며 이 고개는 양선마을 뒷길인 도화동 고개를 거쳐 동해굴로 이어진다. 왜 '따박고개'라 명명되었는지 확실하게 아는 이 없지만 이름 자체가 정겹다. 아마 보절선 버스가 다니기 전 '따박고갯길'이 바로 마을 뒤라 보절지역 사람들이 오수나 전주를 들고날 때 고개를 넘으며 내는 '자박자박' 또는 '따박따박' 거리는 발걸음 소리가 수시로 들리기 때문에 마을 사람들이 지은 이름이 아닐까 생각된다. 따박고개를 넘어서면 우측으로 풍양 조씨 재실이 있으며 양선마을이 눈앞에 전개된다. 이 길은 양선마을 우측으로 도화동과 동해골을 거쳐 14번 국도의 율촌밤두내과 전라선 오수역으로 이어진다. 또한 이 고갯길은 진안군 백운면 사람들의 남원장길이었으며 밤중에 출발하여 새벽 일찍 마을을 지나다 보니 닭이 2번 울었다는 이야기도 전한다.

### ◈ 수리고개 ◈

마을에서 율천대천을 따라 북쪽으로 거슬러 300m 올라가면 양선마을 제골로 넘어가는 고개를 '수리고개'라고 한다. 이곳에 수리부엉이들이 살고 있다 하여 수리고개라는 이름이 붙여졌을 것이라고 한다. 이 고개 능선에는 창녕 성씨昌寧 成氏의 비碑조각이 있으며 배配로 고령 신씨高靈 申氏라고 쓰여 있다. 아직도 이곳에는 묘동에 세우는 장군석과 묘동 1기가 있으며 이러한 유물과 유적은 조선시대 작소마을에 창녕 성씨가 거주하였다는 것을 확인시켜주는 중요한 자료가 될 것이다.文相奉 씨 제공

### ◈ 삼밭골 ◈

수리고개 골짝이 북쪽으로 150m 정도에 위치한 골짝으로 창녕 성씨 종산이다. 마을 사람들의 땔나무와 거름풀을 하던 곳으로 겨울에는 마을 사람들이 토끼와 꿩을 사냥하던 장소이기도 하다.

### ◈ 씨앗이골 ◈

삼밭골 북쪽에 있는 골짝으로 문줄골짝과 경계를 이루며 이곳의 큰골을 '큰씨앗이골', 작은골을 작은 씨앗이

골이라 부른다. 이곳도 마을 사람들이 삼밭골 처럼 이용하였다고 한다.

◈문줄골◈

보절면 내황마을의 지주설망 이야기와 관계가 있다. 문줄의 '문'은 '모기 문蚊'
자로 '거미가 모기를 잡기 위하여 줄을 늘인 곳'이라는 풍수적 지명이다.

### 11_2. 사창社倉이 있었던 비창扉倉마을

비창은 덕과면 소재지로부터 동쪽 4km 지점에 위치하고, 마을에서 동쪽으로 약
1km 지점에 보절면사무소가 있는 신흥마을이다. 비창은 비내촌扉內村, 사립안과 창
말倉村 두 동네가 행정구역상 하나의 마을로 하여 붙여진 이름이다. 비내촌은 만
행지맥의 상서산에서 분기된 성산지맥이 제월동 문줄고개에서 다시 분맥하여 비
내촌사립안마을 뒤에서 마감되는데 이곳을 배경으로 형성된 전형적인 배산임수의
마을이다. 창말은 문줄고개에서 양선마을 뒷산을 거쳐 사리반들과 강남골 사이
의 언덕에 형성된 마을로 양선천이 마을 앞으로 흘러 율천에 합류된다. 비내촌과
창말 사이의 넓은 들을 사립안들이라 한다. 이 들 가운데 농로는 양선마을 진입로
가 된다. 비내촌 앞 호암천율천 건너가 도촌마을이며, 합죽거리에서 율천과 괴양
천이 합수되어 본격적인 섬진강 상류의 모습을 갖춘다. 마을 정면으로 계룡지맥
이 마루금을 이루며 마을 앞 오래된 소나무 숲이 천변 은빛모래와 어우러져 한 폭
의 산수화를 연상케 한다. 동쪽으로 작소마을 앞들에는 장어양식장 비닐하우스
동棟이 있다. 마을 앞 소나무 숲은 이 마을의 표상이며, 여름철 오가는 이의 휴식
터로 많은 사람들의 추억 속에 남아 있다.

비창마을의 유래는 이렇다. 비창은 본래 남원의 적과면 비내리 지역으로

비창마을

1914년 행정구역 통폐합 때 비내리扉內里, 양선리陽先里, 신촌리新村里와 오현리梧峴里, 작소리鵲巢里의 각 일부가 병합되어 신촌과 양선의 이름을 따서 신양리라 하고 신양리에 편입되었다. 비내촌扉內村, 사립안은 1390년경 당시 태조 이성계의 고려 왕족 말살로 인해 왕족인 왕씨王氏 일가가 옥씨玉氏로 성을 바꾸어 이곳 비내촌으로 피신하여 숨어 살았던 곳이라고 한다. 그 후 1400년경 진주 소씨가 입주하여 살다가 얼마 지나지 않아 떠났고 조선조 청백리 동고東皐 선생의 셋째 아들인 도승지 양호당이덕렬의 후손 연곡공蓮谷公 이명천이 200

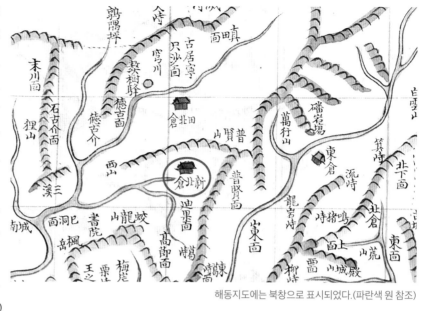

해동지도에는 북창으로 표시되었다. (파란색 원 참조)

여 년 전 이곳에 입주하여 마을을 형성하여 오늘에 이르고 있다. 광주 이씨廣州 李氏들은 마을 주변을 빙 둘러 담을 치고 출입하는 사립문을 만들어 종족이 아닌 타족他族은 울타리 안에 들어와서 살지 못하게 하였다고 한다. 울안에 사는 종족은 한 집안과 같이 우애하며 살았다 하여 마을이름을 '사립안'이라 하였는데 지금도 외부에서 이 마을 광주 이씨들을 사립안 이씨살반 이씨라 부를 만큼 이름 있는 마을이었다. 이 마을에는 진주 소씨가 마을 터를 차지한 전설이 내려오는데 다음과 같다. '조선 초기 옥씨玉氏가 이 마을에서 부를 누리고 살았는데 부근의 소씨 집에 도사가 찾아와 융숭한 대접을 받고 돌아가면서 보은의 뜻으로 이 마을 뒷산에 묘자리를 잡아주고 갔다. 소씨들은 옥씨들의 반대가 예상되어 광대를 불러 마을 앞에서 굿을 하게 하여 마을 사람들의 시선을 돌린 다음 묘를 이장하였는데 그 후 옥씨들이 차츰 쇠멸하여 마을을 떠나고 소씨가 사립안을 차지하여 부를 누리고 살았다고 한다. '마을의 대종을 이루는 광주 이씨가 이곳에 입주한 지 200여 년이 되었고, 1972년 새마을 사업이 시작되면서 1975년 자립마을로 승격 오늘에 이르렀다. 마을 앞으로 섬진강 상류가 흐르고 있으며 주업은 농업이고 부업으로 1농가가 약초공장을 운영하고 있으며 씨족 간에 이해를 가리지 않고 비교적 융합이 잘되는 마을이었다. 그러나 지금은 이 집안 종부와 몇 집만이 마을을 지키며 살고 있다. 창말마을의 '창말'은 한자로 표기하면 '창촌倉村'이다. 이 마을에는 조선시대 조세를 거두어 보관하는 창고倉庫있는 마을村이라

하여 창말이라고 하였다고 전한다. 조선시대 환곡을 보관하여 운영했던 사창社倉이 있었던 곳으로 보인다. 고지도인 해동지도에는 '북창北倉'으로 표시되어 있다.

마을 사람에 의하면 '자기 집 마당이 창고자리이며 할아버지가 창고관리 벼슬을 하였다'라고 하는 것을 보면 그 근거가 된다 하겠다. 마을 앞에는 백여 년이 넘는 느티나무 두 그루가 어우러져 마을을 수호하는 듯 늠름하다. 마을을 끼고 뒤로 돌아가면 양선마을이다. 마을 뒤로 고분군이 있어 유물이 발견된 적이 있고 학술조사도 하였다고 전해지지만 지금은 사방공사 이후 숲이 우거져 확인하기가 어렵다.

비창마을의 변천은 이렇다. 한마디로 옛 영화榮華의 터에 부는 솔바람만 시원한 곳이 되었다. 이 마을에 살던 진주 소씨도 왜란과 호란을 겪으면서 인근 만동과 도촌, 보절면 은천 등지에서 대종大宗을 이루는 집성촌을 형성하며 대부분 이 마을에서 이거하였다. 조선말 1800년경에 광주 이씨가 이곳에 입주하여 200여 년이 되었으나 지금은 이촌향도의 거센 물결에 광주 이씨도 거의 떠나고 몇 호 남지 않았다. 이 마을에 있던 비촌 서당도 그 터와 기록만 확인될 뿐 사라진지 오래다. 최근까지 운영되었던 한약방과 약초공장도 역시 그 터만 남아있을 뿐이다. 이 마을에 터를 잡고 차례로 영화를 누리던 의령 옥씨宜寧 玉氏, 진주 소씨晉州 蘇氏, 광주 이씨廣州 李氏의 시대는 갔지만 다시 솔바람권역 사업이 진행되고 있으니 현 시대에 맞는 영화가 기대된다. 솔바람 덕에 비창마을은 '솔바람 권역'사업으로 살기 좋은 마을로 바뀌고 있

는 중이다. 덕과면 신양리와 만도리가 '솔바람 권역'으로 농림축산식품부에서 공모한 2015년 창조적 마을 만들기 사업 공모에 선정되었다. 이에 따라 남원시는 2015년부터 4년간 총사업비 37억 5천만 원을 투자해 사업을 추진하게 되었다. '솔바람 권역'의 사업내용은 새로운 농촌지역의 당면한 문제점과 개선방향을 위해 자발적으로 선진지 견학을 진행하는 등 다양한 노력과 마을추진위원회를 8회에 걸쳐 주민 스스로가 자원을 발굴하는 등 삶의 질 향상 및 농촌다움의 유지·보전과 환경정비에 부단한 노력을 경주하고 있다. 특히 솔바람 권역의 최우선사업은 '노노老老돌봄이센터'를 건립하여 운영하는 것이다. 사업내용은 독거노인들의 숙식이 가능하도록 주거·복지형 마을을 조성하여 소외된 노인에게 보금자리를 마련하고 요양보호사를 권역 내 희망자로 자격증을 취득, 고용함으로써 최소한의 운영비로 운영할 계획이다. 우선 2015년부터 5억 6천만 원을 투자해 기본계획수립 및 토지매입과 지역민의 역량강화사업를 위해 리더양성, 교육, 컨설팅, 선진지 견학을 추진하는 등 초석을 다지고 있다. '노노老老돌봄이센터'는 양선, 창말, 비촌 세 마을의 중간지점이 되는 사립안들에 2017년 초에 착공하였으며 2018년에는 프로그램에 의한 운영이 본격화될 것으로 본다.

비창마을의 솔바람이 전해주는 옛날 이야기는 다음과 같다.

### ◆ '비촌서당사립안서당' 이야기 ◆

☞ 제6장 〈보절의 교육〉참조

### ◆ 사립안 당산거리 ◆

마을 앞 도로가에 있는 소나무 숲거리. 사립안살반이라는 지명과 함께 이 마을의 표상이었다. 이곳은 서당 학동들의 여름철 공부장소이자 휴식처이며 명절 때면 농악놀이의 장소이기도 하였다. 또한 소나무 밑에 박혀 있는 바위들은 농군들이 새참새거리 먹고 휴식하는 장소로도 그만이었고, 맑은 물 천어川漁잡는 아동들의 잊을 수 없는 천혜의 놀이터였다. 일제강점 때 신작로가 개통된 이후, 버스와 열차를 타기 위하여 밤두내와 오수까지를 왕래하면서 걸어 다니는 사람이 참으로 많았는데 보절 사람이라면 이곳을 지나면서 쉬어가지 않은 사람이 거의 없다. 해방 이후 가끔 가설극장과 콩쿨대회가 개최되었던 당산거리 천변은 젊은이의 낭만과 열정의 장소이기도 하였다.

이렇게 많은 이의 추억 속에 남아있는 이곳이 잘 가꾸어지고 보존되기를 바라는 마음 간절할 뿐이다. 지금은 소나무 한 그루가 죽어버려 옛 모습처럼 아름다움이 덜하지만 아직도 잘 가꾸면 옛 모습을 회복할 수 있을 것이다. 당산거리에는 이곳에 집성촌을 이루었던 사립안 광주 이씨의 정착사가 담겨있는 와비臥碑가 있다.

### ◆ 점빵할매 이야기 ◆

창말 앞 신작로 가에 1980년대까지 상점이 있었다. 원래는 1910년대 일제 강점기에 신작로가 개설되면서 오수장길이 터지게 되고 전주와 서울 등을 내왕하게 되면서 만들어진 주막이 있었다. 주인은 임실 청웅김공식의 처 사람으로 점빵할매라 불렀으며 남자 주인은 수염이 일품이었다고 전한다. 수해로 주막과 주변의 노거수가 없어지고 주인은 엄낭고개의 주막을 사가지고 이사하였다고 한다. 이후 이곳에 점빵상점이 생겼는데 주인은 이 마을 취객이었다고 하며 언젠가 처남에게 물려주고 떠났다고 한다. 보절지역 용북중학교 통학로가 되면서 문구와 과자류를 주로 팔았다. 지금은 교통이 발달하면서 상점은 없어진 듯하고 그 자리에 주택이 한 가구 있다. 최근에 이 집 뒤로 교량이 가설되어 주로 농로로 이용되고 있다.

덕과에서 보절로 들어가는 초입에 있는 사립안은 보절에서 천황봉을 가장 잘 볼 수 있는 곳으로 사진으로 천황봉 전체를 담으려면, 이곳에서 차를 멈추고 잠시 서서 사진을 찍을 것을 권한다. 천황봉이 자신의 온 모습을 그대로 내보여 줄 것이다. 사진을 찍고 나서 바로 차에 올라타지 말고 주변을 한번 둘러보기를 권한다. 그냥 가기에는 서운한 곳이 많이 있기 때문이다. 싸리나무로 울타리를 둘렀다는데 정말로 싸리나무 울타리가 있는지도 한번 찾아보면 좋을 것이다.

**사립안들** 비내촌과 창말 사이의 들
**강남골** 창말 뒤 고개 너머에 있는 골짝이다. 진주 소씨 묘동이 잘 정리되어 있다.

**합죽거리** 호암천과 괴양천이 합수되는 안쪽 지역

**제월동** 양선마을 뒷들. 옛적에는 마을이 있었으나 해방을 전후하여 없어졌다. 고분군 古墳群이 있다.

**외양들** 사리반 앞들

**와우등** 마을 앞 내천 건너에 있는 능선

**와우영들** 와우등 아래로 펼쳐진 들, 1960년대까지 이곳에 물레방아가 있었다.

### 11_3. 남원 최초의 기미독립만세 운동 발상지인 도화동桃花洞 고개가 있는 양선陽先

양선은 덕과면사무소에서 동쪽으로 국도 17호선을 따라가면 율촌교밤두내다리가 나온다. 율촌교를 건너기 직전 동쪽 보절 방향으로 군도郡道 14호선율천~보절을 따라 4km 지점에 양선마을 입구가 나온다. 입구에는 '풍양조씨양호군공파세거지'라는 커다란 표지석이 세워져 있다. 이곳에서 마을까지 거리는 북쪽으로 약 200m 된다. 보절면 소재지인 신흥은 이곳에서 동쪽으로 약 0.5km 지점에 있다. 마을 북쪽으로 '제골'의 농로를 따라 '문줄고개'를 넘으면 보절면 황벌리 은천마을과 접경인 문줄골이다. 제골은 들이 넓고 제골 방죽이 있다. 마을 뒤로 성산소맥이 배산을 이룬다. 마을 뒤 도화동桃花洞 고개마루에 기미년己未年 만세운동 기념비가 있어 당시 남원에서 최초로 만세운동이 일어났음을 새겨서 남겼다.

도화동 고개를 넘으면 동해골 만세운동 기념탑이 서 있고 공원화가 되어있으며 매년 3월 1일이면 남원시 주관으로 이곳에서 기념행사가 이루어지고 있다. 동해골은 외지에서 잘 보이지 않으며 제법 넓은 들녘이 있고 불교사찰인 성도암과 진주 소씨 재실이 있다. 이 길을 동해골길이라고 하며 덕과면 사율리의 율천과 사

양선마을 도화동기미년 만세운동 기념비

양선마을

곡으로 연결된다. 군도 14호선이 개통되기 전까지만 하여도 오수장꾼들이 이용한 길이기도 하였다. 마을 건너 풍양 조씨趙氏 재실 앞 길목은 작소마을 뒷길인 '따박고개'로 연결되어 보절소재지로 가는 지름길이다. 이 따박고개는 양선마을에서 동해골고개와 연결된다.

양선마을은 본래 남원의 적과면 양선리陽先里지역으로 1914년 행정구역통폐합때 비내리屝內里, 양선리陽先里, 신촌리新村里와 오현리梧峴里, 작소리鵲巢里의 각 일부가 병합되어 신촌과 양선의 이름을 따서 신양리라 하고 신양리에 편입되었다. 이 마을에는 주주결망蛛蚩結網의 명당이 있다하여 마을이 부유할 것이라 하였는데 실제로 그 터에 천석 부자가 나왔으며 동네가 고루 부유하였다고 한다. 조선 초기 1400년경 진주 소씨가 처음 입주하였으나 그들이 인근 도촌 마을과 주천면 주촌주례기으로 옮겨 갔고, 그 후 해주 오씨吳氏가 입주하여 살던 중 1590년선조 풍양 조씨가 관직을 잃고 낙향하여 이 마을에 정착하여 현재에 이르렀다. 이 마을의 양선이란 명칭이 붙게 된 유래는 원래 한자로 양선良善으로 불리다가 보절면 동쪽 만행산에서 아침 해가 뜰 때 이 마을이 제일 먼저 햇살을 볼 수 있다 하여 양선陽先으로 한자만 바꾸어 부르게 되었다고 한다.

양선마을의 변천은 다음과 같다. 주민 대부분이 씨족으로 대소사에 협동정신이 강하며 당산제가 있었으나 1950년경에 폐지되었다. 지금도 변함없이 벼농사에 의존하고 있으며 세 농가가 축산을 하고 있다. 상습적인 한해대책으로 제골의 능산골 저수지를 확장하고 율천의 냇가에 대형관정을 시설하여 물을 끌어올려 이 저수지에 담는 공사가 2016년 완성되었다. 1970년도 새마을지도자였던 조남호는 마을에서 군도14호선까지 직선의 진입로를 개척하였는데 거의 주민들의 희사에 의하여 이루어졌다고 당시의 희사자들에 대한 고마움의 말을 아끼지 않는다. 이 마을도 이촌향도의 세찬물결에 주민이 감소하고 노령화되어 많은 옛 가옥이 헐리면서 정겹던 동네의 풍경은 아득한 옛날 이야기가 되었다.

양선은 널리 자랑할 만한 충신과 효자와 열녀가 많이 난

당시 천석꾼 조병상의 옛날 집

마을이다. 그 이야기들을 소개하면 다음과 같다.

◈동해골 달거리고개 대장간 이야기◈

동해골은 밤두내율천와 오수장과 오수역으로 가는 지름길로 보절지역 사람들은 모르는 사람이 없을 정도다. 도화동고개를 넘으면 만세운동 기념공원으로 연결되며 윗길로 가면 제법 넓은 들판 위에 진주 소씨 재실이 있다. 8부 능선에는 성도암이란 사찰이 있다. 다시 모퉁이를 돌아 작은 들판을 지나면 율천과 삽실로 갈라진다. '동해골고개'를 넘으면 17번 국도로 이어지는 밤두내이고, '달거리고개'를 넘으면 축숙공 벽진 이씨 이상길 영정을 봉안한 사당과 참판림參判林이라 전하는 송림松林이 있는 삽실마을이 위치한다. 옛날 달거리고개 첫머리에 대장간이 있었다. 주로 보절지역 사람들이 오수장을 가면서 낫, 괭이, 칼 등 농기구 수리를 맡기고 오면서 찾는 농기구수리센터였다. 오늘날 대장간은 없어졌고 그곳에 민가가 있어 위치만 확인될 뿐이다.

◈도화동 고분군古墳群 이야기◈

도화동 고개마루 동쪽 사면에 위치한 고분군이다. 전북대학교박물관에서 발행한 〈남원문화유적분포지도〉에는 고려시대의 고분으로 추정한다. 이곳에 기미독립만세운동 남원 최초의 발상지라는 기념비가 세워졌다.

### ◈기미만세운동과 조동선 이야기◈

1919년 당시 양선마을에서 태어난 조동선은 덕과 면사무소를 다녔다. 덕과면장 이석기는 평소 믿음이 두터운 조동선에게 만세운동의 필요성을 말하며 동지가 되기를 요청하자 이에 응하여 위험한 일을 마다하지 않고 적극 협조하였다. 만세운동은 성공적으로 이루어졌으나 일제의 무력탄압에 이석기 면장을 비롯한 조동선, 이풍기, 이승순 등이 주모자로 체포되어 징역형을 선고받고 옥고를 치렀다. 남원지역에서 최초로 일어난 이 만세운동을 주도한 이석기 등 순국선열을 추모하기 위하여 동해골에 기념탑을 세우고 주변을 성역화하였으며 매년 3월 1일이면 이곳에서 당시의 만세운동 재현행사를 실시하고 있으며 2002년 12월 1일 국가보훈처에서는 이 기념탑을 보존시설로 지정하였다. 아래의 사진은 3·1만세운동을 기념하는 기념비이다.

### ◈제월동제골 고분군◈

1987년도에 조사된 바 있는 고분군은 양선마을에서 북쪽으로 1km 정도 떨어진 제골에 위치한다. 고분군은 성산에서 제골로 뻗어 내린 해발 150m 정도 야산의 완만한 남쪽사면에 있다. 동서 길이 150m, 남북 폭 50m 내외의 범위에 20기 정도가 확인되었다. 삼국시대나 고려시대의 석곽묘로 추정되지만 잡목이 우거져 구조의 확인이 어렵다.

### ◈양선천 유물분포지◈

주민들은 마을 앞 양선천 건너 하천변에 토기 등 고대 유물이 수습된 적이 있으며 지금도 이곳을 발굴하면 유물이 발견될 것이라고 말한다. 수습된 유물의 소유자를 확인할 수 없어 어느 시대 유물인지 확인하기 어렵다. 학술단체의 관심이 필요하다.

### ◈창촌·양선 유물산포지◈

1987년도에 조사된 바 있는 유물산포지이다. 양선마을과 창촌마을 사이의 야산 능선을 따라 삼국시대의 토기편이 수습되고 있으나 이후 묘지조성과 축사신축 등으로 인하여 유물산포지가 상당히 훼손되었다고 기록되어 있다.

고고학자의 발굴과 조사가 시급한 양선마을의 지명은 아래와 같다.

**제골** 양선마을 북쪽으로 위치한 들녘
**문줄고개** 제골에서 보절면은 은천시무내으로 연결되는 고개
**도화동** 양선마을 뒤의 고갯마루 지역으로 도화桃花 명당이 있어 붙여진 듯하다.
**성도암** 동해골에 있는 사찰
**달거리고개** 동해골에서 덕과면 사곡으로 넘어가는 고개
**동해골** 도화동고개에서 덕과면 사곡마을 경계인 달거리고개까지의 산속에 있는 들녘. 진주 소씨 재실이 있고 외지에서 쉽게 눈에 띄지 않는 지형이다. 그래서 남원 최초의 기미만세운동이 이곳에서 시작되었을 것이다.
**따박고개** 보절지역과 오수까지 도보로 가장 가까운 길목에 위치한 작소마을 뒤에 있는 고개
**양선천** 제골에서 발원하여 마을 앞을 지나 율천으로 흐르는 도랑

보절은 1950년 12월까지 공산치하로부터 미수복지역이었다. 1950년 9월 15일 인천상륙작전으로 인민군이 38°선 이북으로 퇴각하면서 보절은 낮에는 대한민국, 밤에는 인민공화국이었다. 낮에는 경찰의 통치 아래 있었고, 밤에는 보현사에 본부를 둔 일명 나팔부대라 불리는 빨치산의 통치를 받았다. 1950년 12월 지리산 남부군<sup>사령관 이현상</sup>을 토벌한 국군 11사단이 천황봉 후미의 산동면에서 만행산을 넘어 공격하여 빨치산을 토벌함으로써 보절은 공산치하에서 벗어나게 된다. 그러나 11사단이 토벌작전을 끝내고 철수하면서 205부대가 잔당을 소탕하는 과정에서 만행산 아래 마을 11개를 전소시켰다. 빨치산에 협조하였다는 것과 나중에 빨치산이 주둔할 근거를 아예 없애기 위해서였다는 것이 그 이유였다. 당시 마을이 전소됨에 따라 엄동설한의 고통과 아픔을 나이 든 마을 주민들은 지금도 생생하게 기억하고 있다. 갈치, 서당골, 내동, 동심뫼, 신기, 금계, 호복동, 다산, 섶골, 용동, 안평 마을 등이 이때 불탔다. 6·25 전쟁의 참화와 비극을 겪어야만 했던 역사의 중요한 현장이 이 마을들이다. 전쟁이라는 비극은 마을의 전소에 그치지 않고 그 터에서 삶을 살았던 사람들에게도 그대로 반영되었다. 아래에 소개되는 사람들은 6·25 전쟁을 겪는 중에 보절지역에서 이념 분쟁으로 희생된 사람들이다. 이들에 대한 기록은 '공보처'와 '6·25 진상 조사위원회'의 자료에 의거한 것임을 분명하게 밝힌다. 당시 생존자들의 증언도 일부 포함되어 있다. 70여 년이 지났지만 여기에 기록된 희생자의 가족이 보절과 다른 지역에, 마찬가지로 가해자의 가족도 보절에 혹은 다른 지역에 살고 있을 것이다. 국가의 비극이 작은 마을을 갈라놓고 서로 죽였던 역사가 다시는 일어나지 말아야 한다. 민족의 고통이 현재는 물론이고, 미래 세대에게 아픔으로 반복되지 않도록, 비극은 여기에서 끝나야 한다. 어떤 이유에서든 6·25 전쟁 기간에 희생당한 사람들에 대한 조의와 위로를 표하는 마음으로 아래의 표에 기재된 이름을 살펴보기를 부탁드린다. 이 표를 자세히 들여다보면, 같은 마을과 같은 집안에 속하는 사람들이 적이 되어서 서로를 죽였다는 사실을 알게 될 것이다. 더 많은 피해자가 있겠지만 조사에 한계가 있어 아쉬울 따름이다. 이렇게 소중한 자료를 제공한 전 남원문화원장 이병채와 여러분께 감사의 말씀을 드린다.

| 순 | 성명 | 성별 | 년령 | 직업 | 피살년월일 | 피살장소 | 주소 | 가해주체 | 피해상황 |
|---|---|---|---|---|---|---|---|---|---|
| 1 | 김공석 | 남 | 32 | 농업 | 1950.9.27 | 남원 경찰서 | 진기 | 적대세력 | |
| 2 | 김병호 | 남 | 35 | 경찰 | 1950.9.27 | 전주 형무소 | 괴양 | 적대세력 | |
| 3 | 김용진 | 남 | 46 | 농업 | 1950.9.27 | 보절 신파리 | 괴양 | 적대세력 | |
| 4 | 김월남 | 여 | 35 | 농업 | 1950.9.15 | 괴양리 | 괴양 | 적대세력 | |

| 5 | 서길용 | 남 | 43 | 국민회원 | 1950.10.15 | 신파리 | 괴양 | 적대세력 | |
|---|---|---|---|---|---|---|---|---|---|
| 6 | 소병혁 | 남 | 26 | 한청훈련대장 | 1950.9.27 | 노암동공동묘지 | 서치 | 내무서원 | 남원 쑥고개다리 건너서 총살 |
| 7 | 소순근 | 남 | 28 | 한청 | 1950.7.2 | 보절 신파리 | 황벌 | 적대세력 | |
| 8 | 소순열 | 남 | 26 | 한청 | ? | 미상 | 진기 | 적대세력 | |
| 9 | 안진용 | 남 | 29 | 경찰 | 1950.1.18 | 인월면 | 금다 | 적대세력 | |
| 10 | 우제삼 | 남 | 43 | 경찰 | 1950.9.16 | 남원 경찰서 | 진기 | 적대세력 | |
| 11 | 유용승 | 남 | 36 | 국민회원 | 1952.9.13 | 전주 형무소 | 황벌 | 빨치산 | 빨치산이 총살 |
| 12 | 이원? | 남 | 60 | 농업 | 1950.8.3 | 보절면 | 황벌 | 적대세력 | |
| 13 | 이홍열 | 남 | 42 | 한청 | 1950.8.3 | 보절면 | 황벌 | 적대세력 | |
| 14 | 박치화 | 남 | ? | 경찰 | ? | 보절 사촌리 | ? | ? | 사촌리에 피신 중 ( 총살 |
| 15 | 심인섭 | 남 | ? | 농업 | ? | 보절 | 신파 | 순경 | 유봉산의 짐을맡았다는 죄명 |
| 16 | 한병혁 | 남 | ? | 한청 | 1950.7.20 | 보절 지서 | 서치 | ? | |
| 17 | 박돈식 | 남 | ? | 학생 | 1950.7.12 | 보절 서치리 | 수지 훔실 | 내무서원 | 당시 전주사범학교 연대장 |
| 18 | 김형식 | 남 | ? | 학생 | 1950.7.12 | 보절 서치리 | ? | 내무서원 | 당시 전주사범학생 ( 총살 ) |
| 19 | 최학신 | 남 | ? | 학생 | 1950.7.12 | 보절 서치리 | ? | 내무서원 | 당시 전주사범학생 ( 총살 ) |
| 20 | 양문근 | 남 | ? | 학생 | 1950.7.12 | 보절 서치리 | 신파 | 내무서원 | 당시 전주사범학생 ( 죽도록 맞음 ) |
| 21 | 우제원 | 남 | 45 | 공무원 | 1952.10.16 | 보절 진기리 | 진기리 484 | 빨치산 | 경찰과 친하다는 죄목으로 총살 |

6·25 전쟁 기간에 보절에서 일어난 가장 큰 싸움은 천황봉 전투였다. 이 전투는 당시 보현사에 근거를 두었던 나팔부대와 국군 11사단이 1950년 12월에 벌인 것이었다. 이 전투에서 많은 희생자들이 나왔는데, 전쟁이 끝난 뒤에 마을 사람들이 풀을 베거나 나무를 하기 위해서 만행산에 오르면 해골이 곳곳에 널려있었다고 한다. 이 전투가 있기 전에 나팔부대와 경찰 사이에는 크고 작은 전투가 벌어졌는데, 이 과정에서 희생당한 사람들의 명단은 아래와 같다. 이 명단은 국회도서관에 소장된 문서에 의거한 것으로, 마찬가지로 이 자료도 전 남원문화원장 이병채와 그 밖에 여러 사람들이 제공하였다.

| 순 | 성 명 | 성별 | 년령 | 직업 | 피살년월일 | 피살장소 | 주소 |
|---|---|---|---|---|---|---|---|
| 1 | 김영창 | 남 | 20 | 역수 | 1950.7.25 | 천황봉 | 임실군 오수면 금암리 |
| 2 | 이삼래 | 남 | 20 대 ? | 마을이장 | 1950.7.21 | 천황봉 | 남원군 덕과면 고정리 |
| 3 | 이명운 | 남 | 20 대 ? | 농업 | 1950.7.21 | 천황봉 | 남원군 덕과면 고정리 |
| 4 | 이만철 | 남 | 54 | 농업 | 1950.7.21 | 천황봉 | 남원군 덕과면 고정리 |
| 5 | 이황재 | 남 | 20 대 ? | 농업 | 2950.7.21 | 천황봉 | 남원군 덕과면 고정리 |
| 6 | 장풍화 | 남 | 20 대 ? | 마을이장 | 1950.9.30 | 천황봉 | 남원군 덕과면 사율리 |
| 7 | 한덕수 | 남 | 20 대 ? | 경찰 | 2950.9.30 | 천황봉 | 남원군 덕과면 신양리 |
| 8 | 김병곤 | 남 | 26 | 미상 | 1951.12 | 천황봉 | 남원군 갈치동 |

6·25전쟁은 천황봉과 그 아래에 있는 마을, 그 곳에 살았던 사람들에게 많은 이야기를 남겨주었는데, 다음과 같다.

◈보현사의 소실◈

용동마을 위 천년고찰 보현사는 시련이 많았다. 고려 말 대가람이었던 이 사찰은 임진왜란으로 소실되었다고 한다. 이후 복원된 사찰은 6·25전쟁 당시 인민군의 근거지로 보절, 산동, 산서 등지를 관할하며 끝까지 저항하다가 국군에 의해 소탕하는 과정에서 인민군이 방화하였다고 전한다. 그러나 이 사찰도 국군의 초토전술에 의하여 전소되었다고 주장하는 이도 있다. 보현사 초입 너적골에도 천황사란 절도 이때 전소되었다. 참으로 안타까운 일이다.

◈용포정龍瀑亭의 전소◈

보절 8경 중에 제1경이었던 용등폭포와 용포정의 조화는 참으로 아름다워 보절뿐만 아니라 인근 지역에서도 철따라 관광객이 끊이지 않았다. 그러나 이 곳도 6·25전쟁의 희생물이 되고 말았다.

전소된 보현사의 대웅전 터로 추정되는 곳.
현재 보현사 앞 내 건너 언덕배기이다.

### ◈ 보절국민학교의 방화 사건 ◈

보절국민학교 건물은 일제치하에 목조로 지어진 일본식 건물인데 1950년 9월 24일 전소되었다. 아래의 사진은 불타기 직전의 당시 보절국민학교의 모습이다.

사진에 나오는 이 건물을 인민군이 방화했다고 하는 사람도 있고 작전 중 국군이 불을 놓았다는 사람도 있으나 인민군의 방화인 듯하다. 이때 관사에 살고 있던 경암敬岩 이교창李敎彰, 李敎璋 선생이 불길 속에서 학적부를 꺼내어 지금까지 보존되고 있다. 이에 이교창 선생이 정부로부터 훈장을 받았다고 전해지고 있다.

### ◈ 보절면사무소와 보절 지서의 방화 ◈

보절면 사무소와 지서의 건물도 일제 통치하에 목조로 지어진 일본식 건물이다. 보절국민학교와 함께 전소되었다. 이때 신흥 이씨李氏 재실은 면사무소로 이용되다가 이후 학교 건물로 이용되었고, 안씨安氏 재실은 보절지서로 이용되었다.

### ◈ 방백원 병원 사건 이야기 ◈

1945년 해방을 전후하여 보절에 양의洋醫가 있는 병원은 오늘날 원불교 아래에 한 곳뿐이었다. 의사는 방백원으로 진기마을 출신이다. 6·25가 일어나 보절지역이 수복된 후, 만행산 너머 귀정사에 은거하던 인민군이 부상자를 치료하기 위하여 방백원 병원을 습격하여 의약품과 치료기구를 탈취하여 도주하였다. 이에 대원 20여명이 뒤쫓아 그들을 사살했다고 전해지고 있으나 확인된 바는 없다고 한다. 당시 보절에는 50여 명의 대원이 있어 치안유지 및 향토방위의 역할을 하였다. 조직은 각

마을에서 5명 정도 선발하였다고 하며 이들은 상시적으로 소총칼빈을 소지하였고 당시 대장은 장경순이었다.

### ◈ 정순경 살해사건 ◈

보절지서에 근무하던 경찰관으로 운봉사람이었다고 한다. 마을을 순시하다가 도촌마을 사랑방에서 쉬던 중 적대세력들이 머리를 돌로 쳐 죽였던 사건이 있었다고 전한다.

### ◈ 돌촌저수지 피살사건 ◈

천황봉 너적골에 천황사天皇寺, 너적골절가 있었다. 이곳에 은거한 빨치산에 의해 강응대와 강영호가 돌촌 저수지에서 피살되었다는 이야기가 있으나 더 이상의 자료가 없어 자세하게 설명하기는 어렵다. 강응대는 토건업을 했고, 강영호는 그의 조카였다.

### ◈ 난리 속에서 핀 아름다운 이야기 ◈

보절지역이 공산치하에 있을 때 보절 도촌 출신 양기선은 인민위원장이었다. 보절지역이 수복되자 경찰은 인민위원 수색작업에 혈안이 되었다. 양기선은 인민위원 5명과 벌촌의 숙부댁 다락방에 숨었지만 잡히는 것은 시간 문제였다. 이때 보절의 우익세력 지인들은 이들이 숨은 곳을 찾아가 자수를 할 것을 설득하였다. 하지만 전쟁 중에는 피아彼我 간 잡히면 그야말로 파리 목숨이라는 것을 알기 때문에 쉽게 응할 리가 없다. 그러나 간곡한 설득으로 자수를 시켜 죽음을 면하게 하였다고 한다. 당시 적이면 무조건 죽이는 암흑의 시기에 친구로서의 우정과 동향인으로서의 애정의 발로가 소중한 인명을 구한 참으로 아름다운 이야기가 아닐 수 없다.

### ◈ 이철수 남원경찰서 공격 사건 ◈

이철수는 일제시대 신흥 상신마을의 천석꾼 부자의 장남으로 태어나 동경 유학생으로 남원지역에서도 유명하였다. 그는 유학시절 좌익운동에 가담하여 조국독립을 위한 활동을 하던 중 해방이 되자 보절과 덕과·사매지역에서 동지를 규합하여 남원경찰서를 공격하였다고 한다. 여순반란사건과 같은 시기였던 것으로 추정된

다. 물론 훈련되지 않은 동지들과의 경찰서 습격은 애당초 무리였으며 당연히 경찰의 반격으로 동지들이 모두 도주하자 실패로 끝나고 말았다. 이후 서울로 피신한 듯하며 6·25 전쟁 중에 월북하였다고 전해지고 있다. 이때 이철수는 북조선에 의해 통일이 되면 '도지사를 맡을 것'이라는 항간에 떠도는 이야기가 지금도 남아있다. 이 사건 때문인지는 확실하지 않으나 연로하신 부친은 아들을 찾아내라는 국군의 극심한 고문을 견디지 못해 맞을 때마다 보절면이 울릴 정도로 울부짖었다고 한다. 또한 부친은 인민군들에게 짐차트럭에 실려 잡혀가던 중 인민군 누군가가 일부러 발로 차서 신작로에 떨어뜨려 구사일생으로 살아났다는 이야기도 남아 있다. 6·25전쟁이 일어나자 이철수는 큰아들과 함께 월북하였다고 전한다.

### ◈ 경찰을 총살한 이야기 ◈

보절이 인공치하에 있을 때 오늘날 보절초등학교 바로 위에 있는 보절면 초대면장 석상 주변에는 소나무가 곳곳에 서 있었다. 이 이야기를 전하는 사람은 당시 학생이었다. 마침 신흥에 올 일이 있었는데, 그때 석상 뒤에 많은 사람이 모여 있어 가보았더니 '인민군이 경찰관 한 명을 소나무에 묶어놓고 인민재판을 하면서 총살하는 광경'이 막 벌어지고 있었다. 인민군이 '이 사람은 무고한 인민을 검거한 반동분자다. 이 총을 줄 테니 누가 이 반동분자를 위대한 수령님의 이름으로 처단하겠는가?' 겁에 잔뜩 질린 주민들은 아무도 자청하지 않았다. 인민군은 다시 '자청할 사람이 없단 말이오. 좋소.' 하더니 공산당원 완장을 찬 사람을 지목하며 '동무가 처단하시오.' 그러나 그 또한 망설이자 다른 사람을 지목하며 '그렇다면 동무가 처단하시오.' 지목받은 사람들은 보절 사람들로 인공치하에서 급조된 당원들이었다. 이들은 차마 할 수 없다고 생각하고 있었는데, 인민군이 욕설을 하며 주민들을 윽박지르자 한 사람이 나섰다. 그는 인민군이 준 총으로 경찰을 향하여 '탕 탕 탕' 세 발을 쏘았다. 묶여 있는 경찰관은 가슴에 피를 흘리면서 고개를 떨궜다. 총을 쏜 사람이 누구인지는 이야기를 전하는 사람이 전혀 모르는 듯이 화제를 돌렸다고 한다.

### ◈ 안한수 모친母親의 지혜智慧 ◈

안한수의 집은 당시 비교적 부유했다. 어느 날이었던가, 천황봉에서 빨치산들이 들이닥쳐 다짜고짜 외양간에 있는 소를 잡아가려 했다고 한다. 당시 소는 한 집안의 재산이요, 농사짓는 데 사람만큼이나 소중했다. 집안 식구는 물론 누구 하나 빨치산을 말릴 수 없는 형국이었다. 이때 안한수 모친이 '그 소는 임신한 소인데 임신한 소를 잡아먹는다면 벌을 받는다오. 두었다가 새끼나 나면 잡아가는 것이 어떻겠느냐'고 빨치산들에게 조용히 타일렀다. 그들은 서로 얼굴을 쳐다보면서 자기들끼리 소곤거리더니 '실례했습니다'라고 정중하게 사과하고는 돌아갔다고 한다. 한 여인네의 순간적인 용기와 지혜도 지혜려니와 인민군도 역시 한국인의 정서가 있기 때문에 새끼 밴 소를 잡아먹으면 부정탄다는 우리 민족 고유의 민간신앙이 작용하였다고도 한다.

### ◈ 벼이삭나락모가지 낱알 세는 인민군 ◈

인공치하에서 보절 사람들은 주로 저녁 시간에 보절국민학교 운동장에 동원되어 북한에서 내려온 공산당원으로부터 사상교육을 받았다. 인민군은 10월 추수기가 되자 공정한 세금을 매긴다는 명분으로 마을별로 논을 돌아다니며 벼이삭의 낱알을 일일이 헤아려 논마다 세금을 매겼다. 하지만 세금을 거두기 전에 국군으로부터 수복이 되어 수포로 돌아갔다고 한다.

## ◈ 미군美軍이 던져 준 과자 이야기 ◈

보절이 수복되자 보절에도 미군이 들어왔다. 지금은 서양 사람을 자연스럽게 대하지만, 당시 코가 크고, 키도 크며 머리와 눈이 노란 미국인은 서양 사람을 난생 처음 보는 주민들에게 낯설고 신기한 대상이었다. 놀라면서도 신기하여 호기심이 발동한, 허름한 옷에 땟국물이 줄줄 흐르는 꼬마들은 미군을 졸졸 따라다녔다고 한다. 꼬마들이 미군들을 쫓아다닌 이유는 미국 사람들이 신기하게 생긴 것도 있지만 실은 미군이 던져주는 초콜릿 때문이었다고 한다. 꼬마들에게는 역시 과자 선물이 최고였다. 초콜릿을 입에 문 꼬마들은 그냥 좋아서 웃었다고 한다. '플리즈 기부 미 초콜렛! Please give me chocolate!'을 외치며 미군들을 쫓아다니는 모습은 보절에서만 볼 수 있던 장면은 아닐 것이다. 대한민국의 현대사에서 가장 중요한 미국과 미국 사람들은 이렇게 초콜릿과 함께 보절에 들어왔다.

## ◈ 김한택金漢澤과 통 큰 이웃 할머니 ◈

괴양리에 김한택이란 분이 살았는데 6·25가 일어나기 전에는 보절면사무소에서 근무한 성실한 직원으로 유망한 젊은이였다. 그러나 인민군에 의해 보절 지역이 점령되자 보절은 공산주의 체제로 통치되면서 보절 주민 상당수가 인민위원회에 가담하여 활동하였다. 이들을 좌익세력이라 한다. 당연히 보절 내 우익세력과 대립하게 되고 이로 인해 갈등과 반목이 심하여 크고 작은 불상사가 자주 일어났다. 면서기인 김한택도 좌익에 가담하여 보절면 인민위원회 부위원장을 맡았었다. 그러나 천황봉에 주둔한 좌익세력빨치산이 그해 12월 국군 11사단에 의하여 소탕되고 보절이 수복되자 보절에서 좌익으로 활동하였던 보절 출신 인민위원들은 갈팡질팡 마땅히 숨을 곳이 없었다. 이때는 잡히면 '재판없이 총살'시키는 것이 당연한지라 국군과 경찰의 색출작전에 몰린 부위원장 김한택도 그야말로 파리 목숨이었다.

이때 이를 예견한 같은 마을 할머니 한 분이 밤중에 몰래 데려다 자기가 거처하는 방에 숨겨주었다. 그야말로 밤낮으로 부위원장 색출작전에 혈안이 되어 집집마다 수색이 이루어지는데, 잡히는 것은 시간문제였다. 하지만 어느 누가 할머니 방에 숨어있으리라 생각이나 했겠는가! 이는 평소 통 큰 동네 할머니의 애민정신과 이웃 간 정리情理의 발로가 아니겠는가! 이후 3~4개월동안 대소변을 받아내면서 김한택 숨긴 할머니는 색출작전이 누그러들자 김한택에게 자수를 권하여 목숨을 유지하고 가정도 지키게 하였다고 지금도 마을과 집안에 전해여 내려오고 있다.

김한택의 아들인 김중령고등학교 교사은 통 큰 할머니의 손자이자 자신의 친구이기도 한 안한수를 만나면 "너희 할머니가 우리 집안을 살렸다."고 고마움의 표현을 만날 때마다 하였다고 한다.

1    보절이 변화하는 과정을 보여주는 소중한 사진 자료를 모아서 정리해 준 남원 문화원의 김현식
     사무국장과 남원시 문화관광과 관계자에게 깊은 감사의 마음을 드린다.

2    죽지곡(竹枝曲): 악부(樂府)의 이름으로, 파유사(巴諭詞)라고도 한다. 원래 파유란 지방에서
     발생했으므로 파유사라고도 하는 것이다. 당나라 정원(貞元) 중에 시인 유우석(劉禹錫)이 완상
     (浣湘) 지방에 있었는데, 그곳 마을의 노래가 너무 비속해서 굴원의 구가(九歌)를 모방하여 죽
     지사(竹枝詞) 19장(章)을 지어 동리 아이들에게 부르게 한 데서 유래했다.

3    의복(倚伏): 새옹지마(塞翁之馬)와 같은 뜻으로, 화가 변해 복이 되고 복이 변해 화가 되는 것
     을 말한다. 《노자(老子)》제58장에 "화는 복이 기대는 바이고, 복은 화가 엎드려 있는 바이
     다.〔禍兮福之所倚 福兮禍之所伏〕"라고 하였다.

4    요이정(樂二亭): 1931년경 마을 주민들이 지었던 정자다. 윤영구(尹寧求, 1868~?), 이교상
     (李敎祥)이 지은 기문이 1935년에 편찬한 《조선환여승람(朝鮮寰輿勝覽)》에 전하고 있어 이
     를 뒷받침한다.

5    주해(酒海): 아주 큰 술그릇을 말한 것으로, 전하여 큰 주량(酒量)을 비유한다.

6    동남(東南)의 죽전(竹箭):《이아(爾雅)》석지(釋地)에 '동남쪽의 아름다운 물산으로는 회계에
     서 나는 대화살이 있다.〔東南之美者 有會稽之竹箭焉〕'라고 한 데서 온 말로, 전하여 뛰어난 인
     재를 비유한다.

7    요천(蓼川): 남원에 동남쪽에 있는 냇물 이름이다. 《신동국여지승람》에 "요천(蓼川) 남원도호
     부의 동남쪽 1리에 있는데 시내 가운데에 바위가 있어 그 모양이 소와 같으므로 우암(牛巖)이
     라 한다. 강희맹의 시에, '한 줄기 긴 시내가 고진(古津)에 접했으니, 바람이 압록(鴨綠)을 흔들
     어 물고기 비늘 같은 물결을 이루었네. 외로운 배가 여뀌꽃 언덕에 숨었다 비쳤다 하니, 그림 속
     에 분명히 사람이 있는 것 같도다.' 하였다." '요천'은 '여뀌꽃이 피어 있는 냇물'이라는 뜻이니, 아
     마도 강희맹의 시에서 유래한 듯하다.

8    은빛: 조선시대의 진상품이었던 은어(銀魚)를 말하는데, 요천은 은어의 산지로 유명했다.

9    아홉 줄기〔九莖〕: 구경(九莖)은 지초(芝草)를 말한다. 《한서(漢書)》권8 〈선제기(宣帝紀)〉에
     "금지(金芝) 아홉 줄기가 함덕전(函德殿) 동지(銅池) 속에서 자랐다."라는 기록이 있다.

10   대승(戴勝): 새 이름이며 우리말로 '후투티', 또는 '오디새'라고 한다. 여름 철새의 일종인데 모자
     같은 머리의 깃털이 있다. 이 새가 뽕나무에 내려와 앉을 때면 뽕잎이 피므로 이 새가 뽕밭에 내
     려오면 잠박을 챙겨서 누에 칠 준비를 한다.

11   정국(鄭國): 전국 시대 한(韓) 나라의 수공(水工) 이름. 정국(鄭國)은 진(秦)나라를 위하여 경수
     (涇水)를 파서 중산(中山)에서 서쪽으로 호구(瓠口)까지 도랑을 내어 농지에 물을 대었다.

12   소공(蘇公): 소식(蘇軾)을 말한다. 그가 항주(杭州)의 태수(太守)로 있을 적에 서호(西湖) 밑바
     닥의 줄풀 뿌리(葑)를 걷어 내어 준설(浚渫)하고, 이를 퇴적(堆積)해서 만든 제방을 봉제(葑堤)
     라고 한다. 이것을 또 소공제(蘇公堤), 혹은 소제(蘇堤)라고도 한다.

13   누런 구름〔黃雲〕: 누런 구름이란 뜻으로, 누렇게 익은 벼나 보리가 널리 깔려있는 모습을 비유
     하는 말이다.

14   빈풍(豳風):《시경》국풍(國風)의 하나이다. 여기서는 특히 빈풍의 칠월(七月) 편을 가리키는
     데, 주(周)나라의 선조(先祖)인 공류(公劉)가 처음 빈 땅에 나라를 열고 오곡(五穀) 농사와 누에
     농사를 백성에게 가르치고 장려함으로써 백성들이 모두 잘 살게 되었던 일을 가지고 주공(周
     公)이 어린 성왕(成王)으로 하여금 백성에게 농사를 장려하여 선조 공류의 풍화(風化)를 본받
     도록 권하는 뜻으로 지어 부른 노래이다.

15  참조,《희당집》, 후 四十 쪽.

16  덕과면은 원래 조선시대 남원 48방 중 적과방과 덕고방이 있는 지역으로 1911년 9월 5일 행정구역 개편 당시 두 방의 이름 중 한 자씩 따서 덕과면이라 명명하고 18개 행정마을과 7개 리로 구성, 사율리에 면청사(面廳舍)를 세웠으나, 1954년 4월 20일 공비들의 습격으로 인하여 청사(廳舍)가 불타 없어진 후 고정리에 있는 고가로 잠시 면청사를 옮겼다가 덕과면 고정리 522번지에 현대식 청사를 세우고 1980년 12월 30일 입주하여 오늘에 이르고 있다. 이때의 덕과면 인구는 약 5555명으로 면세(面勢)가 탄탄하였다. 그러나 1983년 2월 15일 행정구역 개편에 의해 금암리(북금, 남금, 내동 등 3개 마을)가 임실군 오수면으로 떨어져 나감으로써 면세가 약해지게 되었다. 성씨 별로 보면 이씨 135가구, 김씨 123가구, 소씨 96가구, 그리고 기타 성씨가 612호로 동족 마을이 많으며, 주민의 생활권이 부근에 오수가 있으므로 오수권, 보절권, 덕과권으로 나누어져, 비교적 주민의 애향심이 결여된 감이 있다. 덕과면의 위치는 남원군 동북 지역에 위치한 여수~청주(17번 국도) 간 도로상에서 자리 잡은 면(面)으로 남원시로부터 15㎞ 떨어진 거리에 있으며, 군도(郡道) 율천~보절(군도 14호선) 간 도로가 4㎞ 연결되어 있고, 덕과면 금암리에는 이리~순천 간 철로가 지나고 있어 교통이 편리한 곳이었으나, 현재는 덕과면 소재지를 관통하던 17번 국도가 사매면 오리정에서 임실군 오수면으로 직선화되고 2011년 12월 광양~전주 간 27번 고속도로가 개통되면서 다소 불편해졌다.

17  정자(程子)의 〈안락정명(顏樂亭銘)〉에 "물을 차마 없애지 못하고 땅도 차마 황폐시키지 못한다[水不忍廢 地不忍荒]"는 말이 있다.

18  《시경》대아(大雅) '문왕(文王)'에 나오는 말이다.

19  오종문 충렬각에 대한 자료를 제공해 준 전주사대부설고등학교 소순중 님께 감사의 마음을 표한다.

20  소덕효: 자는 달부(達夫) 호는 침호정(枕湖亭)이다. 조선 때 영조의 국상을 당하여 소의소식을 하고 3년상을 지내어 정려가 명해졌다.

21  소권: 자(字)는 정평(正平), 호는 주봉재이다. 동생 정의 잘못으로 고성에 유배되었으나, 아들 덕효와 같이 단을 쌓고 5년 동안 효충지성하여 영조가 정려를 명하였다.

22  소제(?~1593년(선조 26년)): 본관은 진주, 자는 경즙(景楫), 호는 적은(迪隱)이다. 상호군 소희철(蘇希哲)의 후손이다. 아버지는 소인세(蘇仁世)이며 어머니는 문화 류씨로 병절교위(秉節校尉) 유만달(柳晚達)의 딸이다. 소제는 성품이 충직하고 성실하였으며 힘이 다른 사람보다 뛰어나게 세었다. 1592년(선조 25년)에 임진왜란이 일어나자 가형 소황(蘇滉)과 함께 창의하여 병마절도사 황진(黃進)의 막하로 달려가서 웅치의 싸움에서 황진과 함께 사졸의 선봉에 서서 적을 무찔렀다. 이어서 이치의 싸움과 적암의 싸움에서도 많은 적병을 참획하였다. 그리고는 황진과 함께 진주로 나아갔다. 진주에서는 적병이 물밀듯이 쳐들어와 포환이 비 오듯 쏟아졌다. 소제는 황진과 더불어 7일간을 밤낮으로 힘껏 싸웠는데 소제가 쏜 화살은 적병을 백발백중 맞추었다. 전투가 한창일 때 황진이 탄환에 맞아 죽자 소제는 혼자 싸우다가 왼쪽

얼굴에 탄환을 맞은 뒤 꿋꿋이 서서 움직이지 않고 죽었다.

23  〈소씨충렬려중수기〉를 판독하고 번역해 준 전주사대부설고등학교 소순중 님께 감사의 마음을 표한다.

24  황진(黃進: 1550년(명종 5년)~1593년(선조 26년)): 자는 명보(明甫), 본관은 장수(長水). 희(喜)의 5대손이며, 지중추부사 사효(事孝)의 증손으로, 할아버지는 부사직 개(塏)이고, 아버지는 증좌의정 윤공(允恭)이며, 어머니는 방씨(房氏)로 봉사 응성(應星)의 딸이다. 1576년(선조 9년) 무과에 급제해 선전관에 임명되었다. 그 뒤 거산도찰방에 기용되고 안원보권관(安原堡權管)을 역임하였다. 이어 다시 선전관이 되어 통신사 황윤길(黃允吉) 일행을 따라 일본에 다녀왔다. 그 뒤 제용감주부(濟用監主簿)를 거쳐, 동복현감에 임명되었다. 이후 장차 있을 왜란에 대비해 무예의 단련에 열중하였다. 일본을 시찰하고 돌아온 뒤 일본이 전쟁을 일으킬 것이라는 황윤길의 예상과 뜻을 같이하게 되면서 이에 대한 준비를 하였던 것이다. 1592년 임진왜란이 일어나자, 전라도관찰사 이광(李洸)을 따라 군대를 이끌고 용인에서 왜군과 대적했으나 패하였다. 이후 남하하다가 진안에 침입한 왜적 선봉장을 사살하고 이어 안덕원(安德院)에 침입한 적을 격퇴하였다. 그리고 훈련원판관으로 이현전투(梨峴戰鬪)에 참가해 왜적을 격퇴하였다. 이 공으로 익산군수로 충청도조방장을 겸하였다. 1593년 2월 전라병사 선거이(宣居怡)를 따라 수원에서 왜군을 맞아 싸웠다. 3월에는 충청도병마절도사가 되어 진(陣)을 안성으로 옮겼다. 여기서 군대를 훈련시키고 대오를 정비해 죽산성에 있는 적과 대치하였다. 이때 적장 후쿠시마(福島正則)가 안산성을 탈취하고자 죽산부성(竹山府城)을 나와 안성으로 진군하였다. 이에 군사를 이끌고 왜군에 접전해 죽산성을 점령했으며, 퇴각하는 왜군을 상주까지 추격해 대파하였다. 그 뒤 6월 적의 대군이 진주를 공략하자 창의사(倡義使) 김천일(金千鎰), 병마절도사 최경회(崔慶會)와 함께 진주성으로 들어갔다. 그리고 성을 굳게 지키며 9일간이나 용전하다가 장렬하게 전사하였다. 뒤에 좌찬성에 추증되고, 진주의 창렬사(彰烈祠), 남원의 민충사(愍忠祠)에 제향되었다. 시호는 무민(武愍)이다.

25  송하(宋賀: 1524년(중종 19년)~미상). 조선 중기 문신. 자는 경숙(慶叔)이다. 본관은 진천(鎭川)이다. 증조는 송취(宋翠)이고, 조부는 송선존(宋善存)이며, 부친은 송세증(宋世曾)이다. 1546년(명종 1년) 식년시에 생원 1등 2위로 입격하였고, 진사 3등 41위로 합격하였다. 1549년(명종 4년) 식년시에 병과 10위로 문과 급제하였다. 사헌부지평(司憲府持平)·시강원문학(侍講院文學)·병조정랑(兵曹正郎) 등을 역임하였으나, 1559년(명종 14년)에 태묘(太廟) 앞길에서 말에서 내리지 않은 채 지나간 일을 사헌부가 탄핵하자 체직되었다. 같은 해 다시 사헌부지평에 임명되었다. 이후 사헌부·세자시강원·홍문관(弘文館)·사간원(司諫院)의 주요 직책을 거쳤고, 1569년(선조 2년)에는 승정원승지(承政院承旨)에 임명되었다

26  김재로(金在魯: 1682~1759년): 조선 후기의 문신. 본관은 청풍(清風). 자는 중례(仲禮), 호는 청사(淸沙) 또는 허주자(虛舟子). 우의정

구(構)의 아들이다. 1702년(숙종 28년) 진사시에 합격, 1710년 춘당대문과(春塘臺文科)에 을과로 급제하여 설서·검열·지평·수찬 등을 지냈다. 1716년 부수찬으로 선현(先賢)을 무고한 소론의 유봉휘(柳鳳輝)·정식(鄭栻)을 탄핵하여 파직하게 하였다. 50여 년을 관직에 있으면서 거의 절반을 상신(相臣)으로 지냈으며, 결백하고 검소한 성품으로 박식하며 예학에 깊었으며, 상하가 신망하는 재상으로서의 풍모를 지녔다. 그리고 벼슬을 그만둔 뒤 집에 있으면서도 국사를 잊지 않았다. 영조는 숙종의 뜻에 따라 그를 기용하여 아꼈으며, 수서(手書)를 내려 그의 공로를 치하하였다. 봉조하(奉朝賀)로 78세에 죽으니 영조는 그 집에 직접 조문하고 제문도 친히 지어 보냈다. 죽은 이듬해 기사대신(耆社大臣)이 되고, 영조의 묘정에 배향되었다. 저서로는 《천의소감언해(闡義昭鑑諺解)》와 《(난여(爛餘)》가 있고, 편저로는 《예기보주(禮記補註)》, 《청풍김씨세보》, 《좌씨집선속(左氏輯選續)》, 《금석록(金石錄)》 등이 있다. 시호는 충정(忠靖)이다.

27 서명균(徐命均: 1680년(숙종 6년)~1745년(영조 21년)). 조선 후기의 문신. 본관은 달성. 자는 평보(平甫), 호는 소고(嘯皐)·재간(在澗)·보졸재(保拙齋). 아버지는 영의정 종태(宗泰)이다. 1710년(숙종 36년) 증광문과에 급제하여 사관(史官)이 되었다. 헌납·부수찬을 거쳐 1721년(경종 1년) 이조참의가 되었는데, 김일경(金一鏡) 등 소론의 탄핵을 받고 안악군수로 좌천되었다. 1723년 진하부사(進賀副使)로 청나라에 다녀와서 경기도관찰사가 되었다. 1725년(영조 1년) 동지중추부사가 된 뒤 호조참판·홍문관부제학·이조참판 등을 거쳐 1729년 호조판서가 되었다. 이듬해 실록청도청당상(實錄廳都廳堂上)을 겸직하여 《경종실록》 편찬에 참여했다. 그뒤 우의정·좌의정을 지냈으며, 1734년 1736년 진주사(陳奏使)와 주청사(奏請使)로 청나라에 다녀온 뒤 판중추부사를 지냈다. 글씨를 잘 썼으며, 경기도 고양의 김주신묘표(金柱臣墓表)가 전한다. 시호는 문익(文翼)이다.

28 이행연(李行淵: 1786년(정조 10년)~1863년(철종 14년)): 자는 중원(仲源), 호는 안명재(安命齋). 대군의 14대손이며 춘성정의 11대손으로 증 지평 사석(師錫)의 아들이다. 어머니는 문화 류씨 학성(學性)의 딸이다. 배위는 삭녕 최씨 익효(翊孝)의 딸이다. 1827년(순조 27년) 과시에 응시했다 실패하자 벼슬길을 버리고 성명(性命)을 닦는 학문에 뜻을 두고 성현의 가르침을 몸으로 체험하여 진실하게 보고 또 행하고자 하였다. 1839년(헌종 5년) 조정에서 통덕랑으로 공릉참봉을 제수하였으나 고령의 노모가 있어 나갈 수 없다고 사양하였다. 1845년(헌종 11년) 호남의 유림에서 조중봉(趙重峯)·김신독재(金愼獨齋)·김청음(金淸陰) 세 선생을 문묘에 배향하는 건의안을 초안했고, 산질(散帙)된 천묵재(天黙齋) 이상형(李尙馨) 유문을 수습해서 하나의 유고로 집성하였다. 유고 중에는 성(性)에 대하여, 이기오행(二氣五行)의 정신으로 이 성(性)을 받았으며 그 리(理)만을 한마디로 이르면 순진(純眞)이다 하였고, 정(情)에 대하여서는 심기(心氣)가 감통(感通)하여 성리(性理)가 일어나니 일어날 때의 명목(名目)이 바로 정(情)이다 하였으며, 마음에 대해서는 신기롭고 현묘한 공용(功用)이 여기에서 나오니 한 몸을 주재하고 성(性)과 정(情)을 통섭(統攝)한다는 이론이 들어 있다. 유고 《안명재집》 1책이 집에 소장되어 있다. 묘소는 전북 임실군 성수면 덕치에 있다.

火 : 불과 기를 뜻하며 보절 이야기에서는 성씨와 인물을 아우른다 .

## 1. 보절에 살았던 씨족 공동체의 특징

마디마디에 숨어 있는 보배로운 마을에 뿌리를 내리고 살아온 사람들을 소개하 겠다. 본격적인 소개에 앞서, 이해를 돕기 위해서 용어 정리를 하면 다음과 같다. 먼저 성姓과 씨氏에 대해서 보충하겠다. 성씨姓氏란 일정한 인물을 시조로 하여 대 대로 이어 내려오는 단계혈연집단單系血緣集團의 명칭이다. 성과 씨는 역사적으로 때로는 함께 붙어서, 때로는 각각 독립적으로 사용되었다. 한국인이라면 누구나 본本과 성과 이름名을 가진다. 중국의 성씨제도를 수용한 고려 초기부터 지배층 에게 성이 보급되면서 성은 부계혈통을 표시하고 명名은 개인의 이름을 가리킨 다. 이에 따라서 성은 그 사람의 혈연관계를 표시하며, 이름은 그 성과 결합하여 사회 성원으로서의 한 개인을 타인으로부터 구별한다. 성은 그 사람이 태어난 부 계혈통의 표지標識이기 때문에, 그 사람의 신분이나 호적에 변동이 생긴다고 하 여도 혈통이 변하는 것이 아니므로 일생 바꾸지 못한다. 씨는 분화된 혈통성의 각 각의 지연地緣을 표시하는 표지인 것이 분명하므로 그 본원적 의미는 성의 분파 를 뜻한다. 중국에서 말하는 성은 혈통의 연원을 표시하는 것으로 역시 우리의 성 에 해당한다. 씨란 같은 성에서도 소유한 지역으로서 분별한 것이므로 우리의 본 관本貫에 해당한다. 다음으로, 조상과 후손의 관계를 흔히 '몇 대代조祖 할아버지', '몇 세世손孫'하며 따지고, 특히 족보를 보면서 종종 이견이 생겨 다툼이 일어나 므로 이에 대한 명확한 구분을 여기에 보충하고자 한다. 세대世代는 세世와 대代의 합성어이다. 세는 사람의 한평생을 뜻하고, 대는 대신代身하여 잇는다는 뜻이다. 그러므로 세世와 대代는 혈통血統의 차례이다. 세손·대손世孫·代孫, 대조·세조代祖· 世祖는 선조와 후손 간의 관계이며 호칭互稱 또는 呼稱이다. 세와 대는 전통사회에서 가계의 체계를 구성하는 핵심개념으로 앞서 있는 선대先代와 뒤를 잇는 후대後代 의 연속성을 가리키는 개념이다. 이때 세와 대는 나를 포함한 개념으로 대급신大 及身이라 하여 선조1세로부터 2세, 3세... 하는 방식으로 자기까지 세며, 대조大祖는 대불급신代不及身이라고 하여 나를 빼고 센다. 다시 말하여 대의 경우 위로 1대아버 지, 2대할아버지, 3대증조할아버지, 4대고조할아버지 하는 방식으로 선대를 세며, 아래로 1 대아들, 2대손자, 3대증손자, 4대고손자 하는 방식으로 후대를 센다.

◈ 대불급신代不及身과 대급신代及身 바로 알기 ◈

◦ 한때 '世와 代는 이의異義'라 하여 성균관에서도 '대불급신代不及身,己不代數 상대하세上代下世'를 '代와 世를 셈하는 원칙'이라면서 代를 헤아릴 때는 자신을 빼고, 世를 헤아릴 때는 자신을 포함한다고 하였으나 이는 틀린 말이다. 이는 '世와 代는 이의異義'라 하는 사람들은 〈대代와 대조代祖〉, 〈대代와 대손代孫〉, 〈세世와 세조世祖〉, 〈세世와 세손世孫〉은 뜻이 다른 말인데도 같은 말이라 착각한 것이다.

◦ 세世와 대代는 동의어同義語이다. 〈대代와 대조代祖〉, 〈대代와 대손代孫〉, 〈세世와 세조世祖〉, 〈세世와 세손世孫〉은 이의어異義語이다. 이것이 옳은 말이다.

◦ 이를 옳게 정의하려면 먼저 世, 代는 가계의 차례이고, 대조, 대손, 세조, 세손은 조상과 후손의 관계를 나타내는 호칭이라는 것을 알아야 한다. 가계의 차례인 世, 代를 헤아릴 때는 자기를 포함하고代及身. 조상과 후손의 관계 호칭인 대조, 대손, 세조, 세손을 헤아릴 때는 자기를 뺀다고 해야 한다.代不及身 예컨대, 代及身 고조高祖는 기준인 나부터 헤아리면 5代이고 나는 고조高祖의 5세가 된다. 代不及身 고조高祖는 나를 빼고 헤아려 4대조四代祖라 하고, 나는 고조高祖의 4세손四世孫이다.

※ 오늘날 성균관에서도 이렇게 해석하였다.

그러면, 이제 보절에 들어와서 삶의 뿌리를 내린 성씨들을 본격적으로 살펴보자. 보절에 정착한 성씨는 대략적으로 40개 문중으로 추정된다. 하지만, 보절에는 많은 성씨가 세거世居를 이루다가 집단으로 혹은 서서히 이거移居하여 문헌에나 남아있거나 구전으로 전해지는가 하면, 불과 수십 년 전까지도 집성촌을 이루었으나 작금에도 전부가 아니면 몇 집만 남고 전국 각지로 이거한 성씨가 대부분이다. 따라서 보절의 씨족정착사를 정리함에 있어서 몇 가지 난제에 봉착했는데, 다음과 같다. 첫째, 조사대상 성씨를 선정하는 것이었다. 둘째, 자타自他 성씨에 밝은 많은 분이 이미 고인이 되었다는 것이었다. 셋째, 원래 간단한 조명이 집필구상이었으나, 후손 중 집안 내력을 자세히 정리하여준 분들이 다수 있어 부득이 성씨별 균형을 맞추는 것도 참으로 힘들었다. 이런 사정 때문에 이를 정리하는 사람의 능력도 한계가 있을 뿐만 아니라 정해진 시간의 재촉이 등背을 밀어 본래 의도한 성씨 정착사가 되지 못했다. 이에 대해서 각 성씨 독자들의 혜량과 이해를 구한다. 보절의 성씨 조사대상으로 27개 성씨를 선정하였다. 여기에 보절에 세거지를 이루고 살았으나 떠난 것으로 추정되는 12개 성씨를 추가하여 39개 성씨를 수록하였다.

이번 조사를 하면서 발견한 보절의 씨족 공동체의 특징은 크게 네 가지다. 먼저, 지리적으로 씨족 중심으로 형성된 보절의 촌락은 조선시대의 향촌이 가지고 있는 특징을 그대로 보여준다. 이는 보절의 촌락이 농업에 기반을 둔 경제 구조와 깊은 연관을 맺으면서 씨족 공동체가 형성되었음을 보여준다. 노동 집약적인 농사의 특징이 씨족 중심으로 촌락을 구성하게 만들었을 것이다. 대단위 씨족일수록 농사에 유리하기 때문이다. 다음으로, 사회 문화적인 관점에서 보절의 씨족 공동체는 각자 자신들의 성씨들이 발원한 본향과 혈통의 근본을 매우 중시하고 가문의 명예를 소중히 지키려는 전통이 강하다는 특징을 보였다. 이어서, 보절에 정착한 씨족 공동체 대부분은 양란왜란·호란 이후에 유입된 씨족이라는 점이 특징이다. 마지막으로 보절에 세거지를 이루고 살다가 이주한 것으로 보이는 씨족 공동체도 있었는데, 이는 정치적인 격변으로 말미암아 역적으로 몰려 멸문지화를 당하거나, 역병이 창궐하여 마을을 전소시키고 일족이 다른 곳으로 이주하거나, 일족이 전쟁에 참여하여 멸족하거나, 일족이 전쟁 등 난리를 피하여 마을을 떠나는 경우이다. 일부 집안은 흥성하여 전국 각지로 이주한 경우도 있었다. 보절을 떠난 성씨 공동체를 살펴 보면 다음의 표와 같다.

| 성 씨 | 살았던 곳 | 근 거 | 떠난 이유 | 현재 성씨 |
|---|---|---|---|---|
| 홍(洪)씨 | 금계 | 금계마을 남쪽 홍총 군락 | 역병 | 수원 백씨, 장수 황씨 |
| 하(河)씨 | 성남 , 월곡 | 거사물성 성주 - 하장군 , 하씨 묘역 현존 | 임진왜란 시 피난 | 진주 강씨 |
| 변(邊)씨 | 사촌 | 조탑거리 부근 변부자 집터 | | 강릉 유씨 |
| 변(邊)씨 | 진목 | 변서방 터 | | 진주 소씨, 청주 한씨, 언양 김씨, 단양 우씨, 진주 형씨 |
| 옥(玉)씨 | 사립안 | 사립안의 유래 | | 광주 이씨, 진주 소씨 |
| 성(成)씨 | 작소 | 작소 마을의 유래 | | 진주 소씨 |
| 오(吳)씨 | 신흥 ( 하신 ) | 구전 | | 순흥 안씨 |
| 이(李)씨 | 파동 | 터골 ( 안터골 ) | | 경주 김씨, 남원 양씨, 청송 심씨 |
| 유(柳)씨 | 서당 | 6 형제 나무 전설 | 역병 | 진주 소씨, 서산 유씨 |
| 임(林)씨 | 다산 , 중신 | 다산 위 임산, 1980년대까지 세거(世居) | 이촌향도 | 문화 유씨, 전주 이씨, 김씨 |
| 안(安)씨 | 하신 | 주택과 토지를 소유한 채 거주지만 옮김 | 흥성 ( 興盛 ) | 순흥 안씨 |
| 정(鄭)씨 | 부흥 | 에끼재 입구 정씨 마을 | 이촌향도 | 마을이 없어짐 |

표에서 제시된 성씨들 이외에도 추적이 불가능해 파악하지 못한 씨족 공동체와 원래부터 성씨를 가지지 못한 사람들도 보절에 터를 잡고 살았을 것이다. 예컨대 백제시대의 성씨라든가 신라에 의해 강제 이주한 고구려 유민들의 성씨들과 고려시대의 성씨들이 그들이다. 물론, 삼국 시대와 고려시대에 모든 사람이 성씨를 가졌던 것은 아니다. 삼국 시대에는 왕과 일부 귀족 계층만이 성을 사용하였고, 고려 후기에는 일반 백성양인들까지 성을 사용하는 영역이 확대되었으며, 조선시대에 들어와 임진왜란 이후에는 경제력을 갖춘 외거노비를 중심으로 성씨를 갖게 되었고, 1894년 갑오개혁 이후에야 비로소 모든 사람이 성씨를 갖게 되었기 때문이다. 결정적으로, 지역을 중심으로 하는 보절의 씨족 공동체는 1960년대부터 진행된 산업화의 물결에 휩쓸려 사람들이 고향을 떠나서 전국 각지로 흩어지면서 붕괴되었다. 씨족 중심의 각 촌락의 인구가 급격하게 감소하였고 이에 따라 대부분 촌락의 구성을 이루었던 씨족 공동체도 그 구성원의 수가 크게 줄

었으며 그나마 노인 인구가 대부분이기 때문이다. 심지어는 일족이 한 명도 남아 있지 않은 성씨도 있다. 물론 귀농과 귀촌에 따라 보절 지역과 연고가 없는 인구도 유입되고 있는데, 이에 따라서 씨족 중심의 마을 역사도 앞으로는 다른 내용으로 구성될 것으로 예측된다.

39개의 성씨들이 보절에 삶의 근거를 마련하게 된 연유는 여러 가지가 있는데, 간추려 정리해보면 대체로 네 가지다. 연유들 가운데 가장 많은 경우는 전쟁이다. 그 다음은 정치적인 격변이고, 이어서 혼인을 통해서 정착하게 된 경우이며, 마지막으로 이런저런 이유에서 생계를 잇기 위해 보절에 삶의 터전을 마련한 경우이다. 대부분의 성씨는 조선 중기에서 말기에 보절에 터를 잡았다. 성씨 정착사를 정리하면서 발견하게 된 흥미로운 점은 일찍 들어왔든 나중에 찾아왔든, 성씨들은 서로 집안 간의 혼사를 통해서 서로 깊숙하게 얽혀 있다는 사실이다. 이런 사실은 보절 사람들이 성씨는 각기 다르지만 외가로, 처가로 서로 얽혀 혈통적으로 하나의 가족이라는 점을 보여준다. 이런 의미에서 보절 사람들은 하나이다. 성씨 정착사를 정리하면서 발견한 또 하나의 사실은 개별 가문이 정착하는 과정을 통해서 조선시대 사람들의 이주 경로를 추적할 수 있다는 점이다. 해안에서 산지로 그리고 도시에서 산골로 이주한 경우는 전쟁을 피하기 위해서였고, 정치적 격변을 피해서 보절로 들어온 경우는 중앙에서 지방으로 내려온 경우이다. 이렇게 각 성씨들의 본향을 추적하다 보면, 또 다른 중요한 사실이 하나 드러난다. 요컨대, 보절에 세거지를 형성하고 살았던 성씨들의 본향은 평안도의 평산, 황해도의 풍천과 연안, 경기도의 강화, 남양, 수원, 광주, 삭녕, 풍양과 파평, 강원도의 강릉과 홍주, 경상도 진주, 청송, 경주, 김해, 달성, 밀양, 언양, 순흥, 인동, 함양, 창원과 창녕, 충청도 은진, 단양과 청주, 전라도 광산, 장흥, 장수, 전주와 남원 등지이다. 역사적으로 놓고 볼 때 남원이 본향인 성씨는 남원 양씨밖에 없다는 점을 고려한다면, 전국 각지에서 아주 다양한 성씨들이 보절에 이주하여 세거지를 이루고 있는 모습은 소위 보절판 '디아스포라diaspora, 이민 또는 이주' 현상이다. 이와 같이 성씨들이 전국 각지에서 보절에 이주해서 정착하는 과정은 인류학적으로 매우 흥미로운 사례이다. 이에 대한 상세한 연구가 요청된다. 또한, 이와 같은 디아스포라 현상은 보절의 성씨 정착사가 정치학적인 관점에서도 매우 중요한 연구 대상임을 보여준다. 그것은 바로 소위 망국적인 지역감정이 근래에 들어 일부 정치인들에 의해 왜곡되고 조작된 정서라는 점을 여실히 보여주는 사례이기 때문이다. 위에서 열거했듯이, 보절의 성씨 가운데에는 경상도에 본향을 둔 성씨가 많다. 예컨대 진주 소씨와 진주 강씨 등은 원래 경상도에서 이주해 온 성씨이다. 이와 같은 이주 현상은 비단 보절만의 사례는 아닐 것이다. 경상도의 어느 고장에 가도 이와 같은 디아스포라 현상은 발견될 것이다. 사정이 이와 같다면, 조선과 대한민국의 각 지방은 한편으로 혈통의 연결을 통해서 다른 한편으로 혼인의 인연을 통해서 서로 떼려야 뗄 수 없는 하나의 공동체로 묶여 있을 것이다. 보절의 사례 하나만으로는 충분하지 않다고 해도 거칠게 말하면, 대한민국은 역사적인 관점에서 볼 때 혈통적으로 묶인 공동체라고 말해도 될 것이다. 이런 관점에서 망국의 지역감정은 그야말로 일부 정치인들의 사익과 편익을 위해서 조작된 망념에 불과할 것이다. 보절 안에서의 일종의 '디아스포라' 현상에 대해서 살펴보자. 이는 한편으로 가문의 번창을 통해, 다른 한편으로 혼인을 통해 일어났다. 그런데 사람의 이주는 단순하게 사람의 이동만을 보여주는 것이 아니라 사람과 함께 교육과 문화와 정치도 함께 이주한다는 점에 주목할 필요가 있다. 이와 같은 이주에서 나타나는 특성에 대한 고찰을 통해서 교육의 관점에서 유교가 지방으로 어떻게 확산되어 뿌리를 내리는지 살필 수 있고, 전쟁이 일어나면 사람들이 어떻게 서로 연대하여 하나가 되어 싸웠는지 추적할 수 있기 때문이다. 예를 들면, 임진왜란 때에 의병 운동이 어떻게 일어났는지 살필 수 있었다. 보절 사람들이 정치적으로 어떤 노선에 속했던 세력인지도 엿볼 수 있는데, 이에 대해서는 아래에서 소개하는 성씨의 정착 과정을 통해서 탐구해 볼 것을 권한다. 이를 통해서 보절 사람들이 어떤 생각을 하고 살았고, 정치적으로 어떻게 대응하고 반응했는지 살필 것이기 때문이다. 이를 통해서 통시적으로 보절 사람들이 어떻게 살아왔는지 읽어낼 것이다.

참고로, 40여 개의 성씨가 정착했던 내력과 역사 이야기는 각각의 종중에서 정리해서 보내 준 자료들을 바탕으로 작성된 것이며, 종중과 소통이 이루어지지 않은 성씨는 남원씨족정착사와 인터넷, 그리고 주변에 남아있는 자료들을 참고하였다. 한편으로 각각의 종중에서 보내준 자료들은 그 자체로는 각 성씨의 전통과 성격을 잘 보여주고 있다. 다른 한편으로 '세계화'와 '개인화'의 조류에 휩쓸려 급속하게 무너지고 있는 씨족 공동체를 지키려는 자료를 작성한 종중 어른들의 간절함과 안타까움을 보여주는 것도 나름 의미가 있을 것이다. 이런 판단에 따라 각 종중에서 보내준 성씨의 역사와 정착사에 담긴 내력과 이야기를 그대로 소개했음을 밝힌다. 다만, 이 책이 기본적으로 집안 역사를 정리하는 족보가 아니라 보절의 관점에서 보절의 이야기를 정리하는 기록이라는 점을 분명하게 밝혀둔다. 이런 취지에 입각해서 각각의 종중에서 보내 준 성씨의 역사는 기본적으로 성씨별 본향과 각 성씨가 배출해 낸 역사적으로 중요하며 가문을 빛낸 인물을 중심으로 소개하고, 각 성씨가 남원과 특히 보절에 언제 어떻게 어느 마을에 정착하게 되었는지 기술하였다. 보절에 정착한 각 성씨가 배출해 낸 인재는 제5장 〈보절의 인물〉에 소개해 두었다. 같은 이름과 같은 이야기가 중복되기 때문에 이렇게 재구성했다. 성씨별로 집안 내력과 역사를 작성해 준 종중 어른들의 넓은 이해와 양해를 구한다. 아울러 이 어른들이 보내준 자료 덕분에 보절의 성씨 이야기를 작성할 수 있었기에 진심으로 감사드린다. 마지막으로 면지에서 씨족 정착사를 비교적 상세하게 다룬 것은 현재를 살고 있는 보절인들이 자기 성씨에 대한 긍지를 갖게 하고 이에 따라 사라져가는 씨족개념을 재조명하여 바람직한 보절인으로 살아가기를 바라는 마음에서 비롯된 것임을 밝혀둔다. 이제 본격적으로 그 역사를 개별적으로 살펴보겠다. 정착한 시기를 추정할 수 있는 성씨도 있지만 그렇지 않은 성씨들도 많으므로, 편의상 가나다 순으로 하나씩 소개하겠다.

# 2. 현재 살고 있는 씨족들

## 진주 강씨 晉州 姜氏
### 시묘동계월, 성시, 사촌, 신동섶골

## 1. 시조사 및 본관의 연원

진주 강씨는 우리나라 247성 가운데 6번째로 큰 성씨로 총인구 수는 941,094명 <sub>85년도 조사</sub>이나 된다. 우리나라 전체 인구수의 2.4%에 해당한다. 문헌상의 본관은 진주晉州, 금천衿州, 안동安東, 백천白川, 동복, 광주, 봉일, 범전 등 9개 본이었으나 모두가 대종인 진주의 지파支派로서 오늘날 모든 강씨들은 진주가 유일본임을 내 세우고 있다.

진주 강씨의 시조인 강이식姜以式 장군은 고구려의 병마원수兵馬元帥로, 597년 영양왕 8년 수隋나라 문제文帝가 지성과 충절을 소홀히 한다는 내용의 국서國書를 고 구려에 보내오자, '칼로써 대답하자'고 주장, 5만의 군사를 이끌고 임유관臨楡關에 서 30만의 수군을 대파하여 무공을 세운 명장이다. 그 후 을지문덕乙支文德과 함께 양제煬帝가 이끄는 백만대군을 무찔러 다시 한번 그 용맹과 기개를 떨쳤다.

신라 헌강왕 때 판내이령 강진姜縉이 진양후에 봉해지며 본관을 진주로 하였다.[1]

## 2. 조상의 인물사

강씨는 박사공 삼형제파博士公三兄弟派가 있고 은열공파殷烈公派가 있으며 인헌공파 仁憲公派가 있다.

진주 강씨는 상신相臣, 우의정·좌의정·영의정 5명, 대제학 1명, 원수元帥 및 장군 25 명, 공신功臣 51명 등을 배출했다. 강희안姜希顔과 강희맹姜希孟은 조선 초기의 인 물이다.

강희안은 1430년세종 25년에 문과에 급제하여 집현전 직제학으로 정인지鄭麟 趾, 성삼문成三問 등과 훈민정음 제정에 참여했다. 그는 당대의 독보적 존재로 용비 어천가의 주석을 붙일 때도 참여했고 그의 글씨가 전해져 조선조 문화의 귀중한 보배가 되고 있다.

그의 아우 강희맹도 당대의 회화가요, 문장이다. 세종 29년에 문과에 올라 세 조의 총애를 받으며 세자빈객世子賓客이 되고 예종 즉위년에는 남이南怡의 옥사를 다스린 공으로 진산군晋山君에 봉해졌다. 신숙주申叔舟 등과 세조실록을 편찬하였 으며 병조·이조판서兵曹·吏曹判書를 거쳐 좌찬성左贊成에 올랐다. 성종은 서거정徐居 正을 시켜 강희맹의 유고遺稿를 편찬케 했다. 공公의 둘째 아들 휘 학손諱 鶴孫은 장 예원 사평掌隸院 司評으로 연산조 무오사화燕山朝 戊午士禍에 국사저지國史杵旨로 영광 靈光으로 귀양하여 자손이 세거하였다.

강희맹의 5대손 강항姜沆은 선조 때 문과에 급제하여 공조·형조좌랑으로 있었고 정유재란 때 고향인 영광에서 의병을 일으켜 이충무공李忠武公의 진영으로 가던 중 왜군에게 포로가 되었다. 일본 대판日本 大阪, 오사카으로 잡혀간 그는 일본에서 그곳 사람들과 교유하면서 성리학을 가르쳤다. 일본 성리학의 원조가 된 것이다. 저서로《수은집》·《간양록》·《문차록》등 저서를 남겼다.

## 3. 남원과 보절 정착사

남원의 진주 강씨는 박사공파와 은열공파만이 집성촌을 이루고 있다. 박사공파 7세손 강회백姜淮伯은 고려 말에 포은 정몽주·도은 이숭인과 함께 오랜 세습의 호복胡服을 우리의 전통문화 양식으로 고친 주역들이다. 그는 아들 5형제를 두었다. 큰아들 종덕宗德의 후손이 운봉雲峰 매요梅要 권포權布 문중이고 둘째 아들 우덕友德의 후손이 보절 시묘동 문중이며 넷째 석덕碩德의 후손이 남원시내 쌍교동 문중과 남원시내 도통동 문중, 송동 안계·송기 문중, 보절 사촌 문중, 송동 태동 문중을 이루고 있다.

또 회백淮伯의 동생 회중淮仲의 후손이 운봉 임리 문중, 운봉 가산 문중, 수지 서당동 문중, 향교동 문중을 이루고 있고 회백의 넷째 동생 회숙淮叔의 후손이 보절 성시 문중을 이루고 있다. 또 은열공파殷烈公派는 5세손 여익呂翼에서 갈라져 여익의 큰아들 원감元鑑의 후손이 시내 금동 문중이고 둘째 아들 원찬元鑽의 후손이 사매 화정 문중과 송동 양평 문중을 이루고 있다. 문중별로 보절 지역 정착 사유는 다음과 같다.

### 박사공파 보절 시묘동侍墓洞 문중

회백의 둘째 아들 우덕友德의 후손인 13세손 강윤형姜潤亨이 정착조이다. 1538년중종 33년에 무안 현감을 지내다가 별세하였는데 수희·수호壽熙·壽浩가 남원 보현방에 안장하고 둘이 같이 3년간 시묘侍墓하였다 하여 지금도 이곳을 시묘동이라고 부른다. 영조가 이 사실을 알고 정려를 내렸다.

이 문중에는 네 사람의 효자가 있어서 사효문四孝門을 갖고 있다. 16세 수희와 수호가 명정命旌되고 18세 상우와 상노尙遇·尙老가 효행으로 다 같이 정려를 받았다.

### 박사공파 보절 사촌沙村 문중

회백의 넷째 아들 후손이 강희맹과 강항의 이름난 분들을 직상계直上系로 모시고 있는 집안이다. 21세 강표환姜杓煥이 정착조이다. 전남 영광군 불갑면 운제에서 남원 동문 안에 정착하였다가 도통동에 집성촌을 이루고 있고 그 후손들이 사촌으로 옮겼다. 강표환은 영조 조에 효행으로 정려가 있다. 그의 손자인 22세 강수회姜洙會의 삼부자가 모두 당상관이 되어 가문을 빛냈다

### 재신공파 보절 성시城侍 문중

회백의 넷째 동생 회숙의 후손인 12세 강업姜業이 정착조이다. 선조 때 무과에 오

르고 사과司果에 이르렀을 때 정유재란이 나자 진주에서 아들 언충彦忠과 함께 싸우다 아들은 순절하였고 업業은 손자 춘원·춘건春源·春健을 데리고 보현방 칠상동에 정착하였다. 업은 어려서 도촌에서 학문을 하였고 장자 춘원은 성남의 하씨 집안의 사위가 되면서 얼마 후 성남城南으로 옮겨 10대를 이어오고 있다.

**문경공파 신동**薪洞, 섶골 **문중**

시조 계용啓庸으로부터 15세손 기주起周가 정착하여 10대를 이어오고 있다.

【시묘동 문중】

◆ 묘: 강윤형姜潤亨, 入南先祖 남원군 보절면 시묘동

◆ 재우齋宇: 계양재桂陽齋, 강윤형 남원군 보절면 시묘동

◆ 사효문: 강수희姜壽熙, 강수호姜壽浩, 강상우姜尙遇, 강상노姜尙老 보절면 시묘동 185

◆ 정려旌閭: 강수희姜壽熙, 효자 보절면 성시리

　　　　　 강상노姜尙老, 효자 보절면 성시리

【사촌 문중】

◆ 묘: 강표환姜杓煥, 입남선조 남원군 송동면 신평리

◆ 족보간행: 계해보癸亥譜, 1983년

【성시 문중】

◆ 묘: 강업姜業, 입남선조 남원군 보절면 성시리

◆ 문집: 유고姜鍾秀, 유고姜奎聲

◆ 재우齋宇: 이로재履露齋, 강호 남원군 보절면 성시리 대종중

　　　　　 존성재存誠齋, 강성우 남원군 보절면 성시리 와야골짝 작은집 재실

　　　　　 성운재誠雲齋, 강성종 남원군 보절면 성시리 큰집 재실

◆ 족보간행: 을축보乙丑譜, 1986년

---

## 경주 김씨 慶州 金氏
### 신파리 파동

---

경주 김씨의 시조는 대보공 김알지이다. 65년신라 석탈해왕 9년 금성 서쪽 계림에 걸려 있던 금궤에서 나왔다 한다. 왕은 이를 기뻐하여 김金이라는 성을 하사하였다.

경주 김씨는 신라 56대 경순왕의 셋째 아들 영분공永芬公 김명종金鳴鍾과 넷째 아들 김은설金殷說 두 분을 상계로 삼고 있다.

경주 김씨는 신라 13대 미추왕에 이르러 신라 왕실이 되었고 신라 56왕 중 38왕이 김씨이다. 최후의 왕인 경순왕 김부金傅는 백관을 거느리고 신라를 고려에 넘겨주었다.

왕건은 김부에게 큰딸 낙랑공주를 부인으로 주고 김부는 백부 김억겸의 딸을

왕건의 후비신성왕후로 들여 보냈다.

경주 김씨 수은공樹隱公 김충한金冲漢은 김알지의 44세손이고 영분공永芬公, 1세 김명종金鳴鍾의 16세손이며 수은공樹隱公파 시조이다.

수은공樹隱公, 16세파의 상계에 양신공良愼公 김의진金義珍, 8세은 고려조에 평장사를 지내고 사학의 일파인 양신공도良愼公徒를 세웠으며 명암공 김인경金仁鏡, 12세은 고려 명종~고종 대에 걸쳐 평장사 수문전 태학사를 지냈으며 거란군, 몽고족 토벌에 공이 컸다. 시문으로는 경기체가에 양경시부라 칭송되고 있으며 동문선신라~조선 숙종 때까지 유명한 시문을 모은 책에 저술이 실려 있고 유고가 전해져 후학들의 귀감이 되고 있다.

## 1. 수은공 김충한金冲漢, 16세 **남원 지리산으로 피적**被謫**되다.**

수은공 김충한은 고려 말에 봉익대부 예의판서로 있었는데 정포은, 이목은, 길야은, 이도은, 민농은 선생들과 도의의 교분이 있어 세상에 6은六隱으로 알려진 분이다. 고려가 운이 다하고 조선이 건국되자 임선미 등 70여 인과 벼슬을 버리고 송경에 있는 만수산에 들어가 나오지 않아 사람들이 훗날까지 두문동 72현賢이라 칭하여 온다. 태조 이성계가 누차 불렀지만 굴하지 않고 지리산 서쪽에 피적되어 '막을 두杜'자로 골짝의 이름을 하고 산나무로 집을 삼았다. 남원의 두동방인 송동의 두곡 이름이 이로 인한 것으로 지금도 쓰이고 있다. 임종에 유계遺戒하기를 박장薄葬하고 입석立石을 말라 하셨다. 태종 1년에 문민공文敏公이란 시호와 이조판서의 증직이 있었으나 자손들이 유훈을 받들지 않았다고 한다. 송도 표절사를 비롯하여 남원 두곡서원, 거창 하산사, 순천 학산사, 하동 금남사, 거창 덕봉사, 영일 서산사에 배향되어 있다.

태종 때 숭록대부 의정부 좌찬성에 오른 김종직金從直과 대사헌 대사간에 오른 김의동金意소, 한성판윤에 증직되고 남원성에서 전라방어사로 순직한 김경노金敬老, 열녀로 명정된 김유의 부인 함양 오씨, 절충장군을 지낸 김급金汲 등은 빼놓을 수 없는 수은공樹隱公, 16세파 후손들이다.

## 2. 수은공 김충한의 후손: 남원에서 16개 문중을 이루다.

수은공은 아들 3형제를 두었고 아홉 명의 손자가 있다. 그들의 후손이 번창하여 현재 남원시·군에만 해도 16개 문중이 있다.

큰아들 김자金滋의 후손 중에 월호공月湖公파 두곡 문중, 녹우정공鹿友亭公파 생장동 문중, 판윤공判尹公파 두곡 문중, 직장공直長公파 두곡 문중, 통덕랑공파 은송 문중, 죽헌공竹軒公파 장국 문중, 장흥부사공長興府使公파 운봉준향 문중 등 7개 문중이 있다.

둘째 아들 김승金繩의 후손 중에는 청재공淸齋公파 계암 문중, 백졸공百拙公파 연산·등동 문중, 수성재공守性齋公파 보절 신파·주천 장안 문중, 이루공怡樓公파 수덕·안곡 문중, 정재공靜齋公파 주천 원천 문중, 완서정공翫逝亭公파 동면 취암 문중, 교위공校尉公파 운봉 행정 문중, 은곡공隱谷公파 영동 문중 등 8개 문중이 있다.

셋째 아들 김위金緯의 호는 남천공南川公인데 대부분이 외지에 정착하였고 남원의 남천공파는 주천 장안 및 아영 을동 문중만이 있다.

### 수성재공파 보절 신파, 주천 은송 문중

수은공 둘째 아들의 7세손으로 김정金定이 파조이다. 임진왜란에 외숙 양사형과 창의하여 전공을 세워 병절교위가 되고 정유재란에는 도탄 변사정과 적을 무찔렀다. 백사 이항복의 추천으로 장악원 주부에 제수되었다. 금산 금곡사에 배향되었다. 김용여金用礪는 수성재공守性齋公의 양자이다.

김세장金世章은 수성재공의 고손高孫으로 진사시에 합격하여 성균관 유생으로 문장과 덕망이 높아 사림들이 사마司馬로만 그친 것을 아쉽게 여겼다.

보절면 신파리 파동에 세거한 문중은 수성재공파 보절 신파·주천 장안 문중이다.

◆ 서원書院: 용호龍湖서원宋秉璿·金在洪·金種臺 주천면 호경리

## 김해 김씨金海 金氏
계월, 사촌, 신흥, 안평

김해 김씨의 시조는 가락국駕洛國 시조왕인 김수로왕金首露王이다. 김해 김씨는 우리나라 성씨 가운데 가장 수가 많은 삼한三韓의 갑족甲族이다.

가락국은 11대 왕조에 491년간을 통치하였다. 김수로왕은 인도 마유타국의 공주인 허씨許氏를 맞이하여 왕자 9명을 보았다. 제1자는 왕통을 계승한 도왕道王이고 제2자는 허왕후許王后의 후손을 이었는데 김해 허씨, 양천 허씨 등 모든 허씨의 시조다. 나머지 일곱 왕자는 허왕후의 오빠요, 외숙인 장유보옥長有寶玉 선사를 따라 지리산 화개계곡 상류에 들어가 성불하여 칠불암七佛庵을 창건하였다.

김수로왕의 10세손 양왕讓王, 구형왕과 구해왕은 국운이 쇠퇴하자 나라를 신라에 양위하고 지리산 왕산王山으로 입산하였다. 그러나 6가야의 국민은 진골眞骨의 신분을 부여받았다.

김수로왕의 13세손이요, 양왕의 증손인 김유신金庾信은 김춘추金春秋의 제3공주와 결혼하였으며 여동생인 김문희金文姬는 태종무열왕후가 되어 처남남매지간이 되었다. 66살 때에는 아우 김흠순金欽純 장군과 아들 김삼광金三光, 김원술金元述, 김시득金施得 그리고 조카인 김반굴金盤屈 등과 합세하여 백제군을 멸하였고 74살에는 삼국통일 완수의 주인공이 되었다.

고려시대에 들어와서도 여러 상신相臣, 영의정·좌의정·우의정과 공경대부를 배출하면서 3대 종파로 갈라지게 되었다.

즉, 김목경金牧卿을 중조中祖로 하는 금녕군파金寧君派인 경파京派, 아우 김익경金益卿을 중조로 하는 감무공파監務公派인 사군파四君派, 김관金管을 중조로 하는 판도판서공파版圖判書公派를 삼현파三賢派, 김탁金琢 시중공侍中公을 중조로 하는 문경공파文敬公派, 시중공파와 그 밖에 남원에는 서강파가 있으며 문중별로는 98파에 달하고 있다.

경파京派의 김목경은 삼중대광三重大匡에 올랐으며 충렬왕 때 '조적의 난'을 평정한 공으로 금녕군金寧君에 올랐다. 단원檀園 김홍도金弘道와 국무총리를 지낸 김종필金鍾泌이 그 후손이다.

## 경파京派, 참의공 **보절 계월 문중**

김영정金永貞, 7세손은 금녕군金寧君의 6세손이고 안경공파安敬公派 파조이다. 경파 보절 신파 문중과는 상계가 같다. 김첨수金添壽, 9세손는 세 아들을 두었는데 셋째 아들 희일希逸의 넷째 손자 수훈守勳, 62세손이 보절 계월 정착조이다. 수훈은 효종 때 사람으로 생원으로 있다가 무사도사를 거쳐 한성부윤이 되었다. 경기도 장서에서 남원 보절 계월로 정착했다. 호조참판을 증직받았다.

정착조 김수훈은 슬하에 아들 다섯을 두었다. 넷째 아들 대근大近, 63세이 대를 잇는다. 대근은 숙종 때 생원이 되고 후에 호조좌랑이 되었다. 17세손 치현致鉉과 배현裵鉉 그리고 치현의 아들 제구濟九는 수직壽職으로 당상관에 증직되었다. 이후 자손이 크게 번창하였다.

보절에서는 후손으로 성시 이장을 지냈던 김현국金顯局과 보절면사무소에 근무했던 김용배金鎔培가 있다.

- 묘: 보절성시 정착조 김수훈金守勳 보절면 성시리
- 재우齋宇: 서천재瑞泉齋 보절면 성시리
- 족보간행: 임자보壬子譜, 1972년

## 경파 보절 신파·사촌·운봉 문중

신라 김유신 장군을 중시조로 모시고 또 금녕군 김목경金寧君金牧卿을 기세조로 모시고 있는 문중이다. 연천공 김첨수金添壽는 아들 셋을 두었다. 셋째 아들이 희제希悌이고 희제의 셋째 아들이 김상직金祥直이다. 김상직은 경기도 양주에서 전북 장수군 번암 취산으로 왔다가 남원 보절 사촌으로 들어와

정착한 것이다.

그의 후손인 중서重瑞, 65세는 자헌대부문지중추부사 통정대부사헌부감찰을 지냈다. 중서의 아들 창조昌祚는 효행으로 가선대부이조참판에 증직되었고 창조의 동생 치조致祚도 효행으로 여러 번 상을 받았다. 또 64세손 재원在源은 절충장군 첨지중추부사 용양위부호군에 있었고 69세손 동식이와 충식은 참봉으로 통훈대부 사헌부감찰을 지냈다. 신파 문중은 효자가 많다.

보절에서 후손으로 보절면 의용소방대장을 지냈던 김정배金汀培가 있다.

- 정착조 묘: 보절면 신동섶골
- 족보간행: 임자보壬子譜, 1972년

## 시중공파侍中公派 문경공文敬公 **보절 사촌沙村 문중**

김연金淵, 7세손이 정착조이다. 김연은 김수로왕의 후손으로 55세 김탁金琢을 중조로 모시고 있다. 김연은 1514년중종 원년 생으로 전남 나주에서 태어나 자랐으며, 일찍이 학문에 뜻을 두어 문과에 급제 통정대부이조참판 등 20여 년간을 관직으로 일관했다. 김연은 말년에 남원 덕과면 고정리를 거쳐 사매면 화정리에 정착하였고, 이후 후손들이 보절면 사촌리에 정착한 것이다. 묘는 임실군 성수면 봉강리에 있다. 김연의 아들 김손도 중종 때 이조참의에 증직되었고, 연의 직손 순희順熙도 가선대부병조참의에 증직되었으며, 현손 성진聲振도 선조 때 통정대부병조참의에 증직되었다.

또 연의 둘째 아들 동석은 무과에 들어 영·정조에 첨정 벼슬까지 했다. 치유는 인조 때 통정대부, 치옥致玉은 통훈대부이조참의通訓大夫戶曹參議, 그의 손 상민相珉은 1855년에 통정대부, 지민志珉은 가선대부중추지사에 증직되었다.

보절에서 후손으로 김상순, 김창순, 김삼순, 김대순육군대령 등이 있다.

- 묘: 보절사촌 정착조 김연金淵 임실군 성수면 봉강리
- 족보간행: 계해보癸亥譜, 1983년

## 1. 삼현파三賢派 정착사

김해 김씨 삼현파三賢派는 문헌세가文獻世家로, 김수로왕의

49세손인 고려 판도판서版圖判書 김관金管, 1250~1348년을 중시조로 삼는다.

김관의 자字는 희범希範, 호號는 정성헌靖醒軒이다. 1266년원종 7년 17세에 명경과明經科에 급제하였다. 1289년충렬왕 15년 안향安珦과 함께 충선왕忠宣王을 호종扈從하여 원元나라에 갔다. 이때 연경燕京에 머무는 동안 주자전서朱子全書를 보고, 이를 안향安珦과 함께 수록手錄하여 왔다. 이것이 우리나라에 주자학朱子學이 들어온 시초이다.

1301년충렬왕 27년 도성에 불이 나서 궁전이 온통 불바다가 되었을 때 위험을 무릅쓰고 화염 속에 갇힌 왕을 구출하였다. 1343년충혜왕 복위 4년 원나라의 사신이 와서 충혜왕을 붙잡아 가자 이를 배종陪從하였고, 이듬해 중국의 악양岳陽에서 충혜왕이 죽자 시신을 고려로 보내어 장사지내게 해달라고 간청하였다. 이에 원나라 조정은 그의 충성심에 감동하여 충혜왕의 시신과 함께 환국을 허락하였다.

1348년 향년 98세로 졸하였다. 시호는 문정文貞이다. 창원시 대산면大山面 유등리柳等里 저복산儲福山에 묘가 남아 있다. 삼현三賢은 김관의 현손玄孫 절효공節孝公 김극일金克一, 1382~1457과 6세손 탁영濯纓 김일손金馹孫, 1464~1498년, 7세손 삼족당三足堂 김대유金大有, 1479~1552이다. 이들 세 현인이 한 집안에서 나왔다 하여 청도삼현淸道三賢이라 불렸고 그 후손을 삼현파라 일컫는다.

김극일의 자는 용협用協, 호는 모암慕菴이다. 어려서부터 효성이 지극하여 조모의 병환에 손가락을 베어 피를 드시게 하였고, 조부모의 상에 시묘하였다. 세조가 정문을 내리고 점필재佔畢齋 김종직金宗直이 효문비명孝門碑銘을 지었다. 청도淸道의 자계서원紫溪書院에 제향되었다.

김일손은 김극일의 손자로, 자는 계운季雲, 호는 탁영濯纓 또는 소미산인少微山人이다. 1486년성종 17년 생원시에 수석으로 합격하고, 진사시에 2등으로 합격하였다. 이어 같은 해에 문과에 급제하였다. 권지부정자權知副正字로 관직 생활을 시작해 진주 교수로 나갔다가 사직하고, 고향에 돌아가 운계정사雲溪精舍를 짓고 학문 연구에 몰두하였다. 이 시기에 김종직金宗直의 문하에 들어가 정여창鄭汝昌·강혼姜渾 등과 교유하였다.

다시 벼슬길에 들어서서 홍문관 부교리副校理·이조정랑 등을 지냈다. 언관言官에 재직하면서 문종의 비 현덕왕후顯德

王后의 소릉昭陵을 복위하라는 주장을 하였으며, 훈구파의 부패를 공격하고 사림파의 중앙 정계 진출을 적극적으로 도왔다. 그 결과 1498년연산군 4년 유자광柳子光·이극돈李克墩 등 훈구파가 일으킨 무오사화에서 〈조의제문弔義帝文〉이 빌미가 되어 능지처참을 당했다. 그 뒤 중종반정으로 복관되고, 중종 때 직제학直提學, 현종 때 도승지, 순조 때 이조판서로 각각 추증되었다. 저서로 《탁영집濯纓集》이 있다. 자계서원紫溪書院과 도동서원道東書院 등에 제향되었다. 시호는 문민文愍이다.

김대유는 김극일의 증손자이자 김일손의 조카로, 자는 천우天佑이다. 연산군 때 숙부 김일손이 무오사화를 당하자 부친 김준손金駿孫과 함께 호남에 귀양갔다가 중종반정으로 풀려났다. 1507년중종 2년 진사과에 장원하고 1519년 문과에 급제하여 칠원 현감을 지냈다. 1552년 운문산의 삼족당에서 별세하였다. 삼족당은 70세를 넘게 살아 나이가 족하고 칠원 현감을 지내 영화가 족하고 술과 고기 등 먹는 것이 족하다는 의미이다.

## 2. 삼현파 김대장7세손 보절 정착사

보절면의 입향조는 6세손 탁영濯纓 김일손金馹孫, 1464~1498년의 양자인 김대장金大壯, 1493~1549년이다. 김대장은 김기손金驥孫의 둘째 아들로, 무오사화로 인해 호남에 유배갔다가 중종반정 후 용궁현감龍宮縣監을 지냈으며 백동사白洞祠에 제향되었다. 남원 만행산萬行山 구라치求螺峙에 묘가 있는데, 현재 보절면 진기리다.

김치삼金致三, 1560~1625년은 김대장의 손자로, 호가 도연정道淵亭이다. 한강寒岡 정구鄭逑의 문인으로, 검간黔澗 조정趙靖과 도의로 교유하였다. 임진왜란 후 왜구가 강화를 청하자 반대하는 상소를 올렸다. 백동사白洞祠와 사동사社洞祠에 제향되었다.

김치세金致世, 1563~1635년는 김치삼의 아우로, 호가 지지당知止堂이다. 중봉重峰 조헌趙憲의 문인으로, 임진왜란이 발발하자 조헌의 막하에서 활약하였고, 양사형楊士衡과 의병을 일으켜 구례에서 왜적을 대파하여 원종공신에 올랐다. 묘가 순창淳昌 오산방鰲山坊 관곡官谷에 있다.

김정택金挺澤, 1719~1789은 김치삼의 5세손으로, 호가 만회당晚悔堂이다. 59세에 생원시에 급제하였다. 성리학에 전념하여 유림들로부터 추중을 받았다. 묘가 사제봉社祭峰 아래에 있다.

김현효金顯孝, 1748~?는 김치삼의 6세손으로, 호가 돈재遯齋이다. 효성이 지극하여 사람들로부터 "절효 선생의 유풍을 잘 간직하였다."고 칭송을 받았다. 묘가 계월동鷄越洞에 있다.

김해 김씨 삼현파 김현효의 후손은 현재 보절면 괴양리와 안평동, 장수군 산서면 일대에 30여 가구가 거주하고 있으며, 이 후손들은 해마다 음력 10월 11일에 진기리 내동 입구에 있는 감모재感慕齋에서 시제時祭를 지내고 종중별로 시제를 지낸다.

도룡리 안평동에 거주하는 향곤香坤, 김관의 22세손이 한약업에 종사하며 한약봉사韓藥奉仕하여 많은 사람들로부터 칭송이 자자하다.

괴양 마을에 살던 의곤義坤, 김관의 22세손이 신파리 하신마을로 이주하여 정미소를 운영하고 있다.

♦ 정착조 묘: 보절면 진기리 내동 구라치求螺峙
♦ 재실: 감모재感慕齋

## 언양 김씨彦陽 金氏
## 괴양, 진목

## 1. 남원 정착 이전의 선조사

### 1_1. 시조의 유래

언양 김씨는 신라 왕족의 후예이다. 시조 선鐥은 신라 대보공 김알지金閼智의 28세손인 56대 경순왕의 일곱째 아들이고, 고려 태조 왕건王建의 외손이며, 어머니는 효목왕후낙랑공주樂浪公主이다. 시조 선은 고려조에서 언양군에 봉군封君되어 후손들이 언양을 관향貫鄕으로 삼아 세계世系를 이어오고 있다.[2]

### 1_2. 가문을 빛낸 대표적인 인물

시조 선의 아들 2세 진進이 예부시랑禮部侍郎, 손자 3세 정보精寶가 고려에서 호부상서戶部尙書를 지냈고, 증손 4세 경숙鏡淑은 대장군大將軍, 정3품 무관직 벼슬을 역임하였다. 현손 5세 수壽는 신호위별장神虎衛別將으로 아버지와 함께 이름을 날렸고, 6세 언련彦連은 신호위 중랑장神號衛中郞將을 지내셨다. 7세 부富는 금오위대장군金吾衛大將軍, 정3품, 예부상서禮部尙書, 정3품에 지냈다.

언양 김씨는 7세 부富로부터 5대에 걸쳐 약 150여 년간 수상首相과 재상宰相 등을 많이 배출하였다.

고려 명장 8세 위열공威烈公 김취려金就礪는 1216년고종 3년 거란병이 의주, 삭주 등 우리 땅 깊숙이 침입해 오자 그들을 크게 무찔러 벼슬이 금자광록대부정1

품 태자태사정1품로 언양군에 봉군되었고, 문하시중정1품 평장사상장군 판이부사에 이르렀던 청렴 강직한 장군이었다. 1234년고종 21년 63세로 서거하자 고종은 위열威烈의 시호諡號를 내리고 고종묘高宗廟와 숭의전崇義殿에 고려 16공신으로 배향하였다. 역사상 언양 김씨의 주요인물은 거의 위열공의 후손이다.[3]

위열공의 아들 9세 전佺은 금자광록대부金紫光祿大夫, 정1품 수 태부守 太傅, 정1품 문하시랑평장사門下侍郎平章事, 종1품로 시호는 익대翼戴이다. 익대공의 둘째 아들 10세 변䛒은 21세에 문과에 급제하고 국자박사國子博士, 정7품 이조판서吏曹判書, 정2품 1300년 광정대부 판삼사사, 참리집현전 태학사, 동 수국사匡靖大夫判三司事, 정1품, 參理集賢殿 太學士, 정2품, 同 修國史, 정2품에 올랐으며 시호詩號는 문신文愼이다.

11세 윤륜은 문신공文愼公의 큰아들이며 1310년 첨의평리僉議評理, 정2품와 삼사좌우사三司左右使, 정2품로 언양군에 봉군되었다. 또한 좌정승左政丞, 정1품에 올라 큰 공훈을 세워 1342년 벽상삼한삼중대광수사도: 한성의협찬보리 일등공신壁上三韓三重大匡 守 司徒: 翰誠義協贊補理 一等功臣으로 언양부원군彦陽府院君, 정1품에 봉군되고 시호는 정열貞烈이다.

12세 경직敬直은 정열공의 둘째 아들로 문과에 급제하여 정랑 밀직부사정2품 첨의평리정2품, 삼사좌우사정2품, 첨의찬성사정2품로 전라도 순문사를 하였다. 검교시중정1품 수守 사도정1품를 제수 원수元帥로 압록강을 수비, 원元나라의 침입을 막았고, 시호는 충경忠敬이며, 언양부원군정1품상주국 언양백정1품에 봉군되었다. 고려 때 언양 김씨는 명상名相 명신名臣들이 많아 고려사에 그 이름을 널리 떨쳤다.

彦陽金氏族譜辛巳譜 彦陽金氏略史 彦陽人의脈 新羅金氏王孫錄 高麗史 金就礪傳

조선시대에는 건국 초부터 벼슬에 나가는 후손들이 많았다. 그 중 특히 세종 때 14세 서헌공西軒公 문일汶은 공조전서를 지낸 복생復生의 넷째로 세종 2년 문과에 급제하여 직제학直提學에 이르렀다. 집현전학사로서《사정전훈의思政殿訓議》와《자치통감강목自治通鑑綱目》을 편수하였고,《소학小學》과《근사록近思錄》의 교정 발문跋文을 썼다. 16세 계보季甫 유은공은 세종조에 등과하여 형조도관刑曹都官 정랑이 되었고 단종 양

위가 있자 관직을 버리고 남원의 오대정鰲戴亭에 은거 유은옹遊隱翁이라 자칭하며 순창의 귀래정 신말주申末舟와 교유하며 여생을 마쳤다.

17세 관瓘은 문종조 문과에 급제하여 이조참의吏曹參議로 임명되어 이시애의 난을 토벌하여 평정하는 데 공을 세워 정충출기精忠出氣 적개공신敵愾功臣에 녹훈되고 오도五道 관찰사觀察使를 지냈으며 병조판서 좌찬성에 올랐다. 언양군에 봉군封君되었으며 시호諡號는 공양恭襄으로 김제 육송사六松祠에 배향되었다.

21세 문열공文烈公 건재健齋 천일千鎰은 임진왜란 때 유명한 의병장으로서 '진주삼장사'의 한 사람이다. 위열공의 13대손이다. 일찍이 일재 이항의 문하에서 학문을 닦고 임실현감을 지냈으며, 1592년선조 25년 임진왜란이 일어나자 나주에서 의병을 일으켜 각지의 전투에서 혁혁한 전공을 세워 조정에서 창의사의 호와 판결사判決使로 임명 포상하였고, 진주성을 지키다가 아들 상건象乾과 함께 장렬히 전사하였는데, 부인 김해 김씨도 그 비보를 듣고 스스로 목숨을 끊어 '삼강三綱의 문벌'로 크게 존중받고 있다. 부자가 순국한 애국충신으로 나라에서는 영의정을 추증하여 문열文烈이라 시호를 내리고, 아들 상건에게는 좌승지를 추증하였다. 진주 창렬사와 나주 정렬사에 위패를 봉안하고 진주시와 나주시에서 매년 추모행사를 거행하고 있다.[4]

22세 장무공壯武公 준浚은 무과에 급제하여 선전관을 거쳐 교동현감이 지냈다. 인조반정에 동참하여 도총부都摠府 도사都事를 거쳐 죽산부사를 지냈다. 이괄의 난 때 공을 세워 의주부윤에 추천되었다. 정묘호란 때는 안주목사 겸 방어사로 1627년 1월 21일 분전奮戰, 장렬히 전사하여 좌찬성左贊成에 증직되고 장무壯武라 시호했으며, 아들 유성有聲과 김씨 부인도 순절하여 아들은 참의參議에 증직, 왕이 치재문을 내려 효행을 표창하고 삼강정려三綱旌閭가 하사되었다.

壯武公遺事 : 彦陽金氏壯武公派

언양 김씨는 신라의 왕손답게 고려조와 조선조에서 많은 인물을 배출하였으며, 수많은 문과 급제자를 냈다. 또 나라를 지키는 애국충신과 열사를 배출하였다.

彦陽金氏辛巳譜 彦陽金氏略史 彦陽金氏宗報 朝鮮實錄 國史大觀

## 2. 언양 김씨 남원 정착사 - 장흥부사공파

### 2_1. 16세世 보성군수 약흠若欽

공은 남원에 정착한 천추공의 할아버지이다. 어려서부터 총명하고 뛰어난 재능을 겸비하였으며 명문가인 충절의 피를 이어받고 자라셨다. 일찍부터 종조부從祖父 서헌공西軒公 문문汶을 스승으로 모시고 가르침을 받았고, 학문은 날로 깊어 덕행과 언행이 일치하니 원근의 사람들이 존경하였다. 서헌공은 문과에 급제하고 대제학을 지낸 명망이 높은 대학자이다. 부친 윤潤 판전농공判典農公이 모친 송씨를 모시고 개풍군 풍덕의 옛집에서 정읍시 이평면 연화동으로 이사하였다. 송씨 부인은 단종의 장인인 현수의 근친이다.

공은 부모의 뜻에 따라 1427년世宗 9년 16세의 어린 나이에 진사시에 급제하였다. 효심이 지극한 공은 늙은 부모님을 봉양하며 후학 양성에 힘쓰다가 관직에 오른 뒤 1452년文宗 2년 보성군수寶城郡守에 제수되었다. 1455년世祖 1년 단종이 세조에게 양위하자 비분하여 관직을 사직하고 고향으로 돌아와서 두문불출, 인간사와 인연을 끊고 은거하였다.

1457년世祖 3년 단종의 부음을 듣고 북향복배北向伏拜 대성통곡하며 슬퍼하니, 그 충절은 우국충신이고, 생육신과 같았다. 공은 팔랑정八郞亭에 깊이 은거하고 단종을 생각하며 방립을 쓰고 해를 보지 않은 채 수십여 년을 학문과 후학 교육에 힘쓰며 지내다가, 1483년成宗 14년에 별세하니 향년 72세였다.[5]

부인은 성주星州 이씨로 자녀는 3남 6녀를 두었다. 장남 극연克鍊은 장흥부사, 차남 극장克鏘은 숙천부사, 삼남 극섭克銛은 사포서별제司圃署別提를 지냈다. 극연의 아들 천추千秋는 종사랑從仕郞이며 남원에 첫 이거한 조상입남선조이다.

彦陽金氏略史 辛西譜行狀 墓誌銘 姓氏의 故鄕 언양 김씨 대종보 東國忠孝實錄

### 2_2. 17세世 장흥부사 극연克鍊

극연공은 남원에 정착한 천추공의 아버지이다. 공公은 효령대군 보補의 손녀사위,[6] 보성군寶城君 용容의 둘째 딸과 결혼하였다.

공직에 있으면서도 왕실의 일을 맡기면 성실히 수행하였다. 1472년 순창군수로 근무할 때 전주사고史庫를 짓는 데 공사를 감독하여 1473년 5월에 완공하였고, 6월 진남루에 봉안하고 있던 실록을 모두 이곳 실록각으로 옮겨 보관하였다.[7] 이 같은 연유로 1474년成宗 5년 창덕궁의 정비와 창경궁을 건축할 때 임중과 함께 감역監役의 일을 맡았다.[8]

선전관宣傳官 김극연金克鍊 판관判官 이평李枰과 함께 모든 암자와 절의 숨길만 한 문서를 철거하게 하였으며, 1468년世祖 14년 예종 즉위년 9월 9일 태상왕의 장례 담당자에 행부호군行副護軍 김극연을 낭관郞官으로 삼았다.[9]

1477년 영천군수로 사조辭朝할 때 왕이 김극연에게 이르기를 "수령守令은 백성을 편안하게 하는 것을 힘써야 하니, 가서 잘 받들어 행하라.守令當以安民爲事, 往欽哉"하였다. 1482년 교대할 때까지 근무했다.[10]

대행대비大行大妃의 상사喪事 논상論賞으로 통훈대부通訓大夫 정3품에 오르다.[11]

극연공이 성종 때 통정대부행 장흥 도호부사通政大夫行長興都護府使를 제수받았기 때문에 극연공의 후손들은 언양 김씨 대동보 파칭派稱에서 종사랑공파從仕郞公派로 칭하다가 제7차 신유보에서 '장흥부사공파長興府使公派'로 개칭하였고, 대부분 남원시 보절면 괴양리와 진기리, 임실 그리고 경기도 파주 개풍에 모여 살고 있다.[12]

### 장흥부사공파 보절 괴양 문중

언양 김씨가 남원에 터를 잡은 것은 장흥부사 김극연17세손의 외아들 김천추金千秋이다. 효령 대군의 손서孫婿인 극연은 단종 손위遜位에 벼슬을 버리고 정읍 마항 연화사에 은거하다가 외아들 천추만을 데리고 단신으로 남원 고절 장견곡에 피신하였다.

김천추가 곧 언양 김씨 입남선조이다. 당시의 연대나 나이는 족보에 밝혀져 있지 않았지만 1461년世祖 7년경으로 추정한다. 소년 시절에 남원에 온 그는 안동 권씨 호교리의 딸을 아내로 맞았지만 불행히도 19살에 타계했다. 그의 아들 돈경은 유복자였고 그 뒤에도 현달하지 못하고 대를 이을 정도였다.

아버지 없이 외롭게 태어난 돈경은 사용원 봉사를 지냈다. 후손 김시룡은 과거에 골몰하지 않았으나 과문에 전공하여 고을에서는 그를 남파南坡라 칭호했는데 이는 남주南州에 있는 소동파蘇東坡와 같다 하여 남파南坡로 부른 것이다. 그가 77살에 졸하니 그 문생 중에는 '삼월상복'을 입은 이가 많았고 '삼년상복'을 입은 이까지 있었다. 벼슬은 없었지만 후손들은 그를 남주의 영걸英傑로 부르고 있다.

29세손 김택열은 1863년고종 1년에 정시庭試, 국가의 경사에 보이는 특별한 과거 문과에 급제하였다. 그는 어려서 몹시 가난하여 어머니가 이웃집 품을 팔고 먹다 남은 밥을 가져와 먹었다. 그가 겨우 말을 하고 걷기 시작할 때부터는 입을 다물고 묵묵히 굶으면서도 쉬이 남에게 굽히거나 남의 밥을 먹으려 하지 않아 모친이 매우 가슴 아파했다고 한다.

그가 문과에 든 후 사간원 정언, 사헌부지평, 이조정랑, 김효도채황해도의 한 교통로 등을 지냈는데 모두 청렴정직했고 조정에서 곡성 현감을 제수받고도 모친상을 당하여 부임하지 못했다. 언양 김씨는 지금까지 약 540여 년을 누려오면서 큰 벼슬은 없었으며 세거의 범위도 보절을 벗어나지 못한 채 100여 세대, 600여 명의 문족으로 가문을 이어가고 있다.

### 장흥부사공파 보절 진목 문중

23세손 약호若湖가 진목 정착조이다. 약호는 익재로 시호를 받은 전佺, 9세의 둘째 아들의 후손이다. 물론 고절방에 정착한 천추의 5대손이다. 주언胄彦, 25세은 통정대부 절충장군 첨지중추부사 용양위부호군을 지냈고 주언의 아들 경흡도 통훈대부 좌승지 겸 경연참찬관을 지냈다. 부자간에 당상관이 된 것은 드문 경사이다.

29세 웅열은 당상관에 오르고 수직으로 가선대부동지중추부사가 되었다. 생전에 의술에 밝아 이웃동리까지 명성이 자자했다.

♦ 묘: 김천추金千秋, 입남선조 남원군 보절면 괴양리 장견곡, 영寧자의 15대조
♦ 재우齋宇: 세경재世敬齋, 김천추金千秋 보절면 괴양리

　　　　　추경재追敬齋, 김릉金淩 덕과면 만도리

　　　　　경모재敬慕齋, 김약호金若湖 보절면 진기리

　　　　　영모재永慕齋, 김회金瑢 보절면 괴양리

　　　　　모덕재慕德齋, 김경협金慶狹 보절면 괴양리
♦ 비碑: 신도비神道碑, 김세추金世秋 보절면 괴양리

　　　　경주김씨열녀비慶州金氏烈女碑, 김갑경 처金甲坰 妻 보절면 괴양리
♦ 족보간행: 신유보辛酉譜, 1981년

```
┌─────────────────────────────────┐
│         금녕 김씨金寧 金氏          │
│              용동                 │
└─────────────────────────────────┘
```

시조 김시흥金時興은 신라 경순왕의 넷째 아들인 은열殷說의 7세손이며, 동정공同

正公 봉기鳳麒, 은열의 6세손의 넷째 아들이다. 따라서 신라 김씨의 원조 대보공大輔公 김알지의 35세손이다. 시호는 문열文烈, 고려 인종조에 한림翰林으로 동북면병마사를 거쳐 광록대부光祿大夫평장사에 이르고 금녕군金寧君에 봉해졌다. 후손들이 봉군지封君地를 따라 금녕金寧을 본관으로 삼은 것이다.

김시흥貫祖 1세의 아들 김향金珦은 고려 인종 때 이자겸의 난을 평정하는 데 기여한 공이 크다. 인종 때 경원慶源의 수령을 지냈으며, 감찰어사를 거쳐 병부상서동지중추부사兵部尙書同知中樞府事에 이르렀다. 그의 딸이 그 당시 최고의 권세를 떨치던 이자겸의 며느리가 되어 사돈 간이 되었지만 이자겸의 권력이 왕권을 누른 것을 보고 인종 4년, 이자겸을 잡아 유배하는 데 성공하여 위사공신으로 평장사平章事가 된다. 김시흥에게는 향珦과 순珣의 두 아들이 있었고, 그 후손이 31파로 분파되었다. 그중에서도 김문기金文起, 9세의 후손이 충의공파忠毅公派이고 김준영金俊榮, 13세의 후손이 충정공파忠貞公派이다. 이렇듯 탄탄한 세도 가도를 달리던 금녕 김씨의 성운盛運이 단종 복위거사를 분기점으로 수난 길에 접어든다.

김문기의 초명初名은 효기孝起요. 호는 백촌白村이며 영의정을 지낸 김관金觀, 8세의 아들이다. 1426년세종 8년에 생원으로 문과에 오른 후 한림학사를 거쳐 동부승지同副承旨 함길도 관찰사를 지냈다. 단종 때 함길도 도절제사로 나갔는데 공조판서 겸 삼군도진무三軍都鎭撫에 오른다. 세조가 어린 단종의 왕위를 강탈하자 박평년, 성삼문, 하위지, 이개, 류성원 등과 함께 단종 복위를 모의했다. 병력동원을 책임졌으나 모의 거사가 밀고로 무산되고 모의 가담자는 형장의 이슬로 사라졌다. 김문기도 세조의 고문 끝에 순절했는데 단종과 동지를 위해 끝까지 입을 다물고 절의를 지켰고, 아들 현석玄錫도 함께 순절하였다. 단종 복위거사가 실패로 돌아가자 금녕 김씨 가문에 세찬 시련이 몰아쳤다. 가까운 일가는 유배를 당했고, 금녕 김씨라는 이유만으로도 역적의 누명을 썼다.

1731년영조 7년 김문기의 9대손 김정구金鼎九의 호소로 관작이 복귀된 후 충의忠毅라는 시호를 받았다. 정조는 그의 충절을 널리 알리고 기리기 위해 부조묘不祧廟에 제향하라는 왕명으로 정려를 내렸다. 사육신에서 누락됐던 김문기는 1977년 국사편찬 위원회의 판정으로 원래의 사육신에 속함이 확인돼 노량진 육신묘역六臣墓域에 가묘家廟가 마련되었

다. 김문기의 가문은 부, 자, 손자, 증손, 현손 등이 충과 효의 맥을 이어 전대미문의 5세충효五世忠孝 정문旌門이 세워졌다.

김준영은 호가 동악東岳이다. 1531년생 충정공파忠貞公派의 파조이다. 충정忠貞은 임금이 내린 시호이다. 그가 62살 때 임진왜란이 났다. 선조가 난을 피해 의주義州로 피난할 때 노령을 무릅쓰고 의주까지 임금의 어가御駕를 시위侍衛하였고 명의 구원병 덕에 서울로 환도할 때도 역시 임금을 직접 모시었다. 이로 인해 나라의 공신으로 철권鐵卷에 기록되고 보국수록대부로 익성군益成君에 봉하였으며 명정되었다. 진천에 부조묘를 세웠고, 임실 운암 냉천으로 옮겼다가 1959년 3월에 다시 충남 논산 은진면 방충리로 옮겼다. 묘는 실전되었다.

충의공파와 충정공파는 남원 문중의 상계上系이다. 남원 화수회花樹會는 해마다 5월 5일에 열린다.

## 용동마을 금녕 김씨 입향조入鄕祖 해은공海隱公

공公의 휘諱는 치연致連, 자字는 양진良進, 호號는 해은海隱이다.

해은공海隱公은 단종복위운동을 주도하다 순절한 충의공 백촌 김문기忠毅公 白村 金文起, 9세 선생의 13세손이며 경남 진주 가서리에서 세거하다가 가문이 불행하여 회록지재回祿之災를 만나 선대직첩先代職帖과 문적文蹟 그리고 가장집물家藏什物을 전소 당하여 통박痛迫함을 견디지 못해 전남 광양 옥곡玉谷으로 은둔하다가 병인양란丙寅洋亂의 혼란기에 보현방 만행산하萬行山下 용동龍洞으로 이거 은둔하게 되어 자손이 정착하게 되었다.

해은공은 부친 휘 성삼聖三공과 어머니 청송 심씨靑松 沈氏 아들로 태어나 어려서부터 효심이 극진하였고 재질材質이 영민하여 7세 때부터 글 뜻을 스스로 해석하고 전송傳誦하였으며 오랜 부모님의 병환을 간병하고 하늘에 부모님을 대신하기를 간절히 빌어 부모님을 치료하였다. 그 후 극진한 정성으로 부모님을 모시고 부친상을 당하여서는 3년 시묘를 하였다.

해은공의 행적은 송사松沙 기우만奇宇萬 선생이 묘갈명墓碣銘을 찬撰하여 잘 나타나 있으며, 해은공의 부친도 학덕을 갖추었으며 할아버지인 휘 완걸完杰 호 경숙敬齋공도 1780년정조 4년에 진사에 합격하여 1836년헌종 2년에 가선대부동지중추부사嘉善大夫同知中樞府事를 역임하였다. 이는 선조 충의

공忠毅公 음덕蔭德으로 증직의 은전을 특별히 입은 것이다.

증조曾祖 휘 준철俊哲은 한성부좌윤漢城府左尹에 추증되고 고조高祖인 휘 첨용瞻龍은 진사에 합격하여 공조참의工曹參議에 추증되었다.

보절면 용동에 정착하면서 해은공의 아들인 휘 호경浩慶, 호 농은農隱공은 아들 5형제를 두었으며, 장자 재권梓權은 재질才質이 뛰어나 송사 기우만 선생의 문하에 수업하여 거유巨儒를 이루고 제3자 상권常權 역시 재질이 출중하고 학행이 있어 일생을 훈몽訓蒙하였고 손증孫曾도 총민하여 형택炯宅은 보절면의회 의원을 지냈고 형식炯植은 보절면사무소에서 다년간 근무하여 면의회의장을 역임하였으며 형용炯鎔은 남원세무서에서 다년간 근무하였다.

그 후 자손이 번창하여 용동마을에서 세거를 이루었던 금녕 김씨는 대부분 전주, 서울 등 각지에서 생활하고 현재는 용동마을에 두 집이 살고 있다.

끝으로 해은공의 술회시述懷詩 한 수를 소개하고자 한다.

晩年誤入海邊遊　心事肯爲與世謀　만년오입해변유　심사긍위여세모
特厭收名常自退　能知守分更何求　특염수명상자퇴　능지수분경하구
巖雲每起柴關靜　天日將斜島樹幽　암운매기시관정　천일장사도수유
莫道斯間無所取　有時漁釣摠忘憂　막도사간무소취　유시어조총망우

만년에 그릇 바닷가에 들어 노닐게 되었으나

마음만은 온누리에 함께할 생각이었네

특별히 이름을 거둬 스스로 물러나 만족을 기하고

분수 지킬 줄 알아 처신하니 무엇을 더 구하겠는가

흰 구름 일어나고 사립문은 잠겨 고요함을 더하고

하늘에 해가 비낄 무렵 섬 나무 그윽하기만 하네

나더러 이곳에서 하는 일 없다고 이르지 말게나

때로 고기 잡고 낚시질하며 모든 걱정 잊고 지내네

♦ 족보간행: 병인보丙寅譜, 1986년

## 강화 노씨江華 魯氏
내황

### 1. 시조 및 본관의 유래

중국《사기史記》〈노주공세가魯周公世家〉편에 주나라 초대 무왕武王은 동생인 주공周公 희단姬旦을 곡부에 책봉하여 노국노공魯國魯公으로 봉하였으나 봉지에 가지 않고 자신의 형인 무왕을 보좌하였다. 무왕이 일찍 타계하여 나이 13세 된 어린 조카가 제2대 성왕成王으로 오르니 어린 성왕을 보좌하지 않을 수 없어 봉지에 가

지 못했다.

성왕 원년에 주공周公 희단姬旦의 장남 백금伯禽을 대신 노나라 제후에 책봉하고 노국노공魯國魯公으로 봉하니 노나라 제1대 군주가 되었으며 노씨 성의 시원이 되었다.

중국 주나라 근거지였던 섬서성 부풍에 주공 희단의 사당과 주공상周公像을 건립해 놓았다. 중국 제남시에 있는 산동성 박물관에 노나라 1대 군주 백금으로부터 34대 노경공수魯頃公 讐까지 기원전 1043~998년 노공세계표魯公世系表와 주공 희단을 노나라 제1대 군주로 한 노나라 제후국 세계표가 보관되어 있다.

## 2. 강화 노씨江華魯氏 시원과 정통약사正統略史
### 한복韓服에 '동정'을 달게 된 유래

강화 노씨 1세 시조 노중연魯仲連은 기원전 222년 중국 전국시대 제齊나라 사람으로 외교에 능통했다. 당시 일체변사 또는 종횡가로 불렸던 유세가遊說家의 한 사람이며 세속에 구속되지 않는 풍류명사風流名士로 제자백가의 사상을 융합하여 당시 포악무도한 진秦나라의 침략으로 어려움에 처해 있는 조趙나라 평원군平原君을 비롯하여 진으로부터 침략을 받고 있는 여러 제후들에게 뛰어난 지략으로 해결해주었다. 이에 각국 제후들이 도움을 받은 사례로 봉지를 내리거나 천금을 내놓았으나 노중연의 말은 "천하에서 선비가 귀하게 여겨지는 까닭은 다른 사람의 걱정을 덜어주고 재앙을 없애주며 다툼을 풀어주고도 보상을 받지 않기 때문이다."라며 모두 사양했다. 전국시대 각국에서는 노중연 선생을 세기적 천하사世紀的 天下士라 호칭하고 극찬하였다고 《사기열전史記列傳》에서 전한다.

시조 노중연의 손자 3세 노계魯啓공이 기자조선 41대 애哀왕조에 들어와 부교사도敷敎司徒가 되어 팔조지교八條之敎 법금法禁 예악禮樂 살인殺人 투도偸盜 금간禁姦 시서詩書 홍화弘化와 정전제법井田制法을 바로 세우고 인륜도덕을 계시啓施한 위업의 공덕으로 41대 애왕조 기원전 195년에 강화군江華君 고갑비甲比에 봉해지니 강화 노씨의 입관조入貫祖이다.

관조貫祖이신 노계공이 선정과 대업을 남기고 승천하시니 조정에서는 우리나라 동방 선정의 유덕遺德을 만대에 기리는 애정으로 시호를 동정東政이라 추서追敍하고 만조백관滿朝百官과 만백성에게 한복 저고리 옷깃에 배색 단을 달게

하였다. 이로써 '한복동정'이 오늘에 전습되었으니 여기에는 관조貫祖 노계공의 성훈聖訓이 담겨 있음을 상징한다.[13]

## 3. 병사공파兵使公派 보절 내황느린대 마을 정착사

창녕부사를 지낸 52세 노여魯輿는 5형제를 두었다. 큰아들 인호仁好, 53세는 충청병마절도사북병사忠淸兵馬節度使北兵使를 지냈고, 둘째 인지仁止는 경기감사京畿監司, 셋째 인복仁福은 한림학사翰林學士, 넷째 인철仁喆은 기장현감機張縣監, 다섯째 인언仁彦은 사헌부감찰司憲府監察을 하였다. 이후로 강화 노씨는 큰아들 인호仁好계는 병사공파兵使公派, 둘째 인지仁止계는 감사공파監司公派, 셋째 인복仁福계는 한림공파翰林公派, 넷째 인철仁喆계는 현감공파縣監公派, 다섯째 인언仁彦계는 감찰공파監察公派로 하여 다섯 개로 분파되었다.

남원의 강화 노씨는 대개가 병사공파이다. 노여의 큰아들 병사공兵使公 인호가 남원의 용정마을로 혼인을 한 것이 인연이 되어 경주부윤慶州府尹을 지낸 손자 노숭문魯崇門, 55세이 남원의 북쪽 용정동현 오수면 용정마을에 왔고 1438년세종 21년 아들 변變, 56세을 낳았다. 노변은 무술을 늦게 배워서 35살이 되어서야 별시別試에 합격하여 부령, 선천부사를 지냈다. 그는 아들만 넷을 두었는데 성균생원을 지낸 큰아들 순석順碩이 바로 시내 문중의 정착조이며, 둘째 아들 윤석潤碩이 대강 문중의 정착조이고, 셋째 아들 광석光碩, 57세이 보절 문중의 정착조 익휘益輝, 62세의 현조玄祖이다. 넷째 아들 영석英碩은 순창으로 갔다.

광석의 증손 선립善立, 59세이 통정대부가 되었다가 공조참의에 이르렀고 선립의 아버지 시동58세은 통훈대부군자감에 증직되었다. 61세손 준흥俊興은 어모장군 훈련원판관을 지내다가 가선대부병조참판겸 훈련원 도정에 이르렀고 준흥의 아들 익휘益輝, 62세는 가선대부동지중추부사를 지냈고 익휘의 아들 후성後聖, 63세도 통정대부를 지냈다. 이는 3대가 당상관堂上官에 오르는 드문 경사이다.

강화 노씨는 서반西班 쪽에 인물이 많다. 남원 문중에서 무과에 오른 분만 하더라도 59세손 필검을 비롯하여 네 분이나 되고 어모장군禦侮將軍 등 무관이 4분, 당상관에 증직된 인물이 14분이나 된다.

익휘는 보절지역의 정착조이다. 자는 성구成九, 호는 죽근竹根이며 벼슬에 물러난 뒤 18세기 후반에 임실군 용정마

을 옛 남원군 둔남면 용정에서 보절 내황마을에 이주하였다. 이후 63세손 후성, 64세손 덕린德麟도 진사를 하는 등 문족門族이 변성하였다. 또한 후손들은 광석의 묘를 보절면 내황마을 산정으로 이장하여 모셨다.

후손으로 보절초등학교 31회 재용在容, 71세은 보절초등학교 1983년 60돌 행사에 김유신 장군 기마상을, 면사무소와 학교, 우체국 등에 TV 각 1대씩을 기증하였다. 현재 내황마을에는 인화仁化, 71세, 마을이장을 보고 있는 정규正圭, 71세 등 12대에 이르러 살고 있다.[14]

◆ 묘: 노변魯變, 56세 입남선조 남원시 광치동 율치 산 111-1

【1985년 내황 문중은 진안군 이서면 증자동에 있는 53세 중조 인호仁好와 54세 권權과 55세 숭문崇門 3대의 선조묘先祖墓를 입남선조 56세 노변의 묘역 상좌上座로 이장하였다.】

◆ 재우齋宇: 모송재慕松齋 임실군 성수면 천동리

◆ 족보간행: 병진보丙辰譜, 1976년

---

## 풍천 노씨豊川 盧氏
### 범말

풍천 노씨의 시조는 지址이다. 노혜盧穗의 아들이다. 왕실의 안정을 지켜 그 공으로 풍천백豊川伯이 되었다. 그리고 풍천豊川을 본향으로 삼았다. 그러나 상계上係가 실전되어 고려 때 국자진사를 지낸 노유盧裕를 1세조로 하여 이어오면서 조선조에서 명성을 떨쳤다. 을사보乙巳譜를 보면 노씨의 선계先系는 중국 범양范陽 사람으로 당나라 선종 때 노혜가 9명의 아들을 데리고 동래東來한 것이 우리나라 노씨의 연원이 되었다고 한다.

풍천은 원래 고구려의 땅이었다. 고려 초에는 풍주豊州로 고쳤고 조선 태종 13년에 지금의 이름으로 고쳤다.

5세 서린瑞麟은 철원에 있었지만 홍건적이 경기지역에 난립하자 자손들이 경북 청도로 옮겼고 6세 천계天桂는 경남 창원으로 왔다가 그곳에 터를 잡았다.

천계는 문과에 들어 승사랑으로 용구龍駒 현령으로 있다가 어머니 의안 현씨義安 玄氏를 따라 용구龍駒로 갔다. 천계의 아들 흥길興吉, 7세은 고려 공민왕 때 사람으로 1426년세종 8년에 죽었고 흥길興吉의 아들 언彦, 8세은 고려조에서 사정司正으로 있었고 11세손 우명友明은 호가 신고당信古堂으로 현릉참봉으로 추천됐지만 기묘명현己卯名賢이 됐다. 우명은 4남 3녀를 두었는데 장남은 노희盧禧, 둘째 노진盧禛, 셋째 노관盧禩 넷째가 노록盧祿이다.

정유년 진사에 오른 노희盧禧, 12세의 동생 노진盧禛은 일화가 많다.

노진盧禛, 12세은 44세에 남원부사에 제수除授되었으나 처향妻鄕이라는 이유로 사직하고 담양부사가 되었다고 한다. 함양 지곡면 개평리에서 선조 말에 이판에 올랐으며 어머니 순흥 안씨의 친정인 금지면 택내로 왔다가 남원 주천朱川으로 옮긴 것이다. 시호를 문효文孝로 내리고 사림들이 함양 신계에 정문旌門을 세웠다. 또 남원 시내 동쪽에 창주서원滄州書院이 있고 사액서원賜額書院으로 유명하다. 신도비神道碑와 문집이 있으며 정려가 있다.

노진설화는 다음과 같다. 노진이 약혼을 하였는데 가난하여 결혼 비용이 없었다. 할 수 없이 선천부사로 가 있는 당숙부를 찾아갔다. 그런데 부府의 성문을 열어 주지 않아 부내로 들어가지 못하고 방황하던 중, 어린 기생을 만나 그녀의 안내로 관문에 들어가 당숙부를 만나기는 했으나 지나치게 냉대하므로 그곳에서 즉시 나와 버렸다. 그리하여 어린 기생을 찾아갔는데, 반갑게 맞아 주고 후히 대접해 주는지라 며칠을 그곳에서 묵다가 그 기생이 마련해 준 돈을 가지고 돌아와 결혼식을 올렸다.

노진은 그 뒤 과거에 급제하여 관서지방을 순회, 시찰하던 중 그때의 어린 기생을 찾아갔다. 그러나 그 기생은 과거 노진과 인연을 맺은 후로 절에 들어가 수절하고 있었다. 그리하여 노진은 그녀를 찾아가서 만난 뒤 함께 살았다고 한다. 이 설화는 노진의 시문집인《옥계집》과《계서야담溪西野談》에 수록되어 전해온다. 이 이야기는 이후《춘향전》의 근원 설화의 하나로 주목받고 있다.

노진은 학식이 뛰어나고 청렴하여 선조의 신임이 두터웠는데, 벼슬을 제수하여도 이를 마다하고 모친의 봉향을 고집하여 벼슬을 사양하기가 다반사였다고 한다.

참고로 선조와 노진이 지은 시조를 소개한다.

### 노진이 왕에게 올린 '만수산가萬壽山歌'

만수산萬壽山 만수봉萬壽峯에 만수천萬壽泉이 있더이다.

그 물로 술을 빚어 만수주萬壽酒라 하더이다.

이 잔을 잡으시면 만수무강萬壽無疆 하시리다.

### 벼슬을 마다하고 낙향하는 노진에게 준 선조의 '어제가御製歌'

오면 가려 하고 가면 아니 오네.

오노라 가노라니 볼 날이 전혀 없네.

오늘도 가노라 하니 그를 슬퍼하노라.

## 풍천 노씨 홍와공弘窩公파 보절 황벌 정착사

진사進士 노희盧禧, 12세는 3남 2녀를 두었는데, 둘째 홍와공弘窩公 사예士豫, 13세가 선조 때 효행으로 명정하였으며《삼강행실록三綱行實錄》에 올랐다. 홍화공의 증손 노양盧洋, 16세은 전주판관全州判官을 지냈다. 노양의 아들 세룡世龍과 손자 득관得觀 등 3대의 묘가 남원 주촌방에 있었던 것으로 보아 이때 이미 남원 주촌朱村에서 크게 세거하고 있는 노진의 후손들과 관련이 있었을 것으로 보이며 이에 연하여 노희의 후손들도 이곳에 이거하였을 것으로 보인다.

판관判官 노양의 손자 득관得觀은 정의廷儀, 19세 정화廷華, 19세 형제를 두었는데, 이 두 사람이 조선 영·정조 임금 시기에 보절면 황벌리 벌촌보현방의 소재지으로 이거하여 정착하였다.

이후 풍천 노씨는 황벌리를 중심으로 8대 260여 년간 세거하였다.[15]

♦ 묘墓: 정착조, 노정의盧廷儀, 19세 고절방 모산牟山

　　　노정화盧廷華, 19세 보현방 어은동魚隱洞

♦ 재실: 보절면 황벌리 범멀

♦ 족보간행: 을묘보乙卯譜, 1975년

---

## 밀양 박씨密陽 朴氏
### 은천, 안평, 용평, 외황, 성남, 성북, 벌촌,
### 사촌, 도촌, 신파, 괴양, 신동, 양촌, 진목, 진기

---

우리나라 대성大姓 중의 하나다. 모든 박씨는 박혁거세朴赫居世를 시조로 모시고 있는 문중이다.《박씨이천년사朴氏二千年史》나《증보문헌비고增補文獻備考》를 보면 박씨는 통틀어 70여 본이나 된다. 그러나 한결같이 박혁거세가 시조임을 명백히 밝히고 있고 그 많은 성씨 중에서도 오직 순수한 겨레의 혈통임을 자랑하고 있다.

우리나라는 귀화 성씨가 130본이 넘는다. 문헌에 보면 그 가운데에서도 박씨는 어떤 본에도 들어 있지 않다. 다만 괴산 박씨槐山 朴氏가 일본의 투화인投化人이라지만 오늘날 괴산에 본관을 둔 박씨는 하나도 없다.

박혁거세에 대해서는 삼국사기 등 여러가지 전설이 있는데 신라 창업에 얽힌 이야기가 많다. 신라 왕실의 56대 세계世系가 朴·昔·金박·석·김의 3성에 의해 반복되었고 그 중에서 박씨 왕은 혁거세를 비롯하여 남해왕南解, 2대, 유리왕儒理, 3대, 파사왕婆娑, 5대, 지마왕祗摩, 6대, 일성왕逸聖, 7대, 아달라왕阿達羅, 8대, 신라 후기의 신덕왕神德王, 53대, 경명왕景明王, 54대, 경애왕景哀王, 55대 등 모두 열 명이다. 박혁거세의 세계는 박혁거세의 증손 파사왕波娑王과 일성왕逸聖王 대에서 갈렸다. 파사왕계는 영월, 면천, 강릉寧越, 沔川, 江陵 등으로 분파되었고 왕의 후손으로 비안, 우달, 이산, 해주庇安, 牛達, 尼山, 海州 등이 있다. 일성왕계는 일성왕의 25대손인 경명왕, 경애왕에서 갈라져 경명왕계는 그의 아홉 아들로 또다시 분파되었다.

박씨는 다른 씨족과 달리 대대로 세계를 분명히 하고 있는 것이 독특하다.

세충 8박朴이라는 것이 있다. 밀양 박씨를 비롯해서 반남潘南, 고령高霊, 함양咸陽, 죽산竹山, 충주忠州, 순천順天, 무안務安 박씨 등이다. 이 중에서도 박씨 인구의 70~80%가 밀양 박씨로 모든 박씨 중에서 주류를 이루고 있다.

밀양은 경상남도 북동부에 있는 지명으로 삼한시대에 변한 일부로 가락국에 속했으며, 신라에 병합되어 추화군이 되었다가, 757년경덕왕 16년에 밀성군으로 개칭되었다. 고려 1390년공양왕 2년에 밀양으로 승격되었고, 1895년 밀양으로 개칭되었다. 밀양 박씨는 신라 시조 박혁거세의 29세손인 경명왕의 제1남인 30세손 박언침朴彦忱으로부터 세계가 이어졌으며, 박언침이 밀성대군에 봉해진 연유에서 본관을 밀양으로 하게 되었다. 즉 밀양 박씨는 경명왕의 밀성대군 언침密城大君 彦忱이 기세조가 된다.

박언침1세의 8대손인 박언부朴彦孚, 고려 문종 때 문하시중를 파조로 하는 문하시중공파門下侍中公派를 비롯하여 도평의사사사공파都評議使司使公派·좌복야공파左僕射公派·밀직부사공파密直副使公派·판도공파版圖公派·좌윤공파左尹公派 등으로 크게 나뉜다. 또한 가장 규모가 큰 문하시중공파는 종파인 은산공파銀山公派, 永均·행산군파杏山君派, 世均를 비롯하여 좌상공파左相公派, 尚礼·규정공파糾正公派, 鉉·사문진사공파四門進士公派, 元·밀성군파密城君派, 陟 등으로 갈라지고, 이들은 또 여러 파로 나누어진다. 이 가운데 규정공파가 밀양 박씨의 분파 중 후손이 가장 번창하였다. 또 규정공파에서 나누어진 파 중에서 특히 낙촌공파駱村公派, 忠元·강수문도공파江叟文度公派, 薫가 주류를 이루고 있다. 범박 이천년사汎朴二千年史를 보면 밀성대군密城大君 후손이 많은 파로 나누어져 가고 있고 아래로 내려갈수록 더욱 심화하여 그 세계분파世系分派가 심히 복잡하여 전모를 파악한다는 것이 극히 어렵다.

밀양 박씨의 각 분파 중 가장 번창한 파는 박혁거세 45세손 박현朴鉉, 糾正公을 중시조로 한 규정공파糾正公派이다.

밀양 박씨는 조선에서 문과급 제자 261명, 상신相臣 1명, 대제학大提學 2명, 청백리清白吏 2명을 배출하였다. 밀양 박씨의 대표적 인물을 열거하면 규정공파에서 박강생朴剛生·박심문朴審問·박중손朴仲孫·박건朴楗·박훈朴薫·박충원朴忠元·박계현朴啓賢·박승종朴承宗·박영朴英·박성원朴聖源 등이 있고, 사문진사공파에서 박의중朴宜中·박거겸朴居謙·박종남朴宗男과 박영신朴榮臣 부자·박연朴堧·박열朴說이 있으며, 밀성군파에서 박신규朴信圭·박이서朴彛敍 등이 있다. 상기 인물 중에서 박충원은 명종 때 대제학을 지냈고, 박승종은 광해군 때 영의정을 지내고 인조반정 후 자결하였으며, 박열은 중종 때, 박신규는 숙종 때의 청백리이다. 이 밖에 밀양 박씨의 두드러진 인물로서 실학의 대가 박제가朴齊家가 있다.

보절면에 살고 있는 밀양 박씨만해도 세계 분파가 매우 복잡하여 전모를 파악하기가 극히 어려웠다. 문중과 문중별 정착지는 1978년을 기준으로 다음과 같다.

은산공파銀山公派 諱 永均 후손: 은천

향산공파香山公派 諱 世均 후손: 안평

규정공 14세손肅愍公 諱 承宗 후손: 용평, 외황, 성남, 벌촌

규정공 14세손金堤公 諱 承黃 후손: 성남

규정공 13세손副正公 諱 安民 후손: 사촌, 도촌

규정공 11세손忠靖公 諱 崇完 후손: 사촌

규정공 11세손駱村公 諱 忠完 후손: 성북, 서치, 벌촌

규정공 12세손江叟公 諱 薰 후손: 사촌

규정공 8세손恭簡公 諱 樌 후손: 벌촌, 사촌

문하시중공파(門下侍中公 諱 彦孚 10世 諫議公 諱 仁翊 후손: 벌촌

좌복사공파左僕射公 諱 彦仁 7世 蘭溪公 諱 天錫 후손: 외황

좌복사공파左僕射公 諱 彦仁 7世 菊堂公 諱 天貴 후손: 신파

좌복사공파左僕射公 諱 彦仁 7世 二樂堂公 諱 宗眼 후손: 괴양, 도촌

좌복사공파左僕射公 諱 彦仁 7世 訥軒公 諱 尙智 후손: 신동, 도촌, 양촌

반남 부솔공파潘南 副率公 諱 東尹 후손: 성남, 진목, 안평

함양 문량공파咸陽 文良公 후손 仁德公 諱 詳 후손: 안평, 신파, 사촌

해공파海公派: 진기

---

## 남양 방씨 南陽 房氏

진목, 호복동, 다산

남양 방씨의 시원 제요帝堯 방씨는 중국 청하淸河에서 계출된 성씨로 요堯 임금의 아들 단주丹朱가 방읍후房邑侯에 봉해지면서 후손들이 지명을 성으로 삼게 되었다.

이후 당唐 태종太宗 때 당태사唐太師 문소공文昭公 방현령房玄齡의 둘째 아들이며 당 태종의 부마도위駙馬都尉인 방준房俊이 634년 고구려의 주청奏請으로 당나라 8학사의 일원이 되어 고구려에 건너 와 예악禮樂을 전수하며 경기도 남양南陽, 현재의 수원과 화성을 관향貫鄕으로 삼아 남양 방씨의 기원이 되었다.

이후 918년 왕건王建의 고려 건국과 함께 남양 방씨의 시조 방계홍房季弘은 고려 개국일등공신으로 삼한벽상공신三韓壁上功臣 상중대광보국三重大匡輔國에 올랐고, 남양 방씨 가문은 고려의 문벌 귀족으로서 5세 방지백房之伯은 감찰어사監察御史, 7세 방송연房松衍은 추충익위보국공신推忠翊衛輔國功臣 삼중대광문하찬성사三重大匡門下贊成事 겸 판예의사상호군判禮儀事上護軍, 8세 방주房柱는 단성량절보리공신端誠亮節補理功臣 광정대부문하평리상호군匡正大夫門下評理上護軍을 지내는 등 명망 있는 사대부가로 고려조에서 중추적인 역할을 하였다.

고려 말기의 충신 9세 방사량房士良은 별장別將 겸 보문각직제학寶文閣直提學에 재임 중 1377년우왕 3년 문과에 급제하여 1391년 중랑장中郎將 겸 전의시승典醫寺丞으로서 정치, 경제, 군사, 사회, 화폐 등의 개혁을 요구하는 시무 11조時務十一條를

공양왕恭讓王에게 올렸고, 조선조 초기 의학에 조예가 깊어 《신편집성마의방우의방新編集成馬醫方牛醫方》과 《향약제생집성방鄕藥濟生集成方》의 편찬에 판전의필감判典醫必監 지제생원사知濟生院事로서 권중화權仲和, 한상경韓尙敬, 조준趙浚, 김사형金士衡, 권근權近 등의 재상들과 참여하여 조선 초기 의학 발전에 크게 기여하였다.

남양 방씨는 이후 통훈대부通訓大夫 방사량房士良의 세 아들의 세계와 더불어 칠파七派로 나뉘어 방구행房九行 한림공파翰林公派, 방구달房九達 제학공파提學公派, 방구성房九成 정산공파定山公派, 방구녕房九寧 판관공파判官公派, 방구련房九連 송위공파松尉公派 방구형房九亨 참봉공파叅奉公派, 방옥심房玉心 학생공파學生公派로 각각 분파하여 현재에 이르고 있으며, 남원의 입향조入鄕祖는 통훈대부通訓大夫 방사량의 셋째 아들로서 사마司馬에 올라 정산현감定山縣監을 지낸 방구성房九成이다.

방구성의 손자 방귀화房貴和는 사마에 올라 호조좌랑戶曹佐郎을 역임하였고, 문필文筆과 역학易學에 뛰어났으며, 현재 남원시 주생면 영천리에 소재하고 있는 선산 옥녀산발玉女散髮의 명당에 조부 방구성을 장사지내고 이후 자손들이 이곳에 세거하며 방구성의 현손玄孫에서 육파六派로 분파하여 방응청房應淸 창평공파昌平公派, 방응세房應世 만호공파萬戶公派, 방응성房應星 봉사공파奉事公派, 방응남房應男 사직공파司直公派, 방응현房應賢 사계공파沙溪公派, 방응명房應明 한성공파漢城公派로 나뉘어 남원을 비롯한 각지에 이주하였다.

## 1. 남양 방씨 보절면 진기리 정착사

남원시 보절면 진기리에 입향한 남양 방씨는 주생면 서만리에 거주하던 한성공파漢城公派 파조派祖 방응명房應明의 자손이며, 부호富豪 가선대부嘉善大夫 방덕유房德驢의 6세손 방필기房弼驥의 후취後娶 경주 김씨慶州 金氏의 외아들 방준옥房濬玉으로 자는 내온乃溫이고, 호는 농은農隱이다.

그는 주생면 서만리에서 7대조 가선대부 방덕유에 의해 이루어진 만석의 부자 가문에서 태어났으나 일찍이 아버지를 여의고 1710년경 노비들의 모반으로 홀어머니 경주 김씨가 어린 아들을 데리고, 자녀 없이 일찍 세상을 떠난 초취初娶 완산 이씨의 조부 낙재공樂齋公, 보절 신흥의 정착조이 주거하는 인근 보절면진기리으로 간단한 가재家財와 7대조 방덕유房德驢의 재산분재기財産分財記, 선조의 교지敎旨 등 10여 점을

가지고 이주하였다.

방준옥房濬玉의 6대조 방원량房元亮은 사마司馬에 올라 창평현령昌平縣令을 지냈으며, 1636년 병자호란이 일어나자 종형從兄 방원진房元震, 종제從弟 방원정房元井, 매제妹弟 이사영李士穎, 황위黃暐, 최온崔蘊 등 31명과 의병을 일으켜 청주淸州에서 적을 대파하여 노획물을 대량으로 거두는 등의 활약을 하였고, 그가 지은 월파정月波亭이 주생면 서만리에 있었으나 현재는 터를 알리는 유허비가 세워져 있을 뿐이다.

또한 준옥濬玉의 증조부 태하泰河를 비롯한 3형제가 사마에 오르는 등 조선조 제현諸賢들과 학문적 교류는 물론 다수의 대소과大小科 합격자를 배출한 가문이며, 근대에 들어와서는 준옥의 현손玄孫 진권鎭權의 부인 풍양 조씨豊穰 趙氏의 효열 정려가 진기리 고실고개 초입 오른쪽에 세워져 있다.

남양 방씨 입향조 방준옥房濬玉은 영광 유씨靈光 柳氏와 혼인하여 큰아들 도상道相, 둘째 아들 치상致相, 셋째 아들 온상蘊相을 두었다.

방준옥의 5세손 방백원은 1924년 보절국민학교 제1회 1번 졸업생으로 의사가 되어 보절면 등지에서 활동하였고, 방인원房仁源은 남원향교 전교를 역임하였으며, 또한, 방해원房海源은 남원향교 유도회장, 방길원房吉源은 남원향교 청년유도회 지부장과 남원 종친회장을 역임하는 등 지역사회 발전에 기여하였다.

현재 후손들이 남원시 보절면 진기리의 선영을 지키는 등 각지에 이주하여 활동하고 있으며, 선조의 유업을 받들어 그 명맥을 오늘날까지 이어오고 있다.

## 2. 남양 방씨 보절면 금다리 정착사

보절면 금다리에 정착한 남양 방씨는 주생면 도산리에 세거하던 사계沙溪 방응현房應賢의 손자 사옹원주부司饔院主簿 방원익房元益의 9세손 방봉규房奉圭, 방인규房麟圭, 방운규房雲圭 등의 형제가 주생면 지당리에서 1860년대 이주하여 방씨 일가가 번성하면서 금다리 3개 마을에 정착하게 되어 오늘날에 이르고 있다.

금다리 남양 방씨의 선조 사계 방응현1524~1589년은 유학자로서 호남과 영남, 충청도에서 명성이 높았는데, 과거科擧에 뜻을 두지 않고 향리에서 은거하며 주생면 영천리 사계천沙溪川 옆에 사계정사沙溪精舍를 짓고 오로지 마음을 성리학에

만 두었으며, 때로는 고요히 앉아 시서<sup>詩書</sup>를 송독<sup>誦讀</sup>하거나 여가가 나면 과농<sup>果</sup><sup>農</sup>, 이포<sup>理圃</sup>, 관개<sup>灌漑</sup>, 화죽<sup>花竹</sup> 분야에 관심을 두어 연구하며 세상 일에는 마음을 두지 않았으므로 외물<sup>外物</sup>과 영욕에 대해 관심이 없었다.

사계 선생은 효제<sup>孝悌</sup>를 행함에도 스스로 엄정하여 부모의 상을 당했을 때 신체가 허약하여 복상<sup>服喪</sup>을 지키지 못해 평생 이 일을 애통해 하였는데 기일이 되면 초상을 당한 것처럼 슬픔을 더하여 마음을 아파하였고, 마포<sup>麻布</sup>로 의대<sup>衣帶</sup>를 만들어 입었으며, 냄새나는 채소는 입에 대지 않았고, 그달이 지날 때까지 문밖에 나서지 않았는데 연로한 후에도 해이해진 모습을 보이지 않아 제현들은 이와 같은 선생의 행동을 한결같이 칭찬하며 크게 감탄하였다.

또한 항상 위급한 처지에 있는 주위 사람들에게 베풀기를 좋아하여 가난한 사람일지라도 차별하지 않아 타인을 대할 때는 진실하고 정성을 다하였으며, 날씨가 좋고 경치가 아름다우면 반드시 술자리를 베풀어 모든 사람과 즐거워하였으나 스스로는 사치를 멀리하고 근검절약하며 간결함을 견지하여 오직 마땅한 사람이라면 선생과 함께하였고, 만일 선량한 사람이 아니면 비록 높은 관직에 있고 귀한 사람이라 할지라도 마치 자신을 더럽힐 것처럼 여겼으므로 제현들 사이에서 존경받았다.

소재<sup>穌齋</sup> 노수신<sup>盧守愼</sup>, 남명<sup>南冥</sup> 조식<sup>曺植</sup>, 일재<sup>一齋</sup> 이항<sup>李恒</sup>, 옥계<sup>玉溪</sup> 노진<sup>盧禛</sup>, 도탄<sup>桃灘</sup> 변사정<sup>邊士貞</sup> 등 명현들과 교유하였고, 유천서원<sup>柳川書院</sup>에 배향되었으며, 사계정사는 전라북도 문화재자료 제166호로 지정되어 있다.

보절면 금다리 남양 방씨는 현재 방인규<sup>房麟圭</sup>의 손자 방양원<sup>房良源</sup>을 비롯하여 후손 대부분이 각지로 이주하여 각계각층에서 보절면 출신으로서 자부심을 갖고 활동하고 있으며, 방양원의 아들 방병관<sup>房秉官</sup>이 원광대학교 치과대학을 졸업하여 치의학박사가 되어 서울에서 치과를 경영하며 다방면으로 활약하는 등 고향 보절면 발전에도 기여하고 있다.

---

## 달성 배씨 <sup>達成 裵氏, 대구</sup>
### 다산, 섶골

---

배씨의 도시조<sup>都始祖</sup>는 지타<sup>祇沱</sup>이다. 신라 초 6부 촌장 중의 한 사람으로 금산가리<sup>金山加利</sup> 촌장이다. 다른 5부 촌장들과 함께 박혁거세를 신라 창건 왕으로 추대한 공으로 가재태사가 되었다. 지타공<sup>祇沱公</sup>은 기원전 57년 어느 날 다른 촌장들과 함께 경주 알천 양산 기슭에 6부가 하나로 뭉쳐 나라 세울 일을 의논하였다. 그때 온정 숲에서 한줄기 서광이 하늘로 뻗어 그곳으로 달려가 보니 큰 박 크기의 알이 있어 쪼개보니 해같이 환한 미소년이 나왔다. 하늘이 보낸 사람이라 하여 박혁거세<sup>밝은누리</sup>라 이름 짓고 거두어 키워 임금으로 삼고 6부가 서라벌에 한 나라를 세웠으니 신라 천년왕국이 생겼다.

유리왕 9년, 6부에게 마을 이름과 성을 내렸는데, 금산가리촌을 한기부韓岐部로 격상하고 배씨로 사성賜姓하면서 배씨의 도시조가 되었다. 그때 함께 성을 받은 것은 경주 이씨, 최씨, 정씨, 손씨 등이다. 경주 외에 김해분성, 대구달성, 홍해 등 10여 본이 있으나 모두 경주에서 갈라진 파이다.

달성 배씨는 고려 창업의 주역으로 개국공신에 책록된 배현경裵玄慶, 경주 배씨 시조, 1세의 6세손 배운룡裵雲龍을 1세조로 받들고 있다.

《배씨대동보裵氏大同譜》에 의하면 배운룡은 고려조에서 삼중대광三重大匡으로 가락군駕洛君에 봉해진 사혁斯革의 셋째 아들로 태어나 고려 중엽에 벼슬을 지내고 공을 세워 달성군達城君에 봉해진 연유로 후손들이 그를 1세조로 하고 달성을 관향貫鄕으로 삼아 세계世系를 이어왔다고 한다.

그 후 달성 배씨는 민부 전서民部典書 영瑩, 운룡의 7세손의 아들 정지廷芝와 정란廷蘭 형제 대에서 가세가 크게 융성하여 명문의 기틀을 다졌다.

정지는 강화에 천도했던 원종元宗이 개경開京으로 환도할 때 왕을 호종扈從하여 대정隊正이 되었고, 충렬왕 때 별장別將으로 만호萬戶인 후印侯와 함께 연기燕岐에 침입한 거란군을 격파하여 용맹을 떨쳤으며, 충청과 전라도 찰방察訪으로 나가서는 지방 관기官氣를 바로잡는 데 앞장섰고, 충숙왕 때 일어난 제주도 반란사건을 존무사存撫使로서 진압하는 데 공을 세워 밀직부사密直副使가 되어 도원수를 지낸 아우 정란과 함께 가문을 중흥시켰다.

공민왕 때 과천果川에 침입한 홍건적紅巾賊을 토벌하다가 아들 광유光裕와 함께 순절한 성경成慶은 밀직부사 정지의 맏아들로, 그의 아우 천경天慶·함경咸慶과 더불어 가문의 중추적인 인맥을 형성하였다.

신유당옥辛酉黨獄으로 아버지 정지가 무고를 받아 유배되자 대신하여 수형受刑할 것을 간청했던 천경은 공민왕을 호종하여 단성강절공신端誠康節功臣으로 금자숭록대부金紫崇祿大夫에 올라 달성군에 봉해졌으며, 그의 아우 함경은 맏형인 성경과 함께 홍건적을 토벌하는 데 공을 세워 정충효절공신貞忠效節功臣으로 검교장군檢校將軍에 올라 명성을 떨쳤다.

성경의 손자 균均, 광유의 아들은 우왕 때 함양咸陽의 사근역沙斤驛에서 왜군과 맞서 싸우다가 순절하여 의절義節의 가통을 이었고, 고려 말에 충신 정몽주鄭夢周와 뜻을 같이했던 을

서乙瑞, 균의 아우는 조선이 개국한 후 수차에 걸친 태조와 태종의 부름에도 응하지 않고 둔거하여 고려 말 절의충신節義忠臣으로 유명했으며, 야은冶隱 길재吉再에게 글을 배웠던 인경仁敬, 성경의 증손, 문우의 아들은 태종 때 학행으로 천거되어 우간의대부右諫議大夫를 지내고 세종 때 고주 수령固州守令으로 나가 선정을 베풀어 뒤에 고부군古阜君에 봉해졌다.

그 외에도 세조 때 문과에 급제한 사원師元은 정언正言과 대사간大司諫을 거쳐 1467년세조 13년 이시애李施愛의 난 때 이를 진압하는 데 공을 세워 병조판서에 추증되었으며, 성종 때 정주 목사定洲牧使를 지낸 상경常絅은 연산군의 난정을 개탄하여 벼슬을 버리고 낙향했다.

한편 《여지승람輿地勝覽》의 편찬에 참여했던 익신益臣은 홍문관 교리弘文館校理를 거쳐 양산 군수梁山郡守를 지냈으며, 명종 때 유일遺逸로 기자전참봉箕子殿參奉에 천거되었던 서恕는 을사사화乙巳士禍에 연루되어 귀양 간 규암圭庵 송인수宋麟壽의 억울함을 상소하다가 파직되자 향리로 돌아가 후진 양성에 전념했다.

선조 때 문과에 급제했던 승무承武는 승문원 정자承文院正字를 지내고 임진왜란이 일어나자 의병장 김덕령金德齡·김천일金千鎰·고종후高從厚 등과 함께 진주성晉州城 싸움에서 순절하여 승문원 좌승지에 추증되었으며, 성유聖有는 영조 때 예조 좌랑禮曹佐郞을 역임하여 선전관宣傳官을 지낸 상규祥奎, 고종 때 사헌부 지평司憲府持平과 병조 정랑兵曹正郞을 지낸 은성殷星, 좌승지左承旨 인기仁基 등과 함께 가문을 대표했다.

※ 달성은 대구의 옛 지명이다. 본래 신라의 달구화현이다. 1949년 대구시로 승격할 때 달성군의 일부가 대구로 병합되었다.

## 청정공淸靖公파 대강 방동문중

청정공 배을서裵乙瑞, 11세가 정착조이다. 고려 말 때 문과에 들어 예문관을 거쳐 봉익대부 예부상서에 이르고, 조선시대에는 모든 벼슬을 버리고 두문杜門하였다. 큰아들 순귀舜貴의 후손인 26세 한일漢逸이 남원대강방동에 정착하였는데 30세 홍준이 효행으로 명정命旌되고 아들인 경진이 역시 효행으로 통정대부에 증직되었다. 또한 순미舜美의 후손이 순창군 류등면 류촌리에 세거하고 있다.

### 청정공파 남원 문중

16세 을서의 둘째 아들인 진사 배순미裵舜美, 17세가 정착조이다. 세종 경신에 진사가 되었고 나주에서 순창 유등에 옮겨 살다가 남원 대강 가덕에 정착하였다. 대강면 방동에도 일가의 일부가 살고 있고 정착조 배순미 아들 효증孝曾, 18세은 세종 정묘에 생원이 되었고 효행이 깊었다. 또 손자 사원19세은 세조조에 문과에 들어 사간원이 되었고 이시애의 난 때 양성지의 뜻에 따라 토벌을 명받고 큰 공을 세워 대사간에 특채되었다. 나중에 병조판서에 증직되었으며 호남창의록에 실려 있다.

배손영裵係榮, 20세은 순미의 증손이다. 통덕랑에 있다가 명종 을묘乙卯에 해적이 들끓어 나주에 있는 사람과 협력하여 큰 공을 세워 훈련원 주부에 올랐다.

운표雲表, 26세는 어려서부터 머리가 영특해 이미 16살 때 사서오경을 독파하여 주위를 놀라게 했다. 도백道伯의 추천으로 여러 번 관官에서 불렀지만 나가지 않았다.

### 보절의 달성 배씨

보절의 달성 배씨는 신파리 섶골과 금다리 다산에 조선 말기부터 살아왔다. 전성기에는 보절면 진기리 쪽에서 넓은 들을 경작하였으나 중년에 가운이 기울어 전답을 정리하고 신파리 섶골마을에 정착했다고 후손달성공파 36세들은 말한다. 6·25전쟁 때 국군이 보절면을 수복하면서 천황봉 아래 마을을 작전상 전소시킬 때 섶골마을의 배씨도 그 화를 면치 못했거니와 이때 배씨 일부가 다산 번덕 피난민촌 위로 이거하였다.

보절의 달성 배씨 후손들은 지금도 남원시 운봉읍 여원치女院峙에 선대의 묘가 있어 성묘와 시제를 지낸다고 한다.

◆ 묘: 남원정착조裵舜美 순창군 유등면 이동리
　　　보절 달성 배씨 조상묘 남원시 운봉읍 여원치
◆ 재우: 삼희재三希齋 순창군 유등면 이동리
◆ 족찬간행: 계해보癸亥譜, 1983년

---

## 수원 백씨 水原 白氏
#### 금계바덧절, 사촌, 덕과 창말

---

시조는 백우경白宇經이다. 중국 소주蘇州 사람으로 당나라에서 벼슬이 이부상서吏部尙書까지 올랐으나 배현욱 등 간신들의 모함을 받고 신라로 망명했다. 그는 인품이 고결하고 학문이 뛰어났다. 호가 송계松係이고 신라에서 벼슬이 사복야, 사공, 대사공에 이르렀다. 그러나 백씨의 상계는 소목이 어려워 신라 경명왕 때에 중랑장을 지낸 백창목白昌穆을 중시조로 하여 기세하고 있다.

관향貫鄕을 수원水原으로 삼은 것은 4세 백휘白揮가 고려 목종 때 대사마대장
군으로 수원군에 봉해지고 9세 백천장白天藏이 정당문학에 올라 수원백伯에 봉해
졌기 때문이라고 한다. 관향을 수원으로 삼은 것에 대한 뚜렷한 문헌은 없다.

그러나 우리나라 수원 백씨가 모두 송계 백우경의 후예로 동원을 이루고 있
다. 문헌에는 수원을 비롯하여 남포, 직산, 임천, 태인, 적성순창, 문도, 청도, 해미,
남해, 해안대구, 부여, 평산 등 10여 본이 전하고 있으나 《증보 문헌비고》에는 157
본이나 기록되어 있다. 다만 남포, 태인, 청도, 부여 등 몇 본만이 아직껏 호적상으
로 통용되고 있으나 이들도 대외적으로는 수원 백씨로 불리우고 있다. 수원 백씨
는 역사적으로 많은 인물을 배출하여 기호畿湖지방과 관서關西지방의 명문으로
알려졌다. 특히 백이정감포인을 비롯하여 백문보직산인, 백인걸수원인, 백광훈해미인
등은 당대의 석학, 명류로서 대표되고 있다.

백천장, 백인걸, 백광훈 등은 남원 문중의 상·중계이다. 백천장은 아들 여섯을
두었지만 거의 파조가 되고, 광록대부보문각대제학光祿大夫寶文閣大提學 임성부원군
林城府院君 백인훈白仁勛, 11세이 남원의 직접적인 할아버지다. 인훈仁勛의 큰아들 백
장白莊, 12세은 호護가 정신재靜愼齋이다. 고려조에 대제학까지 지냈다. 포은圃隱 정
몽주鄭夢周 선생의 문인으로 열여섯 살 때 진사가 되고 스물다섯 살 때 원나라에서
등과하여 한림학사翰林學士 겸 시독侍讀으로 있다가 돌아와 고려 공민왕 때는 광정
대부匡靖大夫 이부전서吏部前書 보문각대제학寶文閣大提學을 지냈다.

조선조 태종 때 의정부 영의정 겸 영중추부 돈녕부 춘추관, 홍문관, 예문관, 성
균관, 관상감사를 지내고 별세하였는데 조정에서 예관禮官을 보내어 장례를 모셨
다. 정신재靜愼齋공 후손 16세 백회白繪의 후손 20세 광훈光勳의 후손이 금다 문중,
남원 문중, 대강 문중, 주생지당 문중을 이루고 있다. 수원 백씨는 정착조의 정착
이후 차츰 번창하여 집성촌을 이루고 그 집성촌에서 각지에 산거하고 있는 것이
특징이다.


## 옥봉공파 보절 사촌·금다 문중

12세 정신재 백장白莊의 현손玄孫이 백회白繪, 16세이고, 백회의 현손이 백광훈白光勳,
20세이다. 백광훈은 호가 옥봉玉峰이며, 옥봉의 둘째 아들이 진남振南, 21세이다.
【아랫 백가白家】 진남振南, 21세의 큰아들 상빈尙賓, 22세, 상빈의 둘째 아들 천헌天憲,
22세이 금계마을의 정착조이다.

1628년인조 6년생으로 족보에는 전남 해남군 송산松山에서 남원군 보절면 만
행산 옥녀봉 아래로 온 것으로 되어 있다. 구전으로는 해남에서 임진왜란을 피해
처가밀양 박씨를 따라 왔다고 한다. 그 후 후손 중에 한기漢起가 가선대부호조참판
에 증직되고, 그 아들 만엽萬曄, 27세이 가선대부 용양위부호군에 증직되었다.

만엽의 증손 필수弼洙, 30세는 1815년순조 15년 생으로 향리에서 이름난 효자였
다. 부모가 병환으로 눕자 7년 약시중을 들었으며 돌아가신 후에는 3년간 술과
고기를 삼갔다.

【우엣 백가白家】 진남의 둘째 아들 상현尙賢, 22세의 큰아들 길헌吉憲, 23세 역시 임진왜란을 피하여 전남 해남에서 남원으로 이거한 것으로 보인다.

이후 남원읍 왕정동, 송동면, 대산면 등지에서 세거하여 오다가 31세 달원達元의 손자 기준琦俊, 33세, 1850년 출생이 고절방 금계로 이거하여 오늘에 이르렀다. 생원진사에 올랐고. 기준의 아들 진순珍淳, 1881~1963년, 34세이 성균진사에 올라 부자가 진사를 하였다고 하여 바딧절에 '양대진사兩代進士'가 나왔다고 하였다.

보절 사촌과 덕과면 신양리 창말에도 수원 백씨가 일찍이 세거하였는데 바딧절 문중에서 분가하였다.

♦ 묘: 남원 동충 정착조白末檀 남원시 신정동 450

　　　보절 사촌·금다 정착조白天憲 보절면 금다리 두이봉

♦ 사우祠宇: 월강사月岡祠 장수군 장계면 월강리 도장골

　　　　　영석재永錫齋 보절면 금다리 금계 370

　　　　　숭의재崇義齋 장수군 장계면 황곡리

♦ 비: 신도비白莊 전북 장수군 장계면 장무로 495-14악호봉

　　　효자비白亨具 사매면 인화리

♦ 족보간행: 을묘보乙卯譜, 1987년

---

## 진주 소씨 晋州 蘇氏
### 만동, 도촌, 작소, 비촌, 창촌, 은천, 사촌, 진목, 서당

진주 소씨는 그 연원과 세계世系가 너무 깊고 멀어서 편의상 소경蘇鏡을 시조로 삼는다. 소경본명 알천은 577년진지왕 2년에 출생하여 686년신문왕 6년까지 살다간 인물로 태하공의 97세손이요 진공의 29세손이며 배配 영아부인 박씨는 아날나니사금의 13세손인, 상대등총지국사장 선昔의 딸이다.

소경은 삼국사기와 삼국유사에는 알천공으로 더 알려져 있으며 636년선덕왕 5년에 독산성을 침공한 백제군을 물리친 후 대장군이 되고 선덕왕 7년에는 칠중성에서 고구려군을 격퇴한 후 각간이 된다. 후에 17등급의 최고 관직인 상대등에 올라 화백의 수장을 맡고 있을 때 왕위에까지 추대되나 극구 사양하고 김춘추를 추대하여 왕위에 오르게 하니, 곧 태종 무열왕이다. 무열왕이 그의 덕을 기려 그의 24대조인 소벌공蘇伐, 백공을 문열왕에 추봉한다.

소경은 노흔老欣이라는 아들은 두었으나 손자를 보지 못하여 근심한다. 하루는 백공소벌이 현몽하여 말하기를 "아홉 가지 달린 감나무가 있는 곳으로 가면 구치를 얻으리니 가지 하나에 큰 감이 하나씩 열릴 때마다 장군이 하나씩 태어나리라. 속히 시행하여 삼소를 잇도록 하라." 영아부인 박씨와 며느리 이서부인 석昔씨도 똑같이 구치몽夢을 꾼다. 이리하여 소씨 일족은 지금의 진주인 구시동塗欣谷,

도혼곡 또는 소경동이라고도 함으로 이사하여 정착한다. 이후로 신기하게도 가지에서 큰 감이 열릴 때마다 아들이 태어나는데 소경의 손자, 청주총관복서를 비롯하여 억자, 후준, 검백, 상영, 목, 은, 송, 격달에 이르기까지 내리 9대가 이름난 장군이 된다. 그리고 특히 8대째 장군인 송은 국선으로 강주진주 도독에 임명되어 개훤介萱의 난을 평정하는 등 혁혁한 전공을 세우나 불행히도 왕봉규가 난을 일으켜 32세의 나이로 죽음을 당하니 소문蘇門은 하루아침에 풍지박산이 되고 만다. 이후 9대째 장군인 격달이 장성하여 화랑이 되고 916년신덕왕 5년에 지리산에 증산성을 쌓은 후 하동태수를 제수받는다. 신라의 쇠망을 예견한 격달장군은 다시 큰 뜻을 품고 926년고려 태조 9년 군사 1천 명을 거느리고 고려에 귀부歸附하여 고려 중기까지 찬란한 황금시대를 누린다. 이렇게 번영과 영화를 구가하던 진주 소씨는 고려 중기 이후에 두 차례의 큰 비운을 겪는다. 하나는 몽고족의 침입1231~1259년으로 당시 인구 15만으로 10위권 이내에 들던 대성大姓인 진주 소씨는 거의 멸족지화를 입고는 희성稀姓으로 전락하여 전체 인구의 0.1%에 불과한 4만여 명이 전국에 흩어져 살면서 250개 성씨 중에서 겨우 67위의 순위를 유지하게 된다. 그러나 진주 소씨는 조선조에 들어와서 희성의 열세를 극복하고 다시 관계에 진출하니 6조판서와 좌찬성을 지내고 명기 황진이의 문학적 지기로도 유명한 양곡공 소세양시호 문정공을 비롯 명문의 위상을 되찾는다. 두 번째는 1624년인조 2년 이괄의 난이다. 소성이 이에 연루되어 진주 소씨는 인조 이후 150년 동안 과거 응시의 자격을 정지당한다. 위의 두 사건은 진주 소씨의 세를 크게 위축시키는 요인으로 작용했다.

진주 소씨가 남원에 터를 잡은 것은 시조 각간공소경의 30세손인 소후蘇後, 30세 이후부터이다. 소후는 조선왕조 세종조에 제주 목사와 칠도병마절도사를 지내고 세조가 단종을 몰아내고 등극1455년하자 생육신과 절의를 같이하여 모든 관직을 버리고 낙남落南하게 된다. 소후는 정부인 남원 양씨와의 사이에 4남 3녀를 두고 있다. 진주 소씨 남원 문중은 모두 후後의 장자 석지錫智, 생원공파와 둘째 연沿, 행정공파의 직계 손으로 20여 개의 집성촌을 이루고 있다. 생원공파의 파조인 31세 석지錫智는 1404년에 성균관 생원이 된다. 그의 자손들은 덕과면 만동과 보절면 서당, 호복동 등지에서 집성촌을 이루고 있다. 그의 직계자손으로서 시조의 36세손

인 해복海福은 선조 갑오별시에 무과 급제하여 전력교위훈련원봉사를 하고 매헌공梅軒公 산복山福은 선조신묘에 사마시에 올라 임진왜란 때 출전 중, 모친상을 당하므로 귀가하여 문류정門柳亭을 짓고 학문에 힘쓰며 당시 유명한 문객들과 교류하며 지냈다. 37세손 설㯃은 세칭 40대 문장으로 면학하여 1635년인조 13년에 52세의 고령으로 성균관 생원에 합격하고 38세손 봉奉은 1662년현종 3년에 절충장군과 용양위부호군에 오르고 44세손 윤택潤澤은 효행이 탁이하여 호조참판에 추증되고 나라의 명을 받아 정려가 세워진다. 40세손 한철이 서당골에 정착하고 45세손 주영이 호복동에 정착하여 오늘에 이른다. 행정공杏亭公파의 파조인 31세 소연蘇沿, 고려 공민왕 경오생은 소후의 둘째 아들로 학문과 효행이 뛰어나 유방백세流芳百世의 이름을 남기고 있으니 남원 문중에서 가장 추앙받는 파조이다. 그는 세종 조에 정릉참봉과 남대직장을 역임한 후 노성현감과 통정대부인 승정원 좌승지 겸 경연참찬관을 지내고 가선대부 및 이조참판 겸 동지의금부부사에 추증된다. 선고 후後를 따라 덕과면 신양리에 정착한다. 소연의 후손들은 남원시군내에서 16개 지역으로 분가하여 계대를 이루며 살고 있다. 연沿의 아들 대代, 32세는 태종 경인에 출생하여 세조 경진에 자헌대부와 평안도관찰사를 지내고 지금의 덕과면 신양리, 만도리에 정착한다. 소대蘇代의 아들이며 시조의 33세손인 기동起東은 세종 조에 태어나 성종 조에 무과에 등과하여 어모장군을 거쳐 가선대부와 충청도병마사를 지내고 정부인 함양 박씨와의 사이에서 아들 원생, 한생, 강생, 순생 4형제와 딸 하나를 두었다. 원생元生, 34세은 은덕불사하여 연산군 연간에 제월동에 은거한 채 시무時務를 자오慈烏하며 학문에 진력한다. 한생은 증손 이후로 절손되어버리고 셋째 강생은 15대를 내리 독자로만 이어져 왔으니 이백면 오촌리에 세거하고 있다. 넷째 순생은 익산군 망성면 내촌리로 이거하여 계대繼代를 유지하고 있다. 35세손 소희식蘇希軾은 원생의 장자이며 1497년연산군 3년에 출생하여 중직대부별좌를 지내고 덕과면 도촌에 정착했다. 36세손 소충세는 사간부평을 지내고 주부를 추증받았다. 도촌문중의 후손들은 거의 대를 거르지 않고 벼슬길에 오르니, 충세의 아들 안국은 노령에 부호군을 지내고 증손 훈은 선무랑과 율봉찰방을 역임하여 41세손 소한기의 자손은 구례군 산동면 이평, 우와 등지에서 집성촌을 이루고 있다. 소한절은 주

천면 배촌에 정착하니 그 자손은 수지면 고평과 유암에 분포하여 살고 있다. 그리고 41세손 소여상은 산동면 중절의 정착조로 그 자손들이 번창하여 80여호의 대촌을 이루며 살고 있다. 소만길38세은 안우安宇, 37세의 둘째 아들이며 덕과면 도촌과 작소, 보절면 은천, 내황의 정착조이다. 이들은 선대 이후 이곳에 내리 살면서 많은 인재를 배출하고 있지만 그중에서도 소권蘇權은 대의를 위하여 육친을 멸하니 나라에서 충신이라 하여 정려를 명하여 그의 아들 형제를 충자와 효자를 넣어 이름지었다. 둘째 덕효德孝, 42세는 그의 적소에 수행하여 부친과 고행을 함께 하고 영조가 승하하자 방상설단하여 소식 삼년하고 덕과면 저전치에 망북단을 설치하니 임금이 들으시고 오정려를 명하여 세우도록 하였다. 소희철은 원생의 차자로 관직은 장사랑과 공릉참봉이고 부인 나주 진씨와의 사이에 인세와 의세를 두는데 장자 인세는 통훈대부와 군자감정을 역임하며 슬하에 황, 관, 증, 발, 제, 호 6형제를 두다. 인세의 큰 아들 황은 대산면 운교리와 송동면 흑성리 문중의 정착조로 임진왜란 때 운량장과 군자감정을 지내며 그의 5세손 대항은 1753년영조 29년 계유에 문과급제하여 사헌부감찰과 이조좌랑에 오른다. 인세의 5자子 제濟는 임진왜란 시에 장형 황黃과 함께 종매부從妹夫인, 황진병사의 휘하에 의병으로 들어가 혁혁한 공을 세우고 진주성에서 장렬한 최후를 마치니 나라에서 그 충절을 기리어 유명조선충신 주부와 정려를 명한다. 그 후손들은 운봉 준행리와 전남 구례에 살고 있다. 인세의 6자子 호는 선조 갑신에 무과로 절충장군과용양위부사과를 지내고 아들 하나를 두는데 독자인 우신은 슬하에 필, 분, 난 3형제를 둔다. 필은 주천면 하주리의 정착조가 된다. 분은 덕과면 신양리와 창말의 정착했다. 난은 도학과 문장이 현저하여 이참 겸 홍문관부제학에 추증되며 시상時尙, 시하, 시습 3형제를 두다. 장자 시상은 보절면 진목에 정착했으며 가선대부와 동지돈령부도사를 추증받고 대첨은 호조참의에 진항은 좌승지와 경연참찬관에 추증된다. 방영은 기로耆老로 가선대부 호조참판을 지냈다. 소란의 차자 시하는 대강면 옥전의 정착조가 된다. 소란의 삼자 시습은 경첨, 일첨, 언첨, 술첨, 순첨 5형제를 두다. 경첨은 덕과면 도촌, 비촌, 작소와 대산면 노산, 운교의 정착조가 되고 아들 정천은 첨지

중추부사를 행하다. 소일첨은 남원시 척동과 구례군 산동면 이평, 우와 등지의 정착조이며 후손이 수백 세대에 이르고 있다. 소언첨은 덕과면 도촌에 정착했다. 소의세는 희철의 둘째 아들이다. 관직은 현릉참봉이고 그 아들 완은 승사랑종조봉사를 지내며 진신震新, 내신鼐新 두 아들을 두는데 산관공山觀公 진신震新은 보절면 '숨은내은천'에 정착했으며 후손으로는 의薏가 사석도찰방을 지내고 시간은 가선대부와 부호에 오르며 남영도부호군이다. 진신은 주천면 상주리의 정착조가 된다. 유구한 역사와 전통을 이어온 삼한의 갑족, 진주 소씨는 앞에 기술한 두 번의 액운으로 인하여 크게 침체된 적이 있었으나 근대에 들어와서 그 후손들은 다시 정치, 경제, 사회, 문화 등의 각 분야에서 활발하게 진출하기 시작하여 눈부신 성장을 거듭하고 있다.

◆ 묘: 소후蘇後, 入南先祖 남원군 사매면 화정리

◆ 재우: 숭효재崇孝齋, 蘇後 남원군 사매면 화정리

　　　영사재永思齋, 蘇錫智 남원군 덕과면 신양리

　　　이로재履露齋, 蘇代 남원군 덕과면 신양리

　　　호암병사湖岩丙舍, 蘇希軾 남원군 덕과면 만도리

　　　돈의재敦義齋, 蘇希軾 남원군 덕과면 신양리

　　　승유재承裕齋, 蘇孝勤 남원군 덕과면 만도리

　　　문류정文柳亭, 蘇山福 남원군 덕과면 만도리

　　　염수재念修齋, 蘇晋豪 남원군 덕과면 만도리

　　　추모재追慕齋, 蘇晋章 남원군 덕과면 만도리

　　　화수재花樹齋, 蘇萬吉 남원군 덕과면 신양리

　　　도화재桃花齋 남원군 덕과면 신양리동해골

◆ 정려: 충신忠臣 소제蘇濟, 37세 덕과면 만도리엄낭고개

　　충열지려忠烈之閭: 오정문, 三忠: 蘇濟, 蘇權, 蘇德孝, 二烈: 蘇鍊章처 扶安金씨, 44세 蘇邦尹처 慶州鄭씨 덕과면 만도리 도촌작소마을 건너편

◆ 비: 효행행적비孝行行蹟碑, 蘇潤澤, 44세 덕과면 만도리 만동

◆ 족보간행: 신유보辛酉譜, 1981년

╔══════════════════════╗

# 은진 송씨 恩津 宋氏
### 양촌, 음촌, 도촌보절

╚══════════════════════╝

## 1. 시조사 및 본관의 연원

시조는 송대원宋大原이다. 자字는 천지川至, 이름은 견壓이었다고도 한다. 고려조에 판원사判院事를 지내고 은진군恩津君에 봉해졌다.

송씨의 문헌록을 보면 은진 송씨와 여산 송씨礪山 宋氏는 그 근원이 같아 여산 송씨의 시조 송유익宋惟翊의 아우가 송천익宋天翊으로 은진 고을에 세거하였다고도 한다. 그러나 증빙할만한 것이 없어 더 상세히는 알 수가 없고 송천익 이후 후손 송대원 사이의 소목昭穆도 밝힐 수 없어 후손들이 송대원을 기세조로 하고 본관을 은진으로 한 것이다.

은진은 논산군 덕은德恩과 시진市津을 합한 이름이다. 덕은군德恩郡은 본래 덕근군德近郡인데 신라 경덕왕 때 덕은德殷으로 고려 초에 덕은德恩으로 고쳤다. 조선조 세종 1년 논산군에 합병하였으며 1896년 충청남도 은진군이 되었으나, 1914년 논산군으로 병합되어 현재의 논산시 은진면으로 남아있다.

송시열宋時烈은 조선시대 은진 송씨의 대표적 인물이며 아호는 덕은으로, 주자학의 거유朱子學의 巨儒, 도학정치의 대노道學政治의 大老, 노론의 영수領袖라고 칭한다. 그를 평가하는 것은 칭호만큼이나 각도를 달리한다.

조선조 왕조실록에 이름이 3천 번 이상 나오기는 오직 덕은뿐이라고 한다. 전국 42개 서원에 배향되었다는 사실만으로도 그의 비중을 가늠할 수 있다.

성균관 문묘文廟에는 8현賢이 배향되어 있다. 그중 한 문중에서 두 사람이 배향되기는 광산 김씨光山 金氏, 김장생, 김집와 은진 송씨 송시열, 송준길宋俊吉 뿐이다.

은진 송씨는 조선조에 문과에 급제한 사람만 75명, 무과 80명, 정승 2명, 대제학 1명, 경연관 12명, 충신열사 21명, 효자 9명 등을 냈다.

은진 송씨는 벼슬보다 학문을 중시하는 유반儒班으로 문집 등 저술을 남긴 사람만도 231명이나 된다. 송준길과 송시열은 13촌 숙질 간이다. 송준길이 숙叔이다. 두 사람 모두 사계 김장생沙溪 金長生 문하에서 동문수학을 하여 학자로 대성하여 문묘文廟에 함께 배향됐다.

남원 문중은 12세손 난고蘭皐공 송응동宋應洞의 장손인 졸암拙庵, 13세 송석범宋錫範을 파조로 모시고 있다. 졸암공은 선조 조에 문과에 들어 예조참판禮曹參判까지 지냈고, 임금이 옥분玉盆과 은등銀燈을 하사하였다.

## 2. 난고蘭皐공계 졸암拙庵공파 보절 괴양 정착사

은진 송씨가 남원에 온 것은 숙종 때 송광조宋光朝, 18세, 호 守分窩가 백조부伯祖父 인식仁植, 16세이 의금부도사義禁府都事로 있으면서 남원 고절에 잠시 있었다는 연유로 보절 괴양槐陽에 터를 닦은 것이다. 송광조는 아들 둘, 딸 여섯을 두었다.

큰아들 취동聚東, 19세은 아버지의 대를 이어 괴양槐陽에서 세계世系를 잇고, 둘째 아들 취운聚運, 19세은 남원 수지면 남창南倉으로 이거하였다. 취동은 손자 3명을 두었는데, 큰손자 송횡宋鐄, 21세, 둘째 송난宋鑾, 셋째 송계宋銈이며, 괴양의 은진 송씨는 위 세분의 후손들이 소종중小宗中을 이루어 자자손손 집성촌을 이루었다.

또한 도룡리 도촌마을 송씨도 괴양마을 은진 송씨 송계宋銈, 21세의 후손들이 1900년 초에 이거하여 오늘에 이른 것이다.

특히 둘째 송난宋鑾, 21세은 순조 때 사람으로 학행學行이 탁월해 조봉대부 동몽교관朝奉大夫 童蒙敎官에 증직되었고 조카 만렴萬濂, 22세은 고종 때 효행이 지극하여 통정대부通政大夫에 증직되었다.

은진 송씨는 보절면 괴양槐陽과 수지면 남창南倉에 집성촌을 이루었으나 60년대 이후 거센 산업화와 함께 대부분 출향하여 각계에서 활발한 활동을 하고 있다.

◆ 묘: 정착조 송광조宋光朝, 18세 경기도 파주군 교하면 동패리 심악촌
◆ 재우: 모선재慕先齋 보절면 진기리 산 125
◆ 비: 세천비世阡碑 보절면 진기리 산125
◆ 족보간행: 임술보壬戌譜, 1982년

## 평산 신씨 平山 申氏
### 만동, 작소

### 1. 평산 신씨 시조사

왕건王建을 추대한 원훈공신 평산 신씨의 시조인 신숭겸申嵩謙의 원명原名은 능산能山이며, 원래 전남 곡성현 곡성면 목사동현 구룡리, 용산재 출신이다. 일찍부터 무예를 닦은 후 강원도 광해주光海州, 춘천로 이거해 살았다고 한다. 처음에는 궁예에게 발탁되어 태봉泰封의 기병장군騎兵將軍으로 있었다. 무예와 지략이 뛰어났고 특히 활쏘기 재주가 뛰어나 신궁神弓이라 불렸다고 한다. 궁예가 왕위에 즉위한 지 몇 년 만에 처자식을 살해하고 백성을 혹사하는 등 폭정이 날로 심해지자, 능산은 918년 배현경, 홍유, 복지겸 등과 더불어 당시 시중侍中이었던 왕건에게 거사를 권하여 왕건을 고려 태조로 옹립하였다. 고려개국원훈高麗開國元勳으로 대장군大將軍, 종3품 무관에 올라, 《고려사 1》에는 '고려개국 4공신'의 한 사람으로 기록되어 있다.

평산 신씨의 유래 역사에서는 능산能山이 신씨를 하사받게 된 과정에 대해서 다음과 같이 전하고 있다.

### 2. 평산 신씨 본관의 연원

어느 날 왕건이 평산으로 사냥을 나가 삼탄三灘을 지날 때 마침 고공高空을 나는 기러기 떼를 보았다. 왕건은 수행하는 제장諸將들에게 "누가 저 기러기를 쏘아 맞히

겠는가?” 하고 묻자 능산能山이 맞히겠다고 아뢰었다. 왕건이 그에게 활과 화살그
리고 안장 없는 말을 내리며 쏘라고 하자 능산이 “몇 번째 기러기를 쏘리까?” 하
고 물었다.

왕건이 웃으며 “세 번째 기러기 왼쪽 날개를 쏘라”고 하자 말을 타고 달리며
시위를 당겼다. 능산은 신궁답게 과연 세 번째 기러기의 왼쪽 날개를 명중시켜 떨
어뜨렸다. 왕건은 이에 탄복하고 기러기가 날던 땅 3백 결을 하사하고 본관을 평
산으로 삼는 신씨 성을 사성賜姓하였다. 이때 하사받은 땅을 궁위전弓位田이라 하
여 후손들이 대로 지켜왔다.[16]

고려 태조인 왕건이 평산을 본관지로 하사하여 이곳을 본관으로 삼게 된 것이
다. 즉 평산 신씨는 고려 초에 시작한 성씨이다. 우리나라 성씨의 연원을 밝혀보
면 대부분 성씨가 고려 후기에 성립되었다. 이것을 고려할 때 평산 신씨는 우리나
라 성씨 중 으뜸임이 확인된다.

평산은 본래 고구려의 땅이다. 신라 때 영풍군이라 불렀고 고려 초에 평주平州
로 바뀌었다. 조선 태종 13년에 평산을 도호부都護府로 승격시켰다.

1978년에 간행된 평산 신씨 문헌록을 보면, 12세 신중명申仲明은 큰아들 집諿,
13세에서 손자 셋을 두었는데 큰손자 신익지申翼之, 14세의 큰아들 신아申雅, 15세는
우왕 정비正妃의 아버지로서 동지밀직사에 이르렀다. 신아申雅, 15세는 밀직공 파조
이고, 신정도申丁道, 15세가 봉상윤공파조이며, 개棨, 15세가 문희공파조이고, 익지翼
之, 14세의 동생 안룡의 셋째 아들 효曉, 15세는 정언공파조이다. 또 신중명12세의 둘
째 아들 군평君平, 13세의 후손 호浩, 15세손가 사간공파조이고, 우瑀, 14세의 후손인 호
灝, 15세가 전서공파조이다. 즉, 남원에 집성촌을 이루고 있는 문중은 남원시 금지
면 입암의 밀직공파, 남원시내 도화동의 봉상윤공파, 남원시 주생면 영천리와 운
봉면 화수리의 문희공파, 남원시 산동면 부절리, 대강면 택촌, 덕과면 만도리와
인월면 유곡리의 정언공파, 남원시 금지면 하도리, 송동면 두신리와 덕과면 덕촌
의 전서공파 등이다.

### 3. 평산 신씨 정언공파 덕과 만동 정착사

평산 신씨 정언공파는 덕과 만동 문중, 대강 택촌 문중, 동면인월면 유곡 문중이 있다.

13세 집諿의 셋째 아들이 안룡, 14세이고 안룡의 셋째 아들 효曉, 15세가 정언공
이며, 효曉의 셋째 아들 신자희申自熙, 16세가 덕과 만동 문중의 파조이다.

21세 신천석申天錫이 만도 문중의 정착조이며, 자는 성보요. 호는 기암으로 조
선시대 판결사判決事에 증직되었다. 이분이 전남 곡성당시 남원부에서 덕과면 만동
에 정착한 것은 약 600여 년 전으로 추정되며, 종손宗孫 동주東宙, 35세의 곤조昆祖, 7
대 조부가 일찍이 만동에서 세거하고 있는 진주 소씨와 혼사가 이루어진 것으로만
보아도 짐작이 간다. 이후 1980년대까지 가문이 만동에서 성세盛世를 이루었으
나 지금은 대부분 만동에서 이거하였다.

후손으로 쌍교동장을 지낸 신동주申東宙, 35세와 순창부군수와 전라북도공무원

교육원 원장을 역임한 신동원申東源, 35세이 있다.

♦ 묘: 덕과 만동 문중 정착조 신천석申天錫, 21세 전남 곡성읍 두곡리
♦ 족보간행: 경오보庚午譜, 1990년

---

## 청송 심씨靑松 沈氏
### 파동, 신흥

---

## 1. 시조사와 본관의 연원

시조는 심홍부沈洪孚이다. 일명 심홍부沈弘孚라고도 했다. 고려조에 문림랑 위위사승文林郞 衛尉寺丞을 지냈다고는 하나 그의 생년이나 졸년에 대해서는 사적이나 기록 등 전해 오는 것이 없어 전혀 알 수가 없다.

그의 증손 덕부德符가 우왕 때 문하찬성사門下贊成事에 이르러 청성부원군靑城府院君에 봉해졌다가 청성군충의백靑城郡忠義伯에 진봉되어 후손들이 청송靑松을 본관으로 삼게 되었다.

덕부德符는 태조 이성계李成桂를 도와 조선 창업에 공을 세우고 청성백靑城伯에 봉해졌으며 판문하부사判門下府事와 영삼사사領三司事를 거쳐 1399년에 좌정승左政丞에 이르렀다.

그의 아우 원부元符는 고려 말에 여러 관직을 거쳐 전리판서典理判書에 이르렀으나 고려의 국운이 다하자 새 왕조의 벼슬을 거부하고 두문동杜門洞에 들어가 절의를 지켰으며, 후손들도 그의 유훈을 받들어 〈선훈불사先訓不仕〉라 하여 대대로 벼슬을 멀리하였다.

일찍이 조선 개국을 시작으로 명문벌족名門伐族의 지위를 굳혀 온 청송 심씨는 덕부의 아들 7형제 대에서 가세가 크게 융성하여 가장 화려한 인맥을 이루었다. 세종의 장인이면서도 상왕인 태종의 비위에 거슬려 끝내 왕명으로 죽음을 당했던 온溫은 청성백靑城伯 덕부德符의 다섯째 아들이다.

청송 심씨는 상신相臣 13명을 배출하여 전주 이씨全州 李氏 22명, 동래 정씨東萊鄭氏 17명, 안동 권씨安東權氏 15명에 이어 제4위가 되지만 이 가운데 영의정이 9명이나 되어 영의정 수로는 전주 이씨11명에 버금가는 조선시대 명문가이다.

한편 청송 심씨에서 왕비 3명이 출가하였으며 이는 청주 한씨淸州 韓씨 5명, 여흥 민씨驪興 閔氏 4명, 파평 윤씨坡平 尹氏 4명에 다음 가는 숫자로 이 통계만으로도 조선시대의 청송 심씨의 정치적, 사회적 전반에 미친 영향이 어느 정도였는지 가늠케 한다.

고려의 심홍부沈洪孚를 시조로 하여 지금까지 750여 년 내려온 심씨 일가의 수는 17만여 명이나 된다.

앞서 말한 바와 같이 시조의 증손인 심덕부와 그 후손은 대대로 한양에 살면

서 벼슬길에 오른 반면, 동생 원부元符, 호 岳隱의 후손은 새 왕조의 부름을 마다하고 두문동杜門洞을 택하여 대대손손이 고향에 살면서 벼슬을 멀리하였다.

현재 청송靑松을 비롯하여 영남 일대에 살고 있는 씨들은 동생 원부의 후손들이다. 이들은 형 심덕부 집안을 가리켜 "서울집"이라고 부른다. 오늘날에도 각계에서 활약하는 저명인사들의 대부분이 이 "서울집" 혈맥들이다. 한편 두문동을 선택한 동생 원부의 후손들을 "두문동집"이라 부르고 있다.

남원에 살고 있는 청송 심씨는 대부분 "서울집" 후손이다. "서울집" 심덕부沈德符는 아들만 일곱을 두었는데 그 다섯 번째 심온沈溫, 安孝公이 남원 문중의 중시조 격이다.

안효공 심온安孝公 沈溫, 5세은 세종의 장인으로 우의정까지 올랐지만 결국 세종이 내린 사약을 받고 죽었다. 당시의 사상은 처족妻族이 번성하면 왕권이 불안한 것이라고 믿고 철저히 외척배격 정책을 시행했기 때문이다. 심온은 문종 때 복관復官이 되어 안효安孝라 시호諡號를 받았다.

## 2. 안효공파安孝公派 보절 파동波洞 문중 정착사

6세 심회沈澮는 자가 청보淸甫, 시호는 공숙恭肅으로 세종 비妃인 소헌 왕후昭憲王后의 동생이다. 아버지 온溫이 태종에게 사사賜死되자 등용되지 못하다가 문종이 즉위한 후 돈령부 주부敦寧府主簿에 등용되어 부지돈령부사副知敦寧府事를 거쳐 1454년단종 2년 첨지중추원사僉知中樞院事·동지돈령부사同知敦寧府事를 역임하였다.

1457년세조 3년 지중추원사知中樞院事·공조 판서를 지내고, 1461년 영중추 원사領中樞院事·형조판서, 1463년 경기도 관찰사를 거쳐 1466년 좌의정에 올랐다. 이듬해 영의정이 되고 1468년예종 즉위 남이南怡의 모반 사건이 처리된 후 익대공신翊戴功臣 2등으로 청송군靑松君에 봉해졌으며, 1471년성종 2년 좌리공신佐理功臣 2등으로 청송 부원군靑松府院君에 진봉된 후 사직했다.

1476년 좌의정에 복직되었으나 1486년 나이가 많아 사퇴하려 했으나 불윤不允으로 5년 후인 1491년에는 궤장几杖을 하사받았다.

1504년연산군 10년 갑자사화 때 앞서 윤비의 폐출에 동조했다는 죄로 연산군에 의해 관작이 추탈되고 부관참시剖棺斬屍의 정치역정을 겪었으나 후에 신원伸寃되었다.

심회는 어렸을 때 곡성군 고달古達에서 살았다.

곡성谷城은 옛날 남원부南原府에 속했다. 선조가 살았던 곳을 그대로 방치할 수 없는 것이 그 당시의 관념이다. 11세손 심순沈荀, 豊德公이 다시 곡성 땅에 살다가 문과에 들어 풍덕군수豊德郡守로 떠난 후 후손인 18세 심해상沈海祥이 보절면 신파리 파동에 정착한 것이다. 그는 80살의 수壽를 누렸고 그 후손이 현재까지 파동마을에서 200년 세계世系를 이어오고 있다.

신파 파동의 안효공파 청송 심씨는 11세 풍덕공豊德公 심순의 직손으로 '풍덕공파 청송 심씨豊德公派 靑松 沈氏'라고 부르기도 한다.

후손으로 보절중학교 설립추진위원회 위원장을 지낸 심대섭<sup>沈大燮</sup>, 24세과 보절농협 이사를 맡고 있는 심재원<sup>沈載源</sup>, 25세 그리고 서울남부지방법원 부장판사로 있는 심재남<sup>沈載南</sup>, 25세과 전주기상청장을 지낸 심재면<sup>沈載勉</sup>, 25세이 있다.

♦ 묘: 정착조 심해상<sup>沈海祥</sup>, 18세 신파리 파동마을 납골당

## 광주 안씨<sup>廣州 安氏</sup>
### 개신, 양촌, 신흥, 안평

## 1. 남원 입향전 선조사

광주 안씨는 1739년<sup>영조 15년</sup>에 발간한 광주안씨세보<sup>己未大同譜</sup>에 '시조는 고려 태조 때의 휘 방걸대장군공<sup>諱 邦傑大將軍公</sup>이시며, 경기도 광주<sup>廣州</sup>에서 읍인<sup>邑人</sup>이 반란을 일으켰을 때 이를 창의토평하신 공으로 대장군<sup>大將軍</sup>을 봉<sup>封</sup> 받으시고 본관을 광주<sup>廣州</sup>로 하였다'고 기록되어 있다.

2세 이하 13세조까지의 사적은 정확하게 기록되어 전하는 바가 없으나 10세조는 홍미<sup>弘美</sup>와 자미<sup>子美</sup> 형제분이었는데 자미<sup>子美</sup>공이 순흥군<sup>順興君</sup>에 봉하여져 순흥 안씨<sup>順興 安氏</sup>로 분파되었다.

시조 이하 13세조까지의 산소는 알 수 없어 경남 함안군 가야읍 선왕동에 봉산재<sup>蓬山齊</sup>를 설단하고, 14세조 전중시어사공<sup>殿中侍御使公</sup> 이하 20세까지는 삼봉산 기슭 건좌<sup>乾坐</sup> 안령사<sup>岐嶺祠</sup>에 모셔 매년 4월 1일 전국의 종원<sup>宗員</sup>들이 모여 향사를 올리고 있다.

14세조 휘 유전중시어사공<sup>諱 綏殿中侍御使公</sup>이 1170년경 안찰사<sup>按察使</sup>로 경상도 함안<sup>咸安</sup>에 부임하여 선정을 베풀고 안이대촌<sup>安李大村</sup> 안인촌<sup>安仁村</sup>에 정착하게 된 바 경상도 지방 함안, 밀양, 김해, 울산에 광주 안씨가 토반이 되었다.

18세조 기공<sup>器公</sup>께서 고려 공민왕조에 문과에 급제하시어 관직은 봉순대부판전농사사<sup>官奉順大夫判典農寺事</sup>를 역임하면서 권농정책을 잘 펴서 백성을 기근에서 구하는 등 큰 업적을 남겼다. 국주-중랑장파조<sup>國主-中郎將派祖</sup> 성-사간공파조<sup>省-思簡公派祖</sup> 몽득-판사공파조<sup>夢得-判事公派祖</sup> 삼형제를 두었다.

19세조 사간공성<sup>思簡公省</sup> 할아버지가 사간공파<sup>思簡公派</sup>의 파조이니 공의 자는 습지<sup>習之</sup> 또는 일삼<sup>日三</sup>이시며, 호는 설천<sup>雪泉</sup> 또는 천곡<sup>泉谷</sup>이다. 1380년<sup>고려 우왕 6년</sup> 성균관진사시<sup>成均館進士試</sup>에 급제한 뒤 보문각직학사<sup>寶文閣直學士</sup> 밀직제학<sup>密直提學</sup>을 거쳐 상주판관<sup>尙州判官</sup>으로 있을 때 왜구의 침입을 대비하여 성<sup>城</sup>을 쌓은 공적을 남겼다.

사간공<sup>思簡公</sup>은 고려가 망하고 조선을 세운 태조가 송경유수<sup>松京留守</sup>로 불러올리자 말하기를 '나의 시조 이하 18대가 대대로 고려조정에 벼슬하셔 시중<sup>侍中</sup>이 일곱 분 학사<sup>學士</sup>가 여덟 분으로 세신<sup>世臣</sup>이신데 어찌 내 한목숨 죽기를 두려워 두

임금을 섬길 수 있겠소' 하고 머리를 궁궐기둥에 부딪히고 통곡하자 좌우에 있던 신하들이 죽이려 하자 태조가 붙들고 말하기를 '만약에 이런 사람을 죽이면 후세에 충의를 숭상하고 절의를 본받을 선비가 없을 것'이라고 하였다.

이후 사간공思簡公은 봉상소경奉常小卿을 시작으로 영남백嶺南伯, 황해백黃海伯, 강원백江原伯, 개성유후開城留后, 평양백平壤伯을 지내며 청백하여 조선조 최초로 청백리淸白吏에 녹천되었다. 퇴관한 뒤 안동安東 하회河回에 정착하여 천당정泉堂亭이라는 학당을 열어 후학을 가르친바 사간공의 학풍이 이어져 안동에서 많은 인재가 배출되었다. 사간공이 노환일 때 방촌 황희庬村 黃喜가 하회까지 문병을 오자 반기며 '오제신후사지수일렴자吾情身後事只守一廉, 우리들 죽은 뒤의 일은 오직 청렴했다는 말을 들어야 한다'고 말하였다. 1421년세종 3년 7월 16일에 안동 하회에서 별세하자 광주 텃골로 삼도신三道臣이 호종護從하여 관례장을 치렀다.

사간공은 철관 주부공鐵關 主簿公 철산 서령공鐵山 署令公 종생 감찰공 終生 監察公 삼형제를 두었는데, 우리는 동봉東峯 감찰공 監察公의 후손이다.

20세조 동봉 종생공從生公은 사헌부 감찰을 지냈으며, 산소는 광주 텃골에 있다. 감찰공은 팽노彭老, 팽수彭壽, 팽고彭考, 팽조彭祖, 팽명彭命 오형제를 두었다.

21세조 빙애氷崖 팽명공彭命公은 1468년에 사마시에 합격하고, 1472년에 대과에 급제하여 통정대부성균관대사성通政大夫成均館大司成을 역임하였다. 성균관대사성成均館大司成으로 있을 때 바르게 행하고 가르쳐 제자들과 사람들로부터 크게 존경을 받아 청백리에 녹천되었다. 왕명으로 평해平海에 다녀오다가 강릉객관江陵客館에서 1492년성종 23년에 별세하였다. 안동 하회에서 출생, 벼슬에 나아가서 안동 인물로 기록되어 있으며 산소는 광주 텃골에 있다.

22세조 경우공景祐公은 자는 태유太裕, 호는 호산湖山이다. 성주판관星州判官後 문경현감聞慶縣監으로 있는데 1547년명종 2년 丁未 9월에 양재역벽서사건良才驛壁書事件으로 삼수三水에 귀양가서 다음해 6월 16일에 사약을 받고 별세한 뒤 광주도척자좌廣州都尺子坐에 모셨다. 호산공은 기묘사화1515년, 신사사화1521년, 을사사화1545년, 정미사화1547년의 명현록에 올라있다. 호산공湖山公은 굉공宏公과 혜공憲公 형제를 두었다.

23세조 굉공은 호가 도암道庵이고 금화사별좌禁火司別座

를 역임하였다. 산소가 호산공 산소 아래에 있다.

## 2. 남원 정착 이후의 선조사

남원으로 낙향한 이는 24세조 극충克忠공이다. 극충공의 자는 내신乃藎 호는 쌍송정雙松亭이다. 1564년 생으로 1591년에 진사시에 입격하였다.[17] 이듬해 1592년선조 24년에 임진왜란이 일자 의병으로 참전하였다. 사헌부 감찰 형조좌랑을 거쳐 연천현감連川縣監으로 봉직하고 있는데 선조가 죽고 광해군이 왕위에 오르자1609년 세상이 어지러워질 것을 예견한 어머니 김해 김씨의 경계하는 말씀을 좇아 벼슬을 내려놓고 외할아버지 산소가 있는 남원 입석방南原 立石坊, 현 보절면으로 낙향하였다.1610년

극충공은 입석방에 광주廣州에서 정리하여 온 재물로 '광주들', '도척들독족굴', '하남들'을 마련하고, 인근 못골안池洞에 고대광실高臺廣室을 지어 여유롭게 살았다. 천황봉天皇峰 아래 다뫼茶山 뒷편에 쌍송정雙松亭이라는 정자를 짓고 근동의 벗 민여주閔汝柱 소산복蘇山福 안창국安昌國 등 유림들과 시회를 갖는 등 교유하였다. 쌍송정 할아버지의 기록된 시 한 수가 다음과 같이 전해오고 있다.[18]

| 蘇氏門前柳 | 소씨문 앞 버드나무 |
|---|---|
| 年年館別離 | 해마다 이별 주관하에 |
| 別離知不盡 | 이별 다하지 않으니 |
| 春到又生枝 | 봄이 오면 또 가지 돋으리 |

### 낙향조모 김해 김씨의 할머니의 유언

탁영 김일손 선생의 손녀인 김해 김씨는 기묘사화에 돌아가신 탁영 할아버지와 정미사화에 돌아가신 호산공 시할아버지의 쓰라린 역사를 말하시며 '벼슬에 나가면 멸족되니 벼슬에 나가지 말라'고 훈계하니 낙향조 24세조 극충공 이후 32세조까지 8대에 걸쳐 벼슬길에 나가지 않고 초야에 묻혀 살아왔다.

### 숙인淑人 언양 김씨彦陽 金氏의 열행

☞ 2장〈역사 속의 보절〉, 7장〈보절의 말, 노래, 이야기〉참조

광주 안씨고절지방

## 26세조 귀은공歸隱公 철수鐵壽의 행적

귀은공은 1615년 생으로 낙향한 조부 극충공의 뜻에 따라 열심히 글을 읽고 마음을 다졌으나 벼슬길에 나가지 않고 후생들을 가르쳐 훌륭한 인재를 많이 양성하였다.

1636년인조 4년 12월 9일 청나라가 침입하여 오자 이 소식을 듣고 '우리 임금께서 난리를 당하였으니 이 난리가 누구의 난리인가?'라며 한탄하였다.

즉시 정원환鄭元煥등과 함께 창의倡義하여 청나라 군대를 토벌하는 계책을 세워, 하인 10여 명을 이끌고 말을 달려 남한산성을 향하였다. 다음 해 1637년인조 15년 2월 4일 용인에 이르렀으나 강화가 이루어졌다는 소식을 듣고 통곡하고 돌아오는데 전주에 이르렀을 때 악성종양으로 일어나지 못하고 별세하였다. 귀은공이 당시를 술회하며 지은 시詩 두 수를 소개한다.

### 歸隱公述懷 二首

南漢山南德谷中 先隴義魄氣如虹
吾家誰復承前武 一曲悲歌唱匪風

남한산성 남쪽 덕곡德谷에
선영先塋 의로운 넋 그 기개 무지개 같네
우리 집안 뉘라서 선대 업적 계승할까
**19**
한 곡조 슬픈 가락 비풍匪風을 노래하네.

寒食東風夜 不堪把酒盃
故人知己少 獨自抱琴廻

봄바람 부는 한식 날
견딜 수 없어 술잔 드네
친구 가운데 알아주는 이 적어
홀로 거문고 안고 돌아오네

## 광주 안씨 효자 우瑀공의 효자정려

자는 거옥巨玉, 호는 국포菊圃이신 효자 우瑀, 27세공은 1638년 무인생이며 어려서부터 효도를 행함에 하늘에서 타고났다고 하였다. 아버님 상을 당하여 낮에는 묘 곁에서 엎드려 떠나지 않았고 밤에는 집에 돌아와 어머님을 봉양하였다. 일찍이 어머니 등에 악성 종기가 생기자 고름을 입으로 빨아내어 고쳤으며 지극정성으로 어머니께 효도하였다. 어머니가 돌아가시자 날마다 묘를 찾아 절하며 살폈다. 이때 묘소에 다니면서 소나무 아래에서 쉬었는데 이곳을 효자정孝子亭이라 하였으며, 이 내용이 조정에 알려지자 1729년영조 5년에 왕명으로 정려가 내려져 서치리 부흥마을 앞 칠송정七松亭에 증조모이신 언양 김씨의 열녀 정문과 우瑀공의 효자 정문을 나란히 **20** 하여 오늘날까지 보존되고 있다.

## 조선조 말에 벼슬길에 나아가신 33세조 영중공永重公

공은 1858년 삼괴정에서 출생하여 1900년에 백의입시白衣入試하여 1903년에 현풍군수, 1908년에 경북도지사觀察使로 부임하였으나 1910년에 한일합방이 되자 도지사직을 그만두고 경기도 직산으로 낙향하였다. 지금도 그 후손들이 직산에 살면서 보절 광주 안씨 문중의 시제時祭 등 행사에 참여하고 있다.

영중공永重公은 선조의 산소를 명당에 모셔 선산의 높은 정기로 벼슬에 올랐다는 후일담이 있다. 아버지 경열景烈, 32세공의 산소는 전남 광양군 다압면 무동산에, 어머니 광산 김씨는 고절방 옥녀봉 아래에, 할아버지 정주鼎主, 31세공의 산소는 임실군 남면 봉산리 봉화치에, 할머니 광산 김씨는 남원 아산방 봉현에, 증조할아버지 처의處宜, 30세공의 산소는 광양군 월포면 마현에, 증조할머니 해주 오旲씨는 남원 아산방 봉현에 모셨다.

# 순흥 안씨 順興 安氏
## 하신, 파동

## 1. 남원 입향전 선조사

순흥 안씨 시조는 휘諱 자미子美이다. 고려 흥위위보승별장興威衛保勝別將이며 신호위상호군神虎衛上護軍으로 추봉追封되었다. 당시 경북 영주군 순흥順興면에 살았기에 본관을 순흥順興으로 하게 되었는데 세 아들 휘 영유永儒, 영린永麟, 영화永和를 두어 자연히 1·2·3파로 나뉜다. 2·3파도 훌륭한 인물이 많이 배출되어 크게 융성하였는데 1파 휘 영유永儒의 자子, 부孚가 1244년고려 고종 31년 문과에 합격하여 수태사문하시중守太師門下侍中에 추봉되고 이어 대를 끊이지 않고 조선 1514년중종 甲戌에 휘 처순處順이 문과에 합격하여 경연춘추관기사관겸구례현감經筵春秋館記事官兼求禮縣監을 역임하고 치사致仕, 벼슬을 그만둠하였으며 양조兩朝, 고려조와 조선조에 300여 년간 11대를 무궐無闕, 빼놓지 않음 문과과거급제하였다.

그중에 안자安子 문성공文成公 회헌선생晦軒先生 휘諱 향珦은 시조공始祖公 자미子美의 증손이요, 휘 부孚의 독자獨子로 1260년고려 원종 원년 18세에 문과하였으며 왕을 호종扈從하여 원나라에 갔을 때 당시 고려가 숭불정책이었는데도 성리학을 접하고 크게 깨달은 바 있어 6개월여간 장기 체류하며 주자전서朱子全書를 손수 필사하고 또 공자와 주자의 진상眞像을 모사模寫하고 선성선사先聖先師 72현의 화상畵像 및 제기악기祭器樂器와 제諸 자서子書 등을 들여와 조선조 500여 년 숭유정책崇儒政策의 기반을 구축하여 창명정도倡明正道하였으니 동방이학東方理學의 조종祖宗이라 칭한다. 안자는 벽상삼한삼중대광도첨의중찬수문전태학사上三韓三中大匡都僉議中贊修文殿太學士로 치사致仕하였으며 65세를 일기로 타계하니 문선왕文宣王=孔子 묘정廟廷에 배향配享되었으며 1543년중종 38년 풍기군수 주세붕周世鵬은 안자의 고향인 죽계 백운동에 최초의 서원인 백운동서원白雲洞書院을 세워 배향하였다. 또한 이 서원은 1549년 이황李滉의 요청에 따라 소수서원紹修書院이란 명종의 친필사액親筆賜額이 내려졌는데 이는 최초의 사액서원으로 우리나라 서원의 효시가 되었다.

문성공文成公의 증손曾孫이 휘諱 원숭元崇, 원형元衡, 원린元璘 삼형제인데 모두 같은 해고려 충혜왕, 1341년에 문과하여 당시 나라 안에서 선망하였다. 첫째 원숭은 여러 차례 대언代言을 지내고 판서를 거쳐 정당문학예문관 대제학政堂文學藝文館 大提學에 이르고 순성군順城君에 봉封하였다. 시호는 문혜공文惠公이다. 둘째 휘 원형은 금자광록대부 정당문학 벽상삼한삼중대광보국 문하시중 평장사金紫光祿大夫 政堂文學 壁上三韓三重大匡輔國 門下侍中 平章事에 이르고 좌명공신佐命功臣으로 죽성군竹城君에 봉하고 시호는 문혜공이니 신죽산 안씨新竹山 安氏이다. 셋째 원린은 정당문학 검교중추부사政堂文學 檢校中樞府使를 역임하고 탐진군耽津君에 봉하고 시호는 문열공文烈公이니 탐진 안씨耽津 安氏로 분파되었다.

## 2. 남원 정착 이후의 선조사 <sub>신흥 정착사</sub>

보현방 신흥新興에 입향설기入鄕設基 한 이는 휘 여璵이다. 자字는 옥여玉璵 호는 농와農窩이니 시조공始祖公의 21세 손이요 고려 선정先正 문성공의 18대손이다. 고考 휘는 극량克良이요, 비妣는 세종왕자 영해군 안도공 휘 당全州李氏 寧海君 安悼公 諱 瑭의 9세손 유시惟時의 딸이다. 휘 여璵, 21세는 영조 계유1753년에 남원 금지 내기리에서 출생하였다. 선고가 41년에 돌아가시니 선비 유인 이씨孺人 李氏가 공公을 데리고 생정生庭인 신흥으로 이거하였는데 가세가 어려워 어초용임漁樵傭賃으로 생활하며 당시 만혼晚婚으로 진주 소씨 진춘녀震春女에게 장가를 들었다.

어느 날 논을 갈고 있는데 행상이 무거운 짐을 논두렁에 내려놓고 쉬고 있는지라. 공公이 "무슨 짐이냐?" 물은즉 서상이 말하기를 "7서七書입니다. 이 책으로 공부하면 문장文章도 나고 과거科擧도 볼 수 있는데 어느 부자의 요청으로 어렵게 구하여 가는 길입니다." 공이 말하기를 "값이 얼마요." 서상書商이 말하기를 "지금은 책이 귀하여 돈이 있어도 구하기 참으로 어렵고 또 값이 비싸서 사람들이 잘 사지 않습니다." 공이 말하기를 "그러면 그 7서를 나의 전 재산인 이 논을 줄 테니 나에게 주고 산동면 그분께는 후일 구해주면 어떠하뇨?" 하니 서상이 가난한 농부의 처지에 자손의 교육을 위하여 책을 구입코자 하는 간절한 소망과 결단에 감복하여 쾌락한지라. 공은 즉시 처가에서 받아 갈고 있는 십여두락十餘斗落의 그 논을 주고 그 7서를 구입하니 공은 필시 범인으로선 감히 생각지도 못할 원대한 포부와 미래의 꿈을 가진 분이 아니었을까 생각된다. 그러나 '인심人心은 고금동古今同'이라 처가에서 힐난하거늘 공이 웃으며 말하기를 '답매이 서구난畓買易 書購難, 논 사기는 쉬워도 책 사기는 어렵다'이라 하다. 본 7서는 현재 남원 시립박물관에 소장되어 있다.

## 3. 근대 인물사

1770년경 공公이 본 신흥에 입향설기入鄕設基한 것으로 추정된바 천성이 참으로 후덕하고 어질며 또 근면성실하여 가업을 잘 이루었는데 당시 94세의 장수로 수통정대부첨지중추부사壽通政大夫僉知中樞府使하고, 자손은 이 책으로 공부하여 휘 병택秉鐸은 조선 고종 때 문과급제하여 사헌부지평司憲府持平을 역임하고 치사致仕하였으며 한때 첨지공僉知公과 지평공持

平公이 한집에서 5대 동거하였으므로 4대 동거는 간혹 있지만 5대 동거는 귀하고 기이한 일이라. 안종학安宗學은 1856년철종 7년 생으로 호는 만호晚湖이다. 학문이 높고 행실이 돈독하며 언필칭言必稱 숭조돈목崇祖敦睦 하였다. 안병일安秉鎰은 1863년철종 14년 생으로 호는 영은穎隱이다. 지평공의 제씨로 언행이 엄정장중嚴正莊重하였다. 당호堂號를 영은이라 함은 부귀영화에 뜻을 아니하고 영수穎水가에 숨어 살던 허유許由와 소부巢父에 비유함이었으며 삼복염천에도 건수로족蹇袖露足, 옷소매를 걷고 발을 드러냄을 아니하였다. 특히 항일정신이 투철하여 왜놈 양복입고 학교공부 한다고 항상 손자를 엄중질책 하였다. 안병수安秉洙는 1860년고종 11년 생이고 호는 렴재濂齋이다. 남원 4걸의 한 명인 안병호의 동생이며 면장 안병용의 중형이다. 천성이 엄의정직嚴毅正直하고 효우돈독하며 인자후덕하여 남의 어려움을 공감하니 사림이 추앙하였다. 송나라 때 태극도설太極陶說을 집대성한 렴계濂溪 주돈이周敦頤를 숭상하여 당호를 렴재라 하였다. 안종욱安宗昱은 1864년고종 1년 생으로 호는 농은農隱이다. 천성이 온후하였다. 종중의 일을 자기의 일로 알고 책임을 다하는 기림주선己任周旋의 열성을 보였으며, 1918년에 편찬된 순흥 안씨 대종보戊午譜의 편찬을 위해서 전국 방방곡곡을 돌아다니며 대종보를 만들기 위해서 노력하였다. 대종보를 편찬할 때에 전국 순흥 안씨 총재로 시조공 안자미의 사단중수기를 찬撰하였다. 순흥 안씨의 결집을 위해 많은 노력을 기울였고, 종중 소속의 전답과 임야를 되찾는 등 순흥 안씨 전체 종중을 위해서 많은 업적을 남겼다. 안병호는 남원4걸南原四傑의 1인으로 그 명성이 자자했다. 안병용安秉鎔은 26년이라는 오랜 기간동안 보절면정寶節面政을 잘 다스렸다. 또한 호남고사湖南高士라 일컬은 한학자漢學者 안재직安在稷과 전全 보절면민의 성원성聲援리에 당선된 국회의원 안균섭安均燮과 동아일보 논설실장을 역임한 안재준安在準 등의 많은 훌륭한 인물이 배출되었다. 전 재산을 흔쾌히 7서와 바꾼 입향조入鄕祖 첨지공僉知公 안여安璵의 원대한 포부는 이러한 등등의 여경餘慶을 위함이 아니었을까 옷깃을 여미게 한다.[21]

◆ 묘: 정착조 안여安璵 보절면 신파리상신

◆ 재실: 유강재濡降齋 남원시 보절면 신파리

# 남원 양씨 南原 梁氏
## 음촌, 서당, 파동

양씨의 기원은 그 유래가 제주도 삼성혈三姓穴에 기원한다. 본래의 성은 량良이었
다. 우리나라 성씨 중에서 비교적 오래된 성씨 중의 하나이다. 성씨 대부분이 중
국 등지에서 흘러온 귀화성이지만 양씨만은 순수한 우리나라 혈통의 성씨이다.
남원 양씨는 대산면 신계리 산허리에 중광원이란 대 묘역을 조성해 놓고 있다. 파
조를 포함해서 9대를 모시고 있다. 모두 설단設壇된 분들이다.

고기古記에는 신라 때에 탐라국의 광순사廣巡使 양탕良湯이 559년 신라에 들어
가 외교하는 뜻을 전하니 진흥왕이 크게 기뻐하여 의관보개衣冠寶蓋를 상으로 주
고 성주왕자 작爵을 봉하였으며 良姓양성을 梁姓양성으로 바꾼 것이다. 양탕良湯은
비로소 성을 梁양으로 얻은 득관조得貫祖이다.

양씨가 남원으로 분적한 시기는 757년신라 경덕왕 16년이다. 양우량梁友諒이 왕실
에 공훈이 커 남원부백南原府伯을 받았고 훨씬 뒷날 다시 충주가 분관分貫이 돼 제
주·남원·충주 등 삼적三籍으로 나누어진 것이다. 1930년에 조사된 성씨를 보면
양씨가 79본이나 되었으나 모두가 지맥으로 나타났다. 남원 양씨는 크게 병부랑
중공파와 용성부원군파로 나누어진다.

### 병부랑중공파 보절 음촌·서당 문중兵部郞中公派 寶節 陰村·書堂 門中

양능양梁能讓은 호가 둔암遯菴이며, 남원 양씨 병부랑중공파兵部郞中公派의 기세조
起世祖이다. 996년고려 성종 15년에 중봉대부병부랑중 동궁내시학사를 지냈다. 부인
은 개성 왕씨開城 王氏로 고려 태조의 증손녀. 글과 도덕이 높았고 충절이 만고에
드러났다. 경종조에 왕명으로 중국에 들어가 전례典禮와 경경經을 강론 받고 빈공과
에 올랐다. 귀국하여서는 영육에 힘써 문인 중에서 빈공과에 급제한 사람이 많았
다. 목종조에 간신이 정권을 장악하여 국사가 날로 문란하니 양능양은 벼슬을 모
두 버리고 남원의 풍악산 아래 숨어 살았다. 자호를 둔암이라 하고 매일 통곡하면
서 세상을 마쳤다. 후세의 사림이 그의 의로움을 추모하여 일원사一源祠를 창건하
여 모셨으나 난에 회진한 뒤 주생면 상동리 소재 용장서원에 배향하였다.

남원 양씨는 우리나라 성씨 중 25번째로 대종산大宗山이다. 그 중 80%가 병부
랑중공파로 나타났다.

2세 득겸得謙은 고려조에서 봉의대부 공부랑중奉議大夫 工部郞中을 지냈으며, 이
후 3세 득황得璜, 4세 탁영卓英, 5세 견堅, 6세 리승利升, 7세 충립忠立, 8세 당취唐
就, 9세 준俊, 10세 동필東弼, 11세 송수松秀도 고려조에 벼슬을 하였다. 이후 조선
조에 충부忠富는 좌랑佐郞, 사후士厚는 부사府使로 벼슬하였다.

판서判書 벼슬에 있던 10세손 양동필梁東弼의 현손인 판서공 회判書公 澮, 14세손
의 후손 일부가 남원에 정착한 이후, 18세 성성誠의 묘가 천황봉 아래 보절면 용동

龍洞에 있는 것을 보면 18세를 전후하여 남원 양씨가 보절에 정착하였을 것으로 추론된다. 이후 남원 양씨 병부랑중공파는 보절 서당과 음촌에서 13대째 4백여 년간을 내려온 전통의 집안이다.

판서공 회의 8세손 양진번22세, 1588년, 선조 21년~?은 자는 간숙幹叔, 호는 농암聾菴으로 부친은 유학幼學 양여필梁汝弼이다. 31세 때인 1618년광해군 10년 무오戊午 식년시式年試 진사 3등 16위로 합격한 후 유학幼學을 지냈다. 효심이 지극하여 어버이 병환에 똥을 맛보고 혈지血指를 하기도 하였다. 병자란丙子亂에 운암雲巖 이홍발李興浡 등과 창의倡義하여 과천果川에 도착하였으나 강화講和가 이뤄졌다는 소식을 듣고 통곡하고 돌아와 스스로 호를 농암聾菴이라 지었는데 이는 귀를 북음北音에 막겠다는 뜻이다. 벽상壁上에 '황명유신양모皇明遺臣梁某'의 집이라 크게 써 놓고 명제明帝의 승하를 들을 때까지 곡기를 끊었고 16일 만에 죽음을 맞았다. 철종哲宗 때에 효로 교관敎官, 충으로 지평持平에 추증追贈되었으며, 남원 봉현蓬峴의 절의사節義祠에 배향되었다. 농암聾菴의 유고遺稿로 병자년 의거 때 출진한《일기日記》가 전해온다.

필자는 병부랑중공파兵部郎中公派 문중 유사 양희옥33세손의 안내로 농암공聾菴公이 초막을 짓고 16일간 곡기를 끊어 죽음을 맞이한 보절면 진기리 산155 원곡怨谷에서 '대명정사유허大明精舍遺墟'라고 쓰여진 표석 앞에서 병자호란의 아픔을 함께할 수 있었다. 유사 양희옥은 표석에서 10여m 떨어진 남쪽 고개悲가리 고개를 가리키며 그 너머에 남원 양씨 보절 문중 종가집이 있었다고 설명하면서 그러나 지금은 그 흔적을 찾기가 어렵다고 남원 양씨의 보절에서의 전성기를 더듬었다.

◆ 묘: 시조묘始祖墓 제주도 제주시 삼성혈三姓穴
　　　양능양병부랑중공, 남원시 대산면 신계리 설단設壇
◆ 재우: 보절면 괴양리 음촌
　　　중광원重光院 남원시 대산면 신계리
◆ 정려: 선장각璿章閣

## 용성군파龍城君派 보절 파동 문중

용성군龍城君 양주운梁朱雲은 고려 원종조1260~1274년에 등제하였다. 중국에 들어가 정주전주程朱篆擂를 얻어 가지고 돌아와 조야朝野에 널리 알리니 이때부터 경학經學이 떨쳤다. 또 1270년원종 11년에 삼별초의 난이 일어나자 세자를 모시고 몽고에 가서 원병을 초청하였고 원병 30만기로 제주까지 쳐들어가 평정하였다. 그 훈업勳業으로 남원을 식읍으로 하고 용성부원군에 봉했는데 용성군파의 파조가 된 것이다.

양예는 봉선대부 병부랑중 홍공좌랑을 지냈다. 용성부원군의 아들로 고려 충렬왕1275~1308년조에 등제登第하였다. 문장이 좋고 덕망이 세상에 널리 떨쳤다.

양유위는 정당문학 진현관 대제학을 지냈고 시호를 장영으로 받았다. 양예의 둘째 아들이다. 큰아들 남강중과 충렬왕조에 등과하여 명성을 떨쳤다. 양의생梁宜生은 삼중대광 우정승 겸 판위의 시사를 지내고 시호가 충민으로 내렸다.

양의생의 둘째 아들로 1383년고려 우왕 9년에 태어나 문과에 들었다. 공은 충의와 효우가 탁이해 충효로 정려가 있다.

양천지梁川之, 13세는 성균관 생원으로 이조참판에 증직된 분이다. 충민공의 손자로 태종 갑오1414에 성균관 생원에 합격했지만 학문에 전념하고 자신과 집안을 예와 도로서 다스리고 가훈을 만들어 자손에게 전승하였다.

양권梁권, 14세은 양천지둘째 아들로 세종 19년에 태어나 1460년세조 6년에 무과에 들어 의주판관, 덕천군수, 장흥·회령·갑산부사·의주목사를 역임하고 병조참판 동지돈령부사 형조참판 오위도총부부총관을 역임하였다. 양희梁喜는 호가 구암이다. 양관梁灌의 손자이다. 명종 병오丙午에 무과에 들어 요직을 두루 거치고 하지사로 연경에 갔다가 돌아오는 길에 옥하관에서 죽으니, 중국 조정에서는 광록대부예부상서를 증직하고 우리 조정에서도 증직하였다.

양홍주梁弘澍는 양희梁喜의 아들이다. 성우계선생과 사우의 예로서 교유하며 역학에 정통했다. 임란왜란 때 아들 황과 영외로부터 의주에 가서 죽전竹箭 4만 개와 장편전箭 3백 부, 쌀 3두를 바치었고 싸움이 끝난 후 선조를 모시고 환도하니 선조가 그의 충성에 감탄하였다. 1603년선조 36년에 만언소를 올려 간신 정인홍을 물리치고 또 우계와 율곡 두 선생의 무율無律를 밝혔지만 뜻을 이루지 못하였다. 이조참의 의금부도사에 증직되었다.

양순석梁順石은 1427년세종 9년 생이다. 1453년단종 1년에 중광 문과에 급제하여 중요 직을 두루 거치고 경상감사를 역임한 후 충청감사를 지냈다. 왕명으로 중국에 갔다 왔다.

양대루梁大樓는 호가 청계이고 숭록대부 병조판서 판의금부사 지경 연 홍문관 예문관 대제학 도총관 제용감 주부에 증직되고 시호를 충장이라 내렸다. 임진왜란 때 4천여 명을 모병하여 임실 운암에서 왜병을 격파하였다. 청계집이 있고 1622년광해군 14년에 병조참의에 증직되었다. 시호가 '충장'으로 내리고 명정되었다.

양응원梁應源은 선무원종공신 의적비가 있다. 선조 7년 무과에 올라 충무위좌부장이 되었다. 남원 갈치방에서 수백 장정을 이끌고 황진장군의 휘하에 들어 뱃재梨峙 산록에서 왜병과 싸우다가 흉탄에 맞아 숨졌다. 선무원종 공훈록과 이치대첩비梨峙大捷碑에 상세히 등재되어 있다.

양문순은 1862년철종 13년에 남원 이언방에서 태어났다. 1891년고종 28년에 표능참봉으로 추천됐고 1893년에 별무사로 중국에 들어갔다 왔다. 을사조약 때 의용대원 수천을 거느리고 남원성의 진위왜병을 진격하였으며 교룡산성에 은신 중 체포되어 진도로 유배되었다가 대사령으로 풀렸으나 두문분출하다 별세하였다.

보절 파동의 양씨는 22세손 병조판서를 지낸 양이성梁以性이 정착조이다.

파동마을에서 2백여 년 동안 8대를 내려오면서 한때 90여 세대가 살면서 대씨족을 형성하였다.

◆ 묘: 시조묘始祖墓 제주도 제주시 삼성혈三姓穴

　　용성부원군梁朱雲, 수지면 산정리
◆ 재우: 용북재龍北齋 - 보절면 신파리 파동
◆ 정려: 양우주 효행비

---

## 해주 오씨 海州 吳氏
### 금다리 다산, 신파리 섶골, 덕과면 신양리 작소

---

해주 오씨는 오현보吳賢輔의 아들인 고려시대 검교군기소감檢校軍器少監을 지낸 오종인吳宗寅을 1세조로 하는 파와 역시 고려시대에 검교군기감사檢校軍器監事를 지낸 오인유吳仁裕를 1세조로 하는 두 파가 있다.

오씨의 본관은 문헌에 210본이 나타난다. 하지만 현존까지 전해오는 본관은 20본 안팎이다.

오현보는 오씨의 비조鼻祖 오첨吳瞻의 24세손이다. 오첨은 신라 지증왕 1년智證王, 437~ 514년, 재위 500년~ 514년에 중국에서 들어와 함양에서 살면서 오씨의 연원을 이루었다. 오첨의 24세 오현보吳賢輔·오현좌吳賢佐·오현필吳賢弼 삼형제가 1216년고종 3년 거란을 토벌한 공으로 오현보는 해주군海州君, 오현좌는 동복군同福君, 오현필은 보성군寶城君에 봉해짐에 따라 해주, 동복, 보성의 오씨로 각각 분적分籍하면서, 오현보는 해주 오씨의 시조가 되었다.

오인유는 고려 성종 때 송나라에서 귀화해 해주에 터를 잡았다. 오인유의 후손 중 8세 오희보가 고려 말 대호군을 지냈는데, 말년에 용인시 처인구 원삼면 학일리에 정착하였다. 이후 후손들이 용인과 안성 일대로 퍼졌다.

학일리에서 오산리로 입향한 사람은 오윤겸의 부친인 오희문13세, 1539~1613년이다. 당시 모현면 일대는 포은 정몽주의 후손인 영일 정씨迎日鄭氏, 저헌 이석형 후손인 연안 이씨延安李氏들이 세거하고 있었다. 오희문은 문천군수를 역임한 연안 이씨 이정수의 딸이석형의 증손녀과 혼인하여 오산리에 터를 잡았다.

해주海州는 원래 고구려 땅이다. 고려 태조 때 지금 이름으로 개칭하였다. 변화를 거듭하다가 조선조 세조 때 진陣을 두었고, 1938년에 부府로 승격하였고, 1938년 해주항이 개항되어 오늘에 이른 것이다.

이후부터 자손들이 번창하였다. 해주 오씨는 조선시대 문과급제 98명, 영의정 1명, 우의정 1명, 대제학 3명을 배출한 명문이다. 이중 영의정인조 때 오윤겸, 삼학사병자호란 때 오달제, 대제학숙종 때 오도일, 우의정영조 때 오명항을 오산리에서 배출했다. 오윤겸은 1582년선조 15년 과거에 급제하여 임진왜란 때 정철의 종사관으로 발탁되어 활동하였다. 광해군 때는 사신으로 일본에 가서 150명의 포로를 데려왔고 국교를 정상화시켰다. 인조반정 후에 대사헌, 이조판서, 예조판서 등을 역임하다가 1628년인조 6년 70세로 영의정에 올랐다.

여기서 알아두어야 할 것은 오현보와 오인유는 중국 쪽이나 우리나라에서도 어떠한 관계인지가 문헌이나 해주 오씨海州吳氏 종보宗譜에 전혀 나타나지 않는다는 것이다.

해주 오씨가 남원에 터를 잡은 것은 고려 말, 조선 초로 본다.

보절면 신파리 '섶골'과 덕과면 '작소'마을에 정착한 해주 오씨는 오인유를 1세조로 하는 오씨 계系이며 그중에서도 추탄공楸灘公파이다.

## 1. 해주 오씨 추탄공楸灘公파

추탄공은 조선 인조 조에 영의정을 지낸 오윤겸吳允謙은 오인유의 14세손으로 자는 여익汝益, 호는 추탄楸灘 또는 토당土塘. 사섬시주부司贍寺主簿 오옥정吳玉貞의 증손으로, 할아버지는 감찰 오경민吳景閔이고, 아버지는 선공감역 오희문吳希文이다. 어머니는 연안 이씨延安李氏로, 군수 이정수李廷秀의 딸이다. 성혼成渾의 문인이다. 시호는 충정忠貞이다.

추탄공은 1582년선조 15년 과거에 급제하여 임진왜란 때 정철의 종사관으로 발탁되어 활동하였다. 조선 중기 서인西人들이 주동하여 광해군을 폐위시키는 인조반정에 참여하여 중앙정계에 진출하면서 여러 대에 걸쳐 많은 현신을 배출하였다. 특히 오윤겸의 추탄파楸灘派와 오정방吳定邦의 정무공파貞武公派에서 많은 인물이 나왔다. 이후 서인이 다시 노론·소론으로 갈리자 추탄파는 노서계老西系, 정무공파는 소서계少西系로 갈라졌다.

## 2. 해주 오씨 추탄공파 인물사

오윤겸은 충청도 관찰사·좌부승지 등을 지내고 인조반정 후 서인이 노서·소서로 분열될 때 김류金瑬 등과 함께 노서의 영수가 되어 우의정·좌의정을 거쳐 영의정에 이르렀는데 인물등용에 공정하여 현상賢相으로 이름났다.

오윤겸의 조카 오달제吳達濟, 15세는 병자척화삼학사丙子斥和三學士의 한 사람으로 병자호란 때 왕이 청군에 항복한 뒤 적장 용골대龍骨大의 신문訊問에 굴하지 않고 심양瀋陽으로 이송되어 살해되었다.

손자 오도일吳道一은 숙종 때 대제학에 오르고 병조판서를 지냈다. 오명항吳命恒은 숙종 때 경상·강원·평안도 관찰사를 지내고 정미환국丁未換局 후에 이조·병조판서를 역임, 우찬성을 거쳐 우의정에 이르렀다.

한편 오정방은 시조 오인유의 13세손으로 임진왜란 때 전공을 세우고 부총관·포도대장을 역임, 전라도·경상도 병마절도사에 올랐는데, 폐모론廢母論으로 사직했다가 인조반정으로 다시 기용되었다. 그의 증손 오두인吳斗寅은 숙종 때 형조판서를 지냈는데 그의 후대에서 많은 인물이 나왔다.

오두인의 아들 오태주吳泰周는 현종의 부마로서 이름난 서예가이며 그의 다음 대에서 오원吳瑗·오재순吳載純의 부자 대제학이 나왔다. 오재순의 아우 오재소吳載紹는 예조판서, 아들 오희상吳熙常은 순조 때의 성리학자이다.

이외에 선조 때 이조판서를 지내고 청백리에 녹선되었으며 8문장八文章의 한 사람으로 꼽혔던 오상吳祥, 숙종 때 삼도수군통제사와 영조 때 포도대장을 지낸 오중주吳重周, 고종 때 공조판서를 지낸 오최선吳最善, 조선 말기의 서화가 오경석吳慶錫 등이 있다.

## 3. 해주 오씨 근현대 인물

구한말 국난이 닥치자, '삼세오충三世五忠'의 충혼을 자랑스럽게 여기는 해주 오씨 문중에서 수많은 인물이 배출되었다. 의병장으로 오인수吳寅秀와 오상열吳相烈이 있다. 일신회와 고려혁명당을 조직, 무장항일운동을 벌이다 붙잡혀 옥사한 오동진吳東振이 있고, 3·1운동 당시 민족대표 33인의 한사람인 오세창吳世昌과 그의 아버지이자 김옥균, 박영효 등을 지도하여 개화파를 형성한 오경석吳慶錫이 있고, 상해임시정부 의정원의원 등을 지낸 오익표가 있다. 그 외 한국의학의 개

척자였던 오긍선吳兢善 세브란스의전 교장이 있고, 괴짜 시인 공초空超 오상순吳相淳도 해주 오씨 인물들이다.

### ※ 삼세오충렬사三世五忠烈祠

나라를 위해 순절한 해주 오씨 오충신五忠臣을 모신 곳이다. 오응정1548~1597년은 오인유의 15세손으로 전라도 익산시 용안현 출신이다. 자는 문중文中, 호는 완월당翫月堂이다. 1574년선조 7년 무과에 급제하여 여러 관직에서 치적을 쌓던 중 정유재란이 일어나자 순천부사겸총병부문안사順天府使兼總兵府問安使 전라도우방어사全羅道右防禦使가 되어 어모장군禦侮將軍 욱, 동량과 더불어 남원성 전투에 참전하여 분전하였으나 중과부적으로 패하게 되자 화약더미 속에서 세 부자가 장렬하게 순절하였다.

오응정의 차남 오직1574~1619년은 광해군 때 도원수都元帥 강홍립康弘立 막하의 우영천총右營千摠으로 요동 심하 전투에 출전하였으나 강홍립이 후금군에 항복하자 격분하여 부차富車에서 적과 싸우다 온몸에 화살을 맞고 전사하였다. 그의 아들 방언1588~1637년은 병자호란 때 남한산성에서 적과 싸우다 인조가 '삼전도 굴욕'을 당하자 남한강에 투신자살하였다. 이들의 찬란한 충절을 기리기 위하여 조선 숙종 대에 명정되어 전북 익산시 용안면 중신리에 충렬사가 세워졌다 1982년 8월 30일에 전라북도 기념물 제61호로 지정.

## 4. 해주 오씨 추탄공파 보절면 섶골 정착사

해주 오씨 오인유의 23세손 재선在善이 구한말 혼란한 정국을 피하여 남원시 고죽동옛 남원군 왕치면·오씨 집성촌 在에서 피난지지避難之地로 널리 알려진 보절면 신파리 섶골마을 '제帝너머'로 이거하였다고 한다. 이후 5대 130여 년 마을을 이루며 세거하였으나 지금은 모두 출향하여 각계에서 활동하고 있다.

후손으로는 오기봉吳基奉, 27세이 육군대령으로 예편하였다.

◆ 묘: 정착조 오재선吳在善, 23세 보절면 도룡리 산38번지 선산

## 5. 해주 오씨 추탄공파 덕과 신양리 작소 정착사

해주 오씨 오인유의 24세손 성근成根이 구한말 남원시 고죽동에서 덕과면 신양리 작소마을로 이거한 이후 4대 120여 년을 살면서 크게 번성하였으나 1960년대 이후 대부분 출

향하여 각계에서 활동하고 있으며 지금은 4세대가 마을을 지키며 살고 있다.

♦ 묘: 정착조 오성근吳成根, 24세 대산면 율정 선영先塋

> ## 함양 오씨 咸陽 吳氏
> ### 신흥, 파동, 다산, 덕과 율촌

오씨의 본관은 문헌에 210본이나 있지만 현존하는 본관은 해주, 동복, 보성, 함양, 고창, 두원, 나주, 함평, 울산, 낙안, 평해, 군위, 장흥, 화순 등 14본 등이다.

함양 오씨의 시조는 오광휘吳光輝이다. 시호는 문도文度이고 1193년고려 현종 23년에 문과에 장원하여 상서령좌복야에 올랐고 1199년신종 2년 상장군을 거쳐 1217년고종 4년에는 강동에서 거란병을 격파하였다. 추충정란광국공신에 책록되고 금자광록대부에 이르렀으며 함양부원군에 봉해졌으므로 후손들이 보성寶城 오씨吳氏에서 분적하여 본관을 함양으로 하여 세계를 이어왔다.

6세 오상덕吳尙德은 시조 광휘光輝, 1세의 둘째 아들 홍예洪芮, 2세, 그의 다섯째 아들 적迪, 3세의 증손으로 호가 두암杜菴이며 황희정승의 매형이다. 일찍이 학문에 정진하여 학업이 크게 성취되고 포은 정몽주, 목은 이색, 도은 이숭인 등과 막역하게 사귀었고 당시 상례喪禮가 해이되어 부모 상기喪期를 100일로 하는 풍습이 성행하였으나 공公은 3년 동안 복을 입었고 시묘까지 하였다. 또한 불교가 성하매 태학제현과 상장喪葬 척불斥佛에 앞장섰으며 경서의 주해 등 성리학자로 성리학 진흥에 전념하였다.

1380년우왕 6년에 성균관박사, 소부시소감이 되고 우문관제학이 되었다.

고려 왕조가 망하매 두문동으로 들어가 은거하다가 늦게 용성부남원에 내려와 세속과 단절하면서 자호를 두암杜菴이라 했다. 조선조에서 태조가 여러 차례 불렀으나 나가지 않았고 태종이 홍길민洪吉旼을 보내 국사國事를 물었으나 응답하지 않고 오직「忠臣不事二君충신불사이군」의 절의를 지켰다. 1420년세종 2년 두문 29년 만에 사망하니 향년 72세라, 후에 이조판서에 추증되고 문충文忠이라 시호되었다. 1435년세종 17년 영·호남 유림이 남원 술산에 건사하였고 또한 풍계서원에 익성공 황희와 합사하였다.

두암杜菴, 6세은 아들 일곱을 두었다. 큰 아들부터 치선致善, 치행致行, 치인致仁, 치의致義, 치예致禮, 치지致智, 치신致信이라고 했다. 이와 같이 아들의 이름에 선, 행, 인, 의, 예, 지, 신을 넣어 작명한 것으로 미루어 이분의 도학道學을 짐작할 수 있다. 치선致善은 운봉파, 치행致行은 남원파, 치인致仁은 곡성파의 각 파조이다. 나머지 4형제는 자손이 없다.

## 남원파 파조 오치행 7세, 화산공파

두암의 둘째 아들인 오치행吳致行, 7세이 남원파 파조이고 호는 화산花山이다.

경남 함양에서 태어났고 맏형 치행致善과 함께 학문에 정진하였으며 황희黃喜의 천거로 세종 때 통훈대부예조정랑이 되고 이어 형조정랑에 이르고 단종 손위遜位 때 이조정랑에 있다가 수양대군의 불의에 항거하여 벼슬을 버리고 천령天領, 지금 함양으로 돌아왔다. 후원에 단을 쌓고 아침저녁으로 영월을 향하여 북향사배하고 3년을 하루같이 통곡하였다. 그뿐 아니라 사육신이 참변당한 날이 돌아오면 혼을 맞아 제사를 지내면서 종일 통곡하고 식음을 전폐하였다. 조정에서 여러 번 불렀지만 응하지 않고 시가詩歌를 즐기며 살았다. 말년에 남원 비안정노암동으로 정착하였다. 사람들은 그를 화산거사花山居士라 불렀다. 1459년세조 5년에 졸卒하니, 세조가 그의 경·충·효에 감탄하여 정헌대부 이조판서에 추증하고 왕명으로 예관을 보내어 남원 노암동 남산에 예장을 하였다. 이분의 아들 금남재공 오응吳凝, 8세은 함길, 평안, 경상, 전라도 등 4도 관찰사를 지냈고 병조판서 경연춘추관사 예문관 대제학을 거쳐 좌리공신으로 남원군에 봉해졌으며 청백리로 널리 알려진 분이다. 이분의 아들 홍수洪壽, 9세는 이조참의를 거쳐 정헌대부에 올랐으나 연산정란으로 불사하였고 예장을 하였다. 손자 성대聲大, 10세는 구례 산동에 세거하며 직장을 하였고 증손 경경瓊, 11세은 봉상시 첨정이며 현손 극인克仁 12세은 군자감 청정 통례원 좌통례 하였다. 극인은 아들 6형제를 두었는데 둘은 무후하고 넷은 구례 산동에서 다음과 같이 분파되었다.

## 호참공파 戶參公派 임실군 삼계면 아살이 문중

극인의 큰아들 흥조興祖, 13세는 절충장군 우후로 공을 세워 호조참판에 증직되었고 그 아들 호浩, 14세는 동지중추부사에서 가선대부 동지중추부사에 올랐다.

## 영회정공파 永懷亭公派 남원 대강 수홍 문중

둘째 아들 찬조續祖, 13세는 수군절도사 평안도방어사를 지냈으며 그 아들 렴濂이 군자감 첨정에서 절충장군 첨지중추부사에 올랐다.

## 공참공파 工參公派 남원 비안정 문중

셋째 아들 윤조胤祖, 13세는 사후에 호조참판에 증직贈職되었으며 그 아들 순洵은 절충장군 첨지중추부사에 올랐다.

## 통덕랑공파 通德郎公派 남원 술메 문중

다섯째 아들 승조承祖, 13세는 통덕랑이며 그의 아들 형泂은 장사랑을 하였다.

이 중 덕과 만동과 보절 신흥, 파동, 다산 등에 정착한 함양 오씨는 '공참공파工參公派 남원 비안정 문중'에서 비롯되며 그 내용은 다음과 같다.

## 공참공파 工參公派 파조 13세 윤조 남원 비안정 飛雁亭 문중

극인克仁 12세의 셋째 아들 윤조胤祖, 13세, 공참공파 파조 구례 산동에서 세거하며 장자 순洵, 14세 墓 주천 주레기, 차자 길洁, 백부 흥조에 출계 등 2남 2녀를 두었다. 순洵은 여규汝奎, 15세 墓 송동 원통이 등 4남 2녀를 두었으며, 여규는 위緯, 16세, 墓 노암동 비안정 등 3남 2녀를 두었고 위緯는 도원道光, 17세, 墓 주천 주레기 등 2남 5녀를 두었다. 도원은 자 명일命佾, 18세, 墓 산서 오성리은 무후하여 종조부 계 익태益泰, 19세, 墓 주천 송구가 칠촌七寸 숙부叔父 명일命佾, 18세의 대를 잇는다.

## 익태공, 세양 世良, 20세공 부자 父子

덕과면 만동晩洞, 안동네의 평산 신씨申氏와 혼인의 연을 맺다.

익태益泰, 19세공은 함양 오씨 무오보戊午譜, 1978년에 의하면 1728년영조 무신년에 비안정에서 출생하여 흥덕 장씨張氏와 결혼하였으며 통훈대부군자감정에 증직하였다. 자녀는 2남 1녀를 두었으며. 장남 세양世良, 20세, 墓 노암동 광치 나분들은 덕과면 만동의 평산 신씨와 결혼하였으며 통정대부이조참의通正大夫吏曹參議에 증직贈職하였고, 2남 세신은 서산 유씨柳氏와 결혼하였으며 통정대부공조참의通正大夫工曹參議에 증직贈職하였다. 딸은 진주인 소학회蘇學會와 결혼하였다.

## 임주 任周, 21세공의 덕과 안동네 정착사

임주공1793년~1846년은 남원 노암동 바안정에 거주하시던 세양世良, 20세공의 1남2녀 중 장남으로 태어났다. 이분이 곧 함양 오씨 시조 함양부원군 광휘의 21세손으로 공참공파工參公

派 파조派祖인 윤조胤祖로부터 8대 종손이다.

임주任周공은 덕과면 만동안동네 평산 신씨와 결혼하면서 비안정에서 처가 동네로 이거하였다. 이후 슬하에 9대 종손 석진錫珍, 1825~1906년, 둘째 석상錫祥, 셋째 석권錫權 등 3형제와 4명의 딸을 두었다.

### 석진錫珍, 22세공의 보절 신흥 정착사

9대 종손宗孫 석진은 가선대부공조참판嘉善大夫工曹參判에 올랐으며 품성이 순직하며 겸손하고 효우孝友를 중히 여겼다. 관직에서 물러난 후 마침 보절 신흥에 집터와 토지의 매입 기회가 있어 만동에서 신흥으로 이거하였으니 이때가 임오군란壬午軍亂, 1882년으로 국내적으로는 흥선대원군이 청나라로 잡혀가고 민비閔妃 세력이 재집권하였으며 국제적으로는 청일전쟁의 기운이 감도는 등 구한말 격동기였다.

13대 종손 재승在承, 26세 1921~2019년은 32살에 남편을 사별한 모친 12대 종부宗婦 흥덕 장씨興德 張氏 성옥盛玉 여사를 극진한 효성으로 살폈으며 또한 모친의 유훈遺訓을 받들어 종통宗統을 확립하였다. 또한 재승在承은 초등학교장과 함양 오씨 대종회장, 남원향교 전교典校 등을 역임하면서 남원지역사회 발전에도 이바지한 바가 크다.

### 석상錫祥, 22세공의 보절 파동 정착사

덕과면 만동안동네 정착조 임주任周공21세의 2자二子로 태어난 석상은 보절면 파동의 청송 심씨沈氏와 혼인을 하여 중년에 파동으로 이거하였으며 사후 가선대부동지중추부사嘉善大夫同知中樞府事에 증직되었다. 석상은 4녀무남四女無男하여 종손 석진錫珍의 2자子 기한其漢을 양자養子로 하여 병관秉寬, 병일秉一, 병정秉正 3형제를 두었으며 종손 병관은 근섭, 기섭, 삼섭3형제와 1녀전주 이씨 영해군 14대손 교철敎喆를 두었다. 이후 자손들은 보절 파동에 세거하였으며 1960년대 이후 대부분 출향하였다.

### 석권錫權, 22세공의 보절 다산 정착사

임주공21세의 3자三子로 태어난 석권은 보절면 다산의 전주 이씨李氏와 혼인을 하여 중년에 다산으로 이거하였으며 승통정대부陞通政大夫하였다. 슬하에 5남1녀를 두었으나 증손 공섭恭燮 25세, 錫權係의 3대 宗孫이 덕과면 율천栗川, 밤지내으로 이거하였고 이후 다산의 함양 오씨는 필한弼漢, 23세계만 다산에 남아 오늘에 이르고, 나머지는 종손宗孫 공섭을 따라 대부분 덕과 율천으로 이주하여 씨족마을을 형성하였다.

◆ 묘: 두암 오상덕杜菴 吳尙德 남원시 노암동 금암봉설단

남원파조南原派祖 남원시 노암동 남산

첨정공파조僉正公派祖 남원군 보절면 금다리 금계

♦ 재우: 술산사述山祠 남원시 노암동 금암봉남 -지방문화재 15호

　　관수재觀水齋 보절면 진기리 갑산
♦ 족보간행: 무오보戊午譜, 1978년

## 단양 우씨丹陽 禹氏
### 내동, 신기, 상신

시조는 고려 현종 때 우현禹玄이다. 우현은 후당 사람으로 928년고려 태조 11년생으로 도선국사를 중국 땅 용서隴西에서 만나 서로 알게 되어 고려로 오게 되었다고 전한다. 단산군 북쪽 금수산 희창동에서 살면서 현종 때 향공진사가 되었고 문과 장원급제하여 문하시중평장사門下侍中平章事에 이어 단산군丹山君, 단양에 봉해졌다. 부인이 개국공신인 신숭겸의 딸인 것을 보면 주로 개경에서 살았을 것으로 보인다.

　우현의 아들인 신臣, 2세의 부인은 귀주대첩으로 유명한 강감찬 장군의 딸이다. 신臣의 벼슬은 문과급제하여 서경유수를 이르렀으며 문하시중평장사門下侍中平章事에 추증되었다.

### 우중대禹仲大, 6세

우현의 6세손인 우중대는 단양 우씨를 명문가로 만든 인물이다. 문과에 급제하여 문하시중평장사門下侍中平章事에 이르렀다. 3형제를 두었으며 천규天珪, 천계天啓, 천석天錫이다. 큰아들 천규天珪의 아들 탁倬, 8세은 역동선생이며 셋째 천석의 아들은 칭偁, 8세이다. 칭偁의 아들이 국진國珍으로 문강공文康公이다.

### 예안군파禮安君派 보절 진기 문중

1. 예안군파의 파조派祖는 홍부洪富, 11세이다. 역동선생 탁의 아들이 길생吉生, 9세이며, 손자가 현보玄寶이다. 현보10세는 5형제를 두었는데 큰아들 홍수洪壽가 대제학공大提學公파의 파조派祖이며, 둘째아들 홍부洪富가 예안군파의 파조派祖이다.

2. 우탁禹倬, 8세은 왕의 패륜을 막아 낸 명신이다. 우탁이 감찰규정으로 있을 때 충선왕이 부왕인 충렬왕의 후궁 숙창원비와 정을 통하는 등 문란한 세월을 보내자, 어느 날 도끼 한 자루와 거적대기를 들고 어전에 나갔다. 그리고 거적대기 위에 엎드려 "부왕이 총애하던 숙창비를 희롱하는 처사는 인륜을 저버린 패륜"이라고 상소를 올렸다. 그의 직간에 만좌한 조신들은 몸을 떨었다. 그러나 아무리 패륜의 왕일지라도 인륜의 도리를 역설한 대신을 함부로 할 수는 없었다. 왕은 자신의 잘못을 시인하고 우탁에게 거적대기 위에서 일어나도록 명령했다. 그러나 그는 자신을 도끼로 찍어 달라며 머리를 조아린 채 끝내 일어나지 않았다.

　우탁은 그 후 벼슬을 모두 버리고 경북 안동지방에 은거하며 역학易學으로 여생을 보냈다. 그가 죽은 2백년 뒤 성리학의 대가 이퇴계李退溪는 그를 동방 성리학

의 조종祖宗이라고 극찬했다. 안동에는 역동서원易東書院이 있는데 서원의 명칭은 우탁 선생이 주역을 해득하여 강학한 것을 기념하여 퇴계가 붙인 이름이다.

우탁 선생이 중국에 간 일이 있었다. 여러 가지 책을 살펴보니 주역이 너무 귀중한 책이므로 우리나라에 갖고 오고자 책을 구하려 하였다. 그러나 중국의 치정자治政者들은 '그대 나라와 같은 작은 나라에 감히 천기天機인 주역을 줄 수 없다'고 거절하였다. 수차 간곡한 부탁에도 책을 주지 않자 우탁 선생은 책은 가져갈 수 없게 되었으니 책보기를 부지런히 하여 주역 전문을 깡그리 암송하고, 그 내용을 고국으로 돌아와 다시 써서 주역을 처음으로 들어오게 했다. 그때 암기하여 쓴 주역의 내용 중 틀린 것이 전체에서 두세 글자였다고 한다. 그래서 선생의 호號도 주역을 동쪽으로 가져 왔다는 뜻으로 역동易東이라 했다.

단양 우씨는 조선 개국 당시 고려의 사직을 끝까지 지키려다 모두 유배를 당했고 그중 3형제는 유배지에서 숨지는 비운을 맞았다. 조선을 개국한 이성계는 고려의 재건을 뿌리째 봉쇄하려고 왕족은 물론 고려왕조의 벼슬을 지낸 관리까지 모조리 거세하려 하였다고 한다. 왕씨 다음으로 큰 화를 당한 성씨가 많은 관리를 둔 우씨였다. 왕씨 성을 가진 남자들은 옥씨玉氏, 전씨全氏 등으로 위장하고 시골로 낙향하거나 장사 길에 나서게 됐다고 한다. 우씨는 수많은 책과 문서에 '禹'자를 바꿀 수 없어 모두 태워버리고 은둔하여 살거나 아예 성씨를 바꿔 살기도 하였다고 한다.

반면에 태종은 아버지와는 달리 왕씨 탄압 정책을 완화했고 그에 따라 우씨도 벼슬길에 오를 수 있었으며, 예안군파의 파조인 우홍부禹洪富, 11세도 이때 태종 이방원을 도와 공신이 되었다.

3. 예안군파 후손인 우안택禹安宅, 19세은 보절 진기에 정착하였다. 원래 경상도 합천 가회 덕촌에서 살았다. 임진왜란 때 함양군 병곡면 가촌리로 피란을 왔다가 진기로 왔다. 선조 때 훈련주부에서 만호가 되었다. 우안택의 아들 구돈九敦은 선조 때 효행으로 통정대부 좌승지에 증직되었다. 27세 태정泰鼎은 순조 때 가선대부를 지냈고 그의 형 중정重鼎은 아버지 병환에 손가락의 피를 뽑고 시묘 3년을 하였는데 어사의 추천으로 조봉대부동몽교관 병조참판에 증직되고 그의 비碑가 있다. 중정은 진기리 느티나무 아래 효자문의 주인공이다.

◆ 묘: 정착조 우안택禹安宅 덕과면 만도리 산 22-1희우치, 후유고개, 신흥에서 은천 넘어가는 고개

◆ 재우: 수성재永守齋 보절면 진기리 970
　　　보절면 신파리

후유고개에 있는 단양 우씨 세천비

## 문강공文康公파 보절 진기 문중

### 1. 문강공 9세 국진國珍

우중대의 손자인 칭偁, 8세의 둘째 아들이 국진9세으로 여말에 출생하여 문과에 급제하고 참판을 거쳐 의금부 판사, 이조판서를 지냈다. 국진의 시호는 문강공文康公이다.

문강공의 문행록文行錄의 내용을 대략적으로 살펴보면 '충심으로 임금을 섬기고 명命을 의義로서 관계를 지속하였으며 유교와 불교를 엄중히 지킬 것은 지키고 버릴 것은 버리는 것, 그게 바로 올바른 도'라고 하였다. 매산 홍직필梅山洪直弼의 외사씨外史氏, 정사가 아닌 야사에 찬성하여 말하기를 '백이伯夷와 숙제叔齊의 오상고절傲霜孤節한 뜻夷齊之志과 야은冶隱, 길재과 목은牧隱, 이색의 빼어난 학행冶牧之學'이라 하여 문강공의 뜻을 높이 평가하였다.

### 2. 11세 각恪과 장자長子 소疏, 12세 함양에 정착하다.

각의 호는 오곡梧谷이며 1426년세종 8년에 생원으로 여러 군을 돌며 관리로 살았다. 청백리로 봉해졌으며 직제학直提學과 좌참판左參判에 증직되었다. 충주부터 시작하여 단성 어은동에 내려와 살다가 함양군 관변리에 거주하게 되었다.

각의 아들 소가 함양부사가 되면서 함양에 처음 거주하기 시작하였다고 백남유고柏南遺稿 137쪽에 기록되어 있다. 아마 이때 부자가 함께 함양으로 내려왔기 때문에 함양 읍지에 '함양 입향조 오곡공 각'이라고 기록된 것 같다. 이때부터 단양 우씨 문강공파의 후손들이 600여 년을 함양에서 세거하며 명문가로 자리잡았다.

### 3. 함양의 1열 8효 6의지문一烈八孝六義之門

함양의 우씨 문중에서 '1열녀와 8효자가 나오고 6의사가 나온 집안'이라는 뜻이다. 처음에는 3대에 걸쳐 4효자가 나왔다 하여 「3세4효문三世四孝門」이라 하다가 세월이 흐름에 따라 효행후손 4명이 추가되므로 6세 8효가 되었다. 정유재란 때 조모를 모시고 피난을 하다가 왜적에게 피살당한 '우문화'의 아들 '집'의 처 남양 방씨 부인이 열녀의 정려를 받았기 때문에 1열8효가 되었으며 이인좌의 난 때에는 '우홍선'을 비롯 6명의 종숙從叔 종제從弟가 함양의 향사鄕士들과 창의唱義하여 6 의사義士가 나왔다. 이로써 함양의 문강공 후손들은 1열 8효 6의지문一烈八孝六義之門을 이룬 것이다. 이는 승정원일기, 일성록, 열녀숙인남양방씨정려기, 삼강행실도, 함양군지 등에 잘 나타나 있다.[22]

### 보절 진목 문중 정착사

보절 진목마을 입향조는 26세손 장하章夏이다. 장하는 경상남도 함양의 '1열 8효 6의지문一烈八孝六義之門'의 단양 우씨 문강공 문중의 후손으로 8효 중 한 분인 20세 필량弼良의 후손으로 보절의 진주 소씨와 결혼하여 함양에서 이거하여 우씨의 집성촌인 진기리 내동마을에 정착하였다가 중년에 진목마을로 이거하였다. 일찍이 익혔던 목수 일을 생업으로 하면서 대목장大木匠이 되어 1960년대 광한루 복원사업 때 도편수로 활동하였으며 오늘날의 광한루 정문과 월매집도 그때 신축된 것이다. 천황봉 너머 귀정사의 복원사업에도 도편수로 활약하여 남원뿐 아니라 전국적으로 명성이 높았다. 3남 3녀를 두었으며 택만宅萬. 27세, 기만基萬, 27세이 남원에서 활발한 사회활동을 하고 있다.

♦ 묘: 정착조 27세 우장하禹章夏 보절면 진기 앞산

┌─────────────────────────────┐
│         강릉 유씨│江陵 劉氏      │
│            사촌              │
└─────────────────────────────┘

시조는 유전劉筌이다. 자字가 원보요 호는 죽간竹諫이며 시호를 문양文襄으로 받은 분이다. 유전은 원래 송宋나라 사람으로 큰 벼슬에 있다가 1052년고려 문종 36년에 우리나라에 건너왔다. 을묘보乙卯譜를 보면 한漢 태조 고황제의 41세손인 유전이 왕안석이 제정한 청묘취식법이 부당하다고 극간하다가 받아들여지지 않자 이를 피해 고려 문종 36년 8월에 귀화하여 지금의 영일군에 와서 3형제를 둔 것이다. 강릉江陵은 본래 한漢 무제가 4군郡을 정할 때 임둔이라 불렸고 고구려조에 하서량이라 하였고 신라 경덕왕 때 명주溟州라 불렀다. 유전이 중국에서 망명할 때가 32살, 9경經, 백가서, 천문, 지리 등에 정통했다. 조정에서 불러도 나가지 않고 경북 영일군에 정착한 것이다.

유씨는 강릉江陵, 거창居昌, 백천白川으로 관향을 삼아 분적分籍했다. 거창구보居昌舊譜를 보면 유경규가 거타군居陀君, 거창의 첫 이름에 봉해져 본관을 삼았고 백천구보白川舊譜에는 셋째 아들 유경익의 후손으로 7세손 유국추가 백천군에 봉하여 짐으로써 후손들이 백천을 본관으로 삼은 것이다.

## 경력공파 보절 사촌, 운봉, 산동經歷公派 寶節 沙材, 雲峰, 山東 문중

문양공 유전의 장자長子 거타군 유견규劉堅規의 8세손 국재공 유승비菊齋公 劉承備, 고려조 추밀원 좌복사가 강릉 유씨 관조貫祖이다. 유승비의 증손 4세 유경劉敬이 이조개국훈세자이사옥천부원군李朝開國勳世子二師玉川府院君 문희공文喜公에 추증되었으며 6세 경력공經歷公 지주智周, 정헌대부이조참판의 조부가 된다.

경력공의 손자 세석世碩, 8세, 통훈대부개령현감남해군수의 증손 경흥景興, 11세, 통훈대부한림학사이 남원, 임실, 장수 등지의 정착조로 남원부 둔덕방에 우거寓居하였다.

경흥의 손 13세손 후수厚壽는 이괄의 난에 창의하여 진위장군훈련원판관鎭慰將軍訓練院判官에 제수되었고 후수의 동생 후경厚慶, 13세은 가선대부嘉善大夫행용양위부호군동지중추부사行龍驤衛副護軍同知中樞府使 올랐다. 후경13세이 보절 사촌의 입향조로 천황봉 아래 광활한 평야를 택한 것으로 보며 후손들이 이곳에서 지금까지 400여 년을 세거하고 있다. 현재 보절에 살고 있는 후손으로 남원시의회 부의장을 지낸 유광종씨와 보절면 이장협의회장을 하고 있는 유국열 등이 있다.

◆ 묘: 입남선조 유세석入南先祖 劉世碩 덕과면 용정리 산 43설단設壇
◆ 재우: 추모재追慕齋 덕과면 용정리 산 43
　　　　모원재慕遠齋 보절면 사촌리 사기점산 96
◆ 비碑: 건원능참봉비 유상열建元陵參奉碑, 劉庠烈 보절면 사촌리 촌전
◆ 족보간행: 을묘보乙卯譜, 1975년 後孫 光鍾 제공

유택열시혜비　　　　전참봉유공상열시혜불망비　　　　거사유재민자선불망비

## 서산 유씨 瑞山 柳氏
### 서당, 다산

## 1. 시조사 및 본관의 연원

서산 유씨는 문화文化 유씨柳氏에서 분적分籍된 성씨이다. 문화 유씨 대승공大丞公 아사 유차달柳車達의 10세손 유성간柳成澗·成梓성재이 서산 유씨의 관조貫祖이다.

유성간은 고려 원종조에 문과에 올라 금자광록대부정당문학참지정사金紫光祿大夫政堂文學參知事에 오르고 서령부원군에 봉해졌다. 서산瑞山, 서령은 서산의 옛 이름은 본래 백제 땅이다. 신라 때는 부성富城으로 고쳤고 1284년고려 충렬왕 10년에 지금의 이름으로 고친 것이다. 1413년태종 13년에 서산군이 되었으며 1914년에 태안泰安과 해미海美를 합하여 오늘에 이른 것이다.

서산 유씨의 상계上系는 명족名族으로 추앙을 받고 7세 유공권柳公權은 고려 명종 때 사람으로 당세當世의 서예가이며 명신이었다. 서예를 공부하는 사람이면 의당 문간공文簡公의 서첩書帖인 유공권법첩柳公權法帖을 익혀야 할 정도이다.

16세손 정숙공 유방택靖肅公 柳方澤은 남원 문중의 상계上系이다. 고려 공민왕조에 검교중추원부사 겸 판서운관사로 역임하다가 고려가 망하자 서산 도비산에 은거하고 탄식만 하였다. 그 후 이李 태조 즉위 초에 중성차도中星差度가 심하였으므로 세 번이나 부름을 받고서야 부득이 성력星歷을 개정하고 천문도天文圖의 석각石刻을 완성함으로 인하여 개국 일등훈녹권을 특사特賜하였으나 여조구신麗朝舊臣임을 재천명하고 이를 받지 않고 1394년태조 3년에 송도의 취령산 밑에 숨어 버렸다. 산정山頂에 단을 만들고 매일 고려의 옛 서울을 내려다보며 눈물을 흘리고 일생을 마쳤다. 그를 고려의 충절 구신舊臣이라 하여 공주 동학사 삼은각三隱閣에 배향되고 축문에 절수사천 공존각도 제단고의 후세유모節守司天 功存刻度 祭壇高義 後世攸慕라 하였으며 서산 송곡서원松谷書院에도 배향되었다. 천문도天文圖는 현재 서울 세종박물관에 소장되어 있다.

17세 문정공 유백유柳伯濡는 문과에 장원하여 판전의시사 때 전제개혁을 간諫하다가 광주光州에 유배되었고 1407년태종 7년에 좌사간대부에 부름을 받았다. 사후에 서산 송곡서원에 배향되다.

## 【문정공文靖公 남원 문중】

남원에 정착한 분은 18세 유미柳渼이다. 세종 3년 신축에 사간원 대사간으로 있다가 단종 손위端宗 遜位로 세조가 들어서자 모든 벼슬을 버리고 서산瑞山, 瑞州에 은거하였으나 만년에 남원 서문 밖왕정동에 정착하였다. 유미는 아들 넷을 두었는데 첫째 아들 익동益潼은 사용공으로 경북 성주로 옮겼고 둘째 익민益潿은 무후無後했으며 셋째 익강益江은 좌시직공으로 전남 광주로 옮겨 살고 있다. 넷째 익경益淫, 錄事公만이 오직 시봉侍奉하고 거주하였으며 21세 희청希淸은 5남을 두었다.

## 익경과 채미동探薇洞의 유래

유미의 4남 익경益涇, 19세은 벼슬에 뜻을 두지 않고 오직 시봉에 열중하였다. 엄동설한 어느 날 아버지가 병환으로 사경을 헤매자 요천蓼川으로 나아가 얼음을 깨고 잉어를 잡아 시탕하여 드리니 병세의 차도가 있었으며, 어머니 병환에도 똥맛을 보아 병세를 살피고 겨울에 생고사리가 먹고 싶다고 하니, 눈보라가 치는 한겨울에 교룡산蛟龍山 밀덕봉密德峰의 한 골짜기에 올라 고사리를 채취하여 드렸더니 차도를 얻었다고 한다. 그 이후로 사람들은 효자 익경이 고사리를 채취한 골짜기를 채미동採薇洞이라 하여 오늘날까지 지명으로 남아있다.

부모 사후에도 상례범절과 시묘를 다하니 삼년 후인 1479년성종 10년에 왕에게 알려져 동부녹사東府錄事, 정8품와 명정命旌이 내려졌다.

정유재란 후 희청希淸, 21세의 장남 22세 충冲의 증손 25세 기명起溟은 남원군 주천면 용궁으로 이거하였으며 차방손 27세 정하正廈는 전남 구례군 논곡으로, 22세 충의 둘째 아들 23세 득렴得濂의 5세손 26세 윤춘潤春은 전남 구례군 마산면 냉천으로 분산 이거하였다. 2남 22세 침沁은 남원군 대산면 신계로 이거하였으나, 장손 23세 안렴安濂의 5세손 27세 성삼토三은 경남 하동군 화개면 가탄으로, 차손 23세 경렴景濂의 6세손 28세 삼森은 전남 구례군 마산면 좌사로, 5세손 27세 한일漢逸은 남원군 산동면 대기로, 차손 28세 광桄은 남원군 산동면 월산으로 다시 이거하였다. 3남 22세 영泳과 4남 22세 심深은 무후無後했다.

## 1. 서산 유씨 보절 다산 서당마을 정착사

5남 22세 운沄, 22세은 남원군 보절면 다산茶山으로 이거하여 현재에 이르고 있다.

산동의 서산 유씨는 월산月山, 월뫼에 세거지를 이루었으나 '타관 물을 먹어야 가문이 성하다.'는 집안의 내려오는 이야기 때문에 31세 학임學任 이후 보절의 서당마을로 이거하여 정착하게 되었다.

서당마을에서 방장坊長을 지낸 유학임柳學任, 31세은 남원시 산동면 월산리월메에서 출생하였으며 형 학영學映, 통훈대부의 지도로 문과에 급제하여 정7품 명릉참봉을 역임하다가 남원 48방으로 행정구역이 개편되면서 고절방의 소재지인 서당마을에 고절 방청高節坊廳이 세워지자 마침 '타관 물을

먹어야 가문이 성하다'는 집안의 내려오는 이야기도 있고 하여, 고절방高節坊 방장坊長으로 발령을 받아 서당마을 서산 유씨의 정착조가 되었다.

보절지역 후손으로 다산마을에서 '우리가든' 음식점을 경영하며 마을 이장을 맡고 있는 유평동柳平東, 34세이 있고, 서당마을에는 마을 이장을 하고 있는 유해동柳海東, 34세이 거주하고 있다.

## 2. 서당 정착조 유학임柳學任, 31세 일화

2_1. 학임의 초휘初諱는 학기學沂, 자는 노중魯仲, 호는 춘강春崗이다. 1908년 정7품 명릉참봉과 남원부 고절방장을 역임하였다.

형 학영學映, 통훈대부과 학임 형제가 어느 날 나란히 말을 타고 행차를 하다가 모내기를 하는 농부들에게 "여보게들, 모 몇 포기나 심었는가?" 하고 물으니, 한 농부의 대답이 "샌님께서는 말 발자국으로 여기까지 몇 발짝이나 타고 오셨는지요?"라고 대꾸하였다는 이야기가 전해온다.

아마 이 일화는 학임 형제가 농민들과 친근하게 지냈음이 집안에 대대로 전해 내려오는 이야기이지만, 당시 유씨 집안의 전성기를 후손들에게 전하는 데 뜻을 둔 것이 아닌가 생각된다.

2_2. 학임이 고절 방장坊長으로 재직 시 토지세 수납이 거의 끝날 무렵, 동학란 당시 동학도들이 방장 학임을 집 뒤 매골 가봉목으로 끌고 가 "토지세 걷은 것을 내놓아라, 이를 거절하면 화승총으로 쏘아 죽이겠다"며 화승총 심지에 불을 붙이려 하는데 방장은 "나를 쏘아 죽이려면 가슴 심장에 정통으로 쏘아 죽여라"며 상의를 착착 벗어놓고 가슴을 총구 앞에다 들이대니 동학도들이 겁에 질려 도망갔다고 한다. 학임 방장의 배짱이 두둑함도 두둑함이지만 동학도들도 원래 농민 출신인지라 인간지정人間之情을 어찌할 수 없었음이랴?

## 남원문중

◆ 묘: 남원 정착조 유미 柳渼, 18세 이백면 초촌리

보절다산 정착조 유운柳沄, 22세보절면 금다리 다산

보절서당 정착조 유학임柳學任, 31세 서치리 서당 촌전 남방 참샘골寒泉洞 간좌

♦ 재우: 애숙재優肅齋, 柳湙 이백면 초촌리

　　　감모재感慕齋, 柳昌濂 주천면 용궁리

**파평 윤씨** 坡平 尹氏

새몰신촌

## 1. 남원 입향전 선조사

시조 신달莘達은 서기 917년 신라 경명왕 2년에 신숭겸申崇謙 홍유洪儒등과 협력하여 궁예弓裔를 무찌르고 왕건王建과 함께 삼한三韓을 통합하고 고려왕조를 창건했다.

　고려를 창건하고 나라에서 29명에게 공훈을 내렸는데 윤신달은 2등 공신으로 벽상삼한익찬공신壁上三韓翊贊功臣의 공호公號와 삼중대광태사三重大匡太師라는 관직을 받았다.

　파평 윤씨의 선조들은 고려로부터 조선조에 이르기까지 국사國史에 등재된 재상공신宰相功臣이 계계승승하였으니 어찌 글로 다하겠는가만 오직 5대에 내려와 문숙공 윤관尹瓘 대장군께서는 고려의 훌륭한 명장 대원수大元帥로써 예종 2년에 여진족을 정벌하고 9성을 쌓아 두만강 너머 7백리 땅 선춘령先春嶺 만주접경에 정계비定界碑를 세워 국위를 떨침으로 해서 나라에서 상주국령평현개국백上柱國嶺平顯開國伯의 벼슬을 내렸다.

　파평 윤씨는 태사공 윤신달 이래 고려로부터 조선시대에 이르기까지 천여 년을 끊임없이 문무장상文武將相과 대유명현大儒名賢을 배출하였다. 세종대왕 때부터 왕가와 국혼國婚이 이루어져 네 분이 왕비로 간택되었고 그로 인하여 다섯 분의 국왕을 탄생시켰으며 문무를 두루 갖춘 혈통으로 조선조 5백 년 동안 사백십여 명이나 되는 대과급제자大科及第者를 배출하였다.

## 2. 보절 새몰신촌 선조사

이러한 파평 윤씨 일족이 지금으로부터 약 삼백여 년 전 이곳에 정착하여 마을이 형성되었는데 이후 새로운 신생마을이 이곳에 이루어졌다고 하여 마을 이름을 새몰새멀이라고 부르게 되었다. 그 후 1960년대 전국적인 행정구역 개편이 이루어지면서 새몰새멀을 새로울 신新 마을 촌村자를 써서 신촌新村이라고 개명하여 오늘에 이르고 있다.

　선대들이 어떠한 연유로 이 마을에 정착하였는지는 기록이 없어 알 수 없으나 28세 달후達厚께서 낙향하여 29세 상문相文. 30세 대일大一. 31세 각용覺溶까지 독자獨子로 3대代를 이어 오다 보니 마을과 가문이 번성하지 못하였다.

　이후 각용이 다섯 아들을 두었는데 장남이 규희奎熙, 32세요, 차남이 정희鼎熙, 셋째가 권희權熙, 넷째가 영희永熙, 다섯째가 창희昌熙이며 장남인 규희奎熙, 32세가 아들 넷을 둠으로 해서 이때부터 가문이 번성하게 되었다.

큰 아들이 병혁炳赫, 33세인데 병혁은 1856년철종 6년에 태어났고 시호가 매정이시다.

매정공梅亭公, 33세은 그 성품이 순후했으며 성장하면서 곧은 통찰력을 지니고 있어서 가문의 지반을 뚜렷하게 이끌어 가면서 부모에 대한 효성은 물론 형제간에 우애도 돈독했다. 그러다가 부친께서 병환을 얻어 10년의 세월을 병석에 계실 때, 산과 물을 찾아 기도를 드리며 백방으로 자연생약을 구해 간병을 해드렸어도 노환으로 끝내 의식을 잃게 되자 손가락을 깨물어 그 선혈을 목으로 넘겨드려서 3일 동안 연명을 더 하였으나 결국 슬픔을 당하게 되었다. 공은 슬픔 속에서 묘소 옆에 움막을 짓고 풍우한서風雨寒暑를 견디며 3년 동안 시묘를 하셨다.

### 3. 한의학과 인연을 맺다

공은 1892년고종 29년에 통정通政의 벼슬을 받았으며 나라가 어지러워질 때 계룡산鷄龍山 북쪽에 집을 지어 매정梅亭이란 편액篇額을 달고 두문불출하며 의가醫家의 꿈을 지니고 의서醫書 공부에 매진하였다. 더욱 자연의학에 도통하여 그 명성이 인근에 널리 알려져 환자가 문전성시를 이루었다고 한다.

이때부터 새몰 윤씨 문중에 한의학으로써 의가醫家의 전통이 시작된 것이다.

이처럼 한의학에 정통한 매정공의 총애는 물론 그의 비전秘傳의 의술을 전수받아 훗날 한의학 명의로써 평생을 환자 진료에 명성을 얻은 분이 손자 복한福漢 일명 成福, 35세이다.

복한의 동생 성구聖俱, 35세 또한 일본에서 국립 한의학원을 졸업하고 귀국하여 대한민국 보사부保社部로부터 한의사 면허를 취득하고 전라북도 초대 한의사회 회장을 역임하며 한방진료에 평생을 바쳤다.

매정공梅亭公, 33세 이후 한의학이 가풍으로 이어지면서 35세에 한의사가 2분, 36세와 37세에서 한의학 석·박사가 4명 그 외에 한의학에 종사한 종인이 5명이나 배출되었으며 이때부터 새몰 윤씨는 명실공히 한의학의 명문이 되었다.

### 4. 새몰 파평 윤씨 종중宗中사

이러한 새몰 마을은 초창기에는 물의 근원이 없어서 비에 의해서 농사를 짓는 천둥지기天水沓요 산간벽지였으니 마을의 경제적인 사정이 어려웠던 것은 짐작할 일이다.

그 시대에 새몰 윤씨의 종손인 복한이 사매면 오신리에서 약관의 나이로 조부 매정공으로부터 익힌 의술을 바탕으로 한방을 개설하여 인술을 베풀어 그 명성이 자자하였다. 또한 수신제가에 소홀함이 없었으며 선비의 기품과 인격을 고루 갖추고 문장에도 진력하시어 향교를 출입하면서 유도회儒道會 회장을 역임하는 등 고을의 선비들과 폭넓게 교유하였다.

한편 안으로는 한의사인 동생 성구와 더불어 두 형제는 모든 종사宗事에 노심초사하였고 새몰에 종중 임야와 전답을 조성하여 종중답宗中沓을 장만하는 등 마을의 경제 활성화에 지대한 노력을 하였다.

이 무렵1953년 군에서 제대하고 귀향한 명한明漢, 35세이 마침 가승보家乘譜편찬을 준비하고 있는 형 복한의 의견에 따라 수단收單을 꼼꼼히 정리하여 1953년에 가승보를 편찬하였다.[23] 이 일은 조상님들의 지표地標를 정리하여 후손들에게 남겼다는 데 의의가 있으며 복한과 명한의 큰 공이라 할 수 있다. 이때가 1953년 6·25 동란 직후여서 아직 경제적, 정치적으로 나라가 어수선했던 시기였다.

이후 1978년에는 복한이 중심이 되어 성구, 성옥, 명한, 정근, 종근의 협력으로 마을 앞 지방도721호선보산로 건너 황사동에 선조들의 혼령을 모시는 제각祭閣 영모제永慕祭를 건립하였다.

이러한 위선사업爲先事業은 종손 복한의 지극한 숭조崇祖 정신에서 비롯되었음이라.

### 5. 기독교와 연緣을 맺다.

이곳 새몰 윤씨 가문에서는 옛 선조 때부터 전통적으로 유교를 순종하는 유가의 집안이다. 따라서 종손 복한과 36세 정근은 향교의 교임校任으로 유가의 전통을 끝까지 지켜왔으며 여러 종중종인宗中宗人들도 유가의 전통을 이어왔다.

그러다가 전주에서 한의원을 운영하던 한의사 성구가 1946년 전주 성결교회에 입교하여 집사를 임명받고 장로로 장립되면서 성구의 동생 성옥이 또한 장로로 장립되었다. 이후 그 영향으로 전주에 거주하는 새몰 윤씨 집안이 모두 기독교를 숭배하는 기독교인이 되었다.

고향 새몰에서도 1953년부터 명한明漢, 35세이 기독교에 입교하여 장로로 장립되어 보절지역 복음사에 큰 획을 남겼으며 이에 따라 새몰의 후대들은 대부분 진실한 기독교인이 되어 전국 각지로 진출하여 활발한 사회활동을 하고 있다.

## 6. 새몰 윤씨 유래비를 세우다.

이처럼 달후達厚, 28세 할아버지가 새몰에 정착하신 이후 300여 년 동안 25가구에 120여 명의 일가들이 상부상조하며 번성한 향촌을 이루며 많은 명인석학名人碩學을 배출하여 가문을 빛내주고 있으니, 박사 12명, 목사 3명, 장로 10명, 교수 4명, 중등교장 2명, 육군준장 1명, 문화예술계에 소설가 1명, 시인 1명 등이다.

이제 시대의 변천에 따라 일가들이 각지로 진출하여 노인들만이 선령先靈을 지키는 적막한 마을이 되었으니, 이러한 현실은 비록 이곳 새몰만이 아니라 현 시대의 흐름의 소치오니 인위적으로 이를 어찌할 것인가.

300여 년 동안 밝혀 온 마을의 등불이 희미해지고 있어 안타깝기 그지없지만 그래도 조상대대로 이어온 새몰의 깊은 내력을 오래토록 기리고자 하는 일가들의 뜻을 모아 2018년 4월 5일 마을입구에 새몰新村의 유래비와 300년 윤씨 가문의 표지標識를 남겨두었다.

◆ 글: 신촌마을새몰 파평윤씨 영모회 회장 36세손 두근斗根
◆ 묘: 윤달후尹達厚처 배裵씨 부인 보절면 서치리 황사동黃蛇洞

　　윤각용尹覺溶, 31世 입남정착조 보절면 서치리 황사동黃蛇洞
◆ 재우: 영모재永慕齋 보절면 서치리 황사동

---

### 광주 이 씨|廣州 李氏
#### 비촌사리반, 도촌, 만동, 성남

---

## 시조사 및 본관의 연원

광주 이씨의 원조는 376년신라 내물왕 17년에 내사령을 지낸 이자성이다. 신라가 고려에 천년사직을 넘겨주자 이자성의 후손들은 항복을 거부하고 왕건에게 끝까지 저항하였다. 이 때문에 고려는 그 후손들을 준안准安, 지금의 경기도 광주으로 강제 이주시켰고 역리驛吏로 삼았는데 그로 연유하여 광주廣州를 본관으로 삼게 된 것이다.

광주는 원래 백제의 남한산성인데 경덕왕 15년에 한주로 고쳤고 고려 태조 23년에 지금 이름으로 바꾸었다.

1471년성종 2년에 처음으로 12목을 설치하였는데 그 하나가 광주이다. 이후 변천을 거듭하다가 1895년에 광주군이 되었고 2001년 3월 21일 광주시로 승격하여 오늘에 이고 있다.

고려에 충성을 거부했던 광주 이씨가 관계官界 진출의 문이 열리게 된 것은 고려 지배층이 개편된 24대 원종 이후부터이다.

광주 이씨는 고려말 생원인 휘 당唐을 기세조로 하고 있다. 당唐은 5형제를 두었으며 고려 말엽 석학인 둔촌 이집遁村 李集, 2세 1327년생 중흥 시조이다. 고려 충목왕 때 문과에 급제하고 당시 삼은三隱인 포은圃隱, 정몽주, 목은牧隱, 이색, 도은陶隱, 이숭인 등과도 교분이 두터웠다. 학문이 높고 고덕하며 절의가 높다 하여 여기에 묵은墨隱-李集까지 합쳐 여말 사은四隱이라 한다. 이집은 후에 이종인으로부터 얻은 아호雅號가 숨은 마을, 피한마을이란 뜻인 둔촌遁村으로 했다. 지금 서울 천호동에서 성남시로 가는 도중에 있는 둔촌동은 둔촌遁村 이집李集이 이 마을에 토굴을 파고 숨어 살았다는 연유에서 둔촌이란 아호를 얻었고 둔촌동이라는 마을 이름의 연원도 여기에 비롯된 것이다. 현재는 방이동으로 바뀌어 강동대로에서 88올림픽 선수촌 아파트로 가는 길가에 위치한다. 지직之直, 3세는 둔촌 이집의 3형제 중 큰아들이며 3형제를 두었다. 지직의 둘째가 충희공 인손忠僖公 仁孫, 4세으로 5형제를 두었으며 둘째 아들 광성군 극감光城君 克堪, 5세은 우의정을 지냈으며 시호는 문경공文景公이다.

문경공 극감의 손자인 7세 수원守元의 넷째 아들 유경有慶, 8세이다. 유경의 아들 덕열德悅, 9세 *生父 8세 浚慶 東皐公은 호가 양호당養浩堂이다. 양호당 이덕열李德悅은 1534년중종 29년생이며 퇴계 선생의 문인으로 1569년선조 2년에 문과에 들어 이조전랑을 지냈으며 옥당玉堂을 거쳐 도승지 겸 직제학을 지내고 여러 벼슬을 거쳐 동지의금에 이르렀다.

조선조에는 예종과 성종조朝에 문경공을 비롯하여 극감의 형제간 5명, 사촌간 3명, 하여 8명의 상신영의정, 판서, 참판, 찬성이 한 조정에서 벼슬을 하였으므로 일컬어 '8극조정八克朝廷'이란 말이 있을 정도로 광주 이씨의 번영기를 누렸다. 조선조 세종 이후 5조五朝에 걸쳐 정승이 5명, 대제학이 2명, 청백리가 5명, 공신 11명이 출장입상出將入相했던 기라성같은 역사적인 인물이 배출되었다. 폭정에서 서릿발 같은 기개로 항거하다가 숨진 이극균 좌의정, 선조 조에 서정쇄신의 기수로 역사에 남은 동고 이준경東皐 李浚慶, 8세 영의정청백리에 녹훈, 임진왜란의 소용돌이 속에서 한 시대를 풍비했던 한음 이덕형漢陰 李德馨 영의정 등이다. 조선조에 문과 급제자가 188명, 무과 급제자도 274명이나 배출하였으니 실로 명문이다 할 것이다.

사헌士獻, 10세은 양호당 이덕열李德悅의 셋째 아들로 호는 괴정槐亭이며 생원과 진사에 합격하였으나 조정의 부름을 받고도 벼슬에 나아가지 않았다. 사헌士獻은 필명必明, 필화必華, 필무必茂, 필방必芳, 필번必蕃, 필옹必翁 등 6형제를 두었다.

보절지역의 광주 이씨 사리반 문중은 둘째 필화必華, 11세의 후손이고, 도촌 문중은 셋째 필무의 후손이며, 그 외 여섯째 필옹의 후손이 세거한다.

### 문경공파 덕과 신양사리반 문중

남원 덕과 신양살반에 정착한 것은 문경공 극감의 손자인 7세 수원의 넷째아들 유경이다. 유경의 아들 덕열은 호가 양호당養浩堂이다.

보절지역의 광주 이씨 사리반 문중은 덕열德悅의 셋째 아들 사헌士獻, 10세의 둘째 필화必華, 11세의 후손이다.

사리반 문중의 17세 기찬基纘과 그의 아들 성회, 손자 병규 등 3대 가문집이 있다. 기찬은 헌종 신축생으로 집안이 가난했지만 글을 좋아해 등제登第보다 학행學行을 택하여 문집이 있고 스물두 살 때 낳은 아들 성회도 문장이 뛰어나 문집이 있다.

또 1882년고종 19년에 출생한 손자 병규도 간재 전우艮齋 田愚의 문인으로 문집을 남겨 3대에 걸쳐 문집이 있는 것도 특유한 일이다.

또 19세 병현秉泫·병우秉瑀 등 형제가 나란히 당상관에 올라 형은 돈령부도정에서 가선대부에 오르고 아우는 부호군에서 도정에 올라 가문을 빛낸 것도 기록할 만한 일이다.

◆ 묘: 이유경7세 李有慶, 살반 입남조 주생면 영천리
◆ 문집: 양호당유고養浩堂遺稿 2부 등 다수
◆ 재우: 사존재思存齋·주생면 영천리

### 문경공파 보절 도촌 문중

남원 보절 똘촌마을의 광주 이씨 정착조는 임실군 오수면 관월리에서 1901년신축에 이거한 회사공 이병혁晦史公 李秉爀, 19세이다.

회사공晦史公은 문경공 극감의 후손 덕열의 셋째 아들 사헌의 셋째 필무의 후손이다.

필무는 용징龍徵, 12세, 홍징鴻徵, 웅징熊徵, 붕징鵬徵 4형제를 두었으며 용징은 형만亨晩, 13세, 병원炳源, 14세으로 이어지

며 병원은 명억命億, 15세, 명윤命潤, 15세 형제를 둔다. 명억은 보절면 도촌道村, 똘촌계이고, 명윤은 만동晩洞, 안동네계系이다.

명억, 상위尚渭, 16세, 기수基秀, 17세는 회사공晦史公의 고조高祖, 증조曾祖, 조부祖父이며 모두 문행文行이 있었다. 고考의 휘諱는 우회友會, 18세요, 호는 눌사訥史이니 문과에 급제하여 벼슬이 동부승지同副承旨에 이르렀다.

회사공은 1864년고종 원년 7월 24일 덕과면 만동의 자택에서 휘 수회壽會, 18세와 진주 소씨 사이에서 태어났다. 12세에 승지공承旨公 우회友會의 슬하로 들어갔다. 1882년 여름에 초시初試에 합격하고 그해 가을 전주 동당초시東堂初試에 들었으며 겨울에 식년문과式年文科에 뽑혔다. 1894년갑오 동학의 개혁운동으로 전 지역이 혼란에 빠지니 안음安陰에서 승지공承旨公을 맞이하여 관동館洞, 오수면 관월리의 본댁으로 돌아왔다.

회사공은 1906년 봄에 비서랑秘書郞으로 조정에 나아가니 옛적의 한림翰林 벼슬이다. 이후 후원승지喉院承旨에 오르다. 그러나 경술국치庚戌國恥, 1910년가 이루어지자 "나라가 망하고 도덕이 상하고 있는데 내가 구차하게 생존하니 무슨 면목인가" 하며 울적하게 지내다가 기미년 고종황제의 인산因山에 다녀온 후 시와 술로써 자신을 위로하며 생을 마쳤다.

이한림李翰林의 손자인 이용옥21세은 6·25 전쟁 이후 보절면장과 남원군청 재무과장을 역임하였고 또 후손으로 문구유통알파회장인 이동재21세와 제20대 현 국회의원인 이용호21세가 있으며 이용완의 자子 영재22세는 서울북부지검형사3부장검사로 근무하고 있다.

♦ 묘: 보절면 도룡리 용동원봉龍洞圓峰 병좌원丙坐原

---

## 전주 이 씨全州 李氏
### 신흥, 부흥, 범말, 내황, 외황, 다산, 덕과 작소

전주 이씨의 시조는 이한李翰이다. 신라 때 사공司空이라는 벼슬을 지냈다. 조선을 세운 이성계李成桂는 시조로부터 22세손이다. 이성계의 고조부 이안사李安社, 추존 목조穆祖는 원래 전주全州 사람이다. 하지만 이성계는 함경도에서 출생했다. 고조부 이안사가 전주지주全州知州, 지금의 도지사와 개인 문제로 사이가 나빠 위해를 느끼고 강원도 삼척三陟으로 피신했는데 얼마 후 그 지주知州가 다시 그곳으로 옮겨오자 이안사는 다시 가족을 데리고 물 건너 여진족女眞族이 거주한 간도間島로 가서 원나라의 다루가치達魯花赤, 지방관헌가 된 것이다. 그 후 아들 이행리李行里, 이성계의 증조부와 이행리의 아들 이춘李椿, 이성계의 조부도 원나라의 벼슬을 했고 이성계의 아버지 이자춘李子春도 천호千戶를 지냈다. 이때 이자춘은 고려에 내응內應하였고 원나라의 쇠미한 틈을 타 북강北疆회수운동을 편 고려가 원元의 쌍성총관부雙城摠管府

를 함락시키는 데 결정적 공을 세웠으며 그래서 이자춘은 이 지방의 만호萬戶 겸 병마사兵馬使로 임명되었다.

이성계는 스물 두 살 때 처음으로 고려의 벼슬을 하게 되었다. 이성계는 아버지의 뒤를 이어 병마사가 되었다. 원나라를 무찌르고 남쪽의 왜적을 토벌하면서 벼슬이 올라 마침내 수문하시중守門下侍中에 이르렀고 이때 비로소 고려 중앙 정권의 중추에 등장하게 되었다. 이후 고려말기 왕조의 쇠락과 정치가 문란하게 됨에 따라 개혁을 주도한 신진사대부들의 역성혁명에 의해 이성계는 조선의 태조가 되며 고조부 이안사는 목조, 증조부 이행리는 익조翼祖, 조부 이춘은 도조度祖, 부는 환조桓祖로 추존된다.

전주 이씨의 분파는 거의가 왕자 대군王子 大君·嫡과 왕자 군王子 君庶을 파시조派始祖로 하고 있는 것이 특징이다. 전주 이씨의 분파는 1백 22파, 시대구분에 따라 세 갈래로 나눌 수 있다. 이태조李太祖의 고조부인 목조穆祖 李安社의 상계上系에서 갈라진 파이고 또 다른 하나는 태조太祖 李成桂 이전태조 형제 포함에서 갈라진 파이며 또 다른 하나는 태조의 후손으로 왕자 대군과 왕자 군을 파조派祖로 하는 것이다.

목조穆祖, 18세 이전의 분파로는 시조 한翰의 15세손인 이단신李端信을 파조派祖로 하는 문하시중공파門下侍中公派, 16세손 이거李琚를 파조로 하는 평장사공파平章事公派, 18세손 이영습李英襲을 파조로 하는 주부동정공파主簿同正公派, 이윤경李允卿·穆祖의 종손을 파조로 하는 대호군공파大護軍公派, 시조 한翰의 23세손 이귀을李歸乙을 파조로 하는 문하평리공파門下評理公派 등이다.

목조 이후 태조 이전의 분파는 18대군大君파가 있다.

또 태조 이후 고종 이전까지는 99파25大君, 74君로 알려져 있지만 미혼 중에 죽거나 후사가 없는 대군大君, 군君이 20명 가까이 되므로 실제로는 그 수가 훨씬 밑돈다.

세간에는 전주 이씨라면 모두가 왕손인 것으로 아는 사람이 많다. 그러나 전주 이씨 가운데에도 역대 왕실의 파계派系는 선파라고 해서 따로 구분되어 '선파사람들'은 선원계보璿源系譜를 따로 가지고 있다. 옛날에는 선파자손과 선파가 아닌 사람을 엄격히 구분했다. 선파를 사칭하지 못하게 했다. 1687년숙종 13년, 선파璿派를 사칭하다 발각되어 처형된 사람이 있고 1807년순조 7년에 시행된 평안도平安道 지방의 호적조사에서 선파로 호적을 허위작성한 사람이 166명

이나 드러났다. 이때 조정에서는 허위 기재한 것을 본래대로 환원시키고 군역軍役에 편입하였으며 본관이 전주 이씨와 관계가 분명치 않은 사람도 군역에 편입시켰다. 또 아무리 전주 이씨의 선파라도 종친의 범위를 벗어난다면 정치적 사회적 처우에 별다른 특혜가 없었다. 전주 이씨는 그 방대한 정치 권력 또는 정치 세력과 장구한 집권 기간을 통해 모든 분야의 중추를 이루어 왔다. 우선 3정승을 포함한 상신相臣만도 22명, 문형文衡, 대제학을 7명이나 배출함으로써 다른 성씨를 압도했는가 하면 문과 급제자를 8백 73명이나 내어 전체 문과 급제자 3,190명의 27%에 해당된다.

전주 이씨의 1백여 파 중 역시 으뜸가는 명가는 4대 세종의 아들 밀성군密城君 심深파이다. 6명의 정승과 3대 대제학大提學을 배출했다. 두 번째는 2대 정종定宗의 10남 덕천군德泉君파이다. 부자가 대제학을 지내는 등 3명의 대제학과 1명의 영의정을 냈다. 다음으로 역시 정종의 4남 선성군宣城君 무생茂生파이며 정승 2명을 배출했다. 다음으로 효령대군孝寧大君 보補, 태종의 둘째아들파, 정승 1명과 숱한 문·무관을 배출했다. 다음은 정종의 15남 무림군茂林君파이다.

총괄적으로 봤을 때 정종, 태종, 세종, 성종 등 명군名君의 후손에서 많은 인물이 압도적으로 나왔다.

## 1. 전주 이씨2대 정종 왕자 도평군파桃平君派 덕과 창말

도평군 이말생桃平君 李末生, 1402~1439은 조선 2대왕 정종의 열두 번째 왕자이다. 시호는 효헌孝獻, 자는 계회季悔, 호는 규은이다.

도평군 이말생은 1402년 8월 9일 정종과 성빈 지씨誠嬪 池氏 사이의 열두 번째 왕자로 태어났으며, 부인은 정부인으로 군부인郡夫人 용인 이씨龍仁 李氏와 계부인繼婦人인 군부인郡夫人 전주 최씨가 있다. 자녀는 정부인 이씨가 낳은 장남 수성부정 창壽城副正 昌과 계부인 최씨가 낳은 장녀 이씨가 있다.

세종이 도평군을 초청하여 경서와 춘추전을 문답하고 "과연 듣던 바와 같이 훌륭하고 충효의 덕망이 높다" 하였다. 《예종실록》에는 도평군을 "성현의 가르침으로 모범을 이루니 그 늠름한 기상이 백 사람보다 출중하다"고 평가하였다. 묘소는 경기도 양주군 은현면 월계동 산 묘좌에 안장되어 있다.

도평군은 어릴 때부터 효심이 지극하고 총명하여 그 명

성이 널리 알려져 왔다. 1872년 3월에 고종황제는 왕자 중 가장 효성이 지극하고 총명한 어른이라 하시고 도평군 겸 영종정경부사 증직贈職과 효헌孝獻공 증시贈諡를 내리셨다. 또한 1874년 3월에 도평군의 후손이 살고 있는 전남 구례군 마산면 사도리 375-2하사4길 5에 도평군과 배위配位 2분의 위패를 봉안한 부조묘不祧廟 효헌사孝獻祠를 짓고 연 2회 봉향토록 하였다.

효헌사는 구례군에서 향토문화유산 제1호로 지정하여 보호하고 있다.

### 전주이씨 도평군파 신양리 창말倉말 문중

도평군 후손들은 전남 구례와 전북 장수 등지에 세거지를 이루고 13세에 후손이 장수군 산서에서 보절면 갈치로 이거한 후 덕과면 신양리 창말에 정착하였다. 한때 6~7가구가 살았으나 현재는 대부분 출향하여 활동하고 있다. 후손으로 이희완熙完, 17세이 전북대학교 교수로 재직 중이다.

## 2. 전주 이씨 효령대군파孝寧大君派 부흥, 상신, 범말, 은천

효령대군은 1396년태조 5년 태종대왕과 원경왕후의 둘째 왕자로 출생하였으며 세종대왕의 둘째 형으로 초명은 호祜였는데 19세에 보補로 고쳤다. 자는 선숙善叔, 호는 연강蓮江, 시호諡號는 정효靖孝이다.

12세에 해주 정씨를 부인으로 맞이하였고 17세에 효령대군으로 봉해졌다. 어릴 적부터 글 읽기를 좋아하여 30세 전에 이미 학문과 덕성을 이룩하였고 붓글씨에도 능해 명필이었다고 전해진다. 활쏘기에 능숙하였고 효성이 지극하여 부왕으로부터 사랑을 많이 받았다.

불교를 독실히 믿어 조정의 숭유억불 정책 하에서 불교 보호의 방패 역할을 감당하였다. 원각사현 탑골공원 창건 때에는 조성도감 도제조를 맡았다. 이때 주조되어 1985년까지 보신각에 달려 있던 대종大鐘과 탑골공원의 10층 석탑은 그 제조기법이나 예술성이 뛰어났다는 평가를 받았다. 10층 석탑은 국보 제2호로, 원각사지 대종은 보물 제2호로 각각 지정되었다.

《법화경》, 《금강경》, 《원각경》, 《반야심경》, 《능엄경》, 《선종영가집》 등 불경의 번역과 교정에도 힘썼고, 많은 사찰을 순회하면서 신도들을 온후하게 계도하였다. 1418년에

아우 충녕대군이 세자로 책봉되자, 출가를 했다.

좌찬성 정역鄭易의 딸과 혼인하여 6남 2녀를 낳았으며, 서자녀로 1남 1녀를 두었다. 1396년태조 5년 9월 16일음력에 태어나 91세의 천수를 다하고 1486년성종 17년 5월 11일음력에 세상을 떠났다. 현재의 서울특별시 서초구 방배동에 예장되었다.

현 사당은 1736년영조 12년에 왕명으로 효령대군孝寧大君 묘 앞에 처음 세우면서 '청권사淸權祠'라고 하였다. 서울특별시는 1984년 11월 7일 청권사 앞길을 효령로孝寧路로 명명하였다.

생전에 손자 33인, 증손자 109인으로 후손이 번성하였다. 전주 이씨 대동종약원의 파종회 중에 자손이 가장 번창한 것으로 알려져 있다.

### 2_1. 효령대군파 둔덕 이씨 남원 정착사

춘성정春城亭 이담손李聃孫, 4세은 전주 이씨 효령대군의 증손자다. 춘성정이 처음 임실군 둔덕으로 이사를 오게 된 것은 처가인 순천 김씨가 이곳에 살고 있었기 때문이다. 춘성정과 같이 결혼을 계기로 처갓집 동네로 이사 오는 일은 조선조 당시의 관습이었다. 이때 터를 잡은 집이 '둔덕 이씨'의 종가 집이 500여 년의 전통이 간직된 종택宗宅된 것이다. 지금도 이곳에 사는 전주 이씨 효령대군 후손들을 가리켜 "둔덕 이씨둔데기 이씨"라고 부르는 사람들이 더 많다.

춘성정의 아버지는 고림군 이훈高林君 李薰, 3세이며, 할아버지는 서원군 이채瑞原君 李寀, 2세이다. 종손인 이웅재씨도 이 집에서 살다가 갔다. 현재는 이웅재씨의 부인82만이 살고 있다. 종부宗婦 홀로 이 집을 지키고 있는 셈이다.

이 종택은 1977년 12월 31일 전라북도 민속문화재 제12호로 지정되었다. 현 소유자 이웅재의 16대 선조이자 마을의 향조인 춘성정이 지었고, 여러 번 중수하였다.

### 2_2. 범멀 효령대군파 정착사

효령대군의 후손 진우珍宇, 16세가 황벌리 범말에 정착하여 상의相儀, 현의賢儀 두 아들을 두었다. 상의17세는 기풍起豊, 강엽康燁, 동재東宰, 정상廷銷 등 4대 독자로 이어졌으나 정상廷銷, 21세이 3형제를 두었다. 현의 17세는 독자 기중起中이 강백康百, 강인康寅 두 아들을 두었으며 이후 1자 강백康百, 19세은 한

재翰宰, 순재珣宰 형제를 두고 다시 한재 20세는 정석廷碩, 정복廷福, 정렬廷烈 3형제를 둔다. 2자 강인19세은 익재翼재, 20세, 정필廷弼, 21세, 환규環揆, 22세로 이어진다. 현의계의 종손 정석廷碩, 21세은 1972년 보절면 농협의 창설 당시 초대 조합장으로 조합의 기틀을 세우는 데 공을 세웠으며 2대·3대 조합장을 역임하였다. 정석은 5형제를 두었으며 3자 문규文揆가 마을이장을 맡으며 면내에서 활동 하고 있다. 지금은 후손들이 출향하여 각계에서 활발한 활동을 하고 있다.

## 2_3. 부흥 효령대군파 정착사

효령대군 12대손 장석長錫, 영조 1776~1883년이 보절면 신파리 신흥마을을 거쳐 부흥마을에 정착한 이후 19대손까지 세거하고 있다.

17세손 병의炳儀는 이 마을에 살면서 '마을 이름을 고쳐 잘 사는 마을을 만들자'고 마을 사람들을 설득하여 갈치葛峙를 부흥富興으로 고치고 부자 마을을 이룩하는 데 헌신하였다.

후손 중 기만起萬, 18세은 광화문 지점장을 거쳐 현재 NH캐피탈대표이사로 있으며, 기철起喆의 아들 승현承炫, 19세은 변리사로 있다. 후손 창선昌善, 19세이 오랫동안 마을 이장으로 헌신하였다.

◆ 묘: 정착조 이장석李長錫 내외 보절면 서치리 산86번지

## 2_4. 효령대군파 은천隱川 정착사

이숙의17세는 효령대군의 증손자 춘성정春城正 이담손李聃孫, 4세 후손으로 선대들의 집성촌인 임실군 오수면 둔덕리 동촌마을에서 일제강점기에 보절면 은천마을로 이주하였다. 해방이 되자 숙의는 보절면 4대 면장1945. 10. 1~1948. 2. 9에 취임하여 어수선한 해방 정국에서 도촌제를 막는 등 농업용수 확보에 공을 세웠다. 2자 기승起承, 18세은 보절 관내 초등학교에서 한평생 후진양성에 몸을 바쳤으며, 특히 임기 중 보절면 괴양리의 전통축제인 '삼동굿'을 발굴하고 재정리하여 대통령상을 받는 데 주도적 역할을 하였다.

그 외 효령대군파의 후손들이 내황마을, 상신마을, 덕과면 만동안동네 등 여러 곳에 거주하고 있으나 세대수가 미미하여 생략하였다.

◆ 족보간행: 계해보癸亥譜, 1983년

## 3. 전주 이씨 세종왕자 영해군寧海君파 남원 정착사
### 사매면 매안, 지사면 사촌, 신흥상신, 다산, 외황, 내황, 덕과 작소

영해군은 세종의 열일곱째 아들이며 이름은 당瑭이다. 영해군 당은 아들 형제를 두었는데 첫째 아들이 영춘군 휘 인仁, 2세이고, 둘째 아들이 길안도정吉安都正 휘 의義이다.

길안도정2세의 큰아들 시산군詩山君 휘 정숙諱 正叔, 3세의 후손이 남원 사매면 대신리에 정착하였고 벼슬길에 오르는 것보다 이학理學을 좋아했다.

시산군 정숙은 1517년에 사재私財로 '정주봉사朱封事'를 출간하여 중종中宗에게 드리는 등 조광조趙光祖와 함께 도학道學정치를 도모하였다. 그러나 시산군은 기묘사화己卯士禍 때 간신들의 무고로 화를 입고 삭탈관직 되었으며 신사무옥辛巳誣獄, 1521년으로 극형이 내려졌다.

후천공後川公 경여景輿, 5세는 시산군의 손자이다. 중종의 신사무옥 이후 한양을 떠나 사매면 대신리여의터로 이거하였으며, 이후 분족分族되어 보절면 신흥新興과 임실군 지사면 사촌沙村에 집성촌을 이루었다.

후천공 경여는 어려서부터 풍채가 준수하였고, 도량이 넓고 호방하였으며, 말주변이 훌륭하여 사람들이 추앙하였다. 고금을 널리 살펴보아 때에 힘쓸 것을 꿰뚫어 알고, 문장文章이 한층 현달하였다. 남원 향교지鄕校誌에 의하면 등용되지 못한 채 삶을 마치니 사람들이 모두 애석하게 생각하였다고 전한다. 사후에 조상의 음덕으로 선교랑宣敎郞의 품계를 증직받았다.

중추부사 동영東寧, 7세은 후천공後川公의 손자이며 두 아들을 두었는데 용산공 도燾, 8세와 죽헌공竹軒公 후후煦, 8세이다. 용산공 도燾는 숙종 때 용성지龍城誌·남원의 지리지를 만들어 남원향토사 연구에 획기적 지침이 되고 있다. 또한 그는 5권의 문집을 남겼다.

이도李燾의 동생 죽헌공 이후李煦는 절충장군행용양위부호군折衝將軍行龍驤衛副護軍과 통정대부중추부사通政大夫中樞副使를 지냈다. 한편 죽헌공 이후李煦, 8세는 5형제를 두었으니 여두如桓, 여백如柏, 여종如棕, 여만如構, 여재如梓이다.

이도李燾의 아들 여매如梅, 9세와 이후李煦의 아들 여재如梓, 9세가 영조 때 낸 문집을 비롯하여 남원의 전주 이씨 영해군파全州李氏寧海君派에서는 학문을 하는 가문답게 모두 열세 분이 31권의 문집을 내놓았다.

### 3_1. 보절 신흥新興 정착사

신파리 신흥上新의 정착조 휘 여재는 호號가 낙재樂齋이고 자字는 계직季直으로 통정대부중추부사通政大夫中樞副使 이후李煦, 8세의 5자子이다. 사마시司馬試에 등과하여 영릉참봉寧陵參奉에 제수되었으며 학문에 뜻을 두어 더이상 벼슬에 나아가지 않았다.

여재의 아들 존양당存養堂 유시惟時, 10세 대에 쓰여진 분재기分財記에는 자식들뿐 아니라 출가한 딸에게도 분재分財한 기록과 심지어는 하인과 여종에게도 넉넉한 분재를 한 기록이 남아 있어 당시 조상들의 애인사상愛人思想을 들여다 볼 수 있는 귀중한 자료이며 자손들에게도 귀감이 되고 있다.

유시는 3형제를 두었으며 가눌可訥, 가철可哲, 가욱可郁이다. 둘째 사물재思勿齋공 가철可哲, 11세은 효행으로 영조 때 통훈대부 사헌부감찰에 증직되었고 문집을 남겼다. 조카인 가눌의 아들 행권行權, 12세과 가욱의 아들 시권是權, 12세도 숙부와 함께 효심이 깊었으니, 이에 조정에서는 3숙질三叔姪에게 명정을 내려 이후 마을 앞에 삼효려三孝閭가 세워졌다.

현대 인물로는 15세손 교정敎政은 한말韓末 보절면 초대 면장1906~1910년을 역임했으며 한일합방韓日合邦, 1910.8.29이 이루어지자 면장직을 사퇴하였다. 철수哲壽, 17세는 남원 최초의 동경 유학생으로 유수한 인물이었으나 당시 민족주의와 사회주의의 이념대립 기간에 좌익인사로 활동하다가 월북하였으며, 만기萬器, 16세는 1963년 남원향교 전교典校와 1964년 성균관 전학典學, 1985년 춘향문화선양회 회장을 역임하였다. 종손 석용錫容, 18세이 검찰청 이사관으로 퇴직 후 내외가 99세의 노모를 모시고 종가를 지키고 있으며 대부분의 후손들은 출향하여 활동하고 있다.

♦ 분재기分財記: 종손宗孫 석용錫容, 17세 보관
♦ 재실: 신성재愼省齋 보절면 서치리
　　　　양현재養賢齋 보절면 신파리
♦ 정려: 삼효려三孝閭 보절면 신파리 신흥

### 3_2. 보절 외황外黃 정착사

통정대부 중추부사 이후李煦, 8세의 큰아들 호은공湖隱公 여두如杜의 고손高孫 태정泰鼎, 13세은 원영, 원국, 원의 등 3남 1녀를 두었다.

조선말에 원영元英, 14세의 큰아들 교적敎績은 사매면 매안방梅岸坊에서 보절 사촌리로 이거하고 둘째 교태敎台, 15세는 황벌리 범말로 이거한다.

교태는 문행文行이 탁이하였으며 국토가 일제에 유린되자 만주 봉천으로 이거하여 서당을 열어 한인의 교화敎化에 힘쓰다가 해방이 되자 귀국하여 외황마을에 정착한다. 외황마을에서도 서당을 열어 후진양성에 노력하였다.

후손들은 외황마을에서 집성촌을 이루었으나 지금은 대부분 출향하여 활동하고 있다.

### 3_3. 덕과 작소鵲巢 정착사

통정대부 중추부사 이후李煦, 8세의 큰아들 호은공湖隱公 여두如杜의 고손高孫인 시정時鼎, 13세의 둘째 아들 원기元基의 증손 동수東壽, 17세가 만석부자萬石富者 재종조부再從祖父 교항敎恒의 재산을 관리하기 위하여 사매면 구터에서 덕과면 작소마을로 이거하여 터를 잡았다. 남원시 도통동장을 역임하며 주민의 칭송을 받은 석용錫鏞, 18세이 종손이다. 후손들은 대부분 출향하여 사회활동에 이바지하고 있다.

### 3_4. 보절 다산茶山 정착사

숙종 때《용성지龍城誌·남원의 지리지》를 편찬한 용산공 도燾, 8세의 손자 유덕惟德, 10세이 당숙인 신흥 정착조 여재如梓, 9세를 따라 다산에 정착하였고, 이후 철종 때 통정대부 중추부사 이후李煦, 8세의 후손 교완敎琓, 15세이 이거하였다. 후손 언기彦器, 16세, 1895년생가 숙부인 사매면 만석부자萬石富者 교항敎恒의 재산을 관리하기 위하여 사매면 구터에서 보절면 다산마을로 이거한 이후 전주 이씨가 집성촌을 이루었다.

후손들은 대부분 출향하였으며 이후계의 영수暎壽, 17세가 면내에서 활동하고 있다.

♦ 재실: 영모재永慕齋 사매면 관풍리 오리정
♦ 묘: 정착조 이경여李景輿 사매면 관풍리 오리정

# 홍주 이씨洪州 李氏
## 만도리 산수동

## 1. 시조사 및 본관의 연원

홍주 이씨洪州 李氏의 시조 이유성李維城은 고려시대 대장군을 지낸 이간李幹의 아들이다. 그는 고려 의종·명종·신종·희종 대에 걸쳐 활동하였는데, 서경부유수西京副留守와 정당문학政當文學을 거쳐 찬성사贊成事에 올랐다. 1202년고려 신종 2년에 경주에서 반란을 일으킨 이비利備, 패좌孛佐 등을 초토처치병마우도부사招討處置兵馬右道副使가 되어 우도사右道使 강순의康純義와 함께 출정하여 평정했고 그 후 전라도안찰사로 있다가 우상시右常侍가 되었다.

이유성의 4대손인 이연수李延壽는 고려 고종 3년 요遼의 침입 때 도지병마사都知兵馬事가 되어 이를 격퇴하였다. 또한 문하시랑門下侍郎 동중서문하평장사同中書文下平章事와 판리부사判吏部事를 거쳐 문하시중門下侍中에까지 올랐다. 상계上系의 보계譜系가 병화兵禍 등 여러 가지 사정으로 실전되었으나 이기종李起宗, 9세이 내시연경궁제학內侍延慶宮提學을 지내고 홍양부원군洪陽府院君에 봉해졌는데, 이러한 연유로 후손들은 본관을 홍주로 삼아 세계를 이어왔다.

홍성洪城은 옛 홍주군洪州郡과 결성군結城郡을 합해진 것이다. 여러 차례 변혁을 거쳐 1895년에 군郡이 되었고 1914년에 결성군과 홍주를 합하여 홍성군洪城郡이 되었다.

8세 이영분 사사공李永芬 寺事公은 정순대부正順大夫판전객시사의 벼슬에 올랐다.

9세 이기종李起宗은 연경관제학을 지냈는데 아들 셋을 두었다. 첫째 성晟은 총명하여 약관의 나이에 과거에 등제하여 정3품 제주벼슬에 이르고 오경五經에 통달하여 오경사五經笥 선생이라 불리었다. 이후 자헌대부예조판서 안평백에 증직되었다. 그의 둘째 아들이 태종 때 영의정을 지낸 문간공文簡公 이서李舒이다.

이서10세, 1332~1410년는 1357년고려 공민왕 6년에 문과에 급제하여 우헌납右獻納에 제수되었으나 친상親喪으로 나가지 않고 내서사인內書舍人으로 1392년 태조 이성계를 도와 3등 개국공신이 되었다. 안평부원군에 봉해지고 고명사誥命使로 명나라를 다녀와 영의정에 올라 기로소耆老所에 들어갔다.

남원 문중은 모두 문간공 이서의 후손이다. 남원시 덕과면 만도리 도촌마을에 있는 호암서원湖巖書院에 주벽主壁으로 봉안되었다. 셋째 아들 이표李表는 변사공의 벼슬에 올라 무관으로 활동하였으며, 삼형제 모두가 명망 높은 홍주 이씨 가문을 빛냈다.

선조 때의 이종장李宗張은 1569년 무과중시武科重試에 급제하여 1592년 임진왜란 때 충주목사忠州牧使로서 도원수都元帥 신립申砬의 조방장助防將이 되어 참전參戰, 충주 탄금대 전투에서 아들 희립과 함께 순절하므로써 병조판서兵曹判書에 추증되었고 충신정문忠臣旌門이 세워졌으며 홍평군洪平君에 봉封해졌다.

무관武官으로 이름을 떨친 16세 이희건李希建은 이괄의 난 때 공을 세워 진무공신으로 홍양군이 봉해졌고, 정묘호란 때 용골산성 전투에서 분전 끝에 전사했으며, 후에 좌찬성에 추증되어 명문인 홍주 이씨 가문을 더욱 유명하게 되었다.

## 2. 대호군파 덕과면 만도 문중 정착사

대호군大護軍 이길종李吉從, 13세 때 남원에 정착했다. 이당李棠, 18世은 1587년선조 20년 생이며 마흔아홉에 병자호란을 만나 창의倡義하여 수많은 군사를 모아 경기도 과천까지 진출하였으나 인조가 삼전도에서 항복했다는 소식을 듣고 통곡하며 돌아왔다. 그 후 남원 노암동에 머물다가 덕과 만도에 정착하였다. 만도리 도촌의 호암서원에 이서와 함께 배향되었고 호남 창의록倡義錄에 실려 있다.

덕과면 만도리 산수동과 이백면 내기에는 1990년대까지 30여 가구가 집성촌을 이루고 있었으나 현재는 대부분 출향하여 활발한 사회활동을 하고 있다.

후손 이환복李桓福, 29세은 보절초등학교 교장을 역임하면서2005. 3. 1~2009. 2.28 현재의 학교 본관과 강당을 신축하였다. 또한 교내에 역사관을 설치하여 각계에서 귀중한 자료를 수집하고 본인이 소장했던 소중한 유물을 희사하여 이곳에 진열하였다. 이국엽李國燁, 30세은 서울에서 치과의사로 활동하면서 보절중학교 총동문회장을 역임하였다.

♦ 묘: 이당李棠, 입남조 덕과면 만도리
♦ 재우: 추모재追慕齋 장수군 산서면 봉서리 척동
　　　　 덕과면 만도리 산수동
♦ 서원: 호암서원湖巖書院 덕과면 만도리 산 682
♦ 족보간행: 갑술보甲戌譜, 1934년

## 나주 임씨羅州 林氏
### 중현

임비林庇가 나주 임씨의 시조이다. 고려 충렬왕 때 임금을 따라 원나라까지 갔다 온 시종공신이다. 그 공으로 1282년충렬왕 8년에 보좌이등공신輔佐二等功臣에 책록되었고, 1289년충렬왕 15년 충청도지휘사忠淸道指揮使 대장군大將軍을 지냈으며, 판사재시사判司宰寺事에 올랐다. 임비 시조 이전의 상계는 소목을 밝히지 못하고 있다. 그러나 선계에 전해 오는 말로는 그 위로 여러 대에 걸쳐 큰 벼슬을 지낸 분이 있었지만 확인할 문헌이 없고 상고하기 어렵다고 한다. 그래서 나주 임씨는 임비를 원조로 하여 기세起世하고 있다.

나주를 본관으로 삼은 것은 9세손 임탁林卓이 해남감무로 있다가 이성계가 조선조를 건국하자 모든 벼슬을 버리고 회진會津으로 내려와 세거한 것이 연유가 되었다. 본래는 회진 임씨會津 林氏라고 했지만 회진현이 나주羅州로 속하게 되자 본관을 나주로 고친 것이다. 그러나 임비로부터 임선林宣, 8세까지의 묘지가 실전돼 상계의 세거지를 알 수 없다. 나주 임씨의 분파는 조선 초기에 이르러서야 시작된다.

임탁林卓, 9세의 아들 봉鳳, 10세은 아들 둘을 두었다. 큰아들 임시소林始巢, 11세의 현손玄孫인 붕鵬, 15세은 중종조에 정암靜菴 조광조趙光祖의 구명을 위해 상소하였다가 광주목사光州牧使 재직 중 죽었다.

그는 아들 넷을 두었는데 둘째 아들 복復이 정자공파正字公派 주생정송周生貞松 문중을 일으켰다. 셋째 아들 진晉이 절도공파節度公派 석동席洞 문중을 이루고 있는데 붕鵬, 15세의 동생 학鶴의 후손이 생원공파生員公派 월산月山 문중을 이루고 있다.

## 1. 절도공節度公 임진林晉, 16세

절도공 임진은 부윤공 붕鵬의 아들이며 당대 제일의 문장가로 꼽힌 백호공白湖公 임제林悌의 아버지이다. 절도공은 1546년명종 1년 무과에 합격하여 훈련원정訓練院正 등 여러 벼슬을 거쳐 전라수사, 제주목사, 호남, 영남, 호서, 북계 등 5도 병마절도사兵馬節度使를 역임하였다. 지방관으로 재임 시에는 청백리로 이름이 높아 영변寧邊과 제주濟州에 주민들이 청정비淸政碑를 세워 그 덕을 추모하고 있다.

## 2. 절도공파 남원 정착사

임진의 손자인 규珪, 18세가 절도공파 대강 사석節度公派帶江沙石 문중의 정착조이다.

임규林珪, 18세는 풍수지리를 잘했고 호불차승의 대지라 하여 나주에서 대강 사석帶江 沙石까지 온 것이다. 정유재란 때 남원부사 임현南原府使 任鉉, 1549~1591년과 함께 남원성 전투에서 분전하다가 그해 7월 25일 순절하였다. 우승지右承旨로 증직贈職되었고 고종 때 정려를 받았다.

아들 대유大儒, 19세는 1590년선조 23년 생이며 갑자환난 때 공을 세워 통훈대부 한성서윤에 증직되고 정려를 받았다. 대유大儒, 19세의 손자 황荒, 21세이 영조 때 의적義賊으로 가선대부에 증직되었으며 정려를 받았다.

3세三世가 충의로 정려를 받은 것은 드문 일이다. 마을대강면 사석리 촌전 앞에 삼세충의문三世忠義門 정려가 있다.

형진逈鎭, 24세은 효행으로 정조 때 동몽교관에 증직되었으며 고종 때 정려가 내렸고, 도진道鎭도 정조 때 효행으로 증직되었다. 고종 때 명정되었다. 세묵世黙은 의병장으로 활약하다가 교수형을 받았다. 또한 기숙基淑과 기서基西도 의병이었으며, 대한민국 건국이후 독립운동 유공자로 추서되었다.

## 3. 절도공파 보절 정착사

보절지역 나주 임씨는 절도공파 대강 사석 문중에서 분족分族하여 조선말기 금다리 다산과 신파리 중현에 정착한 문중이다.

다산에 임산林山이라 하여 나주 임씨의 산이 수십 정보에 달했으며, 20세기 말

까지 중현마을에서 집성촌을 이루고 살았다. 지금도 다산에는 '임장군묘林將軍墓'
가 있어 후손들이 성묘하며 가꾸고 있다.

♦ 묘: 임장군묘林將軍墓 보절면 금다리 다산
♦ 재우: 영모재永慕齋 대강면 사석리
♦ 정려: 삼세충의문三世忠義門 대강면 사석리 촌전
♦ 효자문: 대강면 사석리 촌전

인 동 장 씨仁同 張氏

### 1. 시조사 및 본관의 연원

인동 장씨는 본관은 같되 시조를 달리하는 장금용張金用계와 장계張桂계가 있다. 장
금용은 고려 초에 삼중대광三重大匡 신호위상장군神虎衛上將軍을 지낸 인물이고, 장계
는 고려 말에 금자광록대부金紫光祿大夫 예문관대제학을 역임했다.

그러나 장계를 시조로 하는 인동 장씨대제학공파는 이제까지 대개의 성보姓譜에
관한 것들이 장금용을 1세조로 하고 인동 장씨와 통합 소개하여 왔다. 국조문과
방목國朝文科榜目이 그랬고 대부분이 분관分貫 인명人名으로 항렬이 서로 달라 분
류가 어렵다. 그래서 본편에서도 편의상 모두를 통합하여 소개한다. 중조中祖 장
계張桂는 고려 충렬왕 31년에 문과에 올라 여러 벼슬을 지내고 집현전 대제학을
지내고 옥산부원군玉山府院君에 봉해졌다.

인동 장씨의 시조 장금용은 장정필張貞弼의 후손으로 전해지고 있다. 하지만
확인할 수 있는 자료가 남아 있지 않아 정확한 가계의 흐름을 알 수 없다. 장금용
은 고려 때 삼중대광三重大匡·신호위 상장군神虎衛上將軍을 역임하였다. 아들 장선張
善이 1072년고려 문종 26년 금오위 상장군金吾衛上將軍에 올랐고, 이후 후손들이 옥산
玉山, 경상북도 구미시 인동동의 옛 이름에 정착하여 세거하였다.

후손들이 세거한 곳의 지명을 따라 본관을 옥산玉山으로 하여 세계世系를 이어
왔다. 그러다가 옥산이 인동仁同으로 개칭됨에 따라 인동을 관향貫鄕으로 삼았다.

인동은 신라 경덕왕 때722~765년 수동을 개칭한 것이다. 지금은 구미시 인의동
이다. 인동 하면 으레 장씨를 연상할 만큼 융성을 누려온 명문이다. 인동仁同에서
개국 이후 많은 전란을 치르면서도 그 종가宗家와 그 유적을 보존해 온 것은 오직
인동 장씨뿐이다.

### 2. 남원 정착사

인동 장씨는 대대로 학문의 전통을 숭상하는 가문이다. 조선에 들어오면서부터
지금에 이르기까지 52인이나 문집을 냈고 아직 간행하지 않은 문집이 많다. 관향
貫鄕인 인동 향내에는 서원 등이 60개소나 된다. 인동 장씨가 남원에 정착한 것은

14세였다. 장수張脩는 아들 둘을 데리고 운봉면에 왔다. 보俌의 후손인 22세 연淵이 21살 되던 해에 운봉 신기로 인동에서 왔고, 셋째 아들 우俁의 후손인 장원욱원추, 28세이 인동에서 수지 남창으로 왔다.

남원의 인동 장씨 문중은 운봉 신기. 수지 남창 등에서 씨족 집단을 이루며 번성을 누렸으며, 보절에는 태상경공파 후손들이 조선말부터 벌촌에 세거하고 있다.

### 태상경太常卿공파 보절 문중

비조鼻祖를 장금용으로 모시고 중조中祖를 태상경 장백張伯, 13세으로 하여 기세起世하고 있는 문중이다. 장백은 시조 장금용의 13세손이며 태상경공파의 기세조起世祖 즉 1세이다.

장백은 고려 우왕 때 태상경太常卿으로 문하시중 도첨의밀직사門下侍中都僉議密直使를 역임하였는데, 후에 좌리공신佐理功臣에 녹훈되어 옥산군玉山君에 봉해졌다. 따라서 후손들은 장백을 중시조로 삼아 옥산을 본관으로 하였는데, 조선 말에 옥산이 인동으로 바뀜에 따라 본관을 인동으로 고쳤다. 하지만 예전 그대로 옥산을 본관으로 쓰는 후손들도 있다.

보절의 정착조는 장백기세조의 후손인 장학수張學秀, 14세이다. 고종 때 사람으로 전남 담양에서 세거하다가 동생과 함께 보절면 황벌에 이거하였다. 후손들의 말에 의하면 장학수는 '명당을 찾아 보절에 왔다고 들었으며, 글을 잘 하여 서당 훈장을 하였다'고 한다. 또한 위정척사론衛正斥邪論에 충실한 선비였으며, 1895년고종 32년 을미개혁 때 단발령에 따르지 않아 일제에 의해 곤욕을 치르면서도 상투를 자르지 않았다고 전한다. 기림, 기석 형제를 두었다. 기림은 한약방을 운영하였으며 초등교장을 지낸 장담張潭, 16세, 장원張源, 16세이 그 아들이다.

전남대학교 지리학과 교수로 지낸 장인급張仁汲, 16세도 그 후손이다.

◆ 묘: 장학수張學秀, 보절정착조 산동면 태평리 연화봉

◆ 족보간행: 임성보壬成譜, 1982년

---

## 흥덕 장씨興德 張氏

### 1. 선조사와 본관의 연원

장씨는 국내에 48여 본관이 있는데 덕수 장씨德水 張氏를 제외하고는 청해진대사 장보고淸海鎭大使 張保皐를 비조鼻祖로 하고 있으나 846년 장보고가 무주인 여장閻長에게 암살당한 후 851년문성왕 13년 중앙군의 토벌로 청해진이 혁파되고 진민鎭民과 일문은 김제金堤 벽골제로 이주한 역사적 사실로 보아 흥성 장씨興城 張氏의 비조鼻祖임이 확실하나 청해진대사 이후 4~5대의 세계世系가 불분명하다. 흥성興城은 현 전북 고적군 흥덕興德으로 백제 때는 상칠현上柒縣, 신라 경덕왕 때는 상질尙

質로 고쳐 고부古阜에 속하였고 다시 흥덕興德으로 개칭되었다.

흥성興城, 흥덕 장씨 시조는 장유張儒다. 호는 청계淸溪요, 영주 상칠현瀛州 上柒縣, 현 고창군 흥덕에서 출생하여 신라말에 난을 피하여 중국吳·越에 들어가 화어華語, 중국어를 습득하고 고려 태조가 후삼국을 통일한 후918년에 귀국하여 광종 때950~975년 예빈성에서 외국사신의 접대 및 통역을 맡았으며 광평시랑정이품에 이르렀다. 그 아들 장연우張延祐는 자字는 우수羽秀 호는 보산普山으로 성종 때 등제登第하여 목종 현종 삼대에 걸쳐 관직에 있었으며 1010년현종 원년 경술 거란군 2차 침공 때 대공大功을 세워 중추원사와 판어사대사를 거쳐 1014년에는 호부상서에 제수되어 세제개혁 등 많은 업적으로 상서우복야尙書右僕射에 추증되고 충숙忠肅의 시호를 받았다.

## 2. 남원 정착사 및 인물사

흥성興城, 흥덕 장씨 벼슬이 끊이지 않아 조선조에 와서 13대 손인 장헌張軒이 문과에 등제한 후 중훈대부中訓大夫와 영광 낙안군사靈光 樂安郡事를 역임한 후 처음 남원에 살았으나 흥덕興德으로 돌아오고 실질적인 정착조는 장헌張軒의 아들 장합張合, 14세인데 호는 초곡楚谷이고 태종 때 통훈대부通訓大夫와 선공감정繕工監正을 제수하였고 태종의 은총이 깊어 궐내에서 자주 술을 마시다가 과음으로 죽으니 애통하시며 장합이 죽은 것은 "실곡어빈인심가측야實曲於賓人甚可側也"라 하고 예장禮葬을 명하시어 남원 대곡방 산원동南原 大谷坊 新院洞에 장예獎譽하셨다. 장합은 협천 태씨陜川 太氏와 혼인하여 4남을 두었는데 큰아들 윤승允升은 조산대부 사헌부감찰朝散大夫 司憲府監察로 그 큰아들 조평 둔암공肇平 遯菴公후손이 대강면 생암帶江面 生岩에 일부 거주하고 셋째 아들 직장계평후直長屆平後는 운봉 임리雲峰 林里에 살고 있다. 둘째 윤신允愼, 15은 기장현감機張縣監이요, 그 아들 경원敬原은 마도만호馬島萬戶, 16요, 그 후로 남원6파南原六派로 나뉘어졌는데 응정應井은 진사공파進士公派요, 응량應梁은 사성공파司成公派요, 응처應處는 경력공파經歷公派요, 응각應角은 서윤공파庶尹公派며 응만應萬은 사직공파司直公派요, 응필應畢은 주부공파主簿公派 3대 문중을 이뤘으며 셋째 윤문允文과 동생 윤무允武는 전남 지방에 산거하다 11대손인 중랑장 장영中郎將 張英의 큰아들 장득연張得璉, 德城君후 주부공파主簿公派도 주천면朱川面 장안長安에서 번성하여 남원엔 9개파가 애족돈목하며 살아가고 있다.

### 진사공파 대산면 신계 길곡大山面 薪溪 吉谷 문중

사과司果 장석張錫, 17세의 큰아들 생원 장응정張應井, 18세이 파조이다. 1534년중종 29년 갑오에 생원과에 급제하였으나 벼슬과 재물에는 뜻이 없고 오직 자손의 교육과 효에만 전념하였고 두 아들을 두었는데 장남 장개張价, 春亭公는 공조참의工曹參議에 증직되었으나 종가의 실화失火로 문적文蹟이 소진하였고 둘째 장엄張儼, 壺村公, 19세은 출중한 효자로 부모가 병을 얻어 위중할 때 연어와 산삼을 구하여서 쾌차하였다. 효행으로 조봉대부동몽교관朝奉大夫童蒙敎官에 증직되었다. 남원 대산면 신계 길곡 정착조는 호촌공壺村公의 둘째 아들 장명세張名世, 20세이다. 세 아들을 두었다.

## 3. 진사공파 보절 정착사

탕湯, 25세은 장명세張名世, 20세의 후손이며 그 아들 장한필張漢弼, 26세이 전라남도 곡성에서 보절면 황벌리 벌촌으로 이거하여 정착한 것이다. 후손으로 장흥갑張興甲, 32세과 장흥범張興凡, 32세 등이 고향의 선산을 지키며 오늘에 이른다.

---

### 창원 정씨昌原 丁氏
도촌, 범말, 사촌

---

## 1. 정씨의 유래

3,000여 년 전 중국의 고대국가인 주周나라의 제후국으로 제齊나라가 있었는데, 제나라의 초대 제후諸侯가 태공太公, 강태공이고, 그 아들인 급伋이 제2대 제후가 되었다. 이 분의 시호諡號가 정공丁公이고, 급伋은 이름인데 그 지손支孫이 시호인 '丁'을 성으로 삼다. 그때부터 정丁이라는 성씨가 있게 되었다. 현재 중국에서는 정씨를 제양당齊陽堂 정씨라 칭하고 있으며, 이는 중국과 우리나라를 포함한 정씨의 본관에 해당한다.

## 2. 시조사 및 본관의 연원

우리나라 정씨의 시조인 정덕성丁德盛공은 원래 중국 당唐나라 사람으로 당의 문종文宗 때 대승상大丞相을 지냈고, 무종武宗 때 대양군大陽君에 봉해졌으며, 853년당나라 선종宣宗 7년, 신라 문성왕 15년 군국사軍國事로 직간을 하다가 압해도押海島에 찬류竄流되어온 후 사면되었으나, 돌아가지 않고 신라에 귀화한 것이 우리나라 정씨의 시초이다.

　우리나라에 현존하는 정씨는 모두 정덕성공의 후손이며, ≪압해정씨대동종안보押海丁氏大同宗案譜 및 압해정씨대동보押海丁氏大同譜≫에는 우리나라의 모든 정씨를 압해 정씨押海 丁氏로 통일하였고, 영광, 창원군휘 寬, 창원, 의성, 나주 등 5파가 있다.

　장수군 산서면 월곡과 보절면 도룡리 도촌마을의 정씨는 위 5파 중 창원昌原을 본관으로 하는 창원파 정丁씨이다.

　창원 정씨의 시조는 정덕성으로, 당나라의 문종과 선종 때 대승상을 지냈고 대양군大陽君에 봉록되었다. 그러나 곧 참소를 당하여 조선에 유배되었는데, 이때가 신라 문성왕 때이다. 정덕성의 둘째 아들인 정응도丁應道가 신라에 공이 있어서 나주군羅州에 책봉되어 호를 금성군錦城君이라 하였다.

　창원 정씨의 입향조는 정덕성의 손자이자 정응도의 아들인 정필진丁必珍으로, 역시 신라에 공을 세워 창원에 책봉되어 호를 의창군義昌君이라 하였다. 이로부터 창원 정씨昌原 丁氏가 생겨나게 된 것이다. 그의 아들인 정병쇄丁

丙曬는 도제조都提調를 지냈고, 정병쇄의 아들 정언주丁彦柱는 문하시중 태사령을 지냈다. 정언주가 경명왕의 둘째 딸과 혼인하여 정광순丁光純을 낳았다. 벼슬이 옥당박사문하시중태사령玉堂博士門下侍中太史令에 이르렀다. 정광순의 아들은 정우丁祐로 고려 때 검교 별상檢校別相을 지냈다.

이후 세계가 불분명하여, 창원 정씨는 고려 때 상호군上護軍을 지낸 정연방丁衍邦을 중시조로 한다. 이를 선창원 정씨先昌原 丁氏라고 하였다. 1세 정연방은 고려 때 상호군을 지내면서 650년 전 장인이신 거령부원군 영천 이씨寧川 李氏의 시조 이능간李凌幹에 따라 장수군 산서면 하월리월곡에 이거하여 현재까지 20여 대를 이어오고 있다.

인근 산서면 월곡에는 지금도 유헌遊軒 정황丁熿의 후손들이 대대로 살아온 종가宗家, 민속자료 제34호가 있다. 정황은 인종仁宗의 장례 때 예법을 준수할 것을 주장하다가 정미사화 때 거제도로 유배되어 일생을 마쳤다.

## 3. 창원 정씨 보절 도촌 문중

부승공副丞公 한우旱雨, 대사성공大司成公 득우得雨, 사정공司正公 여우汝雨는 정연방丁衍邦의 증손曾孫으로 다음 표와 같으며, 보절면 도룡리 도촌마을의 창원 정씨는 부승공파와 대사성공파가 함께 세거하고 있다.

| 파(派) | 중시조 1 세<br>정연방(丁衍邦)으로부터 | 시조 1 세<br>정덕성(丁德盛)으로부터 |
|---|---|---|
| 부승공파<br>(副丞公派) | 4 세 | 25 세 |
| 대사성공파<br>(大司成公派) | 4 세 | 25 세 |
| 사정공파<br>(司正公派) | 4 세 | 25 세 |

### 3_1. 창원 정씨 부승공파副丞公派

도촌마을의 부승공파副丞公派는 시조 정연방丁衍邦, 1세의 11세손인 정탄丁坦이 300여 년 전 이곳에 터를 잡아 현재 12대째 세거를 이루고 있다.

도촌 뒷산비금날에는 정착조 정탄의 묘와 후대 묘가 조성되어 있다. 또한 회관 앞 쉼터 정자나무느티나무 거목은 300여 년 전 정착조 정탄이 심은 것으로 추정하고 있다.

부승공파 후손으로 무주·장수경찰서장을 지낸 덕주德柱, 20세, 한국GM검사과장 대복大福, 21세, 보절면농촌지도자회장, 북부농협·남원농협 이사, 천황봉방문자센타 회장, 마을이장, 현재 노인회장을 역임한 대수大秀, 21세, 남원시 건설과장, 전북도로사업소장, 새만금사업단장을 역임한 갑동甲童, 21세, 현재 마을 이장 대문大文, 21세, 전주공업고등학교장을 지낸 대주大周 등이 있다.

♦ 묘: 정착조 정탄 보절면 도룡리비금날

### 3_2. 창원 정씨 대사성공파<sup>大司成公派</sup>

도촌마을의 대사성공파는 세종조에 대사헌을 지낸 세의6세의 증손 온<sup>溫</sup>, 9세 이후에 도촌마을에 정착하였으며, 현재 13대째 세거를 이루고 있다.

보절 소재지와 덕과면 작소마을 사이 꽃밭정이<sup>花田亭 화전정</sup>에 온<sup>溫</sup>, 9세 이하 씨족들의 묘지가 조성되어 있다.

대사성공파 후손으로 도룡천에 은거를 놓아 농업용수를 공급하여 가뭄에 대책을 세워 이 혜택을 입은 경작자들이 공적비를 세워준 정기삼<sup>丁基三</sup>, 19세과 전북은행 감사실장과 지점장을 역임한 정한수<sup>丁漢洙</sup>, 21세 등이 있다.

♦ 묘: 정착조 정온<sup>丁溫</sup>, 9세 덕과면 화전정<sup>花田亭, 꽃밭정이</sup>

---

## 창녕 조씨<sup>昌寧 曺氏</sup>
### 부흥

---

### 1. 시조 및 본관의 연원

시조는 조계룡<sup>曺繼龍</sup>이다. 신라 진평왕<sup>眞平王</sup>의 사위로 벼슬이 보국대장군 상주국 대도독 태자태사에 올랐고 창성부원군에 봉해졌다. 그리하여 그의 후손들이 조계룡<sup>曺繼龍</sup>을 시조로 하고 창녕<sup>昌寧</sup>을 본관으로 삼게 되었다. 창녕에는 오랫동안 창녕 조씨가 세거하여 왔다. 전북에는 고창에만 집성촌을 이루고 있다. 창녕 조씨 득성<sup>得姓</sup>과 관련된 설화가 있다.

창녕 등 경남 일대에 전해오는 설화의 내용을 간추려 보면 신라 진평왕 때의 한림학사 이광옥<sup>李光玉</sup>의 딸 예향은 창녕현 고암촌<sup>鼓岩村</sup> 태생으로 그녀가 자라서 혼기에 이르렀을 때 우연히 복중에 병이 생겨 화왕산 용지에 가서 목욕재계하고 기도를 올리니 신기하게 병이 완쾌되었고 몸에는 태기가 있었다. 어느 날 밤 꿈에 한 남자가 나타나 "이 아이의 아버지는 동해신룡<sup>東海神龍</sup>의 아들 옥결<sup>玉訣</sup>이다. 잘 기르면 자라서 경상이 될 것이며 자손만대 번영이 있을 것이다"라고 말하고 사라졌다. 그 후 달이 차서 626년<sup>진평왕 48년</sup>에 아들이 태어나니 용모가 준수하고 겨드랑이 밑에 조<sup>曺</sup>자가 붉게 씌여져 있었다. 예향<sup>禮香</sup>의 아버지 이광옥<sup>李光玉</sup>은 진평왕에게 고하였고, 왕은 이를 신기하게 여겨 아이를 직접 불러 확인해 보니 조<sup>曺</sup>자가 선명하므로 아이에게 '조<sup>曺</sup>'씨 성을 내리고 이름을 계룡<sup>繼龍</sup>이라 하도록 하였으니 창녕 조<sup>曺</sup>씨의 시조가 된 것이다.

계룡은 자라면서 매우 총명하여 왕은 여러 가지 관직을 내리고 드디어 부마<sup>駙</sup>

馬를 삼으니 그가 곧 창녕 조씨의 시조가 된 것이다.

　　그는 왜구가 침입하였을 때 보국대장군이 되어 왜적을 물리치고 삼국통일의
주인공인 김춘추, 김유신 등을 배후에서 지도한 인물이었다고 "창녕조씨시조기
昌寧曹氏始祖記"에 적혀있다. 창녕 조씨는 송무松茂로 기세起世하고 있다.

## 2. 선조사

5세 청간공淸澗公 조서曹庶가 파조派祖이다. 문명공文明公 전록생田祿生의 문하에서
수학하였다. 고려 공민왕 20년에 19세의 어린 나이로 대과大科에 급제하여 벼슬
길에 올랐으며 보문각 직제학寶文閣 直提學을 지냈다. 이태조李太祖는 청년 조서曹庶
의 학식과 글씨를 높이 사 태조 3년 8월 조서와 한리韓理, 정구鄭矩 등에 명하여 금
박金箔으로 법화경法華經 4부를 써서 각 사원에 분치分置케 하였고 개국 초에 왕명
으로 홍범洪範을 써 올리니 대개 성왕의 대경대법大經大法이 실려 있었다. 홍범의
내용은 세전世傳하는 상서尙書의 홍범을 그대로 모사하여 올린 것이 아니고 구전
상서舊傳尙書에는 없는「홍법구주천인합일도洪範九疇天人合一圖」上,下를 기존 도해圖
解의 말미에 붙여 천인합도天人合道의 내용을 보다 상세하게 밝혔다. 치국治國의 대
경대법 정치사상 정암靜庵 조광조에 앞서 인군人君으로 하여금 도덕
정치를 행한 성군聖君이 되게 하려는 충정이 엿보이는 책으로 최근에 후손이 이
조실록의 기록에 의거 현재까지 서울대학교 도서관에 보관되고 있음이 확인되었
다. 또 명나라에 사신으로 가서 선조에 공물貢物의 번다함을 일일이 바
로잡아 주도록 하여 그 양이 많이 경감되었으며 명나라 황제에 대한 언사가 불손
하다 하여 금치국金齒國에 유배되었다가 돌아왔음에 황제가 인견引見하고 진수
珍羞로 대접하는데 천도天桃가 말斗만한 게 있어 를 갈라 은銀으로 장식하여 주
었으므로 후손들이 도핵배桃核盃라 하여 전가傳家 보배로 현재까지 고창 정산사
鼎山祠에 보존되고 있다. 청간공파는 그의 손자 서 고창, 남원의 사직공파司直
公派, 碩生와 하동, 능주의 충순위공파忠順衛公派, 末生로 다시 분파되었다.

　　11세 조효빈曹效彬은 남원에 처음으로 정착한 정착조이다. 낭천狼川현감을 지
냈다. 배위配位는 함양 오씨로 단종 때 형조정랑刑曹正郎을 지낸 오치행吳致行의 딸
이다.

## 3. 창녕 조씨 보절 부흥마을 정착사

14세 조대격曹大格에 이르러 운봉 가장, 행정, 아영 청계로 갈라졌다. 부흥마을의
창녕 조씨는 26세 병수秉水가 보절면 서치리 서당골 김씨와의 혼사婚事가 인연이
되어 운봉에서 보절면 괴양리 개양으로 이거하였으며 증손인 을근乙根, 28세, 혁근
赫根, 28세 대에 이르러 갈치리 부흥마을로 이거하였다.

◆ 묘: 남원 이언伊彦 정착조 조효빈曹效彬 주생면 영천리 산35

## 풍양 조씨豊壤 趙氏
### 양선

### 1. 시조사

풍양 조씨 시조 조맹趙孟은 신라 말엽으로부터 한양부 풍양현의 천마산 독산獨山의 암석 사이에서 탄생되었는데 그리하여 이름을 '암巖'이라 하였고 속명으로는 '바위'라 했다. 풍양현에서 태어난 조맹은 농사를 짓고 숯을 구워 팔면서 생업을 하였고 천마산 기슭 바위 동굴에서 수도 용맹정진을 계속한 끝에 어느 날 약사여래불藥師如來佛을 친견親見하고 견성見聖을 하여 득도得道하였다고 전한다.

당시 신라를 정벌하던 왕건이 영해지금의 영덕 지방의 전투에서 크게 패하고 후퇴하여 천마산 고개에서 쉬게 되었던 것이 인연이 된 것이다. 전쟁에서 패한 왕건이 천마산에서 쉬며 낙담하고 있을 때 장수들 사이에 풍양현에 은둔해 있는 '바우 도인'의 지혜를 얻어 보자는 의견들이 나와 왕건은 천마산 바위동굴에서 수도하고 있는 은자를 찾아 나선 것이다. 왕건이 몸소 바위를 방문하여 석굴에서 수도 중인 바위를 보고 자신의 갑옷을 벗어 입혀주며 의관을 갖추게 하니 이때 바위의 나이가 70세였다. 70세의 나이에도 불구하고 바위는 뛰어난 지략과 용맹으로 왕건을 따라 여러 차례 공훈을 세워 마침내 벽상 개국공신으로 책훈되었으며 지위가 삼중대광 문하시중門下侍中 평장사平章事가 되었다.

고려 통일을 이루는 데 많은 도움을 받은 태조 왕건은 바우 도인에게 맹孟이라는 이름을 내렸다고 한다. 그 후 조맹은 '나는 죽어서 천마산의 산신령이 된다'고 유언하였는데 사후에 천마산 산신령이 되어 아직까지도 이 일대의 민간 신앙으로 자리하고 있다.

지금도 약사여래불을 친견하였다 하여 견성암見聖巖이라 한다. 절 뒤편에는 맹孟이 수도하던 석굴이 있으며 석굴 안에는 조맹趙孟의 동상이 제작되어 있다.

### 2. 풍양 조씨 본관 연혁

풍양豊壤은 경기도 양주楊州의 옛 지명으로 원래 백제와 고구려에 속했을 때는 골의노현骨衣奴縣이라 불렸는데, 757년신라 경덕왕 16년에 황양荒壤으로 고쳐 한양군漢陽郡의 영현이 되었다. 940년고려 태조 23년에 풍양으로 고쳐 양주에 속하였다. 1018년현종 9년 포주抱州, 抱川에 이속되었다.

1427년세종 9년에 다시 양주楊洲에 속하게 되었다. 1980년에 양주군으로부터 신설된 남양주군에 편입되었다. 1995년 미금시와 남양주군이 통합하여 남양주시가 되었다.

### 3. 선조사

시조 조맹 이하 전직공殿直公까지의 6세 실전이라는 것이 고증에 의하여 밝혀졌다.

고려 말엽에 이르러 조지린趙之藺을 중조中祖로 하는 전직공파殿直公派와 조신혁趙臣赫을 중조로 하는 평장공파平章公派로 대별된다. 이 2파는 뒤에 다시 분파되는데, 전직공파는 호군공파護軍公派·회양공파淮陽公派·금주공파錦州公派의 3파로 나뉘고, 평장공파는 남원공파南原公派를 이루어 현재의 풍양 조씨는 이 4파 아래 총 망라되어 있다.

주요 인물을 보면, 숙종 때의 우의정 조상우趙相愚, 영조 때의 좌의정 조문명趙文命, 영조 때의 영의정 조현명趙顯命, 영조 때의 우의정 조재호趙載浩 등이 회양공파이다. 조선 중기 성리학의 대가이고 효종 때 좌의정을 지낸 조익趙翼, 현종 때 대제학을 지낸 조복양趙復陽은 남원공파이다. 또, 영조 때 통신사로 일본에 갔다오면서 고구마 종자를 들여온 조엄趙曮을 들 수 있는데, 회양공파의 분파인 한평군파漢平君派이다. 이 한평군파는 조선 헌종 때 세도정치를 폈던 집안으로 풍양 조씨의 주축이 되는데, 조선 후기에는 안동 김씨와 쌍벽을 이루었다. 즉, 조엄의 손자 조만영趙萬永이 익종翼宗, 순조의 아들 효명세자의 국구國舅, 임금의 장인가 되었는데, 문조의 아들조만영의 외손인 헌종이 왕위에 오르자 막강한 세력을 휘두르게 되었고, 1839년헌종 5년에는 조병현趙秉鉉이 형조판서가 되면서 천주교도에 대한 대규모의 탄압을 하여 기해교난己亥教難을 일으키기도 하였다.

## 4. 풍양 조씨 호군공파護軍公派 양선陽先마을 정착사

남원시 덕과 양선 문중은 조지린趙之藺을 중조中祖로 하는 전직공파殿直公派계의 호군공파에 속한다.

호군護軍 휘 사충諱 思忠공은 상주파尙州派의 분파조分派祖이며 직함은 천우위 중령 호군千牛衛 中領 護軍인데 천우위는 6위 중의 하나로서 중앙군 조직상의 한 단위이며 의장儀仗 담당이고 중령은 편재상의 한 단위임을 뜻하며 호군은 정4품 무관직正四品 武官職이다. 공은 상주 비연리尙州 飛燕里에 설단하고 제사를 받든다고 한다.

국조방목國朝榜目에 의하면 호군공파는 14명의 문과 급제자를 배출한 명문 집안이다.

14세 사인師仁의 둘째 아들 일은逸, 15세이 정착조이다. 1614년광해 6년생인 일은 진사進士로 있었고 경북 상주尙州에서 아들을 데리고 전북 순창淳昌에 잠시 있다가 남원 적과방適果坊에 정착한 것이다.

아들 시동始東, 16세은 인조조에 교관으로 있었고 효행이 지극해 정려가 내려졌다.

시동의 셋째 아들 철옥哲玉, 17세은 절충장군용양위부호군을 현종 때 지냈고 광화光和, 21세는 순조 때 가선대부동지중추부사에 있었으며 그 아들 병상秉相, 22세이 효행으로 정려가 있다.

병의秉宜, 22세는 순조 때 통정대부 절충장군용양위부호군을 지냈다.

1919년 조동선은 당시 덕과면사무소 직원으로 면장 이석기와 남원 최초의 만세운동을 주도하다가 일본 경찰에게 체포되어 옥고獄苦를 치루었다.본지 항일운동사 참조 덕과德果 신양리新陽里 양선陽先마을의 풍양 조씨 호군공파는 15세 조일趙逸 이후 대를 이어 집성촌을 이루었다.

도로신흥~밤지내변 마을 입구에 최근 '豊壤趙氏護軍公派世居地'라 하여 입비立碑를 하였다.

◆ 묘: 시조 조맹趙孟 묘역 경기도 남양주군 진건면 송능리 산55
　　　신양리 양선 정착조 조일趙逸 덕과면 신양리 양선
◆ 재우: 영모재永慕齋, 趙逸 덕과면 신양리 양선마을
　　　안산재雁山齋 보절면 신파리
◆ 정려: 효자문趙秉相⊠ 趙始東 덕과면 신양리 양선
◆ 비: 효열부서산류씨기적비孝烈婦瑞山柳氏紀蹟碑, 조동민 처
　　　조동선항일운동기념비 덕과면 신양리 양선

---

## 함안 조씨 咸安 趙氏
### 보절 진목 문중

## 1. 시조사

시조는 중국 후당後唐 사람으로 조정趙鼎이다. 신라 말에 아우 둘을 데리고 우리나라에 온 후 왕건王建을 도왔고 태조 14년 고창성古昌城, 현재 安東에서 견훤甄萱을 대파하고 항복을 받았다. 고려 통일에 큰 공을 세웠다. 조정은 벽상공신 대장군에 오르고 신숭겸申崇謙, 배현경裵玄慶, 복지겸卜智謙, 김선평金宣平, 권행權幸 등과 교분이 두터웠다고 한다.

위 내용은 1926년 이장훈李章薰이 저술한 조선명신록朝鮮名臣錄, 1927년 이병관李炳觀이 저술한 동국명현언행록東國名賢言行錄에 처음 나타난 내용으로 함안 조씨의 족보인 갑진보甲辰譜, 무오보戊午譜, 경자보庚子譜, 을유보乙酉譜의 사대보四大譜 어디에도 실려있지 않으며 고려사열전高麗史列傳을 비롯한 고려 건국에 관한 역사 기록 어디에도 찾을 수 없다.

《기미보己未譜》에 따르면 정鼎의 아들 간幹이 고려에서 중랑장中郎將을 지냈으며, 증손曾孫 시우時雨는 오위도령장五衛都領將, 영준英俊은 형부상서刑部尙書를 지냈다. 6대 열렬烈은 광정대부정당문학匡靖大夫政堂文學, 7대 희희禧는 밀직사삼사좌윤密直使三司左尹, 9대 천계天啓는 봉익대부판도판서奉翊大夫版圖判書, 10대 열열悅은 고려 공민왕 때 공조전서工曹典書에, 안경安卿은 호조전서戶曹典書에, 11대 승숙承肅은 부여감무夫餘監務에 이르기까지 고려에서 대대로 고관대작에 봉직奉職하였다고 한다.

## 2. 남원의 집성촌

원래 함안咸安은 아호양국, 또는 아라가야阿羅伽倻였다. 고려조에 함안자사咸安刺史

를 두었고 현종 때 전주全州에 예속시켰고 여러 번 변혁을 거쳐 오늘에 이른 것이다. 함안 조씨는 경상남도 함안을 비롯한 청송, 전남 곡성 등 여러 곳에 집성촌을 이루어 살고 있다.

남원에서는 동면東面 건지리와 사매면 오신리, 산내면 중황리, 산동면 태평리, 대산면 대곡리 등에 집성촌을 이루고 있다.

조시우趙時雨, 4세는 남원의 상계이다. 그의 후예인 조희趙禧, 7세의 작은아들 윤방允邦의 후손이 제학공파提學公派 동면東面 건지 문중을 이루고 시우의 동생인 형부상서 영준英俊의 큰아들의 손자 종례從禮, 여旅, 12세의 후손이 사매면 오신 문중과 산내면 중황, 남원시 용정, 산동면 태평, 대산면 대곡 문중을 이루고 있다.

## 3. 보절면 진목 문중 정착사

보문각 직제학寶文閣 直提學을 지낸 생육신의 한 사람인 조여호는 어계魚溪, 조선 태종 2년 문과급제의 후손 중 현손인 희정希鼎, 16세 때부터 사매巳梅에 산 것으로 되어있다.

보절면 진목 문중은 제학공파 사매면 오신 종중에서 1880년경조선 고종 24세 손인 극極이 고절방 진목高節坊 眞木으로 이거하여 경식敬植, 25세, 성욱性旭, 26세, 장규張奎, 27세, 용택鏞澤, 28세, 승제昇濟, 29세, 정래正來, 30세로 이어져 오고 있다. 보절초등학교 교가를 작곡한 조용택 선생이 그 후손이다.

---

## 삭녕 최씨朔寧 崔氏
### 진목, 외황

## 1. 시조사 및 본관의 연원

삭녕 최씨의 선계先系는 문헌의 부전不全으로 잘 알 수 없으나 고려시대 문하시랑평장사인 최천로崔天老를 시조로 문하시랑평장사인 최유가崔瑜價를 중시조로 모시고 있다. 최유가는 명종 20년에 국자감대사성추밀원부사가 됐고 24년에 참지정사에 이어 문하시랑평장사에 오른 분이다. 고려말엽 친어모군랑장親禦侮軍郞將을 지낸 최선보崔善甫, 1세와 함경전부사含慶殿副使를 지낸 최연崔珚, 1세을 동항同行으로 간주하고, 각각 1세조로 하여 랑장공파郞將公派와 부사공파副使公派로 양별兩別되어 계대繼代를 잇고 있다.

남원의 상계上繼는 랑장공파로, 전한 바에 의하면 선대 인물들이 경기도 삭녕 연천군 마장면 정언동 괴음촌에서 살았기 때문에 후손들이 본관을 삭녕朔寧으로 삼게 됐다.

## 2. 인물사

삭녕 최씨는 조선조에 들어와 문과 36명, 무과 65명, 생진과 116명이 등과했고, 영의정 2명을 비롯하여 좌우의정, 좌우찬성, 육조의 판서, 참판, 참의, 정랑, 좌랑과 홍문관, 사헌부, 사간원의 삼사三司며 감사, 부윤, 목사, 부사, 군수, 현령, 현감, 찰방 등 외직外職과 문文의 최고인 대제학大提學을 비롯하여 청백리, 부원군, 호당, 남대 및 문자, 충자, 시호 등 청관, 일직, 조두, 충효절의가 고루 갖추어 대대로 이어온 명실상부한 명문가이다.

삭녕 최씨 가문 중 가장 뛰어난 인물은 태허정太虛亭 최항崔恒, 5세으로 그는 1434년세종 16년에 알성급제에 장원하여 집현전 부수찬이 됐다. 이어 정인지, 박팽년 등과 함께 《훈민정음》 창제에 참여했고, 1444년 집현전 교리로서 《오례》를 찬진했다. 이듬해 집현전 응교로서 《용비어천가》의 창제에 참여했고, 이어 《동국정음》, 《훈민정음해례》 《용비어천가》 보수 등을 찬진했으며 1448년 집현전 직제학에 올랐다. 1450년문종 즉위 선위사宣慰使가 되어 명나라 사신을 맞았고, 동지춘추관사를 겸하여 《세종실록》의 편찬을 주도했다. 이듬해 종사관을 겸하여 《고려사》를 개찬했고, 집현전 부제학에 올라 《통감훈의》를 편찬, 이어 《문종실록》의 편찬에 관여했고 1453년 동부승지가 됐으며, 계유정난 공신 1등이 되어 도승지에 올랐다. 이후 예문관 대제학으로 대사성을 겸했으며, 1460년 이조판서를 지낸 후, 이듬해 양성지의 《잠서蠶書》를 국역했으며, 이 해에 다시 왕명으로 《경국대전》을 책임 편찬함으로써 조선 초기의 법률제도를 집대성했다. 1463년 《동국통감》을 찬수하고, 신숙주 등과 《어제유장설》을 주해했다, 이듬해 어음이 정확하지 못하며, 구두가 불분명하던 《사서삼경》에 구결口訣을 달았다. 1467년 우의정에 오르고, 좌의정을 거쳐 영의정이 됐다. 1469년예종1년 경국대전상정소經國大典詳定所 제조提調를 겸하여 오랫동안 애써온 《경국대전》을 찬진撰進했으며, 이어 《무정보감》을 찬수했다. 이듬해 부원군에 봉해지고, 1471년 감춘추관사로 《세조실록》과 《예종실록》의 편찬을 주도했다. 좌리공신 일등이 되어 삼책훈과 재입상등, 세종 이후 성종 때까지 6대 왕을 도와 조선조 초기 문물제도에 공헌이 많았다. 그는 40년 동안 조정에 있으면서 한 번도 탄핵을 받은 일이 없으며, 외직에 나간 적도 없는 훈구파의 대표적인 대학자며, 문장이 장강대하長江大河로 당시 명나라에 보내는 사신의 표전문表箋文은 모두가 그의 손으로 쓰여진 것이다. 또 법률, 역사, 언어에도 정통했다. 《대허정집》 2책과 《관음현상기》 등이 전하며, 66세에 죽으니 문정文靖이란 시호諡號가 내렸으며, 사패지賜牌地인

경기도 광주군 퇴촌면 도마리 기현에 안장安葬했다.

## 3. 남원 정착사

최항의 장남 최영린의 둘째 아들 수웅秀雄, 7세이 남원으로 낙향한 정착조定着祖이다.

최수웅은 충의위정략장군으로 처가인 둔덕 방상동 진주하씨晉州 河氏촌으로 낙남落南하였으나, 불행히 29세에 타계하였다.

정착 후, 6대 문과에 7대 진사며, 3대 은일隱逸로 6대 12현을 배출했으며, 1호당에 6옥당이며, 8한림과 6조두서원배향가 화려하게 펼쳤다.

최준원崔濬源, 8세의 외아들 최언수崔彦粹, 9세는 명종 때 학자로 호가 삼계三溪다. 그는 사마에 오르고, 이어 천사별시문과에 급제하여 삼사三司를 지내고, 사간원 정언으로 있을 때 권간 윤원형과 요승 보우의 횡포에 항거하여 탄핵하다가 뜻을 이루지 못하고, 남원 구선동사매면 수동으로 낙향하여 영모당을 짓고, 북쪽에 망북대를 세워 조석으로 북향재배 하면서 사친思親과 연군戀君의 정을 새겼으며 50살에 타계하니 홍문관 제학과 이조참판이 증직됐고, 방산서원에 배향됐다.

삼계공 최언수崔彦粹, 9세는 아들 4형제를 두었다.

큰 아들 최영崔穎, 10세은 충의위 어모장군이며, 좌승지에 증직됐다.

둘째 아들 최옹崔顒은 호가 남강南岡이며, 명종 때 학자다. 퇴계 이황의 고제로 문장경술에 능통했다. 명종 때 사마와 문과에 올라, 한림과 삼사를 지냈으며, 호당에 녹선됐고, 전랑, 이의, 영백, 대사헌, 예조참판을 지내다가 54살에 타계했다.

셋째 아들 최정催頲 역시 명종 때 사마와 문과에 올라 형제간에 진신간을 출입하게 됐다. 한림과 삼사를 지냈으며, 이어 교리와 지평에 올랐으나 35살에 소졸早卒했나.

넷째 아들 최적崔頔은 생원에 올라 목천 현감을 지낸 후 낙향했다. 임진왜란 때는 셋째 아들 상겸과 같이 창의하여 많은 군량으로 고경명의 금산 전투를 도왔으나, 패전되자 다시 복수장군 고종후와 같이 의병과 군량을 모았으며 광주 전투에는 여재를 털어 상겸을 시켜 돕도록 했고, 광주로 가는 도중 타계했다. 부음을 들은 조정에서 좌승지를 증직했다.

삼계공 최언수는 정착조인 통예공과 선친 승지공 두 분

이 불행하게도 20대에 요절한 가정에서 태어났으나, 아들 4형제를 두어 4파가 형성됐으니, 큰아들 영은 종파로 승지공파承旨公派, 둘째 아들 옹10세은 남강공파南岡公派, 셋째 아들 정10세은 지평공파持平公派, 넷째 아들 적10세은 목천공파木川公派로 분파됐다. 그러나, 남강공과 지평공은 관직을 따라 다시 서울로 올라갔으며 다만 승지공과 목천공 자손이 남원에서 세거하게 됐다.

승지공 최영은 외아들 최상중崔尙重, 11세을 두었다. 그는 호가 미능재未能齋로 어려서부터 재주가 뛰어났고, 효성이 지극했다. 그는 미암 유희춘의 수제자로 문장과 성리학에 출중한 학자다. 1576년선조 9년에 진사에 합격하고, 1589년선조 22년에 문과에 급제하여 한림으로 있을 때 임진왜란이 일어나자 창의했다. 도원수 권율의 휘하에서 군량장으로 활약하여 행주산성 싸움에서 크게 공을 세웠다. 정유재란 때는 호남 초유사招諭使가 되어 활약했으며, 선무원종훈일등공신이 됐다. 1600년선조 37년 3월 25일 타계하니, 부음을 들은 오수 상인樊樹商人들이 철시하고 "선인이 서거하였다"하며, 조문을 하고 애도했다. 조정에서는 도승지를 증직했고, 차자次子인 귀貴, 12세가 대사헌 겸 세자좌부빈객이 가증加增됐으며 사액賜額인 노봉서원에 배향됐다.

《미능재선생집》3권 1책이 전한바, 아들 연延·온蘊, 평재 형제와 손자 휘徽, 오洲·유지攸之, 양호良湖형제의 문집 17권 5책을 합철한 《대방세고帶方世稿》삼대오현가 전한다.

그의 묘가 남원군 사매면 계수리 구선동에 있는데, 묘 앞에 세워진 문관석은[24] 호남 삼대 석물중 하나로 높이가 2,41m, 둘레가 2.40m, 목둘레가 1.7m나 된다.

미능재 최상중은 세 아들을 두었다.

큰 아들 최보崔保, 12세는 호가 광간자狂簡子며, 문장에 능통했고, 서예에 뛰어났으나, 무과에 들었다. 이괄의 난 때에는 해남현감으로 공산에 호종扈從했으며, 그 공으로 통정대부에 올라 창성부사를 지냈다. 그는 아우인 성만, 점계와 같이 명산대천을 순례하면서 지은 영남 3작이 걸작으로 인구에 회자되어 유명하다.

둘째 아들 최연崔衍, 12세은 호가 성만星灣이며, 1603년선조 36년 진사와 문과에 급제하여 괴원의 낭관郎官으로 있을 때, 이이첨 등의 모의에 반대하고 낙향하여 12년간 은거생활을 했다. 이괄의 난 때는 아우 온과 같이 천문시계璇璣玉衡

를 다시 만들어조정의 누국漏局에서 사용했다. 그는 숙종 을축 예송 때는 송시열이 주장한 기년설을 찬성하는 소를 올렸다. 그는 가학을 전수받아 이락관민의 서에서 제경에까지 정통했고, 이기성명의 본원을 궁구했다. 그의 《노화爐火의 설說》은 심心을 화로에, 성性을 불에 비긴 성리설로서 이름이 높으며, 명재상 "윤증이 이것을 읽고 전마발의 것이라고 극찬했다."《간호선생집艮湖先生集》4권 1책이 《대방세고》에 전한다.

최휘지崔徽之의 셋째 아들 최치옹崔致翁, 14세은 호가 수춘자收春子며, 어려서부터 총명하여 12, 13살에 경사철문에 통하지 않은 것이 없었다. 1660년현종 1년에 갑과에 급제하여 한림에 천거됐고, 이어 9년에 지평을 지낸 후 낙향했다.

넷째 아들 최시옹崔是翁, 14세은 인조 병술생으로 호가 동강東岡이며, 윤명재·박현석의 수제로 예학의 거두다. 숙종 무인에 은일隱逸로 추천되어 교관, 주부, 정랑, 남대지평, 광릉수 등을 제수했으나, 모두 부임하지 않으니, 영조 기유己酉에 특명으로 첨지중추부사僉知中樞府事를 제수하고, 누차 소명했으나 끝내 조정에 서지 않은 산림학자다. 1699년숙종 25년에 남원향교에서 창간한 《용성지》12권을 창간하는데, 그 서문을 썼다.

다섯째 아들 최계옹崔啓翁은 호가 동량幢梁이며, 1677년숙종 5년에 생원이 되고, 1681년숙종 7년에 문과에 올라 한림, 설서를 거쳐 숙종 21년 지평으로 동지사 서장관이 되어 청나라에 다녀왔다. 1704년 장령으로 있을 때 단종이 폐위될 때, 이를 지지한 대신들의 관직추탈을 주장하다가 파직되었다.

넷째 아들 최상근은 전력부위를 지냈고 다섯째 아들 최상한은 충찬위좌부장을 지냈다. 목천공 최적의 손자 최원崔遠, 12세은 호가 쌍백당雙栢堂이며, 선조·인조 때 사람이다. 학문과 행실이 현저하며, 조예가 정미한 학자다. 통덕랑, 교수가 제수됐으나 부임하지 않았다. 병자호란 때는 창의하여 의병을 모으고 군량을 모아 남한산성으로 북상하던 중, 공주에 이르러 인조의 항복 소식을 듣고 통곡하며 돌아왔다. 매계서원오리정 인근 소재, 舊 덕계서원에 배향됐다.

쌍백당 최원의 둘째 아들 최선지崔宣之, 13세는 충의위이다. 넷째 아들 최용지崔容之는 현종 때 무과에 급제하여 비변랑, 선전관, 공조좌랑을 지냈으며 해남, 철산, 낙안 현감을 지내면서 선정을 했다. 낙안 향교정에 거사비<sup>去思碑</sup>가 전한다. 그의 손자 최여대<sup>중위</sup><sup>위</sup>와 최여옥<sup>중사</sup>의 종형제는 무신란<sup>戊申亂, 1728년, 이인좌의 난</sup>에 창의하여 격문을 돌리고, 남원성을 지켰다.

## 4. 삭녕 최씨의 세거지

사매면 수동·노봉·계동과 이백면 효기리, 대강면 사석리 등에 집성촌을 이루고, 보절에는 진기리 진목, 황벌리 외황마을에 세거하고 있다.

- ◆ 묘: 최수웅<sup>崔秀雄</sup>, 사매면 계수리 수동
- ◆ 재우: 노유재<sup>露濡齋</sup>, 사매면 계수리 수동

  구선대<sup>九仙臺</sup>, 사매면 계수리 촌내
- ◆ 비: 유장비<sup>遺庄碑</sup>, 둔남면 둔터리 상동
- ◆ 서원: 노봉서원<sup>露峰書院</sup>, 사액<sup>賜額</sup> 서원, 폐철 후 미 복원 사매면 서도리

  덕계서원<sup>德溪書院</sup>, 둔남면 → 사매면 관풍 이전 '매계서원'으로 개칭
- ◆ 족보간행: 신유보<sup>辛酉譜</sup>, 1981년

---

### 전주 최씨 <sup>全州 崔氏</sup>
### 범말, 외황, 내황, 사촌, 은천

---

## 1. 시조사 및 본관의 연원

전주 최씨는 비교적 파계<sup>派系</sup>가 복잡하다. 서로 시조를 달리하는 네 파가 있다. 최순작<sup>崔純爵</sup>을 시조로 모시고 있는 문열공파<sup>文烈公派</sup>가 있고, 고려문하시중완산군<sup>高麗門侍中完山君</sup> 익호<sup>諡號</sup> 문성공<sup>文成公</sup>, 휘는 아阿, 자는 형지<sup>衡之</sup>을 기세조<sup>起世祖</sup>, 최순작 6세손로 모시고 있는 문성공파<sup>文成公派</sup>가 있다. 그리고 고려 때 예부시랑을 지낸 최균<sup>崔均</sup>을 시조로 모시고 있는 사도공파<sup>司徒公派</sup>와 고려 때 평장사<sup>平章事</sup>를 지낸 최군옥<sup>崔群玉</sup>을 시조로 하는 문충공파<sup>文忠公派</sup>가 있다. 문성공계의 시조 최아<sup>崔阿</sup>가 문열공계의 시조 최순작의 7세손임이 고증되어 3대 계파로 보기도 한다.

이 네 파의 선조가 모두 전주<sup>全州</sup>에서 봉군<sup>封君</sup>되었지만 서로와의 관계를 자세히 밝히지 못하고 있다. 전수 최씨는 이렇게 파계<sup>派系</sup>를 달리하고 동일을 기하지 못했기 때문에 아직 대동보<sup>大同譜</sup>를 내지 못하고 있다. 다만 동성동본의 우의를 다지고 종친회 활동은 비교적 활발한 편이다. 전주 최씨는 고려조에 떨쳤던 가계<sup>家系</sup>를 이어 조선조에도 모두 1백9명의 문과 급제자를 냈다. 이 가운데에는 정승이 3명, 대제학이 2명, 청백리가 4명이 들어있다. 역사상 숱한 명신<sup>名臣</sup>, 학자, 문인 등을 배출한 명문거족이다. 우리 겨레 가운데에서도 가장 오래된 역사의 성씨 중 하나다.

항간에는 흔히 최<sup>崔</sup>씨를 두고 "앉은 자리에 풀도 안 난다"느니, "죽은 최씨 한

사람이 산 김씨 세 사람을 당한다"는 속담이 전한다. 또 고집이 센 사람을 일컬어 "최고집"이라고도 한다. 대쪽같이 곧은 절개를 찬양하면서 애칭愛稱하는 소리일 것이다. 이러한 속설은 오랜 세월을 통해 경험한 데에서 오는 특성의 표현이다. 예를 들면 고려 말의 명장 최영崔瑩 장군이라든가 최만리崔萬里, 최익현崔益鉉, 최제우崔濟愚, 최시형崔時亨 등 역사의 인물들로 맥락을 찾아볼 수 있는 최씨들의 강기剛氣와 신념, 기개氣槪 등을 포괄적으로 함축하는 말일 것이다.

고려사를 뒤져 보면 왕실 외척으로 오랜 세도를 누렸던 성씨 중에서 그 하나가 최씨이다. 그러나 신라·고려 대에도 그렇듯 명망을 높이고 권세를 누렸던 최씨가 조선조에 들어와서는 생각보다 쇠침한 느낌을 준다. 물론 해주海州·경주慶州·삭녕朔寧 등 최崔씨도 조선조를 통틀어 문과 급제자 50명을 각각 넘기지 못했지만 전주 최씨는 109명이나 된다. 각 파계별로 보면 다음과 같다.

## 2. 인물사

### 2_1. 기세조 문충공文忠公 **최군옥**崔群玉, 1세
문충공 최군옥은 고려 선종 때 문하시랑평장사에 오르고 완산부원군에 봉해졌다. 완산은 전주의 다른 이름이다. 그래서 후손들이 전주를 본관으로 삼았다.

### 2_2. 6세 최칠석崔七夕
일본 대마도전에서 칠석일七夕日에 전공을 세웠다고 하여 나라에서 이를 기념하기 위해 그의 이름을 칠석七夕이라 부르게 하고, 대장군이란 직명을 갖게 했다.

칠석은 고려가 망하자 상향桑鄕이란 곳으로 들어가 숨어 살았다. 그 뒤 태조 이성계는 그에게 벼슬을 내렸으나 이미 죽고 없었다. 태조는 그에게 부원군府院君이란 작호와 위정공威靖公이란 시호를 내렸다.

### 2_3. 8세손 만육당晩六堂 **최양**崔瀁 1351~1424
포은 정몽주의 생질조카로서 정몽주에게서 글을 익힌 후 문과에 급제한다. 고려 우왕 때 보문각 대제학에 이르렀다. 그러나 외숙인 포은 정몽주가 살해되고 결국 고려가 망하자 전북 진안군 백운면 반송리 중대산에 은거하면서 후학을 양성했다.

태조 이성계가 숭록대부, 영의정, 좌의정 등 벼슬을 주면서 불렀으나 나가지 않았다. 태종 이방원도 몇 번이나 불렀으나 끝까지 응하지 않았다. '최고집'이라는 말은 바로 만육공晩六公에서 비롯됐다.

청빈하면서도 대쪽 같은 선비의 기상으로 일생을 고고히 살았던 만육공 최양은 후에 전주시 대성동으로 옮겨 말년을 보냈다. 74살에 죽은 뒤 전주 서산원西山院에 제향되었다. 시호는 충익공忠翼公으로 두문동 72현록에 들어있다.

## 3. 문충공계의 분파

| 시조(1세) | 분파 | 세 | 파조 |
|---|---|---|---|
| 문충공<br>(최군옥) | 부사공파 | 10세 | 최여징 |
| | 정랑공파 | 10세 | 최여문 |
| | 목사공파 | 11세 | 최진강 |
| | 군수공파 | 10세 | 최여녕 |
| | 도사공파 | 10세 | 최여정 |
| | 현감공파 | 10세 | 최여관 |
| | 판서공파 | 10세 | 최여달 |
| | 교위공파 | 10세 | 최만득 |

## 4. 전주 최씨 판서공파判書公派 보절 정착사
보절에 거주하는 전주 최씨는 거의 판서공파이다. 시조 문충공文忠公의 16세손 부호군副護軍 최탄崔坦이 300여 년 전 임실군 지사면只沙面 옥산리玉山里에서 황벌리 외황마을로 이거하였다. 부자로 잘살았다고 전해지며 어떤 이유인지 살림이 기울면서 인근 내황마을로 이주하였다고 한다.*본지 전설편 참조 실제 후손들은 외황마을과 내황, 범멀 등에 주로 거주하였다.

황벌리 내황마을 앞산 길지吉地 도롭봉 선영先塋에 정착조 이하 7대조까지 모셨다.

후손들은 대부분 출향하여 활동하고 있으며 순근淳根, 25세이 마을 이장을 보며 열심히 생활하고 있다.

◆ 묘: 정착조 최탄崔坦, 16세 황벌리 산19번지 선영

# 청주 한씨 淸州 韓氏

진목, 작소, 사촌

## 1. 시조사 및 본관의 연원

한씨는 세보世譜를 기자조선箕子朝鮮, 기원전 115으로 하고 있다. 마한시대를 지배했던 고왕족의 후예인 삼한갑족三韓甲族이라고 한다. 1세를 30년으로 볼 때 1백회 이상의 영고榮枯를 거듭해온 뿌리 깊은 거족이나 아직 득성得姓의 연원은 밝혀내지 못하고 있다. 상商나라 주왕紂王의 숙부였던 기자箕子가 탕湯나라가 주周나라에게 망하자 조선으로 와 평양에 도읍을 정하고 후조선고조선 또는 기자조선을 건국한 후 자신을 문성왕文聖王이라 하였다. 기자조선은 41대 애왕哀王에 이르러 위만衛滿에게 929년만에 망하자, 금마군지금의 전북 익산군에 도읍을 정하고 마한馬韓을 세웠지만 마한 역시 177년만인 9대 개조기원전 17 때 백제 온조왕에게 망한다. 이때 8대 원왕의 세 아들 우평友平, 우성友誠, 우양友諒은 각각 고구려, 백제, 신라로 귀화하였다. 우평은 북원 선우鮮于씨, 우성은 행주 기奇씨, 우양은 상혜上蕙, 지금의 청주한韓씨가 되어 이때부터 한韓씨의 성이 시작되었다. 따라서 선우, 기, 한씨는 기자의 한 핏줄을 받은 후예로 지금도 통혼하지 않는 것을 관례로 하고 있다.

사적에 의하면 한씨의 중시조는 기자의 후예 우양의 31세손인 지원智原의 네 아들 중 한란韓蘭, 32세이다.

한란은 고려 태조가 후백제의 견훤甄萱을 정벌하기 위해 청주를 지날 때 군량미를 도와 삼한 통합에 공이 있으므로 개국벽상공신으로 삼중대광태위三重大匡太尉에 올랐다. 그는 청주 방정리에 세거하였기 때문에 후손들은 청주를 본관으로 삼아 세계世系를 이어 왔다.

청주 한씨는 곡산谷山, 평산平山, 안변安邊, 한양漢陽, 당진唐津 등 10여 개로 분적되어 있으나 모두 환적되었다.

## 2. 인물사 및 남원 정착사

중시조 한란은 고려 태위에 올라 왕실과 인연을 맺으면서 권문거족權門巨族으로 등장했다. 고려조에 명인 14, 조선조에 상신 13, 왕비 6, 부마 4, 공신 24, 대제학 등을 포함하여 수많은 학자, 문필, 서예가를 남겼다.

충렬왕 때 원나라에 사절로 다녀와《고금록古今錄》을 저술한 7세 한강漢康,《유항시집柳巷詩集》을 남긴 韓修한수, 11세 그리고 조선조 한韓씨의 융성을 연 영의정 한명회韓明澮, 민족의 가슴에 뜨거운 시혼詩魂을 심어주고 불교유신론을 주장해 세상을 놀라게 한 만해 한용운萬海 韓龍雲, "보리피리"로 세상을 울린 한하운韓何雲 등이 한씨 일문一門이다. 한씨가 남원에 정착한 것은 9세 한악韓渥 이후부터이다. 그의 여섯 아들 중 둘째 아들 공의公義, 10세의 둘째 손자 후손이 시내 노암동 문중을 이루고 있고 공의의 둘째 아들 한이韓理, 11세의 후손이 보절면 진기 문중과 주

천면 하주 문중을 이루고 있다. 또한 한악의 다섯째 아들의 방신方信, 10세의 둘째
아들의 둘째 손자 진참의공參議公, 13세의 후손이 사매면 화정花亭 대율大栗 문중을, 셋
째 손자 주주랑공正郎公, 13세의 후손이 주생면 낙동樂洞 문중을 이루고 있다.

### 3. 청주 한씨 안양공安襄公파 보절 진기 정착사

7세 문혜공 한강의 손자가 한악이다. 한악의 둘째 아들이 공의이다. 공의의 둘째
아들 한이의 후손이 보절면 진기 문중과 주천면 하주 문중을 이루고 있다.

청주 한씨가 보절 진기에 정착한 과정은 다음과 같다. 한이의 증손인 14세 안
양공 한종손韓終孫의 아들이 임실군 삼계면 어은리에 남하하여 세거지를 이루었
으며 23세 태기泰箕는 전남 구례로 이기하였다. 데기의 손자 광협光浹, 25세이 보절
면 진기리에 정착하였다.

안양공파 보절 진기眞基 문중은 진목에 한때 40여 세대가 세거를 이루며 살았다.

♦ 묘: 한광협韓光浹, 25세 진기리 정착조 진기리 산101
♦ 재우: 취정재聚精齋 보절면 진기리

---

### 진주 형씨晉州 邢氏
진목, 부흥, 용동, 사촌

---

### 1. 시조사 및 본관의 연원

진주 형씨의 시조는 형옹邢顒이다. 중국 당나라 사람으로 고구려 영류왕 17년에
8학사의 한 사람으로 고구려에 들어와 문학과 유교에 공을 세우고 벼슬은 삼한벽
상공신 삼중대광보국을 지냈다. 관향貫鄕을 남양南陽으로 사향賜鄕 받은 것이다.

손자 형적邢積은 고려의 개국공신이다. 형적은 고려의 신호위상호군으로 태조
11년928년에 후백제 견훤의 군사와 각처에서 치열한 전투를 하면서 많은 전과를
올렸다. 견훤의 부하 윤빈을 해안에서 쫓으니 병갑兵甲이 쌓이고 추조를 변성에서
잡으니 전사자의 시체가 들을 덮었다.

연산현 충남 연기군에서 길환의 목을 베고 마리성변현 경남 거창군 마리면에서 수오를
죽였다. 임존성任存城·大興城을 뺏던 날 치열한 전투로 형적 등 수백 명이 전사했다.

형옹의 증손 형순邢順은 예빈경으로 신라 마지막 임금 경순왕이 나라를 고려에
넘겨주던 서기 935년 후당後唐에 사신으로 들어가 이 같은 사실을 알린 인물이다.
석경당後晉 高祖 石敬瑭, 892년 3월 30일 ~ 942년 7월 28일이 후당後唐을 무너뜨리고, 후진後晉
을 세우자 937년 왕규와 함께 황제의 등극을 축하하는 사절로 다녀오기도 했다.

그는 왕건 밑에서 문장과 지모를 발휘하여 밀직사密直史에 추봉됐다.

관향을 진주晉州로 삼은 것은 충선공 형공미邢公美, 15세께서 정왜도원수로 일본
일기도에서 왜군을 격파하여 일등공신이 되고 진양晉陽, 현 晉州군君에 봉해짐으로

후손들이 이곳을 관향으로 삼은 것이다.

또한 형옹 이후의 계대가 확실치 않는 곳이 있어 형병邢昞을 중시조中始祖로 하여 세계世界를 잇고 있다. 그는 고려 때 상서이부판사尙書吏部判事를 지냈다.

관향조는 형병의 13세손 형방邢昉이 숭정대부문하시중 평장사대광보국을 지내고 경상남도 반성班城, 진주에서 눌러 살았다. 형공미邢公美, 15세의 조부이다.

관향을 남양南陽, 반성班城, 진양晋陽으로 부르고 근래에는 장안長安, 장흥長興, 대전大田 등으로 삼고 있으나 모두 근본을 진양晋陽, 晉州으로 하고 있는 것을 보면 형씨는 단본單本임을 바로 알 수 있다.

## 2. 남원 정착사

남원 정착조는 형찬邢贊 17세, 1424년생이다. 진주에서 태어났으나 남원군 주생면 영천리에 정착하고, 통헌대부 판도판서의 벼슬을 지냈다. 아들 4형제를 두었으나 장남 군자君子와 이남 군정君正은 후무하고, 삼남 군소君紹, 6세는 문과에 오르고 평양 윤尹을 거쳐 춘천, 희양, 강릉 등 삼도관찰사를 지내고 이부상서로 정당문학에 이르렀다. 사남 군철君哲은 무과에 급제한 후 여러 벼슬을 거쳐 강계부사, 충청병사를 지냈고 전라남도 남평南平에서 눌러 살았다.

형군소邢君紹, 18세의 아들 형규邢珪, 19세는 조선조에 문과에 오르고 태종 14년에 봉익대부 호조판서를 거쳐 숭정대부 보국당상을 지냈다. 본성이 충직하고 청백한 성품에 임금님의 잘못을 간諫하였다. 한때 남에게 미움을 받기도 하였다. 형규의 앞에서는 모든 말을 조심하여 올바른 말만 하게 되는 엄격한 성품이었다. 문중의 중심 인물이기도 하다.

형인기邢仁奇, 20세는 태종 신묘辛卯에 문과에 오르고 자헌대부 좌찬성을 지냈다. 아들 오형제를 두었는데 장남 형수邢琇는 세종 을묘에 문과에 올라 영광군수호조참의 겸 대사간이고, 이남 형근邢瑾은 세종 을묘에 문과에 올라 통정대부칠원현감을 거쳐 1453년단종 계유癸酉에 통정대부승정원좌승지로 있을 때 수양대군세조에 의해 단종이 쫓겨나게 되자 충신들은 단종을 복위하려 모의했다가 들통이나 잡혔다. 이때에 형수와 형근 형제는 벼슬을 버리고 귀향하여 남원에서 있던 중 병자년에 박평년, 성삼문, 이개 등 사육신 석방요청의 상소를 하였던 관계로 형수는 장흥으로 피신한 후에 아들 형손邢

遜은 수원으로 은거하여 후손이 살고 있으며 형근은 강직하여 사육신과 동시에 순절하고 말았다.

가족들이 위험한 처지에 놓이자 형근의 아들 형계선邢繼善, 22세은 15살의 나이로 선고先考의 순절殉節 때 북쪽을 바라보고 통곡을 하면서 "상왕은 지하로 올라가고 나의 아버지는 역시 지하에 돌아왔다." 하였다. 5일 치상治喪을 치고 세조 병자년1456년에 주생면 영천리에서 사매면 대신리로 피화避禍하여 이곳의 정착조가 되었다.

삼남 형전邢塼은 경남 거창으로 가고, 사남 형적邢均과 오남 형강邢堈은 전주 방면에 모두 피화하게 되는데 이때가 진주 형씨의 일문에 가장 어려운 수난기였다. 형계선邢繼善, 22세은 아들 사형제를 두었다. 장남 형기邢璣, 23세는 성균 생원을 지내고 아들 사형제를 두어 그 후손이 남원에서 분포되었다.

## 3. 진주 형씨 보절지역 정착사

형기의 셋째 형우사邢友思, 24세는 승사랑을 지냈으며 파조이다. 사매면 대신리에서 아들 삼형제를 두었다. 큰아들 형호邢浩, 13세는 통혼랑안절교위이다. 형호 큰아들 형충개邢忠凱, 14세는 훈련참군이고 둘째아들 형윤개邢潤凱는 사매면 대율리에 정착조이다.

형극택邢克擇, 36세은 의금부도사를 지냈고 보절면 사촌리에 정착하였다.

형상수邢尙洙, 34세는 사매면 관풍리에 정착하였다.

형만수邢滿洙, 34세는 보절면 서치리에 정착하였고, 동생 형삼수는 선영을 위하여 단독으로 기석물을 여러 벌 헌성하여 종중宗中에서 마을 안에 자선비慈善碑를 건립하였다.

형병순邢秉順, 34세과 형병권邢秉權 형제는 보절면 서치리에서 자리 잡았다.

형종혁邢鍾爀, 25세은 보절면 용동에서 정착하였다.

형종하邢宗夏는 주정학을 전공하여 사표가 되었다.

형진성邢震成, 22세은 보절면 괴양리에 정착하였다. 형채수邢彩洙, 34세는 명릉참봉을 지냈다. 형석우邢錫佑, 33세는 이백면 내기리에 정착하였다. 형석환邢錫煥, 21세은 통정대부에 형석황邢錫璜, 33세은 동지중추부사겸오위장을 지냈으며 아들 형동수邢東洙는 보절면 서치리에 정착하였다. 형치수邢致洙, 34세의 처 나주 진陳씨는 효행이 높아 삼강록三綱錄에 올랐다.

#### 4. 판사공判事公파 보절 문중과 효자 형세적邢世績, 28세

형기邢璣, 23세의 넷째 아들 형우맹邢友孟은 성균생원이다. 형우맹의 아들 형상邢湘, 25세은 보절면 진기리에 터를 잡고 형경복邢慶福, 34세은 아영면에 터를 잡았다. 손자 형영석邢永錫은 사헌부감찰을 지냈다. 형신국邢信國, 36세은 병절교위충무위좌부장이고 증손자 형항邢杭은 함양군 유림면에 정착하였다. 형지중邢志中, 34세은 돈녕부도정이다.

형엽邢燁, 27세의 아들 선공감대교를 지낸 형세적邢世績, 28세은 아버지 병환에 허벅다리와 손가락에서 피를 얻어 연명케 하고 어머니의 병환에는 얼음 속에서 자라와 야채를 얻어 봉양하였으며 장도長途를 백학白鶴이 인도하였고, 여묘廬墓 삼년에 범虎의 젖을 얻는 등 효심이 지극하여 장지壯志를 효은동孝隱洞이라고 이름 짓고 지금에까지 전하여 왔으며 명정命旌을 받아 향리에 건립하였다. 35세 형종규邢鍾奎는 장릉참봉에, 형종만邢鍾萬은 영릉참봉에, 형종현邢鍾鉉은 내부주사에, 형종성邢鍾聖은 순릉참봉으로 각각 지냈다.

◆ 묘: 남원정착조邢贊 전남 구례군 구례읍 봉서리
◆ 재우: 저존재著存齋, 邢湘 보절면 진기리
◆ 정려: 효자정려각孝子旌閭閣, 邢世績 보절면 진기리
◆ 족보간행: 계미보癸未譜, 2003년

---

### 장수 황씨長水 黃氏
금계바딧절

---

#### 1. 시조사 및 본관의 연원

황씨는 원래 중국성이다. 우리나라 황씨의 시조는 후한後漢의 유신儒臣인 학사공 황락黃洛이다.

유리왕 5년에 교지국지금의 월남에 사신으로 가다가 풍랑을 만나 현 경북 울진군 평해읍 월송지방에 표착하여 대지를 축조하고 세거의 영지를 닦아 정착하게 되었다.

공이 정착한 곳은 월송정이라 하였는데 상세上世로부터 유허遺墟에 제단을 봉건封建하고 매년 음력 10월 중에는 전국에서 후손들이 모여 향사享祀를 올리고 있다. 학사공 황락에게 세 아들이 있어 이들이 큰 공을 세워 나라로부터 봉작을 받았는데 큰아들 갑고甲古는 기성군정해군, 둘째 아들 을고乙古는 장수군, 셋째 아들 병고丙古는 창원백에 각기 봉해져 큰아들 갑고의 후손 온인溫仁이 평해 황씨의 시조가 됐고 둘째 아들 을고의 후손 경瓊이 장수 황씨의 시조가 되었으며 셋째 아들 병고의 후손 충준忠俊은 창원 황씨의 시조가 되었지만 고증할 문헌이 없어 상고하지 못하나 신라 말 경순왕의 부마가 된 황경黃瓊은 시중공의 벼슬까지 지냈고 후손으로는 황공유黃公有가 있다. 1170년고려 예종 24년, 그 당시 대장 정중부를 비롯하여 이의방 등이 무신의난을 일으켜 세자를 몰아내고 임금의 동생 호皓를 왕위에 오르게 하니 그가 곧 19대 명종왕이다. 이때 정중부 등은 재경문신들을 수없이 학살하였고 전중감종3품으로 있었던 황공유黃公有는 그들에게 굴복하지 않고 1171년에 벼슬을 버리고 고향인 장수에 왔으나 장수현감이 이의방 등의 비위를 맞추어 해하려 하므로 남원으로 옮긴 것이다.

장수에는 장수 황씨의 유적은 없으나 유전遺傳으로 전해온 얘기로는 장수읍 고기마을 원산에 황총黃塚, 무덤이 있다고 한다. 또한 장수군지長水郡誌에는 장수 황씨 시조 황경이 장수군으로 봉封받아 장수 황씨 부족국가를 이루고 살았다는 기록이 있다.

장수 황씨는 을고가 장수군長水君으로 봉작封爵을 받고 전중감 황공유 선조가 고향인 장수로 돌아오셨다는 사실의 연유로 비추어 조상이 세거한 장수長水를 본관으로 한 것이다. 장수는 공유 선조가 남원에 오시기 전의 장수 황씨의 집촌 세거지이고 남원 광한루 첫 터는 공유 선조가 오신 후 2세손인 균비均庇 선조까지의 집촌 세거지로 보고 있다.

장수 황씨는 조선조 명재상 황희의 증조부 황석부黃石富를 1세조로 기세하고 있다. 황씨 종중宗中에서는 2세조 참찬공 황균비黃均庇, 2세가 안장되어 있는 남원군 대강면 풍산리 뒷산 홍곡 단풍혈 근처에 선대의 단을 모셨다.

## 2. 인물사

장수 황씨는 황희黃喜, 4세를 중시조로 모시고 있다. 1363년고려 공민왕 12년에 개성 가조리에서 강릉부사로 있던 황군서黃君瑞, 3세의 둘째 아들로 태어난 것이다. 처음 이름은 수노이고 호는 방촌厖村이다. 개성 송악산에 있는 용암폭포는 항상 물줄기가 무지개 같고 아무리 가물어도 물줄기가 끊어진 일이 없었다. 그러한 폭포가 방촌을 잉태한 달부터 물 흐름이 끊어지더니 공이 출생하자 폭포수가 다시 종전과 같이 흘러내렸다 한다. 이러한 연유로 세상 사람들은 방촌이 산천 정기를 타고 태어났다고 하였다. 1376년고려 우왕 2년 공이 14살 때 음보蔭補로 복안궁록사로 있었다. 1389년창왕 1년 21살에 사마시에 합격하고 27살에 문과 갑과에 급제했다.

30살이 되면서 고려왕조가 끝나고 조선왕조가 개창하는 조선 태조를 맞게 된다. 태조 3년인 1394년, 방촌의 나이 33살 때 사헌부 감찰이 되고 37살 때 심유관이 되었으며 38살에 경기도 감사에 보임하였다. 40살에 부친상을 당하였으나 벼슬은 대호군에 이르렀다. 관직은 더욱 승급되었고 46살 때 참지의정부사로 다시 형조판서에 이르렀다. 52살에 예조판서로 시작되어 이조·형조·공조·호조·병조판서 등 육조판서 생활을 하면서 56살 때 세자 폐출사건으로 파주군에서 1년, 남원에서 3년동안 유배생활을 하였다. 1422년세종 4년인 공의 나이 60살 때 세종의 소명을 받고 그해 10월, 의성부 참판이 되었다.

64살 때 우의정에 올랐다. 65살 때 좌의정으로 승진되면서 세자 사부가 되었고 그해 10월에 모친상을 당하여 집례를 치르고 세자와 명나라에 다녀왔으며 66살 때 드디어 청백리에 입진되었으며 영의정의 최고 관직에 오른 것이다.

방촌의 나이 70살이 되자 영의정을 사퇴코자 하였으나 받아들여지지 않고 노령대우로 오히려 궤장汎技, 편안한 방석과 지팡이을 하사하고 기로소耆老所, 임금과 정2품 70살 이상이 계신 곳에 입사케 하였다.

나이 87살로 영의정 사표를 제출하니 임금도 할 수 없이 사표를 수리하고 종신 제2품 녹祿을 급여하였다.

퇴직 후 반구정反鷗亭에서 휴양을 하고 90살을 일기로 석정동 자택에서 타계하였다.

방촌 황희는 네 아들을 두었다. 큰 아들 황치신黃致身, 5세이 호안공胡安公이며, 둘째 아들 황보신黃保身이 소윤공이며, 셋째 아들 황수신黃守身이 열성공이며, 넷째 아들 황직신黃直身의 후손은 전하지 않는다.

호안공 황치신의 후손으로 정유재란 시 진주성을 지키다가 순직한 황진黃進, 9세 병마사는 대산대곡문중의 정착조이며 매천梅泉 황현黃玹 선생은 황진 병마사의 10대손으로 1910년 한일합방으로 나라가 망하자 절명시絶命詩 4수를 남기고 음독 순절하였다. 황현의 《매천야록梅泉野錄》은 해방 후 국사편찬위원회 사료총서 제1집으로 간행되어 최근세사 연구에 중요한 문헌이 되고 있다.

### 3. 호안공胡安公파 금계錦溪 정착사

방촌 황희 정승의 장남 호안공 황치신의 고손高孫 황적黃迪, 9세 입남정착조의 동생 황진이 남원시 대산면 대곡 문중의 정착조이다. 황진은 선조 9년 무과에 올라 임진왜란이 일어나자 창의하여 창의사 김천일, 경상좌병사 최경희, 김해부사 이종인 등과 함께 진주성을 지키다가 처절하게 순직하였다. 웅치와 이치전투에 이어 수원성 전투에서 승리하면서 충청병마사종2품에 이르렀으며 진주성 전투에서 순직한 이후 좌찬성左贊成에 증직된다. 큰아들 정직과 둘째 정열廷悅, 10세은 병자호란이 일어나자 창의하였는데 세상에서는 황진과 두 아들을 일컬어 삼충三忠이라 부르며, 대산면 대곡에는 이 세분을 배향한 삼충사三忠祠가 있다.

황진의 고손高孫인 기기璣, 13세의 넷째 아들 낙중洛中, 14세이 바딧절금계 정착조이며 이후 10대를 이어오면서 수원 백白씨와 금계마을에 세거하고 있다.

♦ 묘: 황진黃進 부조묘不祧廟 남원시 대산면 대곡리 대실

1 진양은 오늘날의 진주이다.

2 참조: 언양김씨신유보 신라김씨왕손록 조선씨족통보.

3 언양김씨신유보 위열공김취려사료집 國史大觀.

4 문열공건재김천일선생전집 1. 2 卷 倡義錄.

5 통정대부 행보성군수 묘갈명.

6 조선왕손 현록대부보성군 신도비.

7 전주사고 세종실록 성종실록.

8 용재총화31 제9권 3.

9 예종실록 즉위년 1468년 戊子.

10 성종실록 81권 성종 8년 6월 17일 1477년 壬子.

11 1483년 성종 14년 癸卯.

12 성종실록 195권 성종 17년 1486 丙午 9월 6일 彦陽金氏辛酉譜.

13 강화 노씨(江華 魯氏) 득성연원(得姓淵源)

14 노인화 재공.

15 노봉식 제공..

16 한국의 성씨 / 평산 신씨 소개.

17 안극충의 진사시(進士試) 입격증은 종가에 420여 년간 보존되어 오다가 2018년 5월 17일에 남원향토박물관에 향토문화재로 보관하였다.

18 덕과면 만동마을 앞 소산복 선생이 심은 왕버들을 시제(詩題)로 안극충이 지은 시.

19 비풍(匪風)~시경(詩經) 회풍(檜風)의 편명(篇名). 도리에 맞지 않는 바람(노래)을 뜻함.

20 《용성지》.

21 후손 안재격 제공.

22 또한 자세한 내용은 백남유고(柏南遺稿) 153쪽과 함양문화사전에 실려있다.

23 여러 사람의 이름을 쓴 단자를 거두어들이다.

24 호남 삼대석물은 전남 구례 산동 이평에 있는 윤효손(尹孝孫)의 신도비와 구례읍 잔수 삭녕 최씨 선산에 있는 오주공 최휘지(崔徽之)의 상석(床石), 그리고 미능재의 문관석(文官石) 이다.

## 제 5 장

# 보절의 인물

보절 사람은 천황봉의 정기속에 보배로운 땅의 기운을 받으면서 자라나고 길러 졌다. 그래서일까, 보절 사람의 품성은 기본적으로 성실하고 정직하다. 어디에 내 놓아도 빠지는 사람이 아무도 없다. 돈이 많든 적든, 높은 자리에 있든 없든, 권세 가 있든 없든, 외적인 물적 조건에 관계없이 흔들리지 않고 꾸준하며 자존감이 강 한 사람들이 보절 사람이다. 맑은 향기가 나는 사람들이기도 하다. 아울러 정이 많고 깊은 사람들임은 굳이 강조할 필요가 없다. 그렇다고 정에만 매인 사람들은 아니다. '견리사의見利思義'의 중요함을 아는 사람들이다. 또한 놀 줄 알고 쓸 줄 아 는 여유로운 사람들이 보절 사람이다. 이 장에 등장하는 보절의 역대 인물은 특히 보절 사람이 사심에 흔들리지 않고 공심이 충실한 사람들임을 보여준다. 보절 사 람은 모험 정신과 개척 정신이 강한 사람들이라는 점도 보여준다. 그 증거로 말 그대로 맨 주먹으로 기업과 사업을 일군 사람들을 중점적으로 소개하고자 한다. 이들을 통해 보절 사람이 정직하고 신의를 잘 지키는 사람들임을 알 수 있을 것이 다. 창업도 어려운 일이지만 오랜 시간에 걸쳐서 기업을 키우고 성업하는 것은 더 욱 어려운 일이다. 이는 다른 무엇보다도 내심에 공심과 신의가 단단하게 닦여있 고 축적되어 있어야 가능하기 때문이다.

최대한 많은 보절 사람을 소개하고자 노력하였지만, 지면 관계상 혹은 파악이 되지 않은 관계로 이 책에서 빠진 분도 많다. 그래서 어쩔 수 없이 보절를 위해서 이바지한 역대 인물과 현재 보절에 살고 있거나 살고 있지는 않지만 크고 작은 애 경사와 보절과 연관된 모임에 늘 참석하여 보절을 위해서 애쓰는 보절의 인물을 가능한 모두 소개하려고 노력했다. 보절의 인재 선정은 1958년으로 잡았다. 이 렇게 하여 보절의 인물을 소개하려고 했지만, 본인의 이름이 기록되는 것을 원하 지 않는 사람도 있고, 또한 미처 파악하지 못한 사람도 상당수가 있는데, 이에 대 해서는 독자 여러분의 양해를 구한다.

# 1. 역대 인물

천황봉 정기를 받아서인지 보절에는 빼어난 인물이 많아서 어쩔 수 없이 다음의 기준을 세워서 선정할 수밖에 없었음을 미리 밝힌다.

➜ 1910년 이전 출생한 사람을 '역대 인물'편에 수록
➜ 학식과 덕행이 높고 사회에 봉사한 공적이 현저하여 후세에 귀감이 될 만한 인물
➜ 등과登科는 문무 급제자와 초시初試에 합격한 사람을 수록
➜ 충忠·효孝·열烈이 뚜렷한 인물:《남원 향교지》참조
➜ 문헌상 기록이나 실질적 자료에 의하여 타당할 경우에만 수록

## 1_1. 등과登科

문과文科·무과武科로 행정 및 치안 관리 등용을 위해 나라에서 시행한 공개시험과거을 말하며 오늘날 행정고시와 사법고시에 해당된다. 이 시험에 합격하는 것을 과거급제했다고 하는데 우리 지역에서 과거에 급제한 사람은 다음과 같다.

**김택열**金澤烈

본관은 언양彦陽이며 호護는 남강南岡으로 괴양리 양촌에서 출생하였다. 1864년 갑자 정시문과甲子 庭試文科에 2위로 급제하였다. 통훈대부通訓大夫 사헌부지평司憲府持平 사간원정언司諫院正言 이조좌랑吏曹佐郎 이조정랑吏曹正郎 용양위부사직龍驤衛副司直 춘추관기사관春秋館記事官 성균관전적成均館典籍 등을 지냈으며 곡성 현감을 제수받았으나 모친상을 당하여 부임하지 못하였다.

**안병택**安秉鐸

본관은 순흥順興이며 호號는 계은溪隱으로 신파리 신흥하신에서 태어났다. 1838년생으로 1864년고종 원년에 26세에 등과하여 통훈대부사헌부지평겸춘추관기사관通訓大夫司憲府持平兼春秋館記事官을 역임하다가 임오군란壬午軍亂, 1882년으로 벼슬을 그만두고 낙향하였다.

**이병혁**李秉爀

본관은 광주廣州이며 호는 회사晦史이다. 고종 때 28세의 나이로 식년시 문과병과 6위에 합격하여 1900년광무 4년에 분비서원랑分祕書院郎에 임명되어 1906년 9품 종사랑從仕郎을 거쳐 6품 승훈랑承訓郎으로 승진, 1906년 홍문관弘文館 시강侍講에 올랐다. 1907년 정3품 통정대부 비서감승祕書監承에 오른 것이 마지막 벼슬이다. 1905년 을사늑약으로 일본의 만행이 난무할 때 회사는 왕명의 출납과 기록을 담당하는 관리로서 왕실의 치욕적인 현장을 목격하면서 울분을 삼켜야만 했을 것이다. 1910년 한일합방의 치욕을 맛보며 망국의 설움을 안고 낙향하여 보절면 도룡리 도촌마을에 정착하였다. '망국의 마지막 사관'이란 의미의 회사를 호로 정하고 '시대의 암울함과 망국의 슬픔을 달래며 살았을 것'이다.

## 1_2. 생진과生進科

생진과란 사마시司馬試라고도 하며 생원生員과 진사進士를 뽑는 시험으로 소과小科라고도 하는데 대과大科에 응시할 수 있는 자격시험이기도 하다. 생원은 7서를 암송하고 진사는 글을 지어 초시初試에 합격하면 초시라 하여 우대하고 생원진사복시生員進士覆試에 합격하면 생진生進이라 부르며 살인죄가 아니면 체포와 감금이 되지 않는 특권이 주어졌다. 보절 지역에서 생원과 진사에 합격한 사람은 다음과 같다.

**김규석**金奎錫

본관은 언양이며 보절면 괴양리에서 출생하여 생원시에 합격하여 성균관 유생이 되었다.

**김시우**金時雨

본관은 언양이며 보절면 괴양리에서 출생하여 진사시에 합격하였다.

**김재석**金在錫

본관은 언양彦陽이며 보절면 괴양리에서 출생하여 통훈대부 중추원의관을 지냈다.

**이여재**李如梓

본관은 전주全州이며 사매면 매안梅岸에서 태어나 1717년경

신파리 신흥상신으로 이거한 전주 이씨 영해군파 정착조이다. 호는 낙재樂齋이며 생원시生員試에 급제하여 영릉참봉寧陵參奉을 지냈으나 벼슬보다는 학문에 정진하였으며 덕행이 남달라 당시 문인들은 남주부자南州夫子, 남쪽 지방에서 덕행이 공자를 닮았다는 뜻라 하였다. 사매면 소재 매계서원梅溪書院- 오리정 건너편에 배향되어 있다.

## 1_3. 충忠

### 소권蘇權

본관은 진주晋州이며 1677년 정사에 덕과면 만도리에서 출생하였다. 아호는 주봉재住蓬齋라 불렸다. 일찍이 국사가 의롭지 않아 직언으로 상소하니 영조 임금이 그 충의를 가상히 여겨 정려를 명하였다.

남원시 덕과면 만도리 도촌섬말마을 478번지에는 사진과 같은 충렬지려가 있다. 이 정려는 만도리 인근의 진주 소씨 문중에서 배출된 3충신과 2열녀를 기리기 위한 것으로 1788년 정조 임금의 명에 의하여 세워졌다.

충렬지려

정려각 내에는 5개의 편액이 걸려 있는데, 첫째는 충신 주부 소제蘇濟, 둘째는 충신 학생 소권蘇權, 셋째는 충신 학생 소덕효蘇德孝, 넷째는 김연장의 부인 열녀 유인 진주 소씨, 다섯째는 소방윤의 부인 열녀 유인 경주 정씨이다.

특히 소권은 그의 동생 소정이 이인좌의 난에 가담하여 연좌제로 귀양살이를 하였는데 어떠한 사람이기에 조정으로부터 충신의 칭호가 내려지고 정려까지 내려졌는지 주봉재 사실문事實文에 근거하여 기술하였다.

소권이 동생의 반란 가담을 막으려고 노력했고, 사전에

관청에 신고하려고 가다가 낙마로 중상을 입고 신고기회마저 놓쳤다는 이야기가 관찰사 이광덕李匡德에게까지 전달되었다. 관찰사가 임금께 특전을 베풀어 달라는 글을 올렸고, 고을의 선비들도 어사 김시형金始炯을 통하여 탄원서를 올렸지만 역모사건에 대한 연좌제가 워낙 엄했기에 조정에서는 받아들이지 않았다.

마침내 의금부로부터 아들과 함께 3천리 떨어진 강원도 고성으로 귀양 가서 종노릇을 하라는 영이 내려졌다.

한편, 소권이 연좌제로 유배되자 1728년 4월 17일 남원 유생 김도규 등 100여 명이 순무사 김시형에게 형을 받고 있는 소권, 소철, 소시영, 소동철 등을 방면해주기를 청원하였다. 그 후 1731년 4월에 소권의 노비들이 그들의 상전을 특별히 용서해달라는 청원서를 조정에 올렸고, 6개월 후인 1731년 10월에 남원 유생 이만채 등 100여 명이 석방해 달라는 건의문을 올렸다. 다음 해인 1732년에 공의 노비 철무치鐵無治가 상전을 특별히 용서해달라는 청원서를 다시 조정에 올렸다.

1732년 12월 28일 호조판서 김재로金在魯가 드디어 철무치의 청원을 임금께 아뢰었고, 우의정 서명균徐命均이 소권은 예외로 처리하는 것이 좋을 듯하다고 진언하자 1733년소권의 나이 57세 정월 5년 만에 석방되었다.후손 소가광 기고문을 참조하여 정리하다

### 소덕효蘇德孝

자는 달부達夫, 호는 침호정枕湖亭으로 소권蘇權의 아들이다.

조선 영조의 국상을 당하여 소의소식素衣素食하고 3년상을 지내어 정려가 명해졌다.

### 소제蘇濟

본관이 진주이며, 자는 경집景楫, 호는 적은迪隱. 직장直長 소연蘇沿의 6대손으로 만도리에서 출생하였다. 1592년 임진왜란 때 의병을 일으켜 권율權慄의 휘하에 들어가 웅치熊峙·이치梨峙·적암赤巖 등지의 싸움에서 공을 세웠다. 이어서 정유재란 때 자형姊兄 병마절도사 황진黃進의 휘하에서 진주성 싸움에 참가하여 용전 끝에 전사하였다. 그 뒤 주부主簿에 추증되고 전라북도 남원의 장렬사壯烈祠에 제향祭享되었다. 소제 장군은 조선 중기 신양리 도촌에서 태어났다. 진주성의

영웅 남원군 대산면 출신 충청병마절도사 황진 장군과는 종처남 매부 관계로, 성품이 충직하고 성실하였으며 힘이 다른 사람보다 뛰어나게 세었다고 한다. 1592년<sup>선조 25년</sup>에 임진왜란이 일어나자 가형 소황蘇滉과 함께 창의倡義하여 황진의 막하로 달려가 웅치의 싸움에서 황진과 함께 병사들의 선봉에 서서 적을 무찔렀다. 이어서 이치의 싸움과 적암의 싸움에서도 많은 적병을 참획하였다. 그러고는 황진과 함께 경남 진주로 나아갔다. 1차 진주성 전투<sup>1592년 임진왜란 3대첩의</sup> 하나에서 패배한 왜군이 이듬해 패전의 보복과 호남의 곡창지대 확보 등 교두보를 마련하기 위해 2차 침입을 하였기 때문이다. 이 전투에서 소제는 자형 황진과 더불어 7일간 밤낮으로 힘껏 싸웠는데, 소제가 쏜 화살은 적병을 백발백중 맞추었다. 전투가 한창일 때 황진이 왜적의 탄환을 맞고 죽자, 소제는 불리한 전황 속에서도 혼자 끝까지 싸우다 왼쪽 얼굴에 왜적의 유탄을 맞은 뒤에도 꿋꿋이 서서 움직이지 않고 죽었다. 결국 진주성은 함락되고 만다. 그러나 소제 장군의 애마는 장군의 짚신을 물고 진주 소씨의 세거지인 현덕과면 만도리 안동네와 섬말을 잇는 엄남고개 마루에서 주인의 짚신을 내려놓는다. 짚신을 내려놓은 그곳에 정려가 세워져 장군의 큰 뜻을 기리고 있다. 정려 앞을 지날 때 처절했던 진주성 전투와 소제 장군의 최후를 연상하면 저절로 숙연해진다. 그 뒤 주부에 추증되고 전라북도 남원의 장렬사에 제향되었다.

## 소황蘇滉

소황은 1556년 남원군 보절 지역에서 출생하였다. 선조는 임진왜란이 일어나자 미구未久에 의주로 몽진蒙塵하였다. 이때 소황은 곧바로 의주로 올라가 군왕을 호위하려다가 때마침 자형인 황진 병마절도사가 의병을 모집하여 남원을 지나가게 되니, 북상을 중단하고 주부 벼슬을 지내던 아우 소제와 상의하여 집안과 마을의 장정들을 이끌고 황진의 군대와 합류하였다. 두 아들의 출병을 본 어머니 문화文化 류씨는 "옛날 노魯나라의 한 천부賤婦가 어둔 방 안에서 노나라 장래를 걱정하였다더니 내가 흡사 그와 같구나. 다 늙은 내가 나라 일을 걱정한들 무슨 소용이 있겠냐마는 너희 형제가 이번에 몸을 바쳐 국난을 구하러 간다 하니 기쁘고 반갑기 이를 데 없다. 나라가 위급하면 백성된 자는 마땅히 목

숨을 돌보지 아니하고 싸워야 하느니라." 하고 엄숙하게 훈계하였다. 두 형제는 거룩하신 어머니 말씀에 용기백배하여 바로 그날 장정 300여 명을 이끌고 충청병마절도사 황진의 막하에 들어갔다. 권율 장군은 소황을 운량장運糧將으로 임명하였는데 이때 그의 나이 66세였다. 그는 700석의 양곡을 배재梨峙, 이치와 곰재熊峙, 웅치 싸움터로 운반함으로써 아군의 보급 임무를 완수하였다. 이에 권율 장군은 "싸움에서 군량을 제때에 보급함은 군의 생명이거늘 그대의 이번 공로는 만 명의 적의 목을 벤 것보다 더 크다 하겠노라."며 격찬해 마지않았다. 함안咸安과 상주尙州의 접경 부근에서 왜병 대적을 만났을 때는 아군의 군량이 다하여 허리띠를 졸라매고 싸워야 했다. 이때 소황은 정암진鼎岩律의 거부 조완근趙完根을 달래 양곡 400석을 얻어 군중에 급송하자 아군이 다시 사기를 만회하여 적을 대파하였다. 이때도 권율 장군은 "옛날 소하蕭何 장량張良의 병법도 군사가 배부른 연후라야 그 재주를 발휘하나니 이번 싸움에서 내가 이긴 것은 오로지 소공蘇公이 목마를 때 군량을 대준 덕분이오." 하고 기뻐해 마지않았다. 권장군은 소황의 공적을 즉시 상주上奏하였더니 조정에서는 그를 가상히 여겨 그에게 군자감정軍資監正의 벼슬을 내렸다. 왜적이 진주성에 집결하므로 황병사가 급히 이곳으로 이동할 때 소황에게 어머니 병세가 위독하다는 기별이 왔다. 소황은 장남인지라 아우 소제와 상의하되, "나는 부득이 어머니를 문병하러 가거니와 동생은 자형 황진병사를 따라 부디 어머니의 훈계를 명심하고 부끄럽지 않게 싸우라. 어머니의 병세가 웬만해지거든 나도 지체없이 달려오리라." 이르고는 곧 집으로 돌아와 어머니의 병을 지성으로 간호하였다. 그러나 어머니는 끝내 운명하시니 그는 무덤 옆에 시묘살이를 3년 하였다. 한편 소제는 진주성에서 황병사의 장렬한 전사에 이어 여러 장병과 더불어 끝까지 분전하다가 끝내 순국하였다. 후에 소황은 병조참판을 증직받고 아우 소제는 군자감 주부를 증직받게 되었다.

## 양진번梁震藩

양진번의 본관은 남원南原이며 1588년에 출생하였다. 아호는 농암聾菴이다. 병자호란이 일어나자 수백 명의 의병을 이끌고 서울로 올라가는 도중 인조가 삼전도에서 청나라와 강화하였다는 소식을 듣고 통곡하며 돌아와 숨어서 나오지 않

앉다. 16일간을 단식하다가 결국 세상을 뜨니 이는 나라를 위하여 순국한 것이었다. 조정에서는 그의 순국을 가상히 여겨 지평을 증직하고 충혼각忠魂閣을 짓게 하였다. 남원부사의 출연出捐과 주도 하에 보절면 괴양리음촌에 선장각을 건축하여 어제御製와 교지敎旨 등을 보관하게 되었다.

**정려와 비문**

> 가. 충신 소제 정려忠臣蘇濟旌閭: 덕과 만도리 도촌
> 나. 오종문충렬지려五綜門忠烈之閭: 덕과 만도리 도촌
> 다. 조동선 항일운동 기념비: 덕과 신양리 양선 도화동
> 라. 충신 조동선趙東善 기적비: 덕과 신양리 양선

농암 양진번의 절의단비

## 1_4. 효孝

### 강수희姜壽熙·강수호姜壽浩

강수희·강수호는 본관이 진주이며 통정공 13세손 강윤형姜潤亨의 아들로 태어났다. 강윤형은 1538년중종 33년에 무안 현감을 지내다가 별세하였다. 형제는 남원 보현방寶玄坊에 안장하고 시묘하였다. 효성이 지극하였으며 형제가 같이 3년간을 시묘하는데 무릎이 가죽이 되었고 오가는 성묘 길은 나무와 풀이 다 시들었다고 한다. 영조는 이 사실을 알고 형제의 효행을 칭찬하며 명정命旌의 은전恩典을 내렸다. 16세 상우尙遇와 상노尙老 형제도 명정의 은전을 받았으며, 마을 입구에는 네 명의 효자를 기리는 〈4효문四孝門〉이 세워져 있다. 이 마을 이름을 예부터 시묘동侍墓洞이라 한 것도 이에 연유되었다.

### 김재택金在澤

효자 김재택은 김해金海 사람이며 1776년 2월 20일에 도룡리 안평동에서 출생하였다. 천성이 순박하고 부지런하며 효심이 두터워 평소에도 그 어버이를 섬기되 마음과 뜻을 살피어 음식물을 구미에 맞게 봉양하고 간식을 빠트림이 없었다. 어버이 병환에는 약을 대리고 미음을 몸소 장만하여 받쳐드리고 똥을 맛보아 증세를 진단하고 밤중엔 북두北斗에 빌어 몸으로써 대신하기를 구하기도 하였다. 병환이 위급할 때는 손가락을 베어 그 피를 수혈하여서 3일간 회생케 하였으나 세상을 뜨시니 공公은 궤양과 요통으로 상주 노릇이 어려움에도 불구하고 3년간 시묘하셨으며, 모친상에도 역시 부친상과 같이 마음을 해이하지 아니하였다. 또한 아버지 석당石堂 현관顯瓘을 스승으로 하여 사서오경을 묵묵히 배우고 학문을 성공함에 문하에 학생들이 모여드니 먼저 가르치고 뒤에 밭을 갈며 손수 성현 경전 수십 권을 써서 남기

김재택의 효행비(1993년 건립, 보절면 도룡리 안평동 22-7번지)

며 부친이 손수 쓴 사서四書와 근사록近思錄 등의 서책에 발문跋文하였으니 이는 부친이 공의 학문을 인정하였음이라, 공의 자는 대윤大允이요, 호는 근재勤齋이니 세인들은 근재처사勤齋處士라 하였다.

## 박만석朴萬錫

효자 박만석은 밀양 박씨密陽 朴氏이며, 나이 겨우 7~8세에 부모에게 효성을 다하는데 어느 날 아버지가 학질瘧疾에 걸려 여러 달 고생하시니 어린 마음에도 곁을 떠나지 아니하고 약을 드리고, 하늘에 기도하되 아버지는 빨리 낫게 하여 주시고 차라리 자신을 먼저 죽게 하여 달라고 하였다. 그러나 아버지의 병은 갈수록 위독하여 목숨이 경각에 달리자 만석은 손가락을 베어 피를 받아 아버지에게 드려서 수일간을 연명하게 하였다. 조정에서는 그의 효행을 칭찬하여 호조참판戶曹參判의 높은 벼슬을 증직하고 명정의 은전을 내리었다. 현재 효자려孝子閭는 황벌리 벌촌마을 앞에 세워져 후세인들의 귀감이 되고 있다.

황벌리 벌촌의 효자려

## 소윤택蘇潤澤 효자비

마을회관 왼편 뒷길 엄남고개만도리와 섬멀의 고개 초입에 효자비가 있다. 이는 소경蘇鏡의 44세손인 윤택의 효행이 특별하여 호조참판에 추증되고 나라의 명을 받아 세워진 정려이다.

## 소진영蘇震永

소진영은 본관은 진주이며 호는 몽천夢泉이다. 행정공 소연蘇沿의 후손으로 1817년에 출생하였다. 일찍이 글을 즐겨 배웠고 또한 효심이 지극하여 이름을 널리 떨쳤는데, 어머니가 병을 얻어 자리에 누운 지 수개월에 이르러 때마침 엄동설한에 천어天魚 잡수시기를 원하였다. 이 말을 들은 진영은 동생 감영鑑永과 함께 어떻게 하면 고기를 구할지 서로 궁리 끝에 날이 밝으면 냇가로 나가보기로 하였다. 그런데 그날 밤 꿈속에서 백발노인이 나타나 "아무 곳 우물을 가면 네가 원하는 고기가 있을 것이니라." 하므로 일어나 동생 감영에게 말하였더니 동생도 똑같은 꿈 이야기를 하는 것이 아닌가. 두 형제는 그 길로 샘에 가보니 과연 고기가 펄펄 뛰는지라 이를 잡아 어머니에게 드렸더니 위독한 어머니가 그걸 잡숫고 소생하게 되었다. 이런 연유로 그 샘을 몽소천夢所泉이라 부르게 되었다. 조정에서는 형제의 효성을 크게 칭찬하여 형제에게 각각 정2품 가선대부嘉善大夫를 증직하였다.

### 안우安瑀

본관은 광주廣州이며 아호는 국포라 하였는데 1638년에 보절면 괴양리에서 출생하였다. 안우는 고절방高節坊 유래의 연원이 된 열녀인 증조모 안극충의 처 김부인金夫人의 후손으로 효성이 남달랐다. 아버지가 돌아가시니 낮에는 무덤 옆에서 곡하고 밤에는 집으로 돌아와 어머니를 위안하였다. 하루는 어머니가 꿩고기가 먹고 싶다 하니 안우가 꿩 잡을 궁리를 하고 있는데 느닷없이 한 마리의 꿩이 날아오니 이를 잡아 어머니가 잡숫게 하였고, 한겨울에 물고기가 먹고 싶다 하니 냇가에 나아가 얼음을 깨고 고기를 잡아 잡숫게 하였다. 또 어머니 몸에 부스럼이 생겨 고름이 맺히면 입으로 빨아 고름을 빼내어 낫게 하였다. 어머니가 돌아가신 후에도 무덤 옆에서 섬기기를 살아계실 때나 다름없이 하였다. 그의 효성에 감동하여 진사 정이재丁以材와 유생 조승趙僧이 효자시孝子詩를 지었고 유림에서는 이를 조정에 추천하니 그에게 병조좌랑을 증직하고 명정의 은전을 내리었다. 정려는 보절면 서치리 산 280번지에 위치한다.

### 양우주梁禹疇

본관은 남원이며 호는 성정와省定窩이다. 1659년에 수지면에서 태어났다. 용성군 양주운의 후손으로 어린 나이에 효성이 깊고 학문을 열심히 닦았다. 이에 우주宇疇의 박학다식과 그 효성이 일세一世에 떨친지라 1762년영조 38년에는 사헌부司憲府 감찰監察을 증직하고 명정의 은전을 받게 되었다. 효자 정려는 지금 보절면 파동마을 회관 건너편에 있다.

### 우중정禹重鼎

우중정은 자는 덕삼德三으로 본관은 단양丹陽이니 바로 역동易東 선생 문희공文僖公 휘諱 탁倬의 19세 손자이다. 예안군禮安君 휘 홍부洪富의 16세 손자이며 단성군丹城君 휘 공귀公貴의 13세 손이며 절충장군折衝將軍 용양위龍驤衛 부호군副護軍 휘 재하載夏의 5세손으로 1820년에 태어났다.

타고난 성품이 순수하고 중후하여 어렸을 때부터 행동거지에 법도가 있었다. 예전의 예절을 따라서 아침에 문안을 살피고 저녁에 이부자리를 봐드리는 예절과 겨울에는 따듯하게 여름에는 시원하게 해드리는 봉양을 한결같이 정성을 다해 어버이를 섬겼다. 아버지와 어머니의 초상을 당하여 6

년간 여막에 거처하며 슬퍼하여 훼상된 것이 법도에 지나쳤는데 밤으로 호랑이의 보호함이 있었으니 참으로 세상에 드문 효자였다.

부인은 남원 양씨인데 성품이 본래 말쑥한 자태로서 시부모 섬기길 효도로서 하며 손님을 대접하길 예절로써 하니 친족들이 흠모하며 이웃마을 사람들이 칭찬하였다.

어버이의 병환이 위급함에 미쳐서는 밤낮으로 약시중을 들면서 옷과 띠를 풀지 않았고 어버이 대변의 달고 쓴가를 맛보아 병의 증상을 증험하며 매일 하늘에 빌면서 자기를 대신 데려가라고 소원하였으니 고을에서 한 집안에 두 효자가 났다고 말하였다.

1893년고종 30년 4월에 효자에게 동몽교관을 증직하고 추가로 병조참판兵曹參判으로 승진하고 양씨는 정부인貞夫人에 증품되어 모두 임금의 은혜를 입으니 특별히 정려문을 지으라는 명이 내려졌다. 교지를 받은 지 38년 후인 1921년 마을 앞 우공이 심은 느티나무 오른쪽에 효자 정려를 짓고 또한 경사재敬思齋를 지어 1925년 유명명사들에게 정려기를 비롯한 찬양문 여러 점을 받아 현판을 걸었으나 세월의 흐름에 따라 이곳도 정려의 대문만 겨우 남아 명맥을 유지할 뿐 그 유명한 현판들은 창고에서 잠자고 있어 아쉽기 그지없다. 최근 다행히 제삼濟三의 손자 성희成熙가 현판들을 사비를 들여 해석하여 본지에 싣게 되었다.

### 이가철李可哲 · 이행권李行權 · 이시권李是權과 삼효려三孝閭

신파리 상신마을 안에 삼효려세 효자를 기리는 정려가 있다. 삼효려는 낙재공 휘 여재如梓의 손자인 증贈 통훈通訓 대부사헌부 감찰 사물재공思勿齋公 휘 가철과 사물재공의 조카인 증贈 조봉朝奉 대부동몽교관 농포공農圃公 휘 행권, 성집공聖執公 휘 시권 등 세 숙질의 효행을 표창하는 정려문이다. 사물재공은 겨우 다섯 살의 어린 나이에 아버지를 여의고 어머니 안씨를 극진한 효성으로 모셨다. 노모가 병석에 눕게 되자 침식을 잃고 밤낮으로 약 시중을 들던 중 어느 겨울날 밤 꿈에 종숙從叔 확재공確齋公께서 나타나서 "너의 어머니 병세가 매우 위독한데 후원에 나가면 파란 풀싹이 돋아 있을 것이니 그것을 캐어 달여 드려라." 하기에 깜짝 놀라 잠을 깨어 창문을 열어보니 밖에는 하얀 눈이 마당에 가득하고 새벽닭이 일제히 울어댔다. 촛불을 들고 후원에 나가니 과연 파란 싹이 눈 위에 자라고 있어 이것을 캐어 다려 드렸던바 다음 날부터 병세가 차츰 회생하시니 사람들이 하늘이 낸 효자라 하였고 그 조카 행권, 시권도 또한 효성이 지극하니 옛날 대연大連 소연小連이 다시 살아난 것 같다고 하였다. 그 후 50년이 지나 1893년에 남원 부사와 남방 순찰사가 임금에게 장계를 올려 정려를 지으라는 어명을 받았고, 그로부터 다시 28년만인 1920년에 정려 3칸, 재실 4칸을 마련한 것이다. 정려기旌閭記는 전 비서원승 김녕한공金甯漢公이 지었고, 정려의 현판은 전 향산수 윤용구공尹用求公이 썼다.

## 조병상趙秉相

조병상은 풍양 조씨豊壤 趙氏로 호는 성당誠堂이라 하였으며 덕과면 신양리 양선마을에서 태어났다. 호군護軍 조사충趙思忠의 후손으로 통덕랑通德郞이란 벼슬을 하였다. 어려서부터 효성이 극진하여 부모상을 당하니 여막을 지어 무덤 옆에서 3년 시묘를 하였다. 조정에서는 그의 효심을 칭찬하여 명정의 은전을 내렸다.

## 조시동趙始東

본관은 풍양으로 1637년 덕과면 신양리 양선에서 출생하였다. 아버지가 병으로 누우니 그 똥과 오줌을 맛보아 병의 상태를 판단하여 약을 썼으며, 부모가 돌아가시니 전후 6년간을 여막을 지어 정성을 다하였다. 무덤 옆에는 닥나무가 몇 그루 있었는데 시동이 흘린 눈물을 닥나무에 닦고 닦고 한 것이 몇 년 되니 마침내 닥나무가 시달리다 말라 죽었다. 이 때문에 사람들은 이곳을 저전楮田, 닥나무밭이라고 부르게 되었다고 한다.

## 형세적邢世績

본관은 진주이며 형엽邢燁의 넷째 아들로 현종 7년 보절면 괴양리에서 출생하였다. 어려서부터 부모를 섬기는 데 효성이 지극하였다. 세적의 나이 9살 때에 아버지가 병으로 누워 계시니 그 곁을 떠나지 아니하고 구슬프게 우는데 지나가는 승려가 울음소리를 듣고 집으로 찾아와 그 까닭을 물었다. "아버지가 병으로 위독하신데 약을 구하지 못하여 울고 있습니다." 하였더니 승려는 어디론가 사라진 후 잠시 뒤에 여러 가지 꽃을 가져와 "이것을 달여서 드려라." 하고 자취를

감추었다. 세적은 승려에게 몇 번이고 고맙다 아뢰고 그 꽃을 달여서 아버지께 드렸더니 얼마 후 병이 완쾌되었다. 이는 그의 효성의 소치라고 모두 칭송하였다. 이로부터 수년 후에 다시 아버지가 중태에 빠져 목숨이 경각에 처하게 되었다. 세적은 손가락을 베어 흐르는 피를 아버지께 드렸으나 정성의 보람 없이 71세를 일기로 돌아가시니 그는 14세 어린 나이로 예법에 의하여 상례를 치르고 상중에는 물론이요 3년 상을 마친 후에도 입에 고기를 대지 아니하였다. 하루는 마을 어른들이 "네가 부모에게 효심이 지극하여 고기를 입에 대지 아니하니 몸이 수척하여 쓰겠느냐." "자 이제는 고기도 먹고 몸을 보하여라." 하며 고기를 내놓고 먹으라고 하니 "여러 어른께서 이토록 생각하여 주시니 감사하오나 집에 어머니가 계시니 사유를 여쭙고 먹겠습니다." 하고 집으로 돌아와 그 자리를 피하였다. 어머니는 이러한 아들이 기특하고 걱정되어 "너는 불행히도 형들 셋이 다 죽고 외아들이 되었는데 돌아가신 아버지만 생각하여 몸이 저렇게 파리하니 어머니 마음이 한층 아프구나. 이제는 아버지의 삼년상도 지난 지가 오래이니 육보肉補라도 하여 몸을 튼튼하게 하는 것이 효도하는 길이니라." 하고 타일렀다. 그제야 비로소 어머니의 마음을 편하게 해드리기 위하여 어육을 먹기 시작하였다. 나이 27세에 문화 류씨 류몽상柳夢想의 딸에게 장가들었다. 세적은 그의 아내에게 "부부는 삼강과 오륜이 말한 바와 같이 인생의 혈맥이라. 가정은 효도가 없으면 그 구실을 못하는 법이니 부인은 부디 나와 뜻을 함께하여 효도를 지킵시다." 하고 말하니 류씨 부인도 감격하여 "부부는 마음과 몸을 허락한 일체인데 아내로서 남편의 의로운 일을 쫓지 않을 리 없사오니 마음을 놓으소서."라며 겸손한 태도로 말하였다. 그 어머니가 뜻밖에 낙상하여 오랜 세월에 걸쳐 백약이 무효하고 부부가 망연히 앉아 걱정하던 중 지나가는 길손이 견분주犬糞酒가 좋다 하므로 개똥을 구하여 술을 만들어 드렸더니 과연 효력이 있어 쉬이 완쾌되어 그 후 오래 사시다가 83세 고령의 생일에 병을 얻어 자리에 누운 채 혼미 상태에 계시며 산채나 천어를 먹고자 하시니 효자 부부는 추운 겨울인데도 산에 올라가 눈을 헤치고 나물을 캤으며 냇물에 나가 얼음을 깨고 고기를 잡아와 어머니를 공양하였다. 하지만 별세하시니 형세적은 애통에 사무쳐 "어려서 아버지 별세하실 때 철부지하여 마음껏 섬기지 못함이 한이 되어 어

머니나마 백세 향수하심만 소원이더니 불효자의 정성이 부족하여 이제 겨우 83세에 돌아가시매 망극하고 송구하여 몸 둘 바를 모르겠나이다." 하고 슬퍼하였다. 그는 여막에서 3년을 거처하며 어머니의 무덤을 지켰는데 삼년상을 마치자 아내 유씨에게 "아버지가 돌아가신 때에는 홀로 남은 어머니를 위안하기 위하여 여막하지 못하였으니 이제라도 아버지께 시묘해야겠으니 그리 알고 마음을 더욱 근신합시다." 하며 어머니 무덤에서 3년을 시묘하니 듣는 사람들은 하늘이 낳은 효자라고 칭찬하였다. 형세적이 77세에 별세하니 참의參議 양주익梁周翊의 정품請稟, 조정에 품의를 올리는 것에 의하여 1755년영조 31년에 명정의 은전을 베풀어 지금에 이르도록 효자각이 전하여 온다.

### 1_5. 열부烈婦

### 안극충安克忠의 처 김씨金氏 부인

☞ 제2장 〈역사 속의 보절〉, 제7장 〈보절의 말, 노래, 이야기〉

안극충의 처 김씨 부인 열녀비

### 소방윤蘇邦尹의 처 정씨鄭氏 부인

정씨 부인은 경주 정씨이며 남원 적과방 섬말의 소방윤과 결혼하였다. 그런데 우연히도 남편이 병으로 누워 6년간을 신음하였다. 그동안 정씨 부인은 남편의 똥과 오줌을 맛보며 정성을 다해 간호를 하였으나 '운명은 재천'이라 마침내 세상을 뜨고 말았다. 정씨 부인은 남편을 잃은 죄인처럼 하늘이 송구하여 얼굴을 들지 못하고 삼년상을 치르더니 상을 마치는 날부터 식음을 전폐하여 스스로 자진自盡하고 말았다. 조정에서는 정씨 부인의 열녀임을 가상히 여기고 명정의 은전을 베풀어 그의 넋을 위로하고 그 명복을 빌었다.

### 함양咸陽 오공吳公 경섭의 처 흥덕 장씨興德 張氏 성옥盛玉

효열부孝烈婦 장성옥 여사는 문종~세조에 기장현감機張縣監을 지낸 장윤신張允愼의 후손으로 용양위사직龍驤衛司直을 지낸 우준宇峻의 6세손인 아버지 용진用鎭과 어머니 경주 최씨慶州 崔氏 사이에서 1878년 10월 24일 임실군 삼계면 아산리에서 출생하였다. 성장하여 보절면 신파리 신흥의 함양 오씨咸陽 吳氏 경섭慶燮에게 출가하니 공조참판을 지낸 휘 윤조胤祖의 12대 종부가 되었다. 여사는 남편을 예의로 공경하고 부부합심으로 효성을 다하면서 일가와 화목하며 이웃과 사이 좋게 지내던 중, 남편이 우연히 병이 나게 되었다. 이에 여사는 백방으로 좋다는 약을 구해 조리하고 단을 모아놓고 북두칠성에 치성을 드렸으나 효험이 없이 결국 남편의 상을 당하니, 이때 여사의 나이 32세였다. 너무 비통한 나머지 남편을 따라 죽으려 하였으나 '늙으신 시부모님과 다섯 살 된 무남독녀를 잘 부탁한다'는 남편의 유언을 생각하니, 모두의 안위가 자신에게 달려 있는지라 생각을 고쳐 남편의 상을 예법대로 치르게 되었다. 이후 더욱 시부모를 효성으로 정성껏 모셨으나 시아버지가 아들을 잃은 비통함을 달래느라 매일 약주로 세월을 보내며 가업을 돌보지 않아 장차 살림이 기울게 될 위기에 처하자, 여사는 부득이 부동산 일체를 당숙 병수秉銖와 재종숙 병윤秉允에게 명의신탁하였다가 16년 만에 복원하니, 그동안의 노사초심은 말로 다할 수 없다. 이처럼 인고의 세월을 보내던 중 41세 때 시아버지의 상을, 57세 때 시어머니의 상을 당해 정성을 다하여 장례와 제사에 유감이 없도록 하였다. 한편 44세 되던 해에 재종 영섭永燮이 아들을 낳자 이를 양자로 삼아 의리로 교육하고 격려하니, 바

로 초등학교장과 함양 오씨咸陽吳氏 대종회장, 남원향교 전교
典校를 지낸 재승在承이다. 또한 종부로써 집안을 법도 있게
잘 다스리고 종통을 확립하는 데 마음과 힘을 쓰며 가난한
종족을 돌보며 조상을 받들고 종족과 돈독하니, 종족 모두
가 그 덕을 칭송하고 기꺼이 복종하였다. 어찌 순절殉節만이
열행烈行이라 하겠는가. 오랜 세월 인고하며 선대의 뜻을 받
들어 종통을 계승하고 자손을 번창하게 하였으니, 위대하도
다. 여사의 공적이여!

### 방진권의 처 풍양 조씨豊穰 趙氏

근대에 들어와서도 방준옥房濬玉의 현손玄孫 방진권房鎭權의
부인 풍양 조씨가 27세 때 남편이 병환으로 자리에 눕게 되
었는데, 추운 겨울에 하늘에 기도하고 냇가의 얼음을 깨니
자라가 뛰어 올라와 탕으로 다려서 잠시 효험이 있었으나
그 뒤 병세가 악화되어 손가락을 잘라 피를 마시게 해 수일
을 연명하세 하였음에도 결국 남편이 세성을 떠나자 식음
을 전폐하고 죽기를 맹세하였다. 이에 시부모가 눈물을 흘
리며 어린 자식은 어떻게 기를 것이며, 늙은 부모는 앞날을
어찌하느냐며 며느리를 만류하니 마음을 가다듬고 시부모
에게 극진하게 효도하며 시부모가 병석에 누워 대소변을
분별치 못했을 때에는 하루에 세 차례 이상 옷을 갈아입히
며 주야로 병석을 떠나지 않았고, 포목을 팔아 어육을 만들
어 입맛에 맞게 봉양하였으며, 시부모가 세상을 떠나자 상
제喪祭에 처음과 같이 예를 다하여 마을에서는 하늘이 내린
효열부라 칭송하였다. 남원군에서는 군수가 조씨 부인을
효열로서 표창하였고 사장관인 남원향교, 전주향교, 광주향
교, 나주향교와 성균관에서 표창장을 내려 부인의 효열사상
을 기리기 위해 보절면 진기리 1317번지에 효열문孝烈門을
세웠다.

### 밀양 박씨密陽 朴氏 부인

철종 기미생己未生으로 28세에 남매를 두고 남편이 졸하니
상장준례喪葬遵禮하고 3년 동안 슬퍼하다 목숨을 다하니 사
림이 그 정절을 칭송하고 유천장有薦狀하다.

## 2. 현대 인물

현대인물의 연령기준을 원래 1910년~1972년까지로 하
였으나 조사에 어려움이 많아 1910년~1958년까지만
수록하였다. 구체적으로 다음과 같은 어려움이 있었다.
첫째, 조사를 해놓고 보니 제대로 파악된 사람이 50
여% 정도이며, 나머지는 조직적으로 움직여야만 그 조
사가 가능하였고. 둘째, 또한 조사가 잘된 집안, 동네,
동창이 있는가 하면 전혀 그러못 한 곳이 대부분이었
고, 셋째, 만약 조사된 내용만 기록으로 남긴다면 형평
성에 맞지않다는 비난을 받을 것이기 때문에 비교적 조
사 가능한 1958년생까지만 면지에 수록하고, 넷째, 그
대안으로 2022년 보절초등학교 100주년 행사 시에《보
절초등학교 100년사》를 정리하면서 보절의 인물사를
정리하자는 편집위원들의 의견이 지배적이었다. 따라
시 집필진에서는 이 의견이 타당하다고 여겨 몇몇 분의
강력한 반대가 있었지만 눈물을 머금고 용기를 내어 결
정하였음을 말씀드리며, 보절초등학교 100주년 행사
시 모두 합심하여 그야말로 완벽은 아니지만 바람직한
인물사가 편찬되도록 할 것이다.
따라서 서운하신 분들도 없지 않을 것이라 사료된다.
다시 한번 혜량하여 주시길 바란다.

보절의 현대 인물은 다음 기준에 의해 수록한다.

➡ 행정 및 기능직 공무원은 사무관 이상과 행정, 사법, 외
　무, 기술고시에 합격한 인사
➡ 군인은 중령 이상, 경찰은 경정 이상의 인사
➡ 교육계는 학교장초등, 중등 이상, 일반대학 교수
➡ 재계는 은행지점장제2금융권 이상, 유명기업체 사장 및
　회장
➡ 의사, 문예, 체육, 언론, 종교인 등 저명 인사
➡ 시·군의원 이상의 인사
➡ 포상인襃賞人- 대통령상 이상 훈포장 수상자
➡ 의병義兵, 덕행德行, 효열孝烈의 기록이 뚜렷한 자
➡ 기타: 면지 수록에 타당하다고 여겨지는 자

## 2_1. 지명인사知名人士

### 강신관姜信官

진주 강씨姜氏 지군사공知郡事公파 26세손으로 보절면 성시리 761번지에서 한학으로 널리 알려진 부친 강대숙姜大淑과 장정애張正愛 여사의 차남으로 1936년 출생하였다. 보절초등학교 3학년 재학 중 천재교육시험에 합격하여 4학년으로 월반하는 등 두각을 나타냈으며 졸업 후 전주공업중학교 토목과에 진학하였으나 2학년 재학 중 6·25 전쟁으로 가정형편이 어려워져 중퇴하였다. 군대 제대 후 독학으로 1963년 남원군 시행 지방 4급현 9급 채용고시에 1등으로 합격하여 고향 보절에서 근무하였다. 1969년 총무처 시행 제1회 모범공무원으로 선발되어 대통령 표창을 수상하였으며 1975년 남원군 새마을 계장을 역임하면서 보절면 신기마을1975년, 내동마을1976년, 다산마을1977년을 전라북도 우수마을 심사평가에서 3년 연속 1등 마을이 되도록 하였다. 1981년 남원시 설치 준비단장을 역임하면서 남원읍을 남원군에서 분리하여 남원시로 승격하는 데 공헌을 하여 지방행정 사무관으로 승진 초대 회계과장을 역임하였고, 1981년 제2회 지방 5급 행정직 승진시험에 합격하여 지방행정 사무관에 임용, 이후 김제군 민방위 과장, 새마을 과장, 사회 과장, 재무 과장, 1994년 남원시 설치준비단장, 1995년 지방서기관으로 승진하여 U대회 상황실장으로 활동하였다. 이후 남원시 총무국장으로 1997년 정년퇴임하였다.

### 김공녕金孔寧

호는 경산慶山이고 언양 김씨이며 보절면 진기리 진목마을에서 1929년 9월 10일에 태어나 보절초등학교를 졸업한 후 어려운 가정 형편상 진학하지 못하고 독학을 해오던 중 고향 보절면 서기로 입문하여 35여년간 평직원으로 근무해 오면서 면민의 복리증진 등 지역문화 향토축제인 삼동굿 놀이 연습을 열정적으로 추진하여 1982년 전국민족예술경연대회에서 영예의 대통령상을 수상하는 데 공헌하였다. 외아들로 태어나 양친부모에게 남다른 효심으로 지극정성을 다하여 많은 사람의 귀감이 되었으며 공직 말년에 17대 보절면장과 27대 덕과면장을 역임하였다.

특히 경암敬庵 이교창 선생이 사재를 기부하여 용호정龍湖亭을 건립할 때 보절면장으로 재직하면서 부지선정 및 제반 어려움을 해결하였다. 이후 초대 용호계장을 역임하면서 고향발전에 기여한 공이 크다.

### 소만호蘇晩鎬

본관은 진주 소씨이며 1951년 금다리 호복동에서 소재승蘇在承의 장남으로 출생하였다. 1970년 서울대 경제학과를 졸업하고 1976년 행정고등고시에 합격하여 1976년 5월 농수산부 농업경제과, 유통과 행정사무관으로 공직을 출발하여 농림부 공보관, 축산국장, 농산물유통국장, 농업정책국장, 농업정책국장, 기획관리실장 등을 역임하며 오늘날 대한민국 농업진흥에 크게 기여하였다. 2005년 유엔 식량농업기구UN FAO ㈜인도네시아 대표FAO Representative in Indonesia, 2010~2013년 유엔 식량농업기구 아시아 태평양 지역본부 부대표UN FAO Deputy Regional Representative for Asia Pacific Region 겸 ㈜동티모르 대표 등을 역임하면서 우리나라 농업정책을 국제사회에 알리는 등 국위선양에도 업적을 남겼다. 또한 천황봉 너머 장남댐과 보절의 용평댐을 건설하는 데 힘써 보절과 인근의 농업발전에도 기여한 바가 크다.

### 소기호蘇基鎬

본관은 진주 소씨이며 보절면 진기리 진목마을에서 재술在述의 장남으로 1917년에 출생하였고 자는 명경命京이요 호號는 경와京窩이다

소기호 면장은 1953년 6·25 동란이 끝나갈 무렵 1953년 2월 제8대 보절면 민선 면장에 취임 하였다. 소기호 면장은 후덕厚德한 집안의 자손으로서 평소平素 주변周邊의 신망信望이 두터우신 분으로 6.25 한국전쟁이 끝나갈 무렵인 1953년 2월 전란 중 행정行政이 마비된 시대에 보절면 8대 면장으로 부임하여 그동안 사상思想과 이념理念의 갈등으로 이반離反된 민심民心을 수습修習하는 등 그 공적功績이 적지 않으며 동란動亂기 어려운 시대時代에 면민面民들을 위해 이바지한 바가 크다.

### 소순갑蘇淳甲

본관은 진주 소씨이며 1941년 보절면 황벌리 은천마을에서 출생하였다. 1970년대 남원 지성외과에 근무할 때 재남보

절향우회장을 역임하면서 남원 시내에 독서실을 마련하여 보절출신 고등학생의 학습 및 생활지도에 앞장섰으며 1983년에는 보절중학교에 장학회를 설립하였다. 또한 재전보절 초대향우회장을 비롯하여 (재)한국청소년 효행봉사단 전북지부장, 한국효단체연합회 공동 총재, 한국효교육원장협의회 회장(교육원 13곳 효지도사 5700명 배출), (사)전북노인복지효문화연구원 총재를 역임하면서 2013년 성산효대학원대학교에서 명예효학박사를 취득하여 폭넓은 사회활동을 하고 있다. 2009년 대통령 표창과 전주시민의 장(공익부문)을 수상하였다.

## 소종호蘇宗鎬

본관은 진주 소씨이며 보절면 진기리 진목마을에서 재춘在春의 차남으로 1925년 출생하였고 자는 덕화德化요 호는 경제敬齊이다. 소종호 면장은 보절 13대 면장1968~1975년을 역임歷任하였다. 재임 당시 1970년 새마을 운동이 시작되면서 근면·자조·협동 정신의 새마을운동 근본이념 아래 주민들이 앞장서 자발적인 환경 개선사업에 적극 참여하도록 계도하였으며 당시 낙후된 농촌 환경을 획기적으로 변화시키는데 심혈을 기울였다. 또한 한해旱害가 극심한 진목·내동지구에 진목제眞木堤 축조사업을 계획하여 1975년 1월 1일 완공하였다.

## 소평호蘇平鎬

본관은 진주 소씨이며 보절면 진기리 진목마을에서 재술在述의 차남으로 1920년 출생하였고 자는 원경元京이요 호는 효산曉山이다. 1945년 경찰에 입문하여 1959년 경감으로 경찰직을 퇴직하였다. 소평호 씨는 6·25 동란 시절 경찰관으로 지리산 공비 토벌 등 대공작전 업무수행에 혁혁한 전과를 높이 평가 받았으며, 전쟁 중 민심이 어지러운 시대에 사찰업무와 치안질서를 유지하는 데 그 공로를 인정받아 무성화랑무공훈장·은성화랑무공훈장·금성화랑무공훈장·대통령방위포장 등을 받았다.

경찰퇴직 이후에는 고향 보절에서 12대 민선면장1961~1968년을 역임하였다. 재임기간 중 현재 남원 산서 간 지방도 721호선의 확장공사와 교량을 건설하여 보절면민의 숙원사업이었던 역사적인 대중교통 버스가 처음으로 운행

하게 된 근거를 마련하였다.

## 심대섭沈大燮

청송 심씨 파동 정착조인 18세 심해상沈海祥의 후손으로 보절면 신파리 파동마을에서 태어났다. 일제강점기에 곡성군 고달에서 면서기로 근무하다가 해방 이후 경찰계에 입문하여 남원군 사매면 지서에서 근무하다가 임실군 오수지서를 거쳐 6·25 격동기에 임실군 청웅면 지서장으로 근무하였다. 당시 지리적 여건상 청웅면에는 좌익활동을 한 사람이 많았다. 수복 이후 이들은 위태로운 상황에 처하게 되는데 심대섭 지서장은 입신출세에 연연하지 않고 이들 모두를 자수시켜 신체와 생명에 지장이 없도록 하였다. 이러한 지서장의 처신과 역할에 보답하기 위하여 공적비를 세우려 하였으나 '동족으로서 당연히 해야 할 일'이라며 완강히 뿌리쳤다고 한다. 평소 심 지서장의 인품이 뛰어났음을 보여주는 대목이다. 퇴직 후에는 보절중학교 설립추진위원장을 맡아 1971년 12월 27일 설립인가와 1972년 3월 개교가 이루어지도록 하여 보절중학교가 탄생하는 데 중추적 활동을 하였다.

## 보절면 2대 면장 안병용安秉鎔

호는 경죽헌鏡竹軒으로 1890년생이다. 1910년 제2대 보절면장에 전국 최연소의 나이21세로 취임하여 1936년까지 역시 전국 최장기 면장으로 26년을 봉직하였다. 재임기간 동안 안 면장은 보절면의 수원이 길지 않아 매년 한해로 모를 심지 못해 흉년이 계속되어 면민이 기아와 부황으로 극도의 어려움을 겪자 이 문제를 해결하기 위해 불철주야 전심전력을 다하여 도촌, 금다, 진기, 서치, 신파제 등 다섯 곳 저수지를 축조하여 모내기를 하게 하였다. 또 만행산 아래 300정보의 공유지가 어느 순간 개인의 소유가 되었을 때, 도와 군에 청원하며 백방으로 노력하여 보절면의 소유로 만들었다. 나아가 이 12평 언덕을 상전桑田으로 개간하고 양잠을 권장하여 면민의 소득을 올리게 하였으며, 민둥산에 사방공사를 하여 푸른 산을 조성하고 또 덕과면 율천에서 보절면 소재지까지, 그리고 남원읍 왕치에서 보절면 성시리까지 신작로를 개설하여 교통에 편리를 주었다. 당시에는 상상도 못할 정도의 넓은 도로폭으로 길을 냈

으니 선견지명이 있었다고 하겠다. 일화 한 가지를 소개하면, 당시 매년 봄 도지사 주관 도내 면장회의가 있었는데 큰 식당이 없는 때라 회의에 참석한 면장들이 식당 밥을 도청 회의실로 배달하여 먹었는데 참으로 귀한 하얀 쌀밥이었다. 그러나 안 면장은 홀로 버들 도시락에 고구마와 잡곡이 섞인 밥을 먹거늘 일본인 도지사가 보고 "그대는 왜 우리가 제공한 밥을 먹지 않느냐" 하니 공은 의생양성소醫生養成所를 수료하였는지라 유창한 일본어로 "나는 면장이라도 하니까 이 잡곡밥을 가져와 먹지만 우리 면민은 쑥버무리와 송피松皮만 먹고 삽니다. 오늘 회의에 참석한다고 어찌 제가 하얀 쌀밥을 먹겠습니까?" 하니 도지사가 말하기를 "무슨 면이오?" 하니 "보절면입니다." 하였다. 바로 함께 도지사실로 가자고 하여 해당 국장을 불러 현장을 답사케 하고 이후 예산을 배정할 때는 20대 젊은 면장으로 사정도 하고 또 떼를 쓰기도 하여 다른 어떤 면보다 몇 배 많은 예산을 받아 저수지 축조사업을 하였다. 또 중요한 업적은 보절면은 당시 산간오지였는데도 보절초등학교가 1922년 개교하여 군내 다른 면에 비하여 비교적 빨리 설립되었는데 이는 안병용 면장이 하신마을에 이미 운영되었던 서당을 앞세워 면장취임 초부터 유치에 심혈을 기울였기 때문이라고 전한다. 현재 보절초등학교 옆에 있는 안 면장의

석상은 당시 공의 본가와 문중에서 적극 반대했음에도 불구하고 공의 선정을 기리는 면민이 강구연월康衢煙月에 격양가擊壤歌를 부르는 심정으로 일제히 합심하여 세웠다고 한다. 안 면장의 석상 뒤에는 그를 기리는 시가 새겨져 있다.

### 제2대1920~1936년 재임 안병용 면장님을 추모함

설 쇠기 위해 떡방아 찧는 것조차 범죄로 다스렸던
일제강점기 배고픈 시절
민둥산에 나무 심어 푸른 산 만들고
뽕나무 심어 누에치기로 농가소득 올렸네.
도룡리와 금다리 등 다섯 곳에 방죽 파서 건답에 모 심으니
가뭄에 서종鋤種은 옛말 되었네.
제사製絲공장 도자기공장 설치하여 일자리 주고 월급 주니
쑥버무리와 송피 푸성귀에 소금 푼 우거짓국만 먹던 면민이
하루 세끼 밥 챙길 수 있었다네.
양조장 설치하여 지역경제 살리고
신작로 개설에 상상을 넘어 로폭을 넓게 하니
소달구지가 신바람 났다네.
야학을 개설 문맹퇴치에 힘쓰고

안병용의 석상과 추모비

국민학교도 다른 어떤 면보다 먼저 유치개교 했다네.

오! 안병용 면장은 하늘이 내리신 인물인가!

작은 달이 높이 떠 만물을 비추듯

어두운 밤 등불이 되었으니

분명 보절면을 개척한 지도자요 선구자라 하겠네.

전국 20대 최연소 면장으로

역시 26년간 최장기 재임했다네.

장하고 훌륭하다 하늘같은 공덕!

어려운 시절 면민이 봉기蜂起하여 생전에 석상을 세우니

길이길이 전하여 잊지 말고

높은 뜻 이어 받아

우리 고장 발전에 앞장서야겠네.

## 안일수 安日洙

본관은 광주 안씨이며 보절면 서치리 부흥마을에서 1938년에 출생하였다. 남원상공회의소 회장을 역임하였고, 보절면 번영회장을 역임하면서 보절 상징탑을 세웠다. 2020년 보절면 노인회장에 선출되어 노인복지와 고향발전을 위하여 활동하고 있다.

## 안택수 安澤洙

호는 병주鉼株이고 일명 기수鎭洙라고도 하며 광주 안씨로 괴양리 개신마을에서 1917년 2월 4일 태어나 보절초등학교를 졸업하였다. 향촌에서 유학儒學을 벗 삼으며 농사를 짓던 중 보절면 제9대 민선면장1953. 12. 6.~1954. 8.19으로 부임하여 6·25전쟁으로 혼란과 갈등의 시기에 이반離叛된 민심을 수습하는 데 심혈을 기울인 공이 크다.

## 안한수 安瀚洙

본관은 광주 안씨이며 호는 병송정碧松亭으로 괴양리 양촌마을에서 1937년에 출생하여 보절초등학교, 전주사범학교를 졸업하고 사매초등학교에서 근무하다가 전북대학교 법학과에 입학하여 졸업 후 죽산고등학교, 전주공고 교사를 거쳐 1976년 남원교육청 장학사, 전북교육청 생활지도 장학관으로 근무하였다.

남원의 역사현장에 대한 관심이 남달라 1996년 남원시교육장으로 부임할 때 만인의총에 참배를 하였을 뿐만 아니라 1997년 정유재란으로 남원성 함락 400주년을 맞이하여 남원시 중고등학생들의 만인의총 제향에 일만여 명이 참배하도록 하였고 또한 《남원과 정유재란》저자: 최규진이란 원고를 책으로 발간하여 남원시민들에게 보급하였으며 《남원성을 바로알자》라는 책자를 발행하여 남원 시내 초중고생들의 교육용 교재로 보급하였다.

1999년 8월말 정년퇴직 후에 선생은 춘향문화선양회장에 선임되어 왕성한 활동을 하였는데 몇 가지 간추려 보면 다음과 같다.

첫째, 춘향전의 세계화를 위하여 당시 한국문학 번역 원장인 반환덕*수지면 호곡리 출신 박사와 함께 '춘향전'을 러시아, 프랑스, 스페인어로 번역 보급하였으며, 둘째, 2003년 교육장으로 현직에 있을 때, 남원시 노암동에 당시 과학기술부의 지원을 받아 150억 원의 예산으로 항공우주천문대를 설치하였다. 이러한 과정에서 천체의 수많은 별 중 '춘향별, 몽룡별, 을지문덕별'을 명명命名하여 국세전문대에 등록하였다. 셋째, 남북분단 후 최초로 남원시립국악단이 평양 봉화극장에서 '춘향전'을 공연하는 민간 외교활동을 펼쳤다. 이는 평소 친분이 있는 당시 통일부차관인 정세현오수 출신, 후에 통일부장관 역임장관과 재경향우회 안방수 회장의 도움이 컸다고 한다. 최근에는 고향에서는 보절면지발간위원장을 역임하고 있다.

## 소재호 蘇在浩

남원시 덕과면 만도리에서 1945년에 출생하여 보절초등학교, 전주고등학교와 원광대학교 국문학과를 졸업하였다. 1984년 《현대시학》으로 등단했다. 완산고등학교 교장, 전북 문협 회장, 석정문학회장, 석정문학관장, 원광문인회장 역임하였다. 주요 활동으로는 표현문학 회장, 전북대·원광대 입학사정관, 전북 문진금 심사위원장, 충남 문학상 심사위원장, 전북문학상 심사위원장을 역임하고, 현재 신석정문학상운영위원장, 한국문협 문인권익옹호위원, 한국 광복회 대의원(전북대표), (사)전북예총 회장직을 수행하고 있다.

시집으로 《이명의 갈대》, 《용머리고개 대장간에는》, 《거미의 악보》, 《어둠을 감아내리는 우레》, 《압록강을 건너는 나비》, 《초승달 한 꼭지》 외 다수의 저작이 있으며, 녹색시인상, 묵정문학상, 성호문학상을 수상하였다.

## 양영화梁榮化

호는 동파東坡이며 1911년 신파리 파동에서 출생하였다. 남원읍장을 역임하였으며 1988년에 남원향교 전교를 역임하였다. 천성이 온후강직하여 지역사회의 존경을 받았다.

## 오재승吳在承

본관은 함양 오씨吳氏이며 고려조에서 좌복야상장군左僕射上將軍으로 수차에 걸쳐 거란군을 격퇴시킨 함양부원군 문도공文度公 오광휘吳光輝의 25세손 영섭永燮과 양천 허씨許氏의 아들로 덕과면 만도리 만동마을에서 1921년 11월 출생하였다. 유년시절에 종통宗統을 잇기 위해 보절 신흥에 살고 있는 파조派祖인 공참공工參公의 12대 종손 당숙 경섭慶燮의 양자養子로 입양되었으며 이후 보절초등학교와 남원농업고등학교를 졸업하여 고창, 임실, 남원에서 군농회郡農會 기수技手로 근무하다가 1945년 조국광복을 맞이하여 교육입국에 뜻을 두고 초등학교 교원 3종시험에 합격하였으며 1946년부터 보절초등학교에서 5년간 근무하였다. 1951년에 교장으로 발령을 받아 36년간 학교장을 역임하여 41년여 초등교육에 이바지하였다. 특히 1961년부터 보절초등학교에 근무하며 오늘날의 학교 부지를 확보하여 교내 환경을 크게 개선하였다.

1987년 퇴직 후에도 남원향교 일요학교 교장, 유도회 남원지부장, 남원향교 전교 등을 역임하였으며 그 공으로 면려포장勉勵褒章과 국민훈장동백장國民勳章冬栢章을 비롯하여 수차례 남원시로부터 문화장을 수상하였다.

## 윤명한尹明漢

본관은 파평이다. 1930년 괴양리 개신마을에서 출생하였다. 1945년 보절초등학교를 졸업하고 1949년 남원농업 야간 속성 중학원을 수료(1회)하였으며 1950년 6·25 전쟁이 일어나자 이틀 후인 6월 27일에 국군으로 입대하여 포항전투, 1·4후퇴 당시 용포리 전투(강원도 현리)에서 대퇴부 관통으로 포로가 되어 생사의 문턱에서 인간의 삶에 대한 고뇌의 시간을 겪었다. 군에서 외과 기술하사관 교육을 받으며 교회에 발을 들여놓으면서 신앙생활을 시작한 선생은 제대 후에 고향 마을의 선구자로 집안과 마을을 일으켰으며 보절의 교회 역사에 큰 획을 그었다. 늘 그랬듯이 교회 장로가 되어서도 검소한 생활과 겸손한 대인관계로 주위의 존경을

받았으며, 눈이 오나 비가 오나 하루도 빠트리지 않으며 불무고개, 차독고개, 고실고개, 주장고개를 넘는 3km의 개신마을에서 신흥교회까지의 '윤장로의 새벽기도 자전거 길'은 보절사람들에게 귀감이 되고 있다.

2014년에는 면내 효자효부를 선정하여 면민의 날 행사에 표창장과 부상을 수여할 수 있도록 보절면발전협의회에 1,000만 원을 기탁하였다.

책 읽고 글쓰기를 좋아하여 저서로《세상의 빛이 되어》,《제일 큰 보배》,《인생의 여울목에서》,《천명》등을 남겼다.

## 윤성복尹成福

휘는 복한福漢이며 자는 성복成福으로 호가 학송學松이다. 고려의 개국공신 태사공太師公 신달莘達이 시조이며, 1905년 괴양리 신촌새멀마을에서 출생하여 1981년 77세의 나이로 영면하였다. 약관의 나이에 한의학에 전념하여 조부 병혁炳赫으로부터 비전秘傳의 의술을 전수하여 한의학에 정통하였다. 압박과 설움의 왜정기倭政期 어려운 시절에 사매면 오신리에서 약방藥房을 열어 평생을 인술제민仁術濟民하였으니 세인들은 학송 선생을 명의라 하였다. 학송선생의 아들인 영근永根은 경희대학교 한의대를 졸업하고 1970년대 초에 남원시 금동에 '윤한의원'을 열어 가친家親의 인술제민의 의술을 펼치고 있다.

## 윤신근尹信根

보절면 괴양리 개신새멀에서 1954년 출생하였다. 고절초등학교 7회 졸업생인 윤신근 박사는 수의사이자 동물학 박사로 1997년 4월 5일 일본 도쿄에서 열린 학술대회에 참가하여 세계 심사관들이 모인 가운데 '진도견珍島犬'의 역사적 고증을 위한 논문을 발표하여 대한민국 국견으로 입증하였다. 또한 임실군 오수면의 전설인 '오수견獒樹犬' 유전자를 복원하였으며 현재 오수견육종위원장을 맡고 있다. 또한 북한의 국견인 '풍산개' 유전자 복원 논문도 완성하여 그 결과가 북한 권력자에게 전달되었다고 한다. 윤 박사는 모교인 전북대학교에 장학금으로 1억 원을 기탁하여 동문들의 귀감이 되었다. 부친인 신흥교회 윤명한 장로는 윤 박사의 이러한 업적을 독실한 신앙생활의 결과라고 겸손하게 전한다.

## 이강수 李康壽

본관은 전주이며 호는 향촌鄕村이다. 보절면 신파리 신흥마을에서 세종왕자 영해군 16세손으로 1933년에 출생하였다. 조부는 구한말 한학자인 이교상李敎祥이며 부는 남원향교 전교를 지낸 동재東齋 이만기李萬器 선생이다.

1965년 행정공무원으로 입문하여 주로 보절면사무소에서 근무하면서 보절면 행정에 기여한 공로가 면민들에게 널리 알려지고, 온후강직한 성품으로 존경을 받아왔다. 퇴직 후에도 보절면 바르게살기위원장, 흥부제전위원회위원, 용호계장, 호남경노회장, 남원향교 감사를 역임하면서 남원과 고향발전에 기여한 공이 크다. 1999년 남원시에서 문화장文化狀을 수상하였으며 2003년에는 보절면에서 공로패를 수여하였다.

향촌은 2003년에 축조된 용평댐으로 인하여 남원부기우제터南原府祈雨祭址가 사라진 것을 안타깝게 여기더니 2019년 봄에 남원시장에게 직접 보설년 노룡리 소재 기우제터의 역사와 의미를 설명하며 그 복원을 탄원하였다. 이에 남원시장은 바로 예산을 세워 2019년 11월, 주민들이 원하는 용호정과 용호용평제 사이에 '남원부기우제터의 유래南原府祈雨祭址 由來'비를 세우고 상석을 놓아 주변 경관을 꾸미게 되었다. 비문 또한 역사적 배경과 의미를 찾아 직접 향촌이 찬讚하였으며 이로 인하여 만행산 천황봉이 역사적으로 조선시대 이전부터 명산이었음을 면민은 물론 모든 이에게 알리게 하는 계기를 비로소 마련하게 되었다.

## 이기승 李起承

1923년생으로 황벌리 은천에서 보절면 5대 면장1945~1948년을 역임한 전주 이씨 효령대군 16대손 이숙의李淑義의 아들 6형제 중 둘째로 출생하였다. 1941년 12월 7일 제2차 세계대전 중 수세에 몰린 일본이 미국의 하와이 진주만 해군기지를 선전포고도 없이 폭격함으로써 시작된 전쟁이 곧 미일전쟁 즉 태평양전쟁이다. 이때 미국의 반격으로 일본은 조선의 젊은이들을 강제로 징집하더니 1943년 8월부터 개정병역법에 의한 선년적 징병제를 실시하여 1923년생인 조선의 젊은이들을 무조건 징병하였다. '묻지마 갑자甲子생'이란 말은 이때 생긴 것인데, 선생도 1923년 갑자생이라 징병으로 끌려갔다. 이때 보절에서도 수십 명의 갑자생이 징병

기우제비

1943년 '묻지마 갑자생'들(앞줄 왼쪽 첫 번째가 이기승 선생)

으로 끌려갔으니 나라 없는 설움은 상상만 해도 아찔하다. 그러나 1945년 8월 6일 일본 히로시마와 8월 9일 나가사키에 원자폭탄이 투하되면서 일본은 미국에 무조건 항복을 한다.

일본의 패망으로 징집되어 일본군이 되었던 조선인들이 돌아왔지만 극소수에 불과했다. 선생은 남양군도南洋群島까지 전쟁에 참여하였지만 다행이 살아서 돌아왔다.

이후 고향의 초등학교에서 오랫동안 교직에 봉사하였으며 재직 중 보절면 괴양리에서 매년 마을축제로 열리던 백중날 삼동굿이 전통문화로서 보존가치가 있다고 판단하여 원광대학교 교수팀과 함께 학술적으로 체계화된 행사로 승화시켰다. 이로 인하여 1982년 광주에서 개최된 전국 민속예술경연대회에서 대통령상을 수상했고, 2001년에는 지역사회 특성화 프로그램으로 선정되기도 하였다. 선생은 이러한 공로로 1985년 남원시에서 문화장文化狀을 수상하였다.

## 이교정 李教政

농은農隱 이교정李教政1884~1967년은 신파리 신흥상신에 터를 잡아 마을을 이룬 낙재공樂齋公 이여재李如梓의 6대손이다. 태어날 때부터 인물이 특출하고 재덕이 남보다 뛰어나고 효성이 지극하여 그 효행이《용성지》에 실려 있으며 또 서울에 나아가 규장각 직제학 단운 민병승奎章閣直提學 丹雲 閔丙承, 가선대부 전향산수 석촌 윤용구嘉善大夫 前香山守 石邨 尹用求, 전 비서원승 동강 김영한前祕書院丞 東江 金甯漢 등 국내 명사들과 교유하는 등 신언서판이 삼남三南에 첫째라 하였다. 1906년 보현방寶玄坊과 고절방高節坊을 합한 보절면寶節面의 초대면장과 전라북도평의원에 추대된 이래 15년 동안 재임하면서 덕망으로 면민과 고락을 함께 나누며 한편으로는 후임인 안병용 면장을 도와 한해없는 수리사업에 힘쓰는 등 지역발전의 기반을 굳건히 다지고 강상綱常과 윤리규범을 몸소 실행하였다. 퇴임 후 수신제가에 힘쓰는 한편 시주금기詩酒琴棋와 경전經典을 벗삼아 온화한 의표儀表로 삼남의 빈객賓客을 맞이하니 마치 그 모습이 청송青松에 깃든 학을 보는 듯 칭송이 자자함은 물론 행덕이 겸전兼全하였다. 향인들이 숭덕을 흠앙하여 행적비行蹟碑를 건립코자 하였으나 극구 사양하는 것에서 평소 공의 행덕을 엿볼 수 있다.

## 이교창 李教彰

호는 경암敬庵이며 전주 이씨 사마진사 영릉참봉 여재의 6세손으로 1921년 신파리 신흥상신에서 출생하였다. 보절보통학교 4년제를 졸업하고 맏형의 사업이 어려움을 겪게 되자 사매보통학교 6년제 진학을 포기하고 부친의 농사일을 돕다가 자립의 뜻을 품고 함경도 함흥의 광산노동자로 일하였다. 그러나 일본인의 횡포와 임금을 받기 어렵다는 판단 하에 전북 임실군 출신인 동료와 탈출을 시도, 천신만고 끝에 고향으로 돌아왔다. 마침 보절보통학교가 6년제로 되어 있어 편입생으로 들어가 졸업을 앞두고, 순사巡査시험을 치러 합격한 뒤, 전주사범학교 특설과 시험에 응시하여 합격한다. 주위에서는 순사가 되기를 바랐으나 부친이 "선조들 대대로 학문을 중시하였다."라며 교직을 희망하므로 전주사범학교를 마치고 교사로서 1943년 순창군 적성보통학교에 첫 발령을 받았다. 1944년 보절보통학교로 전보 발령되어 고향과 인근에서 근무하다가 덕과 덕동초등 교장, 이어 수지남창초등, 고절초등, 산내초등, 성북초등학교 교장을 역임하는 등 교직 43년을 마치고 1986년 8월 31일 정년퇴임을 하였다. 선생이 성북초등학교에 재직할 때, 1983년 10월 초 보절 제1경인 용동폭포로 전교생 가을소풍을 가는데 목적지에 도착하자마자 소나기가 퍼붓기 시작하였다. 그러나 비를 피할 장소는 전무하였다. 어린 학생들은 물론 교직원 모두 비를 흠뻑 맞으며 하산하여 그날 소풍을 망쳤다. 이때 선생은 용동폭포 경내에 비를 피할 공간이 없는 것을 안타깝게 생각하다가 퇴직과 함께 만기가 되는 동방생명 보험금을 인출하여 용호정龍湖亭을 건축하였다. 선생은 준공식 때 흔쾌히 '개인의 재산이 아닌 면민의 재산'임을 선언하므로 이때 수백 명의 참석자들은 우레와 같은 박수로 찬사를 보냈다. 또한 자신의 회갑잔치 비용으로 보절중학교에 경암장학회敬庵獎學會를 만들고 수차례 장학금을 주어 후진양성에 관심을 보였으며, 마지막 근무지인 성북초등학교에서도 뜻을 같이하는 교사 4명이용표, 이세재, 조광태, 박도령과 함께 은성장학회恩城獎學會를 설립하였다.

## 이만기 李萬器

동재東齋 이만기李萬器1912~1999년 선생은 신파리 신흥상신에 터를 잡아 마을을 이룬 낙재공 이여재의 7대손이다. 천성이 영오穎悟하고 대대로 내려오는 유가儒家의 가르침에 젖어있는데 더하여 영산寧山 정상현丁常鉉, 하범荷凡 윤길중尹吉重, 학회學晦 소문석蘇文錫 선생을 사사하여 식견이 높고 지식이 더욱 넓어졌다. 1960년대 산업사회로 전환되면서 전통윤리가 급격히 퇴폐되어감을 좌시할 수 없어 패속상풍敗俗傷風을 바로잡고 노인들의 안식처를 마련코자 백방으로 노력하고 회원을 모집하니 남원 군내는 물론 경향 각지에서 호응하여 회원 수가 무려 2000여 명에 달하여 위용당당한 호남경로회관湖南敬老會館이 만들어졌다. 1963년 남원에 내려온 박정희 대통령을 면담하여 만인의총의 유래와 위치가 구 남원역 철로변 습지여서 이전이 시급함을 건의함에 따라 즉석에서 수락받아 연차적으로 현 위치로 이전 정화사업을 벌였다. 1979년 사적 제272호로 지정받게 하였다. 남원향교 전교, 전라북도 향교재단 이사, 성균관 전학典學, 성균관 이사理事 등을 역임하면서 존성모현尊聖慕賢과 유도儒道의 보급에 힘썼고, 전라북도교육위원, 남원군중고등학교 기성회장 겸 후원회장, 학교법인전북대학재단이사, 백필연장학회장百筆硯奬學會長 등을 역임하면서 청소년의 교육사업에도 힘썼다. 남원군번영회장, 국사편찬위원회사료조사위원, 춘향문화선양회장 등의 중책을 수임하면서 다대한 업적을 올려 '남원군 문화장'과 '춘향문화선양문화장'을 수상하였다. 또한 선생의 글씨는 남원의 공용버스터미널의 현판 '康莊軒강장헌'을 비롯 춘향묘역과 만인의총 경내 등 여러 곳에 남아있다. 특히 만인의총 경내에는 만인의총 이전과 정화사업에 대한 선생의 공적비가 세워져 있다.

### 이창수李昌壽

보절면 신흥에서 1939년 동재 이만기 선생의 2남으로 태어났으며 보절초등학교 27회 졸업생이다. 발전협의회 이전 보절면체육회장으로 활동하였으며 모금운동을 전개하여 2005년 보절면 게이트볼장을 유치하였다. 초대 보절면게이트볼동호회 초대회장을 역임하면서 보절의 노년층 건강과 대화의 활동공간을 마련한 공로가 크다. 현재는 남원시애향본부에서 운영하는 남양쌈지장학회 부회장, 보절장학회회장으로 활동하고 있다.

### 조용택趙鏞澤

1928년 보절면 진목마을에서 출생하였으며, 인월지산초, 수지동초, 보절초 교장을 역임하였다. 보절초 재임시절1953년 당시 안재완 교장, 소갑렬 선생이 공동으로 작사한 교가를 작곡한 것으로 알려져 있다.

### 보절초등학교 교가

천황봉天皇峰 우뚝 솟아 영지靈地 이루고
맑은 물 흘러내려 신파제新波堤 된 곳
터 잡고 씨를 뿌려 배움터 되니
우리 앞길 기초 닦는 보절학교寶節學校

1절 16마디로 구성된 이 교가는 보절초등학교를 졸업한 졸업생 및 지역주민들에게 애향심과 애교심을 불러일으키고 있다.

## 2_2. 독립운동獨立運動

소팔백蘇八伯, 1882~1968년
☞ 제6장 〈보절의 교육〉
조동선趙東先, 1871~1930년
☞ 제6장 〈보절의 교육〉
김덕인金德仁, 1852~?
☞ 제6장 〈보절의 교육〉
장경일張景日, 1886년~?
☞ 제6장 〈보절의 교육〉
소종혁蘇宗爀, 1876~1940년
☞ 제6장 〈보절의 교육〉
안재직安在稷, 1900~1961년
☞ 제6장 〈보절의 교육〉
김성은金成垠, 1927~?
☞ 제6장 〈보절의 교육〉

## 2_3. 덕행·학행

### 강정순姜貞順

일제강점기에 강정순 여사는 덕행과 학문이 뛰어나 당시 향리에서 칭송이 높았다. 강 여사의 본관은 진주이며 아버지 우형禹馨의 1남1녀 중 장녀로 1895년에 임실군 지사면 현계리에서 태어났다. 어려서부터 총명하여 아버지의 남다른 애정으로 가정교사에게 한학과 한글교육을 받으며 부덕婦德과 부언婦言, 부용婦容과 부공婦功의 4덕을 갖추었으며 성품은 순수하고 온화하며 인자하였다. 16세가 되던 해에 보절면 진목마을의 남양인南陽人 방진국房鎭國과 혼인하여 지극정성으로 시부모를 봉양하며 각별한 내조로 남편을 섬겼고 시부모상을 당하여서는 삼베로 상복을 짓는 솜씨를 익혀 출가하였으므로 친인척 모두의 상복을 손수 재봉하여 친인척과 향리 사람들을 감탄케 하였다. 여사는 글을 모르는 향리 사람들이 편지나 문서를 가져오면 친절하게 읽어주었고 마을에 혼사가 있을 때마다 혼례예장서婚禮禮狀書를 손수 써주었다. 밤이 되면 시모와 이웃에게 밤새도록 이야기책을 읽어드리며 어른들을 즐겁게 해드리는 등 솔선수범하여 효제와 미덕을 행하였다. 또한 당시 국운이 기울어 세상이 어지러운 시절 가난하여 조석으로 찾아온 사람들에게 음식을 베풀어 정을 나누었고 남녀노소를 불문하고 글을 모르는 마을 사람들에게 한학과 한글을 가르쳐 문맹을 극복하게 하였다. 부녀자들에게는 상복 만드는 기술을 전수시키는 등의 업적을 남겼다.

### 노재용魯在容

보절면 황벌리 내황마을 출신으로 보절초등학교 제31회 졸업생이다. 1983년 보절초등학교 60돌 행사를 맞이하여 '을지문덕乙支文德 장군 기마상'을 기증하였으며 이때 보절초등학교와 면사무소, 우체국에 TV를 각각 1대씩 기증하기도 하였다.

### 백기선白己善

보절면 금다리 금계바딧절마을 출신으로 금계 갑부의 집안에서 백갑선의 동생으로 출생하여 보절초등학교를 졸업하고, 6·25 격동기에 바로 상경하여 서울에서 생활하였다. 서울 무교동에서도 유명한 '무일갈비'라는 음식점을 운영하면서 각종 사회사업 활동을 하였다. 모교인 보절초등학교 60주년 행사를 맞이하여 1983년 9월 1일 '세종대왕 좌상'을 기증하였다.

### 소기호蘇寄鎬

덕과면 만도리 도촌섬말마을에서 1952년 출생한 보절초등학교 42회 졸업생이다. 2001년 '민족통일 전주시협의회' 운영위원으로 활동하였으며 2007년 이후 부회장으로 활동하고 있다. 또한 전주에서 미광스튜디오를 운영하고 있으며, 보절면민의 날 행사에 매회마다 면민들의 영정사진을 촬영하고 사비를 들여 액자로 제작·배포하여 주민들의 칭송을 받고 있다. 2017년 보절면민의 날에는 보절면 애향장을 수상하였다. 향우회 활동도 활발히 하여 재전보절향우회장2016~2019년을 역임하였다.

### 신은철申銀澈

보절면 신파리 중현마을에서 1947년 2월에 출생하였으며 보절초등학교 제35회 졸업생이다. 서울 남대문시장에서 '다다사多多社'를 운영하고 있으며 1979년 6월 '충무공 이순신 장군상'을 기증하였다. 6·25 격동기에 어렵게 살았다는 신은철 대표는 지금도 인근 고아원과 노인정 등을 찾아다니며 물심양면의 봉사활동을 하고 있다.

### 안동원安東遠

호는 송운이며 본관은 광주 안씨이다. 1909년생으로 서치리 부흥당시 지명은 갈치에서 정착조 안극충의 세손으로 출생하였다. 어려서부터 글을 배워 특히 한의학에 심취하였으며 군산으로 출가하여 한약방을 개업하였다. 선생은 가난한 주민들에게는 무료로 약을 지어주고 치료를 아끼지 않아 지역 사회로부터 크게 존경을 받았으며 주민들은 군산공원에 선덕비를 세워 선생의 행적에 보답하였다. 1966년에는 대통령 표창을 받기도 했다. 자손들이 번창하여 군산의 인물로 지칭되는 종열鍾烈 공학박사는 70년대 군산 산업화의 역군으로 활동하기도 했다.

**안병호**安秉鎬

본관이 순흥順興이며 신파리 신흥하신에서 1861년에 출생하였으며 호는 춘강春江
이다. 천성이 준엄하고 효심과 우애가 두텁고 학문과 선행을 좋아하고 인물이 걸출
하여 남원의 4걸傑이라 하였다. 일제 강점기에는 민족정기의 부흥이 사림육성士林
育成에 있다고 보고 향교 부흥 사업에 힘썼다. 일제가 남원부의 관아였던 근민당近
民堂의 문루門樓인 환월루를 도시계획을 핑계로 헐려고 하자 공은 유림 대표로써 유
림을 설득하여 의연금義捐金을 모아 매입 해체買入分解하여 남원향교 정문인 진강루
振綱樓를 창건하고 기記를 찬撰하였으니 남원인의 자존심과 문화재의 중요성을 지
키게 되었다. 또 당시 이석용李錫庸 호남의병장의 활동에 많은 지원을 하였다. 또 당
시 송자대전宋子大全의 중간重刊은 민족정신 각성의 성격을 띠었는데 공은 호남유림
의 거두로 전국 도유사都有司의 책임을 맡아 유시유종有始有終의 미를 거두었다.

**안재직**安在稷

본관이 순흥이며 신파리 신흥에서 1900년에 출생하였으며 호는 희당喜堂으로 인
품이 단아하고 의표가 장중하였다. 일찍이 동강 김영한東江 金寗漢에 사사하여 학
업과 문장이 낭시 세상에 널리 알려졌다. 월당 홍진표月堂 洪震杓 선생이 안광섬삭
眼光閃爍, 눈빛이 빛남하고 위의재식과지威儀才識過之, 몸가짐에 위엄이 있고 재주와 학식이 뛰어남이
라 하였고 추연 권용현秋淵 權龍鉉 선생은 호남고사湖南高士라 칭하였다. 4권의 문집
이 있다.

**우종옥**禹鐘玉

본관은 단양 우씨禹氏이며 호는 운포雲圃이고 벼슬은 참봉이다. 1870년 보절면 신
기리새터에서 출생하여 어려서부터 학문을 좋아하였지만 집안일을 주관함으로
인해 학문에 큰 뜻을 이루진 않았다. 그러나 의리로 뜻을 이루고 시비를 분석함에
뭇 사람들이 재론하지 않았다.

성품이 또한 겸손하고 신실하여 사람들을 사랑하고 베풀어 주길 좋아하였다.
길사나 흉사, 큰일이 있으되 가난하여 스스로 자립할 수 없는 자는 힘써 장만하여
돕고, 가난하여 쌓인 빚 갚지 못하는 자는 문서를 불사르고 탕감을 해주며 흉년이
든 해에 수확이 줄어든 자는 그 부담을 덜어주자 여러 사람들이 비석 세울 것을
하나같이 말하고 칭송하였다.

다음은 그 시혜비에 쓰여진 내용을 해석한 것이다.


前參奉禹公鍾玉施惠碑
전참봉 우종옥 시혜비


仁厚本性 淸白後裔　본성이 어질고 후덕하여 청백리의 후예로

公執土稅 惠及鄕里　공께서 토지세를 관장하시니 은택이 향리에 미쳤네.

視其所與 胤又繼志　베풀어주신 바를 살펴 그 뜻을 계승하려

刻于片石 豈曰爲報　한 조각돌에 새기지만 어찌 보답한다 말하리오.

우종옥, 우제삼 공적비(소재: 내동마을 입구 다리 건너)

**우제삼**禹濟三

본관은 단양 우씨이며 예안군파 우치익禹致益의 8대 종손으로 신기마을에서 1911년 출생하여 문중뿐만 아니라 면내에서도 뛰어난 지도자로 활동하였으며 1935년 신기저수지를 축조하였을 때 큰 공을 세웠다. 한국전쟁 당시 마을을 약탈하는 인민군에 대항하다가 감옥에 갇히게 되었는데 1950년 9·28 수복으로 인민군이 퇴각하자 제삼은 이를 알고 다른 동료들을 먼저 탈출시키다가 인민군에게 발각되어 총살당하였다. 이 사실은 제삼의 도움으로 목숨을 건진 사람의 증언으로 알게 되었으며 광한루원에 있는 충혼탑에 그의 이름이 새겨져 있다.

　다음은 그 공적비에 쓰여 진 내용을 해석한 것이다.


東菴 禹濟三功績碑
동암 우제삼 공적비

* 甲申年(1944) 12월 건립

早襲庭訓 誠勤持身　일찍이 집안의 가르침을 익혀 성실과 근면이 몸에 배었고

雖無一命 有濟於人　비록 말단 관직도 맡은 적 없으나 사람들을 구제하였네.

農有自作 勸買土田　자기 농사짓도록 농토를 구입하라 권면하고

築此堤堰 其勞且賢　이 저수지를 쌓는데 그 수고로움과 현명함이 있었네.

公益如此 功當永傳　공의 도우심이 이와 같으니 마땅히 그 공적을 길이 전하고자

略擧事績 刻之于珉　대략의 업적만 들어 옥돌에 새기노라.

**정복구래**丁福求來

정복구래 여사는 1908년 8월 28일 장수군 산서면 사계리 576번지에서 아버지 정태규의 1남 2녀 중 막내딸로 태어났다. 16살에 보절면 진기리에 사는 두 살 어린 우제삼과 결혼하여 신기마을 우씨 집안의 종부로서의 큰살림을 꾸려나가야만 했다. 한국전쟁 중에 지아비를 잃고 홀로 3남 5녀의 자식을 키우고 농사를 지으며 종가를 지켰다. 정복구래는 어려서부터 글을 깨치어 남에게 의지하지 않았고 정이 많아 주위 사람들에게 베풀며 살아왔다. 정복구래의 행적은 남원 경찰서장의 감사장과 남원군수의 표창장에 새겨져 있어 생략하고 대신 그 내용을 소개한다.

> # 감 사 장感謝狀
>
> 남원군南原郡 보절면寶節面 진기리眞基里
>
> 정복구래丁福求來
>
> 우자右者는 국민운동國民運動의 선봉先峰이며 인인박애隣人博愛의 선각자先覺者인 고古 우제삼씨禹濟三氏의 미망인未亡人으로서 고인故人의 유훈遺訓을 받으러 다단多端한 가사家事를 불고不顧하고 춘궁기春窮基에 처處하여 절량격식絶糧欠食하는 진기리 주민 84세대眞基里住民八十四世帶에 긍亘하여 소지인다량所持籾多量을 분배급식分配給食하여 아사지경餓死之境을 면免케 하였음은 ~생략 감사장感謝狀을 수여授與함.
>
> 단기 4286년 3월 20일檀紀四二八六年三月二十日
>
> 서기 1953년 3월 20일: 같은 해 7월 27일 한국전쟁 휴전
>
> 남원경찰서장南原警察署長 총경 總警
>
> 최란수崔蘭洙

**우택만**禹宅萬

단양 우씨 문강공文康公파 27세손으로 보절면 진기리 진목마을에서 1955년에 출생하였다. 고절초 6회 졸업생으로 한화손해보험 남원사업소와 신동아상사 대표, 국제로타리 남원중앙클럽회장, 법무부 남원보호관찰소 위원장, 남원 국제봉사 단체협의회장을 역임하면서 다방면으로 봉사활동에 참여하고 있다. 현재는 법무부 전주지방검찰청 남원지청 분과위원장과 재남보절향우회장으로 활동하면서 고향 보절의 각종 행사에 적극적으로 참여하여 주민들의 많은 칭송을 받고 있다.

**정기삼**丁基三

1953년 계사癸巳년에 가뭄이 극심하여 도촌제가 바닥을 보이자 마을 뒷들과 안

들의 농사가 속수무책이었다. 이때 이 마을 정기삼은 일체의 비용을 부담하여 마을 위 도룡천에 은거隱渠를 놓아 관개 수로를 만들어 안뜰과 뒤뜰 일부에 농업용수를 공급하여 농사를 짓게 하였다. 이후에도 이 은거에 의한 관개수로는 유용하게 이용되었는데, 이 혜택을 입은 경작자들이 그 공로를 기념하기 위하여 공적비를 세웠다. 초기에 세멘트로 입비立碑하였으나 후에 석비石碑로 교체하여 세워진 후세에 귀감이 되는 비碑라 하겠다.

이명박 전 대통령으로부터 표창장 수여

### 최필수崔必洙

최필수 여사는 1921년 임실군 삼계면 어은리에서 삭녕 최씨 성열成烈의 딸로 태어나 1939년 18세의 나이로 전주 이씨 영해군파 신흥종중 낙재공 여재의 8대 종손宗孫인 익수益壽와 결혼하였다. 종부로서 종가의 화목과 대소제절大小諸節에 소홀함이 없이 소임을 다하였으며 슬하에 2남 5녀를 두어 자애와 법도에 따라 훈육하여 반듯하게 성장시킴으로써 종가의 칭찬을 받아왔다. 시부모 공양에도 한치의 소홀함을 보이지 않았으며 말년에 치매 증세로 고생하는 부군을 7년여 간병하는 등 정성을 다하였다. 종중에서는 2019년 백수白壽를 맞이하여 그 공을 패牌에 담아 수여하였다.

원불교 보절교당 초창기 때부터 약 60여 년 교도로 생활하면서 교당의 발전과 포교에 힘써왔으며 교리를 탐독하고 실행한 결과 법호法號 자타원와 법위法位 정식법강 항마위를 받았다. 그 실천의 사례로 자녀들로부터 받은 용돈을 모아 주변의 어려운 이웃을 위해 면사무소를 통하여 매년 성금을 기탁하여 왔으며 2011년 5월에는 남원시청에 불우이웃돕기 성금으로 500만 원을 기탁하기도 하였다.

### 2_4. 효孝

### 강덕순姜德順

강덕순은 산서면 사람으로 파동 양왕근과 결혼하였고, 현재는 서울 낙성대에서 '전주관'이라는 식당을 운영하면서 바쁜 와중에도 백세가 넘는 노시모를 극진히 모시고 있다. 이에 대한 공로로 강덕순은 2006년에 복지부장관 유시민으로부터, 이후 이명박 전대통령으로부터 표창장을 받았다.

### 이석용李錫容의 처 남묘숙南妙淑 여사

남묘숙 여사는 전북 정읍시 입암면 마석리에서 1945년 선영宣寧 남南공 상욱相郁의 장녀로 태어나 1969년 12월 전주이씨 영해군파 신흥종중 9대 종손인 석용과 결혼하였다. 검찰공무원으로 청廳내에서도 청렴하기로 유명한 남편의 내조를 하면서도 1남 4녀를 길러냈으며 형제남매 간의 우애도 빈틈이 없었다. 검찰공무원 이사관으로 퇴직 후 서울에서 법무사 사무실을 운영하는 남편이 고향에 계시는 노모를 한시도 잊지 못하여 부부가 15일씩 교대로 고향에 내려가 시모媤母를 모시며 공경을 다 하였다. 2017년에는 시모의 보행이 불편해지자 아예 남편의 뜻에 따라 부부가 고향으로 함께 내려와 거주하면서 조석으로 건강을 살피며 지극정성을 다하여 모시고 있다.

마을에는 조선 영조 때 7대조 가철可哲과 6대조 행권行權, 시권時權이 효행으로 명정銘旌을 받아 세워진 삼효려三孝閭가 있는데, 주변 사람들은 이들 부부의 효행을 칭송하며 '이는 조상들의 효 정신을 본으로 삼은 것이다.'라고 말을 아끼지 않는다. 막상 본인과 남편은 이러한 자신들의 행실이 지극히 당연한 것이라며 칭송을 마다하지만 필자는 주위의 권勸을 물리칠 수 없어 이들의 행적을 대강 간추려 적었음을 밝혀 둔다.

### 소순이蘇順伊

다뫼에 사는 김병기의 부인 소순이는 진주 소씨로 1990년 9월 19일에 남원 향교에서 내리는 효부상을 받았다. 시어머니가 10여 년간 병으로 누워있을 때 병간호를 극진한 정성으로 모셨기에 '효란 그와 같다'고 인근 고을 사람들의 칭송이 많았다.

소순이와 시모

### 안명섭과 안귀재

안명섭은 보절 신흥마을 출신으로 104세 노모를 극진히 모시고 있다. 안귀재도 보절 신흥 출신으로 102살이 되신 노모이찬옥를 극진히 모시며 함께 살고 있다. 100세가 넘은 어른을 모시는 일이 결코 쉽지 않음에도 불구하고, 늘 웃는 얼굴로 어른들을 받들어 모시고 있다.

안명섭과 안귀재

## 2_5. 국회의원·도의원·시의원

### 김성범金成凡

1945년 괴양리 양촌마을에서 출생하였다. 남원시 3대, 5대, 6대의원을 역임하였으며 3선 의원으로 남원시의회 의장을 역임하였으며, 보절면 2대 발전협의회장을 역임하였다. 또한 삼동굿보존위원회 위원장을 맡아 삼동굿 보존에 기여하였다.

### 안균섭安均燮

1923년 신파리 신흥하신마을에서 출생하였다. 호는 남호, 순흥인順興人이며 보절면 2대 면장을 지낸 안병용의 아들이다. 성격이 쾌활하고 수완과 지략이 출중하였으며 담력이 크고 또 호탕한 웃음으로 기개가 호방하였다. 전북병사구사령부

全北兵司區司令部에 재직할 때, 남원 장정들이 크고 작은 편의를 받았다는 것으로 알려져 있다. 육군 중령으로 전역한 후 자유당에 입당하여 35세에 제4대 국회의원에 당선되었는데, 본인도 훌륭하지만 선고先考의 후광이었다는 게 세평이다. 국방위원으로 활동하였으며, 양일동梁一東, 장준하張俊河 선생 등과 민주통일당을 창당하여 전당대회 의장을 역임하였다. 박정희 정권 삼선개헌 반대운동으로 수차 구금되었으며 유신헌법 철폐를 위한 시위와 관련하여 불법적인 연행과 고문으로 입원가료를 받는 등 민주화운동을 꾸준히 계속하였다. 이 공로로 정부로부터 민주화운동 관련자로 지정되었다. 윤보선 전 대통령과 함께 한국예술 전람회 운영위원장으로서 전람회를 개최하였으며 서울 신문회관 등지에서 수차례 개인서예전을 열 정도로 서예와 사군자에 능하였다. 서울 마포 필동에 순흥 안씨 대종회 사무실을 마련하는 등 국가와 문중에도 공덕이 지대하였으므로 전국 순흥 안씨 대종회에서 지난 2017년 7월 안자묘安子廟 묘정廟庭에 송덕비頌德碑를 건립하였다. 선친 안병용은 면장으로서 면정을 잘 다스려 면민이 석상을 세웠으니 양대 공적을 기리는 금세의 경하할 일이오, 후세의 사표가 된다 하겠다.

### 양기현梁琪鉉

1900년 서치리 서당마을에서 출생하여 남원군 교육위원과 보절면의회 의장을 역임하였다.

### 우봉윤禹鳳潤

1942년 4월 진기리 신기마을에서 출생하여 서울시 중구에서 2, 3대 의원을 역임하였다.

### 우창희禹昌熙

1947년 1월 진기리 진목마을에서 출생하여 남원시 3대 의원을 역임하였다. 시의회 경제건설분과위원으로 활동하였다.

### 유광종劉光鍾

1941년 사촌리 사촌마을에서 출생하였다. 남원시로 승격되기 이전 1991년 3월 26일 민선1기 보절면 선거구에서 군의원으로 당선되어 초대, 2대, 3대 의원과 군의회 부의장을 역임하였으며, 보절면 초대 발전협의회장을 역임하였다. 현재

는 용호계장으로 지역사회에 봉사하고 있다.

### 이용완李容完

1954년 덕과면 비촌사립안에서 출생하여 보절초등학교를 졸업하고 전라북도 도의원에 당선되어 활동하였다.

### 이용호李容鎬

광주 이李씨이며 도룡리 도촌마을에서 1960년 출생하였으며 보절초등학교 46회 졸업생이다. 서울대학교를 졸업하고 경향신문 기자, 국무총리실 정책·공보비서관, 국회사무처 홍보기획관을 역임하면서 국정과 행정에 대해 두루 경험했다. 20·21대 남원·임실·순창 지역구 재선 국회의원으로, 현재 국회 보건복지위원회, 예산결산특별위원회 위원으로 활동 중이다. 깊이 있는 의정활동과 정치력, 폭넓은 인적 네트워크로 중앙 정치권에서 인정받아왔고, 지역 의정활동에도 성실해 지역주민에게 높은 평가를 받고 있다.

여러 가지 국가적 현안에 대해 꾸준히 본인의 의사를 밝히고, 폭넓고 발 빠른 의정활동을 펼치고 있어 주목을 받고 있다. 제21대 국회 1호 법안으로 공공의대법을 발의했고, 공공의대 추진 과정에서 발생한 각종 가짜뉴스에 선제적으로 대응하면서 남원에 공공의대 설립 필요성을 정확히 알리는 데 '맹활약'하고 있다. 그 밖에도 최숙현 5법과 부동산 전월세전환율 인하, 외국인 부동산 투기 중과세 등의 민생법안을 대표 발의했다. 이외에도 정유재란으로 1957년 8월 13~15일에 벌어진 '남원성 전투'에서 일본군이 전사자들의 코를 베어 만든 '코무덤'을 찾아와야 하며 '코무덤'을 일본의 문화재에서 제외시켜야 한다고 주장하며 의회議會차원에서 세계에 알리는 등 외교적 쟁점화를 위한 노력을 하고 있다. 또한 교통관련법, 플라스틱 관련법, 미세먼지 관련 식목일을 공휴일로 해야 한다는 등 의회에서 폭넓고 깊이 있는 다양한 법률안을 만들어 추진하는 준비된 국회의원으로 알려졌다.

### 조영연趙永衍

1958년 덕과면 신양리 양선마을에서 출생하여 남원시 초대, 3대, 4대, 5대, 6대 의원을 역임하였고 5선 의원으로 남원시의회 의장을 역임하였다.

## 2_6. 사법·행정·외무·기술 고시

| 이름 | 출생 | | 출신초교 | 주요근무 |
|---|---|---|---|---|
| 소만호 ( 蘇晩鎬 ) | 1951 | 호복동 | 보절초 39 회 ( 행시 회 ) | 전 ) 농림부 ( 기획관리실장 ), 전 ) 국제연합식량농업기구 ( 아태지역 부대표 ) |

## 2_7. 교수

| 이름 | 출생 | | 출신초교 | 주요근무 |
|---|---|---|---|---|
| 이석래 ( 李石來 ) | 1932 | 비촌 | 보절초 19 회 | 전 ) 성신여자대학교 교수 , 가톨릭대학교 학장 |
| 김원영 ( 金元寧 ) | 1933 | 진목 | 보절초 22 회 | 전 ) 해양대학교 교수 |
| 이기방 ( 李起芳 ) | 1935 | 은천 | 보절초 24 회 | 전 ) 전북대학교 수학과 교수 |
| 소광호 ( 蘇洸鎬 ) | 1935 | 진목 | 보절초 24 회 | 전 ) 전북대학교 수학과 교수 |
| 이풍래 ( 李豊來 ) | 1941 | 비촌 | 보절초 29 회 | 전 ) 전북대학교 화학과 교수 |
| 조총만 ( 趙總萬 ) | 1942 | 양선 | 보절초 | 전 ) 한양대학교 교수 ( 워싱턴대학 理學박사 ) |
| 조두연 ( 趙斗衍 ) | 1951 | 양선 | 보절초 | 전 ) 원자력 안전기술원 연구실장 |
| 안강수 ( 安江洙 ) | 1951 | 괴양 | 고절초 | 전 ) 울산대학교 공과대학 기계과 교수 |
| 안병걸 ( 安秉杰 ) | 1952 | 괴양 | 고절초 | 전 ) 남서울대학교 인문학과 교수 |
| 김희영 ( 金喜寧 ) | 1953 | 괴양 | 고절초 | 현 ) 한국폴리텍대학교 교수 |
| 윤신근 ( 尹信根 ) | 1954 | 신촌 | 고절초 7 회 | 현 ) 서울대학교 , 삼육대학교 외래교수 |
| 유영대 ( 劉永大 ) | 1956 | 사촌 | 용성초 | 현 ) 고려대학교 한국학 교수 |
| 소강춘 ( 蘇江春 ) | 1957 | 하신 | 보절초 44 회 | 현 ) 전주대학교 국어교육과 교수 , 현 ) 문화체육관광부 국립국어원장 |
| 안병용 ( 安秉庸 ) | 1958 | 괴양 | 고절초 | 현 ) 전북대학교 농과대학 교수 |
| 안영무 ( 安永茂 ) | 1958 | 하신 | 보절 출생 | 현 ) 한성대학교 교수 |

## 2_8. 초등학교장

| 이름 | 출생 | | 출신초교 | 주요근무 |
|---|---|---|---|---|
| 오재승 ( 吳在承 ) | 1921 | 상신 | 보절초 | 전 ) 성북 , 보절 , 남원남초등학교장 |
| 이교창 ( 李敎彰 ) | 1921 | 상신 | 보절초 | 전 ) 고절 , 산내 , 성북 초등학교장 |
| 안재완 ( 安在琬 ) | 1922 | 하신 | 보절초 | 전 ) 보절 , 전주 , 송천 초등학교장 |
| 장 담 ( 張潭 ) | 1922 | 벌촌 | 보절초 | 전 ) 보절 , 고절 , 성북 초등학교장 |
| 장 원 ( 張源 ) | 1926 | 벌촌 | 보절초 | 전 ) 성북 , 보절 , 고절 초등학교장 |
| 이용각 ( 李容恪 ) | 1927 | 비촌 | 보절초 | 전 ) 사매 , 전주 송천초등학교장 |
| 안학수 ( 安學洙 ) | 1927 | 개양 | 보절초 | 전 ) 남원국민학교장 |
| 조용택 ( 趙鏞澤 ) | 1928 | 진목 | 보절초 | 전 ) 인월지산 , 수지동 , 보절초등학교장 |
| 우제환 ( 禹濟煥 ) | 1928 | 신기 | 보설 출신 | 전 ) 완주 삼례초등학교장 |
| 양해동 ( 梁海東 ) | 1930 | 파동 | 보절초 19 회 | 전 ) 남원 용성초등학교장 |
| 이규수 ( 李珪壽 ) | 1934 | 상신 | 보절초 22 회 | 전 ) 서울 우전초등학교장 |
| 안평수 ( 安坪洙 ) | 1935 | 양촌 | 보절초 22 회 | 전 ) 임실 대리초등학교장 |
| 소정석 ( 蘇正錫 ) | 1937 | 작소 | 보절초 24 회 | 전 ) 전주 인후초등학교장 |
| 김종억 ( 金鐘億 ) | 1937 | 파동 | 보절초 24 회 | 전 ) 교육부 교육국장 |
| 양환철 ( 梁煥喆 ) | 1938 | 파동 | 보절초 26 회 | 전 ) 남원 주생초등학교장 |
| 양병택 ( 梁炳鐸 ) | 1943 | 파동 | 보절초 30 회 | 전 ) 전주초등학교장 |

| 김상영 ( 金相寧 ) | 1947 | 음촌 | 보절초 35 회 | 전 ) 군산대야 남초등학교장 |
|---|---|---|---|---|
| 안동수 ( 安東洙 ) | 1948 | 부흥 | 고절초 1 회 | 전 ) 운봉초등학교장 |
| 김규영 ( 金圭寧 ) | 1948 | 양촌 | 고절초 1 회 | 전 ) 경기도 관내 초등학교장 |
| 이환복 ( 李桓福 ) | 1950 | 산수동 | 보절초 38 회 | 전 ) 보절초등학교장 , 전주 화산초등학교장 |
| 소재권 ( 蘇在權 ) | 1952 | 만동 | 보절초 39 회 | 전 ) 전주 화산초등학교장 |
| 소재두 ( 蘇在斗 ) | 1951 | 만동 | 보절초 38 회 | 전 ) 사매초등학교장 |
| 우상조 ( 禹相助 ) | 1954 | 신기 | 고절초 7 회 | 전 ) 경기도 포천 일동초등학교장 |

## 2_9. 중등학교장

| 이 름 | 출 생 | 출신초교 | 주 요 근 무 |
|---|---|---|---|
| 유재원 ( 劉載元 ) | 1927 | 사촌 | 보절초 | 전 ) 무주 안성중학교장 |
| 조맹구 ( 趙孟九 ) | 1930 | 양선 | 보절초 | 전 ) 전주 우전중학교장 |
| 이기충 ( 李起忠 ) | 1932 | 은천 | 보절초 | 전 ) 남원고등학교 교장 |
| 김종억 ( 金鐘億 ) | 1935 | 파동 | 보절초 | 전 ) 서울공업고등학교 교장 |
| 안명수 ( 安明洙 ) | 1944 | 괴양 | 보절초 | 전 ) 전주한빛중학교장 |
| 소재호 ( 蘇在鎬 ) | 1945 | 만동 | 보절초 33 회 | 전 ) 전주 완산고등학교장 |
| 윤진근 ( 尹珍根 ) | 1947 | 신촌 | 고절초 1 회 | 전 ) 전주중학교장 |
| 이현기 ( 李玹器 ) | 1948 | 상신 | 보절초 36 회 | 전 ) 임실 오수고등학교장 |
| 양병춘 ( 梁炳春 ) | 1955 | 파동 | 보절초 43 회 | 전 ) 부산시 남구 분포중학교장 |
| 윤태근 ( 尹泰根 ) | 1957 | 신촌 | 고절초 | 전 ) 성원고등학교 교장 |
| 이방수 ( 李枋壽 ) | 1958 | 상신 | 보절초 4 년 | 전 ) 서울 ( 관내 ) 고등학교 교장 |

## 2_10. 교육장

| 이 름 | 출 생 | 출신초교 | 주 요 근 무 |
|---|---|---|---|
| 우제술 ( 禹濟術 ) | 1936 | 신기 | 보절 출생 | 부안군 교육장 |
| 안한수 ( 安翰洙 ) | 1938 | 괴양 | 보절초 24 회 | 도교육청 학생과장 , 남원시 교육장 |
| 정대주 ( 丁大周 ) | 1958 | 도촌 | 성북초 10 회 | 김제교육지원청 교육장 |

## 2_11. 관공서

| 이 름 | 출 생 | 출신초교 | 주 요 근 무 |
|---|---|---|---|
| 이교정 ( 李敎政 ) | 1884 | 상신 | 한학 ( 漢學 ) | 보절면 초대 면장 |
| 이숙의 ( 李淑儀 ) | 1885 | 은천 | 한학 ( 漢學 ) | 보절면 5 대 면장 |
| 안병용 ( 安秉鎔 ) | 1890 | 하신 | 한학 ( 漢學 ) | 보절면 2 대 면장 |
| 이병홍 ( 李秉洪 ) | 1899 | 비촌 | 한학 ( 漢學 ) | 전 ) 남원 송동면장 |
| 이교성 ( 李敎性 ) | 1900 | 상신 | 한학 ( 漢學 ) | 전 ) 보절면 3 대 면장 |
| 이병훈 ( 李秉薰 ) | 1906 | 비촌 | 한학 ( 漢學 ) | 전 ) 남원 덕과면장 |
| 이용춘 ( 李容春 ) | 1909 | 비촌 | 한학 ( 漢學 ) | 전 ) 남원 덕과면장 |
| 안재정 ( 安在政 ) | 1911 | 하신 | 한학 ( 漢學 ) | 남원 , 금산 전매서장 , 보절면 4 대 면장 |
| 안재신 ( 安在信 ) | 1913 | 하신 | 한학 ( 漢學 ) | 보절면 6 대 면장 |
| 안정섭 ( 安正燮 ) | 1916 | 하신 | 한학 ( 漢學 ) | 한전오수변전소장 , 보절면 10 대 면장 |
| 소기호 ( 蘇寄鎬 ) | 1917 | 진목 | 한학 ( 漢學 ) | 보절면 8 대 면장 |
| 안택수 ( 安澤洙 ) | 1917 | 개양 | 한학 ( 漢學 ) | 보절면 9 대 면장 |

| 조순구 ( 趙順九 ) | 1919 | 양선 | 한학 ( 漢學 ) | 덕과면장 (16 대 , 1964~1972) |
|---|---|---|---|---|
| 이용묵 ( 李容默 ) | 1920 | 비촌 | 한학 ( 漢學 ) | 보절면 11 대 면장 , 전주시청 과장 ( 사무관 ) |
| 소평호 ( 蘇平鎬 ) | 1920 | 진목 | 보절초 | 보절면 12 대 면장 |
| 이용옥 ( 李容沃 ) | 1921 | 도촌 | 한학 ( 漢學 ) | 보절면 7 대 면장 |
| 소종호 ( 蘇宗鎬 ) | 1925 | 진목 | 보절초 | 보절면 13 대 면장 |
| 김공녕 ( 金孔寧 ) | 1929 | 진목 | 보절초 | 보절면 17 대 면장 |
| 안영호 ( 安永鎬 ) | 1929 | 하신 | 보절 출생 | 조달청서기관 , 부산 조달청 지청장 |
| 이용배 ( 李容培 ) | 1929 | 성남 | 보절초 | 전 ) 주생면 우체국장 |
| 안재징 ( 安在徵 ) | 1931 | 하신 | 보절초 20 회 | 국회사무처서기관 , 대한항공 부산 지점장 |
| 이형재 ( 李亨載 ) | 1931 | 비촌 | 보절초 19 회 | 남원시 한국전력 과장 |
| 김창영 ( 金昌寧 ) | 1931 | 진목 | 보절초 | 과학기술처 서기관 |
| 소창호 ( 蘇昌鎬 ) | 1932 | 진목 | 보절초 | 무주 , 진안 , 장수경찰서 정보 , 보안 , 수사과장 |
| 양동식 ( 梁東植 ) | 1933 | 파동 | 보절초 22 회 | 국회 입법보좌관 |
| 안재억 ( 安在億 ) | 1934 | 하신 | 보절초 22 회 | 남원 동면 , 금지 , 보절면장 (18 대 ) |
| 소정수 ( 蘇正秀 ) | 1934 | 은천 | 보절초 | 보절면 16 대 면장 |
| 안길선 ( 安吉善 ) | 1934 | 하신 | 보절초 | 전주전매청 상무국장 , 신탄진 시설국장 |
| 이긍래 ( 李兢來 ) | 1935 | 비촌 | 보절초 22 회 | 익산 , 완주 보건소장 ( 서기관 ) |
| 노규열 ( 魯圭熱 ) | 1935 | 내황 | 보절초 25 회 | 남원시 노암동장 (9 년 ) |
| 소남호 ( 소남호 ) | 1935 | 진목 | 보절초 25 회 | 용정동 동장 1995 년 쌍교동 동장 |
| 강신관 ( 姜信官 ) | 1936 | 성남 | 보절초 24 회 | 남원시 총무국장 |
| 신동주 ( 申東宙 ) | 1936 | 만동 | 보절초 27 회 | 남원시 동충동 동장 |
| 김재영 ( 金宰寧 ) | 1936 | 진목 | 보절초 | 전주 병무청 사무관 |
| 안인섭 ( 安麟燮 ) | 1938 | 하신 | 보절초 31 회 | 김제축산조합장 |
| 안재식 ( 安在湜 ) | 1938 | 하신 | 보절초 26 회 | 국세청 조사과장 , 북인천 세무서장 |
| 이정래 ( 李政來 ) | 1940 | 비촌 | 보절초 28 회 | 익산 , 진안 교육청 과장 ( 사무관 ) |
| 김수영 ( 金秀寧 ) | 1940 | 진목 | 보절초 | 광주세무서 사무관 |
| 안재두 ( 安在斗 ) | 1941 | 하신 | 보절초 29 회 | 상공회의소 영등포 소장 , 직업훈련 원장 |
| 소가광 ( 蘇家光 ) | 1941 | 진목 | 보절초 29 회 | 전매청 원료공장 총무과장 |
| 소순일 ( 蘇淳日 ) | 1941 | 도촌 ( 덕 ) | 보절초 28 회 | 보절면 22 대 면장 |
| 이석용 ( 李錫容 ) | 1942 | 상신 | 보절초 30 회 | 대전 , 전주지방검찰청 이사관 |
| 안재건 ( 安在鍵 ) | 1943 | 하신 | 보절초 31 회 | 무역진흥공사 대만 지사장 , 전북공사 대표 |
| 안재경 ( 安在炅 ) | 1955 | 하신 | 보절초 43 회 | 미국 대원식품 대표 |
| 우제태 ( 禹濟泰 ) | 1944 | 신기 | 보절 출생 | 남원 , 익산 경찰서장 |
| 안재만 ( 安在滿 ) | 1945 | 은천 | 보절초 34 회 | 한전전력 군산 , 남원 , 전주 지점장 |
| 방극문 ( 房極文 ) | 1947 | 진목 | 보절초 35 회 | 포항제철 ( 포스코 ) 재선공장장 |
| 김성봉 ( 金成奉 ) | 1947 | 괴양 | 보절초 35 회 | 한국수력원자력 처장 |
| 이석구 ( 李錫龜 ) | 1948 | 상신 | 보절초 36 회 | 교육부 과장 , 관리관 , 순천대학교 사무처장 |
| 김성리 ( 金成理 ) | 1948 | 다산 | 보절초 36 회 | 보절면 26 대 면장 |
| 김한기 ( 金漢基 ) | 1949 | 진목 | 고절초 2 회 | 인천시 공무원 교육원장 |
| 안재근 ( 安在根 ) | 1951 | 하신 | 보절초 38 회 | 김제시 부량면장 |

| 우상길 ( 禹相吉 ) | 1951 | 신기 | 고절초 2 회 | 서울시 중구 행정국장 |
|---|---|---|---|---|
| 양병국 ( 梁炳局 ) | 1952 | 파동 | 보절초 40 회 | 전북도교육청 행정지원국장 |
| 이용기 ( 李容氣 ) | 1952 | 만동 | 보절초 40 회 | 전 ) 남원시 사매면장 |
| 이용건 ( 李容健 ) | 1952 | 비촌 | 보절초 40 회 | 전매청 사무관 |
| 김용현 ( 金容鉉 ) | 1953 | 사촌 | 성북초 | 김제 부시장 |
| 이문재 ( 李文載 ) | 1955 | 비촌 | 보절초 43 회 | 철도청 익산역장 |
| 이승재 ( 李承載 ) | 1955 | 성남 | 성북초 7 회 | 현 ) 남원시 주생우체국장 |
| 이복재 ( 李複載 ) | 1955 | 황벌 | 보절초 | 전 ) 서울시 성북구청 사무관 |
| 이찬수 ( 李纂壽 ) | 1956 | 상신 | 보절초 44 회 | 남원시 농업기술센터 소장 |
| 양정진 ( 梁正鎭 ) | 1957 | 범말 | 보절초 44 회 | 보절면장 , 남원시 총무과장 |
| 안병수 ( 安炳洙 ) | 1957 | 개신 | 고절초 | 전주 완산구청장 |

## 2_12. 군인

| 이 름 | 출 생 | 출신초교 | 주 요 근 무 |
|---|---|---|---|
| 안균섭 ( 安均燮 ) | 1923 | 하신 | 보절초 | 육군중령 전역 |
| 김대순 ( 金大淳 ) | 1935 | 사촌 | 보절초 | 육군중령 |
| 오기봉 ( 吳基鳳 ) | 1937 | 신양 | 보절초 | 육군대령 |
| 안청섭 ( 安淸燮 ) | 1941 | 하신 | 보절초 | 육군대령 전역 후 오리엔탈정공방위산업 대표이사 |
| 조승연 ( 趙承衍 ) | 1951 | 양선 | 보절초 | 육군중령 전역 ( 육사졸업 ) |
| 고창석 ( 高昌錫 ) | 1958 | 다산 | 보절초 | 육군대령 전역 ( 육사졸업 ) |
| 박덕용 ( 朴德容 ) | 1957 | 부흥 | 고절초 | 육군중령 |

## 2_13. 의사, 한의사

| 이 름 | 출 생 | 출신초교 | 주 요 근 무 |
|---|---|---|---|
| 방백원 ( 房伯源 ) | 1908 | 진목 | 보절초 1 회 | 보절 최초의 근대적 병원 ( 하신마을에 위치 ) |
| 윤성복 ( 尹成福 ) | 1905 | 신촌 | 한의학 전수 | 사매면 오신리에서 한약방 운영 |
| 안재택 ( 安在澤 ) | 1944 | 은천 | 보절초 | 장수 산서의원 |

## 2_14. 언론과 문예

**안재준**安在準

호는 우석愚石이며 1923년에 신파리 신흥하신에서 출생하였다. 동아일보 출판국장, 논설실장 및 청와대 출입기자와 주미특파원을 역임하였다. 김상만 사장에게 동서양 문화예술 교류의 필요성을 설득하여 80년대 초에 유명 오페라 영국 '로얄 발레무용단'을 초청하여 처음으로 공연을 실시하고 중국 장대천張大千, 황군벽黃君璧 등 유명화가의 그림을 전시하였는데 절찬리에 성황을 이루었다. 이후 타 신문사도 그 필요성을 인식하고 앞다투어 동·서양 문화예술교류 공연을 하기 시작

하였다. 이로부터 우리나라 문화예술 발전에 크게 기여한 계기가 되었다. 유신정권에서 해박한 지식과 비판논리로 동아일보에 〈횡설수설橫說竪說〉을 집필·연재하였는데 당시 김종필 중앙정보부장이 안재준을 일컬어 '신구新舊학문에 능한 큰 학자'라는 찬사를 하였다 한다.

**양택술**梁澤述

1928년 서치리 서당마을에서 태어나 익산시청에 근무하였고, 서예에 능하였으며 특히 행서行書에 독보적이었다. 남원에서 많은 후배양성에 심혈을 기울이며

한국문화예술대전 초대작가로 활약하였고 한국서예작가 대표를 역임하였다.

## 이승기 李升器

호는 상하 上河이며 1931년 보절면 신파리 신흥 상신에서 출생하여 보절초등학교를 졸업하였다. 이후 거창고보를 졸업하고 해방 후 격동기에 좌익활동을 하였으나 우익활동을 하던 장형 長兄 동재 이만기 선생이 죽음을 무릅쓰고 회문산까지 찾아가 만류하여 데려왔다는 미담 美談이 알려져 있다. 한때 남원여고 등 교직에 종사하였으며 이후 KBS남원방송국 취재기자로 활동하면서 남원의 언론사에 기여한 바가 크다. KBS정읍출장소장으로 퇴직하였다.

## 안숙선 安淑善

1949년 산동면 대상리에서 태어났다. 신흥의 순흥 안씨 후손이며 힐아버지는 안문기 安文基, 아버지는 안재관 安在官이다. 안숙선은 무형문화재 23호 가야금 산조 및 병창 예능보유자로 대한민국을 대표하는 국악인이다. 6·25 전쟁 때에 신흥으로 피난을 오게 되어 어린 시절을 보절에서 보냈다. 안숙선의 외가 친척들은 대한민국을 빛낸 국악인들이 많다. 홍보가 명창 강도근 姜道根, 1918~1996과 대금산조 기능보유자로 무형문화재 45호 강백천 姜白川, 1898~1982이 외당숙이고, 가야금 명인 강순금 姜順琴이 친이모다. 외삼촌인 강태근 姜泰根이 보절 신흥에서 살았다. 이것이 오빠 안영선 安瑛善과 함께 보절에서 살게 된 이유였다. 친가 친척도 보절에 많이 살았는데, 주로 신흥에 살았고, 친사촌들은 신흥과 은천에 살았다. 안숙선이 대한민국을 대표하는 국악인이 될 수 있었던 데에는 외가의 도움이 결정적이었다. 하지만 여기에는 안숙선이 태어나고 자란 곳인 만행산 천황봉의 정기도 한몫 크게 거들었다.

## 임석규 林錫圭

1965년생으로 도룡리 안평동에서 출생하였다. 성북초 4년을 마치고 전주로 유학하여 상산고를 거쳐서 서울대학교를 졸업하였다. 한겨레신문에 입사하여 정치부장, 논설위원, 디지털미디어국장, 현재는 편집국장으로 활동하고 있다.

## 조승제 趙昇濟

1950년 보절면 진목마을에서 출생하였다. 고절초등학교 3회 졸업생으로 건국대학교 성지외교학과를 졸업하고 한국농업신문, 전북뉴스 편집국장을 역임하였으며 전국지역신문연합회 전북도지부장을 맡고 있다. 1993년 남원시민신문 南原市民新聞을 창간하여 남원의 언론을 주도하고 있다.

## 소명 蘇明과 아들 소유찬, 딸 소유미

가수로 알려진 소명의 본명은 소명호 蘇明鎬다. 보절면 금다리 호복동 마을에서 1958년 태어나 보절초등학교 45회로 졸업하였다. 1980년대 대학시절 그룹사운드 '밀키웨이', '소명과 음악친구들'을 이끌며 연예활동을 시작으로 1987년 KBS 신인무대 은상을 수상하며 가수로 데뷔하여, 2002년 도레미 4집 '빠이빠이야', '이별 후에' 외 8곡을 내면서 전국적인 가수로 유명세를 얻었으며 2007년 5집 '유쾌 상쾌 통쾌' 외 12곡 도레미을 내면서 가요계의 큰 별로 자리 잡는다. 2019년 5월 8집 '시를 노래하다' '별헤는밤'/ '님의침묵'/'서시' 외 10곡, 2020년 2월에는 '걱정없겠네', 4th 싱글앨범 금영을 발표하였다.

수상 경력으로는 1987년 KBS 신인무대 은상, 2012년 제18회 대한민국 연예예술상 전통가요 전문케이블TV 10대 가수상을 비롯 이후에도 13차례에 걸쳐 10대 가수상을 수상하였다.

최근 유행곡 '최고친구'로 2020년에도 베스트 차트 50에서 1위로 2회 수상하였으며 2020년 한예총 대한민국 13대 가수상을 수상한 바 있다.

소명의 아들과 딸도 가요계에서 활발하게 활동하고 있다. 아들 소유찬은 2007년 곳고리 창작가요제와 현인 가요제 자작곡 대상을 받았으며 최근 '매운사랑', '가요를 부탁해'로, 딸 소유미는 '알랑가 몰라'로 유명하다. 특히 소유미는 코로나19로 세계적 경제공황과 실직, 사회적 패닉 상황 앞에서 힘든 모든 분들을 위하여 '웃자'라는 곡을 발표하여 용기를 주고 있다.

## 2_15. 금융기관

| 이 름 | 출 생 | | 출신초교 | 주요근무 |
|---|---|---|---|---|
| 안두선 (安斗善) | 1927 | 하신 | 보절초 | 산업은행 부장 역임 |
| 안병남 (安秉南) | 1935 | 양촌 | 보절초 22 회 | 농협중앙회 순창, 부안, 남원 지부장 |
| 이현수 (李炫壽) | 1943 | 상신 | 보절초 30 회 | 한일은행 목포 지점장 |
| 안재권 (安在權) | 1943 | 하신 | 보절초 30 회 | 한국산업은행 차장 |
| 이근수 (李根壽) | 1945 | 상신 | 보절초 34 회 | 한일은행 |
| 김성근 (金成根) | 1947 | 괴양 | 보절초 35 회 | 기업은행 지점장 |
| 유수현 (柳洙鉉) | 1949 | 중현 | 보절초 37 회 | 한국산업은행 본점 금융영업부장 |
| 이정재 (李丁載) | 1949 | 비촌 | 보절초 38 회 | 조흥은행 경기지역 대표 |
| 이웅재 (李雄載) | 1950 | 비촌 | 보절초 38 회 | 전 ) 기업은행 경기도 용인지점장 |
| 이기만 (李起萬) | 1952 | 부흥 | 고절초 | 광화문농협 지점장, NH 캐피탈 대표이사 |
| 양신근 (梁信根) | 1952 | 파동 | 보절초 | 신한은행 (미국) 시카고, LA, 뉴욕, (영국) 런던 지점장, 부행장 |
| 안재수 (安在銖) | 1955 | 하신 | 보절 출생 | 국민은행 익산 지점장 |
| 안우선 (安又善) | 1955 | 하신 | 보절 출생 | 하나은행 성산동 지점장 |
| 정한수 (丁漢洙) | 1956 | 도촌 | 성북초 9 회 | 전북은행 지점장 |
| 소순섭 (蘇順爕) | 1958 | 부흥 | 고절초 | 남원중앙농협 지부장 |
| 오재택 (吳在澤) | 1958 | 다산 | 보절초 | 국민은행 지점장 |

## 2_16. 변호사, 회계사, 변리사, 노무사, 세무사 기타

| 이 름 | 출 생 | | 출신초교 | 주요근무 |
|---|---|---|---|---|
| 한병진 (韓秉辰) | 1950 | 사촌 | 성북초 3 회 | 건축사 ( 남원 한진건축사무소 ) |
| 배인선 (裵仁善) | 1958 | 다산 | 보질초 44 회 | 노무사 |

## 2_17. 기업가와 사업가

### 강태수 姜泰洙

사매면 오신리에서 출생하였으며 1963년 보절주조장을 인수하여 운영하였다. 보절중학교에 장학회를 설립하였다. 둘째 아들 효식이 승계하여 운영하다가 주류시장을 대기업이 주도하면서 주류시장의 변화가 급속히 이루어져 1990년대 초반에 보절주조장은 문을 닫았다. 전라북도 두부업체 회장을 역임하였으며 보절중학교에 장학회를 설립하였다.

### 김종춘 金種春

고절초등학교 1회 졸업생으로 서치리 서당마을에서 1948년 출생하였다. 다보성이라는 고미술 전문업체를 창립하였고, 국내의 해당업계에서 영향력이 제일 큰 회사로 성장시켰

다. 한국고미술협회 회장을 역임하였다.

### 소영철 蘇營哲

고절초등학교 13회 졸업생으로 서치리 서당마을에서 1961년 출생하여 남양엘리베이터(주)를 설립하여 현재 인천 및 경기지역을 중심으로 엘리베이터 제조 및 유지보수 사업을 활발히 수행하고 있다. 보절중학교 총동문회 제7대, 제11대 회장을 역임하면서 고향 보절과 수도권에 거주하는 보절사람들의 친목을 도모하였다.

### 소재규 蘇在圭

보절초등학교 35회 졸업생으로 서치리 서당마을에서 1946년 출생하였다. 1974년 완구 사업을 시작하여 한립토이스라는 회사를 창립하여 자라나는 아이들을 위해 어린이 장난감

을 만들어 왔다. 전국적인 유통망을 확보하고 있으며 외국에 수출하고 있다. 현재는 한국완구공업협동조합 이사장으로 20년째 봉사하며 한립토이뮤지엄 관장으로 재임 중이다. 관악구 경제인협의회 회장을 역임했고, 관악경찰서 청소년육성회 회장을 역임했다. 2003년 8월 15일에 '보절면민 애향장'과 2003년 10월 11일에 '남원시민의상 애향장'을 수상하는 등 고향에 대한 애향심이 깊다.

## 소재춘

1953년 보절면 상신마을 초등학교 뒤편에 건물을 신축하여 1963년까지 보절주조장을 운영하였다.

## 안방수 安邦洙

보절면 괴양리 개신마을에서 1952년 출생, 성장하였다. 성장후 신발 및 의류사업에 진출, 현재는 니코보코 사업체를 운영 중이며 8년 동안 보절면 향우회 회장을 역임하였고 제25대 재경남원향우회 회장도 역임하였다.

재경남원향우회 회장으로 활동하는 동안 남원 출신 수도권 대학생들에게 학업에 도움이 될 수 있도록 향우분들과 함께 장학금을 지급하였고 서울 보문동 소재 남원장학숙 내에 반세기만에 재경남원향우회 사무실을 건립하였다.

또한 고향 보절면을 위해서도 물심양면으로 지원을 아끼지 않았으며 서울 등 수도권에 거주하는 보절 후배들의 각종 활동도 아낌없이 후원하고 있다.

고향에서 받은 상은 '보절면민 애향장', '남원시민의상 애향장', '자랑스런 전북인 애향대상' 등을 수상하였다.

## 안승섭 安昇燮

호는 소강小江이며 1893년에 신파리 신흥하신마을에서 출생하였다. 현재의 보절농협 자리에서 1945년 해방 후 성무양곡 보관업을 하였다.

## 안양섭 安陽燮

호는 복재復齋이며 1909에 신파리 신흥마을에서 출생하였다. 보절면 신동섶골에서 도요산업陶窯産業을 경영하였고 도룡리 도촌마을에서 한지공장을 경영하여 인근 주민의 일자리를 제공하였으며, 이후 전주에서 제지공장을 운영하였다.

또한 콩나물 공장을 경영하였다. 사업의 계기는 해방 후 종전의 제도문물이 사라지고 서세동점의 산업사회와 신문화 조류의 바람이 불자 신교육의 필요성을 일찍이 깨닫고 슬하 삼형제를 서울대학교에 입학시키니 1950년대 당시의 영농만으로는 학비조달이 어려웠기 때문이라고 전한다. 1952년에 처음 실시한 지방자치단체장 선거에서는 보절면 의회 부의장에 피선되기도 하였다.

## 안영섭 安英燮

자는 도경道卿이며 1890년생으로 신파리 신흥마을에서 출생하였다. 염담일생恬談一生하고 인무간언人無聞言하여 평생 명리平生名利를 탐하지 않으니 사람의 비판을 받은 일이 없었다. 반송정盤松亭, 은천과 벌촌 중간지점에 제사공장을 설립하여 1930년 초부터 해방 직전까지 보절면의 많은 여성에게 일자리를 주어 경제발전에 크게 기여하였다.

## 안진섭 安晉燮

호는 우당愚堂이며 1890년에 신파리 신흥마을에서 출생하였다. 천성인후天性仁厚하고 효우돈독孝友敦篤 하였으며 1935년부터 1949년까지 약 15년 동안 양조업을 경영하여 보절면의 지역경제발전에 많은 기여를 하였다.

## 양동식 梁東植

남원 양씨梁氏 용성군파 후손으로 1933년에 신파리 파동마을에서 출생하였다. 보절초등학교 22회 졸업생이며, 용북중학교 1회 졸업생으로 전주사범학교를 졸업하고 모교인 보절초등학교에서 교직생활을 하였다. 또한 용북중학교 동창회장을 역임하였으며 당시 용북중학교 이사장이었던 故 류광현 전 3선 국회의원의 부름을 받고 수석보좌관으로 정치활동을 시작하였다. 이후 건실공제회 상임이사도 활동하였다. 그 후 여러 사업을 거치면서 삼중건업이라는 종합건설회사를 설립하여 왕성한 사업활동을 하였다. 한편 서울에서 생활하면서 동향 선후배들의 친목을 도모하고 정보를 교환하는 네트워크의 필요성을 느끼고 재경보절향우회를 창립하였으며 이는 오늘날의 재경보절향우회의 초석이 되어 재경 선후배들의 귀감이 되고 있다.

## 양해만

신파리 파동에 거주하며 1960년 초부터 1968년 10월 29일까지 정부양곡을 보관·관리하는 노적露積을 오늘날의 보절농협의 터에서 운영하였다. 또한 이곳에서 보절면 최초의 우체국을 개설하여 초대 우체국장을 역임하였다.

## 우기만禹基萬

단양 우씨 문강공文康公파 27세손으로 보절면 진기리 진목마을에서 1961년에 출생하였다. 보절중학교 3회 졸업생으로 국제로타리 3670지구 전라북도 총재, 민족평화통일자문회의 자문위원, 남원시체육회 부회장, 대한장애인탁구협회 제3대 회장, 남원새마을금고 이사 등을 역임하였다. 현재는 남원새마을금고 이사장과 (유)남원볼트공구백화점을 경영하고 있으며 남원경찰서 청소년비행대책협의회 위원장, 전주지방법원 남원지원 조정위원으로 지역사회 활동을 하고 있다. 또한 남원시 춘향장학재단 이사, 전라북도 장애인체육회 부회장, (사)한국재능기부협회 자문위원 등을 역임하면서 보절인으로서 긍지를 가지고 왕성한 활동을 하고 있다. 고향 보절면의 각종 행사에도 빠지지 않고 물심양면의 협조를 아끼지 않는다.

## 이교승李敎昇

1906년에 신파리 신흥상신마을에서 전주인 이원술李元述의 장남으로 출생하여 1930년 비교적 젊은 나이에 당시 보절면 소재지였던 황벌리 벌촌에서 주조장酒造場을 열었다. 관청의 허가를 내어 시작한 보절면 최초의 주조장이었다. 그러나 보절면 소재지가 현재의 신파리 신흥으로 옮겨지면서 그만두었다.

## 이동재李東載

성북초등학교 1회 졸업생으로 도룡리 도촌마을에서 1948년 출생하였다. 일찍이 문구 사업을 시작, 알파주식회사를 창립하여 건실한 중견 기업으로 성장시켰다. 알파주식회사는 1971년에 창업50년 문구사업, 문구ART 프랜차이즈 회사로 전국에 700여 개의 체인점을 운영하고 있으며 해외 7개국에 진출하였다. 현재 한국문구인연합회 이사장과 연필장학재단 이사장으로 활동하고 있다. 2009년 제36회 상공의 날에 대한민국 산업포상 훈장을 수훈하였다.

## 형남순邢南淳

고절초등학교 10회 졸업생으로 서치리 부흥마을에서 1957년 출생하여 건설업에 종사하며 현재는 대국건설 회장과 대전에서 부여백제컨트리클럽 회장으로 활동하고 있다.

## 2_18. 기업인

| 이름 | 출생 | | 출신초교 | 주요근무 |
|---|---|---|---|---|
| 소수섭 ( 蘇受燮 ) | 1935 | 만동 | 보절초 24 회 | 만도건설 ( 주 ), 동영상업 ( 주 ), 유창종합건설 ( 주 ) |
| 소순완 ( 蘇淳完 ) | 1936 | 선말 | 보절초 24 회 | 현대케미칼 ( 주 ) 대표 |
| 안인선 ( 安麟善 ) | 1937 | 하신 | 보절초 25 회 | 동남시멘트 판매주식회사 대표 |
| 안재동 ( 安在東 ) | 1940 | 하신 | 보절초 28 회 | 현 ) 명성인토피아 회장 |
| 소재규 ( 蘇在圭 ) | 1946 | 서당 | 보절초 35 회 | 한림토이스 회장 |
| 김성원 ( 金鋮源 ) | 1948 | 진목 | 고절초 1 회 | 대림산업 건설총괄 이사 |
| 김명곤 ( 金明坤 ) | 1949 | 개신 | 고절초 | 전 ) SK 에너지 사장 |
| 안재창 ( 安在昌 ) | 1951 | 하신 | 보절초 | 스포츠서울 상임고문, 국정자문위원 역임 |
| 안방수 ( 安邦洙 ) | 1952 | 개신 | 고절초 | 주 ) 니코보코 대표 |
| 안재웅 ( 安在雄 ) | 1954 | 하신 | 보절초 | 경기은행 부장 역임, 현 ) 씨엔지원 대표 |
| 안기호 ( 安奇鎬 ) | 1955 | 파동 | 보절초 40 회 | 부산, 김해공항 대한항공 품질경영부장 |
| 안재일 ( 安在日 ) | 1955 | 하신 | 보절초 | 주 ) 신영시스템 사장 |
| 형남순 ( 邢南淳 ) | 1957 | 부흥 | 고절초 | 대국건설 회장, 부여백제컨트리클럽 회장 |
| 이철재 ( 李哲載 ) | 1958 | 비촌 | 보절초 45 회 | LG 전자 과장 |

## 2_19. 훈장·포장

※ 퇴직으로 받은 훈포장은 기록하지 않았음을 양지하기 바람

| 이름 | 출생 | 주요근무 |
|---|---|---|
| 김윤영 ( 金允寧 ) | 괴양 | 옥조근정훈장 ( 玉條勤政勳章 ) 2006 년 |
| 김병용 ( 金昞容 ) | 괴양 | 인헌무공훈장 ( 仁憲武攻勳章 ) |
| 우제혁 ( 禹濟爀 ) | 신기 | 새마을 훈장 |

## 2_20. 남원시 시민의장 수상자

| 연도별 | 부문별 | 성 명 | 출생 | 성별 | 주 소 | 비고 |
|---|---|---|---|---|---|---|
| 1985 | 문화장 | 이기승 | 1923 | 남 | 남원시 보절면 황벌리 30 | 삼동굿 발굴 |
| 1991 | 애향장 | 이교창 | 1921 | 남 | 남원시 보절면 신파리 904 | 용호계 명예회장 |
| 2001 | 효열장 | 남정순 | 1960 | 여 | 남원시 보절면 신파리 707 | |
| 2001 | 애향장 | 안방수 | 1953 | 남 | 서울 용산 원효로 216 111 동 2501 호 ( 신계동 , 용산이편한세상 ) | 재경남원향우회장 |
| 2003 | 애향장 | 소재규 | 1946 | 남 | 서울시 관악구 신림로 23 길 76 | 재경남원향우회 고문 |

## 2_21. 보절면 면민의장 수상자

| 연도별 | 부문별 | 수 상 자 | | | 비고 |
|---|---|---|---|---|---|
| | | 성 명 | 출생 | 주 소 | |
| 2003 | 애향장 | 소재규 | 1947 | 서울시 관악구 신림로 23 길 76 | 면민의장 |
| 2005 | 공익장 | 김선녕 | 1959 | 보절면 진목 1 길 73 | 발전협의회장 |
| 2005 | 애향장 | 윤익근 | 1965 | 전남 구례군 산동면 탑정리 | 윤명한 자 |
| 2005 | 효열장 | 유순남 | 1951 | 사촌윗길 30-15 | 백준선 처 |
| 2009 | 공익장 | 이환복 | 1950 | 전주 완산 삼천동광진공영@ 5/201 호 | 보절초 교장 |
| 2009 | 애향장 | 우기만 | 1961 | 이백면 서곡리 602-2 | |
| 2009 | 효열장 | 한필례 | 1940 | 보절면 황벌리 425 | |
| 2011 | 공익장 | 이현기 | 1948 | 보절면 신파리 630 | 재전향우회장 |
| 2011 | 애향장 | 한병진 | 1949 | 도통동 507-5 | 한진건설대표 |
| 2011 | 효열장 | 이옥순 | 1933 | 보절면 황벌리 330-1 | |
| 2013 | 공익장 | 한명숙 | 1962 | 보절면 사촌길 42 | |
| 2013 | 애향장 | 안방수 | 1953 | 서울 용산 원효로 216 111 동 2501 호 ( 신계동 , 용산이편한세상 ) | 재경향우회장 |
| 2013 | 효열장 | 김경순 | 1962 | 보절면 금계길 41-1 | |

| | | | | | |
|---|---|---|---|---|---|
| 2015 | 문화장 | 노창규 | 1950 | 보절면 은천길 2 | 농악단 |
| | 애향장 | 형남순 | 1957 | 대전시 유성구 왕길봉로 23 1107 동 1202 호 ( 노은동 , 열매아파트 ) | 부여백제컨트리 클럽운영 |
| | 효열장 | 김길자 | 1939 | 보절면 사촌길 78-29 | 유광종전의원처 |
| 2017 | 문화 체육장 | 박정순 | 1951 | 보절면 중현길 42 | 전농악단장 |
| | 공익 봉사장 | 홍순형 | 1964 | 보절면 신파리 914 | 자율방범대장 |
| | 애향장 | 소기호 | 1952 | 전주시 덕진구 정언신로 150 | 재전향우회장 |
| | 효열장 | 폰팁 | 1980 | 보절면 사촌길 78-23 | 다문화 |
| 2019 | 공익장 | 정대수 | 1939 | 보절면 도촌길 21-8 | |
| | 애향장 | 박남홍 | 1951 | 서울시 성북구 장위로 58 | 재경 향우회장 |
| | 효열장 | 오가네 요코 | 1960 | 보절면 성북길 14 | |

風 : 바람을 뜻하며 보절 이야기에서는 바람의 성격을 가진 말 , 노래 , 이야기 , 풍경을 아우른다 .

# 보절의 교육

보절의 교육은 한국 역사와 그 궤도를 함께 한다. 정확히 말하면, 보절의 교육도 한국 역사에 나타나는 변화의 양상을 반영한다. 그 증인은 우석隅石 안재준安在準이다. 그의 〈드리는 글월〉로 보절의 교육 이야기를 시작하고자 한다. 다음과 같다.

> 땅이 싱그러워 사람이 빼어났던가. 사람이 뛰어나니 땅 이름이 있었던가. 높다란 뫼 구비친 내 넓직한 들이 화사롭고 아늑한 기운 감싸이며 대나무와 솔숲을 이루어 푸르르고 하 맑은 얼이 서려 있으니 자라나는 아들 딸 어질고 착하여 상냥하고 슬기로운 모습 비겨볼 수 있을런가. 어즈버 배움터 주춧돌을 내린 지 예순돐 그 사이 봄 가을 비 바람 얼마큼 스쳐갔던가. 이 마당을 거쳐간 옛 임과 오는 임들 옛것을 멈추고 새로움을 그리는 큰 움직임 이 땅을 휩쓸으니 배움터 주어진 일 한결 돋아 보이네. 적은 아픔 참아내고 큰 그릇 이루려는 하늘의 뜻이여. 나라 잃은 슬픔 배움으로 달래가며 되찾았고 겨레의 참된 바탕 다듬어서 좋은 나라 길러가니 이보다 값진 일이 또 있을런가. 부디 어버이 섬긴 마음씨로 삼고 나라 사랑 몸가짐을 날로 삼아 가르치고 배워가며 많은 일꾼 나올 것을 다짐하세. 오늘 모임 디딤돌로 삼아가며 그 기쁨 그 사연 큰 돌 위에 새겨보니 그 느낌이 새롭네.
>
> **1983년 9월 1일**

글씨는 강암 송성용이 쓴 것이다. 글씨도 힘이 있지만, 글월의 행과 행, 구석과 구석 사이에 보절 교육의 특징이 압축되어 있다. 일제 강점기의 슬픔을 배움으로 이겨냈다는 술회와 신교육의 도입으로 옛 교육의 사라짐을 안타까워하지만 새로운 배움터를 마련하게 되어서 마을의 기둥이 자라나고 나라의 꽃심이 무럭무럭 자라나서 고향과 나라의 일꾼이 되기를 희망하는 말로 글월은 맺는다. 안재준의 희망은 이뤄졌다. 앞의 제5장에 소개된 보절의 인물들이 그 증인이기 때문이다. '옛 임'의 이야기가 중요한 증거이고, 특히 '오는 임'이 현재 대한민국의 곳곳에서 나라의 일꾼으로 일하고 있는 모습이 살아있는 증거들이기 때문이다.

# 1. 백제시대 거사물의 불교 교육과 군사 교육

보절의 불교 교육: 천황 봉의 기원'높다란 뫼'가 천황봉이고, '구비친 내'가 보절을 먹여 살리는 천이며, '넓직한 들'이 천황봉 아래에 펼쳐진 보절 들판이다. "높다란 뫼, 구비친 내, 넓직한 들"이 지켜본 보절 교육의 역사는 멀리 거슬러 삼국 시대로 올라간다. 역사적으로 보절에 가장 먼저 들어온 교육은 불교 교육이다. 이에 대한 증거는 천황봉이다. 적어도 천황봉은 분명하게 알고 있을 것이다. '높다란 뫼'가 천황봉이라는 이름을 얻게 된 것도 다음과 같은 사연 덕분이기 때문이다. 384년 백제 침류왕 원년에 전라남도 영광의 법성포에 인도에서 마라난타摩羅難陀, Malananda가 배를 타고 들어온다. 김부식은《삼국사기》본기 24권 침류왕 편에서 이렇게 전한다.

> 가을 7월에 사신을 진나라에 보내 조공하였다. 9월에 호승 마라난타가 진나라에서 왔다. [침류]왕은 그를 맞이하여 궁궐 안으로 모셔 예우하고 공경하였다. 불교는 이로부터 시작하였다.
>
> 秋七月 遣使入晉朝貢 九月 胡僧摩羅難陀自晉至 王迎之致宮內 佛法始於此

호승 마라난타가 어디 사람인지는 약간의 논란이 있다. 그를 인도 사람으로 보는 사람도 있고, '호승'이라는 용어를 고려해서 그가 중앙아시아에서 온 소구드인일 가능성이 있다는 제안도 있다. 분명한 사실은 마라난타가 법성포를 거쳐서 당시 백제의 수도인 한산주지금의 위례지역로 들어갔고, 왕의 도움을 받아서 제자 열 명을 양성했다는 것이다. 몽촌토성과 풍납토성의 주변에서 불교 관련 유물이 발견된 것으로 보아서 불교가 침류왕 시절에 백제에 들어왔다는 것은 사실이다. 마라난타의 제자 열 명이 백제 불교를 퍼뜨린 이들이었는데, 전승에 따르면, 마라난타도 자신이 배를 타고 도착한 영광에 불갑사, 군산에 불지사, 나주에 불회사혹은 불호사를 세웠다고 한다. 이해를 돕기 위해서 설명하자면 고대 역사에 사찰, 수도원, 모스크는 오늘날 시각에서 볼 때의 순수한 종교 기능만을 수행한 것이 아니었다. 부분적으로는 교육 기관이며 군사 기관의 역할을 했다. 수도원이나 사찰이 대개는 군사적으로 중요한 요충지에 많이 배치되어 있다는 사실이 이를 뒷받침해준다. 사찰을 국경에 배치한 것은 외적을 막아주고 나라를 지켜달라고 염원하기 위해서였지만, 다른 한편으로는 젊은 학승들을 그곳에 보내 공부하게 하고 유사시에는 군인으로 활용하여 나라를 지키기 위해서였다. 단적인 증거로 신라의 화랑제도를 들 수 있다. 경주에 있는 젊은이들을 사찰로 보내 군사 훈련을 하게 했는데, 이들은 나중에 삼국통일의 핵심 역할을 수행했다. 이 제도를 마련한 이가 불승 원광이었다. 백제 역시 이런 교육 제도를 분명히 가지고 있었을테지만, 백제 관련 문헌이 거의 사라지고 말았기 때문에, 이에 대한 추적을 더는 할 수가 없다. 하지만 합리적으로 신라의 화랑제도와 비슷한 교육기관을 가지고 있었다는 추정은 충분히 가능하다. 국가를 통치하고 유지하는 데 고등 교육기관이 없을 수는 없기 때문이다. 이와 관련해서 천황봉에 있는 귀정사도 한편으로 종교기능을 수행하는 기관이었고, 다른 한편으로 군사기능과 교육기능을 수행한 학교였을 것이다. 신라 군대와 상시 전투가 벌어지는 지역에 귀정사와 같은 대사찰이 있다는 것이 상식적으로 납득이 되지 않는다. 언제 전투가 벌어질지도 모르는 지역에서 불공을 드리거나 불도를 공부하기 위해 사람들이 찾아오는 것은 어렵기 때문이다. 그도 그럴 것이 절에 장기간 머무른다는 것은 더욱 어려운 일일 것이다. 이런 이유에서 귀정사는 종교 사찰이었지만, 군사기능과 교육기능을 동시에 수행한 기관이었으리라고 추론하는 것이다. 귀정사는 515년 백제 무령왕 15년에 현오국사玄悟國師가 창립했고, 당시의 이름은 '만행사'였다. 이는 천황봉이 위아래로 거느리는 산인 만행산의 이름에 아직 그대로 살아있다. 앞에서도 이미 언급했지만 백제의 왕이 이곳을 방문하고 사흘 동안 머물면서 고승의 불법을 듣고 탄복하여 이런 말을 남겼다고 한다. 《남원 고향의 얼》은 이렇게 전한다.

**"죽든 살든 나는 스승과 함께 하리라."**
"生之殺之 我師同"

왕이 사흘 동안 머물고 돌아갔다는 데에서 절의 이름도 만행사에서 귀정사歸政寺로 바뀌었고, 만행산의 머리봉은 천황봉으로 바뀌었으며 그 주변 봉우리는 각기 태자봉과 승상봉, 상소바위라는 이름을 얻게 되었다. 그런데 상시로 전투가 벌어지는 위험한 국경에 있는 사찰에 왕이 방문하는 이유가 단순히 고승의 설법을 듣기 위해서만은 아닐 것이다. 대개 이런 종류의 방문은 복합적인 성격을 띠고 있는 경우가 많다. 그러니까 고승의 법문을 듣는 것도 왕이 만행사를 방문하게 된 한가지 이유였겠지만, 국경의 요충지를 순찰하고 그곳에 머물며 고생하는 병사들을 위로하는 것도 또 다른 이유였을 것이다.

**거사물현의 교육**

이와 관련해서는 만행사의 배후에 군사 읍성이었던 거사물현이 있었다는 점을 주목해 볼 필요가 있다. 거사물현은 국경선을 지키는 병사들의 주둔지 역할을 하였고, 아울러 군사 훈련을 하는 공간으로 활용되었을 것이다. 여기에서 백제시대에 거사물현에서 이뤄졌던 교육이 어떠했는지를 짐작할 수가 있는데, 크게 세 가지로 정리할 수 있다. 정신적으로 불교 교리가 교육의 내용이었고, 신체적으로 군사 훈련이 또 다른 교육의 모습이었을 것이다. 마지막으로, 엘리트 교육이 이루어졌을 것이다. 거사물현에서 정신적인 교육과 신체적인 훈련을 받은 사람 중에는 일반 병사들도 포함되었겠지만, 백제의 수도였던 공주나 부여에서 찾아온 유력 집안의 자제들도 있었을 것이다. 신라의 화랑과 유사한 교육 제도인 경당이 있었다는 점을 고려한다면, 백제에도 이에 준하는 교육 제도가 있었음은 충분히 미루어 짐작할 수 있다. 그렇다면 거사물은 백제의 교육에서 중요한 지역이었을 것이다. 거사물이 변방에 위치한 오지가 아니라 국경을 지키는 핵심적인 요충지였고, 그 요충지를 지키는 일반 젊은이는 물론 중앙의 엘리트 자제를 교육하고 훈련하는 곳이었을 것이기 때문이다. 이곳에서 정신 훈련의 일환으로 불교의 가르침이 있었을 텐데, 만행사를 세우고 이곳에서 법문을 전했을 현오국사가 어떤 특성의 불교를 포교했는가에 대해서는 알 길이 없다. 이와 관련해서, 법성포를 통해 384년에 소개된 불교가 천황봉에 있는 만행사에 정착하기까지는 정확하게 131년이 걸렸다는 점을 지적하고자 한다. 불교가 한산주에서 거물현까지 혹은 법성포에서 거사물현까지 도착하는 데에 걸린 131년은 불교가 처음 도착한 지역, 즉 중앙에서 지방으로 빠져나간 속도와 기간을 보여준다는 점에서 흥미로운 대목이다. 아울러 국경 근처에 만행사와 같은 큰 절을 세웠다는 점은 불교가 백제에 정착하기 위해서 불교의 지도자들이 백제의 왕을 비롯한 상층 지배 세력에게 어떤 전략으로 접근했는지를 보여주는 사례일 것이다. 한편으로 국가를 지키는 정신적인 내용으로 불교를 소개했을 것이고, 다른 한편으로 나라를 지키는 청년들을 훈련시키는 교육기관으로 불교를 활용했을 것이다.

그런데, 거물성이 축성되면서, 만행사가 담당했을 종교기능과 교육기능은 다른 장소로 옮겨졌을 가능성이 크다. 만행사는 거사물 현청에서 상당히 먼 곳에 위치했고, 또한 큰 산인 만행산을 넘어야 했으며, 결정적으로 적군인 신라 군대에 직접 대치하는 곳에 위치해 있었기 때문이다. 만행사보다 생명의 안전이 보장되고 이동하기에 편리한 곳이 6세기 후

신흥 석불

반에는 종교교육과 군사교육을 대신했을 것이다. 그렇다면 그곳은 어디였을까? 보절 내에서 확인되는 두 곳의 불교 유적을 그 후보지로서 제시해보고자 한다. 첫째는 신흥마을 근처, 신흥사로 불리는 지역에 있는 석불石佛이다. 둘째는 거령산 기슭의 '절집'이라고 불리는 건물터가 있는데, 이곳은 성남사로 추정된다. 현재의 외황마을 인근에 위치하고 있다. 신흥의 석불을 먼저 살펴보자.

신흥사와
신흥 석불

신흥 석불은 순흥 안씨 보절 정착조인 첨지공 안여의 묘소 옆에 위치한다. 신흥 석불은 머리가 잘려서 두 동강이 난 상태로 묘소 아래에 뒹굴고 있었으나, 최근에 남원시와 보절면 관계자의 지원과 순흥 안씨 종중의 협조로 지금의 모습으로 복원되어 현재 위치에 자리 잡았다. 신흥 석불에 대해서는 동네에서 전해 내려오는 이야기가 있지만, 이 석불을 언제 누가 만들었고, 어떤 부처님인지에 대해서는 알 수 없다. 2001년 국립전주박물관에서 발간된《전라북도의 불교 유적: 불상, 탑, 석조물 편》에 따르면, 신흥 석불은 다음과 같이 보고되어 있다.

| 소재 | 남원시 보절면 신파리 |
|---|---|
| 지정 | 비지정 |
| 시대 | 고려시대 |
| 규모 | 총고 264, 신고 216, 두고 70, 견고 68, 광배경 137, 광배후 11, 광배하단폭 117, 하단폭 6<br>총고 264, 신고 216, 두고 70, 견고 68, 광배경 137, 광배후 11, 광배하단폭 117, 하단폭 6 |
| 위치 | 덕과면 사무소에서 동쪽으로 약 100m 지점에 위치한 안씨 제실 바로 뒤편에 위치한다. 석불입상은 동남향하고 있으며, 앞쪽에는 소나무 숲이, 뒤쪽에는 무덤이 있다. 이 석불은 이 무덤 근처에 쓰러져 있던 것을 현재의 위치에 세워 놓은 것이다. |
| 형태 특징 | 평면적이고 투박한 조각 수법의 여래 입상으로, 신체 상부를 제외하고는 마멸이 심하여 세부 특징이 불분명하다. 육계는 지나치게 높아 마치 관을 쓴 듯 어색하며, 이러한 불합리성은 높은 목과 지나치게 큰 귀 등에도 나타난다. 양손은 가슴 중앙에 서로 모은 형식이며 평견의 법의에는 층단식 옷 주름이 새겨져 있다. 광배는 두광과 신광볼 돌린 것이나 고사리형으로 기부가 말린 좁은 화염문의 형태는 '신계리 마애불'의 그것과 흡사하다. |

| 신흥 불상<br>제작 시기 :<br>고려? | 국립전주박물관의 조사팀은 신흥 석불을 고려시대에 제작된 것으로 |
| --- | --- |

보고한다. 석불의 제작 시기를 추정하는 데 결정적인 머리 부분의
마모가 심하여 알아볼 수 없다는 점이 안타깝다. 석불의 특징은 고
려시대 초기에 제작된 것들과 유사하다. 이 점에서 그것의 제작 시기는 고려시대
초기로 추정된다. 이와 관련해서 고려 광종 2년 951년에 제작된 태조 왕건의 동
상을 살펴볼 필요가 있다.

태조 왕건의 동상

오른쪽 사진은 고려 태조 왕건의 동상으로 매우 사실적으로 제작되었음을 알
수 있다. 동상은 살아있는 사람의 몸이라 해도 될 만큼 자연스럽고 사실적이다.
특히, 동상의 양팔은 실제 사람의 그것들과 매우 흡사한데, 신흥 석불도 이런 특
징을 그대로 보여준다. 이런 점을 고려할 때, 신흥 석불은 고려 광종 대에 제작된
것으로 추정된다. 그렇다면, 마모된 머리 부분의 모습도 추정할 수 있는데, 그것
은 아마도 동상의 왕관과 같은 두관의 형태를 띠었을 것이다. 고려시대 석불 전문
가인 정성권에 따르면, '왕이 곧 부처'라는 왕즉불王則佛 사상이 고려 초기에 크게
유행하였다. 이를 전파하고 확산하는 수단으로 석불이 전국의 사찰에 제작되었
고, '왕즉불' 사상이 석불에 반영되었다. 그렇다면 신흥 석불의 마모된 부분의 원
래 모습은 왕관이었을 것이다. 950년부터 1006년에 이르는 기간에 '왕즉불' 사
상을 전파하려는 의도에서 고려 석불이 집중적으로 제작되었다는 점에서 신흥
석불도 이 시기에 제작되었을 것으로 추정된다. 사정이 이와 같다면 신흥 석불의
나이는 아무리 짧게 잡아도 1000년이 넘을 것이다. 이런 점을 놓고 볼 때, 신흥
석불이 고려시대에 제작되었다는 전주 박물관팀의 조사는 설득력이 있다. 하지
만 두 가지 점에서 아쉽다. 하나는 제작 시기를 고려시대로 잡은 것에 대한 구체
적인 근거가 제시되어 있지 않다는 점이다. 다른 하나는 결정적으로 신흥 석불이
위치한 지역의 역사에 대한 어떤 구체적인 해명도 없다는 점이다. 이런 규모의 석
불이 조성되기 위해서는 이 석불을 제작했을 사찰이 나름 규모가 컸을 것으로 추
정할 수 있는데, 이에 대한 조사가 전혀 이뤄지지 않았다. 또한 이런 규모의 사찰
이 들어설 만한 곳인지에 대한 입지조건, 즉 당시 이 지역의 정치적이고 경제적인
여건에 대한 연계 조사도 없다. 적어도 고려시대에 보절에 이런 규모의 석불이 조
성되려면, 이를 재정적으로 뒷받침해 줄 수 있는 정치적인 혹은 경제적인 여건이
충족되어야 하기 때문이다. 앞에서도 밝혔듯이 보절 지역은 백제의 현청이 있었
던 곳으로 신라와 상시적인 전투를 벌였던 군사 요충지였고, 마찬가지로 후백제
의 군사적인 거점이었다는 점을 고려한다면, 신흥 석불의 제작 시기와 제작 특징,
석불의 정체성에 대해서는 엄밀한 조사가 시급하다. 국립전주박물관의 조사팀
이 제시한 보고에서 밝혀지지 않은 사실과 역사를 담고 있는 유물이 신흥 석불이
기 때문이다. 이에 대해서는 보다 본격적인 유물 조사가 시급하다. 국립전주박물
관의 보고는 기초 사실부터 잘못되었기 때문이다. 우선 "덕과면 사무소에서 동쪽
으로"라는 기록은 '보절면 사무소'로 교정되어야 한다. 다음으로, 형태적인 특징
과 관련해서 강조되었던 '불합리성'은 미학적인 시각에서만 접근해서는 안 된다.

신흥 석불의 제작 시기와 제작
특징, 석불의 정체성에 대해서
는 엄밀한 조사가 시급하다.

오히려 그것이 신흥 석불의 제작 시기를 규명하는 데 중요한 단서가 될 것이다. 비록 지금은 세월의 마모와 인간의 손에 의해서 심하게 훼손되었지만, 신흥 석불의 남아있는 부분은 미학적인 측면에서 결코 뒤떨어지는 작품이 아님을 보여준다. 신흥 석불의 장삼을 두르지 않은 오른팔 부분은 사진상으로는 약간 가늘게 보이지만, 실제로 만져 보면 매우 두툼하고 우람한 팔뚝과 같다. 이는 고려 초기에 왕즉불 사상에 근거해 제작된 석불들과 다른 신흥 석불의 특징이다. 신흥 석불의 또 다른 미학적인 특징은 귀가 얼굴 크기에 맞추어져서 길고 두툼하게 조각되어 있다는 것이다. 이는 사진에서는 잘 드러나지 않는다. 부드러운 바람에 실려 흐르는 듯한 법의法衣 가사의 옷주름도 신흥 석불의 또 다른 아름다움이다. 이와 같은 미학적 특징들은 정형화된 고려 초기의 다른 석불과는 차이가 있다. 이런 점에서 신흥 석불은 고려 초기보다는 앞선 시기에 제작되었을 가능성이 높다. 이와 관련해서 두 가시 사실을 지적하고자 한다. 보절은 돌을 다루는 석조 기술이 매우 발달한 지역이었다. 제2장 〈보절의 역사〉에서 밝혔듯이, 보절의 천황봉을 중심으로 왼쪽으로는 계룡산, 오른쪽으로는 거령산을 아우르는 매우 큰 규모의 포곡식包谷式 산성이 축성되었고, 특히 거령산에서는 테뫼식 산성이 축성되었음을 강조하고자 한다. 산성을 쌓을 때 사용되었던 돌들은 당시 석공 기술이 매우 발달했음을 보여준다. 보절 지역에 들어온 불교는 삼국통일 이후에 신라의 불교가 들어온 것이 아니고, 원래부터 이 지역에 있었던 백제 불교였다. 이 두 사실은 신흥 석불이 고려시대에 개성에서부터 퍼져나간 양식과 사상의 영향을 받고 조각된 것이 아니라, 오히려 보절 지역에 있었던 석공 기술과 이 지역 석재로 제작되었음을 보여준다. 이런 의미에서, 신흥 석불의 미학적인 '불합리성'에 대한 지적은 재고되어야 할 것이다.

| 신흥석불<br>제작시기:<br>백제 후기? | 신흥 석불의 제작 시기와 관련해서, 신흥 석불 화염문火焰文의 형태가 인근의 대산면 신계리의 석불과 유사하다는 것도 신흥 석불의 제작 |

시기를 추정하는 데 중요한 단서가 된다. 이와 관련해서 신계리 석불은 와불이고, 신흥 석불이 입불이라는 점을 주목하지 못했다. 따라서 신흥 석불에 언제, 어떻게, 그리고 어떤 부처를 새긴 것인지, 또한 신흥 석불이 가지고 있는 역사

적인 의미를 본격적으로 살펴볼 필요가 있다. 물론 석불의 형태와 양식을 놓고 보면, 신흥 석불이 고려 광종 대에, 혹은 바로 이은 목종 대에 조성되었을 가능성이 크지만 신흥 석불의 제작 조건인 소위 '신흥사'는 고려시대에 창건된 사찰이 아니다. 그것은 더 앞으로 거슬러 올라가야 한다. 보절 지역에 사찰이 세워질 수 있는 물적 토대를 갖춘 시기는 바로 백제 말기였기 때문이다. 이는 신흥 석불의 제작 시기와 관련해서, 또 다른 추정을 할 수 있게 해준다. 그러면, 신흥 석불을 미술사적으로 이해하고 그 제작 시기를 추적하기 위해서, 신흥 석불과 비슷한 모양을 한 마애불과 석불을 비교해 볼 필요가 있다. 먼저, 마애불을 구체적으로 살펴보자. 아래쪽은 태안 동문리에 있는 국보 제307호 마애삼존불상摩崖三尊佛像에 있는 관음보살이다.

위의 석불과 신흥 석불을 비교하면, 검게 변한 신흥 석불의 왕관 머리의 크기와 모양은, 안타깝게도 누군가에 의해서 훼손되었거나 세월에 의해서 마모되었지만, 왕관을 두르고 있는 태안마애불과 유사함을 보여준다. 완벽하게 일치하지는 않지만, 가슴과 배 사이로 모은 양손의 수인手

태안 동문리의 마애삼존불상

印과 양손으로 보주寶珠를 감싸고 있는 모양이 유사하다. 이와 같은 모습을 하고 있는 불상은 대체로 세상의 소리를 들어주고 살펴보는 관음보살觀音菩薩이다. 여기에서 신흥 석불의 정체성이 밝혀진다. 그것은 관음보살상이다. 흥미로운 점은 신흥 석불이 태안마애불에서는 명확하게 드러나지 않은 오른쪽 어깨를 그대로 드러내고 왼쪽으로 가사裂裟를 두르고 있다는 것이다. 가사를 두른 신흥 석불의 이런 모습은 인도와 동남아 지역의 평상복이라는 점에서, 신흥 석불이 아주 이른 시기에 조성되었음을 보여준다. 신흥 석불은 또한 불상 주변에 화염문을 두르고 있다는 점에서 태안마애불과 다르다. 시기 추정과 관련해서 신흥 석불에 화염문이 새겨져 있다는 점이 중요하다. 신흥 석불의 화염문은 서산의 마애삼존불의 그것과 유사한데, 오른쪽과 같다.

　오른쪽의 사진에서 볼 수 있듯이, 서산의 마애불상의 화염문은 중앙에 있는 본존 불상의 머리에만 새겨져 있는 것에 비교해서, 신흥 석불의 특징은 화염문이 불상 전체를 감싸고 있다는 점에서 차이가 두드러진다. 한국 역사에서 마애불이 조각되기 시작한 것은 6세기부터이다. 앞에서 소개한 태안마애불이 새겨진 시기는 서기 6세기 중엽이다. 서산마애삼존불이 조각된 시기와 관련해서 학자들은 대략적으로 백제 후기로 추정한다. 신흥 석불의 조각 시기와 관련해서 거물성도 6세기 중엽 이후에, 더 정확하게는 560년을 전후로 해서 축성되었다는 점을 지적하고자 한다. 이와 같은 시기 정황을 놓고 볼 때, 어쩌면 신흥 석불도 거물성의 축성과 함께 매우 이른 시기인 6세기 중엽에 조각되었을 가능성이 있다. 참고로 귀정사는 515년에 세워졌다. 거물성과 거사물 현청이 세워질 정도이면, 귀정사와 거사물 현청이 위치한 중간 지역에 사찰이 세워졌을 가능성이 매우 크다. 성읍의 가까운 곳인 안누른대에 거주했던 성읍민들과 군사들을 위한 사찰이 필요했기 때문이다. 이와 관련해서 귀정사는 지리적으로 현청에서 상당히 먼 거리에 있는 지역에 있었다. 만행산을 넘어야 하는 불편함도 무시할 수 없는데, 결정적으로 군사적으로도 신라와 대치하는 최전선에 있었기 때문에 안전한 장소가 아니었다.

서산의 마애삼존불상

이런 지리적인 조건으로 놓고 볼 때 현청이 위치했던 안누른대와 귀정사의 중간 지역에서 신흥 석불이 발견되는 것은 결코 우연이 아닐 것이다. 석불이 발견된 것으로 보아서 이 지역에, 즉 신흥에 사찰이 있었음도 아울러 추정할 수 있다. '신흥사'라는 불리는 사찰이 바로 그것이다.

| 절집 유적과 성남사 | 신흥 석불이 지키고 있는 신흥사와 함께 백제시대 거사물현의 불교 교육을 담당했을 것으로 추정되는 두 번째 장소는 외황마을 인근의 '절집'이라는 건물터 유적이다. 아래 사진과 같다. |

외항마을 절집 건물터

이 유적은 거사물 현청과 성읍이 형성되었던 안누른대<sup>내황</sup> 근처이며, 성남마을과도 가까운 곳이다. 이와 관련해서《용성지》는 다음과 같은 기록을 전한다.

> 옛날 책에는 보현사寶賢寺가 마행산에 있다.... 성남사는 보현사의 본사이나 지금은 없어졌다. 안불암은 지금은 없어졌다.<sup>3</sup>
>
> 舊志寶玄寺在馬行山 ... 故名 城南寺卽寶玄本寺 今廢 安佛庵今廢.

인용에서 말하는 '옛날 책'은《신증동국여지승람》을 가리킨다. 이에 따르면 보절 지역에는 성남사라는 큰 사찰이 있었다. 흥미로운 점은 보현사를 성남사의 말사라고 기록하고 있다는 것이다. 지금 보절에서 사는 사람은 이 기록에 대해서 반신반의할 것이다. 보현사가 지금은 전쟁의 여파로 전소되고 말았지만 고려시대에는 매우 큰 절이었기 때문이다. 보현사의 원래 터전을 보여주는 아래의 사진이 이를 잘 보여준다.

주춧돌이라도 발견된다면 보현사의 규모가 잘 드러나겠지만, 사진에 잡힌 가람의 크기만으로도 보현사가 얼마나 큰 사찰이었는지를 짐작할 수 있다. 그런데

보현사의 대웅전 옛터

이렇게 큰 사찰을 성남사의 말사로 전하는《신증동국여지승람》의 기록은 어떻게 해석해야 할까? 지금의 보현사라는 이름이 백제시대에 그대로 쓰인 것은 아니었을 테고, 어쩌면 사라졌다고 전해지는 '안불암'이었을 지도 모르겠다.

아직 기초적인 조사도 진행되지 않은 상황에서 '절집'이라고 불리는 건물터 유적의 성격을 단정하기는 어렵다. 다만 이 유적이 마을 사람들에 의해 '절집'이라고 불려왔다는 점, 거사물 현청과 성읍이 형성된 안누른대 근처라는 점, 성남마을 근처라는 점을 종합해볼 때 기록에 등장하는 '성남사'일 가능성을 조심스럽게 제시해볼 수는 있을 것이다. 만약 이 건물터가 기록에 등장하는 성남사라면, 성남사와 신흥사의 위치와 비교해볼 때 보현사가 말사였을 가능성이 크다. 삼국통일, 특히 고려 개국과 함께 거물성이 군사적인 중요성을 상실하게 되고 행정구역의 개편으로 말미암아, 성남사와 신흥사는 역사의 망각으로 사라져 버렸을 것이다. 하지만 다행스럽게도 보절의 땅은 그 시대의 기억을 전하는, 비록 그것이 고려시대에 조성되었다 할지라도, 혹은 백제 말기에 만들어졌을지도 모를 신흥 석불과 안누른대의 절집 유적 및 산성석을 보전해주었다.

주생면 낙동리에 있는 마애불

1500여 년의 세월을 견디면서 그 시대의 슬픔과 아픔을 간직해 준 보절의 땅에게 진심으로 고마움을 느낀다. 그 오랜 세월 동안 "너는 누구냐?", "네 나이는 몇 살이냐?"고 물어주는 사람 없이 외롭게 백제의 기억을 지켜왔던 신흥 석불도, 사실 주변을 둘러보면 그렇게 외롭지만은 않다. 신흥 석불과 가까운 친척으로 보이는 마애불과 석불이 남원에는 대략 40여 곳이 넘는 장소에 남아 있기 때문이다. 이는 경주 다음으로 많은 숫자이다. 이들 가운데에서 신흥 석불과 가장 가까운 친척으로 보이는 마애불이 주생면 낙동리에 있는 석불이다.

주생면 석불은 신흥 석불의 본래 모습을 찾아 줄 수 있는 단서를 제공하기 때문에 중요하다. 그런데, 신흥 석불도 두 발과 발판과 발을 가지고 있었음을 위에서 확인하였다. 신흥 석불의 제 모습을 찾아주어야 함은 당연하다. 이것이 1000 ~ 1500년이라는 오랜 세월동안 보절을 지켜 준 석불에 대한 기본적인 예의일 것이다. 신흥 석불의 일가로 보이는 오수에 있는 마애불과 삼계면 성문 안 마애불이 받고 있는 대접에 비교한다면 보절 사람들은 신흥 석불에 대해서 아주 미안한 마음을 가져야 할 것이다. 어쨌든 신흥 석불과 그 친척 마애불들은 입불이라는 특징을 공통으로 가지고 있다. 좌불이긴 하지만 신흥 석불과 친연 관계를 따질 수 있는 마애불이 덕과면 사율리에도 있다.

덕과면 사율리에 있는 마애불

신흥 석불의 역사적 가치 | 신흥 석불의 역사적인 가치는, 물론 엄밀한 연구를 해야겠지만, 크게 세 가지다. 먼저, 신흥 석불은 바위에 새기는 마애불에서 바위를 독립적으로 다루어 만드는 석불로 넘어가는 단계의 중간 지점에서 새겨지고 만들어지는 석불형 마애불이다. 이 점에서 신흥 석불은 한국조형미술의 발전 역사를 조명하는 데 소중한 사료이다. 다음으로 신흥 석불은 입불인데, 이는 신흥 석불이 백제 마애불임을 보여준다. 백제 마애불의 특징은 서 있는 입불

이 많고, 신라의 마애불은 입불도 간혹 있지만 좌불이 많다. 남원 일대는 입불과 좌불이 공존하고 있는 매우 독특한 지역이다. 남원에 새겨진 좌불들은 대개 통일 신라시대 이후에 만들어졌다. 그런데 덕과 사율리 석불형 마애불의 사례에서 볼 수 있는 화염문의 형태를 지니고 있는 것들이 많다. 이는 입불에서 좌불로 넘어가는 이행 과정을 보여주는 중요한 흔적이다. 좌불의 경우 화염문이 초기 좌불에서는 발견되지만, 후기에 제작되는 석불에서는 사라지고 광배가 두드러지게 표현되기 때문이다. 이런 과정을 보여준다는 점에서 사율리 마애불은 중요하다. 또한 화염문과 연꽃 문양의 광배를 동시에 가지고 있고, 서 있는 것이 아니라 앉아 있는 자세를 취하기 때문에 흥미롭다. 그런데 이 점은 신흥 석불이 시기적으로 더 이른 시기에 조각된 것임을 보여주는 방증이기도 하다. 즉, 신흥 석불은 아직 제대로 조명을 받지 못하고 있는 남원 일대에 소재하는 마애불과 석불 조각의 발전 역사를 살필 수 있는 단초를 제공한다는 점에서 미술사의 관점에서 새롭게 조명 받아야 할 소중한 작품이다. 마지막으로 신흥 석불은 백제의 역사를 기억하고 전하고 있다는 점에서, 설령 그것이 고려 광종 대에 제작된 것으로 인정할지라도 그 석불이 실은 백제 말기에 창건된 성남사의 증거라는 점에서, 그것 자체가 역사의 증거이다. 물론 보존 상태나 조각 수준의 관점에서, 신흥 석불은 보물 제433호로 국가의 보호와 대접을 받는 대산면 신계리에 있는 석불 좌상과는 비교할 수 없다. 왼쪽은 신계리 마애불의 모습이다.

국가 보물로 지정되기에 손색이 없을 정도로 균형이 잘 잡히고 아름답다. 화염문과 연꽃 광배도 뛰어난 솜씨로 새겨져 있다. 무엇보다도 보존이 잘 되어 있다. 비록 세월의 무게로 말미암아 혹은 사람들의 손길로 훼손되었지만, 신흥 석불에 담겨있는 역사의 무게는 신계리 마애불에 절대로 밀리지 않는다는 점을 강조하고자 한다. 적어도 역사적으로 앞서 있으며, 신계리의 마애불을 설명하기 위해서는 사율리의 마애불에 의지해야 하고, 그렇다면 신흥 석불을 참고하지 않을 수가 없기 때문이다. 그런데, 신흥 석불은 백제의 소위 가장 '핫hot'했던 거물성의 성벽 남쪽성남에 있었다는 점에서 통일 신라시대에 조각된 것으로 추정하는 신계리 마애불과는 폭과 품이 다른 이야기와 기억을 담고 있는 역사의 물증이다. 신계리 마애불에도 사람들의 애환이 녹아있을 것이다. 그러나 국가의 슬픔을 담고 있는 것은 아니다. 적어도 통일 신라시대 이후에 조각된 것이다. 이런 의미에서 신계리 마애불은 승자의 역사가 아니라 패자의 슬픔을 전하는 것이어서 더욱 애틋한 마음을 불러일으키는 신흥 석불에는 비교 대상이 될 수 없을 것이다. 이런 가슴 아픈 사연은 신흥 석불이 이제는 재조명받아야 하고 제대로 된 대접을 받아야 할 이유다.

대산면 신계리 마애불

신흥 석불 이야기를 조금 길게 늘어놓은 이유는, 한편으로 신흥 석불에 담긴 사연이 너무 기구해서이고, 성남사와 함께 백제시대 거사 물현에서 불교 교육이 이루어졌음을 보여주는 중요한 증거이기 때

신흥 석불의 이해: 실크 로드 문화

문이다. 여기에 신흥 석불이 중요한 이유를 하나 더하면 현오국사가 호승이라는 점과 인도에서 중국 동진을 거쳐서 백제에 들어왔다는 점이 중요하다. 서역 불교가 법성포에서 천황봉을 너머 만행사로 직접 들어왔든, 한산주에 남하하기 시작해서 여러 곳을 거치고 거쳐서 천천히 들어왔든, 서역 불교가 천황봉을 찾아와서 정착한 점은 분명한 역사적인 사실이므로 귀정사와 거사물은 백제의 관점에서 실크로드의 종착점이었음이 분명하다. 이런 의미에서 만행사와 성남사도 실크로드 역사를 규명하는 논의에 포함되어야 마땅하다. 신흥 석불에 대한 역사적인 이해도 이 점에서 달라져야 한다. 한국의 석불 문화 자체가 기본적으로 서역의 영향을 받은 것이라는 점을 고려하면 신흥 석불도 실크로드 문화의 한 유물이기 때문이다. 물론 신흥 석불은 고려 초기에 제작된 것일 수도 있다. 하지만 이것이 신흥 석불이 실크로드를 타고 전파된 서역 문화의 한 사례라는 점을 부정하지는 못한다. 어차피 신흥 석불이 고려 초기에 제작되었다 할지라도, 기본적으로는 실크로드 문화의 유산에 속하기 때문이다. 하지만 앞에서도 이야기했듯이 신흥 석불은 백제시대에 제작되었을 가능성이 크다. 보절 지역이 남원 화강암대의 중심지이었고, 거령산과 만행산에 아주 큰 규모의 산성이 축성되었다는 점을 고려하면, 보절은 아주 이른 시기부터 석조 기술이 발달한 지역이었기 때문이다. 그러니까 신흥 석불은 개성으로부터 지방으로 전파되는 양식을 따른 것이 아니라, 오히려 이 지역에서 인근의 주변 지역으로 석불 양식과 석공기술, 그리고 석재가 전파되고 옮겨졌을 가능성이 크다. 이에 대한 엄밀한 발굴 조사가 요청된다. 신흥 석불의 재료는 보절에 흔한 남원 화강암이다. 이 화강암을 새긴 조각 기술과 조각 양식은 태안 마애불과 서산 마애불을 새기고 깎은 기술과 양식을 이어받고 있는 것으로 보인다. 이와 관련해서 신흥 석불의 화염문 모양은 익산 연동리에서 발견된 석조 불좌상의 화염문과 유사하다.

오른쪽의 사진에서 볼 수 있듯이, 정교하고 화려하며 좌상이라는 점에서 연동리 석조불좌상은 신흥 석불보다는 나중 시기에 제작되었을 가능성이 크다. 연동리 석불이 백제 무왕의 천도와 함께 조성된 것이므로 그 제작 시기는 7세기 초엽으로 추정된다. 그렇다면 신흥 석불은 그보다는 앞선 시기인 6세기 말엽 정도일 것이다. 앞에서 밝혔듯이 거물성의 축성과 거사물 성읍이 조성된 시기가 560년 전후였다는 점을 놓고 볼 때, 거물성의 남쪽에 지어진 성남사와 신흥 석불은 6세기 후반에 제작되었을 것으로 추정된다. 따라서 신흥 석불은 서산 마애불과 태안 마애불보다는 대략 한 세대 정도 늦게 제작된 것으로 보인다. 이에 대한 엄밀한 조사가 시급하다. 신흥 석불의 조각 양식과 조각 기술을 살펴보면 태안과 서산을 거쳐서 중국의 6조 시대에서 시작해서 북위北魏 시대의 꽃을 피운 마애불과 석불의 영향을 받았기 때문이다. 사실 이 시대에 조성된 용문 석굴과 공현 석굴의 마애불과 석불들은 돈황 석굴의 영향을 받았고, 이것들은 더 서쪽으로 거슬러 가면 간다라Gandhara 양식을 이어받아 중국화된 것이다. 이 점에서 신흥 석불의 양식의 연원은 인도의 간다라에 뿌리를 두고 있다. 아쉽게도 얼굴 부분이 마모되어, 혹은 훼손

연동리 석조불좌상

되어 진면목을 확인할 수는 없지만, 주변의 오수 오현리와 삼계 성문안이나 대산 신계리에서 발견되는 마애불과 석불의 얼굴들을 놓고 볼 때, 그 실체는 백제의 얼굴이었을 것이다. 이른바 백제의 미소를 짓고 있는 얼굴이었을 것이다. 그런데 간다라 양식은 그 기원이 그리스에 뿌리를 두고 있다. 학자들의 연구에 따르면, '서 있는 아폴로standing Apollo'가 '앉아 있는 부처sitting Buddha'로 바뀌는 데에 걸린 시간이 300년 정도였다. 이와 같은 문화유산은 알렉산더 대왕의 동방 원정의 결과물이었다. 이는 경주 불국사 석굴암 석불의 얼굴과 머리가 서양인의 특징을 가진다는 점에서 쉽게 입증된다. 흥미로운 점은 신흥 석불이 입불이라는 점이다. 그런데 앞에서 언급했듯이, 이 입불관음보살로 추정됨의 양식은 '서 있는 아폴로'와 유사하다. 이와 관련해서 신흥 석불의 주변에 화염문이 새겨져 있다는 점이 중요하다. 사실 화염문은 알렉산더 대왕의 신격화라는 과정에서 발전한 후광아우라, Aura이 중국을 거치면서 동양화된 양식이다. 아우라는 서양 고대 그리스에서는 생명의 기원인 태양의 빛을 표현하는 것으로, 세상을 두루 비추는 아폴론 신의 상징인 빛을 알렉산더 대왕의 머리에 새긴 것이다. 이는 알렉산더가 태양의 후손이라는 점을 강조하기 위한 것이었다. 알렉산더 대왕의 중앙아시아 정복 이후에 아폴론의 아우라를 배경으로 하는 조각상들이 많이 만들어졌는데, 이를 헬레니즘 양식이라 한다. 이와 같은 점을 고려한다면 신흥 석불은 백제로 흘러들어온 헬레니즘 양식의 흔적을 보여주는 중요한 역사적인 보물인 셈이다. 물론 이 양식이 백제로 들어와서 백제화의 과정을 거쳤지만 말이다. 이와 관련해서 한 가지 짚고 넘어가야 할 점은 경주에서 발견되는 실크로드의 조각 양식과 조각 기술이, 특히 통일 신라시대 이후에는 당나라의 영향을 많이 받은 것이 분명하지만 반드시 중국의 영향뿐 아니라 실은 백제의 양식과 기술을 수용한 경우도 많다는 점이다. 단적으로, 백제의 명공인 아비지阿鼻旨가 신라의 보물인 황룡사 9층 목탑을 세웠다는 것은 잘 알려진 사실이다. 이는 백제와 신라 사이에 전쟁만 벌였던 것은 아니었고 물품 교역과 문화 교류도 많이 했다는 점을 보여준다. 국경도시였던 거사물도 이 과정에서 중요한 역할을 했을 것이다. 이 점에서 신흥 석불은 특히 아주 이른 시기의 조각 양식과 조각 기술을 보여주기 때문에 백제와 신라 사이에 있었던 교류의 한 단면을 보여주는 사례일 것이다. 이와 관련해서 남원 일대는 백제의 마애불과 석불과 통일 신라의 마애불과 석불이 혼재되어 있는 지역이라는 점을 지적하고자 한다. 이는 어쩌면 백제의 기술이 신라로 수용되는 과정을 보여주는 흔적일 것이다. 이에 대한 학계의 관심을 촉구한다. 다음은 남원이 경주에 못지않게 실크로드의 연장선에 있는 지역임을 증명해주는 조각상이다.

고려 문종 때 창건된 남원 만복사에 있는 이 조각상은 동양과 서양을 이어주면서 중개 무역을 했던 것으로 유명한 소구드Sogd인의 얼굴이다. 이런 얼굴의 조각상은 경주에서 자주 발견된다. 이런 유물은 남원도 실크로드의 중요한 거점이었음을 암시한다. 이를 확증하기 위해서 굳이 후대에 만들어진 만복사 소구드상을 거론할 필요는 없을 것이다. 단적으로 신흥 석불이 헬레니즘의 유산이기 때문

신흥 석불은
특히 아주 이른 시기의
조각 양식과 조각 기술을
보여주기 때문에,
백제와 신라 사이에 있었던
교류의 한 단면을 보여주는
사례일 것이다..

남원 만복사에 있는 소구드인의 상

이다. 이런 의미에서 백제시대의 지리 공간에 대한 이해도 바꾸어야 할 것이다. 오른쪽 지도는 법성포에 걸린 것이다. 이지도는 법성포가 실크로드의 한 거점이라고 강조하고 있는데, 실크로드를 표시하는 선을 법성포에서 한산주로 연장해야 하고, 아울러 백제의 관점에서 실크로드의 종착점인 거사물현과 천황봉과 만행사까지 연장해야 한다.

마라난타의 이동 경로

## 2. 고려시대의 거령의 불교 교육

만행사에서 이름을 새로 얻은 귀정사는 백제가 멸망한 이후에도 존속하였고, 고려시대에는 원묘국사 요세了世, 1163~1245년 스님이 백련결사운동을 벌인 곳이기도 하다. 이를 놓고 볼 때 고려시대에도 불교가 보절 교육의 중요한 역할을 한 것은 분명한 사실이다. 이를 잘 보여주는 증거로 보현사를 거론하지 않을 수 없다. 보현사는 1306년충렬왕 32년에 만항萬恒이 창건불사創建佛事를 시작하여 8년 만인 1314년충숙왕 1년에 완성한 큰 절이다. 당시의 당우로는 법당, 나한전, 약사전, 문수전, 조사전祖師殿, 시왕전十王殿, 정루正樓, 승당僧堂, 선당禪堂, 서상실西上室, 만월당滿月堂 등이 있었고 1318년에 민지閔漬가 왕명에 의하여 보현사를 찬양하는 글을 지었을 정도이다. 이곳에는 본디 한 암자가 있었는데 만항이 꿈에 평생 머무를 만한 곳이라는 현몽을 얻은 뒤 창건하였다고 한다. 보절 교육과 관련해서는 보현사를 세운 만항이 중요하다. 만항은 나중에 순천으로 내려가서 한국 조계종의 본류라 할 수 있는 송광사의 열 번째 주지가 된다. 이를 놓고 볼 때 보현사에서 전했던 교리는 조계종의 선불교를 주요 내용으로 삼았을 것이다. 앞에서 살펴보았듯이, 백제시대의 불교 교육이 호국 불교의 특성을 띤다면, 고려시대의 불교 교육은 군사 훈련과 같은 특징이 사라지고, 참선을 중시하는 수도 생활이 교육의 중심에 자리 잡는다. 이런 변화를 고려한다면 보현사의 불교 교육도 비슷했을 것이라고 비정된다. 하지만 유교의 득세로 보현사는 옛날의 교육기능은 물론 종교기능도 쇠퇴하고 사람들에게 위안과 즐거움을 주는 명승지로 남게 된다. 광해군 때에 살았던 오수 둔덕리 출신의 이문규1617~1688년는 보현사를 이렇게 노래하고 있다.

| | |
|---|---|
| 店重穿渡石橋 | 들판을 가로질러서 돌다리를 건너가니 |
| 龍淵斜日憩橫皐 | 용연에 기울어진 해는 물로 가득한 연못에서 쉬고 있구나. |
| 林間淸磬聞來近 | 나무들 사이로 맑은 경쇠 소리가 가까이 들려오나니 |
| 山外塵寰看却遙 | 산 밖의 세상은 오히려 멀어져가는구나 |
| 景物已牽雙眼困 | 경치와 풍물이 두 눈을 피곤하게 할 정도로 유혹하나니 |
| 勝遊何憚一身勞 | 뛰어난 곳에서 노는 것을 어찌 몸이 피곤하다고 피하랴 |
| 二難四美兼今夕 | 이난과 사미가 오늘 저녁을 함께 하나니 |

琴酒團圓可達霄　　　서로 마주 앉아 가야금과 술로 이 밤을 지낼만하구나.

李文規詩野,〈風渠集〉.

## 3. 조선 전기와 중기 보현과 고절의 유교 교육

조선시대의 보절 교육의 중심을 차지한 것은 유교이다. 제4장 〈보절의 성씨〉에서 살펴보았듯이, 유교 교육도 그냥 자연스럽게 중앙에서 지방으로 확장된 것이 아니라 전쟁이나 사화 등 정치적 격변으로 말미암아 보절 교육에 안착한 것으로 추정된다. 보절에 유교 교육이 정착하면서, 보절은 유교의 덕성과 가르침을 구체적으로 실현하려는 공간으로 재구성된다. 마을마다 재실이 들어섰고 열녀문과 정려비가 세워졌으며, 마을마다 서당이 들어서기 시작했고, 일종의 중등 교육기관이라 할 수 있는 서원이 세워졌다.

　보절의 유학 교육 역사에서 첫 번째로 들어야 할 사람은 매헌 소산복梅軒 蘇山福, 1556~1620년이다. 매헌의 본관은 진주晉州, 자字는 경응景膺이다. 아버지는 소국필蘇國弼이고, 어머니는 남원 양씨南原梁氏이다. 남원에서 태어났는데, 8대조 소후蘇後 이후로 남원에 세거하였다. 10살 때 이성춘李成春의 문하에서 공부를 시작하였고, 이후 부친의 뜻에 따라 큰형과 함께 일재 이항一齋 李恒, 1499~1576년의 문하에 나아가 학문을 배웠다.《일재집一齋集》의 문인록門人錄은 소산복을 이렇게 기록한다.

> 소산복의 자는 경응景膺이고, 호는 매헌이다. 진양인 국필國弼의 아들이다. 진사이다. 나이가 겨우 열 살에 공자의 화상을 모사해서 아침저녁으로 참배하였다. 뜻을 돈독히 하고 학문에 힘썼다. 소蔬를 올려 율곡栗谷과 우계牛溪 두 선생의 무고를 힘껏 변론하였다. 임진년1592년에 창의사 건재健齋 김천일金千鎰을 좇아 섬겼다. 호암서원湖巖書院에 배향되었다.
>
> 蘇山福 子景膺 號梅軒. 晉陽人國弼子. 進仕. 年甫十世, 摸出孔夫子畵像, 朝夕參謁, 篤志力學, 上疏力辯栗牛兩先生之誣, 壬辰從事倡義使金健齋, 享湖巖書院.[6]

　관직에는 나아가지 않고 학문에만 힘을 쏟았다. 같은 고향 친구 조유직趙惟直과는 평소 친분이 두터웠다. 하지만 조유직이 정여립鄭汝立, 1546~1589년의 문하에 드나들자 정여립의 가신이라 배척하고는 끝내 절교하였다. 선조 말년 율곡 이이栗谷 李珥와 우계 성혼牛溪 成渾을 비난하는 의론이 일어나자 율곡과 우계를 흠모하는 시를 지어 논척하였다. 평소 김유金瑬, 이귀李貴와 친분이 돈독하였다. 문집으로《매헌집梅軒集》이 있다. 권수卷首에는 1910년 기우만奇宇萬, 1846~1916년이 지은《매헌집서梅軒集序》의 서문과 전체의 목록이 있다. 권1에는 1723년 8월 정재흥丁載興이 지은 소산복의 〈행장行狀〉과 시와 서간문이 있다. 권2에는 〈의소擬疏〉 2편과 자손들에게 집안에서의 윤리와 사회에서의 행동 지침에 관한 〈유계遺戒〉 1편과 〈부록附錄〉이 있다. 부록은 소산복에 관한 내용인데, 먼저 1620년 양명원梁明遠이 지은 〈제문祭文〉 등 제문 3편과 아들 소계蘇偰가 지은 〈유사遺事〉, 민여임閔汝任이 지은 〈매헌기梅軒記〉, 1622년 4월 이점李漸이 지은 〈묘갈명墓碣銘〉, 이행연李行淵이 지은 호암서원상량문湖巖書院上樑文, 1910년 기우만奇宇萬이 지은 〈문류정기門柳亭記〉가 있다. 권말卷末에는 노석승盧錫升이 지은 〈매헌집발梅軒集跋〉, 8대손 소환담蘇煥潭이 지은 발문跋文, 10대손 소병환蘇秉煥이 지은 발문이 있다. 부록으로 소진호蘇晉豪가 지은 〈만각재행록晚覺齋行錄〉, 소진장蘇晉章에 대한 〈만은처사소공장晚隱處士蘇公狀〉과 1906년 〈매헌기梅軒記〉에는 소산복이 교유했던 친구들이 열거된다. 오정길吳廷吉, 김선金宣, 이점李漸, 안창국安昌國, 이대유李大曳, 김화金澕, 최연崔葕, 양명원梁明遠, 안극충安克忠이 그들이다. 이들과 매헌 소산복이 주고받은 시와 노래는 보절 유학의 깊이와 격조를 알게 해주는데, 몇 노래만 소개하면 아래와 같다.

### 幽居卽事錄奉崔星灣【葕】求和
조용히 살며 즉흥으로 지은 시를 베껴서
성만星灣 최연崔葕에게 올려 화답을 구하다.

| 幽居塵事少 | 조용히 살아 속세 일이 적으니 |
| 植杖課園蔬 | 지팡이 꽂아 놓고 일과 삼아 채소를 가꾼다. |
| 斬木看山遠 | 나무를 베어내니 먼 산까지 보이고, |
| 除荊愛竹疏 | 기시덤불 제거하니 성근 대숲이 사랑스럽다. |
| 野梅心欲吐 | 들매화 꽃망울 터뜨리려 하고, |
| 沙柳眼初舒 | 모래톱 버드나무 비로소 눈이 트려하네. |
| 散步從巾脫 | 산보하며 두건을 벗은들 |
| 何須客問余 | 손님이 굳이 내게 물을 필요 있으랴? |

매헌의 노래에 등장하는 최연崔葕, 1576~1651년은 본관이 삭녕朔寧이고 자는 유장孺長이며 호는 성만星灣·성연星淵이다. 광해군 때 예조좌랑이 되었으나 이이첨李爾瞻 등의 모의에 반대, 대북파에 의하여 파직당한 뒤 고향에 돌아가 12년 동안 은거하였다. 인조반정 후 장령에 임명되고 응교, 집의, 사간 등을 지냈으며, 병자호란 때 좌승지로서 왕을 호종하여 남한산성에 들어갔다. 이듬해 돌아와서 예조 참의, 한성부 좌윤이 되었다가 명리名利에 뜻이 없어 사직하고 낙향하였다. 남원의 노봉서원露峯書院과 방산서원方山書院에 배향되었다. 다음은 매헌 소산복이 임실 지사 유림인 활계 이대유에게 보낸 노래이다.

### 題李活溪山居
이활계李活溪의 산중 생활을 읊다

| 處士幽居地 | 처사가 은거하는 곳엔 |
| 風煙常掩闊 | 바람과 안개가 늘 문을 가리고 있네. |
| 鶯歌穿竹裏 | 꾀꼬리 노랫소리는 대숲을 뚫고, |
| 鷄笛出雲間 | 닭울음 소리는 구름 사이로 나온다. |
| 襯檻惟淸沼 | 난간 가까이 있는 것은 오직 맑은 못이요, |
| 環簷是碧山 | 처마를 둘러싼 것은 바로 푸른 산이라네. |
| 心從境俱寂 | 마음은 경내를 따라 모두 고요하지만 |
| 陶令未全閒 | 도연명처럼 아직 완전히 한가롭지는 않다네. |

이 시는 매헌 소산복을 비롯한 보절의 지식인들이 어떤 삶을 지향했고 실제로 어떻게 살았는지 잘 보여준다. 맑고 욕심이 없다. 가난하지만 비굴하지 않다. 그윽하지만 겸손하다. 그러면서도 풍류를 알고 즐겼다. 아래의 시는 만동에 살던 매헌 소산복과 산수굴에 살았던 이점이 어떻게 풍류를 즐겼는지를 보여주는 노래다.

### 社日次李松灘【漸】韻
사일에 송탄松灘 이점李漸의 시에 차운하다

| 南鄰呼北里 | 남촌 사람이 북촌 사람 불러내, |
| 提挈坐靑莎 | 서로 이끌고 푸른 잔디에 앉았네. |
| 盡醉忘歸路 | 진탕 취하여 돌아갈 길 잊었는데, |
| 前山橫暮霞 | 앞산에 저녁놀이 걸쳐 있다. |

**소산복: ① 지방 유교 교육**

위의 노래는 400여 년 전 보절 사람들이 어떻게 놀았는지 잘 보여주는 소중한 사료다. 남촌은 산수굴이고 북촌은 만동이다. 앞산은 아마도 천황봉일 것이다. 천황봉을 보면서 입춘에 해 저무는지를 모르고 막걸리를 마셨다는 이야기다. 시국과 학문을 논했을 것이며, 시와 노래로 외로움을 달래며 세월을 보냈을 것이다. 보절의 교양의 넓이와 학문의 깊이를 보여주기에 이보다 좋은 사료가 없을 것이다. 그래서 약간 길지만《매헌집》에서 몇 개의 노래를 골라 보았다. 이와 같은 시와 시에 담겨있는 정신세계는 소산복으로 대표되는 보절 유학의 특징을 여실히 보여주는데, 특히 남원과 보절 유학 역사를 해명하는 데 소산복이 중요한 이유는 크게 세 가지다. 먼저, 소산복이 교류했던 친구들이 보절과 남원 지역에서 유학을 가르치고 유학의 덕성에 따라 살았던 인물이라는 점에서 중앙에서만 배울 수 있었던 유학이 지방인 보절에도 활발하게 교육되었음을 보여준다. 대표적으로 이점은 도촌리 섬말 사람이고 안극충은 소산복이 살았던 옆 동네인 고절방 사람이다. 이대유는 임실 지사 사람이고 안창국은 남원 금지 사람인데, 이들이 보절의 안동네에 있는 문류정門柳亭에 모여서 학문과 시담과 시국을 논의했다는 사실로 미루어 볼 때 이 당시 보절에 살던 사람들은 유학에 이해가 깊었을 것이다. 소산복은 문류정을 짓고 그곳에서 학문을 위해 은거隱居했다고 한다. 지금은 경내의 소나무가 보호수로 지정되어 있다. 문류정 출입문에는 선춘문先春門이라는 현판이 붙어있어 문 앞에 심은 버드나무에 걸맞다. 당시 소산복이 정자와 함께 마을 앞 조산造山에 초정草亭을 짓고 버드나무를 심었고, 여기에서 정자의 이름이 유래했다고 한다. 소산복은 자신의 동지들과 문류정에서 고매한 뜻을 함께 했으며, 항상 이별을 아쉬워했다. 그 이별을 아쉬워했던 고절방의 쌍송雙松 안극충이 남긴 시이다.

### 蘇氏門前柳
소씨네 대문 앞의 버드나무

| | |
|---|---|
| 蘇氏門前柳 | 소씨네 대문 앞의 버드나무는 |
| 年年官別離 | 해마다 이별을 도맡아 한다네. |
| 別離知不盡 | 이별도 끝이 있음을 아는 것은 |
| 春到又生枝 | 봄이 되면 버드가지가 또 생겨서이지.[7] |

이 시는 현재 문류정 안에 아래의 모습으로 걸려 있다.

소산복: ②
보절 유학의
학맥전통

소산복이 보절의 유학 교육 역사에서 중요한 두 번째 이유는 보절 유학이 어떤 학맥 전통을 이어받고 있는지 보여주기 때문이다. 앞에서 밝혔듯이, 이항은 많은 제자를 두었는데, 소산복은 일재一齋 이항李恒, 1499~1576년의 제자다. 소산복 친구들도 이항의 제자들이다. 대표적으로 안창국과 이점을 들 수 있다. 의병장 김천일도 이항이 아끼는 수제자였다. 소산복이 김천일을 따라 종사군으로 의병 활동에 참여하게 된 것도 이런 인연이 있었기 때문이다. 계속해서 매헌의 학맥을 추적하는 이야기로 돌아오면, 소산복의 친구인 안창국에 주목해 볼 필요가 있다. 안창국의 조부는 사재당 안처순安處順, 1492~1534년이고, 아버지는 안전安瑑인데, 안창국은 이항의 제자이고, 안전은 이항의 우인友人이었다. 소산복과 안창국은 이항의 제자로 동문수학하면서 친구가 될 수 있었다. 안창국과 안전이 이항과 친할 수 있었던 것은 이항이 기묘명현의 영향을 많이 받았기 때문이다.[8] 이항은 기묘명현 중 동천東泉 김식金湜, 1482~1520년과 충암沖庵 김정金淨, 1486~1521년에게서 배웠다.[9] 그런데 김정은 안처순과 정치적 동지이자 문우였다.[10] 노모의 병환으로 기묘사화가 발발하기 1년 전에 남원으로 내려온 덕에 사화를 피한 안처순은 기묘사화를 당한 동지들의 유배 생활을 돌보아 주었고, 고향으로 흩어진 문우들을 이어주는 소통자 역할을 수행하였다. 따라서 안처순과 이항은 서로 돈독한 관계를 맺었음이 분명하다. 이는 안처순의 손자인 안창국이 이항의 제자라는 점에서 입증된다. 또한 안처순의 사위이자 제자인 노진과 기준, 변사정이 나중에 이항의 학문적 입장을 적극적으로 지지했다. 기묘명현이었던 기준은 고봉 기대승의 작은 아버지다. 안처순이 이항과 학문적으로 깊은 교유를 못한 것은 한편으로 안처순이 병환이 깊은 노모를 모셔야 했기 때문이고, 다른 한편으로 안처순 자신도 일찍 세상을 뜨고 말았기 때문이다. 이런 사정 때문에 안처순은 유학사에서 남긴 영향사에 대해서는 아직 조명이 된 적이 없었다. 하지만 안처순의 제자들인 노진과 변사정이 김인후, 기대승, 노수신 등과 교유하였다는 점에서, 이들이 이항과 깊은 학맥을 맺고 있다는 점에서, 이들의 학문적 교유와 그 교유에 담긴 학술적 의미와 의의에 대해서는 보다 엄밀한 연구와 조사가 필요하다.

| 소산복과 이항의 敬[경]논쟁과 그 의미 [11] | 우산牛山 안방준安邦俊, 1573~1654년은 이항을 강의불굴剛毅不屈하고, 기대승을 명쾌하며, 김인후를 학문과 조심스런 행동으로 뛰어난 사람 |

들이라고 평가했다. 이항은 이기理氣를 논하면서 이와 기, 태극과 음양을 일체로 보는 '이기일체설理氣一體說'을 주장하였는데, 기대승과는 태극론을 놓고 논쟁하였고, 김인후와는 인심도심人心道心을 놓고 주장을 겨루었다. 노수신과는 명나라 유학자 정암整庵 나흠순羅欽順, 1465~1547년의 입장을 놓고 논쟁하였다. 노수신은 '道心性也 性者 道之體也 人心 情也 情者 道之用也 其體一己也 도심은 성이고 성은 도의 체이다. 인심은 정이고 도의 용이다. 그 체는 하나이다'라고 주장하는데, 이는 나흠순이 《곤지기困知記》에서 주장한 인심도심체용설人心道心體用說을 받아들인 것이다. 노수신의 이와 같은 주장은 이항과 노진의 반박에 부딪힌다. 이항은 도심道心을 체體로 볼 수 없다고 주장한다. 도道는 리理가 작용해서 생겨난 것이기 때문이다. 이에 따르면 도는 체가 될 수 없다. 반대로 리의 용이기 때문이다. [12] 나흠순은 또한 성리학을 불교의 관점에서 해석하였는데, 노수신이 나흠순의 입장을 지지하는 입장을 표명하자 이항은 이에 반대하였다. [13] 이항의 제자였던 소산복도 이에 동참했다. 소산복은 이항에게 불교에 '경이직내敬以直內'라는 말이 있음을 들어 여기서 '敬'이 성리학에서 말하는 '敬'과 같은 뜻이라고 해석하는 사람이 있는데, 이는 잘못된 이해라고 생각한다면서 이항의 의견을 구한다는 내용의 서신을 보낸다.

> 부처는 경[건]으로써 마음을 올바르게 한다고 하는데, 그 '경'은 우리 유교에서 말하는 경이 머무는 자리와 같지 않습니다.〈상일재선성서〉

소산복이 이항에게 '敬'에 자신의 의견을 제시하고 스승의 견해를 묻는 이 편지가 가지고 있는 의미는 크게 두 가지이다. 종교적인 관점에서 마음에 대한 고찰이 깊었던 불교의 영향, 혹은 불교의 입장에 반박하기 위해서 유교는 어떤 식으로든 대응해야 했다. 나흠순의 입장이 불교의 견해를 수용하는 것이었다면, 조선의 성리학자들은 이를 반대하는 입장을 취했음을 알 수 있다. 소산복의 편지는 이를 잘 보여주는 사례이기에 학문적으로 가치가 있다. 교육의 측면에서 소산복의 편지는 보절의 교육이 고려시대의 불교 교육에서 유교 교육으로 완전하게 대체되고 있음을 보여준다는 점에서 의미가 있다. 소산복은 보절이라는 향촌의 작은 선비였지만, 그의 편지는 보절과 남원의 유학이 결코 한미한 것이 아니었으며, 조선 전체의 유학의 흐름과 함께 움직였음을 보여준다. 그 증거는 위에서 소산복이 이항에게 물었던 '경이직내'라는 언표에서 찾을 수 있다. 이에 대해 두 가지를 지적하고자 한다. 하나는 소산복의 물음에서 '충忠'이 유학자들에게는 매우 핵심적인 덕목이었지만, 이제 '경敬'도 충에 못지않게 중요한 덕목으로 자리 잡고 있음을 엿볼 수 있다는 점이다. 다른 하나는 극기의 주재자로서 마음의 중요성이 대두되기 시작한다는 점이다. 이항과 노수신의 논쟁은 불교의 입장을 수용한 나흠순을 지지한 노수신을 이항이 비판한 것으로 보이지만, 이들의 논쟁은 그 자체로도 의미가 있다. 예컨대 소산복의 '직내'라는 언표는 극기의 주재자로서 '마음'을 지칭하는 것인데, 극기의 주재자로 '마음'이 본격적으로 탐구의 대상으로 떠오르고 있음을 보여주는 사례이다. 물론 유학자들이 사용하는 '마음'을 표현하는 문자와 단어들을 추적해야 하겠지만, 마음을 가리키는 '심心'이 극기의 주재자로 중요하게 취급되기 시작한 것은 퇴계退溪 이황李滉, 1502~1571년이 지은 《심경心經》과 같은 책을 통해서다. 이황이 마음을 다루는 《심경》을 썼다는 것은 마음의 문제가 비단 이황만의 문제가 아니라 당시 조선 유학자들의 중심 주제였기 때문이다. 이를 잘 보여주는 증거가 이항에게 보내는 소산복의 편지이다. 극기의 주재자로서 마음이 중요한 주제였음을 잘 보여주는 또 다른 증인은 안처순이다. 다음은 안처순이 인용하는 주희朱熹, 1130~1200년의 말이다.

성性은 고요한靜 것이고 정情은 움직이는動 것인데, 심心은 동動과 정靜을 겸하여 말한 것이다. 통섭한다統는 것은 '군대를 거느린다統兵'라고 할 때의 '통統'과 같다. 심心은 주재하는 것이니, 동動과 정靜을 모두 주재한다. 고요할 때에 주재하는 바가 없는 것은 아니나, 동할 때에 이르러 비로소 주재함이 있는 것이다.

性是靜. 情是動. 心兼動靜而言. 統如統兵之統. 心有以主宰之也. 動靜皆主宰. 非是靜時無所主. 及至動時. 方有主宰也.[15]

인용은 조선의 유학자들도 이제 본격적으로 마음이 작용하는 방식에 대해서 주의를 기울이고 연구하기 시작하였음을 보여준다. 그런데 이황이 마음을 연구하기 위해서 김인후로부터 《심경부주心經附註》를 구입한 해가 1533년이고 안처순이 죽은 해는 1534년이라는 점을 감안하면, 이황이 극기의 주재자인 마음이 중요함을 언급한 안처순의 글을 읽었을 가능성이 높다. 이황에게 《심경부주》를 건네 준 사람이 안처순의 사우師友였던 김인후이고, 김인후는 또한 안처순의 사위였던 노진의 친구였기 때문이다. 마음을 극기의 주재자의 지위에 올려놓은 것과 마음의 작용이 중요함을 강조하는 주희의 주장을 중시하는 안처순의 언명은 그의 사후에 벌어진 16세기 중엽의 이항과 노수신의 논쟁을 예비한 사건이라는 점에서 흥미롭다. 참고로 서양 학문의 역사에서도 마음이 하나의 학문적 대상으로 본격적으로 다루어지기 시작한 것은 극히 최근의 일이다. 대체로 16세기에서 17세기 사이에 마음의 지각과 인식 작용을 연구하는 인식론 연구와 논쟁이 본격화되었고, 마음의 인식 작용과 실천 행위와 관계를 따지는 논의도 이 시기에 함께 일어났다. 이런 의미에서 16세기에 조선의 유학자들 사이에서 벌어진 마음에 대한 논쟁은 세계 학문사라는 보편적인 맥락에서 중요한 사건이었다. 이에 대한 엄밀한 논구가 요청된다.

안처순의 학맥은 노진, 변사정, 김인후 등으로 이어진다. 예컨대 변사정의 "능히 성정誠正을 이루는 것을 공부하는 것으로서 자기의 학문을 삼고 심득心得한 것을 미루어 공효를 거두는 것으로서 일세의 학문을 삼으면, 바람이 불어서 풀이 눕는 것도 일리一理이고 윗사람이 행함에서 아랫사람이 본받는 것도 일리一理이다.克致誠正應工夫 以爲一己之學 又推心得應功效

以爲一世之學 則風上草偃 亦一理也 上行下郊 亦一理也."[16]라는 그의 주장 가운데에서 마음을 언급하는 '심득'이라는 언표는 위에서 언급한 안처순의 '심'에 대한 언급을 환기시킨다. 또한 변사정이 강조하는 '일리'라는 개념도 안처순의 생각에서 끌어온 것이다. 그 전거는 아래와 같다.

천지 사이에 있는 이치는 하나이다. 그러나 건도乾道는 남자를 이루고 곤도坤道는 여자를 이루어 두 기운이 교감하여 만물을 화생化生하니, 그 크고 작음의 구분과 친하고 소원함의 등급이 십·백·천·만에 이르러 똑같을 수 없다. 성현聖賢이 나오지 않았다면 누가 그 다름을 합하고 그 같음으로 뒤집을 수가 있었겠는가? 〈서명西銘〉을 지은 것은 뜻이 대개 이와 같다. 정자程子는 '이일분수理一分殊[이치는 하나이나 나뉨이 다르다]'를 밝힌 것이라고 하였으니, 한 마디로 요약하였다고 할 수 있다. 대개 하늘을 아버지로 심고 땅을 어머니로 삼는 것은 생명이 있는 부류는 어떤 사물이든 그러하지 않음이 없으니, 이른바 '이치가 하나이다理一'라는 것이다.

天地之間. 理一而已. 然乾道成男. 坤道成女. 二氣交感. 化生萬物. 則其大小之分. 親疎之等. 至於十百千萬而不能齊也. 不有聖賢者出. 孰能合其異而反其同哉. 西銘之作. 意蓋如此. 程子以爲明理一而分殊. 可謂一言以蔽之矣. 蓋以乾爲父以坤爲母. 有生之類. 無物不然. 所謂理一也.[17]

인용도 마찬가지로 주희의 말이다. 흥미로운 사실은 안처순이 "천지 사이에 있는 이치는 하나"라는 주희의 주장을 운봉호씨雲峯胡氏의 논리로 증명하고 있다는 것이다. 그런데 노수신이 지지하는 나흠순의 주장을 반박하기 위해서 변사정이 운봉호씨의 주장을 근거로 제시하는데, 운봉호씨의 학설을 조선에 본격적으로 소개한 책이 안처순의 《사재실기》라는 점에 눈길이 간다. 운봉호씨의 학설에 대한 언급이 안처순 이전에는 잘 발견되지 않기 때문이다. 물론 안처순 이후에 운봉호씨에 대한 언급이 여기저기에서 발견된다. 예를 들면 사계 김장생1548~1631년의 문집과 농암 김창협1651~1708년의 문집을 들 수 있다. 이런저런 사정을 놓고 볼 때 이들 문집들이 안처순의 《사재실기》를 참조했음이 분명하다. 이항도《사재실기》를 읽었을 가능성이 높다.《사재실기》는 보다 본격적인 연구가 요청되는 책이다. 소산복도 안처순의 손자인 안창국을 통해서《사재실기》를 접했을 가능성이 크다. 소산복이 안처순이 살고 있던 남원 금지면 내기마을에 자주 방문했던 것이 분명하기 때문이다. 이를 결정적으로 보여주는 것이 소산복이 안창국에게 보낸 시이다. 아래와 같다.

閒中遣懷敬呈安梅潭
한가한 생활을 술회하여 안매담安梅潭에게 삼가 올리다.

| 擧世何人識眞趣 | 세상 어느 누가 참 흥취를 알겠으며, |
| 爭名逐利豈知勞 | 명예 찾고 이익 좇느라 어찌 수고로움을 알랴? |
| 白蓮結社陶彭澤 | 백련의 결사 도팽택은 |
| 宇宙千秋亦一豪 | 천지 속 긴 세월 동안 또 한 명의 호걸이라네. |

18

호연지기浩然之氣가 무엇인지를 보여주는 시다. 소산복과 안창국이 이렇게 서로 정신적으로 높은 세계를 공유했다는 사실은《매헌집》의 첫 번째를 장식하는 시의 제목에서도 그 증거를 찾을 수 있다. 소산복이 오정길吳廷吉과 김선金宣과 함께 뱃놀이를 하며 지은〈여오해서김백출동주서별與吳海西金百拙同舟叙別〉을 지은 곳이 순자강인데, 그곳은 안창국의 집이 위치했던 금지면 내기마을이었기 때문이다. 그러면 보절 사람 소산복과 금지 사람 안창국의 학문적 깊이와 문장이 얼마나 좋은지에 대해서 물음을 던질 수 있을 것이다. 이와 관련하여 안처순이 교류했던 시에 어떤 사람들과 교유했는지 살펴보면 그 정도를 가늠해 볼 수가 있다. 참고로 안처순은 조광조, 김정, 기준, 김식, 정마 등과 함께 사림 세력을 이끌었던 사람이다. 기묘사화를 면할 수 있었던 것은 사화가 나기 전 해인 1518년에 병든 어머니의 치료와 봉양을 위해서 남원에 낙향했기 때문이다. 그가 남원으로 내려간다고 하자 이를 아쉬워했던 친구들이 써준 시와 서간은 나중에 한준겸, 김인후, 조성교 등이 발문을 붙여서《기묘명현수첩》으로 출간하였다. 이 수첩에 조광조, 유용근, 손수, 성세창, 송지한, 장옥, 박세희, 김정, 정사룡, 신광한, 윤은필, 이충건, 기준, 김공예, 안처명, 문근, 김식, 최산두, 윤자임, 민수천, 이문건, 한충 등이 글을 주었다.《사제당 제영》에는 송인수, 신잠, 안전, 나세찬, 양팽손, 김인후, 안위, 기대승, 정철, 임희무, 정황, 윤탁연, 임제, 이도남, 정소, 신건, 신희남, 양사형, 한준겸, 강대수, 송순 등이 시를 남겼다. 보절 이야기에 이렇게 장황하게 조선 중기의 명신과 명유와 명문장을 나열한 것은 보절의 명유들도 이들의 영향을 받으면서 학문을 연마했다는 점을 강조하기 위해서다. 그 증거로 소산복이 지은《매헌집》을 제시한다.

《매헌집》은 현재 서울대학교 규장각에 소장되어 있다.《매헌집》의 비판 정본과 번역 및 주해 작업이 시급하다. 보절과 남원의 학문이 서울과 실시간으로 소통

16세기에 조선의 유학자들 사이에서 벌어진 마음에 대한 논쟁은 세계 학문사라는 보편적인 맥락에서 중요한 사건이었다.

하면서 호흡을 함께 했음을 보여주는 중요한 문헌이다. 소산복은 이항에게 학문을 배웠고, 이항의 사우師友였던 고봉 기대승이 퇴계 이황과 벌인 '사칠이기논쟁四七埋氣論爭'을 벌였을 때, 소산복도 이 논쟁에 참여했을 것임이 분명하기 때문이다. 참고로, 그의 친구인 보절 사람 이점과 안극충도 이항의 제자들이었고, 마찬가지로 소산복의 친구였던 안창국도 이항의 제자였다. 이상의 사실을 종합해보면 소산복의 학문이, 더 확장해서 보절의 학문이 서울의 여느 동네 못지않게 깊고 넓었음을 분명하게 알 수 있다.

《매헌집》건

《매헌집》곤

소산복은 17세기에 창원된 것으로 추정되는 호암서원에 배향되었다. 호암서원은 현재는 덕과면 만도리에 위치하고 있다.[19] 이서李舒를 주벽으로 삼고, 심구령沈龜齡, 안성安省, 소연蘇沿, 소산복蘇山福, 이당李棠 등 6현을 배향하고 있다. 이서는 아호를 송강松江이라 하였으며, 1332년충숙왕 원년에 출생하였다. 그는 1357년공민왕 6년 문과에 급제하고, 1394년태조 3년에는 대사헌大司憲이 되었으며, 태종이 즉위하자 시랑 찬성사侍郞 贊成事에 이어 우의정으로 부원군에 진봉되었으며, 고명사로 명나라를 다녀온 후 영의정까지 올랐다. 시호諡號는 문간공文簡公이다. 심구령은 호를 병담屛潭이라 하며, 1350년고려 충정왕 2년 출생하였다. 1398년태조 7년 조선 제1, 2차 왕자의 난 때 가담하여 1401년태종 원년에는 좌명공신 4등에 올라 풍천군豊川君에 봉군되고, 1406년태종 9년 9월에는 남해안에 왜구가 침입하자 절제사로 출전, 전라도 해안지방에서 왜구를 격퇴하였다. 시호는 정양공靖襄公이다. 안성安省은 아호를 설천雪川 또는 천곡泉谷이라 하였으며, 1352년공민왕 원년에 출생하였다. 그는 성품이 청백하여 고려말 상주尙州 판관으로 있으면서 1393년태조 2년에 청백리로 올랐다. 1421년세종 3년에 자손에게 비를 세우지 말라 하고 사망하였으며, 시호는 사간공思簡公이다. 소연蘇沿은 아호를 행정杏亭이라 하였으며, 1390년공양왕 2년에 출생하였다. 노성魯城 현감을 지냈다. 이당李棠은 본 서원의 주벽 문간공 이서의 후손으로 아호를 죽암竹庵이라 하였다. 이 서원은 1789년정조 13년에 지금 있는 자리로 옮기면서 호암서원으로 이름을 바꾸었다. 1868년고종 5년 흥선대원군의 서원 철폐령으로 폐쇄되었으나 1961년에 복원하였다. 서원 안에 있는 건물로 사당과 강당·전사청·외삼문·고사 등이 있다. 이곳에서는 해마다 3월에 제사를 지내고 있다. 다만 아쉬운 점은 호암서원의 입구에 들어가는 안내판에 이당의 이름이 '이실'로 되어 있다. 이는 명백한 오류이다. 이 오류는《한국민족문화대백과사전》에서 시작되었다. 아마도 표제 '호암서원' 항목을 작성했던 사람이 산앵두나무 "당棠"을 "실棽"로 잘못 읽고 옮겨 놓았을 것으로 보인다. 홍주 이씨洪州李氏 족보에는 이점의 둘째 아들 이당으로 되어 있다. 이에 대한 교정이 시급하다. 호암서원을 현재 지키는 사람은 도예가 소현미다. 소현미는 진주 소씨 출신으로 산동면 중절마을이 고향인데, 도자기 굽는 곳을 찾아서 원래는 문경으로 가려고 했다가 보절에 외갓집도 있고 보절이 도예를 하기에 최적지라 여겨 이곳으로 들어와 살고 있다. 서원답을 짓는 조건으로 호암서원을 지키게 되었는데 여기에는 옛날에 아마도 백제시대에 거물현청이 속했던 사기점이 사촌마을 주변에 있었다는 점을 감안하면, 그녀는 보절에 들어와 살 수밖에 없는 필연적인 땅의 '땡김'도 작용한 것으로 보인다. 고향에 갈 일이 있으면 호암서원에 들리기를 권한다. 그녀가 주는 따뜻한 차 한 잔을 대접받을 것이다.

<table>
<tr><td>소산복: ③<br>보절과 남원<br>유학의 진수</td><td>소산복이 보절 유교 교육의 역사에서 중요한 마지막 이유는 보절 유학과 남원 유학의 진수가 무엇인지를 보여주기 때문이다. 소산복은</td></tr>
</table>

임진왜란 때 의병 활동에 직접 참여한 인물이다. 소산복은 앞에서도 잠깐 언급했지만 의병장 김천일의 종사관이었다. 임진왜란이 일어나자 소산복은 건재 김천일健齋 金千鎰, 1537~1593년의 종사관從事官이 되어 의주義州에 나아간 후 직산稷山에 도착하였지만 병에 걸려 고향으로 돌아왔다. 김천일이 진주성에서 순절했다는 소식을 들은 이후 세상과 단교하고 서재를 지어 '매헌梅軒'이라 하였다. 소산복이 중봉 조헌에게 보낸 한 편지는 임진왜란 이전 지어진 것으로 왜적의 침입에 대비하여 방어태세를 갖추도록 조정에 건의해야 한다는 내용의 서한이다. 일본을 다녀온 통신사의 걱정할 것 없다는 말 때문에 조정에서는 기뻐할 뿐 아무런 방비도 하지 않음을 염려하는 내용이며, 말미에 통신사를 처형하여 망언을 일삼는 자가 다시는 나타나지 않도록 하는 것만이 최선이라고 주장한다. 의병장 중봉 조헌重峯 趙憲, 1544~1592년이 소산복을 '호남의 진유湖南의 眞儒'라고 부르게 된 이유가 여기에서 분명하게 해명된다. 소산복은 '호남의 진유'라는 칭호가 공연한 것이 아님을 나라가 위기에 처했을 때 입이 아니라 몸으로 실천해서 증명했다. 이는 소산복이 임진왜란 때에 의병장들인 조헌, 고경명, 김천일과 깊은 친교 관계를 맺는 과정에서 의병활동에 대한 논의를 하였다는 것을 보여주는 여러 서신에서 확인된다. 고경명高敬命에게 보내는 〈여고태헌與高苔軒〉, 조헌에게 보내는 〈상중봉선생上重峯先生書〉 4편, 의병장 김천일에게 보내는 편지인 〈상창의사김공서上倡義使金公書〉 등이 《매헌집》에 남아 있다. 소산복은 또한 김천일이 전사했다는 소식을 듣고 〈제창의사건재김선생문祭倡義使健齋金先生文〉을 지었다. 이 편지들은 조헌이 소산복을 '호남의 진유'라고 아무런 근거 없이 부른 것이 아님을 잘 보여준다. 소산복의 묘갈명을 지었고 그의 절친이었던 보절 자포실 사람 이점도 임진왜란 때 남원 의병장 조경남을 도와서

의병 활동을 하였다. 이점은 조헌이 금산 금봉산 전투에서 전사하자, "지금 왜병은 사방에 흩어져 민생을 마음대로 약탈하고 있으니 이제 의병을 일으켜 복병으로 신출귀몰한다면 영남이 수복된 것처럼, 호남도 수복할 것이다. 우국청년들이여 뜻을 같이 하거든 일각을 지체말고 '산서의소山西義所'로 모이라"는 조경남의 격문을 듣고 이에 동참한 것으로 보인다. 조경남 의병 부대는 왜군과 수십 번을 싸웠고 일천여 명의 수급을 거두었다고 한다. 그 가운데에 이점이 거둔 수급도 상당수 될 것이다. 이점의 이러한 충절은 아들 이당李堂으로 이어진다. 이당은 이점의 둘째 아들로 병자호란 때 의병을 일으켜 남한산성에 갇혀 있었던 인조를 구하기 위해 출정하여 북진하던 도중에 인조가 삼전도에서 항복하였다는 소리를 듣고 고향으로 되돌아왔다. 이 공을 높이 사서 이당은 호암서원에 배향되었다. 이당이 의병을 일으켜 출정했던 것은 결코 우연한 사건이 아니고 모두 집안의 내력과 가르침의 내력이 있었기 때문이다. 이를 잘 보여주는 사례가 제5장 〈보절의 인물〉에서 소개한 소황과 소제 형제이다. 이들은 소산복의 집안 사람들이었다. 소황과 소제 형제는 만도리 사람으로 자형이었던 황진 장군을 도와서 권율 장군이 웅치 전투와 이치 전투에서 왜군을 무찌르는 데에 큰 공을 세웠다.

소제는 김시민 장군의 진주성 전투에서 장렬히 전사했다. 진주성 전투를 연구한 박희봉은 의병으로 진주성 전투에 참여해 전사한 사람들 가운데에서 신원이 확인된 사람이 157명인데, 그 가운데에서 107명이 호남에서 온 사람들이었다고 한다. 이 가운데 소제가 들어 있는데, 진주성 전투에 참여한 의병들 중에는 이름이 전해지지 않은 보절 사람도 상당수 있었을 것이다. 다시 소산복의 의병 활동 이야기로 돌아오면, 남원에서 의병 활동을 일으킨 많은 사람들이 모두 이항과 연관이 깊다. 앞에서 소개한 금지면 내기마을 사람 안전도 이항의 문우였는데, 1592년 임진왜란으로 많은 자금을 써서 의병을 도운 공으로 남원 유천사楡川祠에 제향되었다. 안전은 임진왜란 당시 의병 활동을 위해 가산을 내놓았고, 안처순의 증손인 안영安英은 고경명의 종사관이었다. 임진왜란 때 서울이 적의 수중에 들어갔다는 소식을 듣고 광주光州에 있던 고경명이 창의기병倡義起兵을 하자, 옥과玉果의 유팽로柳彭老가 호응하여 모여든 의병 6000여 명을 거느리고

전주를 지나 여산儷山에 머물렀다. 적을 물리치고 서울에 있던 어머니를 찾아 충효를 다하려고 양대박梁大樸과 더불어 고경명 휘하에 들어갔다. 전라감사 이광李洸은 관군을 거느리고 금강까지 왔다가 갑자기 회군하였으나, 고경명은 계속 북진하고 아들 고종후高從厚와 의논하여 은진恩津을 거쳐 이산尼山으로 향하려 하였다. 그러나 적이 금산에 이미 들어갔음을 듣고 금산성 밖 와은평臥隱坪에 진을 쳤다. 적은 관군이 취약함을 알고 먼저 관군을 향하여 진격하였다. 영암군수 김성헌金成憲이 도망가고 전군이 흩어지자 적은 고경명군을 포위하고 공격해왔다. 치열한 공방전이 있었으나 결국 싸움에 패하여 전군이 흩어졌다. 안영이 고경명에게 후퇴하여 후일에 재건할 것을 종용하였으나, 고경명은 내가 마땅히 이 자리에서 죽을 것이니 군君은 속히 자리를 떠나라 대답하고 움직이지 않았다. 이에 억지로 고경명을 말에 태웠으나, 기마에 서투른 고경명이 말에서 떨어져 말을 놓쳤다. 안영은 고경명을 자기의 말에 태우고, 사신은 도보로 뒤를 따랐다. 적병이 핍박하자 유팽로와 더불어 대장 고경명을 몸으로 막고 적과 싸우다, 고경명과 아들 고종후, 유팽로와 함께 순국하였다. 소산복도 고경명과 깊게 친교를 맺었고, 고경명의 아들과도 교유했다. 이상의 사실을 종합해보건대 보절 유학과 남원 유학의 진수는 이론은 물론이거니와 실천을 더 중시한 데 있다. 이는 나라가 절체절명의 위기에 처하게 되자 사인이었음에도 의연하게 일어나서 의병을 일으키고 나라를 지키기 위해서 목숨을 던졌다는 사실에서 분명하게 드러난다. 입으로 도덕과 윤리를 외치는 것이 아니라 몸으로 충을 실천한 것이 보절, 남원, 나아가 호남 유학의 진수였다. 호남의 유학이 의병 활동에서 보여준 충절의 정신은 호남 유학의 정수로 평가받아 마땅하다. 그런데 아직 이에 대한 엄밀한 조사와 연구가 없다는 사실이 마음을 씁쓸하게 만든다. 여기에 아쉬운 점을 하나 더 보태면 16세기와 17세기에 한반도를 둘러싸고 벌어진 임진왜란과 병자호란을 접근하는 시각이 국내의 관점에 갇혀 있다는 점이다. 요컨대 1592년에 발발한 임진왜란은 넓게 보아 국제적인 관점에서 보면 1492년에 시작된 서양의 대항해 시대 영향 아래 한중일 3국 간에 벌어진 제3차 동아시아 전쟁이었다. 서양에서 들여온 조총의 위력으로 도요토미 히데요시豊臣秀吉, 1537~1598년가 일본을 통일하고 그 힘을 믿고서 이른바 '정명가도征明假道'를 내세워 조

선을 침략한 전쟁이 임진왜란이다. 사정이 이렇게 전개되자 명나라도 이 전쟁에 5만 대군을 파견하였다. 하지만 그 여파로 명나라에는 크고 작은 반란이 일어났으며, 그 결과는 명나라의 멸망으로 이어졌고, 만주족이 이 전쟁의 틈을 이용해서 세력을 확장한 뒤 청나라를 세울 수 있었다. 이런 의미에서 임진왜란은 단순하게 국가와 국가 사이에 흔히 벌어지는 국지적인 전쟁이 아니라 동아시아의 판도를 바꿔버린 전쟁이었다. 일본이 도입한 조총이라는 신무기는 서양에서 들여온 것이라는 점과 임진왜란 당시에 조선 침략을 주도한 고니시 유키나가小西 行長, 1555~1600년 등의 장군과 그들의 부대가 그리스도교 신자들이었다는 점을 고려하면, 임진왜란은 크게 보면 동양 문명과 서양 문명이 충돌한 큰 사건이었다. 보절의 절의를 강조하는 자리에서 임진왜란의 세계사적인 성격을 지적하는 것은 보절의 역사를 포함해서 더 나아가 대한민국의 역사를 바라봄에 있어서 종래의 국내의 시각이 아닌 국제적인 관점에서 살펴볼 필요가 있음을 강조하기 위해서다. 그래야만 '우물 안 개구리'의 신세를 벗어날 수 있고 국제적인 관점에서 세계사의 씨줄과 날줄의 좌표 위에서 한반도 문제를 접근할 때에 객관적인 해결책과 대안이 강구될 수 있기 때문이다. 한반도의 지정학적인 조건을 고려할 때 보절의 소산복에게서 보았듯이 한 개인의 충의와 절의를 강조하는 것만으로는 더 이상 충분하지 않기에 하는 말이다. 역동적으로 움직였던 세계의 조류를 파악하고 그에 따른 대비를 하지 않는다면 왜 당하는지도 모른 채 임진왜란과 같은 전쟁을 또 겪을 것이다. 예컨대 보절의 소산복이 보여준 절의는 그 자체로는 칭송받아 마땅한 것이지만, 세계의 조류를 읽어내는 데에는 한계를 그대로 노출했다. 물론 이것이 소산복만의 한계는 분명히 아니다. 오히려 당대 세계의 변화를 읽어내지 못한 지식인들의 한계였기 때문이다. 이와 같은 한계를 지녔음에도 소산복이 보여 준 충절은 그가 입으로 예와 도를 외치는 데 그치지 않고 몸으로 구체적으로 실천하려고 했다는 점에서, 그리고 그것이 호남 유학 정신의 골간을 이루고 있었다는 점에서 중요하다. 소산복이 죽은 지 300여 년 뒤에 노론 영수 송시열의 손자 송병순宋秉珣, 1839~1912년이 소산복의 묘표를 썼다. 소산복이 그야말로 호남의 진유였기 때문이다. 소산복의 《매헌집》은 조선 중기 보절 유학의 학문적 깊이와 넓이가 어떠했는지를 보여준다. 이에 따르면 보절은 학

문적으로도 정치적으로도 결코 궁벽한 시골 오지가 아니었다. 이를 잘 보여주는 증거로 농암農巖 김창협金昌協, 1651~1708년이 문류정에서 유유자적하며 보절의 유림들과 읊은 시를 제시한다.

| 簷花官燭夜 | 밤이면 촛불 아래 꽃이 환하고 |
| 門柳水亭煙 | 안개 속 물가 정자 버들 우거져 |
| 臥治吾何有 | 고을 치적 내 어찌 이룰 수 있나 |
| 優游或近仙 | 우유자적 생활이 신선에 가깝네 |

《농암집農巖集》[20]

## 4. 조선 말기와 일제 강점기의 보절 교육

조선 후기와 조선 말기 보절의 교육은 서원과 서당을 중심으로 이뤄졌다. 먼저 서원 교육의 시작과 특징을 살펴보려면, 크게 두 가지를 언급해야 한다. 먼저 역사적인 관점에서, 앞에 소개한 소산복의 편지는 문성공 안향의 도입으로 조선에 뿌리를 내리게 된 성리학이 이제 중앙에서 퍼져나가 향촌에 정착하는 모습을 보여준다. 다음으로 유학의 관점에서, 소산복의 편지는 유교 경전의 해석과 성리학의 무게 중심이 이른바 중앙 통치 중심의 '군주론'에서 향촌 문화 중심의 '군자론'으로 이동하고 있음을 또한 보여준다. 이런 특징들에 대해서 보충하면 다음과 같다. 조선 초기의 유학은 군주의 통치를 정당화하고 강화하는 방식으로 유교 경전을 해석하였다. 이는 자연스럽게 과거 시험에 반영되었는데, 유교 경전의 해석도 그러다 보니 자연스럽게 '수기치인修己治人'의 부분 중에서 통치를 강조하는 '치인' 편을 강조하였다. 그러나 사림 세력의 등장으로 유교 경전을 새롭게 해석하려는 경향이 생겨난다. 사림 세력은 '치인'도 중요하지만 군자의 내면적인 덕의 수양을 강조하는 '수기'도 중요하다는 주장을 펼친다. 이런 입장을 견지했기 때문에 사림 세력은 유교 경전을 '치인'의 관점에서 뿐만이 아니라 군자를 위한 '수기'를 강조하는 관점으로 해석한다. 사림 세력의 이런 생각은 단순하게 해석학적인 관점의 전환으로 그치지 않았다. 그들은 구체적으로 자신들의 생각과 입장을 제도적으로 실천하려고 노력했다. 이러한 노력의 일환으로 등장하게 된 것이 향약,

향교, 서원들이다. 향촌에서 이제 필요한 것은 소위 '군주론'에 대한 이해보다는 '군자론'에 입각한 실천이었기 때문이다. 사림의 이런 시도는 당연히 경기 지역에 물적 기반을 둔 훈구 세력에게는 위협적일 수밖에 없었을 것이다. 외척을 중심으로 한양에 물적 기반을 둔 훈구 세력이 장기적으로는 전국의 방방곡곡 향촌에 토대를 구축한 사림 세력에게 밀릴 수밖에 없기 때문이다. 훈구 세력과 사림 세력의 충돌은 필연적이었고, 사림 세력은 표면적으로 보면 정치적인 핍박을 받았지만 장기적으로, 그리고 결과적으로 승리하였다. 물론 '훈구와 사림', '중앙과 향촌'이라는 대결 구도가 이분법적인 도식에 입각한 구분이라는 점에서 보절에서 나타나는 유림 세력의 동향이 중앙과 지방, 훈구와 사림의 단면적인 대립구조에 입각해서 해명되기 어려운 점도 있다. 그도 그럴 것이 사림 세력이 권력을 장악한 이후에는 이른바 훈구와 사림의 대결은 사라져 버렸기 때문이다. 하지만 적어도 사림 세력이 정치 무대에 등장했던 초기 시대에는 훈구와 사림의 대결 구도는 유효하다고 본다. 이런 의미에서 보절 유림의 동향을 전통적인 훈구와 사림의 대결 구도에서 살폈다는 점을 언급하고자 한다.

흥미로운 사실은 중앙과 지방의 관계를 해명함에 있어, 사림 세력이 양란 이후에도 권력을 유지할 수 있었던 것은 이른바 '수기론'을 바탕으로 하는 '군자론'으로 무장된 향촌 세력이 뒤에서 버티고 있었기 때문이다. 조선 후기에 남인 세력이나 북인 세력이 노론 세력을 정치적으로 대체하지 못한 것도 실은 노론 세력처럼 그들의 정치적인 배후에 향촌 세력을 가지고 있지 않았기 때문이다. 이를 잘 보여주는 증좌가 예를 들면, 노론의 영수 송시열의 9대손인 송병순이 소산복의 증손인 소진장蘇晉章에게 지어 준 묘표이다. 참고로 보절의 괴양마을은 송시열의 후손들인 은진 송씨 세거지이다. 소산복의 편지는 이른바 '군자론'이 향촌에서 정착하는 모습을 생생하게 보여주는 증표라는 점에서 역사적인 가치를 지니고 있다. 소산복을 배향한 호암서원이 세워지게 된 것도 실은 '수기'를 강조하는 사림 세력의 군자론을 강조하는 유교 경전을 해석하는 시각과 실천하는 방식이 달라졌기 때문이다. 이제는 마음을 바르게 하는 공부와 덕을 쌓아서 구체적으로 실천해야 한다는 생각이 중요해진다.

한편, 남원에는 서원이 많다. 노봉서원, 창주서원, 영천서

원, 요계서원, 용장서원, 유천서원, 창주서원, 풍계서원, 호암서원, 고암서원, 두곡서원, 어은서원, 용호서원, 환봉서원, 매계서원, 정충사, 풍렬사, 현계사, 탄보묘 등이다. 이 중에서 가장 먼저 세워진 곳이 창주서원이다. 이곳에는 안처순의 사위였던 옥계 노진이 배향되었다. 영천서원은 사액서원으로 안처순 등을 배향하였다. 보절에 있는 서원은 호암서원이다. 호암서원이 보절의 교육을 책임진 것에 대해서는 굳이 강조할 필요가 없을 것이다. 그런데 보절 사람들이 호암서원에서만 공부한 것은 아니었다. 각자 성씨들의 정착조나 중요한 인물을 배향한 서원에서 공부했을 가능성이 높다. 예를 들면, 김씨는 요계서원에서, 황씨는 풍계서원에서, 송씨는 용호서원에서, 최씨는 노봉서원, 양씨는 용장서원, 방씨는, 유천서원, 안씨는 영천서원, 이씨는 매계서원 등지에서 학문을 연마했을 것이다. 이 서원의 학문적인 수준은 상당히 높았다. 이 서원에서 공부한 학생들 가운데에서 과거 급제자들이 나왔다는 데에서 확인할 수 있다. 조선 후기에 보절 사람 중에는 두 명의 대과 급제자가 배출되었다. 제5장 〈보절의 인물〉에 따르면, 한 명은 신흥의 안병택이고, 다른 한 명은 괴양의 김택열이다. 안병택과 김택열이 1864년에 같은 해에 대과에 급제했다는 점이 흥미롭다. 향촌 출신으로서 한양에 올라가서 중앙 관직을 수행했을 때에 서로 의지가 많이 되었을 것이다. 안병택과 김택열이 대과에 급제할 수 있었던 데에는 물론 남원의 향교와 보절에 있는 호암서원과 보절 인근에 위치한 영천 서원 등이 큰 도움을 주었을 것이다.

1871년에 흥선대원군이 불법적인 횡포와 비행을 문제 삼아서 전국의 47개 서원을 제외한 나머지 모든 서원을 철폐하라 명령하였는데, 남원에 있었던 서원도 모두 이때 철폐되었다. 서원이 이렇게 문을 닫게 되자 보절의 유림이 이에 대한 대안으로 각기 마을별로 서당을 세워서 운영하기 시작한다. 서원 철폐령이 내려지기 이전에 운영되었던 서당이 한두 곳이 있지만, 보절에 세워진 서당은 흥미롭게도 마치 약속이나 한 듯이 1890년대 초반에 마을마다 세워졌다. 이처럼 같은 시기에 보절의 마을들에 서당이 세워지게 된 것은 서원 철폐 사건과 직결된 것으로 추정된다. 서원의 대안으로 규모와 역량에 있어서는 미약하지만, 그럼에도 유학 전통을 계승하고 유교를 교육하는 기관으로 서당이 세워졌을 것이다. 물론 다른 해명이 가능하겠으나, 거의 같은 시기

에 서당들이 세워져서 운영되었다는 점은 역사적으로도 매우 흥미로운 사실이다. 한편, 보절의 마을에 세워진 서당이 운영되기 위해서는 교육을 담당할 선생이 있어야 했다. 이는 서원이 문을 닫게 되자 갈 곳이 없는 서원의 선생들이 서당의 훈장으로 활동했기에 가능했다. 보절의 서당들의 내력에는 고향이 보절이 아닌 다른 지역에서 찾아왔거나 모셔온 훈장들의 이야기들이 있는데, 이것도 서원의 철폐와 직결된 것으로 비정된다. 서원 철폐는 한편으로 유학의 중추를 담당했던 교육 기관이 사라지게 한 사건이었지만, 다른 한편으로 유학 교육을 아래로 하방下方시키는 계기로 작동하였다. 이는 아래에 소개되는 보절의 서당 이야기에서 확인할 수 있을 것이다.[21]

**보절의 서당들**

보절에 있는 서당 가운데 가장 일찍 세워진 서당은 참남쟁이에 있는 진목서재이다. 진목서재는 1827년에 설립되었다. 1934년까지 108년 동안 운영되었다. 시기적으로 보절에서 가장 먼저 세워진 서당이 진목서당일 것이다. 진목서당은 인근의 5개 마을에 사는 학동을 교육했고, 이곳에서 배출된 사람으로는 한관석, 방진하, 소운섭 등을 들 수 있다. 진목서당은 서당답으로 3두락 임야 8정을 소유했던 것으로 보아, 그 규모가 상당히 컸음을 짐작할 수 있다. 서재는 일제 강점기 때에 철거되었고 그 터만 남아있다. 양진재는 진목서당이 사라진 것을 아쉬워하여 1945년에 세워진 서당이다.

양진재의 훈장은 월호 한관석이고, 그의 제자들로는 소용호, 소종호, 방해원, 한병선, 최강래 등이 있다. 양진재는 1960년대까지 운영되었다. 진목마을에는 학산재라는 서당이 운영되었다. 창설자는 소종혁이고 그의 아들 소재준의 학덕이 높았다. 소재준의 제자로는 한상수, 김준상, 형만선, 우제호를 들 수 있다. 소재준은 학문을 심화하기 위해서 중국에 가서 공부하였고, 서책을 구해 돌아왔으며, 유림 사회의 전통인 시회詩會를 개최하였다. 그는 또한 서적 만 권을 소장하였으며 문집을 남겼다. 서당은 훈장의 개인 사재를 털어서 운영했는데, 이는 후세의 귀감이 되기에 충분하다. 소재준의 활동과 문집에 대한 연구가 시급하다 하겠다.

진목의 서재 다음으로 눈길을 끄는 곳은 만동의 서당인 진덕재進德齋이다. 진덕재는 1890년에 설립되었고 1940년

까지 50여 년간 운영되었다. 설립자는 소욱택이었고, 훈장으로는 저메<sup>회산</sup> 송언김선생, 번암 장선생, 함양 능석 선생과 만도 출신의 소환택과 소계영이 한문을 가르쳤다. 서당은 한 자가 넘는 도리 기둥에 다섯칸 팔작집으로 지어졌는데, 서재는 현재 마을 회관으로 사용되고 있다. 서당답<sup>書堂畓</sup>이 있었다.

비촌에 있는 비촌서당도 중요하다. 비촌서당은 1800년대에 광주 이씨 집성촌이었던 사립안마을에서는 이웃 마을의 유지와 협의하여 세종대왕의 왕자인 영해군 이당<sup>李瑭</sup>의 후손이며《용성지<sup>龍城誌</sup>》를 쓴 매계<sup>梅溪</sup> 이도<sup>李燾</sup> 선생을 모셔와 비촌서당을 창립하였다. 일명 '사립안서당'이라고 하며 매계강당<sup>梅溪講堂</sup> 건립으로 많은 후학을 양성하였다. 이후 1945년까지 운영되었다. 한때 풍양 조씨 가문의 조일<sup>趙逸</sup> 선생이 훈장을 지냈다고 전해지기도 한다. 서당 앞 당산거리와 맑은 물 백사장의 호암천<sup>율천</sup>, 그리고 내 건너 호암서원의 조화는 우연이 아닌 듯 연결되어 지금도 옛 유림의 기상이 보이는 듯하다. 현재는 서재가 보존되고 있으며 서당답이 있어 이를 관리하고 있다.

비촌서당 서재

파동에도 독서당이라는 서당이 있었다. 독서당은 설립 시기로 보아서 보절에서 상대적으로 이른 시기에 세워진 서당으로 추정된다. 독서당은 1840년에 세워져서 1950년대까지 운영되었다. 설립자는 진사 양평이고, 그의 아들 현용도 생원시에 합격하였으며, 인근 마을의 학동을 교육하였는데 독서당 출신으로 양환모와 양기호가 있다. 서재의 건물은 보존되었고, 현재는 남원 양씨 후손들이 관리하고 있다.

서당골은 마을 이름부터가 '서당'으로부터 유래했다. 서당골의 서당은 원래는 서당골 방죽 위에 있었는데, 지금은 밭터로 변했다. 서당골의 서당 훈장은 소병권<sup>蘇秉權</sup>이었다. 멀리 함양, 진기 등지에서 선생을 모셔와《천자문》과《명심보감》,《소학》,《사서삼경》까지 가르쳤다고 한다. 단계 양재구<sup>丹溪 梁在龜, 1876~1961년</sup>도 서당골에서 단계 서당을 운영하였다.《사자소학<sup>四字小學</sup>》,《사서삼경<sup>四書三經</sup>》,《감여학<sup>堪興學</sup>》을 교육하였다. 양재구는 특히 천문지리에 밝았고, 그의 제자로는 광한루<sup>廣漢樓</sup>의 선취각<sup>旋聚閣</sup>의 현판을 쓴 운산 양택술<sup>雲山 梁澤述, 1928~2002년</sup>이 있다.《사서삼경》이외에 각종 서책 100여 권을 그의 손자인 양영철이 정성스럽게 보관하고 있다. 아래의 그림은 양재구가 직접 그린 천문도이다.

외황 마을도 서당을 운영했다. 겨울에 사랑에서 글 읽는 소리가 낭랑했고 여름에도 글 읽는 소리가 그치지 않았다고 한다. 사촌은 큰 마을이어서, 서당이 두 곳이나 운영되었다고 한다. 지금은 다 사라졌지만 서당터에서는 옛날 기와 조각들이 발견되고 있다. 서당 선생들로는 산서에서 온 한 선생과 사매에서 온 형 선생, 사촌 출신의 강 선생과 이 선생이 활동하였다. 이 선생들의 이름을 더 추적하지 못하는 것이 아쉽

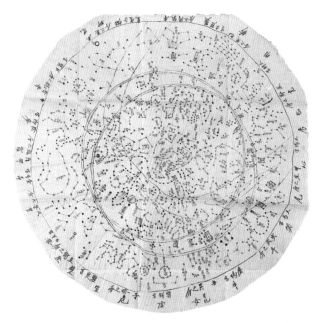

천문도

다. 마지막으로, 신흥서당은 1894년에 세워졌다. 1940년까지 운영되었다. 신흥서당은 일제이 탄압을 받기도 헸으며 민족 교육을 고취한다는 이유로 휴업을 당하였다.

신흥서당은 상신의 전주 이씨와 하신의 순흥 안씨가 합의하여 운영하였다. 훈장으로는 안태섭, 임철규, 이교성, 이원형 등이 활약하였고, 그들의 제자로는 이교정, 이교상, 안재직, 이만기 등을 들 수 있다. 보절면 관내의 많은 학동들이 이곳에서 유학을 공부하였다. 1940년에 일제의 압제로 서당은 철폐되었고, 현재는 서재만 남아있다.

신흥서당 입구

신흥서당은 보절 유학의 수준이 매우 높았음을 보여주는 곳이기도 하다. 신흥서당이 배출한 인물인 안재직의 조부 안병호安秉鎬가 전라북도 유림 대표였다는 사실에서 쉽게 알 수 있다. 안병호는 1894년 갑오경장 때에 과거제도가 폐지되는 관계로 과거시험을 보지 못했다. 하지만 학문이 뛰어나고 인품이 출중하여 전라북도 유림 대표에 선임되어 오랫동안 유임하였다. 세인世人들은 '남원의 4걸 중 1인'이라 불렀다. 당시 유교적 사회에서 전북 3시 14군 유림의 총수總帥에 선임된 것은 가문의 영광일 뿐만 아니라 보절이 유림 사회에서 중요한 지역이었음을 보여준다. 이는 안병호가 우암尤庵 송시열宋時烈의 《송자대전宋子大全》의 중각본을 1909년에 편찬해서 출간하였다는 점에서 잘 드러난다. 또한 《보절면지: 보배와 절의가 숨어있는 보절 이야기》를 만드는 과정에서 보절의 역사를 고증하기 위한 귀중한 사료로 활용되고 있는 《희당집喜堂集》1984년, 출판 안홍선을 지은 안재직도 신흥서당 출신이며, 신흥서당에서 후학들에게 유학을 가르쳤다. 신학문의 도입으로 신흥서당은 그 맥이 끊기는 듯했으나 1970년대에 안홍선安弘善이 신흥서당을 다시 살려내어서 운영하였다. 안홍선이 운영한 신흥서당은 새벽 네 시에 강소를 열었고, 강의는 기본적으로 《천자문》과 《명심보감》을 통으로 읽고 외우게 하는 방식으로 이뤄졌다. 다음은 안홍선이 학동들에게 자주 읊어주던 주자의 권학문인 〈우성偶成〉이다.

신흥서당의 모습

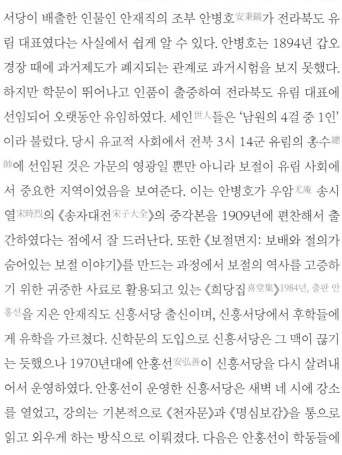

| | |
|---|---|
| 少年易老學難成 | 나이를 먹기는 쉬우나 학문을 이루기는 어려우니 |
| 一寸光陰不可輕 | 한 순간의 짧은 시간도 가볍게 여기지 말지어다. |
| 未覺池塘春草夢 | 연못의 봄풀은 아직 꿈에서 깨어나지 못했는데, |
| 階前梧葉已秋聲 | 섬돌에 떨어지는 오동 잎사귀는 가을을 알린다. |

보절에서 가장 늦게 문을 닫은 서당이 신흥서당이다. 사진은 안홍선이 1970년 중반까지 운영했던 신흥서당의 모습이다.

| 보절의 서당 교육과 독립 운동 |
|---|

보절 서당에 대한 이상의 이야기를 정리하자. 보절 서당은 안재준의 말대로 "나라 잃은 슬픔, 배움으로 달래가며 되찾았고 겨레의 참된 바탕 다듬어서 좋은 나라 길러가는" 일을 하던 곳이었다. 그냥 배움터가 아니었다. 보절의 서당 교육은 곧바로 나라를 되찾는 독립운동으로 이어졌기 때문이다. 예컨대 신흥의 안재직도 안중근 의사의 하얼빈 의거를 접하고서 이웃의 친지들과 함께 비밀리에 독립 자금을 모아서 보냈다. 1876년 진기에서 태어난 소종혁蘇宗爀은 1919년 11월 9일에 금 10원과 1920년 1월 30일 금 50원, 그리고 동년 11월 19일 150원 등 총 3회에 걸쳐 210원의 독립 자금을 대한국민회大韓國民會 상해임시정부上海臨時政府 특사로 파견된 전경도를 통해서 상해임시정부로 보냈다. 당시 210원은 요즘 쌀 200가마에 해당하는 거금이었다. 그 이후에도 소종혁은 박권영, 박정석 등의 독립지사와 가까이 교류하였다. 일본 경찰의 감시와 제재 아래에서 1940년 5월 27일에 광복을 보지 못하고 눈을 감았다. 오른쪽의 사진은 소종혁이 독립 자금을 주었다는 기록이 담긴 박권영에 대한 재판록의 일부이다.

**22**
소종혁의 군자금 내력이 적힌 박권영의 판결문

이 기록은 박권영, 박정석 판결문대정 10년, 1921년 5월 7일 형공 제202호 광주지법 전주지청. 대정 10년, 1921년 7월 21일 형공 제864호 대구복심원 형사 제1부 내용에 판시判示된 것에 포함되어 있다.[23]

보절의 항일독립운동은 3·1 독립 만세와 함께 절정에 이른다. 1919년 기미년 3월 1일에 대한 〈독립선언서〉가 울려 퍼져, 그 소리가 남원에까지 울려 퍼지자, 남원 사람들도 대대적으로 독립만세운동을 계획하게 된다. 사매면 대신리 출신으로 당시 덕과면장이었던 이석기와 덕과면 면서기였던 신양리 출신 조동선이 독립만세운동을 계획하였다. 당시는 4월 3일이 식수기념일이었다. 이날은 나무를 심기 위해 사람들이 많이 모이는 날이었다. 이석기는 이런 격문을 써서 사람들을 모았다.

〈격문〉아 동포제군이여!
神聖한 檀君의 子孫으로서 半萬年동안 東方에 雄飛하는 아 朝鮮民族은 庚戌年이 怨讐이다. 錦繡江山[을]이 植民地圖에 出版되고 神聖子孫은 奴隸民籍에 들어갔다. 如斯한 恥辱을 受하고 何面目으로 地下의 聖祖를 보겠느냐? 如何히 列强을 對할고. 蒙古도 獨立을 宣言하고 波蘭도 民族自決을 주장한다. 茲에 發憤興起하여 滿腔의 熱誠을 다하여 朝鮮獨立을 高唱하자.
萬歲! 萬歲! 朝鮮獨立 萬歲! 大韓獨立 萬萬歲!

이석기의 격문을 들은 사람들은 동해골에 집결하여 '대한독립 만세'를 불렀다. 동해골에서 일어난 만세 운동은 동해골에서 멈추지 않고 남원 전체로 확산되었다. 흥미로운 점은 이석기가 〈격문〉에서 몽고의 독립과 폴란드의 민족자결을 거론한다는 사실이다. 이는 한편으로 3·1운동이 세계사적인 맥락에서 일어난 사건이고, 다른 한편으로 동해골에서 일어난 만세운동이 대한독립을 위한 것이었다. 이 사건이 서구 열강의 제국주의와 이를 편승한 일본 제국주의에 항거하는 세계사적인 성격을 띤다는 사실을 간과할 수 없다. 양선 사람 조동선은 1년 6개월의 징역을 살았다. 이 공을 기려 1982년에 대통령 표창이 추서되었고 1990년에 건국훈장 애족장이 추서되었다. 다음의 사진은 동해골에서 울려퍼진 3·1운동을 기념하는 기념탑의 모습이다.

동해골3·1운동기념탑

1919년 4월 3일에 동해골에서 일어났던 만세 운동에는 보절 사람들도 많이 참여했다. 이를 주도한 사람은 소팔백蘇八伯, 1882~1968년이었다. 소팔백은 만도 사람으로 임실 출신의 이석용이 조직한 의병대에 합류하였고, 자신의 전답과 소를 저당잡히고 800냥을 대출받아 군자금에 보태었다. 사람들은 그를 '팔백이'라고 불렀는데, 이는 일본 경찰의 눈을 속이기 위해 놀음판에서 800냥을 잃었다고 떠들고 다닌 데서 유래했다. 소팔백의 본명은 사윤士允이었다. 소팔백은 1910년 3월 18일에 처음으로 일본 경찰에 체포되었고, 태형 100대를 맞았다. 바야흐로 1919년 4월 3일의 거사를 위해 덕과면장 이석기를 도와 마을을 돌아다니며 만세 운동을 주동하였다. 감시를 피해서 일본으로 건너갔고, 1923년 관동대지진 때 벌어진 조선인 대학살 사건에 말려 죽을 뻔했으나 간신히 어떤 일본인 여인의 도움으로 간신히 조국으로 돌아올 수 있었다. 소팔백은 2002년 대통령 표창에 추서되었다. 소팔백이 만도리 사람이고, 동해골이 덕과면 신양리에 있는 곳이라는 점을 놓고 볼 때, 동해골에 모인 사람들 중 상당수가 보절 사람들이었을 것이다.

보절 사람 가운데에 3·1 운동에 직접 참여해서 독립만세 운동을 주도한 사람은 김덕인金德仁, 1852~?과 장경일張景日, 1886~ ?이다. 김덕인은 보절면 도룡리에서 태어났다. 김덕인은 〈기미 독립선언서〉를 보절면 사무소와 주재소 게시판에 붙여서 많은 사람들이 이를 읽도록 하였고, 또한 게시판에 붙인 〈독립선언서〉를 읽지 못한 사람들을 위해서 〈선언서〉의 내용과 서울에서 일어난 독립만세운동을 설명해 주었다. 그는 조선 사람들이 모두 하나가 되어 독립을 열망하고 녹립운동을 펼친다면 일본제국을 물리치고 독립할 것이라는 희망을 고취시켰다. 이렇게 독립운동을 펼치는 중에 일본 경찰에게 체포되었고, 1919년 4월 24일에 황석현 등과 함께 재판을 받아 징역 6월형을 받고 복역하였다. 사진은 판결문-대정 8년1919년형 제128호이다.24

여기에 소개된 판결을 한국어로 옮기면 다음과 같다.

전라북도 남원군 사율리

황석현 68세

동도 동군 보절면 도룡리

김덕인 68세

위 보안법 위반 사건에 대하여 조선총독부 경시 안무기웅安武基雄의 간여 심리
한바 아래와 같이 판결한다.

김덕인의 판결문

주문

피고 황석현과 김덕인을 각 징역 6월에 처하고 보안법 제 1
호에 의해 선언서 1통을 몰수한다.

이유

피고 등은 천도교 지령에 의하여 황석현은 대정 8년 3월 2
일음 2월 2일 오전 4시경에 임실군 둔남면 오수리 천도교 전
도사 이기동으로부터 경성 천도교 총무 손병희 외 32명의 연면으로 된 조선독
립에 관한 불온 문자를 기재한 독립선언서란 제목의 인쇄물 2통을 받고 이 일
은 천도교의 일이라는 내심을 말하고 오늘밤에 이것을 여러 사람들의 눈에 잘
보이는 곳에 부착할 것을 요망하였으며, 피고는 이에 대하여 같은 날 피고 김
덕인의 집으로 가서 동인에게 선언서 2통을 전달하고, 피고 황석현과 피고 김
덕인은 그날 밤 2통의 선언서를 휴대하고 여러 사람들이 목격할 수 있는 곳을
택해 한 통은 보절면 면사무소 게시판에 부착하고, 한 통은 동면 황벌리 소재
헌병 주재소 앞 게시판에 부착하여 많은 사람들이 보도록 민중을 현혹하여 인
심을 동요케 함은 치안을 방해케 한 처사이다.

법에 의하여 피고 등은 보안법 제7조 조선형사령 제42종에 적용하여 각 징역
형에 선정하고 주문과 같이 형에 처하며 선언서 1통은 형법 제19조에 의해 몰
수하고 명실공히 주문과 같이 판결한다.

대정 8년 4월 24일

광주지방법원 남원지청판사 일정제강一正濟降

조선총독부 00 서기 부정수不井秀

김덕인과 마찬가지로 같은
천도교였던 장경일은 임실
출신의 이기동의 연락책으로
〈독립선언서〉를 장수 지역에
배포하는 역할을 했다.

김덕인과 마찬가지로 같은 천도교였던 장경일은 임실 출신 이기동의 연락책
으로 〈독립선언서〉를 장수 지역에 배포하는 역할을 했다. 〈독립선언서〉를 가슴
에 품고 고향으로 돌아온 장경일은 장수의 여러 지역을 돌아다니면서 서울에서

울려 퍼진 대한독립만세 운동을 알리고, 〈독립선언서〉를 전파했다. 하지만 이내 일본경찰에 체포되어 1919년 4월 8일에 남원지청에서 징역 6월을 선고받았다. 장경일의 이와 같은 행로는 3·1독립 만세 운동이 서울에서 지방으로 어떻게 전파되었는가를 파악하는 데 중요한 사례일 것이다. 일각에서 3·1운동을 서울의 일부 지역에서 벌어진 사건에 불과하다고 떠드는 자들이 있는데, 장경일의 활동과 동해골에서 일어난 만세 운동은 저 일각의 주장이 허구임을 드러내는 증거일 것이다. 3·1운동이 일어나고 얼마 지나지 않은 1919년 4월 11일에 상해에서 '대한민국임시정부'가 수립되었다. 〈독립선언서〉는 대한민국의 독립이 "二千萬民衆의 誠忠을 合하여" 이뤄진 것이라고 선언한다. 1919년 4월 3일에 일어난 동해골에 모인 사람들과 거기에서 울려 퍼진 "萬歲! 萬歲! 朝鮮獨立 萬歲! 大韓獨立 萬萬歲!" 선언은 대한민국의 독립이 이천만 민중의 일반 의지를 바탕으로 하고 있고, 〈독립선언서〉가 명백한 사실에 기초해서 작성된 선언임을 보여주는 결정적인 증거다. 대한민국의 독립은 이름 높은 명망가들의 노력도 중요했지만, 이렇게 작고 이름 없는 사람들의 희생과 노력을 바탕으로 이뤄진 것임을 강조하고자 한다. 이는 3·1만세운동을 근거로 해서 성립한 대한민국의 성격을 규정하는 문제와 관련해서 매우 중요한 문제이기 때문이다. 대한민국은 "二千萬民衆의 誠忠을 合"해서 만들어진 나라다. 이와 같은 대한민국의 국가 성격에 대해서 지금은 당연하게 생각하고 있지만, 유교 정신과 유학 교육에 충실한 당시 사람들에게는 왕이 없는 나라에 대한 생각은 충격적일 뿐 아니라 받아들이기 어려운 것이었다. 그것은 그들이 그토록 중시한 충의 사상과 정면으로 배치되는 것이었기 때문이다. 3·1운동을 주동한 세력들의 면모를 살펴보면 천도교와 기독교, 불교 인사들이 주축이다. 당시 조선의 중추 세력인 유교 세력이 왜 이 운동에 동참하지 않았는가를 물어볼 수 있을 것이다. 가장 결정적인 이유 중 하나는 일본제국으로부터 국권을 회복하여 새로운 나라를 건국할 때, 그 국가의 주인을 누구로 삼을 것인가에 대한 문제에 부딪혔기 때문이다. 조선의 마지막 황제 순종을 국가의 주인으로 모셔야 한다는 주장과 "二千萬民衆이천만민중"을 국가의 주인으로 세워야 한다는 주장이 맞섰을 때, 유교 세력이 고를 수 있는 선택지는 입헌군주제였고, 3·1 운동을 주동한 세력은 명백히 공화

제였다. 이는 1919년 4월 11일에 선포된 〈대한민국 임시정부선언문〉에 명시되어 있는 "國民의 信任국민의 신임"이라는 언표에 내포되어 있다. 이것이 유교 세력이 기미년에 일어난 독립만세운동을 주동하지도 참여하지도 못한 이유였다. 이와는 별도로 유교세력 역시 여느 세력 못지않게 독립운동에 적극적으로 참여했다. 단적으로 안중근 의사를 들 수 있다. 소산복이 지은 문류정을 노래한 대강면 출신의 기우만도 전형적인 유림이었다. 기우만은 의병을 일으키면서 의병장 건재 김천일에게 고한 제문의 일부이다.

> 저 옛날 임진년에 나라 운수가 비색해지자
> 선생이 먼저 일어나 의병이 모두 일어났네.
> 머리 위로 저 하늘에 흰 해가 내리비추고
> 귀신에게 물어보아도 이 길이 옳다 하네.
> 선생께 여쭈어도 의혹될 것이 없다 하네. [26]

《문류정기》를 지어서 기우만이 소산복을 높게 평가하고 그리워하는 이유가 여기에서 해명된다. 기우만은 이항로와 함께 위정척사운동을 주동한 기정진의 손자였다. 호남의 거유였던 할아버지의 뒤를 이어 그도 문유로 추대되었다. 1881년고종 18년 김평묵金平默과 함께 정부의 행정개혁을 주장하는 만인소를 올려 호남소수라 불렸다. 1894년 갑오농민전쟁 당시 유생들이 농민군에 가담한 것을 부끄럽게 여겼으며, 1895년 나주에 동학당 토평비를 세울 때 비문을 지었다. 을미사변에 이어 단발령이 내려지자 이를 반대하는 극렬한 상소를 올렸다. 1896년 2월 유인석柳麟錫의 격문이 이르자 3월에 광주향교에 들어가 거사를 의논했으며, 기삼연이 장성의 의병을 이끌고 합류하자 광주의 광산관을 본영으로 삼고 의병을 일으켰다. 보절 신흥마을의 안병호도 의병장 이석용이 의병을 모집하고 활동하는 과정에서 군자금을 모아서 지원하였다. 그러나 고종이 신기선申箕善 등을 선유사로 보내어 해산할 것을 명하자 이에 응했다. 5월에 다시 기병했으나 일본군에게 체포되어 투옥되었다가 이듬해 풀려났다. 1908년 순천 조계산의 암자에서 재기를 노리던 중 고종의 강제퇴위 소식을 듣고 은둔했다.

기우만의 은둔은 왕정 중심의 유교의 정치관을 보여주는 상징적인 모습이다. 설령 고종이 강제로 퇴위했다 할지라

도 그의 선택은 마땅히 은둔이 아니라 의병을 일으켜 싸우는 일이어야 했다. 물론 임금에게 충절을 중시하는 유교 정신에 따르면, 기우만의 은둔은 나름대로 이해가 가고 칭찬받을 만한 일이다. 하지만 그의 은둔은 국권의 회복과 나라의 독립이라는 시대사적인 과제의 중차대함을 보지 못한 것이다. 기우만의 은둔으로 대표되는 유교의 정신은 이렇게 시대의 명령을 읽어내지 못한 한계를 여실히 드러낸다. 이것이 유교가 국민의 나라 공화국을 내심으로 추구한 3·1 독립운동 세력에 동참하지 않은 이유다. 어쨌든 시대의 요구에 부응하지 못한 유교는 이제 교육에서도 신교육에 무자비하게 밀리고 만다. 그러는 와중에도 19세기 말에서 20세기 초에 보절에 세워져서 운영되던 많은 서당은 신 조류의 격변 속에서 전통을 지키려고 노력한 몸부림이었고, 우리의 것을 지켜내려 했던 소중한 역사의 한 대목임에는 분명하다. 하지만 시대정신을 읽어내지 못한 것 역시 명백한 사실이다. 이것이 보절 유학 교육이 보여준 마지막 모습이었다.

**신학문 속에서의 유학자: 김성은**

하지만 보절의 유학 교육이 여기에서 끝난 것은 결코 아니었다. 제도적으로 신학문에 밀려서 교육의 맹주 자리를 내주어야 했지만, 유학 정신마저 그 맥이 끊긴 것은 아니었기 때문이다. 이를 잘 보여주는 사람이 김성은金成垠, 1927~?[27]이다. 김성은은 언양인彦陽人으로 자는 사언士彦이며 일본제국 식민통치시대인 1927년 3월 2일 보절면 괴양리 311번지에서 출생하였다. 유년 시절부터 총명하여 한학漢學과 서예에 능하였다. 1941년 보절초등학교당시는 보절심상소학교寶節尋常小學校라 불림를 졸업하고 전주사범 심상과5년제에 입학하였다. 재학 중 차별받는 식민지 교육에 저항의식을 가지게 되었다. 다음의 일화는 그의 항일독립정신을 잘 엿볼 수 있다. 김성은은 1943년 7월 전주사범학교 기숙사 목욕탕 거울에 '금은만세金垠萬歲'라고 썼다가 후지키藤木 사감에게 끌려가 목검木劍으로 난타를 당하였다. 당시 만세는 일본 천황에 대한 만세인 '덴노헤이카반자이天皇陛下萬歲' 외에는 표현할 수 없었는데 조선말 비운의 '영친왕英親王 이은李垠'에서 은垠자가 영친왕英親王을 의미하고, 곧 '영친왕 만세'를 불렀다는 것이 그 이유였다. 이런 정신의 소유자였던 김성은은 1943년3학년 10월경에 전주시 교동 조영철의 하숙집에서 평소 민족의식이 두드러진 선후배 19명의 맹우盟友들과 '우리회'라는 비밀단체를 조직, 7개 항의 결의문을 혈인血印으로 채택採擇하여 지하 활동을 시작하였다. '우리회' 회원들의 결의이다.

민족적인 거사를 이루기 위하여 뜨거운 모정에 연연해서는 안 된다. 대사를 앞두고 모정을 버리는 것이 큰 효도다. 또한, 무명용사가 되어 독립을 쟁취하기 위해서는 무엇보다도 총검술에 뛰어나야 한다. 재학 중 뜻을 이루지 못하면 졸업 후에는 모두 함경북도로 지망하고 발령을 받아 만주 독립운동가와 접선하여 연계 투쟁한다.

379 | 보절면지 | 제 6 장 보절의 교육

3·1운동을 주동한 세력들의 면모를 살펴보면 천도교와 기독교, 불교 인사들이 주축이다. 당시 조선의 중추 세력인 유교 세력이 왜 이 운동에 동참하지 않았는가를 물어볼 수 있을 것이다.

김성은이 소속된 우리회 회원들은 위의 결의를 매주 토요일에 만나 거듭 확인하고 다짐하며 학교나 교외에서 만나면 언제든지 오른쪽 주먹을 들고 '엇'하며 항일투쟁의 의지를 더욱 굳혀 나갔다. 결의를 실천하기 위하여 어려서부터 주자의 가르침을 중시하는 성리학의 영향을 받은 김성은, 김학길, 임재혁 등은 민족정신 앙양 운동 전개를 주장하고 실천하였다. 박완근, 신동빈 등은 일제의 패망에 대비하여 영어 학습에 역점을 두고 정진하고, 이일남 등은 검도, 김동술 등은 총검술에 힘썼다. 우리회 회원들은 전주시 노송동의 이동원의 집에서 자주 회동하면서 기독교 장로회 이상귀李上貴 목사의 아들인 이경식 회원을 통하여 나라 안팎의 항일운동 활동상중경에서 임시정부, 하와이에서 독립운동과 만주 독립군을 중심으로 한 활발한 항일투쟁광복군의 중국군과 연합군과의 합동작전 등이 전개되고 있다는 정보를 입수함으로써 우리회의 구체적인 활동 방향을 설계하였다. 한편 빼앗긴 우리의 이름과 우리 혼을 되찾고 광복 후 새 역사 창조의 주역으로 정진할 것을 목적으로 전주사범 심상과 6회가 조직한 '석류회'는 주제에 따라 연구하고 토론하는 모임을 자주 열었다. 김성은은 한국어의 우수성을 주제로 한 연구·토론모임의 주역으로 활동하였다. 그러나 1945년 2월 5일 일제 검거령에 의해 동료 약 40여 명과 함께 검거되어 투옥되고 일본제국 형법에 의하여 혹독한 심문의 고초를 겪었다. 옥고를 치르던 중 면회를 온 친구에게 왕겨를 부탁하여 먹고 맹장염을 시도하여 병보석으로 잠시 출옥되자 가족과 함께 함경남도 문천군 문천면 금수동이라는 오지로 피신 은거하다가 1945년 8월 해방이 되자 고향으로 돌아와 전주사범학교에 다시 복학하여 1945년 12월 31일 심상과를 졸업하게 되었다. 졸업과 동시에 보절초등학교 교사로 발령을 받고 근무하다 서울대학교 상과대학에 입학하였다. 서울대 재학 중에 좌익활동을 하였으며 6·25 전쟁 중에 소식이 끊겼다는 가족의 전언이 있을 뿐이다. 아마도 당시 지식인들이 그랬던 것처럼 월북했을 가능성이 크다. 김성은도 6·25 전쟁이 가져다준 비극적인 희생자 가운데 한 사람일 것이다.

김성은의 이야기에서 주목해야 할 점은 크게 네 가지다. 하나는 김성은이 한국어의 중요성을 강조함과 동시에 영어 공부를 중시했다는 점이다. 이는 보절에도 이제는 한자와 한문 중심의 교육에서 벗어나서 모국어와 아울러 세계 조류를 파악하기 위해서는 영어를 배워야 한다는 인식이 싹트기 시작했음을 보여준다. 다른 하나는 김성은과 그의 동지들이 위정척사의 대상이었던 기독교를 받아들이고 공부했다는 점이다. 이는 한편으로 동양의 유교와 서양의 기독교가 서로 공존하고 공생할 수 있다는 점을, 다른 한편으로 이와 같은 공존과 공생이 근본적으로 세계관의 변화를 반영하고 있음을 보여준다. 또 다른 하나는 김성은과 그의 동지들이 어려서부터 배운 한학과 성리학으로부터 민족정신을 함양할 수 있는 논리와 전략을 개발하려고 시도했다는 점이다. 이는 항일 독립운동 과정에서 유학과 유교가 보인 한계를 극복하려는 시도였다는 점에서 중요하다. 마지막 하나는 김성은의 좌익 활동을 어떻게 해석하고 수용할 것인가의 문제다. 해방 전후의 공간을 지배했던 평등 개념과 해방 개념은 당대 지식인들을 지배한 이념이었다. 김성은도 이에 속한 전형적인 지식인 중 한 사람이었다. 그 시절 젊은 운동권의 패기로 그의 삶을 설명할 수도 있을 것이다. 단도직입적으로 과연 우리는 김성은을 받아들일 수 있을까? 받아들인다면 도대체 언제 받아들일 수 있을까? 아직 이 문제에 대한 화해와 공존의 공간을 만들지 못하고 있는 것이 우리의 현실이다. 우리가 김성은을 공개적으로 말하지 못하고 그를 인정하지 않는 이유는 의외로 간단하다. 그것은 무서워서다. 또한 우리가 아직도 냉전 시대의 망령에 사로잡혀 있기 때문이다. 하지만 해방이 된 지 어언 75년이 지났다. 그 과정에서 세계는 너무도 많이 바뀌었다. 사회주의와 공산주의 진영이 시도했던 정치적인 실험은 모두 실패로 증명되었다. 소련의 붕괴가 그 한 사례이고, 중국의 개방이 또 한 사례이다. 하지만 자유주의 진영도 마찬가지로 자본주의의 폐해와 폐단을 해결하기 위해서 사회주의 정책을 일부 받아들여 수정자본주의의 길을 가고 있다. 정치적으로는 민주주의를 대원칙으로 삼고 있지만 경제적으로는 이른바 '복지' 정책이라는 이름으로 이른바 '사회주의의 정책'을 채택하고 있다. 이분법적으로 극단적인 체제를 유지하는 나라는 이제는 거의 없다. 세계는 더 이상 1945년 시대 이후의 냉전주의로 작동하지 않는다. 이 대목에서 대한민국의 역사도 대전환의 시대를 맞이하고 있다. 남북 회담과 북미 회담을 계기로 한반도와 동북아는 바야흐로 냉전 시대에서 평화 시대로 급격하게 전환하고 있기 때문이다. 한반도의 평화와 동북아의 공영 시대를 맞이하는 정치를 하라는 것이 역사의 준엄한 명령이다. 이를 위해서도 한국 정치가 재구성되어야 한다. 대한민국 건국 이후 지금까지 한국 정치는 보수와 진보로 구성되어 있었다. 한국의 보수와 진보는 보편 문명의 관점에서 보면, 보수와 진보가 아니었다. 한국 보수 세력을 뒷받침했던 반공주의, 지역주의, 성장주의, 사대주의라는 네 기둥은 이제 존립 근거를 상실했다. 한반도의 정세가 냉전에서 평화 체제로 재구성되고 있고, 한국이 외적 개발주의에 입각한 성장론이 초래한 수많은 강력한 사회적 갈등과 긴장과 특히 성장이 멈춘 사회에서 요청되는 새로운 돌파구를 찾아야 하는 상황에서 한국의 소위 보수 세력은 이에 대한 해답을 찾을 내부 동력을 상실했다. 정확하게 이야기하면 한국의 보수 세력은 이제 엔진 없는 배에 타고 있는 정치적 난민에 불과하다. 한국의 진보세력도 실은 앞에서 말한 옛날 보수의 네 기둥에 대립각을 세우며 형성된 진영론 위에 서 있었다. 한쪽이 무너지면 다른 쪽도 무너질 수밖에 없다. 한국 정치와 한국 사회의 재구성은 필연적일 수밖에 없다. 한국 사회가 성장 중심 사회에서 성숙 기반 사회로 전환된다면, 한국 사회가 혈연, 지연, 학연이라는 봉건-권위 사회를 넘어서서 보편 가치와 보편 이념이 상식과 양심의 기준이 되는 시민 사회로 나아간다면, 한국 사회가 생존이 보장되고 생활이 있는 문화 사회로 전환된다면, 한국 정치가 고립과 불통의 관점에서 통합과 교류의 관점으로의 전환을 통해서 소통 사회로 이행한다면, 한국 경제가 모방단계에서 선도단계로 도약하기 위해 요청되는 지식 사회의 기반으로 이행한다면, 한국문화와 역사가 단절에서 연속을 통해서 전통사회와 외래의 문화와 문명이 융합하는 열린 사회가 된다면, 어쩌면 그때는 우리도 '김성은'을 보절 사람으로 공개적으로 받아들이고 그를 기억해 줄 것이다.

한반도의 평화와 동북아의 공영 시대를 맞이하는 정치를 하라는 것이 역사의 준엄한 명령이다.

## 5. 광복 이후의 보절 교육

유학과 한문을 가르치던 서당 교육 중심의 보절 교육은 1923년에 보절공립보통학교를 중심으로 신학문을 가르치게 된다. 원래 최초의 신학교는 하신마을에 1922년 5월 1일 설립된 사립보통학교였다. 아래는 1920년대 학교의 모습이다.

1920년대 학교의 모습

하지만 이듬해 일본제국에 의해 현재 성산마을 터에 4년제 보통학교를 설립하면서 사립보통학교는 없어지게 된다. 보절보통학교에서 4년을 수료하면 6년제인 사매학교로 편입하거나 남원 읍내로 나아가 5학년, 6학년을 마쳐야만 상급학교로 진학을 할 수 있었다. 1941년 보절보통학교는 6년제가 되면서 졸업생 수가 늘어나기 시작한다. 통계에 따르면 광복 이전에 보절보통학교가 배출한 졸업생은 556명이고, 광복 이후 졸업생은 5508명이다. 보절에 사는 대략 6000여 명이 보절보통학교에서 새로운 시대를 준비했다고 볼 수 있다. 이 수는 보절 교육이 이전에 마을 중심으로 소수를 교육하던 서당 교육과는 다르게 일반인을 대상으로 하는 보통교육으로 전환되었음을 보여준다. 이 보통교육은 보절의 역사에서 매우 중요한 의미를 지니고 있다. 그것은 다름 아닌 보절보통학교에서 공부한 6000여 명의 학생이 드디어 자신들이 보절 사람이라는 생각을 가지게 만들어 주었기 때문이다. 앞에서도 살펴

봤지만 보절이라는 이름이 새로 만들어졌다는 것을 고려한다면 보절초등학교라는 이름은 보절 사람들이 내면적으로 보절 사람임을 인식하게 한 중요한 내개자 역할을 했을 것이다. 아래의 사진은 1937년 정축년 갑계에 속하는 회원들이 보절의 어느 마을에 모여서 친목을 다지는 모습이다. 옛날 같으면 서로 왕래가 없었을 보현 출신 사람들과 고절 출신 사람들이 보절초등학교라는 매개를 통해 하나가 되었음을 보여주는 증거이다.

보절면 정우회 발계식 기념

이렇게 보절 사람을 하나의 '보절 사람'으로 만드는 데 결정적으로 이바지한 보절초등학교는 다른 지역의 학교들과 마찬가지로 한국 역사의 슬픔을 그대로 겪어야 했다. 사연인즉슨 이렇다. 1950년 6월 25일 한국 전쟁이 발발하면서 보절 지역도 북한군이 점령하게 된다. 이에 따라 보절 지

전소 전 보절초 모습

역은 약 4개월 동안 조선인민공화국의 통치를 받는다. 그런데 9월 15일 맥아더의 인천상륙작전이 성공하면서 천황봉에 근거한 인민군이 10월 25일에 보절면사무소와 보절지서를 전소시킨 후 퇴각했을 때 보절 초등학교도 전소되고 만다. 사진은 전소되기 전 보절초등학교로 사용되었던 기와집 건물의 모습이다.

학교 건물이 전소되는 바람에 한동안 상신의 전주 이씨 재실과 황벌마을회관이 임시 학교로 사용되었다. 1953년 건물이 복구된 이후에도 교실 수가 부족하여 노천 교실과 천막 교실에서 수업이 이루어지다가 1957년에 가서야 건물이 완공되었다. 전쟁의 와중에도 학교가 지속되었다는 것은 보절 사람들의 교육 열정을 잘 보여주는 사례라 하겠다. 사진은 1960년대 보절초등학교를 다녔던 35회 졸업생들의 모습이다.

35회 졸업생들의 모습

1949년 보절초등학교의 수업 풍경
(이용갑 선생님과 김길자)

위의 오른쪽 사진은 사촌리의 김길자가 제공해준 사진이다. 1949년 보절초등학교 1학년 때 담임선생님<sup>이용갑</sup>과 함께 찍은 사진인데, 선생님이 무척 예뻐해 주셨다고 한다. 사진에 '그리운 선생님'이라는 제목을 달아 적어놓은 모습이 인상적이다.

아래의 사진들은 55회 졸업생인 소복순이 제공한 1970년대 말 보절초등학교에서 소풍가는 날의 교실 풍경과 10년 후인 1980년대 수업 중인 교실 풍경이다.

소풍가는 날의 교실 풍경

1980년대의 수업 중인 교실 풍경

100년 간 변화해 온 보절초등학교의 모습

옆 사진은 1922년 개교한 이래 100년 간 변화해온 보절초등학교의 모습을 보여주는 사진이다.

고절초등<br>학교

보절은 지형적으로 남과 북으로 길게 뻗어있는 지역이다. 또한 신작로를 기준으로 천황봉 방향 위쪽으로 펼쳐진 고장이기도 하다. 옛날에 보절이 보현방과 고절방으로 나뉘었던 것도 이와 같은 지형 조건 때문이었다. 그래서 예컨대 보절의 가장 끝 마을인 갈치와 계월에서 소재지에 위치한 보절초등학교에 걸어 다니려면 기본적으로 15리를 걸어야 한다. 소재지에 있는 보절초등학교에 걸어오려면 가장 멀고 험한 곳이 용동이다. 용동에서 신흥까지 오려면 길도 험할 뿐만이 아니라 멀기도 가장 멀다. 이런 지형적인 조건과 한국 전쟁 이후의 베이비붐의 현상인 인구 증가로 말미암아 보절초등학교는 사촌에 성북초등학교와 괴양에 고절초등학교로 분교되었다.

고절초등학교는 1957년 진양분교로 시작되었고, 1960년에 고절초등학교로 정식 인가를 받아서 그해 4월 1일에 개교하였다. 하지만 급격한 인구 감소로 인해 1998년에 다시 보절초등학교에 통폐합되었다. 고절초등학교에서 배출된 졸업생은 2032명이었다. 왼쪽 사진은 1970년대에 고절초등학교를 빛내주었던 축구부의 모습이다.

고절초 축구부

오른쪽 사진은 고절초 교정을 추억하게 만드는 사진들이다. 이 사진 속의 주인공은 고절초 15회 송광한과 20회 송채영의 모습이다.

고절초 15회 송광한과 20회 송채영

용동마을 박종근

성북초등<br>학교

성북초등학교는 마찬가지로 1957년에 성북분교로 시작하였다. 1960년에 성북초등학교로 정식 인가를 받았다. 마찬가지로 급격한 인구 감소로 1995년에 보절초등학교에 통폐합되었다. 성북초등학교에서 배출된 졸업생 수는 1946명이었다. 왼쪽 사진은 당시 성북초등학교 학생이었던 용동마을 박종근의 모습이다.

성북초등학교는 정문에서 바라보면 천황봉을 학교 건물의 지붕으로 삼아 좌로는 바람바위와 상서바위, 우로는 태자봉까지 껴안고 있는 아름다운 모습이 한눈에 들어온다. 다음은 1979년도의 학교의 모습과 1980년대 성북초등학교를 다녔던 20회 유영대와 아이들의 모습이다. 인물 뒤로 학교 교실의 커튼모습이 정겹

성북초등학교 전경

게 다가온다.

초등학교가 성북, 보절, 고절로 나뉘면서, '보절 사람'이라는 정체성에도 약간의 문제가 생겨나기 시작한다. 보절 사람들이 모이면 가끔 편을 나눠 다투는 일이 있다. 일종의 지역에 따른 집단 구획 의식의 일환인데, 보절 안의 소지역주의적인 현상을 볼 수 있다. 가끔 게임이나 운동 경기를 할 때 출신 초등학교를 따져서 사람들을 '성북 출신,' '보절 출신,' '고절 출신'으로 구분하곤 하는데, 게임이나 경기를 하는 과정에서 약간의 경쟁 양상이 보이지만 그것이 보절 사람이라는 정체성을 훼손할 정도로 심각한 것은 아니다. 대부분의 경쟁이 웃기 위해서 벌어지는 해프닝이

유영대와 아이들의 모습

고 귀여운 말장난 정도로 끝나며 성북초등학교, 보절초등학교, 고절초등학교를 나온 학생들은 보절중학교로 합류하여 다시 하나가 된다.

| 보절중학교 |

1971년에 설립 인가를 받아서 1972년 3월 11일에 개교하였다. 1977년에는 12학급으로 확장했다가 1990년에 8학급으로 줄었다. 안타깝게도 2020년 졸업생은 4명이다. 이와 같은 속도로 인구가 감소하게 되면 보절중학교도 통폐합의 위기에 처할 가능성이 있다. 보절중학교에

서 배출된 졸업생의 수는 현재 3911명이다. 이들 4000여 명은 현재 대한민국의 각계각지에서 중요한 역할을 맡아 활동하고 있다. 이는 제5장 〈보절의 인물〉에서 확인할 수 있다. 이들이야말로 보절의 보석들인데, 여기에서 보절은 또 다른 해석을 얻는다. 보절은 이제 대한민국의 마디마디 각지 각소各所에 퍼져있는 보배寶를 뜻하게 된다. 대한민국의 보배인 보절에서 자란 '꽃심'을 키우고 길러낸 보절중학교의 이야기를 소개하면 이렇다.

보절중학교가 생기기 전에 보절 사람들은 10여 리를 걸어서 사매에 있는 용북중학교를 다녀야 했다. 길은 멀기도 했지만 험하기도 했다. 이런 사정으로 말미암아 보절에도 중학교를 세워야 한다는 의견이 일어났고, 이를 실천에 옮기기 위해서 보절의 뜻있는 유지들이 일어났다고 한다. 추진위원회에는 심대섭, 강태수, 이사 강석천, 윤봉호, 고광길, 소주섭, 양정봉, 이규연, 강대숙, 심동섭, 김구갑, 조남표, 김경동, 소재남, 오재승, 이용대, 소재룡, 김창식, 박재영, 형보욱, 김강희, 소종호, 우제호, 장원, 소평호, 강신구, 백인선, 형봉욱, 김한섭, 안균섭, 유광현, 조항구,이교성, 소재환, 노경섭, 김형만, 안봉수, 윤성구, 황성연, 안홍선, 백병수, 안재준, 이광기, 이용재, 김공령 등이 위원으로 참여했다. 이들 중에서 추진위원장 심대섭, 재무부장 강태수, 총무부장 안홍선이 보절중학교 개교에 주도적인 역할을 수행했다. 고문으로는 강신숙, 소문섭, 안종수, 이만기가 활동하였다. 이 사람들은 1950년대에서 1980년대 이르는 기간에 보절의 울고 웃는 일들을 샅샅이 챙기고 크고 작은 일을 앞장서서 처리하고 해결하였다. 보절중학교는 이들이 보절을 위해서 어떻게 살았는지 보여주는 증표다. 물론 보절중학교의 개교를 위해서 크고 작은 성의를 보탠 사람들과 종중들이 있는데, 지면 관계상 사진으로 대신한다.

학교의 인가를 받는 과정에서 보절중학교는 어려움을 겪기도 했다고 한다. 당연히 보절중학교가 생기면 학생 수가 절반으로 줄게 되는 용북중학교의 반대가 컸다. 당시 용북중학교의 이사장이었던 유광현은 남원의 국회의원이었고, 당시 집권당인 공화당 의원이었기 때문에 그의 권력이 어느 정도였는지 충분히 짐작이 가능할 것이다. 보절중학교의 설립을 특히 권력자인 유광현 씨가 반대했지만 마침 본지의 발간위원장이었던 안한수가 중앙정보부와 인연이 있었고, 그 인

연을 이용해서 유광현이 막아놓은 학교 인가를 풀었다. 나중에는 유광현도 적극적으로 도와주었다고 한다. 보절중학교는 이렇게 처음부터 어렵게 태어났다.

이렇게 탄생한 보절중학교의 기초를 닦은 사람은 초대교장인 김봉만이었다. 보절중학교를 본격적으로 성장시키고 키운 교장은 김용원이었다. 김용원의 리더십은 상대적으로 권위적이어서 내부 반발도 있었지만 그의 지도로 보절중학교는 양적으로 질적으로 우수한 학교로 성장하게 된다. 김용원은 보절중학교를 위해서 여러 사업을 추진했다. 우선 그는 보절중학교에 우수한 교사

보절중학교를 위해 도움을 준 사람들

들을 초빙하였다. 이들은 대개는 전북대학교와 전남대학교를 졸업한 우수 교사들이었다. 조영무, 문항구, 박민규, 최용섭, 박내순, 박종남, 임풍녀, 최종소, 김경원, 장혜순, 이영숙, 주남수, 이재환, 이호봉, 오재영, 이대규, 윤서기, 오상목, 소연자, 백인선, 황명화, 김영순, 백만기, 이현기, 양승일, 송지연, 남명희, 강제문, 한정숙, 국선자, 김병배, 최운, 공정규, 조미애 등이 그들이다. 이들은 대개 보절중학교가 초임지였고, 그래서인지 교실에는 젊은 교사들의 열정과 패기로 언제나 넘쳐났다. 많은 이야기를 해야 하지만, 몇 선생님의 사례만 들겠다. 미술 선생이었던 백인선은 아무것도 모르는 시골 중학생들에게 데칼코마니 기법을 가르쳐 주었다. 주말에 전주에 다녀오면 전주에서 본 영화 이야기를 많이 해주었다. 말솜씨가 좋은 조미애 선생은 과학 이외에 다른 이야기를 많이 해주어서 보절 '촌놈'들의 교양을 높여 주었다. 영어 선생

이었던 백만기는 베트남 참전 용사로 영어 회화의 중요성을 일깨워준 사람이다. 성격이 불같아서 항상 자신이 화가 나면 도망가라는 말을 하곤 했는데 실제로 그런 일이 벌어지기도 했다. 운동장에서 학생이 도망치고, 선생이 쫓는 장면으로 온 학교를 웃게 만들었다. 힘이 떨어질 때까지 뛴 것으로 기억한다. 백만기의 별명은 '앤드And'였다.

이대규 선생은 시를 좋아했다. 엄밀하게 말하면 시 마니아였다. 일요일에 일직을 서는 날이면 학교의 마이크로 잔잔한 음악을 틀어 놓고서 김소월의 〈진달래꽃〉과 김영랑의 〈모란이 피기까지를〉 낭랑하게 읊곤 했다. 아래의 시는 보절중학교를 그리워하는 시인 이대규의 노래다.

### 보절중학교

만복사지에서 매월당梅月堂 뵈옵고
춘향이 고개 혼불 마을 지나는 길
천황봉이 동공을 헤집고 들어온다.
여여如如하구나.
내 젊음 멀어질수록 또렷하구나.
보절 천황봉 패랭이꽃 화문花紋되어,
다산 호동 용평 산자락에
상사바위 마애불로 새겨 있구나.
가을비 오려는지 흐려진 하늘
눈부처에 초롱초롱 어리는 얼굴들.
'선생님'
그 목소리에 화들짝 깨어
나, 다시 보절 하늘을 우러른다.
허리 곧추세우고 눈 다시 맑아져.

저포놀이라도 해서 만날 수 있을까.
구절초로 피어나면 볼 수 있을까.
진기 황벌 사촌 성남 금다
만행산 천황봉을 닮은 얼굴들.

시간은 돌탑을 지우고
불상마저 떠나가게 하는데,

만복사 폐사지 허허로운 마음 밭에

불 밝히는 그대여.
《내 마음의 산티아고》[28]

이들 가운데 소연자, 오재영, 이현기는 보절 사람들이다. 소연자는 원래 고향이 호복동이고, 오재영은 다뫼이며, 이현기는 상신이다. 소연자의 초임지는 보절중학교였다. 국어를 담당했으며 학생들에게 한국어의 아름다움을 일깨워줬다. 지금도 그녀는 해외에 나가서 한국어를 가르치고 있다. 2020년에 기전여중에서 정년퇴임했다. 보절중학교에 육상부를 처음 만든 사람은 오재영이었고, 그를 이어받아 강규상이 육상부를 이끌었다. 육상부 학생 가운데 어떤 선수는 전라북도 대표 선수로 선발되기도 했다. 김성군, 장형권, 소옥자, 이영숙, 박양해, 윤호영, 김인자, 송영순, 김성태, 김하태, 양중철, 김진배, 강선아, 육숙자, 우동숙, 우희순, 우관희, 노은숙, 김양님, 박귀순, 방선옥, 강경아 등이 육상부로 활약했다. 아래 사진은 1980년대 초반에 시도 단축마라톤 여중부 대회에서 우승한 기념 사진이다.

우승 기념

현재에도 김성군, 안래산 방죽 밑에 살았던 김성태, 김성태 친형인 김성천, 우동숙, 방선옥은 40년 전에 보절중학교 육상부 시절에 배운 달리기를 바탕으로 지금도 매주 일요일 아침이면 한강 변을 달리고 있으며 천황봉 마라톤 클럽 정회원으로서 열심히 활동하고 있다. 김성천은 보절중학교 총동문회 체육국장으로 애쓰고 있다. 김성태도 보절중학교 총동문회에 열성적이다. 김성태는 말수가 적고 재미가 없을 정

어쩔 수 없이 학생들은 등굣
길에 피어있는 들꽃과 들풀을
꺾어 올 수밖에 없었다. 당시
는 촌스러웠지만 지금 생각해
보면 창가에 박카스, 사이다,
오란씨, 환타, 콜라병에 꽂혀
있던 들꽃과 들풀은 지금도
아름다운 기억이다.

도로 진지하며 성실한 사람이다. 이현기는 보절중학교의 도덕 교사였다. 때로는 엄격했지만, 때로는 학생들의 맏형같았다. 공부를 잘하나 못하나, 잘사나 못사나, 키가 크든 작든, 힘이 세든 약하든, 누구 하나 차별하지 않고 언제나 똑같이 대해 주었고, 말썽께나 부리는 학생들도 늘 넓은 가슴으로 품어주었다. 오수고등학교 교장을 마지막으로 교직에서 은퇴하고 상신에 살면서 보절면 발전위원회 위원장을 맡고 있다. 보절면에서 벌어지는 모든 일에 관여하며 보절면의 애경사를 쫓아 다니기에 바쁘다. 지금은 이 책《보절면지: 보배와 절의가 숨어있는 보절이야기》 출판을 책임지고 있다. 보절중학교의 총동문회는 물론 각 회의 동문회가 가장 많이 초빙하는 사람이기도 하다. 이현기는 이런 의미에서 보절에 사는 사람들과 보절을 떠났지만 그 뿌리가 보절인 사람들의 공동체를 묶어주고 지켜주는 울타리다. 보절중학교에서 정식으로 교편을 잡지는 않았지만, 보절중학교에서 학생들을 가르친 안귀현도 이 자리에서 언급해주어야 할 사람이다. 안귀현은 보절중학교 1회 졸업생이다. 어느 해인가 보절중학교에서 국어 선생이 전근을 가게 되어서 한 학기 동안 보절 중학교에서 학생들에게 국어를 가르쳤다. 당시는 대학생인지라 매일 전주에서 보절로 새벽에 일어나 출근하고 저녁에 전주로 돌아가곤 했다. 임시로 보강을 한 것이지만 보절중학교 출신이 보절중학교 학생을 가르친 첫 번째 경우이다. 안귀현은 이후에 서울로 발령이 나 서울에서 교직 생활을 하고 2019년에 마포구 상수중학교에서 정년 퇴임했다. 보절의 꽃심이 대한민국에서 아름답게 꽃피울 수 있는 배경에는 이런 사람들의 숨은 노력이 있었다.

보절중학교는 김용원의 재임 시절에 건축적으로 많은 변화를 겪게 되었다. 테니스장이 생겼고, 학교 운동장에 스탠드를 만들었고, 교문을 석새미 하천변에 만들었다. 테니스장을 단단하게 만든다고 해서 학생들은 매주 조회가 끝나면 테니스장을 몇 차례를 밟아야 교실로 들어갈 수 있었다. 우스꽝스럽기 짝이 없는 장면이었다. 시멘트로 만든 학교 운동장의 스탠드는 학교 체육대회에서 그 쓰임새를 발휘했다. 스탠드에 늘어서서 자리를 잡은 각 반의 학생들이 단체로 응원을 하는 모습은 지금도 눈에 생생하다. 보절중학교 체육대회는 학년별 학급의 수가 적어서 남녀 구분만 하고 학년 구분은 하지 않았다. 대개는 힘과 덩치가 좋은 3학년이 각종 구기 종목의 우승을 차지했지만, 꼭 그렇지는 않았다. 어느 해인가 체육대회에서는 1학년이 농구 대회에서 2학년과 3학년을 모두 이기고 우승한 적이 있었다. 현재 보절중학교 총동문회 총무국장인 이윤수와 그의 친구 소재기가 우승의 주역이었다. 핸드볼은 당시 금다리에 사는 백현준과 그의 동무들이 잘했다. 교문을 석새미 천으로 내게 된 것은 보절중학교의 건물이 천황봉을 보지 않고 남으로 계룡산을 향해 있어서 학교를 등교할 때에 건물의 옆구리가 아니라 정면을 바라보고 들어와야 좋다는 풍수지리설 때문이었다. 그런데 이 교문을 만든 사람은 다름아닌 보절중 재학생들이었다. 학교 재정이 열악했던 탓에 학생들은 등교할 때에 가방에 돌을 하나씩 들고 와서 매일 길에 깔아야 했다. 이렇게 해서 교문과 앞길이 만들어졌다. 교문에서 두발과 교복이 아닌 가방의 돌을 검사하는 것이 선도

부의 일이었다. 하지만 이 교문과 그 앞길은 너무도 인위적이고 돌아가야 했기 때문에 아무도 그 길로 다니려 하지 않았다. 이 길과 교문은 지금은 사라지고 없다. 그 시절에는 '교실 미화' 사업도 있었다. 교실을 꾸미기 위해서는 꽃이나 풀을 가져와야 하는데, 당시 보절에는 꽃집도 없었고 장미나 백합을 기르는 집도 없었다. 어쩔 수 없이 학생들은 등굣길에 피어있는 들꽃과 들풀을 꺾어 올 수밖에 없었다. 당시는 촌스러웠지만 지금 생각해보면 창가에 박카스, 사이다, 오란씨, 환타, 콜라병에 꽂혀 있던 들꽃과 들풀은 지금도 아름다운 기억이다. 보절에 '칠성사이다'와 '킨 사이다'가 들어온 것도 이때부터다.

　마지막으로 교장 김용원의 부임으로 보절중학교가 달라진 것은 고등학교 진학률이다. 당시는 고등학교 입시가 연합고사로 바뀌었고 고등학교도 추첨제로 들어갈 수 있었다. 이 시기에 보절중학교 학생들은 전주로 진학을 많이 하였다. 당시는 전국적으로 이런 현상이 나타났는데, 남원도 예외는 아니었다. 남원에서 어느 중학교가 전주 소재 고등학교 진학률이 높은가가 교장의 능력을 재는 척도였고, 학교의 자랑이었다. 보절중학교의 진학률은 매우 높았다. 원래 머리가 좋은 학생들도 있었지만 보절에서 전주로 진학하는 경우 상당한 집중력과 노력이 요구되었다. 김용원은 3학년 전체에게 야간 학습을 강제했다. 아무리 공부를 잘하는 것이 좋다 할지라도 여학생이 절반인 학교에서, 그리고 신작로가 뚫리지 않은 동네도 많은 고장에서, 설령 마침 신작로가 뚫려 '삼천리 자전거'를 타고 다닐 수 있다 해도 야간자습은 학생들에게 쉽지 않은 일이었다. 설령 전조등을 키고 자전거를 탄다 해도 보절 마을들은 천황봉을 향하는 방향으로 거슬러 올라가야 했기 때문에, 집으로 돌아갈 때는 자전거를 끌고 가야 했기 때문이다. 김용원은 아랑곳하지 않았고, 야간 자습은 저녁 10시까지 강행되었다. 야간 자습이 끝나면 학생들은 마을별로 한데 뭉쳐서 집까지 걸어가곤 했다. 그 깜깜한 밤을 함께 걸었던 기억이 어쩌면 지금 보절 사람들을 더욱 친밀하게 만들어 주었는지도 모른다. 방과 후 집으로 돌아가 일을 하지 않아도 되니까 야간 자습을 좋아한 학생들도 있었다. 대부분의 학생들은 저녁 10시까지 앉아 있어야 하는 야간 자습에 꾸벅꾸벅 졸았다. 어떤 학생들은 야간 자습 시간을 때우기 위해서 장난을 치면서 놀았다. 야간 자습을 감독

하는 선생들에게도 10시까지 버티는 것은 고역이었다. 야간 자습 시간에 제일 떠들고 놀기 좋아하는 친구들이 몇 명 있었다. 대표적으로 최진식과 양영철을 들 수 있다. 최진식을 소개하는 이유는 당시 보절 교육이 서울 교육보다 더 뛰어났다는 점을 보여주기 때문이다. 최진식은 원래 보절중학교를 다니다가 전학을 갔다가 보절로 다시 돌아왔다. 지금도 입심이 좋지만 그때도 대단했다. 항상 주변에 사람이 끌었다. 당시에는 야간 자습에 떠드는 사람을 뽑는 '일어탁수자一魚濁水者'라는 일종의 제도가 있었다. 최진식은 거의 매달 일어탁수자의 영광을 차지하였다. 참고로 일어탁수자는 같은 반 학생들이 자습 시간에 제일 떠든 사람의 이름을 무작위로 적어 내어 거기에 가장 많이 이름을 올린 사람을 가리킨다. 반별로 매달 5명을 뽑아서 발표했다. 그런데도 원래 머리가 좋은 것인지, 야간 자습의 효과를 본 것인지는 잘 모르겠으나 최진식은 서울의 좋은 고등학교로 진학하였다. 뜻밖에도 현재는 인천의 정석고등학교에서 학생부장으로 자신을 닮은 학생들을 지도하고 있다. 최진식은 보절 교육의 힘을 보여주는 좋은 사례이다. 또 다른 '일어탁수자'는 양영철이다. 그의 별명은 '감씨'다. 이 별명이 어디에서 유래했는지는 아무도 모른다. 어떤 이는 그가 여학생들을 쫓아 다니는 남학생들을 견제하기 위해 다른 남학생을 감시한다는 데서 유래했다고도 하고, 어떤 이는 생긴 것이 단감의 '감씨'처럼 생겼다고 해서 생긴 별명이라고도 한다. 정작 본인은 세월과 시간을 감상한다는 데에서 나온 별호라고 우긴다. 아무튼 '감시感時'라는 별호를 가진 양영철은 시간이 많아서인지, 정이 넘쳐서인지, 아니면 지금도 보절 친구들을 감시하기 위해서인지, 보절 사람들의 일이라면 안 가는 곳이 없고 보절 사람들이 노는 자리는 안 쫓아 다니는 곳이 없다. 김하광은 '일어탁수자' 급은 아니었다. 하지만 몰래 숨어서 노는 데에는 선수였다. 김하광이 야간자습에 하는 짓은 기발했다. 한번은 이런 일도 벌였다. 당시는 시험 답안지를 기계로 채점하기 시작한 시기였다. 그래서 각 과목의 연습문제집의 뒷장에는 ㉮㉯㉰㉱ 답안지들이 붙어 있었는데, 김하광은 야간자습 내내 연습문제 뒤에 있는 답안지에 답 가운데 하나를 임의로 찍어서 검정 싸인펜으로 그리고 나중에 해당 시험 문제의 정답으로 맞추는 방식으로 친구들과 내기를 벌이는 것이 일이었다. 야간 자습에 그렇게 놀았어도, '벼락치기'에 능한 김하광은

전주로 진학하였다. 지금은 자기 회사를 성실하게 운영하고 있다.

| 양재전문 학원 | 한편 학교뿐만 아니라 직업 교육 전문학원이 생겨났다. 도시로 취업 하기 위하여 전국 각 지역에 옷을 수선하고 만드는 양재전문학원들 이 만들어졌고, 거기에서 수료한 학생들은 도회지로 나가는 일종의 |
|---|---|

자격증을 얻게 되었다. 아래의 사진은 괴양리 양미선이 제공한 엄마의 사진으로, 1960년에 당시 남원 읍내에 있는 양재학원에서 수료한 학생들이 졸업기념으로 찍은 것이다.

보절의 교육에 관해 이야기하려면 언급해야 할 사 람들이 너무 많다. 보절의 교육을 받은 사람들은 정직 하고 성실하면 얼마든지 잘 산다는 것을 몸으로 보여 주고 있다. 보절을 빛나게 해주는 숨은 보배들이다. 각 자 분야에서 일가를 이루며 열심히 살고 있고, 보절에 어려운 일이 있을 때마다 경제적으로 성의를 표하는 일에 빠진 적이 없다. 그런데, 보절의 수많은 보배들을 길러준 진짜 보석들이 보절에 숨어 있다. 다름 아닌 보 절의 자식들을 길러주신 어머니들이다.

양재학원 졸업기념 사진

| 보절의 어머 니: 성문안댁 | 어느날 고향에 갔을 때 마주한 장면이 생 각난다. 웅장하게 펼쳐진 천황봉 아래 길 을 걸어 가는 어느 어머니의 뒷모습이었 |
|---|---|

다. 자식들을 보배로 기르기 위해서 허리가 90도가 되 어버린, 다뫼 사는 김혜순의 어머니 소순이다. 소순이 어머니야말로 진심으로 보절의 보석이다. 보절의 모든 어머니들을 소개해야 마 땅하겠지만 소순이 어머니의 뒷모습이 보절의 모든 어머니의 상징일 것이다.

보절의 어머니들이 얼마나 위대한지를 보여주는 사례 하나를 덧붙이겠다. 보 절 어머니들이 보절의 교육에 얼마나 중요한지를 보여주기 위해서다. 또한 이 사 례는 보절의 교육이 역사적으로 어떻게 변했는지를 보여주는 실례다. 바우배기 고개 아래에 있는 주장집을 사서 하숙을 친 성문안댁 이야기다. 성문안댁은 경주 김씨로 이름은 경임慶任이다. 임실군 삼계면 성문안에서 시집을 왔다고 해서 '성 문안댁'이라고 부른다. 젊어서부터 고생을 많이 했다. 6·25 전쟁의 흔적을 몸에 지니고 살았다. 성문안이 순창 회문산으로 이어지는 산촌이었는데, 국군이 빨치 산을 토벌하는 중에 쏜 박격포를 맞아서 죽을 뻔했으나 전주 예수 병원에서 몇 시 간에 걸친 수술을 받고 구사일생으로 살아남았다. 그때 맞은 박격포 포탄의 철이 발에 박혀 있었다. 신흥의 순흥 안씨네로 시집을 왔지만 남편은 농사일과는 애당 초 거리가 먼 사람이었다. 일본말을 꽤나 잘 하는 것으로 보아서 남편은 공부를 했으면 잘했을 것 같다. 백면서생에 가까운 사람이었다. 남편은 아버지가 일찍 돌

성문안댁

아가시는 바람에 공부를 계속하지는 못했다. 시집을 와서 자식을 여섯이나 낳았는데, 신흥의 순흥 안씨들이 자식들 교육에 남다른지라, 이에 자극을 받은 성문안댁은 "뭔 짓을 해서든 자식들 교육은 잘 시키겠다."고 결심에 또 결심을 했다고 한다. 자식들이 커서 학교에 다니기 시작하자 동산에 있는 논 다랑이 몇 마지기로는 택도 없다는 것을 알고 성문안댁은 중대한 결심을 하게 된다. 마침 바우배기고개 주장집이 매물로 나왔다는 것을 알고, 그녀는 논다랑이를 팔아 주장집을 고쳐서 하숙집으로 바꿀 계산이었다. 주장집이 매물로 나온 즈음에 마침 보절중학교가 설립되었는데, 보절의 교통이 안 좋은지라 교사들이 전주와 남원에서 통근할 수 없고 틀림없이 하숙을 할 수밖에 없을 것이라는 생각에 성문안댁은 과감하게 큰딸<sup>안현자</sup>과 상의해서 주장집을 구입했다. 이를 나중에 알게 된 순흥 안씨들은 계약을 깨게 만들려고 별의 별수를 다 쓰고, 그녀의 남편을 회유하고 협박했다고 한다. 반대의 이유로 '양반이 주장을 사서 술집을 하면 가문 망신에 동네 창피'라는 명분과 '딸이 넷이나 되는 집에서 하숙을 치면 뭔가 사단이 날거라'는 구실을 들었다고 말이다. 하지만 성문안댁은 이에 아랑곳하지 않고 주장집을 사들이는 과감함과 결단성을 보였다. 이런 모습이 반가의 전통을 중시하는 문화가 지배하던 동네에서 칭찬받거나 환영받을 일은 결코 아니었다. 오죽하면 동네에서 부부 싸움이 일어났을 때 남편이 부인에게 "거 건너 성문안댁한테 배웠냐"고 했다고 한다. 남이야 뭐라 하든, 성문안댁은 하숙을 쳐서 자식들을 교육시켰다. 이 대목에서 그녀의 과감함은 다시 드러난다. 당시에는 여자를 대학에 잘 보내려고 하지 않았다. 여자들이 너무 똑똑하면 시집 못 간다는 것이 이유였다. 하지만 성문안댁은 그렇게 생각하지 않았다. 앞으로는 '여자들도 배워야 하고 여자도 똑똑해야 한다'는 확신을 가지고 있었다. 그녀는 과감하게 딸들을 대학에 보냈다. 나중에 이렇게 교육시킨 딸들의 도움을 많이 받았다. 성문안댁의 과감함은 큰딸을 결혼시키는 과정에서도 잘 드러난다. 그녀는 큰딸을 당시 보절 지서에 초임 근무를 나온 경찰과 결혼시켰는데, 아니나 다를까 집안에서 또 말이 나왔다. "양반 딸을 순사에게 시집 보낸다"고 말이다. 이에 성문안댁이 한 말이다. "순사가 뭔 상관인디, 사람 좋으면 되제." 이 한 마디로 결혼을 추진했고, 그렇게 장가온 사위<sup>서두석</sup>는 나중에 아들들보다 더 효자 노릇을 했으며 지금도 하고 있다. 아흔 여섯이 되신 장인<sup>안방섭</sup>을 지금도 극진하게 모시고 있다. 번드레한 포장이 아니라 "사람이 먼저다"를 실천한 사람이 성문안댁이었다. 그녀는 또한 "쓰리미<sup>오징어</sup>"를 오려서 꾸민 폐백을 해서 자식들을 교육시켰는데, 그녀가 쓰리미를 하도 많이 오리다보니 닳게 된 칼은 그 자체로 명물이었다. 칼 하나가 닳고 닳아서 칼의 안날이 없어져 뒷날만 남게 되기까지 대략 10년이 걸리는데, 그렇게 닳은 칼이 세 개나 되었다고 한다. 그녀는 욕도 곧잘 했다. "호랭이 물어갈 놈"이라는 욕을 잘했는데, 이 욕이 보절중학교 학생들 사이에서 유행어로 사용될 정도였다. 하지만 그녀는 지극히 인간적인 품성을 지닌 사람이었다. 막내아들이 서울대학교에 들어갔는데, 그 아들이 대학에 합격해서 신체검사를 받는 날에 그 유명한 박종철 민주열사가 전두환 독재

보절의 수많은 보배들을 길러준 진짜 보석들이 보절에 숨어 있다.
다름 아닌 보절의 자식들을 길러주신 어머니들이다.

정권의 물고문으로 죽게 된다. 그 후에 해마다 박종철 열사의 제삿날이 오면 제사 음식을 마련해 준 사람이 성문안댁이다. 그녀가 박종철 열사의 제수를 준비하게 된 것은 막내아들이 박종철의 후배였고 마침 언어학과의 과대표를 맡고 있었기 때문이다. 다른 한편으로 큰아들이 미경식품이라는 떡공장을 운영하고 있었기 때문이다. 그녀는 막내아들이 독일로 유학을 가기 전까지 박종철 열사의 제사를 마련해 주었다. 그녀는 제사 전날에 서대문구 연희동에 있는 '사러가' 상가에서 산 사과와 배와 명태와 술, 떡공장에서 만들어진 떡을 한 상자에 싸서 학교에 보내곤 했다. 다음은 그녀가 준비해 준 제수로 박종철 열사는 기리는 제사 장면을 찍은 사진이다.

왼쪽 위 사진은 현재 영화《1987》로 잘 알려진 남영동 대공분실, 지금은 민주인권기념관 5층에 걸려 있다. 참고로 박종철 열사와 관련하여 보절 안평동 출신인 한겨레신문 임석규 편집국장의 이야기를 빼놓을 수가 없다. 임석규는 친구였던 박종철과 함께 민주화 운동을 위해서 노력했는데, 왼쪽 아래의 사진은 박종철이 임석규에게 보낸 편지이다. 이 편지는 현재 마찬가지로 남영동의 민주인권기념관에 전시되어 있다.

성문안댁은 통일 운동에도 도움을 주었다. 이 일도 막내아들과 연관이 있다. 때는 바야흐로 1988년 5월 15일이었다. 통일 열사 조성만은 조국통일과 세계평화를 위해서 88올림픽을 북한과 공동으로 개최해야 한다는 유서를 남기고 명동 성당 구내 교육관에 투신했다. 조성만 열사는 김제 사람으로 전주 해성고등학교를 나왔는데, 마침 조성만 열사가 투신하던 그 해에 막내아들이 서울대 해성고 동창회장을 맡고 있었다. 당시 조성만 열사의 장례 준비는 서울대 화학과 명동성당 청년연합회와 전주 해성고 동문들이 맡아서 수행했다. 해성고 동문들의 역할은 빈소에서 열사의 시신을 지키는 것이었다. 당시 경찰들이 시신을 탈취하려고 시도했기 때문이다. 하지만 이런저런 이유로 장례식이 미뤄지자 해성고 동문들은 명동 성당에 장기간 머물러야 했는데, 숙식을 해결할 경비가 문제가 되었다. 이 문제는 라면박스를 하얀 종이로 포장해서 그 앞에서 영정 사진을 붙이고 을지로와 명동 일대를 돌아다니면서 모금한 돈으로 해결하였다. 당시 모금한 돈이 3000만 원 정도였다. 꽤 큰돈이었다. 이 돈으로 숙식을 해결하였고, 나머지는 장례비용으로 사용하였다. 그러고도 150만 원이 남았는데 이 돈을 어떻게 보관할지가 문제였다. 당시 이 돈을 관리하고 있던 막내아들은 어머니 성문안댁에게 맡겼다. 이 돈은 나중에 문익환 목사의 노력으로 조성만 추모사업이 활성화되고 1997년에 추모비가 서울대 중앙도서관에 건립될 때 추모비석을 사고 새기는 데 사용되었다. 당시 대원식품 사장이었던 큰아들 안재경은 150만 원에 150만 원을 보태어 300만 원을 추모비 세우는 데 쓰라고 주었다. 다음은 이렇게 제공된 300만 원을 종잣돈으로 해서 늘린 1000만 원의 비용으로 세운 통일열사 조성만의 비석이다.

2018년은 조성만 열사가 사망한 지 30년이 되는 해였다. 조성만 열사를 추

박종철 열사 빈소

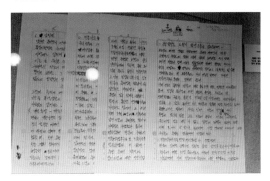

박종철 옥중 편지

모하는 행사를 전주 숲정이터에서 가졌고, 이날 추모식에는 조성만 열사의 가족, 정동영 의원, 문규현 신부, 한상렬 목사, 안재원 교수, 소재두 사장, 이상호 사장, 박동진 사무처장 등이 열사의 고귀한 정신을 기렸다. 이날 모인 사람들은 이와 같은 추모식을 매년 전주에서 갖기로 결의하였다. 이에 따라 2019년에는 숲정이터에서 추모식을 가졌고, 이어 전동성당에서 추모 기념 강연회를 개최하였다. 이날 연사에는 김광수 의원, 이영춘 소장, 안재원 교수가 안중근과 조성만을 비교하는 강연을 했다. 오른쪽은 추모회에 참석하여 조성만 열사를 기리는 안재경의 시다.

조성만 열사 추모비

다음은 2020년 5월 30일 전주 중부비전센터에서 거행된 조성만 열사를 사랑하는 모임인 '꽃심 포럼'이 주관한 조성만 열사 추모 모임을 기념하는 사진이다.

1980년대 민주화를 위한 격동의 물결이 전국을 휘몰아칠 때 성문안댁 김경임의 이야기는, 비록 소소하지만 보절 사람들이 역사의 거대한 흐름에 어떤 방식으로 동참했는지 보여주는 작은 사례라 하겠다. 또한 성문안댁 김경임의 이야기는 전통적인 유교적 교육관이 새로운 시대를 맞이하여 어떻게 변하고 있고, 교육에 대한 새로운 인식이 전통적인 교육관을 어떻게 바꿔갔는지 보여준다. 아울러 '알파걸'의 시대적 원형을 김경임의 이야기와 그녀의 삶에서 읽어낼 수 있다.

## 조성만 열사를 기리며

화창한 5월은 무르익어가는데

한반도가 분단된 지 언 70년 4강 강대국 틈에서

남북은 언제 통일의 봄을 맞는가

누천년 반도에 피비린내 나는 전쟁터

핍박한 한반도 동포의 삶은 어떠했는가

기아와 굶주림 속에서

한반도는 국제 정세 소용돌이 속에서

열강들의 제물이 되었고

한반도는 두 동강이 났도다

슬프다 아름다운 금수강산

피로 물든 한반도!

1988년 5월 15일

조국 통일을 위해 몸바친 한 청년

조성만 열사를 추모하며

통일을 외치면서

우화등선하신 조 열사

그는 하늘을 경천하고 땅을 진동케 하였다

마지막 가시던 날

아버지 어머니 얼굴을 차마 떠날 수 없는 길

어서 조국 통일을 보기 위해 분신한 조 열사

실패는 분열이고 성공은 통일이다 외치며

남북통일을 염원하신 조 열사

통일의 햇불은 영원하리라

2019년 5월 9일 우헌 안재경

조성만 열사 추모 모임

보절중학교 총동문회

마지막으로 보절 교육의 역사적인 의미를 살피기 위해서 보절중학교 총동문회를 소개하겠다. 현재 보절 사람들을 하나로 아우르는 공동체인 보절중학교 총동문회는 1998년 창립 준비위원들이 추대한 졸업생 백인엽, 형남오, 이국엽, 노환진, 양병재, 홍강의를 주축으로 결성되었다. 보절중학교 총동문회는 고향에 남아 혹은 고향을 떠나 각자 바쁜 삶 속에서도 '총동문'이라는 공동체 안에서 즐거움과 어려움을 함께 극복해 온 끈끈한 조직이다. '환우 돕기 모임'을 만들어 어려움을 겪는 동문회원에게 도움을 주었고, 모교에 자라나는 새싹들을 위해 장학금 전달과 양질의 도서 기증을 해 오고 있으며, 어르신들을 위한 효도 경로잔치에 성금을 전하고 있다. 총동문회는 2년마다 400여 명이 참여하여 수도권 및 보절에서 '총동문회 한마음 체육대회'를 열고 있다. 아울러 전국의 유명한 산을 찾아 떠나는 '총동문회 산행 행사'를 개최하고 있다. 또한 매년 초에는 동문 선후배들이 모여서 서로의 덕담과 안부를 묻는 '신년 하례행사'와 '정기총회를 겸한 송년회'를 개최하고 있다. 보절중학교 총동문회를 이끌었던 회장단에는 백인엽, 형남오, 오해술, 소영철, 소용운, 이국엽, 소재평, 방병관, 박희수를 들 수 있다. 보절중학교 총동문회의 살림을 도맡아서 헌신한 총무국장은 노환진, 유영화, 방극종, 박문수, 소성기, 최진식, 김혜순, 이윤수이다. 보절중학교 총동문회를 돕기 위해서 조언과 자문과 경제적인 후원을 아끼지 않은 자문 위원들로는 소장남, 신동의, 유영화, 노환진, 양병구, 우동철, 김성주, 정대경, 소성기, 김선녀, 강상구, 박종숙, 이석인, 소영순, 김성태, 조재호, 소순본, 한광수, 소자섭, 안갑수, 이선수, 강정숙, 김영자, 이순덕, 김순옥, 강석렬, 장형영, 김중은, 유영관, 유강종, 이형례, 강옥순, 최성복, 한병석, 장형기, 양형준, 정희자, 최성권 등이다. 보절중학교 총동문회 산하에는 각 기수별로 조직된 동문회가 있다.

각 기수별로 동문회를 위해 노력한 역대 회장단은 아래와 같다.

| 기수 | 직책 | 1회 | 2회 | 3회 | 4회 | 5회 | 6회 | 7회 |
|---|---|---|---|---|---|---|---|---|
| 1대 | 회장<br>총무<br>부회장 | 백인엽 ( 안평동 )<br>이석인 ( 다산 ) | 소자섭 ( 서당 )<br>노오식 ( 황벌 ) | 양철근 ( 파동 )<br>안광수 ( 음촌 ) | 우상면 ( 진기 )<br>김미경 ( 개신 )<br>김성주 ( 괴양 ) | 송광한 ( 괴양 )<br>노환진 ( 황벌 ) | 양병구 ( 중신 )<br>송용숙 ( 도촌 ) | 백종탁 ( 사촌 )<br>김명애 |
| 2대 | 회장<br>총무<br>부회장 | 형남오 ( 용동 )<br>이석인 ( 다산 ) | 노오식 ( 황벌 )<br>김성두 ( 다산 ) | 소동호 ( 호복동 )<br>안광수 ( 음촌 ) | 박희수 ( 사촌 )<br>김미경 ( 개신 )<br>강태원 ( 도룡 ) | 양형준 ( 음촌 )<br>노환진 ( 황벌 ) | 오해섭 ( 다산 )<br>송용숙 ( 도촌 ) | 우희천 ( 진기 )<br>소명남 ( 만동 ) |
| 3대 | 회장<br>총무<br>부회장 | 안성용<br>이석인 ( 다산 ) | 소용운 ( 진기 )<br>김순옥 | 소동호 ( 호복동 )<br>안광수 ( 음촌 ) | 소군갑 ( 사촌 )<br>노임남 | 송주한 ( 음촌 )<br>노환진 ( 황벌 ) | 유영환 ( 사촌 )<br>송용숙 ( 도촌 ) | 안병조 ( 외황 )<br>이정현 ( 신양 ) |
| 4대 | 회장<br>총무<br>부회장 | 우만호<br>이석인 ( 다산 ) | 오해술 ( 다산 )<br>이용임 | 소영철 ( 서당 )<br>장형영 ( 도촌 ) | 양재민 ( 다산 )<br>노임남 | 이국엽 ( 만동 )<br>양구근 ( 파동 ) | 유영환 ( 사촌 )<br>김봉례 ( 사촌 ) | 정대승 ( 도촌 )<br>소현정 |
| 5대 | 회장<br>총무<br>부회장 | 양을순<br>박종숙 ( 사촌 ) | 심재윤<br>양서현 | 이권수 ( 신흥 )<br>장형영 ( 도촌 ) | 정대경 ( 도촌 )<br>김선녀 ( 괴양 ) | 안기수 ( 괴양 )<br>장명희 ( 황벌 ) | 우동철 ( 내동 )<br>김혜순 ( 다산 ) | 백종탁 ( 성시 )<br>이정현 ( 신양 ) |

| 대 | 직책 | | | | | | | |
|---|---|---|---|---|---|---|---|---|
| 6 대 | 회장 | 우경 | 신동원 | 강석렬 ( 성시 ) | 김성주 ( 괴양 ) | 노환진 ( 황벌 ) | 이승재 ( 파동 ) | 김홍중 ( 성시 ) |
| | 총무 | 박종숙 ( 사촌 ) | 이미숙 | 이순애 ( 진기 ) | 정이순 | 장명희 ( 황벌 ) | 백선심 ( 금다 ) | 유현남 ( 사촌 ) |
| | 부회장 | | | | | | | |
| 7 대 | 회장 | 강상구 ( 성시 ) | 조재호 | 강석렬 ( 성시 ) | | 양윤근 ( 파동 ) | 방극열 ( 진기 ) | 소안섭 ( 만동 ) |
| | 총무 | 박종숙 ( 사촌 ) | 김영자 | 이순애 ( 진기 ) | | 유미정 ( 서당 ) | 김경숙 ( 신동 ) | 이경숙 ( 만동 ) |
| | 부회장 | | | | | | | |
| 8 대 | 회장 | 이명재 | 방병관 ( 다산 ) | 조충연 ( 신양 ) | | 박영수 ( 외황 ) | | 김창기 ( 하신 ) |
| | 총무 | 박종숙 ( 사촌 ) | 강정숙 ( 성시 ) | 유강종 ( 사촌 ) | | 오순덕 ( 다산 ) | | 이복희 ( 신양 ) |
| | 부회장 | | | | | | | |
| 9 대 | 회장 | 소명순 ( 만동 ) | 김성태 ( 괴양 ) | 조충연 ( 신양 ) | | 육근주 ( 성북 ) | | 신길철 ( 다산 ) |
| | 총무 | 박종숙 ( 사촌 ) | 이순덕 | 유강종 ( 사촌 ) | | 소현주 ( 만동 ) | | 노영이 ( 내황 ) |
| | 부회장 | | | | | | | |
| 10 대 | 회장 | 우만호 | 이선엽 ( 만동 ) | 최성복 ( 진기 ) | | 우제범 ( 신기 ) | | 김화왕 ( 사촌 ) |
| | 총무 | 박종숙 ( 사촌 ) | 김순옥 | 강옥순 ( 성시 ) | | 최광희 ( 신양 ) | | 노영이 ( 내황 ) |
| | 부회장 | | | | | | | |
| 11 대 | 회장 | | 소권섭 ( 만동 ) | 소영철 ( 서당 ) | | 소재권 ( 은촌 ) | | 노진규 ( 내황 ) |
| | 총무 | | 형숙자 ( 서치 ) | 이형례 ( 황벌 ) | | 최광희 ( 신양 ) | | 이경숙 ( 만도 ) |
| | 부회장 | | | | | | | |
| 12 대 | 회장 | | | 양철근 ( 파동 | | 김성동 ( 진기 ) | | |
| | 총무 | | | 이형례 ( 황벌 ) | | 정희자 ( 도촌 ) | | |
| | 부회장 | | | | | | | |
| 13 대 | 회장 | | | | | 소옥화 ( 내황 ) | | |
| | 총무 | | | | | 양구근 ( 파동 ) | | |
| | 부회장 | | | | | | | |
| 14 대 | 회장 | | | | | 김주영 ( 진기 ) | | |
| | 총무 | | | | | 장명희 ( 황벌 ) | | |
| | 부회장 | | | | | | | |
| 15 대 | 회장 | | | | | 소문수 ( 은천 ) | | |
| | 총무 | | | | | 소복남 ( 만동 ) | | |
| | 부회장 | | | | | | | |
| 16 대 | 회장 | | | | | 양형준 ( 음촌 ) | | |
| | 총무 | | | | | 박영수 ( 외황 ) | | |
| | 부회장 | | | | | | | |
| 17 대 | 회장 | | | | | 양윤근 ( 파동 ) | | |
| | 총무 | | | | | 유미정 ( 서당 ) | | |
| | 부회장 | | | | | | | |
| 18 대 | 회장 | | | | | 유미정 ( 서당 ) | | |
| | 총무 | | | | | 노순자 ( 황벌 ) | | |
| | 부회장 | | | | | | | |

| 기수 | 직책 | 8 회 | 9 회 | 10 회 | 11 회 | 12 회 ( 호남 ) | 12 회 ( 서울 ) | 13 회 |
|---|---|---|---|---|---|---|---|---|
| 1 대 | 회장 | 홍강의 ( 벌촌 ) | 안대선 ( 하신 ) | 김병택 ( 금계 ) | 방극종 ( 다산 ) | 김돈곤 ( 도룡 ) | 염철주 ( 만동 ) | 유정용 ( 사촌 ) |
| | 총무 | | 이윤수 ( 외황 ) | 박범수 ( 외황 ) | 양성복 ( 도촌 ) | 소운섭 ( 만동 ) | 김대원 | 형남철 ( 사촌 ) |
| | 부회장 | | 안향순 ( 내동 ) | | 유은희 ( 사촌 ) | | | |
| 2 대 | 회장 | 박한성 ( 외황 ) | 양영철 ( 서치 ) | 강석렬 ( 성북 ) | 유충종 ( 사촌 ) | 박영근 ( 용동 ) | 한병점 ( 진기 ) | 박왕근 ( 용동 ) |
| | 총무 | 소계영 ( 하신 ) | 정상재 ( 도촌 ) | 윤정림 | 김규리 ( 황벌 ) | 우옥희 ( 신기 ) | 오순옥 ( 신양 ) | 형남철 ( 사촌 ) |
| | 부회장 | | 안복순 ( 하신 ) | 박범수 ( 외황 ) | 전남미 ( 양촌 ) | | | |
| 3 대 | 회장 | 조한기 ( 신양 ) | 한상선 ( 만동 ) | 방준영 ( 다산 ) | 양성복 ( 도촌 ) | 이일섭 ( 성시 ) | 장형용 ( 도룡 ) | 형남철 ( 사촌 ) |
| | 총무 | 양순임 ( 진기 ) | 강대문 ( 파동 ) | 송채영 ( 양촌 ) | 김규리 ( 황벌 ) | 박미화 ( 사촌 ) | 윤동순 ( 황벌 ) | 우미녀 ( 내동 ) |
| | 부회장 | | 양인선 ( 다산 ) | 김회기 ( 하신 ) | 최숙자 ( 음촌 ) | | | |

보절 이야기

| 대 | | | | | | | | |
|---|---|---|---|---|---|---|---|---|
| 4 대 | 회장<br>총무<br>부회장 | 정광길 ( 성시 )<br>장명화 ( 황벌 ) | 김하태 ( 사촌 )<br>최형식 ( 내황 )<br>우영민 ( 진기 ) | 이석균 ( 상신 )<br>송채영 ( 양촌 )<br>박찬문 ( 계월 ) | 박준배 ( 황벌 )<br>김규리 ( 황벌 )<br>최숙자 ( 음촌 ) | 유칠구 ( 도촌 )<br>박미화 ( 사촌 ) | 김하중 ( 사촌 )<br>강양이 ( 도룡 ) | 우미녀 ( 내동 )<br>최성준 ( 괴양 ) |
| 5 대 | 회장<br>총무<br>부회장 | 임상택<br>안윤주 ( 신흥 ) | 최진식 ( 섬멀 )<br>김화광 ( 사촌 )<br>김해란 ( 진기 ) | 형우인 ( 부흥 )<br>김재원 ( 사촌 )<br>백한준 ( 금계 ) | 최강영 ( 진기 )<br>소선숙 ( 호복동 )<br>양윤미 ( 신파 ) | 김종옥 ( 안평 )<br>우옥희 ( 신기 ) | 유인규 ( 도룡 )<br>장선자 ( 도촌 ) | 형남석 ( 서치 )<br>우미녀 ( 내동 ) |
| 6 대 | 회장<br>총무<br>부회장 | 이건수 ( 상신 )<br>송영순 | 소재흥 ( 만동 )<br>박문수 ( 용동 )<br>소화순 ( 만동 ) | 유영복 ( 사촌 )<br>유현진 ( 사촌 )<br>김경곤 ( 사촌 ) | 정덕호 ( 외황 )<br>유은희 ( 사촌 )<br>이학순 ( 비창 ) | 소운섭 ( 만동 )<br>우옥희 ( 신기 ) | 박병철 ( 도룡 )<br>김미라 ( 계월 ) | |
| 7 대 | 회장<br>총무<br>부회장 | 양상철 ( 사촌 )<br>우하순 | 박재근 ( 용동 )<br>강평구 ( 성북 )<br>강선하 ( 계월 ) | 박찬문 ( 성시 )<br>유현진 ( 사촌 )<br>노학곤 ( 내황 ) | 유영대 ( 사촌 )<br>최미숙 ( 외황 )<br>이학순 ( 비창 ) | 장형정 ( 황벌 )<br>우옥희 ( 신기 ) | 박영배 ( 안평동 )<br>정미란 ( 성시 ) | |
| 8 대 | 회장<br>총무<br>부회장 | 소창수 ( 사촌 )<br>소순자 ( 섬멀 ) | 강대용 ( 계월 )<br>오정진 ( 상신 )<br>안재연 ( 양촌 ) | 김경곤 ( 사촌 )<br>이향숙 ( 상신 )<br>양병삼 ( 용동 ) | 안용선 ( 하신 )<br>유연신 ( 사촌 )<br>이학순 ( 비창 ) | 김돈곤 ( 도촌 )<br>우옥희 ( 신기 ) | 우희수 ( 진기 )<br>정미란 ( 성시 ) | |
| 9 대 | 회장<br>총무<br>부회장 | 양병윤 ( 파동 )<br>소순자 ( 섬멀 ) | 박문수 ( 용동 )<br>김성곤 ( 안평 )<br>노선옥 ( 벌촌 ) | 이용각 ( 비창 )<br>소복순 ( 하신 )<br>양병삼 ( 용동 ) | 소한호 ( 진기 )<br>이학순 ( 비창 )<br>이학순 ( 비창 ) | | 방극종 ( 진기 )<br>장선자 ( 도촌 ) | |
| 10 대 | 회장<br>총무<br>부회장 | 김성곤<br>백지현 ( 금다리 ) | 김성태 ( 다산 )<br>소순근 ( 비창 )<br>육숙자 ( 사촌 ) | 조형연 ( 양선 )<br>박명옥 ( 사촌 )<br>노학곤 ( 내황 ) | | | | |
| 11 대 | 회장<br>총무<br>부회장 | 안천수 ( 양촌 )<br>노연옥 ( 황벌 ) | 이윤수 ( 외황 )<br>장근식 ( 벌촌 )<br>김미남 ( 음촌 ) | 방극준 ( 진기 )<br>한청자 ( 사촌 )<br>김병택 ( 금계 )<br>소은숙 ( 사촌 ),<br>이상재 ( 내황 ) | | | | |
| 12 대 | 회장<br>총무<br>부회장 | 안영복 ( 연산 )<br>박봉덕 | 강이석 ( 성북 )<br>장근식 ( 벌촌 )<br>우정숙 ( 진기 ) | | | | | |
| 13 대 | 회장<br>총무<br>부회장 | 김성천 ( 신파 )<br>신경자 ( 만동 ) | 소순근 ( 신양 )<br>최미옥 ( 외황 )<br>양은순 ( 도촌 ) | | | | | |
| 14 대 | 회장<br>총무<br>부회장 | 백정선 ( 금계 )<br>강선희 ( 신흥 ) | 소석호 ( 호복동 )<br>이홍래 ( 용동 )<br>안주희 ( 하신 ) | | | | | |
| 15 대 | 회장<br>총무<br>부회장 | | 소순형 ( 진기 )<br>이홍래 ( 용동 )<br>오경숙 ( 진기 ) | | | | | |
| 16 대 | 회장<br>총무<br>부회장 | | 유병철 ( 다산 )<br>이성훈 ( 다산 )<br>백민숙 ( 금계 ) | | | | | |
| 17 대 | 회장<br>총무<br>부회장 | | 유택종 ( 사촌 )<br>양병아 ( 계월 )<br>백경숙 ( 금계 ) | | | | | |
| 18 대 | 회장<br>총무<br>부회장 | | 박동근 ( 양촌 )<br>한병욱 ( 진기 )<br>최윤정 ( 내황 ) | | | | | |

이렇게 조직된 기수별 동문회는 각기 자신들만의 이야기와 역사를 가지고 있다. 이 가운데에서 아름다운 이야기를 소개하면 다음과 같다. 11회 동문회는 동기회 차원에서 매년 5월에 학창시절의 은사님들을 모시고, 서울과 전주, 남원에 사는 동기들이 전주에서 사은회 행사를 한 해도 거르지 않고 진행하고 있다. 주로 참석하시는 은사님으로 이현기, 백만기, 조미애, 공정규, 한정숙, 양승일, 강규상, 국선자, 이대규, 강제문, 김병배이고, 제자들로는 박준배, 유은희, 유연신, 방극종, 방선옥, 안용선, 최미숙, 이동엽, 최강영, 이학순, 정덕호, 변영이, 김규리, 소선숙, 강유경, 김순임, 박명숙, 백재남, 양윤미, 오기숙, 우연실, 이남옥, 전남미, 정순애, 강대인, 김만용, 김중호, 마용락, 박종옥, 박인희, 박기성, 백순옥, 서연숙, 소순홍, 소영균, 신강문, 안철섭, 양주실, 최점숙, 이병식, 정완수, 조판기, 최숙이, 홍순정, 한정화, 우순정, 강명구, 양명순, 정혜선, 박현옥, 이인순, 강수정, 김순임, 최숙자, 이성재, 유영대, 소장호, 김중호, 소순홍, 구현서, 정갑재, 김종학, 임용택, 소영균, 이순재, 우경자, 우연희, 유영대, 강정원, 우옥남, 소한호, 최은주, 백종화, 소선숙, 조판기, 정상현, 유충종, 소순재, 강대인, 김만용, 강준석, 유세종, 김효숙, 소삼철 등이다. 제자들은 중학교 시절의 은사님을 모시고, 매년 감사의 큰절과 스승의 날을 기념하는 스승의 노래, 선생님들과 그 당시 추억을 되새기고 사제의 정을 나누는 시간을 갖고 있다. 오른쪽 사진은 2015년 5월에 개최된 사은회의 모습을 담고 있다.

보절중학교 총동문 산하에는 마라톤 동호회인 '천황봉 마라톤 클럽', 등산 모임인 '천황봉 산악회', 테니스 동호회인 '보스트 클럽', 노래 동호회인 '마음자리', 사진동호회인 '보사노바', 골프 동문들의 모임 '보절 골프회', 축구 동호회 '동문 축구회' 등의 모임이 있다.

보절중 11회 졸업생 사은회

| 마라톤 동호회 | 마라톤 동호회 '천황봉 마라톤 클럽' |

비가 오나 눈이 오나 바람이 부나 매주 일요일 아침 6시면 어김없이 모여 함께 웃고 달리며 건강한 인생을 위해 노력하는 모임이다. 2007년 총동문회장이던 오해술 회장, 사무국장 방극종의 제안으로 박희수 회장, 소영석 훈련부장, 이정현, 양순자, 소하섭, 김하광, 박문수를 주축으로 시작된 마라톤 클럽은 현재 정회원 40명 이상의 열정클럽으로 매주 일요일 원효대교 아래에 모여 한강을 달린다. 때에 따라 상암동 하늘공원길로, 일산 호수공원으로, 분당으로, 양평으로, 남산으로 원정 달리기도 마다하지 않는다. 매년 1월에는 한해의 건강과 친목과 가족의 평안을 기원하는 해맞이 행사와 한여름에 치르는 천렵은 마라톤클럽의 대표행사이다. 매주 달리기에 참석치 못했던 회원들과 동문들까지 모두 모여 그야말로 동고동락하는 즐거운 시간을 보내곤 한다. 서울국제마라톤대회동아일보, 서울중앙마라톤대회중앙일보, 춘천국제마라톤대회 참석은 물론이고, 크고 작은 각 지역의 마라톤대회와 늘 함께하고 있으며, 남원마라톤대회

에도 여러 차례 단체로 출전하였다. 박희수 초대회장에 이어 소성기, 유영화, 김성천이 회장으로, 소영석, 강계주 등이 훈련부장으로, 손정운, 송채영, 방선옥, 안일순이 총무를 역임하며 마라톤 클럽을 이끌고 있다. 달리미들의 꿈인 풀코스 42.195km를 2시간대에 완주하는 서브3를 달성하여 명예의 전당에 이름을 올린 최기호, 소하섭, 소영석, 소해섭, 100km 이상의 울트라대회를 완주한 소재홍, 김하홍, 양순자, 풀코스 100회 완주의 기록 소유자 소재홍, 이성래제주시 거주, 전국 각 대회에서 50여 회 이상 입상한 소해섭 등이 있다. 풀코스 완주자도 30여 명에 이른다. 그리고 저마다의 기량으로 운동을 즐기고 건강을 챙기는 김혜순, 김성태, 이윤수, 안향순, 김성군, 박미자, 노환진, 우춘이, 최미옥, 최미숙, 소복순, 김선녀, 김영무, 김종필, 강계주, 강선준, 김중은, 박명옥, 김부덕, 소순근, 소순신, 소재성, 김학완, 우동숙, 안용진, 양미선, 양병삼, 양영철, 유병철, 이경미, 정대경, 정희자, 최미란, 임정금 등이 천황봉 마라톤 클럽을 더욱 빛나게 하는 회원들이다.

아래의 사진은 매주 일요일 아침이면 항상 원효대교 아래에 모여 달리기를 하는 모습이다.

아래의 사진은 매년 정월 해맞이 행사를 통하여 1년 동안의 가족의 무사안녕과 건강한 달림이를 바라는 소원맞이 행사를 하고 있는 사진이다.

각종 마라톤 대회에 풀코스 출전하는 회원에게는 아낌없는 자원봉사를 통하여 힘을 준다.

또한 매년 7월이면 전국 각지의 계곡을 찾아 천렵행사를 통하여 무더위에 지친 심신을 달랜다. 우리들의 부모님들이 바쁜 농사철이 끝나면 단체로 화전놀이를 즐겼듯이 세월은 변했어도 멋을 즐기는 풍류는 그대로이다.

테니스
동호회

### 테니스 동호회 '보스트 클럽'

보절중학교 동문의 테니스 동호회인 '보스트클럽BOST CLUB은 영문으로 BOJEOL BEST의 합성어로 최고의 보절 사람들을 의미한다. 테니스를 통하여 체력향상과 동문 간의 친목 도모에 크게 기여하고 있다. 2007년 4월 29일 경기도 과천 관문체육공원에서 만장일치로 초대 백인엽 회장을 추대하고, 총무 최진식인천 정석항공고 교사의 노력으로 최고의 클럽으로 발전하여 현재에 이르렀다. 현재는 유영화 회장, 양병삼 경기이사, 송채영 총무가 봉사하고 있다. 이들은 짝수 달 넷째 주 일요일에 정기적으로 많은 회원들이 모여 체력향상과 친목도모를 다지고 있다. 본 보스트클럽 회원들의 테니스 실력은 전국 아마추어 대회에 입상을 할 정도이다. 방극종 회원은 테니스에 대한 사랑이 남달라 네이버 밴드에 '더 테니스'를 통하여 테니스의 이모저모를 널리 알리고 있다. 현재 보스트 회원으로 활동하고 있는 회원들로는 백인엽, 오혜숙, 강석렬, 김중은, 이권수, 이형례, 우정안, 유영화, 김혜순, 김봉례, 최진식, 이용각, 박범수, 이석균, 양병삼용평, 양병삼파동, 송채영, 최미란, 방극종, 방선옥, 윤동순, 우양자 등이다.

테니스 동호회 보스트클럽

노래 동호회

### 노래 동호회 '마음자리'

흥을 알고 멋을 아는 사람들의 모임인 마음자리, 기타선율에 맞춰 소리를 조율하는 사람들. 음악연습실을 마련해 기타도 배우고, 노래도 배우고, 하모니카, 플룻, 섹소폰 등 악기도 배우는 모임이다. 갈고 닦은 실력으로 7080라이브 음악회를 열어 회원들의 실력도 선보이고 있다. 〈빠이빠이야〉, 〈유쾌 상쾌통쾌〉 등의 히트곡으로 전국 10대 가수의 반열에 오른 가수 소명이 특별 출연하여 동문들을 위해 재능기부를 하고 있다. 소명은 고향이 보절 금다리이다. 테니스 동호회와 함께 '충장음악회'를 개최하고, '총동문체육대회'에서 음악콘서트를 열어 마음자리 모임을 알리고 있다. 또한 이와 같은 재능기부를 통하여 보절 사람들의 마음에 큰 추억을 선사하고 있다. 조재호 초대회장에 이어 소영순 회장과 유영화 총무 그리고 소재홍, 소순신, 소영순, 방병관, 김성태, 강석렬, 김중은, 정대경, 이경미, 김혜순, 이용각, 방선옥, 윤동순, 박영수 등이 노래를 좋아하고 즐기는 마음자리의 회원들이다.

사진 동호회

### 사진동호회 '보사노바'보절 사람들이 사진으로 노는 바다

'보사노바'는 사진을 좋아하는 동문들의 모임으로, 월 1회 정기출사와 연 2회 워크샵을 통해 사진에 대한 공부와 친목을 도모하는 모임이다. 회원 모두가 작가이며 동시에 모델이 되어 시시각각 변하는 찰나의 순간을 사진에 담고 인생의 깊은 의미를 배워가는 모임이다. 2015년도에는 광명 공설운동장에서 열린 '보절중 총동문 한마음 체육대회'에 맞춰 그 동안 촬영한 사진들을 모아 전시회를 열기도 하였고, 2017년에는 "꿈으로의 첫발을 내딛다"라는 이름으로 회원들의 작품을 모아 전문작가에 버금가는 사진전시회를 열기도 하였

보절중 사진동호회 보사노바

다. 또한 총동문회 산하의 동호회로서 크
고 작은 행사에 수시로 사진 재능기부로
행사를 더욱 품위있게 만드는 일에 열정
을 아끼지 않는 모임이다. 사계절이 아름
다운 대한민국에서 산으로 바다로 들로
떠나는 사진여행을 떠난다. 보절이 고향
으로 대한민국 어디에 내놓아도 손색없는
실력을 갖춘 전문가들이 즐비하다. 한국
의 대표적인 나무인 소나무를 주제로 작
품전시회를 연 양병윤 부천 심원고 미술교사 초

보사노바 회원들

대회장과 자연과 사람을 주제로 따뜻한 사진을 주로 촬영하는 소순신, 산악 사진
과 광각 사진의 전문가인 염철주, 접사 사진의 실력자인 김영상, 역동적인 스포츠
사진의 전문가인 방극종 등이 클럽의 위상을 드높이고 있다. 현재 소옥화, 김성
두, 방병관, 노환진, 오순덕, 정희자, 소경숙, 이정숙, 유영화, 양정순, 정대경, 소순
자, 김성천, 김성태, 손정운, 이윤수, 최미옥, 안향순, 오정진, 우춘이, 방선옥, 최미
숙, 정성임, 윤동순, 방극종, 최미란, 박명옥, 박미자, 최미순, 양인혜, 김춘형 등의
회원들이 보사노바의 역사와 함께하고 있다.

| 골프 동호회 |
|---|

### 골프 동문들의 모임 '보절 골프회'

보절중학교 총동문회 선후배로 이루어진 보절 골프회는 자연스
럽게 만들어진 가장 오래된 동호회 모임이다. 보절을 고향으로 보
절향우회에서 정을 나눈 향우들이 골프 모임으로 친목을 나누다가 한 달에 한번
씩 모여서 운동하는 월례회로 발전하였다. 보절중학교 역사가 짧다보니 향우회
와 보절중 동문을 자연스럽게 이어준 운동이 골프였다. 모임 초기에 활동했던 분
으로 소재규, 이동재, 안방수, 우상봉, 양형준, 양병재, 양구근, 백종탁, 우상면, 김
성주, 최봉우, 유영권, 김성태, 소영철, 오해술, 이연수, 박창균, 최경자, 윤양순, 김
미순, 안오순, 소선숙, 소정순, 장명희, 임흥택, 김순영, 홍강의이다. 골프의 대중화
와 함께 직장에서 동료들끼리 또는 각 기수들끼리 하던 친목 중심의 운동에서 자
연스럽게 보절향우회를 거쳐 보절중 동문으로 이어져 현재는 170여 명의 동문들

2018년 상반기 보절동문 골프대회(2018.06.10, 안성W)

2016 남원보절 동문 송년 골프대회

이 매년 2~4회 정기적인 모임을 갖고 있으며, 양병재 회장을 중심으로 백종탁, 김
성주, 박문수, 김하광이 임원진으로 봉사를 하고 있다. 정기대회로는 매년 5~6월
경 봄대회와 11월경에 가을 송년대회로 15팀 60여 명의 동문이 모여 보절의 정
을 만끽하고 있다. 또한 각 기수별로 골프 소모임들이 활성화되어 있어 월례회를
통해 동기간의 끈끈한 정을 나누고 있을 뿐만 아니라 기수들 간의 대항전 이벤트

2014년 보절동문 가을 골프대회 2014.10.19

2015년7월13일

2019년
보절중 동문 골프회장배 송년대회
2019.11.17

경기와 같은 동네의 선후배도 종종 라운딩을 통하여 우의를 다지고 있다. 동네별
로 참여 중인 회원을 정리해 보면 아래와 같다.

서치리_소영철, 형남순, 유미정, 양영철, 소승철
괴양리_안방수, 김월령, 소순섭, 김성태, 안광수, 김미경, 김성주, 김성훈,
　　　　양형준, 최형권, 서춘원, 안연자, 김영호, 김태곤, 김하진, 송득한,
　　　　오성수, 송채영, 김성필
진기리_우상봉, 소용운, 우기만, 소순관, 우경희, 이용운, 우상면, 우제복,

우만철, 김태윤, 우상정, 양춘식, 우춘이, 한병욱, 소순초, 김희태,
소윤희, 우상전, 우상천, 우제오, 우희수

신파리_임의택, 양병진, 양남식, 이권수, 이용모, 이평기, 양기식, 양병재,
양구근, 양윤근, 김경숙, 양병구, 강형식, 김창기, 신기철, 김성천,
안윤주, 이건수, 오정진, 안용선,

금다리_김강영, 방병관, 오해술, 고준석, 소재기, 임상택, 백한준, 마용락,
김홍영

황벌리_이형례, 한병구, 박창균, 이찬수, 윤형곤, 노진규, 노학만, 소미희,
노환홍, 홍강의, 이윤수, 노혜숙, 최윤정, 노은숙, 이예령, 장형춘,
안주미

만도리_신동의, 소영인, 소안섭, 소운철, 이경숙, 소영석, 소재흥, 최진식,
소민호, 소삼철

신양리_조금제, 소순본, 조충연, 소영민, 소순국, 소순권, 이필숙, 이학순,
송치홍, 이정현, 이복희, 조재연, 이용식, 조기석, 조병수, 백경란,
소연미, 이용각, 조형연, 조판기, 오예진

도룡리_백인엽, 형남오, 이종섭, 김병규, 강태원, 정영수, 김종범, 박형생,
윤명순, 박문수, 박재근, 박영근, 정상재, 정갑재, 정희종, 김성곤,
양병삼, 정대일, 양일진, 이상재, 장선자

성시리_강석렬, 정광길, 강대용, 양병아, 강석철, 강성호, 김찬배, 이일섭,
정미란, 박선자, 김종훈

사촌리_박종숙, 유영근, 유영환, 김부덕, 김봉례, 백종탁, 유영덕, 김봉곤,
박광수, 소창수, 김하광, 김하중, 양점철, 유연신, 형남철, 유재훈

**보절 향우회**

보절향우회는 1997년 양동식, 소재규, 우상인, 이동재, 안재식, 김성해 등을 중심으로 처음 결성되었다. 초대회장 양동식, 부회장 소재규, 총무 김성해가 보절향우회의 초석을 다졌고, 2대 회장으로는 소재규 회장과 김성해 총무가 보절향우회를 근 10여 년간 이끌면서 반석 위에 올려놓았다. 이후 안방수 회장이 보절향우회를 이어받아 향우회의 저변을 확대하였다. 2017년부터 현재 봉사하고 있는 임원으로는 박남홍 회장과 유병진 사무국장을 중심으로, 고문 이용호, 안재식, 이동재, 소일호, 우상인, 안방수, 명예회장 우상인, 감사 이병재, 백인엽, 자문위원으로 김강영, 김학수, 김명곤, 우상신, 이웅재, 정봉규, 방병관, 박희수, 부회장으로 김봉임, 김옥준, 김완재, 백인수, 소재흥, 방용원, 이순임, 오재순, 백종기, 정장원, 이국엽, 신동의, 유미정, 박영수, 김성경, 김영배, 김춘옥이다. 집행부 부회장단으로는 이강현, 이기만, 임의택, 우만호, 우상조, 최덕임, 소규상, 박남호, 유경열이며, 사무국은 사무국장 유병

보절향우회 2015년 회장 이·취임식

진, 우수철, 운영위원장 조재호, 민원위원장 소재평, 홍보위원장 양병재, 홍보언론 신혜숙, 여성위원으로 양정순 위원장, 방선옥, 김경숙, 김봉례, 박종숙, 청년위원장 소재박, 재무국장 김선녀, 총무국장 김성래, 정희자가 봉사하고 있다.

| 산악회 |
| --- |

### 천황봉 산악회

천황봉 산악회는 보절향우회 회원들의 친목을 다지는 산행이 자연스럽게 이어지면서 정기 모임으로 자리를 잡았다. 양정순 회장과 소재박 총무를 중심으로 매월 셋째 주 일요일 수도권 인근 산행을 통하여 회원들간에 친목을 다지고 있다. 참가자는 보절이 고향인 사람은 누구나 참여가 가능하며, 50명 내외의 많은 인원이 산행에 동참하고 있다. 특히, 매년 봄이면 한 해의 무탈과 향우들의 건강을 기원하는 시산제를 지내고 있다.

### 보절 산악회

보절 산악회는 남원시의회 의장을 역임하였던 김성범의 주도로 2011년에 창립하였다. 초대회장 소인섭, 2대 안강섭, 3대 김종기, 현 회장 양기성이 산악회를 이끌고 있다. 보절 산악회의 총무는 유연종이다. 유연종은 초대부터 현재까지 만년총무로, 산악회의 살림을 도맡아 왔다. 보절 산악회는 농번기인 5월과 10월을 제외한 매월 정기적으로 산악대장 김월령의 인솔 아래 전국의 명산을 등반하여 회원들 간의 친목과 건강을 도모한다. 특히 보절산악회는 1년 중 봄과 가을에 천황봉 등산로의 정비를 책임지고 있다. 아래는 보절산악회의 산행 모습을 담은 것이고, 다른 사진은 천황봉 등산로를 정비하는 모습을 담은 것이다

| 보절 공동체 |
| --- |

결론적으로 보절중학교 총동문회와 그 산하에 속하는 기수별 동문회와 여러 취미 활동 모임들을 관통하는 하나의 중요한 특징이 있다. 그것은 다름 아닌 이 모임들이 보절과 보절 사람들이 어려울 때나 좋을 때나 힘들 때나 즐거울 때나 늘 자리를 함께하고 작지만 힘을 보태어 큰 힘을 만들고 있다는 것이다. 보절중학교 동문회가 전통 유교 시대의 성씨 중심의 문중과 종중이 해 온 역할을 대체하고 있다고 할수 있다. 예컨대 애경사가 생기면 전통 시대에는 씨족 중심의 종중이 큰 의지가 되어주었고 도움을 제공하였다. 하지만 시대가 바뀌면서 물론 종중 활동이 활발한 곳도 있지만, 종중이 차지하는 비중은 상대적으로 작아졌다. 문중의 역할을 이제는 동문들이 채워주고 있다. 소위 '학연, 지연, 혈연'의 이유를 들어서 고향 학교의 동문회를 봉건적 유산이라고 비판하는 사람들도 있다. 그들의 비판이 타당한 측면도 있다. 하지만 위에서 소개한 보절중학교 총동문회 산하의 여러 동아리들의 성격을 자세히 들여다 볼 필요가 있다. '천마클' 모임과 같은 동아리는 한편으로 고향을 중심으로 형성된 모임들이다. 하지만 이 모임들은 다른 한편으로 고향이라는 범위를 넘어서 있다. 이 모임들의 활동을 보면 건강을 위한 운동, 여가를 아름답게 즐기는 사진, 노래를 정서를 함양하는 음악 등이다. 그런데 이런 활동이 뜻하는 의미를 따져보면 물론 개인적으로는 건강과 여가를 지키는 것이지만, 사회학적인 측면에서 보면 이 활동은 도시화된 사회에서 나타나는 건전한 시민들의 일상 생활의 한 모습이다. 이런 의미에서 보절중학교 총동문회를 그물망처럼 엮어주고 있는 작은 동아리들은 이른바 서양의 선진국에서 보이는 '시민 사회<sup>또는 교양 사회, Bildungsburgerschaft</sup>'의 전형적인 모임들이다. 이와 같은 모임들은 전통 유교 사회에서는 발견되지 않은 새로운 사회 조직이다. 비록 고향을 기반으로 하지만, 보절 사회가 전통적인 씨족 중심의 전통적인 유교 사회에서 시민 사회로 이행하고 있음을 보여주는 의미 있는 사례들이다. 이제 한국 사회가 시민 사회로 이행하는 것은 시대사적인 대세이다. 이런 의미에서 보절 교육은 이를 선도적으로 실천하고 있다고 할 수 있다. 보절 교육이 한국 사회의 시대 과제인 시민 사회의 건설에 일조하고 있다는 점에서 보절중학교 동문회라는 모임은 그 자체로 역사적인 정당성을 획득하고 특히 인구 감소로 인해서 빠른 속도로 해체되고 있는 지역 공동체를 지키는 중요한 울타리이다. 보절에 사는 사람과 보절을 떠났지만 보절에 마음을 두고 있는 사람들을 연결시켜 주는 네트워크가 보절중학교 동문회이기 때문이다. 여기에서 '보절'의 새로운 정의를 확보할 수 있다. 보절은 보절 사람이다. 그 보절 사람이 만든 작은 모임들이 하나의 큰 그물로 엮여 형성된 보절공동체가 또한 보절이다. 이런 종류의 보절 공동체는 전통 사회에서는 없었던 사회이다. 보절중학교라는 새로운 교육 제도 덕분에 생겨난 시민 공동체이다.

보절공립보통학교 1회 (1937)

보절공립보통학교 (년도 미상)

보절공립심상소학교 3회 (1949)

보질공립심상소학교 12회 (1938)

보절공립심상소학교 15회 (1940)

보절국민학교 20회 (1995)

보절국민학교 23회 (1948)

보절국민학교 24회 (1949)

보절국민학교 25회 (1950)

보절국민학교 26회 (1951)

보절국민학교 28회 (1952

보절국민학교 29회 (195?)

보절국민학교 30회 (1955)

보절국민학교 31회 (1956)

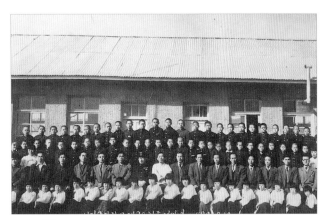

보절국민학교 32회 (1957)

보절국민학교 33회 (1958)

보절국민학교 34회 (1959)

보절국민학교 35회 (1960)

보절국민학교 37회 (1962)

보절국민학교 38회 (1963)

보절국민학교 39회 (1964)

보절국민학교 40회 (1965)

보절국민학교 41회 (1966)

보절국민학교 42회 (1967)

보절국민학교 43회 (1968)

보절국민학교 44회 (1969)

보절국민학교 47회 (1972)

보절국민학교 48회 (1973)

보절국민학교 49회 (1974)

보절국민학교 50회 (1975)

보절국민학교 51회 (1976)

보절국민학교 52회 (1977)

보절국민학교 54회 (1979)

보절국민학교 56회 (1981)

보절국민학교 57회 (1982)

보절국민학교 58회 (1983)

보절국민학교 59회 (1984)

보절국민학교 60회 (1985)

보절국민학교 61회 (1986)

보절국민학교 62회 (1987)

보절국민학교 63회 (1988)

보절국민학교 64회 (1989)

보절국민학교 65회 (1990)

보절국민학교 66회 (1991)

보절국민학교 67회 (1992)

보절국민학교 70회 (1995)

보절국민학교 71회 (1996)

보절국민학교 72회 (1997)

보절국민학교 73회 (1998)

보절국민학교 74회 (1999)

보절국민학교 75회 (2000)

보절국민학교 77회 (2002)

보절국민학교 78회 (2003)

보절국민학교 79회 (2004)

보절국민학교 80회 (2005)

보절국민학교 81회 (2006)

보절국민학교 82회 (2007)

보절국민학교 83회 (2008)

보절국민학교 84회 (2009)

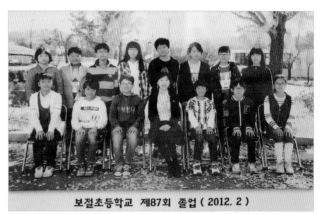

보절초등학교 87회 (2012)

보절초등학교 88회 (2013)

보절초등학교 90회 (2015)

보절초등학교 91회 (2016)

보절초등학교 93회 (2018)

고절국민학교 2회 (1962)

고절국민학교 3회 (1963)

고절국민학교 4회 (1964)

고절국민학교 5회 (1965)

고절국민학교 8회 (1968)

고절국민학교 9회 (1969)

고절국민학교 11회 (1971)

고절국민학교 13회 (1973)

고절국민학교 14회 (1974)

고절국민학교 18회 (1978)

고절국민학교 20회 (1980)

고절국민학교 24회 (1984)

고절국민학교 27회 (1987)

고절국민학교 28회 (1988)

고절국민학교 29회 (1989)

고절국민학교 32회 (1992)

고절국민학교 34회 (1994)

고절국민학교 35회 (1995)

고절국민학교 36회 (1996)

고절국민학교 37회 (1997)

고절국민학교 38회 (1998)

성북국민학교 3회 (1963)

성북국민학교 7회 (1967)

성북국민학교 10회 (1970)

성북국민학교 11회 (1971)

성북국민학교 12회 (1972)

성북국민학교 13회 (1973)

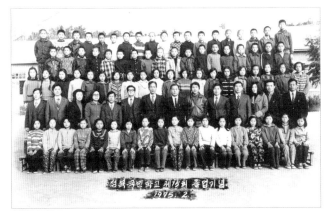

성북국민학교 15회 (1975)

성북국민학교 16회 (1976)

성북국민학교 18회 (1978)

성북국민학교 19회 (1979)

성북국민학교 27회 (1987)

성북국민학교 28회 (1988)

성북국민학교 29회 (1989)

보절중 1회 1반

보절중 1회 2반

보절중 1회 3반

보절중 2회 1반

보절중 2회 2반

보절중 2회 3반

보절중 3회 1반

보절중 3회 2반

보절중 3회 3반

보절중 4회 1반

보절중 4회 2반

보절중 4회 3반

보절중 5회 1반

보절중 5회 2반

보절중 5회 3반

보절중 6회 1반

보절중 6회 2반

보절중 6회 3반

보절중 7회 1반

보절중 7회 2반

보절중 7회 3반

보절중 7회 4반

보절중 8회 1반

보절중 8회 2반

보절중 8회 3반

보절중 8회 4반

보절중 9회 1반

보절중 9회 2반

보절중 9회 3반

보절중 9회 4반

보절중 10회 1반

보절중 10회 2반

보절중 10회 3반

보절중 10회 4반

보절중 11회 1반

보절중 11회 2반

보절중 11회 3반

보절중 11회 4반

보절중 12회 1반

보절중 12회 2반

보절중 12회 3반

보절중 12회 4반

보절중 13회 1반

보절중 13회 2반

보절중 13회 3반

보절중 13회 4반

1   《전라북도의 불교 유적: 불상, 탑, 석조물 편》, 143쪽.

2   정성권, 〈고려 광종대 석불의 특성〉과 영향, 《문화사학》 27, 2007, 579~600쪽.

3   《용성지》, 165~166쪽.

4   좋은 주인과 좋은 손님.

5   좋은 때와 아름다운 경치와 여유롭게 즐기는 마음과 재미있는 일.

6   《일재선생문집》, 이항 저, 권오영 역, 일재선생국역추진위원회, 2002, 175쪽.

7   《용성지》, 377쪽.

8   《일재선생문집(一齋先生文集)》의 〈사우록(師友錄)〉(156~157쪽)은 이항의 스승으로 박영과 김식과 김정 등이 전하고 있는데, 이들은 모두 기묘명현의 대표적인 인물이다.

9   《일재선생문집》, 83~84쪽.

10  김덕수, 《제주 유배객 충암(沖庵)의 교유와 감춰진 이름들》, 서울대 《인문논총》 76-1. 2019.

11  《일재선생문집》, 402쪽.

12  김봉곤, 〈16세기 지리산권 유학사상(I)-남원 함양의 안처순 노진 변사정을 중심으로〉, 《한국사상 사학》 제42집. 2012. 12.

13  최영성, 〈일재一齋 학문과 사상에 대한 퇴계 이황의 평가: 성리설(性理說)을 중심으로〉, 《일세 이항의 사상, 학문, 이론에 관한 새로운 시각들》, 김익두 외, 문예원, 2014, 66~70쪽.

14  《梅軒集》, 서울대 규장각에 소장됨.

15  《사제실기》, 제3권.

16  변사정, 《桃灘集》 제1권.

17  《思齋實記》. 남원군 금지면 내기 마을 순흥 안씨 종가에 소장됨.

18  백련의 결사(結社): 동진(東晉) 때의 고승(高僧) 혜원법사(惠遠法師)가 여산(廬山) 동림사(東林 寺)에 거주하면서 당대의 명유(名儒)인 도팽택(陶彭澤), 즉 도잠(陶潛) 등을 초청하여 승속(僧 俗)이 함께 염불 수행(念佛修行)을 할 목적으로 백련사(白蓮社)를 결성(結成)하고 서로 왕래하 며 친밀하게 지냈다. 원문에서는 '百年'으로 표기했는데, '白蓮'을 교정하여 번역하였다.

19  《지리산권 서원자료 선집(1)》, 김기주·문동규 편, 도서출판 다컴, 순천대학교 지리산권문화원, 2009, 85~93쪽.

20  《명현록(名賢錄)》.

21  《명현록(名賢錄)》

22  《남원항일운동사》, 456쪽.

23  《남원항일운동사》, 455~456쪽.

24  이 사진은 《남원항일운동사》, 195쪽을 재인용한 것이다.

25  이 판결분은 《남원항일운동사》, 222~223쪽을 재인용한 것이다.

26  《남원항일운동사》, 윤영근·최원식 편저, 남원시 한국예총남원지회, 1998, 78~79쪽.

27  《전주사범학교의 항일학생운동사》.

28  이 시집은 2020년 5월에 시문학사에서 출판되었다.

## 제7장

# 보절의 말, 노래, 이야기

이 장은 보절의 말, 노래, 이야기를 소개한다. 먼저 보절 말을 살펴보고, 이어서 보절의 노래, 마지막으로 보절 이야기를 만나 보기로 하자.

## 1. 보절의 말

보절 말은 보절의 기억을 담고 있는 그릇이다. 우리들은 부모형제와 친구들로부터 말을 배운다. 이들 가운데에서 말을 가장 많이 알려준 사람은 어머니다. 그것도 어머니의 따뜻한 온기를 담은 숨결을 통해서이다. 내가 하는 말도 그 시작은 어머니에게서 배운 것이다. 어머니가 돌아가셨어도 어머니의 숨결이 내게 남아 있는 것은 바로 이 때문이다. 이런 의미에서 보절의 말에는 그곳에 살았던, 그곳에 지금도 살고 있는 어머니들의 목소리가 그대로 살아있다. 그들이 살면서 겪어야 했던 삶의 애환이 소록소록 새겨져 있어서, 사람 냄새가 물씬 나는 말이 보절 말이다. 이런 이유에서 보절 말은 그 자체로 어느 무엇과도 바꿀 수 없는 소중한 기억의 자산이다. 행여 택시를 타고 가다가 택시 기사가 보절 사람임을 알아내는 것도 보절 말에 보절 사람의 냄새와 흔적이 남아있기 때문이다. 처음 가는 자리라서먹서먹해도 '근디'라는 접속사 한마디로 친해지는 것도 보절 말에 담겨져 있는 끈끈한 힘 덕분이다. 따라서 보절 말은 보절을 설명함에 있어서 없어서는 안 될 소중한 접착제이다. 아무리 떼내려 해도 보절 사람으로부터 보절 말을 떼낼 수 없기 때문이다. 사실 이는 어머니를 자신에게서 떼어내는 것과 마찬가지이기에, 애당초 불가능한 일이다. 보절 말은 보절의 어머니들이 아이를 가졌을 때부터 해주던 보절의 탯말이기 때문이다.

보절 말을 살피기 위해서는 보절의 바람을 살펴야 한다. 말도 그 바람을 타고 흘러 다니고, 돌아다니기 때문이다. 보절 바람은 때로는 계룡산과 성산에 불어 올라오기도 하고, 때로는 천황봉에서 불어 내려온다. 보절은 서쪽의 계룡산과 동쪽의 천황봉이 둘러싸는 분지인데, 이 분지가 입 안의 형상을 만든다. 서쪽의 계룡산과 성산이 양 입술의 역할을 맡고 천황봉이 입천장의 역할을 담당한다. 이것이 보절 말을 만드는 기본 바탕이다. 보절말은 듣기에 순하고 구수한데, 아마도 산이 곱고 순해서 그럴 것이다.

> 보절말 모음

'빼다지'에서 볼 수 있듯이, 보절 말은 구개음화 현상이 강하여 듣기에 구수하다. 아무래도 농사일이 많다 보니 사람들이 바빠서 그런지 보절 말에는 줄임말도 많다. 하지만 사람들이 마음이 푸짐해서 그런지 '그래다이~잉'처럼 보절 말은 뒤에 붙이는 토씨를 길게 늘이는 특징이 있다. 보절 말에도 'ㅣ'모음 역행동화가 자주 나타나고 된소리도 많이 남아 있는데, 이는 구렁이를 '구렝이'라고 부르는 예에서 볼 수 있듯이, 보절 말이 사람을 웃게 만드는 힘을 가지고 있음을 보여준다. 'ㅣ'발음을 'ㅜ'로, 'ㅇ'발음을 'ㅅ'으로, 'ㅏ'발음을 'ㅗ'로 발음하는 경우가 많다. 이는 '팔뚝'을 '폴뚝'이라고 부르는 예에서 볼 수 있는 것처럼 옛날 전통을 고수하려는 보절 말의 고집스러운 성격을 잘 보여준다. 아쉽게도 보절 말은 'ㅅ'과 'ㅎ' 발음을 정확히 발음하지 못하는데, 이것도 보절 말이 보수적인 성격을 가지고 있음을 보여준다. 보절 말은 대체적으로 보수적인 특징을 띠고 있는데, 이는 아마도 보절 말을 가르쳤던 어머니들의 성격에서 비롯된 것으로 보인다. 이하는 보절에서 수집한 사투리를 정리한 것이다.

| | | | | | |
|---|---|---|---|---|---|
| 가 | — 가상 | 고구마 | — 감자 | 갑자기 | — 뜽금없이 |
| 거방지다 | — 거판지다 | 가위 | — 가새 | 괴다 | — 고이다 |
| 계 | — 가개 | 고기 | — 괴기 | 강변 | — 갱변 |
| 거울 | — 색경 | 가을 | — 가실 | 교회 | — 교애 |
| 가깝다 | — 가찹다 | 고누 | — 꼬니 | 강아지 | — 갱아지 |
| 거의 | — 거진 | 가죽 | — 까죽 | 구경 | — 귀경 |
| 가는체 | — 몽근체 | 고린내 | — 꼬랑내 | 개골창 | — 개굴창 |
| 거품 | — 버끔 | 가지기 | — 막지기 | 구덩이 | — 구뎅이 |
| 가득 | — 까뜩 | 고무래 | — 당그래 | 개구리 | — 개구락지 |
| 건더기 | — 건데기 | 각다귀 | — 깔따구 | 구렁이 | — 구렝이 |
| 가락지 | — 까락지 | 고수레 | — 고시레 | 개미 | — 깨미 |
| 걸귀 | — 걸구 | 간 | — 칸 | 구멍 | — 구녕 |
| 가랑이 | — 가랭이 | 고추 | — 꼬치 | 개펄 | — 개뻘 |
| 겨릅대 | — 저릅대 | 간지석 | — 견치돌 | 구유 | — 구시 |
| 가루 | — 가리 | 곡괭이 | — 꼭꽹이 | 개호주 | — 개호자 |
| 겨우 | — 보도시 | 갈퀴 | — 갈쿠리 | 국물 | — 말국 |
| 가르마 | — 가리매 | 곡식 | — 곡석 | 개 | — 가 |
| 겪이 | — 제끼 | 감다 | — 깜다 | 국수 | — 국시 |
| 가마니 | — 가마이 | 골무 | — 골미 | 기기 | — 거그 |
| 견디다 | — 전디다 | 감옥 | — 가막소 | ~군데 | — ~간데 |
| 가볍다 | — 개붑다 | 곰취 | — 곰달래 곰달요 | 거머리 | — 거마리 |
| 겹치마 | — 접치마 | 감자 | — 하지감자 | 굴뚝 | — 기뚝 |
| 가뿟하다 | — 개뿟하다 | 곰팡이 | — 곰팽이 | 거미 | — 거무 |
| 곁 | — 절 밭 | 갑 | — 곽 | 굴렁쇠 | — 도롱테 |
| 가슴앓이 | — 가슴애피 | 과자 | — 깨잘 | 굵다 | — 통겁다 |
| 계집아이 | — 가이나 | 갑갑하다 | — 까깝허다 | 껄끄럽다 | — 꺼끄럽다 |
| 가시 | — 까시 | 관솔 | — 간솔 | 궁둥이 | — 궁뎅이 |

| | | | | | |
|---|---|---|---|---|---|
| 껍질 | — | 껍딱 | 기대다 | — | 지대다 |
| 궁상떨다 | — | 근천떨다 | 날마다 | — | 날마 |
| 껴입다 | — | 쩌입다 | 기둥 | — | 지둥 |
| 귀신 | — | 구신 | 남 | — | 넘 |
| 꼬챙이 | — | 고쟁이 | 기름 | — | 지름 |
| 귀엣말 | — | 귀속말 | 남기다 | — | 냉기다 |
| 꼴 | — | 깔 | 기어이 | — | 기어니 |
| 귀이개 | — | 귀지개 | 남새 | — | 넘새 |
| 꽈리 | — | 때깔 | 기와 | — | 지와 |
| 그네 | — | 군 | 내버리다 | — | 내불다 |
| 꽁보리밥 | — | 깡보리밥 | 기울다 | — | 지울다 |
| 그러나저러나 | — | 그나저나 | 내부딪치다 | — | 내부득시리다 |
| 꿰매다 | — | 꼬매다 | 기지개 | — | 지지개 |
| 그러니까 | — | 긍개 | 냉이 | — | 나승개 |
| 끓이다 | — | 끼리다 | 기침 | — | 지침 |
| 그러면 | — | 그러먼 | 너희 | — | 너그 |
| 끌다 | — | 끄시다 | 길 | — | 질 |
| 그런데 | — | 근디 | 넓다 | — | 널룹다 |
| 끼니때 | — | 밥때 | 길다 | — | 질다 |
| 그렇다 | — | 기다 | 네 | — | 니 |
| 나머지 | — | 남지기 | 길들이다 | — | 질들이다 |
| 그만 | — | 고만 | 네댓 | — | 너댓 |
| 나무 | — | 낭구 | 길마 | — | 질매 |
| 그을음 | — | 끄시럼 | 노래기 | — | 사내기 |
| 나뭇갓 | — | 시장갓 | 길쌈 | — | 질쌈 |
| 그저께 | — | 아래께 | 노린내 | — | 노랑내 |
| 나물 | — | 너물 | 길이 | — | 지럭시 |
| 그제야 | — | 그제사 | 녹이다 | — | 녹히다 |
| 나비 | — | 나부 | 김 | — | 짐 |
| 그치다 | — | 끈치다 | 높다 | — | 노푸다 |
| 나쁘다 | — | 나뿌다 | 깃저고리 | — | 배냇저고리 |
| 글쎄 | — | 금매 | 누룽지 | — | 깜밥 |
| 나절 | — | 나잘 | 깊다 | — | 짚다 |
| 글피 | — | 그페 | 누에 | — | 뉘 |
| 나중에 | — | 낭중 | 꺼림칙하다 | — | 꺼림직하다 |
| 기다리다 | — | 지다리다 | 눈퉁이 | — | 눈뎅 |
| 나흗날 | — | 난날 | 꺽저기 | — | 꺽조구 |

| | | |
|---|---|---|
| 능이버섯 | — | 능어리버섯 |
| 다니다 | — | 댕기다 |
| 동이 | — | 동우 |
| 다랑귀 | — | 대롱귀 |
| ~동이 | — | ~둥이 |
| 달이다 | — | 대리다 |
| 돼지 | — | 뒤아지 |
| 다리미 | — | 대리미 |
| 된장 | — | 덴장 |
| 다습다 | — | 다숩다 |
| 두렁 | — | 두룩 |
| 단골무당 | — | 단골레 |
| 두레박 | — | 두룸박 |
| 달래다 | — | 달개다 |
| 두루뭉수리 | — | 두리뭉실 |
| 달음질 | — | 담박질 |
| 둘러서다 | — | 돌아서다 |
| 닮다 | — | 타겠다 |
| 두엄 | — | 뒤엄 |
| 담 | — | 다무락 |
| 뒤주 | — | 두지 |
| 담배 | — | 댐배 |
| ~듯이 | — | ~데끼 |
| 당나귀 | — | 당나구 |
| 등 | — | 등어리 |
| 대님 | — | 댄님 |
| 따로나다 | — | 제금나다 |
| 대다 | — | 싼다 |
| 딸꾹질 | — | 태깍질 |
| 대사리 | — | 대수리 |
| 딸나미 | — | 딸래미 |
| 대야 | — | 대양 |
| 땀띠 | — | 땀띠기 |
| 대장간 | — | 성냥간 |
| 땅벌 | — | 땡끼벌 |
| 대체 | — | 대처 |
| 때문에 | — | 땜시 |

| | | | | | |
|---|---|---|---|---|---|
| 댁 | — 떡 | 만들다 | — 맨들다 | 모두 | — 모다 |
| 떨어지다 | — 널찌다 | 돌멩이 | — 돌맹이 | 벌레 | — 벌거지 |
| 더위팔기 | — 더우팔기 | 많다 | — 겁나다 | 모양 | — 모냥 |
| 떼쓰다 | — 뗑깡부리다 | 동그라미 | — 똥그라미 | 벗기다 | — 베끼다 |
| 던지다 | — 뗑기다 | 말다 | — 몰다 | 모이 | — 모시 |
| 뚝배기 | — 투가리 | 말리다(건조) | — 몰리다 | 벌써 | — 펄써 |
| 덩굴 | — 덩쿨 | 말리다(저지) | — 말기다 | 모으다 | — 모트다 |
| 뚱뚱이 | — 뚱뗑이 | 바지락 | — 반지락 | 벙어리 | — 버버리 |
| 덩지 | — 덩치 | 바치다 | — 뽓치다 | 모퉁이 | — 모텡이 |
| 뜨물 | — 뜸물 | 말림갓 | — 깍끔 | 베다 | — 비다 |
| ~데 | — ~디 | 바퀴 | — 바꾸 | 목물 | — 등목, 허리막 |
| 뜰 | — 뜰방 | 머리카락 | — 머리크락 | 벼 | — 나락 |
| 데다 | — 디다 | 박히다 | — 백히다 | 목화씨 | — 미영씨 |
| 뜻밖에 | — 뜽금없이 | 머슴 | — 머심 | 벼락 | — 베락 |
| 도 | — 떼 | 반딧불 | — 개똥불 | 몸뚱이 | — 몸뗑이 |
| ~라니까 | — ~랑개 | 먹다 | — 묵다 | 벼랑 | — 베랑 |
| 도가집 | — 도개집 | 반찬 | — 겅개 | 못 | — 둠벙 |
| 마디 | — 모디 | 먼저 | — 먼첨 | 벼루 | — 베루 |
| 도깨비 | — 도채비 | 발가락 | — 발구락 | 몽땅 | — 몽씬 |
| 마렵다 | — 매렵다 | 먼지 | — 문지 | 벼슬 | — 베슬 |
| 도깨비바늘 | — 도둑놈까시 | 밟다 | — 볿다 | 묘(동) | — 뫼똥 |
| 마루 | — 마룽 | 며느리 | — 메누리 | 변소 | — 벤소 |
| 도끼 | — 도치 | 밥그릇 뚜껑 | — 복집개 | 무 | — 무시 |
| 마르다 | — 모르다 | 며칠 | — 메칠 | 볍씨 | — 씨나락 |
| 도둑 | — 도독 | 방귀 | — 방구 | 무릎 | — 물팍 |
| 마실 | — 모실 | 멱살 | — 멕살 | 병아리 | — 뼁아리 |
| 도라지 | — 돌가지 | 방망이 | — 방맹이 | 무단히 | — 무단시 |
| 마파람 | — 맞바람 | 멸치 | — 멸따구 | ~보다 | — ~보담 |
| 도랑창 | — 꼬랑창 | 밖이다 | — 뱅이다 | 뭉텅이 | — 무테기 |
| 마흔 | — 마은 | 명매기 | — 액매기 | 보자기 | — 보재기 |
| 도리어 | — 됩때로, 됩시 | 뱀 | — 비암 | 바가지 | — 바가치 |
| 막걸리 | — 탁배기 | 명주 | — 명지 | 보추 | — 보태기 |
| 도배 | — 되비 | 버리다 | — 베리다 | 바구니 | — 바구리 |
| 막대기 | — 막가지 | 모과 | — 모개 | 복사뼈 | — 복성씨 |
| 독 | — 독아지 | 버리다 | — 부리다 | 바구미 | — 바그미 |
| 만날 | — 맨날 | 모기 | — 모구 | 본 | — 뽄 |
| 돌나물 | — 돈나물 | 버선 | — 보선 | (바람)벽 | — 베랑빡 |

| | | | | | |
|---|---|---|---|---|---|
| 봉지 | — 봉다리 | 뻘기 | — 삐리 | 아끼다 | — 애끼다 |
| 바로 | — 보로 | 수염 | — 시염 | 샘 | — 시암 |
| 부스럼 | — 공곳 | 사금파리 | — 새금파리 | 아궁이 | — 부석 |
| 바르다 | — 보르다 | 수저 | — 수제 | 생각 | — 솅각 |
| 부아 | — 부애 | 사돈 | — 사둔 | 아무리 | — 암만 |
| 바쁘다 | — 바뿌다 | 숟가락 | — 순구락 | 생안손 | — 생인손 |
| 부어라 | — 부서라 | 사레 | — 사래 | 아무려면 | — 아먼 |
| 바위 | — 바우 | 숨기다 | — 숭키다 | 생활 | — 솅활 |
| 부엌 | — 정제 | 사마귀 | — 사마구 | 아버지 | — 아부지 |
| 부족하다 | — 섭닷하다 | 숭늉 | — 숭님 | 서랍 | — 빼닫이 |
| 성냥 | — 성낭 | 사족 | — 사죽 | 아저씨 | — 아재 |
| 부추 | — 솔 정구지 | 스물 | — 수물 | 석유 | — 섹유 |
| 세상 | — 시상 | 사흘날 | — 산날 | 아주머니 | — 아짐 |
| 불알 | — 붕알 | 시다 | — 스다 | 안다 | — 보듬다 |
| 세한 | — 시안 | 삭정이 | — 삭다리 | 일어나다 | — 인나다 |
| 비 | — 비짜리 | 시렁 | — 실겅 | 앙감질 | — 깨금박질 |
| 소꿉장난 | — 까끔살이 | 산마루 | — 산몬당 | 임의롭다 | — 이무럽다 |
| 비계 | — 비지 | 시루변 | — 시루뻰 | 약탕관 | — 약단지 |
| 소나기 | — 소내기 | 살쾡이 | — 살가지 | 잎사귀 | — 잎사구 |
| 비녀 | — 비내 | 심다 | — 숭구다 | 어금니 | — 아금니 |
| 소마 | — 소매 | 삼신 | — 삼시랑 | 자 | — 자때 |
| 비듬 | — 지게미 | 심부름 | — 심바람 | 어떤 | — 어뜬 |
| 속임수 | — 꽁수 | 삼촌 | — 삼춘 | 자귀나무 | — 자구대나무 |
| 비탈 | — 깔끄막 | ~싶다 | — ~잡다 | 어레미 | — 얼게미 |
| 손자 | — 손지 | 삼키다 | — 생키다 | 자기 | — 지 |
| 빠개다 | — 뽀개다 | 싸라기 | — 싸래기 | 어리 | — 덧가래 |
| 손톱 | — 손틉 | 상당히 | — 솔찬히 | 자네 | — 자내 |
| 빠지다 | — 팽기다 | 쓸개 | — 씰개 | 어머니 | — 어미이 |
| (마른)솔잎 | — 가리나무 | 상여 | — 생이 | 자꾸 | — 차꼬 |
| 빻다 | — 뽀수다 | 쓸다 | — 씰다 | 어미 | — 에미 |
| 솜 | — 소캐 | 새끼 | — 산내끼 | 자라 | — 자래 |
| 뺨 | — 뺨 | 쓸데없다 | — 씨잘데없다 | 어제 | — 어저께 |
| 송아지 | — 송아치 | 새끼손가락 | — 깽끼손가락 | 자루 | — 잘기 |
| 뺨 | — 뻬암 | 씨앗 | — 씨갓씨 | 어차피 | — 어째피 |
| 솥뚜껑 | — 소두방 | 새벽 | — 새복 | 자물쇠 | — 쇠통 |
| 뿌리 | — 뿌렝이 | 아기 | — 애기 | 얼레 | — 자세 |
| 수수 | — 쑤시 | 새우 | — 새비 | 잡기장 | — 작기장 |

| | | | | | | | |
|---|---|---|---|---|---|---|---|
| 얼마 | — | 얼매 | 요강 | — | 오강 | 차리다 | — | 채리다 |

| | | | | | |
|---|---|---|---|---|---|
| 얼마 | — 얼매 | 요강 | — 오강 | 차리다 | — 채리다 |
| 잡죄다 | — 잡다 | 종지 | — 깍쟁이 | ~한테 | — ~헌테 |
| 여덟 | — 야달 | 요때기 | — 요대기 | 참기름 | — 찬기름 |
| 장가 | — 장개 | 주걱 | — 주벅 | 할머니 | — 할머이 |
| 여든 | — 야든 | 윗도리 | — 웃터리 | 창자 | — 창시 |
| 장독대 | — 장꽝 | 주눅 | — 주녁 | 할아버지 | — 한아부지, 한아씨 |
| 여우 | — 여시 | 원숭이 | — 잔나비 | ~처럼 | — ~맹키로 |
| 장사 | — 장시 | 주머니 | — 개비 | 행주 | — 행짓보 |
| 여의다 | — 예운다 | 웬만하면 | — 엔간하면 | ~체 | — ~척 |
| 저물도록 | — 점드락 | 주었다 | — 주섰다 | 허수아비 | — 허새비 |
| 연거푸 | — 연거퍼 | 응답 | — 응강 | 침 | — 춤 |
| 전주이씨 | — 전준이시 | 중의 | — 중우 | 헤엄 | — 시엄 |
| 열쇠 | — 쇳대 | 이상하다 | — 요상하다 | 켤레 | — 커리 |
| 절구통 | — 도구통 | 지네 | — 지내 | 혀 | — 세 |
| 염소 | — 염생이 | 이야기 | — 이애기 | 키 | — 쳉이 |
| 젓가락 | — 저분 | 지렁이 | — 거시랑이 | 형 | — 성 |
| 영위 | — 영우 | 이어 | — 이서 | 타지다 | — 뜯어지다 |
| 정주 | — 정제 | 지지광물 | — 집시광물 | 호랑이 | — 호랭이 |
| 예순 | — 에순 | 이제 | — 인자 | 턱 | — 택 |
| 조 | — 서숙 | 진작 | — 젠작 | 호미 | — 호맹이 |
| 오디 | — 오두개 | 일부러 | — 역실로, 역부러 | 털 | — 터럭 |
| 조금 | — 쬐금 | 짖어대다 | — 지서대다 | 혼자 | — 혼차 |
| 오죽 | — 오직 | 짚신 | — 짚세기 | 토끼 | — 퇴끼 |
| 조기 | — 조구 | 팽이 | — 뺑오리 | 회오리바람 | — 해오리바람 |
| 올가미 | — 홀당개 | 쪼아 | — 쪼사 | 토박이 | — 토백이 |
| 조끼 | — 쬐끼 | 폭발 | — 폭팔 | 흉내 | — 숭내 |
| 옷벗다 | — 꾀벗다 | 쪽 | — 짝 | 티 | — 테 |
| 족제비 | — 쪽제비 | 피라미 | — 피래미 | 흉년 | — 숭년 |
| 옹이 | — 꽹이 | 찌 | — 뺵주 | 파리 | — 포리 |
| 졸다 | — 자오르다 | 하나 | — 한나 | 힘 | — 심 |
| 왼 | — 외약 | 찌꺼기 | — 찌그레기 | 팔 | — 폴 |
| 종이 | — 종우 | 하필 | — 해필 | 팥 | — 퐅 |

위의 비교에서 제시된 보절 말은 그 자체로 재미를 줄 것이다. 그런데 보절 말은 문학적으로 그리고 학술적으로 중요한 말이기도 하다. 문학적으로 보절 말은 소설을 읽는 데 큰 도움이 된다. 보절 말로 된 소설이 하나 있다. 바로 이웃 마을

서도가 고향인 최명희가 지은 《혼불》이다. 다른 사람들은 사전이 있어야 하지만, 보절 사람들은 사전이 없어도 그냥 읽을 수 있는 책이다.

"신랑은 애들맹이고, 신부는 큰마님같으네에..."

"...금메 말이시"

"주욱 마시야제잉"

"워메, 초리성으서 취해 번지면 워쩔라고."

"허어, 장깍쟁이 같은 저것 조께 마셨다고 취헌당가?"

"어디, 어디 나 좀 보드라고오"

"밀지 말어, 자빠지것네잉"

"시잇, 참말로 시끄러 죽겄네에. 쥐딩이 조께 오므리고 있드라고."

"그런디마시 초리청서서 그렇코롬 청실 홍실이 엉케 부러서 갠찮을까 몰라? 머 벨일이사 있겄능가잉? 무단헌 생각이제."

"언지는 머 우리가 농사 지어 갖꼬 우리 입으로 들으왔간디요? 땅바닥에 어푸르저 주잉이서 단내가 풀풀나고, 손톱 발톱이 모지라지는 놈이 따로 있고, 청풍맹월에 노래 부름서 손꾸락 하나 까딱 안허고 받어 묵는 놈이 있응게. 우리사 머 왜놈 주딩이로 들어가나 지주 곳간으로 들어가나, 뻬 빠지게 헛고상 허능 거는 펭상 마찬가지라요."

"춘복아, 너는 어째 그 셋바닥을 그렇게 가만 못 두고, 꼭 입바른 소리럴 뱉고 있냐, 있기럴."

"이제 우리들 이름이랑 거이 맹랑허다고요. 달구새끼, 뒤야지, 퇴깽이 이름이나 매한가지 아닝교?"

"아나, 밥이나 어서 묵어라. 암말도 말고잉? 말 많이 허면 매급시 허심만 팽긴다. 뱃속에다 챙에 논 것도 없이 씨잘디 없는 소리만 긁어 내지 말고. 말 안헌다고 속도 모르능 것 아인게로."

"아이고. 그 오살 노무 철동가 머싱가 날라먼 요 앞으로 나제. 멋 헐라고 존 질 놔두고 대가리 횃액 들어 가꼬 죄면을 허고는 저 지랄을 허고 절로 가, 개기를, 잘 오다가."

"오직허면, 호성암 중 떡 달디끼 헌다는 말이 다 속담이 되았이까."

"아이고, 이 얘기는 언지 들어도 재밌등만, 호성암이 그게 상댕이 큰 절이였능갑들고. 중들이 한 삼십명씩 되아서, 수도를 허는디, 해마동 오월 단옷날이 되면 떡을 맨들어서 잔치를 허는 전통이 있었드리야. 거창허게 떡을 해 갖꼬는 몬첨 불전에다 불공을 올리고는 어뜨게 되겄어? 부처님이 그 떡을 참말로 야몽야몽 잡숫었어? 결국은 중들 차지제잉. 그디 이 시님들이 욕심이 많어서 서로 한 볼테기라도 더 먹을라고 샘이 난단 말이여. 수선시럽고, 그러다가, 낮에 떡을 나누면, 불공 디러로 온 신도들한테도 다 나워줘얄 거 아니여? 글 안해도 아까워 죽겄는지. 그래 생각다가, 낮에는 아닌 데끼 점잖게 그대로 놔 뒀다가, 해가 떨어지고 한밤중이 되면 신도들이 다 간 뒤에 기양 막 뎀베들어서 서로 먹을라고 헌단 말이여? 젊은 중들은 더군더나 한 입이라도 어서 서로 먹을라고 야단법셕이여, 그래서 씰 거잉가? 그래 서로, 누구든지 공평허게 떡을 먹을라면 어치게 헐 거이냐, 존 방안이 없겄능가, 궁리를 했드라네이."[1]

뒷이야기가 궁금하면 《혼불》을 구해서 꼭 읽어보기를 권한다. 《혼불》이 증명해주듯이, 보절 말은 문학 언어로도 손색이 없는, 아니 충분한 자격을 갖춘 말이다. 보절 말은 학술적으로도 중요한 말이다. 요컨대, 국문학의 모태라 할 수 있는 판소리를 연구함에 있어서 보절 말은 중요하다. 판소리 〈춘향전〉이 이를 방증해준다. 한 대목만 들어보자.

【P#0190#】춘향 추천鞦韆하는 곳 바드드드득 달려들어 "아나 옛다, 춘향아!" 〔아니리〕 춘향이 그네 아래 깜짝 놀래 내려스며, 향단이 나와, "아 이 녀석아, 무슨 소리를 그렇게 질러 우리 아씨 하마트면 낙상落傷할 뻔했구나." "허허, 시집도 안 간 가시내가 낙태落胎했다네!" "아니, 낙상이라고 했지, 언제 내가 낙태라고 하드냐?"

인용은 명창 김소희의 〈춘향가〉에서 가져온 것이다. 단적으로, "아나 옛다"라는 말 하나면 충분하다. "아나"는 보절 말에서 늘 등장하는 문맥접사인데, 뭔가 아니꼽거나 무시해도 좋을 상황에서 말 앞에 붙인다. 이와 같은 사례는 보절 말이 노래에도 잘 어울린다는 점을 보여준다. 아닌 게 아니라 보절 말은 판소리와 같은 노래를 지을 때에 편리한 구조를 가지고 있다. 예컨대 말끝에 붙이는 "~이잉"은 호흡을 조절하고 다른 말을 끌어오는 역할을 하고, 그 자체로 리듬을 가지고 울린다. 이에 대해서는 보다 치밀한 분석이 요청되지만, 아무튼 이상의 사실은 보절 말이 문학적으로, 음악적으로 매우 아름다운 말이고, 학술적으로도 중요한 말임을 보여준다. 이런 의미에서 보절 말을 재미삼아 한번 배워보는 것도 좋을 것이다. 보절에 전해지는 이야기를 보절 말로 바꿔보았다. 절대로 눈으로 읽으면 문장이 들리지 않고 소리로 불러야 이야기가 살아날 것이다.

## 우투리와 이성계 이야기

아 글시 옛날에 말여, 이성계가 장수 성수산에서 공부를 혔다는구만이잉. 근디 인자, 왕이 될 맴으로 요것조것 안 해본 것 없이 하이튼 다해 보고 임금 자리에 안질라고 했는디, 팔도 산신령은 모다 존 일이라고 혔다능구만이잉. 근디 아 거시기 머셔 지리산 산신령만 고개를 자우뚱허드랴. 글써 인자 절두에와서 하닐보고 산보고 빌라고 안그랬능게비. 근디 하루는 말이시, 소곰쟁시 진안 전씨가 소곰을 지게다 지고 장에 갖다 팔라고 질을 나섰당만. 그 때가 가

실이고, 날이 져서 잠잘 테를 찾았는디 당최 잘 데를 못
찾았댜. 아이구미 어칙헌디야! 암튼 인자 왕방리 가면
크대헌 정자 낭구가 있는디, 나이를 솔찬이 묵었당만.
그랴서 남구 소간이 깨가시 비어 있었댜. 날은 춥고, 잘
데는 없는 판에 잘 되았다 시퍼서 그냥 남구 속으로 기
어들어갔댜. 막 잘라고 허는디, 금매 매급시 먼 소리가
나드랴. 처음에 사람 소리질 알았는디, 살살 들어본 게
산신령 목소리였다구만이~잉. 산신령이 말여, 허는 말
이, "아이, 저 머시냐, 이성계가 성수산써 천제를 뫼신
다고 헝게로, 어츠게 지냈가 보게 같이 가세" 그랬당만.
아 전가가 꾀가 나서는 "아 오늘은 손님이 와 계싱게, 자
네가 가보쇼"라고 혔다. 긍게로 인자, 밤이 지퍼징게로,
산신령이 갔다왔드랴. 글써 전가가 "잘 자셨소?" 허고
아뤘당만. 그렇게로 산실령이 "아 지미 그저, 부정이 타
서 한 개도 못 주서 묵어구만. 글도 지비 생각이 나도 그
냥 올랑게 서운허기도 해서 삼실과를 한 개 가꼬 왔응게
한 개 자셨보쇼이~잉!" 허고 과실을 남구 밑에다가 뒀
당만. 긍게로 전가가 무담시 허는 말로 "아 글먼 천제를
또 지내야헝교?" 무릉게, "상토 $^{上土}$ 를 우게다 노고 금줄
을 그셔노코 잘 빌먼 부정을 마글수도 있을거신디, 잘
모르거끄만이" 긍게로 인자 전가가 새복에 인나서 어지
께 바든 과실을 들고 이성계를 차자 갓당만. 이성계는
천제를 뫼시니라 심을 몽땅 써부려갔고, 잠이 지피 들
어당만. "아이 어지게 저녁에 천제 뫼실 때 과실을 몇 개
나 노셔능교?" "과실이 모재라서 그냥 잇는 것으로 천
제를 뫼셨는디, 먼 일이 있당가?" 글자, 전가가 산신령
이 준 과실을 줏선 천제를 뫼실 때 요 실과를 쓰라고 허
자, 이성계가 "거시기 이거이 머셔?"하고 자초지종을
캐물응게로, 전가가 이러코 저러고 혔다고 느러노았당
만이. 글서 이성계는 이레에 걸쳐 손을 비비고 비빈 후
에 몸을 깨가시 싯고 옷도 멀끔하게 채려입고 천제를 안
뫼셨등게비. 긋더니, 지리산 산신령이 포도시 고개를 끄
덕여줬댜. 근디 우투리를 쥑여야 임금자리에 안질거시
라고 했당만. 아 근디, 우투리 장군도 이성계가 왕이 될
라고 저를 죽일라고 헌 것을 알고 있었당만. 글서, 어디
로 힌적도 없이 숨어부렸댜. 하로는 먼 마실 정재 남구
미테서 쉬고 있는디, 동네 아낙들이 "아 오늘은 뉘네 밭

을 메고, 니얼은 우툴네 밭을 메고"라고 떠들드랴. 앗
따, 잘되얏댜. 우투리가 이 동네에 산다는 걸 알게 되야
버린 이성계는 그냥 우투리네 집으로 갔다는구만. 근디
우투리 어머이는 서방도 없고 새끼도 없이 혼자 살고 있
었당만. 글서, 이성계는 우투리 어머이허고 알콩달콩 까
시보시로 지냈당만. 까시보시로 그렇게 살다 봉게로 새끼
가 안 생긴게로, 우투리 어머이 헌테 "아 임자는 애기가
없소?"허고 살살 물어봤다능구만. 긍게로 보시가 허는
말이 "새끼가 하나 잇긴 헌디, 이름이 '우투리'라고 안
헝갑소." 글자 이성계가 "내가 말이시 자네를 미듬께로,
우투리가 내 자석이고, 내가 우투리의 애비가 되니, 자
석한테 함 가먼 어찔랑가?" 허자 보시가 인자 산우그로
올라가서능 큰 바우 앞에서 서드니만, "여가 우투리가
있제" 했당만. 글고나서는 큰 바우를 열십 $^\dagger$ 자로 그승
게로, 그냥 바우가 짝 갈라지서 투구를 쓴 우투리가 물
팍을 꿀고 앉아잇서당만. 이성계가 후딱 인나서 칼로 우
투리 모가리를 그냥 따 부렸댜. 글세 이성계아 왕이 뒷
당만. 여그가 끄터리여.

## 2. 보절의 노래

보절 노래는 보절 사람들의 희노애락의 애환을 그대로 담고
있다. 일할 때 부르는 노래, 사람이 죽었을 때 부르는 슬픈 노
래, 즐겁게 한 판 놀 때 부르는 노래, 시집살이 설움을 표현하
는 노래, 아기를 재우는 자장가 등이 다행스럽게도 전해져
노래온다. 여기에서 소개하는 보절의 노래는 모두 1992년
에 나온 《남원지》에 수록된 것임을 밝힌다.

### 모내기할 때 부르는 노래

| | |
|---|---|
| 남산의 봉학이 | 죽실을 물고 |
| 벽오동 숲으로 | 명산이라헌가 |
| 산이 높아야 | 명산이라 부르지 |
| 이름이 좋아서 | 편지만 말고 |
| 한달에 두 세번 | 다녀를 가세요 |
| 일년에 한번이라도 | |

제보자 _문상봉, 덕과면 신양리 작소

| | |
|---|---|
| 저 달의 밝기는 | 구름없는 탓이네 |
| 한산 | 새모시 치매는 |
| 주름을 | 잘게나 잡고 |
| 말은 흘끗 | 널려나 달고 |
| 물명지 단 속곳 | 널러야(넓어야) 좋네 |
| 청천 하늘엔 | 잔별도 많고 |
| 요내가슴엔 | 수심도 많네 |

제보자_김갑규, 덕과면 덕촌리 수촌

## 길쌈할 때 부르는 노래, 베틀노래

| | |
|---|---|
| 허리에 다가 | 보태 뀌고 |
| 몰코차고 | 몰코에다 베를 감아 |
| 채발을 이짝 저짝 | 건너 꽂아라 |
| 북을 들고 덜커덩 | 덜커덩 베를 짠다 |
| 꺼적신을 끌면 | 잉에때 삼형제가 |
| 올라갔다 | 내려갔다 한다. |
| 도투마리를 | 밑칭대로 밀면 |
| 돗투마리를 밀면 | 잉에떼 삼형제가 |
| 와장창 | 떨어진다. |

제보자_김순님, 보절면 신파리

## 논맬 때, 김맬 때 부르는 노래

| | |
|---|---|
| 얼숙 덩어리 | 잘도 넘어 간다 |
| 얼숙 덩어리 | 잘도 넘어 간다 |
| 열마지기 | 누 배미가 |
| 얼숙 덩어리 | 잘도 넘어 간다 |
| 반달만큼 | 남았구나 |
| 얼숙 덩어리 | 잘도 넘어 간다 |
| 한 호미라도 | 더 찍어 보세 |
| 얼숙 덩어리 | 잘도 넘어 간다 |
| 멀리 사람은 | 듣기 좋게 |
| 얼숙 덩어리 | 잘도 넘어 간다 |
| 이번 소리를 | 끝 마치고 |

| | |
|---|---|
| 얼숙 덩어리 | 잘도 넘어 간다 |
| 술 한잔 먹고 | 쉬어서 하세 |
| 얼숙 덩어리 | 잘도 넘어 간다 |

제보자_양신석, 보절면 신파리

## 밭을 맬 때 부르는 노래

| | |
|---|---|
| 가자 가자 | 갓나무야 |
| 오자 오자 | 옻나무야 |
| 김치가지 | 꽃나무야 |
| 맨드라미 | 봉숭아야 |
| 까막 까치 | 날아간다 |
| 금송아지 | 놓아 운다 |
| 저기 저기 | 원대문 전라도 옥대문 |
| 그 대문 | 좀 열어주소 |
| 염치없어 | 못 열겠네 |
| 숟갈통으로 | 열어주소 |

제보자_김동영, 보절면 성시리

| | |
|---|---|
| 가자 가자 | 갓나무야 |
| 오자 오자 | 옻나무야 |
| 김치가지 | 꽃나무야 |
| 맨드라미 | 봉숭아야 |
| 까막 까치 | 날아간다 |
| 금송아지 | 놓아 운다 |
| 저기 저기 | 원대문 전라도 옥대문 |
| 그 대문 | 좀 열어주소 |
| 염치없어 | 못 열겠네 |
| 숟갈통으로 | 열어주소 |

제보자_김동영, 보절면 성시리

| | |
|---|---|
| 아이고 허리야 | 이놈에 농군들아 |
| 고만들 하고 호미 | 삽 내 팽개치고 |
| 시원한 그늘로 | 찾아나 가자 |
| 아이고 | 허리야 |
| 이놈의 농사일은 | 가도 자꾸만 늘어 |
| 날수가 가도 | 자꾸만 늘어 |

| | |
|---|---|
| 쉬어가며 | 웃어가며 |
| 흥에 노래 | 불러 보세 |

**제보자_ 백봉규, 덕과면 고정리**

| | |
|---|---|
| 아침부터 | 해가 질 때까지 |
| 세상살이 | 이야기하며 밭을 매자 |
| 여기있는 | 군장들 힘들면 쉬었다 하지 |
| 오순도순 웃음소리 | 즐겁구나 |
| 저기있는 | 군장들 힘들면 쉬었다 하지 |

**제보자_신형창, 보절면 괴양리**

## 상여소리

(어르는 소리)

| | |
|---|---|
| 오~에헤이헤 | 헤이허이~남호 |
| 헤이 헤~이~ | 남호 |
| 남호 에헤이헤 | 헤이허이~남호 |
| 헤이 헤~이~ | 남호 |

| | |
|---|---|
| 관아, | 남모~ㄴ 사(앞소리) |
| 관아, | 남모~ㄴ 사(뒷소리) |
| 관아, | 남모~ㄴ 사(뒷소리) |
| 관아, | 남모~ㄴ 사(상여 맨다) |

(상여 나가는 소리)

| | |
|---|---|
| 에~노 에~노 | 어이가리 어하 |
| 걸렸구나 | 걸렸구나 |
| 오름맥이 (오르막 길) | 걸렸구나 |
| 에노 에노 에헤 | 어하하 어이가리 에하 |
| 걸렸구나 | 닥쳤구나 |
| 노든(놀던) | 단산이 걸렸구나 |
| 에노 에노 에헤 | 어하하 어리 가리 에하 |
| 조심허소 | 조심허소 |
| 외나무 다리가 | 걸렸으니 |
| 조심만큼은 | 단단히 하소 |
| 에노 에노 에헤 | 어하하 어이 가리 에하 |

(호상일 때) 호상일레 호상일레

| | |
|---|---|
| 이 영감 돌아가신디 | 호상인디 |
| 에노 에노 | 에헤 어하하 |
| 어이 가리 | 에하 |

(악상일 때) 애사로구나 애사로구나

| | |
|---|---|
| 부모님 두고서 | 니가 가느냐 |

(상여 내릴 때)

| | |
|---|---|
| 관아, | 남모~ㄴ 사(앞소리) |
| 관아, | 남모~ㄴ 사(뒷소리) |
| 관아, | 남모~ㄴ 사(뒷소리) |
| 관아, | 남모~ㄴ 사(상여 맨다) |

**제보자_송정현, 보절면 괴양리 양촌**

| | |
|---|---|
| 어노 어노 | 어이 가리 |
| 잘 있거라 | 나는 간다 |
| 초가 기와 | 다버리고 어디 가나 |
| 여러집 버리고 | 유람으로 가네 |
| 이제 가면 | 언제 오나 |
| 내년 요때 | 오지마는 |
| 올통 볼통 | 저 무덤보소 |
| 나인도 그 | 모양이네 |

**제보자_김병진, 보절면 진기리**

(상여 나갈 때)

| | |
|---|---|
| 어~하 | 어~하 어이 가리 |
| 어~하 | 어~하 |
| 이제 가면 | 언제 오려나 |
| 명년 춘삼월에 | 꽃피고 |
| 잎이 피면 | 오시련가 |
| 어~하 | 어~하 어이 가리 |
| 어~하 | 어~하 |
| 명사십리 해당화 | 꽃이 진다고 설워마라 |
| 어~하 | 어~하 어이 가리 |
| 어~하 | 어~하 |
| 너는 명년 춘삼월에 | 다시 피련마는 |

| | |
|---|---|
| 우리 인생은 | 한번 가면 |
| 다시는 | 못 온구나 |
| 어~하 | 어~하 어이 가리 |
| 어~하 | 어~하 |
| 말 잔한 | 소진이는 |
| 육군을 | 달래어짓마는 |
| 저승왕은 | 못 달래 어뒤다네 |
| 어~하 | 어~하 어이 가리 |
| 어~하 | 어~하 |
| 저승길이 | 멀다하더니 |
| 저산밑에 | 저승일세 |
| 어~하 | 어~하 어이 가리 |
| 어~하 | 어~하 |

제보자_최순용, 보절면 황벌리 내황마을

## 잡가, 타령, 판소리

### [달의 노래]

| | |
|---|---|
| 구름 사이 | 어스름 빛 남기고 |
| 둥근 달은 저 | 너머감다 애용 애용 |
| 달이 오르는구나 하염없이 | 오르는구나 |
| 구름 사이로 | 하늘 사이로 |
| 끝이 없이 | 떠 오르는구나 |

제보자_양신식, 보절면 신파리

### [농부의 하루]

| | |
|---|---|
| 농부야 농부야 | 허리 꼬부라진 농부야 |
| 논 밭에 뿌린 | 씨가 자라 |
| 추수할 때까지익 | 기쁨을 위하여 |
| 그 고생을 | 하고 있나 |
| 아아 웬수인 | 허수아비 |
| 나의 가슴 | 아프게 하네 |
| 겨울 까치 | 울음 소리에 |
| 기쁨을 | 느끼네 |

제보자_김동영, 보절면 성시리

### [노세노세]

| | |
|---|---|
| 노세 노세 | 젊어 노세 |
| 늙고 지며는 | 못 노느니 |
| 이팔 청춘 | 소년들아 |
| 백발 보고 | 웃지마라 |
| 엊그제는 나도 | 청춘이다 |

제보자 _ 임광자, 덕과면 율천리

### [자장가]

| | |
|---|---|
| 은자동아 | 금자동아 |
| 임진강 춘향이 | 강강동아 |
| 우리 옥당 | 신선비는 |
| 황제 어사 | 계수나무 |
| 계수화를 꺾어 | 머리에 꼽고 |
| 한림 학자 | 드나들제 |
| 이내 계수가 | 좋을시고 |
| 사후에 | 편해 놓으니 |
| 파도 소리를 | 듣다가 잠든 것이 |
| 우리 수캐(손자)도 | 잘도 자네 |
| 남선 일대를 | 다 댕겨도 |
| 우리 수캐가 | 제일이네 |

제보자 _ 한씨 할머니, 덕과면 용산리

### [동그랑땡]

| | |
|---|---|
| 동그랑 땡 | 동그랑 땡 |
| 제비란 놈은 | 눈매가 고와 |
| 기생첩으로 | 돌리고 |
| 동그랑 땡 | 동그랑 땡 |
| 황새란 놈은 | 다리가 길어 |
| 우편 배달로 | 돌리고 |
| 동그랑 땡 | 동그랑 땡 |
| 참새란 놈은 | 말을 잘해 |
| 생선 장수로 | 돌리고 |
| 모기란 놈은 | 쑤시기를 좋아해 |
| 아편쟁이로 | 돌리고 |
| 동그랑 땡 | 동그랑 땡 |
| 까치란놈은 | 집을 잘져 |

| | |
|---|---|
| 목수쟁이로 | 돌리고 |
| 동그랑 땡 | 동그랑 땡 |
| 까마귀란 놈은 | 옷이 검어 |
| 솟땡쟁이로 | 돌리고 |

제보자 _ 한씨 할머니, 덕과면 용산리

[달구질소리] (묘지다질 때)

| | |
|---|---|
| 오-헤-이 | 달구 |
| 천황봉 날이 | 내려와서 |
| 앞산에 | 떨어졌네 |
| 오-헤-이 | 달구 |
| 약산 내룡이 | 떨어져서 |
| 계룡산 내룡으로 | 내려왔네 |
| 오-헤-이 | 달구 |
| 계룡산 내룡이 | 내려와서 |
| 묘 뒤 안에 | 명당이 되었네 |

제보자 _ 송정현, 보절면 괴양리

[시집살이 노래]

| | |
|---|---|
| 시집살이가 | 무섭다 해도 |
| 요리나 무설진 | 내 몰랐네 |
| 범이 | 무섭다 해도 |
| 시할아부지 | 저리에 더 무서우리 |
| 외나무 다리가 | 어렵다 해도 |
| 시할머니 저리에 | 더 어려우리 |
| 고초 고초 | 맵다 해도 |
| 시어머니 저리에 | 더 매우리 |
| 해와 달이 | 닿았다 해도 |
| 시누이 눈초리에 | 더 밝으리 |
| 담배닢이 | 싸납다 해도 |
| 낭군님 저리에 | 더 싸나리 |
| 복숭꽃이 | 곱다 해도 |
| 내 아들 저리에 | 더 고우리 |
| 그렁 저렁 살다 본게 | 환갭이라 돌아왔네 |
| 일등 효자가 내 아들 | 동네 훤한 내 아들 |
| 만고 효녀가 | 내 딸인가 |
| 부귀영화 | 내 며느리 |

| | |
|---|---|
| 남방 화초는 | 내 손자 |
| 외방 화초는 | 외 손자 |
| 금잔 은잔 술을 | 부어 살자 내 살자 |
| 금옥같이 | 기른 내 딸 |
| 백년인들 | 사랑하소 |

제보자 _ 송정현, 보절면 괴양리

## 3. 보절 이야기

보절은 산이 높고 골이 깊은 지역으로 오랜 역사를 지닌 고장이라서 사람들의 입에서 입으로 전해오는 이야기가 많다. 제3장 〈보절의 마을〉 편에서 보절의 마디마디에 숨어 있는 크고 작은 이야기들을 소개했으므로, 이 장에서는 그 중 상대적으로 큰 이야기를 소개하면, 다음과 같다. 양촌리에 남편을 대신하여 죽은 까닭에 마을 이름을 입석방에서 고절방으로 바꾼 언양 김씨 이야기, 진기리의 효자 형씨와 자라밭등 이야기, 진기리의 느티나무 이야기, 천황봉에 있다는 모관대 묘에 대한 이야기, 신파리의 꿩 이야기, 홀아비 중매를 선 도깨비 이야기, 성시리의 천명 고개 호랑이 이야기, 도룡리의 세 그루 느티나무 이야기, 사촌리의 바람바위 이야기, 신양리의 뇌성바위의 사랑이야기, 금다리에 있는 소나무밭 개미 이야기 등이 그것이다. 이들 이야기에 나타나는 특징은 다음과 같다. 보절 이야기에는 바위와 나무와 동물과 연관된 것들이 많다. 이것들은 우화의 초기 모습을 보이면서 대부분 권선징악을 지향하지만, 어떤 이야기는 남녀상열지사가 포함된 해학적인 것도 있다. 이들 이야기가 대부분 짧은 것이 아쉽다. 여기에 다른 이야기들이 더 보태어졌다면 민담으로 발전했을 것이다. 이 이야기를 전해 준 사람은 보절의 할아버지와 할머니들이다. 이렇게 끊이지 않고 면면부절綿綿不絕 흘러오는 이야기를 소개하겠다. 아울러 미래에 보절을 찾을 이들을 위해서 현재를 살면서 보절을 그리워하는 사람들이 남겨놓은 이야기도 덧붙여 놓는다. 이하의 이야기들은《남원의 설화說話》에서 인용한 것들임을 밝힌다.

보절 이야기

### ⊙ 김씨 부인의 절개를 기린 고절방_양촌리

남원시 보절면 양촌리 일대는 조선시대에 고절방高節坊인데 본래의 명칭은 입석방立石坊이었다. 그런데 입석방이 한 여인 죽음으로써 고절高節, 즉 높은 절개가 있는 고을로 바뀌게 된다. 명종 19년1564년 출생한 광주 안씨廣州 安氏 쌍송정雙松亭 안극충安克忠은 진사시에 합격하여 일찍이 황주 연천현감으로 있다가 광주로 낙향하였다. 그 후 처가가 있는 입석방으로 이주해 터를 잡았다. 그러던 어느 날, 화적이 마을로 내려와 난데없이 돈을 내놓으라고 위협했다. 이에 안극충이 의연하게 대처하자 화가 난 화적이 대도를 휘두르며 안근충을 단칼에 베려고 달려들었다. 실로 아찔한 순간이었다. 그때 그의 아내 김씨가 재빨리 남편의 몸을 막아서며 대신 칼을 맞고 쓰러져 죽고 말았다. 남편을 살리려는 일념으로 남편을 대신하여 죽은 안극충의 아내 김씨의 절의節義에 감동한 화적은 안극충을 살려두고 물러갔다. 부인 김씨의 죽음으로 화적으로부터 목숨을 건진 안극충은 부인의 장례를 정성스럽게 치렀고 사람들은 김씨 부인의 높은 절개를 길이 기리기 위해 입석방을 고절방이라고 고쳐 부르게 되었다. 한편 김씨 부인의 정절이 조정까지 알려지자 1624년 인조는 그녀가 열녀임을 높이 사 정려旌閭의 은전을 내렸다.

### ⊙ 효자 형씨와 자라밭등_진기리

남원시 보절면 진기마을에 자라밭등이라 부르는 곳이 있다. 옛날 이 마을에 형씨들이 터를 잡고 살았는데 형씨 가운데 부모에 대한 효심이 지극한 형세적이라는 사람이 살았다고 한다. 그가 9살 때 부친이 병환으로 생명이 위급해지자 손가락을 갈라 피를 드시게 하여 소생시켰고 부친이 세상을 뜨자 고기를 입에 대지 않고 3년 상을 치렀다. 그 뒤 어머니가 병환으로 자리에 눕자 한겨울에도 눈을 헤치며 산으로 약초를 구하러 다녔다. 얼마 후 엄동설한에 모친이 "내 자라가 먹고 싶구나" 하였다. 아들은 모친의 소원을 들어주기 위해 마을 앞, 개울의 소沼가 있는 곳에 얼음을 깨고 낚시를 하였다. 한겨울, 자라가 낚시를 물고 나올 리는 만무하지만 모친의 소원이니 돌아가시기 전에 해줄 수 있는 것은 다해드리고 싶었다. 수차례 낚싯대를 소에 던지며 자라가 물어주기를 소원

하였다. 시간이 흘러 손발이 얼어갈 무렵 갑자기 찌가 움직여서 낚싯대를 힘차게 채 올리자 자라가 걸려 나오는 것이었다. 사람들은 모친을 생각하는 아들의 효심이 하늘을 감동케 한 것이라고 말하였고 형씨가 자라를 잡아 올린 곳을 그때 이후로 지금까지 자라밭등이라 부르고 있다.

### ⊙ 우공이 심은 느티나무_진기리

신기마을에 들어서면 우람한 느티나무 한 그루가 활짝 꽃을 피운 듯한 모습으로 사람을 반긴다. 천연기념물 제281호로 지정된 진기리 느티나무다. 이 느티나무는 조선 세조 때 단양 우씨 우공禹貢이라는 사람이 심었다. 그의 키는 7척이요, 눈이 횃등잔 같고 수염은 배꼽까지 길게 길렀으며 송곳니가 밖으로 뻗어 나와 얼굴을 보는 사람으로 하여금 소름이 끼칠 정도로 무서운 인상이었다고 한다. 우공은 세조가 단종을 몰아내

진기리 느티나무

고 왕위에 오를 때 큰 공을 세워 세조가 등극한 후 적개공신에 책록되어 병조참판까지 올랐다고 한다. 우공이 젊었을 때 이 마을에 살았는데 하루는 산동면 남대문치 산사山寺에서 아름드리나무를 맨손으로 뽑아 어깨에 메고 와 지금의 자리에 심고 말하기를 "이 나무를 죽인 자나 벤 자는 그냥 두지 않으리라. 내가 여기를 떠난 뒤에나 죽은 뒤에는 정성을 다하여 키우라"는 말을 남기고 고향을 떠났다고 한다. 그 뒤 단양 우씨 후손들은 이 나무를 정성드려 키우고 별묘別廟를 지어 한식날이면 그를 추모하는 제사를 드린다. 이 느티나무는 높이 약 20m, 흉고 둘레 8.66m, 수관 폭은 35m에 이르는 거목으로 마을 사람들이 정성스럽게 관리해오고 있으며 지금도 매년 음력 11월 3일이면 이곳에서 당산제를 지내고 있다.

## ◉ 천황봉 아래 모광대 묘_도룡리

보절 만행산은 옛날부터 전국적으로 유명한 풍수가의 발길이 끊이지 않았던 곳이다. 유명 풍수가들의 발길이 끊이지 않는 이유는 천황봉 칠상동七相洞에 황제를 보필하는 일곱 재상宰相이 나오자 팔공산八公山에서 여덟 공신功臣이 나온다는 설 때문이다. 그래서인지 유독 천황지맥에는 용龍자가 들어간 지명이 많다. '용이 오른다'는 뜻의 용등龍登, 청룡산靑龍山, 계룡산鷄龍山, 교룡산蛟龍山 등이 이에 해당한다. 이러한 명당 기운이 흐르는 곳에 중국 1대 주석을 지낸 모택동毛澤東의 선조 모광대의 묘가 있다고 한다. 모광대 묘는 용등마을 보현사 가는 길 용평저수지 제방 아래 길가에 인접해 있는데, 옛날 나무꾼들이 땔나무를 구하기 위하여 산을 오를 때 쉬고, 내려올 때 반드시 쉬어가는 쉼터였다. 오래전부터 이곳에 돌무더기가 쌓여있어 초로初老들이 쉬어가거나 아이들의 놀이터가 되어 왔다고 한다. 지금은 돌무더기 흔적은 사라지고 못자리만 남아 있다. 한때 중국의 지관들이 못자리를 찾기 위해 매년 천황봉을 다녀갔다고 한다. 이러한 설을 뒷받침해주는 야설이 전해진다. 기문괴사奇問怪事에 6·25 때 인민군 포로로 잡힌 국군 중에 남원의 어느 마을 사람 3명이 있었다고 한다. 어느 날, 인민군이 이들을 부르더니 어디론가 데리고 갔는데 그곳에는 김일성이 있었다고 한다. 그곳에 불려간 세 사람은 극진한 대우를 받으며 다시 어디론가 갔는데 북경이었다고 한다. 북경에 끌려가 만난 사람은 바로 모택동이었다. 그는 반갑게 반기며 말하기를 "우리 조상님이 남원의 어느 마을 사람이다. 우리 할아버지가 모광대인데 심성心性은 고우나 하대下待받고 사는 것을 한탄하는 것을 보고, 어느 스님이 묘墓자리를 잡아주면서 후손 중에 천자天子가 날 것이니 발복發福하려면 멀리멀리 떠나라 하여 떠났고, 나는 어려서 할아버지 등에 업혀 중국으로 오게 되었다"라고 하면서 마을에 대해서 이것저것 물어보고 '고향의 벗'이라고 하면서 아주 잘 대접해 주었다고 한다. 극진한 대접을 받으며 잘 놀고, 돌아올 때는 배를 타고 한국으로 돌아왔다고 한다. 마을 사람들에게 늘 이 이야기를 자랑하였는데 마을 사람들은 포로로 잡혀서 미친 사람이 되었다고 믿어주지 않았다고 한다.

## ◉ 삼형제의 보물로 장가 간 막내_성시리

옛날, 어떤 마을에 삼형제가 살았는데 어찌나 가난하던지 아무리 노력해도 형편이 나아지지 않았다. 세 형제는 하는 수 없이 한 명은 고개를 넘어가는 사람을 습격하고 나머지 두 명은 구해주는 척해서 대가를 받아내기로 하였다. 어느 날, 갓을 쓴 노인 한 명이 고개를 넘어가자, 삼형제는 미리 짠 대로 실행하여 노인을 기절시킨 뒤 집으로 데려왔다. 기절했다 깨어난 노인이 자기를 구해준 삼형제에게 보답으로 명당자리를 잡아주겠다고 하였다. 노인은 산을 여기저기 둘러보더니 한 곳을 가리키면서 "여기를 파면 처음에는 지팡이가 나오고, 두 번째는 두루마기가 나오고, 세 번째는 바구니가 나올 것이네. 바구니가 나오거든 거기에 아버님을 이장하시게."하고는 떠나가 버렸다. 노인이 떠나고 명당 터로 잡아준 그 자리를 파보니 노인의 말대로였다. 삼형제는 그 자리에 아버지의 묘를 이장하고 나서 큰형은 지팡이를, 둘째 형은 두루마기를, 막내는 바구니를 나누어 가졌다. 그날 밤, 막내는 내일 날이 밝으면 심으려고 바구니에 콩을 담아 두었다. 그런데 다음 날 아침 일어나서 보니 바구니 속에는 콩이 한가득 들어있었다. 깜짝 놀란 막내가 바구니를 들고 형님 집에 가서 쌀을 넣어보니 바구니 속에는 또다시 쌀이 한가득 찼다. 막내는 한 마을에 사는 김 대감댁 딸에게 마음이 있었다. 어느 날 밤, 막내는 아무도 모르게 김 대감댁 담을 넘어 딸의 방으로 들어갔다. 막내는 김 대감 딸에게 "나에게 아주 큰 보물이 있으니 혼인을 하자."고 하였다. 김대감 딸이 어떤 보물이냐고 묻자, 막내는 김 대감 딸의 금가락지를 바구니에 넣었다. 그러자 바구니에는 어느새 금가락지가 가득 찼다. 이를 본 김 대감 딸은 하녀에게 술상을 차려오게 하여 막내에게 술을 잔뜩 먹이고는 바구니만 빼앗고 쫓아내 버렸다. 막내는 큰형 집으로 가서 지팡이를 달라고 하였다. 큰형은 벽에 걸어 둔 채 쳐다보지도 않던 터라 막내에게 그냥 주었다. 지팡이를 들고 집으로 온 막내는 지팡이를 이리저리 둘러보고 휘둘러보고 하였으나, 거기에는 보물이 나오지 않았다. 그러다가 지팡이를 거꾸로 들고 거울을 보니 거울에 자신의 모습이 비치지 않았다. 막내는 지팡이를 들고 김 대감 딸에게 찾아갔으나 이번에도 지팡이만 빼앗겼다. 막내는 이번에는 둘째 형에게 가서 두루마기를 달라고 하였다. 둘째 형 역시 두루마기를 걸어만 두었기에 막내가 달라고 하자 주저 없이 내주었다. 그 두루마기는 하늘을 나는 두루마기였다. 막내는 김 대감 딸을 찾아가 살살 꾀어내어 둘이서 하늘을 날았으나, 이번에도 김 대감 딸은 막내를 떨어뜨리고는 두루마기를 차지해 버렸다. 막내는 아무도 살지 않는 어떤 섬으로 떨어졌다. 며칠이 지나도록 먹을 것이 없어 헤매다가 어느 날인가 빨간 열매, 파란 열매, 노란 열매가 열린 나무를 보았다. 배가 고팠던 막내는 정신없이 나무 열매를 따 먹었다. 먹으면서 보니 빨간 열매는 눈을 멀게 하고, 파란 열매는 조금씩 눈이 보이게 하고, 노란 열매는 온전히 보이게 하였다. 막내는 주머니 가득 나무 열매를 따 넣고는 지나가는 배에게 도움을 요청하여 집으로 돌아왔다. 그날 밤, 막내는 또다시 김 대감 딸에게 찾아가서는 빨간 열매를 먹였다. 다음 날 아침, 김 대감네 집은 딸이 갑자기 눈이 멀어서 난리가 났다. 아무리 용하다는 의원을 불러도 김 대감 딸의 눈은 낫지 않았다. 며칠 후 막내는 김 대감을 찾아가 딸을 낫게 해줄 테니 딸과 자기를 혼인시켜 달라고 하였다. 김 대감은 마땅치 않았으나 어쩔 수 없이 허락하였다. 딸의 눈이 다 낫고 나니 김 대감은 막내에게 딸을 주고 싶지 않았으나, 약속을 지키지 않으면 다시 딸의 눈을 멀게 하겠노라는 막내의 말에 두 사람을 혼인시켰다. 그 후 삼형제는 보물을 모두 찾고 부지가 되어 잘 살았다고 한다.

### ◉ 거짓말 잘하는 사위 얻기_성시리

어느 마을에 외동딸을 둔 김 영감이 부자로 살고 있었다. 김 영감은 외동딸을 거짓말 잘하는 사람한테 시집보내기로 마음먹고 열심히 찾았지만 찾을 수가 없었다. 김 영감은 할 수 없이 '우리 딸을 데려가려면 거짓말을 잘하면 된다. 이야기를 잘하면 내 딸을 준다.'라는 방을 붙였다. 그리하여 나라 안에서 거짓말 좀 한다는 사람들이 다 모여 들었으나 이 김 영감한테는 상대가 되지 않았다. 하루는 늦은 나이에 장가 한 번 못 가 본 노총각이 '에라 썩을 거. 내가 가서 영감을 이겨서 딸을 데리고 와야.' 하고 김 영감을 찾아갔다. 김 영감이 보자마자, "자네 어디서 왔는가?" "전라도 아무 데서 거짓말 잘허는 사우를 본다고 해서 거짓말을 좀 허러 왔습니다" 하였다. 그리하여 저녁밥을 먹고 나서 김 영감이 먼저 이야

기를 시작했다. "우리 한국에 쥐가 겁나네. 쌀이 없어서, 먹을 것이 없어서, 시방 일본으로 가네. 동해안을 건너가다 풍덩."하고 말하고 나서는 노총각한테 이야기를 해보란다. 이 노총각이 원래는 거짓말을 못하는 사람이라 아무리 생각해도 이야깃거리가 없다. 곰곰이 생각하다, "우리 금강산에 가믄 소나무가 겁나요." 한다. 김 영감이 "겁나지."하고 대꾸하자 "삼판꾼들이 나무를 베러 가지라우. 그래서 톱으로 썰면 쓱싹쓱싹 넘어간다. 절퍽." 하고 이야기를 끝냈다. 그러고는 노총각은 "넘어간다. 절퍽!" 하고 김 영감은 "건너간다. 풍덩!" 하면서 날이 새도록 말싸움을 하는 것이다. 그렇게 한참을 하다보니까 김 영감이 말이 헛나와서 "건너간다. 절퍽!" 해버렸다. 노총각이 이때를 놓칠세라 "허, 영감님. 뭔 말씀을 그렇게 허요? 뭐 건너간다. 절퍽?" 하니까 김 영감이 "아, 그랬는가? 내가 졌네." 그리하여 노총각은 그 집 딸을 데리고 와서 잘 살았다고 한다.

### ◉ 죽음으로 은혜 갚은 꿩_신파리

한 포수가 길을 가고 있는데 수꿩 한 마리가 날다가 떨어지고 날다가 떨어지고 하였다. 가까이 가서 보았더니 커다란 구렁이가 꿩의 발톱을 물고 있었다. 구렁이가 꿩을 죽이려고 하는 것이 불쌍해서 포수는 가지고 있던 활을 꺼내어 구렁이를 향해 활을 쏘았다. 화살을 맞은 구렁이는 두 동강이 나고 꿩은 구렁이로부터 벗어날 수 있었다. 구사일생으로 살아난 꿩은 하늘로 날아가 버렸고, 반 토막 난 구렁이는 포수를 쫓아왔다. 포수가 도망을 가는데, 물로 가면 물로 따라오고 육지로 가면 육지로 따라오고 산으로 가면 산으로 따라왔다. 포수가 정신없이 도망가다가 어느 순간 뒤를 돌아보니 구렁이가 보이지 않았다. 깊은 산중에서 날이 저물고, 저 멀리 민가 한 채가 보였다. 불이 켜져 있어 주인장을 찾으니 주인장은 나오지 않고 한 여인이 나왔다. "산중에 길을 가다가 날이 어두워졌으니 하룻밤만 재워줄 수 있습니까?" 여인은 처음에는 잘 데가 없다고 하였으나, 포수가 가마니 한 장만 있으면 마당에서 자도 좋으니 재워 달라고 하자, 윗방이 비어 있으니 거기서 자라고 하였다. 포수가 윗방에 들어가 있으니 여인이 밥상을 차려왔다. 그러고는 이부자리를 가지고 들어왔다. 여인은 나그네를 기가 막히게 대접했다. 밥을 먹은 후

윗방에 누워서 잠을 청하는데, 문틈으로 안방에서 바느질하는 여인이 보였다. 그런데 바늘에 실을 꿸 때 실에 침을 묻히는 모습을 보고는 깜짝 놀랐다. 여인의 혀가 뱀의 혀였다. 포수는 뱀이 여인으로 둔갑한 것으로 생각하고 절대로 잠들지 않으려고 하였으나, 낮에 구렁이에 쫓겨 도망다닌 탓에 피곤하여 그만 잠이 들고 말았다. 자다가 몸이 답답하여 눈을 떴는데, 커다란 구렁이가 포수의 몸을 칭칭 감고 혀를 날름거리고 있었다. 구렁이는 "오늘 네가 쏜 화살에 맞은 구렁이가 내 남편이다. 만약 내 남편이 죽지 않고 살아있으면 널 살려주겠지만, 내 남편이 죽었다면 그 원수를 갚겠다."고 하며 조금 기다려 보자고 하였다. 그 이유는 남편 구렁이가 늦게 돌아올 경우 종을 3번 울리면 아무 일 없다는 뜻이고 종소리가 없거든 죽은 줄 알라고 말을 해놓았기 때문이다. 마침 그때 종소리가 한 번 울렸다. 구렁이는 이것이 신호라고 하며 더 기다려보자고 하였다. 잠시 뒤에 종이 두 번 더 울렸다. 그러자 구렁이는 남편이 살아있다면서 몸을 풀고는 사라졌다. 정신이 퍼뜩 들어 주위를 둘러보니 꼭 꿈을 꾼 것만 같았다. 깔고 잤던 것은 풀잎이고, 덮고 잔 것도 풀잎이며, 인가는 간 곳이 없고 가시덤불 속에 누워있었다. 하도 허망해서 걸어 나와 보니 근처에 절이 하나 있었다. 절은 먼지가 가득 쌓여있었는데, 절의 누각 마루에 꿩 두 마리가 머리가 깨져 죽어 있었다. 목숨을 살려 준 은인이 위험에 처하자 첫 번째 종소리는 암꿩이 울리고 두 번째, 세 번째 종소리는 수꿩이 머리를 부딪쳐 종을 치고 죽은 것이었다.

## ◉ 홀아비 중매를 선 도깨비 전승지_신파리

부인이 아들 셋을 낳고 일찍 세상을 떠나는 바람에 홀로 아들 셋을 키우는 홀아비가 있었다. 홀아비는 아이들을 고생시키지 않으려고 작은 마누라를 얻지 않고 산 속 반반한 바위 위에 산막을 지어 그곳에서 살고 있었다. 어느 날, 한밤중에 도깨비들이 나타나 거기가 우리들 집터인데 어떤 놈이 들어와 산다며 쫓아내자고 회의를 하였다. 조금 있으니 도깨비 하나가 와서 여기는 우리들 집터이니 당장 나가라고 하자 홀아비는 그럴 수 없다며 도리어 호통을 쳐서 돌려보냈다. 잠시 후 도깨비가 다시 나타나 만일 집터에서 나가지 않으면 막내아들을 잡아가겠다고 하자 홀아비는 화를 내며 잡아갈

테면 잡아가라며 절대 여기서 나가지 않겠다고 하였다. 화가 난 도깨비들이 결국 막내아들을 죽이자 홀아비는 침통한 마음으로 아침에 일어나 아들을 묻어주었다. 다음날 밤에 또 도깨비가 찾아와서 지금 당장 나가지 않으면 둘째 아들을 잡아가겠다고 하였다. 그러나 홀아비는 눈도 끔쩍하지 않고 잡아갈 테면 잡아가라고 하였다. 그날 저녁 둘째 아들도 죽자 홀아비는 둘째 아들도 땅에 파묻었다. 사흘째 되던 날 밤, 도깨비가 찾아왔다. 오늘 저녁에 나가지 않으면 이번에 큰아들을 잡아가겠다고 하자 홀아비는 "나까지 다 잡아가라"고 하였다. 이 이야기를 들은 대장 도깨비가 직접 홀아비를 찾아왔다. 대장 도깨비가 말하길 "당신 큰아들은 명이 길어서 잡아갈 수가 없다. 둘째 아들과 막내아들은 명이 짧아서 어차피 얼마 가지 않아 죽을 목숨이었다. 어차피 죽을 목숨이었지만 우리가 죽였으니 그 대가로 중매를 하겠다"고 하였다. 대장 도깨비는 마을에 있는 김 대감의 딸에게 장가를 가라고 하였다. 홀아비는 김 대감이 자기와 동갑인데 어떻게 그 딸과 혼인을 하느냐고 하였다. 그랬더니 대장 도깨비는 자기가 중매를 할 것이니, 내일 아침에 산 밑으로 논 주인이 오면 김 대감에게 중매를 넣어 달라고 말하라고 하였다. 그러면 그 논 주인이 김 대감에게 얘기를 할 것이라며 걱정하지 말라고 하였다. 다음 날, 아침밥을 먹고 산 밑에 있는 논으로 가니 정말 논 주인이 왔다. 논 주인에게 김 대감의 딸과 중신을 서달라고 했더니 화로 우박을 쓰려고 하느냐고 말도 되지 않는다는 듯이 말했다. 홀아비는 그래도 말끝에 한번 운이나 띄워 보라고 하였다. 논 주인과 김 대감은 절친한 친구 사이였다. 논 주인이 김 대감을 찾아가 바둑을 두다가 이야기 끝에 중매 얘기를 했다. 김 대감은 무슨 소리를 하느냐며 논 주인에게 화로 우박을 씌워 버렸다. 그날 밤, 김 대감이 잠을 자다가 꿈을 꾸었는데 꿈에 백발노인이 나타나 "딸을 산막 아무개한테 주어라"라고 하였다. 놀라서 깨어보니 꿈이었다. 그런데 똑같은 꿈을 김 대감의 부인도 꾸었다. 김 대감의 딸도 꿈을 꾸었는데, 백발노인이 나타나 치마폭에 옥 3개를 싸주면서 산막 아무개한테 시집을 가라고 하였다는 것이다. 다음날 아침에, 김 대감도, 김 대감의 부인도, 김 대감의 딸도 이상한 꿈 때문에 기분이 좋지 않았다. 그런데 그날 저녁에 또 백발노인이 꿈에 나타나 만약 그 사람에게 딸을 주지 않으면 딸을 죽이겠다고 하였다. 꿈에서 깨고 나니 도저히 잠을 잘

수가 없었다. 사흘째 되던 날, 백발노인이 칼을 목에 들이대며 만약에 산막에 있는 남자에게 딸을 혼인시키지 않으면 가족 모두를 죽이겠다고 협박을 하였다. 밤마다 백발노인의 협박에 하는 수 없이 김 대감은 화로 우박을 씌웠던 논 주인을 불러 중매를 서게 하였다. 결국, 김 대감 딸과 홀아비가 혼인하여 아들 삼형제를 낳았다. 꿈속의 백발노인이 김 대감 딸에게 주었던 옥 3개는 아들 삼형제였다. 홀아비와 결혼한 김 대감의 딸은 본처의 아들 하나와 자신이 낳은 세 아들과 더불어 행복하게 잘 살았다고 한다.

## ◉ 천명고개 호랑이_성시리

옛날에 천명고개라는 곳이 있었다. 고개가 워낙 험악해서 천명이 모여야 넘어갈 수 있다는 고개였다. 고개 밑에는 사람들이 모이는 주막이 있었다. 다들 이 주막에 모여서 천 명이 채워지면 함께 그 고개를 넘어갔다. 하루는 더벅머리 총각이 다 떨어진 솜바지를 입고 터벅터벅 주막으로 걸어왔다. 그러더니 사람들에게 왜 고개를 넘어가지 않고 여기에 있느냐고 물었다. 사람들은 천명고개를 모르냐며, 천 명이 모이기를 기다리고 있다고 하였다. 그러자 청년은 다 필요 없다며 혼자 넘어가겠다고 하고는 가버렸다. 더벅머리 총각이 고개 중턱쯤 올라가자 머리가 허연 노파가 바위에 앉아서 총각을 불렀다. "이보게 총각 어딜 그리 가시오?" "나를 왜 부르십니까?" "총각 나하고 장기나 한 수 둡시다. 자네와 내가 장기를 두어 이긴 사람의 소원을 들어주기로 하세"라고 했다. 총각은 좋다며 장기판을 가운데 두고 앉았다. 장기를 두는데 상황이 총각에게 불리하게 돌아갔다. 날은 더운데 장기도 풀리지 않자 총각이 다 떨어진 솜바지 입은 다리를 양쪽으로 쫙 벌리자 남근이 다 나왔다 총각은 남근을 주물럭주물럭하면서 장기수를 고민하였다. 그런데 총각이 남근을 만질수록 남근이 점점 커졌다. 맞은편에 앉은 머리 허연 노파가 깜짝 놀라서 총각에게 그것이 무엇이냐고 물었다. 총각이 호랑이 잡는 조총이라고 하자, 머리 허연 노파로 둔갑했던 호랑이는 깜짝 놀라 도망치기 시작했다. 도망을 치던 호랑이는 산비탈 계곡에서 머리 허연 노파를 만났다. 호랑이는 "사람한테 호랑이 잡는 조총이 있느냐?"고 물었다. 그러자 그 머리 허연 노파가, "내가 호랑이 잡는 조총에 맞아 여기, 여근女根이 이

렇게 생겨서 여기를 빌빌 튼다."고 하였다. 이 말을 들은 호랑이가 기겁하고 물 속으로 풍덩 들어가 버렸다. 결국, 호랑이가 죽게 된 것이다. 그 후 천 명이 모여야만 넘어갈 수 있던 고개는 한 사람만으로도 너끈히 넘어갈 수 있게 되었다.

## ◉ 뇌성바위와 이루지 못한 사랑_신양리

양선마을을 지나 바윗거리 위쪽 개울가에 있는 바위에 얽힌 이야기이다. 옛날, 양선마을 앞을 한 청년이 지나다가 선녀처럼 아름다운 처녀를 보고 첫눈에 반해 사랑에 빠져버렸다. 청년은 처녀의 아버지를 찾아가 "딸을 배필로 삼고자 합니다. 허락해 주십시오." 하고 간청했다. 그러나 처녀의 아버지는 "어디 사는지 어떤 사람인지도 모르는데 어찌 딸을 줄 수 있느냐"며 반대했기 때문에 결국 뜻을 이루지 못했다. 하지만 청년은 아름다운 처녀의 모습을 잊을 수가 없었다. 청년은 뜻을 굽히지 않고 매일 결혼을 허락 받기 위해 처녀의 집을 방문하여 간청하였다. 처녀의 아버지는 청년의 마음을 돌리기 위한 묘안으로 "마을 앞에 있는 큰 바위를 한 손으로 들어 옮기면 우리 딸과의 결혼을 허락해 주겠다"고 약속했다. 처녀 아버지의 말이 떨어지기가 무섭게 청년은 바위가 있는 마을 앞으로 달려가 사람들이 지켜보는 가운데 바위를 한 손으로 들어 올렸다. 이 광경을 지켜보던 사람들이 놀라 웅성거리기 시작했다. "힘이 장사구만, 힘이 장사여", "어떻게 저 바위를 들어올릴 수 있단 말인가 사람이 맞아?" 청년이 바위를 들어 몇 발자국을 떼자 갑자기 하늘에서 마른 천둥벼락이 치더니 바위를 때리는 것이었다. 그 바람에 청년은 그만 바위를 땅에 떨어뜨리고 말았다. 처녀의 아버지와의 약속을 지키지 못한 청년은 화가나 주먹으로 바위를 내려치자 바위에 홈이 크게 났다. 그 자국이 지금 그대로 남아 있다고 한다. 후에 사람들은 그 장수는 하늘나라의 왕자라고 징하고 벼락을 맞은 바위를 '우레 뇌雷' 자를 써서 '뇌성바위'라고 부르고 있다. 한편 마을 사람들은 이 바위의 형상이 마치 뱀이 입을 벌리고 개구리를 잡아먹으려 하는 모습이라고 한다.

## ◉ 다산송림의 개미를 쫓은 도인_금다리

만행산 천황봉 아래 다산마을 앞에 아름드리 소나무가 울창

한 송림이 있어 다산송림茶山松林이라 불렀다. 이곳은 항상 맑은 바람과 수려한 풍경으로 오가는 사람들의 발걸음을 멈추게 하고, 철따라 송림의 아름다운 경치를 구경하러 오는 사람들의 발길이 끊이지 않았다고 한다. 그런데 이곳의 또 다른 자랑은 개미가 없다는 것이다. 송림 근처에는 개미가 있어도 송림 안으로 들어오면 개미를 볼 수 없는데 그 이유는 다음과 같다. 천황봉 너머 백제 무령왕 15년515년에 창건한 귀정사에 도가 깊은 고승이 살고 있었다. 어찌나 도가 높고 설법을 잘하던지 왕이 그 소식을 듣고 고승을 직접 찾아와 설법을 듣기 위해 여러 날 머무르며 정사를 살폈다고 한다. 어느 날, 고승이 천황봉을 넘어 다산에 이르러 송림에 잠시 쉬게 되었는데 얼마나 경치가 아름답고 숲이 좋던지 자기도 모르게 수도의 삼매경에 빠져 깜박 잠이 들었다. 자꾸 몸을 뜯기는 느낌에 눈을 떠보니 개미가 온몸에 달라붙어 물어대고 있었다. 주위를 살펴보니 하필이면 앉은 자리가 개미집이었던 것이다. 온몸에 달라붙은 개미를 어찌할 줄 몰라 쩔쩔매고 있는데 때마침 도인道人이 이곳을 지나나 곤성에 빠진 고승을 보고 "허허 고승님! 안되었소이다. 잠깐만 기다리십시오." 하며 고승의 손을 잡고 주문을 외우자 순식간에 고승 몸에 붙은 개미가 모두 죽어 땅에 떨어졌다. 도인이 다산 송림 안으로 들어가 사방에 대고 주문을 외우자 송림 안에 있던 개미들이 깨끗이 없어졌다. 그리고 아무 일도 없었다는 듯 떠나가는 것이었다. 고승이 도인의 뒷모습을 우두커니 보고 있더니 "첩첩이 쌓인 만행산萬行山 골짜기에 나보다 더 훌륭한 고승이 계셨구나" 하며 그 길로 귀정사에 돌아가지 않고 어디론가 홀연히 사라졌다고 한다.

◉ 정착조가 심은 세 그루의 느티나무_도룡리

도촌마을 앞 도룡천 건너에 느티나무 한 그루가 있는데 본래는 세 그루가 있었다고 한다. 이곳에 세 그루의 느티나무가 심어진 이야기는 마을 정착사와 관계 있다. 이 마을에 처음 정착한 성씨는 정씨, 박씨, 양씨 3개 성씨였다고 한다. 이 세 성씨는 서로 협동 단결을 상징하고 자손들이 번창하기를 염원하는 의미로 마을 앞에 성씨별로 정자나무 한그루씩 심고 자자손손 보살펴왔다고 한다. 세 그루의 느티나무는 성씨별로 각별하게 관심을 두고 관리해왔는데 그러던 중 어느 해인

가 박씨가 심은 나무가 알 수 없는 이유로 죽어 버렸다. 그 뒤 박씨들의 재산이 해가 갈수록 줄고 살기 힘들어지자 다른 곳으로 떠나버렸다고 한다. 1950년대에 억수 같은 폭우가 내려 이곳에 큰 홍수가 발생하였다. 이때 양씨가 심은 나무가 홍수로 떠내려가고 말았다. 그러자 양씨들도 차츰 재산이 줄고 결국, 하나 둘 마을을 떠나버렸다고 한다. 현재 남아있는 한 그루의 느티나무는 정씨가 심은 나무인데 지금까지도 정씨의 자손들이 마을을 지키며 성실하게 살아가고 있다고 한다. 사람들은 이 나무의 잎을 보고 한해 농사의 길흉을 점쳐왔는데 잎이 무성하게 나고 잘 자란 해는 마을이 조용하고 풍년이 들며, 나뭇잎이 약하거나 쇠하면 마을에 재앙이 오거나 흉년이 든다고 하여 각별하게 나무를 보살펴오고 있다고 한다.

◉ 하늘이 보호하는 바람바위_사촌리

남원시 보절면 사촌리 뒷산에는 넓은 바위 위에 또 하나의 큰 바위가 얹혀 이층으로 된 어마어마하게 거대한 바위가 있는데 사람들은 이 바위를 '풍암風巖' 즉 '바람바위'라고 부른다. 그런데 이곳은 눈보라 치는 겨울은 말할 것도 없거니와 바람이 잔잔해야 할 오뉴월 여름철에도 때때로 다른 곳에서는 보지 못할 강풍이 불어 이로 인해 농작물이 쓰러지는 등 해마다 풍해가 심한 곳으로 이름나 있었다. 어느 날, 박영호朴永鎬라는 힘세고 담대한 장사가 마을 사람들을 모아놓고 말했다. "뒷산에 있는 바람바위가 사나운 강풍을 일으키므로 우리들이 애써 가꾸어 놓은 농작물이 쓰러져 탈이요, 또 심지어 지붕이 날아가는 등 해마다 풍해가 막심하오. 이는 바람 때문이라 여겨지니 이대로 있을 수 없다고 생각하오. 내가 앞장설 터이니 모두 나를 따르시오. 오늘은 바람도 없고 맑은 날씨이니 바람바위를 깨뜨리기에 좋은 날로 보이오. 모두 나를 따라 바위를 없애러 갑시다." 이렇게 해서 300여 명의 마을 사람들은 곡괭이며 도끼 등을 들고 바람바위를 깨뜨리기 위해 박씨를 따라 나섰다. 모두들 숨을 헐떡이며 뒷산을 올라 바람바위를 둘러쌌다. "모두들 들으시오, 내가 먼저 이 요망한 바람바위를 내리칠 터이니 여러분은 힘을 모아 이것을 깨뜨리시오. 그리고 가지고 온 밧줄로 위층의 바위를 묶어 힘껏 잡아당겨 무너뜨리도록 하시오." 박씨가 사람들에게 방법을 일러준 다음 자신의 담력과 힘을 믿고 바람바

위를 도끼로 막 내리치려 할 때였다. 맑은 하늘에 갑자기 먹구름이 덮이고 한바탕 사나운 바람이 몰아치며 천지가 별안간 캄캄해지는가 싶더니 난데없는 뇌성벽력과 함께 번갯불이 한바탕 치고 별안간 억수 같은 소나기가 쏟아졌다. 이 같은 일이 벌어진 것은 하늘이 이 바위를 보호하심이라 생각한 사람들이 걸음아 날 살려라 하고 뿔뿔이 흩어졌다. 그들이 산을 내려와 마을에 닿으니 언제 비가 왔느냐는 듯이 하늘은 다시 맑게 개이고 바람도 잔잔해졌으니 이로 인하여 사람들이 더욱 이 바위를 신기하게 여겨 이 바위를 신이 깃든 바람바위라 부르게 되었다. ☞ 제8장 〈보절의 명소와 명물〉 3경 참조

### ◉ 류한승이 작사한 '내 고향 보절'

중현마을에서 태어나고, 보절초등학교와 보절중학교를 졸업한 시인인 류한승을 소개한다. 그의 시와 노랫말은 만행산 천황봉과 태어난 중현마을에서 초·중·고를 시절을 지내며 보절의 기억과 사랑이 원천이다. 그의 〈내 고향 보절寶節〉을 노래한 악보를 소개하며, 보절 사람들도 공감하는 애창곡이 되리라 믿는다. 또한 그의 시 중에 '옥치마'는 가수 진해성이, '능소화'는 가수 홍순이가, '사랑의 기다림'은 가수 박준이 노래하여 사람들의 사랑을 받고 있다.

### ◉ 《천동아이》라는 책

《천동아이》표지

《천동아이》는 천황봉 아랫동네 보절 아이들의 이야기를 줄인 책이다. '천동아이'가 태어난 해는 2013년이다. 이 '아이'가 태어난 곳은 논형이라는 작은 출판사다. 책을 지은 이들은 백인엽 외에 92명이다. 책을 만드는 데에 애를 쓴 사람들은 이국엽, 방극종, 박미자, 윤동순, 박문수, 소재두 등이다. 우리 동문들 나이 중심 값이 50살에 가까워지고 있는데, 더 늙기 전에 이 세상에 남기고 싶은 게 뭘까?"라는 이국엽의 물음으로 시작된 이 책은 <편집국-100일의 약속>이라는 타이틀로 기획부터 출판까지 모두 보절중학교 동문들의 힘으로 태어났다. 지은이 50의 늦둥이로 태어났다. "어쩌면 라일락 꽃 향기가 담장 안에서 풍기는 계절에 남몰래 선생님을, 친구를 짝사랑하는 까까머리 중학생"이국엽의 말을 발견할 수 있는 곳이 이 책이다.

엄마랑 나랑 앉은 자리에 웃음꽃이 피었다.
하늘 향기 고운 날에 엄마 사랑도 캐고,
내 사랑도 캐었다. 엄마랑 나랑 쪼그리고
앉은 자리에 쑥도 피었고 냉이꽃도 피었다.

정성임의 시

엄마를 그리워하는 마음이 자리잡고 있는 곳도 이 책이다. 아버지를 걱정하는 마음도 읽을 수 있는 책이다.

## 내 고향 보절

류한승 작사
공정식 작곡

여름

– 농부의 딸

태양은 다시
머리끝에 걸리었다.
들판은 초록으로 물결지고
촌부는 말없는 화가다.

단발머리, 짧은 반바지.
한 되짜리 주전자
힘에 겨운 무게
내려놓고 드러눕고 싶었다.
열 살 때 나는

땟국물이 흐르는 얼굴로
아버지께 내밀었던 막걸리 한 사발
논두렁에 하얗게 부서지던
아버지의 해갈은
나를 행복하게 만들었다

칠십에 허연 머리칼
태양은 다시 이글대는데
도회지로 떠나 간 딸
누가 있어
하얀 막걸리 날라다주나

빌딩 숲
열기로 뒤덮이면
나는 화로를 삼킨 듯
열병이 난다.
그리운 내 아버지
타는 목 때문에.

최미숙의 시

"아부지~이" 하고 부르면서 논에서 일하는 아버지에게 달려갈 듯한 어느 농
부최병환, 현 84세의 딸이 전하는 사부곡도 이 책에 실려 있다. 사실 어느 글이든 다
귀한 이야기이지만, 이 사부곡이야말로 《천동아이》의 백미다. 그 어느 농부가 논

총동문 임원 신년회 및 천동아이 출판 기념회

에서 돌아오는 모습이다.

　보절의 아버지들은 다 이랬다. 이 책에는 또한 어린 시절 첫 경험이 실려 있다. "내게 담배 한 보루가 있다. 선생님 드리라는 걸 까묵었다" 하였다. "그려? 글면 한 대씩 핌선 가자. 그래야 길이 보인다"는 말을 믿은 어느 소년<sup>박희수</sup>의 첫 담배에 대한 추억이 남아 있는 책이기도 하다. "가끔씩 그 꼬맹이들을 생각하면 길가에 피어 있는 들국화가 생각나는 것은 왜일까? 사람들의 눈에 잘 띄지 않지만 은근하고 그윽한 국화 향을 닮은 나의 제자들이었기에 그럴 게다."라는 말로 어린 제자들을 노란 들국화로 비유한 어느 선생님<sup>김경원</sup>의 추억어린 회고도 남아 있다. "누구 하나 주저하지 않았고, 누구 하나 지친 기색이 없었다. 그렇게 우리들은 〈one way ticket〉, 〈wanted〉, 〈마음 약해서〉 등 당시 크게 유행했던 곡들에 온몸을 맡겨 마구 흔들어 대며 시간 가는 줄 모르고 그 밤을 즐겼"던 어느 학생<sup>노환진</sup>의 실토도 책의 한 면을 차지하고 있다. "한 번의 이름 부름만으로도 솜털처럼 푸근한 나의 고향 남원군 보절면... 내 마음의 텃밭. 그곳을 통해서 나는 오늘도 숨쉬"고 있다는 어느 소녀<sup>윤동순</sup>의 목소리도 실려 있다. '꿍짝 꿍짝 꿍짜작 꿍짝' 송대관의 〈네박자〉 가사에 딱 어울리는 사람들의 웃고 우는 인생사에 대한 기억이 '보절'이라는 이름을 통해서 소환되어 있는 곳이 바로 이 책이다. 우화는 아니지만 동화로 읽어도 충분한 책이기에 보절 이야기의 끝자락에 넣어둔다.

1    이상의 이야기는 《혼불》 제1권~4권에서 인용했음을 밝힌다.

2    정려: 충신, 효자, 열녀 등을 그 동네에 정문(旌門)을 세워 표창하던 일.

3    은전: 나라에서 은혜를 베풀어 내리던 혜택.

4    참조, 《남원의 설화》.

## 제 8 장

# 보절의 명소와 명물

## 1. 보절 12 승경 十二勝景

보절에는 만행산 천황봉 줄기로 뻗어 내린 12평파의 마디마디와 사이사이에 숨어 있는 명소와 명물들이 많다. 이 가운데에서 보절에 가면 꼭 들러볼 만한 곳을 고른다면, 12곳을 추천할 수 있다. 소위 보절 12승경이 바로 그곳들이다.

제1경. 만행산 천황봉 상소바위, 승상봉, 천황봉, 태자봉, 옥녀봉, 구라재

제2경. 거령산 거물성, 내황 거사물현 성터

제3경. 바람바위와 할미바위

제4경. 신흥 석불, 요이정, 다뫼조탑

제5경. 보현사, 용호제, 용호정, 청류폭포

제6경. 말무덤 고인돌과 사기점, 개다리폭포

제7경. 삼괴정과 삼동굿놀이 1982년 대통령상 수상

제8경. 반송정과 고인돌 선돌

제9경. 천연기념물 281호 진기 느티나무, 6형제나무 서당

제10경. 다산제, 보절의 저수지 도촌제, 다산제

제11경. 문류정 장송과 버드나무, 호암서원, 오종문, 충렬각, 계룡산

제12경. 구라재, 변서방터, 서정이터, 갑산

참고로, 위에서 열거한 12 승경은 특별하게 선정 위원회를 따로 구성하여 선정한 것은 아니고, 보절면지를 쓰는 과정에서 보절의 역사와 보절의 이야기를 찾고 발굴하는 중에 만나고 발견하게 된 곳들임을 이 자리를 빌려 밝힌다. 물론, 이렇게 12곳을 고른 이면에는 보절 지역을 구성하는 9개 리와 덕과의 2개 리의 대표적인 명소를 하나씩 선정해 주자는 고려도 숨어 있다. 서치리에부터 신양리에 이르는 12개 리에서 대표적인 명소를 한 곳씩 골랐다. 그래서, 지역별로 서운한 점은 없을 것이다. 하지만 자기 동네의 숨은 명소가 빠진 것에 대해 아쉬워할 사람도 분명히 있을 것이다. 이에 대해서는 넓은 양해와 이해를 구한다. 이해를 돕기 위해 보절의 12승경은 역사적인 의미와 풍경과 경관이 좋은 점을 고려하여 선정하였음을 밝힌다. 구체적으로 하나씩 살펴보면, 아래와 같다.

역사적 관점에서, 만행산 천황봉은 보절의 역사를 고스란히 간직하고 있는 큰 산이다. 멀리 마한, 백제의 역사에서부터 고려 말기 왜구와의 전투와 조선 중기의 임진왜란, 최근의 6·25 전쟁의 아픔을 가슴에 품고 있다. 만행산 천황봉 전체가 거대한 포곡식包谷式 산성이다. 지리적 관점에서, 만행산 천황봉은 덕유산의 뿌리로 삼아서 지리산을 마주보는 백두대간의 한 구역을 담당하는 명산이다. 북쪽으로는 덕유산, 남쪽으로는 지리산과 광양의 백운산, 동쪽으로는 영취산, 서쪽으로는 전주 모악산을 조망할 수 있다. 아래의 사진은 천황봉 정상에서 바라본 사진으로, 천황봉이 북으로는 덕유산, 동으로는 지리산, 서로는 모악산, 남으로는 백운산 방향으로 줄기를 뻗어가는 모습이다.

천황봉의 동서남북으로 뻗은 모습

만행산은 장수의 팔공산과 임실의 성수산과 헤어져서 북쪽 날개로는 거령산으로 이어지면서 성남과 성북을 감싸고 내황과 외황을 품으며 작소를 지나 장발에서 끝난다. 남쪽으로는 날개를 안으로 품어 갈치고개에서 계룡산으로 내려오면서 신촌, 개양, 양촌, 회산, 산수골과 자포실 그리고 머개고개를 지나 사매면 오신리에서 멈춘다. 또한 만행산 천황봉 즉 천황지맥은 갈치고개를 지나 계룡산 줄기 초입에서 남쪽으로 조선 초 유자광의 전설을 품은 천마산을 고죽동으로 내려보내고 계속 서진하여 북쪽으로 사매와 보절의 경계가 되는 계룡소맥을 형성한다. 천황지맥의 주 줄기는 남쪽으로백공산과 교룡산을 남겨놓고 계속 서진하여 춘향고개가 있는 뒷밤재를 지나 노적봉을 이루면서 다시 풍악산과 비홍재, 문덕봉, 삿갓봉, 고리봉으로 이어져 금지면의 두물머리에서 조용히 발을 담그며 끝난다. 이를 거리로 환산하면, 못 잡아도 100km 400리로 펼쳐진 큰 산이다. 만행산 천황봉의 12날개에서 흘러내린 물들이 용동, 도촌, 다산, 신흥, 금계, 진기, 괴양, 서치, 만동을 감싸고 도는 섬진강의 최상류 지류들을 통해서 율천에 모인다. 그 물이 오수와 삼계 성문을 거치고 순창 적성을 돌아 순창읍을 통과하여 대강으로 흘러든 후 남원 요천에서 내려오는 물과 금지 및 대강이 만나 섬진강의 본류를 형성하는데, 마침 그곳에 발을 담구고 있는 만행산 천황봉과 조우한다. 천황봉에서 시작한 물이 흘러 돌아가는 길을 따라 나 있는 물길 역시 그 거리를 재보면 대략 400리가 넘는다. 천황봉을 중심으로 양쪽 날개를 펼치고 있는 만행산의 모습 자체가 비경 중의 비경인데, 상사 바위에서 옥녀봉까지 이르는 산길은 예전에는 산성로로 사용되었다. 그 길이는 6km가 넘는다. 만행산 아래의 12평파와 동서남북의 경관을 두루 살필 수 있다. 아래의 사진은 상사바위, 승상봉, 천황봉, 태자봉, 남대문로, 옥녀봉을 담

은 것이다.

다음의 시는 만행산 천황봉을 이렇게 묘사한다.[1]

萬行山 天皇峰
만행산 천황봉


崑崙白頭流萬行　　　곤륜백두류만행
곤륜산과 백두산에서 흘러내려 만행산이요
鳳翼擁百里雌雄　　　봉익옹백리자웅
봉황의 날개로 백리의 만물을 포용하니
雲綿風溫雨蜜也　　　운면풍온우밀야
솜이불 구름, 온화한 바람, 꿀 같은 빗물.
禾豆藷麥苦柿豐　　　화두저맥고시풍
벼, 콩, 고구마, 보리, 고추, 감, 모두가 풍년이로다

천황봉 전경

## 제2경
## 거령산 거물성,
## 내황 거사물현
## 성터

마을 사람들이 '성산'이라 부르는 거령산에는 거물성과 거사물현이 위치한 곳이다. 거령산의 정상에 올라 사방을 둘러 보면, 멀리 지리산 노고단이 한눈에 들어오는데 운봉에서 산동을 거쳐 보절로 들어오는 모든 움직임을 정확하게 관측할 수 있다. 거령산 정상에서 주변 사방을 둘러보면, 보절, 사매, 덕과, 오수, 지사, 산서 등의 6개 면이 한눈에 포착된다. 거령산에 축성된 테뫼식 산성인 거물성은 백제 멸망의 슬픈 역사가 숨어 있는 곳으로, 백제시대의 현청이 위치해 있었을 것으로 추정되는 현성의 성터가 내황마을의 안쪽에 위치해 있다. 아래의 사진은 남아 있는 거물성의 모습과 현성의 성터로 추정되는 복삼치 아래의 지역의 모습이다.

거물성의 모습

아래의 시는 거물성의 역사를 이렇게 노래한다.

다음은 내황마을의 현성터를 읊은 것이다.

居寧山 巨勿城
거령산 거물성

登城顧勇兵犧魂　　　등성고용병희혼

거물성에 올라 용사들의 희생과 넋을 돌아보니

千雄決死爲馬百　　　천웅결사위마백

천명의 영웅이 마한 백제를 위해 결사하였구나.

壞城如心破地散　　　괴성여심파지산

무너진 성을 보니 가슴이 찢기고 땅이 꺼지네.

余等崇護國獻魄　　　여등숭호국헌백

우리도 나라를 지키고 목숨을 바친 정신을 숭상하리라!

居斯勿 內黃筏城址
거사물 내황성지

箕樣陵城天惠址　　　기양릉성천혜지

삼태기 모양의 능성은 천혜의 터이며

千兵湊屯鬪宿塞　　　천병주둔투숙새

천병이 모여서 주둔하고 싸웠던 요새네.

芿茂空虛杜鵑悲　　　잉무공허두견비

무성한 잡초는 공허하고 두견이는 슬피 울고

鳳淚流下龍湖漑　　　봉루유하용호개

봉황의 눈물이 흘러내려 용호에 고이네.

현성의 성터로 추정되는 복삼치 아래 지역의 모습

## 제3경 바람바위와 할미바위

바람바위는 사촌마을과 안평동 마을 뒤의 산날에 서 있는 거대한 암석이다. 할미바위는 내황마을 안쪽 분투골에 있는 큰 암석이다. 마을 사람들은 이것들을 부부바위라고 부른다. 이 바위들은 아주 독특한 아름다움을 지녔다. 동서남북 사면四面의 모습이 각기 다르다. 바람바위와 할미바위는 지금으로부터 1500여년 전 즈음에 거물성과 거사물현의 읍성을 조성하는 과정에서 축성과 건축에 필요한 석재와 산성석들을 자르고 깎아낸 흔적이 담겨 있다. 이 바위들은 따라서 그냥 자연석이 아니라 할미바위와 할배바위가 자연과 문명의 만남을 담고 있는 역사 조각 바위라 하겠다. 이 바위들은 생존을 위한 인간들의 삶의 방식인 문명에 의해서 뜯긴 자연의 모습을 담고 있는 흔적들이다. 거사물 지역에 살았던 사람들의 생명과 생존을 지켜주기 위해서 자신의 몸을 내어 준 바위들의 사랑과 희생의 상징이다. 웅장하지만 슬픈 이야기를, 시원하지만 뜨거운 열정과 희생의 역사를 간직한 바위들이다. 문명과 자연의 만나는 순간과 장면을 고스란히 간직하고 있는 역사 유물이자 자연 명품들이다.

오른쪽 시는 할미바위와 할배바위의 사랑을 이렇게 노래한다.

보절에 있는 바람바위와 할미바위

## 萬行山 風岩, 居寧山 麻姑岩
## 만행산 풍암, 거령산 마고암

麻姑惻仰眄風岩　　마고측앙면풍암

마고할멈은 슬피 울며 바람바위 바라보고

風岩哀乞恕業報　　풍암애걸서업보

바람바위 할배는 애걸하며 업보일랑 용서비네

首揷石枏天定匹　　수삽석남천정필

수삽석남은 하늘이 정해준 배필이요

解慕漱柳花交應　　해모수유화교응

해모수와 유화의 사랑은 천지교응이로구나

萬風岩吹颼雲霧　　만풍암취표운무

만행산 풍암은 바람과 구름안개를 불어내고

麻姑岩孕雨雪露　　마고암잉우설로

마고할멈은 비와 눈, 이슬을 잉태하는구나

谿恒流夕陽煙而　　계항류석양연이

계곡물 항상 흐르고, 석양에 연기 피어오르니

孩動老笑皆福樂　　해동노소개복락

아이들 뛰어 놀고, 어른들 미소짓고 모두가 흥겹네.

萬行山 風岩, 居寧山 麻姑岩

만행산 풍암, 거령산 마고암

## 제4경
## 신흥 석불,
## 요이정,
## 다뫼조탑

신흥 석불은 실크로드를 타고 들어온 동서 교류의 흔적을 보여주는 소중한 문화유산이다. 신흥 석불은 현재 순흥 안씨 보절 정착조인 첨지공 안여의 묘소 옆에 있다. 신흥 석불의 제작 시기는 고려시대 초기로 추정지만, 백제시대에 제작되었을 가능성이 크다. 보절 지역이 남원 화강암대의 중심지이었고, 거령산과 만행산에 아주 큰 규묘의 산성이 축성되었다는 점을 고려하면, 보절은 아주 이른 시기부터 석조 기술이 발달한 지역이었기 때문이다. 신흥 석불은 개성으로부터 지방으로 전파하여 내려오는 양식을 따른 것이 아니라, 오히려 이 지역에서 다른 인근의 주변 지역으로 석불 양식과 석공 기술, 석재가 전파되고 옮겨졌을 가능성이 있다. 어쨌든, 신흥 석불은 백제로 흘러들어온 헬레니즘 양식의 흔적을 보여주는 중요한 역사적인 보물이다. 아울러서 신흥 석불 앞으로 나 있는 논길을 따라 올라가면, 신파제가 나온다. 저수지의 제방 왼쪽에 요이정이 서 있다. 요이정의 현판 글씨와 해위 윤보선의 글씨를 감상할 수 있다. 다시 요이정을 지나 천황봉 쪽으로 올라가면 다뫼조탑을 만날 수 있다. 원래의 자리가 아닌 점은 아쉽지만 옛 모습을 간직하고 있다. 물론 조탑 아래에 있었던 다산 송림이 살아 있었다면 최고의 풍경을 자랑했을 것이다.

다음의 시는 신흥 석불의 깊은 뜻을 되새겨준다.

요이정과 현판글씨

# 新波 石佛像
## 신파 석불상

誰知新波石佛像　　　수지신파석불상

신파 석불상을 어느 누가 알리요?

何時彫埋折改立　　　하시조매절개립

조각하고, 묻히고, 잘리고, 보수해서 세운 지 언제이던가?

無問無答佛心恒　　　무문무답불심항

묻지도 않고 대답하지도 않으니 부처의 마음이며

衆生保佑萬古法　　　중생보우만고법

중생을 보우하니 만고의 진리일세.

신흥 석불

여학생의 뒤로 보이는 예전의 다뫼조탑(우)과
현재 다뫼조탑의 모습(아래).

보현사는 본래 고려 충렬왕 때 송광사의 10대 주지를 지냈던 만항이 백제시대에 지어진 성남사의 말사로 중창한 사찰이었다. 보현사는 임진왜란과 6·25전쟁 때에 전소되어 옛날의 위용과 규모를 상실하고 현재의 자리에 작은 절로 축소되었다. 하지만, 아래의 사진은 하늘에서 바라 본 보현사의 옛날 가람을 보여주는데, 짐작하건대, 보현사가 상당한 규모를 갖춘 대사찰이었음을 엿볼 수 있다.

아래의 사진은 옛날 보현사 절터에서 수습한 청자, 백자, 기와 파편들이다. 이 것들은 보현사의 위용을 상상할 수 있도록 도와준다.

용평제는 보현사 바로 아래에 넓게 펼쳐져 있다. 만행산 칠상봉과 천황봉에서 흘러내리는 물들을 막아 놓은 것으로, 댐보다는 약간 작지만, 마을의 저수지보다는 훨씬 크다. 큰 산에서 막 내려오는 물을 막아놓은 것이라, 물이 아주 맑고 깨끗하다. 용평제에 비친 만행산의 모습이 매우 아름답다. 용평제를 둘러싸고 둘레길이 조성되어 있는데, 둘레길 주변에는 벚나무가 간격을 두고 심어져 있다. 이 길은 지금보다는 10년 뒤의 모습이 더 기대되는 곳이다.

용평제의 제방 너머로는 용호정이 있다. 이곳에는 보절의 유림과 유지들이 남

하늘에서 바라 본 보현사의 모습(하단)과
옛 보현사 절터에서 수습한 청자, 백자, 기와 파편들

겨놓은 노래를 전하는 현판과 남원에 가뭄이 들면, 기
우제를 모시는 기념비가 있다.

오른쪽 위 사진은 보현사로 들어가는 입구에서 천
황봉 쪽으로 올라가면 만나게 되는 청류골의 청류 폭
포이다. 여름에 쉬기에 아주 좋은 곳이다.

아래의 시는 보현사와 용평제의 아름다움을 더욱
빛나게 해 준다.

寶賢寺, 龍湖亭　　보현사, 용호정

鳳舞龍登鳶漁躍　　봉무용등연어약
봉황이 춤추고 용이 승천하니
솔개와 물고기도 뛰는구나
蜜水甘露龍湖滿　　밀수감로용호만
꿀물과 감로수는 용호에 가득 차고
四季豊光晝夜益　　사계풍광주야익
사계절의 풍광이 주야에 더해지니
堯舜花樣年華讚　　요순화양연화찬
요순임금의 화양연화를 찬양하노라

(위에서부터 차례로) 청류폭포, 용평제, 용호정

**제6경
말무덤**고인돌**과
사기점,
개다리폭포**

사촌마을에는 성혈을 간직한 청동기 시대 고인돌이 있다. 이 고인돌 중앙에는 당시 마을 추장의 것으로 추정되는 아주 오래된 무덤이 있다. 이는 청동기 시대부터 보절에 사람들이 살았음을 보여주는 중요한 사적이다.

사촌마을의 위쪽에 있는 사기점은 점결창과 함께 거물성에서 발견되는 기와, 토기, 도기를 만들었던 곳으로 백제 역사와 보절의 역사를 밝혀주는 중요한 사적지이다.

아래의 시는 사기점과 점결창의 역사적 의미를 노래한 것이다.

塵沙土石岩同本　　　진사토석암동본
먼지, 모래, 흙, 돌맹이, 바위, 근본은 같지만

土器青白瓷異用　　　토기청백자이용
토기, 청자, 백자는 용도가 다르구나

貴賤高低粘土判　　　귀천고저점토판
귀하고 천하며 좋고 나쁨은 점토로 판단하니

沙村粘結土最上　　　사촌점결토최상
사촌의 점결토가 최상이더라

말무덤(고인돌)

사촌마을의 뒤산에 있는 개다리 폭포는 보절에서 제일 크고 아름다운 폭포이다. 우기에 떨어지는 폭포의 모습은 멀리 성남마을에서도 관찰된다. 건기에도 폭포가 떨어지는 명소이다.

개다리폭포 풍경

사촌마을의 위 쪽에 위치한 사기점

고절방의 본래 이름은 입석방이었다. 쌍송雙松 안극충安克忠, 1564~162?은 황주 연천 현감에서 물러나 남원 입석방으로 내려와서 살았다. 어느 날 난데없이 화적들이 쳐들어와 재물을 내놓으라고 위협하였다. 이에 안극충이 의연하게 대처하자 화적들이 화를 내며 큰 칼을 휘둘러 안극충을 죽이려 들었는데, 그의 아내 김씨彦陽金氏가 재빨리 몸을 날려 남편 안극충 대신에 칼을 맞고 죽었다. 남편을 대신하여 죽은 안극충의 처 김씨의 절節에 감동한 화적들은 마음을 고쳐먹고 물러가 안극충은 목숨을 건질 수 있었다. 이런 사실이 마을에 전해지자 사람들은 안극충의 아내 김씨의 높은 절개에 감동하여 이를 기리기 위해 마을의 명칭을 입석방立石坊에서 고절방高節坊으로 고쳐 부르게 되었다. 정려가 세워진 해가 1624년인조 2년이었다. 이를 놓고 볼 때, 고절이라는 지명은 늦어도 1624년에는 사용되었음이 분명하다.

괴양리 양촌과 음촌마을 사이에 수백 년 동안 자란 괴목나무 세 그루가 있다. 나무의 수형樹形이 마치 정자亭子처럼 아름답고 수려하여 마을 사람들은 '삼괴정三槐亭'이라 불렀다. 이에 따라 마을이름도 삼괴정이라 불려졌다. 지금은 세 그루의 괴목나무 중 두 그루는 사라지고 없고 양촌마을 앞에 한 그루만 보존되어 있다. 정자가 따로 세워져 있지는 않지만 이 나무들이 정자의 역할을 함에 따라

고절방

삼괴정과 마을 주위의 풍수지리에 바탕을 둔 마을 공동체의 당산제이자 농악놀이로 발전하고 체계화된 민속놀이 '삼동三童굿'은 오늘날 무형문화재로 지정되었다. 이 놀이는 마을의 무사와 태평을 비는 뜻과 마을사람들이 공동체임을 확인하는 동시에 축제적 기능을 가지고 있다.

아래의 시는 고절방의 김 부인을 생각나게 한다.

高節坊 三槐亭　　　고절방 삼괴정

高節良妻金婦人　　　고절양처김부인
높은 절개와 어진 아내는 김 부인이로구나.
萬世龜鑑石刻表　　　만세귀감석각표
만세에 귀감되니 돌에 새겨 표하노라.
三童風樂立身願　　　삼동풍악입신원
삼동풍악은 자식이 잘 되기를 기원함이고,
同樂祈豊無害謠　　　동락기풍무해요
동고동락하면서 풍년과 무해를 노래함이네.

삼동(三童)굿

## 제8경 반송정과 고인돌선돌

반송정은 보현방청寶玄坊廳이 있던 벌촌과 은천마을 사이에 위치한다. '난장亂場'이 열린 곳으로, '반송읍내' 혹은 '반송쟁이'라 부른다. 반송쟁이 난장은 10~20여 일간 이어졌다 하며 면내面內는 물론 인근 오수, 덕과, 산서, 지사 심지어 전주, 남원 등지에서 매일 1000여 명의 인파가 몰려들어 물물교환, 씨름대회, 풍물놀이 등 각종 놀이와 행사가 이루어졌다. 구한말까지 보현방의 소재지였던 범멀은 1910년 남원 48방坊의 행정구역이 22개 면面으로 개편되고 1914년 초등학교가 있는 신파리 신흥으로 면소재지가 옮겨지면서 반송쟁이의 화려함도 점차 사라졌다. 해방 이후 반송쟁이는 가끔 유랑가설극장이 설치되어 1960년대 초까지 무성無聲영화가 상영되었으며, 이후 유성有聲영화의 상영이 이루어졌다. 반송쟁이에 난장이 터지면 그야말로 난장판이 된다. 이에 황벌리 청년들은 난장의 질서를 잡기 위하여 50여 명으로 계契를 조직하여 운영하였다고 한다. 이 계원들은 난장이 열리는 기간 외부 건달깡패들의 횡포를 진압하고 노름을 제재하는 등 면내 사람들의 안전과 재산 보호에 힘쓰고 건전한 난장문화를 선도하였다. 지금도 동네에는 '반송계'가 있어 그 명맥을 유지하고 있다.

아래의 시는 반송정에서 얼린 난장의 모습을 생생하게 환기시킨다.

黃筏里 盤松亭
황벌리 반송정

筏隱亂場競技團　　벌은난장경기단
벌촌과 은천의 난장은 기예를 겨루는 장이며
各處演藝人雲集　　각처연예인운집
각처에서 연예인들 구름처럼 모여드니
雌雄優劣四巴戰　　자웅우열사파전
자웅우열을 가리느라 사파전이 되니
盤松契員鬪鎭壓　　반송계원투진압
반송계원은 난장판을 진압하는구려

반송정

제9경
천연기념물
281호
진기 느티나무

신기마을<sup>새터</sup> 앞 단양 우씨 제각 위로 수형이 아름다운 거대한 느티나무는 600년이 넘은 어른 나무다. 마을의 기원 및 설화를 품고 있어 천연기념물 제281호로 지정되었다. 이 나무의 수고는 약 20m, 둘레 7.8m, 수관 폭은 동서로 25m, 남북으로 26m로 넓게 퍼져 있다. 뿌리가 사방으로 뻗어 지상으로 돌출된 부분은 그 역사성을 잘 설명하여 준다. 가지의 부러짐을 방지하기 위하여 6개의 쇠기둥을 설치하여 사방 곳곳에 큰 가지를 받치고 또한 철선 등으로 폭우나 강풍에 넘어지거나 부러지지 않도록 가지와 가지를 연결하여 지탱하였다. 매년 음력 초사흘<sup>1월 3일</sup> 오전 10시를 기하여 보절면 풍물놀이 전승자들의 농악을 시작으로 당산제를 지낸다. 이때는 원근 마을 사람과 출향인은 물론 면내 각 기관과 발전협의회에서도 참가하여 전통 보존에 힘쓰고 있다. 매년 한식날에도 600년 전 이 나무를 심었다는 우공<sup>禹貢</sup>의 후손들이 모여 추모제를 모신다.

아래의 시는 어른 나무의 깊은 뜻을 더욱 깊이 되새기게 해준다.

眞基里 眞槐木
진기리 진괴목

百樹齡威嚴炯　　　육백수령위엄형
육백년 수령은 위엄이 빛나고,
堪患害克雷霹莊　　　감환해극뇌벽장
환해를 감내하고 우레벼락 이기니 장엄하도다.
守洞里護人傑靈　　　수동리호인걸령
마을을 지키고 인걸을 보호하는 신령이며,
默示萬像極髓昌　　　묵시만상극수창
묵묵히 만상을 지켜보며 극수는 창성하구나.

신기마을 느티나무

보절에는 저수지들이 많다. 대략 40곳은 족히 넘는다. 모두 1910년대 당시 안병용 면장의 주도 아래 지어진 도촌제와 신파제를 비롯한 다섯 방죽과 그 이후에 지어진 것들이다. 이 방죽들은 보절 사람들의 생계와 교육을 책임진 소중한 자산들이다. 또한 이 방죽들은 매우 빼어난 경관을 자랑한다. 생업과 농사일에 바쁜 나머지 무심히 지나쳤을지 모르지만 주변의 산세와 어울려 절경을 이룬다. 그 가운데 특히 아름다운 곳이 다산 방죽이다. 천황봉에서 내려오는 첫물을 받아 모은 이곳은 천황봉이 아침마다 일어나 세수하는 곳으로 유명하다. 빛이 좋은 날이나 혹은 더운 여름날 천황봉이 이곳에 머리를 담구는 모습은 비경 중에 비경이다. 여름날 보절에 가거든 이른 아침에 찾아가 볼 것을 권한다. 단정하게 세수하는 천황봉의 얼굴을 볼 수 있을 것이다. 그 옆에 위치한 호복동 방죽은 옥녀봉이 얼굴을 닦는 곳이다.

다음의 시는 다산제를 더욱 신비롭게 만들어준다.

다산 방죽

## 茶山堤          다산제

萬景會一武陵世          만경회일무릉세
만 가지 경치가 한 곳에 모이니 무릉도원이요

舍碧包萬茶山堤          함벽포만다산제
푸르름을 머금고 만행산을 껴안은 다산 방죽에

心身處無我一體          심신처무아일체
마음과 몸이 이곳에 머무르니 무아일체로구나

天下絶勝仙遊堤          천하절승선유제
천하절승! 신선들이 놀고가는 방죽일세

호복동 저수지(위) 진평제 옥녀폭포(아래)

문류정은 보절 사람들이 학문은 물론 시담과 시국을 논하던 곳이다. 매헌 소산복이 지었다. 문류정 출입문에는 선춘문先春門이라는 현판이 붙어있어 문 앞에 심은 버드나무에 걸맞다. 당시 소산복은 이 정자와 함께 마을 앞 조산造山에 초정草亭을 짓고 버드나무를 심었다. 여기에서 정자의 이름이 유래했다. 소산복은 자신의 학문적인 동지들과 문류정에서 고매한 뜻을 함께 했고, 항상 이별을 아쉬워했던 명소이다. 또 문류정에는 보호수로 지정된 소나무가 우뚝 서 있는데 이곳의 역사를

문류정 내부

멀리서 바라 본 문류정

문류정 전경

대변한다.

호암서원은 덕과면 만도리에 위치하고 있다. 이서李舒를 주벽으로 삼고, 심구령沈龜齡, 안성安省, 소연蘇沿, 소산복蘇山福, 이당李棠 등 6현을 배향하고 있다. 1868년고종 5년 흥선대원군의 서원 철폐령으로 폐쇄되었다가, 1961년에 복원하였다. 서원 안에는 사당과 강당·전사청·외삼문·고사 등이 있다. 해마다 3월에 제사를 지낸다.

호암서원 전경

아래의 시는 문류정과 호암서원에 깃든 보절의 유교 문화와 그 정신을 실감케
한다.

門柳亭 湖巖書院
문류정 호암서원


梅軒學香披門柳　　　매헌학향피문류
매헌의 학향은 문류정에 퍼지고

筆劍一體畏後學　　　필검일체외후학
필검일체는 후학들을 경외롭게 하구나

風摺柳枝驩衆儒　　　풍진유지환중유
바람에 흔들리는 버들가지는 많은 유생을 환영하고

萬行天皇望山福　　　만행천황망산복
만행산 천황봉은 묵묵히 산복을 바라보는구나

충렬각 현판

계룡산의 끝자락에 위치한 충렬각은 도촌교와 신양교 사이로 흐르는 율천가에 있다. 오종문이라 부르는 이곳에는 충신 소덕효, 충신 소권, 충신 소제, 열녀 소방윤 아내 정씨, 김연장의 아내 소씨의 정려 편액 다섯과 <소씨충렬중수기문>의 편액이 걸려 있다. 충렬각 앞으로는 신파리에서 흘러 내려오는 물줄기와 용등 폭포가 있는 보현사에서 흘러 내려 온 물줄기가 이곳에서 만난다. 또 충렬각 앞으로는 하마비가 있고 바로 뒤에는 충신 소권의 묘와 소공묘표가 있는데 묘와 묘표가 너무 가깝게 붙어 있는 느낌이다. 주변의 오래된 소나무들이 충렬각을 감싸 안은 듯이 지키고 있다.

오종문 충렬각

변서방터(아래)와 구라재(하단).

제12경
구라재,
변서방터,
서정이, 갑산

계룡산은 이성계가 조선 개국을 꿈꾸던 곳이라는 이야기가 전해지는 곳이다. 마을 지명과 옛이야기는 이성계가 황사 대첩에서 왜구를 물리쳤을 때 보절 지역에 머물렀음을 암시하는 흔적인 셈이다. 구비전승된 이야기를 종합해 봤을 때, 이성계와 그의 부대가 부대 정비를 위해 혹은 전투준비를 위해 이곳에 머문 증거들이 여러 곳에 남아 있다. 보절에서 운봉으로 넘어가는 구라재, 참남쟁이의 '병사방터', 원방이뜰, 갑산의 '서정'이라는 우물과 약방터 등이 그것을 방증한다. 구전에 따르면, 구라재는 700여 년 전 고려 말 운봉 황산 싸움에서 이성계가 왜구 장수 아지발도군軍과 일진일퇴 혈전의 결과 대승大勝을 거두고 운봉 여원치를 지나 개성으로 승전보를 울리며 회군하는 길목의 고개이다. 이성계는 전쟁으로 지친 병사들이 안식을 취하던 중에 이곳에서 소라껍질로 만든 나팔을 잃어버렸다 다시 찾았다는 데에서, 이 재를 '구할 구求, 소라 라螺' 즉 '잃어버린 소라나팔을 찾은 고개'라 하여 구라치求螺峙라고 부른다. '구라재'는 조선시대에도 경상도 부산 포구에서 창원과 함양을 거쳐 완주에서 한양으로 가는 중요한 길목으로 지리적 요충지이다. 갑산甲山은 황산대첩에서 대승을 거두었으나 부상당하고 지친 병사들을 치료한 곳이다. 수천의 병사들이 벗어놓은 갑옷과 투구가 산을 이루었다 하여 갑산이라 부른다. 이성계가 고려를 뒤집고 조선 건국을 준비하기 위해서 보절에 오래 머물렀다는 이야기는 이성계와 우투리 장군이라는 전설로 전해진다.

아래의 시는 계룡산 일대와 이성계의 관계를 노래한 것이다.

鷄龍 甲山
계룡 갑산

神弓成桂屯鷄龍　　신궁성계둔계룡
신궁 이성계는 계룡산에 주둔하며

備武研磨討倭兵　　비무연마토왜병
장비를 준비하고 연마하여 왜구를 토벌하였다

荒山壓勝留丘陵　　황산압승류구릉
황산대첩 압승한 후 구릉에 머물면서

開國元氣完鷄龍　　개국원기완계룡
조선개국 원기를 계룡산에서 완성하였구나

서정이터

계룡산 전경

## 2. 보절의 12 승경과 역사 지도

위에서 소개한 보절 12경을 역사 지도로 정리하면, 다음의 둘레길이 나온다. 이
곳들을 모두 돌아볼 수는 없을 것이다. 하지만, 승용차로 1시간이면 몇 군데는 쉽
게 돌아볼 수 있다. 보절에 가게 되면, 한 번쯤은 꼭 들러보길 권한다.

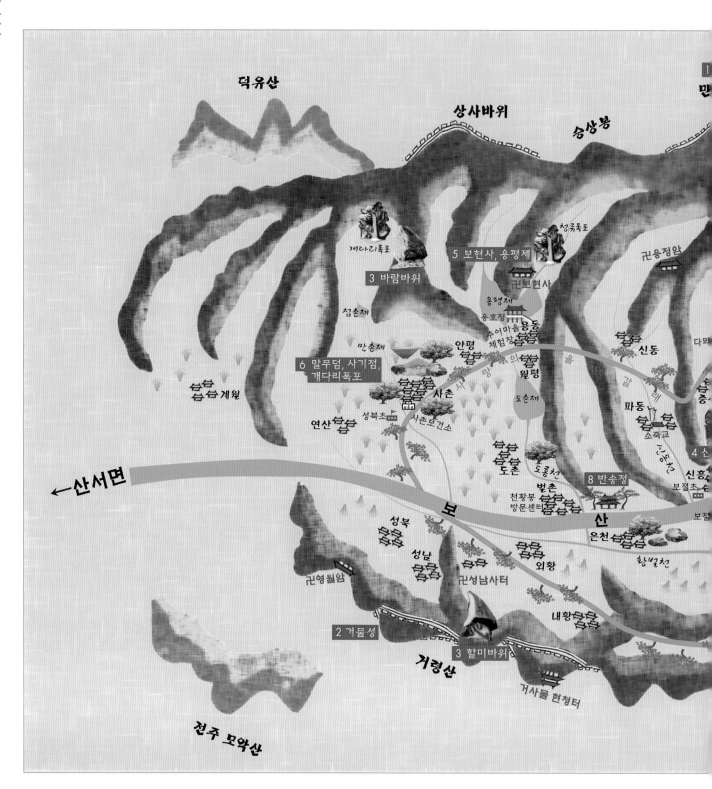

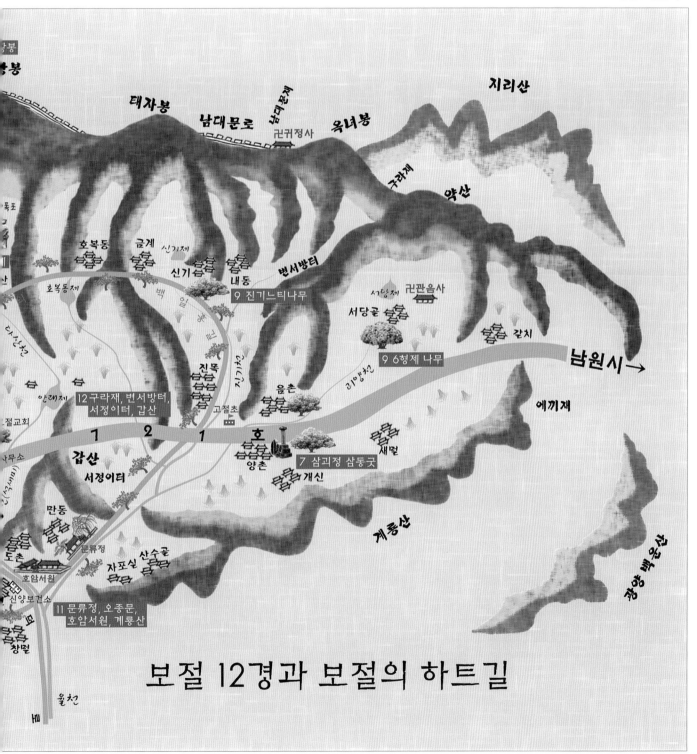

보절 12경과 보절의 하트길

아래의 지도는 이해를 돕기 위해서 보절 12승경의 현재 모습을 담은 사진을 추가한 것이다.

제1경 상사바위

제5경 청류폭포

제5경 용평제

제5경 보현사와 용평제

제3경 바람바위

제6경 개다리폭포

제6경 말무덤·고인돌

제2경 거물성

제2경 거령산

제3경 할미바위

제8경 반송정

제4경

만행산 천황봉      제10경 다산제      제10경 호복동제      제12경 구라재

제12경 변서방터   제9경 진기 느티나무   제9경 육형제 나무   제7경 삼괴정과 삼동굿

보절 12경과 보절의 하트길

제4경 요이정      제11경 문류정      제11경 호암서원      제11경 계룡산

**미주**

1     이하의 시들은 보절중학교 출신 골동 양영철 선생이 보절 12승경을 방문한 후에 그 감회를 노래
      로 만들어 준 것이다. 이에 깊은 감사의 마음을 표한다.

# 제 9 장 보절면의 현황

木 : 자라나는 나무를 뜻하며 보절 이야기에서는 현재 보절에 살고 있는 사람들의 현황을 가리킨다 .

# 보절면의 현황

## 1. 위치 및 지형

### 1_1. 지형적 위치

보절면사무소는 남원시청을 기점으로 북방 약 16km 거리에 위치한다. 보절지역
은 동에는 호남금남정맥의 팔공산에서 남진하여 이루어진 천황봉$^{909m}$을 최고봉
으로 하는 만행지맥, 남서쪽으로 계룡소맥, 북서쪽으로 성산소맥이 위치하여 이
세 산맥에 둘러싸인 구릉성 산간분지이다.

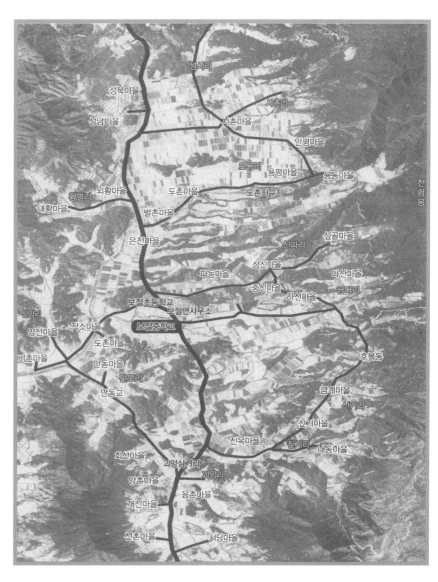

## 1_2. 수리적 위치

천황지맥과 계룡지맥 그리고 성산지맥 마루금 안에 위치한 보절지역의 위도緯度와 경도經度 상 위치는 다음과 같다.

- 동극: 천황봉
    → 위도 35°31′26.14″ 경도 127°27′3.46″
- 서극: 질기재 모퉁이
    → 위도 35°30′6.19″ 경도 127°22′42.23″
- 남극: 갈치고개
    → 위도 35°27′58.33″ 경도 127°24′28.53″
- 북극: 계월 구렁목고개들
    → 위도 35°33′27.22″ 경도 127°24′39.51″
- 중앙: 면사무소
    → 위도 35°31′11.28″ 경도 127°24′37.64″

## 1_3. 관계적 위치

- 동쪽으로 만행지맥을 경계로 북쪽으로 번암면蟠岩面, 남쪽으로 산동면山東面
- 서쪽으로 덕과면德果面·사매면巳梅面
- 남쪽으로 남원시 갈치동
- 북쪽으로 장수군 산서면山西面과 접한다.

## 1_4. 보절의 관문關門

- 남: 갈치고개; 보절의 남쪽에 위치하며 남원시내로 나아가는 통로
- 서: 질기재 모퉁이; 보절의 서쪽에 위치하며 남원시 덕과면 율천밤지내으로 나아가는 통로이며 율천에서 오수를 거쳐 전주로 연결된다.
- 북: 범실고개; 보절의 북쪽에 위치하며 성북마을에서 산서면으로 나아가는 통로

# 2. 면적과 인구

## 2_1. 면적

보절면의 총면적은 41.99㎢으로, 이 중 임야가 26.32㎢, 농경지가 10.73㎢, 대지가 0.6㎢이다. 임야는 총면적의 62.7%이고, 농경지는 총면적의 25.6%로 논이 909.4ha, 밭이

205.7ha이다. 대지 및 기타 면적은 총면적의 약 11.7%이다.

## 2_2. 인구

인구는 2020년 9월말 기준으로 876가구 1,549명남자 776명, 여자 773명이다. 자세한 인구현황은 후술하겠다.

# 3. 지세

## 3_1. 지세地勢

보절면은 동으로 만행지맥萬行支脈과 서남쪽으로 계룡지맥鷄龍支脈 그리고 서북쪽으로 성산지맥城山支脈으로 둘러싸인 구릉성분지 지형으로 설명된다. 또한 우리 조상들은 보절 지형을 12평파지지十二坪坡之地로 설명하기를 좋아했다.

---

**천황지맥**: 장수군 팔공산에 뿌리를 둔다. 팔공산에서 2.4km 내려와 성수지맥과 천황지맥이 분기되는 마령치가 있다. 즉, 천황지맥은 마령치에서 금지면 하도리 고리봉을 지나 두물머리에서 마감된다. 개동산일명 묘복산을 기점으로 개동지맥이라 표기한 지도도 있고 산경표山經表를 기준으로 금남호남천황지맥으로 통일해야 한다고 주장하는 산악인도 있다. 그렇지만 여기서는 천황지맥으로 이름을 정한다.

**만행지맥**: 천황지맥의 한 구간으로 장수군 산서면 상서산에서 남원시 도통리 용성중학교 뒤 백공산에 이르는 구간으로 즉, 상서산에서 도통동에 있는 선원사까지를 만행지맥으로 정의했다.

**성산소맥**: 장수군 산서면 상서산에서 사계봉을 거쳐 성산절·성산에서 양선마을을 감싸 돌아 창멀과 질기재 쪽으로 뻗어내려 율촌밤두내으로 다시 서진하여 삼계석문에 이르는 지역을 성산소맥으로 정의했다.

**계룡소맥**: 남원시와 보절면 경계를 이루는 갈치고개에서 200여 m쯤 서진하면 천황지맥의 남서방향으로 천마산, 북서방향으로 보절면과 사매면과 경계를 이루며 덕과면 만도리 신양리 앞을 지나 사매면 오신리에서 마감한다. 이를 편의상 계룡소맥이라 하였다.

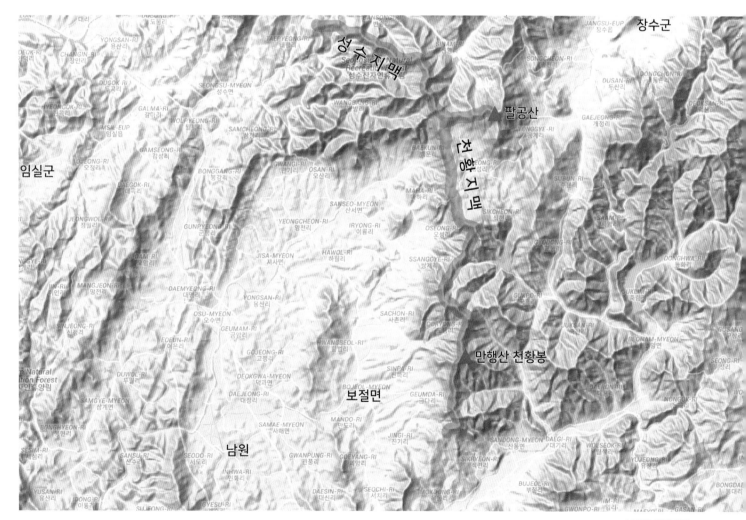

보절의 산맥지도

## 3_2. 천황지맥과 만행지맥

보절 지형의 가장 두드러진 특징은 동편의 천황봉을 주봉으로 하는 만행지맥이 마치 병풍 두르듯 펼쳐져 있다는 점이다. 만행지맥의 근원은 백두대간白頭大幹으로 백두산 병사봉에서 비롯된다. 산경표를 보면 백두대간은 백두산을 기점起點으로 길게 뻗어 내려오다가약 1,470km 지리산 천왕봉에서 궤를 이루며 마친다. 백두대간의 영취산靈鷲山, 1,076m 경남 함양에서 분기한 금남호남정맥의 팔공산八公山, 1,151m은 마령재에서 다시 성수지맥과 천황지맥으로 분기한다.

### 천황지맥

천황지맥은 마령재에서 성수지맥과 갈라지고 비행기재를 지나 묘복산개동산, 846m, 상서산809m, 천황산만행산, 910m, 약산448m, 갈치, 천마산427m, 교룡산519m, 노적봉565m, 풍악산605m, 비홍치256m, 문덕봉600m, 삿갓봉624m, 고리봉710m 등을 거쳐 요천과 섬진강 본류가 합수하는 하도마을 '두물머리'까지 이어진다. 즉 천황지맥을 경계로 하여 동남쪽은 요천수계, 서북쪽은 오수천 수계로 구분된다.

### 만행지맥

만행지맥은 천황지맥의 한 구간으로 상서산에서 갈치 또는 백공산185m에 이르는 맥을 말하며, 이 구간은 북쪽에서 남쪽으로 병풍처럼 보절면의 동쪽을 감싸준다. 또한 이 구간은 서쪽으로 수많은 골짜기와 함께 급경사를 이루나 12평파十二坪坡의 낮은 구릉성 소지맥小支脈을 형성하며 보절 지형의 대체적인 골격을 이룬다. 만행지맥은 우리 보절지역과 장수군 번암면 그리고 남원시 산동면과 지형적 경계를 이룬다.

### 계룡소맥鷄龍小脈

계룡소맥은 갈치고개에서 시작되어 체기산, 에끼재, 정고개재, 계룡산, 땅재, 장태봉, 머개고개를 이루며 사매면 오신리에서 마감되는데, 이 소맥이 '신촌'과 '개양', '양촌', '회산', '산수동' 마을의 배산을 이룬다.

또한 계룡소맥은 남원시 고죽동과 사매면 상신리, 관풍리, 오신리와 보절면 일부와 덕과면 일부의 지형적 경계를 이룬다.

### 성산소맥城山小脈

보절과 덕과에서의 성산지맥은 만행지맥의 상서산장수군 산서면에서 분기하여 서쪽으로 보절면 성시리 계월마을의 배산인 사계봉까지는 낮은 지맥을 형성하면서 진행하다가, 721번 국도가 지나는 범실고개를 지나 성산절영월암을 거쳐 성산410m과 내황 뒤 복삼치伏三雉고개를 지나 통시봉을 기봉起峰하여 다시 양선마을 배산과 오수 쪽의 삭산193m까지 달린다. 성산지맥은 장수군 산서면과 덕과면 덕우리, 사율리, 율촌리와 지형적 경계를 이룬다,

지금까지 살펴본 바와 같이, 보절의 지형은 만행지맥과 계룡소맥, 성산소맥으로 둘러싸인 소쿠리 속, 구릉성 산간 분지지형으로 규정할 수 있으며 보절 분지라 할 수 있다. 바로 이곳에서 보절인들은 아득한 옛날부터 잘 발달된 평파와 골짜기 그리고 평파坪坡 사이로 흐르는 냇가소하천에 주거를 정하고 논밭을 일구며 수천 년을 살아왔다 할 것이다.

## 3_3. 고개치 峙

보절지역을 둘러싼 지맥들은 고개가 많은 것이 특징이다. 이러한 고개는 다른 지방과 교통로로써 이용되었으며 혹은 초군樵軍, 나무꾼들이 이용하기도 하였을 것이다. 또한 보절분지 내 평파의 고개는 마을 간 교통로이자 농로로 이용되기도 하였다. 이렇게 크고 작은 고개들은 그 기능과 함께 고개마다 조상들의 애환이 담겨있다 하겠다. 하지만 오늘날 교통의 발달과 난방·전기 등의 보급으로 고개의 기능과 낭만이 사라져가는 아쉬움이 있다.

### 지방도 제721호선식정~산서면 봉서리에 있는 고개

721호선 도로는 남↔북으로 보절지역을 관통한다. (남원식정)↔갈치고개↔불무고개↔차독고개↔고실고개↔주장고개↔(면소재지: 신흥)↔후유고개↔범실고개↔(산서면 봉서리)

**갈치葛峙고개** 옛날에 칡이 많은 곳이라 하여 칡갈葛, 고개 치峙 하여 갈치라 부르게 되었다. 갈치고개는 남원시와 보절면의 경계로 보절의 관문이다.

**불무고개** 옛 고절초등학교를 끼고 도는 고개로 불무명당이 있다고 전한다. 옥녀봉에서 뻗어 내린 '불무명당날'에 위치하여 불무고개라 한다.

**차독고개** 진목에서 갑산으로 넘어가는 고개이다. 고개마루에 차독차돌, 硅素이 많다하여 붙여진 이름이다. '규현硅峴'이라고도 부른다.

**고슬歌瑟고개** 갑산에서 석새미로 넘어가는 고개를 말하며 야밤이면 고개에서 북소리와 거문고소리가 들린다하여 붙여진 이름이다.

**주장고개** 석새미에서 면소재지인 신흥으로 넘어가는 고개이며, 일제강점기에 고개 아래 주조장이 있어 붙여진 이름이다.

**후유고개** 신흥에서 시무내로 넘어가는 고개이다. 원래는 '비가 오니 기쁘다'는 뜻의 희우치喜雨峙였다가 언제부터인가 후유고개로 불리었다.

**범실고개** 성시리에서 장수군 산서면 봉서리로 넘어가는 고개로 남원시와 장수군의 군계郡界가 된다.

### 만행지맥 갈치~산서면 마치 에 있는 고개

(묘복산)↔마치↔(상서산)↔안불치↔(칠상봉)↔큰재↔(상사바위)↔(천황봉)↔천황치↔(태자봉)↔(시루봉)↔남대문재↔(옥녀봉)↔풍곡재↔(할미성)↔구라재↔(약산)↔황등고개↔(두이봉)↔갈치↔(체기산)

**마치馬峙** '말재'라고도 부르며, 산서면 오룡리에서 장수군 번암면으로 넘어가는 고개이다.

**안불치** 사촌리에서 장수군 번암면 삼밭골로 넘어가는 고개로, 비가 여름철에는 '안불치폭포'가 장관을 이룬다.

**큰재** 만행산에서 제일 깊은 골짜기를 '큰골'이라 하며 보현사에서 시작된다. '큰재'는 '쉽구부재'라고도 하며 남원시 산동면 대상리를 넘는 고개로, 주로 옛날 초군樵軍, 나무꾼들이 이용했으며 '모광대묘' 앞에 모여서 쉰 다음 한숨에 고개를 넘는다. 가을에는 땔나무를 봄·여름에는 거름풀을 하였으며 하루에 두 번을 다닌 이들도 있었다하니 당시의 생활을 들여다 볼 수 있다. 또한 보절 팔경八景의 하나였던 유동반석流洞盤石이 큰골에 있으며, 초군길이었던 등산로는 오르내려 보지 않은 사람은 구부구부 '갈 지之'자의 정겨움과 주변 경관의 멋과 맛을 알기 어렵다.

**천황치** 천황봉의 주 등산로인 용호정 근처 너적골에서 산동면 대상리로 넘는 고개로, 천황봉과 태자봉작은 천황봉 사이에 있다. 지금은 거의 이용되지 않지만 삼국시대 남대문재와 함께 백제군의 주요 작전로作戰路로 추정된다.

**남대문재** 시루봉과 옥녀봉 사이에 있으며 호복동과 바딧절에서 산동면 대상리 귀정사로 넘어가는 고개이다. 이 고개도 백제군의 주요 작전로였을 것이다. 남대문재로 오르는 길이 또 있는데 공시메에서 옥녀봉과 풍곡 사이의 골짝으로 오르는 길이다. 남대문재 정상에서 만난다.

**풍곡재** 옛날 초군들이 주로 이용하였으며 공시메와 내동에서 산동면 풍곡風谷으로 넘는 고개이다. 바람이 많은 골짜기란 뜻일 것이다.

**구라재** 진기리 내동內洞마을에서 산동면 목동木洞마을로 넘는 고개로, 옛날부터 관로官路로 이용되었으며, 고려 말 이성계 장군 부대가 구라소라로 된 나팔를 잃었다가 찾았다는 전설과 혼사 등으로 보절과 산동의 문화교류가 있었던 애환의 길이다. 최근에는 시멘트 포장이 되어 산불방지를 위한 소방도로로 이용되고 있다.

**황등고개** 서당마을 관음사에서 약산을 넘어 산동면 목동리로 넘어가는 고개이다.

### 성산소맥 상서산~질기재모퉁이 에 있는 고개

(상서산)↔안불치↔구렁목고개↔원당고개↔(사계봉)↔범실고개↔(성산절)↔봉화재(장재)↔(성산(황산))↔복삼치재↔(통시봉)↔따박고개↔동해굴고개↔질기재↔(질기재모퉁이)

**구렁목고개** 시묘동에서 구렁목고개를 넘으면 산서면 반곡마을이며 산서면 월곡으로 연결된다.

**원당고개** 시묘동에서 사계봉을 끼고 돌아 산서면 봉서리로 연결되는 '오수장길'이다.

**범실고개** 전술하였음.

**봉화재** 장재 백제시대 봉화를 올린 곳으로 추정되고, 성시 사람들이 오수장을 다니는 고개라고 하여 장場재라고 하였다.

**복삼치伏三雉재** 꿩 세 마리가 엎드려 있다는 풍수설에 의한 고개이며 내황에서 덕과면 덕동마을과 지사면 영천으로 연결된 유래 깊은 고개이다.

**따박고개** 작소마을 뒤 언덕길을 말하며 보절 신흥에서 이 고개를 넘어 양선마을 뒤 동해굴고개로 연결된다.

**동해굴고개** 양선마을에서 남원 최초의 3·1독립만세운동비가 있는 도화동을 거쳐 동해굴 진주소씨 재실 또는 성도암을 지나 밤두내나 삽실로 연결되는 고개이며, 전주행 버스 및 오수

역전라선 열차를 타거나 오수장에 가는 도보로 가장 빠른 길이
었다. 오래 전부터 활발히 이용되었던 고개이다.

**질기재** 군도를 따라 신양리 창말을 지나 우측 강남골 초입에서
모퉁이를 꺾어 돌면서 시작되는 밤두내 가는 지름길이다. 지금
은 숲이 울창하고 고개 너머에 음료공장이 생겨 사용하기 어렵
다. 신작로가 나면서 질기재 모퉁이를 이용하였다.

## 계룡소맥<sub>갈치~사매면 오신리</sub>에 있는 고개

갈치↔에끼재↔(체기산)↔정고개재↔(계룡산)↔땅재↔(장태
봉)↔머개고개↔(오신리)

**에끼재** 부흥마을 건너 갈치고개와 체기산 사이의 고갯길이며
이 길은 보절지역 사람들이 오랜 옛날부터 남원읍내를 들고나
는 관문이었다. 부흥 앞 칠송정에서 남원읍내로 연결된다. 엣끼
재, 어깨재, 어끼재 등으로 불리기도 한다.

**정고개재** 체기산과 계룡산 사이에 있는 고개로 신촌新村, 새말
에서 사매면 대신리와 관풍리로 연결된다.

**땅재** 개양에서 사매면 오신리로 연결되며 갱이, 양촌, 음촌, 회
산, 산수동 사람들이 주로 이용하였다.

**머개고개** 사매면 오신리에 용북중학교가 설립되면서 보절면
중학생들의 통학로로 이용이 활발하였으나, 1970년대 보절중
학교가 설립되면서 거의 이용되지 않고 있다.

## 지방도 19호선<sub>진목~사촌</sub>에 있는 고개

(신기삼거리)↔활정재↔(금계마을)↔몬당뜸고개(호복동)↔다
뫼고개↔(다뫼)↔(중고개삼거리)↔중고개↔(제림평사거리)(빼
골)↔번덕고개↔(용평)↔(용평사거리)↔(용평·사촌)

**활정재** 새디에서 비딧걸로 넘어가는 고개이다.

**몬땅뜸고개** 바딧절에서 호복동으로 넘어가는 고개이며, 호복
동 마을이 고갯마루의 위와 아래로 자리잡고 있다.

**다뫼고개** 호복동에서 다뫼로 넘어가는 고개로, 몬당고갯마루에
보절사격장 정문이 있다.

**중고개** 원래 중현中峴, 중고개마을에서 제림평帝臨平으로 넘어
가는 고개였으나 지금은 고개가 낮아지고 도로가 나면서 지명
만 남아있다.

**번덕고개** 제림평사거리에서 용평龍坪으로 넘어가는 고개로,

원래 좁은 길이었으나 도로가 나면서 붙여진 이름이다. 고갯마
루 평전平田, 번덕에 월평마을이 있으며, 1970년대 이후 개발되
기 시작하여 지금은 논과 밭이 개간되면서 크게 변화된 모습을
보이고 있다.

## 기타

**몽롱고개** 활정제에서 진목마을을 뒤로하여 구렁목들로 넘어
가는 고개로, 남부에 고절초등학교 설립 전까지 신기마을과 내
동마을의 초등학생들이 보절초등학교를 다니던 통학로였다.

**물방아골**물망골**고개** 내동 위 진목제 제방에서 공시메로 넘어가
는 고개이다.

**떼작골고개** 참새를 한자로 '작雀'이라 하는데, 마을 인근의 들
이 넓어서 '앞당산일명 떼짝골'에 참새 떼가 많아 참새들이 사는
동네라는 의미로 붙여진 듯하다.

**범바재** 옛날 머슴들이 범을 잡았다는 구전에 의하여 붙여진 것
으로 설명하는 사람들도 있으나, 범바재 못가서 단양 우씨 종
산宗山인 호산虎山에는 호랑이가 똥을 싸는 곳이라 하여 '호랑
이바위'라 불리는 크고 널찍한 바위가 있는데, '호산', '호랑이
바위'에서 범바재의 이름이 유래된 듯하다.

**목넘이 고개** 부흥마을에서 서당마을로 넘어가는 고개이다.

**걸고개** 용등마을 초입에 있는 고개로, 주변 경관이 수려하고
노거수老巨樹들이 걸고개의 오랜 역사를 증명하고 있다. 조선
시대부터 몇 개의 주막이 있었던 것으로 보이나 지금은 '걸고
개식당' 하나가 남았다. 지자체에서 정자를 세우는 등 공원화
하였으며 이 고개는 용등마을의 입구이자 보현사와 용호정 그
리고 옛 용동폭포, 현 용호龍湖, 용평제를 가기 위한 길목이며 천
황봉 산행도 대부분 이 고개를 거쳐야 한다.

**엄낭고개**엄나무고개 섬말도촌, 島村에서 안동네만동, 晩洞로 넘어
가는 고개로 섬말 초입初入에는 소제장군 사당이 있으며 옛날
에는 주막이 있었다. 안동네 초입에는 소윤택蘇潤澤 효자비가
있다.

**비안고개** 진목마을 앞산인 비안날에 위치하며 괴양리 음촌마
을 뒤편의 거치실로 연결된다.

이상의 내용을 정리하자면, 보절 지형의 특색은 구릉성
분지에 평파가 많아 고개가 많다. 따라서 조상들은 수확물을
지게를 주로 사용하여 들녘에서 집으로 옮기는 생활을 하였

으며 근대화가 되어서도 집집마다 지게가 없는 집이 없었다. 최근 마을 안길과 농로, 도로교통이 발달하고 손수레와 차량 보급이 이루어지면서 지게의 사용은 물론 그 모습 또한 사라진지 오래되었다.

### 3_4. 하천河川

능선과 능선 사이를 골짜기라 하고 골짜기는 반드시 물이 흘러 똘도랑을 이룬다. 도랑물이 모여서 내가 되고 냇물이 모여서 하河와 강江을 이룬다. 보절의 시냇물은 주로 만행지맥 골짜기에서 발원하지만, 여기에 계룡소맥과 성산소맥 골짜기에서 발원하여 흐르는 물이 합수合水되어 대천大川을 이루고 섬진강에 합류된다. 이 대천은 보절지역에서 제일 큰 하천이기 때문에 예부터 불려온 이름으로 율천栗川이라고도 하며 이는 덕과면 율천으로 이어지기 때문에 보절면 지도상에 '율천'으로 표기한 듯하다.

### 대천大川은 섬진강의 근원

섬진강은 전북 진안 봉황산의 데미샘에서 발원하여 경남 하동과 전남 광양 사이의 광양만으로 빠져나간다. 대한민국 산하를 장장 212km나 휘감으며 흐른다. 조선의 실학자 이중환은 《택리지》에서 섬진강의 발원지를 마이산으로 보았고, 조선시대 인문지리서 《신증동국여지승람》에도 섬진강의 발원지를 중대산 또는 마이산으로 기록하고 있는데, 현재는 진안군 백운면 신암리에 있는 팔공산의 '데미샘'을 섬진강 발원지로 정하여 표지석을 세웠다. 섬진강은 금남호남정맥 남쪽 사면과 호남정맥의 서쪽 사면에서 발원하는 골짜기의 물들이 남쪽으로 방향을 잡아 68개의 제1지류와 129개의 제2지류, 53개의 제3지류 및 15개의 제4지류의 물들이 합수되어 흐르다가 광양시 진월면 망덕포구에 이르러 남해로 흘러들어간다. 보절의 만행지맥과 계룡소맥 그리고 성산소맥에서 발원하여 흐르는 물은 '질기재' 모퉁이에서 최종 합류하여 대천을 이루고 율천의 근간이 된다. 한편 임실군 지사면과 성수면에서 발원되는 하천은 임실군 오수면에서 합류되어 오수천獒樹川이 된다. 우리 고장에서 발원되는 '율천'은 임실군 삼계면 '삼계석문'에서 오수천에 합류되어 그 이름을 다하게 된다. 다시 오수천은 순창군 동계면 평야부를 관통하여 '데미샘'에서 출발한 섬진강의 본류와 순창

군 적성면에서 합수되어 '적성강'이라고 불리게 된다. 따라서 '오수천'도 여기서 그 이름을 마감한다. 다시 정리하면, 우리 고장에서 발원한 율천이 오수천에 합류하고 오수천이 데미샘에서 발원한 섬진강 본류와 합수되어 적성강이라 불리며 섬진강 상류의 근원이 된 것이다. '적성강'은 순창군 유등면을 지나 다시 남원시 대강면으로 찾아들면서 '순자강'을 이루고, 순자강은 순창군 풍산면, 전라남도 곡성군 옥과면, 입면 등 4개면과 곡성읍을 남원시와 경계를 이루며 흐른다. 이 경계가 전라북도와 전라남도 사이의 경계가 되기도 한다. 한편, 천황지맥 동쪽사면과 금남호남정맥 사이의 수백 골짜기에서 흐르는 물은 장남댐, 동화댐 등을 이룬 다음 남원시를 관통하는 '요천'에 합류하여 금지면 하도리 '두물머리'에서 순자강과 만나게 된다. 두물머리 앞으로 펼쳐진 평야가 곡성분지이다. '두물머리'란 지명도 '순자강과 요천의 두 물이 만나는 곳'이라 하여 지어진 이름으로 우리 말언어의 맛을 느낀다. 이렇게 형성된 섬진강은 곡성에서 계속 남진하여 다시 곡성군 오곡면 압록鴨綠에서 보성강寶城江과 합류하고, 지리산 피아골에서 발원하는 물을 받아 하동의 화개장터 나루를 거쳐 전라남도 광양시 골약면의 광양만에서 남해로 흘러든다.

### 섬진강의 근원이 되는 보절의 하천

보절지역 모든 하천은 예나 지금이나 만행지맥과 성산소맥, 계룡소맥의 골짝에서 발원하여 대천율천으로 합수되어 흐른다. 내川의 규모가 작아 주민들은 주로 '도랑도랑'이라 불렀다. 옛날에는 냇물이 자연스럽게 흘러 흐름길이 분명하였으나 일제강점기에 다수의 저수지가 축조되면서 자연적 흐름을 방해했다. '하나를 얻으면 다른 하나를 잃기 마련이다.'라는 말처럼, 저수지 축조로 가뭄 극복에는 도움이 되었으나, 아름답고 한가로웠던 보절의 풍경이 사라졌다. 보절지역의 주요하천은 다음과 같다.

> 대천大川 또는 栗川, 율천 지도상의 율천을 말하며, 안불치에서 발원하는 사촌 마을 '뒤하천'과 시묘동 '새길천'이 성남마을 입구에서 합수되면서 비로소 대천이 시작된다. 대천은 보절 골짜기의 도랑물을 모두 받아 질기재 모퉁이에서 합수되어 덕과면 율촌밤지내를 지나 삼계석문에서 오수천과 합류한다.

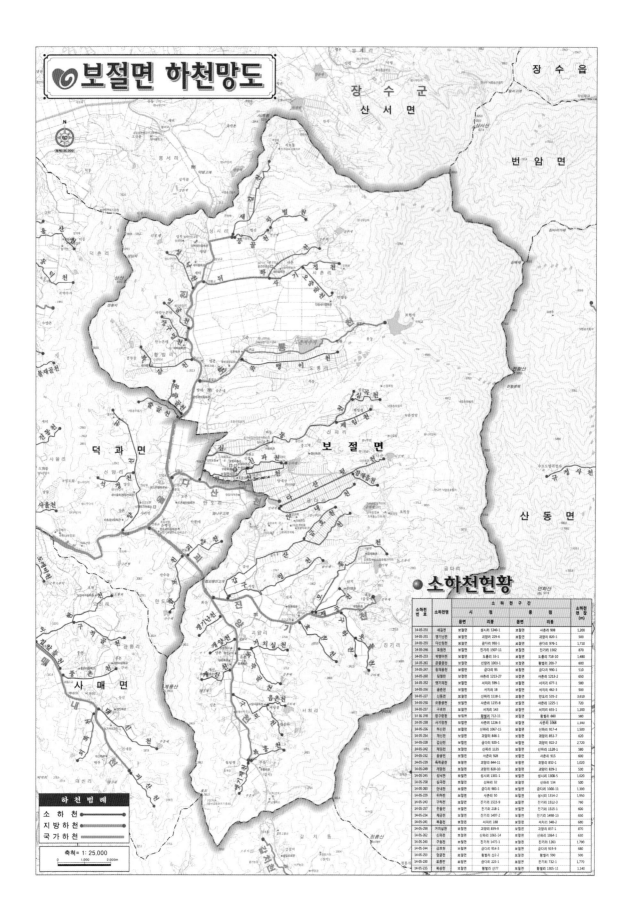

**도룡천**道龍川 만행지맥의 칠상동, 큰골, 너적골에서 발원하여 용등폭포에서 합수되어 도촌, 벌촌과 은천 사이를 흘러 대천에 합류한다. 일제강점기 말에 똘촌 방죽도촌저수지을 막으면서 수량이 적어 건천乾川이 되었다. 더구나 2000년 초에는 용호龍湖, 용평저수지 제방이 축조되면서 용등폭포가 사라졌으며 물길도 바뀌게 되었다.

**신동천**薪洞川 천황치에서 발원하여 섶골과 고개 너머 사이를 흐르는 심곡천과 생미간에서 발원하여 용정암 앞을 지나는 제림천이 파동과 신흥 아래를 지나 석새미에서 다산천에 합류된다.

**신흥천**新興川 발원지는 중현마을 앞 샘이며 다산번덕과 벌동산의 물을 받아 이루어진 하천으로 하신마을을 관통하며 보절중학교 뒤로하여 석새미에서 신동천과 합류된다.

**다산천**茶山川 중당골에서 발원하며 다산마을 앞들을 관통하며 석새미로 흘러 신동천과 합류하여 작소마을 앞에서 대천과 합류한다.

**진기천**眞基川 옥녀봉 남쪽의 성적골이 발원지이며 내동마을 동쪽으로 윗들산에는 왼골몬당과 싸리봉안이 있어 이곳을 지나 내동마을 앞으로 흘러 진기천이 된다.

**갑산천**甲山川 옥녀봉 북쪽으로 옴뱅이골이 발원지이며 옥녀봉 가는골의 냇물이 합류하여 안까래들, 원방이들, 갑산들을 지나며 진기천에서 합류된다.

**모종천** 옥녀봉 중앙의 골짝을 도장골이라 하는데 여기서 발원하는 내를 모종천이라 하며 금계마을을 안고 흘러 내동 입구에서 진기천과 합류한다. 하천 이름은 옛날 바딧절 위 계곡에 정자가 있었다하여 붙여진 것이 와전된 듯하다.

**괴양천**槐陽川 옛끼재에서 발원하여 부흥 앞으로 흘러 양촌과 음촌 마을의 경계를 이루며 회산 앞에서 진기천과 합류한다. 다시 안동네 앞을 지나 사리반 마을 앞에서 대천과 합류하게 된다.

**도척굴천** 약산에서 뻗어 내린 비안날과 지네날 사이로 흐르는 하천으로, 동쪽 위 거치실천이 합수되어 괴양천에 합류된다.

**음촌천**陰村川 약산의 제석골에서 발원하여 흐르며 서당마을 북쪽으로 흘러 마을 아래에서 구러천과 합수된다.

**구라천** 약산의 큰골에서 발원하여 서당마을 북쪽으로 음촌천이 흐르고 남쪽으로 구러천이 흐르며 마을을 감싸고 있어 비룡등천의 명당이 있다는 전설을 느끼게 한다. 마을 위 빙암천도 구러천으로 흐르며 이 물은 마을 아래에서 음촌천과 합수하여 괴양천에 합류한다.

**성낙천** 성산골에서 발원하여 아래성내미 마을 앞을 지나 대천에 하류된다.

**장구멍천** 성산에서 발원하여 외황마을을 감싸며 흘러 대천에 합류된다.

**삼천**伏三川 복삼치에서 발원하여 내황과 분투동 사이로 흘러 대천에서 합류된다.

**문줄천** 문줄 골짝에서 발원하여 발뫼마을 앞에서 대천과 합류한다.

**양선천**陽鮮川 제골에서 발원하여 양선마을 앞을 흘러 창말 앞에서 대천과 합류된다.

**자포실천** 산수동에서 발원하여 괴양천에 합류된다.

**쟁기난천** 계룡산 쟁기난골에서 발원하여 괴양천에서 합류된다.

**개양천**開陽川 계룡산 아래 물망굴이 발원지이며 마을 앞을 지나 양촌 앞에서 괴양천과 합류한다.

**개신천**開新川 정고개재에서 발원하여 개신마을 앞을 지나 괴양천에 합류된다.

이상의 내용을 정리하자면, 데미샘에서 시작한 섬진강은 금남호남정맥 남사면과 호남정맥 동사면 골짜기에서 발원하는 물을 모두 담아 흐른다. 만행지맥, 계룡소맥, 성산소맥에서 발원하는 우리 고장의 수많은 냇물도랑도 결국 섬진강의 식구가 되어 200㎞가 넘는 긴 여행을 하면서 남해의 넓은 세상으로 흘러들어 태평양의 대가족 일원이 되었다가, 내 고향 만행산萬行山 자락이 생각나면 다시 구름 되고 비가 되어 찾아오는 대윤회大輪回를 한다.

## 4. 기후

보절의 기후에 대한 자세한 내용은 '2015년 남원시 보절면 기후특성 분석' 자료 전주기상청 기후서비스과 제공를 통해 살펴보고자 한다.

제공처 : 2016. 4. / 전주기상지청 기후서비스과

■ 배경 및 목적

• 남원시 보절면의 기후 특성자료를 분석하여, 지역민에게 올바른 기후정보 제공

• 지역 내 기후 특성분석을 통해 주민들을 위한 예보서비스의 정확도를 높이고 기상정보 생산의 참고자료로 활용하고자 함

■ 개  요

• 분석대상 - 남원시 보절면사무소 자동기상관측소(AWS, 남원시 운영)

　　　　　 - 남원기상대 기상관측자료(ASOS, 기상청 운영)

• 분석기간 - 기온: 2015. 1 ~ 2015. 12 (최근 1년)

　　　　　 - 습도: 2015. 1 ~ 2015. 12 (최근 1년)

　　　　　 - 강수: 2006. 1 ~ 2015. 12 (최근 10년)

　　　　　 - 자료 결측缺測으로 분석 제외 기간보절 AWS

　　　　　 - 1. 25~26, 4. 29, 5. 7~23, 5. 31, 6. 2~3, 6. 17, 7. 1~18, 9. 3~4, 9. 6, 11. 29~12. 23

■ 분석내용

• 최근 1년 남원시 보절면 기후자료 통계 분석

 - 2015년 남원시 ASOS와 보절면 AWS 월별 기온 및 습도 비교

 - 남원시 ASOS 평년값 비교 분석

• 최근 10년 남원시 강수량 기후자료 통계 분석

 - 보절면 AWS 최근 10년 강수량과 비교

## 4_1. 기온

### 평균기온, 최고기온, 최저기온 비교

2015년 보절면 AWS 월별 기온℃

| 월 | 1월 | 2월 | 3월 | 4월 | 5월 | 6월 |
|---|---|---|---|---|---|---|
| 최고기온(℃) | 4.2 | 6.2 | 12.8 | 19.3 | 26.3 | 27.0 |
| 평균기온(℃) | -1.0 | 0.9 | 5.7 | 12.5 | 18.3 | 21.6 |
| 최저기온(℃) | -5.7 | -3.6 | -1.4 | 6.4 | 10.8 | 16.9 |
| 7월 | 8월 | 9월 | 10월 | 11월 | 12월 | 평균 |
| 30.8 | 29.9 | 26.1 | 21.4 | 14.5 | 5.0 | 18.6 |
| 26.8 | 24.6 | 19.7 | 13.8 | 10.2 | -0.3 | 12.7 |
| 23.2 | 20.3 | 14.0 | 7.9 | 6.4 | -5.3 | 7.5 |

## 2015년 남원ASOS 월별 기온℃

| 월 | 1월 | 2월 | 3월 | 4월 | 5월 | 6월 |
|---|---|---|---|---|---|---|
| 최고기온(℃) | 4.6 | 6.3 | 13.3 | 19.2 | 25.1 | 26.5 |
| 평균기온(℃) | -0.5 | 1.0 | 5.9 | 12.4 | 17.9 | 21.1 |
| 최저기온(℃) | -5.0 | -3.6 | -1.0 | 6.5 | 10.9 | 16.5 |
| **7월** | **8월** | **9월** | **10월** | **11월** | **12월** | **평균** |
| 28.7 | 29.8 | 26.2 | 22.1 | 14.7 | 8.6 | 18.8 |
| 24.3 | 24.4 | 20.0 | 14.4 | 9.9 | 3.3 | 12.8 |
| 20.5 | 20.0 | 14.7 | 8.6 | 6.3 | -1.1 | 7.8 |

## 남원ASOS 월별 평년기온℃

| 월 | 1월 | 2월 | 3월 | 4월 | 5월 | 6월 |
|---|---|---|---|---|---|---|
| 최고기온(℃) | 5.0 | 8.2 | 13.2 | 19.9 | 24.6 | 27.9 |
| 평균기온(℃) | -1.4 | 1.0 | 5.6 | 11.9 | 17.4 | 22.0 |
| 최저기온(℃) | -6.8 | -5.2 | -1.3 | 4.0 | 10.4 | 16.7 |
| **7월** | **8월** | **9월** | **10월** | **11월** | **12월** | **평균** |
| 29.9 | 30.6 | 27.3 | 21.9 | 14.5 | 7.4 | 19.2 |
| 25.0 | 25.2 | 20.6 | 13.4 | 6.5 | 0.4 | 12.3 |
| 21.1 | 21.1 | 15.2 | 6.6 | 0.2 | -5.2 | 6.4 |

- 2015년 보절면과 남원시 월별 최고·평균·최저기온 비교
  - 여름철(6월~8월) 보절AWS가 남원ASOS보다 높게 나타남. 단 7월에 기온차이가 큰 것은 보절 AWS가 7. 1~7. 18에 결측되어 나머지 자료만 사용했으므로 평균이 26.8℃로 남원시보다 2.5℃높게 나타난 것으로 판단됨.
  - 가을철(9월~11월). 겨울철(1월~2월, 12월) 보절면이 남원시보다 낮게 나타남. 12월의 경우에도 보절 AWS가 12. 1~12. 23에 결측되어 나머지 자료로 평균한 값이 -0.3℃로 남원시 평균 3.3℃보다 3.6℃나 낮게 나타났음
- 2015년 보절면과 남원시 연 평균 기온 비교
  - 최고기온 18.6℃(-0.2℃), 평균기온 12.7℃(-0.1℃), 최저기온 7.5℃(-0.3℃). 보절AWS 연평균 기온이 남원ASOS보다 낮게 나타남.

- 2015년 연 평균기온(보절AWS과 남원ASOS)과 평년(남원ASOS)값 비교
  - 최고기온은 평년 기후값이 2015년보다 높게 나타남
  - 평균·최저기온은 평년이 2015년보다 낮게 나타남

### 4_2. 상대습도

월별 습도 비교%

| 월 | 1월 | 2월 | 3월 | 4월 | 5월 | 6월 |
|---|---|---|---|---|---|---|
| 보절면 | 71.1 | 65.5 | 56.5 | 65.9 | 61.9 | 67.1 |
| 남원시 | 67.2 | 61.6 | 52.7 | 65.0 | 58.4 | 69.3 |
| 남원 평년 | 71.9 | 67.5 | 64.8 | 62.1 | 66.6 | 72.5 |
| **7월** | **8월** | **9월** | **10월** | **11월** | **12월** | **평균** |
| 75.3 | 74.8 | 69.7 | 72.6 | 80.0 | 70.8 | 68.0 |
| 74.4 | 74.0 | 68.5 | 69.7 | 79.7 | 73.5 | 67.8 |
| 79.1 | 78.8 | 75.6 | 73.9 | 73.4 | 74.2 | 71.7 |

- 2015년 연 평균습도(보절AWS과 남원ASOS)와 평년(남원ASOS)값 비교
  - 월별 평균습도는 보절AWS가 남원ASOS보다 높게 나타남
  - 보절AWS 월별 평균습도는 평년 기후값에 비해 낮게 나타남

### 4_3. 강수량

가. 최근 10년 연 강수량

| 월 | 2006 | 2007 | 2008 | 2009 | 2010 |
|---|---|---|---|---|---|
| 보절면 | 1217 | 1529 | 799 | 1252 | 1836 |
| 남원시 | 1381.5 | 1815.2 | 816.3 | 1313.5 | 1423.3 |
| **2011** | **2012** | **2013** | **2014** | **2015** | **평 균** |
| 1462 | 1627 | 1518 | 1277 | 809 | 1332.6 |
| 1342.5 | 1518.1 | 1396.6 | 1259.5 | 869 | 1313.6 |

- 최근 10년(보절AWS과 남원ASOS) 강수량 비교
  - 최근 10년 평균 강수량은 보절AWS가 남원ASOS에 비해 많이 내림
  - 최근 10년 동안 2007년도 강수량이 가장 많았고, 2008년도가 가장 적었음
  - 최근 강수량이 점차 감소하고 있는 추세임
    * 보절 AWS 강수량 자료는 거의 결측이 없었던 것으로 판단됨

나. 최근 10년 계절별 강수량

최근 10년 봄철 강수량mm

| 월 | 2006 | 2007 | 2008 | 2009 | 2010 |
|---|---|---|---|---|---|
| 보절면 | 268 | 210 | 182 | 190 | 249 |
| 남원시 | 288 | 253.4 | 230.1 | 225.7 | 235.6 |
| 2011 | 2012 | 2013 | 2014 | 2015 | 평균 |
| 248 | 221 | 278 | 230 | 192 | 226.8 |
| 228.2 | 223.8 | 211.3 | 209.9 | 179.6 | 228.6 |

최근 10년 여름철 강수량mm

| 월 | 2006 | 2007 | 2008 | 2009 | 2010 |
|---|---|---|---|---|---|
| 보절면 | 775 | 702 | 518 | 882 | 1179 |
| 남원시 | 887.5 | 832.5 | 485.4 | 907.9 | 808.1 |
| 2011 | 2012 | 2013 | 2014 | 2015 | 평균 |
| 867 | 898 | 849 | 720 | 288 | 767.8 |
| 676.2 | 813.5 | 811.2 | 703.4 | 319.9 | 724.6 |

최근 10년 가을철 강수량mm

| 월 | 2006 | 2007 | 2008 | 2009 | 2010 |
|---|---|---|---|---|---|
| 보절면 | 80 | 518 | 44 | 83 | 242 |
| 남원시 | 98 | 591.5 | 51.4 | 85.6 | 224 |
| 2011 | 2012 | 2013 | 2014 | 2015 | 평균 |
| 256 | 422 | 297 | 269 | 221 | 243.2 |
| 370.1 | 399.8 | 281.4 | 283.7 | 264.0 | 265.0 |

최근 10년 겨울철 강수량mm

| 월 | 2006 | 2007 | 2008 | 2009 | 2010 |
|---|---|---|---|---|---|
| 보절면 | 94 | 99 | 55 | 97 | 166 |
| 남원시 | 108 | 137.8 | 49.4 | 94.3 | 155.6 |
| 2011 | 2012 | 2013 | 2014 | 2015 | 평균 |
| 91 | 86 | 94 | 58 | 108 | 94.8 |
| 68 | 81 | 92.7 | 62.5 | 105.5 | 95.5 |

최근 10년 계절별 강수량 비교mm

• 최근 10년(보절AWS과 남원ASOS) 계절별 강수량 비교
- 봄철: *봄철 남원ASOS 강수량은 점차 감소하는 추세임
　　　 *보절AWS 강수량이 남원ASOS보다 최근 5년 동안 많았음
- 여름철: *2015년 여름철 강수량이 평균대비 가장 적었음
　　　　 *보절면 최근 강수량이 점차 감소하는 추세임
- 가을철: *최근 10년 가을철 강수량은 2007년이 가장 많

았음
- 겨울철: *최근 10년 겨울철 강수량은 2011년과 2013년에 적게 내렸음
　　　　 *겨울철 강수가 매년 오름과 내림 추세가 반복됨

　이상의 내용을 정리하자면, 결론적으로 2016년 4월전주기상지청 기후서비스과에서 제공한 자료만으로 보절면의 기후를 모두 설명하기는 어렵다. 그러나 계속적인 기후측정 자료가 누적되고 있으므로 이를 바탕으로 우리 고장의 현재와 미래에 대한 기후를 이해하는 데 도움이 될 것이다. 또한 이 자료는 앞으로 과학영농과 스마트팜 농업시대를 맞이하여 소중한 자료수집의 시작이라는 데 큰 의미가 있다. 이 외에도 우리는 오랜 경험치에 의해서도 우리 고장의 일반적 기후 특성을 잘 알고 있는데, 우리 고장의 기후특성을 종합하면 다음과 같다.

가. 비교적 지대가 높은 준고냉지역으로 무상일수無霜日數가 짧고, 냉해의 피해도 종종 입는다.
나. 만행지맥의 지형적 특징에 의한 강풍強風·동부새으로 농작물 성장기 피해가 클 뿐 아니라 시설농업에도 피해가 크다.
다. 서치리와 괴양리 그리고 일부 산간지역의 안개가 극심하여 일조량 부족으로 농작물 성장에 지장을 줄 뿐만 아니라 교통사고의 위험도 높다.

　이상과 같은 기후의 특성으로 보절지역은 다른 지역에 비하여 자연재해가 심하다. 특히 매년 상시적으로 봄철에 부는 강풍 동부새는 시설재배를 하는 농가에 피해가 크다. 하지만 자연재해지역으로 선정되지 않았다하여 정부 차원의 피해농가에 대한 보상이 전혀 이루어지지 않고 있다. 또한 오전과 야간으로 자주 발생하는 안개는 교통사고의 위험을 유발하기 십상이다. 이에 따라 주민들은 지자체남원시 혹은 전북도청에서 전문 인력을 투입하여, 강풍의 피해를 과거와 현재에 이르기까지 조사·정리하여 자연재해지역으로 선정하여 주기를 바라고 있다. 또한 안개 피해상황을 철저히 조사하여 그 대책은 물론 사고 예방을 위한 안전한 도로망을 개설하여 주기를 바라고 있다.

# 5. 주민

■ 전체현황　　　　　　　　　　2020. 09. 30 기준

| 총세대수 | 총인구수 | 행정통수 | 반수 | 비고 |
|---|---|---|---|---|
| 876 | 1,549 | 25 | 31 | |

■ 연령별 현황

| 연령대 | 계 | 남 | 여 | 비고 |
|---|---|---|---|---|
| 계 | 1,549 | 776 | 773 | |
| 0~9 | 68 | 32 | 36 | |
| 10~19 | 74 | 37 | 37 | |
| 20~29 | 101 | 53 | 48 | |
| 30~39 | 62 | 34 | 28 | |
| 40~49 | 147 | 101 | 46 | |
| 50~59 | 243 | 144 | 99 | |
| 60~69 | 262 | 128 | 134 | |
| 70~79 | 305 | 148 | 157 | |
| 80~89 | 249 | 88 | 161 | |
| 90~99 | 34 | 8 | 26 | |
| 100~109 | 3 | 2 | 1 | |
| 110~119 | 1 | 1 | 0 | |

■ 마을별 인구 현황 단위 : 명　　　　2020. 09. 30 현재

| 총세대수 | 876 | 총인구수 | 1,549 | 행정통수 | 25 | 반수 | 31 |
|---|---|---|---|---|---|---|---|

| 행정통 (리) 명 | 세대수 | 계 | 남 | 녀 | 비고 |
|---|---|---|---|---|---|
| 총계 | 876 | 1,549 | 776 | 773 | |
| 부흥 (1 통 ) | 33 | 62 | 30 | 32 | |
| 서당 (2 통 ) | 25 | 51 | 27 | 24 | |
| 개신 (3 통 ) | 28 | 51 | 29 | 22 | |
| 양촌 (4 통 ) | 47 | 75 | 38 | 37 | |
| 음촌 (5 통 ) | 17 | 39 | 21 | 18 | |
| 진목 (6 통 ) | 92 | 173 | 93 | 80 | |
| 내동 (7 통 ) | 14 | 29 | 10 | 19 | |
| 신기 (8 통 ) | 24 | 29 | 14 | 15 | |
| 금계 (9 통 ) | 29 | 36 | 16 | 20 | |
| 다산 (10 통 ) | 52 | 79 | 35 | 44 | |
| 중신 (11 통 ) | 38 | 75 | 31 | 44 | |
| 하신 (12 통 ) | 41 | 69 | 36 | 33 | |
| 상신 (13 통 ) | 33 | 75 | 37 | 38 | |
| 파동 (14 통 ) | 34 | 56 | 30 | 26 | |
| 은천 (15 통 ) | 40 | 84 | 43 | 41 | |
| 벌촌 (16 통 ) | 58 | 103 | 51 | 52 | |
| 외황 (17 통 ) | 19 | 33 | 15 | 18 | |
| 내황 (18 통 ) | 15 | 24 | 13 | 11 | |
| 도촌 (19 통 ) | 56 | 97 | 49 | 48 | |
| 용평 (20 통 ) | 23 | 38 | 23 | 15 | |
| 안평 (21 통 ) | 15 | 22 | 10 | 12 | |
| 사촌 (22 통 ) | 74 | 128 | 65 | 63 | |
| 성남 (23 통 ) | 22 | 43 | 23 | 20 | |
| 성북 (24 통 ) | 27 | 42 | 21 | 21 | |
| 계월 (25 통 ) | 20 | 36 | 16 | 20 | |

| 덕과면 | 세대 | 합계 | 남 | 녀 | 세대 | 한국인 | | | 외국인 | | |
|---|---|---|---|---|---|---|---|---|---|---|---|
| | | | | | | 계 | 남 | 녀 | 계 | 남 | 녀 |
| 만동 | 34 | 63 | 30 | 33 | 34 | 63 | 30 | 33 | ⋯ | ⋯ | ⋯ |
| 도촌 | 18 | 33 | 16 | 17 | 18 | 33 | 16 | 17 | ⋯ | ⋯ | ⋯ |
| 비촌 | 23 | 43 | 18 | 25 | 23 | 43 | 18 | 25 | ⋯ | ⋯ | ⋯ |
| 양선 | 22 | 46 | 24 | 22 | 22 | 46 | 24 | 22 | ⋯ | ⋯ | ⋯ |
| 작소 | 18 | 34 | 18 | 16 | 18 | 34 | 18 | 16 | ⋯ | ⋯ | ⋯ |
| 계 | 115 | 219 | 106 | 113 | 115 | 219 | 106 | 113 | 23 | 9 | 14 |

# 6. 행정

## 6_1. 남원시 행정

| 남 원 시 | | |
|---|---|---|
| 면 적 | 752 ㎢ ( 전라북도의 9.3%) | |
| 인 구 | 80,905 명 (2020 년 9 월 30 일 기준 ) | |
| 행정구역 | 1 읍 15 면 7 동 | |
| 기 후 | 연평균기온 12℃ , 연간강수량 1,343 ㎜ | |

### 가. 기본현황

2020. 09. 30 기준

- 총 80,905명(남 39,665, 여 41,240, 세대수 39,245)

2019. 12. 31 기준

- 총 81,441명(남 39,884, 여 41,557, 세대수 38,427)

  ※2019. 12. 31일 대비 인구 536명 감소, 세대 818세대 증가

( 2019. 11. 30 현재 )

| 읍면동 | 인구수 (2019.10.31) | 인구수 (2019.11.30) | 남 | 여 | 증감 | | 세대수 |
|---|---|---|---|---|---|---|---|
| | | | | | 전월말대비 | 전년도대비 | |
| 합 계 | 81,062 | 80,905 | 39,665 | 41,240 | -157 | -536 | 39,245 |
| 운봉읍 | 3,864 | 3,848 | 1,841 | 2,007 | -16 | -79 | 2,069 |
| 주천면 | 2,620 | 2,612 | 1,324 | 1,288 | -8 | 14 | 1,338 |
| 수지면 | 1,160 | 1,164 | 575 | 589 | 4 | -29 | 607 |
| 송동면 | 2,070 | 2,060 | 1,018 | 1,042 | -10 | -84 | 1,062 |
| 주생면 | 1,855 | 1,840 | 908 | 932 | -15 | -91 | 1,016 |
| 금지면 | 2,339 | 2,337 | 1,111 | 1,226 | -2 | -53 | 1,285 |
| 대강면 | 1,643 | 1,636 | 781 | 855 | -7 | -31 | 918 |
| 대산면 | 1,674 | 1,663 | 836 | 827 | -11 | -26 | 765 |
| 사매면 | 1,544 | 1,531 | 784 | 747 | -13 | -41 | 803 |

| 덕과면 | 955 | 953 | 476 | 477 | -2 | -61 | 562 |
|---|---|---|---|---|---|---|---|
| 보절면 | 1,556 | 1,549 | 776 | 773 | -7 | -27 | 876 |
| 산동면 | 1,903 | 1,897 | 947 | 950 | -6 | -59 | 1,036 |
| 이백면 | 2,295 | 2,294 | 1,134 | 1,160 | -1 | -24 | 1,125 |
| 인월면 | 2,736 | 2,730 | 1,338 | 1,392 | -6 | -69 | 1,012 |
| 아영면 | 1,919 | 1,921 | 946 | 975 | 2 | -59 | 1,137 |
| 산내면 | 2,124 | 2,129 | 1,042 | 1,087 | 5 | 9 | 1,447 |
| 동충동 | 3,577 | 3,563 | 1,691 | 1,872 | -14 | -94 | 1,711 |
| 죽항동 | 3,437 | 3,415 | 1,605 | 1,810 | -22 | -177 | 1,833 |
| 노암동 | 6,223 | 6,222 | 3,007 | 3,215 | -1 | 1,627 | 2,885 |
| 금 동 | 6,821 | 6,813 | 3,290 | 3,523 | -8 | -293 | 3,189 |
| 왕정동 | 4,193 | 4,160 | 2,031 | 2,129 | -33 | -189 | 1,978 |
| 향교동 | 7,325 | 7,280 | 3,685 | 3,595 | -45 | -215 | 3,671 |
| 도통동 | 17,229 | 17,288 | 8,519 | 8,769 | 59 | -485 | 6,920 |

* 동 지 역 : 48,805 명 ( 시 인구 60.3%)
* 읍면지역 : 32,257 명 ( 시 인구 39.9%)
 ※ 외국인 미포함

나. 인구현황 2020. 09. 30 기준

■ 인구현황 [전체단위: 명]

| 연도별 | 인구 수 | | | 증 감 | 세대수 | 비고 |
|---|---|---|---|---|---|---|
| | 계 | 남 | 여 | 전월 / 전년도 | | |
| 2020. 8 월 | 81,062 | 39,728 | 41,334 | -157/-536 | 39,125 | |
| 2020. 9 월 | 80,905 | 39,665 | 41,240 | -157/-536 | 39,245 | |

⇒ 2020. 9월 기준 인구는 전국(51,817,851명) 대비 0.156%이며, 전라북도(1,840,544명) 대비 4.39%를 차지함.

■ 변동요인

| 연도별 | 인구수 | 전년도 대비 | 증 가 요 인 | | | | | 감 소 요 인 | | | | |
|---|---|---|---|---|---|---|---|---|---|---|---|---|
| | | | 계 | 전입 | 출생 | 등록 | 기타 | 계 | 전출 | 사망 | 말소 | 기타 |
| 2020. 8 | 81,062 | -379 | 684 | 632 | 32 | 6 | 2 | 650 | 576 | 73 | 0 | 1 |
| 2020. 9 | 80,905 | -536 | 761 | 736 | 24 | 1 | 0 | 918 | 826 | 89 | 3 | 0 |

⇒ 2020. 9월 기준 인구변동 요인은 전입보다 전출이 90명 많고, 출생보다 사망이 65명 더 많아 인구가 감소하고 있음.

■ 월별 증감 현황

| 월별<br>연도별 | | 동기<br>대비 | 1월 | 2월 | 3월 | 4월 | 5월 | 6월 | 7월 | 8월 | 9월 | 10월 | 11월 | 12월 |
|---|---|---|---|---|---|---|---|---|---|---|---|---|---|---|
| 2020 | 증감 | -374 | -2 | -81 | -101 | -87 | -103 | -16 | -23 | 34 | -157 | | | |
| | 인구 | 81,441 | 81,439 | 81,358 | 81,257 | 81,170 | 81,067 | 81,051 | 81,028 | 81,062 | 80,905 | | | |
| 2019 | 증감 | -1,113 | -49 | -184 | -168 | -58 | -87 | -81 | -29 | -79 | -63 | -91 | -137 | -87 |
| | 인구 | 82,554 | 82,505 | 82,321 | 82,153 | 82,095 | 82,008 | 81,927 | 81,898 | 81,819 | 81,756 | 81,665 | 81,528 | 81,441 |

■ 60세이상 인구현황

| 연령별 | 전체인구수 | 인구수 | | | 비율 (%) | 비고 |
|---|---|---|---|---|---|---|
| | | 계 | 남 | 여 | | |
| 60 세 이상 | 80,905 | 29,663 | 12,707 | 16,956 | 36 | |
| 65 세 이상 | | 22,575 | 9,143 | 13,432 | 287 | |

⇒ 2020. 9월 기준 60세 이상 인구는 전체 인구 대비 36%이고 65세 이상은 28%로 초고령 사회 형태를 보이고 있음.

## 6_2. 보절면사무소

### 가. 개 요

주요연혁

- 1897년 — 남원 48방중 보현·고절방 통합 보현면 개칭
- 1914년 한일합방 후: 보현방과 고절방을 병합하여 보절면이라 칭하고 면사무소를 황벌리에 두다.
- 1936년 9월 14일: 면사무소 위치를 황벌리로부터 신파리 신흥으로 옮기다.
- 1950년 9월 25일: 6·25전쟁으로 병화를 입어 면청사가 전소全燒되다.
  상신마을 전주 이씨 재실을 임시 면청사로 사용하다.
- 1952년 12월 25일: 면청사를 재건하다.
- 1995년 1월 1일: 남원시·군 통합으로 남원시 보절면 재편

지역특성

- 지 리 적: 내륙산간 준고냉 지역으로 냉해·강풍·안개 우심지역
- 사 회 적: 씨족중심의 전통과 예를 중시하는 미풍양속 계승 유지
- 경 제 적: 쌀중심의 순농업에서 탈피 특화작목 개발육성 추진

기본현황(2019.11월말 기준)

- 행정구역: 9법정리 25행정리 40개반
- 면  적: 41.99㎢(농경지 25.6%, 임야 62.7%, 기타 11.7%)
- 인 구: 864세대(농가 556, 비농가 308) 1,566명(남 786, 여 780)
- 수리시설: 45개소(저수지 26, 관정 10, 취입보 4, 양수장 5)
- 경지면적: 1,115.1ha(전 205.7, 답 909.4)
- 교육시설: 중학교 1, 초등학교 1, 병설유치원 1
- 의료시설: 보건지소 1, 보건진료소 2(진목, 사촌)
- 종교시설: 9개소(기독교 5, 불교 3, 원불교 1)
- 주요산업 기반업체: 레미콘 1, 아스콘 1, 석재 3, 철망 1, RPC 1, 기타 4

## 나. 역대면장

| 연번 | 성 명 | 재임기간 | 비 고 |
|---|---|---|---|
| 1 | 이교정 | 1906 ~ 1910 | |
| 2 | 안병용 | 1910 ~ 1936 | |
| 3 | 이교성 | 1936 ~ 1941 | |
| 4 | 안재정 | 1941 ~ 1945 | |
| 5 | 이숙의 | 1945. 10. 01 ~ 1948. 02. 09 | |
| 6 | 안재신 | 1948. 02. 10 ~ 1950. 05. 29 | |
| 7 | 이용옥 | 1950. 05. 30 ~ 1953. 02. 07 | |
| 8 | 소기호 | 1953. 02. 08 ~ 1953. 12. 05 | |
| 9 | 안택수 | 1953. 12. 06 ~ 1954. 08. 19 | |
| 10 | 안정섭 | 1954. 08. 20 ~ 1958. 08. 10 | |
| 11 | 이용묵 | 1958. 08. 11 ~ 1961. 01. 12 | |
| 12 | 소평호 | 1961. 01. 13 ~ 1968. 11. 29 | |
| 13 | 소종호 | 1968. 11. 30 ~ 1975. 05. 28 | |
| 14 | 양희형 | 1975. 05. 29 ~ 1978. 06. 30 | |
| 15 | 최정주 | 1978. 07. 01 ~ 1980. 06. 30 | |
| 16 | 소정수 | 1980. 07. 01 ~ 1981. 07. 09 | |
| 17 | 김공영 | 1981. 07. 10 ~ 1989. 02. 20 | |
| 18 | 안재억 | 1989. 02. 21 ~ 1993. 06. 30 | |
| 19 | 장영권 | 1993. 07. 01 ~ 1995. 03. 21 | |
| 20 | 이광우 | 1995. 04. 08 ~ 1996. 08. 04 | |
| 21 | 염정옥 | 1996. 08. 05 ~ 1998. 09. 21 | |
| 22 | 소순일 | 1998. 09. 22 ~ 2000. 12. 30 | |
| 23 | 정상운 | 2000. 12. 31 ~ 2004. 02. 27 | |
| 24 | 황의송 | 2004. 02. 28 ~ 2006. 12. 31 | |
| 25 | 조영진 | 2007. 01. 01 ~ 2007. 12. 31 | |
| 26 | 김성리 | 2008. 01. 01 ~ 2009. 06. 30 | |
| 27 | 문영선 | 2009. 07. 01 ~ 2012. 02. 04 | |
| 28 | 박오성 | 2012. 02. 05 ~ 2013. 02. 04 | |
| 29 | 양정진 | 2013. 02. 05 ~ 2014. 08. 04 | |
| 30 | 박흥근 | 2014. 08. 05 ~ 2016. 01. 10 | |
| 31 | 김재종 | 2016. 01. 11 ~ 2017. 06. 30 | |
| 32 | 허 관 | 2017. 07. 01 ~ 2020. 01. 07 | |
| 33 | 김전형 | 2020.01.08 ~ 현재 | |

## 다. 보절면사무소 조직 및 기능 2020. 7. 1 기준

| 담 당 | 직급 | 성 명 | 분장사무명 | 담당일자 | 업무대행자 |
|---|---|---|---|---|---|
| 면장 | 행정 5급 | 김전형 | 면정전반 | 20.01.08 | 박상준 |
| 주민생활담당 | 농업 6급 | 박상준 | 주민생활전반, 행사총괄, 보안, 도시, 건설 | 20.01.14 | 김흥철 |
| 주민생활보조 | 행정 7급 | 김흥철 | 시민소통실, 예산회계, 재난, 감사 | 20.01.14 | 박상준 |
| 주민생활보조 | 농업 8급 | 김도경 | 일반서무, 행사, 기획실, 건축과 | 20.01.14 | 조용호 |
| 주민생활보조 | 공무직 | 조용호 | 홍보전산, 문화예술, 관광, 교육체육, 환경 | 19.01.17 | 박상준 |
| 산업담당 | 행정 6급 | 이미례 | 농지취득, 농촌개발, 농업시설, 농촌활력, 농식품산업 | 20.07.05 | 신혜인 |
| 산업담당보조 | 녹지 8급 | 신혜인 | 직불제, 쌀산업(농지원부), 원예산업, 농업기술센터, 농업재해, 산림 | 19.07.05 | 조선규 |
| 산업담당보조 | 농업 9급 | 조선규 | 축산과, 농업행정, 귀농귀촌, 교통, 경제, 원예산업(친환경) | 18.08.01 | 신혜인 |
| 맞춤형복지담당 | 세무 6급 | 이대현 | 맞춤형복지총괄, 지역사회보장협의체, 노인복지(경로당, 노인일자리) | 20.01.14 | 정명주 |
| 맞춤형복지보조 | 사복 7급 | 정명주 | 주민복지, 아동청소년, 보건(방역·출생축하금 외), 일자리경제과(에너지바우처, 문화누리카드) | 20.01.14 | 이대현 |
| 민원담당 | 간호 6급 | 양문정 | 가족관계(제적) 등록, 결격사유등록 | 20.01.14 | 박해지 |
| 민원담당보조 | 행정 9급 | 박해지 | 주민등록, 제증명, 인감, 행정정보공동이용 세무보조 | 19.01.14 | 양문정 |

라. 면내 마을별 농기계현황

| 기종명 / 마을명 | 총계 | 농업용트랙터 | | | | 스피드스프레이어 | 보행형동력경운기 | 보행형동력이앙기 | | |
|---|---|---|---|---|---|---|---|---|---|---|
| | | 계 | 소형 | 중형 | 대형 | | | 계 | 승용형 | 보행형 |
| 계 | 1,285 | 196 | 22 | 133 | 41 | 8 | 392 | 169 | 86 | 83 |
| 부흥 | 39 | 4 | 1 | 2 | 1 | 1 | 11 | 9 | 2 | 7 |
| 서당 | 53 | 7 | - | 7 | - | - | 16 | 10 | 3 | 7 |
| 개신 | 33 | 5 | - | 4 | 1 | - | 7 | 5 | 3 | 2 |
| 양촌 | 70 | 11 | - | 8 | 3 | - | 21 | 5 | 4 | 1 |
| 음촌 | 32 | 4 | - | 4 | - | - | 10 | 8 | 1 | 7 |
| 진목 | 110 | 17 | 3 | 12 | 2 | 1 | 32 | 20 | 9 | 11 |
| 내동 | 19 | 3 | - | 3 | - | - | 4 | 2 | 2 | |
| 신기 | 28 | 3 | - | 2 | 1 | - | 14 | 2 | 2 | |
| 금계 | 33 | 3 | 1 | 2 | - | 2 | 9 | 3 | 2 | 1 |
| 다산 | 67 | 10 | 3 | 7 | - | - | 24 | 1 | 1 | |
| 중신 | 43 | 5 | 1 | 3 | 1 | 1 | 20 | 7 | 1 | 6 |
| 하신 | 22 | 4 | 1 | 1 | 2 | - | 4 | 2 | 2 | |
| 상신 | 39 | 8 | 2 | 4 | 2 | 1 | 8 | 3 | 3 | |
| 파동 | 36 | 5 | - | 3 | 2 | - | 11 | 6 | 3 | 3 |
| 은천 | 62 | 10 | - | 9 | 1 | - | 18 | 8 | 8 | |
| 벌촌 | 119 | 21 | 3 | 13 | 5 | - | 37 | 13 | 10 | 3 |
| 외황 | 37 | 2 | - | - | 2 | - | 10 | 8 | 2 | 6 |
| 내황 | 27 | 4 | - | 2 | 2 | - | 9 | 2 | 2 | |
| 도촌 | 105 | 17 | 1 | 13 | 3 | 1 | 27 | 17 | 7 | 10 |
| 용평 | 38 | 7 | 4 | 3 | - | - | 14 | 4 | 2 | 2 |
| 안평 | 21 | 1 | - | 1 | - | - | 8 | 7 | | 7 |
| 사촌 | 119 | 21 | 1 | 11 | 9 | 1 | 36 | 9 | 9 | |
| 성남 | 44 | 10 | - | 8 | 2 | - | 16 | 6 | 5 | 1 |
| 성북 | 50 | 8 | 1 | 5 | 2 | - | 15 | 4 | 2 | 2 |
| 계월 | 39 | 6 | - | 6 | - | - | 11 | 8 | 1 | 7 |

| | 콤바인 ( 자탈형 ) | | | | 관리기 | | | 곡물건조기 | 농산물건조기 |
|---|---|---|---|---|---|---|---|---|---|
| | 계 | 3 조 이하 | 4 조 | 5 조 이상 | 계 | 승용형 | 보행형 | | |
| 계 | 7 | 2 | 26 | 19 | 187 | 2 | 185 | 102 | 184 |
| 부흥 | 1 | | 1 | | 4 | | 4 | 4 | 5 |
| 서당 | 2 | | 2 | | 7 | | 7 | 3 | 8 |
| 개신 | 1 | | | 1 | 7 | 1 | 6 | 3 | 5 |
| 양촌 | 2 | | 2 | | 10 | | 10 | 6 | 15 |
| 음촌 | 1 | | 1 | | 3 | | 3 | 1 | 5 |
| 진목 | 4 | | | 4 | 20 | | 20 | 11 | 5 |

| 마을 | | | | | | | | | |
|---|---|---|---|---|---|---|---|---|---|
| 내동 | - | | | | 3 | | 3 | 4 | 3 |
| 신기 | - | | | | 3 | | 3 | 2 | 4 |
| 금계 | 1 | | 1 | | 6 | 1 | 5 | 2 | 7 |
| 다산 | 1 | | 1 | | 10 | | 10 | 6 | 15 |
| 중신 | 1 | | 1 | | 5 | | 5 | 1 | 3 |
| 하신 | 1 | | 1 | | 4 | | 4 | 4 | 3 |
| 상신 | 2 | | 1 | 1 | 8 | | 8 | 3 | 6 |
| 파동 | 3 | | 2 | 1 | 6 | | 6 | 2 | 3 |
| 은천 | 3 | | | 3 | 9 | | 9 | 6 | 8 |
| 벌촌 | 5 | 1 | 3 | 1 | 16 | | 16 | 8 | 19 |
| 외황 | 2 | | 1 | 1 | 3 | | 3 | 1 | 11 |
| 내황 | 1 | | 1 | | 5 | | 5 | 1 | 5 |
| 도촌 | 4 | | 1 | 3 | 15 | | 15 | 8 | 16 |
| 용평 | 1 | | 1 | | 6 | | 6 | 2 | 4 |
| 안평 | - | | | | 4 | | 4 | | 1 |
| 사촌 | 7 | 1 | 4 | 2 | 11 | | 11 | 16 | 18 |
| 성남 | 1 | | 1 | | 6 | | 6 | 3 | 2 |
| 성북 | 3 | | 1 | 2 | 7 | | 7 | 3 | 10 |
| 계월 | - | | | | 9 | | 9 | 2 | 3 |

## 6_3. 보절파출소

가. 위치: 남원시 보절면 신흥2길 11

나. 연 혁

- 1914. 4. 5 - 보절면 황벌리에 경찰관주재소를 설치하다.
- 1933. 6. 9 - 본면 중심지인 신파리 상신마을에 청사 신축 이전하다.
- 1945. 8. 15 - 해방으로 남원경찰서 보절지서로 개칭하다.
- 1950. 9. 24 - 6·25전쟁으로 인하여 작전 중 청사가 전소하다.
- 1956. 9. 7 - 보절면 상신마을 목조건물로 현 위치에 재건하다.
- 1989. 12. 18 - 현 청사를 콘크리트 슬라브 건물로 개축하다.
- 1995. 3. 1 - 보절지서를 보절파출소로 개칭하다.
- 2003. 8. 1 - 남원경찰서 북부지구대로 통폐합 하다.
- 2004. 1. 1 - 남원경찰서 사매지구대로 통폐합 하다.(보절치안센타)
- 2012. 2. 7 - 남원경찰서 보절피출소로 환원(5인 근무체제)
- 2014. 7. 1 - 파출소 리모델링하여 현재에 이르다.

다. 직원현황

| 계급 | 파출소장 ( 경감 ) | 경위 | 경사 | 경장 | 순경 |
|---|---|---|---|---|---|
| 수 | 1 | 2 | 2 | · | · |

라. 근무형태: 일근근무자(파출소장, 관리반 직원), 3조 2교대 근무형태(순찰팀원 3명)

마. 역할

- 자율방범대 등 민, 경 협력치안 활성화
- 빈집털이 등 절도예방 목 검문
- 교통사고 예방을 위한 홍보 및 단속
- 농, 축산물 절도 예방을 위한 협력치안 강화
- 주민 만족도 및 체감안전도 향상을 위한 국민 중심 경찰 활동

보절파출소

### 6_4. 농촌상담소<sup>농업기술센터</sup>

가. 위치 : 전라북도 남원시 보절면 신흥2길 14

나. 연혁

- 1958. 8. 2 - 남원군 농사교도소 설립: 남원읍 동충리 267지
- 1962. 4. 1 - 남원군 농촌지도소로 개칭, 3개계(지도계, 기술계, 개발계)
- 1975. 1. 1 - 남원군 농촌지도소 직제개편: 읍·면지소 설치(17개소)
- 1998. 9. 22 - 남원시 농업기술센터로 개칭

다. 농기계 임대사업 운영

■ 사업개요

- 임대사업소 운영: 4개소(본소, 금지, 인월, 사매)
- 임대용 농기계 및 작업기 보유: 63종 682대

■ 임대현황

- 2016년 임대현황

| 사업소별 | 총계 | 이백본소 | 금지분소 | 인월분소 | 사매분소 |
|---|---|---|---|---|---|
| 임내실직<br>(회수) | 7,723 | 2,134 | 2,221 | 2,105 | 1,263 |

### 6_5. 의료시설

■ 보절면 보건지소

가. 위치: 전라북도 남원시 보절면 신흥2길 23 (063-620-5400)

나. 연혁: 1973년 8월 23일(개원), 2008년 1월 10일(신축 개원)

다. 관할지역: 3개리(신파리, 금다리) 9개 자연부락(사촌, 도촌, 안평, 용평. 성남. 성북, 계월, 벌촌, 외황)으로 구성됨

라. 업무

농어촌 보건의료를 위한 특별조치법 및 대통령령에 의하여 경미한 의료행위 및 만성질환자관리 및 보건위생 업무를 실행하고 있다. 농촌인구의 고령화로 노인만 남은 농촌보건의료의 마지막 파수꾼인 셈이다.

보절면 보건지소

■ 사촌 보건진료소

가. 소재지: 전라북도 남원시 보절면 사촌리 440-4 (063-634-4316)

나. 연혁

- 1981년 8월 최초로 사촌부락 416번지 주민주택에 설치됨
- 1983년 사촌 412번지에 신축건물이 완공되어서 진료소가 옮겨감
- 1984년 10월 2대 보건진료소장 임용됨
- 2010년 12월에 현 건물이 신축되어 현재까지 운영됨

다. 관할지역: 4개리(사촌리, 도룡리, 성시리, 황벌리) 9개 자연부락(사촌, 도촌, 안평, 용평, 성남, 성북, 계월, 벌촌, 외황)으로 구성됨

사촌보건진료소

■ 진기 보건진료소

가. 소재지: 전북 남원시 보절면 진기금다길 83

나. 연혁

• 1985년 10월 최초로 진목마을 주민주택<sup>박찬기</sup>에 설치됨

• 1986년 8월경 진목 1006-1번지로 이전

• 2012년 12월 신축하여 현재까지 운영

다. 관할지역: 3개리(진기리, 괴양리, 금다리) 8개 자연부락 (진목, 신기, 내동, 양촌, 음촌, 개신, 금계, 다산)으로 구성됨

라. 업무: 농어촌 보건의료를 위한 특별조치법 및 대통령령에 의하여 경미한 일차 진료 및 기타 보건사업 등을 실시하고 있음

■ 신양보건진료소

가. 위치: 전라북도 남원시 덕과면 비촌길 105 (063-634-4013)

나. 관할지역: 3개리(진기리, 괴양리, 서치리) 9개 자연마을 (진목, 신기, 내동, 음촌, 양촌, 개양, 신촌, 서당, 부흥) 구성됨.

신양보건진료소

### 6_6. 남원농협 보절지점

가. 보절면농업협동조합 - 조합장: 이정석

• 설립인가일: 1972. 10. 18

• 사무소: 남원군 보절면 신파리 120번지

• 지사무소 (이동조합 9개소)

　- 남원군 보절면 황벌리　- 남원시 보절면 신파리

　- 남원시 보절면 금다리　- 남원시 보절면 괴양리

　- 남원시 보절면 진기리　- 남원시 보절면 서치리

　- 남원시 보절면 도룡리　- 남원시 보절면 사촌리

　- 남원시 보절면 성시리

나. 보절단위농업협동조합(리·동조합 합병)

• 1978. 1. 31 조합장 선거

　- 조합장: 이정석 (재임의결)

• 1981. 10. 17 조합장 선거

　- 조합장: 이정석

• 1982. 11. 2

　- 조합장: 소순일 취임

• 1985. 11. 24 조합장 선거

　- 조합장: 소순일

• 1988. 10. 25 조합장 선거

　- 조합장: 소순일

다. 북부농업협동조합

• 1989. 10. 31: 북부농협설립인가

• 구역: 보절면, 사매면, 덕과면

• 조합장

| 선거일 | 1989. 10. 31 | 1990. 3. 8 | 1994 | 1998 |
|---|---|---|---|---|
| 조합장 | 이발수 | 이발수 | 이억수 | 소순일 |

라. 남원농업협동조합

• 북부농협이 남원농협에 흡수합병(1999. 3. 20)

• 보절지점 관할 역대 임원(이사)

　- 김방영(2001. 04. 01 ~ 2005. 04. 01)

　- 정대수(2005. 04. 01 ~ 2009. 04. 01)

　- 박병균(2009. 04. 01 ~ 2013. 03. 31)

　- 우창희(2013. 04. 01 ~ 2017. 03. 31)

　- 심재원(2017. 04. 01~ 현 재 )

• 보절지점 역대 지점장(남원농협보절지점)

| 구분 | 성 명 | 재직기간 | 비 고 |
|---|---|---|---|
| 1 | 이 기 관 | 1999. 03. 20 ~ 2000. 02. 26 | |
| 2 | 이 성 수 | 2000. 02. 26 ~ 2004. 03. 03 | |
| 3 | 소 길 호 | 2004. 03. 03 ~ 2007. 01. 05 | |
| 4 | 양 재 은 | 2007. 01. 05 ~ 2011. 12. 31 | |
| 5 | 강 병 윤 | 2012. 01. 01 ~ 2014. 10. 02 | |
| 6 | 이 성 수 | 2015. 04. 01 ~ 2019. 02. 28 | |
| 9 | 노 영 섭 | 2019.03.01 ~ 현 재 | |

마. 남원 농협 보절지점 사업 및 현황(2016년 말 기준)

| 조합원 | 예수금 | 대출금 | 구매사업 | 판매사업 | 마트사업 | 보험계약고 | 창고수익 | 순이익 |
|---|---|---|---|---|---|---|---|---|
| 681 명 | 351억원 | 282억원 | 31억원 | 36억원 | 6억원 | 798억원 | 1억원 | 373백만원 |

남원농협 보절지점

## 6_7. 보절우체국

가. 주요 연혁

　　1965. 11. 05  별정우체국 지정 개국, 남원군 보절면 신파리 855-2

　　1973. 08. 29  청사이전, 남원군 보절면 신파리 877-4

　　1975. 10. 20  전화 교환 업무 개시

　　1988. 03. 15  온라인 업무 개시

　　2003. 12. 13  청사이전, 남원시 보절면 보산로 927

나. 역대국장

| 구분 | 성 명 | 재직기간 | 비고 |
|---|---|---|---|
| 1 | 양 해 만 | 1965. 11. 15 ~ 1968. 10. 29 | |
| 2 | 김 종 화 | 1968. 10. 30 ~ 1969. 05. 31 | |
| 3 | 김 종 대 | 1969. 06. 01 ~ 1973. 10. 28 | |
| 4 | 양 우 식 | 1973. 10. 29 ~ 1992. 01. 15 | |
| 5 | 김 영 춘 | 1992. 04. 24 ~ 1996. 11. 21 | |
| 6 | 박 영 철 | 1997. 04. 24 ~ 현재 | |

## 6_8. 보절사격장

• 연혁: 1988년 35사단 남원연대 사격장 설치

　　　1998년 부지를 확보하여 81mm박격포 사격장으로 확대

• 관리: 보절면 예비군 중대

## 6_9. 예비군 보절면대

• 창설: 1968년 4월 1일

• 배경: 1968년 1·21 김신조 청와대습격사건과 울진·삼척 무장공비 침투

• 기능: 예비군 교육훈련, 예비군 자원관리

• 역대 중대장

| 1 대 | 김병기 | 2 대 | 소순영 | 3 대 | 양유철 |
|---|---|---|---|---|---|
| 4 대 | 김계호 | 5 대 | 김장수 | 7 대 | 박병도 |
| 8 대 | 박형하 | 9 대 | 김지민 | 10 대 | 권혁도 |
| 11 대 | 강환규 | - | - | - | - |

# 7. 사회단체

사회단체란 일정한 지역 안에서 사회의 구성원으로서 권리와 책임의식을 갖는 사람들이 사회문제의 해결을 목적으로 조직하여 사회사업을 하는 단체를 말한다. 또한 사회단체는 시민들의 비영리, 공익을 위한 일을 하기 위하여 자발적으로 구성한 단체이기 때문에 조직이나 활동면에서 자율성이 중시되는 단체이기도 하다. 2018년 면내에서 현재 조직되어 활동하고 있는 사회단체를 기술하면 아래와 같다.

## 7_1. 보절면발전협의회 寶節面發展協議會

가. 연혁

1970년대 초 이창수, 이강산, 양봉식을 비롯한 면내 청년들이 주도하여 조직한 단체가 보절면 체육회 회장 이창수이다. 초기 체육회 행사는 마을대항 배구대회 1개 종목만으로 시작하였으나 소종호 면장, 양회영 면장이 부임하면서부터 마을대항 종합체육대회, 농악경연대회와 함께 면민의 축제로 자리를 잡았다. 이후 면사무소에서 주관하여 행사가 이루어지면서 보절면민의 성금으로 발전기금이 마련되었다. 김공영 면장이 부임하여 체육회의 활성화는 민간주도로 되어야 한다는 여론에 힘입어 보절면체육회가 성립되고 신흥 상신마을의 이창수 李昌壽씨를 초대회장으로 추대하여 운영되다가 2004년 4월 30일 황의송 면장 면내 활동 중인 번영회 회장 안일수와 보전회 회장: 유재석, 고문: 이창수, 유평동, 이흥기를 통합하여 보절면발전협의회가 발족되었다. 이때 정관을 만들고 초대회장으로 유광종劉光鍾씨를 선임하였다.

나. 조직

- 회장(1인), 부회장(2인), 총무(1인), 재무(1인), 감사(2인)
- 분과위원회(문화·체육분과, 복지·봉사분과, 부녀분과, 농악분과)
- 고문: 면장, 전임회장, 시의원 외 약간 명
- 회원: 보절면에 거주한 자와 외지거주 출향인

다. 활동

- 면민의 여론을 수렴하여 면정에 반영
- 보절면의 지역사회발전에 관한 사업
- 면민의 복지증진 및 후진양성에 관한 사업
- 면단위 행사 주관 및 자체사업 발굴 시행
- 기타 면정 전반에 필요하다고 인정되는 사업

라. 역대회장단

| | | 회장 | 총무 | 비고 |
|---|---|---|---|---|
| 체육회 | | 이창수 | | 1970 년대 초 |
| 번영회 | | 안일수 | | |
| 보전회 | | 유재석 | | |
| 발전협의회 | 1 대 | 유광종 | 김선영 | 2004 년~ |
| | 2 대 | 김성범 | 양선명 | 2006 년~ |
| | 3 대 | 이택수 | 백현조 | 2008 년~ |
| | 4 대 | 양경철 | 이문규 | 2010 년~ |
| | 5 대 | 우창회 | 양기모 | 2012 년~ |
| | 6 대 | 김선영 | 양기성 | 2014 년~ |
| | 7 대 | 소인섭 | 양기성 | 2016 년~ |
| | 8 대 | 이현기 | 소순명 | 2018 년~ |
| | 9 대 | 양기성 | 김종훈 | 2020~ 현재 |

마. 주요 활동내용

- 면민의 날 행사 주관(홀수년도)
- 시민체육대회 주관(홀수년도)
- 경노위안잔치(짝수년도)
- 보절농악단 지신밟기 주관(매년도)
- 공익장, 애향장, 효열장, 문화장 대상자 선정 및 수상

| 년도 | 부문별 | 수 상 자 | | | 비고 |
|---|---|---|---|---|---|
| | | 성 명 | 생년월일 | 주 소 | |
| 2005 | 공익장 | 김선녕 | 59. 02. 24 | 보절면 진목 1 길 73 | |
| | 애향장 | 윤익근 | 65. 08. 19 | 전남 구례군 산동면 탑정리 | 윤명한 자 |
| | 효열장 | 유순남 | 51. 08. 15 | 사촌윗길 30-15 | 백준선 처 |
| 2009 | 공익장 | 이환복 | 50. 05. 15 | 전주 완산 삼천동광진공영@ 5/201 호 | |
| | 애향장 | 우기만 | 61. 03. 10 | 이백면 서곡리 602-2 | |
| | 효열장 | 한필례 | 40. 01. 01 | 보절면 황벌리 425 | |
| 2011 | 공익장 | 이현기 | 48. 08. 18 | 보절면 신파리 630 | |
| | 애향장 | 한병진 | 49. 09. 18 | 도통동 507-5 | |
| | 효열장 | 이옥순 | 33. 09. 05 | 보절면 황벌리 330-1 | |
| 2013 | 공익장 | 한명숙 | 62. 01. 27 | 보절면 사촌길 42 | |
| | 애향장 | 안방수 | 53. 11. 24 | 서울 용산 원효로 216 111 동 2501 호 ( 신계동 , 용산이편한세상 ) | 재경 향우회장 |
| | 효열장 | 김경순 | 62. 02. 17 | 보절면 금계길 41-1 | |

| | | | | | |
|---|---|---|---|---|---|
| 2015 | 문화장 | 노창규 | 50. 11. 15 | 보절면 은천길 2 | 농악단 |
| | 애향장 | 형남순 | 57. 08. 16 | 대전시 유성구 왕길봉로 23<br>1107 동 1202 호 ( 노은동 , 열매아파트 ) | 부여백제컨트<br>리클럽 |
| | 효열장 | 김길자 | 39. 04. 02 | 보절면 사촌길 78-29 | 유광종처 |
| 2017 | 문화<br>체육장 | 박정순 | 51. 05. 17 | 보절면 중현길 42 | 전농악단장 |
| | 공익봉사장 | 홍순형 | 64. 08. 12. | 보절면 신파리 914 | 자율방범대장 |
| | 애향장 | 소기호 | 52. 05. 03 | 전주시 덕진구 정언신로 150 | 재전<br>향우회장 |
| | 효열장 | 폰팁 | 80. 04. 19 | 보절면 사촌길 78-23 | 다문화 |
| 2019 | 공익장 | 정대수 | 39. 02. 01 | 보절면 도촌길 21-8 | |
| | 애향장 | 박남홍 | 51. 03. 30 | 서울시 성북구 장위로 58 | 재경 향우회장 |
| | 효열장 | 오가네요코 | 60. 01. 05 | 보절면 성북길 14 | |

### 7_2. 보절면 노인회

가. 정의

보절면의 노인 권익과 복지증진 및 노인의 사회봉사, 그리고 회원 상호간의 친목도모를 목적으로 조직된 단체.

나. 배경

1970년 4월 22일 박정희 대통령이 제창한 새마을 운동에서 근원한다. 당시 농촌의 생활환경을 개선하고 소득을 증대시켜 농민들의 보다 나은 생활을 이루려던 운동이다. 이 운동은 농촌에서 시작하여 범국민운동으로 확대되었다. 이때 행정에서는 면사무소에 새마을과를 신설하고 각 마을마다 새마을 지도자와 부녀지도자를 두어 새마을사업을 이끌었다.

다. 설립목적

노인회의 설립목적은 노인의 지위향상, 노인의 복지증진, 노인상호간의 친목 등이며, 운영지침은 조직강화, 사회봉사, 권익신장, 자립자활 등이다.

라. 변천사

• 1969년 1월 15일 전국 노인정 회장이 중심이 되어 창립총회를 개최하고, 전국적인 노인단체인 전국노인단체연합회가 생겨났다.

• 1969년 4월 전국노인단체연합회를 단계적으로 해체하면서 1969년 9월 사단법인 대한노인회가 창립되었다.

• 1978년 6월 28일 공익 사단법인체가 되었다.

• 1979년 10월 27일 박정희 대통령의 암살 이후 새마을운동은 80년대에 정치·사회·경제적인 변화를 겪으면서 일시적인 정체가 있었다. 1980년 12월 1일 현재의 새마을운동중앙회가 사단법인으로 발족되었다. 이는 새마을운동이 정부 추진방식에서 민간조직(단체) 위주로 탈바꿈되는 중요한 전환점이 된 것이다.

• 기구 편성은 서울에 중앙회를 두고 각 시도에 연합회 16개소, 시·군·구에 245개의 지부, 읍·면·동에 2,031개의 분회를 두고 있다. 또한 마을·동마다 경로당 6만 4,000여 개를 설치, 운영하고 있다.

• 연합회에는 노인지도자대학, 지부에는 노인대학을 설치, 운영하고 있다.

마. 역대회장:

| | 회장 | 출신 | 비고 | | 회장 | 출신 | 비고 |
|---|---|---|---|---|---|---|---|
| 초 대 | 김구갑 | 진목 | | 3 대 | 김병기 | 다산 | |
| 2 대 | 장담 | 별촌 | | 4 대 | 정대수 | 도촌 | 현재 |

### 7_3. 새마을 지도자회

가. 유래

'새마을'은 새롭다의 '새'와 '마을'을 합친 말로, 새로운 마을(공동체)을 의미한다. '새롭다'는 것은 변화와 발전을 수반하는 단어로, '새마을'이란 자신이 몸담고 있는 마을(공동체)을 보다 나은 방향으로 바꾼다는 의미이다

나. 기본정신

• 근면(勤勉)  • 자조(自助)  • 협동(協同)

다. 조직: 새마을 운동이 시작되면서 각 마을 새마을 지도자들을 중심으로 만들어진 단체

라. 역대회장

|  | 회장 | 출신 | 비고 |  | 회장 | 출신 | 비고 |
|---|---|---|---|---|---|---|---|
| 초 대 | 이영수 | 다산 |  | 4 대 | 노봉식 | 벌촌 |  |
| 2 대 | 우상준 | 신기 |  | 5 대 | 김종선 | 은천 | 현재 |
| 3 대 | 이택수 | 상신 |  |  |  |  |  |

마. 활동: 마을 안 길 넓히기, 지붕개량, 풀베기 등

## 7_4. 새마을부녀회

가. 목적: 새마을 지도자회와 협조하여 운영하고 활동함.

나. 역대회장

|  | 회장 | 출신 | 비고 |  | 회장 | 출신 | 비고 |
|---|---|---|---|---|---|---|---|
| 초 대 | 홍옥남 | 상신 |  | 6 대 | 김영남 | 진목 |  |
| 2 대 | 안영순 | 외황 |  | 7 대 |  |  |  |
| 3 대 | 방공자 | 은천 |  | 8 대 |  |  |  |
| 4 대 | 이인순 | 사촌 |  | 9 대 | 황영미 | 은천 |  |
| 5 대 | 형분순 | 하신 |  | 10 대 | 최후남 | 파동 | 현 재 |

회원: 25명

다. 활동: 매년 김장행사와 추석 무렵 밑반찬을 만들어 저소득층 독거노인·한부모가정·다문화가정 등에 배달. 헌옷·공병농약·비닐포대 등을 수집 판매하여 봉사활동자금으로 이용, 헌집 고쳐주기, 요양원행복의 집 등에 노인 생필품 기부활동

## 7_5. 바르게살기운동위원회

가. 조직: 제6공화국노태우 정권 정부의 주도로 1982년 국민 의식개혁운동을 추진하기 위하여 중앙에 본부를 두고 전국적으로 조직된 단체이다.

나. 목적: 이후 보절에서도 서로 믿고 사랑하고 봉사하는 조화로운 사회건설을 위하여 진실, 질서, 화합을 바탕으로 자율적이고 능동적인 바르게살기운동을 전개함으로써 민주시민 의식의 함양과 국가사회의 발전에 이바지함을 목적으로 설립하였다. 2016년에는 바르게살기운동비碑를 건립하였다.

다. 역대회장

|  | 회장 | 출신 | 비고 |  | 회장 | 출신 | 비고 |
|---|---|---|---|---|---|---|---|
| 초 대 | 이강수 | 상신 |  | 3 대 | 우창희 | 진목 |  |
| 2 대 | 유광종 | 사촌 |  | 4 대 | 강신재 | 사촌 | 현재 |

라. 활동: 교통질서, 유원지청소, 농촌봉사활동

## 7_6. 자율방범대

가. 연혁

지역사회의 주민들이 지구대 및 파출소, 치안센터의 지역경찰과 협력하여 범죄예방을 하고자 결성한 자율봉사조직을 말한다. 주요 임무는 취약지역에 대한 순찰 및 현행범 체포 등 범죄예방활동, 범죄현장 및 용의자 발견시 신고, 경찰관과 합동근무시 신고출동, 관내 중요 행사시 질서유지 및 기타 경찰업무 보조 등으로 규정되어 있다. 한편 한국의 자율방범활동은 1963년경 지역주민들이 범죄피해를 스스로 막아보겠다는 의지와 부족한 경찰력의 공백을 메워서 내가 살고 있는 지역을 내 힘으로 지켜보겠다는 자율적인 주민야경제住民夜警制에서 출발하였다.《자율방범대경찰학사전, 2012. 11. 20. 법문사》 이러한 자율방범대는 지역주민들로 구성되기 때문에 면내 어디가 취약지점인지 더 자세히 알고 있기에 예방을 위한 최소의 조직이라고 볼 수 있다.

나. 역대 자율방범대장

- 1대, 2대(1996. 12. 4 ~ 2000)
  대장:김지녕, 부대장:윤배식, 총무:김병열
- 3대(2001 ~ 2002)
  대장: 김병열, 총무: 양기모
- 4대(2003 ~ 2004)
  대장: 김선녕 , 총무: 김종수
- 5대(2005 ~ 2006)
  대장: 홍순형 , 부대장: 김종수, 총무: 정영석
- 6대(2007 ~ 2008)
  대장: 김선녕, 총무: 이평수
- 7대(2009 ~ 2010)
  대장: 강평구, 총무: 유연종
- 8대(2011 ~ 2012)
  대장: 강평구, 총무: 유연종 사임
- 9대(2013 ~ 2014)

대장: 우제명, 부대장: 정영석, 총무: 소한호

- 10대(2015 ~ 2016)

  대장: 소한호, 부대장: 박종구, 총무: 정영섭

- 11대(2017. 2. 17 ~ 12. 7)

  대장: 홍순형, 부대장: 형형우, 총무: 유연종,

  　　재무: 정영섭

- 12대(2017. 12. 8 ~ 2018. 12. 27)

  대장: 유연종, 부대장: 김창호, 사무장: 한도희,

  　　재무: 강정원

- 13대(2018. 12. 28 ~ 2020. 1. 9)

  대장: 김정우, 부대장: 김창호, 사무장: 임채성,

  　　재무: 한도희

- 14대(2020. 1. 10 ~ 2021년 현재)

  대장: 김창호, 부대장: 이경재, 사무장: 한도희,

  　　재무: 이창근

다. 주요활동

- 야간순회방범, 발전협의회·시민체육대회·삼동굿 행사
  지원 및 교통정리

### 7_7. 재향군인회

가. 목적: 보절면내 제대군인들의 상호친목과 정보교환

나. 역대회장

|  | 회장 | 출신 | 비고 |  | 회장 | 출신 | 비고 |
|---|---|---|---|---|---|---|---|
| 초대 | 김병기 | 다산 |  | 3대 | 소재두 | 진목 | 현재 |
| 2대 | 이영수 | 다산 |  |  |  |  |  |

다. 활동: 행사 참여, 년 1회 관광 및 야유회

### 7_8. 의용소방대

가. 연혁

　조선시대 초기까지 마을 단위의 자위소방 활동이 자생적으로 실시되어 오다가 1437년세종 19년 1월 경상감사의 주청으로 주민 자위활동무기소지 및 사용이 허락되면서 지방의용금화조직地方義勇禁火組織이 공인되어 각 동리에 재난이 있을 때에 청장년들이 자력으로 방재활동을 하기 시작한 것이 오늘날 의용소방대의 시작이라 할 수 있다. 그 후 일제강점기 시기에서는 일본 국내의 민간조직 체인 소방조제도를 모방하여 제정된 총독부령 소방대규

정에 의하여 향토자치제적인 사회 안정의 의용소방정신을 진작한다고 각 지방 청년을 중심으로 의용소방대를 처음으로 조직하였으며 1939년 경방단으로 개편되고 전시체제 확립으로 소방 또는 경찰의 보조단체로서 소방과 치안유지에 종사하였다. 제2차 세계대전에서 일본의 패배로 일제의 식민통치가 종식되자 경방단은 자동적으로 해체되어 다시 소방대가 조직되었으며, 1952년 8월 방공단규칙 제정을 계기로 소방대가 방공단에 흡수되었다가 1953년 7월 민병대를 조직하여 잠시 동안 민간 소방조직이 전무하였다. 그러나 의용소방대의 필요성이 재인식되어 1954년 1월에 전국적으로 의용소방대가 재조직되기에 이르렀으며 1958년 소방법 제정시 의용소방대 설치규정을 마련한 것을 계기로 그 후 계속 발전되어 오늘에 이르고 있다. [출처]《의용소방대의 역사》에서

나. 보절면 의용소방대

　우리 면에도 일제강점기 때부터 소방대를 설치해 운영하였지만 기록이 남아있지 않아 창설 년월일을 알 수 없으며, 해방 이후 유명무실했던 의용소방대는 1953년 9월 창설되어 면내의 화재예방 등에 많은 공헌을 하였다.

다. 소방기구

- 19645년 ~ 1980년대 이전: 수동식 완영펌프 1대

- 현재: 남원시소방대가 시내에 있으며 화재시 119로 신고하면 10분 이내로 출동하기 때문에 면내에는 소방기구가 없음.

라. 역대 소방대장: 안재기(하신), 김종태(개신), 강태수(상신), 소재승(호복동), 양해춘(파동), 양윤근(파동), 이택수(상신: 1998), 김의곤(하신: 2004), 노태식(벌촌: 2009), 김종기(중신: 2012), 안재석(하신: 2015), 우상철(진목: 2018), 강신국(성북: 2019 ~ 현재)

마. 활동: 월1회 소방교육(4시간), 캠페인 활동(월1회: 쓰레기 줍기 등), 면내 화재감지기 및 소화기 점검, 산불 초기 진압 출동, 불우이웃돕기 등

　※ 여자의용소방대 조직: 2016년 면내 효율적이고 적극적인 소방활동을 위하여 여성들의 역할이 절실하다는 시대적 요청에 따라 조직되었음.

- 역대회장: 〔초대〕김영남진목, 〔2대〕 우정순도촌.

## 7_9. 적십자봉사회

가. 목적: 적십자정신을 계승하여 면내 봉사활동

나. 조직
- 회장: 1대(나은주: 파동), 2대(최은영: 진목), 3대(박영애: 하신), 4대(우경순: 금계)
- 총무: 1대(우경순: 금계), 2대(우경순: 금계), 3대(황영미: 은천)

다. 운영: 남원시적십자봉사회 산하에서 자발적 기구로 운영

라. 활동: 수해, 화재 발생시 구호활동, 장애인의 날 봉사활동, 저소득 계층 지원활동

## 7_10. 농업경영인회

가. 목적: 보절면 농업활동의 선도적 역할과 소득 진흥에 힘쓴다.

나. 회원자격: 영농교육을 이수한 자로서 일정한 영농규모를 갖춘 영농후계자
- 회장: 초대(이종경: 사촌) 2대(유새석: 사촌) 3대(안태원: 안평) 4대(김선영: 진기) 5대(양선명: 파동) 6대(백현조 성남) 7대(양기성: 서당) 8대(권승용: 도촌) 9대(우동명: 내동)
- 회원 : 40명

다. 활동: 농업인의 날 행사 주관, 농업 신기술 도입의 선도적 역할

## 7_11. 농민회

가. 목적: 정치, 경제, 사회, 문화적으로 소외된 농민들이 자신들의 이해와 요구를 실현하기 위해 자주적으로 결성한 농민대중조직으로 동학농민혁명운동이 역사적 뿌리이며, 당면한 목표는 생존권 쟁취이고, 궁극적인 목표는 한국의 농민문제를 근본적으로 해결할 수 있는 사회변혁이다.

나. 연혁 및 역대 임원진

| 기수 | 기간 | 회장 | 총무 |
|---|---|---|---|
| 초대 | 1989~1990 | 양윤근 ( 파동 ) | 안강섭 ( 파동 ) |
| 2 기 | 1991~1992 | 양윤근 ( 파동 ) | 안강섭 ( 파동 ) |
| 3 기 | 1993~1994 | 소재두 ( 진목 ) | |
| 4 기 | 1995 | 소재두 ( 진목 ) | |

| 1996 년 ~ 2004 년 농민회 활동 중단 ||||
|---|---|---|---|
| 기수 | 기간 | 회장 | 부회장 | 총무 |
| 5 기 | 2005 | 우제명 ( 상신 ) | 강명구 ( 용평 ) | 이경재 ( 상신 ) |
| 6 기 | 2006~2007 | 강명구 ( 용평 ) | 유재형 ( 연산 ) | 이경재 ( 상신 ) |
| 7 기 | 2008~2009 | 강명구 ( 용평 ) | 유재형 ( 연산 ) | 이경재 ( 상신 ) |
| 8 기 | 2010 | 강명구 ( 용평 ) | 유재형 ( 연산 ) | 이경재 ( 상신 ) |
| 9 기 | 2011~2012 | 유재형 ( 연산 ) | 이경재 ( 상신 ) | 유연종 ( 사촌 ) |
| 10 기 | 2013~2014 | 이경재 ( 상신 ) | 김태봉 ( 상신 ) | 정영섭 ( 용평 ) |
| 11 기 | 2015~2016 | 이평수 ( 상신 ) | 소한호 ( 진목 ) | 한도희 ( 진목 ) |

**2017 년부터 부회장 2 명으로 변경 "총무" 대신 "사무장" 으로 명칭 변경**

| 기수 | 기간 | 회장 | 부회장 || 사무장 |
|---|---|---|---|---|---|
| 12 기 | 2017~2018 | 이평수 ( 상신 ) | 유연종 ( 사촌 ) | 소한호 ( 진목 ) | 윤완식 ( 중신 ) |
| 13 기 | 2019~2020 | 이평수 ( 상신 ) | 유연종 ( 사촌 ) | 소한호 ( 진목 ) | 윤완식 ( 내동 ) |

## 7_12. 보절농악단

가. 목적: 보절면 내 전통적인 마을단위의 기존 농악을 보전하고 두레의 전통을 계승하여 주민의 무사안녕을 도모한다.

나. 조직: 36명
- 역대 회장

| | 회장 | 출신마을 | 비 고 |
|---|---|---|---|
| 초대 | 양 순 애 | 진목 | |
| 2 대 | 박 정 순 | 중현 | |
| 3 대 | 서 순 님 | 도 촌 | 현 재 |

다. 활동: 정월대보름 지신밟기, 당산제 풍년기원 농악, 매년 흥부제 경연대회 참가(최우수상 1회, 장려상 3회 수상), 삼동굿과 면민의 날 풍악놀이

## 7_13. 농촌지도자회

가. 목적

- 창의적이고 전문적인 농촌지도자를 양성하여 농업발전에 기여
- 과학적 영농과 농촌문화 창달을 통해 농민의 소득증대와 복리증진 도모
- 농촌 청소년 및 영농후계자 육성을 통한 농업의 지속적 발전에 기여

나. 조직

- 회장(1인), 부회장(2인), 총무(1인), 감사(2인)
- 회원자격: 보절면에 거주하는 성인 남자
- 역대회장

| 제 1 대 | 안병기 (1989 ~ 1994) | 제 4 대 | 안강섭 (2013 ~ 2017) |
|---|---|---|---|
| 제 2 대 | 정대수 (1995 ~ 2009) | 제 5 대 | 김종기 (2018 ~현재 ) |
| 제 3 대 | 이흥기 (2010 ~ 2012) | | |

다. 활동

- 연말연시 정기총회 및 연찬교육 등을 통한 농촌지도자회 사업추진 및 농업지도자 능력 향상 등 교육 실시
- 선진지 견학을 실시하여 벤치마킹benchmarking을 통한 새로운 농업기술 습득 및 농업정보 상호교류
- 경험 많은 선배 농촌지도자mento가 젊은 농촌지도자mentee에게 농업 지식과 기술 전수
- 생활개선회와 함께 '새기술 실천대회' 행사 추진
- 현장에서 종사하는 농민의 목소리가 정부의 농업정책에 반영될 수 있도록 적극적인 활동 전개
- 지역사회 발전을 위해 특산물 홍보 및 판매, 어려운 계층 돕기 등 활동 추진
- 회원 상호간 농업정보 교환 및 한마음 대회 등 친목 도모

## 7_14. 생활개선회

가. 목적

- 농촌의 과학화와 합리화로 농촌생활환경을 개선하여 농촌생활의 질을 향상하는데 기여
- 농촌 여성 지도자로서 농촌 여성의 지위 및 권익 향상 도모
- 여성의 적극적 농업활동 등을 통한 소득향상 및 농업발전에 기여

나. 조직

- 회장(1인), 부회장(2인), 총무(1인)
- 회원자격 : 보절면에 거주하는 성인 여자
- 역대회장

| 초대 | 김길님 (상신 : 1988 ~ 1996) | 5 대 | 서순임 (도촌 : 2011 ~ 2014) |
|---|---|---|---|
| 2 대 | 최후남 (파동 : 1997 ~ 2000) | 6 대 | 우경순 (금계 : 2015 ~ 2018) |
| 3 대 | 이병림 (파동 : 2001 ~ 2004) | 7 대 | 최은영 (진목 : 2019 ~현재) |
| 4 대 | 최후남 (파동 : 2005 ~ 2010) | | |

다. 활동

- 연말·연시 총회 및 연찬교육 등을 통한 생활개선회 사업 추진 및 여성농업인 능력 향상 등 교육 추진
- 선진지 현장견학 등 벤치마킹을 통한 새로운 농업기술 등 습득 및 농업정보 상호교류
- 쌀 소비촉진 운동, 향토음식, 규방공예, 생활건강, 생활원예, 생활기술교육 등 생활개선 운동추진
- 농촌지도자회와 함께 '새기술 실천대회' 행사 추진
- 현장에서 종사하는 여성농업인의 권익향상을 위한 목소리가 정부의 농업정책에 반영될 수 있도록 여성운동 전개
- 지역사회 발전을 위해 특산물 전시, 홍보 및 판매활동 추진
- 고추장 담그기 등 나눔 행사를 통한 불우이웃 돕기 및 상호부조활동 전개
- 회원 상호간 농업 정보 교환, 한마음 대회, 힐링 워크숍 등 친목 도모

## 7_15. 농가주모임

가. 목적: 면내 봉사활동

나. 조직: 면내 가정주부들의 자발적 모임

- 역대 회장

| 초 대 | 최 후 남 : 파동 |
|---|---|
| 2 대 | 심 정 옥 : 도촌 |
| 3 대 | 한 현 순 : 성 남 |

다. 운영: 연회비, 된장 판매사업

라. 활동: 농촌일손 돕기, 독거노인 목욕 및 머리염색 봉사

### 7_16. 다문화가정협의회

가. 목적 : 자조自助 모임, 결혼이민자 정착지원 및 역량 강화,
  자녀의 정체성 확립

나. 연혁

• 2019년 12월 현재 13가구 회원으로 구성

• 결혼이민자회원 모국
  중국(2), 태국(3), 필리핀(2), 일본(2), 베트남(4)

• 2019년 현재 자녀 25명
  - 보절초등학교 학생 24명 중 8명 재학
  - 보절중학교 학생 12명 중 6명 재학

다. 활동: 국적이 다른 회원들의 언어소통 및 문화의 이해를
  제고.

라. 역대 임원

|  | 회장 | 총 무 | 재임기간 |
|---|---|---|---|
| 1 대 | 강신국 | 유연종 | 2013 년 ~ 2015. 12. 27 |
| 2 대 | 강신국 | 유연종 | 2015. 12. 28 ~ 2016. 12. 27 |
| 3 대 | 김태식 | 한도희 | 2016. 12. 28 ~ 2018. 12. 26 |
| 4 대 | 김태식 | 한도희 | 2018. 12. 27 ~ 2020 년 현재 부회장 : 폰팁 |

마. 주요 활동

• 2017년 9월 27일: "레르마피데리로"(필리핀) 회원 신
  장이식수술 비용마련을 위한 성금 모금(24,786,929원),
  2018년 8월 28일 이식 수술

• 2019년 3월 30일: 다문화가족과 어르신이 함께 하는 문
  화체험

• 2019년 11월 22일: 보절초등학교 다문화 이해 교육

• 연4회 교육: 남원 다문화센터에서 강사를 초빙

• 문화교류 활동: 자기나라 음식 만들기

### 7_17. 보절산악회

가. 목적: 화원 상호간의 친목을 도모하고 심신을 단련하여
  지역사회 활동에 기여한다.

나. 조직: 회원 54명

• 역대회장

| 초 대 | 안 강 섭 | - | 3 대 | 김 종 기 | - |
|---|---|---|---|---|---|
| 2 대 | 소 인 섭 | - | 4 대 | 양 기 성 | 현재 |

다. 활동

• 천황봉 등산로 작업(연2회), 매월 셋째 토요일 등반대회

• 새해맞이 천황봉 등반 및 기원제 주관

• 불우이웃돕기

## 8. 경제

### 8_1. 농업

○ 보절은 전형적인 산간분지의 지형으로 삼한시대부터 12
평파 사이로 흐르는 소하천이나 도랑의 주변에 논을 만들
고 경사지와 평파에는 밭을 개간하여 농업에 종사하며 논밭
의 경작으로 의식주를 해결하여 왔다. 주민의 증가에 따라
조선시대 세종의 농업장려정책으로 '농사직설'이 편찬되면
서 중국식이 아닌 우리식의 농법에 의한 농사가 이루어졌으
며 경지면적이 늘어나기 시작하였다. 임진왜란으로 황폐화
된 농지가 많았으나 영·정조 시대에 이르러 다시 농지가 세
종 시대의 수준으로 회복되었다. 이 시기에 보절지역에서도
오늘날 경지의 모습이 거의 갖추어진 듯하다. 역사적으로
광해 朝에 낙남落南한 광주 안씨 정착사를 보면 이 시기에
괴양리에 '광주들', '하남들', '정문들'이 있었으니 이때 이미
보절지역은 율천, 괴양천, 진기천, 다산천, 신동천, 도룡천
주변에 들판이 형성되어 있었다 할 것이다.

○ 1876년 조일수호통상조약강화도조약이 체결되면서 일본
의 막대한 자본이 우리나라의 토지에 투입되고 1908년 동
양척식주식회사의 설립으로 일제의 토지수탈기가 시작된
다. 1910년 한일합방이 되고 1918년까지 조선총독부는 조
선토지측량사업이라는 명분으로 전국토를 다시 측량하여
지적地籍을 정리하면서 수탈한 토지와 헐값에 사들인 토지
를 직접 관리하거나 조선에 이주한 일본인이나 친일파 및
매국노 성향의 조선인 대지주 등에게 모두 넘겨버렸다. 이
로서 토지를 강탈당한 농민들은 대부분 소작농으로 전락하
여 50%의 소작료를 지불하며 초근목피草根木皮의 생활을 면
치 못하였다.

○ 해방과 정부 수립 이후 1950년에 농지개혁이 이루어졌다. 북한에서는 '무상몰수, 무상분배'를 기초로 농민에게 분배하였지만 농지의 소유권을 국가가 가지는 농지개혁을 하였고, 남한에서는 '유상몰수, 유상분배'를 기초로 농지개혁을 실시하여 분배받은 농민이 소유권을 갖는 토지개혁을 하였다. 북한의 농지개혁은 초기 농민의 환영을 받았으나 결국 집단농장화 됨으로서 생산성이 떨어지게 되었고, 남한 정부는 조봉암 농림부 장관의 주도 하에 농지개혁을 단행하여 당시 65%에 달하던 소작농이 자작농으로 신분이 상승하게 돼 농민들의 지지를 얻게 된다. 이로서 농지개혁에서 발생된 국가적 에너지는 내 땅과 내 나라를 지키겠다는 기운으로 이어져 온 국민이 하나가 돼 6·25 전쟁에서 목숨을 바치며 나라를 지키는 주요한 원인이 되었고, 60~70년대 눈부신 경제성장의 기폭제가 되었다 할 수 있을 것이다.

○ 그러나 1960년대 이후 경제발전에 따른 산업구조의 변화가 이루어지면서 1980년대 이후에는 이촌향도의 현상이 급속도로 진행된다. 이에 따라 농촌은 인구의 감소와 고령화로 노동력이 부족하게 되고 유통구조의 독점화가 진행되는 가운데 2000년대에 불어온 FTA<sup>자유무역협정</sup>는 불안정한 농산물 가격으로 '풍년도 걱정'되는 시대를 맞이하였다. 특히 아래 표에서 보듯이 앞으로 10년~20년 후에는 보절지역 인구의 68%를 차지하는 50세 이상 인구의 노령화가 이루

어지면서 또 다른 농촌의 모습이 도래할 것은 불을 보듯 뻔하다.

※ 1결結은 조선시대 토지등급에 따라 면적이 달랐으며 시대에 따라서도 차이가 있었다. 대한제국 광무6년 기준으로 보면 1만㎡인 1ha를 1등전田 1결로 제정하였다.

가. 토지이용

| | 총면적 | 농경지 | | | 대지 | 임야 | 기타 |
| | | 계 | 논(畓) | 밭(田) | | | |
|---|---|---|---|---|---|---|---|
| km² | 41.99 | 10.73 | 9.15 | 1.58 | 0.60 | 26.32 | 4.34 |
| 坪 | 1,270 만 | · | 2,77 만 | 48 만 | · | · | · |
| 마지기 | · | · | 13,840 | 1,593 | · | · | · |

나. 농가현황 (단위: 가구)

| 계 | 농가 | 비농가 |
|---|---|---|
| 862 | 565 | 297 |

다. 수리시설현황

| 저수지 | 대형관정 | 간이급수시설 | 양수장 | 계 |
|---|---|---|---|---|
| 26 | 10 | 14 | 3 | 53 |

※ 저수지

| | 저수지명 | 축조년도 | 소재지 | 몽리면적 (ha) | 관리 | 기타 |
|---|---|---|---|---|---|---|
| 1 | 금계 | 1933 | 금다리 124 | 25 | 농공 | |
| 2 | 서치 | 1944 | 서치리 7 | 30 | 농공 | |
| 3 | 진기 | 1935 | 진기리 19 | 24 | 농공 | |
| 4 | 도촌 | 1960 | 도룡리 28 | 144 | 농공 | |
| 5 | 신파 | 1936 | 신파리 537 | 19 | 농공 | |
| 6 | 제림 | 1943 | 신파리 8-1 | 6 | 행정 | |
| 7 | 심곡 | 1944 | 신파리 345-2 | 3.5 | 행정 | |
| 8 | 내황 2 | 1944 | 황벌리 944-1 | 1 | 행정 | |
| 9 | 외황 | 1944 | 황벌리 743-4 | 4 | 행정 | |
| 10 | 성락 | 1944 | 성시리 955-2 | 7 | 행정 | |
| 11 | 솔개 | 1945 | 황벌리 710-2 | 1 | 행정 | |
| 12 | 성남 | 1957 | 성시리 312 | 6.3 | 농공 | |

| 13 | 신동 | 1960 | 신파리 | 5 | 행정 | |
| 14 | 내황 1 | 1960 | 황벌리 903-1 | 1 | 행정 | |
| 15 | 다산 | 1966 | 금다리 산 37 | 20 | 농공 | |
| 16 | 음촌 | 1969 | 서치리 32 | 10 | 농공 | |
| 17 | 진목 | 1977 | 진기리 산 34 | 27 | 농공 | |
| 18 | 장남댐 | 1984 | 번암면 국포리 | 196 | 농공 | |
| 19 | 동화댐 | 1984 | 번암면 동화리 | 325 | 농공 | 연 4,119 MWh 전기생산 |
| 20 | 산수동 | 1984 | 덕과면 만도리 | 9 | 농공 | |
| 21 | 용평 | 2003 | 도룡리 산 16 | 150 | 농공 | |

라. 작목반

| 단 체 명 | 대표 | 회원 | 전화번호 | 비고 |
|---|---|---|---|---|
| 천황봉양파작목반 | 소인섭 | 34 | 010-6644-4676 | |
| 새로나상추작목반 | 백현조 | 19 | 010-3658-4881 | |
| 고구마작목반 | 김지녕 | 55 | 010-9168-0060 | |
| 천황봉한우작목반 | 권승룡 | 44 | 010-2225-3882 | |
| 천황봉오디작목반 | 유평동 | 40 | 010-4660-4412 | |
| 남농친환경작목반 | 박종구 | 40 | 010-7161-4605 | |
| 시골한우회작목반 | 노태식 | 17 | 010-3684-4921 | |
| 춘향오디작목반 | 양경철 | 63 | 010-3767-2018 | |

마. 농작물 생산량

■ 보절면 식량작물 생산량 (타 읍면 대비)

| 읍면별 | 2015 년 | | | | | | | | | |
|---|---|---|---|---|---|---|---|---|---|---|
| | 미곡 | | 맥류 | | 잡곡 | | 두류 | | 서류 | |
| | 면적 ( ha ) | 생산량 (M/T) | 면적 ( ha ) | 생산량 (M/T) | 면적 ( ha ) | 생산량 (M/T) | 면적 ( ha ) | 생산량 (M/T) | 면적 ( ha ) | 생산량 (M/T) |
| 보절 | 792.0 | 4,561.9 | 1.2 | 4.2 | 4.0 | 11.0 | 30.5 | 59.0 | 38.5 | 475.0 |
| 운봉 | 1,248.5 | 7,191.4 | - | - | 4.0 | 13.0 | 93.0 | 302.0 | 80.0 | 2,165.0 |
| 주천 | 439.0 | 2,528.6 | 0.2 | 0.7 | 3.0 | 11.0 | 25.0 | 36.0 | 14.0 | 340.0 |
| 수지 | 459.0 | 2,643.8 | 1.5 | 5.2 | 5.5 | 17.0 | 43.0 | 63.0 | 10.6 | 200.0 |
| 송동 | 744.0 | 4,285.4 | 1.5 | 5.2 | 4.0 | 14.0 | 39.0 | 67.0 | 11.7 | 256.0 |
| 주생 | 563.0 | 3,242.9 | 6.7 | 23.4 | 2.0 | 7.0 | 8.0 | 15.0 | 5.0 | 112.0 |
| 금지 | 553.0 | 3,185.3 | - | - | 2.5 | 8.0 | 27.0 | 46.0 | 55.4 | 1,470.0 |
| 대강 | 572.0 | 3,294.7 | - | - | 2.0 | 6.0 | 27.0 | 48.0 | 6.5 | 139.0 |
| 대산 | 539.0 | 3,104.6 | - | - | 2.5 | 8.0 | 19.0 | 37.0 | 7.5 | 162.0 |
| 사매 | 590.0 | 3,398.4 | - | - | 4.0 | 11.0 | 50.0 | 86.0 | 37.0 | 530.0 |
| 덕과 | 497.0 | 2,862.7 | 3.9 | 16.3 | 5.0 | 12.0 | 34.0 | 62.0 | 27.0 | 552.5 |
| 산동 | 398.0 | 2,292.5 | - | - | 2.0 | 7.0 | 32.0 | 65.0 | 3.5 | 68.0 |
| 이백 | 525.0 | 3,024.0 | - | - | 3.0 | 13.0 | 49.0 | 79.0 | 17.0 | 285.0 |

| | | | | 3.0 | 10.0 | 25.0 | 47.5 | 67.5 | 1,713.0 |
|---|---|---|---|---|---|---|---|---|---|
| 인월 | 449.0 | 2,586.2 | - | - | 3.0 | 10.0 | 25.0 | 47.5 | 67.5 | 1,713.0 |
| 아영 | 628.0 | 3,617.3 | - | - | 2.0 | 6.0 | 35.0 | 56.0 | 73.5 | 1,998.0 |
| 산내 | 140.0 | 806.4 | - | - | 10.0 | 32.0 | 5.0 | 8.0 | 6.5 | 164.0 |

## ■ 보절지역 과수 생산

| | 농가수 | 필지수 | 면적 | 생산량 (kg) | 재배 ( 생산 ) 지역 |
|---|---|---|---|---|---|
| 포도 | 2 | 7 | 5,997 | 10,500 | 진기 |
| 복숭아 | 3 | 13 | 30,724 | 24,200 | 서치 , 도룡 , 진기 |
| 사과 | 1 | 2 | 10,228 | 2,800 | 도룡 |
| 배 | 4 | 31 | 57,176 | 66,000 | 진기 , 신파 , 금다 |

### • 포도

| 면 | 포도 재배농가 | | 식재<br>년도 | 재배소재지 | | | | 재배면적<br>( ㎡ ) | 생산량 (kg)<br>2016 년 |
|---|---|---|---|---|---|---|---|---|---|
| | 주소 | 성명 | | | 리 | 지번 | 지적(㎡) | | |
| 계 | | | | | | | 9,978 | 5,997 | 10,500 |
| 보절 | 보절면 진목 1<br>길 57 | 김성식 | 2,013 | 보절 | 진기 | 1497-2 | 7,338 | 3,650 | 7,000 |
| 보절 | 동문로 83,<br>101/209 현대<br>아파트 | 안병득 | 2,014 | 보절 | 진기 | 203-9 외<br>5 | 2,640 | 2,347 | 3,500 |

### • 복숭아

| 면 | 복숭아 재배농가 | | 식재<br>년도 | 재배소재지 | | | | 재배면적<br>( ㎡ ) | 생산량 (kg)<br>2016 년 |
|---|---|---|---|---|---|---|---|---|---|
| | 주소 | 성명 | | | | 지번 | 지적 ( ㎡ ) | | |
| 계 | | | | | | | 31,451 | 30,724 | 24,200 |
| 보절 | 보절면 신흥 2<br>길 62-34 | 이상택 | 2006 | 보절 | 서치 | 197 외 2 | 8,910 | 8,910 | 4,000 |
| 보절 | 보절면 사계로<br>228-22 | 김석규 | 1990 | 보절 | 도룡 | 산 74-1 | 3,037 | 2,310 | 200 |
| 보절 | 보절면 진목 1<br>길 69 | 김선녕 | 2005 | 보절 | 진기 | 1239-3 외 8 | 19,504 | 19,504 | 20,000 |

### • 사과

| 면 | 사과 재배농가 | | 식재년도 | 재배소재지 | | | | 재배면적<br>( ㎡ ) | 생산량 (kg)<br>2016 년 |
|---|---|---|---|---|---|---|---|---|---|
| | 주소 | 성명 | | | | 지번 | 지적 ( ㎡ ) | | |
| 계 | | 1 | | | | | 10,228 | 10,228 | 2,800 |
| 보절 | 보절면 도룡리<br>883-2 | 유칠규 | 2010 | 보절 | 도룡 | 883-2<br>외 1 | 10,228 | 10,228 | 2,800 |

• 배

| 면 | 배 재배농가 | | 식재년도 | 재배소재지 | | | | 재배면적 (m²) | 생산량 (kg) 2016 년 |
|---|---|---|---|---|---|---|---|---|---|
| | 주소 | 성명 | | | | 지번 | 지적 (m²) | | |
| 계 | | | | | | | 57,176 | 57,176 | 66,000 |
| 보절 | 보산로 829-6 | 최석균 | 1995 | 보절 | 진기 | 1168-4 외 11 | 23,196 | 23,196 | 24,000 |
| 보절 | 파동신동길 218-70 | 김봉기 | 1999 | 보절 | 신파 | 21-1 외 4 | 9,900 | 9,900 | 4,000 |
| 보절 | 중현길 46-23 | 윤완식 | 1993 | 보절 | 신파 | 311-7 외 10 | 9,900 | 9,900 | 18,000 |
| 보절 | 다산길 50-7 | 배양성 | 2002 | 보절 | 금다 | 911-1 외 2 | 14,180 | 14,180 | 20,000 |

■ 보절 채소 생산량 (남원 총생산량 대비)

| | 보절 / 남원 | 면적 ( ㏊ ) | 생산량 (M/T) | 단위생산량 (kg/10a) |
|---|---|---|---|---|
| 무 | 보절 | 2.3 | 108 | 4,695.65 |
| | 남원 | 65.8 | 2,596 | 3,945.3 |
| 당근 | 보절 | 0.7 | 22 | 3,142.9 |
| | 남원 | 5.5 | 153 | 2,781.8 |
| 고추 | 보절 | 19 | 49.4 | 260 |
| | 남원 | 176 | 705.8 | 401 |
| 파 | 보절 | 0.6 | 15.9 | 2,650 |
| | 남원 | 21.9 | 232.5 | 1,061.6 |
| 양파 | 보절 | 15.4 | 994.5 | 6,457.8 |
| | 남원 | 80.7 | 4,705.5 | 5,830.9 |
| 마늘 | 보절 | 2.3 | 32.3 | 1,404.3 |
| | 남원 | 32.8 | 383.9 | 1,170.4 |
| 생강 | 보절 | 1.7 | 30 | 1,764.7 |
| | 남원 | 5.2 | 79 | 1,519.2 |
| 수박 | 보절 | 0.4 | 18.7 | 4,675 |
| | 남원 | 18.4 | 667.9 | 3,629.9 |
| 딸기 | 보절 | 1.5 | 47.4 | 3,160 |
| | 남원 | 116.5 | 2,725.1 | 2,339.1 |
| 배추 | 보절 | 2.9 | 270 | 9,310.3 |
| | 남원 | 152.1 | 7,777 | 5,113.1 |
| 시금치 | 보절 | 0.4 | 4.6 | 1,150 |
| | 남원 | 3.6 | 34.1 | 947.2 |
| 상추 | 보절 | 5.4 | 120.9 | 2,238.9 |
| | 남원 | 239.9 | 5,507.4 | 2,295.7 |

## 바. 주요 농업기계 보유현황

| | 총계 | 농용트랙터 | | | | 스피드프레이어 | 보행형동력경운기 | 보행형동력이앙기 | | | 콤바인(자탈형) | | | | 관리기 | | | 곡물건조기 | 농산물건조기 |
|---|---|---|---|---|---|---|---|---|---|---|---|---|---|---|---|---|---|---|---|
| | | 계 | 소형 | 중형 | 대형 | | | 계 | 승용형 | 보행형 | 계 | 3조이하 | 4조 | 5조이상 | 계 | 승용형 | 보행형 | | |
| 계 | 1,285 | 196 | 22 | 133 | 41 | 8 | 392 | 169 | 86 | 83 | 47 | 2 | 26 | 19 | 187 | 2 | 185 | 102 | 184 |
| 부흥 | 39 | 4 | 1 | 2 | 1 | 1 | 11 | 9 | 2 | 7 | 1 | | 1 | | 4 | | 4 | 4 | 5 |
| 서당 | 53 | 7 | | 7 | | - | 16 | 10 | 3 | 7 | 2 | | 2 | | 7 | | 7 | 3 | 8 |
| 개신 | 33 | 5 | | 4 | 1 | - | 7 | 5 | 3 | 2 | 1 | | | 1 | 7 | 1 | 6 | 3 | 5 |
| 양촌 | 70 | 11 | | 8 | 3 | - | 21 | 5 | 4 | 1 | 2 | | 2 | | 10 | | 10 | 6 | 15 |
| 음촌 | 34 | 4 | | 4 | | | 10 | 8 | 1 | 7 | | | | | 3 | | 3 | 1 | 5 |
| 진목 | 110 | 17 | 3 | 12 | 2 | 1 | 32 | 20 | 9 | 11 | 4 | | | 4 | 20 | | 20 | 11 | 5 |
| 내동 | 19 | 3 | | 3 | | | 4 | 2 | 2 | | - | | | | 3 | | 3 | 4 | 3 |
| 신기 | 28 | 3 | | 2 | 1 | | 14 | 2 | 2 | | - | | | | 3 | | 3 | 2 | 4 |
| 금계 | 33 | 3 | 1 | 2 | | 2 | 9 | 3 | 2 | 1 | 1 | | 1 | | 6 | 1 | 5 | 2 | 7 |
| 다산 | 67 | 10 | 3 | 7 | | | 24 | 1 | 1 | | 1 | | 1 | | 10 | | 10 | 6 | 15 |
| 중신 | 43 | 5 | 1 | 3 | 1 | 1 | 20 | 7 | 1 | 6 | 1 | | 1 | | 5 | | 5 | 1 | 3 |
| 하신 | 22 | 4 | 1 | 1 | 2 | | 4 | 2 | 2 | | 1 | | 1 | | 4 | | 4 | 4 | 6 |
| 상신 | 39 | 8 | 2 | 4 | 2 | 1 | 8 | 3 | 3 | | 2 | | 1 | 1 | 8 | | 8 | 3 | 6 |
| 파동 | 36 | 5 | | 5 | | | 11 | 6 | 3 | 3 | 2 | | | | 6 | | 6 | 2 | 3 |
| 은천 | 62 | 10 | | 9 | 1 | | 18 | 8 | 8 | | 3 | | | 3 | 9 | | 9 | 6 | 8 |
| 벌촌 | 119 | 21 | 3 | 13 | 5 | | 37 | 13 | 10 | 3 | 5 | 1 | 3 | 1 | 16 | | 16 | 8 | 19 |
| 외황 | 37 | 2 | | 2 | | | 10 | 8 | 2 | 6 | 2 | | 1 | 1 | 3 | | 3 | 1 | 11 |
| 내황 | 27 | 4 | | 2 | | | 9 | 2 | 2 | | 1 | | 1 | | 5 | | 5 | 1 | 5 |
| 도촌 | 105 | 17 | 1 | 13 | 3 | 1 | 27 | 17 | 7 | 10 | 4 | | 1 | 3 | 15 | | 15 | 8 | 16 |
| 용평 | 38 | 7 | 4 | 3 | | | 14 | 4 | 2 | 2 | 1 | | 1 | | 6 | | 6 | 2 | 4 |
| 안평 | 21 | 1 | | 1 | | | 8 | 7 | | 7 | - | | | | 4 | | 4 | | 1 |
| 사촌 | 119 | 21 | 1 | 11 | 9 | 1 | 36 | 9 | 9 | | 7 | 1 | 4 | 2 | 11 | | 11 | 16 | 18 |
| 성남 | 44 | 10 | | 8 | | | 16 | 6 | | 6 | 1 | | 1 | | 6 | | 6 | 3 | 2 |
| 성북 | 50 | 8 | 1 | 5 | 2 | | 15 | 4 | 2 | 2 | 3 | | 1 | 2 | 7 | | 7 | 3 | 10 |
| 계월 | 39 | 6 | | 6 | | | 11 | 8 | 1 | 7 | - | | | | 9 | | 9 | 2 | 3 |

## 8_2. 기타 산업

보절지역은 형세가 주변지역보다 성하지 못하였다. 특히 남원읍의 상설시장과 임실면 오수장, 산서면의 동고지장 현 산서장 등이 있어 상권이 형성되지 못하였으며 교통 또한 주변지역 의존도가 높았다. 생산성도 낮아 농업 이외에는 별다른 소득원이 없어 근검절약이 생존의 수단일 수밖에 없는 열악한 실정이었다. 따라서 1990년대 이전까지만 하여 도 지역의 수요를 위한 극히 필요한 산업이 잡다하였을 뿐이다. 하지만 1990년대 이후 교통이 다소 편리하여지고 정부의 적극적인 정책이 반영되면서 주민의식의 변화와 외부 자본의 투입으로 생산성에 활기를 찾고 있으나 환경문제 등 또 다른 문제를 야기시키기도 하였다. 다음은 2017년 현재 면내 산업일반을 수록하였다.

(보절면사무소 제공)

## 가. 상업

### ■ 상점

|  | 업체명 | 대표자 | 소재지 | 비고 |
|---|---|---|---|---|
| 1 | 신흥상회 ( 슈퍼 ) | 이택수 | 신파리 상신 | 담배판매 |
| 2 | 평화슈퍼 | 박정자 | 신파리 하신 |  |
| 3 | 양성슈퍼 | 이도순 | 괴양리 양촌 | 담배판매 |
| 4 | 괴양슈퍼 | 김병렬 | 괴양리 양촌 | - |
| 5 | 황벌슈퍼 | 강덕순 | 황벌리 벌촌 | 담배판매 |
| 6 | 하나로마트 | 보절농협 | 신파리 상신 | 담배판매 |
| 7 | 보절마트 | 이태식 | 신파리 하신 | 담배판매 |

### ■ 식당

|  | 업체명 | 대표자 | 소재지 | 주메뉴 | 비고 |
|---|---|---|---|---|---|
| 1 | 보배매운탕 | 장소영 | 신파리 하신 | 한식부페 , 매운탕 | - |
| 2 | 춘풍이네 | 소종석 | 신파리 하신 | 백반 , 오리훈제 , 삼겹살 | - |
| 3 | 소나무집 | 임영수 | 신파리 상신 | 백반 , 돼지찌개 | - |
| 4 | 우리가든 | 유평동 | 금다리 다산 | 갈비탕 , 백반 |  |
| 5 | 괴양가든 | 김병렬 | 괴양리 양촌 | 백반 , 토종닭 | - |
| 6 | 추어마을 | 박혜숙 (사무장) | 도룡리 용동 | 추어탕 , 토종닭 | 예약 (숙박) |
| 7 | 천황봉 음식체험관 | 정희영 (사무장) | 황벌리 벌촌 | 한식고기뷔페 |  |

### ■ 약방

|  | 업체명 | 대표자 | 소재지 | 비고 |
|---|---|---|---|---|
| 1 | 보절약방 | 박충곤 | 보절면 신파리 하신 | - |

1960년대 이전까지만 하여도 보절지역의 의료 및 위생시설은 매우 열악하였다 . 교통 또한 매우 불편하여 응급환자가 발생하면 속수무책이었고 , 몸이 아플 때 약을 사먹으려면 남원이나 오수로 걸어 나가야 했다 . 이 시기에 박충곤 씨가 신파리 하신마을에 보절약방을 개설하여 운영함으로써 주민의 편리와 함께 병에 대한 의식의 변화에 기여하였다 . 비슷한 시기에 사촌약방이 개설되었다 .

### ■ 농약사

|  | 업체명 | 대표자 | 소재지 | 비고 |
|---|---|---|---|---|
| 1 | 보절농약사 | 안종인 | 신파리 하신 | 2017 년 폐업 |

### ■ 미용업

|  | 업체명 | 대표자 | 소재지 | 비고 |
|---|---|---|---|---|
| 1 | 보절미용실 | 김재남 | 신파리 하신 | - |
| 2 | 보절이발소 | 일제강점기 말에 소춘섭 씨가 보절국교 앞 고인돌 옆에서 개설하여 운영하였다 . 소춘섭 씨는 유학에 대한 지식도 풍부하고 유머가 풍부한 분으로 이발소를 사랑방처럼 운영하였다고 세인들은 술회한다 . 학교의 확장사업에 의하여 현 86 다방 터로 옮겨 운영하였으나 나이가 들어 그만두었다 . 이후 다른 사람이 면사무소 앞에서 운영하다가 보배식당 2층에 신설 · 운영되었으나 2013 년에 폐업 , 지금은 보절에는 이발소가 없다 . 보절지역 이발소는 신흥 이외에 사촌 , 황벌 , 진기 , 괴양 등에도 있었다 . 1970~80 년대 보절지역 인구는 5,000 명이 훨씬 넘었으니 이때는 이발소가 성업 ( 盛業 ) 했었다 . |  |  |

### ■ 주유소

|  | 업체명 | 대표자 | 소재지 | 비고 |
|---|---|---|---|---|
| 1 | 중앙주유소 | 노규태 | 괴양리 개신 | - |
| 2 | 농협주유소 | 보절농협 | 신파리 상신마을 | - |

### ■ 철물점

|  | 업체명 | 대표자 | 소재지 | 비고 |
|---|---|---|---|---|
| 1 | 보절철물점 | 홍순형 | 신파리 하신 | - |

## 나. 정미소

|  | 업체명 | 대표자 | 소재지 | 주생산물 | 설립 | 비고 |
|---|---|---|---|---|---|---|
| 1 | 지리산쌀 RPC | 위길숙 | 황벌리 벌촌 | 곡물도정 | 1998 |  |
| 2 | 협동정미소 | 김종훈 | 신파리 하신 | 〃 | 1960 |  |
| 3 | 황벌정미소 | 소용지 | 황벌리 은천 | 〃 |  |  |

## 다. 벼건조시설

|  | 업체명 | 대표자 | 소재지 | 기능 | 설립 | 비고 |
|---|---|---|---|---|---|---|
| 1 | 보절미곡타운 | 양선붕 | 신파리 하신 | 벼 건조 시설 | 2006 |  |
| 2 | 보절미곡건조 | 유국열 | 사촌리 사촌 | 벼 건조 시설 | 2013 |  |

## 라. 식품 제조업

|  | 업체명 | 대표자 | 소재지 | 주생산물 | 설립 | 비고 |
|---|---|---|---|---|---|---|
| 1 | 황벌건강원 방앗간 | 이정님 | 황벌리 벌촌 | 떡 제조 | 1980 | 휴업 |
| 2 | 진목떡 방앗간 | 한기수 | 진기리 진목 | 〃 |  | 임민자 |
| 3 | 춘향오디 | 양경철 | 진기리 칠성골 | 오디 ( 액 ) |  |  |
| 4 | 신흥한과 | 김길임 | 신파리 상신 | 한과 , 폐백 |  |  |
| 5 | 월영식품 | 김월영 | 서치리 부흥 | 김부각 장류 | 2017 |  |

## 마. 농기계 수리

|  | 업체명 | 대표자 | 소재지 | 비 고 |
|---|---|---|---|---|
| 1 | 농기계수리센터 | 홍순형 | 신파리 하신 |  |

## 바. 석가공·제조업

|  | 업체명 | 대표자 | 소재지 | 주생산물 | 설립 | 비고 |
|---|---|---|---|---|---|---|
| 1 | 삼영석건 | 형창우 | 진기리 칠성골 | 석재품 | 1996 |  |
| 2 | 성민석재 | 강성근 | 진기리 칠성골 | 〃 | 1996 |  |
| 3 | 삼성석물 | 박인숙 | 진기리 칠성골 | 〃 | 1996 |  |
| 4 | 상산개발 | 김성진 | 서치리 부흥 | 골재 , 모래 | 2015 |  |
| 5 | 거산아스콘 | 박문수 | 서치리 부흥 | 아스팔트 | 1991 |  |

## 사. 목가공·제조업

|  | 업체명 | 대표자 | 소재지 | 주생산물 | 설립 | 비고 |
|---|---|---|---|---|---|---|
| 1 | 호성특수 목재 | 김출태 | 서치리 부흥 | 제재업 | 1994 | 한옥 |
| 2 | 오성공예사 | 오광수 | 황벌리 벌촌 | 상 ( 床 ) | 1998 |  |
| 3 | 금강창호 공방 | 김창호 | 금다리 다산 | 전통한옥 창호 ( 문짝 ) |  |  |
| 4 | 정담한옥 | 안봉균 | 진목 3 길 칠성골 | 전통한옥 | 2018 |  |
| 5 | 고진케이 우드 | 강석목 | 진목 3 길 60 | 전통한옥 | 2016 |  |

## 아. 철가공·제조업

|  | 업체명 | 대표자 | 소재지 | 주생산물 | 설립 | 비고 |
|---|---|---|---|---|---|---|
| 1 | 한선 ( 철망 ) | 김인수 | 신파리 하신 | 철 망 | 1999 |  |

## 자. 건축자재업

|  | 업체명 | 대표자 | 소재지 | 주생산물 | 설립 | 비고 |
|---|---|---|---|---|---|---|
| 1 | 거산아스콘 | 박문수 | 서치리 부흥 | 아스팔트 | 1991 |  |
| 2 | 신흥아스콘 | 조충호 | 서치리 부흥 | 아스팔트 | 1997 |  |
| 3 | 드래곤 | 김만순 | 진기리 칠성골 | 레미콘 | 1997 |  |

## 차. 토목·건설

|  | 업체명 | 대표자 | 소재지 |  |  |
|---|---|---|---|---|---|
| 1 | 상산개발 | 김성진 | 서치리 부흥 | 비금속광물 | 2005 |
| 2 | 수정지하수 | 양기모 | 괴양리 음촌 | 지하수 개발 |  |
| 3 | 형제석축공사 | 우동만 | 진기리 내동 | 석축일체 |  |
| 4 | 서광중기 | 소형호 | 금다리 호복동 | 토목 |  |

## 카. 육상 양식업

|  | 대표자 | 어종 | 양식장소 | 양식장 면적 ( ㎡ ) | | 전화 |  |
|---|---|---|---|---|---|---|---|
|  |  |  |  | 면적 | 수면적 |  |  |
| 1 | 현은숙 | 미꾸라지 | 보절면 신파리 418-18 외 1 | 3,742 | 2,882 | 011-530-4882 | 재신고 |
| 2 | 박종완 | 미꾸라지 | 보절면 사촌리 938, 939 | 3,187 | 1,524 | 010-8642-7447 | 종묘 |
| 3 | 장소영 | 쏘가리 | 보절면 성시리 23-28 | 494 | 494 | 010-6880-7330 | 종묘 |
| 4 | 안재영 | 미꾸라지 | 덕과면 만도리 78 | 2,321 | 860 | 010-3682-9109 | 재신고 |

타. 축산업

■ 한우: 50두 이상 농가

| | 대표자 | 농장주소 | 사육현황 ( 두 ) | 비고 |
|---|---|---|---|---|
| 1 | 윤방한 | 남원시 보절면 괴양리 758 | 52 | |
| 2 | 유순영 | 남원시 보절면 금다리 681-14 | 218 | |
| 3 | 서석원 | 남원시 보절면 금다리 681-14 | 481 | |
| 4 | 이평수 | 남원시 보절면 금다리 959-6 | 57 | |
| 5 | 권승룡 | 남원시 보절면 도룡리 494-1 | 104 | |
| 6 | 이용해 | 남원시 보절면 도룡리 777 | 50 | |
| 7 | 정태수 | 남원시 보절면 도룡리 907-2 | 57 | |
| 8 | 유국열 | 남원시 보절면 사촌리 1230-4 | 68 | |
| 9 | 김용일 | 남원시 보절면 사촌리 1231-5 | 59 | |
| 10 | 남원축협 | 남원시 보절면 신파리 299-11 | 333 | |
| 11 | 한경석 2 농장 | 남원시 보절면 신파리 819-1 | 74 | |
| 12 | 김재경 | 남원시 보절면 신파리 산 23-8 | 86 | |
| 13 | 우동명 | 남원시 보절면 진기리 1488-1 | 72 | |
| 14 | 이창근 | 남원시 보절면 황벌리 1264-10 | 172 | 위탁 |
| 15 | 김종훈 | 남원시 보절면 진기리 갑산 | 70 | |

■ 한우: 50두 미만 농가

| | 대표자 | 농장주소 | 사육현황 ( 두 ) | 비고 |
|---|---|---|---|---|
| 1 | 김성만 | 남원시 보절면 괴양리 423 | 4 | |
| 2 | 김동영 | 남원시 보절면 괴양리 498 | 31 | |
| 3 | 원유수 | 남원시 보절면 괴양리 540 | 3 | |
| 4 | 강종근 | 남원시 보절면 괴양리 667 | 6 | |
| 5 | 윤주한 | 남원시 보절면 괴양리 719 | 49 | |
| 6 | 강부원 | 남원시 보절면 괴양리 758 | 7 | |
| 7 | 백원재 | 남원시 보절면 금다리 928-8 | 10 | |
| 8 | 유현옥 | 남원시 보절면 금다리 989-5 | 46 | |
| 9 | 김석규 | 남원시 보절면 도룡리 103 | 5 | |
| 10 | 박원섭 | 남원시 보절면 도룡리 211-3 | 1 | |
| 11 | 전윤영 | 남원시 보절면 도룡리 35-4 | 38 | |
| 12 | 현은숙 | 남원시 보절면 도룡리 494-1 | 19 | |
| 13 | 정하섭 | 남원시 보절면 도룡리 530 | 10 | |
| 14 | 정대승 | 남원시 보절면 도룡리 555-1 | 6 | |
| 15 | 유칠규 | 남원시 보절면 도룡리 563 | 2 | |
| 16 | 형남권 | 남원시 보절면 도룡리 59-1 | 9 | |
| 17 | 정용호 | 남원시 보절면 도룡리 907-2 | 17 | |
| 18 | 소춘화 | 남원시 보절면 사촌리 1155 | 40 | |
| 19 | 유형열 | 남원시 보절면 사촌리 1230-12 | 17 | |

| 20 | 곽민호 | 남원시 보절면 사촌리 145-1 | 2 | |
|----|--------|---------------------------|----|--|
| 21 | 정우상 | 남원시 보절면 사촌리 179-6 | 4 | |
| 22 | 안태원 | 남원시 보절면 사촌리 191-40 | 37 | |
| 23 | 강신재 | 남원시 보절면 사촌리 344-1 | 8 | |
| 24 | 유재륜 | 남원시 보절면 사촌리 419-1 | 4 | |
| 25 | 유연종 | 남원시 보절면 사촌리 671-9 | 3 | |
| 26 | 양기성 | 남원시 보절면 서치리 415-1 | 32 | |
| 27 | 김용곤 | 남원시 보절면 서치리 57 | 2 | |
| 28 | 곽옥례 | 남원시 보절면 성시리 276-3 | 2 | |
| 29 | 박생규 | 남원시 보절면 성시리 408-3 | 3 | |
| 30 | 유재형 | 남원시 보절면 성시리 629 | 1 | |
| 31 | 강신국 | 남원시 보절면 성시리 911 | 2 | |
| 32 | 강희선 | 남원시 보절면 신파리 226-106 | 5 | |
| 33 | 강희선 | 남원시 보절면 신파리 226-106 | 18 | |
| 34 | 임삼순 | 남원시 보절면 신파리 23-8 | 9 | |
| 35 | 김형찬 | 남원시 보절면 신파리 산 23 | 4 | |
| 36 | 김종훈 | 남원시 보절면 진기리 1186-12 | 38 | |
| 37 | 우상선 | 남원시 보절면 진기리 379-1 | 42 | |
| 38 | 박인섭 | 남원시 보절면 황벌리 208 | 48 | |
| 39 | 소순완 | 남원시 보절면 황벌리 219-1 | 18 | |
| 40 | 소재이 | 남원시 보절면 황벌리 33 | 12 | |
| 41 | 노태식 | 남원시 보절면 황벌리 339 | 15 | |
| 42 | 장광급 | 남원시 보절면 황벌리 340-1 | 1 | |
| 43 | 노봉식 | 남원시 보절면 황벌리 426-1 | 3 | |
| 44 | 소봉석 | 남원시 보절면 황벌리 877-1 | 17 | |

■ 젖소

|  | 농장주 | 농장 주소 | 사육두수 | 전 화 |
|----|--------|-----------|----------|-------|
| 1 | 김재경 | 보절 파동 신동길 295 | 97 | 010-6559-4725 |

■ 염소

|  | 농장주 | 농장 주소 | 사육두수 | |
|----|--------|-----------|----------|--|
| 1 | 안계수 | 보절 네마실 3 길 2 | 50 | 지리산남원흑염소 |
| 2 | 김정희 | 보절 괴양리 99-1 | 70 | |
| 3 | 소동수 | 보절 진목 1 길 51-12 | 1 | |
| 4 | 장정희 | 보절 금다길 50-17 | 1 | |
| 5 | 이창수 | 보절 신파리 641-1 | 5 | |
| 6 | 강대문 | 보절 파동신동길 84-7 | 5 | |
| 7 | 유정근 | 보절 파동 2 길 10-5 | 2 | |
| 8 | 노태식 | 보절 벌촌길 26-17 | 18 | |

| 9 | 장홍범 | 보절 보산로 1088-3 | 3 | |
|---|---|---|---|---|
| 10 | 이강용 | 보절 내황길 108-26 | 4 | |
| 11 | 권승룡 | 보절 도룡리 494-1 | 12 | |
| 12 | 이용해 | 보절 도룡리 777 | 12 | |
| 13 | 전귀덕 | 보절 벌촌길 61 | 1 | |
| 14 | 정극병 | 보절 도촌길 13 | 5 | |
| 15 | 정극춘 | 보절 도촌길 23 | 5 | |
| 16 | 정대수 | 보절 도촌길 21-8 | 7 | |
| 17 | 정용호 | 보절 사계로 80-3 | 11 | |
| 18 | 김영수 | 보절 사계로 228-10 | 7 | |
| 19 | 백준선 | 보절 사촌윗길 30-15 | 5 | |
| 20 | 유국열 | 보절 사촌리 1230-4 | 18 | |
| 21 | 유귀종 | 보절 사촌길 25 | 18 | |
| 22 | 김주원 | 보절 성남길 93 | 1 | |
| 23 | 임만수 | 보절 성남길 22-1 | 9 | |
| 24 | 김공배 | 보절 계월길 2-2 | 7 | |
| 25 | 김형배 | 보절 성시리 276-3 | 1 | |
| 26 | 김용녕 | 보절 진기금다길 | 180 | 지리산남원흑염소 |
| 27 | 이명분 | 보절 음촌길 35 | 19 | |
| 28 | 박성경 | 보절 도룡리 칠상동 | 25 | |

■ 양계

| | 업체명 | 농장주 | 소재지 | 축종 | 품종 | 사육 규모 | 동수 | 계열 회사 |
|---|---|---|---|---|---|---|---|---|
| 1 | 화성오리농장 | 김근수 | 보절면 보산로 457-23 | 오리 | 육용오리 | 15,000 | 6 | 다솔 |
| 2 | 드림농장 | 조 현 | 보절면보산로 636-68 | 닭 | 육계 | 120,000 | 3 | 사조팜스 |
| 3 | 경상농장 | 김철수 | 보절면 보산로 764 | 닭 | 육계 | 100,000 | 2 | 하림 |
| 4 | 섭골농장 | 김재경 (오연희) | 보절면 파동신동길 295 | 닭 | 육계 | 150,000 | 4 | 참프레 |
| 5 | 시우농장 | 김종현 | 보절면 보산로 988-27 | 닭 | 육계 | 55,000 | 3 | 사조팜스 |
| 6 | 반석농장 | 김종선 | 보절면 보산로 1036-72 | 닭 | 육계 | 150,000 | 7 | 동우 |
| 7 | 가나농장 | 박희직 | 보절면 내황길 132-19 | 닭 | 육계 | 80,000 | 2 | 참프레 |
| 8 | 세영농장 | 김명희 (현은숙) | 보절면 사계로 80-140 | 닭 | 육계 | 50,000 | 3 | 동우 |
| 9 | 도촌양계장 | 김정태 | 보절면 사계로 99-28 | 닭 | 육계 | 85,000 | 4 | 사조팜스 |

| 10 | 환희농장 | 박영희<br>(최병환) | 보절면 사계로 99-92 | 닭 | 육계 | 80,000 | 2 | 하림 |
|---|---|---|---|---|---|---|---|---|
| 11 | 부부농장 | 김재선 | 보절면 사계로 80-139 | 닭 | 육계 | 120,000 | 2 | 금화 |
| 12 | 고려농장 | 이생구 | 보절면 사촌윗길 91 | 닭 | 육계 | 60,000 | 7 | 하림 |
| 13 | 콕콕농장 | 강영호 | 보절면 보산로 1416 | 닭 | 육계 | 70,000 | 2 | 하림 |
| 14 | 이래농장 | 정희영 | 덕과 신양리 99-8 | 닭 | 육계 | 100,000 | 5 | 참프레 |
| 15 | 진성농장 | 김준환 | 보절면 보산로 | 닭 | 육계 | | | 참프레 |

■ 양돈

| | 대표자 | 농가주소 | 사육규모(두) | 전화번호 |
|---|---|---|---|---|
| 1 | 소시호 | 보절면 보산로 636-98 | 2,200 | 010-8790-1177 |

■ 양봉

| | 농장주소 | 대표자 | 전화번호 | 봉군수 | 비고 |
|---|---|---|---|---|---|
| 1 | 보절면 음촌길 20-2 | 김정희 | 010-3650-4208 | 550 | |
| 2 | 보절면 보산로 911 | 박충곤 | 010-6617-4025 | 30 | |
| 3 | 보절면 신흥1길 41 | 이창수 | 010-5033-4065 | 3 | |
| 4 | 보절면 부흥길 18-8 | 노태열 | 010-8839-5858 | 119 | |
| 5 | 보절면 내황길 144 | 이학규 | 010-3682-3129 | 16 | |
| 6 | 보절면 은천길 32-15 | 김문규 | 010-3778-0669 | 320 | |
| 7 | 보절면 금다리 11-2 | 소재춘 | 010-7307-4235 | 96 | |
| 8 | 보절면 성시리 산 54-11 | 김갑배 | 010-650-3646 | 47 | |
| 9 | 보절면 파동신동길 263-1 | 김한섭 | 010-9440-3844 | 60 | |
| 10 | 보절면 양촌뒷골길 14-20 | 안병준 | 010-3670-3412 | 48 | |
| 11 | 보절면 신파리 782 | 정국상 | 010-3689-7401 | 60 | |

파. 사회복지시설

• 기관명: 미소드림 재가노인복지센터 - 노인장기요양보험지정기관

• 사무실: 보절면 신파리 파동마을

• 대표: 양선명

• 설치일시: 2014년 1월 20일

• 직원현황: 사회복지사 3명, 요양보호사 20명

• 수급자현황: 65세 이상 관내 어르신 60명, 관외 10명

• 장기요양등급판정기준: 장기요양등급판정위원회에서 6개월 이상 혼자서 일상생활을 수행하기 어렵다고 인정하는 경우 심신상태 및 장기요양이 필요한 정도 등, 등급판정기준에 따라 판단함. 심신의 기능상태와 다른 사람의 도움이 필요한 정도에 따라 장기요양 1등급~5등급(치매)으로 세분화되어 있음.

• 방문요양기관 사회복지사의 업무

대상자를 주기적이고 체계적으로 모니터링하여 요양보호사들이 급여 제공계획에 따라 적절한 서비스를 제공할 수 있도록 유도하고, 서비스 제공 수준의 질 향상에 노력함. 대상자의 상태를 주기적으로 관찰하여 욕구와 만족도는 어떠한지 파악하고 지역자원과 연계하여 꼭 필요한 자원과 서비스를 제공함. 요양보호사의 전문성 향상을 위한 정기적인 교육과 수퍼비전을 제시하여 대상자에게 효과적으로 서비스를 제공할 수 있도록 노력함

• 방문요양기관 요양보호사 업무: 인권존중 케어

방문요양: 신체활동지원, 정서지원, 가사 및 일상생활 지원, 외출시 동행과 병원동행 등 개인활동과 사회활동지

원, 5등급은 인지프로그램 병행

방문목욕: 2명의 전문요양보호사가 차량을 이용해 차량 내 목욕서비스 제공.

하. 반려동물 장례식장

• 업체명: 팻바라기
• 소재지: 전라북도 남원시 보절면 파동신동길 161-29
• 사업개요: 농림부 정식허가업체로 반려동물(개, 고양이 등) 장례식장
• 대표: 전화번호(063-625-3737)
    홈페이지(http://www.petbaragi.co.kr/)

## 9. 교육

### 9_1. 1 보절초등학교 寶節初等學校

가. 개요.

• 교훈: 해방 이후 ~ 1980년대 : 착한 어린이가 되자.
    1980년대 이후 : 마음을 열고 꿈을 가꾸자.
• 교목: 은행나무
• 교화: 철쭉
• 교조: 까치
• 교가

나. 소재지: 전라북도 남원시 보절면 신파리 904
    [신흥2길 5]

다. 연  혁: 1922. 05. 01 - 사립보통학교 설립

　1923. 09. 01 - 보절공립보통학교 개교(4년제 2학급)

　1995. 03. 01 - 성북초등학교 통폐합

　1998. 03. 01 - 고절초등학교 통폐합

　2017. 02. 10 - 제92회 3명 졸업(총 5,508명)

　2007. 6. 14 - BTL(임대형민간투자)사업으로 본관
　　　　　　신축공사 착공

　2008. 6. 25 완공 기념식

　2009. 2. 25 학교역사관 개관

보절초등학교

1. 보절지역의 최초의 근대적 학교는 일제강점기 때 신파리 신흥<sup>하신</sup>마을에 1922년 5월 1일 설립된 사립보통학교이다. 이듬해 일제에 의해 신흥<sup>상신</sup>마을 현재의 터에 공립으로 보통학교 4년제를 설립하면서 사립보통학교가 없어지게 된다. 보절학교에서 4년을 수료하면 6년제인 사매학교에 편입하거나 남원읍내로 나아가 5학년, 6학년을 마쳐야만 상급학교에 진학을 할 수 있었다. 1941년 보절보통학교가 6년제가 되면서 졸업생의 수가 늘어나기 시작한다.

2. 6·25전쟁과 학교의 전소
1950년 6월 25일 한국전쟁이 발발하면서 보절지역은 북한군이 점령하게 된다. 이에 따라 보절지역은 약 4개월 동안 조선인민공화국의 통치를 받는다. 9월 15일 맥아더의 인천상륙작전이 성공하면서 천황봉에 근거한 인민군은 10월 25일 보절초등학교, 면사무소, 지서를 전소시킨 후 퇴각한다. 이후 신흥<sup>상신</sup>의 이씨재실과 황벌 마을회관이 임시학교가 되었다. 1953년 건물이 복구된 이후에도 교실의 수가 부족하여 노천교실과 천막교실에서 수업이 이루어지다가 1957년에 가서야 건물이 완성된다.

전소 직전의 보절국민학교 건물

라. 역대교장
(일제강점기 일본교장 명단은 자료부족으로 수록 못함.)

| 1 대 | 1945. 9. 20 | 김태규 | 13 대 | 1994. 3. 1 | 소삼종 |
|---|---|---|---|---|---|
| 2 대 | 1945. 12. 6 | 노동필 | 14 대 | 1997. 3. 2 | 김준기 |
| 3 대 | 1948. 8. 30 | 윤재영 | 15 대 | 1998. 3. 2 | 조성목 |
| 4 대 | 1950. 3. 31 | 공소석 | 16 대 | 1999. 9. 1 | 김덕기 |
| 5 대 | 1951. 2. 28 | 김형만 | 17 대 | 2000. 9. 1 | 강학삼 |
| 6 대 | 1954. 7. 10 | 안재완 | 18 대 | 2005. 3. 1 | 이환복 |
| 7 대 | 1961. 8. 8 | 오재승 | 19 대 | 2009. 3. 1 | 홍성수 |
| 8 대 | 1969. 3. 1 | 김형만 | 20 대 | 2011. 3. 1 | 홍성신 |
| 9 대 | 1974. 3. 1 | 장 담 | 21 대 | 2012. 9. 1 | 한영희 |
| 10 대 | 1981. 3. 1 | 장 원 | 22 대 | 2014. 9. 1 | 고문석 |
| 11 대 | 1986. 9. 1 | 조용택 | 23 대 | 2017. 9. 1 | 최금란 |
| 12 대 | 1989. 5. 25 | 안경모 | 24 대 | 2020. 9. 1. | 하정호 |

마. 학교현황

• 교직원 현황

| 구분 | 교장 | 교감 | 교사 | | 보건교사 | 유치원교사 | 행정실장 | 일반직 | 기능직 | 영양사 | 조리원 | 교무실무사 | 계 |
| | | | 부장 | 교사 | | | | | | | | | |
|---|---|---|---|---|---|---|---|---|---|---|---|---|---|
| 남 | | 1 | | 2 | | | | 1 | 2 | | | | 6 |
| 여 | 1 | | 2 | 3 | 1 | 1 | 1 | | | 1 | 2 | 1 | 13 |
| 계 | 1 | 1 | 2 | 5 | 1 | 1 | 1 | 1 | 2 | 1 | 2 | 1 | 19 |

• 학급 편제 및 학생 현황

| 학년 | | 1 | 2 | 3 | 4 | 5 | 6 | 계 | 병설유치원 |
|---|---|---|---|---|---|---|---|---|---|
| 학급수 | | 1 | 1 | 1 | 1 | 1 | 1 | 6 | 1 |
| 학생수 | 남 | 1 | 3 | 1 | 3 | 4 | 4 | 16 | 6 |
| | 여 | 3 | 0 | 5 | 2 | 1 | 4 | 15 | 1 |
| | 계 | 4 | 3 | 6 | 5 | 5 | 8 | 31 | 7 |

• 학교 시설 현황

| 구분 | 교지 | 운동장 | 교실(유치원) | 관리실 | 특별실 | 창고 | 보건실 | 화장실 | 급식소 |
|---|---|---|---|---|---|---|---|---|---|
| 현황 | 2,250 ㎡ | 16,032 ㎡ | 6(1) | 3 | 7 | 2 | 1 | 6 | 1 |
| 사택 | 급수장 | 체육교구 | 일반자료 | 과학기교재 | 음악자료 | 도서 | 컴퓨터 | 복사기프린터 | 선진화기기 |
| 1 | 1 | 43 종 151 점 | 375 | 1,295 | 21 종 55 점 | 4,430 | 57 | 10 | 15 |

• 보절초등학교 운행노선도(고절학구) [25인승]

  ※ 운행노선(총22명 : 초12명, 중10명)

    학교 ⇒ ①만동(2.5km, 중1명) ⇒ ②부흥(1.5km, 초1명) ⇒ ③서당(1.5km, 초2명) ⇒ ④괴양(2km, 초3명) ⇒ ⑤진기(1.5km, 초1명, 중1명) ⇒ ⑥금계(1.5km, 중1명) ⇒ ⑦다산(1.5km, 중1명) ⇒ ⑧중신(1km, 초1명, 중1명) ⇒ ⑨석재단지(3km, 초2명, 중2명) ⇒ 신파리(2.5km, 초2명, 중3명) ⇒ 학교(2.5km)

보절초등학교 운행시간표

• 등교시 (21km, 37분 소요)

| 통학노선 | 운행노선 | | | | | | | | | | | | 계 |
| | 학교 | 만동 | 부흥 | 서당 | 괴양 | 진기 | 금계 | 다산 | 중신 | 석재 | 신파리 | 학교 | |
|---|---|---|---|---|---|---|---|---|---|---|---|---|---|
| 거리 (km) | 0 | 2.5 | 1.5 | 1.5 | 2 | 1.5 | 1.5 | 1.5 | 1 | 3 | 2.5 | 2.5 | 21 |
| 탑승인원 | 0 | 1 | 1 | 2 | 3 | 2 | 1 | 1 | 2 | 4 | 5 | | 22 |
| 소요시간 (분) | | 5 분 | 5 분 | 5 분 | 3 분 | 3 분 | 2 분 | 2 분 | 3 분 | 6 분 | 3 분 | 2 분 | 37 분 |
| 탑승시각 | 08:03 | 08:08 | 08:13 | 08:16 | 08:19 | 08:22 | 08:24 | 08:26 | 08:29 | 08:35 | 08:38 | 08:40 | |

  ※ 병설유치원 학생수도 포함

- 하교시 (20km, 33분 소요)

| 통학노선 | 운행노선 | | | | | | | | | | 계 |
|---|---|---|---|---|---|---|---|---|---|---|---|
| | 학교 | 만동 | 부흥 | 서당 | 괴양 | 진기 | 금계 | 다산 | 석재 | 학교 | |
| 거리 (km) | 0 | 2.5 | 3 | 1.5 | 1.5 | 3 | 1.5 | 1.5 | 3 | 2.5 | 20 |
| 탑승인원 | | 1 | 1 | 2 | 4 | 2 | 1 | 1 | 4 | | 16 |
| 소요시간 (분) | | 5분 | 5분 | 4분 | 3분 | 4분 | 3분 | 3분 | 6분 | 3분 | 33분 |
| 하차시각 | 16:40 | 16:45 | 16:50 | 16:54 | 16:57 | 17:01 | 17:04 | 17:07 | 17:12 | 17:15 | |

- 1일 소요시간: 70분
- 1일 운행거리: 41km

### 9_2. 고절초등학교 高節初等學校

지금은 폐교된 고절초등학교의 현재의 모습

가. 소재지: 보절면 괴양리 187번지

나. 학생수: 6학급 123명

다. 졸업생수: 제30회 1,911명

라. 교직원수: 11명

마. 연혁: 1957. 4. 1 - 보절국교 진양분교(1, 2, 3학년 분립)

　　　　1960. 2. 26 - 고절초등학교 인가

　　　　1960. 4. 1 - 개교(정규 8학급 편제)

　　　　1984. 3. 1 - 고절초등학교 병설유치원 인가

　　　　1998. 3. 1 - 보절초등학교에 통폐합

　　　　- 고절초등학교(1998. 2. 17까지): 2,032명 졸업

바. 교가 (오영환 작사 / 조용택 작곡)

1 동녘에 아침 해가 솟아오르니
손목을 마주 잡고 웃는 얼굴로
즐겁게 모여드는 무궁화 송이
씩씩하게 자라거라 빛나는 고절

2 만행산의 높은 정기 이어 받들어
산수좋고 기름진 땅 아늑한 곳에
마음씨와 맵시를 곱게 담아서
씩씩하게 자라거라 빛나는 고절

사. 역대교장

| 1 대 | 1960. 4. 23 | 이 형 | |
|------|-------------|------|--|
| 2 대 | 1967. 3. 1 | 장 원 | |
| 3 대 | 1973. 3. 1 | 이교창 | |
| 4 대 | 1979. 3. 1 | 김재구 | |
| 5 대 | 1981. 3. 1 | 장 담 | |
| 6 대 | 1986. 9. 1 | 장 원 | |
| 7 대 | 1991. 9. 1 | 김태근 | |

사. 역대교장

| 1 대 | 1960. 4. 23 | 장 담 | |
|------|-------------|------|--|
| 2 대 | 1969. 3. 1 | 오재승 | |
| 3 대 | 1976. 9. 1 | 장 원 | |
| 4 대 | 1981. 3. 1 | 이교창 | |
| 5 대 | 1986. 9. 1 | 장 담 | |
| 6 대 | 1989. 3. 1 | 이득재 | |
| 7 대 | 1991. 3. 1 | 허 혁 | |

## 9_3. 성북초등학교 城北初等學校

1979년도 당사의 성북초등학교 모습

가. 소재지: 보절면 사촌리 685번지

나. 학생수: 6학급 120명

다. 졸업생수: 제30회 1,865명

라. 교직원수: 8명

마. 교가

```
1, 소백산  멀어내려  천황봉되고      2, 아침햇살  퍼져오는  우리의희망
   그정기  멀어맺힌  배움의전당         도촌제  맑은물에  마음을씻고
   우뚝이  서있고나  사랑의요람         어깨동무  나란히  발을맞추어
   희망의  종소리는  우릴부른다         소망을  이룩하자  어서들가자
후  배우고  익히어서  실천에옮겨
렴  길이길이  빛내오리  남원의성북
```

바. 연혁:

• 1957. 4. 25 - 보절초등학교 성북분교 개교

• 1960. 3. 26 - 남원성북초등학교 설립 인가

• 1983. 3. 02 - 병설유치원 개원

• 1995. 3. 01 - 보절초등학교 성북분교장 통폐합

   - 성북초등학교 (1994. 2. 19까지): 1,946명 졸업

## 9_4. 보절중학교 寶節中學校

보절중학교

가. 소재지: 보절면 신파리 930-3

나. 연 혁: 1971. 12. 27 - 설립인가(3학급)

        1972. 3. 11 - 개 교

        1977. 12. 14 - 12학급 인가

        1990. 3. 1 - 8학급으로 감축

        2017. 2. 7 - 제43회 졸업생 3명

다. 역대교장

| 순번 | 성함 | 기간 |
|------|------|------|
| 1 | 김봉만 | 1972. 3. 1 ~ 1978. 8. 31 |
| 2 | 김용원 | 1978. 9. 1 ~ 1984. 2. 28 |
| 3 | 김주기 | 1984. 3. 1 ~ 1986. 2. 28 |
| 4 | 없음 | |
| 5 | 박종의 | 1987. 1. 1 ~ 1987. 8. 30 |
| 6 | 최영식 | 1987. 9. 1 ~ 1989. 2. 28 |
| 7 | 최성로 | 1989. 3. 1 ~ 1992. 8. 30 |
| 8 | 한수종 | 1992. 9. 1 ~ 1994. 8. 30 |

보절 이야기

| 9 | 한광수 | 1994. 9. 1 ~ 1996. 12. 31 |
|---|---|---|
| 10 | 김병준 | 1997. 1. 1 ~ 1999. 8. 31 |
| 11 | 오태길 | 1999. 9. 1 ~ 2002. 2. 28 |
| 12 | 안길영 | 2002. 3. 1 ~ 2004. 2. 28 |
| 13 | 한병갑 | 2004. 3. 1 ~ 2008. 2. 28 |
| 14 | 정명규 | 2008. 3. 1 ~ 2012. 2. 28 |
| 15 | 조병규 | 2012. 3. 1 ~ 2015. 8. 31 |
| 16 | 한상연 | 2015. 9. 1 ~ 2018. 2. 29 |
| 17 | 김기나 | 2018. 3. 1 ~ 현재 |

라. 교 가

마. 학교현황

• 학급 편성 및 학생수

| 구분 / 학년 | | 1 | 2 | 3 | 4 |
|---|---|---|---|---|---|
| 학습수 | | 1 | 1 | 1 | 3 |
| 학생수 | 남 | 3 | 3 | 4 | 10 |
| | 여 | 3 | 1 | 2 | 6 |
| | 계 | 6 | 4 | 6 | 16 |

• 교직원현황

| 구분 | 교원 | | | | | | 행정실 | | | | 계 |
|---|---|---|---|---|---|---|---|---|---|---|---|
| | 교장 | 교감 | 부장 | 교사 | 교무실무사 | 소계 | 행정실장 | 주무관 | 시설관리 | 소계 | |
| 남 | 1 | · | 1 | 2 | · | 4 | · | · | · | 0 | 4 |
| 여 | · | · | 1 | 5 | 1 | 7 | 1 | 1 | 1 | 3 | 10 |
| 계 | 1 | · | 2 | 7 | 1 | 11 | 1 | 1 | 1 | 3 | 14 |

• 기본시설

| 부지<br>( 운동장 포함 ) | 보통<br>교실 | 특별<br>교실 | 관리실 | 상담실<br>( 정보실 ) | 보건실<br>( 학생회실 ) | 도서실 | 창고 | 화장실 | 강당 | 급식실 | 교원 체육실 |
|---|---|---|---|---|---|---|---|---|---|---|---|
| 33.751 | 3 | 7 | 3 | 1 | 1 | 1 | 1 | 4 | 1 | 1 | 1 |

• 교직원소개

| 순 | 성명 | 직위 | 담임 | 업무 | 과목 |
|---|---|---|---|---|---|
| 1 | 김기나 | 교장 | | 통할 | |
| 2 | 공강남 | 부장교사 | | 교무기획 / 행동강령책임관 | 체육 |
| 3 | 정세윤 | 부장교사 | | 연구기획 | 국어 |
| 4 | 김규표 | 교사 | | 환경 / 다문화 | 미술 |

| 5 | 김주엽 | 교사 | | 자유학기제 기획 | 기술 가정 |
|---|---|---|---|---|---|
| 6 | 박지현 | 교사 | | 수업 / 창제기획 | 영어 |
| 7 | 송진섭 | 교사 | | 보건기획 | 한문 |
| 8 | 조보람 | 교사 | 1 학년 | 방과후학교 | 사회 |
| 9 | 조윤정 | 교사 | 2 학년 | 정보 / 평가기획 | 과학 |
| 10 | 전원준 | 교사 | 3 학년 | 인성 , 인권기획 | 수학 |
| 11 | 이혜수 | 교무실무사 | | 교육행정업무 | |
| 12 | 노은순 | 행정실장 | | 행정총괄 | |
| 13 | 배인경 | 주무관 | | 행정사무 | |
| 14 | 윤치호 | 시설관리 | | 시설관리 | |

바. 특기사항: 농촌인구의 증가로 각 면단위에 초등학생수가 증가하는 전국적인 현상과 정부의 경제개발계획이 성공적으로 추진됨으로써 이에 상당한 교육을 받은 고급인력의 수급이 필요하였는 바 각 면단위의 중학교 설립의 추진이 불가피하였다. 하지만 보절에 중학교를 세운다는 것은 쉽지 않았다. 왜냐하면 이미 북3개면보절, 덕과, 사매의 중등교육에 크게 기여한 사립 용북중학교가 사매면에 있었기 때문이었다. 즉 지역발전에 기여한 용북중학교가 있는데 보절면에 중학교 설립이 굳이 필요한지에 대한 의문과 반대도 제기되

었다. 그러나 대부분의 면내 분위기가 용북중학교까지의 거리가 멀고 더 많은 초등졸업생에게 교육의 기회를 제공하기 위해서는 면내 중학교 설립이 이루어져야 한다는 쪽으로 모아졌다. 이에 당시 면내 심대섭 추진위원장을 비롯한 유지들의 애향심 가득한 노력과 면민들의 협조에 의하여 1971년 12월 21일 설립이 인가3학급, 1972년 3월 11일에 개교되었다. 물론 마지막 단계에서 당시 용북중학교 유광현 이사장의 과감한 양보가 있었음을 여기에 밝혀둔다.

## 10. 종교

### 10_1. 불교

보절지역의 사찰은 불교국가인 고려시대에는 보현사를 중심으로 여러 곳에 사찰이 있었다 하며 이후에 설립된 사찰까지 합하면 더 있었을 것으로 추정된다. 이를 현존하는 사찰과 사찰의 유흔遺痕을 소개하면 ①보현사 ②성산의 영월암 ③서당의 관음사 ④섶골의 용정암 ⑤만행산 너적골의 천황사 ⑥칠상동 절터 , ⑦성북 매골의 절터 ⑧괴양리 개양의 성절 터 ⑨상신마을의 신흥사 절터 등이 있으며 또한 만행산의 골짜기에 있었다는 보현사의 말사까지 확인할 수 있다면 헤아리기가 쉽지 않다. 여기에 보절지역 신도들이 더 많았을 것으로 추정되는 귀정사도 있다.

**보현사**

소재지: 전라북도 남원시 보절면 도룡리에 있는 한국불교 태고종 소속의 사찰.

○변천

1306년충렬왕32 승려 만항萬恒이 짓기 시작하여 1314년충숙왕1에 완공했다. 본래 만항이 머무르던 작은 암자였으나, 꿈에 그 자리가 평생 수도할 곳이라는 계시를 받고 절을 지었다고 한다. 당시 건물로는 법당과 나한전, 약사전, 문수전, 조사전, 시왕전, 정루, 승당 등이 있었고, 소속 암자만도 너적골의 천황사를 비롯하여 30여 개나 되었다고 한다. 1481년성종12년에 편찬된《동국여지승람東國輿地勝覽》과 1799년정조 23년에 나온《범우고梵宇攷》에 절 이름이 보현사寶賢寺로 기록되어 있다. 1692년숙종 18년 승려 처능處能이 중창했으나

이후 한국전쟁 때 불에 탄 뒤 오랫동안 폐사지로 남아 있었다. 1931년 이봉기가 다시 중창하였고 1973년에는 법당과 요사채를 지었다. 1991년 태고종 승려 정봉이 이봉기로부터 절을 인수받았다. 그 다음 해 정봉이 죽자 부인인 경환이 정봉의 뒤를 이어 2017년 현재까지 절의 주지를 맡고 있다. 현재 사찰 경내의 불사는 대부분 경환의 노력에 의해 이루어진 것이라고 한다.

보절 이야기

○현황

전라북도 남원시 보절면 만행산 자락 용평마을 위에 자리 잡은 보현사는 뒤로는 만행산 정상의 상서바위가 보이고 아래로는 농업용수를 채운 댐이 한 눈에 들어온다. 경환이 주지를 맡은 이래 1996년 보절면 신도들이 시주하여 칠성각을 완성했고, 2002년에는 유영권 등이 시주하여 대웅전을 지었다.

보현사

○의의와 평가

절의 역사는 오래되었지만 내려오는 유물은 없다. 하지만 최근에 규모가 큰 맷돌과 부도가 발견된 것으로 보아 이 절 터가 예전에는 대가람이었음을 짐작할 수 있게 한다. 현재 신도들 대부분은 보절면에 사는 할머니들이며, 만행산을 찾는 많은 등산객들이 산행을 할 때 잠시 쉬어가는 도량으로 자리매김하고 있다.

## 관음사 觀音寺

소재지: 전라북도 남원시 보절면 서당마을
종    파: 한국불교 태고종 소속의 사찰

○소개

전북 남원시 보절면 서당마을을 지나면 만행산의 한 줄기인 보절면 서치리 150번지에 관음사라는 사찰이 자리한다. 관음사는 남원 지역의 사찰과는 다르게 고성古城을 들어가는 듯한 분위기다. 천왕문을 들어서면 경내로 오르는 계단이 설치돼 있다. 몇 개의 계단을 오르자 눈에 확 뜨이는 관음사의 경내가 한눈에 들어온다. 약간의 이국풍이 엿보이는 둥그런 원형의 분수대, 시설 중앙에 설치된 구룡 탄생불이 우뚝 서 있다. 아홉 마리의 용이 연꽃속의 아기부처님을 관불로 모시고 있는 시설이다. 뒤로 하여 대웅전과 우측으로 지장전과 그리고 요사채가 있다. 관음사의 뒤 약산은 겨울에 집시랑바위에 얼음이 얼면 이듬해 춘삼월에야 녹는다하여 빙암석氷巖石이라 불리고 얼음박골이라고도 불리었다. 또한 마을은 예로부터 글을 읽는 선비들이 많이 탄생한다 해서 서당골로 불리기도 한다. 이에 선비들이 공부를 하는 고을이라는 뜻으로 보고, 듣고, 소리가 높다해 볼 관觀, 소리 음音자를 써서 창건주이신 법운스님이 사찰의 이름을 관음사라 하였다고도 전한다. 관음사 법운스님은 불교도 생활불교가 되어야 한다고 강조한다. 이미 사찰에는 노후가 외로운 할머니들이 거주하고 계신다. 보다 많은 어르신들을 모시고 싶어 노인복지관을 계획하고 있으며, 이미 불교박물관 건립을 위해 장소도 마련하고 다양한 불교유산을 수집하고 있다고 전한다. 지역사회와 함께 하는 사찰이 되고자 산책길과 템플스테이 그리고 불교 음악회 등을 계획하고 실천하고 있다.

○변천

현재의 관음사는 원래 이 지역에 위치해 있던 보현사의 산내 암자로서, 고려 후기에 창건되어 안불암安佛庵이라 칭하였다고 한다. 누가 안불암을 창건했는지 알 수 없으나 일제강점기 전까지 불도의 도량으로 명맥을 유지했다. 안불암은 일제강점기에 폐사되어 사찰 터가 전답으로 사용되었다. 1958년부터 현주지의 부친인 김관용이 사찰 중건을 목적으로 부지를 조금씩 매입하기 시작했다. 1968년 현재 주지 법운 김정문이 사찰 중건을 시작하여 13년 동안의 대작 불사 끝에 전통 가람의 면모를 갖추었다. 1984년 구「불교재산관리법」에 의거 한국불교 태고종 관음사로 불교 단체에 등록한 후, 수많은 불자들을 대상으로 수도와 참선을 지도

하는 등 전법 도량의 전통 사찰로서의 기능을 다하고 있다. 2001년 3월 미얀마의 원도피 에일킬라 대승정이 법운에게 석가여래 진신사리, 혈사리, 십대제자 사리 등을 기증하였다. 이에 법운은 팔각구층석탑을 지어 석가여래 진신사리 7 과를 봉안하였다.

○ 현황

현재 관음사는 일본 및 전국에 있는 신도 약 2,000여 명이 평일과 주말을 가리지 않고 찾아와 참관과 수행을 병행하며 자비심을 기르는 도량의 역할을 다하고 있다. 최근에는 부처의 진신사리를 친견하기 위해 많은 신도들이 먼 길을 마다하지 않고 단체로 방문하고 있다. 출간 전부터 언론과 네티즌들로부터 박정희 신격화 논란으로 화제가 됐던《신이 된 대통령》의 저자인 신동욱 박사가 설날을 맞아 고故 박정희, 육영수의 영정 앞에 쌓여 있는 불전사진을 공개했다. 이 사진에는 박정희 대통령과 육영수 여사의 영전 앞에 놓인 1만 원권과 5000원권, 1000원권 지폐가 여러 장 쌓여있었는데 박 대통령 영정 앞에 불전이 더 많이 쌓여있는 것이 특이했다.《신이 된 대통령》의 책에 실린 이 사진은 2011년 6월 전라북도 남원시 보절면에 있는 관음사의 지장전에서 촬영한 것이라고 저자는 밝혔다. 관음사는 고려 말엽에 창건됐으나 일제강점기 때 폐사됐다가 법운스님이 1968년부터 중창불사하여 일명 '움직이는 부처'로 모셔진 사찰로 방송에 소개되어 유명해졌다. 움직이는 부처는 어떤 방향에서 바라봐도 시선이 따라다니면서 눈이 마주치는 부처를 말한다. 이 사찰에 영전을 모신 사연은 창건주인 법운스님이 100일 기도를 끝낸 그날 밤 꿈에 박 대통령과 육 여사가 살아있는 사람과 똑같은 모습으로 나타났다고 한다. 신 박사

는 지난 6년 동안 박 대통령의 영정을 봉안한 전국의 56개 사찰을 답사한 결과 유일하게 불전이 쌓여있던 곳은 남원의 관음사뿐이라고 말했다. 전라도 지역은 정치적으로 박정희 대통령과 대척점을 이루고 있는 곳인데도 불구하고 박 대통령의 영정 앞에 불전이 쌓여있는 자연발생적 사회현상을 보며 불자들은 동서화합과 국민대통합의 기운이 감도는 좋은 징조라고 했다고 저자 신동욱 박사는 설명했다.

**용정암**

| | |
|---|---|
| 위치: | 보절면 신파리 섶골 |
| 종파: | 태고종 |
| 건물: | 대웅전, 삼성각, 요사채 |
| 문화재: | 불상, 탱화, 종 |

용정암

**영월암**성산절

| | |
|---|---|
| 위치: | 장수군 산서면 봉서리 38-2 |
| 종파: | 조계종 |
| 건물: | 대웅전13평, 삼성각3평, 요사채15평 |
| 문화재: | 불상 6구, 탱화 7장, 종 1개15kg |

이 사찰의 소재지는 산서면 봉서리에 해당되는 이곳은 장수군 산서면과 남원시 보절면, 덕과면 경계에 위치하며, 최근 비구니들의 조계종 수도사찰修道寺刹로 잘 정비되어 있다. 보절 사람들뿐 아니라 인근에서도 이 사찰은 영월암보다는 성산절로 더 잘 알려져 있다. 이는 둘레에 높이 15m, 길이 50여m의 옛 성터가 확연히 남아있기 때문일 것이다.《장수군지長水郡誌》에 의하면 성산절은 원래 성시마을 뒤에 있는 암자를 170여 년 전 한 스님이 현재의 위치로 이전하였다고

관음사

기록하고 있으며 신라고승 원효대사元曉大師가 이곳에 올라 토굴을 파고 한 겨울을 났다는 전설이 있다. 성안에 있는 영월사暎月寺·성산절는 경관이 수려하여 옛날에는 보절면내 초등학교, 중학교 학생들의 소풍장소로 이용하거나 성남사람들의 초파일 연등행사와 기복신앙의 장소로 이용되어 왔다. 옛날 보절쪽에서는 성남마을의 성남골과 성남저수지를 지나 500여m쯤 오르면 옛 성터가 나오며 성을 오르는 계단이 보인다. 지금은 성산으로 오르는 길이 숲으로 우거져 오르기 어렵다. 오늘날 성산절 가는 길은 산서면 봉서리의 입구에서 승용차로 5~6분 거리이며 오르막 중간 공터에 주차하고 오르면 운동도 되고 승려들에 대한 예의도 챙겨서 좋다. 최근 2015년부터 군산대학교 박물관에서 이곳 성터의 발굴 작업을 하였으며 조사결과의 학술대회는 아직 이루어지지 않은 듯하다.

## 10_2. 개신교

보절지역의 교회는 덕과면 고정리의 고정교회에서 분리되어 설립된 황벌교회가 최초의 교회이며 대부분의 보절지역 교회의 모체가 되었다.

### 황벌교회

① 정의: 남원시 보절면 황벌마을에 있는 대한예수교장로회 소속의 교회

② 연혁

- 1934년 12월 초순: 덕과면 고정교회 김석주 장로가 내황의 복산치재를 넘어 다니던 성도들을 인도하여, 보절면 도룡리 용동마을의 김재구 씨 댁에 기도처를 정하고 설립예배를 드림.
- 1936년: 초대 서립집사 임명 - 김두홍, 김기춘, 김재구 등 3명
- 1937년 12월 초순: 보절면 황벌리 373번지(현위치)의 잠실집을 일본돈 60엔(円)에 구입하여 이전하다.
- 1945년: 제1차 성전 건축(10평)하다.
- 1950년: 6·25전쟁 중 김병곤 전도사 초대 교역자로 부임
- 1971년 4월: 제2차 성전 건축(14평)
- 1973년 4월: 사택 건축(14평)

- 1974년 1월 20일: 신양교회 분리
- 1974년 3월 17일: 신흥교회 분리
- 1978년 11월 26일: 예배당 증축
- 1981년 1월: 교육관 건축(19평)
- 1981년 6월 8일: 사촌교회 분리
- 1988년 5월 18일: 장진식 장로 임직 및 창립 50주년 기념예배
- 1990년 8월 28일: 황삼순 권사 취임
- 1993년 2월 21일: 제3차 성전 건축기공(55평), 사택 27평
- 1994년 12월27일: 창립60주년 기념 및 새 성전 봉헌-박세권 집사 안수

③ 역대 교역자

| 초대 | 김병곤 전도사 | | 11 대 | 이풍삼 전도사 | 1967. 2~ 1968.4 |
|---|---|---|---|---|---|
| 2 대 | 배성룡 전도사 | | 12 대 | 오광엽 전도사 | 1968. 6~ 1969.3 |
| 3 대 | 장경신 전도사 | 여자 | 13 대 | 손오복 전도사 | 1970. 5~ 1974.1 |
| 4 대 | 배춘몽 전도사 | 1953~ | 14 대 | 김재규 전도사 | 1974. 1~1975.8 |
| 5 대 | 정찬옥 전도사 | 1954~ 1956 | 15 대 | 손오복 전도사 | 1975.11~ 1986.1 |
| 6 대 | 김종구 전도사 | 1956~ 1958 | 16 대 | 최용승 전도사 | 1986. 2~ 1987.9 |
| 7 대 | 김종기 전도사 | 1962~ 1963 | 17 대 | 김학균 전도사 | 1987.10~ 1992.2 |
| 8 대 | 정태호 전도사 | 1963. 2~ 1963. 10 | 18 대 | 강광원 목사 | 1992. 3~ 2011.7 |
| 9 대 | 김 현 전도사 | 1963. 12~ 1965. 12 | 19 대 | 안효근 목사 | 2011.7 ~ 현재 |
| 10 대 | 송용학 전도사 | 1966. 1~ 1966. 10 | | | |

### 진기교회

① 정의: 남원시 보절면 진목마을에 있는 대한예수교장로회 소속의 교회

② 연혁

- 1951년 3월 3일: 진기교회 설립-황벌교회를 다니던 강효녀 할머니(후에 집사)와 오정순 할머니(후에 집사), 소옥남 집사, 최진 집사가 주도하였음.

* 신도수: 75명
- 1966년 3월 15일: 보절면 괴양리에 고절교회를 설립하여 이전함
- 1985년 1월 16일: 진기교회 재설립
- 소영자(윤이) 성도 기도로 비닐하우스에서 시작
- 1985년 12월 18일: 진기리 895-1번지에 10평 천막 교회당 세움
- 1987년 4월 28일: 대한예수교장로회 전북노회에서 진기교회(가칭) 승인
- 1993년 4월 5일: 진기리 1392-7 현 장소로 예배장소를 이전
- 1996년 12월 1일: 진기리 1392-7, 8, 9번지 507평 하천부지를 매입
- 2014년 6월 ~ 8월: 교회 증축 및 교회 안과 밖 리모델링

| 초대 | 전철수 전도사 | 1985. 2 부임 | 5 대 | 성병권 목사 | 2001. 6 부임 |
|---|---|---|---|---|---|
| 2 대 | 상세근 전도사 | 1988. 8 부임 | 6 대 | 백학준 목사 | 2010. 5 부임 |
| 3 대 | 임기환 전도사 | 1990. 1 부임 | 7 대 | 이창국 목사 | 2011. 11 부임 |
| 4 대 | 김종천 전도사 | 1991. 1 부임 | 8 대 | 박종대 목사 | 2014. 2 부임 |

## 고절교회<sup>없어짐</sup>

① 정의: 남원시 보절면 괴양리에 있던 대한예수교장로회 소속의 교회

1970년 12월 25일 크리스마스를 기념하는 고절교회의 모습

② 연혁
- 1966년 3월 16일: 고절교회 설립 - 보절면 진목에 있던 진기교회를 상회(당회, 노회, 총회)의 의결에 의하여 고절초등학교 앞 저지대에 김종환 집사의 노력으로 건축하여 이전하고 고절교회라고 교회 이름을 바꾸었음.
- 1974년 3월 16일: 교회가 남부, 북부에는 있지만 중앙인 면소재지마을 신흥에는 없기 때문에 면내 중앙으로 옮기자는 운영자의 다수의견에 따라 현 위치인 신파리 신흥마을로 이전함. 따라서 고절교회는 폐쇄되었음. 아래의 사진은 없어지기 전 1970년 12월 25일 크리스마스를 기념하는 고절교회의 모습이다.

## 신흥교회

① 정의: 남원시 보절면 하신에 있는 대한예수교장로회 소속의 교회
② 설립배경: 1964년경 황벌교회의 김현 전도사(현 운주교회 목사)가 황벌교회와 진기교회를 연합하여 면소재지인 신흥에 교회를 세우자는 의견을 내었다. 하지만 노회와 조요섭 목사의 반대로 무산되었다. 이후에도 면소재지에 교회가 있어야 할 필요성이 꾸준히 제기되면서 옥봉선 장로 및 유시영 집사, 김연우 집사, 운명한 집사 등에 의하여 10년 만에 그 뜻이 이루어진다.

③ 연혁
- 1974년 3월 17일: 보절면 괴양리에 있는 고절교회가 신파리 하신마을로 이전함. 권희원 목사와 조요섭 목사의 협조로 비닐 천막에서 창립 예배를 보면서 신흥교회의 전신인 보절교회가 설립되었다.
- 1994년: 새롭게 부흥하는 이미지를 심어주기 위해 신흥교회로 이름을 바꾸었다. 교인 수가 80명에 이를 정도로 교세가 확장된 적도 있었으나, 농촌 지역의 인구 감소로 인해 절반으로 줄어들었다.

- 1977년 11월 21일: 성전 헌당식 및 윤명한 장로 장립
- 2001년 1월 13일: 임직식 – 권사안수 4명, 명예권사 – 4명, 윤명한 장로를 원로장로로 추대
- 2007년 7월 5일: 교육관 준공(35평)

④ 주요사업

일요일에는 오전 11와 오후 2시 두 번의 예배시간이 있다. 매일 새벽 6시 30분에 새벽 기도회가 있으며, 수요일 오후 7시 30분에는 저녁 예배가 있다. 아동부는 일요일 오전 9시에, 학생부는 토요일 오후 7시 30분에 예배 시간을 갖는다.

| 초대 | 오청길 전도사 | 1976. 6. 부임 | 5 대 | 류지영 전도사 | 1982. 5 부임 |
|---|---|---|---|---|---|
| 2 대 | 차기옥 목사 | 1990. 1 부임 | 6 대 | 박순동 전도사 | 1984. 10 부임 |
| 3 대 | 최용준 전도사 | 1979. 2. 부임 | 7 대 | 박용일 목사 | 1987. 12 부임 |
| 4 대 | 박남석 전도사 | 1980. 5. 부임 | 8 대 | 박은열 목사 | 2014. 11 부임 |

⑤ 활동사항

여전도회와 노인회를 중심으로 사회봉사와 노인 접대 봉사를 하고 있다. 초·중등학교에 장학금을 지급하며, 효도잔치나 면민대회 때 찬조금을 지원하는 등의 장학 및 선교 활동에 힘을 쏟고 있다.

창립기념일에는 지역사회 기관장 및 어른들을 초청하여 잔치를 베푼다. 그 외 의료인들을 초청하여 지역민을 대상으로 무료진료 행사도 실시한다.

⑥ 현황

목사 1명, 원로 장로 1명, 권사 6명, 집사 3명이 있으며 여전도회와 노인회가 구성되어 있다. 교인은 장년부 40명과 유·초등 아동부 및 중·고등 학생부 25명이 있다. 주요 건물로는 교회당과 교육관이 있으며, 별관으로 목회자의 사택이 있다.

## 사촌교회

① 정의: 남원시 보절면 사촌마을에 있는 대한예수교장로회 소속의 교회

② 연혁

- 1981년 6월 17일: 황벌교회에서 사촌교회 분리 – 김진한 전도사가 설립
- 1989. 7. 1: 제2대 담임 교역자 심태식 전도사 부임
- 1996. 9. 1: 제3대 담임 교역자 김훈식 목사 부임
- 2000. 12. 10: 제4대 담임 교역자 김기옥 목사 부임

신흥교회

사촌교회

**신양교회**

① 정의: 남원시 덕과면 비창마을에 있는 대한예수
　교장로회 소속의 교회

② 연혁

　• 1974년 1월 20일: 황벌교회에서 분리 설립

신양교회

# 11. 문화 유산

## 11_1. 재실

### 서치리

가. 신성재愼省齋: 전주 이씨영해군파 재실, 남원군 보절면 서
　치리

나. 영모재永慕齋: 파평 윤씨, 보절면 서치리 황사동

다. 만취재晩翠齋, 安瑀: 광주 안씨, 남원군 보절면 서치리

라. 안우安瑀 정려와 양천 허씨 안효심의 처陽川許氏安孝深의 妻
　정려

### 괴양리

가. 세경재世敬齋: 언양 김씨, 보절면 괴양리

나. 영모재永慕齋, 金增: 언양 김씨, 보절면 괴양리

다. 신도비金千秋: 언양 김씨 괴양 정착조: 보절면 괴양리

라. 경주김씨열녀비언양 金甲坰 처: 보절면 괴양리

마. 모덕재慕德齋, 金慶浹 언양 김씨: 보절면 괴양리

바. 원모재遠慕齋, 安桓 광주 안씨: 보절면 괴양리

### 진기리

가. 영수재永守齋, 禹安宅: 단양 우씨, 보절면 진기리 진목 위뜸

나. 경모재敬慕齋, 안극충: 광주 안씨, 보절면 진기리 구라치

다. 감모재感慕齋, 김일손; 김해 김씨, 보절면 진기리 내동 입구

라. 은진 송씨 재실 비안고개

마. 저존재著存齋, 邢湘: 보절면 진기리 진주 형씨 재실 아랫뜸

바. 경모재敬慕齋: 언양 김씨, 보절면 진기리 아랫뜸

사. 오암재鰲岩齋, 蘇坌瞻: 진주 소씨, 보절면 진기리 아랫뜸

아. 취정재聚精齋: 청주 한씨, 보절면 진기리 위뜸

### 금다리

가. 진주소씨 재실

나. 영석재永錫齋; 수원 백씨, 금다리 금계 370

다. 장수 황씨 재실

라. 영모재永慕齋, 趙逸: 풍양 조씨 재실, 덕과면 신양리 양선마
　을 안산재雁山齋; 풍양 조씨 재실, 보절면 신파리

### 신파리

가. 1재龍北齋: 남원 양씨 재실, 보절면 신파리 파동

### 황벌리

가. 풍천 노씨 재실

### 성시리

가. 진주 하씨 재실

나. 진주 강씨 재실

다. 계양재桂陽齋, 강윤형: 남원군 보절면 시묘동

라. 이로재履露齋, 강호: 남원군 보절면 성시리

마. 존성재存誠齋, 강성우: 남원군 보절면 성시리

바. 성운재誠雲齋, 강성종: 남원군 보절면 성시리

사. 서천재瑞泉齋, 김수훈: 남원군 보절면 시묘동

### 사촌리

가. 모적재慕適齋: 강릉 유씨 재실, 보절면 사촌리 사기정산

## 만도리

가. 진주 소씨 재실

- 호암병사湖岩丙舍, 蘇希軾
- 문류정文柳亭, 蘇山福
- 승유재承裕齋, 蘇孝勤
- 염수재念修齋, 蘇晉豪
- 추모재追慕齋, 蘇晉章

나. 추경재追敬齋: 언양 김씨, 덕과면 만도리

## 신양리

가. 풍양 조씨 재실

나. 진주 소씨 재실

- 영사재영사재, 소석지
- 이로재이로재, 소 대
- 돈의재돈의재, 소희질
- 화수재화수재, 소만길

## 11_2. 정려 및 비문

### 효자

가. 효자 형세적 정려孝子邢世績旌閭: 진기

나. 효자 안우 정려孝子贈通訓大夫刑曹佐郎安瑀旌閭: 부흥

다. 효자 양우주 정려孝子贈司憲府監察梁禹疇旌閭: 파동

라. 효자 박만석 정려

　　孝子贈嘉善大夫戶曹參判兼同知義禁府事朴萬錫旌閭: 황벌 벌촌

마. 3효 정려三孝閭: 신흥 상신, 삼숙질 효자 정려三叔姪孝子旌閭

바. 효자 소재문 석정문孝子蘇在文石旌門

사. 효자 김재택 석정문孝子金再澤石旌門

아. 고씨 - 금계

자. 4효문四孝門, 강수희, 강수호, 강상우, 강상노: 성시리 시묘동185

차. 소윤택 효행행적비蘇潤澤孝行行蹟碑

카. 양우주 효행비: 남원 양씨, 보절면 파동

타. 효자문趙秉相·趙始東: 덕과면 신양리 양선

파. 효열부 서산 류씨 기적비孝烈婦瑞山柳氏紀蹟碑, 조동민 처: 덕
　　과면 신양리 양선

하. 효자정려각孝子旌閭閣, 邢世績: 진 주형씨, 진기리 진주 형씨

## 충신

가. 충신소제 정려忠臣蘇濟旌閭: 덕과 만도리 도촌

나. 충렬지려忠烈之閭: 덕과 만도리 도촌

다. 조동선항일운동기념비: 덕과 신양리 양선 도화동

라. 충신 조동선趙東善 기적비: 덕과 신양리 양선

## 열녀 및 효부

가. 풍양조씨효열석 정문豊壤趙氏孝烈石旌門: 덕과 양선

나. 효열김씨 정려孝烈金氏旌閭

다. 경주김씨열행기적비慶州金氏烈行紀蹟碑: 괴양리 양촌

라. 갑산: 오씨 처

마. 방진권처풍양조씨 정려房鎭權妻豊壤趙氏 旌閭: 진기리 진목

바. 소관호 선생 부인: 호남의 4대　교전주, 남원, 광주, 나주와 성
　　균관에서 내린 효부상 수상

## 기타

가. 소규선시혜비蘇圭善施惠碑: 보절면 황벌리 내황

나. 정기삼 공적비

다. 우종왕·우재삼 공적비

## 11_3. 주요 성씨 정착조 묘지

가. 강윤형姜潤亨 묘: 진주 강씨 보절 시묘동 정착조, 보절면
　　시묘동

나. 김수훈金守勳 묘: 김해 김씨 보절 계월 정착조, 성시리

다. 유운柳沄 묘: 서산 유씨 다산정착조, 보절면 금다리

라. 백천헌白天憲 묘; 보절 사촌 금다 정착조, 금다리 두이봉

마. 안극충安克忠 묘: 광주 안씨 개양정착조, 보절면 진기리
　　구라치

바. 안여安璵의 묘: 순흥 안씨 신흥ᄒ신 정착조, 보절면 신흥

사. 우안택禹安宅 묘: 단양 우씨 보절 정착조, 덕과면 만도리
　　산 22-1

아. 윤각용尹覺溶, 31世 묘: 파편 윤씨 입남정착조, 보절면 괴양
　　리 신촌

자. 이당李棠, 18세의 묘: 홍주 이씨 입남조, 덕과면 만도리

차. 정탄丁坦, 11세의 묘: 창원 정씨 정착조, 절면 도룡리

카. 조일趙逸, 15세의 묘: 풍양 조씨 정착조, 덕과면 신양리 양선

타. 형규설단邢珪設壇: 보절 진기리

1     남원ASOS 30년(1981~2010년) 평균 기후값.

2     최근 10년(2006~2015년).

보절의 지역, 역사, 인물, 이야기를 탐방하는 긴 여행을 여기에서 마치고자 한다. 이 여행을 통해 보고 들으면서 새롭게 찾아낸 것을 정리해서 《보절면지: 보배와 절의가 숨어있는 보절 이야기》로 엮었다.

책은 보절이 한마디로 천황봉 없이는 설명이 안 되는 고장이라는 점도 확인하였다. 천황봉을 머리로 하는 만행산의 줄기로 흘러 내려와 12평파를 나누는 하천과 그 하천들 사이로 펼쳐져 있는 들판은 보절 사람들에게 생명의 원천이자 마음의 고향이었다. 책은 만행산이 백두대간의 한 줄기이고, 아울러 백두대간이 유라시아 대륙의 곤륜연간의 한 줄기라는 점도 지적해두었다. 산명과 관련해서, 천황봉이 일제 강점기에 창산개명된 것이 아님도 분명하게 밝혀두었다.

보절의 역사와 이야기를 추적하는 과정에서, '보절'이라는 지명은 1914년에 만들어진 이름이라는 점을 밝혔다. 1914년 이전 보절의 역사를 찾아보기 위해서는 만행산과 천황봉을 색인어로 추적해야 했다. '만행산'이라는 지명을 통해서 보절의 역사를 추적해 본 결과는 다음과 같았다. 보절은 백제의 중요한 군사요충지였고, 국경도시였다. 백제의 멸망과 함께 보절의 옛 지명인 거사물이 청웅으로, 청웅이 거령으로, 거령이 보현과 입석으로, 보현과 입석이 보현과 고절로 개명되었고, 최종적으로 보현과 고절이 합쳐져서 보절은 탄생했다. 책은 거사물에서부터 보절로 지명이 바뀌는 동안에 보절 땅에 들어와 살았던 사람들이 만든 마을들도 둘러보았다. 천황봉과 성산과 계룡산이 둘러싼 분지에 위치한 보절의 마을들은 12평파의 명지이고 길지임도 확인하였다. 천황봉을 중심으로 하는 만행산에서 흘러내리는 하천들을 끼고 터를 잡은 마을들은 말 그대로 천황봉의 마디마디에 달린 보배들이었다. 또한 마을들을 다시 감싸는 마디마디의 또랑과 바위와 뜰들도 자기만의 색깔과 향기와 온도와 소리와 역사와 이야기를 품고 있는 각기 독립적인 공간들이었음도 새롭게 느낄 수 있었다. 작은 바위 하나에도 삶의 흔적이 남아 있고, 얕은 또랑에도 돛대로 물고기를 잡았던 추억들이 서려 있었기 때문이다. 보절의 마을들이 지금의 모습을 가지게 된 것은 1970년대 이후에 시행된 '새마을 운동' 때문이다. 초가집에서 기와집으로 바뀌고, 마을 앞에 다리가 놓이고, 버스가 다니고, 전기가 들어오면서 텔레비전이 따라 들어왔고, 서울의 풍속과 유행이 함께 흘러들러온 것도 바로 1970년대부터다.

책은 마디마디 보배로운 터에 자리를 잡고 살아 온 사람들의 내력과 역사도 살펴보았다. 보절에 터를 잡은 사람들이 대개는 전쟁과 정변과 혼인과 경제적인 이유로 이곳에 뿌리를 내리고 살았지만, 향촌이라는 지방에 국한되어 있지 않았다는 점도 새롭게 밝혀내었다. 보절 사람들이 당시에 호남 인근의 사람들은 물론 한양에 있는 사람들과도 거의 실시간으로 소통하였으며, 이러는 과정에서 보절 사람들이 보여준 학문과 문화의 수준은 다른 지방은 물론 한양에도 결코 뒤지지 않았음을 제시하였다. 이는 요컨대 보절 유림이 성리학의 초기 논쟁에 깊숙하게 관여한 사실을 여러 문헌으로 확인할 수 있었다. 이 문헌들은 또한 보절 사람들이 임진왜란 기간에 의병 활동에 적극적이고도 주도적으로 참여했음을 소상히 알려주고, 보절 사람들이 충의과 절의에 매우 강했던 사람들임을 입증해주었다. 보절 사람들의 충절은 1919년에 4월 3일 동해골에서 일어난 '대한독립만세' 운동에서 다시 확인되었다. 여기에서 "보배와 절의가 숨어 있는 보절 이야기"라고 책의 이름을 지은 이유가 해명되는데, 그것은 보절의 지형적인 특징과 보절 사람의 품성에서 유래했음을 밝힌다. 보절의 마을이 천황봉의 마디마디에 터를 잡은 보배이고, 이 보배로운 마을에서 살았던 사람들이 지닌 절의가 드높았기 때문이다.

책은 어느 시골의 향촌에 불과한 보절의 역사와 이야기도, 가까이는 남원학과 멀리는 호남학과 한국학에 일조할 수 있다는 점을 확인하였다. 책은 크게 여섯 관점에서 학술적으로 의미 있는 새로운 점들을 밝혀내었다.

첫째, 역사학의 관점에서 책은 승자 중심의 역사에서는 포착되지 않았던 백제의 역사를 규명하는 데 일조했다고 자부한다. 보절의 백제시대의 이름은 거사물이었을 것으로 비정한다. 이는 '신령스런 마을'을 뜻한다. 하지만 보절은 아주 슬픈 역사를 지닌 땅이었다. 663년 3월에 백제를 지키기 위해 마지막까지 항복하지 않고 거물성에서 장렬하게 전사한 백제 병사들이 묻힌 곳이었다. 이와 관련해서 책은 백제의 군사 읍성이었던 거사물에 이 지역 일대를 관장하는 현청이 있었다는 주장을 새롭게 제안하였다. 보절이 가장 전성기를 구가하던 시대는 서기 7세기였다.

둘째, 지리학적인 관점에서, 예컨대 공간적으로 지방과 중앙정부의 관계를 남과 북의 시선으로 볼 때에는 포착되지 않는 것들이 많은데, 백제의 문제를 접근할 때에는 동과 서의 시선에서 바라보아야 한다는 점을 지적하였다. 백제는 신라와 국경을 맞대고 있었기에 백제의 역사를 해명하기 위해서는 공간적으로 동서 이동이 중요하다. 남과 북의 시선이 아니라 동과 서의 시선으로 보절의 지리적인 특징을 바라보게 되면, 요컨대 384년에 호승 마라난타가 가지고 들어 온 불교가 대략 130년 후에 영광의 법성포에서 천황봉에 있는 귀정사에 정착하게 된 배경이 쉽게 해명된다. 이를 바탕으로, 보절과 귀정사가 백제로 이어지는 실크로드의 끝에 있는 지역이라는 점을 새롭게 밝힐 수 있었다.

셋째, 보절 역사와 이야기를 추적하는 과정에서, 책은 보절에 살았던 사람들이 남긴 문헌들을 새롭게 발굴하였다. 더 많은 책들이 있겠지만, 특히 소산복의 《매헌집》과 안재직의 《희당집》 보절의 역사를 해명하는 데 중요한 문헌들이었다. 이 문헌들은 번역과 주해가 시급함을 강조하고자 한다. 아울러 진목에 살았던 소재준의 문집과 그가 수집한 만 권이 넘는 서책들과 증손 양영철이 현재 보관하고 있는 단계 양재구의 100여 권이 넘는 서책과 각종 자료들도 집안 차원의 문제가 아니라 보절면 차원에서 관리와 보존과 연구가 필요한 책들임을 지적해둔다. 또한 상신의 전주 이씨들 문집들에 대한 조사와 연구가 필요하다.

넷째, 유학 연구의 관점에서, 책은 보절에서 활동했던 유림들이 기본적으로 사림 전통을 계승하였고, 선조 시대를 중심으로 꽃 피웠던 성리학의 크고 작은 논쟁에 보절 유림들도 적극적으로 참여했음을 조명하였다. 이와 관련해서, 조헌은 소산복을 '호남진유湖南眞儒'라고 예찬하는데, 이는 소산복이 지행일치의 모범이었기 때문이다. 여기에서 실천을 강조하는 호남 유학의 특징이 오롯이 드러난다. 이에 대한 증거로 책은 매헌 소산복을 위시로 많은 사람들이 의병 활동에 참여했다는 전거와 증거를 제시하였다. 또한 책은 보절의 유림들이 다른 지역의 유림들과 한양의 유림들과 어떻게 만나고 교류했는지를 살피었고, 이를 통해서 보절이 지방의 궁벽한 향촌이 아니라 중앙과 거의 실시간으로 소통하는 고장이었음도 밝혀두었다.

다섯째, 인류학적인 관점에서, 성씨들이 보절에 정착하는 과정에 대한 관찰을 통해서, 보절에도 이른바 보절판 '디아스포라' 현상이 있음을 발견하였다. 성씨들의 정착과 이주와 혼인을 통한 관계 맺음을 통해서 형성된 씨족 공동체가 매우 강력했음도 밝혀 두었다. 보절의 디아스포라 현상은 비단 보절만의 사례는 아닐 것으로 추정된다. 충청도, 경상도 등등 대한민국의 어느 고장에 가도 이와 같은 디아스포라 현상은 발견될 것이다. 이를 바탕으로, 책은 조선과 대한민국의 각 지방들은 한편으로 혈통의 연결을 통해 다른 한편으로 혼인의 인연으로 서로 떼려야 뗄 수 없는 하나의 공동체로 묶여 있을 것이라는 점을 새롭게 제안하였다.

마지막으로, 책은 보절의 이야기를 통해서 대한민국의 역사를 밝히는 데 하나의 가능성을 제시했다고 자부한다. 이는 일단 지역학, 즉 남원학과 호남학을 연구하는 데 자료 역할을 충실히 할 것이다. 특히 연구 방법론과 관련하여 문헌 연구와 현장 연구의 결합이라는 점과 중앙에서 지방으로 내려오는 이른바 하향식이 아니라 가장 낮은 바탕에서 높은 곳으로 올라가는 상향식 연구의 사례를 제시했다는 점에서 이 책은 나름의 학술적인 의의를 가지고 있다고 본다. 예컨대, 보절의 마을과 산과 들에 남아 있는 성터들과 유적들과 이것들에 얽혀 내려오는 옛날 지명과 이야기들을 《삼국사기》와 《고려사》와 같은 역사 문헌들과 맞추어 봄으로써, 이 역사 문헌들에 간략하게 기록된 사건들의 그 본말과 진상을 드러내었다. 기존의 문헌 중심의 역사 해석에서 현장 중심의 유적들과 마을에 내려오는 이야기들과 지명들의 결합이 가능하다는 것을 보여주었다는 점에서 이 책의 강점이 잘 드러난다. 이를 바탕으로 책은 백제시대의 보절의 모습을 보여주는 성터와 유적들에 대한 고고학 발굴이 중요하고 시급함을 강조하고자 한다. 아울러 마을의 마디마디에 숨어 있는 지명들에 얽힌 사연들을 엮어서 보절 이야기를 묶어 보는 둘레길도 조성할 것을 제안한다.

끝으로, '보절'이라는 이름에 담겨있는 의미를 곰곰이 살펴볼 것을 권한다. 보절은 행정 개념으로는 접근이 안 되는 고장이다. 예컨대 만도리와 신양리는 행정적으로 덕과면에 속한다. 혈통, 교육, 역사, 문화, 경제의 관점에서 이 지역은 보절 생활권에 속한다. 단적으로 만도리와 신양리에 속하는 학생들은 모두 보절에 있는 초등학교와 중학교를 다녔고, 지금도 다니고 있는데, 이곳에 사는 사람들은 모두 하나같이 보절을 고향으로 여기고, 자신을 보절 사람이라고 부른다. 보절 사람들도 그들이 행정 지역으로 덕과에 속한다고 해서 이들을 보절 사람이 아니라고 생각하지 않기 때문이다. 그들 자신도 그렇게 생각하고 있지만, 보절 사람들도 그들을 엄연히 보절 사람들이라 보기 때문이다. 여기에서 이 책의 제목을 '보절면지: 보배와 절의가 숨어 있는 보절 이야기'라고 붙인 이유가 여기에서 해명된다. 《보절면지》는 1914년에 행정적으로 확정된 보절면에 대한 이야기로 한정되지만, 〈보절 이야기〉는 보절과 관련된 사람들과 일들과 이야기들을 모두 아우를 수 있는 이름이기 때문이다. 물론, 이 책에서 학술적으로 엄밀하게 개념 구분을 하자는 것은 아니다. 다만, 이런 이야기를 길게 하는 것은 '보절'이라는 이름이, 한편으로 보절과 관련된 모든 사람들과 일들의 과거와 미래를 연결시켜주는 기억 장치고, 다른 한편으로 비록 보절을 떠나 살고 있지만, 보절과 인연을 맺는 사람들을 묶어주는 네트워크이기 때문이다. 각설하고, 이 책은 한편으로 보절에서 태어났지만 보절이 아닌 타지에서 살고 있는 보절 사람들의 자식과 손자들을 위한 것이고, 다른 한편으로 '보절'을 행정 개념이 아닌 기억의 개념이고 네트워크의 개념으로 만들어 주기 위해 쓰여진 것임을 강조하고자 한다. 단적으로, 보절에 부모의 묘소를 두고 있거나 선산이 보절에 있는 한, 또한 부모 형제와 친구들이 보절에 살고 있는 한, 보절을 떠나 있다 해도 보절을 떠날 수가 없기 때문이다. 보절에 사는 부모가 아프면 서울에 있는 자식이 서울로 모시고 올라올 수밖에 없는데, 이 과정에서 보절은 경제적으로든 도리상으로든 이들을 연결시켜주는 중요한 네트워크 작용을 한다는 점을 강조하고자 한다. 보절에 살고 있든, 보절을 떠나 있든, 보절은 떠날 수도 없고 떼어낼 수도 없다. 어쩔 수 없다.

안재원
보절중학교 9회, 서울대학교 인문학연구원 교수

장안산長安山 일맥이 장수 수분리에서 서남으로 명산 만행산을 이루어 천황봉이 용출聳出하고 십이평파 힘찬 줄기 서출성산西出成山하니 강산계곡이 마디마디 명당이라 보절면寶節面이로다. 청아한 공기 맑은 물이 흐르니 인심도 따라 순후醇厚하구나. 자연은 사람을, 사람은 자연을 사랑하니 지득인이익명이오 인득지이익창이라地得人而益名 人得地而益彰, 지역에 인물이 나면 지역이 유명하고 인물이 나면 역시 지역이 더욱 유명함이로다. 때 따라 인물 나고 나면 훌륭하니 아! 면민이 모두 대단하구나!

시대 따라 출향出鄕하여 각지산재에 상재지향桑梓之鄕을 사랑하며 국가와 사회에 봉사하고 생업에 종사하니 보절면이 빛나고, 지역을 지키는 양영근梁永根, 형보욱邢保旭 원로와 전 부면장 이강수李康壽, 전 남원시교육장 안한수安漢洙, 전 남원시의회의원 유광종劉光鐘, 우창희禹昌熙, 전 남원시의회의장 김성범金成凡 등과 그 외 면지 발간이 늦었음을 개탄慨歎한 뜻 있는 여러 선배와 동료의 열과 성으로 이의 출간을 이루니 개물성무開物成務로다. 경하慶賀드린다. 지난 병신丙申 2016년 봄 안한수安漢洙 전 남원시교육장으로부터 우리 면지 발간에 관한 전화를 받았다. 얼마나 반가운 일인가? 오래전부터 생각만 하고 머뭇거리던 일이라 우리 둘은 이현기李玹器 전 교장 선생과 삼인이 이를 논의하고 바로 추진 5년의 노력 끝에 이의 목적을 이루게 된 것이다. 용기를 준 벗에게 고마운 마음을 드린다.

우리 보절인은 선인先人의 훌륭하셨던 가언선행嘉言善行을 마음에 새기어 자긍自矜과 개오사皆吾師로 삼아 오늘을 살고, 오늘을 거울삼아 찬란해야 할 내일의 내 인생, 내 가정 나아가 우리 보절면의 무궁한 발전과 번영을 기약하고 기원하고 노력해야겠으니 본서本書는 과거와 미래를 이어주는 훌륭한 가교架橋가 될 것으로 사료된다. 단 내용을 더 깊이 발굴치 못했는가 하는 아쉬움과 어느 사안事案이 혹시 본의 아니게 왜곡歪曲된 부분이 있지 않은가 하는 두려움에 송구한 마음이다.

이의 출간을 위하여 특별한 애착과 사명감을 가지고 약 5년여 각 마을, 각 문중을 수없이 왕래하며 자료수집 및 집필 편집한 이현기李玹器 전 교장 선생의 노고와 박흥근朴興根 전 면장 및 현 허관許官 면장의 노고에 감사드리고 고향으로 금의환향하여 2세의 교육에 힘쓴 고문석高文錫 전 보절초등학교 교장 선생 및 신임 최금란崔錦蘭 교장 선생 그리고 25개 마을 이장님들의 노고에도 깊은 감사의 마음을 드린다.

또 덕과면 신양·만도리는 행정구역은 다르나 지역적으로 보절면과는 불가분의 관계라 하겠다. 다시 말하면 동으로 천황봉을 진산鎭山으로 삼고 남북으로 남원 산서 계界와 서로 창촌천倉村川, 창말 합수合水지역을 아우른 타원형의 분지권盆地圈을 같은 생활권으로 본다는 뜻이라 하겠다.

덕과면 율천에서 보절 입구로 들어서기만 해도 고향의 아늑한 품이 느껴지는데 질기재 모퉁이를 돌아 천황봉과 도촌島村 마을을 마주보고 들어오면 그 마음이 더욱 강렬하게 느껴진다. 제일 먼저 왼편으로 창말 마을이 보이고 오른편으론 지금은 사람이 살지 않은 듯한 옛날 그 전방廛房집이 그대로 있고 내 건너 언덕 너머에 있는 물레방앗간 인가人家 한 채에도 정이 느껴지는데 모래 깔린 폭幅넓은 합수천合水川엔 예전에 없던 긴 다리가 보인다. 몇 걸음 더 올라오면 양천陽先, 비촌扉村, 작소鵲巢 마을이 보이고 안동네는 안보이니 생각한 것으로만 만족한다. 비촌 마을 앞 노송은 지금은 로타리를 설치하여 보호하고 도촌 마을과 작소 마을 중간을 흐르는 작소천鵲巢川엔 역시 옛날에 없던 큰 다리가 놓였는데 그 산기슭의 오래된 오종문五綜門 충렬각忠烈閣은 마음을 숙연肅然히 해준다.

이어 은천隱川들과 검은내黑川들 또 멀리 석삼평石三坪이 보인데 이 들녘은 만도리晩島里가 진기眞基, 괴양槐陽 지역의 산태들山太坪, 죽덕들竹德坪과 접한 것과 마찬가지로 논두렁, 밭두렁이 위아래로 접한다. 학교는 선후배 동문으로 형제·자매되니 오래오래 함께해야 할 선린善隣 이웃이요 동반자라 하겠다. 예로부터 우리 선인들은 그렇게 살아왔고 지금 우리도 그렇게 살고 있으니 미래도 일월과 함께 그렇게 살 것을 감히 천명闡明한다.

끝으로 재외 출향 선배, 동료, 후배와 지역에 계신 우리 보절 가족의 크고 아낌없는 성원에 감사드리며 또 우리 생활권의 후생가외後生可畏를 바라는 마음으로 해묵은 부필腐筆로 두서頭緖없는 발문에 가름한다.

西紀 2020年 歲次 庚子 夏至節
順興后人 安 在 格 謹識

## ✳️참고문헌

《고도남원의 얼》

《고려사》

《광의면지》

《남원군지》

《남원읍지》

《남원항일운동사》

《매헌집》

《사제실기》

《삼국사기》

《신증동국여지승람》

《용성지》

《장유면지》

《조선왕조실록》

《지사면지》

《지리산권 고지도》

《지리산권 서원 연구》

《천동아이》

《해동여지도》

〈남원지방을 중심으로 한 성곽의 추적 연구〉

**❋ 남기고 싶은 이야기**

### 박희수 보절중 제12대 총동문회장

우리가 나고 자란 곳. 누군가는 여전히 그 터전을 지키고 있고 많은 이들은 나와 살지만 늘 그리워하는 곳. 고향 보절의 수려한 풍광, 아름다운 사람들, 역사와 문화를 집대성한 면지의 발간에 큰 기쁨을 표하며 그간 헌신하신 분들께 깊은 감사를 드립니다. 이로 인하여 우리의 자긍심은 한껏 고양될 것이며 애향의 마음과 공동체 구성원 간 우의와 화목도 더욱 깊어질 것입니다. "이처럼 대단한 고장도, 사람들도 흔치 않을 것"이라고 자부하기에 조금도 부족함이 없을 것입니다. 발간의 주춧돌이시고 대들보가 되어주신 두 분 안한수, 이현기 대 선배님, 수십 번의 고향 방문을 통해 고증, 답사, 출사에 애쓰셨던 향우 선후배님, 늦게 구성되었지만 마음과 정성으로 큰 도움 주신 후원회 분들께 다시 한번 감사드립니다.

보절중 제12대 총동문회장 박희수 올림.

보절중 4회, 사촌

### 박종숙

**어머니와 고향의 품속**

고향을 떠나온 지 40년이 지났어도 언제나 내 고향 보절은 아련한 어머니 품처럼 따스하다. 내가 기쁠 때나 울적할 때에도 가끔 고향에 내려와 어머니와 마주 앉아 소곤소곤 속삭이기만 해도 앞으로 나아 갈 힘을 얻는다. 내 마음의 기둥인 보절은 항상 그대로인데 나한테만 세월의 흔적이 남았다. 앞으로도 영원하라, 내 고향 보절이여.

보절중 1회, 사촌

### 정대주 김제교육장

《보절면지》 출판을 진심으로 축하드립니다. 출판을 위해 애써주신 안한수, 이현기 두 분 편찬위원장 님과 보절중 총동창회 및 모든 관계자 님의 노고에 감사드립니다. 보절인으로, 보절중 졸업생으로 항상 자부심과 긍지를 가지고 교육자로서 열심히 살아왔습니다. 이렇게 우리 면의 역사와 다양한 정보를 한 권의 책으로 엮은 《보절면지》가 출판되어 우리 고향의 위상이 한 단계 격상될 것이라 생각합니다. 이번 창간호를 시작으로 나날이 발전하는 《보절면지》가 되길 소망합니다.

보절중 1회, 도룡리 도촌

### 신동원

보절, 내 어릴 적 뛰놀며 꿈을 키우던 그곳! 내 꿈을 펼치며 살면서도 늘 잊지 못했던 그곳! 내 이제 다시 돌아가야 할 그곳! 내 삶, 보절과 함께 영원하리라.

보절중 2회, 만도리 만동

### 소권섭

내가 태어나 자라고 학창시절을 보내며 꿈을 키웠던 고향, 보절! 우리의 고향 이야기가 책으로 출간되어 무척 행복합니다. 보절 이야기가 책으로 나오기까지 수고하신 모든 분과 총동문회에 감사드립니다. 이제 고향을 떠나 자주 가보지는 못하지만 늘 고향을 그리워하며 마음은 어릴 적 추억 속을 여행하고 있습니다. 보절의 이야기가 자자손손 계속해서 전해져 내려가기를 바랍니다.

보절중 2회, 만도리 만동

### 양서현

태어나고 자란 고향이지만, 아무것도 모르고 살았습니다. 이제는 우리 고향 이야기가 담긴 《보절면지》가 태어나 자식들한테도 자랑거리가 생겨 기대됩니다.

보절중 2회

### 형숙자

꿈엔들 잊으리오, 내 마음의 고향, 보절! 60, 70년대 어려웠던 시절에도 보절은 내 인생의 포근한 둥지였습니다. 항상 응원합니다, 내 고향 보절면을.

보절중 2회, 괴양리 개신

### 소장남

아, 보절, 나의 탯줄! 그 이름만 들어도 가슴 떨리는 나의 영원한 생명의 끈이다. 그 보절을 나는 사랑하지 않을 수 없다. 어려운 시기에 대망의 작업을 해주신 모든 분께 감사드립니다.

보절중 3회, 만도리 만동

### 양철근

듣기만 해도 뭉클한, 그것은 내 고향 보절이라네.
꼴망태, 정자나무, 뒷동산 소나무,
천황봉이 내려다보고 있는 동네.
언제나 다시 오지 않을 내 고향이라네.
그리운 보절.

보절중 3회, 파동

### 유강종

나의 힘, 보절!
나 어릴 적에 꿈과 희망을 심어준 그대.
조금 더 시간이 지나면서 우정과 사랑을 가르쳐준 그대.
그리고 지금은 그리움과 추억을 남겨준 그대.
그대 이름은 보절이어라.

보절중 3회, 사촌

### 최미선

처마 끝에 긴 고드름, 천황봉까지 이어진 하얀 눈밭, 자석처럼 쩍쩍 달라붙던 문고리, 댓돌 위에 올망졸망 고무신, 옹기종기 모여 살던 내 그리운 가족들, 관평댁네 육 남매 마음의 손가락 같아 날마다 미소를 만드는 내 고향 보절의 기억. 마음은 늘 보절에 삽니다.

보절중 3회, 황벌리 외황

### 김성주

보절에서 자손이 많은 집안의 장남입니다. 손자와 손녀만 세어도 50명이 넘는 가족의 맏이입니다. 매년 여름이면 40여 명이 모입니다. 매년 김장할 때도 40여 명이 모입니다. 그럼에도 즐겁습니다. 가족들이 서로 사랑하고 믿어주는 것만으로 즐거운 장남입니다. 이런 나를 믿고 지지해주는 아내에게 고맙다는 말도 해야겠네요.

보절중 4회, 괴양리 음촌

### 류한승

"내 고향의 노래여! 너는 내 그리움을 불러 일으켜 나의 눈에 눈물을 흘리게 하는구나!"
-오페레타《박쥐》중〈고향의 노래〉에서

보절중 4회, 신파리 중현

### 소성기

계룡산 방아재에서 만행산 천황봉까지 어릴 적 나의 꿈을 키워주던 이 고향이 길이길이 빛나길 기원합니다.

보절중 4회, 만도리 산수동

### 정대경

경주 양반(울아부지), 경주떡(울엄니), 보절면 똘촌에서 나를 태어나게 해줘서 무지 고맙습니다. 덕분에 세상에 하나뿐인《보절 이야기》책자에 이렇게 나도 한마디 코너에 글을 냉기요. 좋은 곳에 계실 엄니, 아부지 사랑합니다.

보절중 4회, 도룡리 도촌

## 소복남

**엄마에게 부칠 수 없는 편지**

제법 선선한 공기가 폐 속을 파고드는 지난 3월 말없이 주무시다 무지개다리 건너 별의 순례자가 되신 우리 엄마. 서산에 해질 녘이면 아려오는 죄송스러움에 아픔이 목 밑까지 차오르는데. 나 어떡해, 엄마? 요즘은 너무 보고 싶어. 삶에 대한 후회와 그리움이 가슴속 깊이 채워져 털어내지 못하고 생각만 많아져. 어느 날 삶의 끝자락에서 내 삶의 시간이 멈출 때쯤이면 나아지려나? 엄마 미안하고, 또 미안해! 엄마 마음에 쏙 드는 딸이었으면 이렇게까지 눈물 흘리지 않을 텐데.

몇 달 전 시골 엄마 집에 가봤더니 엄마의 흔적이라곤 마당에서 사라진 엄마의 발자국 자리에 무성하게 자라난 잡초들뿐이더라. 따뜻했던 아궁이도 엄마 손길을 잃어 타다 남은 재 한 줌 없이 깨끗하게 비워져 있고, 반짝이던 장독대도 엄마의 손길을 다지 못해 먼지가 쌓여 있고, 현관에 나란히 놓인 흙 묻은 엄마의 장화 한 켤레를 보니 또 눈물 나더라. 혹시 나비가 되어 뒤뜰 밭에라도 날아오셨나 동화 같은 생각도 해봤어. 작은 몸에 '몸빼바지' 하나 입으시고 몸서리치게 일만 해 온몸의 뼈마디가 성치 않으셨던 엄마! 정말 미안해. 가끔 엄마 집에 내려갈 때면 날 조용히 안방으로 불러 문 닫고 살짝이 말했던 거 기억나? 거실에 있는 사위, 며느리 보면 부끄러우니까 귓속과 손톱, 발톱 빨리 정리해달라고 했던 거? 내 담당이었던 그런 일도 이제는 할 수가 없네. 엄마! 많이 보고 싶고 너무 그리워!

작년에 엄마가 고춧가루며 콩이며 참깨를 보내신다기에 아직 많으니 동생들 주라고 했지. 그랬더니 내년에 엄마가 살아있을지 모르니까 냉장고에 넣어놓고 먹으라 했던 엄마. 엄마 말씀이 현실이 되어 버렸네. 눈물로 엄마의 정성과 사랑을 내 손끝에서 아껴먹게 되었어. 엄마의 흔적이 사라질까봐.

엄마 많이 사랑했어. 엄마 조금만 더 있다 우리 만나.

딸 복남이가.

보절중 5회, 만도리 만동

## 양민영

눈이 시리도록 빛나는 햇빛이 좋다. 곱게 물든 단풍도 내년을 기약하듯 하나, 둘 나리고 시간도 세월도 참 빠르기만 하다. 아등바등 살아온 시간이 오늘따라 뇌리에 남아 마음을 옥죄어 온다. 누구나 꿈꾸는 행복한 삶. 내겐 먼 길 같기만 하여 마음이 서글프게만 느껴지는 날이다. 사랑하는 내 가족들, 날로 쇠약해지시는 엄마. 이 못난 딸내미 목소리도 알아듣질 못하시니 마음이 너무 아프고 자꾸만 눈물이 난다. 잘 사는 모습 보여드리고 싶은데. 그저 죄송스러운 마음뿐이다. 엄마, 미안해요.

그리고 내 막내아들아, 한참 엄마 손길이 필요한 때인데 세대로 돌봐주지 못해 미안해. 그래도 무엇이든 혼자서도 잘하니 그저 대견하기만 해. 한 가지 엄마의 바람이 있다면 우리 아들이 친구들과 잘 어울리고, 이야기도 많이 나누고, 그래서 먼 훗날 좋은 추억이 많은 그런 생활을 했으면 해. 엄마 마음 알아줄 거지? 우리 아들한테 엄마는 항상 미안하기만 해. 따뜻한 품으로 늘 안아주고 싶은데 그러질 못해서. 항상 아픈 손가락 같은 내 아들, 너무 많이 사랑하고 또 사랑해. 나중에 훌쩍 커서 어른이 되었을 때 엄마 손 잡고 눈 마주 보며 따뜻한 이야기 나누자꾸나. 엄마가 《보절면지》 덕분에 아들에게 마음을 전할 수 있어서 부끄럽지만 용기 내어 몇 자 적어 봤어. 아들아, 사랑한다. 엄마가.

보절중 5회, 신파리 파동

## 양병재

코로나19로 인한 어려움이 비단 나뿐만은 아닐진대, 많은 동문이 열성적으로 참여하여 뜻깊은 과업을 달성하였습니다. 편찬에 참여하신 은사님과 동문들에게 깊은 감사를 드리며, 부디 우리들의 정성이 내실있게 잘 진행되기를 기대해 봅니다. 참으로 멋진 보절인들입니다.

보절중 5회, 신파리 파동

보절 이야기

## 오순덕

우리 아버지가 100년을 넘게 살아온 다뫼! 한 번도 떠나본 적이 없는 보절! 앞으로 몇 번이나 더 뵐 수 있을까요? 그리운 삽실 양반, 삽실댁! 보절은 이 책을 펼쳐 타임머신 타고 내 젊은 날의 포근한 안식처로 인도해줄 것 같습니다.

보절중 5회, 다산

## 유영화

내 나고 자라면서 뛰어놀던 옛 고샅길. 지금은 아스라해져만 가는 오래된 기억. 장구한 세월을 마치 어제인 듯 그 자리를 지켜온 동네 터줏대감 격인 바위며 당산나무. 동네마다 지명의 유래, 혹은 전설이 옛 기억을 되살리게 합니다.

보절중 5회, 사촌

## 이국엽

아! 1453년 그 난(亂)을 피하여 본향(本鄕) 홍주(洪州)를 멀리하고 천황지맥 계룡산(鷄龍山) 기슭으로 숨어들어와 한(恨)을 달래면서 대대손손 살아온 터 산수동(山水洞).
그 흙 속에서 나고 자란 풀 한 포기, 한 그루의 소나무 그리고 나.
먼 훗날 우리가 모두 떠난 뒤 남겨진 땅 그림자 한 모서리에 우리가 머물던 시간과 마음으로 물들여진 노란 솔잎
가리나무 켜켜이 쌓일 산수꿀, 그 산(山)은…

| | |
|---|---|
| 사재백운중(寺在白雲中) | 절집이라 하얀 구름에 묻혀 살기로 |
| 백운승불소(白雲僧不掃) | 흰 구름이라 스님은 쓸지를 않네. |
| 객래문시개(客來門始開) | 바깥 손 와서야 문 열어 보니 |
| 만학송화로(萬壑松花老) | 산 골짜기의 송화 꽃 하마 쇠었네. |

〈불일암(佛日庵) - 홍주인(洪州人) 손곡(蓀谷) 이달(李達)의 詩〉
홍주인(洪州人) 이국엽

보절중 5회, 만도리 산수동

## 정희자

사랑하는 엄마 순자 씨! 근 60년을 네다리로 기어 다니면서 우리 여섯 남매를 너무도 잘 키워내셨죠. 이제 우리 곁에 머물 수 있는 시간은 짧기만 하고 그래서 더 애틋하고 먹먹하기만 한데 당신한테 해드릴 게 없기에 전화로나마 엄마라는 이름이 아닌 진짜 이름 순자 씨를 늘 불러드립니다. 순자 씨! 사랑해요.
그리고 감사합니다.
사랑하는 딸 희자가 2020년 11월에.

보절중 5회, 도룡리 도촌

## 최일규

도루 모퉁이 누른대 장구명 실바탕 여시굴 방장굴 도둑굴 산석굴 분둑굴 성낙굴 잿뜰 복산치 문줄 방솔 나무. 늘 읊조리던 고향 자리들.

보절중 5회, 황벌리 외황

## 김경숙

아, 내가 태어나고 자란 신파리 신동 부락! 고향을 떠난 지 30여 년이 넘어 이제는 기억조차 가물가물합니다.《보절면지》편찬으로 다시 한번 고향의 기억과 어린 시절을 더듬어볼 수 있음에 무한 감사를 드립니다. 편찬에 참여하신 모든 선후배님 수고하셨습니다.

보절중 6회, 신파리 섶골

## 김부덕

내 고향 보절! 내 고향 보절은 언제나 따뜻하다. 우리끼리의 한마당은 열정과 긍지와 자부심이 가득하다.엄마 아부지 언니 오빠 동생과 함께 살갑게 살았고, 친구들과 즐겁게 지내던 내 고향 보절! 고향의 정경이 눈앞에 어리면서 그리움이 짙게 녹아내린다. 꿈에라도 항상 내 넋이 담겨있는 고향 보절로 간다. 뜨거운 정열이 숨어있는 보절 이야기를 기다리며,《보절면지》발간에 애쓰신 분들께 무한 감사를 드립니다!

보절중 6회, 사촌

## 김혜순

나고 자란 내 고향에 대한 애정이 어찌 없겠습니까마는 여태 내 주변 외 보절에 대한 관심이 없었다는 것을 《보절면지》를 통해 생각하게 되는 귀한 경험을 했습니다. 알면 보이나니 그때 보이는 것은 예전과 같지 않으리라 하였으니 보절의 풀, 돌맹이 하나도 허투루 보이지 않을 것 같습니다. 보절의 역사에 내가 있었습니다.

보절중 6회, 다산

## 박서희

**바람바위와 바람**

나 어릴 때 바람은 왜 그렇게 세게 불었는지, 초등학교에 갈 때면 바람에 날아갈 것 같아 무섭다고 하는 동생 손을 꼭 잡고 가기도 하고, 엄마가 마중을 나오시기도 했다. 밤에 비바람이 불면 덜컹거리는 차양소리에 잠이 깨어 무서운 마음에 엄마 옆에 꼭 붙어 잤던 기억이 있다. 그 바람 속에서도 소설 속 알프스산 바람 언덕의 하이디처럼 꿈을 꾸었고 성장해서 도시에 살게 되어서야 보절에는 왜 안개도 많고 비닐하우스가 없었는지 뒤늦게 알게 되었다. 중학교 다닐 때 바람에 대해 부모님한테 여쭤봤을 때 우리 보절에는 바람이 너무 세서 비닐하우스를 할 수 없다는 걸 들은 기억이 났다. 제주도처럼 돌도 많고, 900m가 넘는 천황봉과 바람바위가 우뚝 솟아 있는 높은 산이 있는 지형이라서 우리 동네 사촌이 그렇게 바람이 강하게 불었다는 것을 말이다. 바람은 세었어도 우리 집 앞 들판에는 푸릇푸릇한 봄, 여름 들녘, 바람에 흔들리는 보리대의 여름, 가을이면 누렇게 익은 벼가 바람에 흔들리는 모습, 겨울이면 들판에 하얗게 쌓인 눈은 지금도 세월이 흘러도 내 뇌리에서 계속 남아 있다. 내 고향 보절면 사촌리를 그리며…

보절중 6회, 사촌

## 박종근

보: 보절인의 자긍심은
절: 절대 흔들리지 않으며
중: 중심을 바로 잡고
학: 학처럼 고귀한 자태로
교: 교훈적인 삶을 살지어다.

보절중 6회, 도룡리 용동

## 송용숙

2017년도 어느 날, 은사님이신 이현기 선생님으로부터 전화를 받았지요. '보절면의 마을별 이야기를 찾고 계신다'며. 비로소 그 결실을 보게 된 것 같습니다. 이현기 선생님을 비롯하여 《보절면지》 탄생을 위해 무진장 고생하신 분들께 무한 감사드립니다. 매일 해가 뜨고 지는 모습을 대하던 천황봉의 정기를 받고 성장한 것이 자랑스럽기만 합니다. 영원히 빛날 《보절면지》 발간을 축하합니다. 고맙습니다. 사랑합니다.

보절중 6회, 도룡리

## 안재영

뵙고 싶은 할아버지! 천황봉 물을 막아 방죽 만들 생각을 어찌 하셨는지요. 할아버시가 만들어 놓으신 방죽 덕분에 보절에서 추어 사업을 하고 있습니다. 그래서 더 할아버지를 뵙고 싶습니다. 감사합니다.
손자 재영 올림.

보절중 6회, 신파리 하신

## 양순자

저에게는 든든한 배경이 있습니다. 하늘 아래 제일 보배로운 땅, 천황봉이 감싸 안은 곳에서 태어나고 그곳에서 자란 보절면 서당골 아가씨임이 타향살이에서의 든든한 배경이 되어 여태껏 자부심과 긍지를 가지고 살아가고 있습니다.

보절중 6회, 서치리 서당

## 오해섭

다산의 푸르른 밤 잠 못 들어 올 적에
처마 끝에 흘러내리는 달빛을 벗 삼아
멀리서 들려오는 소쩍새 울음소리에
잔을 들어 지나온 추억을 떠올리니
처량한 별빛만이 나를 반겨주는구나.

보절중 6회, 다산

## 유미숙

나이 들어가면서 고향이 어디냐고 물으면 남원이라 답하면 누구나가 좋은 곳에서 태어났다며 우선 먹고 들어가는 내 고향. 어머니 품처럼 늘 그립고 가슴 한 곳이 아린 곳. 부모님 청춘이 손발 다 닳도록 녹아내린 곳. 그 속에서 우리가 꿈을 먹고 자란 줄을 나이가 들고서야, 자식을 키워 보고서야 알았으니 더욱 사무치게 그리워지는 고향입니다. 어릴 적 넓게만 느껴졌던, '나의 살던 고향은 꽃피는 산골' 풍금소리 맑게 퍼지는 교정에서 풀꽃과 함께 꿈을 꾸었던 곳. 지금은 폐교되고, 작은 운동장에 낡은 교실이 초라해 보여 마음 한편에 세월의 무상함과 공허함이 추억으로만 켜켜이 쌓이는 내 고향.

그런 세월만큼 나도 지천명을 반이나 넘기고, 이순이 내일 모레라는 게 믿기지 않는다. 왜 고향은 세월이 가도 버려진 자식처럼 돌보는 이가 없을까?라는 타성에 젖어있을 뿐 선뜻 나서지 못했던 참에 《보절면지》가 발간된다는 기쁜 소식을 접했습니다. 면지 발간에 힘써주신 총동문회의 임원진을 비롯 집행부에 감사드리며, '내 고향 보절은 영원하리라'는 자긍심과 함께 많은 위로가 되는 《보절면지》의 탄생을 축하드리고, 내 마음의 풍금처럼 맑은 울림으로 자손만대 승승장구하길 간절히 기원드립니다.

**추신** 고향을 지키시는 분들과 부모님들께서 누려야 할 복지와 문화시설이 아직 다른 곳에 비해 열악합니다. 더 나아가 보절총동문회의 손길이 미칠 수 있기를 바랍니다. 십시일반의 기적이 이루어낸 꿈에 박수를 보냅니다.

보절중 6회, 사촌

## 김종만

아홉 남매가 모여 시끌벅적 살던 내 고향, 보절 섶골마을! 이제는 아무도 살지 않는 빈집으로 남아있지만 언제나 마음속 고향입니다. 학창시절 거의 모든 것을 함께 한 추억이 녹아난 나의 고향 보절! 언젠가는 돌아가서 살고 싶은 곳! 그리운 고향의 추억을 소환시켜준 보절 이야기 편찬위원, 동문께 감사드립니다.

남원 시내에 있는 다섯 고등학교의 재학생 모임, 보우회(寶友會)를 아시나요?

소순갑, 안병준 선생님과 5회 선배님들이 함께 만드셔서 독서실에 모여 공부도 하고, 선후배 간 친목도 다지곤 했습니다. 당시 우리들을 열정적으로 이끌어 주셨던 소순갑, 안병준 두 분 선생님, 보고 싶습니다. 1대(5회 우만희), 2대(6회 이종수, 신파리 상신) 회장님도 더불어 보고 싶습니다. 보우회는 그 뒤 후배들에게로 계속 이어진 것으로 기억합니다만 이제는 가물가물합니다. 세월이 많이 흘렀나 봅니다. 나이를 한 살 먹을수록 자꾸 그리워지는 나의 고향 보절! 하늘엔 초롱초롱 별들이 보이고, 들판에선 풀벌레 노래소리가 들리는 동산에서 그리운 친구들과 오순도순 추억을 안주 삼아 막걸리 한 잔에 이야기꽃 피우며 푹 파묻혀 살고 싶다, 우리의 고향 보절! 하루라도 빨리 모이자, 알겠제!

보절중 7회, 신파리 섶골

## 김창기

보절과 천황봉을 마음에 그리면 항상 뭉클한 감동과 삶에 대한 의욕이 솟아납니다. 산과 들, 동네 골목에서 뛰놀던 어린 시절과 보절초등학교, 보절중학교 다니던 때가 그립습니다. 그때가 제 인생에서 아주 행복했고 즐거웠습니다. 고향과 부모님과 형제자매 그리고 친구들이 모두 정겹습니다. 저는 보절에 가면 거의 매일 천황봉을 산책합니다. 천황봉에 들어서면 몸과 마음이 새롭게 힘을 얻습니다. 이번 《보절면지》 출간은 보절인의 자부심이 한층 높아지고 보절에 대한 애향심이 더욱 커지는 계기가 되었습니다. 따뜻하고 넉넉한 마음의 고향을 《보절면지》에 잘 정리해 주시느라 많은 공을 들이신 이현기 은사님과 여러 참여자 분들께 감사드립니다.

보절중 7회, 신파리 하신

### 김하왕

내 고향 보절! 나를 이 곳에 낳아주신 부모님께 감사드립니다. 이 한 권의 책을 서로 나누면 마음이 함께 행복해질 것입니다. 500쪽의 거대한 보절 이야기를 하루 한 장씩 읽다 보면 500일이 행복하겠죠? 보절 이야기를 세상 밖으로 출간시킨 분들 중 내 동생 하광이가 자랑스럽습니다. 귀중한 이 책은 아들 진관이에게 2021년 최고의 선물이 될 것 같습니다.

보절중 7회, 사촌

### 백종탁

백 인자 선자 아버님 존함을 감히 불러봅니다. 아버지를 닮고 싶어도 따라가지 못하는 아들 종탁입니다. 먼 훗날 아버님의 손자가 제 이름을 그렇게 불러주면 좋겠습니다. 그렇게 살아야 하는데… 언제나 아버지를 존경합니다.

보절중 7회, 사촌

### 노진규

책보 들고 내황에서 신흥으로 걸어서 학교가는 길이 그렇게 멀었는데, 이제는 승용차로 10분도 안되기에 외려 그 시절이 그립다. 그렇게 먼 거리 사이에 있는 친구들의 얼굴이 아롱다롱 매달려 있어 멀어서 더 좋았던 그 길이 그리운 초겨울의 저녁에… 그 여자아이는 어디에서 뭐하고 있을까?

보절중 7회, 황벌리 내황

### 이남재

천황봉 정기 받은 보절, 아련히 떠오르는 옛날의 추억을 소환하면서 이번 면지 출간과 함께 가슴속 깊이 뭉클함이 느껴집니다. 보절인의 뜻이 모아지고 발전하는 모습으로 거듭나길. 감사합니다.

보절중 7회, 황벌리 벌촌

### 김성천

할 말도 없는디 뭘 자꾸만 쓰라고 했샀는지 참나. 존 말은 남들이 다 쓴 거 같고… 무심한 듯하면서 관심 보여준 8회 친구들에게 참 감사하다는 말씀드리며, 맨주먹 붉은 피로 훌륭한 결과물 만들어내신 분들 애쓰셨고 앞으로 더 발전해나가는 보절중 동문회가 되길.

보절중 8회, 신파리 하신

### 박형생

**보**: 보여주세요, 고향 보절면!
**절**: 절대 우리의 고향이 보절면이라는 것을
**면**: 면민의 소식지로!

보절중 8회, 도룡리 안평

### 백정선

**길**
내 길은 어디에 있을까
폭풍이 치는 벌판에서
눈보라 치는 들판에서
별빛 총총히 쏟아지는 강가에서
때론 헤매다
때로는 생각에 잠기다
가야만 할 나의 길

내 길은 장미 꽃길도 아니리라
내 길은 코스모스 꽃길도 아니리라
이름 없는 풀꽃의 긴 여정

나의 길은
애달프고 힘든 길일지라도
홀로 생각하고 짚어 보며
가야만 할 길

보절중 8회, 금다리 금계

## 유정임

내 고향은 남원 보절 사랭이. 넓은 마당과 뒤안의 텃밭, 어린 시절에 온 집안은 놀이터였다. 대가족이라 항상 복작거려 성장의 원동력이 되었던 그곳, 사랭이. 묘금도유(卯金刀劉) 씨의 집성촌인으로 태어남을 감사히 여기며 인연보다 필연으로 맺어진 사랭이 말띠 친구들과의 추억은 그 어떤 것으로도 바꿀 수 없다. 보절인으로의 성장은 보절중이라는 더 넓은 곳으로의 진출일거라 생각하면서 존경스러운 선생님들과 240여 명의 보절중 8회 친구들과 맺은 인연. 오십 중반에도 그 인연이 항상 머릿속을 맴도는 것 같다. 좋은 인성과 좋은 추억을 준 고향 보절 사람들. 이렇게《보절면지》의 발행에 동참하게 된 것 또한 보절인이기에 가능한 것 같아 집행부, 동문여러분께 감사드립니다. 우리 남원 보절 항상 파이팅입니다.

보절중 8회, 사촌

## 강대문

잘 알려지지 않은 신동(섶골) 부락에 살다가 떠난 지 언 38년이 지나버렸습니다. 무얼 하고 무엇을 위해 살았는지 선명하지는 않지만, 조상님들의 고향이고 또 나의 고향이며 언젠가는 돌아가야 할 보절면 신파리 신동부락. 항상 고마워요, 그리고 사랑해요. 영원하길.

보절중 9회, 섶골

## 강민석

가실 농사 끝나고 겨울이 오기 전, 밭에서 뽑아 온 무시를 밭 구덩이에 파묻어 놓으면 겨울내내 어린 노란 무시순이 나옵니다. 시안에 우리 어머니는 무시순을 살짝 데쳐서 조선간장에 들기름 넣고 조물조물 무쳐주시는데 그렇게 맛있을 수가 없었습니다. 구수한 어머니의 손맛과 꿈에도 잊지 못하는 보절 성내미가 그립습니다.

보절중 9회, 성시리 성남

## 김성태

내가 태어나고 자란 안래산 방죽 앞 우리집이 금다린지 신파린지 아직도 헷갈려요. 언제나 가고 싶은 우리집 안래산!

보절중 9회, 신파리

## 김종복

나를 낳아주고 사랑해 주신 분은 부모님이지만, 보절이 인정하고 존중해 준 사람들은 보절 내 친구들이다. 사랑하는 부모님과 친구들을 선물한 보절이 언제나 감사하다.

보절중 9회, 신파리 파동

## 김하광

아들 은관, 딸 미강아

이 책은 아빠가 태어나고 자란 고향의 자료를 집대성해서 만든 최초의 책이란다. 이 책을 만드는 데 아빠가 참여했다는 것에 뿌듯함을 느낀다. 특히 사랭이 부분은 너희를 키워준 할머니(홍정님)의 추억과 기억을 구술기록하여 다양한 내용이 여기저기 숨어 있단다. 당산나무가 불탔던 이야기, 당산제를 모시는 이야기, 지금은 흔적도 없어진 삼굿거리 이야기. 이 책을 너희 자녀들에게도 물려주어 소중히 간직해 준다면 더욱 좋겠다.

엄마가 어느 날 얘기하기를,

"당신은 집에 오면 전화통화! 카톡! 노트북! 잠자기! 이 네 가지 이외에 집에서 하는 게 뭐 있어?"

하길래 얼핏 생각해보니, 올 한 해는 거의《보절면지》와 함께 보낸 것 같더구나. 성산(거령산) 아래 덕과 덕촌리에서 시집온 신계순 여사님! 2년 동안 많이 미안했어. '그놈의 보절 이야기' 이제는 덜 들을 거예요, 사랑해요.

보절중 9회, 사촌

## 박문수

내 고향 용동, 도촌방죽이 훤히 내려다 보이는 양지바른 곳에 계시는 부모님께.

지금은 서울에 살지만 우리 여섯 남매 보절에서 태어나고 자라게 해주심을 감사드리며, 부모님이 물려주신 가훈처럼 서로 간에 우애 있고, 성실하게 잘 살겠습니다. 돌아오는 명절에 인사 올리겠습니다.

보절중 9회, 월평

### 박연자

보: 보고 또 보아도 좋은 곳
절: 절경이 빼어나고 인심도 후한 곳
면: 면면히 이어지리.

보절중 9회, 사촌

### 박재근

　　내가 가장 존경하는 내 아버지 어머니의 땅, 그리고 내가 이 세상과 처음 만난 곳.
넉넉지 못했지만, 사랑과 헌신은 넘쳐났던 내 어린 시절 그 땅, 내 최고의 친구들과 깨끗하고 놀던 내 고향 보절을 나는 눈물 나도록 사랑합니다.

보절중 9회, 용동

### 박종철

넉넉지 못했지만 사랑과 헌신은 넘쳐났던 내 어린 시절 그 땅, 내 최고의 친구들과 깨끗하고 놀던 내 고향 보절을 나는 눈물 나도록 사랑합니다. 보현사 계곡 우보암 아래에서 염소탕을 맛있게 먹어준 친구들이 있어서 너무 좋고 천황봉 아래에서 우정을 놓고 다투었던 친구들이 있어서 너무 기쁩니다. 싸우고 싸워도 다시 찾게 되고, 보고 싶은 친구들이 있어 나는 너무 든든합니다.

보절중 9회, 신양리 양선

### 소영석

어릴 적부터 멀리 천황봉을 바라보면서 웅장함에 놀랐고, 나중에 성인이 되어 천황봉에 올랐을 때는 이 산이 있어 강물이 흐르고 마을을 이루어 살 수 있었음을 깨달았습니다. 지금은 도시에 살고 있지만 주변 지인들에게도 천황봉을 많이 자랑합니다. 천황봉 아래 우리는 모두 한마음입니다. 영원히 후손들에게 자랑이 될 《보절면지》를 기획하고 많은 수고로 훌륭한 보절 이야기를 만드신 선후배님 그리고 친구들께 깊은 감사를 드립니다.

보절중 9회, 만도리 만동

### 소재박

웃멀, 아랫멀, 아랫양제, 살치미, 분두굴, 산수굴, 자포실, 가말, 숲속거리, 합숫거리, 궁개모퉁이, 은응쟁이, 엄낭고개, 웃굴재, 석새미, 고실개, 몰무데미, 꽃밭쟁이, 삼밭굴, 조산거리, 점모퉁이가 안동네라네.

보절중 9회, 만도리 만동

### 소화순

《보절 이야기》 책을 출판하는 데 애써주신 모든 분께 감사드립니다. 고향에 대해 너무도 몰랐는데 이번 기회에 많이 알게 될 것 같아 기대됩니다. 만동의 사진 자료를 구한다기에 마침 고향에 있어서 사진을 보내드렸더니, 면지에 영원한 기록으로 남게 되었습니다. 석 달 전 하늘나라로 가신 아버지께서도 많이 기뻐하실 거란 생각이 듭니다. 아버지 편히 쉬세요. 셋째 딸 화순 올림.

보절중 9회, 만도리 만동

### 소순형

그 옛날 산판이라고 했던가요? 제무시라는 미제 트럭에 소나무 잘라서 산더미처럼 실어 날랐던, 가을 추수해서 벼 공판할 때 "산동떡네 나락은 1등인디 왜 우리 나락은 3등이여?"라며 동네 이장하시던 울 아빠와 다투시던 도룡떡 어르신, 농약 허다가 농약 독 올라서 헤롱헤롱했던 그 때, 새마을운동 때 하얀 편지 봉투에 숙제처럼 제출했던 잔디 씨앗, 토요일만 되면 퇴비한다고 리어카 밀고 낫 들고 깔 벴던 그 시절, 겨울 오기 전 삼촌이랑 지게 바작에 짊어졌던 갈퀴나무. 그 외 셀 수 없을 만큼 이쁜 추억을 가슴에 머금을 수 있는 것은 고향이라는 "그대"가 있었음에, "그대"여, 고맙습니다, 사랑합니다, 그리고 항상 죄송합니다!

보절중 9회, 진기

### 안대선

내 아들 상민아, 내 딸 주민아, 사랑하는 아들아, 딸아! 아빠가 태어나고 자란 곳이 보절이란다. 할아버지와 할머니가 묻힌 곳이다. 너희들의 뿌리가 보절이란다.

보절중 9회, 신파리 하신

### 안병태

아들 상민아, 이 책은 24대조 극충 할아버지께서 1610년에 광주에서 보절로 내려오셨기에 가능한 보절에 관한 이야기란다!

보절중 9회, 괴양리 개신

### 양영철

내가 이 세상에서 가장 행복한 이유는 세 가지가 있습니다. 첫째, 만행산 천황봉 보절면 서당골에서 태어난 것이요, 둘째, 보절면에서 남자로 태어난 것이며, 셋째, 보절중학교 9회 졸업생이라는 것입니다!

보절중 9회, 서치리 서당

### 우영숙

천연기념물 제281호. 내가 살던 곳 신기마을에는 아주 큰 정자나무가 있다. 일요일이면 동네 친구 선후배들이 같이 청소하고 놀던 장소다. 고무줄놀이, 공기놀이, 제기차기 등 나무가 큰 만큼 그늘도 넓어서 항상 사람이 많이 모이는 고마운 장소였다. 나무를 잘 타던 친구 희순이가 나무에서 떨어져 깁스를 했던 기억이 아련하다. 지금 생각해보면 그곳에는 기쁘고 즐겁고 행복한 기억과 추억이 가득했다. 1982년 11월 4일 그 나무가 천연기념물 제281호로 지정이 되었다는 소식을 듣고 신기하고 기쁘고 반가웠던 기억이 있다. 그런 추억 속의 나무를 잊고 살다가 고향 집에 갔을 때 찾아가 보니, 나무는 여전히 웅장했지만 쓸쓸해 보였다. 예전처럼 사람이 많이 모이지 않고 다 떠나가고 없는 까닭이겠지 싶다. 그래도 나무는 한결같이 그 자리를 지키며 보절 신기마을을 빛내주고 있으니 고마운 마음을 오래오래 기억해야겠다.

보절중 9회, 진기리 신기

### 유병철

보절면지가 세상에 나오는 날, 기분 좋은 날.
그 곳에는 아버지, 어머니의 이야기가 있고,
우리들의 이야기가 있는, 앞으로가 더 기대되는 기분 좋은 날.

산정(山井) 유병철.

보절중 9회, 다산

### 유연종

부모님에 부모님으로부터 물려받은 향기로운 마음으로 보절면 역사가 펼쳐진다.

보절중 9회, 사촌

### 유연종 아내 폰팁 운시리

《보절 이야기》라는 책이 출판된다기에 한마디 올립니다. 보절 사촌마을로 멀리 태국에서 시집온 유연종의 아내 폰팁 운시리입니다. 돌 많고 바람 센 사촌마을에서 10년째 상추농사를 짓고 있는 태국댁입니다. 제2의 고향 보절 화이팅!

보절중 9회, 사촌

## 유택종

**눈을 감으면**

눈을 감으면,
유독 많던 사촌 돌담길 옆에서
친구들과 뛰어놀던 때가 생각이 난다.

눈을 감으면,
땔감 하러 산을 오르고
깔 베러 망태 메고 낫 들고
논두렁을 걷던 생각이 난다.

눈을 감으면,
천황봉 아래 보현사에
울려 퍼지던 종소리가 생각이 난다.

눈을 감으면
땅거미 질 때 이집 저집 굴뚝에서
새하얀 연기가 뭉실뭉실 피어오르던
모습과 그 내음이 생각이 난다.

눈을 감으면,
오래된 교자상에
찬이라곤 김치뿐인 밥상이지만
세상 최고의 밥상이던
어머니의 밥상이 생각이 난다.

눈을 감으면,
고향의 향취가 내 안 깊숙이 들어와
나는 어느새 고향 앞마당에 와 있다.

보절중 9회, 사촌

## 이윤수

내 고향 보절 새터(외황)는 내 부모님이 평생 살아오신 삶의 터전이고 내 형제자매 그리고 친구들과 뒹굴고 나부끼며 꿈을 키우고 희노애락을 함께한 추억이 묻어있다. 내 아들 석환, 석진아! 아빠는 그래서 보절이 그냥 좋고 그립단다. 너희들도 훗날 아빠의 고향 남원 보절 땅을 잊지 않고 어린 날의 즐거운 추억으로 간직했으면 좋겠다.
2020년 11월 25일 이른 새벽에.

보절중 9회, 황벌리 외황

## 조병수

중국에서 20년 넘게 살고 있는 9회 조병수입니다. 그동안 잘 알지 못했던 고향의 이야기들을 알 수 있도록 수고해주신 형님들과 친구들에게 감사의 마음을 한없이 전하고 싶습니다.

보절중 9회, 신양리 양선

## 최미옥

천황봉이 바로 보이는 우리 집, 어릴 적 나무하고 풀 베고 점수 따먹기하며 해 넘어가는 줄도 모르고 놀던 시절, 눈 속에 묻어 둔 고구마, 눈 내리는 겨울밤 지붕 위에 올려 둔 홍시를 엄마 몰래 내려주던 아버지. 그림같은 추억들이 고스란히 남아있는 내 고향 보절! 생각만 해도 엄마 품처럼 따뜻합니다.

보절중 9회, 황벌리 외황

## 최진식

늘 마음이 설레는 고향 땅 보절. 지낸 시간보다 고향 떠나 새로운 곳에서 더 많은 시간을 살았는데도 늘 한결같이 그리운 고향 보절. 추억을 함께할 수 있는 고향과 친구들이 있어 늘 행복하다. 보절의 역사가 한 권의 책으로 묶이고 이야기 속에 우리가 포함된다는 것만으로도 마음이 벅차오른다. 나에게 자랑스러운 보절이 고향이어서 감사하고 행복하다. 사람이 좋은 보절이여, 영원하라!

보절중 9회, 만도리 도촌

## 노은숙

"내 고향이 보물이었네요." 보절에서 나고 자란 모든 분과 꽹과리라도 치면서 축배를 나누고 싶어집니다. 황벌 점빵을 평생의 업으로 삼으신 내 부모님. 엄마 뵈러 보절 입구만 들어가도 내 가슴은 항상 벅찹니다. 이렇게 좋은 고향에 우리들의 이야기가 책으로 나오다니, 포근하고 따뜻한 보절을 우리는 영원히 기억하고 사랑할 겁니다.

보절중 10회, 황벌리 벌촌

## 방준영

국난 극복을 위해서 거물성을 쌓았을 백제의 후손 보절인이라서 자랑스럽고, 거물성이 하루아침에 축조되지 않았듯 《보절면지》도 많은 분의 시간과 정성으로 만들어졌음을 짐작하게 되오니, 나보다는 우리를 먼저 생각할 줄 알고 앞에서 드러내기보다는 뒤에서 드러내지 않고도 묵묵히 도울 수 있는 후손들에게 부끄럼 없는 보절인이 되게 하소서.

보절중 10회, 다산

## 송채영

가만히 눈을 감으면 천황봉 아래 마을이 눈앞에 그려집니다. 마을 어귀 모락모락 연기가 피어오르는 굴뚝, 황금빛 들판, 그 속에서 뛰놀던 우리들의 웃음소리, 새벽종과 함께 한 부모님 발자국 소리. 마음 가득 기억하고 있습니다.

보절중 10회, 괴양리

## 안재현

우리 아버지 어머니가 살았고, 내가 태어나 살던 고향. 고향은 내 마음속 행복입니다. 지금도 아버지 어머니가 살고 계셔서, 달마다 가는 내 고향. 마음이 기쁠 때나 힘들 때도 언제나 그 자리에서 나를 반기는 곳. 내 마음은 언제나 아버지 어머니의 건강과 마을의 평안을 기원하는 곳, 내 고향 갱이. 고향 보절의 여기저기를 알 수 있는 좋은 책이 출간되어 기쁜 마음을 금할 수 없습니다. 책을 편찬해주신 모든 분께 감사의 마음을 전합니다.

보절중 10회, 괴양리 개신

## 우제오

저에게 고향은 그리운 맛으로 가슴에 남아있습니다. 온 가족이 같이 수확해 겨우내 쌓아두고 먹었던 황토 고구마, 형제들과 논두렁 개울가에서 소쿠리로 잡아 온 미꾸라지를 돌확에 갈아 실가리를 듬뿍 넣어 끓여주시던 추어탕. 이런 맛의 추억은 아직도 저의 미각을 돋게 합니다. 오래오래 우리들 곁을 지켜주는 천황봉, 그리고 추억을 같이한 분과 어머니 사랑합니다.

보절중 10회, 진기리 신기

## 우정태

**내 맘의 희망 열쇠**
우리들 가슴속에는
나만 풀 수 있는
자물통으로 채워져 있다.

둥근 태양이
창문으로 빙그레 웃듯
맘속에 희망 열쇠를 꺼낸다.

마라톤 선수처럼
멀리멀리 달려갈 때도
희망 열쇠로 힘을 채운다.

보절중 10회, 진기리 내동

## 강애영

　그 곳에
넓은 들이 있었네.

그 곳에
높은 산이 있었네.

그 곳에
맑은 시냇물이 있었네.

그곳에
나의 어머니
나의 아버지
나의 벗들이 있었네.

아, 그립고 그리운 나의 고향이여!

보절중 11회, 성시리 성남

## 박준배

내 고향 보절. 고향을 생각하면 누구나 그렇듯 포근하고 추억이 가득한 안식처로 느껴진다. 돌이켜보면 어릴 적 넉넉하지 않은 환경에 살면서도 아무 걱정 없이 눈만 뜨면 앞집 뒷집 옆집 굴뚝에 연기가 피어오르고, 구수한 밥 짓는 냄새로 하루를 시작해서 학교로 들로 산으로 배우고 뛰고 놀고 일하며 와자지껄 넉넉한 웃음과 인심 속에서 자랄 수 있게 해준 내 고향 보절. 일상의 분주함에 늘 떠오르지는 않지만 가끔 어머님 뵈러 고향으로 향하는 길목엔 천황봉의 웅장함이 온 마을을 품은 듯 든든하고 안락하게 맞이해주니, 세월이 가고 나이가 들수록 마치 엄마 품을 찾아드는 아이의 본능처럼 더욱 따뜻하게 느껴진다. 언제고 다시 돌아갈 내 고향 보절. 요즘 보절에서 유적지가 발견되고, 역사적으로 중요한 군사적 요충지였을 것이라는 학설이 나오고, 또 이렇게 의미 있는 《보절면지》까지 출간되어 더욱 고향 보절의 의미가 새롭게 다가온다.

《보절면지》출간에 애쓰신 관계자 여러분께 감사드리고 조금씩 성금을 모아준 우리 동문 선후배님들의 끈끈한 애정에도 감사드립니다. 보절에서 나고, 보절을 품고, 보절에 돌아가고 싶은 보절 사람이 글 남깁니다.

보절중 11회, 황벌리

## 최미숙

만행산, 거령산, 계룡산.
명산의 젖줄로 사는 땅 보절!
양팔 벌려 땅 위의 생명을 끌어안다.

보절의 산과 들과 물길이 영원하기를이 좋은 보절 땅에생명의 소리가 차고 넘쳐나기를......

보절중 11회, 황벌리 외황

## 방선옥

참나무에서 떨어진 상수리를 주워 알롱치기도 하고 묵도 쒀먹던 그 시절 그 추억이 떠오름에 감회가 새로웠다. 면지를 만드는 과정에서 사진을 찍으며, 그 시절 못 봤던 보물같은 아름다운 보절의 모습을 볼 수 있어 더욱 행복했다. 아름다운 보절의 모습이 대대손손 이어지길 기원합니다.

보절중 11회, 금다리 호복동

## 유은회

제 나이 13살의 어느 날, 잠들 무렵 죽을 만큼 배가 아팠습니다. 맹장이었지요. 그 시절엔 마을버스가 들어오지 않아 바로 병원에 갈 수 없었어요. 밤을 새워 참다가 다음 날 아침 일찍 아버지는 저를 업고 정신없이 뛰셨습니다. 지금도 기억이 납니다. 그 시절 무서웠던 아버지의 등이 그날은 참 편하고 따뜻했음을. 지금 아버지의 머리엔 흰 눈이 수북합니다. 그 길 위 보절의 시간을 기억합니다. 부모님 존경하고 사랑합니다. 큰딸 은희 올림.

보절중 11회, 사촌

## 박미자

보절을 읊조려 봅니다. 아빠처럼 조용하지만 힘이 느껴지고, 엄마의 품처럼 이내 따뜻하고, 포근해집니다. 마음의 안식처인 보절의 역사를 기록하고 후대에 남길 만한 면지를 만들어 주셔서, 이곳에 한마디를 남길 수 있게 해주셔서 감사드립니다.

보절중 12회, 황벌리 벌촌

### 박영근

보절을 사랑하시는 선배, 후배님들께 감사 말씀 올립니다. 쉽지 않았을 과정에 뭐라 말씀드려야 할지 모르겠네요. 아름답게 만들어 놓으신 업적에 숟가락만 올린 것 같아서 죄송할 따름입니다. 제가 태어나서 돌아가고 묻혀야 할 보절을 빛내주셔서 감사합니다. 덕분에 자랑스럽고 뿌듯합니다.

보절중 12회, 도룡리 용동

### 우옥희

내가 태어나서 중3 때까지 자란 곳 보절 신기. 행복한 추억보다는 슬프고 아팠던 기억이 더 많은 내 고향 보절. 내 그리운 부모님은 뭐 그리 바쁘셨는지 십수 년 전 면 여행 떠나시고 지금은 빈집만 덩그러니 남아 내가 머물던 그 모습 그대로 일 년에 서너 번 찾아가는 나를 반기네, 이 쓸쓸한 가을날에도.

보절중 12회, 신기

### 정미란

고향이 그리워도 못가는 사람이 있는데 나는 이렇게 아름다운 고향 보절이 있으니 얼마나 행복한 사람인가? 어릴 적 추억이 잠들어 있는 곳, 행복한 그리움, 설레임. 추억을 펼쳐 볼 수 있는 책을 만들어주셔서 고맙습니다. 수고 많으셨습니다.

보절중 12회, 성시

### 강갑석

로션을 발라도 메꾸지 못할 만큼 깊게 패인 주름 탓에 겨울이면 손에 테이프를 감고 계시는 어머니. 그 어려웠던 시절 어떻게 그 많은 자식들을 키우셨는지, 이제 제가 그 나이가 되어 부모의 어려움을 생각합니다. 밤하늘의 별에게 나의 고향 보절의 안부와 그리움을 전합니다.

보절중 13회, 성시리 성남

### 김홍영

고향, 보절, 부모님, 친구, 선후배. 언제 듣고 불러 봐도 정겹고 눈시울이 뜨거워지는 단어지요. 보절면지 덕분에 이 단어들을 새삼 되새기게 되어 면지 발행에 참여해 주신 선배님들께 감사 인사를 드립니다. 후손에게도 제 고향에 대한 발자취와 흔적, 그리고 소중함을 남겨줄 수 있는 뜻깊은 자료라 더욱 뿌듯합니다. 보절이여, 영원하라!

보절중 13회, 다산

### 소재성

보절 이야기에는 아련하고 지나온 추억이 있습니다. 돌아볼 고향이 있어 저는 평생 행복합니다.

보절중 13회, 만도리 만동

### 최미순

2020년. 역사를 담으며 핀 꽃《보절면지》가 우리를 특혜받은 대한민국의 보절 특별시민으로 승격시켜 줍니다. 곳곳에 담긴 보절의 역사와 이야기는 그냥 지나쳐 묻힐뻔한 우리들의 소중한 것들을 지키고 기억하게 하는 좋은 역사서로 남길 바랍니다.
터 좋은 보절에 태어나 좋습니다. 좋은 것에 뭔 이유가 있겠습니까? 그냥 좋은 걸요. 보절이 그렇습니다.
좋은 사람들의 이야기는 보절의 재발견을 꿈꾸게 해 줍니다. 보절이여, 사랑합니다.

보절중 14회, 황벌리 외황

### 최 영

보: 보절 곳곳의 귀한 이야기들이
절: 절절하게 녹아있는 최고의
면: 면지라던데요.
지: 지-인-짜로 기대가 됩니다.

보절중 17회, 황벌리 외황

## 노환진

당신의 뜨거운 열정과 수고로움으로 할아버지의 할아버지가, 아버지의 아버지가, 그리고 내가, 우리들이 태어나고 자란 소중한 기억들을 모으고 모아 글과 사진으로 펼쳐놓은 보절 이야기는 진정 보절의 보물이 아닐까요? 훗날 나의 아들이, 아들에 또 아들이, 이 책을 펼쳐보며 뭐라 말을 할까요? 당신의 특별한 고향 사랑과 열정이 우리를 감동케 했습니다. 멋진 당신과 함께 하는 우리 보절인들은 너무 행복합니다. 수고하셨습니다.

5회, 황벌리 벌촌

## 양왕근

**보절면시에 즈음하여**

만행산 줄기에 명산 천황봉 12평파 줄기줄기 뻗어 내린 안락한 지역에는 9개 리 안에 약 27개 마을이 형성되어 있습니다. 남원에서도 지형이 높아 겨울에는 춥고 여름에는 무더운 분지입니다. 여기에 맞게 생존의 터를 가꾸어 푸근한 인심과 성실한 마음으로 평화롭고 살기 좋은 마을로 부흥, 발전시켰습니다. 남원에서도 이름난 보절 면민의 피나는 노력으로 이루어진 내 고향 보절! 천황봉이 품고 있는 신양, 만도, 그리고 약 7개 마을은 기름진 땅에 안락한 생활을 하고, 인재를 많이 배출한 지역입니다. 신양, 만도는 보절과 인접한 천황봉 구역인 것만은 사실입니다. 자고로 수천 년이 지났어도 보절, 신양, 만도에 대한 자세한 목록이 저로서는 없는 것으로 알고 있습니다. 《남원지》에 간략하게 소개된 바는 있으나 세밀히 근년에 발굴해 낸 것은 처음인 것 같습니다. 발굴 대표자님 등 그 외 수많은 분이 불철주야 가리지 않고 심혈을 기울여 최초로 발간되는 《보절면지》! 과거, 현재는 물론 미래사까지 꿈꾸는 하해같이 넓은 지침서가 될 줄 압니다. 편집인 안재원 교수님, 이현기 선생님, 그 외 대표 지도자님, 마을 이장님, 마을 대표 책임자님께 깊은 감사를 드립니다. 앞으로 건강하시고 좋은 날만 있으시길 바랍니다.

2020년 11월 10일.

보절초 30회

## 배상현

남원에는 광한루만 있는 줄 알았는데, 《보절 이야기》 편집에 참여하게 된 것을 계기로 보절 같은 곳을 알게 되어 너무 기쁩니다. 천황봉을 중심으로 한 산들이 포근하게 감싸주는 느낌에 이런 곳에서 한 달 살기를 하면서 유유자적하면 참 좋겠다는 생각이 들었습니다. 이곳저곳 우거진 풀과 나무를 헤집으며 마주한, 잘 보존된 성곽에 감탄하고, 그 위에서 넓게 펼쳐진 아름다운 보절의 모습을 보면서 이런 경관이 오래도록 보존되었으면 좋겠다고 거듭 생각했습니다. 처음 보절을 방문했음에도 명예 보절민처럼 맛있는 음식과 환한 웃음으로 정말 따뜻하게 환대해주신 모든 보절 여러분께 감사드립니다. 아무쪼록 유구한 역사를 지닌 아름다운 보절이 발굴 조사 및 성곽 정비를 거쳐서 멋진 명소로 태어날 수 있길 기대합니다.

보절 이야기 편집팀

## 김진오

올해 8월까지만 해도 우리나라에 보절이라는 곳이 있는 줄도 몰랐습니다. 그렇지만 《보절 이야기》 편집팀에 참여하고 보절을 알아가면서 보절은 제2의 고향이 되었습니다. 태어나서부터 삭막한 도시에서만 살아온 저로서는 정감 있고 경치 좋은 고향을 하나 더 갖게 되어 기쁩니다. 보절12경 지도를 그리면서 꼭 가보고 싶었던 보절을 처음 방문한 날도 잊지 못할 것입니다. 처음 방문한 저를 따뜻하게 맞이해주신 보절 주민 여러분께도 감사의 말씀 전합니다.

보절 이야기 편집팀

## 손하누리

《보절 이야기》를 편집하면서 보절이라는 하나의 공동체가 끝없이 자기 생명을 이어가며 기록을 남기는 모습을 지켜보았습니다. 여느 소설보다 재미있는 이야기들을 읽으며 즐거운 시간을 보냈습니다. 특히 '메리 이야기'가 기억에 남네요. 기회가 된다면 언젠가 꼭 보절에 갈 수 있기를 기대합니다.

보절 이야기 편집팀

## 이종욱

그를 처음 만난 해가 40대 초입, 그러니까 2005년 봄이었다. 15년이 흘렀다. 그가 남원 출신이라는 사실은 금방 알아차렸지만 보절 사람인 줄은 불과 3년 전에야 알았다. '보·절·면'이라 밝히는 그의 음성에 웃었던 기억이 난다. 왜 있지 않은가 '함평군 학교면'이라든가, '진안군 부귀면 황금리'처럼 '보절'의 음향이 조금 특이하게 들린 탓이다.

인문학의 대향연 보절면지 원고를 교정·교열하면서, 더 나아가서는 보절의 곳곳을 답사하면서 생각의 변화가 일어났다. 그야말로 상전벽해, 장족의 발전을 이루었다. 편집 막바지의 요즘은 안구가 돌출될 지경이다. 아침마다 튀어나온 눈을 원위치로 돌리느라 여간 성가신 게 아니다. 보절을 특이하게 받아들인 내 비뚤어진 마음은 지수화풍의 각 페이지를 넘길 때마다 보란 듯이 반듯해지고 있고 건성으로 웃던 입은 가위 경건하기가 보현사 도량처럼 웅숭깊어졌다.

백두산에서 뻗어 내려와 남(南)을 찾는(原) 어머니 만행산과 아버지 천황봉이 이끄는 보절면의 형국은 하늘에서 보면 배를 닮았다. 감히 나는 이 배가 동이족의 후천개벽을 여는 데 크게 이바지하리라 자신한다. 이 책이 그 모든 것을 대변한다.

논형 편집위원

## 김하광

**이현기 선생님께**

보절의 마을 자료를 샅샅이 찾아 수집하는 데 6개월, 27개 성씨를 시작으로 보절의 총 39개 성씨의 정착사를 수집하고 고증하는 데 2년, 제자들과 함께 집필하는 데 2년 반, 총 5년이라는 세월이 어느새 흘렀습니다. 그동안 우여곡절 참으로 많았지요? 이루 말할 수 없었을 것입니다.

사모님은 제자들이 우리 남편을 살렸다고 눈시울을 붉혔던 적도 있었습니다. 선생님은 "집에 있는 족보도 볼 시간이 없는데, 그까짓 면지를 누가 본다고"라는 말이 마음에 큰 상처로 남았음을 짐작했습니다.

초기에 면지를 제작하는 비용을 만들기 위하여 동분서주하며 느끼셨던 마음고생 역시 헤아려집니다. 중학교 때 가르쳤던 제자들과 함께 책을 만들면서 열정으로 토론하고, 의견 조율하는 과정에서 양보도 많이 하셨습니다. 외부 기관에서 면지의 성격은 면의 현황 위주가 되어야 하는데 출향 인사들의 지면이 너무 많다는 의견을 듣고 중간에서 조율하시느라 고생하신 것도 압니다. 여기에 모두 열거할 수 없는 일들이 다 지나가고 이제 보절면지는 "보배와 절의가 숨어 있는 보절 이야기"로 되살아났고, 영원한 기록물로 탄생하는 순간을 맞았습니다.

선생님, 그동안 정말 고생 많으셨습니다. 선생님께서 자랑스러워하신 일도 참 많았습니다. 제자들이 참여하여 집필 진도가 순조롭게 나가고, 주말이면 서울에서 현장답사 내려간 제자들과 보절의 보배식당, 춘풍이네 식당, 솔바람세상, 용동펜션(예림이네 민박), 선생님댁, 제자들 집에서 술잔을 기울이며 밤새 얘기하셨던 기억들. 바람바위로, 천황봉으로, 거령산(성산)을 수차례씩 오르며, 쌓인 사제지간의 정!

이 책은 선생님의 발로 쓰여진 책입니다. 이 책을 읽는 보절인 모두 선생님을 영원히 기억할 것입니다.

보절중 9회, 사촌

### 양기성

안녕하세요. 보절면 발전협의회장 양기성입니다. 겨울이 다가오면서 우려하던 대로 코로나19 바이러스가 기승입니다. 더욱 개인 방역 수칙 준수에 유의하셔서 건강 챙기십시오.

보절면민과 출향민의 열화와 같은 성원에 힘입어 《보절면지》 제작이 마무리 단계에 이르렀습니다. 《보절면지》는 역사와 향수와 미래를 담고 있습니다. 마을 뒷산에 버려진 돌무더기가 실제로는 《삼국사기》에 등장하는 백제와 통일신라의 유적임을 증명하는 자료를 담았습니다. 불편하고 힘들었지만 순수함과 넉넉한 인심으로 마음만은 부자였던 그리운 지난 날을 만나 볼 수 있습니다. 보절면의 역사를 정리하고, 가려져 있던 거물성을 발굴하여 학계와 언론의 관심이 집중되는 과정에서 우리는 하나가 되었으며 보절면의 내일은 계속되어야 함을 결의했습니다. 보다 나은 미래의 보절을 우리 후세에 남겨주기 위해 우리 보절면민과 출향민이 하나되어 보절을 생각하는 계기가 《보절면지》 출간이 되었으면 합니다.

《보절면지》 출간에 보내주신 여러분의 관심에 감사드리고 변함없는 보절 사랑을 부탁드리며 부족한 글 줄이겠습니다.

보절중 3회, 서치리 서당

### 소영철

어느 날 갑자기 《보절면지》를 만든다고 몇몇 후배들이 찾아왔습니다. 걱정은 많았지만 기우였습니다. 보절인과 보절중 동문의 보절 사랑은 놀라울 정도로 뜨거웠습니다. 그 열정과 사랑에 보절의 미래, 보절인의 미래도 밝다고 확신했습니다. 편찬후원회가 만들어진 지 열흘도 되지 않았는데 목표한 후원금이 마감되는 것을 보고 감동하지 않을 수 없었습니다. 천황봉의 가호가 함께 했다고 믿습니다. 단지 천황봉 아래에서 태어나 함께 자랐다는 이유 하나로 이렇게 뭉치는 것을 보고 앞으로 어떤 어려움이 있어도 우리는 극복할 수 있다는 자신감을 얻게 되었습니다. 보절인이라는 사실에 자부심이 이전보다 훨씬 더 많이 생겼습니다. 이는 우리 보절인만이 이룰 수 있는 쾌거라고 생각합니다. 보절을 사랑합니다. 보절인을 사랑합니다. 감사합니다.

편찬후원회 공동위원장 소영철 올림.

보절중 3회, 서치리 서당

＊《보절면지》 발간에 도움을 준 사람들
＊《보절면지》를 만든 사람들

# ⁂《보절면지》발간에 도움을 준 사람들

## 사업 내용

- 면지규모: 국전변형판(210*265), 양장본- 3,200부, 그림지도(720*420)- 3,200장
- 사업비: 175,970,000원
- 추진기간: 2016.01~2020.12(5년)
- 참여인원: 474명

### ▓ 마을별 후원금액

| 번호 | 마을명 | 후원자 수 | 후원금 | 비 고 |
|---|---|---|---|---|
| 1 | 단체 | 28 | 52,200,000 | |
| 2 | 서치리 | 24 | 18,500,000 | |
| 3 | 괴양리 | 37 | 20,950,000 | |
| 4 | 진기리 | 54 | 13,480,000 | |
| 5 | 신파리 | 65 | 14,800,000 | |
| 6 | 금다리 | 34 | 9,500,000 | |
| 7 | 황벌리 | 66 | 12,920,000 | |
| 8 | 만도리 | 27 | 5,700,000 | |
| 9 | 신양리 | 10 | 1,400,000 | |
| 10 | 사촌리 | 42 | 8,800,000 | |
| 11 | 도룡리 | 48 | 11,510,000 | |
| 12 | 성시리 | 26 | 5,910,000 | |
| 계 | | 474 | 175,970,000 | |

### ▓ 단 체

| 번호 | 마을명 | 후원자 | 후원금액 | 기수 및 적요 |
|---|---|---|---|---|
| 1 | 단체 | 남원시 | 20,000,000 | |
| 2 | 단체 | 보절면발전협의회 | 10,000,000 | |
| 3 | 단체 | 전주이씨 신흥종중 | 5,000,000 | |
| 4 | 단체 | 순흥안씨 신흥종중 | 5,000,000 | |
| 5 | 단체 | 광주이씨 한림종중 | 200,000 | |
| 6 | 단체 | 보절중 총동문회 | 1,000,000 | |
| 7 | 단체 | 천황봉마라톤클럽 ( 서울 ) | 500,000 | |
| 8 | 단체 | 재전보절향우회 | 500,000 | |
| 9 | 단체 | 김전형 | 500,000 | 現 보절면장 |
| 10 | 단체 | 남원보절우체국 | 100,000 | |
| 11 | 단체 | 남원시청 보절향우회 | 500,000 | |
| 12 | 단체 | 보절경영인회 | 1,000,000 | |
| 13 | 단체 | 보절농민회 | 1,000,000 | |

| 14 | 단체 | 보절농악단 | 500,000 | |
|---|---|---|---|---|
| 15 | 단체 | 보절다문화가정모임 | 100,000 | |
| 16 | 단체 | 보절면원불교 | 100,000 | |
| 17 | 단체 | 보절바다낚시동호회 | 200,000 | |
| 18 | 단체 | 보절산악회 | 1,000,000 | |
| 19 | 단체 | 보절새마을회 ( 남녀 ) | 300,000 | |
| 20 | 단체 | 보절면생활개선회 | 300,000 | |
| 21 | 단체 | 보절의용소방대 ( 남녀 ) | 1,000,000 | |
| 22 | 단체 | 보절이장단일동 | 1,000,000 | |
| 23 | 단체 | 보절이장단협의회 | 300,000 | |
| 24 | 단체 | 보절자율방범대 | 1,000,000 | |
| 25 | 단체 | 사촌청년회 | 100,000 | |
| 26 | 단체 | 새로나상추작목반 | 100,000 | |
| 27 | 단체 | 신기마을회 | 500,000 | |
| 28 | 단체 | 안평노인회 | 200,000 | |
| 29 | 단체 | 진목정 마을회 | 500,000 | |
| 계 | | 29 명 | 52,500,000 | |

■ 서치리

| 번호 | 마을명 | 후원자 | 후원금액 | 기수 및 적요 |
|---|---|---|---|---|
| 1 | 서치리 부흥 | 노태열 | 50,000 | 1957 년생 |
| 2 | 서치리 부흥 | 이창선 | 200,000 | 1942 년생 |
| 3 | 서치리 부흥 | 형우인 | 100,000 | 보절중 10 회 |
| 4 | 서치리 서당 | 김선녀 | 200,000 | 보절중 4 회 |
| 5 | 서치리 서당 | 김성진 | 1,000,000 | 보절중 18 회 |
| 6 | 서치리 서당 | 김종균 | 100,000 | 보절중 1 회 |
| 7 | 서치리 서당 | 김종춘 | 2,000,000 | 1949 년생 |
| 8 | 서치리 서당 | 김춘성 | 50,000 | 보절중 15 회 |
| 9 | 서치리 서당 | 소순남 | 100,000 | 1955 년생 |
| 10 | 서치리 서당 | 소승철 | 100,000 | 보절중 10 회 |
| 11 | 서치리 서당 | 소영철 | 5,000,000 | 보절중 3 회 , 편찬후원회장 |
| 12 | 서치리 서당 | 소자섭 | 100,000 | 보절중 2 회 |
| 13 | 서치리 서당 | 소재구 | 100,000 | 보절중 9 회 |
| 14 | 서치리 서당 | 소재규 | 2,000,000 | 1947 년생 |
| 15 | 서치리 서당 | 소재용 | 1,500,000 | 보절중 1 회 |
| 16 | 서치리 서당 | 소태윤 | 100,000 | 보절중 9 회 |
| 17 | 서치리 서당 | 양기성 | 2,000,000 | 보절중 4 회 , 보절면 발전협의회장 |
| 18 | 서치리 서당 | 양선모 | 300,000 | 1941 년 |
| 19 | 서치리 서당 | 양순자 | 1,000,000 | 보절중 6 회 |
| 20 | 서치리 서당 | 양영철 | 2,000,000 | 보절중 9 회 |
| 21 | 서치리 서당 | 양희수 | 100,000 | 보절중 12 회 |

| 22 | 서치리 서당 | 유미정 | 100,000 | 보절중 5 회 |
|---|---|---|---|---|
| 23 | 서치리 서당 | 유찬동 | 200,000 | 1944 년생 |
| 24 | 서치리 서당 | 유해동 | 100,000 | 1941 년생 |
| 계 | | 24 명 | 18,500,000 | |

### ▓ 괴양리

| 번호 | 마을명 | 후원자 | 후원금액 | 기수 및 적요 |
|---|---|---|---|---|
| 1 | 괴양리 개신 | 김의곤 | 500,000 | 1946 년생 |
| 2 | 괴양리 개신 | 김미경 | 100,000 | 보절중 4 회 |
| 3 | 괴양리 개신 | 김종훈 | 1,000,000 | 보절중 21 회 |
| 4 | 괴양리 개신 | 김태곤 | 500,000 | 보절중 9 회 |
| 5 | 괴양리 개신 | 박래봉 | 100,000 | 보절중 6 회 |
| 6 | 괴양리 개신 | 안방수 | 10,000,000 | ㈜니코보코 회장 |
| 7 | 괴양리 개신 | 안병태 | 100,000 | 보절중 9 회 |
| 8 | 괴양리 개신 | 안은정 | 100,000 | 보절중 10 회 |
| 9 | 괴양리 개신 | 안재현 | 100,000 | 보절중 10 회 |
| 10 | 괴양리 개신 | 오미숙 | 200,000 | 보절중 7 회 |
| 11 | 괴양리 개신 | 오성수 | 100,000 | 보절중 9 회 |
| 12 | 괴양리 개신 | 형숙자 | 100,000 | 보절중 2 회 |
| 13 | 괴양리 신촌 | 윤명한 | 200,000 | 1932 년생 |
| 14 | 괴양리 신촌 | 윤방한 | 100,000 | 보절중 3 회 |
| 15 | 괴양리 신촌 | 윤신근 | 1,000,000 | 윤가축병원 |
| 16 | 괴양리 양촌 | 김성군 | 100,000 | 보절중 7 회 |
| 17 | 괴양리 양촌 | 김성범 | 100,000 | 前 남원시의회 의장 |
| 18 | 괴양리 양촌 | 김성우 | 1,000,000 | 前 용북중학교 교장 |
| 19 | 괴양리 양촌 | 김성태 | 1,000,000 | 보절중 2 회 |
| 20 | 괴양리 양촌 | 김승녕 | 500,000 | 1952 년생 |
| 21 | 괴양리 양촌 | 김재영 | 100,000 | 1938 년생 |
| 22 | 괴양리 양촌 | 박동근 | 200,000 | 보절중 9 회 |
| 23 | 괴양리 양촌 | 송경아 | 100,000 | 보절중 8 회 |
| 24 | 괴양리 양촌 | 안병성 | 50,000 | 1954 년생 |
| 25 | 괴양리 양촌 | 안천수 | 100,000 | 보절중 8 회 |
| 26 | 괴양리 양촌 | 안한수 | 500,000 | 발간위원장 |
| 27 | 괴양리 음촌 | 김성주 | 500,000 | 보절중 4 회 |
| 28 | 괴양리 음촌 | 송득한 | 100,000 | 보절중 9 회 |
| 29 | 괴양리 음촌 | 송성한 | 100,000 | 보절중 7 회 |
| 30 | 괴양리 음촌 | 송채영 | 300,000 | 보절중 10 회 |
| 31 | 괴양리 음촌 | 안강수 | 300,000 | 1948 년생 |
| 32 | 괴양리 음촌 | 양기모 | 300,000 | 보절중 2 회 |
| 33 | 괴양리 음촌 | 양미라 | 100,000 | 보절중 14 회 |

| 34 | 괴양리 음촌 | 양미선 | 100,000 | 보절중 9 회 |
|----|-----------|--------|-----------|------------|
| 35 | 괴양리 음촌 | 양영모 | 1,000,000 | 1940 년생 |
| 36 | 괴양리 음촌 | 이정숙 | 100,000 | 보절중 5 회 |
| 37 | 괴양리 음촌 | 최미란 | 100,000 | 보절중 10 회 |
| 계 | | 37 명 | 20,950,000 | |

■ 진기리

| 번호 | 마을명 | 후원자 | 후원금액 | 기수 및 적요 |
|------|--------|--------|-----------|-------------|
| 1 | 진기리 내동 | 안재술 | 100,000 | 보절중 12 회 |
| 2 | 진기리 내동 | 안향순 | 100,000 | 보절중 9 회 |
| 3 | 진기리 내동 | 우동철 | 500,000 | 보절중 6 회 |
| 4 | 진기리 내동 | 우만호 | 300,000 | 보절중 1 회 |
| 5 | 진기리 내동 | 우상선 | 200,000 | 보절중 4 회 |
| 6 | 진기리 내동 | 우연희 | 100,000 | 보절중 11 회 |
| 7 | 진기리 내동 | 우정태 | 100,000 | 보절중 10 회 |
| 8 | 진기리 내동 | 우춘이 | 200,000 | 보절중 9 회 |
| 9 | 진기리 내동 | 이용운 | 100,000 | 보절중 4 회 |
| 10 | 진기리 신기 | 우경희 | 100,000 | 보절중 4 회 |
| 11 | 진기리 신기 | 우동명 | 100,000 | 보절중 15 회 |
| 12 | 진기리 신기 | 우상율 | 300,000 | 보절중 6 회 |
| 13 | 진기리 신기 | 우상천 | 100,000 | 보절중 10 회 |
| 14 | 진기리 신기 | 우영숙 | 100,000 | 보절중 9 회 |
| 15 | 진기리 신기 | 우옥희 | 100,000 | 보절중 12 회 |
| 16 | 진기리 신기 | 우제오 | 100,000 | 보절중 10 회 |
| 17 | 진기리 신기 | 우제철 | 300,000 | 보절중 3 회 |
| 18 | 진기리 신기 | 우희곤 | 100,000 | 보절중 15 회 |
| 19 | 진기리 신기 | 우희수 | 100,000 | 보절중 12 회 |
| 20 | 진기리 진목 | 김경숙 | 1,000,000 | 보절중 1 회 |
| 21 | 진기리 진목 | 김병권 | 30,000 | |
| 22 | 진기리 진목 | 김선녕 | 500,000 | 보절중 1 회 |
| 23 | 진기리 진목 | 김성룡 | 100,000 | 보절중 6 회 |
| 24 | 진기리 진목 | 김장영 | 100,000 | 1949 년생 |
| 25 | 진기리 진목 | 김해란 | 200,000 | 보절중 9 회 |
| 26 | 진기리 진목 | 박창호 | 100,000 | 보절중 10 회 |
| 27 | 진기리 진목 | 방극열 | 200,000 | 보절중 6 회 |
| 28 | 진기리 진목 | 방극종 | 200,000 | 보절중 12 회 |
| 29 | 진기리 진목 | 방극주 | 200,000 | 1949 년생 |
| 30 | 진기리 진목 | 방극준 | 200,000 | 보절중 10 회 |
| 31 | 진기리 진목 | 방길원 | 1,000,000 | 1946 년생 |
| 32 | 진기리 진목 | 소가광 | 200,000 | 1942 년생 |

| 33 | 진기리 진목 | 소순권 | 200,000 | 1952 년생 |
| 34 | 진기리 진목 | 소순규 | 300,000 | 보절중 3 회 |
| 35 | 진기리 진목 | 소순신 | 100,000 | 고절초 10 회 |
| 36 | 진기리 진목 | 소순형 | 100,000 | 보절중 9 회 |
| 37 | 진기리 진목 | 소시호 | 500,000 | 보절중 5 회 |
| 38 | 진기리 진목 | 소용운 | 200,000 | 보절중 2 회 |
| 39 | 진기리 진목 | 소한호 | 1,000,000 | 보절중 11 회 |
| 40 | 진기리 진목 | 우기만 | 2,000,000 | 보절중 3 회 |
| 41 | 진기리 진목 | 우정선 | 50,000 | 1943 년생 |
| 42 | 진기리 진목 | 우창희 | 200,000 | 1948 년생 |
| 43 | 진기리 진목 | 조승제 | 100,000 | 남원시민신문 |
| 44 | 진기리 진목 | 최강동 | 300,000 | 1950 년생 |
| 45 | 진기리 진목 | 최강자 | 200,000 | 1954 년생 |
| 46 | 진기리 진목 | 최강애 | 100,000 | 1957 년생 |
| 47 | 진기리 진목 | 최강선 | 100,000 | 보절중 2 회 |
| 48 | 진기리 진목 | 최강심 | 100,000 | 보절중 5 회 |
| 49 | 진기리 진목 | 최강명 | 100,000 | 보절중 8 회 |
| 50 | 진기리 진목 | 최점숙 ( 최서진 ) | 100,000 | 보질중 11 회 |
| 51 | 진기리 진목 | 한도희 | 150,000 | 보절중 12 회 |
| 52 | 진기리 진목 | 한병룡 | 100,000 | 보절중 11 회 |
| 53 | 진기리 진목 | 한병욱 | 200,000 | 보절중 9 회 |
| 54 | 진기리 진목 | 한병훈 | 150,000 | |
| 계 | | 54 명 | 13,480,000 | |

■ 신파리

| 번호 | 마을명 | 후원자 | 후원금액 | 기수 및 적요 |
|---|---|---|---|---|
| 1 | 신파리 상신 | 강선희 | 200,000 | 보절중 8 회 |
| 2 | 신파리 상신 | 송영순 | 50,000 | 1943 년생 |
| 3 | 신파리 상신 | 심재원 | 200,000 | 1955 년생 |
| 4 | 신파리 상신 | 우제명 | 100,000 | 보절중 8 회 |
| 5 | 신파리 상신 | 윤순영 | 100,000 | 보절중 2 회 |
| 6 | 신파리 상신 | 이경재 | 100,000 | 보절중 9 회 |
| 7 | 신파리 상신 | 이서현 | 100,000 | 보절중 6 회 |
| 8 | 신파리 상신 | 이석균 | 100,000 | 보절중 10 회 |
| 9 | 신파리 상신 | 이성수 | 300,000 | 보절중 2 회 |
| 10 | 신파리 상신 | 이승재 | 200,000 | 보절중 6 회 |
| 11 | 신파리 상신 | 이양례 | 100,000 | 보절중 12 회 |
| 12 | 신파리 상신 | 이창수 | 50,000 | 1939 년생 |
| 13 | 신파리 상신 | 이택수 | 300,000 | 1940 년생 |
| 14 | 신파리 상신 | 이평수 | 1,000,000 | 보절중 15 회 |

| 15 | 신파리 상신 | 이현기 | 500,000 | 보절면지 편찬위원장 |
|---|---|---|---|---|
| 16 | 신파리 상신 | 이혜성 | 100,000 | 보절중 10 회 |
| 17 | 신파리 상신 | 임영수 | 30,000 | 1946 년생 |
| 18 | 신파리 신동 | 강대문 | 100,000 | 보절중 9 회 |
| 19 | 신파리 신동 | 김경숙 | 300,000 | 보절중 6 회 |
| 20 | 신파리 신동 | 김종만 | 100,000 | 보절중 7 회 |
| 21 | 신파리 신동 | 박정해 | 100,000 | 보절중 5 회 |
| 22 | 신파리 중신 | 김종기 | 50,000 | 1953 년생 |
| 23 | 신파리 중신 | 류수용 | 50,000 | 1943 년생 |
| 24 | 신파리 중신 | 류수철 | 100,000 | 1933 년생 |
| 25 | 신파리 중신 | 류한승 | 200,000 | 보절중 4 회 |
| 26 | 신파리 중신 | 류한주 | 200,000 | 보절중 8 회 |
| 27 | 신파리 중신 | 이석천 | 300,000 | 보절중 7 회 |
| 28 | 신파리 파동 | 강대문 | 50,000 | 1943 년생 |
| 29 | 신파리 파동 | 김종복 | 200,000 | 보절중 9 회 |
| 30 | 신파리 파동 | 김중은 | 100,000 | 보절중 3 회 |
| 31 | 신파리 파동 | 심동섭 | 200,000 | 1934 년생 |
| 32 | 신파리 파동 | 심재면 | 100,000 | 보절중 6 회 |
| 33 | 신파리 파동 | 심재윤 | 100,000 | 보절중 2 회 |
| 34 | 신파리 파동 | 안강섭 | 200,000 | 1949 년생 |
| 35 | 신파리 파동 | 안동호 | 50,000 | 1943 년생 |
| 36 | 신파리 파동 | 양구근 | 300,000 | 보절중 5 회 |
| 37 | 신파리 파동 | 양민영 | 100,000 | 보절중 5 회 |
| 38 | 신파리 파동 | 양병삼 | 100,000 | 보절중 10 회 |
| 39 | 신파리 파동 | 양병윤 | 100,000 | 보절중 8 회 |
| 40 | 신파리 파동 | 양병재 | 1,000,000 | 보절중 5 회 |
| 41 | 신파리 파동 | 양병진 | 200,000 | 보절중 1 회 |
| 42 | 신파리 파동 | 양서현 | 100,000 | 보절중 2 회 |
| 43 | 신파리 파동 | 양선붕 | 1,000,000 | 미소드림재가 |
| 44 | 신파리 파동 | 양정순 | 100,000 | 보절초 44 회 |
| 45 | 신파리 파동 | 양주실 | 500,000 | 보절중 11 회 |
| 46 | 신파리 파동 | 양철근 | 300,000 | 보절중 3 회 |
| 47 | 신파리 파동 | 양흥식 | 30,000 | 1943 년생 |
| 48 | 신파리 파동 | 최후남 | 100,000 | 1951 년생 |
| 49 | 신파리 파동 | 홍종섭 | 100,000 | 1960 년생 |
| 50 | 신파리 하신 | 김대기 | 30,000 | 보절중 14 회 |
| 51 | 신파리 하신 | 김성천 | 300,000 | 보절중 8 회 |
| 52 | 신파리 하신 | 김성태 | 300,000 | 보절중 9 회 |
| 53 | 신파리 하신 | 김창기 | 300,000 | 보절중 7 회 |
| 54 | 신파리 하신 | 박충곤 | 300,000 | 보절약방 |
| 55 | 신파리 하신 | 변선심 | 30,000 | 1953 년생 |

| 56 | 신파리 하신 | 소용두 | 50,000 | |
|---|---|---|---|---|
| 57 | 신파리 하신 | 소희자 | 100,000 | 보절중 6 회 |
| 58 | 신파리 하신 | 안대선 | 300,000 | 보절중 9 회 |
| 59 | 신파리 하신 | 안용선 | 30,000 | 보절중 3 회 . 대실댁 |
| 60 | 신파리 하신 | 안용선 | 500,000 | 보절중 1 회 . 오곡댁 |
| 61 | 신파리 하신 | 안재영 | 100,000 | 보절중 6 회 |
| 62 | 신파리 하신 | 안재원 | 1,000,000 | 보절중 9 회 ( 안재경 ) |
| 63 | 신파리 하신 | 이태식 | 200,000 | 보절마트 |
| 64 | 신파리 하신 | 장소영 | 200,000 | 보배식당 |
| 65 | 신파리 하신 | 홍순형 | 1,000,000 | 보절중 7 회 |
| 계 | | 65 명 | 14,800,000 | |

■ 금다리

| 번호 | 마을명 | 후원자 | 후원금액 | 기수 및 적요 |
|---|---|---|---|---|
| 1 | 금다리 금계 | 김현식 | 100,000 | 1976 년생 |
| 2 | 금다리 금계 | 백경숙 | 100,000 | 보절중 9 회 |
| 3 | 금다리 금계 | 백동수 | 100,000 | 1956 년생 |
| 4 | 금다리 금계 | 백병두 | 100,000 | 1937 년생 |
| 5 | 금다리 금계 | 백원재 | 200,000 | 금계이장 |
| 6 | 금다리 금계 | 백정선 | 300,000 | 보절중 8 회 |
| 7 | 금다리 금계 | 백현준 | 100,000 | 보절중 8 회 |
| 8 | 금다리 금계 | 이의성 | 300,000 | 보절중 5 회 |
| 9 | 금다리 다산 | 방병완 | 200,000 | |
| 10 | 금다리 다산 | 고준석 | 500,000 | 보절중 6 회 |
| 11 | 금다리 다산 | 김병기 | 200,000 | 1930 년생 |
| 12 | 금다리 다산 | 김성두 | 100,000 | 보절중 2 회 |
| 13 | 금다리 다산 | 김순옥 | 100,000 | 보절중 2 회 |
| 14 | 금다리 다산 | 김창호 | 200,000 | 보절금강창호 |
| 15 | 금다리 다산 | 김혜순 | 500,000 | 보절중 6 회 |
| 16 | 금다리 다산 | 김홍영 | 100,000 | 보절중 13 회 |
| 17 | 금다리 다산 | 방준영 | 100,000 | 보절중 10 회 |
| 18 | 금다리 다산 | 양봉용 | 500,000 | 보절중 9 회 |
| 19 | 금다리 다산 | 오순덕 | 300,000 | 보절중 5 회 |
| 20 | 금다리 다산 | 오해섭 | 300,000 | 보절중 6 회 |
| 21 | 금다리 다산 | 오해술 | 500,000 | 보절중 2 회 |
| 22 | 금다리 다산 | 유미숙 | 100,000 | 보절중 6 회 |
| 23 | 금다리 다산 | 유병철 | 100,000 | 보절중 9 회 |
| 24 | 금다리 다산 | 유평동 | 100,000 | 우리가든 , 다산이장 |
| 25 | 금다리 다산 | 이영수 | 200,000 | 1943 년생 |
| 26 | 금다리 다산 | 임상택 | 100,000 | 보절중 8 회 |
| 27 | 금다리 호복동 | 김영임 | 100,000 | 보절중 8 회 |

| 28 | 금다리 호복동 | 방병관 | 2,000,000 | 보절중 2 회 |
|---|---|---|---|---|
| 29 | 금다리 호복동 | 방선옥 | 200,000 | 보절중 11 회 |
| 30 | 금다리 호복동 | 소만호 | 1,000,000 | 보절초 39 회 , 농림부 국장 |
| 31 | 금다리 호복동 | 소명호 | 300,000 | 가수 소명 |
| 32 | 금다리 호복동 | 소석호 | 100,000 | 보절중 9 회 |
| 33 | 금다리 호복동 | 소순남 | 100,000 | 보절중 1 회 |
| 34 | 금다리 호복동 | 소재기 | 200,000 | 보절중 9 회 |
| 계 | | 34 명 | 9,500,000 | |

## ■ 황벌리

| 번호 | 마을명 | 후원자 | 후원금액 | 기수 및 적요 |
|---|---|---|---|---|
| 1 | 황벌리 내황 | 김맹수 | 200,000 | 보절중 2 회 |
| 2 | 황벌리 내황 | 노영이 | 100,000 | 보절중 7 회 |
| 3 | 황벌리 내황 | 노인화 | 500,000 | 노영이 부친 |
| 4 | 황벌리 내황 | 노정규 | 100,000 | 1954 년생 |
| 5 | 황벌리 내황 | 노진규 | 500,000 | 보절중 7 회 |
| 6 | 황벌리 내황 | 노학만 | 100,000 | 보절중 7 회 |
| 7 | 황벌리 내황 | 소옥화 | 100,000 | 보절중 5 회 |
| 8 | 황벌리 내황 | 이강용 | 110,000 | 1936 년생 |
| 9 | 황벌리 내황 | 이상재 | 100,000 | 보절중 10 회 |
| 10 | 황벌리 내황 | 최윤정 | 200,000 | 보절중 9 회 |
| 11 | 황벌리 벌촌 | 강덕순 | 30,000 | 황벌마트 ( 군산댁 ) |
| 12 | 황벌리 벌촌 | 김수열 | 10,000 | |
| 13 | 황벌리 벌촌 | 노봉식 | 200,000 | 1945 년생 |
| 14 | 황벌리 벌촌 | 노선옥 | 100,000 | 보절중 9 회 |
| 15 | 황벌리 벌촌 | 노은숙 | 1,000,000 | 보절중 10 회 |
| 16 | 황벌리 벌촌 | 노환진 | 1,000,000 | 보절중 5 회 |
| 17 | 황벌리 벌촌 | 박남용 | 30,000 | 1948 년생 |
| 18 | 황벌리 벌촌 | 박남홍 | 1,000,000 | 재경보절향우회장 |
| 19 | 황벌리 벌촌 | 박미자 | 200,000 | 보절중 12 회 |
| 20 | 황벌리 벌촌 | 박성진 | 200,000 | 보절중 9 회 |
| 21 | 황벌리 벌촌 | 박준배 | 100,000 | 보절중 11 회 |
| 22 | 황벌리 벌촌 | 박형수 | 50,000 | 1942 년생 |
| 23 | 황벌리 벌촌 | 안만수 | 30,000 | 1940 년생 |
| 24 | 황벌리 벌촌 | 안영남 | 30,000 | |
| 25 | 황벌리 벌촌 | 양대진 | 50,000 | 1957 년생 |
| 26 | 황벌리 벌촌 | 양정진 | 200,000 | 前 보절면장 |
| 27 | 황벌리 벌촌 | 오상은 | 30,000 | 1942 년생 |
| 28 | 황벌리 벌촌 | 이남재 | 100,000 | 보절중 7 회 |
| 29 | 황벌리 벌촌 | 이문규 | 50,000 | 벌촌이장 |

| 30 | 황벌리 벌촌 | 이석진 | 100,000 | |
|---|---|---|---|---|
| 31 | 황벌리 벌촌 | 이용규 | 100,000 | 보절중 10 회 |
| 32 | 황벌리 벌촌 | 이창근 | 100,000 | 보절중 21 회 |
| 33 | 황벌리 벌촌 | 이형례 | 100,000 | 보절중 3 회 |
| 34 | 황벌리 벌촌 | 장강식 | 50,000 | 보절중 21 회 |
| 35 | 황벌리 벌촌 | 장경순 | 30,000 | |
| 36 | 황벌리 벌촌 | 정복순 | 30,000 | |
| 37 | 황벌리 벌촌 | 최용봉 | 50,000 | 1954 년생 |
| 38 | 황벌리 외황 | 박영수 | 100,000 | 보절중 5 회 |
| 39 | 황벌리 외황 | 박옥자 | 200,000 | 보절중 2 회 |
| 40 | 황벌리 외황 | 박원균 | 200,000 | 외황이장 |
| 41 | 황벌리 외황 | 박종한 | 50,000 | 보절중 21 회 |
| 42 | 황벌리 외황 | 박해동 | 300,000 | 1940 년생 |
| 43 | 황벌리 외황 | 박형용 | 100,000 | 1936 년생 |
| 44 | 황벌리 외황 | 이양수 | 100,000 | 보절중 7 회 |
| 45 | 황벌리 외황 | 이윤수 | 300,000 | 보절중 9 회 |
| 46 | 황벌리 외황 | 이찬수 | 300,000 | 보절중 4 회 |
| 47 | 황벌리 외황 | 정덕호 | 200,000 | 보절중 11 회 |
| 48 | 황벌리 외황 | 최 영 | 200,000 | 보절중 17 회 |
| 49 | 황벌리 외황 | 최강록 | 100,000 | 보절중 9 회 |
| 50 | 황벌리 외황 | 최미선 | 200,000 | 보절중 3 회 |
| 51 | 황벌리 외황 | 최미숙 | 500,000 | 보절중 11 회 |
| 52 | 황벌리 외황 | 최미순 | 300,000 | 보절중 14 회 |
| 53 | 황벌리 외황 | 최미옥 | 300,000 | 보절중 9 회 |
| 54 | 황벌리 외황 | 최일규 | 200,000 | 보절중 5 회 |
| 55 | 황벌리 외황 | 최정범 | 100,000 | 1937 년생 |
| 56 | 황벌리 은천 | 김종선 | 200,000 | 1955 년생 |
| 57 | 황벌리 은천 | 박인섭 | 100,000 | 1955 년생 |
| 58 | 황벌리 은천 | 방공자 | 200,000 | 1936 년생 |
| 59 | 황벌리 은천 | 소만호 | 100,000 | 1941 년생 |
| 60 | 황벌리 은천 | 소순명 | 200,000 | 보절중 2 회 |
| 61 | 황벌리 은천 | 소순모 | 100,000 | 1957 년생 |
| 62 | 황벌리 은천 | 소인섭 | 500,000 | 前 발전협의회장 |
| 63 | 황벌리 은천 | 소재권 | 100,000 | 보절중 5 회 |
| 64 | 황벌리 은천 | 소재이 | 300,000 | 보절중 2 회 |
| 65 | 황벌리 은천 | 소철수 | 100,000 | 1947 년생 |
| 66 | 황벌리 은천 | 소철호 | 300,000 | 보절중 2 회 |
| 계 | | 66 명 | 12,920,000 | |

## ■ 만도리

| 번호 | 마을명 | 후원자 | 후원금액 | 기수 및 적요 |
|---|---|---|---|---|
| 1 | 만도리 도촌 | 소기호 | 100,000 | 前 전주향우회장 |
| 2 | 만도리 도촌 | 소민호 | 200,000 | 보절중 9 회 |
| 3 | 만도리 도촌 | 소순자 | 200,000 | 보절중 8 회 |
| 4 | 만도리 도촌 | 소순환 | 100,000 | |
| 5 | 만도리 도촌 | 소운철 | 300,000 | 보절중 7 회 |
| 6 | 만도리 도촌 | 소육례 | 100,000 | 보절중 3 회 |
| 7 | 만도리 도촌 | 이경숙 | 200,000 | 보절중 7 회 |
| 8 | 만도리 도촌 | 최진식 | 100,000 | 보절중 9 회 |
| 9 | 만도리 만동 | 소경숙 | 100,000 | 보절중 5 회 |
| 10 | 만도리 만동 | 소권섭 | 100,000 | 보절중 2 회 |
| 11 | 만도리 만동 | 소복남 | 100,000 | 보절중 5 회 |
| 12 | 만도리 만동 | 소수섭 | 1,000,000 | |
| 13 | 만도리 만동 | 소연하 | 100,000 | 보절중 4 회 |
| 14 | 만도리 만동 | 소영석 | 500,000 | 보절중 9 회 |
| 15 | 만도리 만동 | 소영순 | 100,000 | 보절중 1 회 |
| 16 | 만도리 만동 | 소장남 | 100,000 | 보절중 3 회 |
| 17 | 만도리 만동 | 소재박 | 100,000 | 보절중 9 회 |
| 18 | 만도리 만동 | 소재성 | 100,000 | 보절중 13 회 |
| 19 | 만도리 만동 | 소재철 | 100,000 | 보절중 9 회 |
| 20 | 만도리 만동 | 소재평 | 100,000 | 보절중 1 회 |
| 21 | 만도리 만동 | 소화순 | 100,000 | 보절중 9 회 |
| 22 | 만도리 만동 | 신동원 | 100,000 | 보절중 2 회 |
| 23 | 만도리 만동 | 신동의 | 100,000 | 보절중 4 회 |
| 24 | 만도리 산수동 | 소성기 | 300,000 | 보절중 4 회 |
| 25 | 만도리 산수동 | 소장열 | 200,000 | 보절중 8 회 |
| 26 | 만도리 산수동 | 이국엽 | 1,000,000 | 보절중 5 회 |
| 27 | 만도리 산수동 | 이선엽 | 100,000 | 보절중 2 회 |
| 계 | | 27 명 | 5,700,000 | |

## ■ 신양리

| 번호 | 마을명 | 후원자 | 후원금액 | 기수 및 적요 |
|---|---|---|---|---|
| 1 | 신양리 양선 | 조병수 | 100,000 | 보절중 9 회 |
| 2 | 신양리 양선 | 조충연 | 300,000 | 보절중 3 회 |
| 3 | 신양리 양선 | 조형연 | 100,000 | 보절중 10 회 |
| 4 | 신양리 작소 | 소연미 | 100,000 | 보절중 10 회 |
| 5 | 신양리 작소 | 이영미 | 100,000 | 보절중 4 회 |
| 6 | 신양리 창말 | 소순근 | 100,000 | 보절중 9 회 |
| 7 | 신양리 창말 | 소영민 | 100,000 | 보절중 4 회 |

| 8 | 신양리 창말 | 이용섭 | 100,000 | 보절중 9 회 |
|---|---|---|---|---|
| 9 | 신양리 창말 | 이학순 | 300,000 | 보절중 11 회 |
| 10 | 신양리 창말 | 최광희 | 100,000 | 보절중 5 회 |
| 계 | | 10 명 | 1,400,000 | |

## ▨ 사촌리

| 번호 | 마을명 | 후원자 | 후원금액 | 기수 및 적요 |
|---|---|---|---|---|
| 1 | 사촌리 | 강윤아 | 100,000 | 보절중 12 회 |
| 2 | 사촌리 | 김봉곤 | 200,000 | 보절중 7 회 |
| 3 | 사촌리 | 김봉례 | 100,000 | 보절중 6 회 |
| 4 | 사촌리 | 김부덕 | 500,000 | 보절중 6 회 |
| 5 | 사촌리 | 김재원 | 100,000 | 보절중 10 회 |
| 6 | 사촌리 | 김하광 | 500,000 | 보절중 9 회 |
| 7 | 사촌리 | 김하왕 | 100,000 | 보절중 7 회 |
| 8 | 사촌리 | 김하중 | 200,000 | 보절중 12 회 |
| 9 | 사촌리 | 김하흥 | 200,000 | 보절중 3 회 |
| 10 | 사촌리 | 김항영 | 50,000 | 보절중 21 회 |
| 11 | 사촌리 | 박경남 | 100,000 | 보절중 6 회 |
| 12 | 사촌리 | 박광수 | 100,000 | 보절중 7 회 |
| 13 | 사촌리 | 박서희 | 200,000 | 보절중 6 회 |
| 14 | 사촌리 | 박연자 | 100,000 | 보절중 9 회 |
| 15 | 사촌리 | 박종숙 | 100,000 | 보절중 1 회 |
| 16 | 사촌리 | 박희수 | 1,000,액000 | 보절중 4 회 |
| 17 | 사촌리 | 백종탁 | 500,000 | 보절중 7 회 |
| 18 | 사촌리 | 소봉수 | 300,000 | 보절중 14 회 |
| 19 | 사촌리 | 소순권 | 100,000 | 보절중 9 회 |
| 20 | 사촌리 | 소순영 | 100,000 | 보절중 6 회 |
| 21 | 사촌리 | 소순표 | 100,000 | 보절중 3 회 |
| 22 | 사촌리 | 소창수 | 300,000 | 보절중 8 회 |
| 23 | 사촌리 | 양점철 | 100,000 | 보절중 10 회 |
| 24 | 사촌리 | 유강종 | 1,000,000 | 보절중 3 회 |
| 25 | 사촌리 | 유경열 | 100,000 | 보절중 4 회 |
| 26 | 사촌리 | 유광종 | 500,000 | 前 남원시의회 부위원장 |
| 27 | 사촌리 | 유국열 | 200,000 | 사촌이장 |
| 28 | 사촌리 | 유귀종 | 100,000 | |
| 29 | 사촌리 | 유미숙 | 100,000 | 보절중 6 회 |
| 30 | 사촌리 | 유연신 | 50,000 | 보절중 11 회 |
| 31 | 사촌리 | 유연종 | 100,000 | 보절중 9 회 |
| 32 | 사촌리 | 유영덕 | 200,000 | 보절중 7 회 |
| 33 | 사촌리 | 유영복 | 100,000 | 보절중 10 회 |

| 34 | 사촌리 | 유영화 | 300,000 | 보절중 5 회 |
|---|---|---|---|---|
| 35 | 사촌리 | 유웅종 | 200,000 | 보절중 9 회 |
| 36 | 사촌리 | 유은희 | 100,000 | 보절중 11 회 |
| 37 | 사촌리 | 유재택 | 100,000 | 1943 년생 |
| 38 | 사촌리 | 유정식 | 100,000 | 보절중 10 회 |
| 39 | 사촌리 | 유정임 | 100,000 | 보절중 8 회 |
| 40 | 사촌리 | 유택종 | 100,000 | 보절중 9 회 |
| 41 | 사촌리 | 폰팁운시리 | 100,000 | 유연종 , 처 |
| 42 | 사촌리 | 한광희 | 100,000 | 보절중 12 회 |
| 계 | | 42 명 | 8,800,000 | |

## ▒ 도룡리

| 번호 | 마을명 | 후원자 | 후원금액 | 기수 및 적요 |
|---|---|---|---|---|
| 1 | 도룡리 도촌 | 강태원 | 100,000 | 보절중 4 회 |
| 2 | 도룡리 도촌 | 권승룡 | 100,000 | 1963 년생 |
| 3 | 도룡리 도촌 | 김덕곤 | 100,000 | 보절중 7 회 |
| 4 | 도룡리 도촌 | 김한섭 | 50,000 | |
| 5 | 도룡리 도촌 | 서순임 | 200,000 | 보절농악단 단장 |
| 6 | 도룡리 도촌 | 양성복 | 500,000 | 보절중 11 회 |
| 7 | 도룡리 도촌 | 양의창 | 50,000 | 1939 년생 |
| 8 | 도룡리 도촌 | 이관재 | 100,000 | 보절중 5 회 |
| 9 | 도룡리 도촌 | 이동재 | 2,000,000 | 1948 년생 |
| 10 | 도룡리 도촌 | 이생구 | 100,000 | |
| 11 | 도룡리 도촌 | 장선자 | 100,000 | 보절중 12 회 |
| 12 | 도룡리 도촌 | 장형영 | 100,000 | 보절중 3 회 |
| 13 | 도룡리 도촌 | 정대경 | 300,000 | 보절중 4 회 |
| 14 | 도룡리 도촌 | 정대문 | 100,000 | 1948 년생 |
| 15 | 도룡리 도촌 | 정대수 | 200,000 | 1939 년생 |
| 16 | 도룡리 도촌 | 정대주 | 500,000 | 보절중 1 회 |
| 17 | 도룡리 도촌 | 정상재 | 100,000 | 보절중 9 회 |
| 18 | 도룡리 도촌 | 정이순 | 100,000 | 보절중 4 회 |
| 19 | 도룡리 도촌 | 정정규 | 100,000 | |
| 20 | 도룡리 도촌 | 정창수 | 100,000 | 보절중 8 회 |
| 21 | 도룡리 도촌 | 정황수 | 300,000 | 보절중 1 회 |
| 22 | 도룡리 도촌 | 정희자 | 100,000 | 보절중 5 회 |
| 23 | 도룡리 도촌 | 최헌석 | 50,000 | 보절중 21 회 |
| 24 | 도룡리 안평동 | 김향곤 | 300,000 | 1938 년생 |
| 25 | 도룡리 안평동 | 박형생 | 300,000 | 보절중 8 회 |
| 26 | 도룡리 안평동 | 백인엽 | 500,000 | 보절중 1 회 |

| 27 | 도룡리 안평동 | 신순남 | 10,000 | 1935 년생 |
| 28 | 도룡리 안평동 | 안태원 | 200,000 | 안평동이장 , 1954 년생 |
| 29 | 도룡리 안평동 | 윤정임 | 100,000 | 보절중 10 회 |
| 30 | 도룡리 안평동 | 홍순일 | 500,000 | 보절중 10 회 |
| 31 | 도룡리 용평 | 박문수 | 500,000 | 보절중 9 회 |
| 32 | 도룡리 용평 | 박영근 | 100,000 | 보절중 12 회 |
| 33 | 도룡리 용평 | 박왕근 | 100,000 | 보절중 13 회 |
| 34 | 도룡리 용평 | 박재근 | 2,000,000 | 보절중 9 회 |
| 35 | 도룡리 용평 | 박점순 | 100,000 | 보절중 15 회 |
| 36 | 도룡리 용평 | 박점자 | 100,000 | 보절중 22 회 |
| 37 | 도룡리 용평 | 박정림 | 100,000 | 보절중 13 회 |
| 38 | 도룡리 용평 | 박정아 | 100,000 | 보절중 17 회 |
| 39 | 도룡리 용평 | 박정애 | 100,000 | 보절중 19 회 |
| 40 | 도룡리 용평 | 박종근 | 100,000 | 보절중 6 회 |
| 41 | 도룡리 용평 | 송용숙 | 300,000 | 보절중 6 회 |
| 42 | 도룡리 용평 | 양병삼 | 100,000 | 보절중 10 회 |
| 43 | 도룡리 용평 | 양병옥 | 100,000 | 보절중 5 회 |
| 44 | 도룡리 용평 | 김석규 | 50,000 | 용평이장 |
| 45 | 도룡리 용평 | 윤완식 | 100,000 | 1972 년생 |
| 46 | 도룡리 용평 | 전용성 | 50,000 | 1928 년생 |
| 47 | 도룡리 용평 | 전윤영 | 50,000 | 보절중 2 회 |
| 48 | 도룡리 용평 | 형보욱 | 100,000 | 1928 년생 |
| 계 | | 48 명 | 11,510,000 | |

■ 성시리

| 번호 | 마을명 | 후원자 | 후원금액 | 기수 및 적요 |
|---|---|---|---|---|
| 1 | 성시리 계월 | 강대열 | 1,000,000 | 1933 년생 |
| 2 | 성시리 계월 | 강대용 | 500,000 | 보절중 9 회 |
| 3 | 성시리 계월 | 강성호 | 100,000 | 보절중 9 회 |
| 4 | 성시리 계월 | 강옥순 | 100,000 | 보절중 3 회 |
| 5 | 성시리 계월 | 강탁원 | 100,000 | 남원시청 |
| 6 | 성시리 계월 | 김갑배 | 100,000 | 계월이장 , 1943 년생 |
| 7 | 성시리 계월 | 김미라 | 100,000 | 보절중 12 회 |
| 8 | 성시리 계월 | 김인자 | 300,000 | 보절중 8 회 |
| 9 | 성시리 계월 | 김진배 | 100,000 | 보절중 9 회 |
| 10 | 성시리 계월 | 김현국 | 1,000,000 | 1937 년생 |
| 11 | 성시리 계월 | 양병아 | 100,000 | 보절중 9 회 |
| 12 | 성시리 성남 | 강갑석 | 100,000 | 보절중 13 회 |
| 13 | 성시리 성남 | 강명석 | 300,000 | 보절중 6 회 |
| 14 | 성시리 성남 | 강민석 | 1,000,000 | 보절중 9 회 |

| 15 | 성시리 성남 | 강석근 | 100,000 | 보절중 5 회 |
|---|---|---|---|---|
| 16 | 성시리 성남 | 강석철 | 100,000 | 보절중 9 회 |
| 17 | 성시리 성남 | 강신관 | 100,000 | |
| 18 | 성시리 성남 | 김성경 | 50,000 | 보절중 14 회 |
| 19 | 성시리 성남 | 노용철 | 10,000 | |
| 20 | 성시리 성남 | 백현조 | 100,000 | 1964 년생 |
| 21 | 성시리 성남 | 이일섭 | 100,000 | 보절중 12 회 |
| 22 | 성시리 성남 | 정미란 | 100,000 | 보절중 12 회 |
| 23 | 성시리 성남 | 성정섭 | 100,000 | 성시 성남 이장 |
| 24 | 성시리 성북 | 임미경 | 100,000 | 보절중 9 회 |
| 25 | 성시리 연산 | 유재형 | 50,000 | 1959 년생 |
| 26 | 성시리 연산 | 육근주 | 100,000 | 보절중 5 회 |
| 계 | | 26 명 | 5,910,000 | |

# *《보절면지》를 만든 사람들

1. 발간위원회 위원장: 안한수

2. 발간위원회 부위원장: 유광종

3. 고문: 김성범, 소가광, 소관호, 안재격, 이강수, 이영수, 정대수

4. 편찬위원회 위원장: 이현기

5. 각 마을 편찬위원

| 마 을 | 편찬위원 | | 마 을 | 편찬위원 | |
|---|---|---|---|---|---|
| 부흥 | 이창선 | | 내황 | 노인화 | |
| 서당 | 소이섭 | 유해동 | 도촌 ( 보절 ) | 정대수 | |
| 개신 | 안범수 | 윤명한 | 용동 | 형보욱 | 김석규 |
| 양촌 | 김용태 | 김성범 | 안평 | 김향곤 | |
| 음촌 | 김일영 | | 사촌 | 유광종 | |
| 내동 | 우상학 | | 성남 | 박일규 | |
| 신기 | 우제혁 | 우상길 | 연산 | 양인수 | |
| 진목 | 방해원 | 소가광 | 성북 | 강신석 | 박생규 |
| 금계 | 백병두 | | 계월 | 김현국 | |
| 다산 | 이영수 | | 만동 | 소관호 | |
| 호복동 | 소재옥 | | 도촌 ( 덕과 ) | 정인조 | |
| 중신 | 강태원 | | 작소 | 소길호 | |
| 하신 | 안재석 | | 비촌 | 이용덕 | |
| 상신 | 이강수 | | 양선 | 조남호 | |
| 파동 | 심동섭 | 양흥식 | 집필 ( 서울 ) | 안재원 | 김하광 , 심재면 , 양영철 |
| 은천 | 소만호 | | 사진 ( 서울 ) | 김하광 | 소순신 , 김성두 , 양병윤 , 오순덕 , 방선옥 , 염철주 |
| 벌촌 | 노봉식 | | 교정 ( 서울 ) | 양영철 | 양미선 , 최미숙 , 박미자 |
| 외황 | 박형용 | | | | |

6. 자료제공: 남원시 문화원

7. 후원위원회

| 보절면 후원회 | 안한수 , 이현기 , 양기성 , 소재이 , 김종훈 |
|---|---|
| 보절중학교 후원회 | 소영철 , 박희수 , 노환진 , 김혜순 , 박문수 , 박재근 , 최진식 , 이학순 |

# 보절면지 寶節面誌
## 보배와 절의가 숨어있는 보절이야기

초판 1쇄 인쇄 | 2020년 12월 10일
초판 1쇄 발행 | 2020년 12월 20일


지 은 이 | 보절면지 편찬위원회
집    필 | 이현기, 안재원, 김하광
감    수 | 김월회, 김종일, 권오영, 심광주, 조대연, 박성현
교정교열 | 양영철, 양미선, 박미자, 이종욱, 소재천, 홍민선
자료정리 | 김진오, 손하누리, 배상현
제    호 | 이필숙
사    진 | 김재경, 소순신, 김성두, 오순덕, 양병윤, 최미숙, 방선옥, 염철주
디 자 인 | 이명림, 홍민선, 정육남


펴낸곳 | 논형
펴낸이 | 소재두
등록번호 | 제2003-000019호
등록일자 | 2003년 3월 5일
주소 | 서울시 영등포구 당산로 29길 5-1 502호
전화 | 02-887-3561
팩스 | 02-887-6690
ISBN 978-89-6357-244-4  94910
값 100,000원